期权投资策略

(原书第5版)

[美] 劳伦斯 G. 麦克米伦 著　王琦 译
（Lawrence G. McMillan）

OPTIONS AS A STRATEGIC INVESTMENT

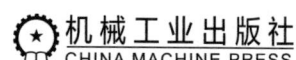

图书在版编目（CIP）数据

期权投资策略（原书第5版）/（美）麦克米伦（McMillan, L. G.）著；王琦译. —北京：机械工业出版社，2014.12（2025.6重印）

（金融期货与期权丛书）

书名原文：Options as a Strategic Investment

ISBN 978-7-111-48856-9

I. 期… II. ① 麦… ② 王… III. 期权交易–基本知识 IV. F830.91

中国版本图书馆CIP数据核字（2014）第295392号

北京市版权局著作权合同登记　图字：01-2014-7253号。

Lawrence G. McMillan. Options as a Strategic Investment, 5th Edition.

Copyright © 2002, 2012 by Penguin Group (USA) Inc.

Simplified Chinese Translation Copyright © 2015 by China Machine Press.

No part of this book may be reproduced or transmitted in any form or by any means, electronic or mechanical, including photocopying, recording or any information storage and retrieval system, without permission, in writing, from the publisher.

All rights reserved.

本书中文简体字版由Penguin Group (USA) Inc通过Andrew Nurnberg Associates International Ltd. 授权机械工业出版社在中国大陆地区（不包括香港、澳门特别行政区及台湾地区）独家出版发行。未经出版者书面许可，不得以任何方式抄袭、复制或节录本书中的任何部分。

期权投资策略（原书第5版）

出版发行：机械工业出版社（北京市西城区百万庄大街22号　邮政编码：100037）

责任编辑：李　琦	责任校对：殷　虹
印　　刷：北京铭成印刷有限公司	版　次：2025年6月第1版第24次印刷
开　　本：185mm×260mm　1/16	印　张：47.25
书　　号：ISBN 978-7-111-48856-9	定　价：169.00元

客服电话：(010) 88361066　68326294

版权所有·侵权必究
封底无防伪标均为盗版

总　序
Options as a Strategic Investment

20 世纪 70 年代初开始，欧美国家金融市场发生了深刻变化。1971 年，布雷顿森林体系正式解体，浮动汇率制逐渐取代固定汇率制，汇率波动幅度明显加大。同期，各国也在不断推进利率市场化进程。随着欧美国家利率、汇率市场化程度的提升，利率、汇率风险逐渐成为市场风险的主要来源，经济主体对利率、汇率风险管理的需求大幅增加。金融期货期权就是在这样的背景下产生的。1972 年，芝加哥商业交易所推出了全球第一个外汇期货交易品种；1973 年，芝加哥期权交易所推出了全球第一个场内标准化股票期权；1975 年，伴随美国利率市场化进程，芝加哥期货交易所推出了全球第一个利率期货品种——国民抵押协会债券期货；1982 年，堪萨斯交易所又推出全球第一个股指期货——价值线指数期货合约。金融期货期权市场自诞生以来，发展一直十分迅猛。近年来，金融期货期权成交量已经占到整个期货期权市场成交量的 90% 左右，成为金融市场的重要组成部分。

金融期货期权市场是金融市场发展到一定阶段的必然产物，发达的金融期货期权市场是金融市场成熟的重要标志。金融期货期权能够高效率地实现金融风险在市场参与主体之间的转移，满足经济主体金融风险管理需求。1990 年诺贝尔经济学奖获得者默顿·米勒对其有过经典的评价："金融衍生工具使企业和机构有效和经济地处理困扰其多年的风险成为了可能，世界也因之变得更加安全，而不是变得更加危险。"

金融期货期权诞生以来，对全球经济发展起到了积极的促进作用。在宏观层面，金融期货期权显著提升了金融市场的深度和流动性，提高了金融市场的资源配置效率，有效改善了宏观经济的整体绩效；在微观层面，金融期货期权为金融机构提供了有效的风险管理工具，使金融机构在为企业和消费者提供产品和服务的同时，能够及时对冲掉因经营活动而产生的利率、汇率等风险敞口，使他们能够在利率、汇率市场化的环境下实现稳健经营。

党的十八大明确提出，要更大程度更广范围发挥市场在资源配置中的基础性作用，要继续深化金融体制改革，健全促进宏观经济稳定、支持实体经济发展的现代金融体系，加快发展多层次资本市场，稳步推进利率和汇率市场化改革。可以预见，我国将进入一个经济金融市场化程度更高的新时代，利率、汇率等金融风险将成为市场主体日常经营中必须面对和处理的主要风险。在这样的时代背景下，加快发展我国金融期货期权等衍生品市场具有格外重要的意义。

一是有利于进一步提升我国金融市场的资源配置效率。期货期权市场的发展，有利于提升基础资产市场的流动性和深度，从而为基础资产市场的投资者进行资产配置、资产转换、风险管理提供便利，促进金融市场资源配置功能的发挥。

二是助推我国利率和汇率市场化改革进程。随着我国利率、汇率市场化程度不断提高，机构面临的利率、汇率风险在增加。如果缺乏有效的风险管理工具，包括商业银行在内的各类市场主体无法有效地管理风险敞口。这不仅对金融机构稳健经营构成挑战，也会牵制利率和汇率市场化改革的进程。只有在利率和汇率市场化改革过程中，适时推出相应的期货期权衍生产品，才能保证利率和汇率市场化目标的实现。

三是有利于推动我国经济创新驱动，转型发展。实体经济以创新为驱动，必然要求金融领域以创新相配合，才能不断满足实体经济日益多样化、个性化的需求。金融期货期权是各类金融创新的重要催化剂和基础构件，发展金融期货期权等衍生品，有利于推动整个金融行业开展有效创新，拓展和释放金融服务实体经济的空间和能量，促进我国实现创新驱动的国家发展战略。

当前，我国金融期货期权市场还处在发展的初期，远远不能满足市场参与者日益增加的风险管理需求，也远远不能适应我国实体经济发展和金融改革创新的新形势和新要求，加快发展我国金融期货期权市场已经时不我待。

2010年4月16日，中国金融期货交易所推出了沪深300股指期货，标志着我国资本市场改革发展又迈出了一大步，对于完善我国资本市场体系具有重要而深远的意义。中国金融期货交易所肩负着发展我国金融期货期权等衍生品市场的重大历史使命，致力于打造"社会责任至上、市场功能完备、治理保障科学、运行安全高效"的世界一流交易所，建设全球人民币资产的风险管理中心。加强研究和交流是推动我国金融期货期权市场发展的重要手段，中国金融期货交易所组织出版的这套金融期货与期权丛书，旨在进一步推动各方关注我国金融期货期权市场的发展，明确金融期货期权市场发展路径；

帮助大家认识和理解金融期货期权市场的内在功能和独特魅力，凝聚发展我国金融期货期权的共识；培育金融期货期权文化，培养我国金融期货期权市场的后备人才。这套金融期货与期权丛书涵盖了理论分析、实务探讨、翻译引进和通俗普及等四大板块，可以适应不同读者的需求。相信这套丛书的出版必将对我国金融期货期权市场发展事业起到积极的推动作用。

中国金融期货交易所董事长
2013年7月

前 言
Options as a Strategic Investment

1973年4月，随着场内期权市场的产生，在广大投资者面前出现了一个全新的投资策略世界。期权条款的标准化和高流动性二级市场的建立，创造出了一些新的投资工具。在适当使用的情况下，这些工具能对几乎所有的投资哲学，从保守的到投机的，提供有益的帮助。本书讨论的就是这些期权策略，包括在什么情况下使用哪一种策略，以及它们为什么可以起作用。

在这些策略中，有的历来都被认为是相当复杂的。然而，如果了解了它们的运作原理，那绝大部分读者都可以掌握它们。虽然本书包括了与期权有关的所有基本定义，但很少花时间和篇幅来解释其中那些最基本的概念。例如，读者应当已经知道看涨期权（call option）是什么，芝加哥期权交易所（CBOE）是什么，以及如何在报纸上找到和解读期权的报价。实话实说，虽然本书包含了初学者需要了解的内容，但大部分内容都超出了初学者的水平。此外，读者还应对技术分析有大致的了解，至少应该知道诸如支撑（support）和阻力（resistance）之类术语的含义。

有些策略，比如买入看涨期权（call buying），可以并且已经单独写成了一本书。虽然本书对某些策略的讨论会比对另一些策略的讨论要更加详细一些，但这并不意味着这是一本只关于某一个或两个策略的书。虽然目前已出版的与股票期权相关的书一般对卖出备兑看涨期权（covered call write）都不作详细的讨论，但由于它是投资者使用最多的期权交易策略之一，因此本书对卖出备兑看涨期权进行了深入的讨论。本书与买入看涨期权（call）和看跌期权（put）有关的内容并不是特别长，并且大部分内容都比较高深，特别是与买入波动率（buying volatility）有关的部分，这些内容对熟练的交易者更为适用。在对每个策略的讨论过程中，本书都特别强调了为什么投资者会想要执行这样一个策略，并对该策略所适用和不适用的市场情形进行了解释。本书展示了每个策略的全部细节，包括用许多图形和表格来表示潜在盈亏、保证金要求和选择头寸的标准等。本书的很大一部分注意力放在后续行动（follow-up action）上。决定建立某个头寸很容易，而决定采取什么行动来限制亏损或获取盈利则往往要难得多。因此，在需要采取后续行动的情况下，本书提供了若干合理的备选方案的详细内容和示例。此外，对于相似的策略，本书也进行了对比分析。例如，一个看多的投资者可能会想要实施各种不同的策略。对相似策略的优缺点进行对比分析，可以帮助该投资者决定在该情况下究竟选择哪个策略最合适。书中同时也指出了应当预防的潜在风险。在这些示例中，我没有使用股票的真实名字，而是虚构了一只名为 XYZ 的股票。许多示例中用到的价格都是真实的。但如果我们在示例中使用了名为 Bally 的股票，它当时的价格是 60，而等到读者读到这个示例时，它的价格可能已经为 20 或者 200（或者不复存在），显然这样的实际股票示例就没有多大意义。提供示例的目的是为了说明概念，而不是记录历史。XYZ 的名字对于达成这个目的就很合适，因为它是万能的。如果需要，它可以价格上涨，可以定价过低或定价过高，可以高波动或无波动。它的价格也可以随意变动，以便于说明后续行动策略。

本书的第一部分对看涨期权的策略进行了分析，并随后分析了看跌期权的策略。虽然这样的安排有可能会打断策略的正常延伸。例如，本书第一部分会讨论使用看涨期权来构造熊市价差，而在后面的部分中又会讨论用看跌期权来构造熊市价差。这样安排的目的是为了帮助初学者和中等水平的期权投资者，他们可能对看涨期权比对看跌期权更熟悉。大多数期权投资者都对看涨期权比较熟悉，因此更容易理解用看涨期权来设计的策略。在这个基础之上，再把相同的概念应用到看跌期权上，就会更容易理解。不过，我并没有忽略看跌期权的策略。投资者们如果想要充分利用他们所掌握的策略的功能，就必须使用看跌期权。因此，看跌期权的策略在本书中也占据了相当多的篇幅。本书还讨论了某些特殊的议题，例如，计算机模型及其应用，如何用期权来套利（arbitrage），以及做市商（market-maker）和套利者（arbitrageurs）的行为如何影响普通期权投资者等。

第 2 版

第 2 版中所增加的大部分内容都与股指期权和股指期货有关。用于描写股票期权策略的相同概念也用在了为股指期权所设计的策略中。这种方法在某些情况里有必要做些修正。我介绍了与这些期权相关的一般概念，并提供了许多例证。这些示例包含了许多主流的期货和期权合约的细节。

股票期权交易者所使用的许多策略也同样适用于股指期权。本书的前 30 章用股票期权说明了这些策略。在大多数情况里，读者只需要对术语进行替换即可。例如，在使用标的股票（underlying stock）的地方换上标的工具（underlying instrument）就可以了。

这样的工具可以是期货合约、债券、货币或者股指。

第 2 版的很大一部分注意力都放在使用股指期货和期权来对冲（hedging）股票组合的技术上。这些技术对于任何持有股票的投资者都适用，无论是个人投资者还是大型机构。书中还讨论了基本对冲策略的一些变形。这些变形策略自成一体，可让投资者从期货或者期权的定价差异中获利。此外，书中还提到了能从市场中特定股票组合的价格变化中获利的策略。不同股票指数之间的价差也得到了详细的描述。

第 2 版修订了讨论税收的那一章，以反映税法中的变化。这些变化使得报税变得更为困难，特别是对备兑看涨期权的卖出者而言更是如此。有的税收策略不再适用，特别是那些可以将盈利滚动到下一年的策略。另外，符合长期盈利认定标准的持有期限的变化，改变了期权的一些税收特征。非权益类的期权所适用的税率不同于股票期权的税率。书中详细讨论了这些税率之间的差异。

最初的 28 章的内容各有一些补充和修改。最大的扩充之一是对风险套利（risk arbitrage）的讨论。近年来，由于风险套利者获得了广为人知的收益，使得这个主题得到了大量的关注。新补充的材料强调了在风险套利中使用期权来减少风险的方法。所补充的另一部分内容是关于均衡套利（equivalence arbitrage）——反转组合（reversal）、转换组合（conversion）和盒式价差（box spread）的那一节。我对这些流行的套利形式的概念都进行了介绍。此外，这些策略的风险也得到了全面阐述。

其他章节也有修改。例如，持仓限额（position limit）发生了改变。同时，第 2 版用了更大的篇幅来讨论使用等股头寸（equivalent stock position，ESP）的方法来分析后续行动中的中性头寸（neutral position）。这一方法适用于大多数卖出比率策略（ratio writing strategies）、卖出跨式价差（straddle write）和组合（combination）。关于跨期价差（calendar spread）的两章（包括看涨期权和看跌期权），补充了比率跨期价差的详细内容。比率跨期价差是一种中性策略，若用实值期权（in-the-money）来构造，则只有有限的风险。关于数学的那一章增加了一个详细讨论布莱克 – 斯科尔斯（Black-Scholes）模型的示例。多年来我收到了许多关于该模型计算过程的问题，这是我的回应。最后，我对在后续行动中使用计算机工作提供了许多建议，包括一份高级后续行动分析示例的打印结果。

第 3 版

第 3 版中新增加了 6 章，其中包括讨论长期期权（LEAPS）、可转换优先股（CAPS）和可赎回累积优先股（PERCS）的章节。在当时，它们是新推出的期权或与期权相关的产品。

简单地说，长期期权就是存续期更长的期权。不过，由于存续期更长，我们就需要用与普通短期期权不同的视角来理解它们。例如，短期利率对长期期权的影响要比对短期期权的影响重要得多。书中讨论了使用长期期权来代替持有股票的策略，以及在标准策略中使用长期期权等。

优选兑现积累股实际上是一种内嵌赎回特征的优先股。与普通股相比，它们所付的股息要大得多。PERCS 的赎回特征让其与卖出备兑看涨期权没有什么区别。因此，一些适用于 PERCS 的策略也同样适用于卖出备兑看涨期权。此外，第 3 版还为如何对冲 PERCS 提供了建议。在第 4 版中，与 PERCS 相关的内容被并入了其他章节中。

第 3 版删除了第 2 版中关于期货和其他非股票期权的章节，取而代之的是用全新的两章来讨论期货期权。投资者们应该熟悉期货期权，因为在这个领域中存在大量的获利机会。虽然许多股票交易的客户和经纪人可能对期货交易并不熟悉，但认真的投资者应该具备关于期货期权的知识。在讨论期货期权的两章中，有一章集中在期货期权的定义、定价及其独有策略上，另一章则主要介绍了如何使用期货期权来进行价差交易。这些价差交易策略与本书第一部分所提及的策略有很大的不同。比如跨期价差看上去很相似，但实际上则完全不同。期货交易者和投资者们花了许多时间来研究期货的价差，而这一章中所展示的期权策略则让这种类型的交易具有更大的盈利能力。

本书的结尾部分新加入了一章来讨论高级的数学概念。随着期权交易的成熟以及计算机逐渐成为投资者监控和评估头寸过程中一个不可分割的组成部分，人们逐渐使用越来越先进的技术来监控风险。这一章讨论了 6 种主要的衡量期权头寸或投资组合风险的方法。我将讨论如何使用这些衡量方法来构造双重或三重中性的头寸。此外，我还介绍了如何用计算机来预测某个头寸在未来某一时刻的结果和"形状"。

第 3 版对指数期权的章节也有显著的修订。修订的部分原因是在第 2 版的写作过程中，这些产品还相对较新。正因为这样，这些产品发生了许多改变：有的指数期权被摘牌，又有一些新的上市。此外，在 1987 年股灾之后，指数期权的交易机制也发生某些变化，例如引进了"熔断闸"(circuit breaker)。

第 4 版

与第 3 版的情况一样，在不停变化的期权和衍生品世界中，又出现了一些新的重要产品和一些新的交易方式。与此同时，有些产品被摘牌，有些交易方式则不再流行。第

4版中新增加了五章内容，其中四章内容讨论的都是当前期权交易中最重要的方式：波动率交易（volatility trading）。

由于期权交易所停止了可转调优选股（CAPS）的交易，因此我们删除了关于CAPS的那一章。另外，关于PERCS的那一章被并入了更长、更全面的一章中，这一章讨论的是另一个相对较新的交易工具：结构化产品（structured product）。结构化产品包括范围相当广泛的证券，其中有许多在主要的股票交易所上市。这些用途多样的产品发挥了许多有吸引力的、以衍生品为基础的应用。例如，具有有限下侧风险的指数基金。许多机敏的投资者为他们的退休金账户买入了这类结构化产品。

波动率交易成为期权交易中最精密的交易方式之一。新增加的四章事实上组成了新的第六部分：波动率衡量和交易。本书在这个新的部分中深入地讨论了为什么要交易波动率（预测波动率比预测股票价格更容易）、波动率如何影响一般的期权策略（对一般的期权交易者来说有时这种影响并不明显）、股票的价格是如何分布的（这是为什么波动率交易"起作用"的原因之一），以及如何构造和监控波动率交易等。这些章节介绍了若干与衡量和预测波动率相关的较新技术。我认为，一般情况下，对所有交易者而言（不管是初学者还是专家），买入股票期权的波动率（volatility buying of stock options）都是最有用的策略。如果构造得当，这个策略不但有很高的成功率，而且在头寸建立之后不需要花太大的精力去监控。也就是说，波动率的买家不需要整天盯着计算机屏幕上的数字跳动，他可以有他自己的"生活"。

除此之外，第4版对前一版的大部分章节都进行了扩充，以反映最新的技术和发展。例如，鉴于过去几年里股市的动荡，第1章（定义）中的整个期权代码学部分都进行了扩充。此外，保证金规则在2000年发生了改变，这些变化也在本书中得到了体现。

与卖出期权，特别是与卖出裸期权（naked options）相关的章节也得到了扩充，新的内容对股票行为，以及这些股票行为如何给期权卖出方带来麻烦和增加机会进行了更深入讨论。例如，在关于反向价差（reverse spread）的那一章中，我们对反向跨期价差（reverse calendar spread）进行了更深入的讨论，因为在一个高波动率的环境中，这个策略变得更有生命力了。

另一个被扩充讨论的策略是"领圈"（collar），也就是就一个标的工具买入一手看跌期权的同时卖出一手看涨期权。事实上，单纯买入期权的交易者也可以使用一种相似的策略来实现，只需稍许做些改变（参见关于看跌期权和看涨期权组合价差的那一章）。

第 5 版

本书第 5 版的最大扩充是关于波动率衍生品的长章节。波动率这一新的资产类别正逐渐成为场内衍生品市场中最大的创新之一。虽然它还处于发展初期，但毫无疑问的是，任何组合管理人和投机者都需要具备进行波动率交易和对冲的能力。

此时此刻，虽然市场中只有以主要波动率指数——CBOE 波动率指数（VIX）为标的的期货、期权和交易所交易票据（ETN）产品，但以其他许多股票、期货和指数为标的的波动率衍生品正在开发过程中。未来，很可能大部分有期权上市的交易所都会提供看涨期权、看跌期权和波动率期权（更不要说波动率期货了）的交易。CBOE 已将波动率指数期权视为其有史以来设计的最成功的单一产品。

新的章节中有很多篇幅在介绍波动率期货。由于它们是现金交割的波动率期权的合约标的，因此交易者有必要理解波动率期货，即使他们可能只想交易波动率期权，而并不想去交易波动率期货。书中介绍了大量与这一新资产类别相关的策略，介绍的方式与股票期权类似。书中还对这一新资产类别在组合保护上的用法进行了详细介绍。

第 5 版中的另一个主要变化则与期权代码计划（option symbology initiative, OSI）相关。这一计划完成于 2010 年，让所展示的期权代码得到了有益的改变。它影响了本书中的许多示例和定义。我更新了这些示例，以反映当前更低佣金率和采用十进制法报价的现状。期权代码计划的一个特殊的结果就是现在仅直接称呼长期普通股预期证券（long-term equity anticipation securities, LEAPS）为长期期权（long-term options），这是从它的存续期来区分的。然而，期权行业内仍沿用了 LEAPS 这个术语，因此本书也继续使用它。不过读者需要知道，LEAPS 期权实际上与其他场内期权没有什么差异。

本书还扩充了对期权交易在到期日和其他时间里对股票市场的可能影响的讨论。这不仅与熔断闸有关，还与到期日的实际套利效果有关。单独地看，第 4 章在第一次讨论保证金时讨论了组合保证金（portfolio margin），而新增加的附录 F 则介绍了当前的组合保证金规则。然而，本书中的绝大部分示例使用的都是客户保证金（customer margin），而不是组合保证金。

第 5 版还对某些策略的应用方式进行了扩充，这主要是过去 10 年中市场变得更加波动。补充的内容包括对卖出备兑看涨期权策略、领圈策略、卖出裸看跌期权、看跌期权比率价差（put ratio spreads）、双重跨期价差（dual calendar spreads）和蝶式价差策略（特别是鹰式和铁鹰式价差）的扩充讨论等。关于交易所交易基金（exchange traded fund, ETF）的部分则增加了以期货为基础的 ETF。

关于数学应用的一章，对于任意权益类期权，扩充了我在计算和识别波动率倾斜（volatility skew）时所使用的方法。这对于波动率交易者非常有用，因为许多波动率策略都是基于对波动率的水平或垂直倾斜（或两者都有——对角）的识别和挖掘。

关于 PERCS 的部分则被删除，本书不再讨论与之相关的内容。虽然场外市场中仍有结构化产品的交易，主要是大的经纪商向客户提供的，但场内的结构化产品正逐渐变少。本书中仍包括一些对结构化产品的讨论，但希望了解 PERCS 的全面策略分析的投资者可以直接阅读本书的第 4 版。我想现在对此感兴趣的投资者可能不多了。

我想本书的很多读者都想知道什么是"最好的"期权策略。本书专门有一章来讨论这个问题。结论是：不存在绝对的"最好的"策略。对某一个投资者最适合的策略，可能对另一个就不是最适合的。有时间密切监控其头寸的职业期权交易者，有可能会使用一组策略，而这对于在其他行业工作的公众顾客则很难办到。此外，交易者自己独特的投资哲学中的一个重要部分，就是确定什么样的策略是适合自己的。那些除了持有股票之外不愿意承担风险的投资者可能会喜欢卖出备兑看涨期权策略。而投机者可能会觉得那些低成本、高潜在收益的情形对他们更适合。

每个投资者在交易场内期权以前都必须阅读《期权清算公司声明书》(Options Clearing Corporation Prospectus)。期权并不适合所有投资者。任何投资都有风险，有的期权策略可能具有大量的风险。每个读者都必须根据自己的经济情况和投资目标是否与本书所描写的策略相符而做出判断。对于一个投资者来说，只有他自己掌握了交易方面的知识，才能判断自己的交易决定是否合理。

几年以前，我曾经写过，"无论从哪方面看，期权市场都显示出将成为投资领域里一支劲旅的迹象。谁懂得期权，谁就可以从中获得最大的利益"。这种看法到今天仍然没错。事实上，可以说今天更是如此。例如，现在每当联邦储备银行要做出什么决定时，他们更经常地注意衍生品对市场的影响。这说明衍生品已经变得十分重要。本书的目的就是要帮助读者了解期权。

在这里，我要对那些帮助我写成这本书的人表示感谢。他们是：罗恩·迪尔克斯（Ron Dilks）和霍沃·惠特曼（Howard Whitman），他们把我带进了经纪行业；阿特·考夫曼（Art Kaufman），他在期权方面的丰富知识帮助我理清了许多策略上的思路；彼得·库珀（Peter Kopple），他审阅了介绍套利的那一章；谢利·考夫曼（Shelley Kaufman），他为第 3 版和第 4 版设计了图形，还不辞辛苦地承担了校对和编辑的工作；本·拉塞尔（Ben Russell）和弗雷德·达尔（Fred Dahl），他们对本书的最初版式和排列都提出过建议；还有吉姆·多尔顿（Jim Dalton，当时芝加哥期权交易所的主席），感谢他在 1977 年当纽约金融学院请他推荐一个作者写一部关于期权的新书时，他推荐了我这个当时并不出名的期权策略家。我特别要感谢布鲁斯·尼米罗（Bruce Nemirow）的无私帮助，尤其是感谢他阅读了最初的书稿，并且提出了批评意见。我最要感谢的是我的妻子珍妮特（Janet），她把最初的书稿用打字机打了出来。当然，还要感谢我们的孩子卡伦（Karen）和格伦（Glenn）。为写成这本书所花费的数不清的时间，无疑打断了我应当同妻子和孩子共享的家庭生活。没有他们的宽容和谅解，这本书是不可能问世的。

目录

总序
前言

第一部分　股票期权的基本特性

第1章　定义 ·· 2
   1.1　基本定义 ·· 2
   1.2　影响期权价格的因素 ·· 6
   1.3　行权和指派：运作机制 ·· 10
   1.4　期权市场 ·· 14
   1.5　期权代码学 ·· 15
   1.6　期权交易细节 ··· 16
   1.7　下单 ·· 19
   1.8　盈亏图形 ·· 21

第二部分　看涨期权策略

第2章　卖出备兑看涨期权 ··· 24
   2.1　卖出备兑看涨期权的重要性 ·································· 24
   2.2　卖出备兑看涨期权的哲学 ····································· 26
   2.3　卖出备兑的总收益的概念 ····································· 28
   2.4　计算投资收益 ··· 30
   2.5　卖出备兑指令的执行 ·· 35
   2.6　选择卖出备兑头寸 ·· 36
   2.7　就已持有的股票卖出备兑 ····································· 39
   2.8　在卖出备兑中对收益和保护分散化 ························· 41

2.9 后续行动 …… 43
2.10 局部抽身策略 …… 51
2.11 特殊的卖出备兑情形 …… 55
2.12 对卖出备兑看涨期权的总结 …… 59

第3章 买入看涨期权 …… 61
3.1 为什么要买入看涨期权 …… 61
3.2 买入看涨期权的风险和收益 …… 62
3.3 买什么样的期权 …… 65
3.4 高级选择标准 …… 67
3.5 后续行动 …… 70
3.6 对价差的进一步看法 …… 77

第4章 其他买入看涨期权的策略 …… 78
4.1 保护性卖空（合成看跌期权） …… 78
4.2 组合保证金 …… 80
4.3 后续行动 …… 81
4.4 合成跨式价差（反向对冲） …… 81
4.5 后续行动 …… 84
4.6 改变看涨期权多头和股票空头之间的比率 …… 85
4.7 总结 …… 87

第5章 卖出裸看涨期权 …… 88
5.1 无备兑（裸）看涨期权 …… 88
5.2 所需投资 …… 90
5.3 卖出裸期权的哲学 …… 91
5.4 风险和收益 …… 92
5.5 后续行动 …… 93
5.6 总结 …… 96

第6章 卖出看涨期权比率 …… 97
6.1 卖出看涨期权比率 …… 97
6.2 所需投资 …… 99
6.3 选择标准 …… 100
6.4 卖出变量比率 …… 103

6.5 后续行动 ··· 105
6.6 总结 ··· 112

第 7 章 看涨期权牛市价差 ··· 113
7.1 看涨期权价差策略的介绍 ··· 113
7.2 激进的程度 ·· 116
7.3 牛市价差的排序 ·· 117
7.4 后续行动 ··· 119
7.5 牛市价差的其他用途 ··· 120
7.6 总结 ··· 123

第 8 章 看涨期权熊市价差 ··· 124
8.1 熊市价差 ··· 124
8.2 熊市价差的选择 ·· 125
8.3 后续行动 ··· 126
8.4 总结 ··· 127

第 9 章 跨期价差 ·· 128
9.1 中性跨期价差 ··· 128
9.2 后续行动 ··· 130
9.3 牛市跨期价差 ··· 131
9.4 后续行动 ··· 132
9.5 使用所有三种到期日系列 ······································· 133
9.6 总结 ··· 133

第 10 章 蝶式价差 ··· 134
10.1 选择价差 ··· 136
10.2 后续行动 ··· 138
10.3 总结 ··· 140

第 11 章 看涨期权比率价差 ··· 141
11.1 投资哲学的不同 ·· 143
11.2 后续行动 ··· 146
11.3 总结 ··· 149

第 12 章　跨期价差和比率价差的组合 ················ 150
12.1　比率跨期价差 ················ 150
12.2　选择价差 ················ 152
12.3　后续行动 ················ 153
12.4　delta 中性跨期价差 ················ 153
12.5　后续行动 ················ 155

第 13 章　反向价差 ················ 156
13.1　反向跨期价差 ················ 156
13.2　反向比率价差（后式价差） ················ 157

第 14 章　对角价差 ················ 161
14.1　对角牛市价差 ················ 161
14.2　"免费"持有一手看涨期权 ················ 163
14.3　对角后式价差 ················ 164
14.4　看涨期权的总结 ················ 165

第三部分　看跌期权策略

第 15 章　看跌期权的基本原理 ················ 168
15.1　看跌期权策略 ················ 168
15.2　给看跌期权定价 ················ 170
15.3　股息对看跌期权权利金的效应 ················ 171
15.4　行权和指派 ················ 171
15.5　转换组合 ················ 173

第 16 章　买入看跌期权 ················ 176
16.1　买入看跌期权与卖空股票 ················ 176
16.2　选择要买的看跌期权 ················ 177
16.3　买入看跌期权策略的排序 ················ 179
16.4　后续行动 ················ 180
16.5　止损行动 ················ 183
16.6　相等头寸 ················ 185

第 17 章 持有股票的同时买入看跌期权 ························· 187

- 17.1 买什么样的看跌期权 ························· 188
- 17.2 税务考虑 ························· 189
- 17.3 买入看跌期权作为对备兑看涨期权卖出者的保护 ······· 190
- 17.4 无成本领圈 ························· 192
- 17.5 调整领圈 ························· 194

第 18 章 买入看涨期权的同时买入看跌期权 ··················· 195

- 18.1 买入跨式价差 ························· 196
- 18.2 买入跨式价差的选择 ························· 197
- 18.3 后续行动 ························· 198
- 18.4 买入宽跨式价差 ························· 200

第 19 章 卖出看跌期权 ························· 203

- 19.1 卖出未备兑看跌期权 ························· 203
- 19.2 后续行动 ························· 205
- 19.3 对卖出裸看跌期权进行评价 ························· 205
- 19.4 按低于市价买入股票 ························· 207
- 19.5 卖出备兑看跌期权 ························· 208
- 19.6 卖出看跌期权比率 ························· 209

第 20 章 卖出跨式价差 ························· 210

- 20.1 卖出备兑跨式价差 ························· 210
- 20.2 卖出无备兑跨式价差 ························· 212
- 20.3 卖出跨式价差的选择 ························· 213
- 20.4 后续行动 ························· 214
- 20.5 等股头寸的后续行动 ························· 217
- 20.6 一开始就设定保护 ························· 217
- 20.7 卖出宽跨式价差（组合价差）························· 218
- 20.8 对卖出未备兑跨式和宽跨式价差的进一步讨论 ········· 220

第 21 章 用看跌期权和看涨期权来构造合成股票头寸 ············ 223

- 21.1 合成股票多头 ························· 223
- 21.2 合成股票空头 ························· 224

21.3 分开行权价 226

21.4 总结 228

第 22 章 基本的看跌期权价差 229

22.1 熊市价差 229

22.2 牛市价差 231

22.3 跨期价差 232

第 23 章 看涨期权和看跌期权组合的价差 234

23.1 蝶式价差 234

23.2 鹰式和铁鹰式价差 236

23.3 期权多头和价差的组合 237

23.4 牛市或熊市价差的一个简单后续行动 240

23.5 3 种有用但复杂的策略 241

23.6 选择价差 248

23.7 总结 250

第 24 章 看跌期权比率价差 251

24.1 看跌期权比率价差 251

24.2 使用 delta 254

24.3 看跌期权比率跨期价差 254

24.4 一个合乎逻辑的延伸（比率跨期组合） 256

24.5 看跌期权的总结 258

第 25 章 长期期权策略 259

25.1 长期期权的定价 259

25.2 长期期权同短期期权的比较 262

25.3 长期期权策略 263

25.4 为投机买入长期期权 269

25.5 卖出长期期权 274

25.6 使用长期期权的价差 283

25.7 总结 287

第四部分 其他的考虑

第 26 章 买入期权和政府债券 ·················· 290
    26.1 政府债券 / 期权策略是如何运作的 ·················· 290
    26.2 总结 ·················· 296

第 27 章 套利 ·················· 297
    27.1 基本的看跌期权和看涨期权套利（"贴水价"）·················· 297
    27.2 股息套利 ·················· 299
    27.3 转换和反转组合 ·················· 301
    27.4 对持有成本的进一步套利 ·················· 303
    27.5 回到转换和反转组合 ·················· 304
    27.6 转换和反转组合中的风险 ·················· 305
    27.7 转换组合小结 ·················· 308
    27.8 利率游戏 ·················· 309
    27.9 盒式价差 ·················· 310
    27.10 相等套利的变形 ·················· 313
    27.11 套利的效果 ·················· 313
    27.12 使用期权的风险套利 ·················· 314
    27.13 配对交易 ·················· 321
    27.14 供市（批量头寸）·················· 322
    27.15 总结 ·················· 322

第 28 章 数学应用 ·················· 323
    28.1 布莱克 – 斯科尔斯模型 ·················· 323
    28.2 计算综合隐含波动率 ·················· 328
    28.3 预期收益 ·················· 330
    28.4 将这些计算用到策略决定中 ·················· 334
    28.5 协助或机构批量头寸 ·················· 341
    28.6 对后续行动的帮助 ·················· 344
    28.7 实施 ·················· 346
    28.8 总结 ·················· 346

第五部分　指数期权和期货

第29章　指数期权和期货产品介绍 ……348
- 29.1　指数 ……348
- 29.2　现金交割期权 ……353
- 29.3　期货 ……356
- 29.4　期货交易 ……358
- 29.5　指数期货期权 ……360
- 29.6　使用指数期权的标准期权策略 ……363
- 29.7　看跌–看涨比率 ……366
- 29.8　总结 ……367

第30章　股指对冲策略 ……368
- 30.1　市场篮子 ……368
- 30.2　程序化交易 ……372
- 30.3　指数套利 ……379
- 30.4　后续策略 ……385
- 30.5　市场篮子的风险 ……387
- 30.6　对股票市场的影响 ……388
- 30.7　模拟指数 ……392
- 30.8　交易跟踪误差 ……398
- 30.9　总结 ……400

第31章　指数价差交易 ……401
- 31.1　指数间价差交易 ……401
- 31.2　总结 ……405

第32章　结构化产品 ……407
- 32.1　"无风险"的持有股票或指数 ……407
- 32.2　现金价值 ……410
- 32.3　内嵌看涨期权的成本 ……410
- 32.4　到期前的价格行为 ……411
- 32.5　SIS ……412
- 32.6　在标的物以折扣价交易时计算内嵌看涨期权的价值 ……416

32.7　调整因子 416
　32.8　其他构建方法 420
　32.9　涉及结构化产品的期权策略 424
　32.10　结构化产品的名单 427
　32.11　其他结构化产品 428
　32.12　结构化产品总结 430

第33章　对指数产品的数学考虑 431
　33.1　套利 431
　33.2　数学应用 433

第34章　期货和期货期权 439
　34.1　期货合约 439
　34.2　期货期权 444
　34.3　期货期权交易策略 454
　34.4　常见的错误定价策略 460
　34.5　总结 467

第35章　期货价差的期货期权策略 469
　35.1　期货价差 469
　35.2　在期货价差中使用期货期权 474
　35.3　总结 485

第六部分　衡量和交易波动率

第36章　波动率交易的基本原理 490
　36.1　波动率的定义 491
　36.2　另一种方法：GARCH 493
　36.3　移动平均值 493
　36.4　隐含波动率 493
　36.5　波动率的波动率 495
　36.6　波动率交易 500
　36.7　波动率为什么会走到极端 501
　36.8　总结 504

第 37 章　波动率对流行策略的影响 ········· 505

- 37.1　vega ········· 505
- 37.2　隐含波动率和 delta ········· 508
- 37.3　对中性的影响 ········· 509
- 37.4　头寸 vega ········· 510
- 37.5　直接买入和卖出期权 ········· 510
- 37.6　时间价值是一个误称 ········· 513
- 37.7　波动率同看跌期权 ········· 515
- 37.8　买入或卖出跨式价差或宽跨式价差 ········· 516
- 37.9　看涨期权牛市价差 ········· 517
- 37.10　看跌期权垂直价差 ········· 521
- 37.11　看跌期权熊市价差 ········· 523
- 37.12　跨期价差 ········· 524
- 37.13　比率价差和后式套利 ········· 525
- 37.14　总结 ········· 526

第 38 章　股票价格的分布 ········· 527

- 38.1　关于波动率的错误概念 ········· 527
- 38.2　波动率买家守则 ········· 530
- 38.3　股票价格分布 ········· 531
- 38.4　对期权交易者这意味着什么 ········· 535
- 38.5　股票价格分布的总结 ········· 536
- 38.6　期权的定价 ········· 537
- 38.7　股票价格运动的概率 ········· 538
- 38.8　预期收益 ········· 545
- 38.9　总结 ········· 546

第 39 章　波动率交易技巧 ········· 547

- 39.1　两种错误的波动率预测方法 ········· 548
- 39.2　对波动率的预测进行交易 ········· 548
- 39.3　交易波动率倾斜 ········· 564
- 39.4　关于波动率交易的总结 ········· 570

第 40 章　高级概念 ········· 571

- 40.1　中性 ········· 571

- 40.2 希腊字母 ····· 572
- 40.3 策略考虑：使用"希腊字母" ····· 585
- 40.4 高级数学概念 ····· 609
- 40.5 总结 ····· 613

第41章 波动率衍生品 ····· 614

- 41.1 历史波动率和隐含波动率 ····· 614
- 41.2 VIX 的计算方法 ····· 615
- 41.3 上市的波动率期货 ····· 618
- 41.4 其他上市的波动率产品 ····· 628
- 41.5 已上市的 VIX 期权 ····· 633
- 41.6 交易策略：方向性信号 ····· 639
- 41.7 使用 VIX 期货的信息 ····· 643
- 41.8 利用和交易期限结构 ····· 646
- 41.9 用波动率衍生品来保护股票组合 ····· 654
- 41.10 其他的宏观策略 ····· 661
- 41.11 使用波动率衍生品的对冲策略 ····· 665
- 41.12 用 VIX 期权来构建比率价差 ····· 671
- 41.13 波动率衍生品小结 ····· 676

第42章 税务 ····· 677

- 42.1 历史 ····· 677
- 42.2 基本税务处理 ····· 678
- 42.3 行权和指派 ····· 680
- 42.4 特别的税务问题 ····· 686
- 42.5 总结 ····· 689
- 42.6 股票期权的税务计划策略 ····· 689
- 42.7 总结 ····· 693

第43章 有最好的策略吗 ····· 694

- 43.1 总的概念：市场态度和相等头寸 ····· 694
- 43.2 对别人是最好的对你未必就是最好的 ····· 695
- 43.3 数学上的排序 ····· 696
- 43.4 总结 ····· 697

后记 ·· 698

第七部分 附录

附录A 策略总结 ·· 700

附录B 相等头寸 ·· 702

附录C 公式 ·· 703

附录D 图形 ·· 710

附录E 合格的备兑看涨期权 ·· 713

附录F 组合保证金 ·· 714

术语表 ·· 716

第一部分
Options as a Strategic Investment

股票期权的基本特性

引言

本书的章节安排具有逻辑先后顺序。许多章节都以前面的章节内容为基础。因此,读者可以从头读到尾而不必常常查阅术语解释。然而,读者如果把本书作为参考资料,比如查阅某一较后的章节,则可能会遇到一些在前面的章节中介绍过的术语。考虑到这种情况,本书结尾部分的完整的术语表是有所帮助的。同样的论题,可能会出现在书中不同的地方,且在不同的难易程度上进行过讨论。例如,**买入看涨期权**(call buying)最初是在第 3 章中介绍的,在第 28 章讨论买入看涨期权的数学应用时,又对其进行了介绍。当然,后面章节的介绍会比前面章节的介绍要复杂一些。

第1章
Options as a Strategic Investment

定　义

要成功地执行各种投资策略，需要充分了解期权和期权交易的基本原理。一个期权策略家必须对股票期权的基本特征有广泛的了解，例如知道在特定条件下期权价格会如何变动，或者知道市场是如何运作的。只有在对基本原理和策略有了全面的了解之后，期权投资者才会知道什么样的策略看上去是让人满意以及更为重要的——哪个策略是适合的。对股票市场的投资者而言，判断一个策略是否适合是个老问题，因为股票本身也不是对所有投资者都适合的。例如，如果某个投资者的主要目的是增加收入和本金安全，那么对他来说债券就比股票更适合。对于期权而言，评估其适当性尤为重要：期权的买方可能会在短期内亏完其全部资金，而无备兑期权的卖方则可能面临巨大的财务风险。尽管有一些后续方法来限制风险，但每一个投资者都必须做出决定：就他自身的经济状况和投资目标而言，期权交易对他来说是否适合。

1.1　基本定义

股票期权（stock option）是一种在未来某一有限时间段内以某一特定价格买入或卖出某一特定股票的权利。这里所说的股票被称为**标的证券**（underlying security）。**看涨期权**（call）赋予拥有者（或持有者）买入标的证券的权利，而**看跌期权**（put）则赋予持有者卖出标的证券的权利。该股票可能会被买入或被卖出的价格被称为**行权价**（exercise price），也叫**执行价**（striking price）（在场内期权市场里，"行权价"和"执行价"是同义词）。股票期权所赋予的买入或卖出的权利只在有限的时间段内有效，因此，每个期权都有一个**到期日**（expiration date）。本书中所说的期权始终是指**场内期权**（listed option），即存在二级市场，在全美期权交易所交易的期权。除特别提到之外，**场外期权**（over-the-counter options，OTC）不包括在我们的讨论范围之内。

1.1.1　如何描述期权

任何期权合约都有以下四个特征：
（1）类型（看涨期权或看跌期权）；
（2）标的股票的名字；
（3）到期日；
（4）行权价。
例如，一个名为"XYZ 7月50看涨期权"的期权是一个以每股50美元的价格买入（看涨期权）100股（正常情况下）标的股票为XYZ的期权。这个期权在7月到期。场内期权是以每股为单位进行报价的，不管用这个期权能够买入多少股股票。因此，如果当前XYZ 7月50看涨期权的报价为5美元，则买入这个期权正常情况下需要花费500美元（5美元 × 100股），再加上手续费。

1.1.2 期权的价值

期权是一种"消耗性"资产，也就是说，它的初始价值会随着时间的流逝而降低（或者说"消耗掉"）。有时它甚至会到期一文不值，持有者可能必须在其到期前行权，以挽回一些损失。当然，持有者也可以在到期前将其在场内期权市场中卖掉。

期权自身也是一种证券，只不过它是一种衍生证券。期权与其标的股票密不可分。期权的价格会随着标的股票价格的上涨或下跌而波动。标的股票的拆股、股息和特殊现金股息会对场内期权的条款带来影响，不过一般的现金股息则不会。看涨期权的持有者不会得到标的股票支付的任何现金股息。

1.1.3 标准化

场内期权交易所对期权合约的条款进行了标准化。期权的条款包含了该期权的4个描述性特征，将它们组合在一起就得到了期权的名字。期权的类型（看涨期权/看跌期权）和标的股票不怎么需要解释并且本质上已经是标准化的了，下面对行权价和到期日做一些说明。

行权价。股票、交易所交易基金ETF和指数的行权价格间距并不一样，这与标的资产的价格和期权合约的流动性有关。一般而言，股票期权的行权价格间距一般为5点，即使对于诸如苹果（AAPL）等高价格股票，或SPX指数（标普500指数）也是如此。对于价格很低的股票而言，假如该股票的期权的流动性相对较好的话，行权价格间距则一般为1点。还存在介于两者之间的行权价格间距，比如2.5点。了解你想交易的股票期权的行权价格间距的最简单方法是去查阅合约规格表（例如，www.cboe.com在线免费提供）。

到期日。期权的到期日有以下三种固定的周期：

（1）1月/4月/7月/10月周期；

（2）2月/5月/8月/11月周期；

（3）3月/6月/9月/12月周期。

除此之外，最近的两个月也有期权上市交易。不过，在任何一个时刻，最长的到期日一般也不会超过9个月。有些股票有长期期权，也被称为**长期普通股预期证券**（long-term equity anticipation securities, LEAPS, 见第25章）。因此，在任何周期里，期权的到期日为4个主要月份（序列）中的3个，再加上两个近期月份。例如，在任何一年的2月1日，XYZ期权可以在2月、3月、4月、7月和10月到期，但不会是1月。2月期权（最近的序列）是短期或近期期权；而10月是远期或长期期权。如果这个股票有长期期权，它们就将在明年1月和后年1月到期。

每一个月的具体到期日都是固定的。期权的最后交易日为到期月的第3个星期五。虽然这个期权事实上要到下一天（紧随的那个星期六）才到期，但公众客户必须在最后交易日的下午 5 时 30 分（纽约时间）之前通知他的经纪人，以行使他买入或卖出股票的权利。

上面的到期日——第三个星期五之后的星期六——被认为是"常规"期权在任意月份的到期日。但近年来，出现了到期日为其他时间的期权。它们是季度期权，到期日为 3 月、6 月、9 月和 12 月的最后交易日。这部分期权数量很少，大部分为大型股指期权。

市场中还存在周度期权。它们一般在星期二上市，而在八个日历日之后的星期五到期（注意，周度期权只在星期五到期，而不是随后的星期六）。现在已经有越来越多的股票和股指开始有周度期权上市，看上去期权交易所还会增加更多，因为这些期权很受投资者的欢迎。

期权的最小变动价位。⊖ 在许多情况下，期权的最小变动价位为 1 美分，另一些情况下，则为 5 美分。对于股票期权而言，当股票价格低于 3.00 美元时，期权的最小变动价位都为 1 美分，而当股票价格高于 3.00 美元时，就会变为 5 美分。然而，为了提高 ETF 和股指期权的流动性，这些期权的最小变动价位总为 1 美分。

1.1.4 期权自身：其他定义

种类（class）**和系列**（series）。期权的种类是指同一标的证券的所有看涨期权和看跌期权合约。例如，所有的 IBM 期权（包括所有不同行权价和到期日的看涨期权和看跌期权）构成一个种类。系列则是种类的一个子类，它包括同一种类（如 IBM）中到期日和行权价相同的所有期权合约。

开仓和平仓交易。 开仓交易是指开始交易，可以是买入，也可以是卖出。例如，一笔买入开仓交易会在该客户的账户中创建或新增一笔多头头寸。平仓交易则会减少该客户的头寸。买入开仓通常伴随着卖出平仓，相应地，卖出开仓则通常伴随买入平仓。

持仓量（open interest）。期权交易所会对每一个系列的期权的开仓和平仓交易的数量进行跟踪。这一交易数量被称为持仓量。每一笔开仓交易都会增加持仓量，而每一笔平仓交易都会减少持仓量。持仓量是用期权合约的数量来表示的，因此一笔买入 5 手看涨期权的指令会使持仓量增加 5 手。请注意，持仓量并不区分买方还是卖方，因为你没有办法知道哪一方更占优势。虽然持仓量的大小对于投资者来说并不是非常重要的信息，但它对判断该期权的流动性非常有帮助。如果持仓量大，那么进行较大数量的交易就不会有问题。然而，如果持仓量很小（只有几百手合约还没有平仓），那么这个期权系列可能就不存在一个合理的二级市场。

买入方（holder）**和卖出方**（writer）。初始买入期权（即买入开仓）的人被称为该期权的买入方（简称买方）。而初始卖出期权（即卖出开仓）的人被称为该期权的卖出方。一般而言，期权的卖出方（简称卖方）被视为做空该期权合约。"卖出方"这个词起源于期权的场外交易年代，当时期权的买入方和卖出方直接联系，由卖出方来起草买入股票的新合约。不过，在场内期权市场中，所有期权的发行方都是期权清算公司，合约也都被标准化。

⊖ 疑原文有误，原文为"期权的价格"（the price of an option）。——译者注

这一重要的差异切断了买入方与卖出方的直接联系，从而为现有的二级市场的形成铺平了道路。

行权（exercise）**和指派**（assignment）。期权拥有者（或者说持有者）如果行使他的买入或卖出标的证券的权利，那么，他就是在行权。看涨期权持有者行权会买入股票，看跌期权持有者行权就会卖出股票。大部分股票期权的持有者可以在最后交易日下午8时以前的任何时候行权；持有者不必一定等至到期日才行权（请注意：那些被称为"欧式行权"的期权只能在到期日那一天而不是之前行权，不过它们一般不是股票期权）。这些行权通知是不可撤销的；一旦发出了，就不能收回。在实践中，它们每天只被处理一次，时间为市场收盘之后。每当有持有者行权时，就会有某个卖方会被指派，以履行他的义务，实现该期权合约所规定的条款。因此，如果某个看涨期权持有者行使其买入的权利，某个被指派的看涨期权卖方就有义务卖出；反过来说，如果某个看跌期权的持有者行使其卖出的权利，则某个被指派的看跌期权卖方则有义务买入。本章后面的内容会详细地介绍看涨期权的行权和指派，而对看跌期权的行权和指派，我们会在本书的后面部分进行讨论。

1.1.5 期权价格与股票价格之间的关系

实值（in-the-money）**和虚值**（out-of-the-money）。有特定的术语来描述股票价格与期权行权价之间的关系。如果股票价格低于看涨期权的行权价，则该看涨期权被称为虚值。如果股票价格高于看涨期权的行权价，则该看涨期权被称为实值（看跌期权则刚好相反，后文会进行讨论）。

【示例1-1】XYZ股票的市价为每股47美元。XYZ 7月50看涨期权是虚值的，XYZ 10月50看涨期权和XYZ 7月60看涨期权也都是虚值的。而XYZ 7月45看涨期权、XYZ 10月40看涨期权和XYZ 1月35看涨期权则都是实值的。

实值看涨期权的**内在价值**（intrinsic value）等于股票价格超出行权价的那部分金额。如果该看涨期权是虚值的，则它的内在价值为零。卖出期权的价格一般被称为**权利金**（premium）。权利金与**时间价值权利金** [time value premium，简称为**时间价值**（time premium）] 有明显的区别。时间价值等于该期权权利金超过其内在价值的那部分金额。我们可以用下面的公式来快速计算出实值看涨期权的时间价值：

实值看涨期权的时间价值 = 看涨期权的价格 + 行权价 − 股票的价格

【示例1-2】XYZ的市价为48，XYZ 7月45看涨期权的价格为4。该期权的权利金（总的价格）为4。由于XYZ的价格为48，而该期权的行权价为45，那实值金额（或内在价值）为3点（48−45），而时间价值就为1（4−3）。

如果该看涨期权是虚值的，那么它的权利金和时间价值就会相等。

【示例1-3】如果XYZ的价格为48，XYZ 7月50看涨期权的售价为2，那么该看涨期权的权利金和时间价值都为2点。由于股票价格低于行权价，因此该看涨期权没有内在价值。

一般来说，当股票价格等于行权价时，期权的时间价值最大。随着期权变为深度实值或虚值，它的时间价值会显著地减小。表1-1说明了这种效应。请注意，当股票价格接近行权价（50）时，时间价值会随之增加，而当股票价格远离50时，时间价值就随之减小。"时间价值"这一术语表明，期权的这部分价值完全与存续时间相关。事实上，这并不完全正确。标的股票的波动率也对期权"时间价值"的大小有影响。因此，实际上"时间价值"有些用词不当，但它确实是一个标准术语。

表 1-1 时间价值的变化

XYZ 股票价格	XYZ 7 月 50 看涨期权价格	内在价值	时间价值
40	1/2	0	1/2
43	1	0	1
35	2	0	2
47	3	0	3
→50	5	0	5
53	7	3	4
55	8	5	3
57	9	7	2
60	10.50	10	0.50
70	19.50	20	−0.50①

① 简单地说，深度实值看涨期权的实际交易价格可能低于其内在价值，因为看涨期权的买家可能对不那么昂贵的看涨期权感兴趣——看涨期权会在股票的上涨过程中赚得更多。我们会在考察套利技术时，对这一现象进行更深入的分析。

持平（parity）。按其内在价值进行交易的期权被称为与标的证券持平的期权。因此，如果 XYZ 为 48，XYZ 7 月 45 看涨期权的售价为 3，这个看涨期权就是持平的（at parity）。期权卖出方特别感兴趣的一个常用方法（我们在后文会见到），就是通过指出一个期权与其持平状态普通股之间的距离来说明它的价格。因此，在表 1-2 所示的所有示例中，XYZ 7 月 45 看涨期权都比起持平状态价格高出半点。

表 1-2 比较 XYZ 股票和看涨期权的价格

行权价	+	XYZ 7 月 45 看涨期权价格	−	XYZ 股票价格	=	高出持平
（45	+	1	−	45.50）	=	0.50
（45	+	2.50	−	47）	=	0.50
（45	+	5.50	−	50）	=	0.50
（45	+	15.50	−	60）	=	0.50

1.2 影响期权价格的因素

期权的价格与标的股票和该期权条款的性质相关。影响期权价格的主要可量化因素包括：

（1）标的股票的价格；

（2）期权自身的行权价；

（3）该期权的剩余存续期；

（4）标的股票的波动率；

（5）当前无风险利率（例如 90 天政府债券利率）；

（6）标的股票的股息率。

前四项是期权价格的主要决定因素，后两项一般没有那么重要，不过，对于高股息股票来说，股息率可能会有显著的影响。

1.2.1 四个主要决定因素

对期权价格影响最大的也许要算股票的价格了，因为，如果股票的价格远远高于或者低于行权价，其他的因素就几乎没有什么影响。在期权到期的那一天，它的决定性作用是显而易见的。在到期日，决定期权价值的就只有股票价格和期权的行权价，其他四个因素都不再起作用。在这个时候，期权的价值就等于其内在价值。

【示例1-4】 在期权7月到期的那一天，不再有时间剩余，表1-3显示了XYZ 7月50看涨期权的价值，每一个价值都取决于当时的股票价格。

看涨期权价格曲线。看涨期权价格曲线是根据不同股票价格而绘制的一条期权价格的曲线。图1-1显示了绘制这条曲线所需的轴线。纵轴为期权价格，横轴为股票价格。这是一个内在价值的图形。当期权为虚值或者行权价等于股票价格时，它的内在价值为零。一旦股票价格超过了行权价，内在价值就会随股票价格的增加而上升。由于看涨期权的价格一般在任何时候都至少等于其内在价值，因此这个图形表示了该看涨期权可能出现的最低价格。

当看涨期权还未到期时，它的价格等于内在价值加上时间价值。由此导致看涨期权价格曲线呈现出沿着股票价格轴线向内转的弓形。如果在图1-2所提供的坐标图上绘制表1-4中的数据的话，这条曲线就会表现出两个特征。

表1-3 XYZ期权在到期日的价值

XYZ股票价格	XYZ 7月50看涨期权到期日的（内在）价值
40	0
45	0
48	0
50	0
52	2
55	5
60	10

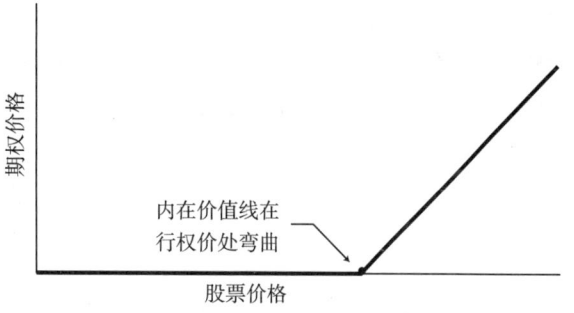

图1-1 期权在到期日时的内在价值

表1-4 一个假设的距到期日还有6个月的7月50看涨期权的价格，图1-2为它的图形

XYZ股票价格（横轴）	XYZ 7月50看涨期权价格（纵轴）	内在价值	时间价值（阴影部分）
40	1	0	1
45	2	0	2
48	3	0	3
→50	4	0	4
52	5	2	3
55	6.50	5	1.50
60	11	10	1

（1）时间价值（阴影部分）在股票价格等于行权价时最大。

（2）当股票的价格远高于或远低于行权价时（靠近曲线的终端），期权的售价会接近于它的内在价值。因此，曲线的两个终端都几乎碰到了其内在价值线。（图1-2中同时显示了内在价值线和期权价格曲线。）

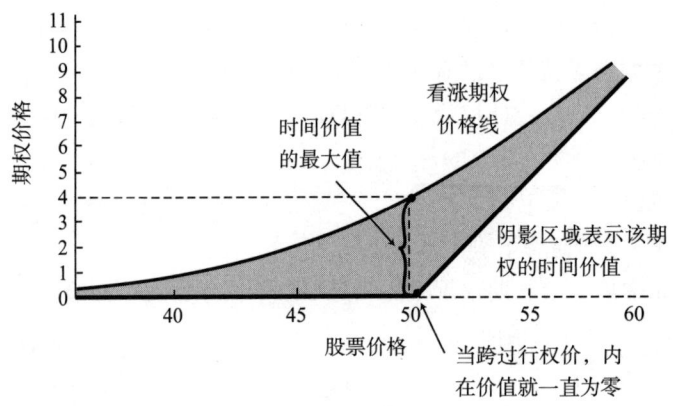

图1-2　6个月到期的7月看涨期权（见表1-4）

不过，这条曲线所显示的只是预期的XYZ 7月50看涨期权在离到期日还有6个月时的价格行为。随着到期日的临近，这条弓形曲线会越降越低，直到在期权存续的最后一天，完全与其内在价值线重合。换句话说，在到期日，这个看涨期权的价值等于其内在价值。仔细分析一下图1-3，它描绘了三个不同的XYZ看涨期权。在任何既定的股票价格（股票价格刻度上的某一固定点）上，存续期最长的看涨期权的售价最高，存续期最短的看涨期权的售价最低。在行权价上，三个期权的实际价格之间差异最大。在接近这个尺度的两个终端的地方，三条曲线靠得很近，这意味着不同期权之间的实际价格差异很小。因此，如果股票价格不变，期权价格随到期日的临近而降低。

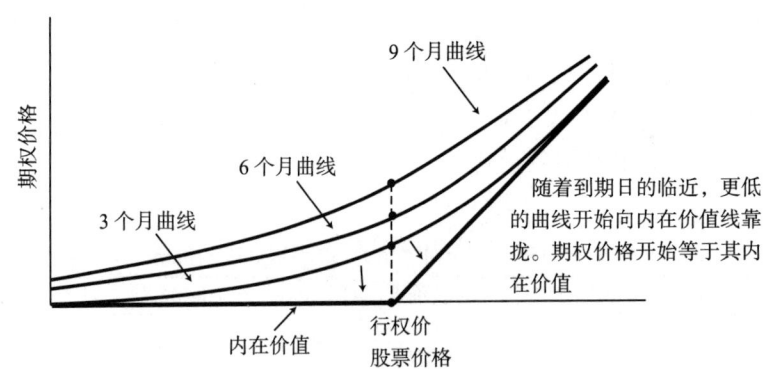

图1-3　存续期分别为3个月、6个月和9个月的看涨期权的价格曲线

【示例1-5】在1月1日，XYZ的售价是48。XYZ 7月50看涨期权比4月50看涨期权卖得更贵，而4月50看涨期权的售价比1月50看涨期权的售价更高。

无论股票价格多少，这个论断都是成立的。唯一需要注意的是，当期权为深度实值或虚值时，1月、4月和7月看涨期权之间的实际价格差异会小于当XYZ股票的价格等于期权行权价（50）时。

时间价值的减值。在图1-3里，存续期为9个月的看涨期权的价格并不是存续期为3个月的看涨期权的3倍。而在图1-4中，时间价值的减值并不是一条直线，也就是说，期权的减值率并不是线性的。期权的时间价值在其存续期的最后几个星期（也就是到期日之前的那几个星期）里的减少程度要比前期迅速得多。减值比率实际上与期权剩余存续期的平方根相关。因此，存续期为3个月的期权的减值（即其所损失的时间价值）是存续期为9个月的期权的2倍（$\sqrt{9}=3$）。类似地，存续期为2个月的期权的减值是存续期为4个月的期权的2倍（$\sqrt{4}=2$）。

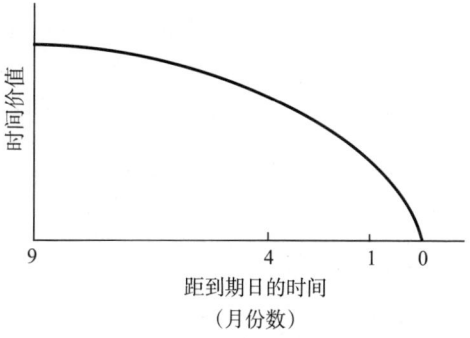

图1-4 假定股票价格不变时，时间价值的减值

这幅图其实是把问题简单化了，读者不应当因此就以为存续期为9个月的期权的售价一定是存续期为3个月的期权的2倍，因为还有其他因素在影响这两个看涨期权的实际价格关系。在这些因素之中，影响最大的是标的股票的波动率。标的股票的波动率越大，期权的价格就越高。这种关系是符合逻辑的，因为如果股票具有能运动到相对更远向上距离（价格）的能力，那么看涨期权的买家就会更愿意为其付更高的价格，卖家也会要价更高。例如，如果美国电话电报公司（AT&T）和施乐（Xerox）的卖价相同（就像经常出现的那样），施乐的看涨期权的价格会比美国电话电报公司更高，因为施乐股票的波动率比美国电话电报公司股票要大。

这四个主要因素（股票价格、行权价、时间和波动率）之间的相互作用相当复杂。虽然股票价格的上涨会推动看涨期权价格的上升，但与之同时出现的时间的流逝则可能将它推向相反的方向。因此，即使标的股票的价格上升了，虚值看涨期权的买家还是有可能会面临亏损，因为时间的流逝减少了期权的价值。

1.2.2 两个次要的决定因素

无风险利率。无风险利率通常是指当前90天政府债券的利率。较高的利率意味着较高的期权权利金，较低的利率则意味着较低的期权权利金。虽然金融界就利率对期权价格的实际影响究竟有多大有着不同的看法，但大部分期权定价数学模型（本书的后面将讨论这些模型）都会把它考虑在内。

标的股票的现金股息率。虽然股息率并不是期权价格的一个主要决定因素，但对期权的卖出方来说，它有可能是非常重要的。如果标的股票根本不支付股息，那么看涨期权的价值就完全是由其他五个因素决定。不过，股息的支付会降低看涨期权的权利金：标的股票的股息越高，它的看涨期权的价格就越低。高股息股票的看涨期权权利金一直较低，最重要的原因之一就是该股票自身的股息较高。

【示例1-6】XYZ的价格相对较低，每股的售价是25美元，波动率也不高。每年它支付很高的股息：每股2美元，每年分季度发4次，每次0.50美元。如果XYZ看涨期权的行权价是25美元，那它的**合理价格**（fair price）是多少呢？

某个想要买XYZ期权的交易者决定找出这个合理价格。在未来6个月里，XYZ将支付1美元的股息，而在**除息**（ex-dividend）时，股票价格会减少1美元。这样的情况下，如果XYZ股票价格除了这个1美元的减值外没有其他变化，那它就会变为每股24美元。更进一步说，因为XYZ是波动率不高的股票，在除息之后，它有可能不会很快恢复到25。由于标的股票的价格会因为除息而减值，而看涨期权的持有者并不能得到这部分现金股息，所以他们就不会给出太高的买价（即使有6个月的时间）。

这个看涨期权的买家是根据除息减值后的24美元（而不是25美元）的股票价格来计算XYZ 7月25看涨期权的价值。他明确地知道，在未来的6个月中，如果XYZ股票的股息率没有变化，那该股票将失去1个点的价值。在实践中，期权的买方在出价购买期权时，会倾向于从当前股票价格中扣除将要支付的股息。不过，并不是所有股息都需要完全扣除。一般而言，最近的股息的扣除程度要比很久以后才支付的股息大得多。低波动率高股息的股票的看涨期权的价格比高波动率低股息的股票要低。事实上，在某些情况下，一笔即将支付的大金额股息会显著地增加期权在到期日前被行权的可能性。（这一现象会在后面的部分中更详细地讨论。）在任何情况下，股息都会或多或少地对某些看涨期权的价格起到重要的影响。

1.2.3 其他的影响因素

上述六种因素，不管是主要的还是次要的，都只是可以计量的其对期权价格的影响因素。在实践中，无法计量的市场动态（投资者的情绪）同样会起到各种各样的作用。在牛市中，由于需求增加，看涨期权的权利金往往会增加。而在熊市中，因为需求减少，看涨期权的权利金往往会降低。不过，这些影响一般都不会持续太长时间，只会在情绪激动的市场阶段中发挥作用。

1.3 行权和指派：运作机制

期权的持有者可以在该期权的存续期内的任何时候行使他的权利。看涨期权的持有者行权以买入股票，看跌期权的持有者则行权以卖出股票。在期权被行权的情况下，一手相同条款期权的卖出者就会被指派，他需按期权合约的条款来履行其义务。

1.3.1 期权行权

由于**期权清算公司**（options clearing corporation，OCC）的作用，行权和指派的实际运作机制其实相当简单。作为所有场内期权的发行人，期权清算公司控制着所有场内期权的行权和指派。它的活动可以用下面的示例来解释。

【示例1-7】一个XYZ 1月45看涨期权的持有人想要行权，以每股45美元的价格买入

XYZ 股票。他指示他的经纪人执行这个意愿,然后他的经纪人通知经纪公司的后台来处理这件事,接着该经纪公司再通知期权清算公司,他们想要行权 1 手 XYZ 1 月 45 看涨期权系列合约。

现在,剩下的事情就交由期权清算公司来处理了。期权清算公司记录了所有卖出过 XYZ 1 月 45 看涨期权并且没有回补的会员(经纪)公司信息。期权清算公司从中随机选择一家卖出过至少 1 手 XYZ 1 月 45 看涨期权的会员公司,然后通知这家卖方公司它被指派了。这家公司必须按每股 45 美元的价格交割 100 股 XYZ 股票给那家执行的公司。这个被指派的公司再从它所有卖出过 XYZ 1 月 45 看涨期权的客户中选择一个。指派的选择方法可以是:

(1)随机的;
(2)按先进/先出的原则;
(3)其他公平、公正,得到相关交易所许可的原则。

在确定了卖出 XYZ 1 月 45 看涨期权的客户之后,行权/指派的过程就完成了。(期权的卖出方有必要清楚地知道其经纪公司的期权合约指派方法。)

1.3.2 服从指派

被指派的客户没有其他的选择,必须交割股票。这时候再试图从期权市场上把期权买回来就已经太迟了。他必须不折不扣地按每股 45 美元的价格交割 100 股 XYZ 股票。不过,被指派的卖出方可以选择如何来完成这个指派。如果他的账户中刚好有 100 股 XYZ 股票,那他只需交割这 100 股股票就可以满足**指派通知**(assignment notice)。另一种情况下,他可以在股票市场上以当前的市场价(假定这个市场价要高于 45 美元)买入 100 股 XYZ 股票,然后交割这新买入的股票来满足指派通知。第三种方法则是直接通知他的经纪公司,说他希望卖空 XYZ 股票,请他们从他的卖空账户中按每股 45 美元交割这 100 股 XYZ 股票。不过并不是任何时候都能够借到股票来卖空,因此,第三种方法不是在任何时候对每种股票都适用。

保证金。如果被指派的卖出者购买股票以满足合约,那么这笔交易的保证金一般可以降低,他无须支付全额保证金来买入股票以完成交割。一般而言,该客户只需就 XYZ 的当前价格与每股 45 美元的交割价之间的价差部分支付逐日交易(day-trade)保证金。如果他是采用卖空的方式来完成这次指派,那他就必须全额支付该笔卖空交易当前适用的保证金标准。

1.3.3 期权行权之后

期权清算公司和期权行权的客户并不关心被指派的客户是用什么方法来进行交割的,他们只想要保证这 100 股 XYZ 股票会以 45 美元的价格被交割。如果把看涨期权行权的持有者想要这部分股票,他可以把它们留在自己的账户里。另一方面,他也可以立刻在公开市场中以假设的高于 45 美元的价格把股票卖掉。如果他已经建有一个保证金账户,那他可以不必交付任何钱就马上卖掉。而如果他是在操作一个现金账户,那就必须先付清购买股票的钱——即使该股票在同一天里接着就被卖掉。此外，如果他先前已卖空 XYZ 股票的话，他可以用行权得到的股票来回补他自己账户中的卖空头寸。

1.3.4　手续费

除非经纪公司对客户有特别的安排，通过行权而买入股票的客户和通过行权而卖出股票的客户都必须对这 100 股股票的交易支付全额的股票交易手续费。一般而言，期权持有者通过指派而交付的手续费要高于他们在二级市场上出售股票所要支付的手续费。因此，持有期权的公众客户一般会在二级市场中把期权卖掉，而不是选择行权。

当然，有时某个客户仍然希望持有该标的股票，或许是因为该股票对他有吸引力，又或许是因为他希望回补一笔卖空交易。在这些情况下，把该看涨期权行权可能是有利的。

1.3.5　预见到指派

看涨期权的卖出者常常倾向于在二级市场上将期权买回来，而不是通过股票交易来完成合约义务。再强调一次，如果卖出者已经收到了指派通知，那么再想去二级市场中买回（回补）这个看涨期权就太晚了。卖出者必须在指派之前买，否则就得按合约的条款行事。如果卖出者了解那些通常会导致持有者行权的情况，他就能够比较准确地预见到什么时候会出现指派。如果能预见到指派，那卖出者就可以提前在二级市场中将该合约平仓。只要卖出者在某个交易日中的任何时间内买回了这个头寸，那他就不再会为这手期权而被指派。指派通知是根据每天交易收盘后的未平仓头寸而决定的。于是，问题的关键就变成了："某个卖出者如何才能预见到指派呢？"指派往往会在下面的几种情形里出现：

（1）在到期时，看涨期权是实值的；

（2）在到期前，期权在贴水交易；

（3）标的股票支付高额股息，而且就要分红。

自动行权。如果期权在到期时是实值的，那就一定会被指派。股票在最后交易日收盘时哪怕只高出行权价 1 美分，该持有者正常情况下也会行权。事实上，在最后交易日的任何时间里，只要看涨期权是实值的，如果某个持有对冲头寸的做市商收到了一份指派通知，他就会对该看涨期权行权。即使某个持有者忘了他还有这样一手期权并没有行权，那除非该客户通过其经纪公司特别指示不行权，否则期权清算公司就会自动地将所有在到期时至少是 1 美分实值的看涨期权行权。这个**自动行权**（automatic exercise）的机制保证了没有一个投资者会因为粗心而丢钱。

【**示例 1-8**】在 1 月第三个星期五（1 月期权系列的最后交易日），XYZ 的收盘价是 50。由于期权要到第二天也就是星期六才到期，因此期权清算公司和所有的经纪公司就有机会来复查投资者的记录，看一看是否有可以盈利的期权没有被行权。如果某个 1 月 45 看涨期权的持有者既没有卖出该期权，也没有行权（可能是由于生病，或者是在旅行中没有电话或计算机），那该期权就会被自动行权。该期权每手价值 500 美元，即使扣除买入股票的手续费，该客户还能收回一大笔钱。不过，他现在持有的是股票，他需要卖出股票才能实现这笔盈利。

注意，在上面的例子中，期权的行权使得该账户出现了一笔股票买入交易。如果此时账户中没有足够的现金来买入股票，客户就会收到保证金追加通知（margin call）。这就是为什么一些经纪公司不允许客户用退休账户（例如，个人退休账户 IRA）来买入期权，因为客户无法定期的向个人退休账户追加资金以满足自动行权的要求。

任何想要避免收到指派通知的卖出者，在到期时股票价格有可能会高于行权价时，都应当买回（回补）这个期权。如果期权在到期时是实值的，那么被指派的可能性就是 100%，即使只是高出 1 美分。

由于贴水（discount）而提前行权（early exercise）。当期权在到期之前行权时，被称为提前行权，或者早期行权。当看涨期权以持平价或低于持平价交易时，往往就会发生提前行权。在到期日之前，期权的价格为持平或贴水时，可能就意味着即将出现提前行权，即使贴水的程度很小。如果期权的价格即将相对于持平价有明显贴水，而该期权的卖方又不希望交割股票，那他应该提前把该期权买回。这样做的原因是套利者（arbitrageurs，场内交易员或会员公司的交易员，他们只需支付很少量的交易费用）会利用这种贴水状态的机会进行交易。（后文会更详细地讨论套利交易，这里提到它，只是为了说明为什么提前行权常常出现在贴水的情况中。）

【**示例 1-9**】XYZ 的买价为每股 50 美元，XYZ 1 月 40 看涨期权的卖价为贴水价 9.80。这个看涨期权实际价值 10 点。套利者可以通过下面的行动来利用这个机会，所有这些都是在一天内完成的：

（1）以 9.80 的价格买入 XYZ 1 月 40 看涨期权；
（2）以 50 的价格卖空 XYZ 股票；
（3）把这个看涨期权行权，从而以 40 的价格买入 XYZ。

该套利者从卖空 XYZ 的交易中（第 2 步和第 3 步）获得 10 点，从这 10 点中减去他为看涨期权所支付的 9.80，他的总盈利为 20 美分——贴水的数量。由于他只需付很少的手续费，因此这项交易就会有净盈利。

此外，当期权没有时间价值时，卖出者可以预期其会被指派。反过来说，当期权还有时间价值时，它一般就不会被行权。

【**示例 1-10**】在到期日之前，XYZ 的市价为 50½，1 月 50 看涨期权的市价为 1。这个看涨期权很难会被马上行权，因为它还剩有半点的时间价值。

时间价值	=	看涨期权价格	+	行权价	−	股票价格
	=	1	+	50	−	50.50
	=	0.50				

由于标的股票的股息而被提前行权。有时市场条件会导致贴水的情况，并且有时的贴水是由高额的股息造成的。由于股票价格几乎总是会因为除息而下跌相当于股息的金额，期权的价格也多半会在除息后下跌。然而，场内期权的持有者是得不到股息的，因此他也许会因为预计到股价会下跌，而决定在除息日之前在二级市场中卖掉这个期权。如果因为

这一原因而在二级市场上卖出的看涨期权的数量足够多，那期权的价格就有可能变为持平，甚至出现贴水。在这样的情况下，套利者就有可能会利用这种机会，买入这些期权并行权。

如果期权在除息日前被指派了，卖出者就会得不到股息，因为他在除息日已不再拥有股票。此外，如果他是在除息日当日收到指派通知的，他就必须交割股票以及股息。因此，对于卖出者来说，在到期日的前一天观察期权的贴水情况，就变得非常重要。

需要提醒的是，不要因为此处的讨论而得到这样的结论：如果股息大于剩余的时间价值，看涨期权就会因为股息而被行权。情况并不是这样，下面我们用一个示例来说明原因。

【示例1-11】交易价为50的XYZ股票将要支付1美元的股息，除息日就在第二天。XYZ 1月40看涨期权的售价是10.25，它的时间价值为25美分（时间价值 = 10.25 + 40 - 50 = 0.25）。同样类型的套利在这里就不起作用。假设套利者以10.25的价格买入这个看涨期权并行权，他现在就会拥有即将除息的股票，而且他计划在第二天也就是除息日开盘后立刻将股票出手。在除息日，XYZ的开盘价为49，因为它就要除息1美元。这个套利者的交易包括：

（1）以10.25的价格买入XYZ 1月40看涨期权；
（2）在同一天行权该看涨期权，从而以40的价格买入XYZ；
（3）在除息日，以49的价格卖出XYZ，并得到1美元的股息。

他在股票上得到9点（第二步和第三步），并且他得到1点的股息，总的现金流入为10点。但是，他在买入这手看涨期权时支付了10.25点。总的交易结果是亏损，因此套利者不会去尝试这样做。

因此，支付的股息超出看涨期权的时间价值，并不意味着卖出者会被指派。

更有可能，但更难确定的一种情况是，套利者在这样的情况下有可能会尝试一种"风险套利"。**风险套利**（risk arbitrage）是一种套利者承担风险以求牟利的套利。这个套利者可能会认为股票的贴水金额不会有除息金额那么大，或者认为除息之后这个看涨期权的时间价值会增加。无论是哪种情况（或者是两者兼备），他都可以盈利：如果股票开盘时只下跌了60美分，或者期权的权利金上涨了40美分，这个套利者都可以在开盘时获利。不过，一般而言，套利者不喜欢冒险，从而会避免这类情况。因此，由于标的股票的股息支付而导致的指派的可能性很小，除非这个看涨期权是在以持平价或贴水价在交易。

当然，对提前行权的可能性进行预测，会假设看涨期权持有者的行为是合乎理性的。如果看涨期权还有剩余时间价值，从财务权衡上看，相比于行权，到二级市场上卖出看涨期权对持有人更有利。不过，看涨期权的合约条款赋予了看涨期权的持有人行权的权利，即使行权并不对其有利。在这样的情况下，某个卖出方可能会非常意外地收到指派通知。财务上不合理的提前行权尽管比较少见，但确实会发生。期权的卖出方必须意识到这一点，在非常小概率的情况下，他可能会在不合逻辑的条件下被指派。

1.4 期权市场

股票交易者不一定要为了挣钱，而对股票市场运作细节非常了解。股票不到期，也不会有某个投资者来意外地抽走其投资。然而，期权的交易者就必须对期权市场的运作做更多的研究。事实上，某个不了解期权市场运作细节的期权策略家，很可能会因为其对这方面信息的不了解而最终输钱。

做市商

股票市场与场内期权市场至少在有一个方面是相似的。股票市场采用**专业商**（specialist）制度来做两件事：第一，当某个股票缺乏公众投资者的买入或卖出指令时，他们必须用他们自己持有的头寸来为这个股票做市；第二，他们要保管公众订单簿，其中包括公众的买入或卖出**限价指令**（limit order），以及**止损指令**（stop order）。当场内期权开始交易时，芝加哥期权交易所引进了类似的交易机制，**做市商**（market-maker）和**交易所经纪人**（board broker）制度。芝加哥期权交易所为每个有期权交易的股票指定了若干做市商，在缺乏公众指令的情况下，这些做市商需提供买卖报价以买卖期权。做市商不能代公众客户下单，他们只能用自己的账户来买入或卖出。另一种类型的人员，也就是交易所经纪人，负责维持限价指令簿。交易所经纪人不允许为自己做任何交易，他们只是为交易者打开指令簿，以查阅当前市场价附近（包括最高的买价和最低的卖价）的买入和卖出的指令有多少。（股票交易所的专业商所维持的簿记没有过多公开，他们无需正式公布公众指令的数量和价格。）

从理论上来说，芝加哥期权交易所的交易系统比股票交易所的系统更有效。当有若干个做市商就某一具体证券展开做市竞争时，该市场会比只有单一专业商提供报价的市场更有效率。此外，这种更公开的公众订单簿会让市场变得更有秩序。在实践中，关于芝加哥期权交易所是否是个更有效率的市场的问题，常常引发热议。不过期权策略师们不用太在意这个问题。

美国股票交易所（American Stock Exchange）在其期权交易中使用了专业商制度，但它也有功能与做市商类似的**场内交易商**（floor trader）。区域性的期权交易所常常组合使用这两个系统，有些使用做市商制度，另一些则使用专业商制度。

1.5 期权代码学

从1973年场内期权开始交易，直到2010年该符号学的完整修订之前，期权的代码都是由晦涩难懂的字母（代表行权价和到期月份）和三个字母符号（股票期权的字母符号则可能有四个，如AAPL）所组成。但随着越来越多的股票、ETF和其他资产的期权开始上市交易，并且这些期权的存续期变得更长（超过1年），老的代码体系变得不能实行了。它已经超期"服役"了很长时间，其中大部分原因是由于某些大型经纪公司和报价供应商不愿意改变。不过最终，期权清算公司组织了一些行业代表来帮助建立期权代码计划（OSI），该计划的目的是建立新的期权代码。期权代码计划实施于2010年，整个行业都因其而受益。

如果你想了解期权代码的历史，可以看看本书第4版第1章的这部分内容。现在回过头来看这段历史，可能觉得有些可笑，但它确实是这样的，需要一支来自全世界不同公司的业务员队伍来维护期权数据库，以每日更新发生的所有变化。这些变化包括但不限于：拆分、特殊股息、分拆、长期期权（LEAPS）、周度和月度期权存续期，以及标的股票高波动变化所导致的无数的行权价等。

时至今日，尽管期权代码还没有完全标准化，但这种情形也变得简单了许多。期权代码计划对如何创建期权代码提供了建议，但每个经纪公司、报价提供商和交易所都可以自由设计格式以满足需要。不过，单个投资者不用对此太过担忧，因为绝大多数经纪商和报价软件显示的期权信息都类似：

IBM 1月（21）2011 45 看涨期权 [IBM Jan (21) 2011 45 call]

其中，IBM 为股票代码，1月（Jan）为到期月份，21 为到期日，2011 为到期年度，45 为行权价，看涨期权为期权的类型（与之相反的是看跌期权）。

如果期权为常规第三个星期五随后的星期六到期，一些报价提供商就不显示到期日。不过对于周度或季度期权，就必须显示到期日。一些报价提供商只显示到期年度的最后两位数字。有一些仍使用到期月份的老式字母代码（"A"代表1月看涨期权，"B"代表2月看涨期权……"L"代表12月看涨期权，"M"代表1月看跌期权，"N"代表2月看跌期权……"X"代表12月看跌期权）。

不过在任何情况下，新式代码都比老式代码更有逻辑。因为，它用数字来表示行权价和到期日，而不是像先前那样用字母来表示；这些项目使用了数字，只用一个股票代码来表示该特定股票的所有期权。

1.6 期权交易细节

这一节包括了一个策略家应当知道的若干事实。书中讨论的顺序并不是按照重要性来排列而且所罗列的名单也未必是完整的。在本书中讨论具体策略的章节里，我将提供更多的细节。

（1）临近最后交易日，期权交易会变得狂热。场内期权的交易时间为美国东部时间上午9点30分至下午4点。一些指数期权会交易至美国东部时间下午4点15分。不建议投资者一直等到该交易日的最后交易时间才下单，因为此时可能会发生指令冲击，即便是市价指令也有可能不会成交。此外，投资者需要知道某个期权的最后交易日（常规到期周期期权的最后交易日为第三个周五，周度期权为每个周五）。再强调一次，投资者应选择还有很多时间剩余时下单，而不是等到期权存续期的最后时间里"冲击"交易。

（2）期权交易的结算周期是一天。交易是在交易之后的第2个工作日进行结算的。买入的交易必须全款付清，从卖出的交易中所得到的收入是在结算日入账的。当交易发生在某个到期系列的最后交易日时，有的经纪公司要求在交易的当天就进行结算。

（3）期权是以轮转方式（in rotation）开盘交易的。当标的股票在任何一个交易所开盘交易时，不管是区域性的还是全国性的交易所，该股票的期权就在相应的期权交易所进入开盘轮转。当某个标的股票在某个交易日中停止交易后又重新开盘，也同样适用轮转系统，该股票的期权将通过轮转重新开盘。

在轮转之中，有兴趣的参与者可以对每个特定的期权系列（XYZ 1月45看涨期权，XYZ 1月50看涨期权等）逐一地申报买价和卖价，直到各种到期日和行权价的所有的看涨期权和看跌期权都开盘了为止。并不一定要每个系列都有交易发生，只要有买卖报价就行。诸如价差等涉及不止一个期权的指令，是不能在轮转中被执行的。

在轮转的进行过程中，标的股票的价格有可能出现大幅度的波动。这会导致从每个期权开盘的角度来看，期权价格都是不现实的。因此，某个期权的开盘价可能是一个有些可疑的数据，因为没有一个期权是与其他期权完全同时开盘的。

此外还应当注意到，大多数期权交易者都不会在轮转时交易，因此，一个市价指令有可能会拿到一个很糟糕的价格。如果有人想在轮转期间交易，他就应当使用限价指令（本章的后面会更详细讨论下单过程）。

（4）当标的股票拆股、支付股票股息、支付超过12.5美分的特殊现金股息，或支付金额超过股票价格10%的常规股息时，它的合约的条款就会被调整。这样的调整有可能会导致出现带分数的行权价以及每手合约不等于100股股票的期权。在正常公布和按季（或其他周期）来支付的现金股息的情况下，期权条款不会有调整。交易这些期权的期权交易所会公布有关拆股、股票股息和权利分放（rights offering），以及它们对期权条款的影响方面的详细信息。所有的会员公司都会收到通知，这些公司再通过经纪人把这些信息传达给客户。在实践中，期权策略家应当从经纪人那里搞清楚新的期权系列的具体条款，以防经纪人因为疏忽而没有向他传递这些信息。

【示例 1-12】 XYZ股票价格为每股50美元，它的期权的行权价分别为45，50和60的1月、4月和7月系列。它宣布了2对1的拆股。通常情况下，当发生2对1拆股的时候，未平仓的期权合约数量会加倍，行权价会减半。5手XYZ 1月60看涨期权的持有者现在就持有10手XYZ 1月30看涨期权。每手看涨期权仍对应100股标的股票。

拆股之后，XYZ的期权的行权价变为22½，25和30的期权。在某些情况下，期权交易所的工作人员会在其认为有必要的时候引进其他行权价。在这个例子中，他们就有可能引进行权价为20的期权。

【示例 1-13】 UVW公司股票（代码UVW）现在的市场价为每股40美元，它有行权价分别为35，40和45的1月、4月和7月的期权系列。UVW宣布了5%的股票股息。期权标准化合约中的100股就被调整成了105股，而每个行权价都由于除以1.05而减低了，四舍五入到最近的美分。因此，新的行权价就相应变为33.33，38.10和42.86。此外，还将用新的代码来表示这些"非100股"的合约：UVW 1（或UVW 2，如果UVW 1已经被使用了的话）。

在拆股之后，交易所一般会上市新的35，40和45行权价的系列，每手合约对应100股标的股票。在一段时间里，UVW期权会有6个行权价。随着时间的流逝，带分数的行权价合约会在到期后就被取消。因为没有重新引入，只要UVW不再发放新的股票股息，它们就不会再出现。

【示例 1-14】 WWW公司股票（代码WWW）的市场价为每股120美元，它的期权的行权价系列分别为110，115，120，125和130。WWW宣布要进行3对1拆股。在这种情况下，行权价就要分别除以 3（四舍五入到最近的美分，变成 36.67，38.33，40，41.67 和 43.33）；每个账户中的合约数量就要乘以 3；每手期权仍然对应 100 股 WWW 股票。通行的规则是：在拆股的结果是整数时（2 对 1，3 对 1，4 对 1 等），期权合约数量就会增加，行权价就会减低，每手期权仍然对应 100 股标的股票。

【示例 1-15】当拆股的结果不是一个整数时，期权上就必须采用一种不同的调整方法。假设 AAA 公司股票（代码 AAA）的市场价是每股 60 美元，它宣布了要有一个 3 对 2 的拆股。在这种情况下，每个期权的行权价都要乘以 2/3（以反映 3 对 2 的拆股），但是每个账户中的合约数量将保持不变，而每个期权合约所对应的 AAA 股票的股数将变成 150。

假定在这个拆股之前 AAA 期权的行权价分别为 55，60 和 65。在拆股之后，AAA 普通股自身的市场价变为每股 40 美元，这个价格反映了原来的每股 60 美元的价格在 3 对 2 拆股后的调整。新的期权的行权价系列变为 36.667㊀，40 和 43.333㊁（它们在拆股前的行权价为 55，60 和 65）。

因为这些期权每一手都对应 150 股标的股票，于是交易所为这些期权创造出了新的期权代码，因为它们不再对应 100 股 AAA 的普通股。例如，交易所通知，在拆股之后，对应 150 股的期权合约将使用 AAA 1 的期权代码。

在拆股之后，交易所将上市"正常的" AAA 期权，它们的行权价也许会是 35，40 和 45。这有时会让交易者产生混淆并导致麻烦。此时行权价为 40 的期权实际上有两个：一个对应 100 股，另一个对应 150 股。以 7 月合约为例，代码为 AAA 的期权是对应 100 股 AAA 公司股票的 7 月 40 期权，而代码为 AAA 1 的期权是对应 150 股 AAA 公司股票的 7 月 40 期权。由于期权的价格是以每股为报价基础的，在任何交易系统上，它们都将有几乎相等的报价（见第 5 条）。如果不注意的话，你所交易的很可能不是你想要的，因而会面临一个你所不想承担的风险。

例如，假设你准备以 3 的价格卖出开仓 AAA 1 7 月 40 看涨期权。再进一步假设，你没有意识到你所卖出的是对应 150 股的期权（这是一个错误，但是你还没有意识到）。几天以后，你发现这个期权的卖价变为 13，这代表你亏损了 10 点。你可能会认为你只亏损了 1 000 美元，不过在你查阅你的经纪公司的报告（或是确认书，或是每日交易清单）时，你突然发现你在这个合约上的亏损居然是 1 500 美元！这是个不小的差异，特别是当你交易的合约数量不止 1 手的时候。你以为自己已经进行了对冲（比如你在卖出这手看涨期权的同时买入了 100 股 AAA 的普通股票），结果发现自己根本就没有一个正确的对冲头寸，这会让你大吃一惊的。

如果在这个期权的存续期内这只股票再次拆股，问题会变得更加严重。有的时候，期权会进行调整，从而对应非标准的股数，比如这里所说的 150 股；在多次拆股之后，交易所甚至可能会在这个期权上使用乘数，而不是不断地调整行权价。这类情况不会发生在第一次拆股上，但在这个期权的存续期内，如果出现连续拆股，就有可能发生。在这种情况下，这个期权的美元价值的变动速度，会比你看着合约报价而预期的结果要迅速得多。

㊀ 疑原文有误，原文为 36.625。——译者注

㊁ 疑原文有误，原文为 43.375。——译者注

因此，你必须确定你交易的就是你想要的，而不是依赖于行权价的正确与否或是期权的价格是否合适。一般而言，在股票拆股或是类似的调整之后，要建立开仓头寸时，最好只用标准的合约，而不要去用那些经拆股调整后的合约。

（5）所有的期权都是以每股为基础进行报价的，不管这个期权对应了多少股股票。正常情况下，期权的报价应该对应 100 股标的股票。但是，假如 UVW 股票支付了 5% 的股票股息，那它每手的期权就对应了 105 股股票。如果该 UVW 4 月 38.10 看涨期权的售价为 3.00 美元，那买入它将实际花费 315 美元（3.00 美元 × 105）。

（6）标的股票的价格变化会产生新的行权价的期权。随着股票、指数或 ETF 的价格波动，会使其距离现有的行权价太远。在这种情况下，交易所会加挂新的行权价的期权，有时也会为满足客户的要求而加挂。这会导致市场中存在大量不同行权价的期权。有时，股票价格变动太快，以至于没有股票价格附近行权价的期权存在。有时，交易所会立即加挂新的行权价的期权。不过，更常见的情况是，交易所在第二个交易日才加挂。

持仓限额和行权限额

（7）一个或一组投资者在市场的同侧买入或卖出一种股票的期权合约数量不能超出一个限定数量。实际的限额根据标的股票的交易活跃程度而不尽相同。有大量持仓、交易最活跃的股票的**持仓限额**（position limit）是 250 000 手合约。根据其流动性，较小的股票的限额在 5 000～200 000 之间不等。如果股票的市值持续增长，这些限额也会随着时间而增大。每一股票的持仓限额是由该期权所上市的交易所公布。因此，如果你持有的 XYZ 看涨期权数量已经达到了持仓限额，你就不能再卖出任何 XYZ 看跌期权。买入看涨期权和卖出看跌期权视为市场的同侧，也就是说，两者都是看多的头寸。类似地，买入看跌期权和卖出看涨期权视为市场的看空的同侧。一般而言，这些限额都远远超出了个体投资者在正常情况下所拥有的头寸数量。这些限额也适用于"相关"账户。例如，对于一个管理许多账户的资金管理人或投资顾问来说，他所管理的所有账户中合计头寸数量同样不能超出限额。

（8）在一段特定的时间（一般是 5 个工作日）里可以行权的合约数量也同样遵守为持仓限额所规定的数量。这样的**行权限额**（exercise limit）是为了避免某个或某组投资者通过不断地在某一天买入看涨期权，然后第二天将它们行权，反复操作，从而对一个股票进行"逼仓"。具体限额由期权交易所设定，这个限额是可以改变的。

1.7 下单

1.7.1 指令的信息

有各种不同的指令，每个指令都包括：
（1）这笔交易是买入还是卖出；
（2）期权是被买入还是被卖出；
（3）是开仓还是平仓；
（4）是否是价差交易（spread，后面会讨论）；

（5）想要的价格。

1.7.2 指令的类型

期权交易可以使用许多种指令，但不是每个交易所都接受所有的期权交易指令。因为规则会变化，经纪人最好让客户知道特定交易所可以执行哪种指令。下面是所有期权交易所都接受的指令，不过特定电子交易平台可能不会全部都接受。

市价指令（market order）。这是在指令到达交易所后尽快按最好的可能价格买入或卖出的简单指令。

市场无责任指令（market not held order）。这种指令只能在场内交易柜台（pit trading）存在的情形下使用，此时**场内经纪人**（floor broker）会处理这个指令。该指令对于电子交易并不适合。使用这类指令的客户把执行指令的权利交给了场内经纪人。场内经纪人对最后的交易结果并不负责。例如，如果场内经纪人收到一个"不为市场约束"的买入指令，但他觉得这个股票的价格会下跌（downtick），或者此时有大量的卖出者，那他通常会暂时不执行这个指令。他认为价格在短期内会下跌，届时他可以以更好的价格来执行这个指令。本质上说，客户给予了场内经纪人一个权利，以借助场内经纪人的判断来执行指令。如果这个场内经纪人有自己的观点，并且这个观点是正确的，那该客户有可能会得到一个比使用常规市价指令更好的价格。不过，如果这个经纪人的观点是错的，那执行的价格可能就会不如常规的市价指令。

限价指令（limit order）。限价指令是按某一特定的价格，也就是限价买入或卖出的指令。最终执行的结果可能要好于限价——以更低的价格买或以更高的价格卖。不过，如果没有碰到限价，该指令就不会被执行。

在场内交易柜台存在的情况下，限价指令可以给场内经纪人一个授权幅度。换句话说，这个指令可以是"按5美元买入，10美分的授权"。有了这个指示，如果他认为市价不会达到5，那场内经纪人就可以按5.10来执行这个指令。然而在任何情况下，他都不能以高于5.10的价格来执行这个指令。

止损指令（stop order）。这类指令不是在所有的期权交易所都有效。当证券的市场价格达到或穿过这个指令中所规定的价格时，该止损指令就变成市价指令。买入止损指令的指定价格要高于当前市场价格，卖出止损指令的指定价格则低于当前市场价格。这类指令被用于限制亏损或保护盈利。例如，如果某个持有者希望以3的价格出售他的期权，当期权价格低于2的水平之下时，一个指定价格为2的卖出止损指令就会被启动，此时，场内经纪人就会尽快地执行这个指令。不过，不能保证该笔交易的成交价格一定会是2。需要注意，一些交易所会在期权的买价低于指定价格时触发止损指令，而不是在最新价低于指定价格时触发。这意味着，在流动性不好的市场中，止损指令可能并不会按照客户的意愿而触发。一般而言，客户应该在流动性不好的期权上审慎地使用止损指令。

止损－限价指令（stop-limit order）。这类指令是在指定价格被触及时转化为限价指令。对止损指令来说，只要市场碰到指定的止损价格，该指令就必须尽快执行，而对止损－限价指令来说，这取决于市场表现，该指令可以执行也可以不执行。例如，某个期权的当前交易价是 3，而某个客户设置了指定价格为 2 的止损 – 限价指令。市场开始下跌，并且以 2 的价格交易。那你的止损 – 限价指令就会变成以 2 卖出的限制指令。然而，如果价格继续下跌，变成 1.90，1.80，1.70 等，你将不能卖出你的期权，因为该指令不能以低于 2 的价格卖出。

撤销前有效指令（good-until-canceled order，GTC）。限价、止损或止损 – 限价指令可以被标明为"未撤销则有效"。如果这个指令的执行条件没有出现，那该指令就在 6 个月内一直有效，客户不用重新下单。

通过网络经纪人交易的客户则无法使用"市场无责任"指令，同时，也有可能不能使用"止损指令"或是"撤销前有效"指令，这取决于其经纪公司。

1.8 盈亏图形

视觉展示对于全面理解和评估期权头寸的潜在盈利非常重要。在期权交易中，许多多重证券头寸特别需要进行严格的分析，例如股票相对于期权（如卖出备兑期权和卖出比率），和期权相对于期权（如各种价差交易）。有些策略家喜欢用表格来说明不同股票价格下某一具体策略的不同结果，而另一些策略家则认为图形可以更好地说明策略。在本书的后面部分，每当讨论一个新的策略时，我都会既使用表格，又使用图形。

【**示例 1-16**】某个客户想要对其买入的一手看涨期权进行评估。我们既可以用表格，又可以用图形来说明以 4 美元的价格买入一手 XYZ 7 月 50 看涨期权在到期日的潜在盈亏。表 1-5 和图 1-5 描述的是相同的信息，图形不过是表中"盈亏"一栏的线性表示。纵轴为盈亏的金额，横轴为股票在到期日的价格。在这个示例里，盈利的金额和股票价格都是到期日的数据。策略家们常常想要知道到期前的潜在盈亏，而不是到期日。我们在下面的许多地方会具体看到，表格和图形对进行必要的分析提供了很大的帮助。

表 1-5 买入 XYZ 看涨期权的潜在盈亏

XYZ 在到期日的价格	到期日的看涨期权价格	盈利或亏损（美元）
40	0	− 400
45	0	− 400
50	0	− 400
55	5	+ 100
60	10	+ 600
70	20	+ 1 600

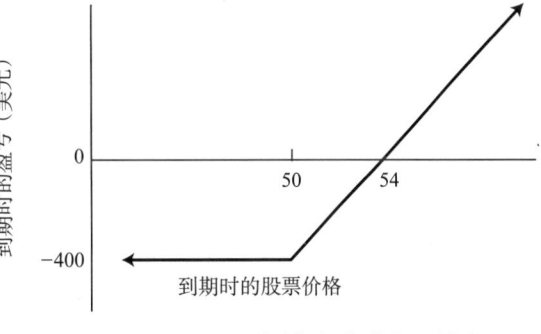

图 1-5 买入 XYZ 看涨期权的潜在盈利图

在实践中，这样的一个示例太简单了。对一个简单的、持有至到期日的买入看涨期权的头寸作评价，并不需要使用表格或图形，至少不需要两者都用。不过，当我们讨论更复杂的策略时，在快速决定诸如某个头寸什么时候盈利什么时候亏损，以及在特定股票价格上投资者的风险增长速度等问题上，这些工具会变得更加有用。

第二部分
Options as a Strategic Investment

看涨期权策略

引言

　　普通人在交易期权时主要使用的两种期权策略就是买入看涨期权和**卖出备兑看涨期权**（covered call writing）。表面上看，这些策略比较简单，所以也被经常使用。还有许多其他策略涉及看涨期权的使用，这些策略会在本部分的后面介绍。不过，第2章和第3章主要讨论基本的看涨期权策略。

　　卖出备兑看涨期权和买入看涨期权是相对简单的策略。不过，与任何投资一样，它们可以适用于不同的技巧水平和复杂程度。下文将先对每个策略的基础知识进行介绍，然后再分别进行深度讨论。

第2章
Options as a Strategic Investment

卖出备兑看涨期权

从名字上看，卖出备兑看涨期权意味着在卖出一手看涨期权的同时，持有相应数量的标的股票。卖出者对标的股票应当是稍微看多的，至少是中性的。通过卖出看涨期权，投资者可以降低持股风险。如果股票由于某种原因下跌的话，至少还可以从卖出的看涨期权中获得一定的收益。不过，卖出备兑看涨期权限制了该投资者的潜在盈利，他有可能无法完全参与标的股票的大幅上涨过程。这种策略已经变得非常普及，每个策略家都必须完全掌握它。我将对其进行深入的分析。

2.1 卖出备兑看涨期权的重要性

2.1.1 卖出备兑看涨期权对下行风险的保护

【示例2-1】某个投资者持有100股XYZ普通股，该股票现在的市场价为每股48美元。如果该投资者一方面仍继续持有该股票，一方面卖出一手XYZ 7月50看涨期权，那么，他就建立了一个卖出备兑看涨期权头寸。假设该投资者通过卖出这手7月50看涨期权得到了300美元的收入。如果XYZ在7月到期日低于50美元，所卖出的看涨期权就会无价值到期，该投资者就挣到了初始卖出期权时收入的300美元。因此，他得到了300美元，或者说3点的下行风险保护。也就是说，在总的交易中，即使XYZ股票下跌了3点，他还可以保持盈亏平衡。到时，如果他愿意，还可以再卖出一手看涨期权。

请注意，如果标的股价的跌幅超过3点，总的头寸就会出现亏损。因此，如果股票的下跌幅度超过了初始收入的看涨期权的权利金，卖出备兑看涨期权的风险就会成为现实。

2.1.2 股价上升时的好处

如果XYZ股票的价格适度上涨，交易者在两种情形下都得到最好的结果。

【示例2-2】如果XYZ在7月到期日刚好等于或者低于50，该看涨期权就会无价值到期，此时该投资者能从卖出期权的交易中得到300美元，再加上持有股票的过程中所得到的一小部分盈利。注意，他仍然持有这个股票。

如果股价在到期日上升到了50的水平之上，卖出备兑看涨期权的交易者就可以在不同的结果中进行选择。选择之一，他可以什么都不做，这种情况下，期权会被指派，股票会被其他人按50的行权价买走。这时，他的盈利就等于卖出看涨期权所得到的300美元，再加上按每股48美元的价格买入股票并按每股50美元的价格卖出的交易中所获得的利润。

不过，在这种情况下，他将不再持有这个股票。另一种选择是，如果他想要继续持有股票，他可以选择从公开市场买回（或者说回补）先前卖出的看涨期权。采取这个决定有可能会导致卖出备兑看涨期权交易中的期权部分出现亏损，但是，从买入股票的交易中，他会有一个相对更大的盈利，尽管这个盈利还只是账面数据。使用一些具体的数字，你就可以看出第 2 种选择是如何运作的。

【示例 2-3】XYZ 的价格在 7 月到期日上升到 60。此时它的看涨期权的卖价为 10，接近其内在价值。如果投资者用 10 的价格买回了看涨期权，那他在期权的交易中就亏损了 700 美元。（他初始卖出看涨期权收入了 300 美元，而现在他要用 1 000 美元的价格把它买回来。）然而，由于买回了看涨期权，他就不再有按照 50（行权价）卖出股票的义务，因此在按 48 买入股票的交易中，他有 12 点的未兑现盈利。把兑现了的和未兑现的盈利加在一起，他的总盈利为 500 美元。

这个盈利与第一种选择（看涨期权被指派，股票被买走）的交易结果一模一样。如果被指派，他将保留卖出看涨期权而收入的 300 美元，并从股票的交易（48 买入，50 卖出）中赚得 2 点（200 美元），总的盈利也为 500 美元。这两种情况的主要区别在于，当看涨期权被指派时，该投资者将不再持有股票；而在买回看涨期权的情况下，他将继续持有股票。在具体的情况中，很难说这两种方法究竟哪一种更好。

不管股价上涨到多高，卖出备兑看涨期权的盈利都被锁定了，因为卖出者承担了按照行权价卖出股票的义务。当股价上涨时，备兑看涨期权的卖出者仍会获得盈利，只是盈利的金额可能就不如没卖出看涨期权时的情形。另一方面，一旦卖出看涨期权，他就可以立刻得到 300 美元的现金收入，因为卖出者可以立刻收到权利金并随意使用。这笔收入为除标的股票当前支付的股息之外的额外收入，或者它可以用来弥补股票下跌时的部分亏损。

对于那些喜欢公式的读者来说，下面的公式总结了卖出备兑看涨期权的潜在盈利和盈亏平衡点：

$$最大潜在盈利 = 行权价 - 股价 + 看涨期权价格$$
$$下行盈亏平衡点 = 行权价 - 看涨期权价格$$

2.1.3 卖出备兑看涨期权的定量分析

表 2-1 和图 2-1 描述了示例中 XYZ 7 月 50 看涨期权的盈利图形。表中假设看涨期权是按持平价买回的。如果该股票由于看涨期权被指派而被买走，总盈利仍为 500 美元，只是股票的卖出价总为 50 美元，而期权的盈利也总为 300 美元。

表 2-1 XYZ 7 月 50 看涨期权

到期日的 XYZ 价格	股票盈利（美元）	到期日的 7 月 50 看涨期权	看涨期权盈利（美元）	总盈利（美元）
40	− 800	0	+ 300	− 500
45	− 300	0	+ 300	0
48	− 0	0	+ 300	+ 300
50	+ 200	0	+ 300	+ 500
55	+ 700	5	− 200	+ 500
60	+1 200	10	− 700	+ 500

从这里可以得出若干结论。盈亏平衡点是 45（总盈利为零），在 45 之下则存在风险。如果持有该头寸到期，可获得的最大盈利为 500 美元。如果股价没有变化，则盈利为 300 美元。也就是说，即使股价纹丝未动，备兑看涨期权的卖出者也能盈利 300 美元。

所有卖出备兑看涨期权的交易的盈利图形都与图 2-1 相似。请注意，如果该头寸持有至到期，只要股价等于或高于行权价，就能获得最大盈利。不过，该策略有下行风险。如果股价下跌太多，那期权权利金就有可能不能补偿全部的亏损。我们会在后文讨论下行风险的保护策略，以限制下行风险。

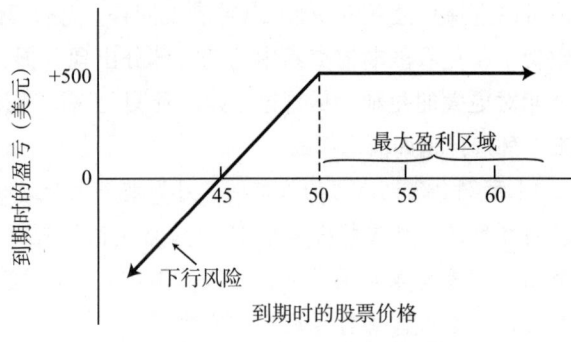

图 2-1　XYZ 卖出备兑看涨期权

2.2　卖出备兑看涨期权的哲学

对大多数投资者来说，卖出备兑的主要目的是增加持股过程中的收入。越来越多的私人和机构投资者就他们所持有的股票卖出看涨期权。有两项事实是显而易见的：如果股价下跌的话，期权权利金可以部分弥补下跌的损失，并且期权权利金可以增加股票持有者的收入。在股价下跌、维持不变，甚至是稍微上涨的情况下，在持有股票的同时卖出看涨期权的策略，其表现要比只持有股票好。事实上，只有在一种情况下只持有股票的收益会比卖出备兑要好，那就是在该期权的存续期内股价相对来说有显著地上涨。此外，如果某个投资者就他的股票持续不断地卖出看涨期权，其投资组合的投资绩效在不同季度之间的变动就不会那么大。这个总头寸（买入股票和卖出期权）的波动率比只持有股票更小。因此，从季度的频率来看，卖出备兑的收益要比正常的持有股票更接近于平均值。这是一个很有吸引力的特征，对组合管理人而言尤其如此。

不过，并不是说卖出备兑的表现就一定会比持有股票更好。在股价大幅上涨的时候，只持有股票的策略的获利能力最大。备兑卖出者不应该在这个时候参与。持有股票的长期收益包括阶段性的大幅度盈利和时而阶段性的大幅度亏损。备兑卖出者无法得到那些最大的盈利，因为他的潜在盈利是有限的。

2.2.1　股票的实际所在地

在更深入地讨论卖出备兑策略之前，看一看持有什么样的股票可以卖出期权也许是有益的。还记得吧，本书的讨论适用于场内期权。如果某个投资者将他的股票保存在他的经纪公司处的现金或保证金账户里，那就不需要再满足任何额外的要求，他就可以就他所持有的每 100 股股票卖出一手期权合约。不过，即使在没有在经纪公司处实际存入股票的情况下，投资者也有可能可以卖出备兑期权。有好几种办法可以这样做，它们都涉及在一家银行中存入股票。

当把股票存进银行时，投资者就可以要求银行给他的期权经纪公司出具一份**保管收据**（escrow receipt）或是一份**担保书**（letter of guarantee）。这个银行必须是一家"得到批准"的银行，这样，经纪公司才会接受它的担保书，而且，不是所有的经纪公司都接受担保书的。这些东西是要花钱的，每卖出一次期权，就必须要有一份新的契约收据或担保书。如果所涉及的只是100股或200股股票，这样的花费就可能变得不可接受。

对不想在经纪公司存入股票但又想卖出期权的客户来说，还有另一种办法。他可以将股票存在一家是**存管信托公司**（depository trust corporation，DTC）的会员银行里。存管信托公司向期权清算公司担保，如果看涨期权卖出者收到指派通知的话，它将事实上交割股票。对投资者来说，这是最方便的方法，也是大部分卖出备兑期权的机构投资者使用得最多的方法。银行一般对机构账户免费提供这项服务。不过，只有少数银行是存管信托公司的会员，而这些银行一般都规模较大，坐落于大城市。因此，对许多个体投资者来说，要利用这种存管信托公司的交易优势不是一件容易的事。

2.2.2 卖出备兑的类型

虽然所有的卖出备兑都涉及就持有的股票卖出看涨期权，但有不同的术语来描写不同类型的卖出备兑。有两个术语用得最为广泛，它们包含了所有的卖出备兑，一个是虚值卖出备兑（out-of-the-money covered write），另一个是实值卖出备兑（in-the-money covered write）。很明显，这两个术语指的是在初始建立头寸的时候，该期权自身究竟是实值还是虚值的。有时，卖出备兑的分类依据于所涉及的股票的性质（低价卖出备兑、高收益卖出备兑等），但这些都只是这两大类的子集。

一般而言，相对于实值卖出备兑来说，虚值卖出备兑能提供更高的潜在收益，但对风险的保护程度则较低。根据在建立合约时该看涨期权实值或虚值的程度，投资者可以建立一个进攻型或防守型的卖出备兑头寸。实值卖出更多地是防守型卖出备兑头寸。

让我们通过一些示例来说明，从一个策略家的角度来看，为什么某个卖出备兑比另一个更为保守。

【示例2-4】XYZ普通股股票的售价是45，有两个期权在考虑范围之内：售价为8的XYZ 7月40看涨期权以及售价为1的XYZ 7月50看涨期权。表2-2表示了在卖出备兑中使用7月40和7月50的盈利能力。7月40的实值卖出备兑在到期日可以提供8点，也就是18%的保护，可以保护到价格为37的程度（盈亏平衡点）。虚值的7月50的卖出备兑对到期日的价格下行风险只提供了1点的保护。因此，同虚值卖出备兑相比，实值卖出备兑提供了更大的对价格下行风险的保护。这个结论并不仅适用于这个示例，它是普遍正确的。

在金融世界的平衡中，凡是风险较小的投资头寸，它们的潜在收益也就较低，这是一个普遍真理。上面的示例也不例外。7月40实值卖出备兑的最大潜在盈利是300美元，在到期日，只要股价高于40，就可以实现最大潜在盈利。另一方面，7月50虚值卖出备兑的最大潜在盈利是600美元，在到期日，只要股价高于50，就可以实现最大潜在盈利。一般而言，虚值卖出备兑的最大潜在盈利都比实值卖出备兑要高。

表 2-2　7 月 40 看涨期权和 7 月 50 看涨期权的盈利或亏损

7 月 40 实值卖出		7 月 50 虚值卖出	
到期日的股价	总盈利（美元）	到期日的股价	总盈利（美元）
35	−200	35	−900
37	0	40	−400
40	+300	44	0
45	+300	45	+100
50	+300	50	+600
60	+300	60	+600

要对两个卖出备兑作真正的比较，你必须观察在到期日当股票价格在 40～50 之间时会发生些什么。在这个价格范围内，实值卖出会实现它的最大盈利。即使标的股价在到期日时下跌了 5 点，仍能让实值卖出者获得最大盈利。然而，只有在标的股价上涨的情况下，虚值卖出备兑才有可能实现最大潜在盈利。这进一步说明了实值卖出备兑的保守性。应当注意到，尽管潜在盈利比较小，但就其收益率来看，实值卖出备兑仍具有吸引力，特别是在使用保证金账户进行卖出的情况下。

投资者可以通过卖出虚值备兑看涨期权来构建一个更具有进攻性的头寸。在这种情况下，投资者对标的股票应当是看多的。如果投资者对股票的看法是中性的或者略微看空的，则进行实值卖出备兑就更为合适。如果投资者对所持有的股票确实看空，那么他应该卖出股票，而不是建立一个卖出备兑。

2.3　卖出备兑的总收益的概念

当投资者卖出虚值备兑期权时，总头寸偏向于更多地反映股票的价格运动，而不是卖出备兑看涨期权的好处。因为虚值看涨期权的权利金相对较小，如果股价下跌，整个头寸的结果就更容易为股票的亏损所影响。如果股价上涨，不管到期时该期权的结果如何，这个头寸总是赚钱的。另一方面，实值卖出备兑则更像是一个"总的"头寸，能从相对大的期权权利金中得到好处。如果股价下跌，这个头寸仍然可以盈利，事实上，它甚至可能获得最大盈利。当然，如果股价上涨，实值卖出备兑也可以赚钱，只是其盈利的百分比一般没有虚值卖出备兑的那么大。

对那些相信卖出备兑的总收益概念的人来说，他们会认为对价格下行风险的保护和最大潜在盈利都是重要的因素。为了实现他们的目标，如果必要，他们可以接受被指派而让出股票。当权利金不大或者较小时，只有实值卖出备兑才能满足总收益的哲学。

有的备兑卖出者不愿意因为行权而失去他们的股票，因此，他们常常卖出深度虚值的看涨期权，以减小在到期日被指派的可能性。这些卖出者只获得了很小的下行风险保护，为了盈利，他们必须几乎全部依赖于股票自身的交易结果。这样的哲学，与其说是在操作卖出备兑策略，不如说是一个股票持有者在就自己所持有的股票而交易期权。事实上，有的备兑卖出者会在卖出备兑期间有盈利的情况下，买回其卖出的期权，以求获得快速盈利。这也同样是持有股票的哲学，而不是卖出备兑的策略。总收益的概念代表了真正的卖出备兑策略，通过总收益的概念，投资者会将整个头寸看为一体，而不是只关心其股票的交易结果。

保守型的卖出备兑

卖出备兑一般被视为保守型的策略。这是因为只要备兑卖出者一直持有头寸到期，那他的风险一般比股票持有者要小。如果标的股价下跌，备兑卖出者总是可以用所收到的权利金来弥补他的部分损失，不管这笔权利金有多小。

不过，正如前面的章节中所提到的，有些卖出备兑明显地比另一些更保守。对于什么是保守型的卖出备兑，期权卖出者的意见不都是一致的。一些人认为保守型的卖出备兑是指对保守型的股票（一般收益率较高、波动率较低）卖出期权（可能是虚值的）。在这个头寸中，该股票确实是保守型的，但这个头寸更应该被称为对保守型的股票进行卖出备兑（covered write on a conservative stock）。这与保守型的卖出备兑（conservative covered write）有显著的差异。

真正的保守型的卖出备兑是指总头寸是保守的——它的风险更小而盈利的可能性更高。在实值卖出中，即使股票自身不是保守型的，如果期权选择得当，也可以变成一个保守型的总头寸。显然，投资者不能卖出深度实值的期权。如果这样做的话，虽然他会得到大量的下行风险保护，但他的收益会受到极大的限制。如果该投资者希望以名义盈利率（nominal rate of profit）对其财富进行最大限度的保护，那么他可以把钱存进银行。与之相对的，保守型的备兑卖出者是希望在获得可接受的潜在盈利的同时，也获得高于平均水平的保护。

【示例2-5】让我们再假设XYZ普通股股票的售价是45，XYZ 7月40看涨期权的售价是8。一手XYZ 7月40卖出备兑需要现金账户中有3 700美元的投资，其中4 500美元用来买100股股票，再减去收到的800美元期权权利金。该笔卖出备兑的最大潜在盈利是300美元。因此，该头寸的潜在收益率是300/3 700 ≈ 0.08。也就是说，在必须持有该头寸的时间内，其潜在收益率刚好超过8%。由于期权的存续期最有可能是9个月或更短，这个收益率就会超出每年10%。如果该笔卖出备兑是用保证金账户来建立的，那收益率会更高。

请注意，我们忽略了标的股票的股息和交易手续费，这些因素会在下一节中详细讨论。此外，投资者应该意识到，如果他在计算某个卖出备兑的年化收益率，他并不能必然获得这个收益率。能够确定的只是该卖出者可能在9个月里获得8%。没有人能够担保，在9个月之后，当这个看涨期权到期时，还能建立一个相同的头寸，在剩下的3个月里保持同样的收益率。使用年化收益率的唯一目的，只是为在不同的卖出备兑之间进行相互比较提供方便。

该卖出者的年化收益率超出10%的头寸和8点的价格下行风险的保护。因此，除非XYZ普通股股价跌幅超过8点，或者说将近18%，否则这个总头寸都是一个不会亏损的投资；而且，只要XYZ普通股股价上升、保持不变，或下跌不到5点（到40），这就是一个相当于10%年化收益率的投资。这是一个保守型的头寸，即使XYZ自身不是一个保守型的股票，卖出这个期权的行动也会让这个总头寸变成为一个保守型的头寸。唯一有可能影响这个总头寸的保守性的因素是 XYZ 股票的波动情况，如果它波动剧烈，那它在 9 个月中很有可能会跌过 8 点。

就策略而言，上面所描述的总头寸，比起某个卖出者买入一个收益率为 6% 或 7% 的保守型股票，同时卖出一手虚值看涨期权以获得很小的权利金的策略来说，要更好一些，也要更保守一些。如果这个保守型的股票的价格下跌，卖出者就会陷入亏损的处境，因为此时期权不能提供任何高于权利金的下行风险保护。正如前文所提及的，一个高收益的、低波动率的股票的实值期权并不会有多少时间价值，因此投资者就不能对这个保守型的股票有效地建立实值卖出备兑头寸。

2.4 计算投资收益

读者已对卖出备兑看涨期权有一些大致的了解，现在让我们来讨论一下如何计算投资收益率。投资者在建立卖出备兑头寸时，需要始终准确地知道潜在收益（包括所有费用）是多少。投资者是否使用折扣经纪商、电子经纪商，对手续费率的影响很大。在下面的例子中，我们总是假设股票的手续费为每股 3 美分，期权的手续费为每手 5 美元。投资者在实际计算其收益时，应该使用对应的手续费率。只有弄清楚了计算收益的过程，投资者才可以更合逻辑地决定哪种卖出备兑是最具有吸引力的。

在建立头寸之前，有三个关于卖出备兑的基本因素需要计算。第一个因素是**行权收益**（return if exercise）。这是在股票被交割的情况下卖出者会得到的投资收益。对虚值卖出备兑来说，要得到行权收益，股票的价格就必须上涨。然而，对实值卖出备兑来说，即使在期权到期时股价没有变化，仍然可以得到行权收益。因此，更有利的方法是计算**无变化时收益**（return if unchanged），即如果期权到期时标的股价不变时的收益。此时，投资者可以使用股价不变收益来对虚值和实值卖出备兑做更公平的比较，这时对股价变动就没有做过多的假设。备兑卖出者应当考虑的第三个重要的统计数据是在考虑了所有费用之后的下行盈亏平衡点（downside break-even point）。只要知道了这个盈亏平衡点，投资者就可以轻易地计算出他从卖出看涨期权中所得到的**下行保护**（downside protection）的比率。

【示例 2-6】某个投资者在考虑下面的 6 个月看涨期权的卖出备兑：按 43 买入 500 股 XYZ 股票，按 3 卖出 5 手 XYZ 7 月 45 看涨期权。首先他必须计算出所需要的净投资（见表 2-3）。在现金账户中，这项投资包括全额支付买入股票的金额，再减去从卖出期权中所得到的净收入。请注意，这里的净投资金额包括了所有为建立这个头寸所必须支付的手续费。（这里所用的手续费只是一些大概的数字，不同公司之间所收的手续费会有差异。）当然，如果投资者想要提走期权权利金（他完全可以这样做），这时他的净投资就会由股票成本加上手续费而组成。一旦知道了必要投资的金额，该卖出者就可以计算出行权收益。表 2-4 说明了它的计算过程。投资者首先需要计算出行权时的盈利，然后用其除以净投资以得到行权收益率。请注意，这个计算过程中包括了股息。假设在看涨期权的存续期里，500 股 XYZ 股票将得到 500 美元的股息。另外，所有的手续费也都包括在内——净投资包括了初始买入股票和卖出期权的手续费，卖出股票的手续费是另外列出来的。

表 2-3　所需的净投资—现金账户	
股票成本（500 股，每股 43）	21 500 美元
加上购买股票的手续费	+ 15
减去收到的期权权利金	− 1 500
加上卖出期权的手续费	+ 25
净现金投资	20 040 美元

表 2-4　行权收益—现金账户	
卖出股票的收益（500 股，每股 45）	22 500 美元
减去卖出股票的手续费	− 15
加上到期日前收到的股息	+ 500
减去净投资	− 20 040
行权时的净盈利	2 945 美元
行权收益率 = 2 945 / 20 040 = 14.7%	

为了实现这里计算的收益，在到期日时，XYZ 股价必须从现在的 43 上涨到 45 以上。正如前面所提到的，如果能够知道在价格没有变化时卖出者的收益，可能就会更有用。表 2-5 说明了计算股价不变收益的方法。股价不变收益也被称作静止收益（static return），有时还被不正确地称作**预期收益**（expected return）。同样，投资者首先需要计算出盈利，然后用盈利除以净投资，从而计算出收益率。有一点很重要，应当在这里指出：表 2-5 中没有计入卖出股票的手续费。这是最通用的股价不变收益的计算方法：这样做是因为在大多数情况下，如果价格没有变化，投资者会留下股票，然后就同一股票再卖出另一手看涨期权。不过，同时还要记住，如果卖出的期权是实值的，股价不变收益就与行权收益相同。因此，在这种情况下，卖出股票的手续费就必须包括在内。

卖出者在计算出必要的收益，以及对其可以从卖出备兑交易中赚多少钱有了一个大致的概念之后，下一步他就要计算出准确的下行盈亏平衡点，以确定这个卖出备兑可以提供怎么样的下行保护（见表 2-6）。卖出备兑的总收益的概念，是在选择一个卖出备兑头寸时，综合考虑潜在收益和下行风险保护。如果股票持有至到期，并且收到了 500 美元的股息，那在股价为 39.08 的时候，该卖出者会实现盈亏平衡。同样地，卖出股票的手续费一般不包括在盈亏平衡点的计算中，因为此时所卖出的看涨期权会完全无价值到期，而卖出者可以就同一股票再卖出另一手看涨期权。我们会在后面讨论就已经持有的股票继续卖出备兑的问题。从许多情况中都可以看到，持续持有某个股票并持续卖出期权，相对于换一个股票来卖出期权要更有优势。

表 2-5　股价不变收益—现金账户	
股价不变时的股票价值（500 股，每股 43）	21 500 美元
加上股息	+ 500
减去净投资	− 20 040
股价不变时的盈利	1 960 美元
股价不变收益率 = 1 960 / 20 040 = 9.8%	

表 2-6　下行盈亏平衡点—现金账户	
净投资	20 040 美元
减去股息	− 500
到期时股票总成本	19 540 美元
除以股票数量	÷ 500
盈亏平衡价格	39.08

下一步，我们将盈亏平衡价格转化为下行保护百分比（见表 2-7），这是一种方便的、用以在不同价格的股票之间比较下行保护的方法。我们在后面将看到，把下行保护同标的股票的波动率进行比较实际上更好。因为只知道下行保护而不知道标的股票的波动率是有问题的。例如，对于美国电话电报公司股票来说，10% 的保护已经足够，而同样的保护比例对于更为波动的股票可能就稍显不足。第 28 章（数学应用）将提供用波动率来表示的下行保护的公式。

表 2-7　下行保护百分比—现金账户	
初始股价	43
减去盈亏平衡价格	− 39.08
受保护的点数	3.92
除以初始股价	÷ 43
下行保护百分比	9.1%

在接着讨论什么收益率究竟适用于什么样的情形之

前，让我们先将同样的示例运用到一个使用保证金账户建立的卖出备兑（保证金卖出备兑）上。使用保证金可以提供更高的收益率，因为净投资会更小。不过，债务（从经纪公司所借的那部分钱）所需付的保证金利息会抬高盈亏平衡点，因而略为降低了卖出看涨期权对价格的下行保护。同样地，在净投资的计算里包括了所有为建立头寸而支付的手续费。

表 2-8 所需的净投资—保证金账户

股票成本	21 500 美元			
加上股票手续费	+ 15	债务计算：		
净股票成本	21 515 美元	净股票成本		21 515 美元
乘以保证金比率	× 50%	减去本金		− 10 758
所需本金	10 758 美元	债务 (50% 的保证金)		10 757 美元
减去收到的权利金	− 1 500			
加上期权手续费	+ 25			
净保证金投资	9 283 美元			

【示例 2-7】使用现金账户进行卖出备兑（现金卖出备兑）的净投资是 20 040 美元。当保证金融资比率（由联储银行设立）为 50% 时，保证金卖出备兑所需的投资不到现金的一半。如果投资者想把权利金从保证金账户中提走，他可以立刻这样做，只要他的账户里存入了足够的资产来购买股票。如果他提走权利金，那他的净投资会等于表 2-8 的右侧所显示的债务计算。

表 2-9～表 2-12 说明了保证金卖出备兑的计算过程。如果投资者已经计算过了现金卖出备兑的情况，那他很容易就会使用方法二。方法一的计算过程则是第一次出现。

保证金卖出备兑的行权收益是 25.6%。在示例 2-6 中，现金卖出备兑的行权收益为 14.7%。因此保证金卖出备兑的行权收益要高得多。事实上，除卖出深度实值的备兑看涨期权的情形之外，保证金卖出备兑的收益总是比现金卖出备兑的收益要高。卖出的看涨期权的虚值程度越高，在计算行权收益时，现金和保证金卖出备兑的收益差异就越大。

表 2-9 行权收益—保证金账户

方法一		方法二	
股票销售所得	22 500 美元	行权时的净盈利（现金）	2 945 美元
减去股票的手续费	− 15	减去保证金利息	−538
加上股息	+ 500	行权时的净盈利（保证金）	2 407 美元
减去所付保证金利息	− 538		
（10 758 美元以 10% 借入 6 个月）			
减去债务	− 10 757		
减去净保证金投资	− 9 283		
净盈利（保证金）	2 407 美元		
	行权收益 = 2 407 / 9 283 = 25.9%		

表 2-10 股价不变收益—保证金账户

方法一		方法二	
股价不变时的股票价值	21 500 美元	股价不变时的净盈利（现金）	1 960 美元
（500 股，股价 43）		减去保证金利息	−538
加上股息	+500	股价不变时的净盈利（保证金）	1 422 美元

(续)

方法一		方法二
减去所付保证金利息	− 538	
（10 910 美元以 10% 借入 6 个月）		
减去债务	−10 757	
减去净投资（保证金）	− 9 283	
股价不变时的净盈利（保证金）	1 422	
	行权收益 = 1 422 / 9 283 = 15.3%	

与计算行权收益时一样，对现金和保证金来说股价不变收益的计算方法类似。唯一不同的是要从盈利中减去所付的保证金利息。只要期权权利金足以弥补所付的保证金利息，保证金卖出备兑的股价不变收益也同样会比现金卖出备兑时高。在现金卖出备兑的示例中，其股价不变收益是 9.8%，而在保证金卖出备兑时是 15.3%。一般而言，无论初始股价在哪个方向上离行权价越远（虚值或者实值），保证金卖出备兑的股价不变收益超出现金卖出备兑时的数量就越小。事实上，当看涨期权为深度虚值或深度实值时，现金卖出备兑的股价不变收益会比保证金卖出备兑时要高。表 2-11 显示了保证金卖出备

表 2-11 盈亏平衡点—保证金账户

净保证金投资	9 283 美元
加上债务	+10 757
减去股息	− 500
加上所付保证金利息	+ 538
股票到期时总成本	20 078 美元
除以股票数量	÷ 500
盈亏平衡价格（保证金）	40.16

表 2-12 下行保护百分比—保证金账户

初始股价	43
减去盈亏平衡价格（保证金）	−40.16
保护的点数	2.84
除以初始股价	÷43
下行保护百分比（保证金）	6.6%

兑的盈亏平衡点（40.16），要高于现金卖出备兑时的盈亏平衡点（39.08，见表 2-6），导致这一差异的原因在于保证金利息。类似地，我们也可以像表 2-12 那样计算出下行保护百分比。显然，由于保证金卖出备兑的盈亏平衡点比现金卖出备兑要高，那保证金卖出备兑的下行保护百分比就较低。

关于保证金卖出备兑，还有一点需要指出：经纪公司最多只会借给你为 0.5 倍行权价数量的资金。例如，你不可能按 20 买入一只股票，再以行权价为 10 点卖出一手深度实值看涨期权，从而免费进行交易。在这种情况下，经纪公司只会借给你 5，即 0.5 倍行权价数量的资金。

即使是这样，还是有可能通过融资来建立需要很少甚至为零的自有资金的卖出备兑看涨期权。例如，假设某只股票的售价为 38，某个长期的行权价为 40 的长期期权的售价为 19。这样，自有资金的需求就是零。但是，这并不意味着你得到了什么免费的东西。确实，你的自有资金是零，但是你的风险仍然是 19 点。同时，你的经纪人会一开始就要求你存入某种最低要求的保证金，而且，一旦标的股票的价格下跌，自然会要求你追加维持保证金。此外，在这个长期期权的存续期里，你需要一直支付保证金利息。杠杆可以是件好事儿，也可以是件坏事儿，这个策略的杠杆很高，如果你要这样做，就一定要非常小心。

2.4.1 复息

机敏的读者应当已经注意到，我们对保证金利息的计算是非常简化的——利率的复合

效果被忽略了。也就是说，因为利息正常情况下是按月加到账户中的，在卖出备兑的后期，投资者在付利息的时候，不但要为初始的债务付利息，还要为所有先前每个月的利息付利息。后面讨论套利技术的章节中会详细地描述这种效应。简单地说，不是用债务乘以利率再乘上到期前的时间来计算利息，而是应当使用：

$$\text{保证金利息} = \text{债务}\,[(1+r)^t - 1]$$

式中，r 是每个月的利率；t 是到期前的月数。（使用到期前的天数是不正确的，因为经纪公司是按月而不是按天来计算利息）

在上一节的示例二中，债务是 10 757 美元，时间是 6 个月，年度利率是 10%。使用这个更复杂一些的公式，所要支付的保证金利息就会是 549 美元，而用简单公式算出来的结果是 538 美元。就百分比而言，两者的差别不大。因此，在通常的实际操作中使用的都是简单的公式。

2.4.2 头寸规模

如果投资者在某个公司交易，没有最小固定手续费（即使交易的股数非常少，也要按照某个固定金额支付费用）的限制，那所交易的卖出备兑的股数就与收益不相关。然而，大多数经纪商都会收取最小手续费，即便是高折扣的电子经纪商也是如此。此外，全能经纪商经常对大客户收取很低的手续费率（相反，对小客户则收取较高的手续费率）。

备兑期权的卖出者需要记住这一点，更低的手续费率当然会带来更高的收益。即使是在高折扣经纪商处交易的投资者也应该确信他们所建立的卖出备兑头寸足够大，能够超过该经纪商的最小手续费标准。如果执行最小手续费标准时，只交易很少股数的卖出备兑头寸会显著地降低收益。

2.4.3 一毛钱会造成多大区别

与卖出备兑潜在收益有关的另一个重要方面，当然是交易中所涉及的股票和期权的价格。你买入股票时多付几分钱，或者卖出看涨期权时少收入一两毛钱，看上去似乎无关紧要，但是，即使是一个相对很小的数目也有可能导致潜在收益的数量发生令人惊讶的变化。虽然所有的卖出备兑都受此影响，但对实值期权的卖出者来说尤其如此。让我们使用前面的 500 股卖出备兑的示例来说明这一点，这里同样也包括所有的费用。

同前面一样，保证金卖出备兑的结果要比现金卖出备兑的结果明显得多。在两种情况下，盈亏平衡点的变化都不大。不过，潜在收益的变化则相当显著。请注意，如果某个投资者在股票上多付一毛钱，并且在看涨期权上少收入一毛钱（见表 2-13 里最右侧一栏），那么，他就会在很大程度上消除就更多数目股票而卖出备兑的效果。从表 2-13 中可以看到，在这些价格上（股价 43，看涨期权价格 3），就 300 股股票卖出备兑的收益，与股价是 43⅛ 和看涨期权价格是 2⅞ 时就 500 股股票卖出备兑的收益几乎是相同的。

表 2-13 清楚地显示出，以市价建立卖出备兑的指令不见得是一个深思熟虑的举动，特别是在你对潜在收益的计算是以报纸上的最新价或者收盘价为基础时。在下一节中，我们将深入讨论建立卖出备兑指令的合适程序。

表 2-13　股票和期权价格对卖出备兑收益的影响

	按 43 买入股票 按 3 卖出看涨期权		按 43.10 买入股票 按 3 卖出看涨期权		按 43.10 买入股票 按 2.90 卖出看涨期权	
	现金	保证金	现金	保证金	现金	保证金
行权收益	14.7%	25.9%	14.4%	25.3%	14.1%	24.6%
股价不变收益	9.8%	15.3%	9.8%	15.3%	9.5%	14.7%
盈亏平衡点	39.08	40.16	39.18	40.26	39.28	40.36

2.5　卖出备兑指令的执行

在建立卖出备兑头寸的时候，通常会有这样的问题：应当先交易哪一个？先买股票还是先卖期权？正确的答案是，哪一个都不应当先交易。事实上，想要让卖出备兑的双边都以期望的价格成交，唯一的办法就是同时买入股票和卖出期权。

如果先建了一条"腿"，即先买入了股票，然后再设法卖出期权，或者是反过来，那么投资者就将自己置于风险之中。

【示例 2-8】某个投资者想要按 43 买入 XYZ 股票，按 3 卖出 7 月 45 看涨期权。如果他先按 3 卖出了期权，再试图买入股票，那他也许会发现自己可能需要为股票支付高于 43 的价格。另一方面，如果他想要先买股票然后再卖期权，他也许会发现期权的价格已经下跌了。无论是哪种情况，这个卖出者都必须接受这个卖出备兑的较低收益。表 2-13 显示了在某个投资者不得不"分腿"建立头寸而放弃一毛钱的情况下，他的收益会受到的影响。

建立一个净头寸

备兑卖出者真正想做的事是保证他能得到他想要的净价格。如果他想要按 43 买入股票，按 3 卖出期权，他想要建立的就是一个价格为 40 的净头寸。一般情况下，如果他能够按 3.10 卖出期权，那他对按 43.10 买入股票就不会在乎，因为他仍然可以得到一个价格为 40 的净头寸。

"净"卖出备兑指令必须通过一家经纪公司的指令柜台或是通过网络经纪商的"价差指令通道"（spread order entry）来建立。如果你计划交易大量的卖出备兑头寸，那应确信你的经纪公司提供"净"指令安排，不管是通过网络还是直接通过指令柜台。这也被叫作**条件指令**（contingent order）。大部分主要的经纪公司都为顾客提供这类服务。不过，有的经纪公司对这一指令的最少股数有要求。也就是说，为了得到这样的服务，投资者必须至少交易 500 股或 1 000 股。不过，有的经纪公司对即使是 100 股的卖出备兑，也会接受净指令。如果某个投资者想要在两个交易所（股票和期权交易所）分别下达指令且自己来执行指令，那么，就很有可能会错过一毛钱。因此，他最好能从经纪公司那里得到这种服务。此外，如果他的指令只涉及较少数目的股份，那么，他应当选择一家接受小头寸净指令的经纪公司。

读者必须理解，没有人可以保证净头寸指令一定会成交。净指令通常为"**无责任**"（not held）指令，也就是说，即使当前市场买价和卖价能够实现这个指令，它也并不必然会被执行。当然，如果有可能，经纪人会试图去让这个指令成交，因为这就是他的职责。

如果某个投资者按 43 买入股票，按 3 卖出看涨期权，他的收益会不会同按 43.10 买入股票再按 3.10 售出看涨期权的收益一样呢？答案是肯定的。当价格变化不大时，二者收益是非常相似的。不用图表也能看出这一点。如果某个投资者为股票多付了 1 毛钱，他每 100 股的投资就增加了 10 美元，或者说，在一笔 500 股的交易里，总共增加了 50 美元。不过，由于他从看涨期权中多收入了 1 毛钱，这意味着他的投资减少了 50 美元。因此，除手续费以外，净投资没有发生什么变化。500 股每 100 股 43.10 美元的手续费比 500 股每 100 股 43 美元的手续费可能会稍微高一些，同样，5 手每手 3.10 的看涨期权手续费会比 5 手每手 3 美元的看涨期权手续费稍微高一些。即使是这样，由于手续费的增加额很小，它对收益的影响不会超过千分之一。

如果把这个观念引到极端，有可能会导致某种错误的结论。如果某个投资者要按 40.50 买入股票，按 0.50 卖出看涨期权，他仍然会收到 40 的净值，但是若干方面会有显著的变化。行权收益令人惊讶地保持不变，但股价不变收益和对市场下行保护的百分比则急剧地下降了。如果某个投资者要按 48 买入股票，按 8 卖出看涨期权，净值仍然是 40，那他就会改进他的股价不变收益和对市场下行保护的百分比。事实上，当你在一家经纪公司下达一个净指令的时候，你通常会得到一个同初始下达指令时相当接近的执行价格。我们在这里提到的这种极端向上或极端向下的例子，在实践中是很少出现在同一个交易日里。

2.6 选择卖出备兑头寸

前面的章节中，在介绍卖出备兑的类型以及如何计算收益和盈亏平衡点时，我们为每个备兑期权卖出者最终要做的决定奠定了基础，这个决定就是：选择要买的股票和要卖的期权。这并不是一件容易的事儿，因为市场中有大量的股票，行权价和到期日可以选择。

由于大多数投资者进行卖出备兑的主要目的都是想在持有股票的同时增加收入，因此在选择卖出哪个期权时，投资的收益就是一个重要的考虑因素。但是，这个决定不能仅考虑收益。股票的波动率越大，所提供的收益就越高，但相应的风险也就越大，因为它们的价格有迅速下跌的可能性。因此，在卖出备兑上，对价格下行的保护也是一个重要的目标。最后，标的股票自身的质量以及它的技术面和基本面的前景也很重要。下面的章节旨在分析备兑卖出者需要考虑的因素。

2.6.1 预计收益

某个投资者所追求的收益，从某种意义上来说，是这个投资者个人的选择。一般而言，在对各种卖出备兑作比较时，应当使用年化股价不变收益。使用这个收益作为衡量标准，投资者在计算潜在收益时，就不必对股票的价格上行运动作任何假设。在确定什么是最低的可接受的收益时，一个普遍的规则是，只有在股价不变收益每个月至少为 1% 时，才考虑进行卖出备兑交易。这就是说，3 个月期的卖出备兑至少要能提供 3% 的股价不变收益，6 个月期的卖出备兑至少要能提供 6% 的股价不变收益。当期权权利金比较高时，会有许多符合该标准的卖出备兑，在这样的情况下，也许可以把标准定得高一些，比如说，每个月为 1½% 或者 2%。同时，投资者必须对他的最低收益标准（无论它是每月 1% 还是每月 2%）足以抵消他所冒的风险这一点感到有把握。也就是说，如果所持股票的价格下跌到了所得权利金的范围之外，这样的风险仍然可以稳妥地为潜在收益所抵消。应当指出的是，每月 1% 的收益不是一个微不足道的数字，特别是该收益很可能会实现的时候。不过，如果类似债券这样的风险较小的投资也有 12% 的年化收益率的话，备兑卖出者就应当把他的目标设得更高一些。

一般而言，在对各种卖出备兑情形进行比较的时候，是在对它们的年化收益进行比较。但是，投资者不应当由此相信，他总是能够实现这个预期的年化收益率。某个备兑期权在 6 个月里提供了 6% 的收益，其年化收益率为 12%。如果某个投资者建立了这样一个头寸，那么他所得到的只是 6 个月里的 6%。他无法确定在今后的 6 个月里一定会有另外一个能够在 6 个月里提供 6% 的头寸存在。

卖出的期权的实值程度越深，实现股价不变收益的可能性就越大。请记住，在实值的情况下，股价不变收益与行权收益是相同的。除非股票在到期日跌到了行权价之下，否则两者就都能实现。因此，对于卖出实值备兑期权来说，如果股价上升、保持不变，或者甚至在到期日时略微跌了一点儿，它都能够实现预期的收益。对于卖出虚值备兑期权来说，如果股价上升，那就有可能获得更高的潜在收益。但是，如果股价保持不变或者下跌，那么其表现一般而言就要比卖出实值要差。这就是为什么说"股价不变收益是一个较好的比较方式"的原因。

2.6.2 下行保护

量化下行保护要比量化预期收益要难。正如前文提到的，下行保护百分比常常被用来作为一种衡量标准。不过，这在某种程度上会引起误解，因为波动率较大的股票总能提供更大比例的下行保护（它们的权利金更高）。困难在于，高波动股票的 10% 的下行保护，应该与低波动股票多少的下行保护相当呢？ 6% 的保护是更好还是更糟呢？可以通过数学方法来对这一点做定量分析，不过涉及相对高深的计算，我们会在第 28 章论述数学应用时再来讨论这些方法。

与其牵涉进数学计算中，许多备兑期权卖出者都是使用下行保护百分比，并且只考虑卖出可以提供一定最低保护水平（如 10%）的期权。尽管这并不精确，但它确实可以让备兑期权的卖出者得到起码的下行保护以及可接受的收益。通常所用的数字标准是 10% 的保护。此外，某个投资者可能要求卖出的期权有一定百分比的实值（如 5%）。这只不过是同一概念的另一种表述方式。

2.6.3 策略的重要性

在保守型的备兑期权策略中，一般的指导方针是投资者应当达到每月至少 1% 的股价不变收益，以及至少 10% 的下行保护。这些标准会自动迫使投资者根据总收益的概念来卖出实值期权。无论标的股票的波动率如何，使用这些指导方针而建立起来的总头寸相对来说都是保守型的头寸，因为它们既有相当高水平的保护，又能实现合理的收益。不过，使用固定的指导方针也有它的危险性，因为市场状况总是在变化的。在场内期权交易的早些年，权利金很高，几乎所有的平值和实值备兑期权都能够满足上述标准。不过现在投资者必须使用一两个按顺序排列的卖出备兑头寸的名单，每天利用计算机对下面的类别之一或同时进行排序，来帮助建立最有吸引力的保守型卖出备兑。一个名单应当在固定最小下行保护水平（如10%）的情况下，对年化收益进行排序。另一个名单应当在固定可接受的股价不变收益（如12%）的情况下，对下行保护百分比进行排序。如果权利金水平降低，每日的名单变得太短，那投资者也许就需要考虑放宽标准，以观察更多的可能情形。另一方面，如果权利金涨了很多，投资者也许应当考虑使用更为严格的标准，以减少潜在的备兑期权数目。

有些备兑期权卖出者可能会倾向于更为激进的虚值备兑期权的策略。根据某些数学上的分析，我们有理由相信，在长期中，卖出适度虚值备兑的表现要好于卖出实值备兑。在下跌或盘整的市场里，任何备兑卖出者，即使是进攻性更强的卖出者，其投资表现也要比那些没有卖出看涨期权的股票持有者要好。在这样的市场里，虚值备兑的卖出者的风险要比实值备兑卖出者高。但是，在一个上涨的市场里，虚值备兑卖出者的收益不像实值备兑卖出者那样受限制。就像前面所说的，虚值备兑卖出者的表现与标的股票的表现更为接近。也就是说，如果以季度为周期进行考察的话，它的波动会更大。

这两种哲学各有优点。实值备兑对那些寻求相对稳定和中等收益率的投资者来说具有吸引力。这就是总收益的概念。这些投资者通常关心的是保住资本，因此他们所追求的是实值备兑所提供的更高程度的下行保护。另一方面，有的投资者希望通过卖出虚值看涨期权来获得更高的潜在收益。这些进攻性更强的投资者愿意接受更大的下行风险，以此来换取在标的股价上升时获得更高收益的可能性。这些投资者通常需要关于某只股票的看多研究意见来选择虚值期权。

虽然追求什么样的卖出备兑策略取决于个人的哲学，看起来实值策略的优势（收益较稳定，风险一般比仅持有股票要小）会把组合管理人和进攻性不那么强的投资者引向这个策略。如果投资者感兴趣的是实现更高的收益，本书的后面部分所展示的一些策略，它们将可以提供更高的收益，而且所承担的风险也没有卖出虚值备兑那么大。

在选择卖出备兑上最后一个重要的考虑因素是标的股票自身。建立一个卖出备兑头寸，并不一定是对标的股票看多的。只要不预期标的股票会下跌，就可以建立卖出备兑的头寸。一般而言，如果某个投资者对标的股票的看法是中性或者稍微看多的，那就最好不过了。不管能得到多大程度的保护，如果对某个股票是看空的，就不应当就这个股票建立卖出备兑头寸。更进一步地说，如果不想持有某只股票，那么就不应当就这只股票建立卖出备兑。有的个体投资者可能对买入波动性太大的股票感到疑惧。坦率地说，如果有足够的收益和保护，总头寸的特性与标的股票的特性是不尽相同的。不过，下面的说法仍然是正确的：某个投资者不应当在他所认为的风险太大的头寸里投资，也不应当只是因为喜欢某只股票就建立卖出备兑。如果潜在收益没有变化，或者下行保护没有满足投资者的要求，那么，他就不应该建立卖出备兑头寸。

某个卖出备兑的策略家所要达到的结果，是在可接受的收益与下行保护之间寻找一种平衡。在这两者之中，如果有哪一个不能满足他的要求，他就不应当建立这样的策略。如果他对某只股票是看空的，他也不会建立这样的策略。从这点出发，卖出备兑所达到的结果就是某个保守型的卖出备兑程序所要实现的目的：为某个波动较小的投资组合增加收益，提供保护，降低组合波动率。

2.7 就已持有的股票卖出备兑

就已持有的股票建立卖出备兑头寸涉及其他的因素。通常情况下，某个投资者虽然持有股票，他的股票也有期权交易，不过他觉得与市场上现存的其他卖出备兑相比，他卖出期权收益太低。这种看法也许有它的道理，但是，它通常是由这样的事实造成的：这个投资者看到过计算机产生的一览表，其中显示，同其他价格相近的股票相比，他的股票收益显得较低。他应当意识到，这样的一览表通常是以为建立卖出备兑而买入股票为假设的，并不会计算和公布就已持有的股票进行卖出备兑的收益数据。有可能由于交易费用的原因，卖出某只股票并买入另一只会显著地影响收益，因此投资者总是就已持有的股票进行卖出备兑。

【示例 2-9】某位持有 XYZ 股票的投资者，在就 XYZ 进行卖出备兑与就 AAA 进行卖出备兑作比较。如果 AAA 的波动性比 XYZ 更大，现有的价格可能会是这样：

股票	10 月 50 看涨期权
XYZ：50	4
AAA：50	6

不考虑太多的具体细节，这两笔卖出的其他重要方面包括：

	XYZ	AAA
行权收益（保证金）	9.7%	13.4%
下行盈亏平衡点（现金）	45.58	44.08
下行盈亏平衡点（保证金）	46.83	45.33

看到这些计算结果，XYZ 股票的持有者也许会感到不应当就已持有的股票来卖出看涨期权，甚至感到应当卖掉 XYZ，买入 AAA，然后再就 AAA 来建立卖出备兑。这两种做法都是错误的。

在场内期权交易的早些年，交易费用很高，投资者不会愿意通过换股来获得更大的收益，因为换股过程会导致很大的交易费用。事实上，如果读者当前的手续费率很高，他就应该仔细地评估这两笔卖出备兑的收益。他需要计算不需要买入手续费的 XYZ 交易的收益，并与 AAA 交易的收益做比较。不过，今天大多数交易者的手续费已经很低，因此手续费已经不再成为影响换股的重要因素。

手续费并不是唯一需要考虑的因素。每个投资者都还需要考虑，换成 AAA 所增加的收益是否值得，因为他可能换成了一个波动更大且不支付股息的股票。虽然静态的卖出备兑收益可能较高，但在做出最终决定时，应该考虑到以波动率为基础来计算的风险。

同样的逻辑也适用于某个投资者已经在做卖出备兑的情况。如果他持有某个期权已经到期的股票，他将不得不决定是否要就这一股票再卖出期权，或者是把股票卖掉，再买入新的股票来做卖出备兑。在高手续费的时代，他可能会想继续就现有股票进行卖出备兑，即使这样做的收益已经不再具有吸引力,仅因为换股的手续费较高。不过在现在的低手续费率时代,这不再是一个问题。卖出者需要寻找能带来最佳总收益的卖出备兑。事实上,月复一月,季复一季,即使没有收益也只就已持有的股票进行卖出备兑,很可能是个错误。

警示

某个股票持有者,如果他从先前的交易中获得了股票,之后考虑就这个股票卖出看涨期权,那他就必须意识到他的处境:他有可能由于指派而失去股票。如果他一定要持有股票,那一旦标的股票价格上升,他也许就不得不亏本买回先前卖出的期权。本质上,他限制了股票价格的上涨空间。如果某个投资者会在股票价格上涨时因为不能获得全部收益而烦恼和失望的话,他一开始就不应该卖出看涨期权。也许他应当使用卖出备兑**递增收益**(incremental return)的概念,本章的后面将讨论这部分内容。

正如前面所强调的,卖出备兑策略涉及把股票和期权看作是一个总头寸。它不是指某个股票持有者在交易他所持有的股票的期权。如果该股票持有者因为股价将要下跌而卖出看涨期权,那该笔期权交易自身就是有利可图的,则他可能就把自己放在一个微妙的处境里。如果是这样的话,他也许只有在他的期权交易盈利时才会满意,而不管标的股票中未兑现的结果将会如何。这一哲学同卖出备兑策略的哲学是相矛盾的。这样的投资者(他事实上已经成了交易者)应当仔细地考虑一下他卖出看涨期权的动机,并且事先想到如果卖出看涨期权后股价大幅上涨,他应该怎么做。

说到底,就你不想出手的股票卖出看涨期权同卖出无备兑看涨期权没有什么不同。如果股价上涨到你卖出的看涨期权的行权价之上,你就会非常痛苦,甚至会睡不着觉,那么,你所经历的考验和磨难同那些卖出无备兑看涨期权的人在同样的股价运动中所经历的没有什么不同。对一个真正的卖出备兑策略家来说,这样的痛苦是不可接受的。

仔细想一想。如果你有一些买价很低且又不想出手的股票,可是你又想就这些股票卖出看涨期权,那么你希望会发生什么呢?你最可能希望期权会无价值地到期(也就是说,你的股票不会因为行权而卖掉)——这正是一个无备兑的卖出者所期望的。

如果股价上升,问题就会变得复杂起来,这时你决定把这些看涨期权**挪仓**(roll)。与其付出一小部分资金来平仓亏损头寸,投资者可能更愿意把头寸挪仓到到期日较远和行权价较高的合约,从而继续带来一些收入。最后,当更低的行权价消失的时候,他就没有其他选择了。此时,他要么卖掉一些股票,要么付出一大笔资金来买回先前卖出的看涨期权。因此,如果标的股票持续上涨,卖出者在"同市场作斗争"时就会在情感上经受折磨。我们看到过若干经典的墨菲定律⊖的示例,在其中,刚好在该股票或是整个股票市场崩溃之前,期权卖出者不愿意因指派而卖出他们的"不可碰"的股票,而情愿亏损一大笔钱来买回期权。

如果某个投资者不想卖出自己的股票,那么在就这些股票卖出看涨期权时,他就必须非常小心。如果某个投资者因为某种原因(例如税收考虑或是感情上不舍得等)而不能卖出

⊖ 墨菲定律:凡是可能出错的事均会出错。——译者注

股票时，他就确实不应当就这样的股票卖出看涨期权。对这样的股票持有者来说，买入保护性看跌期权（后文会讨论）也许会是一个更好的策略。

2.8 在卖出备兑中对收益和保护分散化

2.8.1 分散化的基本方法

卖出备兑策略家显然希望尽可能多地将高潜在收益和充分的下行保护结合在一起。卖出虚值看涨期权可以提供较高的行权收益，但只能提供中等的下行保护。另一方面，卖出实值看涨期权可以提供更多的下行保护，但只能提供较低的行权收益。对有些策略家来说，在实践中进行分散化的办法就是对某些股票卖出虚值看涨期权，同时对另一些股票卖出实值看涨期权。不能保证这种就一系列分散的股票卖出看涨期权的做法就一定会产生出色的结果。投资者仍然需要挑选出他认为会有更好表现的股票（为了虚值卖出），而这不是一件容易做的事。此外，在许多情况里，个体投资者也没有足够的资金来进行分散化。不过，我们还可以用另一种方法来实现在一个卖出备兑的情况里对收益和下行保护进行分散化。

为了尽可能达到分散化的目的，卖出者通常可以对他一半的头寸就一只股票卖出虚值的看涨期权，再对另一半就同一股票卖出实值的看涨期权。对下面这样的股票来说，这种方法特别具有吸引力：这种股票的虚值看涨期权看上去不能提供足够的下行保护，与此同时，它的实值看涨期权又提供不了足够的收益。通过同时卖出这两种期权，这个卖出者就有可能得到他所寻求的收益和保护的分散化。

【示例2-10】6个月的期权有下列的价格：

XYZ普通股票： 42
XYZ 4月40看涨期权： 4
XYZ 4月45看跌期权： 2

这位投资者希望就XYZ普通股票建立卖出备兑，他也许喜欢4月40看涨期权所提供的保护，但这个期权所提供的收益对他没有吸引力。也许他能够通过卖出部分4月45看跌期权来增加他的收益。假设该投资者考虑买入1 000股XYZ股票。表2-14对这些策略的属性做了比较：只卖出虚值期权（4月45），只卖出实值期权（4月40），或者两种期权各卖出5手。表2-14所计算的是全部用现金的情形，使用保证金的情形也是类似的。计算考虑了所有手续费。

表2-14 不同卖出备兑的特性

买入1 000股XYZ同时卖出	卖出实值备兑	卖出虚值备兑	平均卖出两种
	10手4月40	10手4月45	5手4月40和5手4月45
行权收益	7.6%	14.7%	11.2%
股价不变收益	7.6%	7.3%	7.4%
保护比率	11.7%	7.0%	9.3%

不难看出，"组合的"卖出备兑（一半头寸为4月40期权，另一半为4月45期权）在收益和保护之间提供了最好的平衡。只卖出实值看涨期权的策略提供了高于11%的下行保

护，但是，它的行权收益只有7.6%，只比每月1%稍微高一点。因此，投资者也许会因为潜在盈利太小，而不想就他的整个头寸卖出4月40看涨期权。同时，如果就整个头寸卖出4月45看涨期权，虽然可以提供一个有吸引力的行权收益（每月超过2%），但只能提供7%的下行保护。组合的卖出备兑比其他两种都有更好的特性，它提供了超过11%的行权收益（每月1.5%），以及超过8%的下行保护。通过卖出这两种看涨期权，该卖出者就有可能解决在只卖出虚值期权或只卖出实值期权时一定会遇到的问题。由于这个"组合的"卖出备兑，当卖出者在一开始不持看空或看多立场时，他不必一定看空（卖出实值）或是看多（卖出虚值）。对一个低波动率、交易价在两个行权价之间的股票来说，这样做常常是有必要的。

图2-2显示了三种交易方式的盈利图形。我们可以看到，如果在期权到期时XYZ的价格在42附近，这三条线都会交织在一起。

这个技巧不但可以用来为个别头寸而且可以为投资组合的一大部分资产提供保护与收益之间的分散化。现在，手续费都是以每股为基础来计算，因此相关的收益可以通过计算单个卖出备兑的收益的平均值来得到。例如，4月40看涨期权的行权收益是7.6%，4月45看涨期权的行权收益是14.7%，那平均卖出两者的收益就是其平均值11.2%。

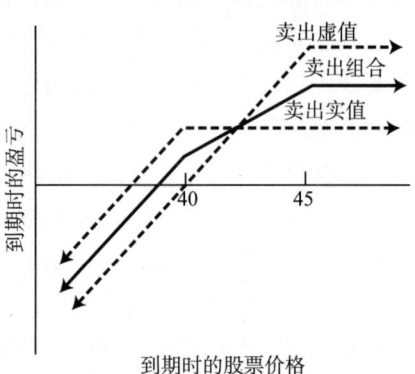

图2-2　比较：卖出组合同卖出实值和卖出虚值相比

2.8.2　其他分散化的方法

如果某个投资者持有某只股票的大量头寸，那么只卖出两个不同的行权价的分散化方法，对他来说可能还不够。机构投资者、退休基金持有者，以及大户有可能就属于这个范畴。对于这些大额的持有者来说，通常所做的，不但是要至少卖出两个行权价，还要卖出不同存续期的期权，以实现分散化。例如，三分之一的头寸卖出近期看涨期权，三分之一卖出中期看涨期权，剩余三分之一卖出远期看涨期权，这样做的投资者可以得到很多好处。首先，投资者不需要在同一时间对他所有头寸作调整。这个调整包括股票被指派行权，或者是在买回看涨期权的同时再继续卖出。此外，投资者也不再局限于某一系列看涨期权到期时的期权权利金水平。例如，投资者卖出的全部为9个月的看涨期权，并且在它们到期时将它们挪仓，那么他就有可能接受较低的潜在收益。如果在该卖出者要卖出更多看涨期权的时候，期权权利金水平刚好较低，他将会建立一个长达9个月的低于最优值的卖出备兑头寸。如果能将他的交易分散在不同的时段里，即使出现最糟糕的情形，他也只有三分之一的头寸的权利金较低。在随后的3个月里，权利金还有希望会上涨，这样，在他投资组合的下一个三分之一里，他就可以得到相对较好的权利金。这里需要强调一句：个体和相对小额的投资者，如果他们持有的股票只够用来卖出一个系列的期权，那就不应当卖出最长期的看涨期权。此时他虽然得不到特别有吸引力的权利金水平，但至少无需一直持有该头寸到期。否则，他可能会在长达9个月的时间里一直处于相对糟糕的境地。最后，这种类型的分散化，在市场周期性波动时，可能会导致在不同的行权价上卖出看涨期权。如果使用分散化方法的话，投资者就不必把他所有的股票都放在一个价格上。

到这里，我们就结束了对就股票建立卖出备兑头寸的讨论。后面我们还将继续讨论就其他种类的证券进行卖出备兑。

2.9 后续行动

建立卖出备兑，或是任何一个期权头寸，都只是策略家工作的一部分内容。一旦建立了头寸，就必须对其进行严密地监控。如果股价下跌幅度太大，就需要及时对其进行调整。此外，即使股价保持相对稳定，随着卖出的看涨期权临近到期日，也需要对其进行调整。

有的卖出者不采取任何后续行动，如果股价在期权到期时高于行权价，他们就让股票被指派行权；而如果股价低于行权价，他们就让初始的合约无价值到期。这些并不总是最优化的行动，投资者需要做出更多的决定。

后续行动（follow-up action）可以分为三大类：
（1）如果股价下跌而采取的保护性行动；
（2）如果股价上涨而采取的进攻性行动；
（3）如果实值看涨期权时间价值消失而采取的避免指派行动。

有的时候，投资者在到期日之前决定将整个头寸平仓，或者让股票被指派行权。这些情况我们也会讨论。

2.9.1 如果股价下跌而采取的保护性行动

如果某个投资者面对标的股价相对显著的下跌而不采取保护性行动，就有可能遭受大笔的亏损。因为卖出备兑是一个潜在盈利有限的策略，投资者应当限制亏损，不然一次亏损可以抵消掉好几次盈利。在市场下跌中最简单的后续行动，就是直接将这个头寸平仓。如果股价下跌了一定百分点，或者是跌破了某个技术**支撑**（support）位，就应当采取这样的行动。不幸的是，这种防守行为有可能被证明是一种不高明的方式。投资者往往会继续卖出时间价格更高的期权，来获得额外的时间价值。

后续行动通常采取的形式是买回初始卖出的看涨期权，然后再卖出另一个行权价或到期日不同的看涨期权来替代。这种类型的调整叫作挪仓行动（rolling action）。当标的股价下跌时，投资者通常买回初始的看涨期权（由于标的股价下跌了，从而获得一定的盈利），然后再以较低的行权价卖出另一种看涨期权。这就是所谓的**向下挪仓**（rolling down），因为新的期权的行权价较低。

【示例2-11】某个卖出备兑头寸为：按51买入XYZ，按6卖出XYZ 1月50看涨期权。它在到期日时的最大潜在盈利是5点。下行保护是6点，到期日时股价在45之上都可以得到保护。为了说明这个基本的示例，手续费在这里不作考虑。

如果股价开始下跌，也许在两个月里跌到了45，于是就有可能会出现下面的期权价格：

XYZ普通股票： 45

XYZ 1月50看涨期权：	1
XYZ 1月45看涨期权：	4

这时候，1月50的备兑卖出者在他的总头寸中有一个为1点的小额未兑现亏损：他在普通股上的亏损是6点，但是在1月50看涨期权上有5点的盈利（这里需要说明的是，在到期日之前，在"盈亏平衡点"上出现了亏损）。如果股价从这些水平上继续下跌，在到期日时他的亏损就会更大。按1点卖出的看涨期权在下行方向上只能再提供1点的保护。如果预期股价会跌得更深，那么，通过向下挪仓可以得到额外的下行保护。在这个示例中，如果投资者按1买回1月50看涨期权，同时再按4卖出1月45看涨期权，他就是在进行向下挪仓。这可以为他增加另外3点的下行保护（按1买回50看涨期权，再按4卖出45看涨期权，从而产生3点的收入）。因此，在向下挪仓之后，他的下行盈亏平衡点就变成了42。

另外，如果股价保持不动，也就是说，如果XYZ在1月到期日时刚好是45的话，卖出者就会得到额外的300美元。如果他没有向下挪仓，而XYZ保持不变的话，他能得到的最多的额外收入就是1月50看涨期权所剩的100美元。因此，向下挪仓不仅能在股价进一步下跌时提供更多的保护，还能在股价稳定时产生额外的收入。

为了更准确地衡量这个示例里由于向下挪仓而获得的总效果，你可以计算出一个盈利表（见表2-15），或者画一幅净盈利图形（见图2-3），来对初始的卖出备兑和向下挪仓后的头寸加以比较。

请注意，挪仓后头寸的最大潜在盈利要比初始的头寸小。这是因为，在向下挪仓到1月45看涨期权之后，卖出者就对股价在45之上的盈利进行了限制。他承诺要按比初始头寸低5点的价格来卖出股票，初始的头寸使用的是1月50看涨期权，因而是对股价在50之上的盈利进行了限制。向下挪仓一般会降低卖出备兑的最大潜在盈利。不过，当一只股票在下跌时，最大盈利也许是次要的考虑。在这样的情况下，额外的下行保护常常是更紧迫的需要。

到期时，如果股价在45之下，向下挪仓的头寸就会比初始的头寸要多盈利300美元，因为向下挪仓产生了

表2-15 盈利表

到期时XYZ的价格	卖出1月50的盈利（美元）	挪仓后头寸的盈利
40	−500	−200
42	−300	0
45	0	+300
48	+300	+300
50	+500	+300
60	+500	+300

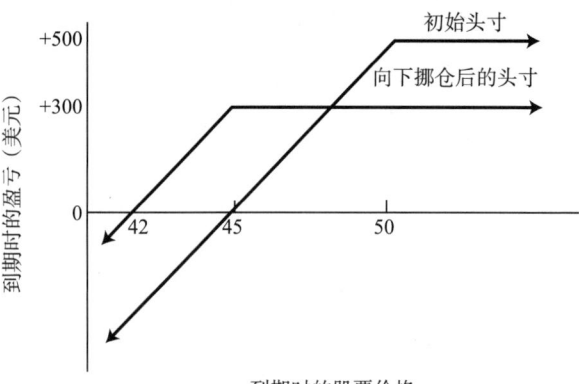

图2-3 比较：初始头寸同向下挪仓后的头寸

300美元的收入。事实上，如果股价涨到但是不超过48，那么向下挪仓头寸的表现都会超出初始头寸。如果期权到期时股价是48，两个头寸的表现就会相等——都产生300美元的盈利。如果股票继续反弹，在期权到期时高于48，那么，如果卖出者没有挪仓，他的收益

就会更好一些。从表 2-15 和图 2-3 里，可以清楚地看出这些结果。

因此，向下挪仓不能带来好处的唯一可能原因就是股票大幅反弹，也就是说，价格先是下跌然后上涨。在选择向下挪仓时，挪到什么位置很重要，因为挪得过早或是挪到不适当的价格都会限制收益。在选择挪仓价格时，使用股票的技术支撑位常常很有用。一般而言，如果投资者在技术支撑位被突破之后再向下挪仓，就可以减小陷入股价反弹这种处境的可能。

上面的示例是相对简化了的：在现实实践中可能会出现更复杂的情况，例如标的股票的价格突然出现相对陡峭的跌幅。这可能会给卖出者带来所谓的锁定亏损（locked-in loss）。简单地说，这就意味着对该卖出者来说，不存在这样的期权：它们可以让他向下挪仓，从而得到足够的权利金，如果股票在到期时被指派行权，就能兑现由此发生的盈利。这类情况通常更多地发生在价格较低的股票上，这些股票的期权的行权价离市场价相对较远。相对于卖出实值来说，卖出虚值更有可能会遇到这样的问题。尽管从情感上来说，此时向下挪仓无法产生盈利（至少在一段时间内），不是一个令人满意的投资头寸。但是，这样做至少为股价下跌提供了尽可能的保护，因此它仍是有益的。

【示例 2-12】某个卖出备兑头寸为：按 20 买入 XYZ，按 2 卖出 1 月 20 看涨期权。在这个头寸中，如果股价出人意料地迅速下跌到 16，那么，就会有下列的价格：

XYZ 普通股票：　　　　　　16
XYZ 1 月 20 看涨期权：　　　0.50
XYZ 1 月 15 看涨期权：　　　2.50

持有这个头寸的备兑卖出者将面临着困难的选择。他手上有未兑现的 2.50 点的亏损：股票 4 点的亏损，1 月 20 看涨期权 1.50 点的收入。在短期内，这是一个百分比相当大的亏损。他对此无能为力，只能寄希望于股价能够回弹，从而弥补损失。不幸的是，这有可能只是一厢情愿。

即便他考虑向下挪仓，也不会为这样做的前景感到很激动。假如该卖出者想要将 1 月 20 的仓位挪到 1 月 15。他因此就会按 0.50 买入 1 月 20，同时按 2.50 卖出 1 月 15，从而得到 2 点的净收入。通过向下挪仓，他承担了按 15 美元的价格卖出股票的义务。假设 XYZ 在 1 月的价格高于 15，他的股票被指派行权，该卖出者的交易结果会怎么样呢？他会在股票里损失 5 点，因为他初始是按 20 买入的，而现在要按 15 卖出。这个 5 点的亏损在很大程度上被他期权中 4 点的盈利所抵消了：1 月 20 的合约有 1.50 点的盈利（按 2 卖出，按 0.50 买回），加上卖出 1 月 15 所得的 2.50 的盈利。但是，他的净结果还是 1 点的亏损，因为他在股票上亏了 5 点，而在期权上只赢回了 4 点。而且，这 1 点的亏损是他最好的指望了。这没有错，因为，正如我们已经多次说明的，当股价超出期权行权价，卖出备兑头寸就实现了它的最大潜在盈利，不管超出的数量是多少。因此，由于将行权价挪到 15，他就严重地限制了这个头寸盈利的机会，以致到了"锁定亏损"的地步。

即使考虑到最后结果为亏损，对这个卖出者来说，将 1 月 15 期权向下挪仓仍然是个正确的决定。因为一旦股价跌到 16，就没有人能够拯救这个未兑现的亏损。但是，如果卖出者向下挪仓，他就可以防止亏损的快速累积。事实上，如果股价进一步下跌、保持不变甚至略为上涨，向下挪仓都对他有利。表 2-16 和图 2-4 对初始的头寸和挪仓后的头寸进行了比较。从这个图中可以清楚地看出，挪仓后的头寸锁定了亏损。除非股票在期权到期时涨回到 17，否则挪仓后头寸的表现都要比初始头寸的表现要好。因此，只要股票还在下跌、保持不变或者涨幅不超过 1 点，挪仓后头寸的表现实际上都会比初始头寸的表现要好。由于这个原因，这个卖出者将头寸向下挪仓是最合乎逻辑的行动，即使这样做会锁定一笔亏损。

表 2-16　初始头寸和挪仓后头寸的盈利比较

到期时股票的价格	卖出 1 月 20 的盈利（美元）	挪仓后头寸的盈利（美元）
10	−800	−600
15	−300	−100
18	0	−100
20	+200	−100
25	+200	−100

当卖出者在面临是向下挪仓锁定亏损，还是仍由进一步下跌的头寸继续没有保护这样的两难处境时，技术分析可以提供一定的帮助。如果 XYZ 跌破了某个支撑位或者某条重要的趋势线，这就为向下挪仓提供了额外的支持。在我们的示例里，如果某只股票从 20 美元突然跌到 16 美元，很

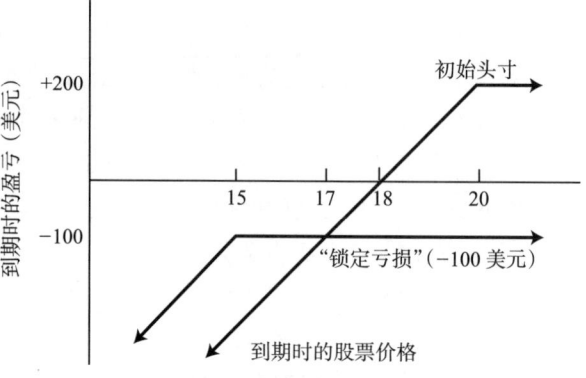

图 2-4　比较：初始头寸和"锁定亏损"

难想象这样的变化不会显著地损害它的技术图形。无论是什么情况，如果技术图表显示在 15.50 或 16 的地方有一个支撑位，那么卖出者也许值得等一等，看看股票在这个支撑位上是否站得住，然后再决定是否要向下挪仓。

避免不得不锁定亏损的最好办法也许是在建立头寸时就尽量避免这种麻烦。如果是就一个波动率中等、价格较高的股票建立实值的卖出备兑，那么，卖出者很少会面临不得不锁定亏损的局面。当然，如果股价跌得太快，卖出者就不得不在相当短的时间内连续向下挪仓，他就有可能别无选择，只能锁定亏损。不过，股价较高，期权的行权价间距（按百分比来说）就较小。因此，如果股价下跌，针对价格较高的股票，卖出者就能迅速地卖出行权价较低的新期权。而且，波动率高的股票的权利金也高，这样，由于股票下跌而造成的亏损，有一部分就可以由向下挪仓而产生的权利金给抵消掉；反过来，如果股价比较低，特别是波动率也比较低，那么，一旦价格下跌，备兑卖出者通常就会有严重的麻烦。

这里不妨提一下与下达交易指令相关的一个问题。如果投资者在买入一手看涨期权的同时卖出另一手看涨期权，他就是在执行一个价差指令。后文会对价差进行仔细讨论。不过，备兑卖出者必须意识到，在挪仓的时候，他可以下达价差指令。一般情况下，这样做可以让卖出者的指令得到更好的执行价格。

2.9.2　一个替代向下挪仓的办法

备兑卖出者可以采取另一种方法来得到对市场下跌的额外保护，并且不一定需要锁定亏损。简单地说，该卖出者可以只将他的一部分卖出备兑头寸进行挪仓。

【示例 2-13】某个投资者按 20 买入 1 000 股 XYZ 股票，按每股 2 点卖出 10 手 1 月 20 看涨期权。同前文一样，股票跌到 16，XYZ 1 月 20 看涨期权的价格是 0.50，XYZ 1 月 15 看涨期权是 2.50。像上一节里所显示的，如果该卖出者把他的 10 手看涨期权全都从 1 月 20 挪仓到 1 月 15，他就会锁定一笔亏损。虽然这样做有一定的道理，但是他可能不希望自己落到这样的境地。

通过将部分头寸向下挪仓的办法，投资者可以试图在增加对市场下跌的保护与保留市场上涨所带来的盈利之间寻求某种平衡。在这个示例里，卖出者可以只买回 5 手 1 月 20 看涨期权，并只卖出 5 手 1 月 15 看涨期权。这样他的头寸就变成了：

按 20 买入 1 000 股 XYZ 股票
按 2 卖出 5 手 XYZ 1 月 20 看涨期权
按 2.50 卖出 5 手 XYZ 1 月 15 看涨期权
兑现的收益，从 5 手 1 月 20 看涨期权中得到 750 美元

这个策略一般被称为部分向下挪仓（partial roll-down），其中，与更传统的全部向下挪仓（complete roll-down）不同，只有一部分初始的看涨期权向下挪仓了。只要对这部分挪仓的头寸作一些分析，就可以清楚地看出该卖出者不再有锁定的亏损了。

如果 XYZ 的价格反弹到 20 美元之上，该卖出者在期权到期时就会按 20 美元卖掉 500 股 XYZ 股票（达到盈亏平衡），按 15 美元卖掉另外 500 股 XYZ 股票（这部分会损失 2 500 美元）。他将 5 手 1 月 20 看涨期权留到到期日可以得到 1 000 美元，加上从 1 月 15 看涨期权中得到的 1 250 美元，再加上从挪仓的 1 月 20 看涨期权中收到的 750 美元，得到从期权中获得的盈利 3 000 美元，减去从股票里损失的是 2 500 美元，不计手续费的话，得到总的净收益 500 美元。因此，这个部分挪仓的头寸为卖出者提供了如果股价反弹仍然可以从中得到某些盈利的机会。显然，与完全挪仓的头寸相比，部分挪仓对市场下行所提供的保护就没有那么多，但是，与根本不挪仓相比，它仍提供了更多的保护。要了解这一点，请比较一下表 2-17 所显示的如果 XYZ 在到期日跌到 15 时的结果。

表 2-17 到期日时 XYZ 为 15

策略	股票亏损（美元）	期权盈利（美元）	总亏损（美元）
初始头寸	-5 000	+2 000	-3 000
部分挪仓	-5 000	+3 000	-2 000
全部挪仓	-5 000	+4 000	-1 000

总之，对那些想要向下挪仓但又不想锁定亏损的备兑卖出者，或者是认为股票在到期日之前会有一定反弹的人来说，应当考虑只将他的部分头寸向下挪仓。如果股票继续下跌，出现明显不能再强有力地反弹回初始的行权价的迹象时，那么，投资者可以再把剩余部分头寸也向下挪仓。

2.9.3 向下挪仓时利用不同的到期月系列

在前文所举的示例里，每当向下挪仓时，我们用的都是同一个到期月份。在实际操作中，卖出者在向下挪仓时常常可能会使用一个更远的到期月份，在某些情况中，他甚至会使用一个更近的到期月份。

挪仓到更远的到期月系列的好处是可以得到更多的保护点数。当标的股票就某种技术

分析或基本面分析来看变得令人担心时，人们常常采取这一行动。不过，由于向下挪仓减小了最大潜在盈利（前文已经多次说明了这个事实），并不是每一个向下挪仓的头寸都应当挪到更远的到期月系列中去。当使用更远期的看涨期权向下挪仓的时候，卖出者是在更长的一段时期里牺牲了他的部分潜在盈利。因此，只有当卖出者认为股票不能够保持现有的价格水平时，他才应当使用更长时期的看涨期权。在向下挪仓到较远期看涨期权的情况里，尤其可以使用部分挪仓的策略。这是因为，如果只是部分头寸向下挪仓，而当股价反弹时，卖出者仍然有获利的机会。因此，他会对已经挪仓的部分头寸所提供的最大保护感到轻松。

如果卖出者因为诸如标的股价突然下跌这种不受他控制的原因而不得不向下挪仓并且锁定亏损的话，事实上他可以挪仓到近期月的合约。这样他就可以在尽可能短的时间里拿回从短期看涨期权中得到的时间价值。

【示例 2-14】卖出者按 19 的价格买入 XYZ 股票，同时卖出 6 个月的看涨期权以得到 2 点。但是，不久之后，出现了关于这只股票的坏消息，XYZ 迅速跌到了 14。这时候，行权价为 16 的看涨期权有下列的价格：

    XYZ 普通股股票： 14
    近期看涨期权：   1
    中期看涨期权：   1.50
    远期看涨期权：   2

无论卖出者挪仓到这三个期权中的哪一个，他都会锁定一笔亏损。所以，最好的策略也许是挪到近期的看涨期权里，以获得 3 个月里 1 点的时间价值。用这种方法，他可以依靠在最短时期内时间价值消耗最快的期权来帮助自己摆脱亏损的困境。短期看涨期权在 3 个月后到期，那时他可以重新评估自己的处境，以决定是否要再卖出另一个短期看涨期权，继续收到短期权利金，或者是卖出一个长期看涨期权。

在挪仓到近期看涨期权的时候，卖出者是想要在最短的时间内回到一个有可能盈利的位置。通过卖出一两次短期看涨期权，卖出者最终有可能在最短的时间内将他股票的成本降低到更接近 15 的位置。一旦他的股票成本接近 15，他就可以用 15 的行权价卖出一个长期看涨期权，重新回到有可能盈利的处境。他就不必再锁定亏损。

2.9.4 股票上涨时采取的行动

一种让备兑卖出者高兴的情况是，标的股票的价格在建立了卖出备兑头寸之后上涨。如果发生这样的事，一般而言有好几种选择。卖出者可以决定什么都不做，让股票指派行权，从而得到建立这个头寸时所希望的收益。另一方面，如果标的股票价格上涨得非常快，卖出的看涨期权达到了持平价，卖出者也可以提前将头寸平仓，或者将看涨期权向上挪仓。下面我们对这两种情况各作一些讨论。

【示例 2-15】某个投资者建立了一个卖出备兑头寸，他按 50 买入股票，按 6 点卖出一手 6 个月的 7 月 50 看涨期权。他最大的潜在盈利是 6，如果股票在到期时高于 50，就能实现这样的盈利。他的下行盈亏平衡点是 44。此外，如果股票上涨了很多，在短时间内涨到

60。当股价在60的时候,7月50可能会卖到11点,7月60可能会卖到7点。因此,这个卖出者也许会考虑买回初始卖出的看涨期权,向上挪仓到一个行权价更高的看涨期权。表2-18对这个情况做了总结。

表 2-18　初始和现在价格的比较

初始头寸	现在价格	
按50买入XYZ	XYZ普通股股票	60
按6卖出XYZ 7月50看涨期权	XYZ 7月50	11
	XYZ 7月60	7

如果这个卖出者向上挪仓,也就是说,买回7月50的同时卖出7月60,他从期权中得到13点的收入(从7月50中得到的6点,再加上从7月60中得到的7点),减去为买回7月50所付的11点。因此,他的期权盈利就是2点,加到股票盈利的10点,这样,在7月到期时,只要股票价格高于60,他的最大潜在盈利就增加到了12点。

为了让他的最大潜在盈利增加到这个数量,这个备兑卖出者就必须放弃一定数量的下行保护。下行盈亏平衡点在向上挪仓时向上移动的数量,总是与挪仓所需的支出数量相等。在这个示例里,向上挪仓所需的支出是4点(按11买入7月50,按7卖出7月60)。因此,挪仓后的盈亏平衡点就从初始的44的水平上升到了48。这里还有另一种方法来计算新的潜在盈利和盈亏平衡点。本质上,由于兑现了在7月50看涨期权中5点的亏损,卖出者将他的净股票成本提高到了55。因此,他所持有的卖出备兑基本上就是一个按55买入股票,再按7卖出7月60看涨期权的头寸。用这种形式来表达,我们就可以更容易理解为什么盈亏平衡点是48,以及当股价高于60时的最大潜在盈利是12点。

请注意,凡是向上挪仓,总会有支出出现。也就是说,投资者必须存入额外的现金到这个卖出备兑的头寸里去。这与向下挪仓不一样。因为向下挪仓会产生收入。许多投资者把支出视为向上挪仓的严重缺陷,因而根本不愿意用增加支出的方法来向上挪仓。尽管向上挪仓所需要的支出对不同投资者所起的作用并不都是负面的,但这个支出确实提高了盈亏平衡点,如果股价跌回去的话,卖出者确实有可能遭受潜在的亏损。在向上挪仓时,挪到较远的月份常常是有利的,这会减少所需的支出。

这个向上挪仓的头寸的盈亏平衡点是48。因此,如果XYZ跌回到48,挪仓的卖出者就会无利可图。如果他不向上挪仓的话,在到期时,由于XYZ是48,他会从初始的头寸里赚到4点。我们可以对初始的头寸同挪仓后的头寸作进一步的比较。如果股价在7月到期时是54,这两个头寸是相等的,两者都有6点的盈利。因此,虽然看上去向上挪仓的做法似乎更有吸引力,但卖出者应当知道在到期时在什么样的价位上挪仓的头寸会与初始的头寸相等。如果卖出者认为在到期前XYZ的价格会有10%的调整,从60跌到54(对任何股票来说这都不是不可能的),他就应当保持他的初始头寸。

图2-5对初始头寸和向上挪仓头寸

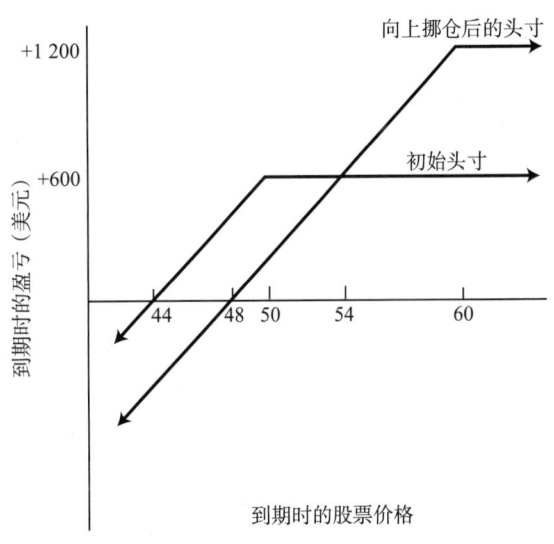

图 2-5　比较:初始头寸与向上挪仓后的头寸

进行了比较。请注意，盈亏平衡点从 44 移到了 48，最大潜在盈利从 6 点增加到了 12 点；而当到期时股价为 54 时，这两笔交易是相等的。

总的来说，向上挪仓增加了投资者盈利的潜在可能，但是，也增加了一旦股价朝反向运动就必须面临的风险暴露。因此，它所引进的就不仅是增进收益的可能性，还有风险因素。一般而言，如果不能承受股价至少 10% 的回调，那就不应当向上挪仓。卖出备兑的初始目的在建立头寸时就已经确定。当股票上升，这些目的已经达到时，卖出者就应当仔细考虑，是否要把盈利置身于风险中。

2.9.5 一个严重但常见的错误

当投资者对不让股票被指派行权非常在意的时候（也许他在卖出看涨期权的时候实际上并不想卖出股票），如果股票上升到卖出的看涨期权的行权价，他通常会向上挪仓和/或者向后挪仓到更远的到期月。大部分情况下，这样的挪仓都会产生支出。如果这只股票表现特别强劲，或者市场正经历一个强劲的牛市，那么，这些会需要支出的挪仓头寸就会对备兑卖出者的心理施加沉重的压力。最后，他会因受不了情绪的压力而犯错误。正常情况下，他有两个选择：第一，支出（大额的）资金来买回所有的看涨期权，从而使他持有的全部股票都暴露于下跌的风险中。需要注意的是，此时的下跌可能是在前期大幅上涨，以及因为挪仓而不停支出之后发生的。第二，他卖出一些无备兑的虚值看跌期权来得到收入，以减少向上挪仓所带来的支出。后一种行动比前一种更糟，因为整个头寸现在都高度依靠杠杆支撑，一旦股票价格突然下跌，就会导致可怕的损失，程度也许会严重到亏损整个账户中的资产。就像命中注定似的，这样的错误通常出现在股票的价格接近或是到达顶峰的时候。快速上涨之后的下跌总是急剧和令人痛苦的。

要避免这类后果可能很严重的错误，最好的方法是让股票在某一点上被指派行权。然后，使用得到的资金，要么在另一只股票上建立新的头寸，要么换一个策略来使用。如果做不到这些的话，至少要避免在股票特别有力地上涨之后对策略作过度的改动。尤其需要避免的是，通过卖出无备兑的看涨期权所得到的收入，来支付挪仓所需的资金。

到目前为止，我们讨论的都是在到期日之前的向上挪仓。在到期日或接近到期日时，当时间价值从卖出的看涨期权中消失之后，如果卖出者想要继续持有他的股票，他也许就没有别的选择，只能卖出行权价更高的看涨期权。我们在分析到期时或接近到期时所采取的行动的时候，将讨论这一点。

如果标的股票价格上升，卖出者的选择并不局限于向上挪仓或是什么都不做。随着股价的上升，卖出的看涨期权将失去它的时间价值，而且有可能在持平价附近交易。卖出者此时（或许离到期日还较远）可以在持平价附近把头寸平仓，买回卖出的看涨期权且卖掉股票。

【示例 2-16】某个投资者初始按 25 买入 XYZ 股票，同时按 3 点卖出 6 个月的 7 月 25 看涨期权，其净值是 22。现在，3 个月之后，XYZ 上涨到了 33，该看涨期权现在变为深度实值，所以在 8（持平价）的价格交易，从而为该卖出备兑交易实现了 25 的有效净值，这也是他的最大潜在盈利。相对于把这个头寸再继续持有 3 个月并不会再有额外潜在盈利的做法，现在直接平仓可能更为可取。提前在持平价卖出备兑平仓的好处是，卖出者在比预期更短的时间里兑现了最大限度的收益。这样做，他就增加了这个头寸上的年化收益率。虽然采取这样的行动一般而言对现金卖出者有好处（保证金卖出者请读下去），这里牵涉到一些如果他把头寸持有至看涨期权到期日就不会遇到的额外开销。第一，买入期权（买回来）的手续费是一笔额外的开支。第二，他将按比行权价更高的价格卖出他的股票，因此，在这笔交易上，他也要付出略高的手续费。如果在到期日前还有股息，且他提前把卖出备兑头寸平仓，他就得不到这个股息。当然，如果这笔交易是用保证金账户做的，那么，卖出者就可以减少为此支付的保证金利息，因为他的债务将提前还清。在大部分情况里，提前平仓只会增加很少的手续费，而且与提前平仓所增加的年化收益相比，失去的股息也是微不足道的。不过，事情并不永远如此，卖出者在提前平仓之前，应当准确地知道他的支出会是多少。

显然，平掉一个卖出备兑头寸也像建立它时一样困难。因此，你应当通过经纪公司的期权柜台下达平仓指令，把它作为"净"指令来行权。先前帮你用净价格来建立卖出备兑头寸的交易员，现在也会帮你用净价格来平仓。正常情况下，在你下达指令时，你就说你想要按"持平价"卖出股票，买入看涨期权，或者，就像在这个示例里，按"净25"进行买卖。就像通常有必要同期权和股票交易所同时保持联系以建立头寸一样，按持平价格平掉头寸也需要保持同样的联系。

2.10 局部抽身策略

当股价上涨，股票有被指派的风险时，就可以应用该策略。如果备兑卖出者希望被指派，那就没有什么问题。但在很多情况下，卖出者都希望买回看涨期权和向上挪仓。在这个策略中，部分标的股票被卖出了，收回的资金可用来买回备兑看涨期权。如果愿意的话，此时还可以卖出更高行权价的新看涨期权。

【示例2-17】在过去的某一时间，某个投资者就他的XYZ股票卖出了2月45看涨期权。由于股票已经持有了很长时间（可能是继承来的），因此该股票的开仓成本很低。该卖出者不愿意被指派，因为这会给他带来很大的负担。另一方面，他也不是特别想支付一大笔钱来买回看涨期权。假设他的头寸是这样的：

3 000股XYZ多头，当前市价为50
30手2月45看涨期权空头，当前市价为5.00

由于该看涨期权没有时间价值，他意识到指派很可能会发生。没有时间价值的原因可能是刚支付了一大笔股息，又或是临近到期日，不过具体原因并不重要。假设他进行了如下的操作：

按5.00买回30手2月45看涨期权   支出：15 000美元
按50卖出300股XYZ   收入：15 000美元

因此他平掉的部分卖出备兑头寸的净支出为零。他还保留了2 700股"没有负担的"股票。此时他可以决定是否再卖出看涨期权。

该策略的优势在于：在遇到即将被指派，而投资者又不愿意卖出股票的情况下，投资者可以通过这样做来保留大部分股票头寸。

这时会收多少税呢？第一，他可能在期权交易中有短期损失。第二，他在股票上有长期收益，其金额可能有 15 000 美元之多。不过期权上的损失可以用来抵消股票上的收益，因此他的净税收暴露可能并没有想象的那么多。

此外，投资者是在间接地以高价卖出股票。毕竟股票已经上涨了很多，这可能是处理一些股票的好时机。

因此这个实践的抽身策略有一些好的特征，其中最大的一点是，投资者通过卖出少量的股票，就让自己不用再担心实值备兑看涨期权的指派问题。该策略可以在备兑看涨期权变得非常深度实值之前就使用。如果某个投资者在使用该策略之前，期权已经变得非常深度实值了，那就必须卖出更多的股票，来让其从卖出备兑交易中抽出来。

2.10.1 到期或接近到期时采取的行动

随着到期日的临近，卖出的看涨期权的时间价值会逐渐消失，备兑卖出者常常会想要**向前挪仓**（roll forward），也就是，买回先前卖出的看涨期权，并卖出行权价相同的较长期看涨期权。对实值看涨期权来说，向前挪仓的最好时间一般是当看涨期权的时间价值完全消失了的时候。对虚值看涨期权来说，移入更远的期权系列的正确时间是当近期期权所提供的收益小于更远期看涨期权所提供的收益的时候。

实值的情况相当容易分析。只要看涨期权还剩有时间价值，指派的风险就很小，只要维持原有的头寸，卖出者就可以获有时间价值。不过，当期权按持平价或者贴水价交易时，套利者进行行权的可能性就非常大。在这个时候，卖出者应当将实值的看涨期权向前挪仓。例如，如果 XYZ 的卖价是 51，7 月 50 看涨期权的买价是 1，卖出者应当向前挪仓到 10 月 50 或者 1 月 50 看涨期权上去。

虚值的情况比较难处理，但是我们仍可以用相对直接的分析来帮助卖出者做决定。你可以计算卖出的看涨期权中剩余的日收益，再把它同较长期的看涨期权的日净收益加以比较。如果较长期看涨期权的日收益较高，你就应当向前挪仓。

【示例 2-18】某个投资者持有一个卖出备兑头寸，其中，他就 500 股 XYZ 普通股卖出了 5 手 1 月 30 看涨期权。目前距到期日还有 1 个月，有下列的价格存在。

XYZ 普通股股票	29.50
1 月 30 看涨期权	0.50
4 月 30 看涨期权	2.50

在到期日之前的剩余时间里，备兑看涨期权的卖出者只能得到 0.50 点的时间价值。如果他向前挪仓到 4 月 30 看涨期权，他有可能会更有效地使用资金。要做真正的比较，必须从 4 月 30 看涨期权的权利金中减去向前挪仓的手续费。

如果保留 1 月 30 看涨期权，在 1 月到期之前剩余的 30 天里，卖出者最多可以获得 250 美元。这对应平均每天 8.33 美元的收益。挪仓的手续费大约是 100 美元，包括买回和再卖出。目前 4 月 30 看涨期权的时间价值是每手 250 美元，这就意味着，在 4 月到期之前的 120 天里，卖出者可以获得 250 美元乘以 5，再减去 100 美元的手续费，即 1 150 美元，除以 120 天之后等于每天 9.58 美元。因此，去掉手续费之后，4 月 30 的日收益还是高于 1 月 30 的日收益。这时候卖出者应当将他的头寸向前挪仓。

由于向前挪仓有正的现金流（也就是说，这是一笔收入交易），因此这既能增加卖出者的最大潜在盈利，也能降低盈亏平衡点。在上面的示例里，向前挪仓得到的收入是 2 点，因此盈亏平衡点就降低了 2 点，最大潜在盈利也增加了 2 点。

只需一个简单的计算器，投资者就可以计算出日收益，从而决定是否要向前挪仓。前面的分析只适用于相同行权价 的向前挪仓。当考虑在到期时的向上或向下挪仓的决定时，由于这时涉及不同的行权价，所以不能简单地以这些期权的时间价值的差异为基础做出决定。

在前面关于向上挪仓的讨论中，我提到过，在到期或接近到期时，为了保留股票，投资者也许就不得不卖出高一档行权价的看涨期权。不过，这不一定是一笔支出交易。如果这只股票的波动率足够高，那投资者甚至不花钱就可以向上挪仓，有时甚至还可以得到一些收入。如果真有这样的机会，你千万不要错过。

【示例 2-19】 在 1 月到期的期权中有下列的价格：

XYZ：   50
XYZ 1 月 45 看涨期权： 5
XYZ 7 月 50 看涨期权： 7

在这个情况下，如果卖出者初始卖出的是 1 月 45 看涨期权，他现在就可以在到期时向上挪仓到 7 月 50 看涨期权，得到 2 点的收入。这是一个精明的举动，因为盈亏平衡点和最大潜在盈利都得到了增强。向上挪仓所得到的 2 点收入将盈亏平衡点降低了。最大潜在盈利也有了显著的提高，它总共提高了 7 点，其中因为行权价而提高了 5 点，又从挪仓中得到了额外的 2 点收入。因此，只要有可能在向上挪仓中得到收入，你就应当这样做。这种情况通常只出现在波动率较大的股票中。

在到期或接近到期时的另一个选择是向下挪仓。这出现在当投资者让卖出的看涨期权无价值地到期，股票价格大幅度低于行权价的情况里。卖出者此时需要决定，究竟是卖出低权利金的虚值看涨期权还是卖出较高权利金的实值看涨期权。这里，使用一个示例会对我们的分析有帮助。

【示例 2-20】 在 1 月 25 看涨期权刚刚无价值地到期之后：

XYZ 的价格是 22
XYZ 7 月 25 看涨期权的价格是 0.75
XYZ 7 月 20 看涨期权是 3.50

如果这个投资者现在要卖出 7 月 25 看涨期权，他就只能得到 0.75 点的下行保护。但是，如果 XYZ 在到期时上涨到 25，那他的最大潜在盈利就会相当大。另一方面，价格为 3.50 的 7 月 20 看涨期权具有很大的吸引力，它提供了相当大的下行保护，而且，它的时间价值为 1.50 点，是 7 月 25 看涨期权的两倍。单纯从分析的角度来看，不应当用过去的表现来作为今天决定的基础，但是，在实践中很难按这样的说法去做。如果这个投资者是用较高的价格买入 XYZ 的，他肯定会偏向于 7 月 25 看涨期权。但是，如果他用与市价几乎相同的价格买入的 XYZ，那他在卖出 7 月 20 看涨期权时就不会有什么内疚心理。在这里，没有适用于所有情况的绝对规则。不过，任何情况下，卖出能维持收益和下行保护之间最好平衡的看涨期权，往往能给投资者带来更大的好处。投资者只有在对标的股票**看多**（bullish）时才应当卖出 7 月 25 看涨期权。

2.10.2 避免无备兑的头寸

如果备兑卖出者在卖出的看涨期权停止交易的那一天考虑要采取任何后续行动的话，他都应当对一条保证金规则非常注意——如果在同一天卖出另一个看涨期权，即使先前卖出的期权显然要无价值地到期，但从保证金的角度来看，在周末的时候，这个卖出者会被看作是无备兑的，因此有义务为其无备兑的期权头寸提供质押。这通常不是卖出者所希望看到的。知道这条规则的存在可以避免不希望收到的保证金追加通知。此外，对许多备兑卖出者来说，他们不适合持有未备兑的头寸。

【**示例 2-21**】某个客户在 1 月系列的最后交易日（1 月的第 3 个星期五，看涨期权实际上要到第 2 天也就是星期六才到期）持有 XYZ 股票和未平仓的 1 月 20 看涨期权。如果 XYZ 在最后交易日的价格是 15，那么 1 月 20 看涨期权几乎可以肯定会无价值地到期。但是，如果卖出者决定在这一天并且在没有买回 1 月 20 的情况下卖出一手较长期的看涨期权，那么他在这个周末就会被认为是无备兑的。因此，如果某个投资者计划等现有期权完全无价值到期之后再卖出另一个看涨期权，并且他想要保持他的头寸是备兑的，那么他就必须等到到期日后的那个星期一再卖出。卖出者同时应当意识到，在某个期权系列停止交易之后以及这个系列实际到期之前，有可能会有某种新闻公布。因此，如果看涨期权的持有者认为股价会有显著的跳跃，从而使得行权有利可图，他们仍然有可能会行权。这样的事在过去发生过，最突出的两个例子是 1975 年 1 月的 IBM 和 1978 年 9 月的开利公司（Carrier Corp.）。

2.10.3 什么时候让股票被指派行权

当卖出的看涨期权临近到期日时，卖出者的另一个选择是，如果股票价格高于行权价，那么就让股票被指派行权。在许多情况下，持续持有股票，并不断将期权向前挪仓以得到收入，对卖出者来说是有利的。不过，在某些情况下，让股票被指派行权会更可取一些。应当强调，卖出者常常对这一点有明确的选择，因为他一般知道看涨期权什么时候会被行权——当时间价值消失的时候。

【**示例 2-22**】某个卖出备兑头寸是通过按 49 买入 XYZ 股票和按 3 点卖出 4 月 50 看涨期权来建立起来的。因此初始的盈亏平衡点是 46。在临近到期日时，假设 XYZ 上涨到了 56，4 月 50 看涨期权的交易价是 6。如果这个投资者想要向前挪仓，现在正是这样做的时候，因为看涨期权处于持平价上。不过，他注意到他的选择是有限的。假设当 XYZ 是 56 时有下列的期权价格存在：XYZ 10 月 50 看涨期权的价格是 7，XYZ 10 月 60 看涨期权的价格是 2。显然，备兑头寸建立之后，保证金水平下降了，但这是卖出者控制不了的情况。卖出者只能根据现有的市场条件进行操作。

如果该卖出者试图挪仓到 10 月 50 看涨期权，那么，在 10 月之前，他最多只能得到 1 点的额外盈利（这个看涨期权的时间价值）。它对应的收益率极低，卖出者应当拒绝这个选择，因为如果就其他证券进行卖出备兑交易，可能获得更好的收益。

另一方面，如果这个卖出者打算向上和向前挪仓，这需要花费 4 点：6 点买回 4 月 50，减去从 10 月 60 中得到的 2 点。这个支出意味着他的盈亏平衡点将从初始的 46 上移到新的 50。如果普通股股票的价格跌到 54 以下，他就会损失掉已经到手的盈利，因为在当前股价为 56 时，10 月 60 看涨期权只提供了 2 点的保护。如果这个卖出者对 XYZ 的牛市前景不是很有把握的话，他就不应当向上或者向前挪仓。

此时，卖出者在挪仓方面已经想尽了办法。剩下的选择是让股票被指派行权，然后用得到的收入就另一只新股票建立新的备兑看涨期权，这个新的卖出备兑可以提供更具吸引力的收益率和更合理的市场下行保护。如果满足下面的两个条件，让股票被指派行权的选择一般而言就是最聪明的策略：

（1）向前挪仓只能提供很有限的收益；

（2）向上或向前挪仓会显著地提高盈亏平衡点，使得该头寸相对来说失去了股价下跌时所需的保护。

2.11 特殊的卖出备兑情形

截至目前，我们的讨论都同就普通股卖出备兑有关。不过，投资者也可以就**可转换证券**（convertible security）、**权证**（warrant）或是长期期权（LEAPS）卖出备兑看涨期权。此外，我还将在这里讨论一种不同的卖出备兑策略，也就是递增收益（incremental return）的概念，这个概念对大宗股票的持有者，包括个体和机构的投资者，具有很大的吸引力。

2.11.1 可转换证券卖出备兑

买入某种可转换成普通股的证券有可能会比直接买入股票更有优势。使用可转换证券的一个优势是它常常能产生比使用普通股更高的收益。可转换债券（convertible bonds）和可转换优先股（convertible preferred stocks）就是为了这个目的而常常使用的证券。

在讨论卖出备兑之前，复习一下什么是可转换证券也许是有好处的。假设 XYZ 普通股有 XYZ 可转换优先 A 股，它每股可以转换成 1.5 股普通股。每股可转换证券可以转换成多少股普通股，是卖出者必须知道的一项重要信息。这些信息可以在《标普股票指南》(*Standard & Poor's Stock Guide*) 中找到 [如果是债券的话，则可以在《标普债券指南》(*Bond Guide*) 中找到]。

卖出者还应该知道究竟需要持有多少股可转换证券才等同于 100 股普通股。在 XYZ 的示例里，我们可以很快地通过用 100 除以转换比率 1.5 来得到这个数量。用 100 除以 1.5 约等于 66.667，因此投资者就必须持有 67 股 XYZ 可转优先 A 股以对应一手就 100 股普通股而设立的 XYZ 期权。请注意，在这项计算中，我们不需要知道 XYZ 普通股或转换证券的市场价格。

在交易可转换债券时，转换的信息一般用类似这样的表述：按价格 20 转换 50 股。转换价格是无关紧要的。重要的是该手债券能够转换的股份数，在这个示例里就是 50 股。因此，如果某个投资者使用这些债券来做看涨期权的卖出备兑，他就需要持有 2 手债券（2 000），等价于 100 股股票。

当知道了可转换证券的必要购买数量，投资者就可以使用这些证券的实际价格以及它们的收益来判断，究竟是就普通股还是就可转换证券来做卖出备兑更具有吸引力。

【示例 2-23】我们已知下列信息：

XYZ 普通股股票	50
XYZ 可转换优先 A 股	80
XYZ 7 月 50 看涨期权	5
XYZ 股息	每股年息 1.00
XYZ 可转优先 A 股股息	每股年息 5.00

请注意，在这两种情况里，卖出的看涨期权都是 7 月 50 看涨期权。使用可转换证券作为标的证券，并不改变对所用期权的选择。在表 2-19 的计算中，为了更简单地对收益作比较，没有把手续费考虑进去。在现实中，无论是普通股还是优先股，交易的手续费都是非常相近的。因此，从数目的角度来看，就可转换证券卖出备兑比就普通股卖出卖出备兑，似乎有更大的优越性。

表 2-19　普通股和可转换证券卖出备兑的比较

	普通股卖出备兑	可转换证券卖出备兑
买入标的证券	5 000 美元（100 股 XYZ）	5 360 美元（67 股优先 A 股）
卖出 1 手 7 月 50 看涨期权	−500	−500
净现金投资	4 500 美元	4 860 美元
收到的权利金	500 美元	500 美元
截至 7 月的股息	50	250
最大潜在盈利	550 美元	750 美元
收益率（盈利除以投资）	12.2%	15.4%

当就一个可转换证券卖出备兑时，有一些额外的考虑。首先是可转换证券的升水。在这个示例中，当 XYZ 的卖出价是 50 的时候，XYZ 可转换优先 A 股的真实价值就是 50 乘以 1.5，即每股 75 美元。不过，它的售价是 80，其中，包括价值 75 之上的 5 点的升水。一般而言，如果一个可转换证券的升水过高，就不会有人要买它。在这个示例里，升水还比较合理。如果某个可转换证券的升水高于所计算出的价值的 15%，那么就可以说它的升水过高了。

在就可转换证券卖出备兑时的另一个考虑是对指派的处置。如果卖出者被指派，他就会将他的优先股转换成普通股，然后交割普通股股票；或者在市场上卖出优先股，再用所得资金从市场上买入 100 股普通股股票，按照指派通知交割这些股票。如果该可转换证券有升水，那么第二种选择一般就更可取，因为将优先股转换为普通股会损失优先股中所有的升水。当为可转换债券时，则会损失累积的利息。

卖出者同时还应当注意，他的可转换证券是否是可以赎回的（callable）。如果是的话，具体的赎回条件是什么。一旦可转换证券被该公司赎回，它就不再按其与标的股票的关系而交易，而是按赎回价交易。因此，如果股票急剧上涨，卖出者卖出的期权会产生亏损，而无法从可转换证券处得到任何弥补。如果可转换证券被赎回，一般而言，整个头寸就应当立即平仓，卖掉可转换证券并买回期权。

卖出备兑的其他方面，例如向下或超前挪仓，即使是就可转换证券卖出期权，也没有什么变化。卖出者应当正常地按期权价格与普通股股价之间的关系来采取行动。

2.11.2 权证卖出备兑

我们也可以就权证而卖出备兑看涨期权。同样，投资者必须持有足以转换成100股标的股票的权证，一般而言，这会是100份权证。这笔交易必须是现金交易，权证必须完全付清，它们不具有借贷价值。从技术上说，场内权证是可以用保证金交易的，但是许多经纪商都要求全额支付。这里还可能有额外的投资要求。权证也有行权价。如果某个权证的行权价高于该看涨期权的行权价，备兑卖出者就必须存入金额等于他两部分投资之间的差额的资金。

使用权证的好处是，如果它们深度实值，它们就会给现金备兑卖出者带来较高的收益，因为它们只需要较少的投资。

【示例2-24】XYZ的价格是50，有按25买入普通股股票的XYZ的权证。因为该权证是深度实值，它的售价大约为每份权证25美元。XYZ没有股息。因此，如果卖出者考虑进行XYZ 7月50卖出备兑看涨期权的话，他也许会选择权证而不是普通股股票，因为这样的话，他每100股普通股股票的投资就会是2 500美元，而不是购买100股XYZ所需的5 000美元。由于没有股息，在两种情况里，潜在盈利都是相同的。

即使股票会支付股息（权证是没有股息的），但由于权证投资的金额较小，卖出者仍然可能从权证卖出备兑中得到比普通股卖出备兑更高的收益。当然，这要取决于股息到底有多少，以及该权证究竟实值有多深。

由于同时有期权和权证交易的股票数量不多，以及核实可获得收益的固有问题，实际进行权证卖出备兑的交易并不常见。不过，在某些情况下，进行深度实值权证卖出备兑交易，卖出者确实可以获得一定的好处。一般不建议就平值或虚值的权证卖出备兑，因为如果标的股价下跌，权证会更大比例下跌，从而形成一个高风险的头寸。同时，在这个示例里，如果卖出者向下挪仓到一个行权价比权证行权价更低的期权时，他的投资额就有可能会增加。

2.11.3 长期期权卖出备兑

卖出备兑看涨期权的一种形式是通过买入长期期权（LEAPS）看涨期权，并卖出更短期虚值看涨期权的方式来构造。这个策略与权证卖出备兑很相似。第25章在讨论对角价差时，会更详细地讨论这个策略。

2.11.4 增额收益的概念（收入挪仓）

卖出备兑看涨期权的增额收益概念是指，备兑卖出者可以获得股票在今天的股价与目标卖出价格（可能比今天的股价高出许多）之间的增值部分的全部价值。与此同时，卖出者还能从卖出期权过程中获得增额的正收益。

许多机构投资者对卖出备兑看涨期权有顾虑，因为它对潜在盈利的上限作了限制。如果在进行了卖出备兑之后，股票价格下跌了，那么大多数机构投资者会觉得比较好，因为相对于只持有股票而没有进行卖出备兑的其他机构投资者而言，他们的业绩表现会更好。但是，如果在卖出备兑之后，股票价格大幅上涨了，那么许多机构投资者就会因卖出备兑限制了他们的盈利而感到不满。这个策略并不是只适用于机构资金管理者，也适用于普通投资者。只是投资者的持股数量最好较大（至少是 500 股，最好是在 1 000 股之上）。增额收益的概念适用于所有像这样的投资者，他们会一直持有股票（即使中途出现短暂下跌），直到股价达到事先确定的、更高的价格，他们才愿意卖出。

这个策略的第一步是确定该卖出者愿意卖出股票的目标价格。

【示例 2-25】某位客户持有 1 000 股 XYZ 股票，股票当前价格是 60，该客户愿意按 80 的价格将股票出手。与此同时，他希望能从股票卖出备兑中实现一笔正的现金流。这笔正现金流并不必然来自于股票被指派行权时所实现的期权收益。更可能的情况是，当股价在 60 时，不大可能有行权价是 80 的期权在交易，因此，他可能没办法卖出 10 手 7 月 80 看涨期权。即使有 7 月 80 看涨期权存在，这也不是一个好的做法，因为此时投资者收到的期权权利金会很少（也许每手看涨期权 10 美分），从而不值得卖出这样的期权。增额收益策略可以让该投资者达到自己的目的，而不管有没有更高行权价的期权存在。

增额收益策略的基本方法是，一开始只就所持有的全部股票中的一部分卖出看涨期权，而且是卖出那些行权价离当前股价最接近的看涨期权。然后，如果股价上涨到更高一级的行权价，投资者就通过增加卖出备兑的数量来实现向上挪仓和获得收入。为收入而挪仓是必不可少的，它是整个策略的关键。最后，当股票达到了目标价格时，股票被指派行权，投资者以目标价卖出了所有股票，此外，他还能额外得到所有期权交易中所积累的总的收入。

【示例 2-26】XYZ 的价格是 60，投资者持有 1 000 股，他的目标价格是 80。他可以按每手 7 卖出 3 手最远期的 60 看涨期权。表 2-20 显示了在一个不很妙的情况下（股票价格一下子涨到了目标价格）会发生的情况。正如表 2-20 所显示的，如果 XYZ 在一个月里涨到了 70，那 3 手初始的看涨期权就会被买回去，然后在 70 的价格上卖出足够的看涨期权，并产生一笔收入（5 手 XYZ 10 月 70 看涨期权）。如果股价在下一个月里继续上升到 80，这 5 手看涨期权就会被买回去，而此时整个股票头寸都会以目标价格进行卖出备兑（10 手看涨期权）。

如果 XYZ 的价格保持在 80 以上，股票就会被指派行权，所有 1 000 股股票都会按 80 的目标价格卖掉。另外，投资者还可以挣到一路上所有卖出期权而得到的收入。它们的总额达到 2 800 美元。因此，这个卖出者不仅得到了股票上涨到目标价格的整个增值部分，还得到了卖出期权所产生的增额的、正收益。

表 2-20　两种增额收益的策略

第一天：XYZ = 60	
按 7 卖出 3 手 XYZ 10 月 60 看涨期权	+ 2 100 美元收入
一个月之后：XYZ = 70	
按 11 买回 3 手 XYZ 10 月 60 看涨期权	− 3 300 美元支出
按 7 卖出 5 手 XYZ 10 月 70 看涨期权	+ 3 500 美元收入
两个月之后：XYZ = 80	
按 11 买回 5 手 10 月 70 看涨期权	− 5 500 美元支出
按 6 卖出 10 手 XYZ 10 月 80 看涨期权	+ 6 000 美元收入
	+ 2 800 美元收入

在一个平静的市场中，监控这个策略会相对容易一些。如果卖出的备兑看涨期权没有了时间价值，因而可能会被指派，卖出者可以向前挪仓到一个更远的到期系列，保持卖出备兑看涨期权的数量不变。这个交易也会产生额外的收入。

如果目标价格最终被触及，而此时该卖出者希望保留一些股票，当卖出的看涨期权开始失去它们的时间价值时，那就可以使用先前提到的"部分抽身策略"。当从某个头寸中"抽身"出来后，投资者就可以设定更高的目标价格，开始整个过程的重复。

2.12　对卖出备兑看涨期权的总结

到这里，我们对卖出备兑看涨期权的讨论就告一段落了。在与其他策略进行比较的时候，我们在后面还会讲到这个策略。这里是对我们所讨论过的要点进行简单的总结。

卖出备兑看涨期权是一个有活力的策略，因为它减少了持有股票所带来的风险，同时也减小了短期市场运动给某个投资者的投资组合所带来的波动性。不过，投资者应当知道，卖出备兑看涨期权的表现有可能会比只持有股票差，因为股票有可能会大幅上涨，而卖出备兑则对潜在盈利的上限进行了限制。选择什么样的看涨期权来卖出，取决于这个卖出备兑是趋于激进或趋于保守的。相对于卖出虚值看涨期权，卖出实值看涨期权从策略上来说要更为保守一些，因为它得到了更大份额的市场下行保护。卖出备兑看涨期权的总收益的概念，是想在各种来源的收入（期权权利金、股票持有权和股息）和市场下行保护之间维持最大的平衡。为了实现这个平衡，通常在股价接近行权价，或稍微实值，或稍微虚值时卖出备兑看涨期权。

在建立头寸之前，卖出者应当对各种收益进行计算：行权收益、股价不变收益以及盈亏平衡点。要对各种卖出作真正的比较，就必须将收益年化，而且，在计算中，必须包括所有的手续费和股息。如果持有较大的标的股票头寸（500 股或 1 000 股），那么收益就会增加。同时，通过使用经纪公司的设施来产生所谓的"净"执行，也就是以某个特定的净价格差来买入股票和卖出看涨期权，那投资者就可以得到较好的执行结果，并能在长期中获得更高的收益。

应当在对可能有的收益和市场下行保护进行比较之后，再决定卖出哪个看涨期权。投资者有时可以卖出一部分虚值看涨期权和另一部分实值看涨期权，以实现收入和保护之间的平衡。最后，如果投资者对某只股票是看空的，他就不应当就其卖出看涨期权。卖出者对标的股票应当是略为看多的，或者至少是中性的。

后续行动与初始头寸的选择一样重要。如果标的股价下跌，投资者通过向下挪仓，可以增加下行的保护和当前的收入。如果某个投资者不愿意过多地限制市场上升时的潜在盈利，他可以考虑只将一部分备兑看涨期权头寸向下挪仓。在卖出的看涨期权到期时，如果股票相对接近于初始的行权价，投资者就应当考虑向前挪仓到一个更远的到期月。这样做能够获得更高的持续收益，因为投资者不必由于股票被指派行权而支付额外的股票手续费。在标的股票价格上升时，也可以采取一些进攻型的后续行动：向上挪仓到一个更高的价位。这个行动可以增加最大潜在盈利，但是，如果标的股票价格有显著的下跌，就会使得头寸面临亏损。如果股价高于行权价，而且其他证券里有更好的收益机会，投资者就不应当采取任何后续行动，而是让他的股票被指派。

卖出备兑看涨期权也可以建立在可转换证券上，也就是债券或优先股上。这些可转换证券有时能提供较高的股息收入，因此提高了从卖出备兑中可以得到的总的收入。同时，用权证来替代标的股票在某些情况中也会有好处，因为它可以在保持潜在盈利不变的同时减少净投资。因此，总收益率会更高一些。

最后，对那些持有较大数量股票的个人和机构投资者来说，如果他们想要所持的股票达到一个既定的价格，他们应当按照增额收益的概念来操作其卖出备兑策略。这既可以让他们实现标的证券的全部潜在盈利（达到目标卖出价格），又可以从卖出期权中得到额外的正收入。

第3章

Options as a Strategic Investment

买入看涨期权

买入看涨期权策略的成功，主要取决于投资者是否能选到会上涨的股票，以及能把握住这个机会。因此，虽然我们把买入看涨期权也称为策略，但策略这个词用在这里，与我们在本书中所讨论的大部分其他策略，涵义并不相同。设计其他大部分策略的目的，是要去掉股票选择方面的某些精确性，使得投资者能够保持中性，或至少能有一定的犯错余地，同时还可以盈利。不过，买入看涨期权的技巧是很重要的，因为想要正确理解其他更为复杂的策略，就必须先了解买入看涨期权。

买入看涨期权是最简单的期权投资，因而也是公众投资者最频繁使用的期权"策略"。下面一节大致描述了投资者在实施明智的买入看涨期权决定时所需要知道的基本事实。

3.1 为什么要买入看涨期权

买入看涨期权的最大吸引力是它们能为投机者提供很大的杠杆。投资者有可能在标的股票价格只有小幅上涨的时候，仍能实现很大的盈利。此外，尽管盈利的百分比很大，风险却不会超过一个固定的金额，也就是最初买入看涨期权所支付的价格。看涨期权必须全额付清，它们没有保证金的价值，也不能充当保证金。请注意，上面所说的关于必须全额支付期权权利金的说法不一定适用于**长期期权**（LEAPS），LEAPS 在 1999 年定为可以用保证金交易。下面的简单示例将说明投资者如何买入看涨期权。

【示例 3-1】假定 XYZ 的价格是 48，6 个月的看涨期权——7 月 50——的售价是 3。因此，只要有 300 美元的投资，投资者就可以买入这个看涨期权，从而在 6 个月的时间里，加入到 XYZ 普通股价格的上涨运动中来。如果 XYZ 的价格上涨了 10 点（刚刚超过 20%），7 月 50 看涨期权就会价值 800 美元，看涨期权的持有者可以在股价刚刚超过 20% 的价格运动中得到 167% 的收益率。这就是将投机者吸引来买入看涨期权的杠杆效应。在到期日，如果 XYZ 低于 50，该投资者的亏损就是 100%。不过，不管 XYZ 的价格跌得多深，亏损额都不会超过他最初的 300 美元投资。虽然他的风险是他初始投资的 100%，但就金额来看，也还只是个小数目。一般而言，投资者用于买入看涨期权的资金不应当超过其风险资本的 15%，因为它涉及相对大的风险。

有的投资者买入看涨期权的目的是想在把风险控制在一个固定金额的情况下，为其组合增加某种上行潜在收益。例如，如果某个投资者在想限制下行风险时通常只购买低波动率、保守型的股票，那么，他也许可以考虑将小部分现金放到波动性更大的股票的看涨期权上。按照这种方式，他可以"交易"比他通常交易的股票的风险更高的股票。如果这些波动性较高的股票价格上升，投资者就会得到可观的盈利。而如果它们大幅度下跌，就像波动性这个词所隐含的那样，由于持有的是看涨期权而不是股票，这个投资者的以金额来衡量的风险也是有限的。

有的投资者是因为另外一个理由而买入看涨期权，就是能够在不错过市场的情况下按合理的价格买入股票。

【示例 3-2】XYZ 的价格是 75，某个投资者可以买入行权价为 80 的 XYZ 的看涨期权。如果期权到期，XYZ 上涨，看涨期权变为实值，那他就可以按 80 的价格买入股票。在这样的情况下，他将看涨期权行权。另一方面，如果 XYZ 价格下跌，他的钱并没有套在股票上，他所亏损的只是同看涨期权权利金相等数额的资金。与股票自身的价格相比，这个数额一般要小得多。

不想"错过市场"的投资者有时还会用另一种方法来买入看涨期权。假定投资者知道在不远的将来，他会有一笔足以购买某一股票的现金（可能是卖掉他的房子，也可能是定期存款到期）。但是，因为他觉得股票价格马上会上涨，所以他想现在就买入这只股票。如果他现在手里只有小笔现金，那他可以先买入看涨期权。买入看涨期权所需的投资额要远远小于买入股票。然后，在他得到他知道会得到的现金后，他就可以将看涨期权行权，买入股票。这样，在他实际有钱买入股票之前，他已经加入到该股票的上涨运动中了。

3.2 买入看涨期权的风险和收益

对看涨期权的买家来说，最重要的是要意识到，一般而言只有在股票价格上涨的时候他才有可能会盈利。如果标的股票价格下跌，不管他花多大的功夫去分析和选择应当买入的看涨期权，买入的期权都不会产生任何盈利。不过，这个事实不应当妨碍投资者在选择看涨期权方面做一定的分析。我们见得太多的是，看涨期权的买家觉得某只股票要上涨，而且在这一点上他没有预测错，但是由于没有在买入看涨期权时对各种可以使用的期权进行风险和收益分析，结果还是赔了钱。他选对了股票，可是买错了看涨期权。

因为看涨期权买家的最好同盟是标的股票的向上运动，因此标的股票的挑选就成了看涨期权买家要做的最重要选择。对买入看涨期权来说，抓住正确的时机非常重要，因此，在挑选股票时，技术分析也许比基本面因素更为重要：即便有利好的基本面因素存在，你也不知道这些因素需要多长时间才会反应到股票价格上。投资者必须对标的股票是看多的，才会考虑买入这只股票的看涨期权。只有在选好股票之后，投资者才能考虑其他因素，例如，用什么样的行权价和买哪一个到期月的合约等。看涨期权买家还会有另一个同盟军，但这个同盟军通常是他预计不到的：如果他的看涨期权的标的股票价格变得波动很大，看涨期权的价格就会上涨，以反映这种变化。

相对于购买实值看涨期权，购买虚值看涨期权的潜在风险和潜在收益都更大。许多看涨期权购买者都倾向于选择虚值看涨期权，他们的理由是因为虚值期权的价格更便宜。对看涨期权的买家来说，绝对的以金额来衡量的价格不应当是一个决定因素。如果某个投资者的资金只够买入最便宜的看涨期权，他就不应当用这个策略来进行投机。如果标的股票价格有显著的上涨，虚值看涨期权自然能提供更大的收益。但是如果股票价格的上涨幅度不大，实值看涨期权的表现就会更好一些。

【示例3-3】XYZ的价格是65，7月60看涨期权的售价是7，7月70看涨期权的售价是3。如果股票相对缓慢地上升到68，7月70虚值看涨期权的买家实际上就会遭受亏损，尽管这个看涨期权还没有过期。另一方面，7月60实值期权的持有者则会得到一笔盈利，因为这个看涨期权至少可以按8点，也就是它的内在价值出售。关键是，就百分比来看，当股票上升幅度不大时，实值看涨期权能够提供更好的收益，而虚值看涨期权则在股票价格上升幅度更大的情况下会表现更好。

在考虑风险的情况下，实值看涨期权的风险概率显然要小一些。在前面的示例中，只有在XYZ至少跌了5点的时候，实值看涨期权的买家才会失去其全部投资。另一方面，对7月70虚值看涨期权的买家来说，除非在期权到期时股票上涨5点以上，否则他就会失去全部投资。显然，相对于虚值看涨期权，实值看涨期权无价值到期的可能性要小得多。

对看涨期权的买家来说，剩余存续期的长短也有关系。如果股票价格与行权价相当接近，那么，近期看涨期权就会紧跟标的股票的价格运动，因此，它的收益最高，风险也最大。远期看涨期权，由于它距到期日还有很长时间，因而风险最小，百分比收益也最小。中期看涨期权的风险和收益都是中等的，因而通常最有买入的吸引力。许多时候，投资者买入较长期看涨期权的原因是因为它的价格只比中期看涨期权高出1或者1.5点。他觉得多支付这一点钱而得到3个月的额外时间是值得的。不过，这种想问题的方法是不对的，因为大多数看涨期权的买家都不会持有期权超过60天或90天。因此，即使多花1个点就可以得到长期看涨期权的想法似乎挺吸引人，但也会是一笔不必要的花费。就像我们通常所见到的那样，投资者在60天或者90天就会把看涨期权卖掉。

3.2.1 时机的确定

如果投资者确定标的股票价格会上涨，这对他选择买入什么样的看涨期权会有帮助。如果投资者相当肯定标的股票马上就会上涨，他就应当努力得到更多的收益，而不必那么担心风险。这就意味着应买入短期的、稍稍虚值的看涨期权。当然，这只是一般的规则。无论在什么情况下，投资者一般都不要买入离到期只有一个星期的虚值看涨期权。另一方面，如果投资者在时机把握上非常欠缺，他就应当买入长期的看涨期权，这样，如果他对时机的把握差错很大，可以降低他的风险。这种情况很容易出现，例如，如果某个投资者认为某个公司的利好基本面因素会在将来的某个未知时刻表现出来，并且促使该公司股价上涨的话，因为该投资者不知道这个利好基本面因素是会在下个月还是会在此后6个月里发挥作用，他就应当买入长期看涨期权，给时机把握上的错误留下余地。

许多情况下，投资者并不打算长期持有看涨期权，他只是想在标的股票的短期快速上涨中获利。在这种情况下，他应当买入相对短期的实值看涨期权。尽管这个看涨期权可能要比同一标的股票的虚值看涨期权更贵一些，但只要标的股票价格上涨，这个期权就几乎肯定会上涨。因此，这个短期的交易者就会盈利。

3.2.2 delta

到现在，读者应当对与看涨期权相关的各种基本事实较为了解了。当股票价格与看涨期权行权价相同时，时间价值最高；它是实值或虚值程度最浅的期权；期权的价格不是线性因时减值的，随着到期日的临近，时间价值消失的速度会更快。为了再复习一下，这里重印了第 1 章里讲到的期权定价曲线。请注意，上面提到的所有事实都可以在图 3-1 中观察到。与中间区域相比，这些曲线在两头时与"内在价值"线的距离更近，这就意味着时间价值在股票价格等于行权价时最大，在股票价格偏离行权价时最小，无论是向实值方向还是向虚值方向偏离。此外，3 个月期的期权曲线位于内在价值线和 9 个月期的期权曲线的中间，这意味着当期权是平值的或近值（near-the-money）时，它的因时减值率是呈非线性的。读者还可以翻回到第 1 章，看看时间价值的因时减值图形（见图 1-4）。

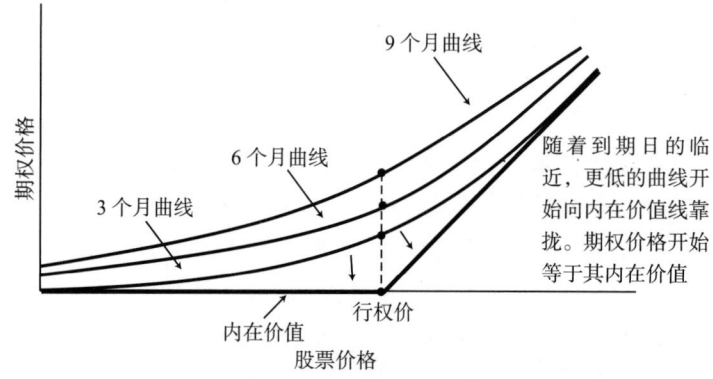

图 3-1　3 个月、6 个月和 9 个月看涨期权的定价曲线

买家应当熟悉看涨期权的另一个特性，就是期权的**对冲比率**（delta）。简单地说，期权的 delta 就是当标的股票运动 1 点时，看涨期权的价格会上涨或下跌的数量。

【示例 3-4】当标的股票的价格比看涨期权的行权价高很多时，这个看涨期权的 delta 就接近于 1。假设 XYZ 是 60，XYZ 7 月 50 看涨期权是 10.10，如果 XYZ 移动了 1 点，不管是上涨还是下跌，看涨期权的价格都会大致变化 1 点。深度虚值看涨期权的 delta 接近于零。如果 XYZ 是 40，7 月 50 看涨期权的售价可能是 0.25 点。如果 XYZ 运动了 1 点，到 41 或者 39，看涨期权价格的变动会很小。当股票价格等于行权价时，delta 一般是 0.50 或者 0.60。对期限很长的看涨期权来说，如果期权是平值的，它的 delta 会更大一些。因此，如果 XYZ 是 50，7 月 50 看涨期权是 5，如果 XYZ 涨到了 51，看涨期权就上涨到 5.50 点，如果 XYZ 跌到 49，看涨期权就下跌到 4.50 点。

事实上，标的股票价格的每一次变动，即使只变动了几分钱，delta 也都会发生变动。这涉及一个精确的数学推导，我们会在后面对其进行介绍。要明白这一点，最容易地是根据这样的事实：深度实值期权的 delta 是 1。不过，如果股票经过很多次每次 1 点的下跌而跌到行权价时，delta 就更可能是 0.50，肯定不会再是 1。在现实中，股票的价格一跌，delta 就立刻会发生变化。那些对几何学感兴趣的读者，可以在前文提到的期权价格曲线上画出 delta 的图形。delta 是价格曲线的正切线的斜率。请注意，深度实值期权位于该曲线的右上方,非常接近于内在价值线,它的斜率为1。与此相似,深度虚值看涨期权居于价格曲线的左面,同样接近于内在价值线,它的斜率为零。

因为人们通常根据标的股票1整点的变化来讨论期权价格的变化,(而不是依据价格中的"即时"变化),于是就产生了上行delta(up delta)和下行delta(down delta)的概念。也就是说,如果标的股票向上运动了1整点,某个delta为0.50的看涨期权的价格也许会上涨0.55点。但是,如果股票下跌了1整点,看涨期权价格则可能只下跌0.45点。当股票上涨了1整点而不是下跌了1整点时,这个看涨期权价格的净变化是不同的。根据观察,上行delta是0.55,而下行delta则是0.45。在真正的数学意义上,只有一种delta,它衡量的是"即时的"价格变动。上行delta和下行delta与其说是理论性的概念,还不如说是实践性的概念。它们所说明的是这样的事实:只要股票价格有变化,真实delta就会立即发生变化,即使股票价格的变化小于1点。在下面的示例和后面的章节里,我们将只讨论一种delta。

对所有看涨期权的买家来说,delta都是一则重要的信息,因为它可以告诉买家,标的股票的短期运动会带来多大的增值或减值。这个信息可以帮助看涨期权的买家决定买入什么样的看涨期权。

【示例3-5】如果XYZ是47.50,而看涨期权的买家预计标的股票价格会有一个快速但可能有限的上涨,他应当买入45看涨期权呢,还是50看涨期权呢?delta也许可以帮助他做出决定。他有下面的信息:

XYZ: 47.50   XYZ 7月45看涨期权: 价格=3.50   delta=0.65
              XYZ 7月50看涨期权: 价格=1.00   delta=0.25

让我们作一个简单但不怎么准确的假设,让事情变得容易一些。假设delta在短期内保持不变。如果该买家预期股票会迅速上涨到49,买入哪一个期权更合适呢?XYZ上涨了1.50点,7月45看涨期权会相应上涨0.97点(1.50×0.65),7月50看涨期权会对应上涨0.37点(1.50×0.25)。因此,如果7月45看涨期权的价格上升了0.97,那么它就增值了28%。而如果7月50看涨期权的价格上升了0.37,那它就增值了37%。所以,在这个简单的示例中,买入7月50看涨期权看起来更有利可图。当然,在实际的投资分析中,应当把手续费考虑进去。

投资者不必自己费力计算delta。任何好一点的期权数据提供商都会提供这样的信息,有的经纪公司还免费提供这样的信息。

在后面的许多章节中,根据不同策略中的不同应用,我们将描述delta的更高阶应用方法。

3.3 买什么样的期权

交易策略有不同的种类,有的是短期的,有的是长期的(有的甚至是买来放在那里的)。如果某个投资者决定要使用期权来实施一个交易策略,在买入什么样的期权方面,该策略的时间范围往往主宰了该期权的一般类别:实值的还是虚值的,近期的还是远期的,等等。无论是股票、股指或是期货期权,这个说法都是正确的。一般的规则是:策略的期限越短,用来交易这个策略的工具的 delta 就应当越高。

3.3.1 日内交易

现在日内交易变得越来越普遍了。根据统计资料，大多数做日内交易的人都是赔钱的。事实上，也有盈利的日内交易者，这其实只需要比许多人工作得更努力一些。许多日内交易者试图在他们的策略里使用期权。这些日内交易者显然被期权所具有的杠杆效应所吸引，但是，他们也常常在期权交易中赔钱。

许多希望使用期权的日内交易者没有意识到，就日内交易而言，应当使用 delta 值最高的工具。这个工具就是 delta 为 1.0 的标的资产。在不使用期权的情况下，日内交易已经够难了。因此，如果你对微软公司股票 MSFT 做日内交易，那就只交易股票，不要交易期权。

在这种很短的交易周期内，期权的买卖价差很难驾驭。期权的买卖价差要比标的工具自身的买卖价差相对更宽。此外，日内交易者所要抓住的，只是标的物每日运动中的一小部分，而实值或虚值期权并不能有效地反映出这些运动来。也就是说，如果 delta 太低，期权的日内交易者就没有空间来盈利。

如果某个日内交易者坚持要使用期权，那就应当买入短期实值期权，因为它的 delta 在所有期权中最高，最好 delta 接近 0.90 或者更高。这样的期权对标的物的小幅度运动也能有迅速的反应。

3.3.2 短线交易

假定某个投资者想通过使用某个策略来达到持有标的物 1～2 个星期的目的，就像在日内交易的情况中一样，在这种情况里，他也需要较高的 delta 值。不过，由于持有周期比日内交易要长，并且期权降低了发生超出预期的大幅度下跌的风险，因此，此时交易期权而不是单纯交易标的物会更合适一些。他应当买入的依然是短期实值期权，因为它的 delta 值最大，对标的股票运动的反应最直接。这些期权的 delta 值非常高，一般在 0.80 之上。在这种情况里应当使用高 delta 值期权的理由之一是，投资者对日内交易的时机或者特短期的交易方法相当有把握。如果选股的方法在把握时机方面有高度的精确性，那么，就应当使用高 delta 值的期权。

3.3.3 中线交易

随着投资者交易策略周期的拉长，使用较低 delta 值的期权就更为合适。这通常意味着在选择时机方面不需要再那么精确。例如，投资者有可能使用某个基于市场情绪的交易方法，而市场情绪通常不是一个精确的指标，它显示的是在一个重大转折点的总趋势变化。该指标对价格短期运动的时机把握是不精确的，因为情绪的极端变化需要一定时间才能在标的物的方向变化上体现出来。

因此，这些策略的投资者应当使用 delta 较小的期权。想在几个星期、几个月甚至更长时间里持有头寸的投资者，应当知道在这段时间里很可能会出现大的价格变化，那他就需要这样的期权来限制风险。因此，在这种情况下，他就应当使用平值期权。

3.3.4 长线交易

如果投资者的策略是个长期策略,他就应当考虑 delta 更低的期权。这样的策略在把握时机的能力方面一般都很模糊,例如,根据对某个公司基本面的泛泛了解而选择买入它的股票。极端情况下,它甚至可以用到"买入并持有"的策略中。

一般我们不提倡买入虚值期权,但是,对期限很长的策略来说,投资者可以考虑选择略为虚值的期权,或者至少是存续期较长的平值期权。无论是哪种情况,相对于我们在上面为其他策略推荐的期权来说,这里使用的期权的 delta 值都会比较小。此外,对于这一类的股票策略,长期期权可能是合适的。

3.4 高级选择标准

前面的看涨期权选择标准只是一些初级技巧。在实际操作中,在某个具体的时刻,投资者通常不会只对一只股票看多。事实上,他也希望有一份看涨期权的名单,这些看涨期权在任何时候都是"最好的"买入对象。使用某些选择股票的方法,或者是技术面的,或者是基本面的,他可以选出 3~4 种看起来能提供最好收益的看涨期权。这份名单里的看涨期权应当按潜在收益的大小排序,不过编制这份名单本身就是一件很重要的事。

因买入目的而对看涨期权排序时,选择标准应该基于标的股票的波动率。从数学上来这样做并不是一件容易的事,大家看得到的许多看涨期权排序都是严格以标的股票的百分比变化为基础的。这样的名单很容易把人带入歧途,得出错误的结论。

【示例 3-6】有两只股票,它们都有场内看涨期权:波动性不大的 NVS 和波动性相当大的 VVS。因为波动性大的股票的看涨期权的价格会比波动性小的高,因此就有可能有下面的价格:

| NVS: | 40 | VVS: | 40 |
| NVS 7月40看涨期权: | 2 | VVS 7月40看涨期权: | 4 |

如果就买入的目的将对这两个看涨期权进行排序的话,要是严格地按照标的股票的百分比变化,NVS 的看涨期权看上去似乎是个更好的买入对象。例如,投资者也许会看到类似"标的股票上涨 10% 时可以买入的最好的看涨期权"这样的名单。在这个示例里,如果在到期时每只股票都上涨了 10%,NVS 和 VVS 的价格都会是 44。因此,NVS 7月40看涨期权就会价值 4,也就是说,价格涨了一倍,潜在盈利是 100%。同时,VVS 7月40看涨期权也会价值 4,对看涨期权的买家来说,盈利是 0%。这样的分析会使得投资者认为买入 NVS 7月40看涨期权更合算。这样的结论可能是错的,因为在对这两只股票的潜在变化进行排序时,基于的是一个错误的假设。假设这两只股票在到期时都有 10% 的运动概率是不对的。相对于波动率更低的股票来说,波动率更高的股票自然有大得多的上涨 10%(或者更多)的机会。任何只考虑标的股票的百分比变化而不考虑它们的波动率,并由此得到的期权排序,都是没有价值的,因而不能被采用。

对这两个 7月40看涨期权的正确比较方法是使用标的股票的实际波动率。假定波动率较大的股票 VVS 在 7月到期以前的时间里会有 15% 的运动,而波动率较小的股票 NVS 在同样的时段内预计只有 5% 的运动。利用这一信息，看涨期权的买家可以得出这样的结论：VVS 7 月 40 看涨期权更值得买。

通过假设每个股票价格的上涨幅度与它们的波动率相对应，我们可以看到，尽管 VVS 7 月 40 一开始时要贵

7 月的股票价格	看涨期权的价格
VVS: 46（上升了 15%）	VVS 7 月 40: 6（上升了 50%）
NVS: 42（上升了 5%）	NVS 7 月 40: 2（没有变化）

出一倍，但它的潜在收益还是更好。这个分析方法具有更大的现实性。

就这个排序过程而言，还有一点需要强调。因为大多数看涨期权是按 30～90 天的持有期而买入的，那么假定这些期权会被持有至到期就是不正确的。也就是说，即使投资者所买的是 6 个月的看涨期权，他通常也会在 1～3 个月之内将它平仓，以获得盈利或是限制亏损。因此，这个看涨期权的名单就应当以看涨期权在其实际持有期（例如 90 天）内的表现为基础来得到。

假定在我们的示例里波动率较大 VVS 股票在 90 天内有可能会上涨 12%，而波动率较小的 NVS 股票在 90 天的潜在上涨率只有 4%。在 90 天里，这些 7 月 40 看涨期权不会为持平价（at parity），因为离 7 月到期日还剩有一段时间。因此，有必要预测一下在 90 天的持有期结束时它们会有怎样的价格。假定标的股票的价格会对应其波动率而上涨，下面的价格就是对 7 月 40 看涨期权在 90 天后卖出时的准确估计：

90 天的股票价格	看涨期权的价格
VVS: 44.8（上升了 12%）	VVS 7 月 40: 6（上升了 50%）
NVS: 41.6（上升了 4%）	NVS 7 月 40: 2.50（上升了 25%）

由于 90 天后看涨期权还有一段时间才到期，因此它们都还有时间价值。VVS 看涨期权中的时间价值会更大一些，因为标的股票的波动率更大。使用这种分析方法，仍然是应当买入 VVS 的看涨期权。

对看涨期权的买家来说，潜在收益的正确排序方法可以表达如下：

（1）假定每只股票在一个固定的时段（30、60 或 90 天）内都会根据其波动率而上涨；

（2）对每次上涨后的看涨期权价格进行估计；

（3）按照进攻型买入方式对所有潜在的买入看涨期权行为按最高百分比收益机会进行排序；

（4）假定每只股票的价格都会跟随其波动率而下跌；

（5）对每次下跌后的看涨期权价格进行估计；

（6）按照收益/风险比（用第 5 步得出的亏损百分比去除第 2 步得出的收益百分比）对所有可购买的看涨期权排序。

从第 3 步得出的名单会产生比较激进的购买方式，因为它只考虑了潜在收益。从第 6 步得出的名单的投机性会比较小一些。这个分析的方法自动结合了前面所设定的标准，例如买入短期虚值看涨期权称为进攻型的购买方式，买入长期实值看涨期权称为保守型的购买方式。delta 也是波动率的函数，第 1 步和第 4 步基本上将它结合进去了。

要进行这种分析需要借助计算机。看涨期权的买家通常可以从经纪商或者数据商那里得到这样一份名单。对那些有计算机并且想自己作这种分析的人来说，在第 28 章里讨论数学技巧的部分里，有如何计算股票波动率和为各种看涨期权定价的细节。

3.4.1 被高估或被低估的看涨期权

有现成的公式可以预测出一个看涨期权应当有什么样的价格,这些公式是以股票价格与行权价之间的关系、剩余存续期,以及标的股票的波动率为根据的。这些公式有一定的用途,例如,可以用它们来进行上面所说的分析中的第2步,对看涨期权在标的股票每次上涨后的价格进行估计。在现实中,看涨期权的实际价格会与由这些公式所计算出的价格有所不同。如果看涨期权的实际卖价高于其"合理"(计算出的)价格,这个看涨期权就视为被高估的(overpriced)。如果看涨期权的实际交易价格低于其"合理"价格,它就视为被低估的(underpriced)。

如果该看涨期权确实是被高估的,那么就可以用既能降低它们的成本又能保留上行潜在盈利的策略。不过这个策略要求在买入看涨期权之外,再建立一个看跌期权价差,因此,它不在我们现在讨论的范围之内。我们将在第23章讨论看涨期权和看跌期权组合的价差时对其进行介绍。

一般而言,看涨期权的价格与其"合理"价格的差异很小,比如为0.10或0.20。在理论上,如果被低估的看涨期权回到其"合理"价格,那买入被低估的看涨期权的买家会稍微有一些优势。但是,在实践中,这些信息只对做市商或者那些只付很少或不付手续费就可以交易期权的公司交易员才最有用。由于要支付手续费,普通公众即使知道了有这种小额的价格差异存在,也无法从中直接获利。

投资者在决定应当买入什么样的看涨期权时,不应当只是以这个看涨期权是否被低估为根据。如果他买了一个"便宜"的看涨期权,而这个看涨期权在他买入之后就下跌了,那么这个看涨期权在他买入时是否被低估,对他说来并没有多大意义。事实上,前面所描写的对买入的看涨期权进行排序的方法给了被低估的看涨期权一定的优势。但是,根据我们所推荐的分析方法,被少量低估并不一定就使得某个看涨期权成为购买的首选对象。

3.4.2 时间价值是一个误称

我们在本书的许多地方都将讨论这个议题,最突出的是在讨论波动率交易的时候。在这里引进这个议题的原因是,即使是没有经验的期权交易者也必须懂得,期权的价格中不是内在价值的那部分,也就是我们通常叫做"时间价值"的那部分,实际上并不只是由时间价值构成的。的确,随着到期日的临近,时间最终会夺走期权价格中的这部分价值。但是,当期权离到期日还有相当长的时间时,期权价值中更重要的一个组成部分实际上是波动率。如果交易者认为它的标的股票会有相当大的波动率,那么这个期权就会很贵;如果他们的看法相反,这个期权就会相当便宜。这样的贵或便宜是反映在期权价格的不是内在价值的那部分里的。例如,在1天的时间里,6个月的期权不会减值多少,但是,如果交易者对波动率的看法迅速发生变化,那就会严重地影响到这个期权的价格,特别是在这个期权离到期日还有很长时间的时候。因此,看涨期权的买家应当仔细地考察他所要买的期权,而不要把它们看作是某种将要作废的东西。经过谨慎地分析,如果期权的买家考虑的不只是在到期日时会发生什么,而且是在这个期权的存续过程中将发生什么,那么他就有可能会得到非常好的结果。

3.4.3 看涨期权买家的烦恼

无论多么努力,当一个波动率相当大的股票迅速运动了 3 点或 4 点的时候,投资者似乎常常不能从中获得厚利。其中的原因比我们现在能解释的要更复杂一些,虽然它们与 delta、因时减值和标的股票的波动率有紧密的联系。我们将在第 36 章里讨论它们。如果你正在认真地考虑要采用买入看涨期权的策略,那在你开始大量买入看涨期权之前,应当首先读一下那一章。

3.5 后续行动

当标的股票价格下跌时,看涨期权买家最简单的后续行动就是卖掉他手里的看涨期权以止损。人有一种自然的心理,想要把头寸留在手里,希望股票会涨回到或者是超过行权价。大部分时候,在股票表现很差的情况里,采取止损的办法对买家最有利。根据其交易看涨期权的交易所的规则,他可以在"心理上"建立一个止损价格,或者实际上下达卖出止损指令。一般而言,期权的止损指令都执行得很差,因此,使用"心理"止损价格要更好一些。也就是说,投资者应对根据标的股票自身的技术走势来决定他的出场点。例如,如果它跌破了支撑位,那么期权的持有者就应当下达一个市价指令(不是持有)来卖出他的看涨期权。

如果股价上涨了,买家应当考虑拿走盈利。如果某个看涨期权是以 5 点买的,随后涨到了 10 点,在类似这样的情况里,大部分买家都愿意拿走盈利。但是,如果看涨期权是以 1 点买入的,同一个买家就不太情愿在期权价格是 2 点时将它出手,因为"我只挣了 1 点"。这两种情况的相似性其实相当清楚:两者都几乎产生了 100% 的盈利,投资者没有理由会接受前者而不接受后者。这并不是说所有的用 1 点买入的看涨期权一旦它们的价格到了 2 时都应当卖掉,而是说投资者所依据的将 10 点的期权在价格翻倍后卖掉的因素,也应当适用于 2 点的看涨期权。

事实上,在所持的看涨期权增值后取走部分盈利常常是个明智的行为。例如,如果有人按 3 的价格买入了一些看涨期权,这些期权后来价值 5,那么按 5 的价格将他的头寸卖掉三分之一或是一半以拿走部分盈利,对这个看涨期权持有人是有好处的。这样做之后,常常更容易让盈利在账户上滚动。而一般来说,让盈利滚动是成功交易的关键之一。

如果要支付手续费的话,将看涨期权行权一般对看涨期权的买家是不利的。在行权时,他需要为股票支付手续费,按行权价买入股票。在把股票卖出之后,他还要为卖出股票支付手续费。因为从金额上看,期权的手续费要比股票的手续费小得多,看涨期权的持有者一般都将他的看涨期权在期权市场里卖掉,而不是将它行权,从而得到更多的净美元。

3.5.1 锁住盈利

如果看涨期权持有者的运气足够好,标的股票相对迅速地上涨,那么他可以实施若干增强自己的头寸的策略。对于那些在应该拿走盈利还是应该继续持有头寸,以求在标的股票继续上升时获得更大的盈利,之间举棋不定的已经有未兑现盈利看涨期权持有者来说,这些策略是有帮助的。

【示例 3-7】某个投资者在标的股票是 48 时，以 3 点买入了一手 XYZ 10 月 50 看涨期权。股票随后涨到了 58。这个买家也许应当考虑将他的 10 月 50 看涨期权卖掉（这个期权现在可能值 9 点），又或者是采取其他一些行动，其中有的会涉及 10 月 60 看涨期权，它的售价是 3 点。表 3-1 对这个情况进行了总结。在这个时候，这个看涨期权的买家可能会采取以下四种基本行动中的某一种：

（1）卖出买入的看涨期权，将头寸平仓，从而拿走盈利；
（2）卖出持有的 10 月 50 看涨期权，用部分收入买入 10 月 60 看涨期权；
（3）构建一个价差头寸，持有 10 月 50 看涨期权的同时，再卖出 10 月 60 看涨期权；
（4）什么都不做，继续持有 10 月 50 看涨期权。

表 3-1 XYZ 10 月看涨期权目前的情形

最初的交易		最初的交易现有价格	
XYZ 普通股股票：	48	XYZ 普通股股票：	58
买入 XYZ 10 月 50 看涨期权：	3	XYZ 10 月 50 看涨期权：	9
		XYZ 10 月 60 看涨期权：	3

每一种行动都会产生不同程度的风险和收益。如果持有者选择卖出 10 月 50 看涨期权，他就有 6 点的盈利，再去掉手续费。不过这样的话，他的头寸就不复存在了，他不会再从这个看涨期权中得到好处，也不会损失任何已经得到的盈利。他将 6 点的盈利兑现了。这是上面四种方法中最不激进的一种。如果标的股票价格继续上涨，涨到 63 以上，其他 3 种策略的表现都会比将把全部看涨期权平仓的做法要好。但是，如果标的股票价格不是上涨而是下跌了，并在到期日时跌到了 50 以下，那么这个行动所带来的盈利是四种方法中最多的。

第四种方法也是一种简单的策略，它什么都不做。如果一直持有看涨期权至到期日，这个策略就是四种策略中风险最大的。如果 XYZ 在到期时跌到了 50 以下，只有这个策略会产生亏损。不过，如果标的股票价格继续上涨，这个看涨期权就会积累更多的盈利。每个看涨期权的买家都知道全部平仓或什么都不做这两种策略的后果，并且希望找到一种替代方法，这种方法应该可以减少他的某些风险，但又不会完全放弃潜在盈利。剩下的这两种策略就是为了这个目的而设计的：它们限制了总的风险，同时又为进一步的盈利提供了机会，这个进一步的盈利在数量上应该大于全部平仓可以获得的盈利。

持有者卖掉当前持有的 10 月 50 看涨期权，然后用一部分收入买入次高行权价的看涨期权，这种策略叫作向上挪仓（roll up）。在这个示例里，他可以按 9 卖掉 1 手 10 月 50 看涨期权，收回最初投资的 3 点，再用剩余的收入按每手 3 点的价格买入 2 手 10 月 60 看涨期权。因此，有的时候投机者通过向上挪仓，可以在收回全部初始投资的同时，还能增加其持有的看涨期权数量。在这一步完成之后，无论它们的价格如何，10 月 60 看涨期权都代表了纯粹的盈利。按这种方式"向上挪仓"的买家从本质上说是在用别人的钱进行投机。他把自己的钱放回了自己的口袋，使用积累的盈利来博取进一步的收益。在到期时，如果 XYZ 大幅度上升，这个策略的表现就会最好。但如果 XYZ 保持在目前的价格上，也就是停留在

53 以上，没有上涨到 63 以上，这个策略的表现就会是四个策略中最差的。

另外一个策略，也就是上面所列的第三种策略，在继续持有 10 月 50 看涨期权的同时，卖出 10 月 60 看涨期权。这就构造了一个所谓的**牛市价差**（bull spread）。这个技术只有那些有保证金账号，并且能满足其经纪公司对价差的最低资产要求（一般是 2 000 美元）的交易者才能使用。这个价差是没有风险的，因为该价差中买入的那条腿，也就是 10 月 50 看涨期权，花费的是 3 点，而价差中卖出的那条腿，也就是 10 月 60 看涨期权，通过卖出而收入了 3 点。即使在到期日标的股票价格跌到 50 以下，所有看涨期权都无价值到期，除了手续费之外，这个交易者也不会再损失任何东西。另一方面，这个价差的最大潜在盈利是 10 点，也就是 50 与 60 这两个行权价之间的差。如果在到期日 XYZ 高于 60，这个最大潜在盈利就会实现。因为在这个时候，无论标的股票价格高于 60 多少，10 月 50 看涨期权的价值都会比 10 月 60 看涨期权高出 10 点。如果 XYZ 保持相对不变，在到期时高于较低的行权价，但又不比较高的行权价高出多少，这个策略就会是四种策略中表现最好的。有趣的是，无论在到期时股票的价位如何，这个策略都不会是四个策略中表现最差的。例如，如果 XYZ 跌到了 50 以下，这个策略没有风险，因而优于"什么都不做"的策略。如果 XYZ 有显著的上涨，这个价差就会产生 10 点的盈利，这就比"平仓"策略所提供的 6 点盈利要好。

很难说在某个既定的情况里这四种策略中哪一种最好。不过，如果能就当前持有的看涨期权卖出一个看涨期权，以产生一个没有风险或风险很小的价差，这常常是个有吸引力的答案。它绝不会变成最糟的决定，与此同时，如果 XYZ 价格维持在原位，那它可以产生最大的盈利。表 3-2 和表 3-3 总结了某个看涨期权持有者在有未兑现盈利时可以选择的四种策略。重申一下，这四种策略是：

表 3-2　4 种可选策略的比较

标的股票的变化	最佳策略	最糟策略
继续大幅度上升	向上挪仓	平仓
平稳上升到次高的行权价之上	什么都不做	平仓或向上挪仓
保持相对无变化	价差	向上挪仓
跌到最初行权价之下	平仓	什么都不做

表 3-3　到期日的盈利结果

XYZ 价格	向上挪仓	什么都不做	价差	平仓
50 或更低	0	− 300(W)	0	+ 600(B)
53	0(W)	0(W)	+ 300	+ 600(B)
56	0(W)	+ 300	+ 600(B)	+ 600(B)
60	0(W)	+ 700	+ 1 000(B)	+ 600
63	+ 600(W)	+1 000(B)	+ 1 000(B)	+ 600(W)
67	+ 1 400(B)	+1 400(B)	+ 1 000	+ 600(W)
70	+ 2 000(B)	+1 700	+ 1 000	+ 600(W)

注："W"表示在这个价格上该策略是最糟的策略，"B"表示在这个价格上该策略是最佳策略。

（1）"平仓"，卖掉买入的看涨期权，提走盈利，不再投资；

（2）"向上挪仓"，卖掉看涨期权，收回最初的投资，用剩下的收益买入尽可能多的虚值看涨期权；

（3）"价差"，就现有的看涨期权多头卖出虚值看涨期权，以建立牛市价差；

（4）"什么都不做"，继续持有 10 月 50 看涨期权多头。

请注意，这四个策略中的任何一种在某种情况下都会被证明是最优的策略，而价差则从来都不是最糟的策略。表 3-2 和表 3-3 表示了将头寸持有至到期日时的各种结果。如果读者想要知道这些策略的具体表现及比较结果，可以看看表 3-3，该表总结了这 4 种策略中在使用上面示例的价格时会有的潜在盈亏。

当然，投资者可以对这些策略中的任何一个进行调整。例如，他可以决定卖出一半的看涨期权多头头寸，收回大部分初始投资，并继续持有剩下的看涨期权多头头寸。这让他能从市场的后续上涨中继续获益。

卖出一部分头寸并保留剩余头寸的做法被称为"部分获利出场"（taking a partial profit）。当标的资产价格大幅上涨时，这个策略和上面所有的策略（除"上面都不做"以外）都会少赚很多钱。每当投资者采取部分获利出场、向上挪仓或其他措施时，都表明他对其所持头寸较为悲观。如果价格继续上涨，这些略带悲观的行动就是有害的。有一种交易流派的人认为，与其对一个看多头寸做一些看空调整，还不如设置一个跟踪止损（比如根据标的物的 20 天均线设置止损）。当然，在盘整市场中，部分获利出场可能是有利的，不过看涨期权买家获利的最好方式就是足够幸运，或在一个大趋势中一直做多。为了最大化他的盈利和驾驭趋势，他应该全力以赴，通过"什么都不做"或是设置跟踪止损来紧跟市场。

3.5.2 防范行动

当标的股票价格下跌时，看涨期权的买家有时会使用下面的两种策略。两者都涉及价差策略，也就是说，同时买入和卖出同一标的股票上的不同看涨期权。我们在后面的章节将详细讨论价差。这里对价差的讨论只适用于为看涨期权的买家所用。

"向下挪仓"。如果期权的持有者拥有一个期权，这个期权目前有未兑现的亏损时，这样做就有可能大大增加当股票价格有一个相对小的反弹时得到一笔有限盈利的机会。在某些情况下，投资者可以在不增加风险，或者只增加很小风险的情况下实施这个策略。

许多看涨期权的买家都经历过类似这样的情景：最初用 3 点买入 1 手 XYZ 10 月 35 期权，希望股票价格会很快上涨。结果股价下跌了，例如跌到了 32。随着 10 月到期日的临近，这个看涨期权现在只值 1.50。如果期权的买家仍然认为在到期日前股票会略有反弹，那他可以继续持有这个看涨期权，或者**"向下均摊价"**（average down）（按 1.50 买入更多的看涨期权）。无论是哪种情况，他都需要在到期前股票能反弹到 38，这样才能保持盈亏平衡。要达到这一点，在到期前股票就需至少上涨 15%，而这个可能性很小。这个买家可以考虑换一种方法，采取下面的策略，我们将使用一个示例来说明这个策略。

【示例 3-8】此时，投资者持有 10 月 35 看涨期权：

XYZ：	32
XYZ 10 月 35 看涨期权：	1.50
XYZ 10 月 30 看涨期权：	3

投资者可以卖出 2 手 10 月 35 看涨期权，与此同时，买入 1 手 10 月 30 看涨期权。如果不考虑手续费，这样做不需要额外的投资。也就是说，不考虑手续费的情况下，以每手 150 美元的价格，卖出 2 手 10 月 35 看涨期权可以收到 300 美元，而这刚好是买入 1 手 10

月30看涨期权的成本。这是实施向下挪仓策略的关键：投资者可以通过基本相等的钱买入1手行权价较低的看涨期权，同时卖出2手行权价较高的看涨期权。

请注意，投资者现在是要卖出他先前持有的10月35看涨期权。他先前只持有1手10月35看涨期权，而现在需要卖出2手这样的期权。与此同时，他还要再买入1手10月30看涨期权。因此，他的头寸变为：

1手 XYZ 10月30看涨期权多头

1手 XYZ 10月35看涨期权空头

从技术上说，这叫作牛市价差。表3-4总结了这个买家为建立这个价差而进行的交易。这个交易者现在以300美元的成本再加上手续费而"持有"这个价差。通过这个交易，他显著地降低了自己的盈亏平衡点，却没有增加风险。不过，最大潜在盈利却因此而受到限制：如果标的股票大幅反弹，他就不能在这个机会中大幅获利了。

表3-4 牛市价差中的交易

	交易	不包括手续费的成本
最初的交易	按3买入1手10月35看涨期权	300美元支出
其后的交易	按1.50卖出2手10月35看涨期权	300美元收入
	按3买入1手10月30看涨期权	300美元支出
净头寸	1手10月30看涨期权多头	300美元支出
	1手10月35看涨期权空头	

为确定盈亏平衡点是否真的降低了，考虑一下如果在10月到期时XYZ是33时的情况。10月30看涨期权会价值3个点，而当XYZ是33时，10月35看涨期权会无价值到期。因此，在这个时候，卖掉10月30看涨期权可以获得300美元，同时不必再花钱买回10月35看涨期权。因此，这个价差平仓时可以得到300美元，刚好等于"买入"它的成本。于是，在到期时，这个价差就在33上保持盈亏平衡。如果这个看涨期权的买家没有向下挪仓，他在到期日时的盈亏平衡点就会是38。因为他最初买入10月35看涨期权付了3点，因此只有当XYZ的价格是38时，他才能在平仓时收回这3点来。显然，这个股票反弹到33的机会要比38大。因此，使用这个策略，这个看涨期权的买家就大大降低了他的盈亏平衡点。

降低盈亏平衡点并不是投资者唯一关心的事。他必须同时意识到他的盈利和亏损的机会。风险基本上没有变化，仍然是300美元的债务，再加上手续费，这些都已经支付过了。实际上，风险有少许的增加，因为加入了"向下挪仓"的手续费。但是，产生最大亏损时的股票价格被降低了。如果继续持有最初买入的10月35看涨期权，在10月到期的时候，如果股票价格低于35，这个买家就会损失掉所有的300美元投资。使用这个价差策略，只有在10月到期时XYZ低于30的时候，才会出现300美元全部亏掉的结果。如果在10月到期时XYZ价格高于30，价差中多头的那条腿就能从平仓中得到一定的收入，从而避免全军覆没。由于出现最大亏损的价格被降低了5点，投资者就减少了出现最大亏损的机会。

同大多数投资一样，风险暴露的改善，也就是盈亏平衡点和最大亏损价格的降低，是以牺牲部分潜在盈利为代价的。在最初买入的看涨期权里（10月35看涨期权），最大潜在盈利是不受限制的。在新的头寸中，如果在10月到期时XYZ反弹到35，或者比35更高的价位，潜在盈利就都限制在2点以内。为了说明这一点，假设在到期时XYZ是35。这样，买入的10月30看涨期权就会价值5点，而10月35看涨期权就会无价值到期。因此这个价差平仓时的收入为5点，除去建立头寸所支付的3点，还有2点的盈利。不过，这就是这个价差的盈利极限，因为如果在到期时XYZ高于35，任何买入10月30看涨期权所得到的进一步的盈利都会被卖出的10月35看涨期权的亏损所抵消。因此，如果XYZ在到期前大幅度上涨，"向下挪仓"头寸所实现的盈利会低于最初买入看涨期权头寸所能实现的盈利。

表3-5和图3-2对最初的头寸和新的头寸进行了总结。请注意，当股票价格在30～40之间时，新头寸的表现要好些。在30以下，除了额外花费的手续费之外，两个头寸是相同的。如果股价反弹到40以上，最初的头寸会表现更好。如果在到期前股价没有反弹到40以上，新头寸就会是一种改善。XYZ从32反弹到40而上涨8点，或者说25%，这样的机会应当说是不大的。因此，在这个示例里，将买入的看涨期权向下挪仓，建立一个价差，应当说是一个正确的选择。

这个示例特别有吸引力，因为建立这个价差不需要额外的资金。不过，在许多情况下，投资者会发现把买入的看涨期权变成价差时的收支并不相等。会出现一些支出。这一事实

表 3-5　最初头寸与价差头寸的比较

到期时的股票价格	买入看涨期权的结果	价差的结果
25	−300	−300
30	−300	−300
33	−300	0
35	−300	+200
38	0	+200
40	+200	+200
45	+700	+200

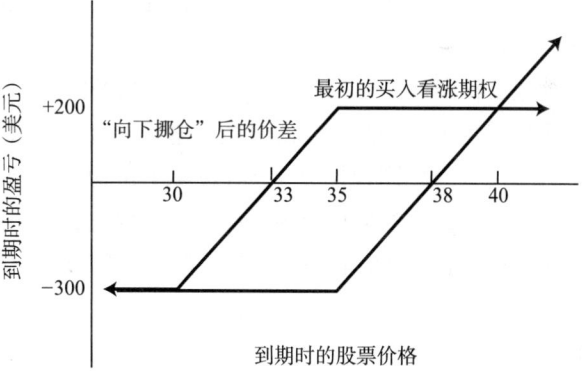

图 3-2　比较：最初的买入看涨期权与价差

并不是说不应当改变策略，因为只需要小部分的额外投资，就可以显著地增加在股票反弹时达到盈亏平衡甚至得到盈利的机会。

【示例3-9】下列的价格同前面所用的有所不同，不同在于10月30看涨期权的价格。

　　　　XYZ：　　　　　　　　　32
　　　　XYZ 10月35看涨期权：　1.50
　　　　XYZ 10月30看涨期权：　4

根据这些价格，要向下挪仓，就会有1点的支出。这就是说，卖出2手10月35看涨期权会收到300美元（每手150美元），而买入10月30看涨期权的成本是400美元。因此，这笔交易就需要花费100美元再加上手续费才能完成。根据这些价格，向下挪仓之后的盈

亏平衡点是34，仍然比最初的盈亏平衡点38要低得多。现在，由于向下挪仓额外花费了1点，因此风险增加了。如果在10月到期时XYZ跌到30以下，这个投资者的总损失就是4点加上手续费。最初买入10月35看涨期权的最大亏损是3点加上一小笔手续费。最后，这个价差的最大盈利金额是100美元减去手续费。在这个示例里，这个替代策略远远没有前面那个有吸引力。不过如果这个看涨期权的买家认为，在10月到期日前XYZ只会出现有限的反弹，他还是值得去这样做的。

投资者不应当只是因为把买入的看涨期权转换成价差需要额外的支出，就自动放弃这个策略。请注意，使用按1.50买入额外的10月35看涨期权来"向下均摊"需要额外的150美元投资。这比示例中转换为价差头寸所需的100美元还要多。通过"向下均摊"而得到的头寸，其在到期时的盈亏平衡点是37，而这个价差的盈亏平衡点是34。应当承认，向下均摊的头寸的潜在盈利要比价差高得多，但是，转换成价差的成本比"向下均摊"低，同时也提供了较低的盈亏平衡价格。

总的来说，如果股票价格下跌，看涨期权的买家有未兑现的亏损，但又不愿意将头寸平仓，那么他可以通过"向下挪仓"为价差头寸的方法，以改善其实现盈亏平衡的机会。也就是说，他可以卖出2手他目前持有的看涨期权，1手是他已经持有的，再加上另外一手，与此同时，买入1手次低行权价的看涨期权。如果卖出2手看涨期权的收入基本等于买入1手看涨期权的支出，那这个买家实施这个策略肯定对他有利，因为盈亏平衡点会显著降低。而且，一旦标的股票价格略有反弹，这个买家实现盈亏平衡或者得到小笔盈利的机会就会大大增加。

建立跨期价差（calendar spread）。当看涨期权的买家发现标的股票价格下跌时，有时他们可以采用另一种防御型的价差策略。在这种策略中，某个中期或远期看涨期权的持有者可以卖出一手相同行权价，但存续期更短的看涨期权。这就构造出了所谓的跨期价差。这样做的理由是，如果近期的看涨期权无价值到期，那这个买家买入看涨期权的总成本就降低了。如果股票价格上涨，这个看涨期权买家的盈利机会就增加。

【示例3-10】 假定某个投资者在4月的某个时候以3点买入了1手XYZ 10月35看涨期权。到6月的时候，股价跌到了32，而且看上去股价还会持续低迷相当长一段时间。10月35看涨期权的持有者可以考虑按大约1点的价格卖出1手7月35看涨期权。如果在7月到期日以前XYZ保持在35以下，卖出的看涨期权就会无价值到期，从而收入1点的小额盈利。投资者仍然拥有那手10月35看涨期权，希望在10月前XYZ的价格会上涨，从而从这手看涨期权中盈利。即使到10月XYZ仍然不上涨，他也因为卖出7月35看涨期权得到的收入而减少了总亏损的金额。

这个策略使用起来不像前一个那么有吸引力。如果在7月到期日之前XYZ上涨，投资者就可能面临两个亏损的头寸。例如，假定在下个星期XYZ反弹回到36。他按1点卖出的看涨期权的售价就会更高，从而在卖出的7月35看涨期权的交易中产生未兑现的亏损。此外，10月35看涨期权的价格可能还没有涨回到最初的3点，因此，价差的另一条腿上也有未兑现的亏损。

因此，在使用这个策略时要格外小心。因为如果在近期期权到期之前标的股票迅速上涨，这个价差就会在两条腿上都有亏损。请注意，前面的价差策略就不会发生这样的情况。即使 XYZ 迅速上升，它也可以从反弹中得到一定的盈利。

3.6 对价差的进一步看法

如果某个投资者对交易所和其经纪公司关于价差交易方面的保证金规则和要求不太熟悉，那他就不应当进行价差交易。后文会对进行价差交易的常见要求进行梳理。总的来说，要建立一个价差头寸，投资者一定要有保证金账户，而且必须在该账户中存入必要金额的资产。因此，用现金账户交易看涨期权的买家不一定能够使用这些价差策略。如果他一定要这样做，就有可能会收到保证金追加通知，以及对其交易账户的某些限制。因此，在使用价差策略之前，投资者应核实是否有特殊的要求。不要假设看涨期权多头可以自动"挪仓"为任何一种价差。

第4章
Options as a Strategic Investment

其他买入看涨期权的策略

在这一章里,我们将讨论另外两种买入看涨期权的策略。这两种策略都涉及卖空标的股票和买入看涨期权。当标的股票有场内看跌期权交易的时候,这些策略就没有使用看跌期权那么好。不过,这里的概念相当重要,并且当市场中看涨期权非常活跃而看跌期权不活跃时,这些策略就会更有活力。这些策略一般被称为"**合成**"(synthetic)策略。

4.1 保护性卖空(合成看跌期权)

在卖空标的股票的同时买入看涨期权,是将卖空的风险限制在一定数额里的一种手段。从理论上来说,卖空的风险是无限的,因此许多投资者在卖空时都会有所顾虑。对这些卖空股票的投资者来说,股票价格的上涨会让他们心绪不安。投资者有可能会由于情绪的缘故而被迫作出也许是不正确的决定——回补卖空头寸,以减低心理压力。如果在卖空股票的同时持有看涨期权,投资者就可以把亏损限制在一个固定的、通常是相当小的数额内。

【示例4-1】某个投资者按40卖空XYZ股票,与此同时,以3点的价格买入1手XYZ 7月40看涨期权。如果XYZ价格下跌,卖空者就会从卖空的头寸中获利,再减去为看涨期权所付的3点,看涨期权无价值到期。因此,买入看涨期权作为保护,就牺牲了一小部分盈利。但是,如果股票价格上涨,我们就可以看到持有看涨期权的好处了。如果在7月到期时XYZ涨到40以上,卖空者就可以把看涨期权行权并按40买入股票,从而回补他的卖空头寸。因此,在这个示例中,该卖空者的最大风险就是为看涨期权所付的3点。表4-1和图4-1描述了在到期时这个策略所产生的结果。手续费没有考虑在内。请注意,在这个示例里,盈亏平衡点是37。也就是说,如果股票下跌了3点,这个保护性卖空头寸就能实现盈亏平衡,因为在看涨期权里损失了3点。当然,如果没有额外花钱买入看涨期权,卖空者在股价为37时就会有3点的盈利。但是,如果股票继续上涨到43以上,保护性卖空的表现就会超出普通卖空。在43时,两种卖空都有300美元的亏损。但在高于这个水平时,普通卖空的亏损会继续增长,而保护性卖空的亏损则是一个固定的金额。无论是哪种情况,卖空者的风险都会因标的股票发放股息而略有增长,因为他必须为卖空的股票支付股息。

表4-1 到期时的结果:保护性卖空

股票到期价格	XYZ盈利(美元)	看涨期权到期价格	看涨期权盈利	总盈利(美元)
20	+2 000	0	− 300	+1 700
30	+1 000	0	− 300	+ 700
37	+ 300	0	− 300	0
40	0	0	− 300	− 300
50	−1 000	10	+ 700	− 300
60	−2 000	20	+1 700	− 300

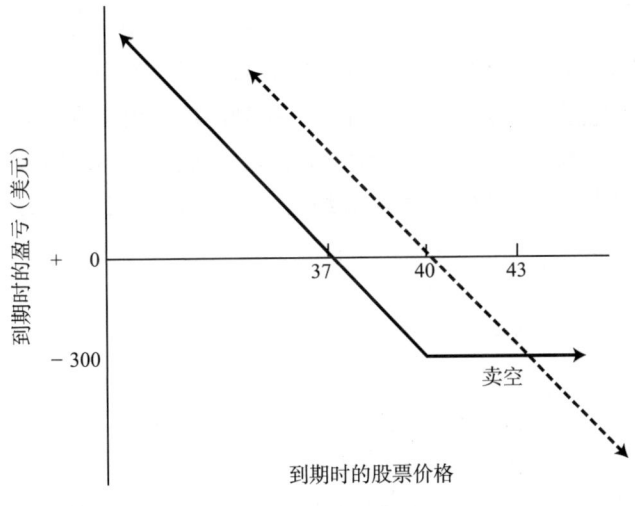

图 4-1 保护性卖空

当投资者买入看涨期权来保护卖空头寸时，有一个简单的公式可以计算最大风险金额：

风险 = 买入的看涨期权的行权价 + 看涨期权价格 - 股票价格

卖空者愿意承担的风险可能不同，他也许想买入 1 手虚值看涨期权作为保护，而不是上面示例中的平值看涨期权。如果买入的是虚值看涨期权，保护成本就会低一些，卖空者所放弃的潜在盈利也少一些。但是他的风险就会大一些，因为只有在股票上涨到行权价之上的时候，这个看涨期权才具有保护功能。

【示例 4-2】XYZ 是 40，XYZ 的卖空者按 0.50 买入 7 月 45 看涨期权作为保护。他的最大可能亏损是 5.50，在 7 月到期日时 XYZ 高于 45 的时候就会发生这样的情况。其中 5 点是现在股票价格 40 同行权价 45 之间的差，再加上看涨期权的成本。另一方面，如果 XYZ 下跌，保护性卖空头寸的盈利与未保护的卖空头寸几乎没有什么区别，因为买入看涨期权只花了 0.50 点。

如果投资者为保护他的卖空头寸所买入的是实值看涨期权，他的风险就会相当小。不过他的潜在盈利则会受到严重的限制。例如，当 XYZ 是 40 的时候，投资者按 5.50 买入了 1 手 7 月 35 看涨期权，如果在 7 月到期时 XYZ 高于 35，他的风险就限制在 0.50 点。不幸的是，如果股票价格为 34.50，即下跌 5.50 点，那他的头寸就没有任何盈利。这个保护就太大了，它对盈利限制得太厉害，以至于几乎没有可能获利。

一般而言，最好是买入平值或略微虚值的看涨期权来对卖空头寸进行保护。买入深度虚值看涨期权在保护方面起不到什么作用，除非股价急剧上涨，否则它对风险没有什么改善。正常情况下，投资者会在卖空头寸对其产生严重不利后果之前就回补。因此，花钱买入这样一个深度虚值看涨期权是一种浪费。不过，如果投资者想要他的卖空头寸有足够的"活动"空间，并且非常肯定他对这个股票极度看空的看法是正确的，那么他可以买入相当深度的虚值看涨期权来作为灾难保护，以防股票价格突然向上爆发（例如，标的股票突然收到收购要约）。

保证金要求

根据最新的保证金规则,如果股票空头头寸有看涨期权多头保护,投资者在保证金要求方面就会有相当的优待。实际所需的保证金为下列两项的较小值:第一,看涨期权行权价的10%加上虚值部分的金额;第二,卖空股票现有市场价值的30%。这个头寸会被逐日盯市,如果股票价格低于行权价,大部分经纪商会要求该卖空头寸按"正常"比率缴纳保证金。

【示例4-3】假定有下列的价格:

XYZ普通股股票:	47
10月40看涨期权:	8
10月50看涨期权:	3
10月60看涨期权:	1

假定某个投资者考虑在47的价位卖空100股XYZ,同时买入1手看涨期权作为保护,下面为不同行权价时的保证金要求。(请注意,期权价格自身并不是保证金要求的一部分,但是所有期权在最初买入时就需要支付全额)

头寸	行权价的10%+虚值金额	股票价格的30%
卖出XYZ,买入10月40看涨期权	400+0=400*	1 410
卖出XYZ,买入10月50看涨期权	500+300=800*	1 410
卖出XYZ,买入10月60看涨期权	600+1 300=1 900	1 410*

注:因为保证金取两者之中的较小值,用星号(*)标出的就是所需支付的保证金。

请记住,买入的看涨期权必须是全价付清的,并且当股票价格低于看涨期权行权价时,大部分经纪商会要求在现有保证金的基础上,再额外缴纳一笔维持保证金,其金额至少等于卖空头寸的价值。

4.2 组合保证金

这是本书第一次讨论保证金,我们也顺便介绍一下**组合保证金**(portfolio margin)。组合保证金是一种针对特定、复杂期权交易账户(在得到经纪公司许可的情况下),让其杠杆超过联邦T规则(Federal Reg T margin)保证金要求的一种方法。它只适用于场内期权,不适用于期货或外汇(FOREX)。

对组合保证金的处理,每个经纪公司有其不同的要求,不过一般都遵循这些指引:账户规模至少为100 000美元(有些经纪公司甚至要求为500 000美元);完成一份用于测试客户期权知识的调查问卷或申请;某些公司还会进行简单的期权测试。关于组合保证金的详细介绍,请参阅附录F。

一般而言,组合保证金要求是基于风险的,很难手工计算出来。先以波动率为基础来估计特定标的物的价格变动,然后再根据这些计算结果得到保证金,计算过程显然是由计算机来完成的。有些经纪公司会提供计算器,在开始交易前,组合保证金客户可以使用它来估计组合保证金要求。不过大量的交易者还是使用由期权清算公司免费提供的计算器，期权清算公司负责确定计算组合保证金所需的基础数据。期权清算公司计算器可以在 https://cpm.theocc.com/tims_online.htm 上找到。

在前面的示例中，并没有确定 XYZ 股票的波动率，而是直接说"卖空 XYZ，买入 10 月 40 看涨期权"的保证金要求是 400 美元。按照组合保证金，如果 XYZ 不是一个波动率很大的股票，那保证金要求可能会低至 100 美元。

芝加哥期权交易所的网站上也提供有大量的关于组合保证金的信息，在文件（www.cboe.com/micro/margin/margin_req_examples.pdf）中包含了大量的示例。期权清算公司的网站（www.optionsclearing.com/risk-management/cpm）也是如此。

在本书的后面部分，除非特别指明，一般的保证金示例都没有使用组合保证金。

4.3 后续行动

保护性卖空者在这个策略中需要采用的后续行动基本上就是平仓。如果标的股票先迅速下跌，然后看上去会反弹，那投资者应该回补股票，而不是卖出看涨期权。这样做的话，如果股票反弹到最初的行权价之上，投资者还能从看涨期权中获利。如果标的股票价格上涨，那就不应该采取相似的、只卖出盈利头寸（看涨期权）的方法。也就是说，如果 XYZ 从 40 涨到了 50，而 7 月 40 看涨期权价格也从 3 涨到了 10，那就不应只卖出看涨期权获得 7 点盈利，并继续持有股票以希望其会下跌。理由是，当看涨期权为实值时，如果解除保护，这个投资者就会面临高度的风险。如果股票价格下跌，那么提走盈利就不是问题，这甚至是他所期望的。因为如果股票继续下跌，就没有或者只有很小的额外风险。但当股票上涨时，情况就不同了。在这种情况下，如果卖空者卖掉他的看涨期权拿走盈利，而股票随后继续上涨的话，就会产生大笔的亏损。

如果看涨期权是持平（at parity）或接近持平的，或者是实值的，那么通过行权而把头寸平仓，就常常是可取的做法。在大多数策略里，由于股票手续费比期权手续费高出许多，将看涨期权行权对期权持有者来说没有什么好处。但在保护性卖空的策略里，卖空者最终总是要回补他卖空的股票，因而总会有股票手续费。因此，行权并按行权价（也就是较低的价格）买入股票，或许还能因此少支付些手续费，这也许会给他带来好处。

【示例 4-4】XYZ 从最初的卖空价格 40 上涨到了 50。在临近到期日时，XYZ 7 月 40 看涨期权的售价是 10。这个头寸可以通过下面的两种方法中的一种来平仓：①按 50 买入股票，再按 10 卖掉看涨期权；②将看涨期权行权从而按 40 买入股票。按第①种方法，投资者将按每股 50 美元的价格支付手续费，再加上期权每手 10 美元的手续费。按第②种方法，唯一要支付的是每股 40 美元的股票手续费。这两种方法所产生的结果是相同的，也就是按 40 点平仓再加上手续费。显然，第②种选择的成本更低，因而也更可取。当然，如果这个看涨期权仍然有时间价值，而且其数额大于节省的手续费，那么就应当使用第①种方法。

4.4 合成跨式价差（反向对冲）

在就股票卖空头寸而买入看涨期权方面，还有另一种策略。在这种策略里，投资者买入的看涨期权所对应的股数要多于其卖空的股数。如果在期权的存续期内标的股票上涨或下跌的幅度足够大，这个策略家就可以盈利。这个策略一般被称作**反向对冲**（reverse hedge）或合成跨式价差（synthetic straddle）。如果该股票有场内看跌期权交易，那这个策略就过时了，直接买入跨式价差（1手看涨期权和1手看跌期权）所产生的结果会更好。因此，这个反向对冲策略又被称为"合成跨式价差"。

这个策略的潜在亏损有限。通常是最初投资的一个中等百分比，而潜在盈利从理论上来说是没有限制的。当选择得当时（在关于波动率交易的第36章中，将仔细介绍选择的标准），买入跨式价差或合成跨式价差的成功概率是相当高的。这些特征让这个策略很有吸引力，特别是当看涨期权的权利金相对于标的股票的波动率而言比较低的时候。

【**示例4-5**】XYZ的价格是40，投资者认为这个股票会有较大幅度的运动，但是他不敢肯定股票会朝哪个方向运动。他可以卖空XYZ，同时按每手3的价格买入2手XYZ 7月40看涨期权，从而建立1手反向对冲。如果XYZ向上大幅度运动，他的股票会有亏损，但由于他持有2手看涨期权，这就意味着看涨期权的盈利会超出股票的亏损。另一方面，如果XYZ跌得够深，卖空股票的盈利会大于看涨期权的亏损，因为看涨期权的亏损被限制在了6点。表4-2和图4-2显示了在7月到期时不同股票价格上的各种结果。如果XYZ价格下跌，卖空股票的盈利会不断增加，而2手看涨期权的亏损则被限制在600美元（每手3点）之内，因此，如果股票价格低于34，这个反向对冲的盈利就会不断增加。当上涨的时候，尽管卖空的股票会出现亏损，但由于买入了2手看涨期权，因此看涨期权盈利的增长要快于股票卖空的亏损。如果在到期日股票价格是60，在股票卖空中有20点（2 000美元）的亏损。不过，此时每手XYZ 7月40看涨期权的价格就会是20点。因此，这2手看涨期权就会价值4 000美元，去掉最初600美元的投资，看涨期权的盈利就是3 400美元。

表4-2　7月到期时的合成跨式价差

XYZ 到期价格	股票盈利（美元）	2手看涨期权盈利（美元）	总盈利（美元）
20	+2 000	−600	+1 400
25	+1 500	−600	+900
30	+1 000	−600	+400
34	+600	−600	0
40	0	−600	−600
46	−600	+600	0
50	−1 000	+1400	+400
55	−1 500	+2400	+900
60	−2 000	+3400	+1 400

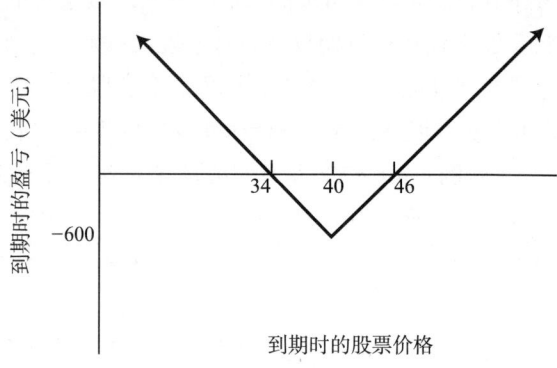

图4-2　合成跨式价差（反向对冲）

表4-2和图4-2也说明了另外一个重要事实：在看涨期权到期时，若股票价格刚好等于行权价，就会出现最大亏损。如果在到期时XYZ的价格是40，就会出现600美元的最大亏损。实际操作中，因为卖空者必须支付标的股票的股息，这个策略的风险还应当加上这部分股息的金额。

这个策略所需要的净保证金是标的股票的50%再加上购买这些看涨期权的总价格。在上面的示例里，也就是最初的2 000美元投资（股票价格的50%）再加上为看涨期权所付的600美元，或者说2 600美元再加上手续费。这个卖空的头寸是逐日盯市的，所以当股票价格上升时，质押的要求会提高。在不计手续费时，策略的最大风险是600美元，这就意味着这笔交易的净百分比风险是600美元/2 600美元，也就是大约23%。对一个有可能得到非常大盈利的头寸来说，这个百分比风险是相对较小的。此外，只有当股票价格刚好等于期权行权价时，才会出现最大风险，因此实现全部最大亏损的可能性也不大。不过，投资者不应当因此而认为这个策略一定会盈利。一般而言，在3～6个月的时间里，股票运动的幅度不会非常大。不过，如果小心选择，投资者也常常可以发现股票运动幅度能够大到足以达到盈亏平衡点的情况。即使真的发生亏损，这也是为在股票有大幅运动时获得可观盈利所付出的代价。

根据上面的信息，如果股票在任何方向上有足够幅度的运动，显然都可以得到盈利。事实上，投资者可以准确地判断出，如果要盈利，在到期时股票必须达到怎么样的价格。在前面的示例里，这样的价格是34和46。下行盈亏平衡点是34，上行盈亏平衡点是46。这些盈亏平衡点很容易计算出来。首先计算出最大风险，然后再确定盈亏平衡点。

$$最大风险 = 行权价 + 2 \times 看涨期权价格 - 股票价格$$

$$上行盈亏平衡点 = 行权价 + 最大风险$$

$$下行盈亏平衡点 = 行权价 - 最大风险$$

在前面的示例里，行权价是40，股票价格也是40，看涨期权的价格是3。因此，最大风险 = 40 + 2 × 3 - 40 = 6。因此该头寸的最大风险是6点，也就是600美元。上行的盈亏平衡点是40 + 6，或者说是46，下行盈亏平衡点是40 - 6，或者说是34。这些结论与表4-2和图4-2是一致的。

在到期之前，即使股价离行权价很近也有可能盈利，因为买入的看涨期权还剩有时间价值。

【示例4-6】如果XYZ在1个月内运动到45，每手看涨期权就会价值6点。如果发生这样的情况，投资者在股票上会有5点亏损，但每手看涨期权会有3点盈利，一共2手。因此他的净盈利是1点，也就是100美元。在到期日前，盈亏平衡点显然会低于46，因为在价格为45时该头寸是盈利的。

在理想情况下，为了更有效地实施他的策略，投资者希望能发现相对被低估的看涨期权，并且其标的股票的波动率适中。这样的情况虽然不多见，但还是可以找到。正常情况下，看涨期权的权利金能够精确地反映标的股票的波动率。不过即便是这样，这个策略仍然相当有效。因为无论它的波动率如何，几乎每一种股票都会不时出现一种直线的、幅度相当大的运动。正是在这样的时候，投资者可以从这个策略中获利。

一般而言，进行合成跨式价差交易的股票的波动率应该较大。尽管这种股票的期权权利金会比较高，但当价格呈直线运动时，股票价格的变化幅度仍会大于这些权利金。使用波动率较大的股票的另一个好处是，一般它们很少或者没有股息。这是合成跨式价差所期望的，卖空者也就不必付或者只需付很少的股息。

在建立头寸时，标的股票的技术形态也会有帮助。交易者一般希望在策略亏损的区域内不存在技术性的支撑位和**压力**（resistance）位。在这样的形态里，股票可以上下快速运动。交易者有时也可以交易宽幅震荡的股票，它们的股价不断地在震荡区域的这一端摆动到另一端。如果反向对冲的亏损区域刚好位于该震荡区间之内，那这个头寸也会有吸引力。

【示例4-7】在前面示例里，XYZ股票的交易范围是从30～50，它也许相当频繁地从一端摆动到另一端。现在，这个在46之上或34之下有利可图的反向对冲头寸就显得更有吸引力了。

4.5 后续行动

因为反向对冲内在的有限亏损特征，所以没有必要采取任何后续行动来限制亏损。投资者可以相当容易地建立头寸，在到期日前也不必采取任何后续行动。在这个策略里，这经常就是最好的后续行动。

另外，还有一种后续行动可以运用，尽管这种行动有一定的不利之处。它有时被称为针对跨式价差的交易（trading against the straddle）。当股价在任何一个方向运动得足够远的时候，就从这一侧提取盈利。然后等股价摆回到另一个方向时，就再从另一侧提取盈利。示例4-8和示例4-9说明了这种类型的后续策略的运作方式。

【示例4-8】在前面的示例里，XYZ迅速运动到32。在这时候，从股票卖空里可以提取8点的盈利。这样做就留下了2手看涨期权多头头寸。即使它们无价值到期，看涨期权的亏损也只有6点。因此整个头寸仍然会有2点的盈利。如果后来股票上涨到40之上，这些看涨期权也会产生盈利。在提取股票盈利的时候，还可以再卖出1手看涨期权，只保留1手看涨期权，这样做可以多兑现一点盈利。但是如果后来股票反弹到40以上，由此产生的盈利就会稍小一些，因为此时投资者只持有1手而不再是2手看涨期权。

【示例4-9】XYZ的价格上涨，使得每手看涨期权价值8点。此时可以把其中1手看涨期权卖掉，实现5点盈利。剩余头寸就是100股股票空头和1手看涨期权多头，也就是一个保护性卖空头寸。这个保护性卖空头寸的风险有限，在40之上时为3点的风险（股票是在40上卖空，这个看涨期权是按3点买入的）。即使XYZ的价格保持在40之上，剩余头寸的最大亏损也只是3点，整个反向对冲头寸仍有2点盈利，因为他从先前卖出的1手看涨期权里已经得到了5点盈利。如果XYZ跌到了40之下，那除了先前实现的5点盈利之外，保护性卖空头寸还能产生新的盈利。

示例4-10是这个上行保护行为的一种变形。

【示例4-10】投资者可以不卖掉1手看涨期权，而是按48再卖空100股股票。这样的话，整个头寸就变成了200股股票空头（100股票按40，另100股按48）和2手看涨期权多头，这也是一个保护性卖空头寸。如果XYZ保持在40之上，整个收益仍然是2点。简单说明一下，假定在到期时XYZ高于40，2手看涨期权被行权，从而按40的价格买入200股股票。按48卖空的100股股票产生了8点盈利，按40卖空的100股股票既无亏损也无盈利。最初看涨期权的成本为6点。因此整个头寸的盈利为2点。这样做会导致上行方向的后续行动手续费成本更高，但是如果 XYZ 跌回到 40 之下，就可以产生更大的盈利，因为此时卖空的是 200 股股票。

从理论上说，如果采取了上面所说的后续行动中的任何一种，而标的股票价格后来确实调转了方向，又反向穿过了行权价，那么交易者还可以重新建立最初的头寸。假定在股票 32 时他已经回补了卖空的股票，后来 XYZ 反弹到 40。那此时可以再次卖空 XYZ，重新建立最初的头寸。如果股票再次运动到盈亏平衡点之外，可以采取进一步的后续行动。从理论上说，这个步骤可以多次重复。如果股票继续在交易区域内上下震荡，那即使股票价格没怎么变化，这些重复性的后续行动也能产生较多的收益。不过在实际交易过程中，不太可能有这么好的运气，找到一只运动如此之快而且运动幅度如此之大的股票。

采用这些后续行动的不利之处相当明显：如果投资者持续提走小额盈利，那他就永远不可能获得大额盈利。当 XYZ 跌到 32 时，投资者可以回补股票以确保 2 点的交易盈利。但是如果股票继续跌到 20，没有采用后续行动的投资者就可以得到 14 点盈利，而采取了后续行动的则只能得到 2 点盈利。还记得吗，我们在前面说过，在合成跨式策略中，实现有限亏损的概率很高，但这是以在另一种情况中可得到高额潜在盈利为平衡的。如果投资者采取了后续行动，那就取消了得到高额盈利的机会。除非他是一个极为高明的交易者，否则他就是在一个明显劣势的情况下交易。

主张采用后续策略的人往往争辩说，眼看着股票先跌到 32 再回到将近 40 的过程是令人焦躁不安的。如果不采取后续行动，未实现的盈利就会在股票反弹过程中转为亏损。这种说法没有什么不对，但仍不足以抵消砍掉自己的盈利所带来的消极效果。

4.6　改变看涨期权多头和股票空头之间的比率

让我们讨论一下这个策略的另一方面。投资者不一定非要刚好买入 2 手看涨期权来对应 100 股股票空头。他可以就 100 股股票空头买入 3 或 4 手看涨期权，以建立一个更为看多的头寸。他也可以在卖空 200 股股票的同时买入 3 手看涨期权，以建立一个更为看空的头寸。根据他是更为看多还是看空，投资者可以采用一个不等于 2∶1 的比率。如果股票价格位于两个不同的行权价之间，而投资者仍想建立一个上下行盈亏平衡点与现有股票价格的距离都相等的头寸，那他也可以使用不同的比率。下面的示例可以说明这些观点。

【示例 4-11】XYZ 是 40，投资者对这只股票略微看多，但是仍然想要使用合成跨式策略，因为他认为股票有急剧下跌的可能性。他可以按 40 卖空 100 股 XYZ 股票，按每手 3 点买入 3 手 7 月 40 看涨期权。因为他为这些看涨期权付出了 9 点，如果 XYZ 在到期日时是 40，他的最大亏损就是 9 点。这意味着他的下行盈亏平衡价格是 31，因为在股价为 31 时，他可以从卖空的股票中得到 9 点盈利来对冲看涨期权中的 9 点亏损。在上行方面，他现在的盈亏平衡点是 44.50。如果在到期时 XYZ 和看涨期权的价格分别为 44.50 和 4.50，那他在卖空股票上会亏损 4.50，而在看涨期权上每手盈利 1.50，3 手的总盈利也是 4.50。

一个更为看空的投资者可以卖空 200 股 XYZ，同时按每手 3 点买入 3 手 7 月 40 看涨期权。此时他的下行盈亏平衡点是 35.50，上行盈亏平衡点是 49，最大潜在风险是 9 点。不管比率是多少，都可以用一个公式来计算最大风险和盈亏平衡点。

最大风险 =（行权价 – 股票价格）× 卖空的股票手数
+ 买入的看涨期权手数 × 看涨期权价格

上行盈亏平衡点 = 行权价 + 最大风险 /（买入的看涨期权手数 – 卖空的股票手数）

下行盈亏平衡点 = 行权价 – 最大风险 / 卖空的股票手数

为了验证这个公式，可以使用按 40 卖空 100 股 XYZ，同时按每手 3 买入 3 手 7 月 40 看涨期权的示例。

最大风险 =（40 – 40）× 1 + 3 × 3 = 9

上行盈亏平衡点 = 40 + 9/（3 – 1）= 40 + 4.50 = 44.50

下行盈亏平衡点 = 40 – 9/1 = 31

前面说过，投资者可以通过修正比率来让上行和下行盈亏平衡点与现有股票价格保持相等的距离。

【示例 4-12】假定 XYZ 是 38，XYZ 7 月 40 看涨期权是 2。如果投资者想要建立 1 手合成跨式，以便当 XYZ 上下运动相等的距离时都能获利，他就不能使用 2∶1 的比率。2∶1 的比率会使盈亏平衡点设置在 34 和 46。因此在开始的时候，股票价格离下行盈亏平衡点的距离会比其离上行盈亏平衡点要近得多，距离下行盈亏平衡点的距离只有 4 点，而上行的则有 8 点。通过改变比率，投资者可以建立一手相对标的股票为中性的合成跨式。假定这个投资者按 38 卖空 100 股 XYZ，同时按每手 2 买入 3 手 7 月 40 看涨期权。这时他的下行盈亏平衡点是 32，上行是 44。这是一个更偏向于中性的局面，其中下行盈亏平衡点低于当前股票价格 6 点，上行盈亏平衡点的距离也是 6 点。利用上面的公式可以验证，盈亏平衡点事实上是 32 和 44。请注意，3∶1 比率的最大风险是 8 点，而 2∶1 比率的最大风险是 6 点。

这个策略可以使用的最后一种调整方法，就是在卖空 100 股股票的同时，买入 2 手行权价不同的看涨期权。如果开始时 XYZ 是 37.50，投资者就必须使用不同于 2∶1 的比率才能让两个盈亏平衡点与现行股票价格的距离保持相等。使用更高的比率会增加最大风险，并且投资者必须持有一个看多或看空的态度。如果使用两个行权价不同的看涨期权，投资者就能够建立一个既能让两个盈亏平衡点与股票价格距离相等，又只有较小风险的头寸。

【示例 4-13】目前有下列的价格：

XYZ	37.50
XYZ 7 月 40 看涨期权：	2
XYZ 7 月 35 看涨期权：	4

如果投资者打算按 37.50 卖空 100 股 XYZ，按 2 买入 1 手 7 月 20 看涨期权，再按 4 买入 1 手 7 月 35 看涨期权，他就有一个与合成跨式相似的头寸。不同之处在于，在到期时，如果股票价格在 35～40 之间，该策略均会实现最大风险。虽然这个风险区域比一般的合成跨式要大得多，但在程度上则要小得多。表 4-3 和图 4-3 显示了这类头寸在到期时的结果。最大亏损是 3.50 点（350 美元），这比只使用任何比率的 7 月 35 或 7 月 40 看涨期权时的最大风险都要小得多。不过该策略在 35～40 的整个区域内都会产生最大亏损。如果股票在上

行或下行方向运动得足够远的话，仍可以获得大额潜在盈利。

表 4-3　使用两个行权价的反向对冲

XYZ 到期价格	股票盈利（美元）	7月40盈利（美元）	7月35盈利（美元）	总盈利（美元）
25	+1 250	−200	−400	+650
30	+750	−200	−400	+150
31.50	+600	−200	−400	0
35	+250	−200	−400	−350
37.50	0	−200	−150	−350
40	−250	−200	+100	−350
43.50	−600	+150	+450	0
45	−750	+300	+600	+150
50	−1 250	+800	+1 100	+650

只有当股票价格位于两个行权价中间，且该交易者希望有相同点数的中性头寸时，才应该使用这个策略。先前讨论的类似后续行动也可以使用在这种类型的类合成跨式策略中。由于这个策略涉及两个行权价，因此被称为"合成宽跨式"（synthetic strangle），即由两个行权价不同的看涨期权或看跌期权构成的普通跨式。

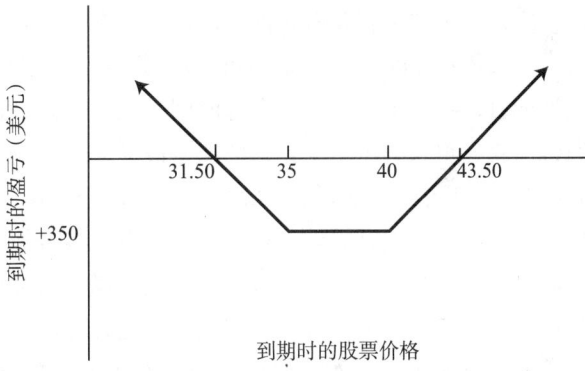

图 4-3　使用两个行权价的反向对冲（合成宽跨式价差）

4.7　总结

如果标的股票有场内看跌期权，这一章所描述的策略一般就没有用处。但是，如果没有看跌期权存在，或者看跌期权很不活跃，而策略家认为在看涨期权的存续期内股票会在某一方向上有相对较大的运动，他就应当考虑使用某种形式的合成跨式策略，也就是卖空一定数量的股票，同时买入对应更多股票数量的看涨期权。如果他所希望的运动确实出现了，就会产生可观的盈利。无论是哪种情况，亏损都被限制在某个固定的金额之内，一般是初始头寸的 20%～30%。虽然可以采取一些后续行动来锁住小额盈利和从股票的反向运动中获利，但更明智的做法是继续持有头寸，以便获得更大的盈利。这个策略一般使用 2∶1 的比率（买入 2 手看涨期权，卖空 100 股股票），但如果投资者想要更为看多或者看空，可以调整这个比率。如果初始股票价格在两个行权价之间，可以通过在卖空股票的同时分别买入次高行权价和次低行权价的看涨期权，来建立一个中性的盈利区域。

第5章
Options as a Strategic Investment

卖出裸看涨期权

后面两章将集中讨论卖出裸看涨期权的各个方面。如果股票价格上升，这些策略将有亏损的风险，但如果股票价格下跌，它们会提供盈利。这一章讨论的是卖出裸看涨期权（naked call writing），或称为卖出无备兑看涨期权（uncovered call writing），包括这个进攻型策略所固有的一些风险和收益特征。请注意，期权交易者常常认为，因为存在因时减值，所以卖出裸期权是赚钱的"最好的"方法。此外，他们常常以为做市商和其他专业商卖出了大量的**裸期权**（naked option）。事实上，这两者都是错的。确实，如果一直持有期权至到期日，它们最终会失去全部时间价值。但如果这个期权还有相当长的存续期，那其时间价值就在很大程度上受预估的股票波动率所影响。这个波动率就是**隐含波动率**（implied volatility），我们在后面将详细地对它进行讨论。眼下，我们只需要知道，如果一个投资者卖出裸期权，在到期日之前，有可能会发生许多对他不利的事情。至于说专业商卖出大量的裸期权，事实是，大部分做市商和其他专业期权交易者只要有可能，都会减少他们对股票价格大幅度运动的风险暴露。因此，他们有可能在某些情况下卖出一些裸期权，但一般而言，他们会通过买入其他期权或者买入标的股票来对这些头寸进行对冲。

许多期权交易新手都有这样的错误观念，也许是因为人们普遍相信大多数期权都会无价值到期。有的时候，你甚至在主流媒体上都可以听到或看到类似的说法，但大部分期权都会无价值到期的说法是不符合事实的。事实上，麦克米伦研究公司（McMillan Analysis Corp.）曾做的研究显示，在牛市和熊市的月份中，65%～70%的期权在到期时都有一定的价值（至少半个点）。这并不是说所有期权的买家都可以盈利，但它确实可以说明，有价值到期的期权数量要比无价值到期的期权数量多得多。

5.1 无备兑（裸）看涨期权

如果某个投资者在不持有标的股票，或者是任何相当的证券（可转换股票、债券或者另一种看涨期权）的情况下卖出看涨期权，他就被认为是在卖出无备兑看涨期权。这个策略的潜在盈利有限，但理论上的潜在亏损无限。由于这个原因，有些投资者不适合使用这个策略。这个事实让这一策略并不特别有吸引力，不过由于卖出裸看涨期权并不需要实际的现金投资（这个头寸可通过质押可充抵保证金的证券来建立），因此这个策略可以与其他投资策略结合起来使用。

下面用一个简单的示例来大致说明卖出裸看涨期权的基本潜在盈亏。

【示例 5-1】XYZ 的售价是 50，7 月 50 看涨期权的售价是 5。如果投资者想要卖出 7 月

50裸看涨期权，也就是在既不持有XYZ股票也不持有任何可以转换成XYZ股票的证券的情况下卖出XYZ期权，他最多可以得到5点盈亏。如果XYZ在7月到期前的价格是50或者低于50，看涨期权就会无价值到期，投资者获得盈利。但如果XYZ价格上涨，裸卖出者就有可能会大幅亏损。如果股票涨到100，这个看涨期权的价格就会是50。如果这个卖出者按50的价格回补这个看涨期权（将它买回来），在这笔交易中，他就损失了45点。理论上亏损是无限的，但在实践中这个亏损是为时间所限制。在这个看涨期权的存续期内，股票价格不可能上涨到一个无限的量。显然，在这种方法里，防御的策略至关重要，因为没有人想要如此大的亏损。表5-1和图5-1（实线）表示了这个头寸在7月到期日的各种结果。请注意，这个示例里的盈亏平衡点是55。也就是说，如果XYZ在到期时上涨10%，或者说5点，这个裸卖

表5-1　7月到期时的头寸

到期时XYZ价格	到期时看涨期权价格	裸看涨期权的盈利（美元）
30	0	+500
40	0	+500
50	0	+500
55	5	0
60	10	-500
70	20	-1 500
80	30	-2 500

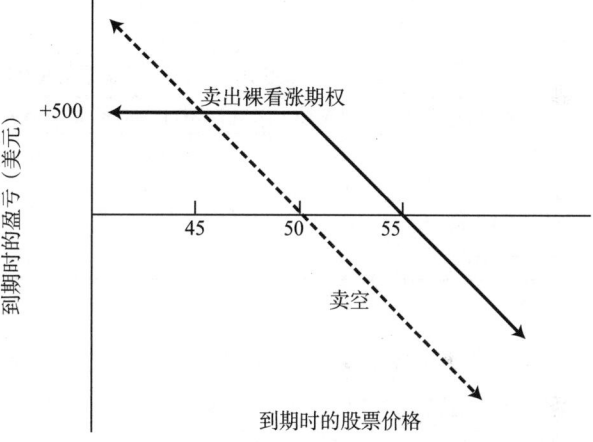

图5-1　卖出未备兑（裸）看涨期权

出者就盈亏平衡。他可以持平买回这个看涨期权，或者说用5点，刚好等于其卖出看涨期权时的收入。该策略在上涨方面有一定的容错空间。如果股票上涨，裸卖出未必就一定亏钱。只有当股票上涨的金额大于看涨期权在卖出时的时间价值时，这个头寸才会亏钱。

　　卖出裸看涨期权与卖空标的股票不同。虽然这两个策略都有很高的潜在风险，但卖空股票的潜在收益要高得多，而卖出裸看涨期权则在标的股票价格相对稳定的情况下表现更好。当卖空股票亏钱的时候，卖出裸看涨期权也有可能盈利。用上面的示例，假定某个投资者按5点卖出1手7月50裸看涨期权，而另一个投资者按50的价格卖空股票。如果XYZ在到期时是52，裸看涨期权卖出者可以用2点持平买回看涨期权，得到3点盈利。而卖空者则会亏损2点。另外，卖空者要为股票支付股息，而裸看涨期权卖出者则不需要。当然，这个裸看涨期权会到期，而卖空的头寸不会。这是一个卖出裸看涨期权的表现比卖空股票更好的情况。但如果XYZ急剧下跌，比如说跌到20，裸看涨期权卖出者只能得到5点盈利，而卖空者可以得到30点。图5-1中的虚线显示了卖出7月50裸看涨期权和按50卖空XYZ的头寸的表现。请注意，当XYZ在到期时是45的时候，这两个策略是相同的：两者都有5点盈利。当高于45时，卖出裸看涨期权的表现要好些，盈利更大而亏损更小。当低于45时，卖空的表现会更好，股票跌得越深，卖空就相对更出色。正如我们在后面将

看到的，投资者可以通过卖出实值裸看涨期权来模拟卖空头寸。

5.2 所需投资

卖出一手裸看涨期权所要求的保证金是股票价格的20%加上看涨期权的权利金，再减去股票价格低于行权价的那部分（虚值额）。如果股票价格低于行权价，就从保证金要求里减去这个差。不过，每手看涨期权的最低保证金要求为股票价格的10%，即使实际计算结果更小也是如此。表5-2中举了4个在不同股票价格上时计算初始保证金的例子。交易所要求的最低质押比例是20%，不同的经纪公司可能会有不同的要求。看涨期权权利金可以用来充抵保证金。在表5-2的第一行里，如果XYZ 7月50的售价是7点，那么就有700美元的期权权利金可以用来充抵1 800美元的保证金要求，该投资者实际需要提供的质押额为1 100美元。

表 5-2 四种不同股票价格的初始保证金要求

卖出的看涨期权	卖出期权时股票价格	看涨期权价格（美元）	20%股票价格（美元）	虚值额（美元）	保证金要求（美元）
XYZ 7月50	55	700	1 100	0	1 800
XYZ 7月50	50	400	1 000	0	1 400
XYZ 7月50	46	200	920	−400	720
XYZ 7月50	40	100	800	−1 000	400①

①保证金不能低于10%。

除了基本的要求之外，经纪公司还可能会要求卖出裸看涨期权的客户在其账户中保持一定金额的资产。这种对资产的要求可以从2 000～100 000美元不等。因为卖出裸看涨期权是一项风险很高的策略，有的经纪公司在批准这个账户进行卖出裸看涨期权之前，要求客户证明其经济实力和期权交易经验。

裸期权头寸是要逐日盯市的。这就意味着这个头寸的质押要求与卖空股票一样，是每天重新计算的。这里用的是与上面的计算保证金相同的公式，如果股票上涨到一定程度，客户就必须存入额外的质押物，否则头寸就会被强平。需要进行逐日盯市的理由很明显。如果标的股票价格上涨，经纪公司就必须能够保证，如果这个裸看涨期权收到指派通知，客户有足够的质押物来在公开市场上买入股票，并按行权价卖掉股票。如果股票价格下跌，逐日盯市就对客户有利。多余的质押物就会转回到客户的保证金账户，并可以用来做其他交易。

意识到这样一点很重要：只要有质押物，就可以卖出裸看涨期权。如果某个投资者持有足够的质押物，那就不需要用现金来"投资"。

【示例5-2】某个投资者持有100股售价为每股60美元的股票。这些股票价值6 000美元。如果这6 000美元的质押率是50%，这个投资者就拥有一笔借贷价值相当于6 000美元的50%，也就是3 000美元的质押。这个投资者不需要在其账户中存入任何现金或证券，就可以卖出表5-2中的任何一个裸看涨期权。此外，他也符合6 000美元的最低资产要求，因为他的股票就是资产（equity）。

对许多投资者来说，使用质押来卖出裸看涨期权很有吸引力，因为投资者不必改变他现有的投资组合就可以卖出看涨期权和收到权利金。当然，如果裸期权的标的股票价格上涨太多，由于逐日盯市的缘故，经纪商有可能会要求该投资者追加额外的质押物。此外，不管是用质押还是现金，都有风险存在。当投资者买回亏损的裸看涨期权时，他必须付出现金，在其中账户中产生一笔支出。

不管投资者是用什么钱来建立裸期权头寸，持有足够的质押总是个好主意，以便头寸能够有足够的空间来运动到合适的价位。例如，假定一只股票的交易价是50，投资者卖出一手4月60裸看涨期权，希望当股票上涨到60（即等期权变成实值）时回补这个看涨期权。在这种情况下，他应当预留足够的质押，就像股票价格已经到了60（尽管实际保证金要求小于这个数目）。如果他有多余的质押，那么他就不至于在想要采取后续行动之前就被迫追加保证金。简单地说，你应当让市场而不是保证金追加通知把你带出这个头寸。

5.3 卖出裸期权的哲学

在考虑卖出裸期权（或者说，任何策略）的时候，投资者首先最需要问的问题是："我在心理上能不能接受账户中的裸期权头寸？"请注意，这个问题与投资者是否有足够的质押物或保证金来卖出看涨期权（尽管这个问题也很重要），或者与他的盈利能够有多少，都没有任何关系。首先，投资者必须问他自己，是否能够与这个策略的风险安然相处。卖出裸期权意味着，如果标的工具突然出现了大幅度的、出乎意料的上涨，理论上就会有无限的风险。投资者对待这一事实的态度，可以决定是否应当考虑卖出裸期权。如果投资者认为如果他这样做，他晚上就会睡不着觉，那么他就不应当卖出裸期权，不管这样做的盈利前景是多么有吸引力。

如果投资者认为这种心理的适应性对他来说不是障碍，那他可以接着考虑他是否有卖出裸期权的经济实力。从表面上看，裸期权的保证金要求并不高（在股票和指数期权里，现在这样做的保证金要求比1987年市场崩盘以前高得多）。

一般而言，如果可能的话，投资者应当让裸期权无价值到期，而不是去动它们，除非标的工具发生了大幅度的反向运动。因此，卖出裸期权一般是选择虚值期权。为了减少（或者近似取消）收到保证金追加通知的机会，投资者应当按照标的物已经运动到所卖期权的行权价这样的设想来预留保证金。由于已经预留了即使标的物价格等于行权价也可以应付的保证金，在标的物价格运动到行权价之前，该投资者基本上不会收到保证金追加通知。而一旦标的物价格达到了行权价，那最好把头寸平仓，或者是把这个看涨期权挪仓到另一个行权价上去。

因此，卖出裸股票应当预留出相当于最高裸行权价的20%的质押。按照我的观点，一个交易者所能犯的最大错误就是因为保证金或者税务的原因而不得不进行交易。因此，有了"最大程度"的保证金，投资者可以根据市场的情况，而不是他的经纪人的保证金追加通知，来做出交易决定。

"适应性"同时意味着不要拿你输不起的钱来冒险。如果投资者留出了"最大程度"的保证金，除非标的物价格穿过了裸期权的行权价而他没有能力回补，否则投资者可能承担的风险就不会在他的全部资产中占有多大的比例。实际的价格跳空可能会导致投资者失去回补头寸的能力。跳空在股票中相当普遍，在期货中就很少见到，而在指数中则几乎不存在。因此，在卖出裸看涨期权时，应该选择指数期权。我们在本书的后面将讨论指数期权。

最后，卖出裸期权还必须遵守另一条"规则"：必须有人始终监控这个头寸。如果投资者去度假了，对他的裸期权头寸不闻不问，那就可能会出现灾难性的后果。一般而言，投资者可以在其度假地给其经纪人打电话，让他帮忙监控这个头寸。

总的来说，在卖出裸期权时，投资者必须在心理上做好准备，有足够的资金，愿意接受风险，能够每天监控他的头寸。他应当卖出隐含波动率极高的期权，并在期权变为实值时回补这个头寸。

5.4 风险和收益

投资者可以通过选择卖出实值或虚值裸看涨期权，来调整他的风险和收益。卖出虚值裸看涨期权，特别是深度虚值看涨期权，能够以很高的概率获得一笔小额盈利。而卖出实值裸看涨期权则有更大的潜在盈利，不过相应的风险也更大。

【示例 5-3】XYZ 的售价是 40，7 月 50 看涨期权的售价是 1/2。投资者可以卖出这个裸看涨期权。XYZ 在到期前上升到 50 的机会看上去很小，特别是当这个看涨期权的存续期很短的时候。事实上，即使股票在到期前上涨了 25%，也就是 10 点，到 50 的价格，这个看涨期权仍会无价值到期。因此，这个裸卖出者有相当大的机会获得 50 美元盈利，不过要减去手续费。如果股票在到期前有显著的上涨，同潜在亏损相比，这个潜在盈利所面临的风险是相当大的。不过，这样做既有有限的额外收入，又有很高的成功概率，因此许多投资者都被吸引过来，利用现有投资组合的质押价值，来卖出深度虚值裸看涨期权。

在使用这个技术时，一种有利的做法是在建立头寸时选择一个价格是或者接近 15 的股票，然后卖出行权价为 20 的近期裸期权。这个期权的价格或许是 1/8 或是 1/4，不过有的时候根本没有人在这个价位上提供买入报价。在这个价格上，除非股票上涨三分之一，也就是 33%，否则卖出者都不会亏损。虽然只有很少的有期权交易的股票的价格高于 10 美元，这些虚值卖出者仍可以在股价为 10 时卖出行权价为 15 的看涨期权。因为除非这只股票的价格上涨 50%，否则就不会有亏损。

卖出深度虚值看涨期权的策略显然很有吸引力，因为除非标的股票在看涨期权到期前大幅度上涨，卖出者都保证能有盈利。这个策略的危险在于，一次或两次的亏损，即使每次只亏损两个点，都有可能会亏掉许多次的盈利。正如我们在历史上反复看到的，有的时候股价确实会在一个短时期内大幅度上涨。因此，采用这个策略的卖出者不能认为他有百分之百的把握，特别不能在建立了这个头寸之后就不管了。需要对这个头寸进行严密监控，以预防市场的上涨，亏损的累积是绝对不允许的。

卖出裸看涨期权的另一端是卖出深度实值的看涨期权。因为实值看涨期权没有多少时间价值，卖出者在上行方面就没有多大的活动余地。如果股票真的上涨，一般而言，深度实值看涨期权的裸卖出者会遭受亏损。但如果股票价格下跌，实值看涨期权的裸卖出者的盈利会大于虚值看涨期权的裸卖出者。卖出深度实值看涨期权的盈利与卖空股票的盈利相仿，至少在股票跌到接近于行权价之前是这样，因为深度实值看涨期权的delta接近于1。

【示例5-4】XYZ的售价是60，7月50看涨期权的售价是10½。如果XYZ上涨，裸看涨期权的卖出者将会亏损，因为这个看涨期权只有1/2点的时间价值。如果XYZ下跌，在股票跌到非常接近50以前，这个卖出者都可以按1点对1点的基数盈利。也就是说，如果XYZ从60跌到57，看涨期权的价格也会下跌几乎3点。因此，如果股票迅速下跌，卖出深度实值裸看涨期权的盈利几乎等于卖空股票的盈利。请注意，如果XYZ一路跌到50，卖出的裸看涨期权的盈利就非常可观，不过，随着股票接近行权价，时间价值增高，盈利积累的速度就会减缓。

如果交易者希望卖空股票以抓住几点的价格变动，那他可以卖出深度实值裸看涨期权，而不用卖空股票。这样做的话，他的投资会比较小（卖出裸期权需要的投资是股票价格的20%，卖空股票则是50%），而收益则比较大（实值部分的保证金要求被收到的权利金抵消了）。卖出者需要对看涨期权的时间价值特别注意。他不想因为卖出看涨期权而收到指派通知。更长期的期权系列更容易有时间价值。如果交易者想要从看空的角度交易一只股票，一般而言，卖出最远期的深度实值看涨期权是避免指派的最安全方法。

【示例5-5】某个投资者认为XYZ会快速地从目前60的价格下跌3或4点，因此想卖出一手裸看涨期权来盈利。如果4月40是近期的看涨期权，那就可能有价格为20的4月40看涨期权，价格为20¼（20.25）的7月40看涨期权和价格为20½（20.50）的10月40看涨期权这几种选择。在股票下跌到57或56的过程中，这3种期权的价格都会与股票有基本相同的跌幅，他应当卖出10月40看涨期权，因为它被指派的风险最小。使用这个策略的交易者应当像卖空者那样止损，也就是说，如果股价上涨并穿过上端的技术支撑位，他就应该回补头寸。

5.5 后续行动

由于卖出裸看涨期权在理论上有很大的上行风险，投资者需要持续地监控他的头寸。限制亏损的最简单方法就是在心中设置某个止损价。例如，某个投资者卖出了虚值看涨期权，现在股票价格上涨到行权价，这就是一个很好的退出时机。一些交易者喜欢把止损价设在盈亏平衡点。

【示例5-6】XYZ的售价是45，某个交易者以1.00卖出了7月50裸看涨期权。在到期时该笔交易的盈亏平衡点为51。因此，该交易者可能等股价上涨到51时（到期前的任何时间里）就止损平仓。显然，当股价上涨到51时，看涨期权的价格会比1.00稍微大一点，当股价发生快速上涨时更是如此。

另一种后续行动就是，当没有挣更多钱的机会时，平掉头寸拿走盈利。投资者可以计算出继续持有该裸看涨期权头寸的剩余收益。如果该剩余收益太小，那就应该买回看涨期权，然后寻找其他交易机会。

【示例 5-7】在过去的某个时间,某个交易者以 1.00 卖出了 7 月 50 裸看涨期权。假设现在距离到期日还有 1 个月。XYZ 的售价为 42,看涨期权的售价为 0.05。此时应该把它买回来吗?正如前文所说过的,该交易者为其期权头寸预留了等于行权价 20% 的质押(1 000 美元),因此在股价上涨到 50 前不需要采取任何后续行动。该质押的收益率为:

$$\text{年化收益率} = \text{看涨期权价格}/(\text{保证金要求} \times \text{剩余时间})$$
$$= \text{看涨期权价格}/(0.2 \times \text{行权价} \times \text{时间})$$
$$= 5/(0.2 \times 5\,000 \times (1/12))$$
$$= 6\%$$

是应该继续持有头寸,为质押物赚取只有 6% 的年化收益率呢,还是应该建立一个可能有更高收益率的新头寸呢?可能就是后者,应该平掉看涨期权并开仓新头寸。

5.5.1 收入挪仓

虽然这个策略对某些期权交易者有吸引力,但有一点需要避免,那就是卖出平值看涨期权。这对先前卖出的裸看涨期权所采取的后续行动也同样适用。此时股票价格上涨到行权价,以及在那一点卖出平值看涨期权。

在收入挪仓的策略中,投资者需要在股票价格达到另一个行权价时,平掉其看涨期权空头,并同时卖出更多的另一个行权价的看涨期权,同一个月份或更远一些的月份均可。他应该卖出足够的新看涨期权,以便让卖出较高行权价看涨期权所收到的权利金等于买回较低行权价看涨期权所支付的金额。投资者可以重复这样做,直到股票最终下跌,而让最后卖出的看涨期权无价值到期。到时他的盈利额为最初的收入,加上后续挪仓中可能得到的任何收入。不过在大多数情况下,挪仓都会需要少量的支出,因此盈利主要还是最初的收入。

当投资者月复一月地不断向上挪仓,则可能在风险和需要的质押方面存在问题,这会侵蚀最初的有限收入。

表 5-3 和表 5-4 显示了这种情况发生时的结果。如果 XYZ 快速上涨,而投资者仍持有 10 月看涨期权,那该策略的质押要求就会膨胀到难以控制。表 5-3 中的每次交易都有收入,都有(除了最后一次)亏损兑现。

表 5-3 股票上涨时的收入挪仓

初始:XYZ= 50	
按 7 卖出 5 手 XYZ10 月 50 看涨期权	+3 500 美元收入
其后:XYZ 升到 60	
按 11 买入 5 手 XYZ10 月 50 看涨期权	−5 500 美元支出
按 7 卖出 8 手 XYZ10 月 60 看涨期权	+5 600 美元收入
其后:XYZ 进一步升到 70	
按 11 买入 8 手 XYZ10 月 60 看涨期权	−8 800 美元支出
按 6 卖出 15 手 XYZ10 月 70 看涨期权	+9 000 美元收入
最后:XYZ 价格下跌,10 月 70 看涨期权无价值到期	
	净收益 =+3 800 美元

表 5-4　质押要求的增长

初始：XYZ=50	
按 7 卖出 5 手 XYZ 10 月 50 看涨期权	需要 5 000 美元的保证金
（3 500 美元的净收入）	
其后：XYZ=60	
按 11 买入 5 手 XYZ 10 月 50 看涨期权	
按 7 卖出 8 手 XYZ 10 月 60 看涨期权	需要 9 600 美元的保证金
（3 600 美元的净收入）	
其后：XYZ=70	
按 11 买入 8 手 XYZ 10 月 60 看涨期权	
按 6 卖出 15 手 XYZ 10 月 70 看涨期权	
（3 800 美元的净收入）	需要 21 000 美元的保证金

在这些表格中，卖出的看涨期权数量增加了 3 倍，从 5 变为 15；而质押要求则增加了 4 倍，从 5 000 美元变为 21 000 美元。

在这个策略中，股票的任何快速上涨都会带来问题。此外，如果股票暴涨并继续暴涨（比如收到收购要约，有大订单或建立生意伙伴关系等消息宣布）则会带来毁灭性的打击。

这实际是一个"马丁格尔策略"（Martingale strategy）。也就是说，要想赢，你就得不断"加倍"，如果达到了一定的物理界限，你可能就毁了。经典的马丁格尔策略是这样的：最开始下注 1 单位；如果你输了，就加倍下注再玩一次；如果你赢了，你的净盈利就是 1 单元（你输了 1 单位，但是赢了 2 单位）；如果第二次下注你又输了，就再加倍下注。不管你输了多少次，每次都加倍下注。当最终赢了的时候，你的盈利就是最初的本金（1 个单元）。不幸的是，这样的策略不能用于现实生活。例如，在一个赌场里，当你输到一定程度时，你就会遇到赌场为赌台所设的限额，从而不能再加倍下注。"收入挪仓"并不是真的要投资者每次将买入看涨期权的数量加倍，不过它确实要求投资者不断增加他的风险暴露，以求得到金额等于其最初卖出的收入的盈利。实际上，在期权交易中也设置有上限：期权清算公司的持仓限额会最终阻止投资者买入足够数量的行权价更高的看涨期权。不过，该投资者的质押规模是更常见的物理限制。在不停地向上挪仓过程中，质押要求会变得越来越大，该策略最终可能会导致大笔的亏损。投资者应当避免使用马丁格尔策略。

如果看涨期权是备兑的，这类策略会更有效一些（参考卖出备兑中的"增额收益概念"）。这些分析对于卖出裸看跌期权也同样适用。在这种情况下，股票价格不会下跌至零，但也会因质押要求变得非常大而难以维持头寸。

5.5.2　时间价值是一个误称

与第 3 章一样，我们再讨论一下时间价值这个议题。许多刚从事期权交易的人都认为，只要他们卖出的是虚值期权（无论是备兑的还是裸的），他们需要做的就是坐着等时间流逝而收取权利金。然而，在卖出期权至期权到期的时间段内，有可能会发生许多事情。股票可能会大幅度运动，隐含波动率也可能会涨到天上去。这些都对期权的卖出者不利，对因时减值产生反方向的作用。期权的卖家必须考虑在期权的存续期内会发生些什么事，而不是简单地把它看作一种将期权持有至到期的策略。卖出裸看涨期权的投资者特别应当在交易时多想一想，卖出备兑看涨期权的投资者也是如此，尽管他们大部分人并没有这样做。备兑卖出者所放弃的是市场上涨时的盈利，如果他不断卖出期权而不考虑波动性或者股票价格会上涨的可能，他就是在自己伤害自己。

因此，把期权价格中不是其内在价值的那部分称作"时间价值"，这并没有什么不对，不过有见识的期权交易者知道，波动率和股票价格的运动对这部分价值的影响，要比时间流逝对其的影响大得多。

5.6 总结

大多数情况下，卖出裸看涨期权都作为一种深度虚值期权的策略来使用，其中，投资者用所持证券的质押价值，来参与一种能以较高概率获得非常有限的收益的策略。这是一个不高明的策略，因为一次亏损可以抹掉许多次盈利。如果投资者想要寻找一种卖空股票的替代策略，那他可以卖出实值裸看涨期权，以求用一笔小于卖空股票所需的投资来谋取快速盈利。如果投资者没有足够的资本作后盾，这两种策略都可能会带来大量的风险。

为避免亏损变得不可收拾，采取后续行动很有必要。一般而言，当标的股票价格上涨至盈亏平衡点时，应该买回看涨期权。此时可以就另一个股票或另一个期权系列建立更好的头寸。

第6章

Options as a Strategic Investment

卖出看涨期权比率

在前面的章节里，我们分别讨论了两种基本类型的卖出看涨期权：一种是卖出备兑看涨期权，投资者在持有标的股票的同时卖出看涨期权；另一种是卖出裸看涨期权。卖出看涨期权比率是这两种头寸的组合。

6.1 卖出看涨期权比率

简单地说，卖出看涨期权比率（ratio call writing）是这样一种策略，投资者持有一定数量的标的股票，同时他卖出了更多股数的看涨期权。因此，卖出的看涨期权所对应的股数与已持有的股数之间就有了一个比率。最常见的比率是2∶1，在这种比率上，投资者持有100股标的股票，同时卖出2手看涨期权。请注意，这类头寸涉及卖出一定数量的裸期权以及一定数量的备兑期权。由此而产生的头寸，既有卖出备兑看涨期权时的下行风险，又有裸卖出时的无限上行风险。如果标的股票价格在期权存续期内保持相对无变化，卖出看涨期权比率的盈利会比只卖出备兑看涨期权和只卖出裸看涨期权都要大得多。不过与卖出备兑看涨期权和裸看涨期权不一样，卖出看涨期权比率在两个方向上都面临风险。

一般而言，某个投资者在建立卖出看涨期权比率头寸的时候，他应当对标的股票的前景保持中立。这就是说，他卖出的是行权价最接近当前股票价格的看涨期权。

【示例6-1】通过按49买入100股XYZ股票，同时按每手6点卖出2手XYZ 10月50看涨期权来建立一个卖出看涨期权比率头寸。如果XYZ下跌，价格在10月到期时为50以下，看涨期权就会无价值到期，卖出者从卖出期权中得到12点盈利。如果XYZ跌了12点，价格到了37，这个看涨期权比率卖出者就盈亏平衡。从股票中损失的12点从期权中得到的12点补回来了。同所有其他卖出看涨期权的策略一样，最大盈利出现在股票价格在期权到期时等于行权价的时候。在本例中，如果XYZ在到期时是50，看涨期权无价值到期，盈利12点，卖出者在股票上因为价格从49运动到50而有1点盈利，他的总盈利就会是13点。因此，这个头寸在下行方面有充足的保护，同时潜在盈利也相对更大。如果XYZ在到期时价格上涨到了50以上，盈利就会减小，股票涨得太高甚至还会出现亏损。要说明这一点，假设XYZ价格在10月到期时是63，看涨期权每手价值13点，因为最初是以每手6点卖出的，因而每手亏损7点。但是，由于股票从49涨到了63，于是就会有14点盈利。在股票价格是63的时候，总的交易结果是盈亏平衡，也就是期权中的14点（每手7点）亏损抵消了股票中的14点盈利。表6-1和图6-1总结了这个示例在10月到期日时的潜在盈亏。盈利图形与屋顶的形状有点相似，顶部位于卖出的看涨期权的行权价，也就是50。显然，高于 63 这个头寸就有很大的上行风险，而低于 37 这个头寸就有很大的下行风险。因此非常重要的一点是，一旦股票的运动超出了这两个价格，投资者应当事先有后续行动计划。我们在后面会讨论后续计划。如果股票的价格保持在 36～63 之间，不计手续费，他都会有一定数额的盈利。介于下行盈亏平衡点和上行盈亏平衡点之间的区域叫作盈利区域。

表 6-1　10 月到期时的盈亏

到期时 XYZ 价格	股票盈利（美元）	看涨期权价格	看涨期权盈利（美元）	总盈利（美元）
30	-1 900	0	+1 200	-700
37	-1 200	0	+1 200	0
45	-400	0	+1 200	+800
50	+100	0	+1 200	+1 300
55	+600	5	+200	+800
63	+1 400	13	-1 400	0
70	+2 100	20	-2 800	-700

这个示例本质上是一个中性头寸。除非股票在 10 月看涨期权到期前跌幅超过 12 点或者涨幅超过 14 点，否则这个卖出比率者都有盈利。这个策略常常吸引人去使用它，因为一般在 3～6 个月的时间段内，股票运动的幅度不会这么大。所以，使用这个策略而得到一笔有限盈利的可能性相当高。当然，实际的盈利要减去手续费，如果股票是用保证金买的，还要减去保证金利息。

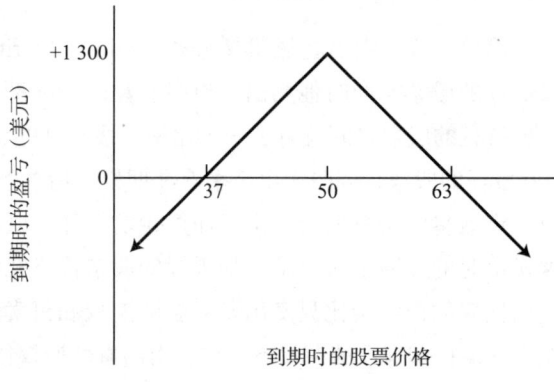

图 6-1　卖出看涨期权比率（2∶1）

在讨论卖出看涨期权比率的所需投资、选择标准和后续行动等细节之前，首先对关于这个策略的两种相当普遍的反对意见进行一些反驳也许是有好处的。第一种反对意见在今天已经不像在场内期权刚开始交易时那样普遍了，它说："干吗费神买入 100 股股票，再卖出 2 手看涨期权？你将有 1 手裸看涨期权。那为什么不干脆直接卖 1 手裸期权呢？"卖出看涨期权比率的策略与卖出裸看涨期权的策略之间的相同点很少，它们唯一的共同之处是都有上行方向的风险。卖出裸看涨期权的盈利图形（见图 5-1）同卖出看涨期权比率的屋顶形盈利图（见图 6-1）之间没有相似之处。很明显，这两种策略在潜在盈利以及其他许多方面都相当不同。

第二种意见稍微有理一些，它反对保守的投资者使用卖出看涨期权比率策略。保守的投资者对持有一旦股票价格上升就会有风险的头寸也许会感到不舒服。这可能是决定是否采用卖出看涨期权比率策略的一个心理因素。当股票价格上升，所有持有股票的人都觉得开心而且有利可图，卖出比率者则面临亏损的风险。不过，纯粹从策略的角度来说，为了换得在标的股票价格上升幅度不大的情况下获得较大盈利的机会，投资者应当愿意承担一定的上行方向风险。备兑卖出者对上行风险的保护是无限的，也就是说，他根本没有上行方向风险。从数学上讲，这并不是一种较优的选择，因为股票价格不可能无限地上涨。相比起来，卖出比率者所使用的是这样一种策略，它的盈利区域与股票的实际行为更为相近。事实上，如果投资者试图要建立一个较优的策略，他应当将这个策略的最大盈利同这个股票运动的最可能结果保持一致。卖出比率就是这样一种策略。

图 6-2 显示了一个股票运动的简单概率曲线。最可能的结果是股价保持相对无变化，并且股价上下大幅变动的可能性非常之小。现在，将卖出比率策略的结果与股票可能的运动结果图形进行比较。请注意，卖出比率与股票运动概率曲线的"顶峰"在同一个区域，也就是说，卖出比率的盈利区域是在股价最有可能出

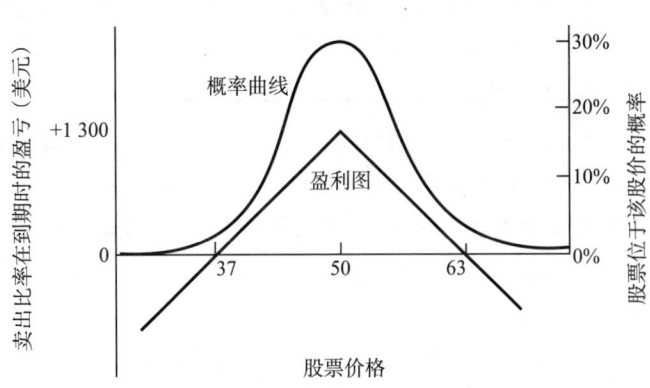

图 6-2 同卖出比率盈利图形重叠的股票运动概率曲线

现的范围之内。因为在一个固定的时段内，股票出现大幅度上涨或下跌的机会很小。大额的亏损出现在图形的边缘，在那里，概率曲线走得很低，概率接近于零。应当注意，这些图形所显示的是在到期日时的盈利和概率。在到期日之前，盈亏平衡点更接近于原始的购买价格，因为卖出的期权中仍然留有一定的时间价值。

6.2 所需投资

卖出比率是卖出备兑和裸卖出的组合。我们在前面描述了这两个策略各自所需的保证金，1 手卖出比率所需的保证金就是 1 手裸卖出和 1 手卖出备兑所需要的保证金之和。卖出比率一般是用保证金账户来建立的，虽然从技术上说，投资者也可以将股票放在一个现金账户里。

【示例 6-2】不计手续费，可以用下面的方法来计算所需投资。按 49 买入 100 股 XYZ，50% 的保证金；同时按每手 6 点卖出 2 手 XYZ 10 月 50 看涨期权（见表 6-2）。买入股票和卖出看涨期权的手续费会加在保证金之上。使用一个较短的公式（见表 6-3）也许更好一些。它不过是把表 6-2 列举的各项所需投资加在了一起。

表 6-2 所需投资

卖出备兑部分（买入 100 股 XYZ，卖出 1 手看涨期权）	
50% 的股票价格	2 450 美元
减去收到的权利金	− 600
卖出备兑部分所需的保证金	1 850 美元
裸卖出部分（卖出 1 手看涨期权）	
20% 股票价格	980 美元
减去虚值额	− 100
加上看涨期权权利金	+ 600
减去收到的权利金	− 600
裸卖出部分所需的保证金	880 美元
卖出比率所需总的保证金	2 730 美元

表 6-3 卖出比率所需初始投资

股票成本的 70%（XYZ=49）	3 430 美元
加上裸期权的权利金	+ 600
减去全部收到的权利金	− 1 200 美元
加上或减去裸看涨期权的行权价差额	− 100
总的保证金	2 730 美元（加上手续费）

在进行卖出看涨期权比率的交易时，除了基本的保证金要求之外，还会有最低资产要求和维持保证金要求，因为这里涉及裸看涨期权。不同经纪公司的要求会有所不同，因此，卖出比率者最好事先询问他的经纪人，了解最低资产要求和维持保证金是多少。同样，因为卖出比率涉及裸看涨期权，这个头寸会被逐日盯市。如果股票价格上涨，投资者就必须存入更多的质押物。

可以想见，只要股价不穿过 63 的上行盈亏平衡点，卖出比率者就会继续持有他最初的头寸。因此，他应当准备足够的质押物以应付股票涨到 63 的可能性。假定在这样的情况里，10 月 50 看涨期权会是 14，他将需要 3 910 美元（见表 6-4）。卖出比率者所应当关心的是这个保证金要求，而不是初始的质押要求，因此，他应当计划在这个头寸里投入 3 910 美元，而不是 2 730 美元（初始保证金）。虽然在建立头寸时他只需拿出 2 730 美元，但从策略家的角度来看，他应当为这个头寸准备 3 910 美元。如果这个卖出比率者对他所有的头寸都做到了这一点，那即使他投资组合中的所有股票都上涨到了它们的上行盈亏平衡点，他也不会收到保证金追加通知。

表 6-4 上行盈亏平衡点为 63 时所需质押

卖出备兑保证金	1 850 美元（见表 6-2）
20% 股票价格（XYZ = 63）	1 260
加上看涨期权权利金	1 400
减去最初收到的看涨期权权利金	− 600
XYZ 为 63 时的总质押价值	3 910 美元

6.3 选择标准

要决定是否值得建立一个卖出比率头寸，卖出者首先必须确定这个头寸的盈亏平衡点。一旦知道了盈亏平衡点，卖出者就可以知道，如果有必要采取防御行动，这个头寸的盈利区域是否大到可以允许采用这样的行动。决定投资的盈利区域是否够大的一个简单方法，就是看一看次高和次低的行权价是否包含在这个区域内。

【示例 6-3】卖出者按 49 买入 100 股 XYZ，同时按每手 6 点卖出 2 手 10 月 50 看涨期权。通过计算可以得到，这个头寸的上行和下行盈亏平衡点分别为 63 和 37。对于 2：1 的卖出比率，可以用一个数学公式来快速计算出其盈亏平衡点。

$$最大盈利点 = 行权价 − 股票价格 + 2 \times 看涨期权价格$$
$$下行盈亏平衡点 = 行权价 − 最大盈利点$$
$$= 股票价格 − 2 \times 看涨期权价格$$
$$上行盈亏平衡点 = 行权价 + 最大盈利点$$

在这个示例里，最大盈利点 = 50 − 49 + 2 × 6，即 13。因此，下行盈亏平衡点 =50 − 13，即 37；而上行盈亏平衡点 =50+13，即 63。这些数字同先前分析这个头寸时所得到的数字是相同的。

如果标的股票两个较高的行权价分别是55和60，而两个较低的行权价分别是45和40，那这个盈利区域显然已经大到可以采取防御性行动了。在实践中，并不会因为某笔卖出比率的盈利区域足够大，就自动认为它是一笔好的交易。从理论上说，投资者应当让盈利区域的宽度与标的股票的波动率相对应。如果盈利区域相对于波动率是宽的，并且次高和次低的行权价也包括在两个盈亏平衡点之内，那这就是他想要的头寸。选择波动率较大的股票来进行卖出比率更为合适，因为它们的权利金更容易满足这两个条件。没有波动的股票，虽然它们的看涨期权有时也有相对较大的权利金，但从数目上来说，由此产生的盈利区域仍然不足以宽到能够保证可以采取后续行动。许多数据服务商和经纪公司都提供专门用来衡量波动率的工具。此外，在后面论述数学运用的那一章里，我们也将讨论计算波动率的方法，在论述波动率交易的那一章里，我们将进一步讨论概率。

在建立卖出比率头寸时，技术上的支撑位和压力位也很重要。如果技术支撑位和压力位都包括在盈利区域之内，那么股票价格就有很大可能会停留在这个区域之内。如果支撑位和压力位不在盈利区域之内，也并不是拒绝这个头寸的理由，不过如果是这样的话，卖出者就有可能面对股票在某一方向发生未加防范的运动。

卖出比率者通常是对市场持中立态度的策略家。他试图在股票价格相对没有变化时从权利金的销蚀中得到最大限度的时间价值。如果他对某一股票较为看多，他可以用虚值看涨期权来建立一手2∶1的卖出比率。这样，在上行方向就比在下行方向有更大的空间，因而使得这个头寸变得更为看多。反过来说，如果投资者对标的股票更为看空，他可以按2∶1的比率来卖出实值看涨期权。

还有另一种方法来建立略为看多或看空的卖出比率。这就是改变所卖看涨期权同所买股票之间的比率。这种方法也可以用来在股票价格离行权价有一定距离时建立一个中性的盈利区域。

【示例6-4】 某个投资者对标的股票的前景略为看空，因此，就每100股买入的股票，他可以卖出多于2手的看涨期权。他的头寸可以是按49买入100股股票，同时按每手6点卖出3手10月50看涨期权。这个头寸的下行盈亏平衡点是31，如果股票在到期日跌了18点，看涨期权的盈利也会是18点，从而得到一个盈亏平衡的结果。在上行方向，股票的盈亏平衡点在59.50。当股票的价格是59.50时，看涨期权在到期时价值9.50，每手亏损3.50，3手看涨期权的总亏损就是10.50点。不过，XYZ从49涨到59.50，带来了10.50点盈利，因而得到一个盈亏平衡的结果。同样，对任何比率的卖出比率，都可以使用下面的公式来确定盈亏平衡点。

最大盈利 =（行权价 − 股票价格）× 买入的股票手数
　　　　＋卖出的看涨期权手数 × 看涨期权价格

下行盈亏平衡点 = 行权价 − 最大盈利 ÷ 买入的股票手数

上行盈亏平衡点 = 行权价 + 最大盈利 ÷
（卖出的看涨期权手数 − 买入的股票手数）

请注意，在2∶1卖出比率的情况里，买入的股票手数为1手，卖出的看涨期权手数为2手，这些公式就演变为前面给出的更常见的为2∶1卖出比率所建立的那些公式。为了验证上面的公式是否正确，可以把刚才示例中的数字代进去。

【示例6-5】按每股49买入100股XYZ，按6的价格卖出3手XYZ 10月50看涨期权。买入的股票手数为1手。

$$最大盈利 = (50 - 49) \times 1 + 3 \times 6 = 19$$
$$下行盈亏平衡点 = 50 - 19 \div 1 = 31$$
$$上行盈亏平衡点 = 50 + 19 \div (3 - 1) = 59.50$$

在前面为2∶1的卖出比率示例里，盈亏平衡点分别为37和63。这个为3∶1的卖出比率的盈亏平衡点较低，分别是31和59.50，它们反映出投资者对标的股票更为看空的态度。

买入200股标的股票，同时卖出3手看涨期权，就构成了一笔较为看多的卖出比率。为了迅速证实这个比率（3∶2）是较为看多的，让我们再一次使用49的股票价格和6的看涨期权价格，现在，假设买入的股票手数是2。

$$最大盈利 = (50 - 49) \times 2 + 3 \times 6 = 20$$
$$下行盈亏平衡点 = 50 - 20 \div 2 = 40$$
$$上行盈亏平衡点 = 50 + 20 \div (3 - 2) = 70$$

因此，3手看涨期权与200股股票的卖出比率的盈亏平衡点分别是40和70。这反映出投资者对标的股票较为看多的态度。

2∶1的比率不一定就是中性的。事实上，有一个数学方法可以正确地确定中性比率是多少。确定中性比率的方法是用1除以卖出的看涨期权的delta。假设前面示例里的XYZ 10月50看涨期权的delta是0.60，那么中性的比率就是1/0.6，或者说是5∶3。这就意味着，投资者可以买入300股股票，同时卖出5手看涨期权。使用上面的公式，这个头寸的细节就是：

$$最大盈利 = (50 - 49) \times 3 + 5 \times 6 = 33$$
$$下行盈亏平衡点 = 50 - 33 \div 3 = 39$$
$$上行盈亏平衡点 = 50 + 33 \div (5 - 3) = 66.50$$

根据这样的数学推算，这个头寸在建立时就是一个中性的头寸。对平值看涨期权来说，5∶3的比率往往是接近中性的。

到此为止，读者应当已经意识到了卖出比率策略同第4章所讨论的反向对冲（或者说，合成跨式价差）之间的相关之处。这两个策略是刚好相反的。事实上，这就是反向对冲策略这个名字的由来。卖出比率的盈利图形看上去像是一个屋顶，而反向对冲的盈利图形看上去则像是一个凹槽，一个反过来的屋顶。在一个策略里，投资者买入股票，卖出看涨期权；而在另一个策略里，投资者刚好做相反的事，也就是卖空股票，买入看涨期权。哪个策略更好一些呢？答案取决于这些看涨期权是"便宜"还是"贵"。尽管卖出比率盈利有限而且有相当大的潜在亏损，但如果持有至到期日，这个策略在大多数情况下都会盈利。不过，投资者有可能在到期前就根据股票的运动而不得不做出调整。反向对冲（合成跨式多头）策略的亏损有限而且有相当大的潜在盈利，不过它只有在股票有大幅运动时才能盈利，而大幅的股票运动并不常见。因此，在一个横盘整理的市场里，使用卖出比率一般表现会更好。不过，如果期权的权利金被压得较低，合成跨式多头就有明显的优势。如果看涨期权定价过低，优势就在期权的买家这边，这正是合成跨式多头所适合的情形。

上面这段话中所做的总结是简单化了的，只针对持有头寸至到期日而不做调整时，策略会得到的结果。在实际的交易情况中，更可能发生的是，投资者不得不一直对卖出比率进行调整，因而改变甚至取消它的盈利区域。反向对冲（合成跨式多头）则不必经历这样的痛苦。所以，当投资者需要考虑在到期日之前股票会发生的运动时，卖出比率就会失去一部分吸引力，而反向对冲则增加了一定的可取之处。

6.4 卖出变量比率

在卖出比率中，投资者一般喜欢在股票价格基本等于看涨期权行权价的时候建立头寸。不过，有的时候股票价格几乎刚好在两个行权价之间，无论是虚值还是实值的看涨期权都不能提供中性的盈利区域。如果是这样，并且投资者仍然想要以 2∶1 的比率建立卖出看涨期权比率头寸，那这时他可以就买入的 100 股普通股股票分别卖出 1 手实值看涨期权和 1 手虚值看涨期权。这种策略常被称为合成跨式空头（synthetic short straddle），也被称为**卖出变量比率**（variable ratio write）或**梯形对冲**（trapezoidal hedge）。

【示例 6-6】有这样一些价格：XYZ 普通股股票，每股 65；XYZ 10 月 60 看涨期权，每手 8；XYZ 10 月 70 看涨期权，每手 3。

如果投资者只使用 XYZ 10 月 60 看涨期权来建立一个 2∶1 的卖出比率，他就会有一个略为看空的头寸。他的盈利区域在到期日时就会是 49～71。因为股票的价格已经是 65，这就意味着他在下行方向有 16 点的空间，而在上行方向只有 6 点的空间。这当然不是中性的。另一方面，如果他在卖出比率中只用 XYZ 10 月 70 看涨期权，那他就会有一个看多的头寸。这个 10 月 70 卖出比率到期时的盈利区域是 59～81。在这种情况里，相对于股票价格与上行盈亏平衡点的距离，股票价格离下行盈亏平衡点的距离就太近了。

如果买入 100 股 XYZ，同时卖出 1 手 10 月 60 看涨期权和 1 手 10 月 70 看涨期权，就可以建立一个较为中性的头寸。这个头寸的盈利区域以当前股票价格为中心。此外，同其他普通卖出比率一样，这个新头寸既有下行方向的风险，也有上行方向的风险。不过，在到期日时，只要股票价格在这两个行权价之间，交易者就能得到最大盈利。要说明这一点，请注意一下，如果 XYZ 的价格在到期时处于 60～70 之间的任何价位，卖出的 10 月 60 看涨期权会被指派，股票按 60 的价格卖出，而 10 月 70 看涨期权则将无价值到期。无论股票价格是 61 还是 69 都没有区别，结果都是一样的。表 6-5 和图 6-3 显示了这个合成跨式空头在到期时的结果。在表 6-5 中，期权假设是按持平价买回平仓的，不过即使看涨期权被指派行权，结果也是一样。

请注意，图 6-3 中的形状像是一个梯形。这就是"梯形对冲"这个名称的由来。不过这个策略更响亮的名字是合成宽跨式空头（synthetic short strangle）或变量卖出比率。读者应当注意到，只要股价在到期时介于两个行权价之间，这个策略就能实现最大盈利。这个头寸的最大潜在盈利是 600 美元，比只卖出 10 月 60 或 10 月 70 的最大潜在盈利要小。但是，变量卖出比率实现最大潜在盈利的概率比普通卖出比率要高得多。请注意，图 6-3 中的盈利图形刚好是图 4-3 中合成宽跨式多头的盈利图形的反面。

表 6-5 变量对冲到期时的结果

到期时 XYZ 价格	股票盈利（美元）	10 月 60 盈利（美元）	10 月 70 盈利（美元）	总盈利（美元）
45	-2 000	+800	+300	-900
50	-1 500	+800	+300	-400
54	-1 100	+800	+300	0
60	-500	+800	+300	+600
65	0	+300	+300	+600
70	+500	-200	+300	+600
76	+1 100	-800	-300	0
80	+1 500	-1 200	-700	-400
85	+2 000	-1 700	-1 200	-900

针对合成宽跨式空头，先计算出最大潜在盈利（等于期权卖出时收到的时间价值），然后就能快速地计算出盈亏平衡点。在计算出最大潜在盈利之后，从较低的行权价直接减去最大盈利点，就得出下行盈亏平衡点；在较高的行权价上加上最大盈利点，就得出上行盈亏平衡点。这与普通卖出比率所用的程序是相似的：

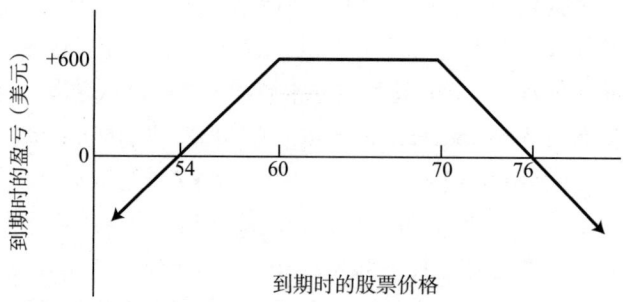

图 6-3 卖出变量比率（梯形对冲）

最大盈利点 = 总的期权权利金 + 较低行权价 - 股票价格

下行盈亏平衡点 = 较低行权价 - 最大盈利点

上行盈亏平衡点 = 较高行权价 + 最大盈利点

将上面示例中的数字代入这个公式，就可以核实它的正确性。期权权利金的总收入是 11 点（8 点来自 10 月 60，3 点来自 10 月 70），股票的价格是 65，两个看涨期权的行权价分别是 60 和 70。则：

最大盈利点 = 11 + 60 - 65 = 6

下行盈亏平衡点 = 60 - 6 = 54

上行盈亏平衡点 = 70 + 6 = 76

因此，从这个公式里计算出的盈亏平衡点同表 6-5 和图 6-3 是相符的。请注意，这个公式只有在股票最初是在两个行权价之间，并且比率是 2∶1 时才适用。如果股票的价格比两个行权价都高，那么这个公式就是不正确的。不过，卖出者不应当用两个实值看涨期权来建立 1 手变量卖出比率。

6.5 后续行动

在卖出比率的情况里，除了将头寸全部平仓之外，还有其他 3 种合理的后续方法。第 1 个也是最流行的方法是，如果股票上涨得太高，那就将卖出的看涨期权向上挪仓，而如果股票下跌得太深，那就向下挪仓。第 2 种方法是使用卖出看涨期权的 delta。第 3 种方法是在标的股票上采用止损，以在股票上涨或下跌时改变头寸的比率。除了这些防御性的后续行动之外，投资者还必须事先计划，以便在期权快到期时提取盈利。我们将分别讨论这些后续行动。

6.5.1 作为防御性行动的向上或向下挪仓

读者对于挪仓行动应当已经比较熟悉：买回先前卖出的看涨期权，再卖出不同行权价的看涨期权。如果标的股票运动到他的盈利区域的边缘，卖出比率者可以采取挪仓行动，按照对他有利的方向调整他的头寸。

在选择卖出比率时我们设定的标准之一是有可以使用的次高和次低的行权价。这样做的理由是，如果有必要采取后续行动，挪仓会容易一些。期权的时间价值在股票价格等于其行权价时最大，因此，交易者一般愿意在股票价格刚好等于行权价时进行挪仓。

【示例 6-7】某个卖出比率者按 49 买入了 100 股 XYZ，同时按每手 6 点卖出了 2 手 10 月 50 看涨期权。后来股票价格下跌，有了下面的价格：XYZ 是 40，XYZ 10 月 50 看涨期权是 1，XYZ 10 月 40 看涨期权是 4。

他会挪仓到 10 月 40 看涨期权，买回他卖出的 2 手 10 月 50 看涨期权，再卖出 2 手 10 月 40 看涨期权。通过这样做，他建立了一个中性头寸。买回的 10 月 50 看涨期权的每手盈利 5 点（最初的售价是每手 6 点），他在 2 手看涨期权上实现了 10 点盈利。这 10 点盈利把他的股票成本从 49 实际降到了 39，因此他有了一个同下面的头寸相等的头寸：按 39 买入 100 股 XYZ，同时按每手 4 点卖出 2 手 XYZ 10 月 40 看涨期权。这个调整后的卖出比率的盈利区域是 31～49。因此，在当前股票价格为 40 的情况下，它是一个新的中性头寸。如果 XYZ 保持在这个价格附近，这个投资者就有一个会盈利的头寸。如果股票价格再经历一次较大的变动，那就进一步采取防范行动。

对市场上行的防御性行动，也就是向上挪仓，也基本是按相同方式运作的。

【示例 6-8】初始头寸也是按 49 买入 100 股 XYZ 股票，同时按 6 卖出 2 手 10 月 50 看涨期权。如果 XYZ 之后涨到了 60，就可能有下面的价格：XYZ 为 60，XYZ 10 月 50 看涨期权为 11，XYZ 10 月 60 看涨期权为 6。

这个卖出比率者可以将他的头寸向上挪仓，以建立一个中性的盈利区域。如果他买回 2 手 10 月 50 看涨期权，再卖出 2 手 XYZ 10 月 60 看涨期权，他每手看涨期权就有 5 点的亏损，总亏损 10 点。这就将他的股票成本实际提高 10 点，达到 59 的价格。于是，这个向上挪仓的头寸就成了按 59 买入 100 股 XYZ，同时按 6 卖出 2 手 10 月 60 看涨期权。这个新的中性头寸在 10 月到期时的盈利区域是 47～73。

在上面两个示例里，卖出者也可以将卖出比率平仓，得到大约为 1 点（在去掉手续费之前）的小额盈利。除非他认为股票价格会持续大幅度上涨，否则这样做是不可取的，因为股票的手续费相对较高。无论是向上还是向下挪仓，都会给卖出者一个相当宽的新盈利区域，如果标的股票价格稳定下来，他很容易获得高于1点的盈利。

最为果断的情况是在头寸建立之后立刻采取挪仓的防御行动。如果股票在头寸建立之后运动非常迅速，不用多长时间，卖出的看涨期权中的时间价值就会销蚀殆尽。而挪仓之后，盈利区域就会缩小。如果技术支撑位或阻力位离盈亏平衡点或行权价相当近的话，不妨根据技术支撑位和阻力位来决定什么时候挪仓。

应当注意，这个向行权价或者靠近行权价的价位挪仓的防御方法，自动表示交易者没有买回或者买回很少时间价值，同时却在卖出当前存在的尽可能多的时间价值。也就是说，如果股票价格上涨，看涨期权权利金主要是由内在价值构成，很少有时间价值，因为它基本上是实值的。因此，通过买入实值看涨期权而向上挪仓的卖出者，他买回的大部分是内在价值。他同时在下一个行权价卖出另一个看涨期权。而这个新卖出的看涨期权所包含的主要是时间价值。通过不断地买回"真正的"或者说内在的价值，同时卖出"虚拟的"或者说时间的价值，在任何一个既定的时刻，这个卖出者持有的都是一个较优的中性头寸。

当一只股票在某一方向上有急剧的运动时，如果继续维持原有的比率，卖出比率者就可能无法跟上这个急剧的运动。

【示例6-9】XYZ最初的价格是49，但是紧接着经历了一段接近直线的上涨，一直到80或90，这时某个持有2∶1卖出比率的交易者就会处于一种很糟的境地。他看涨期权的那一侧会积累相当显著的亏损，而股票中的盈利则不足以弥补这些亏损。在下行方向也会出现相似的情况。如果XYZ从49陡然跌落到20，卖出比率者通过向下挪仓可以从看涨期权中得到相当数量的盈利，但他在股票方面的亏损会大于在看涨期权上的盈利。

许多资本雄厚的比率卖出者会将他们的头寸分散到若干股票中，并对所有头寸都维持2∶1的比率。当某只股票出现急剧上涨或下跌时，他会直接平掉这部分头寸。他们认为出现这种急剧变动的概率很小，愿意在这样不常见的场合里承受亏损，以保持投资组合中其他股票的基本中性。

不过，有一种对抗这种急剧变动的方法。那就是在股票上涨或下跌时，改变卖出备兑的比率。例如，随着标的股票价格急剧上涨，卖出比率者在每次向上挪仓时，减少就买入股票所对应的看涨期权数量。这个比率最后可能会减小到1∶1，这就与卖出备兑的情况没有区别。如果股票价格持续上涨，对这个不断减少看涨期权数量的卖出比率者来说，整个头寸中股票收益所占的比重就会越来越大，而看涨期权的亏损所占的比重就会越来越小。有趣的是，由降低比率而产生的这个效果，在不改变卖出看涨期权的数量的情况下，当股票向上运动时，也可以通过在每一个新的行权价上买入额外的股票来实现。在这两种情况里，卖出的看涨期权与买入的股票之间的比率都发生了变化。

当股票向下急剧运动时也可以采取类似的行动，增加就所持股票而卖出的看涨期权数量。一般而言，随着股票下跌，投资者会卖掉一部分他所持有的股票，同时将看涨期权向下挪仓。最后，在股票跌到一定程度的时候，他就会持有一个卖出裸看涨期权的头寸。这里的概念是一样的：随着股票下跌，看涨期权盈利的比重就越占越大，股票的累积亏损所占的比重就越来越小。

这类策略的使用者大多是大户、公司交易员、做市商，或者其他类似的策略家。频繁挪仓会导致大量的手续费。只有那些只付极少手续费的交易者，或者是那些持有极大头寸从而手续费按比例来说微不足道的人，才能从这样的策略中获得显著的好处。

6.5.2 根据 delta 做调整

所卖看涨期权的 delta，可以用来确定这种比率调整防御策略中应当使用的正确比率。这里的基本思路是使用看涨期权的 delta 来尽可能地让头寸始终保持中性。

【示例 6-10】某个投资者最初在 XYZ 10 月 50 看涨期权与 XYZ 股票之间设立了一个 5：3 的比率，就像前面所确定的那样。股票的价格是 49，delta 是 0.60。此外，假定股票上涨到了 57，看涨期权现在的 delta 是 0.80。中性的比率于是就成了 1/0.8（=1.25⊖），或者说 5：4。于是这个卖出比率者可以再买入 100 股标的股票。

类似地，他也可以买回 1 手看涨期权。在这个具体的示例里，买回 1 手看涨期权会产生出一个 4：3 的比率，这不是绝对正确的。如果最初的头寸更大一些，那就会比较容易调整到带分数的比率。当股票下跌时，有必要加大这个比率。这可以通过卖出更多的看涨期权或者卖掉一些所持的股票来实现。从理论上说，可以不断地进行这类调整，使得头寸保持中性。在实践中，投资者会在标的股票运动了若干点之后才进行这样的调整。如果标的股票价格上涨得过高，中立的策略家进行向上挪仓调整就合乎逻辑。同样，如果股票下跌到或者低于下一个行权价，他就会向下挪仓。在这个情况下，中性比率就由他挪仓后的期权的 delta 来决定。

【示例 6-11】XYZ 的价格是 57，投资者考虑把他先前买入的 300 股股票和卖出的 5 手 XYZ 10 月 50 看涨期权头寸向上挪仓到 10 月 60 看涨期权。如果 10 月 60 看涨期权的 delta 是 0.40，它同所持股票的中性比率就是 2.5：1（1÷0.4）。因为他已经买了 300 股股票，那他现在应当卖出 7.5 手看涨期权（3×2.5）。显然，他可以卖出 7 手或者 8 手，这取决于他对这只股票短期走势的看法。

如果投资者希望采用一种更为精密的方法，他可以通过改变他的股票头寸来调整行权价，或在股票达到一个新行权价时通过向上或向下挪仓而进行调整。对那些喜欢使用公式的人，下面的公式对这些信息作了总结。

（1）在用下一个行权价建立一个新头寸，或者向上或向下挪仓时：

需卖出的看涨期权手数 = 持有的股票手数 / 将卖出的看涨期权的 delta

注意：在建立一个新头寸时，投资者在使用公式之前必须首先确定他能够购买多少股标的股票，1 000 股是个可以运作的数目。

（2）在通过买入或卖出期权来调整行权价时：

需买入的股票手数 = 当前 delta × 看涨期权空头手数 − 已持有的股票手数

注意：如果出现了负数，就应当卖出股票，而不是买入。

⊖ 疑原文有误，原文为 1.20。——译者注

这些公式可以通过使用上面示例里的数字来证实。例如，股票价格是 57，10 月 50 看涨期权的 delta 是 0.8，那么要重新建立一个中性头寸所需买入股票数为 100 股。

$$需买入的股票手数 = 0.8 \times 5 - 3 = 4 - 3 = 1$$

同样，如果这个头寸向上挪仓到 10 月 60（delta = 0.40），那么，从理论上来说，就应当卖出 7.5 手 10 月 60 看涨期权。

$$需卖出的看涨期权手数 = 3 / 0.40 = 7.5$$

对这个问题有一个更一般的解决方法，一个可以用于任何策略的方法，不管这个策略有多复杂。它涉及计算出这个头寸究竟是净空的还是净多的。这个净头寸被约减成一个同所持股票股数相等的数目。它通常被称为"等股头寸"（equivalent stock position，ESP）。下面是计算任何期权头寸的等股头寸的一个简单公式：

$$等股头寸 = 期权数量 \times delta \times 每手期权所对应的股份数$$

【示例 6-12】某个投资者买入 10 手 XYZ 7 月 50 看涨期权，这些看涨期权目前的 delta 是 0.45。每手期权对应 100 股 XYZ 股票。那么等股头寸的计算就是：

$$等股头寸 = 10 \times 0.45 \times 100 = 450 \text{ 股}$$

这只是说，持有 10 手这样的期权同持有 100 股 XYZ 普通股标的股票相当。因此读者可以知道，如果普通股股票向上运动 1 点，delta 为 0.45 的看涨期权就会上涨 0.45 点。因此 10 手期权就会增值 4.5 点，或者说 450 美元。显然，如果股价上涨 1 点，450 股股票也会增值 450 美元。

请注意，那些由股票拆股而产生的期权，每手所对应的股份数会超过 100 股。上面公式中的"每手期权所对应的股份数"就说明了这样的事实：与其他大部分期权不同，这样的期权对应的是不同数量的股票。

即使一个头寸中包括了几种不同的期权，整个期权和股票头寸的等股头寸也是可以计算出来的。这个简单计算的好处是，可以把可能很复杂的期权头寸约减为 1 个数。等股头寸显示了这个头寸在一个短期市场运动中将如何表现。

再看一下前面的一个**卖出比率**（ratio write）的示例。这个头寸包括 300 股股票多头和 5 手期权空头。在股票上涨到 57 之后，期权的 delta 变为 0.80。这 5 手 10 月 50 看涨期权的等股头寸是 400 股股票空头（5 × 0.8 × 每手期权 100 股）。这个头寸还包括 300 股股票多头，因此这个卖出比率的总等股头寸是 100 股股票空头。

策略家可以用这个数字来对其头寸的前景进行衡量。他现在知道他有一个与 100 股 XYZ 股票空头相当的头寸。也许他对 XYZ 是看空的，所以决定什么都不做。这很好，至少他知道自己的头寸是空头。

不过在正常情况下，策略家会对其头寸作一些调整。再回到前面那个示例，他有几种方法来降低等股头寸以使其回归中性。等股头寸为零就是完美的中性头寸。显然，该投资者可以买入 100 股 XYZ 来降低这 100 股 delta 空头。或者在 10 月 50 看涨期权的 delta 是 0.8 的情况下，他可以买回 1.25 手先前卖出的看涨期权（显然，他只能买回 1 手来，期权只能按照整手交易）。

后面的章节对使用等股头寸和相应的示例进行了更多的讨论。这是一个重要的概念，凡是交易中涉及多个期权头寸的策略家都不能忽视这个概念。计算等股头寸的唯一要求是知道投资者头寸中期权的 delta。这可以很容易地从投资人的经纪人、计算机服务商、软件程序，或是互联网上得到。

对那些不具备资金或者不具备条件使用这样的比率调整策略的投资者来说，有另一种不怎么花时间就可以在卖出比率中采取防御性行动的方法。

6.5.3 使用止损指令作为防御性策略

投资者可以在他的股票头寸上使用买入或卖出止损指令，从而自动地、不受情绪影响地调整头寸的比率。这一类防御性的策略不是激进的策略，而且可以提供一定的盈利，除非标的股票出现锯齿运动。

用一个如何使用止损指令的示例可以帮助卖出比率者，让我们再次假定我们有这样一个基本头寸：按 49 买入 100 股 XYZ，同时按每手 6 点卖出 2 手 10 月 50 看涨期权。这就产生了一个在到期日是 37～63 的盈利区域。如果股票开始涨得太高或是跌得太深，卖出比率者可以对股票使用止损指令，从而自动调整卖出的看涨期权与买入的股票之间的比率。

【示例 6-13】某个投资者在建立最初头寸时，下达了一个"撤销前有效"（good until canceled，GTC）的止损指令，按 57 买入 100 股 XYZ。如果 XYZ 的价格到了 57，这个止损指令就会被启动，到时他就会持有 200 股股票和 2 手看涨期权空头。也就是说，他持有的是 2 手 XYZ 10 月 50 卖出备兑头寸。

为了解这个行动是如何影响他的整个盈利状况，请注意到他现在每股股票的平均成本是 53。他为最初的 100 股每股付了 49，为后面通过止损指令买入的 100 股每股付了 57。此时他本质上是持有一个卖出备兑头寸，其中股票买入价为 53，看涨期权卖出价为 6 点。这样做的潜在盈利并不大，不过，除非股票再跌回到新的盈亏平衡点之下，否则他都可以得到一定的盈利。这个新的盈亏平衡点是 47，也就是股票的成本 53 减去从看涨期权中收入的 6。只要股价在到期日之前保持在 50 以上，他就可以从这个卖出备兑中得到最大的潜在盈利。因为股票的价格已经是 57 了，保持在 50 以上的可能性相当大，继续保持在 47 以上的可能性就更大。如果买入止损指令的价位刚好在技术支撑位之上，那成功的概率就会更高。

因此，在上行方向使用买入止损指令，如果股票价格上涨过多，卖出比率头寸就会自动转化为卖出备兑头寸。一旦止损指令启动，只要股票不出现显著的价格反转，新的头寸都会有盈利。

使用卖出止损指令来对下行方向进行保护，其运作原理是相似的。

【示例 6-14】这个投资者在建立最初的头寸后，下达了一个"撤销前有效"的卖出 100 股股票的止损指令。如果这个止损指令放在 41 上，那当股价跌到 41，这个头寸就变成了一个裸卖出头寸。在这个时候，卖出者持有的 100 股股票会被卖掉，产生 8 点亏损。但只要股票价格在到期日前停留在 50 以下，他卖出的 2 手看涨期权就能产生 12 点盈利。事实上，在到期日，他的盈亏平衡点在转换成裸卖出之后实际是 52，在这个价格上，看涨期权以每手 2 点买回，或者说，有 8 点的总盈利，它可以用来对冲股票中的 8 点亏损。这个行动限制了他的潜在盈利，但只要股票在到期日之前没有强势的反向运动并反弹到 52 以上，那这个头寸都有可能会盈利。

对经验不足的卖出比率者来说，使用这种保护方法有若干好处。首先，如果止损指令是与建立最初头寸的指令同时下达的话，那实施这些保护性策略（如果股价上涨就再买入100股股票，如果股价下跌就卖掉手中的100股股票）就可以避免卷进情绪的因素。这就能避免卖出者将他对市场的看法强加到交易中。也就是说，如果XYZ向上运动到57，一个没有设置买入止损指令的卖出者有可能会想要再稍微等一等，希望股票价格会下跌。如果止损指令是在建立头寸的同时下达的，那大量的情绪因素就会被排除在外。其次，只要股票不出现锯齿运动，或者价格反转而反向穿过另一个方向的行权价，那这个策略都可以产生一定的盈利（假定止损指令没有放错地方）。在所有卖出策略的大多数后续行动中，不管它们用的是挪仓还是止损，只要股价呈锯齿形上下摆动，都会出现亏损。

使用这类防御性行动的不利之处是，在止损指令被启动后，卖出者有可能将相对大数量的资本捆绑在小额的盈利上。不过，在一个分散化的投资组合（combination）里，只有很小比例的股票会穿过它们的止损点，所以，卖出比率者的其他头寸还是有充分的机会获取潜在盈利。

即使已经启动了买入或卖出止损指令，卖出者仍然需要监控这个头寸。在某一边的止损指令被启动之后，他需要做的第一件事就是撤销另一边的止损指令。因为这些是如果不撤销就仍然有效的指令。从这时候起，除非股票价格出现反向运动，否则他就不应当采取任何行动。事实上，他宁愿看到股票价格在同一方向上有更大的运动，这样可以减少价格反转的机会。

如果出现价格反转，最保守的做法是，在股票价格刚好反转穿过行权价时，就立刻将这个头寸平仓。一般情况下这会产生一笔小额的亏损，不过在他所有的头寸中，只有相对很小数量的头寸会发生这种事。记住，在一个像卖出比率这样的盈利有限的策略里，重要的一点是要把亏损也限制在一定范围内。如果股价真的出现锯齿运动，那在该头寸平仓之后，卖出者会仍然持有他的大部分最初的资产，还可以就另一只标的股票重新建立一个新的头寸。

止损指令的放置。理想情况下，卖出者应当将止损指令放在这样的价格上，一方面，它们仍然预留了合理盈利的空间，另一方面，止损点与最初的行权价也有足够的距离，以防止锯齿运动的出现。在止损指令被启动后，计算扣除手续费后的收益就是一件相当简单的事。股息也应当被考虑进去，因为它们对卖出者会产生影响。如果卖出者愿意就穿过止损点的头寸接受像5%这样低的年收益率，他就可以把止损指令放到离最初行权价比较远的地方。如果他觉得止损指令的启动应当为他带来较高的回报，止损指令就必须放得更近一些。同所有的股票和期权投资一样，就百分比而言，运作大资金的卖出者的手续费成本会比较小。也就是说，相对于买入100股股票和卖出2手期权的卖出者，一开始就买入500股股票和卖出10手看涨期权的卖出者，就有能力将止损点放在远得多的地方。

在止损点的选择方面，技术分析也会有帮助。如果在上方有一个技术阻力位，买入的止损指令就应当放在这个阻力位之上。类似地，如果有一个支撑位，卖出的止损指令就应当放在这个支撑位之下。后面在讨论跨式价差的时候，我们将看到，这种策略可以在净手续费支出比较小的情况下运作，因为它不涉及买入和卖出股票。

6.5.4 将卖出的头寸平仓

上面所讨论的后续行动方法是用来避免亏损的。不过，如果一切顺利，只要股票价格相对接近最初的行权价，卖出比率就会产生盈利。为了保住这些已经产生的浮盈，有必要将保护点移得更近一些。

【**示例 6-15**】过了一段时候，XYZ 的价格到了 51，看涨期权的价格是 3 点。这个时候，这个卖出者就有了 800 美元的未兑现盈利。其中 200 美元来自 49 美元买入的股票，而最初按每手 6 点卖出的 2 手看涨期权，现在每手有 300 美元的盈利。我们前面说过，如果 XYZ 在看涨期权到期时刚好在 50 美元上，这个头寸就会实现它的最大潜在盈利 1 300 美元。该投资者应当调整保护点，以便能保留几乎全部浮盈（800 美元），并为盈利增长到 1 300 美元的最大限额留有余地。

在到期时，如果 XYZ 的价格是 45 或 55，这 800 美元的盈利就可以兑现。表 6-1 和图 6-1 可以证实这一点。卖出者现在要关心的是 45～55 这个范围。因为这个头寸到目前的表现，最初的 37～63⊖ 的盈利区域现在已经失去了意义。如果卖出者使用的是挪仓的保护措施，那么当股票价格达到 45 或 55 时，他就会挪仓到下一个到期月系列。如果他使用的是止损出场的保护措施，他就会在 45 或 55 平仓，或者在挪仓到下一个到期月系列的同时调整他的止损点。使用 delta 中性的策略家则会使用较长期的看涨期权的 delta 来决定向前挪仓的看涨期权数量。

如果把保护点移得更近一些，卖出比率者就可以在保持盈利的情况下调整他的头寸；他要"锁住"他的盈利。时间过去得越多，到期日越近，保护点可以进一步移得更近。这样，随着头寸不断改进，卖出者也不断"微调"他的行动点，最终挪到下一个到期月系列。一般而言这是比较审慎的做法，因为卖掉股票平仓，再买入另一只股票来建立另一个头寸，这样做的手续费可能贵到让策略无法实施。总的来说，随着卖出比率头寸临近到期日，卖出者关心的是一个不断缩小的区域，在这个区域之内，他的盈利会增长，而在这个区域之外，如果他不采取行动，他的盈利就很可能会消失。

6.5.5 对 delta 中性交易的评论

由于我们在这一章里引入了 delta 中性头寸的概念，因此，最好在这里对它们作一些一般性的介绍。从本质上说，delta 中性头寸是对冲头寸，它至少使用两种证券，也就是说，两种或者更多的期权。这两种证券的 delta 相互抵消，整个头寸的"等股头寸"（ESP）为零。等股头寸的另一个定义就是"头寸 delta"。因此，从理论上来说，delta 中性的头寸在建立的时候没有价格风险，标的物的价格运动对它没有影响。这样的定义自然是站不住脚的。

只要时间流逝，股票价格开始运动，或者隐含波动率开始变化，delta 就会发生变化。因此，这个头寸就不可能再是 delta 中性。许多人似乎觉得，delta 中性的头寸可以在不对标

⊖ 疑原文有误，原文为 39～61。——译者注

的物价格方向进行预测的情况下轻易盈利，这是错误的。

delta 中性交易并不"容易"：（1）只要股价开始运动，投资者就会承担一定的价格风险；（2）不断调整他的 delta，使它们保持中性。由于手续费的缘故，公众交易者不可能实施方法 2。即使对不用付手续费的做市商来说，这也是很困难的。大部分参与 delta 中性交易的公众交易者在建立了一个中性头寸之后就受到限制，无法过多地对它进行调整。

刚入门的期权交易者在 delta 中性交易方面常犯的一个错误，是用中性的方式卖出期权。他们以为，由于这些头寸是中性的，它们对价格变动的暴露就很小。但是，如果标的物有可观的价格运动（在短期中这是很常见的），那么它就会摧毁这个头寸的中立性，使交易者蒙受大量的损失。举个简单的例子：假定投资者在股票价格略低于行权价的情况下卖出 1 手裸跨式价差（也就是说，他卖出 1 手裸看跌期权和 1 手裸看涨期权，两手的行权价相同），这是个 delta 中性的头寸。但这个头寸的两条腿都是裸期权，因此交易者有着很大的潜在风险。

在实践中，专业交易者所关注的不只是 delta，他们也关注这个头寸的其他风险指标。即便是这样，价格和波动率的变化也还是会造成麻烦。在讨论高级概念的那一章里，我们将更全面地讨论高级的风险概念。

6.6 总结

卖出比率是一种可靠的中性策略，它的应用有不同的精密度。在建立一个头寸时，投资者可以简单地将他对标的股票的看法与这个头寸的预期盈亏平衡点进行比较，从而选择卖出的看涨期权与买入的股票之间的比率。如果使用更为精密的方法，他也可以使用卖出的看涨期权的 delta 来决定这个比率。

因为这个策略在上行和下行两个方向上都有可能会遭受大笔的亏损，后续行动非常必要。后续行动可以是简单地按某个固定比率向上或向下挪仓，也可以是简单地为标的股票设置止损指令。更为精细的方法是使用 delta，用它来调整股票的头寸，或者挪入另一个看涨期权。使用 delta 就可以始终维持一个理论上的中性头寸。

卖出比率是一个相对精密的策略，它涉及卖出裸看涨期权。因此，它不是对所有的投资者都适合。它的吸引力在于：这个策略卖出了大量的时间价值，而且它的盈利区域与标的股票最可能出现的价格范围相互重叠。如果这个头寸被保持到到期日，并且没有经过频繁的调整，那么它有很大的概率获取有限的盈利。

第7章

Options as a Strategic Investment

看涨期权牛市价差

7.1 看涨期权价差策略的介绍

在价差交易中，投资者在买入一个期权的同时卖出另一个期权，两个期权的标的物相同，其他条款有不同。在看涨期权价差中，两个期权都是看涨期权。进行价差交易的基本思想是，策略家通过卖出一个看涨期权来减少买入另一个看涨期权的风险。从保证金的角度来看，如果买入的看涨期权的到期日与卖出的看涨期权的到期日相同或是更远时，价差中卖出的看涨期权可以被视为是备兑的。在深入分析单个类型价差的特征之前，先讨论一下与大多数价差都有关的一些基本事实，应当是有好处的。

所有的价差都可以归为3个大的类别：垂直的、水平的、或者是对角的。**垂直价差**（vertical spread）所涉及的是到期日相同但行权价不同的期权。例如，买入XYZ 10月30看涨期权，同时卖出10月35看涨期权。**水平价差**（horizontal spread）的看涨期权的行权价相同，但到期日不同。例如，卖出XYZ 1月35看涨期权，同时买入XYZ 4月35看涨期权。**对角价差**（diagonal spread）是垂直价差与水平价差的结合，它是由行权价和到期日都不同的看涨期权组成的。用来为价差分类的这三个名字，可能同报纸上印刷期权价格的方式有关。垂直价差涉及报纸上价格表中同一列中的两个期权。同一列就是垂直的。水平价差涉及报纸上价格表中同一行中的两个期权。同一行就是水平的。这些名称与报纸印刷版式的这种关系并不重要，只是它可以帮助我们记住什么是垂直价差，什么是水平价差。垂直价差和水平价差的种类很多，它们中的一部分会在后面的章节里进行介绍。

价差指令

"价差"这个术语不光可以用来表示某种策略，还可以用来表示一种交易指令。所有的两条腿都是开仓（新建的）的交易的价差交易指令，必须在保证金账户里操作。这就意味着，一般来说，客户必须在他的账户里存有起码的资产，通常是2 000美元。有的经纪公司也会有维持金的要求，这又叫作"准备金"（kicker）。

投资者也可能在现金账户里使用价差交易指令，不过在这种情况下，该指令中的一条腿必须是平仓交易。事实上，卖出备兑策略中的许多后续行动实际上都是价差交易。假定现在某个备兑卖出者就100股标的股票卖出1手XYZ 4月看涨期权。如果他想向前挪仓到7月35看涨期权，他就要在买回4月35看涨期权的同时卖出7月35看涨期权。从技术上说，这是一笔价差交易。因为买入一个期权的同时卖出了另一个期权。不过在这笔交易中，买入的那条腿是一个平仓交易,而卖出的那条腿是一个开仓交易。这类价差就可以在现金账户里用价值交易指令来操作。备兑卖出者每次挪仓的时候,不管是向上、向下还是向前,他都应当下达价差交易指令,以求得更好的执行价格。

后面章节所讨论的价差都是主流的价差策略,在其中,价差的两条腿都是开仓交易。它们有自己的潜在盈亏,而不仅是前面讨论的一些策略的后续行动。

当下达价差指令的时候,必须明确指定要买入和卖出的期权。另外还有两项必须指明的东西:价差执行价格,以及这个价格是收入还是支出。如果这个价差的总价格会给该价差策略家带来现金流入,那这个价差就是收入价差(credit spread)。这仅仅意味着价差中卖出的那条腿的价格要比买入的那条腿的价格高。反过来也一样:如果价差交易导致现金流出,这个价差就叫作支出价差(debit spread)。这就是说,买入的支出要大于卖出的收入。通常价差的买入的这条腿被称为多头腿(long side),而卖出的那条腿被称为空头腿(short side)。

价差指令的执行价格一般不是价差所涉及的两个期权的最新价的差。

【示例7-1】某个投资者想同时买入1手XYZ 10月30看涨期权和卖出1手XYZ 10月35看涨期权。如果10月30的最新价是4点,10月35的最新价是2点,这并不等于说这个价差的执行价格就一定会是2点的支出(最新价的差)。事实上,决定一个价差交易的市场价格的唯一方法是知道所涉及的期权的买报价(bid price)和卖报价(asked price)是什么。假定这两个期权有下面的价格:

	买报价	卖报价	最新价		买报价	卖报价	最新价
10月30看涨期权	3.90	4.10	4.00	10月35看涨期权	1.95	2.00	2.00

由于这个价差涉及买入10月30看涨期权和卖出10月35看涨期权,那该交易者就必须在市场上为10月30看涨期权支出4.10(卖报价或者要价),而在10月35看涨期权上收入1.95(买报价)。这就会造成2.15点的支出。这明显比2点的最新价之差高出了一些。当然,投资者可以为任何交易设置任何一个价格。投资者可以以2.10点支出的价格下达价差交易指令,如果场内经纪人在买的方面可以为10月35得到比要价更好的价格,或是在卖的方面可以为10月30得到比给价更好的价格的话,他就有一定的可能完成这个指令。

这里要强调的是,投资者不能够假设最新价代表了价差交易的执行价格。这就对使用收盘价来对价差交易进行计算机分析带来了一定的难度。有的计算机资料商提供收盘价(通常费用更高)和收盘时的买报价和卖报价。如果一个策略家只有收盘价,那么在他分析的结果里就应当留有一定的余地,考虑进这样的事实:最新价不一定就代表价差的执行价。留有这种余地的一个简单方式是,只注意那些流动性比较好的期权,也就是说,那些在前一天有很大成交量的合约。如果某个期权上有大量的交易,那么当前报价就更可能是"紧的"(tight),也就是说,买报价和卖报价会非常接近最新价。

在场内期权发展的早期,通过"分腿"(leg)来进入一个价差的做法相当普遍。也就是说,策略家会分开下达一个买入指令和一个卖出指令,并用两笔交易来组成一个价差。随着场内市场的发展,市场深度和流动性都逐渐增加,用分腿的方法来建立价差就变为一种不高明的做法。如果处理这笔交易的场内经纪人知道整个情况,他就有相当多的机会来"分割报价"(splitting a quote),按照买报价买入,或者按照卖报价卖出。分割报价一般是指用一个介于当前买报价和卖报价之间的价格来执行。例如,如果买报价是 3.90,卖报价是 4.10,那按 4 完成的交易就可能是"分割报价"。

公众客户必须注意,价差交易的手续费有可能会高得多,因为它交易的期权手数是单边交易的 2 倍。有的经纪商对价差交易的收费要稍微低一些,但比起商品期货交易中的价差来,它们仍然很高。

牛市价差是最流行的价差形式之一。在这类的价差交易里,投资者买入 1 手行权价的看涨期权,同时卖出 1 手行权价更高的看涨期权。一般来说,两手期权的到期日相同。这是一个垂直价差。当标的股票上涨时,牛市价差就会盈利,因此这是一个看多的头寸。这个价差的潜在盈利和潜在风险都是有限的。虽然两者从百分比上来看都相当可观,但风险不会超过净投资。事实上,相对于直接买入 1 手相似的看涨期权,1 手牛市价差所要求的投资金额要小一些,因此其最大潜在亏损金额也要小一些。

【示例 7-2】有下列的价格存在:

XYZ 普通股股票:	32
XYZ 10 月 30 看涨期权:	3
XYZ 10 月 35 看涨期权:	1

投资者可以在买入 1 手 10 月 30 看涨期权的同时,卖出 1 手 XYZ 10 月 35 看涨期权,从而建立 1 手牛市价差。让我们假定这个价差可以按上面所说的,用 2 点的支出建立起来。牛市价差一定是支出交易,因为如果到期日相同,行权价较低的看涨期权的交易价一定比行权价较高的看涨期权的交易价高。表 7-1 和图 7-1 显示了这个交易在到期日时的结果。如果这些看涨期权在到期时按持平价平仓,那么所示的盈利或亏损就会兑现。请注意,这个价差有它的最大盈利限额,如果股票价格在到期时高于较高的行权价,那就能实现最大盈利。如果股票价格在看涨期权到期时低于较低的行权价,这个头寸就会产生它的最大亏损。最大亏损等于净投资,在这个示例里,也就是 2 点。

此外,这个头寸在到期日的盈亏平衡点一定在两个行权价之间。在这个示例里,它是 32。只要两个看涨期权的到期日相同,那么所有牛市价差的盈利图形都与图 7-1 所显示的图形相似。

表 7-1 到期日时牛市价差的结果

到期时 XYZ 价格	10 月 30 看涨期权盈利	10 月 35 看涨期权盈利	总盈利
25	− 300	+ 100	− 200
30	− 300	+ 100	− 200
32	− 100	+ 100	0
35	+ 200	+ 100	+ 300
40	+ 700	− 400	+ 300
45	+ 1 200	− 900	+ 300

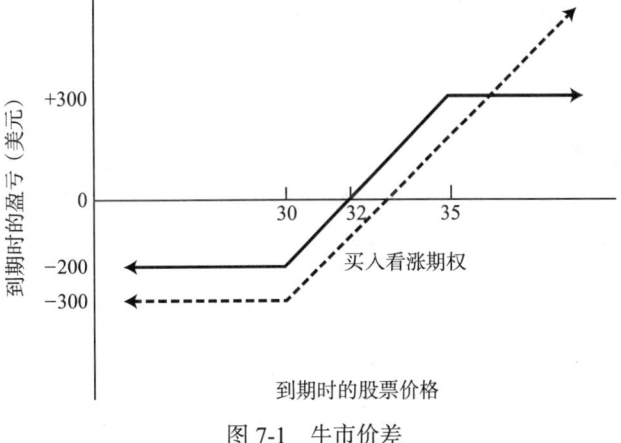

图 7-1 牛市价差

建立这个头寸的投资者对标的股票是看多的，但是，一般而言，他是在寻找一种对冲的途径。如果他直截了当地看多，他会直接买入10月30看涨期权。而买入10月30看涨期权并卖出10月35看跌期权的交易，则让他在到期时股票价格低于36时的交易结果，会比直接买入10月30看涨期权要更好一些。图7-1中的虚线显示了这一事实。

所以，建立牛市价差的策略家是看多的，但不是过度看多。为了证明这个比较是正确的，请注意，如果投资者按3点的价格只买入10月30看涨期权，如果XYZ在到期时的价格是36，他就会有3点的盈利。如果股票价格在到期日时是36，两个策略的盈利都是3点。而如果在36之下，牛市价差的表现会更好，因为卖出10月35看涨期权的权利金带来了额外的收入。如果股票价格到期时在36之上，只买看涨期权的头寸的表现就会优于牛市价差，因为在只买看涨期权的情况里，其盈利没有限制。

牛市价差的净投资等于净支出加上手续费。价差必须在保证金账户里交易，而经纪公司一般会有最低资产的要求。此外，有的经纪人还会有维持金的要求。假定某个投资者按上面所说的价格建立了10手价差。在不考虑手续费时，他的投资是2 000美元（每手价差200美元）。计算一手看涨期权牛市价差的盈亏平衡点和最大潜在盈利是一件相当容易的事：

盈亏平衡点 = 较低行权价 + 价差的净支出

最大潜在盈利 = 较高行权价 – 较低行权价 – 价差的净支出

在上面这个示例里，净支出是2点。因此盈亏平衡点就是（30 + 2），或者说32。最大潜在盈利是（35 – 30 – 2），或者说3。这些数字与表7-1和图7-1所显示的结果相同。手续费占盈利和净投资的比例可能相当大，因此，在建立头寸之前，应当把它计算进去。如果这些手续费包括在建立价差的净支出里，那么使用上面的公式就可以很方便地把它们计算在内。如果进行大量的看涨期权价差交易，手续费的占比就会降低。由于这个原因，一般建议投资者每次至少交易5手期权价差。

7.2 激进的程度

7.2.1 激进的牛市价差

根据牛市价差的构成不同，它可以是非常激进的，也可以是比较保守的。最常用的牛市价差是一种激进的类型。在建立价差的时候，股票价格一般比较高的行权价低很多。如果股票价格在到期时上涨得足够高，这种激进的牛市价差一般能够产生相当可观的收益率。如果标的普通股股票在价差建立时非常接近较低的行权价，激进的牛市价差就最有吸引力。在这样的条件下建立起来的牛市价差一般是一个有相当大潜在盈利的低成本价差。即使把手续费考虑在内也是如此。

7.2.2 极端激进的牛市价差

一种非常激进的牛市价差是"虚值"价差。在建立价差时，两个看涨期权都是虚值的。建立这样的价差成本很低，如果股票在到期时能够上涨到较高的行权价，潜在盈利就很大。

不过，这其实是一个幻觉。标的股票在到期前上涨到这个位置的机会相当渺茫。并且由于这两个期权都是虚值的，即使股票有中等程度的上涨，价差交易者仍然有可能会损失其全部投资。这个价差与只买入一手深度虚值看涨期权的投机策略相仿。如果要采用这样的策略，所投入的资金应当只占该交易者的投机基金的一个非常小的比例。

7.2.3 不激进的牛市价差

有的时候能发现另一种类型的牛市价差——"实值"价差。在这种情况里，两个看涨期权都是实值的。这个头寸的激进程度要小得多，因为它有很大的可能会实现最大潜在盈利，虽然它的潜在盈利与更为激进的牛市价差相比要小得多。

【示例 7-3】在到期前的某个时候，XYZ 的价格是 37，10 月 30 看涨期权的价格是 7，10 月 35 看涨期权是 4。这两个期权都是实值的，建立价差的成本是 3 点（支出）。最大潜在盈利是 2 点，而且只要 XYZ 在到期时高于 35，就能实现这个最大盈利。也就是说，即使 XYZ 下跌了 2 点，价差交易者仍然可以得到最大盈利。比起上面所说的激进的价差来，这显然是一个较为保守的头寸。不过这个价差的手续费会比上面说的价差贵很多，上面说的价差一开始用的是比较便宜的期权。因此，在计算投资者的盈利时，应当将手续费考虑进去。整个投资只有在股票下跌 7 点，跌到 30 之下时，才会有亏损，应当说亏损的概率是相当低的。由于这个事实，这类价差就更增进了它不激进的本质。

7.3 牛市价差的排序

为准确地比较特定交易日能够使用的各个牛市价差的潜在风险和盈利，投资者必须使用计算机来进行大规模的计算。我们可以按照严格的数学方法来对各个牛市价差进行排序，但得到的名单未必如使用正确的分析方法时那样精确。在现实中，有必要将标的股票的波动率，以及价差可能得到的预期收益结合到计算中。我们在第 28 章中将详细地介绍预期收益的概念，在那里，我们将用牛市价差作为一个示例。

我们在后面将提供一个在股价上涨之后使用波动率来预测期权价格的精确方法。许多数据商都提供这样的信息。不过，如果读者想尝试一种简单的分析方法，下面的这个方法就足够了。在任何对牛市价差的排序中，重要的是，不要根据它们在到期时的最大潜在盈利来区别它们的好坏。如果根据到期时的最大潜在盈利来排序，那一定会给深度虚值价差最大的权重，而它们的最大潜在盈利实际上很难实现。更好的方法是在分析中排除掉那些最大盈利价格与当前股票价格距离太远的价差。一个考虑了股票运动的简单方法是，假定股票在到期时上涨的幅度等于平值看涨期权中的时间价值的 2 倍。因为波动率越大的股票，它的期权的时间价值就越大，这样的方法是一种将波动率结合到分析中的简单尝试。同时，因为远期期权的时间价值比近期期权大，它也可以将较长时段内的较大运动容纳在内。按百分比计算的收益应当包括手续费。这个简单的分析并不是完全正确的，但它对那些希望找到能快速计算的简单数学分析方法的交易者来说是有用的。

进一步的考虑

在前面的示例里，卖出和买入的看涨期权的到期日均相同。有的时候，买入的看涨期权的到期日比卖出的看涨期权的到期日更远会有好处。这样的头寸通常被称作对角价差，我们在后面会讨论它。

有经验的交易者在期权价格很高时，往往转向牛市价差。通过卖出较高行权价的期权而得到收入，能够部分减轻买入较低行权价期权的昂贵开支。不过，投资者不应当只是因为期权有很多时间价值就总使用牛市价差，因为这样的对冲头寸会让其放弃许多上行方向的潜在盈利。

对大部分价差来说，即使标的股票的价格朝着对价差交易者有利的方向运动，也有必要等上一段时间，以便让盈利变得数量可观。由于这个原因，牛市价差对（快速）交易者并不适合，除非期权的剩余存续期很短。如果某个投机者对标的股票短期看多，那么他直接买入看涨期权比建立牛市价差要更好一些。价差的变化主要是时间的函数，标的股票价格的小幅运动在短期内不会对价差价格短期变化带来多大影响。不过，如果标的股票在到期前小幅上涨，那牛市价差就会比只买入看涨期权有明显的优势。

在前面的示例里，牛市价差是通过按 3 点买入 XYZ 10 月 30 看涨期权和按 1 点同时卖出 XYZ 10 月 35 看涨期权来建立的。这个投资可以用来与只买入 XYZ 10 月 30 看涨期权进行比较。下面是只买入看涨期权的短期优势。

【示例 7-4】标的股票在 1 天的时间内从 32 跳到了 35。如果是这样，10 月 30 看涨期权的价格就大约会是 5.50 点，只买入看涨期权的头寸就会上涨 2.50 点，再去掉 1 手期权的手续费。而在牛市价差中，买入的那条腿自然会表现不错，因为它用的是同一个期权，不过卖出的那条腿，也就是 10 月 35 看涨期权，可能售价就会是 2.50 点。因此，这个价差的总价值是 3 点（买入腿的 5.50 点，减去卖出腿的 2.50 点）。由于最初建立这个价差花费了 2 点，那价差交易者此时的盈利为 1 点，再减去 2 手期权的手续费。这样看来，在最短的时段（1 天）里，只买入看涨期权的头寸在价格快速上涨时的表现比牛市价差要好。

在一个稍微长一些的时段里，例如 30 天，如果标的股票快速上涨，只买入看涨期权的头寸仍然具有优势。即使股票在 30 天里上涨到 35，牛市价差仍然有时间价值，还达不到 5 点的最大潜在盈利。记得吗，牛市价差的最大潜在盈利等于两个行权价的差。显然，如果标的股票价格在这样短的时间里上涨了这么多，只买入看涨期权的头寸的盈利就会非常好。不过，如果考虑到风险的话就必须指出，牛市价差的风险金额比较小，而如果标的股票是下跌而不是上涨的话，相对于只买入看涨期权的头寸，牛市价差的亏损通常更小。

标的股票价格上涨所需的时间越长，事情就对价差越有利。假设 XYZ 要到到期日才上涨到 35。在这种情况里，10 月 30 看涨期权就价值 5 点，而 10 月 35 看涨期权则无价值。只买入 10 月 30 看涨期权的头寸会有 2 点盈利，再减去 1 手期权的手续费。而价差头寸现在就有 3 点盈利，再减去 2 手期权的手续费。虽然手续费有所增加，但价差交易者的盈利金额和收益率都会更高。

在建立了牛市价差头寸之后，如果股票价格马上上涨，该头寸只能产生很少盈利，许多交易者对这一点都感到失望。导致这一问题的部分原因是因为价差伸展得不够宽，那可以把两个行权价的距离设置得更大一些。如果两个行权价之间的距离较大，即使它不能立刻达到其最大潜在盈利，价差也有更多的空间来伸展。此外，由于这两个行权价"分得很开"，即使标的股票立刻上涨，价差也有更多的空间来伸展。

从这些示例里可以得出的结论是，一般来说，如果投资者预期标的股票会迅速上涨，那更好的策略是只买入看涨期权。总的来说，相对于只买入看涨期权，牛市价差是一个不那么激进的策略。股票的短期运动以及大幅度的持续上涨运动，对牛市价差不会有什么影响。不过，如果股票价格在到期前有缓慢的、数量不大的上涨，那价差的表现就会比只买入看涨期权要好。此外，价差的实际风险金额要更小一些。因为其最初建立时所需的支出要更小。表 7-2 总结了在不同的时段、不同的股票价格情况下，哪种策略更占上风。

表 7-2　牛市价差与只买入看涨期权的比较

时间	标的股票价格			
	下跌	相对保持不变	小幅上涨	显著上涨
1 星期	牛市价差	牛市价差	只买入看涨期权	只买入看涨期权
1 个月	牛市价差	牛市价差	只买入看涨期权	只买入看涨期权
到期日	牛市价差	牛市价差	牛市价差	只买入看涨期权

7.4　后续行动

由于这个策略的盈利和风险都有限，在到期日之前，价差交易者无需采取任何后续行动。如果标的股票显著上涨，价差交易者就应当密切监控其卖出的看涨期权的时间价值，注意是否有被指派的可能。如果时间价值从卖出的看涨期权中消失，指派的可能性就会增加。如果股票下跌，交易者也许应当将价差平仓，以限制进一步的亏损。

当价差平仓的时候，也应该使用价差交易指令来平仓。如果标的股票价格上涨，平仓指令就是一个涉及两手平仓交易的收入价差。从牛市价差中可以得到的最大收入额等于两个行权价的差。在前面的示例里，如果 XYZ 在到期时高于 35，投资者可以下达以下指令来将这手价差平仓：买入 10 月 35（实践中通常的做法是，在下达一个价差指令时，首先说明买入腿的具体要求），以 5 点的收入卖出 10 月 30 看涨期权。在实践中，因为买报价与卖报价之间的差别，即使很接近到期日，也很难完全得到 5 点的收入。一般来说，投资者应当要求 4.80 或 4.90 的收入。投资者也可以通过行权来把价差平仓，不过这个方法一般只建议那些不付或只付很少手续费的交易者使用。如果价差中卖出的期权被指派了，价差交易者可以把价差中买入的期权行权来满足指派要求。这样做没有保证金要求，只是涉及股票手续费。对公众客户来说，这里涉及的股票手续费要比直接把期权平仓所涉及的期权手续费高出许多，因此，对公众客户来说，应当直接平仓而不是行权。

还有一点需要指出。如果看涨期权的价格比较高，将价差平仓的手续费就会比较高，股票在到期时刚好等于较高行权价时，牛市价差能够获得最大盈利。但如果股票超出了较高行权价很多，毛盈利是相同的（前面已经说明过，只要股票价格在到期时高于较高行权价，毛盈利都是一样的），但净盈利会小一些，因为投资者在将价差平仓时需付更多的手续费。

如果股票价格下跌，有的价差交易者喜欢把卖出的看涨期权买回来，以锁住空头腿的盈利。他们会继续持有看涨期权多头，并希望标的股票价格会上涨，从而也能从价差的多头腿处获利。这就导致这个投资者"跨出"了这个价差，虽然由此增加的总的风险不大，也就是买回卖出的看涨期权所付的金额。如果他想要用这种方式"跨出"这个价差，这个价差交易者就不应当用太高的价格买回卖出的看涨期权。如果它能以 1/8 或 1/16 买回，那在买回这个先前卖出的看涨期权时，投资者几乎没有损失什么。不过，如果卖出的看涨期权的价值要远远大于这个金额，那他就不应当太快地把它买回来，除非他想把整个价差平仓。如果股票价格上涨，投资者一定不能拆散他的价差，即不能卖出先前买入的看涨期权，并希望股票价格会下跌，从而在卖出的期权中也获取收益。这样做的风险太大了。

许多交易者都遇到过这样的情况，他们看到标的物价格发生大幅运动，但他们的价差没有盈利多少，因而感到迷惑。他们常常想找到一种办法来锁住某些收益，以防标的物的价格随后下跌，但他们又想继续等下去，等价差扩展到接近最大潜在盈利的地方。事实上，能够同时实现这两个目标的对冲方法是不存在的。对看涨期权牛市价差来说，唯一能够锁住盈利的方法是买入相随的看跌期权**熊市价差**（bear spread）。我们将在第 23 章中讨论这个策略。

7.5 牛市价差的其他用途

表面上看，牛市价差是最简单的价差之一。不过，它可以在各种不同的情况里成为一种非常有用的工具。第 3 章里描述了两种这样的情况。如果一个投资者只是买入看涨期权并且发现他面临未兑现的亏损，他可以通过"向下挪仓"为一个牛市价差，从而显著地提高他恢复到盈亏平衡的机会。如果他有未兑现的盈利，他可以在次高的行权价上卖出看涨期权，从而构造出一个牛市价差，以锁住他的部分盈利。

类似地，一个面对未兑现亏损的普通股股票的持有者也可以利用牛市价差来降低他实现盈亏平衡的价格。使用期权，他实现盈亏平衡或者盈利的机会就大得多。下面的示例说明了这个股票持有者的策略。

【**示例 7-5**】某个投资者按 48 买入 100 股 XYZ，股票后来跌到 42，于是他面临着未兑现的亏损。为了达到盈亏平衡，股票必须上涨 6 点。不过，如果 XYZ 有场内期权交易的话，他可以显著地降低他的盈亏平衡价格。现有的价格是：

XYZ 普通股股票：	42
XYZ 10 月 40 看涨期权：	4
XYZ 10 月 45 看涨期权：	2

股票持有者可以买入 1 手 10 月 40 看涨期权，同时卖出 2 手 10 月 45 看涨期权，从而改进他的总头寸。请注意，这个交易除了手续费之外不需要任何资金，因为从卖出 2 手 10 月 45 看涨期权中得到 400 美元收入，它等于买入 1 手 10 月 40 看涨期权所需的支出。不过，因为这里建立了一个价差头寸，所以还是会有维持金和最低资产的要求。

这样构造的头寸里不包含未兑或者说裸期权。卖出的 1 手 XYZ 10 月 45 看涨期权为标的股票自身所备兑。另一手则是与 10 月 40 看涨期权组成牛市价差。由此产生的头寸是一手牛市价差和一手卖出备兑的组合。不过，这一点并不特别重要，重要的是这个新的总头寸的盈利特征。

如果 XYZ 的价格继续下跌，在 10 月到期日时跌到低于 40，所有的期权都会无价值到期，对股票持有者来说，最终亏损与只持有股票而不进行任何期权交易的亏损相同（除了所花费的期权手续费）。

由于卖出备兑和牛市价差都是有限盈利的策略，因此这个新头寸的盈利一定也是有限的。如果 XYZ 在 10 月到期时高于 45，就会实现最大盈利。为了确定最大盈利的数量，假定 XYZ 在期权到期时刚好是 45。在这种情况下，两手卖出的 10 月 45 看涨期权会无价值到期，而买入的 10 月 40 看涨期权会价值 5 点。期权交易者的空头腿会有 400 美元盈利（2 手 10 月 45 看涨期权，每手 200 美元），再加上多头腿的 100 美元盈利，从而在期权交易中得到 500 美元总盈利。在这个示例里，因为股票最初是以每股 48 美元买入的，当股票在到期时是 45 时，这个头寸中股票部分的亏损是 300 美元。整个头寸的盈利因此就是 500 美元减去 300 美元，也就是 200 美元。

表 7-3 和图 7-2 显示的是当股票价格在期权到期时位于 40～45 之间时的结果。图 7-2 描写了表 7-3 中的"股票盈利"和"总盈利"这两栏，因此，读者可以形象地将新的总头寸同股票持有者最初的头寸进行比较。首先，盈亏平衡点从 48 降到了 44。新的总头寸的盈亏平衡点是 44，因此，只要股票在到期前上涨 2 点，就可以实现盈亏平衡。在到期时股票如果是 50，这两个策略就是相等的。也就是说，只有股票在到期时上涨了 8 点，也就是从 42 涨到 50，股票持有者的最初头寸的表现才会比新头寸的表现好。在 40 之下，两个策略产生的结果是一样的。最后，在 40～50 之间，新头寸的表现优于股票持有者最初头寸的表现。

表 7-3 降低普通股股票的盈亏平衡点

到期时 XYZ 价格	股票盈利（美元）	卖出 10 月 45 盈利（美元）	买入 10 月 40 盈利（美元）	总盈利（美元）
35	－1 300	＋400	－400	－1 300
38	－1 000	＋400	－400	－1 000
40	－800	＋400	－400	－800
42	－600	＋400	－200	－400
43	－500	＋400	－100	－200
44	－400	＋400	0	0
45	－300	＋400	＋100	＋200
48	0	－200	＋400	＋200
50	＋200	－600	＋600	＋200

总之，在股票头寸上加进上面所说的期权，股票持有者会得到很多而放弃很少。如果股票价格最终稳定下来（在上面的示例里是在 40～50 之间），那么这个新头寸就改善了原有头寸。另外，当股票有少量上涨时，投资者就可以实现盈亏平衡或者获得盈利。如果股票继续下跌，除了期权手续费之外，投资者不会遭受额外的亏损。只有当股票急剧上涨时，股票头寸才会比这个总头寸的表现要好。

这个由卖出备兑和牛市价差组合起来的策略有时也可以用来单独交易（开仓）。也就是说，一个考虑要按42买入XYZ的投资者可以在一开始就买入1手10月40的看涨期权，并卖出2手10月45看涨期权。就潜在盈利而言，这个头寸的结果不会比直接买入XYZ股票差，除非股票在期权10月到期时上涨到46之上。

牛市价差也可以用来"代替"卖出备兑。我们在第2章里提到过，卖出备兑权证有它的优势，因为它所要求的投资要小一些，特别是当权证是实值的，而且时间价值不是太高的时候。同样的思考方式也可以用在看涨期权上。如果一个期权是实值的，而且不包含或者包含很少的时间价值，那么就可以用买它来代替买入股票。当然，看涨期权会过期，而

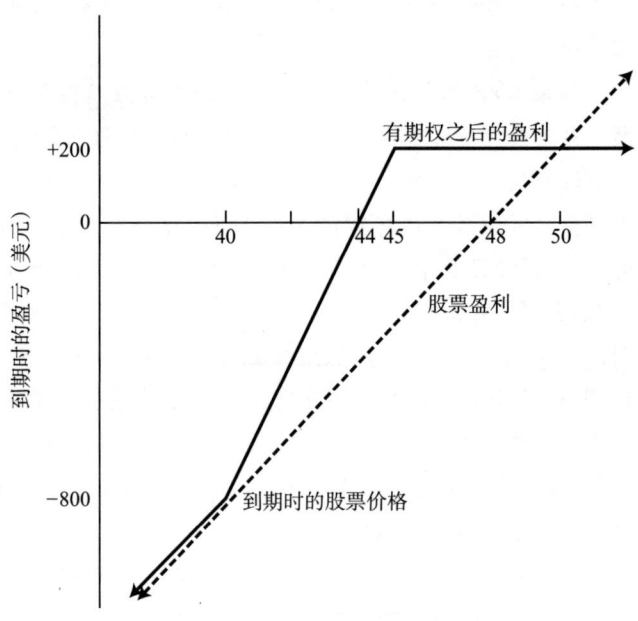

图 7-2 降低普通股股票的盈亏平衡点

股票不会。但持有深度实值看涨期权的潜在盈利同持有股票是非常相似的。而买入这样的看涨期权的成本比买入股票要小，投资者就可以用较小的投资而得到基本相同的潜在盈利和潜在亏损。这样，人们自然会想到，投资者可以就买入的深度实值看涨期权而卖出另一手期权，一手较为接近平值的看涨期权。这样一个头寸的盈利特征同一手卖出备兑的盈利特征非常相像，因为买入的那手看涨期权"模仿了"买入股票。当然，这个头寸事实上是一手牛市价差，其中，买入的看涨期权是一手相当实值的期权，而卖出的看涨期权则更接近于平值。显然，投资者不会将他所有的钱都放进这样一个头寸里，而放弃卖出备兑。因为在使用牛市价差时，他就有可能在一个较小的下跌过程中亏损掉其全部投资。而如果使用卖出备兑策略，即使经历严重的市场下跌，投资者仍然持有股票。不过，如果在牛市价差中投入一笔比他在卖出备兑中需要投资的数目小得多的钱，那么投资者有可能得到某种折衷。他仍然可以保持相同的潜在盈利。投资者剩下的资金可以投资于固定收益证券。

【示例7-6】市场上有下列价格

XYZ普通股股票：　　　　　49
XYZ 4月50看涨期权：　　　3
XYZ 4月35看涨期权：　　　14

因为深度实值的看涨期权没有时间价值，在4月到期之前，买入深度实值看涨期权的表现同买入股票没有什么不同。表7-4总结了这个卖出备兑和牛市价差的潜在盈利。如果XYZ的价格在4月到期时高于50，在扣除手续费之前，两者都有400美元的盈利。不过因为牛市价差所需的投资要小得多，在进行价差交易时，可以将剩余的3 500美元投资于固定收益证券。由此产生的利息可以看作股票股息的等价物。无论发生什么情况，即使股票大

幅度下跌，这个价差的最大亏损也不会高于1 100美元。对备兑卖出者来说，如果XYZ在到期时低于35，那么未兑现的亏损就会大于这个数目。而且，正如在卖出备兑时他会做的那样，在交易牛市价差时，如果股票价格下跌，卖出者会将4月50看涨期权"向下挪仓"。

表7-4 卖出备兑和牛市价差的结果比较

	卖出备兑： 买入XYZ同时 卖出4月50看涨期权	牛市价差： 买入XYZ 4月35看涨期权同时 卖出4月50看涨期权
最大潜在盈利 （股票在4月高于50）	400美元	400美元
盈亏平衡点	46	46
投资	4 600美元	1 100美元

因此，这个牛市价差提供了同样金额的盈利、同样的盈亏平衡点，较少的手续费、较小的潜在风险，以及从投资的固定收益证券中得到的利息收入。虽然你不是总能找到深度实值看涨期权来"代替"买入股票，但只要有这样的期权存在，策略家就应当考虑使用牛市价差而不是卖出备兑。

7.6 总结

牛市价差是一种最简单和最常用的价差形式。在一个稍微看多的环境里，它的表现会最好。不过，牛市价差不会一下子就扩展到它的最大潜在盈利。因此，对短线交易来说，直接买入看涨期权是更好的选择。除了用来在标的股票小幅上涨时盈利之外，牛市价差还在许多情况里都有更为精密的应用。看涨期权的买家和股票的买家都可以使用牛市价差来"向下挪仓"，从而为他们的头寸产生较低的新盈亏平衡点。在某种情况里，当有深度实值看涨期权存在的时候，备兑卖出者也可以使用牛市价差来代替卖出备兑。

第8章
Options as a Strategic Investment

看涨期权熊市价差

期权是一种用途广泛的投资工具。你建立的每一个看多头寸，一般情况下都会有一个对应的看空类型的策略。每一个中性策略都会对应一个激进的策略，来供市场中持不同看法的投资者使用。我们已经比较详细地说明了这样一种情况，合成跨式多头（反向对冲）就是卖出比率的相反面。我们从现在起开始介绍的策略，都存在对应的反映相反观点的策略。熊市价差就是与牛市价差相反的策略。

8.1 熊市价差

在一手看涨期权熊市价差（call bear spread）里，交易者按特定行权价买入一手看涨期权，同时按较低的行权价卖出另一手看涨期权。与牛市价差一样，这也是一个垂直价差。如果标的股票价格下跌，熊市价差一般会盈利。与牛市价差一样，它的潜在盈亏也都有限。不过与牛市价差不一样的是，如果这个价差是用看涨期权来建立的，那熊市价差就是一个**收入**（credit）价差。因为交易者卖出的是一手较低行权价的看涨期权，而行权价较低的看涨期权，如果到期日相同，它的交易价格总是比行权价较高的看涨期权要高，所以这样的熊市价差一定是一个收入头寸。应当指出，大部分用看涨期权来建立的熊市策略，如果用看跌期权来建立会更有利。因此，这里讨论的大部分策略内容会在第三部分里再次讨论。

【示例 8-1】有个投资者，他对 XYZ 是看空的。使用在第 7 章里使用过的示例，我们可以构建一个熊市价差的示例：

        XYZ 普通股股票：   32
        XYZ 10 月 30 看涨期权：   3
        XYZ 10 月 35 看涨期权：   1

买入 10 月 35 看涨期权，同时卖出 10 月 30 看涨期权，就可以建立一个熊市价差。不计手续费的话，建立这个熊市价差可以得到 2 点收入。在熊市价差的情况里，策略家所希望的是股票价格下跌，两手期权都无价值到期。如果发生这样的情况，他不必付出任何东西就可以将这个价差平仓。最初得到的收入就成了他的盈利。在这个示例里，最初的收入是 2 点，这也是最大的潜在盈利。只要 XYZ 在到期时低于 30，这个盈利就能实现。因为在这样的情况下，两手期权都会无价值到期。

如果两个期权之间的价格差变大，而不是缩小，那么这个熊市价差交易者就会亏损。如果市场上涨，价格差就会变大。价格差的最大值会是 5 点，也就是两个行权价的差。因此,这个熊市价差交易者买回这个价差最多要付5点,其结果就是3点的最大潜在亏损。如果XYZ在10月到期时超过了35,这个亏损就会实现。表8-1和图8-1显示了这个示例在到期时的实际潜在盈亏(手续费没有包括在内)。机敏的读者会注意到,这张表里的数字与第7章牛市价差的示例中所显示的数字刚好相反。同时,熊市价差的盈利图形看上去就像把牛市价差的图形倒转了过来。所有熊市价差在到期时的盈利图形,其形状都与图8-1所显示的图形相似。

对熊市价差来说,计算盈亏平衡点、最大潜在盈利和所需投资都相当简单。

表 8-1 熊市价差

到期日 XYZ 价格	10月30看涨期权盈利(美元)	10月35看涨期权盈利(美元)	总盈利(美元)
25	+300	-100	+200
30	+300	-100	+200
32	+100	-100	0
35	-200	-100	-300
40	-700	+400	-300

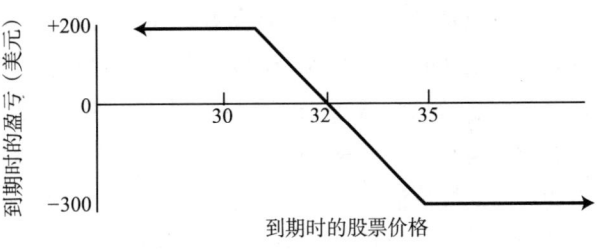

图 8-1 熊市价差

最大潜在盈利 = 所得净收入

盈亏平衡点 = 较低行权价 + 所得净收入

最大风险 = 所需质押投资 = 行权价的差 – 所得净收入 + 手续费

在上面的示例里,卖出10月30看涨期权有3点收入,买入10月35看涨期权支出1点,净收入是2点。这就是最大潜在盈利。计算盈亏平衡点也很容易,较低的行权价是30,净收入是2点,因此盈亏平衡点就是32。风险同投资相等。它是行权价的差(5点)减去所得净收入(2点),也就是3点的总投资,再加上手续费。在这个价差中,买入的看涨期权的行权价等于或者低于卖出的看涨期权的行权价,它就涉及一个没有"备兑"的看涨期权。因此,与牛市价差相比,有的经纪公司可能会对熊市价差要求一笔更高的维持保证金。另外,因为这个价差一定是用保证金账户来操作的,大部分经纪公司都要求这个账户必须存有一定数目的资金。

这是一个收入价差,投资者在建立这个价差时并没有真的花钱。这笔投资实际上是减少了该客户保证金账户的购买力。但在建立头寸时,并不需要实际拿出现金。

8.2 熊市价差的选择

根据标的股票价格与两个看涨期权的行权价的位置不同,熊市价差可以是非常激进的,潜在盈利较高;也可以是不那么激进的,潜在盈利较低。如果最初的收入相当大,那显然就有获得很多盈利的可能。不过要想得到这一大笔收入,标的股票就必须远远高于较低的行权价。这就意味着,为了实现这个最大潜在盈利,股票价格就必须有较大幅度的下跌。因此,一个有大笔收入的熊市价差通常是一个激进的头寸;价差者想要得到最大盈利,需要标的股票有显著的下跌。而出现这种情况的概率是不高的。

如果在建立熊市价差时，标的股票价格实际上低于较低的行权价，那这类熊市价差就没有那么激进。在这种情况里，建立熊市价差所得到的收入不多，但即使在到期日时标的股票价格保持不变，或者实际上有少许上涨，熊市价差交易者都有可能实现最大盈利。

【示例 8-2】 XYZ 的最新价是 25。某个交易者在股票价格为 29 时，以 1.50 点卖出了 10 月 30 看涨期权，并以 0.50 点买入了 10 月 35 看涨期权。净收入和最大潜在盈利都是 1 点，这是一个比较小的金额。不过，即使 XYZ 在到期时稍微上涨了一点，只要不涨过 30，这个最大潜在盈利都会实现。

很难说是高收入的熊市价差好，还是低收入的熊市价差好。其中一个有可能获得大笔盈利，但盈利的概率较小；而另一个的盈利要小得多，但盈利的概率要大得多。一般而言，在标的股票价格更接近较低行权价时建立的熊市价差是最好的熊市价差。要明白这一点，请注意如果在股票价格等于较高行权价时建立熊市价差会发生什么。此时，价差交易者卖出的看涨期权价值中，大部分是内在价值，只有很少的时间价值（因为它是实值的）。而买入的看涨期权价值中，几乎全是时间价值。这个做法与期权策略家所应该做的刚好相反。期权策略的基本哲学是卖出时间价值，买入内在价值。由于这个原因，高收入熊市价差不是一个好的策略。有意思的是，后面你会看到，当标的股票价格等于较高的行权价时，用看跌期权来建立的熊市价差就更有吸引力！

即使标的股票价格上涨，熊市价差也不会马上亏完。这与我们在第 7 章中从看涨期权牛市价差中所观察到的结果有些相似。它们也不会立刻加速到其最大潜在盈利。当然，随着时间的流逝，逐渐临近到期日，这时，这个价差将接近它的最大潜在盈利。懂得这一点很重要，因为如果交易者预期标的股票会向下快速运动，他需要建立这样一个看涨期权熊市价差：较低行权价的期权是深度实值的，而较高行权价的期权是虚值的。在这种情况下，实值看涨期权的价值会随着股价下跌而下降，即使这个下跌过程是立刻发生的。同时，当股票出现灾难性的向上突破时，虚值看涨期权多头能够提供保护。这类熊市价差实际上等于卖出一个深度实值看涨期权，以谋求它在下行方向的潜在盈利，同时买入一手作为灾难保险的虚值看涨期权。

8.3 后续行动

熊市价差的后续行动一般不难。策略家必须注意的主要问题是卖出的看涨期权被指派的可能性。如果该价差的空头腿是实值的，没有剩余时间价值，那无论离到期日还有多远，这个价差都应当立刻平仓。导致时间价值消失的原因可能是股票价格显著地高于卖出的看涨期权的行权价，也可能是有股息支付。无论是哪种情况，都应当将这个价差平仓，以避免指派以及由此导致的大笔股票手续费。请注意，高收入熊市价差（建立熊市价差时，股票价格远高于较低的行权价）从提前指派的角度来看是非常危险的，因为从一开始卖出的看涨期权的时间价值就很少。

8.4 总结

看涨期权熊市价差是一种**看空**（bearish）的策略。这个价差是一个收入价差，要建立这个策略，所需要的只是放弃买入的能力，而不需实际付出现金。因此它是一个还算流行的策略。当有看跌期权存在时，使用看涨期权来建立熊市价差可能不是一个好的选择，应该用看跌期权来建立。

第9章
Options as a Strategic Investment

跨 期 价 差

跨期价差也叫作**时间价差**（time spread），它涉及卖出一个期权，同时买入一个更远期的期权，两个期权的行权价相同。从广义上说，跨期价差是一个水平价差。使用跨期价差的中性哲学是，时间对近期期权价值的侵蚀速度要比对远期期权快。如果是这样的话，在短期期权到期时，价差就会变宽，交易者能得到盈利。交易者还可以用看涨期权来构建一个更为激进的牛市跨期价差。下面对这两类价差都进行了讨论。

【示例9-1】1月下旬有下面的价格：

	4月50看涨期权（3个月的期权）	7月50看涨期权（6个月的期权）	10月50看涨期权（9个月的期权）
XYZ:50	5	8	10

如果交易者卖出4月50看涨期权，同时买入7月50看涨期权，他就要支出3点，也就是看涨期权价格的差，再加上手续费。这就是说，他的投资是价差的净支出加上手续费。此外，假定在3个月后4月合约到期时，XYZ的价格仍然是50，没有变化。这样的话，3个月的看涨期权应当价值5点，6个月的看涨期权应当价值8点，正如以前一样，假设所有其他的因素都不变。

	4月50看涨期权（到期）	7月50看涨期权（3个月的期权）	10月50看涨期权（6个月的期权）
XYZ:50	0	5	8

4月50与7月50之间的价格差现在扩大到5点。因为这个价差最初的支出是3点，价格差的扩大就产生了2点盈利。在这时可以把头寸平仓以兑现盈利，也可以决定继续留着他买入的7月50看涨期权。如果继续持有7月50看涨期权，他是在拿积累至今的盈利冒险，不过，如果在随后的3个月里，在7月到期日之前标的股票价格上涨，他就会得到丰厚的盈利。

要产生盈利，标的股票在近期合约到期日时并不一定需要刚好等于近期期权行权价。事实上，在高于和低于该行权价的范围内，都可以产生一些盈利。这类头寸的风险是股票会大幅下跌或上涨。在这样的情况下，两个期权之间的价格差就会缩小，交易者就会亏钱。由于同一行权价的两个期权的价格差不可能缩小到低于零。因此，这个价差的风险就限制在最初建立这个价差时的支出金额内，再加上手续费。

9.1 中性跨期价差

正如前面提到过的，进行跨期价差交易的交易者，要么对股票价格中性，要么对股票强烈看多。我们首先介绍一下中性的情况。一个跨期价差，如果在建立时标的股票价格刚好等于或者接近所用期权的行权价，那么它就是一个中性的价差。这个策略家感兴趣的是卖出时间，而不是预测标的股票的方向。如果在近期期权到期时股票相对没有变化，这个中性价差就可以盈利。在一个中性价差里，交易者一开始就应当计划在近期期权到期时将这个价差平仓。

为了更准确地说明前面示例里的那个跨期价差在近期的4月看涨期权到期时的潜在风险和回报，让我们再回到前面示例上。要这样做，有必要评估一下7月50看涨期权当时的价格。请注意，如果XYZ在到期时是50，结果就同前面展示的细节不那么详细的那个示

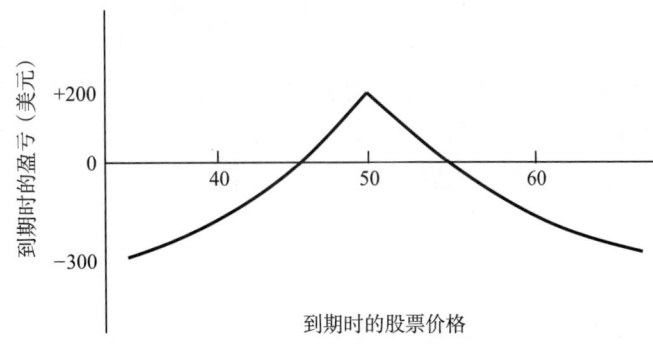

图9-1 在近期到期日时的跨期价差

例相同。图9-1是由表9-1而来的"总盈利"。这个图形是一条曲线而不是直线，因为7月50看涨期权还有时间价值。这个图形略微偏多：盈利范围在高于行权价的区域比在低于行权价的区域伸展得要更远一些。这是因为这个价差是看涨期权的价差。如果是看跌期权的价差的话，那就会略微看空。盈利区域的宽度是标的股票的波动率的函数，波动率会影响剩余的长期看涨期权在到期时的价格。此外，盈利区域的宽度也是短期期权剩余存续期的函数。

表9-1　4月到期时的预计盈亏

XYZ 股票价格	4月50价格	4月50盈利（美元）	7月50价格	7月50盈利（美元）	总盈利（美元）
40	0	+500	0.50	-750	-250
45	0	+500	2.50	-550	- 50
48	0	+500	4	-400	+100
50	0	+500	5	-300	+200
52	2	+300	6	-200	+100
55	5	0	8	0	0
60	10	-500	10.50	+250	-250

表9-1和图9-1清楚地显示了跨期价差的若干重要方面。这个价差有一个在近期到期时会盈利的区域。在这个示例里，这个区域在大约46～55之间。超出这个区域就会有亏损。不过，亏损局限在最初的支出金额之内。请注意，在这个示例里，只有当股票远低于40或远高于60的时候，才会出现最大亏损。即使股票价格是40或者60，较长期的期权也还会有时间价值，因而亏损不至于达到300美元的最大亏损。

这一类跨期价差的盈利有限，手续费占比相对较大。一般而言，建立这样一个价差的最好时间是在近期期权到期之前的8～12个星期。如果这样做，交易者就能赚到近期期权相对较长期期权最大比率的因时减值。也就是说，当一个看涨期权只有不到8个星期的存续期时，相对同一个股票上较长期的期权来说，它的时间价值的减值速度会大幅度地增加。

波动率的影响

期权的隐含波动率（也就是标的股票的实际波动率）对这个跨期价差会有影响。随着波动率的增长，这个价差的跨度会增大；随着波动率的萎缩，这个价差的跨度会减小。知道这一点很重要。事实上，买入跨期价差是一种反波动率策略：交易者希望标的物的价格保持不变。有时当标的股票的波动率很大时，跨期价差看上去特别有吸引力。不过，这种看法可能是存在误区的。有两个原因：首先，因为这个股票是高波动率的，它有很大可能会运动到盈利区域之外；其次，如果股票确实稳定下来，在一个接近行权价的范围内交易，那么这个价差就会失去它的价值，因为它失去了波动性。这笔损失会大于从因时减值中得到的收益。

9.2 后续行动

理想情况下，这个价差交易者会希望股票价格在近期看涨期权到期时低于行权价。如果是这样，他可以只花一笔手续费就将这个价差平仓，也就是卖出先前买入的看涨期权所需要的手续费。而如果这两个看涨期权在到期时都是实值的，他就不得不付两笔手续费来将价差平仓。与所有的价差头寸一样，也应该用价差交易指令来对跨期价差进行平仓。将一个价差"分腿"的方法有着很大的风险，我们不主张这么做。

在到期之前，如果卖出的近期看涨期权在持平价格上交易，价差交易者就应当将这手价差平仓。他这样做是为了避免被指派。对公众客户来说，由于被指派而被迫退出价差，需要支付很高的股票手续费，这会严重影响交易的盈利。在非常接近最后交易日之前，近期看涨期权一般都不会以持平价交易，除非股票价格显著上涨。

如果标的股票很早就发生了向下穿破，价差交易者就有若干选择。他可以立刻将价差平仓，接受这个头寸的小额亏损。另一个选择是不去管它，直到近期期权到期，希望到时股票会有部分反弹，从而可以从价差的多头腿中得到部分弥补。这种继续持有头寸的做法往往比立刻平仓要好。因为买回先前卖出的看涨期权，可能需要很大比例的支出。另一种风险更大的下行防御行动是在股票开始剧烈下跌时卖出先前买入的看涨期权。这样做的话，价差交易者可以立刻从价差的多头腿中得到部分弥补，然后期望股价保持弱势，从而价差的空头腿可以无价值到期。要采取这个行动，交易者就必须要有足够的质押物为最终的裸看涨期权提供保证金，抵押物的金额常常超过最初建立价差时的支出。此外，如果标的股票价格反转，涨到或超过行权价，价差的空头腿就是裸头寸，会产生严重的亏损。这样的后续行动所承担的风险违背了价差最初的中性宗旨，因此是应当避免的。在这三种下行防御行动里，最容易和最保守的行动是什么都不做，让卖出的看涨期权无价值到期，然后希望标的股票回升。如果采取这个办法，风险就保持在最初建立价差时的支出金额内，有的时候股票的反弹还能给买入的看涨期权带来大笔盈利。虽然这样的反弹并不经常出现，但价差交易者并不需要付出什么。只要有这样的反弹出现，交易者就能得到好处。

事实上，即使这个价差没有亏损很多，价差交易者也可以使用这类行动来做某些细微修正。如果标的股票在近期到期时小幅低于行权价，卖出的期权就会无价值到期，价差交易者手里就会留下买入的期权头寸。他可以立刻将多头腿卖出，得到一笔小额盈利或亏损。

不过，合理的策略常常是卖出一部分多头腿，以收回部分或全部初始投资，然后再继续持有剩余头寸。如果股票上涨，剩余的多头腿会显著增值。虽然这类行动偏离了这个时间价差的真正本质，但它并没有带来太大的风险。

标的股票价格很早就向上突破的处理方法与向下突破时相同。什么都不做常常是最好的行动。如果标的股票在价差建立后不久就上涨，价差的跨度就会缩小一些，但不会缩小很多。因为在上涨过程中，两个期权都会有时间价值。如果价差交易者急急忙忙地将头寸平仓，他就需要为两个相当贵的期权支付手续费。他最好再等一等，价格有很大可能性会反转。事实上，即使是在近期到期时，买入的期权正常情况下也会有一些时间价值，不会出现最大损失。在抵御上行运动方面可以采取的一个高风险的行动，是在技术性突破时买回卖出的看涨期权，并继续持有买入的看涨期权。如果突破失败并且价格下跌，这就可能带来灾难性的后果，实际损失可能远远超过最初的支出。因此，这样的行动对于中性策略家来说，是极端激进和没有逻辑的。

如果没有出现突破，随着时间的流逝，这个价差交易者一般会得到未兑现的盈利。如果出现这种情况，他就应当为自己设立某些心理停止点（stop-out points）。例如，如果距到期日只剩下两个星期，而标的股票价格相当接近行权价，那这个价差中的潜在盈利就会更大一些。但如果股价开始远离行权价，价差交易者就应当准备迅速平仓。这样的话，他不仅给盈利的积累留下了足够的空间，同时也采取了措施来保护已经产生的盈利。这与卖出比率者所采取的行动有些相像。在时间变得越来越少的时候，卖出比率者会缩小他的行动点的范围。

9.3 牛市跨期价差

有些更为激进的投资者偏向于使用不那么中性、更为看多的跨期价差。在一个牛市跨期价差中，交易者也是卖出近期的看涨期权和买入较远期的看涨期权，但标的股票价格会比这些看涨期权的行权价低一定幅度。这类头寸的吸引力在于其较低的投资额和较大的潜在盈利。当然，这里也是有风险的。

【示例 9-2】投资者可以用下面的方式建立一个牛市跨期价差：

  XYZ 普通股股票： 45

  按 1 卖出 XYZ 4 月 50 看涨期权

  按 1.50 买入 XYZ 7 月 50 看涨期权

这个投资者希望发生两件事。第一件事是，他希望近期期权无价值到期。这就是用虚值期权来建立牛市跨期价差的原因：为了增加卖出的看涨期权无价值到期的机会。如果这种情况发生，投资者就能以等于最初的支出的净成本来得到较远期的看涨期权。在这个示例里，建立这个价差最初的支出只有 0.50 点。如果 4 月 50 看涨期权无价值到期，这个投资者就能以 0.50 点的净成本（再加上手续费）得到 7 月 50 看涨期权。

这个投资者希望发生的第二件事是：在 7 月 50 看涨期权到期时，股票的价格必须上涨。在这个示例里，即使 XYZ 在 4 月～7 月之间只上涨到 52，7 月 50 看涨期权就可以卖到至少 2 点。这是一个显著的收益百分比，因为这个看涨期权的成本已经被降低到 0.50 点。因此，假设短期看涨期权已经无价值到期，而标的股票价格在较远期看涨期权到期前高于其行权价，那这个牛市跨期价差就有大量的盈利。

投资者所希望的这两个条件同时发生的概率有多大呢？卖出的看涨期权会无价值到期的机会相当大，因为它是个短期看涨期权，并且股票价格一开始就低于行权价。如果股票下跌，或者甚至略为上升（靠近但不是超过行权价），第一个条件就会满足。最大的问题一般在第二个条件上，也就是标的股票价格在较远的到期日之前超过行权价。发生这种情况的机会一般很小，但如果发生了，就能得到很大的收益。因此，这个策略提供了小概率获取大笔盈利的机会。事实上，一笔大额的盈利可以很容易地抵消掉许多笔亏损，因为这些亏损都是小额的。即使股票保持低价，这个示例里的 7 月 50 看涨期权无价值到期，亏损也就只是最初支出的 0.50 点。当然，这个亏损代表了 100% 的最初投资，因此投资者不可以将他所有的钱都投在牛市跨期价差里。

如果价差交易者建立这个价差时遵循了下面的标准，这个策略就是一种合理的投机方式。

（1）选择一个波动率足够大，能在给定的时间内运动到行权价之上的股票。用股票价格远低于行权价的低波动股票来建立牛市跨期价差，就会显得非常"便宜"。不过如果要求股价必须在几个月里发生像 20% 这样大的运动，那就不值得在一个低波动的股票上建立牛市跨期价差。

（2）不要使用高于当前市价 1 档行权价的期权。例如，如果 XYZ 是 26，就应该使用 30 的行权价，而不要使用 35 的行权价。因为股价上涨到 30 的机会比上涨到 35 的机会要多出好几倍。

（3）不要在牛市跨期价差上投入大比例的可用交易资金。由于这些都是低成本的价差，投资者既可以遵循这条规则，又能够在多个头寸中进行分散化。

9.4 后续行动

如果标的股票在近期看涨期权到期之前上涨，该牛市价差的交易者千万不能考虑将这个价差"分腿"，或考虑以亏损价买回先前卖出的看涨期权并希望买入的看涨期权能继续盈利。这两个行动都会将最初的小额有限亏损转变成灾难性的亏损。因为这个策略依靠这样的事实：所有的亏损都是小额的，少数大额盈利能够抵消这些小额亏损。因此，投资者不应当做任何会危及这个策略，从而导致大额亏损的事。

在到期前，牛市跨期价差交易者唯一可以采取的合理后续行动是，如果标的股票价格向上运动，价差的跨度大到有盈利时，就将这个价差平仓。如果股票价格在一段时间之后上涨到了行权价，或期权的隐含波动率上升，就可能会发生这样的情况。在上面的示例里，如果 XYZ 在 4 月 50 看涨期权还剩下 1 个月左右的时候上涨到了 50，这个看涨期权就可以卖到 1.50 点，而 7 月 50 看涨期权可以卖到 3 点。这样，这个价差就应以 1.50 点平仓，从而实现 1 点盈利（最初的支出为 0.50 点）。当然，把价差平仓需要支付 2 笔手续费，不过这笔交易仍会有净盈利。

9.5 使用所有三种到期日系列

无论是中性跨期价差还是牛市跨期价差，投资者在期权到期月份上都有 3 个选择。他可以卖出最近期的看涨期权并买入中期的看涨期权，这是建立这种价差的最常见方式。不过，没有规则说他不可以卖出中期的并买入最远期的，或者卖出近期的并买入远期的。无论是哪种情况，这都是一个跨期价差。

有些跨期价差的提倡者喜欢一开始卖出近期的和买入远期的看涨期权。然后，要是近期看涨期权无价值到期，如果愿意的话，他们就有机会卖出中期的看涨期权。

【示例 9-3】某个投资者通过卖出 4 月 50 看涨期权和买入 10 月 50 看涨期权建立了一手跨期价差。4 月看涨期权剩下的时间不到 3 个月，而 10 月看涨期权是个远期期权。在 4 月到期时，如果 XYZ 低于 50，4 月看涨期权就会无价值到期。在这个时候，他可以就所持的 10 月 50 看涨期权再卖出 7 月 50 看涨期权，在不用为多条腿额外支付手续费的情况下，建立另一手跨期价差。

这类策略的好处是，2 手卖出（在这个示例里是 4 月 50 和 7 月 50）所带来的收入，实际上会高于在 1 手买入（10 月 50）上的支出。因此，这个价差交易者有可能建立一个能保证盈利的头寸。也就是说，如果他的这些交易之和实际上是一笔收入，那他就不会在这个价差中亏钱（假设他没有将这个价差"分腿"拆散）。在跨期价差中使用远期看涨期权的缺陷是，最初的支出会比较大。因此，开始的时候要承担更多的资金风险。如果标的股票在头 3 个月里有显著的上涨或下跌，在 10 月/4 月的价差里，该价差交易者就有可能会亏更多钱，因为他的亏损会接近最初的支出。

剩下的到期日系列的组合是买入最远期的看涨期权，并卖出中期的看涨期权。一般而言，这个组合所需要的最初支出最小。不过在接近中期到期日之前，这个价差都没有多大的潜在盈利。并且，标的股票有许多时间来运动到离最初的行权价有一定距离的地方。因此，在跨期价差中，这通常不是一种高明的做法。

9.6 总结

跨期价差是一种低成本的策略。只要价差交易者没有把大比例的交易资金放在这个策略里，并且他没有"分腿"进入或者拆散这个价差，这就算不上是一个激进的策略。在中性的跨期价差里，策略家主要是在卖出时间，他想要从这样的既知事实里赚钱：近期看涨期权损失时间价值的速度要快于远期看涨期权。牛市跨期价差是一种比较激进的策略，其中，投机者是想从卖出较近期的看涨期权中得到收入，以减少较远期的看涨期权的净成本。这种看多的策略需要近期看涨期权无价值到期，而标的股票价格在此之后上涨。在这两种策略里，最常见的做法是卖出最近期的看涨期权，同时买入中期的看涨期权。不过，有时最初卖出近期的并买入最远期的，并在近期看涨期权无价值到期时继续卖出中期看涨期权的做法，会具有一定的优势。在所有情况下，当持有价差时，期权的隐含波动率的上升会对跨期价差交易者有利，而隐含波动率的下降则会对其不利。

第10章
Options as a Strategic Investment

蝶式价差

蝶式价差（butterfly spread）的名字相当奇异，它实际上是一个中性价差，是一手牛市价差同一手熊市价差的组合。这个价差适用于对市场持中立观点的策略家，这个策略家认为标的股票在期权到期之前净上涨或净下跌都不会太大。这个策略一般只需要小额的投资，风险也有限。虽然它们的盈利也有限，但它们的潜在盈利要大于潜在风险。由于这个原因，蝶式价差是一个有活力的策略。不过，就手续费而言，它相当昂贵。在这一章里，我们只介绍使用看涨期权的蝶式价差。正如我们在后面将说明的，这个价差既可以使用看涨期权同看跌期权的结合，也可以只用看跌期权来构建。

一个蝶式价差中有3个行权价。如果只使用看涨期权，蝶式价差包括买入1手行权价最低的看涨期权，卖出2手中间行权价的看涨期权，和买入1手行权价最高的看涨期权。下面的示例解释了这个蝶式价差是如何运作的。

【示例10-1】 有这么一手蝶式价差，它是由按12买入1手7月50看涨期权，按每手6卖出2手7月60看涨期权，同时按3买入1手7月70看涨期权构成的。蝶式价差涉及4手期权的手续费，并且手续费占净投资的比例可能比较高。这个价差所需要的支出则相对较低：300美元（见表10-1）。同一般情况一样，最大数量的盈利是在卖出的看涨期权的行权价上实现的。对大多数类型的价差，记住这个事实很有用，因为它可以帮助你迅速计算出这个价差的潜在盈利。在这个示例里，如果股票在到期时价格等于卖出的看涨期权的行权价（60），2手卖出的7月60看涨期权就会无价值到期，得到1 200美元的收益。买入的7月70看涨期权也会无价值到期，亏损300美元。买入的7月50看涨期权则价值10点，在这个看涨期权上产生200美元的亏损。收益和亏损的总和因此会是700美元的盈利，再减去手续费。这是这个价差的最大潜在盈利。

表10-1 蝶式价差示例

现有价格	
XYZ普通股股票	60
XYZ 7月50看涨期权	12
XYZ 7月60看涨期权	6
XYZ 7月70看涨期权	3
蝶式价差	
买入1手7月50看涨期权	1 200支出
卖出2手7月60看涨期权	1 200收入
买入1手7月70看涨期权	300支出
净支出	300支出（加上手续费）

无论是在上行方向还是在下行方向，蝶式价差的风险都是有限的，它的风险等于在建立这个价差时所需要的支出的总量。在上面的示例里，风险就限制在300美元加上手续费。

表10-2和图10-1描绘了这个蝶式价差在到期日时在各种价位上的结果。这里的盈利图与一个**卖出比率**（ratio write）相似，不同的是蝶式价差在上行方向和下行方向上的风险都是有限的。蝶式价差有一个能够赚钱的盈利范围，在这个示例里，在不计手续费的情况下，

这个范围是 53～67。超出这个盈利范围，在到期时就会出现亏损，不过这些亏损是有限的，不会大于最初的支出加上手续费。

根据 2000 年通过的更为宽松的保证金要求，1 手蝶式价差所需要的投资等于它所花费的支出，这就是这手价差的风险。如果期权是同一月份到期，而且行权价之间差距相等（在这个示例里的差距是 10 点），那么，就可以使用下面的公式迅速地计算出这手蝶式价差的重要细节：

$$净投资 = 价差的净支出$$
$$最大盈利 = 行权价之间的差距 - 净支出$$
$$下行盈亏平衡点 = 最低行权价 + 净支出$$
$$上行盈亏平衡点 = 最高行权价 - 净支出$$

在这个示例里，行权价之间的差距是 10 点，净支出（不计手续费）是 3 点，这里使用的最低行权价是 50，最高行权价是 70。这些公式用到这个示例上，于是产生了下面的结果。

$$净投资 = 3 点 = 300（美元）$$
$$最大盈利 = 10 - 3 = 700（美元）$$
$$下行盈亏平衡点 = 50 + 3 = 53（美元）$$
$$上行盈亏平衡点 = 70 - 3 = 67（美元）$$

表 10-2　到期时蝶式价差的结果

XYZ 股票到期价格	7 月 50 盈利（美元）	7 月 60 盈利（美元）	7 月 70 盈利（美元）	总盈利（美元）
40	−1 200	+1 200	−300	−300
50	−1 200	+1 200	−300	−300
53	− 900	+1 200	−300	0
56	− 600	+1 200	−300	+300
60	− 200	+1 200	−300	+700
64	+ 200	+ 400	−300	+300
67	+ 500	− 200	−300	0
70	+ 800	− 800	−300	−300
80	+1 800	−2 800	+700	−300

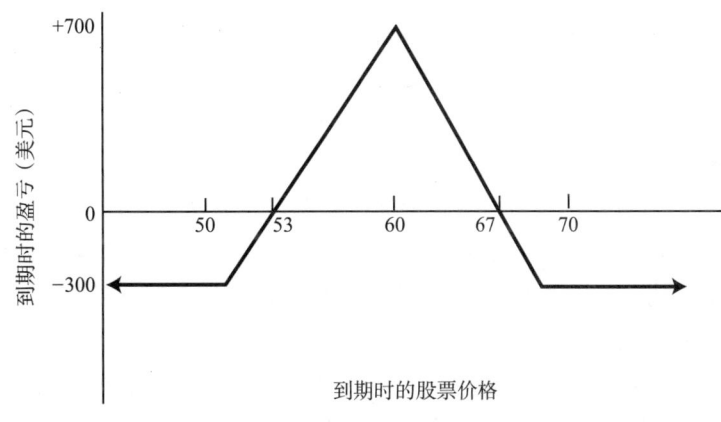

图 10-1　蝶式价差

请注意，所有这些答案同前面对作为示例的价差所作的分析在细节上都是一致的。

在这个示例里，最大潜在盈利是 700 美元，最大风险是 300 美元，所需要的投资也是 300 美元，不计手续费。按百分比计算的话，这就意味着这手蝶式价差的亏损限制在投资资本的 100% 之内，在这个情况里，有可能获得将近 133% 的盈利。这些数字代表了一个有吸引力的风险／收益关系。不过，这只是一个示例，在实际市场中有两个因素可能对这些数字有很大的影响。第一，手续费很高：建立这个价差和将它平仓有可能要支付 8 笔手续费；第二，取决于市场上在任何时间点可以找到的权利金水平，有可能在行权价的差距为 10 点的时候无法建立一手支出低到 3 点的价差。

10.1 选择价差

理想情况下，投资者会希望能用尽量小的支出来建立一手蝶式价差，从而将他的风险限制在最小的程度，尽管最小风险的金额仍然等于其在这个价差中 100% 的投资。投资者也希望在开始时股票价格接近中间行权价，因为这样的话，如果股票价格保持相对不变，他就会在他的最大盈利区域内。不幸地是，要同时满足这两个条件并不容易。

最小支出蝶式价差是那些股票价格与中间行权价有某些距离的价差。要说明这一点，请注意，如果股票高出中间行权价一定距离而且所有的期权都处于持平状态的话，净支出就会是零。因为存在提前指派的风险，没有人会想要用持平的期权建立一手蝶式价差。但如果试图对标的股票的期权进行选择，从而获得一个较小的支出，那这样做会有一定的好处。例如，如果股票接近于较高的行权价，支出一般而言会比较小，但投资者就必须在某种程度上对标的股票看空，这样才能在最大限度上实现他的盈利。也就是说，为了实现最大盈利，股票的价格就必须从较高的行权价下跌到中间的行权价。相似的情况也存在于当股票一开始接近较低的行权价的时候。在这种情况里，投资者也可以用少量的支出建立这个价差，但是，此时如果他想要实现他的最大盈利，就必须对标的股票持某种看多的态度。

【示例 10-2】XYZ 的价格是 70。如果存在下列价格，投资者有可能使用行权价为 50，60 和 70 的期权建立一手低支出的蝶式价差：

XYZ 普通股股票：	70
XYZ 7 月 50 看涨期权：	20
XYZ 7 月 60 看涨期权：	12
XYZ 7 月 70 看涨期权：	5

建立这个蝶式价差，只需要 100 美元的支出加上手续费。这些较高和较低行权价的期权的成本是 25 点，而按照中间行权价出售 2 手看涨期权可以得到 24 点收入。这确实是一手低成本的蝶式价差，但要实现盈利，股票价格必须向下运动至少 1 点。如果在到期时股票价格是 60，那么就可以实现 900 美元的最大盈利，减去手续费。建立这样一手价差，策略家必须对 XYZ 这只股票是看空的。

即使没有这个示例的帮助，读者也应当能够看出如果 XYZ 开始的价格是 50，通过买入行权价为 50 的看涨期权，卖出 2 手行权价为 60 的看涨期权，再买入 1 手行权价为 70 的看涨期权，就可以建立一手低成本的蝶式价差。不过在这个情况里，投资者必须对这只股票是看多的。因为，为了实现最大盈利，他需要这只股票在到期时向上运动到 60。

一般而言，如果蝶式价差是用极低的支出建立的，价差交易者就必须做出决定，他对标的股票是看多还是看空。许多策略家偏向于在所有的策略中在任何时候都保持中立。这样的哲学会导致稍高一些的支出。例如，在本章开始的示例里，支出就会是 300 美元。不过从理论上说，这样做有更好的盈利机会。因为即使股票价格保持相对不变也会有盈利，而价格保持相对不变是最有可能发生的情况。

无论是哪种哲学，对蝶式价差都还有其他的考虑。最好的蝶式价差一般而言建立在比较贵的或波动率比较大的股票上，它的行权价间隔在 10～30 点。在这样的情况里，最大盈利可以覆盖这个蝶式价差的手续费成本。当一个投资者就低价的、行权价差距只有 5 点的股票建立蝶式价差时，除非这时的支出极其微小，否则他通常是将自己放到一个不利的位置上。这个规则的一个例外是，如果是较高价格的股票，而行权价差距只有 5 点的话（例如，50，55 和 60），那么常常可以发现有吸引力的情况。这种情况确实时有发生。

在分析蝶式价差的时候，人们通常使用的是收盘价。前面提到过，在分析中使用收盘价有时会有误导，因为实际执行时必须使用买报价或者卖报价，而这样的价格会与收盘价有所差别。正常情况下这种差别不大，但由于 1 手蝶式价差涉及三种不同的看涨期权，这样的差别就有可能是显著的。因此，通常有必要在进入这个价差之前查看一下合适的买报价和卖报价，从而有可能在下单时计划出合理的支出。同其他类型的价差一样，蝶式价差的指令可以作为一个指令下达。

在讨论后续行动之前，值得描绘一下对行权价差距为 5 点的那些股票的策略。例如，蝶式价差交易者有可能使用 45、50 和 60 的行权价。如果他建立的是普通类型的蝶式价差，他的头寸就会在股价接近 60 时风险过大，而在接近 45 时只有很小或者根本没有风险。如果这是他想要的，那没问题。但是，如果他想要保持中立，标准类型的蝶式价差就必须稍微有些修正。

【示例 10-3】有这样一些价格存在：

    XYZ 普通股股票：   50
    7 月 45 看涨期权：   7
    7 月 50 看涨期权：   5
    7 月 60 看涨期权：   2

如果按照一般类型的蝶式价差，那就是买入 1 手 45，卖出 2 手 50，同时买入 1 手 60，建立这个价差实际上有 1 点的收入。不过，它的盈利区域不再是围绕中间行权价对称。在这个示例里，投资者在下行方向不会有亏损，因为即使股票价格暴跌，所有的看涨期权都无价值到期，他仍然有 1 点的收入。不过，在上行方向就有风险了：只要 XYZ 在到期时高于 60，就有 4 点的风险。这不再是一个中性的头寸。较低的行权价离中间的行权价只有 5 点，较高的行权价则差距 10 点，这个事实使得这手价差成为在某种程度上看空的头寸。如果价差交易者想要保持中性而且仍然使用这些行权价，他就必须构建 2 手牛市价差和仅仅 1 手熊市价差。也就是说，他应当：

买入 2 手 7 月 45 看涨期权： 1 400 美元支出

卖出 3 手 7 月 50 看涨期权： 1 500 美元收入

买入 1 手 7 月 60 看涨期权： 200 美元支出

这个头寸现在的净支出为 100 美元，但在两端都有了更好的风险平衡。如果 XYZ 下跌，在到期时低于 45，价差交易者就会亏损掉最初的 100 美元支出。但如果 XYZ 在到期时是 60 或者高于 60，它也会在这个范围内亏损 100 美元。因此，通过针对行权价差距为 10 点的 1 手熊市价差而建立 2 手行权价差距为 5 点的牛市价差，两端的风险就得到平衡。如果投资者使用的是差距不均匀的行权价，对他的保证金要求就会有显著的增长。在这样的情况里，投资者必须对每个组成部分分别支付保证金。因此，在这个示例里，他必须为 2 手牛市价差支付保证金（每手 200 美元，总共 400 美元），然后，为剩下的看涨期权熊市价差支付保证金（700 美元：1 000 美元的行权价格差距，减去从价差这个部分中得到的 300 美元收入）。因此在这个示例里，保证金要求是 1 100 美元，虽然风险只有 100 美元。从技术上说，在这个 1 100 美元的保证金要求里，价差交易者可以只拿出 100 美元（这手价差的实际支出）的现金，剩下的保证金要求可以用他账户中多余的股票来满足。

只要存在 5 点的行权价价差，上面的分析显然都适用。对于价格更低的股票，只要跳过一个行权价就可以有许多种有效的组合（例如，使用 25，30 和 40）。虽然在正常情况下每股股价超过 100 美元的股票并不多，同样的分析也适用于使用类似 130，140 和 160 这样行权价的蝶式价差。

10.2 后续行动

由于蝶式价差的风险有限，价差交易者一般而言除了避免早期执行以及为了提取盈利或限制进一步亏损而平仓之外，在后续行动方面通常不需要做什么事情。这个价差中唯一有可能被指派的部分是行权价居中的那手看涨期权。如果这手看涨期权是按持平价或者接近持平价的价格交易，那么这手价差就应当平仓。如果标的股票要除息，在到期之前就有可能发生这种情况。应当注意，接受指派不会增加这个价差的风险（因为所有被指派的看涨期权空头仍然会被剩下的看涨期权多头所保护）。不过，保证金要求会有显著的变化，因为投资者现在有了一手**合成看跌期权**（synthetic put，买入看涨期权同时卖空股票）的头寸。此外，在交易股票的手续费可能更高。所以，一般而言，聪明的做法是在蝶式价差中避免被指派，或者说，就这一点而言，在所有的价差中都避免被指派。

如果股票在经过一段合理长的时间之后接近中间行权价，价差交易者就会积累有未兑现的盈利。如果投资者感到标的股票的价格运动将要离开中间的行权价，因而危及这些盈利，那么，将这个价差平仓以提取已有的盈利是可取的。在决定是否有未兑现盈利存在时，不要忘记将手续费计算在内。

一般而言，交易者不应当为了限制亏损而将这个价差提前平仓，因为无论出现什么情况，这些亏损都不会超出最初的净支出。不过，如果建立头寸时的支出很大，而且股票开始涨过较高的行权价或者是跌过较低的行权价，那么，价差交易者就有可能需要将这个价差平仓，以防止出现更大的亏损。

我们反复地提到，由于判断错误会导致的风险，交易者不应当试图将一手价差"拆腿"。不过，蝶式价差中有一种可以接受的、甚至可以说是审慎的拆腿方法。因为这个价差既包括一个牛市价差，也包括一个熊市价差。常常会出现的情况是，在蝶式价差的存续期里，股票会在这个方向或那个方向上出现相当大幅度的运动，而牛市价差或熊市价差有可能在接近它们最大潜在盈利时被平仓。如果出现这样的情况，价差交易者应当利用这样的机会，一旦标的股票反转回到盈利范围的话，就有可能获得更大的盈利。

【示例 10-4】 这个策略可以通过使用本章开头时最初的示例来说明，让我们假设股票从 60 跌到了 45。你应当还记得，这个价差是用 3 点的支出建立起来的，它的最大潜在盈利是 7 点。在 7 月到期时，它的盈利范围是 53～67。但是出现了一个令人不愉快的情况：股票迅速下跌，到了盈利范围之下。如果这个价差交易者什么都不做，让价差保持原样，那如果股票在 7 月到期之前停留在 50 之下，他就会亏损 3 点。可是，如果稍许增加风险，他有可能改进他的处境。注意一下表 10-3，其中这个总价差的熊市价差部分（卖出 7 月 60，买入 7 月 70）非常接近它的最大潜在盈利。这个熊市价差可以用总的 0.50 点买回来（支付 1 个点买回 7 月 60，从卖出 7 月 70 中收入 0.50 点）。因此，这个价差交易者只要付出 0.50 点就可以将原来的蝶式价差转化为一个牛市价差。这样的行动对他的总头寸会造成什么影响呢？首先，他的风险增加了，增加的数量是用来将熊市价差平仓的那 0.50 点。也就是说，如果 XYZ 在 7 月到期之前继续停留在 50 之下，那么，他将亏损 3.50 点而不是 3 点，在两种情况下都还要加上手续费。不过，他有更多的机会来实现某种接近于最初的蝶式价差所提供的最大盈利。

表 10-3　最初价差同现有价格

最初价差		现有价格	
XYZ 普通股股票	60	XYZ 普通股股票	45
7 月 50 看涨期权	12	7 月 50 看涨期权	2
7 月 60 看涨期权	6	7 月 60 看涨期权	1
7 月 70 看涨期权	3	7 月 70 看涨期权	0.50

在买回熊市价差之后，他手里有下面的牛市价差：

买入 7 月 50 看涨期权，卖出 7 月 60 看涨期权——净支出 3.50 点

他有一手牛市价差，到目前所支付的总成本是 3.50 点。读者从前面对牛市价差的讨论里应当知道，这个头寸在到期时的**盈亏平衡点**（break-even point）是 53.50，如果 XYZ 在 7 月到期时价格高于 60，它就有 6.50 点的盈利。因此，这个头寸的盈亏平衡点由于花了 0.50 点买回了熊市价差而从 53 到了 53.50。不过，如果股票反弹到 60 之上，这个策略家就可以得到同他最初想要得到的最大盈利几乎相等的盈利（7 点）。此外，这样的盈利现在只要股票价格超过 60 就可以实现，不再像在最初的头寸里，股票价格必须刚好等于 60 才行。虽然出现这样反弹的机会并不大，但价差交易者并不需要支出多少资金就可以重新建立一个最大盈利区域要大得多的头寸。

如果标的股票价格上涨，也会出现相似的情况。在这样的情况里，有可能在接近它的最大潜在盈利的价位将牛市价差平仓，从而只留下一手熊市价差。同样，假定我们使用的是同一个初始价差，但是 XYZ 上涨到 75。当标的股票有显著上涨时，蝶式价差中的牛市价差那部分就有可能扩展到接近它的最大盈利。因为在这个牛市价差中行权价之间的距离是

10 点，它能达到的最宽的跨度也就是 10 点。在表 10-4 所显示的价格上，这个牛市价差（买入 7 月 50 和卖出 7 月 60）的跨度增长到 9.50 点。因此，这个牛市价差的头寸就可以在距离它最大潜在盈利的 0.50 点的范围平仓，而最初的蝶式价差就变成了一手熊市价差。请注意，将牛市价差部分平仓产生了 9.50 点的收入：7 月 50 看涨期权卖了 25.50，7 月 60 看涨期权用 16 的价格买回来。这个最初的蝶式价差是用 3 点的支出建立起来的，因此，净头寸就变成了下列的头寸：

表 10-4 最初价差同新的现有价格

最初价差		现有价格	
XYZ 普通股股票	60	XYZ 普通股股票	75
7 月 50 看涨期权	12	7 月 50 看涨期权	25.50
7 月 60 看涨期权	6	7 月 60 看涨期权	16
7 月 70 看涨期权	3	7 月 70 看涨期权	17

买入 7 月 70 看涨期权，卖出 7 月 60 看涨期权——净收入 6.50 点

在 7 月到期时如果股票价格低于 60，这个熊市价差的最大潜在盈利就是 6.50 点。如果在到期时股票价格高于 70，潜在风险就是 3.50 点。因此，最初的蝶式价差被转化为一个这样的头寸：只要股票价格反转到低于 60 的任何价位，就会产生接近最大盈利的盈利。此外，风险只额外增加了 0.50 点。

10.3 总结

蝶式价差是一种低成本的有活力的策略，它的潜在盈利有限，风险也有限。它实际上是一手牛市价差同一手熊市价差的组合，而且涉及 3 个行权价。如果标的股票跌到较低的行权价之下，或者是涨到较高的行权价之上，风险都是有限的。最大盈利是在中间的行权价上得到的。交易者可以通过一开始对标的股票持看多或看空的态度而将最初支出控制在最小的程度。如果他想要头寸保持中性，那么，一般而言他就必须以稍大的支出来建立这个价差，不过会有更好的盈利机会。如果标的股票在到期前在某个方向出现大幅度运动，那么，价差交易者应当将他蝶式价差中盈利的部分在接近它最大潜在盈利的地方平仓，从而可以从股票价格的反转（如果真出现了的话）中获利。

第11章

Options as a Strategic Investment

看涨期权比率价差

看涨期权比率价差（ratio call spread）是一个中性的策略，在这个策略中，交易者买入若干行权价较低的看涨期权，同时卖出更多数量的行权价较高的看涨期权。它在概念上同**卖出比率**（ratio write）有些相似，不过比率价差在下行方向的风险较小，而且所需要的投资一般比卖出比率要小。比率价差同卖出比率都涉及无备兑的看涨期权，在这一点上它们相仿，而且，两者都有一个在到期时可以盈利的范围。在这一章的论述过程中我们还会将它们在其他方面进行比较。

【示例 11-1】有下列的价格存在：

XYZ 普通股股票：	44
XYZ 4 月 40 看涨期权：	5
XYZ 4 月 45 看涨期权：	3

要建立一手看涨期权比率价差，可以买入 1 手 4 月 40 看涨期权，同时卖出 2 手 4 月 45 看涨期权。这个价差可以通过 1 点的收入建立起来：卖出 2 手 4 月 45 看涨期权可以得到 6 点，买入 1 手 4 月 40 看涨期权需要 5 点。这个价差可以作为一个价差交易指令下单，表明这个头寸想要的净收入或净支出。在目前的示例里，这个价差是用 1 点的收入而下达指令的。

同卖出比率不同，比率价差在下行方向只有相对较小的有限风险。事实上，如果这个价差最初是用收入建立的，它就根本没有下行方向的风险。在 1 手比率价差中，到期时的盈亏通常是在较低的行权价之下，因为两种期权在这个区域里都会无价值到期。在上面的示例里，如果 XYZ 在 4 月到期的时候低于 40，所有的期权都会无价值到期，最初的 1 点的收入就是价差交易者的盈利，减去手续费。只要股票价格在到期时低于 40，这个 1 点的收益就存在，它是恒定的。

对比率价差来说，如果在到期时股票价格刚好等于卖出期权的行权价，它就实现了最大盈利。所有涉及卖出期权的策略类型几乎都是这样。在这个示例里，如果 XYZ 在 4 月到期时刚好在 45，4 月 45 看涨期权就会无价值到期，两手期权的收益总共是 600 美元，而 4 月 40 看涨期权则价值 5 点，在这手看涨期权上既没有收益也没有亏损。因此，总的盈利就是 600 美元减去手续费。

看涨期权比率价差的最大风险是在上行方向，从理论上说，它在上行方向的风险是无限的。在这个示例里，上行方向的盈亏平衡点是 51，就像表 11-1 所显示的。表 11-1 和图 11-1 说明了上面的论述。

表 11-1 看涨期权比率价差

XYZ 股票到期价格	4 月 40 看涨期权盈利（美元）	4 月 45 看涨期权盈利（美元）	总盈利（美元）
35	− 500	+ 600	+ 100
40	− 500	+ 600	+ 100
42	− 300	+ 600	+ 300
45	0	+ 600	+ 600
48	+ 300	0	+ 300
51	+ 600	− 600	0
55	+ 1 000	− 1 400	− 400
60	+ 1 500	− 2 400	− 900

在 2 : 1 的比率价差中，每买入 1 手看涨期权，就卖出 2 手看涨期权。使用下面的公式可以容易地计算出最大盈利的数量和上行方向的盈亏平衡点：

最大盈利的点数 = 最初收入 + 行权价之间差价

或者 = 行权价之间差价 − 最初支出

上行方向盈亏平衡点 = 较高的行权价 + 最大盈利的点数

在上面的示例里，最初的收入是 1 点，因此最大盈利就是 1 + 5 = 6，或者说 600 美元。上行方向的盈亏平衡点就是 45 + 6，或者说 51。这同前面所证明的结果是一致的。请注意，如果价差是用支出而不是收入建立的，要决定最大盈利的点数，就应当从行权价之间的差价减去这个支出。

许多对市场持中立态度的投资者更喜欢比率价差而不是卖出比率，有以下两个原因：

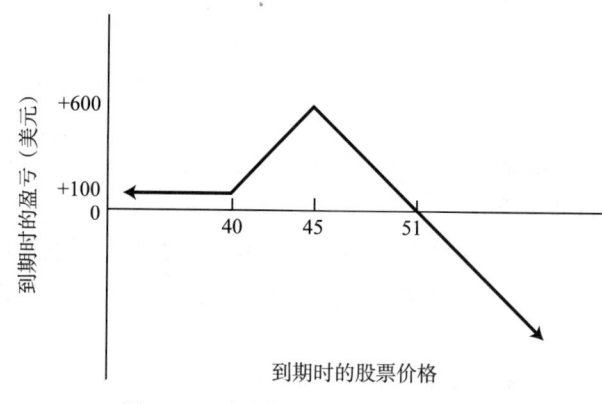

图 11-1 看涨期权比率价差（2 : 1）

（1）在到期时，比率价差中下行方向的风险和盈利是事先确定的，因此，这个头寸在下行方面不需要过多监控；

（2）比率价差所需要的投资通常比卖出比率要少，因为交易者的多头腿是买入 1 手看涨期权而不是普通股票。

从保证金的角度来看，比率价差实际上是 1 手牛市价差同 1 手裸看涨期权卖出的组合。对牛市价差没有保证金的要求，需要的只是在建立这个牛市价差时所承担的净支出。比率价差的净投资因此就等于在价差中的那些裸看涨期权所需要的质押，再加上或减去这个价差的净支出或盈利。在上面的示例里有 1 手裸看涨期权。这个裸看涨期权的保证金要求是股票价格的 20%，加上这手看涨期权的权利金，再减去期权的虚值部分。因此，这个示例里的保证金就是 44 的 20%，或者说 880 美元，加上这手看涨期权的权利金 300 美元，再减去股票价格低于行权价的 1 点，这个裸看涨期权因此就有 1 080 美元的保证金要求。因为这手价差是用 1 点的收入建立起来的，这笔收入可以用来抵减初始的保证金要求，从而将它减少到980美元。因为在这手价差中有1手裸看涨期权，所以，如果股票价格上升，它的保证金要求根据逐日盯市就会有所变化。正如我们在卖出比率中所建议的，价差交易者在质押金上应当至少留有足以应付股票价格到达上行盈亏平衡点的余地。因为在这个示例里的上行盈亏平衡点是51，价差交易者就应当准备51的20%，或者说1 020美元，加上这手看涨期权的价值6点，再减去1点的初始净收入，因而价差总的保证金为1 520美元（1 020 + 600 − 100）。

11.1 投资哲学的不同

许多策略都涉及多种构造方式，对应不同的投资哲学。比率价差也不例外，它涉及3种主要的投资哲学。第一种哲学认为，比率价差同卖出比率基本相似，也就是说，交易者应当寻找购买只有很少或者没有时间价值的实值看涨期权的机会，这样，一手比率价差就可以模拟出同一手卖出比率尽可能相同的盈利机会，而所需投资则更小。根据这样的哲学所建立的比率价差，如果买入的看涨期权的实值程度比较大，那么就会有相当大的支出。第二种比率价差的哲学认为，这样的价差应当用收入来建立，因此在下行方面就不可能出现亏损。两种投资哲学各有各的好处，我们将分别对其进行介绍。第三种哲学叫做"delta价差"，这种哲学里不关心最初建立价差时用的是收入还是支出，它更关心头寸的中立性。

11.1.1 同卖出比率相似的比率价差

有若干种价差策略与涉及普通股股票的策略相似。在这一方面，比率价差同卖出比率相似。只要存在这样的相似性，策略家就有可能买入很少或者没有时间价值的实值看涨期权来代替买入股票。我们在前面的备兑看涨期权卖出的策略中看到过这一点，在那里我们看到买入实值的看涨期权或权证可以实际代替买入股票。如果交易者有可能通过买入一手实值看涨期权来代替股票的话，他的潜在盈利状况不会有显著的变化。在对比率价差和卖出比率进行比较时，最大潜在盈利和盈利范围要减去为买入的看涨期权所支付的时间价值。如果这手看涨期权处于持平状态（因此它的时间价值是零），那么，比率价差和卖出比率的潜在盈利是完全一样的。此外，净投资减少了，如果股票价格跌到买入看涨期权的行权价之下，下行方向的风险也更小。比率价差的手续费成本也比卖出比率要低，卖出比率需要买入股票。不过，卖出比率可能有股票股息收入，而比率价差则没有。

【示例11-2】XYZ的价格是50，XYZ 7月40看涨期权的售价是11，XYZ 7月50看涨期权的售价是5。表11-2对卖出比率同比率价差之间的要点作了比较。

表11-2 卖出比率同比率价差的比较

	卖出比率 按50买入XYZ股票 按5卖出2手7月50	比率价差 按11买入1手7月40 按5卖出2手7月50
盈利范围	40～60	41～59
最大盈利	10点	9点
下行风险	40点	1点
上行风险	无限	无限
最初投资	3 000美元	1 600美元

在第6章我们曾经指出，就盈利的可能性来看，比率价差是一种较好的策略。这就是说，潜在盈利同标的

股票的预期运动相互一致。如果将比率价差用作卖出比率，情况也是如此。事实上，当看涨期权在买入时只有很少或者没有时间价值的时候，比率价差比卖出比率更具有优势。

11.1.2 为收入而建立的比率价差

比率价差的第二种哲学是为了获得收入而建立它们。奉行这种哲学的策略家一般想要满足另一个标准：在建立这个价差时，标的股票的价格低于卖出看涨期权的行权价。事实上，股票价格比这个行权价低得越多，这个价差就越具有吸引力。这种类型的比率价差没有下行方向的风险，因为即使股票暴跌，价差交易者仍然可以得到同最初收入相等的盈利。这样使用的比率价差策略实际上是上面所讨论的用法的一种附属形式。也就是说，有这样的可能：买入一手没有或者很小时间价值的看涨期权，这样，既模拟了一手卖出比率，也有可能通过建立一个头寸而得到收入。

因为在建立一手收入比率价差时，标的股票价格一般低于最大盈利点，这实际上是一个略为看多的头寸。投资者为了实现最大潜在盈利，希望股票略为上涨。当然，这个头寸在上行方面有无限风险，因此，它不是一个过度看多的头寸。

这两种哲学并不相互排斥。一个使用比率价差而不在乎这是一个支出或收入价差的策略家通常有更多的策略可以选择，同时也能够持有对股票更为中性的态度。一个坚持只以收入为目的的价差交易者就不得不建立这样的价差：如果标的股票保持相对无变化，价差给他带来的收益会小一些。不过，因为他在下行方面没有风险，所以不必担心需要在下行方向采取防御行动。下一节将讨论第三种哲学，也就是"delta 价差"，在这里我们将描写与 2：1 的比率不同的比率。

11.1.3 改变比率

在上面所讨论的两种哲学中，策略家都有可能发现，就他的目的而言，3：1 或 3：2 的比率会比 2：1 的比率更合适。卖出 4：1 以上比率的情形并不多见，因为在这样的高比率上，上行方向的风险会大量增加。使用的比率越高，价差的收入就越大。这就意味着如果股票大幅度下跌，下行方向的盈利就会更大。使用的比率越低，上行方向的盈亏平衡点就越高，因此就降低了上行方向的风险。

【示例 11-3】如果使用本章开头的示例的价格，我们可以通过使用 3 种不同的比率（见表 11-3）来说明这些事实：

XYZ 普通股股票： 44
XYZ 4 月 40 看涨期权： 5
XYZ 4 月 45 看涨期权： 3

表 11-3　3 种比率的比较

	3：2 的比率 买入 2 手 4 月 40 卖出 3 手 4 月 45	2：1 的比率 买入 1 手 4 月 40 卖出 2 手 4 月 45	3：1 的比率 买入 1 手 4 月 40 卖出 3 手 4 月 45
价差价格 （下行风险）	1 支出	1 收入	4 收入

	3∶2 的比率 买入 2 手 4 月 40 卖出 3 手 4 月 45	2∶1 的比率 买入 1 手 4 月 40 卖出 2 手 4 月 45	3∶1 的比率 买入 1 手 4 月 40 卖出 3 手 4 月 45
上行盈亏平衡	54	51	49.50
下行盈亏平衡	40.50	无	无
最大盈利	9	6	9

在第 6 章对卖出比率的讨论中，我们看到，通过改变比率，有可能根据交易者对标的股票前景的看法，对头寸进行调整。在比率价差中调整比率可以达到同样的目的。事实上，正如我们在这一章的后面将指出的，对比率价差可以不断地进行调整，以实现所谓的"中性价差"。我们在介绍卖出比率时也讨论过类似的使用期权 delta 的方法。

下面的公式使得交易者有可能在任何一种比率上确定最大潜在盈利和上行盈亏平衡点：

最大盈利点 = 净收入 + 买入看涨期权数 × 行权价差价

或者 = 买入看涨期权数 × 行权价差价 − 净支出

上行盈亏平衡点 = 最大盈利 / 裸看涨期权数 + 较高的行权价

使用表 11-3 可以很容易地证明这些公式。

11.1.4　delta 价差

比率价差的第三种哲学是最精密的方法，因为在建立和监控这个价差时使用的是期权的 delta，它常常被称作 delta 价差。读者应当记得，一手看涨期权的 delta 指的是，在标的股票上涨 1 点的时候这手期权的价格预期会增长的数量。Delta 价差是中性的价差，在这个价差中，交易者使用两个看涨期权的 delta 来设定一个初期是中性的头寸。

【示例 11-4】在前面的示例里，4 月 40 和 4 月 45 这两个看涨期权的 delta 分别为 0.85 和 0.50。如果交易者要买入 5 手 4 月 40 看涨期权，同时卖出 8 手 4 月 45 看涨期权，他就有了一手 delta 中性的价差。也就是说，如果 XYZ 的价格上涨 1 个点，5 手 4 月 40 看涨期权每手就会升值 0.80，净收益 4 个点。与此相似，他卖出的那 8 手 4 月 45 看涨期权每手就会增值 0.50，导致空头腿 4 点的净亏损。因此，这个价差在刚建立时是中性的，也就是说，多头腿和空头腿会相互对冲。设立这样的中性价差的目的是，在避免价差面临异常的市场风险的条件下，捕捉卖出看涨期权中居于优势的时间价值的因时减值。价差中实际的收入和支出不是决定性因素。

决定在 delta 价差中使用正确的比率是一件相当简单的事。只需用买入的看涨期权的 delta 除以卖出的看涨期权的 delta 就可以了。在这个示例里，这就意味着中性比率是 0.80 除以 0.50，或者说 1.6∶1。显然，你不可能卖出 1.6 手看涨期权，因此，一般的做法是将这个比率表达为 16∶10。因此，中性的策略就是由买入 10 手 4 月 40 看涨期权和卖出 16 手 4 月 45 看涨期权组成的。这个比率同 8∶5 是一样的。请注意，这样的计算完全没有考虑这个价差涉及的支出或收入。在这个示例里，一个 8∶5 的比率会涉及 1 点的一小笔支出（5 手 4 月 40 看涨期权的成本是 25 点，8 手 4 月 45 看涨期权的收入是 24 点）。一般而言，合理选择的 delta 价差会有一小笔支出。

每天 delta 价差都会遇到数不清的可能性，对价差交易者来说，知道一些一般的标准可以帮助他消除迷惑。首先，交易者不应当把价差的比率设得过大。可以用 4 : 1 作为绝对限额。同时，如果交易者避免在价差的空头腿中使用价格低于 0.50 的期权，那么就可以避免出现较高的比率。如果 delta 中性的比率小于 1.2 : 1（6 : 5），那也许就不应当使用比率价差。最后，如果交易者担心下行方向的风险，那么他也许应当限制总的初始支出。使用一个简单的系数也许就可以解决这个问题，例如，每手看涨期权多头的支出不超过 1 点。因此，在一个有 10 手看涨期权多头的价差里，总的支出必须在 10 点之下。这样的筛选很容易做到，特别是有了计算机分析的帮助。交易者只是使用 delta 来决定这个中性的比率。如果这个比率太大或者太小，或者它的支出成本太高，那么就应当被排除。如果不是，它就是投资的潜在候选者。

11.2 后续行动

根据价差的初始收入或支出，有可能根本不需要采取任何下行方向的防御行动。如果初始支出很大，期权的卖出者就应当将卖出的期权向下挪仓，就像在卖出比率中那样。

【示例 11-5】当股票价格在 60 附近时，投资者通过买入 1 手 XYZ 7 月 40 看涨期权和卖出 2 手 7 月 60 看涨期权来建立了一手比率价差。他之所以这样做，也许是因为当时 7 月 40 的售价处于持平。如果标的股票价格下跌，这个价差交易者可以挪仓到 50，进而到 45，就像他在卖出比率中那样。另一方面，如果这个价差一开始是用相邻行权价的期权来建立的，较低的行权价就在较高的行权价之下，那么，就没有必要采取挪仓的行动。

11.2.1 降低比率

同卖出比率不一样，比率价差在上行方面的后续行动通常不包括向上挪仓。交易者一般买入更多的看涨期权以降低这个价差的比率。他最终应当将这个价差的比率降低到 1:1，也就是将它转化为普通的牛市价差。用一个示例可以帮助说明这个概念。

【示例 11-6】在最初的示例里，价差交易者买入 1 手 4 月 40 看涨期权，卖出 2 手 4 月 45 看涨期权，得到了 1 点的净收入。假设这个价差交易者不得不再买入 1 手 4 月 40 看涨期权作为对上行方向风险的一种防御。他如果买入第 2 手看涨期权，他的总头寸就变成了一个正常的牛市价差（买入 2 手 4 月 40 看涨期权，卖出 2 手 4 月 45 看涨期权）。如果 XYZ 在 4 月到期日时价格超过 45，这个牛市价差的平仓价值就是 10 点，因为只要股票价格在 4 月超过 45，这 2 手牛市价差的跨度就扩展到了它们的最大限度（5 点）。这个比率价差交易者最初是用 1 点的收入建立的这个 2 : 1 的价差。如果他后来买入的 4 月 40 看涨期权花了 11 点，那他的总的成本就是 10 点。如果 XYZ 在 4 月到期日时价格高于 45，这就代表了一个盈亏平衡的情况，因为正如我们刚刚指出的，这个价差在这个情况里平仓可以得到 10 点。因此，这个比率价差交易者可以等到 4 月看涨期权的售价是 11 点时再采取防御行动。这是一种动态的后续行动，行动取决于期权的价格，而不是股票本身的价格。

只要在买入这手 4 月 40 看涨期权之后股票没有反转方向而跌到 45 以下，那么，为这手期权所付的 11 点成本就可以让这个头寸保持盈亏平衡的状态。如果股票上涨得很猛，这个价差交易者也许会决定给上行方向预留一些盈利空间，而不是仅仅想要保持盈亏平衡。他也许会决定用 9 或 10 点买入这手额外的期权，而不是等它的价格到 11 点。当然，这就增加了在反方向出现风险的可能，但是，如果股票继续上涨，这个价差就有了一些盈利的空间。

如果最初价差的比率不是 2∶1，也可以使用同样的思路。事实上，买入额外的看涨期权可以是一个两步的过程。

【示例 11-7】 如果这手价差一开始是买入 5 手看涨期权和卖出 10 手看涨期权，这个价差交易者并不一定要等到 4 月 40 的售价变为 11 再买入所有的使得这个价差变为普通牛市价差的 5 手看涨期权。他可以决定在较低价格上买入 2 或 3 手，从而在某种程度上降低他的比率。然后，如果股票上涨得更高，他可以买入需要的看涨期权。通过在较便宜的价格上买入一些，价差交易者就给了自己一个机会，在上行方向可以等更长的时间。从根本上说，这个价差中所有 5 手额外买入的看涨期权必须按平均 11 或者更低的价格买入，这样才能使得这个价差盈亏平衡。不过，如果它们之中的前 2 手是用 8 点买入的，那在这个看涨期权的售价涨到 13 之前都不必再买入其余的几手。因此，他可以在把价差比率降低至 1∶1（牛市价差）之前，在上行方向等得更长。有一个公式可以用来计算额外买入的看涨期权的价格，从而把比率价差转化为牛市价差。如果买入了这些看涨期权，在到期时股票高于较高的行权价，这样一个牛市价差就会盈亏平衡：

买入看涨期权盈亏平衡成本＝

（卖出看涨期权数目 × 行权价差价 − 至今的总支出）／ 裸看涨期权数目

在上面简单的 2∶1 的示例里，卖出的看涨期权的数目是 2，行权价的差是 5，总的支出是 −1（因为它实际上是 1 点的收入），裸看涨期权的数目是 1。因此，额外的买入看涨期权的盈亏平衡成本＝［2 × 5 −（−1）］/ 1，即 11。作为这个公式的另一个证明，考虑一下同样价格上的 10∶5 的价差。这个价差的初始收入是 5 点，5 手额外的看涨期权多头每手的盈亏平衡成本是 11 点。假定价差交易者用每手 8 点买入了额外的 2 手 4 月 40 看涨期权（16 点支出）。这就使得这手价差在这时的总支出为 11 点，并且将裸看涨期权的数目减少到 3。如果股票继续上涨，那就需要为剩下的 3 手裸看涨期权买入看涨期权，它们的盈亏平衡的成本＝（10 × 5 − 11）/ 3，即 13。这同前面的考察是一致的。这个公式可以用在实际实施后续行动之前。例如，在这个 10∶5 的价差里，如果 4 月 40 看涨期权的售价是 8，价差交易者也许会问："如果我现在用每手 8 的价格买入 2 手 4 月 40 看涨期权，那么剩余买入的看涨期权的买价会因此而提高到多少呢？"通过这个公式，他可以相当容易就看出，结论是 13。

11.2.2 调整 delta

理论导向的价差交易者可以使用 delta 中性的比率来建立和监控他的价差。如果标的股票价格上涨过高或者是下跌过深，价差的 delta 中性比率就会发生变化。于是价差交易者就可以通过就股票上行的运动买入一些额外的看涨期权，或者是就股票的下行运动卖出一些额外的看涨期权，以调整他的价差至中性状态。无论是哪种情况，都能让他的价差恢复至 delta 中性。公众客户在后续行动中使用 delta 中性调整方法时应当小心，不要调整过度，因为手续费的开销会高到使他无法运作。在第 28 章 28.5 节中论述数学应用时，对将 delta 用做后续行动的一种手段有更详细的描述。不过，总的概念同前面在论述卖出比率时所说的是相同的。

【示例 11-8】我们在本章前面讨论选择标准的时候，使用过一个当 XYZ 的价格为 44 时中性比率为 16:10 的示例。假定在这个价差建立起来之后，股票价格涨到 47。交易者可以使用最新的 delta 进行调整。表 11-4 总结了这样的信息。最新的中性比率大约为 14:10。因此，可以买回 2 手卖出的 4 月 45 看涨期权。在实际运作中，交易者一般通过在多头腿处加仓来减小比率。因此，交易者可以买入 2 手 4 月 40 看涨期权，将总的比率降低到 16:12，也就是 1.33，它同实际的中性比率 1.38 相近。因此，这个头寸再一次变为 delta 中性了。

解决这个问题的另一种方法是使用等股头寸，简称 ESP，对任何期权来说，它的数量都等于期权手数乘以 delta，再乘以每手期权对应的股份数。表 11-4 的最后 3 行显示了每手看涨期权以及头寸的总等股头寸。开始的时候，这个头寸的等股头寸是 0，标志着它是满足 delta 中性的。不过，在现在的情况里，这个头寸的等股头寸是 140 股空头。因此，交易者可以通过买入 140 股 XYZ 来将这个头寸调整到 delta 中性。如果他想要使用期权而不是股票，他可以买入 2 手 4 月 45 看涨期权，它们可以给头寸加进为 130 股（2 × 0.65 × 100）等股头寸的 delta 多头，从而让这个头寸的等股头寸为 10 股空头，这就相当接近中性了。正如我们在上一段论述中所指出的，价差交易者也许应当买入内在价值最高的看涨期权，也就是 4 月 40 看涨期权。这些期权每一手的等股头寸都是 90 股（1 × 0.9 × 100）。因此，如果买入 1 手这样的期权，这个头寸的等股头寸会是 50 股空头；如果买入 2 手，总头寸的等股头寸就会是 40 股多头。头寸中"多余的" delta 究竟应当是卖空 50 股还是买入 40 股，这取决于个人的喜好。

表 11-4 最初与现有的价格同 delta

	最初情景	现在情景
XYZ 普通股股票	44	47
4 月 40 看涨期权	5	8
4 月 45 看涨期权	3	5
4 月 40 期权 delta	0.80	0.90
4 月 45 期权 delta	0.50	0.65
中性 delta	16:10（0.80/0.50）	14:10（0.90/0.65=1.38）
4 月 40 期权等股头寸	800 多头（10 × 0.8 × 100）	900 多头（10 × 0.9 × 100）
4 月 45 期权等股头寸	800 空头（16 × 0.5 × 100）	1 040 空头（16 × 0.65 × 100）
总的等股头寸	0（中性）	140 空头

等股头寸方法只是对另一种方法的一种确认。两种方法的效果都很好。价差交易者应当熟悉等股头寸方法，因为在一个有许多个不同期权组成的头寸里，它将整个头寸约减为一个单一的数字。

11.2.3 提取盈利

除了防御行动之外，价差交易者还会发现，他可以提前将这个价差平仓以提取盈利或限制亏损。如果经过足够长的时间，而且标的股票的价格接近最大盈利点，也就是较高的行权价，那么，价差交易者也许应当考虑将这个价差平仓，提取他的盈利。与此类似，如果标的股票在到期日快到的时候价格在两个行权价之间的话，买入的看涨期权还有一些内在价值，而卖出的看涨期权几乎一文不值，这样，价差交易者通常会有一些盈利可提取。如果在这样的时候，交易者觉得没有什么可等的（价格下跌的话就会夺走看涨期权多头的价值），他就应当将这个价差平仓，提取他的盈利。

11.3 总结

比率价差是一种有吸引力的策略，它在某些方面同卖出比率相似。两种策略都提供了相当大的获得有限盈利的可能性。比率价差在下行方向风险有限，或者根本就没有下行方向的风险。此外，如果在建立价差时，可以找到只有很小或者没有时间价值的期权来买入，那么比率价差就是比卖出比率更好的策略。交易者可以根据他对标的股票的看法来调整这个比率，如果需要，也可以设定一个中性的盈利范围。比率的调整可以通过使用期权的 delta 来实现。就广义而言，这是较为具有吸引力的价差形式之一，因为策略家买入的大部分是内在价值，而卖出的相当大部分是时间价值。

第12章
Options as a Strategic Investment

跨期价差和比率价差的组合

前面论述价差的章节介绍了价差的基本类型。最简单的牛市价差、熊市价差和跨期价差常常可以组合起来，构成一个更具潜在吸引力的头寸。蝶式价差就是这种组合方法的一个示例，它是由一手牛市价差和一手熊市价差组成的。下面的三章将用来介绍价差的另一些组合方式，其中，策略家不但将基本的牛市价差、熊市价差或跨期价差组合在一起，还会使用到不同的到期日。初看上去它们似乎过于复杂，实际上这些组合都是专业期权交易者常常使用的策略。

12.1 比率跨期价差

比率跨期价差（ratio calendar spread）是跨期价差和比率价差的组合。读者应当记得，跨期价差的一种哲学是要卖出近期看涨期权，买入较远期看涨期权，两个期权都是虚值的。这是一个看多的跨期价差。如果标的股票根本没有上涨，价差者就会亏掉相对较小的全部初始支出。不过，如果股票价格在近期看涨期权无价值到期之后上涨，那就有可能会有较大的盈利。一般而言，这种看多的跨期价差哲学有着较小概率获取大笔盈利的机会。而一旦这种较小的可能性变为现实，相对小规模的亏损而言，少数的大笔盈利具有更大的优势。

使用比率跨期价差，是要在保持大笔盈利可能性的同时，增加得到这样盈利的概率。在比率跨期价差中，价差者卖出一定数量的近期看涨期权，同时买入数量较少的中期或远期看涨期权。因为卖出的期权数量要多于买入的期权，其中就有裸期权。在建立一手比率跨期价差时常常会有收入。也就是说，如果标的股票始终没有上涨到行权价之上，策略家仍然会有盈利。不过，因为涉及裸看涨期权，实施这种策略的质押要求会很高。

【示例 12-1】第 9 章所描写的牛市跨期价差使用的是下列的价格：

  XYZ 普通股股票：   45
  XYZ 4 月 50 看涨期权： 1
  XYZ 7 月 50 看涨期权： 1.50

在这个牛市跨期价差策略里，每卖出 1 手 4 月 50 看涨期权，就买入 1 手 7 月 50 看涨期权。这意味着这个价差是用 0.50 的支出建立起来的，每手价差的投资是 50 美元。使用比率跨期价差的策略家，他所持的哲学与牛市跨期价差交易者本质上是相同的。他们希望股票在 4 月到期日之前会停留在 50 之下，然后会上涨。比率跨期价差可以按下面的方式设立起来：

  按 1½ 买入 1 手 XYZ 7 月 50 看涨期权   1.50 支出

| 按每手 1 卖出 2 手 XYZ 4 月 50 看涨期权 | 2 | 收入 |
| 净投资 | 0.50 | 收入 |

在建立这个比率价差时有净收入，所以不涉及现金，但对那手 4 月 50 裸看涨期权会有质押要求。

如果股票在 4 月到期之前停留在 50 之下，那手 7 月 50 看涨期权多头就会是免费拥有的。在这之后，无论标的股票发生什么情况，这手价差都不会亏损。事实上，如果标的股票在近期到期日之后急剧上涨，随着 7 月 50 看涨期权的增值，会积累大笔盈利。当然，这全都取决于这手 4 月 50 看涨期权是否会无价值到期。如果标的股票在 4 月看涨期权到期之前涨过了 50，因为有裸看涨期权，这个比率跨期价差就有大笔亏损的危险，必须采取防御行动。我们后面会讨论后续行动。

比率跨期价差所需要的质押等于裸看涨期权所需要的质押减去价差所得到的收入。因为裸看涨期权会随着股票价格上涨而逐日盯市，因此，最好是预留足以防御的质押金。在上面的示例里，假定交易者觉得如果股票在 4 月到期日之前涨到 53 时，他一定会采取防御行动，那么他就应当按照股票是 53 的情况来满足质押要求，而不管当前的实际质押要求是多少。只要涉及裸期权，这都是一种妥善的技巧，这样，在股票价格达到他认定的行动价位之前，策略家就不至于被迫平仓出场。下面显示了这个示例所需的质押，假定这个看涨期权的交易价格是 3½：

53 的 20%		1 060
看涨期权权利金	+	350
减去最初收入	−	50
预留的总质押		1 360 美元

这个策略家并没有在这个策略中真正"投资"什么东西，因为他是用质押来满足保证金要求的，而不是现金。也就是说，他现有的投资组合资产不需要因为这个价差的建立而发生变化，当然，如果有亏损，还是会在他的账户中产生支出。许多裸期权策略在这方面都相似，策略家可以从他投资组合的质押价值中得到额外收益，而不必改变这个投资组合本身。不过，他应当小心，并用保守的方法来使用这样的策略。因为虽然获得的收入是"免费"的，但是如果出现亏损，他就不得不调整自己的投资组合。由于这个事实，为只用质押就可以运作的策略计算其收益率一直是很困难的。你当然可以根据一个头寸在存续期内有可能需要的最大限度的质押来计算收益率。在这样一个策略里，只要收益率为正，那些资本雄厚的大投资者都会感到满意。

回到上面的示例，如果标的股票在 7 月到期之前停留在 50 之下，策略家可以得到 50 美元的收入，减去手续费。但策略在上行方向的结果则无法得到如此明确的结论。如果股票价格在 4 月 50 看涨期权无价值到期之后上涨，那么潜在盈利的唯一限制就是时间。最让人担心的是股票在 4 月到期日之前上涨。如果股票立刻上涨，那么这个价差无疑会有亏损。如果股票慢慢地涨，但还是在 4 月到期之前达到了 50，那么，这个价差就不会有多大的变化。使用同一个示例，假定 XYZ 在 4 月 50 看涨期权的存续期只剩几个星期的时候涨到了 50。这时 4 月 50 看涨期权的售价有可能是 1.50，7 月 50 看涨期权的售价有可能是

3。这个比率价差在这时平仓有可能保持收支相抵,买回 2 手 4 月 50 看涨期权的支出同卖出 1 手 7 月 50 看涨期权的收入相等。于是在整个交易中,他就有了 0.50 的盈利,再减去手续费。最后,交易者可以估计在 4 月 50 看涨期权的到期日,他要实现盈亏平衡时的股票价格。假定他认为 XYZ 在 4 月到期时的价格是 53,那 7 月 50 看涨期权的售价就可能是 5.50。因为 4 月 50 看涨期权在这时的售价是 3(它们会处于持平),要把这个比率价差平仓,就会有 1/2 点的支出。买回这 2 手 4 月 50 看涨期权会有 6 点支出,而卖出 7 月 50 看涨期权有 5.50 点收入,净支出就是 0.50 点。当股票在 4 月到期时为 53,整个价差交易就会实现盈亏平衡,因为建立头寸时有 0.50 点收入,而平仓时有 0.50 点支出。不过要减去手续费。因此,这个价差的风险明显地取决于在 4 月到期之前股票上涨到 50 之上的速度有多快。

12.2 选择价差

建立牛市跨期价差时所使用的相同标准也可以用在这里。选择波动率较大,且股价能在给定的时间内(在近期合约到期之后,但是在买入的期权到期之前)会超过行权价的股票。不要选那些过于虚值,股票基本上没有希望达到它的行权价的看涨期权。始终用收入(包括手续费)来建立这个价差,这就可以保证即使股票没有运动,也可以盈利。不过,如果需要使用很大的比率(达到每买入 1 手期权就要卖出 3 手)才能产生收入的话,你也许应当拒绝这种选择,因为如果股票立刻上涨,潜在的亏损会非常大。

应当使用一个定价模型来决定 4 月到期日之前在上行方向的盈亏平衡点。一般而言,可以从经纪公司或者数据服务商那里得到这样的模型或者由这个模型产生的结果。对策略家来说,准确地知道在股票开始上涨时他会有多大的回旋余地是有好处的。这可以使得他能够采取防御行动,在他的盈亏平衡点被触及之前就将价差平仓。因为定价模型可以估计任何时间长度时的看涨期权价值,策略家就有可能对他在 4 月到期日、到期日之前 1 个月或者之前的 6 个星期的盈亏平衡点进行估计。当价差中期权多头与期权空头的到期日不同时,盈亏平衡点就是动态变化的。也就是说,它会随着时间而发生变化。表 12-1 显示了在上面的价差示例里信息是如何积累起来的。因为这个示例是在股票价格为 45 时用 0.50 点收入建立起来的,那就计算需要 0.50 点支出才能将这个价差平仓时的股票价格,盈亏平衡点就等于这个价格。假定这手价差建立的时候离 4 月到期日还有 95 天。在表格的每一行里,买入 2 手 4 月 50 看涨期权的费用都比这手 7 月 50 看涨期权的价格要高 1/2 点。也就是说,在按这些价格将这个价差平仓时,会涉及 0.50 的支出。请注意,盈亏平衡价格会随着时间的流逝而上涨。一开始,如果股票价格上涨,这个价差就会出现亏损。这是能预期到的,因为近期看涨期权的时间价值由于立即出现的价格运动而没有机会被销蚀。随着时间的流逝,时间对近期 4 月看涨期权的分量比对远期 7 月看涨期权要重的多。策略家有了他的信息,就可以观察一下标的股票的价格走势。如果在 53(他在 4 月到期日的盈亏平衡点)之下对 XYZ 有阻力,他对他的价差就会更有信心。

12.3 后续行动

这个策略中防御行动的主要目的，是限制当股票在 4 月到期之前出现上涨时的亏损。策略家应当在出现严重亏损前迅速将这个价差平仓。在某一点位之前，看涨期权多头的盈利都能够弥补看涨期权空头的亏损，在表 12-1 中可以看出这个事实。不过，股票不能持续上涨。一条通常有用的规则是，如果股票突破了技术阻力位，或者高于到期时的最终盈亏平衡点，那么就将这手价差平仓。在上面的示例里，如果 XYZ 在任何时候（自然是在 4 月到期之前）超过了 53，策略家都应当将这手价差平仓。

如果已经过了相当长的时间，那么，策略家的平仓行动应该变得更快一些。正如前面所说的，如果在股票到达 50 时，离到期日只有少数几个星期，那么价差此时也许会有少许的盈利。如果股票涨过了行权价，最好的办法常常是提取这小笔盈利。

表 12-1 盈亏平衡点随着时间而变化

4月期权的剩余存续期	盈亏平衡点（股票价格）	4月50看涨期权预期价格	7月50看涨期权预期价格
90	45	1	1.50
60	48	1.50	2.50
30	51	2.50	4.50
0	53	3	5.50

好的概率

只要坚持进行上面介绍的防御行动，这个策略盈利的概率就相当高。如果股票价格一直没有超过行权价，这个价差可以盈利，因为这个价差是用收入建立起来的。这种情况本身就有很大的可能性，因为股票最初是低于行权价的。此外，如果股票在近期看涨期权到期之后上涨，这个价差就有很大的潜在盈利。虽然出现这种情况的可能性要小得多，由此产生的盈利可以增进这个价差的预期收益率。这个价差唯一会出现亏损的情形是股票价格迅速上涨，如果出现这种情况，策略家就不得不将这个价差平仓以限制亏损。

表 12-2 虽然在数学上不是那么精确，但它仍然显示出这个策略有正的预期收益。小笔盈利出现的频率比小笔亏损要高，有的时候还会出现大笔盈利。这些预期的结果，再加上策略家可以使用股票、债券或政府证券作为质押来建立这个价差的事实，都表明这个价差对高级投资者来说是一种可取的策略。

表 12-2 比率跨期价差的概率

事件	结果	概率
股票一直没有涨过行权价	小额盈利	高概率
股票短期内涨过了行权价	小额亏损（如果采取防御行动）	低概率
股票在近期合约到期后涨过了行权价	高额盈利	低概率

12.4 delta 中性跨期价差

前面所讨论的是一种特殊的比率跨期价差——虚值看涨期权价差。用价差中看涨期权的 delta 可以构建更为精密的比率，就像第 11 章中的比率价差。这种价差可以用虚值看涨期权或者实值看涨期权来建立。前者有裸看涨期权，后者有额外的看涨期权多头。这两种类型我们都将讨论。

在这两种情况里，就买入的每一手看涨期权而卖出的看涨期权的数目，是通过用看涨期权空头的 delta 除以看涨期权多头的 delta 而决定的。所有的比率价差都是如此，并不只是跨期价差。

【示例 12-2】假定 XYZ 的交易价是 45，交易者考虑要使用 7 月 50 看涨期权和 4 月 50 看涨期权来建立一手比率跨期价差。这是本章前面描写的同一情景。此外，假设这里使用的 7 月看涨期权的 delta 是 0.25，4 月合约的 delta 是 0.15。有了这些信息，交易者可以计算出中性的比率是 1.667（0.25/0.15）。这就是说，交易者就每一手买入的看涨期权要卖出 1.667 手看涨期权；换句话说，每买入 3 手就要卖出 5 手。

这种虚值中性跨期价差相当典型。当看涨期权是虚值的时候，交易者往往卖出的看涨期权数量要大于买入的看涨期权数量，以建立一个中性的跨期价差。在这一章里我们已经讨论过这种策略的结果。不过，后续行动略有不同，我们在下面另有论述。

实值跨期价差

当看涨期权是实值的时候，中性价差看上去明显不同。用一个示例可以帮助说明这个问题。

【示例 12-3】XYZ 的交易价是 49，交易者想要使用 7 月 45 和 4 月 45 看涨期权来建立一手中性的跨期价差。这些实值看涨期权的 delta 是：4 月的合约为 0.8，7 月合约为 0.7。请注意，对实值看涨期权来说，较短期的看涨期权的 delta 要高于较长期的看涨期权。

这个实值价差的中性比率是 0.875 : 1（0.7/0.8）。这就意味着每买入一手期权就要卖出 0.875 手；换句话说，每买入 8 手就要卖出 7 手。因此，价差者在建立一手实值中性跨期价差时，看涨期权的买入数量要比卖出数量多。就某种意义而言，价差者是在建立一些"普通的"跨期价差（在这个示例里是 7 手），与此同时，再买入若干额外的看涨期权同它们并存（在这个示例里是 1 手额外的看涨期权多头）。

这种类型的头寸有可能很有吸引力。首先，就像在虚值期权中那样，它没有上行方向的风险；股价上涨时，实值跨期价差甚至还可以赚钱，因为这个头寸中有额外的看涨期权多头。如果在 XYZ 的上行方向有较大的跳空（或许是兼并引起的），实值跨期价差就可以盈利。另一方面，如果 XYZ 停留在相同的价格范围内，那么，这个策略中普通跨期价差的部分就会盈利。即使那手额外的看涨期权在这种情况里有可能会亏损掉一些时间价值，但很容易从其他的 7 手价差的盈利中得到弥补。最糟的情况是 XYZ 价格陡然下跌。不过，在这样的情况里，亏损也不会超过这个价差最初的支出金额。而且，即使是在 XYZ 价格下跌的情况里，也可以采取后续行动。在这个策略中没有裸期权需要交纳保证金，这就使得它对许多较小的投资者具有吸引力。在上面的示例里，投资者需要支付头寸的整个支出，但是没有其他进一步的要求。

12.5 后续行动

如果价差交易者决定要在这两种看涨期权比率跨期价差中采取后续行动以保持策略的中性，他只需要看一下这些看涨期权的 delta，保持它们之间的比率中性。这样做有可能意味着他的头寸将从一种类型的跨期价差转换为另一种，从使用裸看涨期权的虚值期权价差转换为使用额外看涨期权多头的实值期权价差，或者是反过来。例如，如果 XYZ 在开始时是 45，就像在示例 12-1 里那样，交易者卖出的期权会比买入的多。如果 XYZ 之后上涨到 50 以上，那么，他将不得不把他的头寸转化为实值的比率价差，买入期权的数量比卖出期权的数量多。

虽然从策略的角度来说这样的后续行动并没有错，它维持了中性的比率。但是，从实践上来说，它没有道理，特别是如果价差的初始规模不大的话。如果交易者最初买入 3 手期权，卖出 5 手期权，那他最好仍然使用本章前面介绍的后续策略。这个价差没有大到足以需要通过维持 delta 比率中性来进行调整的地步。不过，如果某个大投资者最初买入了 300 手期权并同时卖出了 500 手期权，那么，他在这个价差中就有足够大的盈利能力需要他在一路上做出若干的调整。

与此相似，建立小规模的实值跨期价差的交易者也会发现，即使股票跌到行权价之下，也未必值得对价差进行调整。他知道他的风险是控制在最初支出之内，对一手价差来说，这是一笔小数目。如果 XYZ 下跌，他不需要在头寸中加进裸期权。如果这是一个大交易者所建立的价差的话，那么就应该对其进行调整。这是因为较大规模的头寸让其有更大的调整适应性。

第13章

Options as a Strategic Investment

反 向 价 差

一般而言，当某个策略的名字中有"反向"（reverse）一词时，这个策略就是一个更普遍使用的策略的反面。在前面对卖出比率（买入股票和卖出看涨期权）和反向对冲（卖空股票和买入看涨期权）进行比较的讨论中，读者应当已经熟悉这种命名的方法。如果这个反向策略有一定的知名度，它通常会有一个自己的名字。例如，熊市价差实际上就是牛市价差的反面，但由于熊市价差是个很受欢迎的策略，所以它就有了一个更短的独特名字。

13.1 反向跨期价差

反向跨期价差（reverse calendar spread）是一个不常见的策略，至少交易股票或指数期权的公众客户因为保证金要求而不常使用这个策略。不过，即便是这样，你还是可以在期权策略家的武器库里找到它。同时，职业的和期货期权的交易者也常使用这个策略，因为对他们的保证金要求会宽松一些。

正如它的名字所指出的，反向跨期价差是一个与"正常"跨期价差相反的头寸。在反向跨期价差中，交易者卖出1手长期看涨期权，并买入1手短期看涨期权。这个价差也可以用看跌期权来建立，我们在后面的章节里将讨论这种方法。两手看涨期权的行权价是相同的。

这个策略会在下面的两种情况中赚钱：（1）股票价格运动到离行权价相当远的地方；（2）价差使用的期权的隐含波动率减小了。对熟悉"正常"跨期价差策略的读者来说，在第一种情况中出现盈利应当是显而易见的，因为如果股票在期权到期时刚好在行权价上，一手"正常"跨期价差就会有最大的盈利，如果股票价格上涨或下跌得太多，它就会出现亏损。

同任何涉及在不同月份到期的期权的价差一样，对这个策略的通常做法也是看一看头寸在股票价格在短期期权到期时或者在此以前的盈利情况。下面的示例可以说明这个策略是如何盈利的。

【示例 13-1】假定现在是4月，XYZ 的交易价是80。此外，假定 XYZ 的期权价格相当贵，交易者认为标的股票会大幅波动。根据这些假设，反向跨期价差成为一种盈利的途径。假定有下面的价格：

XYZ 12月80看涨期权： 12

XYZ 7月80看涨期权： 7

可以通过就12点卖出12月80看涨期权和就7点买入7月80看涨期权来建立一手反向跨期价差。这手价差在建立时有5点的收入。

如果 XYZ 之后急剧下跌，两手看涨期权都会几乎没有价值，这手价差就可以用比 5 点更低的价格买回来。例如，如果 XYZ 在 1 个月左右跌到 50，7 月 80 看涨期权就几乎没有价值，12 月 80 看涨期权可以用 1 点左右的价格买回来。因此，这个价差就从它最初的价格 5 点缩减到 1 点，由此产生 4 点的盈利。

另一种盈利的途径是隐含波动率的下降。假定经过 1 个月之后隐含波动率下降了。这时这个价差就会价值将近 4 点，从而产生 1 点的未兑现盈利，因为它最初是以 5 点的价格卖出的。

图 13-1 的盈利图显示了这手反向跨期价差的盈利情况。图形上有两条线，两者描述的都是价差在短期期权（上面示例里的 7 月 80 看涨期权）到期时的结果。下端的线显示了如果隐含波动率保持不变的的话会出现的盈利或亏损。你可以看到，如果 XYZ 上涨到 98 之上或者下跌到 70 之下，这个头寸就会有盈利。另外，图形中较高的线显示了如果隐含波动率在短期期权到期之前下降的话，盈利会出现在哪里。在这个示例里，正如图形上所画的，会有额外的盈利。

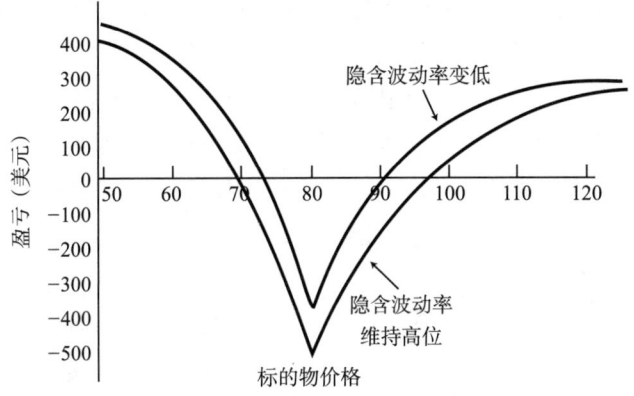

图 13-1　反向跨期价差在短期期权到期日时的盈亏

因此，这个策略可以通过两种途径盈利。建立这个价差的最佳时机是当隐含波动率很高，而且标的股票有大幅波动的趋势的时候。

对股票和指数期权的交易者来说，这个价差的问题是，它卖出的看涨期权被认为是裸期权。当然，这是荒谬的，因为短期看涨期权在它到期之前都是被完全对冲的。但保证金要求仍然必须遵守。虽然最近对整个保证金制度进行了修订，但这种惊人的无效率性还是被保留下来，因为没有一个会员公司想要去改变它。不过，如果某个交易者有多余的质押金（也许来自于一个很大的股票投资组合），而且有兴趣用对冲的方式来获得额外的收入，那这个策略对他就是适用的。期货期权的交易者能得到比较宽松的保证金要求，那对他们来说，这就是一个更为经济的策略。

13.2　反向比率价差（后式价差）

一个更受欢迎的反向策略是反向看涨期权比率价差（reverse ratio call spread），它一般被称为**后式价差**（backspread）。在这种类型的价差里，交易者按照一个行权价卖出1手看涨期权，然后按照更高的行权价买入若干手看涨期权。它刚好同第11章所描写的比率价差相反。有些交易者把任何至少在某一侧上有无限潜在盈利的价差都称作后式价差。因此，在大部分后式价差的策略中，价差者都希望股票有急剧的运动。他一般并不在乎股票价格是上涨还是下跌。读者应当记得，在第4章描写的反向对冲策略（同买入跨式价差相似）中，如果股票大幅上涨或下跌，该策略家就会有大量的盈利。在这里所讨论的反向价差里，如果股票急剧上涨，就有大量潜在盈利存在，不过这个价差在下行方向的潜在盈利有限。

【**示例13-2**】XYZ的售价是43，7月40看涨期权的售价是4，7月45看涨期权的售价是1。可以用下面的方法建立起反向比率价差来：

按每手1点买入2手7月45看涨期权	2 支出
按4点卖出1手7月40看涨期权	4 收入
净投资	2 收入

这些价差通常是用收入来建立的。事实上，如果价差在建立时不能带来收入，它通常就没有吸引力。如果标的股票的价格在7月到期时跌到40之下，所有看涨期权都无价值到期，策略家的盈利就等于初始收入。反向比率价差在下行方向的最大潜在盈利等于最初的收入。另一方面，如果股票有显著上涨，上行方向的潜在盈利是无限的，因为价差交易者持有的看涨期权多头数量要多于看涨期权空头。简单地说，投资者是看多的，他买入了虚值看涨期权，并通过卖出另一手看涨期权进行对冲。如果股票价格如其所想地出现上涨，他就会有盈利。但如果股票暴跌，他也会有盈利，所有的看涨期权都将无价值到期。

这个策略风险有限。对大部分价差来说，如果股票价格在到期日时等于买入的那手看涨期权的行权价，那么就会实现最大亏损。对后式价差来说也是如此。

【**示例13-3**】如果XYZ在7月到期日时的价格刚好是45，7月45看涨期权就会无价值到期，亏损200美元。而7月40看涨期权就必须用5点的价格再买回来，这又亏损了100美元。因此总亏损将是300美元，这是这个示例的最大亏损。如果标的股票急剧上涨，这个策略就有无限的潜在盈利，因为每2手看涨期权多头对应1手看涨期权空头。事实上，交易者总是可以计算得出到期时的上行盈亏平衡点。这个示例中的上行盈亏平衡点是48。股票价格在7月到期日时是48，每手7月45看涨期权就价值3点，2手期权的净收益就是400美元。此时7月40看涨期权会价值8点，说明这手看涨期权有400美元的亏损。因此，股票价格在到期时为48的话，不计手续费，收益和亏损会相互抵消。如果股票在7月到期时高于48，那就会有盈利。

表13-1和图13-2显示了这个反向比率价差示例的潜在盈亏。请注意，这幅盈利图形就像是一幅比率价差的盈利图形以股票价格为轴而翻转过来。看一看图11-1的比率价差的图形。这里实际上有一个价格范围，超出这个范围（在这个示例里是低于42或高于48）就会有盈利。如果股票价格在到期时刚好等于买入的看涨期权的行权价，也就是45，就会出现最大亏损。

表 13-1　反向比率价差的盈亏

XYZ 股票在 7 月到期价格	1 手 7 月 40 盈利（美元）	2 手 7 月 45 盈利（美元）	总的盈利（美元）
35	＋ 400	－ 200	＋ 200
40	＋ 400	－ 200	＋ 200
42	＋ 200	－ 200	0
45	－ 100	－ 200	－ 300
48	－ 400	＋ 400	0
55	－ 1 100	＋ 1 800	＋ 700
70	－ 2 600	＋ 4 800	＋ 2 200

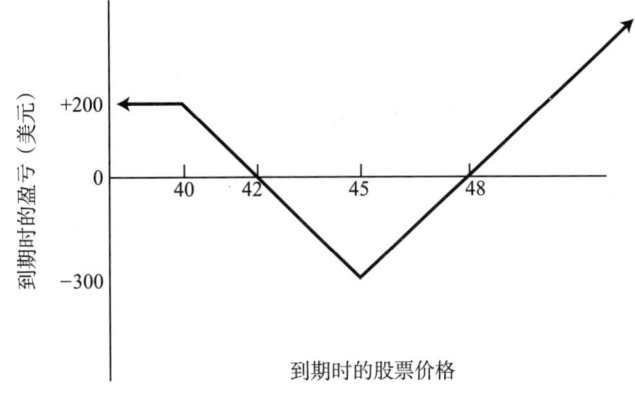

图 13-2　反向比率价差（后式价差）

这个策略中没有裸看涨期权，因此投资相对较小。这个策略实际上是在一个熊市价差上加上一手看涨期权多头。在这个示例里，熊市价差的部分是买入 7 月 45 看涨期权和卖出 7 月 40 看涨期权。这就要求有 500 美元的质押，因为在行权价之间有 5 点的差价。整个价差收入的 200 美元可以用来满足最初的保证金要求，于是总的投资需求就是 300 美元保证金再加上手续费。因为这里没有裸看涨期权，所以这个要求是不会增加或减少的。

请注意，在这个价差中可以运用 delta 中性的概念，方法同用在看涨期权比率价差上基本一样。通过使用价差中期权的 delta，可以用数学方法计算出需买入和卖出的看涨期权的数量。

【示例 13-4】中性的比率是用 7 月 40 看涨期权的 delta 除以 7 月 45 看涨期权的 delta 而得到的。

	价格	delta
XYZ 普通股股票	43	
XYZ 7 月 40 看涨期权	4	0.80
XYZ 7 月 45 看涨期权	1	0.35

在这个示例里，这个比率是 2.29∶1（0.80/0.35）。也就是说，如果交易者卖出 5 手 7 月 40 看涨期权，他就要买入 11 手 7 月 45 看涨期权（或者，如果他卖出 10 手，那他就要买入 23 手）。如果一开始用的就是中性的比率，那无论股票在哪个方向上有迅速的运动，交易者都应当能够赚钱。

中性比率可以让交易者避免在开始时过于看空或者看多。例如，价差交易者如果只是为了方便而使用 2∶1 而不是 2.3∶1 的比率，那么他就看得不够多。如果需要做点什么的话，价差交易者在建立这个价差时通常应当更侧重于看多，因为最大盈利是在上行方向。

在这个策略里，价差交易者没有理由在看多方面怯阵。因此，如果 delta 没有错，中性比率就可以帮助价差者得到更为精确的初始比率。

在这类价差中，价差者必须对提前行权的可能性保持警觉，因为他卖出的是实值看涨期权。除了监控这种可能性之外，没有什么可以实施的后续防御行动，因为这个头寸的性质限制了它的风险。如果股票在期权到期之前大幅上涨，他可以将价差平仓，提走盈利。

这个策略代表了一种以少量的质押成本而能从股票的大幅运动中获利的合理方法。在贯彻这个策略的时候，一般而言，策略家应当寻找那些波动率较大的股票，因为他希望在看涨期权到期之前股价有尽可能大的运动。在第 14 章里，我们将显示如果买入的看涨期权的存续期比卖出的看涨期权长时，这个策略有可能会变得更有吸引力。

第14章

对角价差

对角价差（diagonal spread）是指使用不同行权价和不同到期日的期权来建立的价差。一般而言，价差中多头腿的存续期要比空头腿更长。从保证金的角度来考虑对角价差的定义，多头腿的存续期必须等于或者长于空头腿。除了跨期价差之外，在前面所描写的所有价差中，看涨期权空头和看涨期权多头的到期日都是相等的。不过，任何这样的价差都可以进行对角化：交易者在任何价差中都可以用到期日更远的看涨期权来代替价差中现有的看涨期权多头。

一般而言，按这种方法得到的对角价差在短期期权到期日时会略为看空一些。只要看一下如果股票显著上涨或下跌时会发生什么，就可以明白这一点。如果股票下跌，价差的多头腿会保留一定的价值，因为它的存续期更长。因此，对角价差在下行方向的表现会比普通价差更好一些。如果股票显著上涨，所有的看涨期权就会处于**持平**（parity）。因此，长期的看涨期权就没有什么优势；它的售价会同普通价差中买入的期权大致相等。不过，由于策略家在一开始必须为较长期的看涨期权支付更多，上行方向的盈利就不会有那么大。

对角头寸有这样的优势：如果价差中卖出的看涨期权无价值到期，交易者可以重新建立这个头寸。如果交易者可以就这个价差出售两次，那他最初在买入较长期的看涨期权所多付的钱就反而变得省钱了。我们下面将介绍一些在各种不同价差策略中使用的技巧。

14.1 对角牛市价差

垂直牛市价差是由买入1手行权价较低的看涨期权和卖出1手行权价较高的看涨期权组成的，两者的到期日相等。对角牛市价差（diagonal bull spread）同它基本相似，只是交易者买入的是1手较长期的行权价较低的看涨期权，卖出的是1手较短期的行权价较高的看涨期权。买入和卖出的看涨期权的数量仍然相同。通过将这个价差对角化，如果股票到短期期权到期日时并没有上涨，那么这个头寸在下行方向就有了某种对冲。此外，一旦短期期权到期，这个价差常常可以通过卖出下一个到期日的看涨期权而重新建立起来。

【示例14-1】有下面的价格存在：

	行权价	4月	7月	10月	股票价格
XYZ	30	3	4	5	32
XYZ	35	1	1.50	2	32

买入行权价为30的看涨期权同时卖出行权价为35的看涨期权，就可以建立起任何到期日系列上的一手垂直牛市价差。一手对角牛市价差是由买入7月30或10月30看涨期

权,同时卖出4月35看涨期权而组成的。我们将使用下面的两手价差来对垂直牛市价差和对角价差进行比较。

垂直牛市价差:买入4月30看涨期权,卖出4月35看涨期权——2支出

对角牛市价差:买入7月30看涨期权,卖出4月35看涨期权——3支出

如果XYZ在4月到期时上涨到了35之上,这个垂直牛市价差就有3点的潜在盈利。这个普通牛市价差的最大风险是2点(初始支出),它出现在XYZ在4月到期时下跌到了30之下的情况。通过将这个价差对角化,策略家略为降低了他在4月到期日的潜在盈利,不过同时也减少了在这个头寸中亏损2点的概率。表14-1将这两类价差在4月到期时的情况进行了比较。7月30看涨期权的价格是估计的,以便于计算此时对角牛市价差的预计盈亏。如果标的股票跌得太深,例如跌到20,两手期权在4月到期时就会几乎全部亏损。不过,根据表14-1,如果XYZ在到期日时远高于24,这手对角价差就不会丧失它的全部价值。如果股票价格在到期时在27~32之间,对角价差的亏损金额实际上要比普通价差小,尽管建立对角价差的花费更高。就百分比而言,在这个范围里对角价差的优势甚至更大。如果股票在到期时上涨到35之上,普通价差的盈利就更大。表14-1显示出这个对角价差的一个有趣特征。如果股票显著上涨,所有的看涨期权都达到了持平,那么对角价差的盈利就被限制在2点。不过,如果股票在4月到期时接近35,看涨期权多头就还有些时间价值,而价差的跨度实际上超过了5点。因此,对对角价差来说,在4月到期时只有股票价格接近卖出的期权的行权价,才能达到它的最大盈利区域。这些数字表明,对角价差为了对下行方向的风险进行对冲而放弃了上行方向的部分潜在盈利。

表14-1 价差在到期日时的比较

4月到期时 XYZ价格	4月30 看涨期权价格	4月35 看涨期权价格	7月30 看涨期权价格	垂直牛市 价差盈利(美元)	对角价差 盈利(美元)
20	0	0	0	−200	−300
24	0	0	0.50	−200	−250
27	0	0	1	−200	−200
30	0	0	2	−200	−100
32	2	0	3	0	0
35	5	0	5.50	+300	+250
40	10	5	10	+300	+200
45	15	10	15	+300	+200

一旦4月35看涨期权到期,对角价差就可以平仓。不过,如果股票在这个时候低于35,那么更合适的方法是就所持的7月30看涨期权多头再出售1手7月35看涨期权。这样就会在7月到期之前的3个月里建立1手普通牛市价差。请注意,如果XYZ在4月到期时仍然在32,且股票的波动率保持不变,7月35看涨期权也许可以卖到1点。这应当没有错,因为在到期前3个月股票在32时,4月35看涨期权价值1点。因此,按照这个思路行动的策略家就会有一个净支出为2点的普通牛市价差。他一开始为7月30看涨期权付了4点,然后卖掉4月35看涨期权得到了1点,接着因为出售7月35得到1个点。看一看示例14-1的价格表,读者可以看到,如果一开始要建立一手正常7月牛市价差的话,那就需

要2.50点。因此，通过对角化并且让短期看涨期权无价值到期，策略家同样可以得到1手普通7月牛市价差，只是成本比一开始就这样做要低。这是一个特殊的示例，它证明了如果卖出者能够就同一个买入的看涨期权出售两次（或者3次，如果最初买入的是最长期限的看涨期权的话），对角化就能产生有益的效果。在这个示例里，如果XYZ在4月到期时在30～35之间，这个价差就可以被转化为1手普通7月牛市价差。如果股票在35之上，就应当将这个价差平仓，提取盈利。在30之下，也许就应当将7月30看涨期权平仓，或者只留下多头头寸。

总的来说，对角牛市价差常常可以对普通牛市价差形成改善。如果股票在卖出的短期看涨期权到期之前相对没有变化或者下跌的话，这个对角价差就是一种改善。在这个时候，如果股票价格有利，这个价差可以转化为1手普通牛市价差。当然，只要标的股票价格在到期日时高于较高的行权价，这个对角价差就能盈利。

14.2 "免费"持有一手看涨期权

对角化也可以同样的目的用到其他价差策略上，除此之外，交易者还有可能显著降低看涨期权多头的成本，甚至免费获得1手看涨期权。

说明这一点的最简单办法是考虑一个对角熊市价差（diagonal bear spread）。

【示例14-2】XYZ的价格是32，短期的4月30看涨期权的售价是3点，较长期的7月35看涨期权的售价是1.50点。卖出4月30看涨期权和买入7月35看涨期权就可以建立1手对角熊市价差。这仍然是1手熊市价差，因为卖出的是行权价较低的看涨期权，买入的则是行权价较高的看涨期权。不过，因为买入的看涨期权的存续期比卖出的看涨期权更长，这个价差就是对角的。

如果XYZ在短期的4月看涨期权到期之前价格下跌，这手对角熊市价差就有可能盈利。例如，如果XYZ在到期日时是29，卖出的看涨期权就会无价值到期，而7月35看涨期权则仍然有些价值，或许是0.50。因此，在4月30看涨期权上的盈利就会是3点，减去7月35上的1点亏损，总的盈利就是2点。同普通的熊市价差一样，这个头寸的风险是在上行方向。如果XYZ的价格大幅上涨，两手期权都会处于持平，那这个价差的跨度就会扩大到5点。因为最初的收入是1.50点，在这个示例里，亏损就会是5减去1.50，也就是3.50点。正如在所有的对角价差中那样，这个价差在下行方向的表现要较好一些，因为看涨期权多头会有些价值。但是，如果标的股票显著上涨，它在上行方向的表现会较差一些。

某个策略家想要使用对角熊市价差，不是因为对角价差在下行方向的细微优势，更可能是因为他有机会能显著降低持有7月35看涨期权（那个长期的看涨期权）的成本。在这个示例里，这手7月35看涨期权的成本是1.50点，从卖出的4月30看涨期权中收到的权利金是3点。如果该交易者能够从卖出的4月30看涨期权中盈利1.50点，那他就能完全抵消在7月期权上的成本。这时他可以坐在一边，并希望标的股票会上涨。如果这样的上涨真的出现了，他就能从多头腿处得到无限的盈利。如果它没有出现，他也没什么损失。

【示例 14-3】 假定建立了一个同前面示例里相同的价差。然后，如果 XYZ 在 4 月到期时刚好等于或低于 31.50，4 月 30 看涨期权就可以用 1.50 点或者更低的价格买回来。因为这手期权最初是以 3 点卖出的，这意味着在 4 月 30 看涨期权上至少有 1.50 的盈利。从短期期权中得到的盈利可以完全抵消 7 月 35 看涨期权的成本。策略家因此免费得到了这手 7 月 35 看涨期权。如果 XYZ 一直没有涨过 35，在整个交易中就什么也没得到。不过，如果 XYZ 在 4 月到期之后（当然是在 7 月到期之前）价格超过了 35，他就有可能获得大笔盈利。因此，在交易者用收入建立起一手对角价差时，总存在他可以免费获得 1 手看涨期权的可能性。也就是说，从卖出的短期的看涨期权中得到的盈利，有可能等于或超过最初用在买入看涨期权上的成本。这当然是一个有吸引力的头寸，如果空头腿处的盈利得以实现，那么，只要标的股票显著上涨，这个头寸就会积累起可观的盈利。

14.3 对角后式价差

在一个相似的策略里，交易者可以就卖出的短期看涨期权而买入多于 1 手的长期看涨期权。使用前面的价格，交易者可以以 3 点卖出 4 月 30 看涨期权，同时以每手 1.50 点买入 2 手 7 月 35 看涨期权。这会是一手平价价差（even money spread）。在建立这样一个头寸的时候，支出和收入是相等的。如果 4 月 30 看涨期权无价值到期（如果股票在 4 月跌到了 30 之下，就会发生这样的情况），交易者就能免费获得 2 手 7 月 35 看涨期权。即使 4 月 30 看涨期权在到期时并不是完全没有价值，只要有可能从卖出它的过程中得到一些盈利，7 月 35 看涨期权的持有成本就会降低。在第 13 章中讨论反向价差时，我们将一个卖出 1 手较低行权价的看涨期权，同时买入更多的较高行权价的看涨期权的策略，称为反向比率价差，或者后式价差。我们刚刚描写的那个策略实际上就是一个后式价差的对角化。这个策略为一些专业商所喜爱，因为卖出的看涨期权减小了一旦标的股票下跌投资者持有的长期看涨期权会有的风险。此外，如果标的股票上涨，存续期较长的看涨期权多头中的好处无疑会超出卖出的看涨期权中的亏损。这里，最糟的情况是标的股票在短期到期日时上涨的幅度非常小。如果发生这样的情况，就有可能价差的两条腿都亏钱。不过，发生这种情况的概率应当不大，而且，它所代表的也只是有限的亏损。因此，这并不能显著抵消这个策略的优势。

任何一种价差都可以对角化。有的人甚至喜欢将蝶式价差对角化，认为买入的看涨期权有额外的存续期对他们会有好处。从整体上说，回忆一下看涨期权的时间价值是如何销蚀的，就可以总结出对角化的好处。读者应当记得，我们指出过，看涨期权时间价值的销蚀大部分是在它存续期的最后阶段。如果这是一手非常长期的期权，销蚀的比率就会相当小。知道这个事实，你就可以明白，交易者有理由想卖出所剩时间不多的期权，因为这样做能给他带来因时减值的最大好处。相应而言，买入较长期的看涨期权就意味着买家在时间价值方面不至于遭受显著的损失，至少在他持有这个期权的前 3 个月里不会如此。对角价差包括了两者：既可以卖出一手短期的看涨期权以得到最大比率的因时减值，又可以买入一手较长期的看涨期权以减小多头腿中的因时减值效果。

14.4 看涨期权的总结

到这里我们就介绍完了所有只使用看涨期权的策略。看涨期权被认为是机敏的策略家用来建立各种头寸的一种载体。他可以是看多的，也可以是看空的，可以是激进的，也可以是保守的。此外，他还可以保持中立，从股票在短期内不会有大幅运动这样的可能性中获取盈利。

不熟悉期权的投资者一般来说应当从简单的策略开始，例如，卖出备兑看涨期权，或者直接买入看涨期权。最简单的价差类型是牛市价差、熊市价差和跨期价差。更为精密的投资者可以在他的看涨期权策略中考虑使用比率：就股票做卖出比率，或者是只用期权来做比率价差。

当策略家觉得他懂得了长期看涨期权和短期看涨期权之间、实值看涨期权和虚值看涨期权之间以及看涨期权多头和看涨期权空头之间的风险和回报关系之后，他可以考虑使用最高级的策略类型。这可能包括反向比率价差、对角价差和更为高级的比率类型，例如比率跨期价差。

在前面的章节里有很多信息，有的在细节上的技术性很强。投资者应当遵循的模式是，只要没有完全弄懂，就不要使用这个策略。这并不是说他只懂得策略的盈利性（特别是风险性）等方面就够了。如果要运作高级的策略，交易者还必须能够迅速把握提前指派、大笔股息支付和行权价调整等事件的潜在影响。如果没有完全理解这些事情对其头寸的可能影响，交易者就无法正确地使用这些高级策略。

第三部分

Options as a Strategic Investment

看跌期权策略

引言

看跌期权（put option）给予持有者在期权到期日之前的任何时候内按行权价卖出标的证券的权利。场内看跌期权的历史比场内看涨期权要稍短一些，它诞生于1977年6月3日。场内看跌期权的引进为保守的和激进的投资者提供了更为广阔的策略领域。如果一个策略涉及标的股票价格向下的运动，看涨期权就是效率最低的策略。在这种情况下，看跌期权就是一种有用的工具。

所有有场内看涨期权交易的股票都有场内看跌期权交易。使用看跌期权或者看跌期权与看涨期权的组合为策略家提供了更大的灵活性。

当有看跌期权存在时，就不必再使用那些涉及买入看涨期权并同时卖空股票的策略。在这样的情况里，使用看跌期权要有效得多。看涨期权策略和看跌期权策略之间有许多相似之处。例如，虽然有技术上的区别，看跌期权价差策略和看涨期权价差策略使用的是相似的技巧。在某些策略中，看跌期权的技巧看上去重复了看涨期权的技巧，不过，我们在这里还是要详细地介绍它们。那些涉及将看跌期权和看涨期权结合起来使用的策略，也就是**跨式价差**（straddle）和**组合价差**（combination），有它们自己的技巧。不过，即使是在这些情况里，读者也可以发现它们与前面所讨论过的策略的相似性。因此，引进看跌期权不仅扩大了可以使用的策略数量，而且让前面介绍的某些策略变得更为有效。

第15章
Options as a Strategic Investment

看跌期权的基本原理

许多用在看涨期权上的术语也同样适用于看跌期权。标的股票、行权价和到期日这3个术语对看跌期权和看涨期权而言涵义都是相同的。场内看跌期权的到期日与同一标的股票上的看涨期权的到期日是相同的。此外，看跌期权同看涨期权有相同的行权价。这就意味着同一行权价上会有两个期权。如果某一股票有场内看涨期权和场内看跌期权交易，那不管标的股票价格是什么，都会既有50看涨期权交易，又有50看跌期权交易。请注意，从现在开始，介绍1手期权时只是说"XYZ 7月50"就不够了，还必须说明这手期权究竟是看跌期权还是看涨期权，因为XYZ 7月50看涨期权同XYZ 7月50看跌期权是两种不同的证券。

在许多方面，看跌期权以及同它相关的策略都几乎完全是那些以看涨期权为基础的策略的反面。不过，看跌期权完全是看涨期权的反面这种说法是不正确的。在对看跌期权作介绍的这一节里，我们将对看跌期权的特征进行介绍，以显示它们同看涨期权相同和不同的方面。

15.1 看跌期权策略

就其最简单的形式而言，在直接买入看跌期权时，交易者是希望股票下跌，从而他的看跌期权会变得更值钱。如果股票下跌到看跌期权的行权价之下足够远的地方，看跌期权的持有者就会盈利。这手看跌期权的持有者可以在公开的市场买入股票，然后将他的看跌期权行权，从而按照比股票价格更高的行权价卖出股票，取得盈利。

【示例15-1】如果XYZ的价格是40，XYZ 7月50看跌期权就会至少价值10点，因为这个看跌期权赋予持有者按50卖出XYZ的权利，这个价格高出股票现有价格10点。另一方面，股票价格在期权到期时高于这个期权的行权价，这手期权就会一文不值。从逻辑上说，如果可以在公开市场上以更高的价格卖出股票，没有人会想要将看跌期权行权——按比市场价更低的行权价来卖出股票。因此，随着标的股票价格下跌，看跌期权价值会增加。这当然是与看涨期权的价格行为相反的。

在谈到看跌期权的时候，实值和虚值的涵义有了变化。看跌期权在标的股票价格低于行权价时是实值的；在股票价格高于行权价时是虚值的。这同看涨期权也是相反的。如果XYZ的价格是45，XYZ 7月50看跌期权是实值的，而XYZ 7月50看涨期权就是虚值的。但是，如果XYZ的价格是55，那么7月50看跌期权就是虚值的，而7月50看涨期权则是实值的。实值期权的一般定义，也就是"有内在价值的期权"，这对看跌期权和看涨期权都适用。请注意,当标的股票价格低于看跌期权的行权价时,看跌期权才有内在价值。也就是说,看跌期权在股票低于行权价时才有某些"真正的"价值。

实值看跌期权的内在价值就是行权价同股票价格之间的差价。因为看跌期权是一种(要卖出的)期权,在离到期日还有剩余时间的时候,它的售价一般要大于它的内在价值。这部分超出内在价值的价值被称作时间价值,这和看涨期权一样。

【示例 15-2】XYZ 的价格是 47,XYZ 7 月 50 看跌期权的售价是 5,内在价值是 3 点(50-47),因此,时间价值一定是 2 点。使用下面的公式在任何时候都可以迅速计算出实值看跌期权的时间价值:

时间价值(实值看跌期权)= 看跌期权价格 + 股票价格 - 行权价

这同用在实值看涨期权上的公式不同。不过,期权的时间价值等于内在价值之上多余的价值,这对所有的期权都是一样的。

时间价值(实值看涨期权)= 看涨期权价格 + 行权价 - 股票价格

如果这手看跌期权是虚值的,那么这个看跌期权的全部权利金都是由时间价值组成的,因为虚值期权的内在价值永远是零。看跌期权的时间价值在股票价格等于期权行权价时最大。随着期权变得深度实值或者深度虚值,时间价值会显著减小。对时间价值数量的这些说明,对看跌期权和看涨期权都适用。表 15-1 可以帮助说明股票价格同期权(看涨期权和看跌期权)价格的关系。读者也可以回过头去看一看表 1-1,它描述了看涨期权的时间价值。表 15-1 所描写的是 XYZ 7 月 50 看涨期权和 XYZ 7 月 50 看跌期权的价格。

表 15-1 看跌期权同看涨期权的比较

XYZ 股票价格	7月50 看涨期权价格	看涨期权 内在价值	看涨期权 时间价值	7月50 看跌期权价格	看跌期权 内在价值	看跌期权 时间价值
40	0.50	0	0.50	9.75	10	−0.25①
43	1	0	1	7	7	0
45	2	0	2	6	5	1
47	3	0	3	5	3	2
50	5	0	5	4	0	4
53	7	3	4	3	0	3
55	8	5	3	2	0	2
57	9	7	2	1	0	1
60	10.50	10	0.50	0.50	0	0.50
70	19.75	20	−0.25①	0.25	0	0.25

① 深度实值期权在到期之前有可能会以低于内在价值的价格交易。

表 15-1 说明了若干基本事实。随着股票下跌,看涨期权的实际价格下跌,而看跌期权的价值上升。反过来,随着股票上涨,看涨期权会增值,而看跌期权会减值。看跌期权和看涨期权都是在当股票价格刚好等于行权价时具有最大的时间价值。不过,当股票价格等于行权价时,看涨期权的售价一般比看跌期权要高。请注意一下表 15-1,当 XYZ 等于 50 时,看涨期权值 5 点,而看跌期权只值 4 点。除了股息很高的股票之外,一般而言都是如此。这种现象同持有股票的成本有关。我们在后面会对这种效应作进一步的讨论。表

15-1 同时也描写了一种一般来说都存在的看跌期权效应：相对于实值看涨期权来说，实值看跌期权（股票低于行权价）失去时间价值的速度要更快。注意一下表 15-1 中价格为 43 的 XYZ，看跌期权在实值 7 点时就失去了它所有的时间价值。而当看涨期权在 7 点实值的时候，也就是 XYZ 为 57 的时候，还有 2 点时间价值。同样地，这个现象也受到标的股票股息支付的影响，不过，总的来说这个现象都是存在的。

15.2 给看跌期权定价

决定看涨期权价格的因素同样也决定看跌期权价格：标的股票的价格、期权的行权价、离到期的时间、标的股票的波动率、标的股票的股息率，以及目前的无风险利率（例如，政府债券利率）。市场的动态变化（供给、需求和投资者的心理）也在其中起作用。

虽然不准备像在第 1 章中那样进行详细讨论，我们还是可以得出看跌期权的价格曲线。有些事实像看涨期权一样对看跌期权也同样起作用。看跌期权的销蚀率不是直线的，也就是说，时间价值的销蚀在临近到期日之前的那几个星期里会变得更为迅速。标的股票的波动率越大，期权的价格就越高，看跌期权和看涨期权都是如此。此外，市场在任何时候都有可能按比标的股票实际展现的波动率更高或更低的波动率来给期权定价。这叫做隐含波动率，它同实际波动率不同。看跌期权的价值通常在任何时候都至少等于它的内在价值。图 15-1 显示出在离到期还有 6 个月时在所有股票价格上可以预期到的 XYZ 7 月 50 看跌期权售价。请将这幅图形同看涨

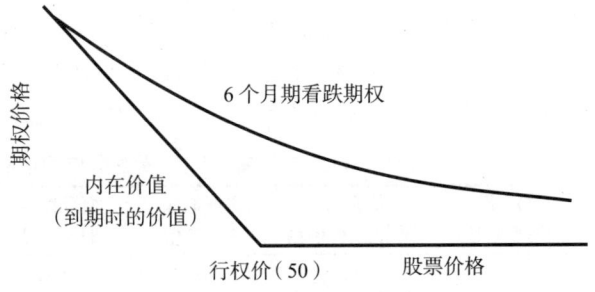

图 15-1 看跌期权价格曲线

期权类似的定价曲线（见图 15-2）作一个比较。请注意，看跌期权的内在价值线同看涨期权的内在价值线所面对的方向是相反的。也就是说，当股票跌到行权价之下时，它的价值就增长。这个看跌期权的定价曲线说明了前面所提到的效应，也就是当看跌期权是实值的时候，它的时间价值会失去得更快，它同时也显示出了虚值看跌期权有大量的时间价值。

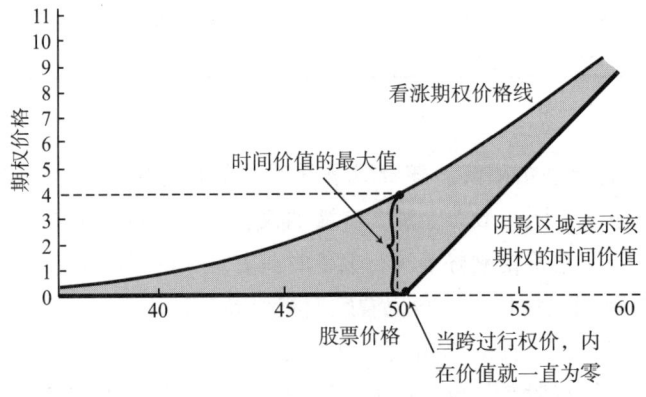

图 15-2 看涨期权价格曲线

15.3 股息对看跌期权权利金的效应

标的股票的股息对其看涨期权的价格是一个负面的因素。看跌期权的情况则恰恰相反。股息越大，看跌期权的价值就越大。就应该是这样，因为股票的除息会让股票价格减少同股息相同的金额。这就是说，股票价格会下跌，因此看跌期权就会变得更有价值。所以，看跌期权的买家就愿意为这个看跌期权付更高的价格，看跌期权的卖家也将要价更高。同场内看涨期权一样，场内看跌期权也不会因为标的股票支付现金股息而进行调整。不过，期权自身的价格会反映出股票的股息支付。

【示例 15-3】XYZ 每股的售价是 25 美元，而且在将来的 6 个月里将支付 1 美元的股息。这样的话，无论任何其他同这个标的股票相关的因素是什么状况，一手 6 个月的行权价为 25 的看跌期权就会至少价值 1 美元。在以后的 6 个月里，这个股票价格会因为股息分发而下跌同股息数量相等的幅度，也就是 1 美元，如果其他条件保持不变，这时这个股票的价格就会是 24 美元。当股票价格为 24 美元时，这个看跌期权就会有 1 美元的实值，因此，它的价值就会至少是 1 个点的内在价值。标的股票将要支付的这笔大额股息，会让该股票的看跌期权的价格提前上涨。

在股票除息的前一天，实值看跌期权的时间价值至少应当同即将支付的现金股息一样大。也就是说，如果 XYZ 的价格为 40，它将要支付 50 美分的股息，那么，XYZ 1 月 50 看跌期权的售价就至少是 10.50。之所以如此，是因为股票价格在除息当天将减少同它的股息相等的数量。

15.4 行权和指派

当看跌期权的持有者将他的期权行权时，他将按行权价卖出股票。在看跌期权的存续期内的任何时间他都可以行使这个权利。当他行使这个权利时，一手同样条款的看跌期权的卖出者就会被指派，履行按行权价买入股票的义务。在这个情况里，请注意，看跌期权同看涨期权之间的区别很重要。看涨期权的持有者行权以买入股票，看涨期权的卖出者有义务卖出股票。看跌期权的持有者和卖出者则是反过来。

通过期权清算公司和经纪公司来指派的方法对看跌期权和看涨期权是相同的，任何公平的随机方法或者先进先出的方法都是允许的。通过指派和行权而买入和卖出的股票都要收取手续费。

当看跌期权的持有者行使他的权利卖出股票的时候，首先，他可以卖出当前自己投资组合里持有的股票。其次，他可以在公开市场里先买入股票，然后再通过行权来将它卖掉。最后，他可以在他自己的卖空股票账户里卖出股票，也就是说，他可以通过将看跌期权行权而卖空标的股票。如果选择第三种方法的话，为了进行卖空交易，他必须能够借到股票并且为卖空股票提供保证金质押。

在如何处理他必须履行的买入股票的义务上，看跌期权的卖出者也有几种选择。被指派的看跌期权的卖出者必须买入股票。（被指派的看涨期权的卖出者必须卖出股票。）看跌期权的卖出者有可能正在卖空标的股票，在这种情况下，他可以直接使用从指派中买入的股票来回补他的卖空交易。他也可以决定立刻到公开市场去卖出股票，以对冲因为看跌期权指派而不得不买入的头寸。最后，他可以决定持有交割给他的股票，只需要把股票放在他的投资组合里就行了。当然，如果他决定要持有股票，他就必须付钱（或者是使用保证金）。

看跌期权的持有者交割股票和看跌期权的卖出者买入股票的机制是相对简单的。每一方都只要通知他的经纪公司，告诉他们他想怎样运作，只要他满足保证金的要求，行权或指派就会按他想要的方式进行。

15.4.1 预见到指派

看跌期权的卖出者可以像看涨期权的卖出者那样预见到指派。当一手实值看跌期权的时间价值消失的时候，不管离到期日还有多长时间，都有被指派的风险。在第1章里介绍过这样一种**套利**（arbitrage）形式，在其中，只需付很少或无需付手续费的做市商或公司交易者可以通过按贴水价买入实值看涨期权，并按持平价行权的方法来盈利。类似地，这些交易者也可以按贴水价买入实值看跌期权，并按持平价行权的方法来盈利。

【示例15-4】XYZ的价格是40，XYZ 7月50看跌期权的售价是9.80，离持平价有0.20的贴水。也就是说，这个期权的售价比它的内在价值低0.20。套利者可以通过下面的行动来利用这个机会：

（1）按9.80买入7月看跌期权；

（2）按40买入XYZ普通股股票；

（3）按50将这个看跌期权行权，卖掉XYZ。

这个套利者在交易股票的部分可以得到10点，用40买入普通股股票，通过行权来按50将它卖掉。他为这手看跌期权付了9.80，在行权时全都亏损掉了。不过，他的总盈利是0.20点⊖，也就是最初相对于持平价的贴水。因为他的手续费成本很低，他实际上能从这笔交易中获得净盈利。

正如深度实值看涨期权的情形一样，这种用深度实值看跌期权进行套利的交易有助于二级市场没有其他价格存在。此时，实值看跌期权的公众持有者可以在期权价格接近内在价值时卖出期权。如果没有这些套利者，可能就没有一个流动性合理的二级市场。

股息支付日对指派的频率也有影响。对看涨期权来说，卖出者可以预期在股票除息日会收到指派。看涨期权持有者能够通过行权而收到股息。对看跌期权的卖出者来说，情况略有些不同。他可以预期在标的股票除息日之后的那一天收到指派。因为看跌期权的卖出者有买入股票的义务，因此，不太可能有人会在股息支付之前把股票卖出。不管是什么情况，看跌期权的卖出者都可以使用相对简单的衡量方法来预见接近除息日的指派。如果看跌期权的时间价值少于要付的股息的数量，卖出者就常常能预见到该看跌期权在股票除息之后会立刻被指派。用一个示例可以证明这一点。

【示例15-5】XYZ的价格为45，它将支付50美分的股息。此外，XYZ 7月50看跌期权的售价是5.25。注意到7月50看跌期权的时间价值是25美分，比股息的数量要小，股

⊖ 原文为0.25点，疑有误。——译者注

息是50美分。套利者可以采取下面的行动：

（1）按45买入XYZ；

（2）用5.25买入7月50看跌期权；

（3）收入50美分的股息（要收入这笔股息，他必须把股票一直持有到除息日）；

（4）将他的看跌期权行权，以50的价格卖出XYZ（期权卖出者在除息日之后的那一天会收到指派）。

这个套利者在股票交易中收入5点，用45买入XYZ，然后通过行权将股票按50卖掉。他同时也收入了50美分的股息，他的总收入就等于5.50点。他为看跌期权支付并且亏损了5.25点，不过他仍然有25美分的净盈利。因此，随着股票除息日的临近，这只股票的所有实值看跌期权的时间价值都倾向于等于或者超出股息支付的数量。

这同看涨期权有很大的不同。在第1章里我们说过，随着除息日的到来，看涨期权的卖出者只需要关注他的看涨期权是否处于或者低于持平价在交易，不用关心股息的数量是多少。看跌期权的卖出者则必须决定他的看跌期权的时间价值是否会超出所要支付的股息数量。如果超出的话，那么看跌期权因为股息而被指派的机会就会小得多。无论是哪种情况，只要细心地监控他的头寸，看跌期权的卖出者就能够预见到指派。

15.4.2 头寸限仓

还记得吗，**头寸限仓**（position limit）的规则说的是一个交易者不允许就同一标的证券在市场的同一侧持有一个超过限仓数目的头寸。限仓量根据交易活动的情况和标的股票的波动率而各有不同，它们是由交易期权的交易所设定的。根据这些因素，实际的限仓额是13 500，22 500，31 500，60 000或75 000手合约不等。交易者不能在市场看多的一侧（买入看涨期权和卖出看跌期权）持有超过75 000手合约，也不能在市场看空的一侧（卖出看涨期权和买入看跌期权）持有超过75 000手合约。不过，他可以在市场的两侧各持有75 000手合约，他可以同时买入75 000手看涨期权和75 000手看跌期权。

在下面的示例里，假定交易者所关心的是期权持仓限制为75 000手合约的标的股票。

买入75 000手看涨期权，卖出75 000手看跌期权。没有违规：75 000手看多（买入看涨期权）和75 000手看空（买入看跌期权）。

买入38 000手看涨期权，卖空37 000手看跌期权。没有违规：总共有75 000手看多的合约。

买入38 000手看涨期权，卖出38 000手看跌期权。违规：总共有76 000手看多的合约。

资金管理者应当意识到，这些头寸限仓适用于所有"相关的"账户。因此，一个管理若干账号的人在考虑持仓限额时必须将所有账户中的头寸进行合并计算。

15.5 转换组合

许多看涨期权的价格同看跌期权的价格之间的关系与一种人们称为**转换组合**（conversion）的程序有关。早在交易场外期权的时代就有了这个术语，当时，一个拥有1手看跌期权（或者有可能买一手）的经纪商能够通过将这手看跌期权"转换"为一手看涨期权而满足一个潜在的看涨期权买家的需要。这个术语让人有些混乱，而且，这个经纪商持有的实际头寸不止是一个套利头寸。在场内交易的市场里，套利者和公司交易者可以设定同样的转换头寸。

我们将在后面描述这个转换过程的具体细节，这个过程包括股票的持有成本和在持有这个头寸期间这只股票所支付的所有股息。不过，对看跌期权的交易者来说，重要的是要理解套利者想要做的是什么，这样他才能全面理解场内市场中的看跌期权和看涨期权价格之间的关系。

一手转换头寸没有风险。套利者会做三件事：
（1）买入 100 股标的股票；
（2）买入 1 手某个行权价的看跌期权；
（3）卖出 1 手相同行权价的看涨期权。

套利者在这个头寸中没有风险。如果标的股票价格下跌，他在任何时候都可以将买入的看跌期权行权，按较高的价格卖出股票。如果标的股票上涨，他买入的股票中的收益就可以对冲卖出的看涨期权中的亏损。当然，这个价差者为该特定证券所付的价格将决定这手转换组合能否盈利。有的时候，一个公众客户可以从报纸上的价格中发现他可以建立一手同上面说的头寸相似的头寸，即使去掉手续费，仍然可以从中获利。不过，除非价格出现异常活动，公众客户一般无法得到比银行存款或政府债券利息更高的收益，因为手续费成本会影响收益。

在这里，不需要理解具体什么样的价格会形成一个有吸引力的转换组合头寸，读者也可以看到，套利者并不是总有机会进行转换组合交易的。只要有许多套利者在进行同样的转换组合交易，价格就会恢复正常。股票价格会上涨，因为套利者买入股票，看跌期权的价格也会上升；而由于卖方很多，看涨期权的价格则会下跌。

当这样的情况发生时，另一种价差，也就是**反转组合**（reversal），或者说反向转换组合（reverse conversion）就有了可能。在这个情况里，价差者朝相反方向运作：他卖空标的股票，卖出一手看跌期权，同时买入一手看涨期权。同样，这是一个没有风险的头寸。如果股票上涨，他在任何时候都可以将他的看涨期权行权，用较低的价格买入股票，并且回补他的股票卖空交易。如果股票下跌，他卖空股票的盈利就可以抵消他看跌期权空头的亏损。

上面的内容有些复杂，之所以在这里介绍这些，主要是想说明，当看跌期权和看涨期权的行权价和到期日相同时，它们的价格之间就存在着一种关系。它们不是相互独立的。如果看跌期权相对看涨期权变得"便宜"的话，就会有人来套利，进行转换，迫使价格恢复正常。另一方面，如果看跌期权相对看涨期权变得昂贵，套利者就会交易反转组合，一直到价格恢复正常为止。

因为在进行转换和反转组合中涉及股票的持有成本和股息率，在涉及看跌期权与看涨期权的价格关系中，就出现了两个事实。这两个事实都同在转换过程中的持有成本有关。第一，当标的股票价格刚好等于行权价时，看跌期权的售价一般要低于看涨期权的售价，除非该股票会支付高额股息。在过去的场外市场里，人们常常说出现这种关系的原因是因为对看涨期权的需求要大于对看跌期权的需求。这也许有一定道理，但是在场内市场里这种说法肯定是不正确的。在场内市场里，通过期权清算公司，看涨期权和看跌期权都是要多少有多少。在这里，套利者也起到了增加供给和需求的有用功能，否则这样的供给和需求就有可能不存在。第二个与看跌期权和看涨期权的关系相关的事实是，实值看跌期权的时间价值的销蚀速度要快于实值看涨期权（反过来，虚值看跌期权在保持时间价值方面要优于虚值看涨期权）。转换和反转组合在维持看跌期权和看涨期权的这种价格活动现象方面起了很大作用。这两个事实都同转换中涉及的持有成本有关。

在论述套利的那一章里，我们将仔细介绍转换和反转组合的具体细节，以及为什么这些程序会像上面所说的那样影响到看跌期权和看涨期权的价格关系。不过，现在对读者来说知道存在着这种被广泛使用的套利过程就足够了。事实上，正是这种套利过程，才确保了看跌期权和看涨期权之间的稳定关系。

第16章
Options as a Strategic Investment

买入看跌期权

买入看跌期权在标的股票向下运动时提供了杠杆效应。在这种情况下，它是卖空股票的一种替代方式，就像买入看涨期权是买入股票的一种带杠杆的替代方式一样。

16.1 买入看跌期权与卖空股票

在最简单的情况下，当投资者预期某只股票价格会下跌时，他可以卖空标的股票，也可以买入该股票的看跌期权。假定 XYZ 的价格是 50，XYZ 7 月 50 看跌期权的交易价是 5。如果标的股票价格大幅下跌，看跌期权的买家就可以得到明显超出其最初投资的盈利。不过，如果标的股票价格上涨，看跌期权的买家只需承担有限的风险，他的最大亏损就是他最初买入这个看跌期权所付的钱。在这个示例里，这个看跌期权的买家不可能亏损到 5 点之上，这等于他全部的初始投资。表 16-1 和图 16-1 介绍了在到期日时这个简单的买入看跌期权所产生的结果。

表 16-1　买入看跌期权到期时的结果

XYZ 股票到期价格	看跌期权到期价格	看跌期权盈利（美元）
20	30	+2 500
30	20	+1 500
40	10	+ 500
45	5	0
48	2	- 300
50	0	- 500
60	0	- 500
70	0	- 500

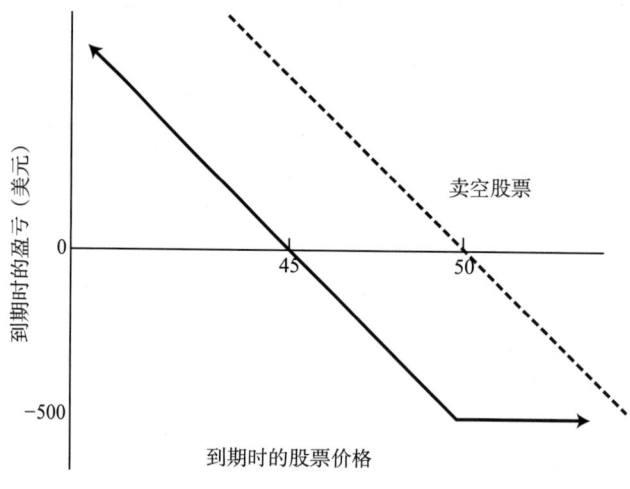

图 16-1　买入看跌期权

看跌期权买家的潜在盈利有限，因为股票价格不可能跌到负数。他的潜在盈利按百分比计算则有可能非常大。亏损一般出现在股票价格上涨的时候，但它不会超过最初的投资。最简单的买入看跌期权的方法是在预期标的股票价格会下跌时进行投机。

可以将这手买入看跌期权的盈亏和相似的在 50 的价格上对 XYZ 进行卖空的交易进行比较，从而观察一下看跌期权的买家所得到的杠杆效应和有限风险的好处。为了按 50 的价格卖空 100 股 XYZ，假定交易者必须使用 2 500 美元的保证金。从表 16-2 和图 16-1 中可以证实若干事实。如果股票价格跌得足够深，买入看跌期权的交易按百分比计算的收益会比卖空标的股票大得多。这是因为买入期权得到的杠杆效应。如果标的股票价格保持基本不变，卖

表 16-2　卖空股票的结果

XYZ 股票 到期价格	卖空股票（美元）	买入看跌期权（美元）
20	+ 3 000(+120%)	+2 500(+500%)
30	+ 2 000(+ 80%)	+1 500(+300%)
40	+ 1 000(+ 40%)	+ 500(+100%)
45	+ 500(+ 20%)	0(0%)
48	+ 200(+ 8%)	- 300(- 60%)
50	0(0%)	- 500(-100%)
60	- 1 000(- 40%)	- 500(-100%)
75	- 2 500(-100%)	- 500(-100%)
100	- 5 000(-200%)	- 500(-100%)

空股票的表现就会更好。因为当标的股票在有限的时间内只有小幅变化时，卖空者不会亏损其全部投资。不过，如果标的股票价格急剧上涨，卖空者的亏损事实上就会大于他的全部初始投资。理论上说，卖空股票有无限的风险。而买入看跌期权中却不是如此，它的风险限制在最初投资的数量之内。在对买入看跌期权和卖空股票进行比较时，另一点需要说明的是，股票的卖空者有义务为股票支付股息，而看跌期权的持有者就没有这样的义务。这是看跌期权持有者的另一个优势。

16.2　选择要买的看跌期权

在确定究竟买入哪个看涨期权时所采用的许多分析方法，也可以用在看跌期权的买入选择上。首先，在把买入看跌期权用作投机策略的时候，交易者投入到这个策略的资金不应当高于其 15% 的风险资本。有的投资者买入看跌期权，是为了给他们基本上以看多为方向的股票投资组合增加一定数量的下行方向保护。关于在实际持有股票的同时买入看跌期权的情形，我们在第 17 章中将有更多的讨论。

相对于实值看跌期权，虚值看跌期权的潜在收益更高，潜在风险也更大。如果标的股票大幅下跌，买入 1 手更便宜的虚值看跌期权所提供的百分比收益就更大。不过，如果标的股票的价格下跌幅度不大，那么实值看跌期权就常常是更好的选择。事实上，看跌期权在变为实值后时间价值往往失去得更为迅速，买入实值看跌期权甚至有更大的好处。

【示例 16-1】XYZ 的价格是 49，有以下的价格存在。

XYZ 普通股股票：　　　　49
XYZ 7 月 45 看跌期权：　　1
XYZ 7 月 50 看跌期权：　　3

如果标的股票在到期时下跌到 40，7 月 45 看跌期权就会价值 5 点，这是 400% 的盈利。7 月 50 看跌期权就会价值 10 点，相对于最初 3 点的购买价格，这是 233% 的盈利。因此，

在大幅度的下跌运动中，买入虚值看跌期权提供了更高的潜在盈利。不过，如果标的股票只有中等幅度的下跌，例如，跌到45，买入7月45看跌期权就会亏损掉全部的投资，因为这个看跌期权在到期时会一文不值。如果XYZ在到期时的价格为45，7月50看跌期权的买家就会有2点的盈利。

前面的分析是以将看跌期权一直持有至到期日为基础的。对期权的买家来说，这通常是一种错误的分析，因为买家常常在到期之前就将他买入的期权平仓。在考虑到期之前看跌期权会发生什么时，记住这样的事实是有用的：实值看跌期权倾向于更迅速地失去它的时间价值。在上面的示例里，7月45看跌期权完全由时间价值组成。如果标的股票跌到45之下，这个看跌期权的价格不会像变为实值的看涨期权的价格涨得那么快。

【示例16-2】如果XYZ下跌了5点，价格到了44，那么，这显然是一个对看跌期权买家有利的运动，结果他发现7月45看跌期权的价值只增加了2点或2.50点。这多少令人失望，因为如果是看涨期权，在股票有了对他有利的5点的运动之后，交易者会期望有更多的增值。因此，在以投机的目的买入看跌期权的时候，除非预期标的股票价格会有很大幅度的下降，否则一般最好将注意力集中在实值看跌期权上。

一旦看跌期权变为实值，即使是在较长期的系列里，时间价值也会减少。由于所有系列里的时间价值都相当小，看跌期权的买家常常可以用微不足道的额外的钱就可以买到较长期的期权，因而在一开始获得更多的时间。看涨期权的买家一般应该避免买入较长期的系列，因为额外的成本同所涉及风险不对称，特别是在交易的情况中。看跌期权的买家则不一定有这种劣势。如果买入较长期看跌期权的费用同买入近期看跌期权几乎相似，那么他就应当这样做，以防标的股票下跌所需要的时间比他最初预期的更长。

下面这样的价格并不少见：

XYZ普通股股票：　　　　46
XYZ 4月50看跌期权：　　4
XYZ 7月50看跌期权：　　4½
XYZ 10月50看跌期权：　　5

这3个看跌期权的价格中都没有多少时间价值。因此，买家也许会愿意多花1点来买入较长期的看跌期权。如果标的股票价格马上下跌，他就会盈利，不过盈利的程度没有买更便宜的看跌期权那么大。但如果标的股票价格上涨，他拥有的是更长期的看跌期权，所以百分比亏损就会较小。如果标的股票价格上涨，这些看跌期权就会获得一些时间价值，最长期的看跌期权能得到最大数量的时间价值。例如，如果股票价格涨到50，那么就可能出现以下的价格：

XYZ普通股股票：　　　　50
XYZ 4月50看跌期权：　　1
XYZ 7月50看跌期权：　　2½
XYZ 10月50看跌期权：　　3½

在这样的情况里，买入最长期的10月50看涨期权的百分比亏损会最小。因此，当交易者决定买入一手实值看跌期权时，如果短期看跌期权与长期期权的时间价值差异不大，那他应该考虑买入最长期的看跌期权。

我们在第 3 章里说过，delta 是当标的股票运动一个固定量（通常为了简单起见而用 1 点）时，你所预期的期权价格的增加或减少的数量。因此，如果 XYZ 的价格为 49，看涨期权的价格为 3，delta 为 0.5，那么，你就可以预期到：如果 XYZ 的价格是 50，这个看涨期权的售价就是 3.50；如果 XYZ 是 48，这个看涨期权的售价就是 2.50。在现实中，标的股票运动不足 1 点，delta 也会运动，不过人们一般假设 delta 的运动是基于股票 1 点的运动。显然，看跌期权也有 delta。看跌期权的 delta 是负数，它反映了看跌期权的价格同股票的价格之间的反向关系。近似地说，看涨期权的 delta 减去相同条款的看跌期权的 delta 等于 1。也就是说：

$$看跌期权的 delta = 看涨期权的 delta - 1$$

这是一个近似值，除非看跌期权深度实值，否则它还是准确的。我们已经指出过，看跌期权的时间价值的表现与看涨期权不同。因此，如果说这个公式对所有情况都适用，那是不准确的。

看跌期权的 delta 的变化范围是从 0 ~ −1。如果 7 月 50 看跌期权的 delta 是 −0.5，而标的股票价格上涨 1 点，那么这个看跌期权就会失去 0.50 点。深度虚值看跌期权的 delta 接近于零。随着股票价格下跌，看跌期权的 delta 开始慢慢减小。当股票跌过行权价时，看跌期权的 delta 的下跌速度会更快。当股票价格低于行权价只有不大的幅度时，看跌期权的 delta 就达到了 −1（最低值）。这反映出虚值看跌期权常常可以相当好地保留时间价值，而实值看跌期权则相当快地达到持平价。

16.3 买入看跌期权策略的排序

在第 3 章中，我们建立了一种对买入看涨期权进行排序的方法，它包括了若干因素，比如标的股票的波动率和预期持有期权多头的时间等。同样的分析也可以用在买入看跌期权上。

下面我们对这些步骤进行了总结。读者可以回过头去看一看第 3 章里的"高级选择标准"那一节，那里对这种排序方法的高明之处有详细的介绍。

（1）假定每只标的股票的价格在一个固定的时期内（30 天、60 天或 90 天）都会随着它的波动率而下跌。

（2）用下跌之后的看跌期权价格进行评估。

（3）使用激进购买的方式，对所有潜在的买入看跌期权按照最高收益机会进行排序。

（4）假定标的股票会根据它的波动率上涨，然后按照最好的风险/收益比对所有潜在买入看跌期权进行排序，以得到一个更加保守的买入看跌期权列表。

正如前面所说的，有必要使用计算机对所有场内期权进行精密的分析。一般客户只能从经纪商或数据服务商那里得到这样的数据。他应当确认他使用的列表与上面的标准相符。如果数据商对买入期权策略的排序是根据标的股票下跌一定百分比（像 5% 或 10%）时看跌期权的表现的话，那么就应当拒绝这样的列表，因为它没有把标的股票的波动率结合到它的分析中去。同时，如果这个列表是基于持有看跌期权至到期日所得到的，那也应当拒绝这样的列表，因为这不是现实的假设。市面上有足够的可靠和精密的数据供应商，所以，在今天的期权市场里，你不必与那些低档的分析打交道。

对那些数学造诣更深、具备在计算机上构建他们自己分析的能力的读者来说，上面所介绍的那种分析方法的实施细节将在第 28 章中讨论。对买入看跌期权与固定收益证券相结合的应用将在第 26 章中讨论。

16.4 后续行动

同看涨期权的买家一样，看跌期权的买家也可以使用相似的策略来进行后续行动，或者是锁住盈利，或者是改善亏损。在讨论这些具体策略之前，应当再一次说明，通过行权的方法来将期权平仓，很少能给期权买家带来好处，除非看涨期权的买家实际想要拥有股票，或者看跌期权买家实际想卖出股票。如果期权的持有者只是想要将他的头寸平仓，那么股票的手续费就会让行权的成本很高。即使在他卖出期权时不得不接受相对持平价略有贴水的价格，情况也是如此。

锁住盈利

读者也许会记得，一手有未兑现盈利的看涨期权的持有者有四种策略（也许更应当说是"技巧"）可以使用。这四种技巧只要略加修改就可以为看跌期权的买家所使用。此外，如果一只股票既有场内看跌期权又有场内看涨期权，那么就还有第五种策略可以使用。

在标的股票向下运动，看跌期权买家有了大量的未兑现盈利之后，他也许应当考虑采取下面行动中的一种：

（1）卖出看跌期权，将这个头寸平仓，提取盈利；
（2）什么都不做，继续持有这个看跌期权；
（3）卖掉实值看跌期权多头，用部分的收入买入多个虚值看跌期权；
（4）就他目前持有的看跌期权而再卖出一手虚值看跌期权，以构造一手价差头寸。

这同前面讨论看涨期权时讨论过的四种技巧是相同的。第五种技巧是，一手有未兑现盈利的场内看跌期权的持有者可以考虑买入一手场内看涨期权来保护他的头寸。

【示例 16-3】投资者在股票价格是 52 时用 2 点买入 XYZ 10 月 50 看跌期权。如果股票现在跌到 45，看跌期权就有可能价值 6 点，积累了 4 点的未兑现盈利。此时，看跌期权持有者就到了需要实施这五个技巧中的某一个的时候了。经过一段时间后，在股票价格为 45 时，一手实值的 10 月 45 的售价有可能是 2 点。表 16-3 对这个情况作了总结。如果交易者只是卖出这手 10 月 50 看跌期权将他的头寸平仓，他就可以实现 4 点的盈利。因为他终止了这个头寸，他的盈利就只能刚好是 4 点。这是这些技巧中最保守的一

表 16-3 不同盈利背景表

最初的交易		现在的价格	
XYZ 普通股股票	52	XYZ 普通股股票	45
买入 XYZ10 月 50 看跌期权	2	XYZ10 月 50 看跌期权	6
		XYZ10 月 45 看跌期权	2

种，它没有给升值留下额外的空间，但是也消除了所有将积累起来的盈利亏损掉的可能。

如果交易者什么都不做，只是继续持有这个 10 月 50 看跌期权，他就是在采取一种激进的行动。如果股票调转方向向上反弹，在到期日涨到 50 之上，他就会把盈利全都输掉。不过，如果股票继续下跌，他就可以积累更多的盈利。这是唯一的在到期时最终会亏损的技巧。

这两种简单的策略（平仓或者什么都不做）是最容易的选择。剩下的策略可以使交易者在保留已有盈利和积累更多盈利之间寻求平衡。投机者可以使用的第三种技巧是卖出他目前持有的看跌期权，使用部分收益买入 10 月 45 看跌期权。这个技巧的基本设想是从市场中拿回交易者的最初投资成本，然后通过买入虚值的期权来增加所持期权的数量。

【示例 16-4】交易者从卖出 10 月 50 看跌期权中可以收入 6 点。他应当从中拿出 2 点放回自己的口袋，收回他最初的投资。然后，他可以把剩下的钱以每手 2 点的价格买入 2 手 10 月 45 看跌期权。使用这样的策略，他在到期时没有任何风险，因为他已经收回了最初的投资。此外，如果标的股票继续急剧下跌，他就会有丰厚的盈利，因为他增加了他所持有的看跌期权的数量。

看跌期权持有者的第四个选择是通过就他已经持有的 10 月 50 看跌期权而卖出 10 月 45 看跌期权来构造出一手价差。这样做从技术上来说就建立了一手熊市价差。我们在后面将更详细地介绍这种价差。现在只要明白建立这样的价差对交易者的风险和收益发生了什么影响就足够了。卖出 10 月 45 看跌期权带来了 2 点收入，它可以将最初买入 10 月 50 看跌期权所花的 2 点抵消掉。因此，他的这手价差就没有"成本"，除了手续费之外，他没有风险。如果标的股票在到期时涨过了 50，所有的看跌期权都无价值到期。（标的股票在期权到期时价格高于期权的行权价，看跌期权就无价值到期。）这是最坏的情况，他从这个价差中一无所获。如果股票在到期时在 45 之下，他就可以实现这手价差的最大潜在盈利，也就是 5 点。也就是说，无论 XYZ 在到期时低于 45 多少，10 月 50 看跌期权都比 10 月 45 看跌期权的价值多出 5 点，这个价差平仓时有 5 点的盈利。他在这手价差中最大的潜在盈利就是 5 点。如果标的股票在到期之前稳定在 45 的价位附近，这种技巧就是最好的选择。

为了分析看跌期权持有者可以使用的第 5 种策略，有必要将看涨期权引入分析中来。

【示例 16-5】XYZ 的价格为 45，10 月 45 看涨期权的售价是 3 点。看跌期权的持有者可以买入这手看涨期权，以限制他的风险，同时保留在将来获得更多盈利的可能性。如果交易者买入了这手看涨期权，他就有了下面的头寸：

买入 1 手 10 月 50 看跌期权

买入 1 手 10 月 45 看涨期权

综合成本：5 点

这个看跌期权和看涨期权的组合的总的综合成本是 5 点：2 点是最初为看跌期权所付的，3 点是现在为看涨期权所付的。不管标的股票在到期时的价位是多少，这个组合都会价值至少 5 点。例如，如果 XYZ 在到期时是 46，看跌期权就价值 4，看涨期权就价值 1；或者，如果 XYZ 是 48，看跌期权就价值 2，看涨期权就价值 3。如果股票价格在到期时在 50 之上，或者在 45 之下，这个组合的价值就会超过 5 点。因此，交易者在这个组合中没有风险，因为他为这个组合付了5点，而且在到期时至少可以将它卖到5点。事实上，如果标的股票价格继续下跌，看跌期权变得更值钱，他于是可以积累起大额盈利。此外，如果标的股票反转方向，价格大幅反弹，他还是可以盈利，因为在这种情况下看涨期权会变得更有价值。如果标的股票的价格在到期时没有稳定在45左右，而是上下大幅摆动，那么这种技巧就是最好的策略。我们在第23章将详细讨论同时拥有1手看跌期权和1手看涨期权的策略。在这里引进这种策略，只是供那些想要保护他的未兑现盈利的看跌期权持有者参考。

在不同的情况下，这五种策略的每一种都有可能成为最好的策略。每种技巧的最终结果取决于XYZ未来的运动方向。同看涨期权的情况相同，价差的技巧从来都不是最糟的技巧，虽然只有在标的股票的价格稳定下来的时候它才是最好的技巧。表16-4总结了投机者在使用这五种技巧中从每一种中可以预期的结果。这些技巧如下：

（1）平仓：卖掉买入的看跌期权以提取盈利，然后不再重新投资。

（2）什么都不做：继续持有看跌期权多头。

（3）"向下挪仓"：卖出所持看跌期权，收回最初的投资，将剩下的盈利投资到行权价较低的虚值看跌期权中。

（4）"价差"：保持原有的看跌期权，同时卖出虚值的看跌期权，从而构造出一手价差。

（5）"组合"：继续持有买入的看跌期权，同时买入一手行权价较低的看涨期权，从而构造出一手组合。

表16-4 五种技巧的比较

在到期日，如果XYZ	最好的策略是	最糟的策略是
继续急剧下跌	"向下挪仓"	平仓
小幅度进一步下跌	什么都不做	组合
保持相对无变化	价差	组合或"向下挪仓"
小幅度上涨	平仓	"向下挪仓"或什么都不做
大幅度上涨	组合	什么都不做

表16-5 采用五种技巧时每种的结果

XYZ到期价格	"向下挪仓"盈利（美元）	什么都不做盈利（美元）	价差盈利（美元）	平仓盈利（美元）	组合盈利（美元）
30	+3 000(B)	+1 800	+500	+400(W)	+1 500
35	+2 000(B)	+1 300	+500	+400(W)	+1 000
41	+ 800(B)	+ 700	+500	+400(W)	+ 400
42	+ 600(B)	+ 600(B)	+500	+400	+ 300(W)
43	+ 400	+ 500(B)	+500(B)	+400	+ 200(W)
45	0(W)	+ 300	+500(B)	+400	0(W)
46	0(W)	+ 200	+400(B)	+400(B)	0(W)
48	0(W)	0(W)	+200	+400(B)	0(W)
50	0	- 200(W)	0	+400(B)	0
54	0	- 200(W)	0	+400(B)	+ 400(B)
60	0	- 200(W)	0	+400	+1 000(B)

注：1. "B"说明这是最好的技巧。

2. "W"说明这是最糟的技巧。

请注意，每一种技巧都在某一种情况下是最好的技巧，不过，在这5种策略中，只有价差一直都不是最糟的。表16-5显示了每一种技巧在使用上面示例中的数据时所产生的实际结果，其中，"B"说明这是最好的技巧，"W"说明这是最糟的。

如果标的股票继续急剧下跌，所有这些策略都有盈利，而"向下挪仓"、"什么都不做"和"组合"的效果最好，因为如果股票价格持续下跌，它们就会持续积累盈利。如果标的股票不是跌了而是涨了，只有组合才有可能比最简单的平仓策略的表现要好。

如果标的股票的价格稳定下来，"什么都不做"和"价差"的技巧效果最好。一般来说，组合的技巧或者"向下挪仓"的技巧最具吸引力，因为它们都没有风险，而且如果股票价格大幅度上涨，都可以产生大笔的盈利。价差的优势主要是在看涨期权里，因为在看跌期权的情况里，卖出虚值看跌期权所得到的权利金并不大，价差的策略因此就失去了它的某些吸引力。最后，这些技巧都可以只运用它们的一部分，例如，交易者可以将一个盈利的头寸卖掉一半以提取部分的盈利，而继续持有剩下的部分。

16.5 止损行动

上面的讨论集中在看跌期权持有者如何保留或增加他的盈利。不过，在期权买入的策略中常常出现的情况是，期权的持有者面临未兑现的亏损。在这种情况里，看跌期权持有者也有若干可供选择的行动。他首要的和最简单的做法是将这手看跌期权卖掉，承担亏损。虽然在一定的情况里应当这样做，特别是当标的股票似乎已经显然要朝看多的方向继续运动下去的时候，不过，这并不总是最明智的做法。有亏损的看跌期权持有者也可以考虑采用"向上挪仓"以构造一手看空的价差，或者建立一手跨期价差。这两种方法都可以帮助他挽回部分亏损。

16.5.1 "向上挪仓"策略

读者也许还记得，同"向上挪仓"相似，对那些持有的看涨期权出现亏损时有"向下挪仓"的说法，我们在第3章里对它进行过介绍。看跌期权的持有者在出现亏损时可以构造出一手在到期时可以让他按更有利的价格达到盈亏平衡的价差。这样的做法不可避免地会限制他的潜在盈利，但是一般而言，这样做能从完全无价值到期的看跌期权中拯救出某些价值，所以它是有用的。

【示例16-6】一个投资者在标的股票为45时用3点买入了一手XYZ 10月45看跌期权。但是，股票后来上涨到了48，最初用3点买入的看跌期权现在只值1.50点。顺便说一下，一手看跌期权即使在过了一段时间并且股票在上涨的情况下仍然保留了这么多的价值，这并不奇怪，因为虚值看跌期权在保存时间价值方面往往做得相当好。当XYZ为48时，10月50看跌期权的售价有可能是3点。看跌期权持有者可以通过卖出2手他现在持有的看跌期权（10月45），同时买入1手10月50看跌期权，来构造出一个用来挽回部分亏损的头寸。这个交易的净成本只是手续费，因为他用每手1.50的价格卖出了2手看跌期权，收入了300美元，这笔收入将买入10月50看跌期权的300美元的支出全部抵消掉了。表16-6

总结了这笔交易。

表 16-6 向上挪仓交易的总结

初始交易：	用 3 点买入 1 手 10 月 45 看跌期权	
	XYZ 价格为 45	300 美元支出
后来：	XYZ 价格为 48	
	按每手 1.50 卖出 2 手 10 月 45 看跌期权	300 美元收入
	用 3 点买入 1 手 10 月 50 看跌期权	300 美元支出
净头寸：	买入 1 手 10 月 50 看跌期权	
	卖出 1 手 10 月 45 看跌期权	300 美元支出

通过卖出 2 手 10 月 45 看跌期权，投资者现在持有 1 手 10 月 45 看跌期权的空头。他同时买入了 1 手 10 月 50 看跌期权，因此他就有了一手价差（从技术上说，这是一手熊市价差）。为了建立这个价差，除了手续费，他没有花别的钱，因为卖出 10 月 45 的收入抵消了买入 10 月 50 看跌期权的支出。如果建立这个价差的支出很小，这个价差就最具吸引力。在这个示例里，支出是零。

建立这个价差的效果是，投资者的风险一点也没有增加，但是他的头寸的盈亏平衡点被提高了。也就是说，只要 XYZ 小幅度下跌，他就有可能实现盈亏平衡。如果没有建立这个价差，这个看跌期权持有者需要 XYZ 在到期时跌回到 42 才能实现盈亏平衡，因为他开始时为 10 月 45 看跌期权支付了 3 点。他的初始风险是 300 美元。如果 XYZ 价格继续上涨，价差中的看跌期权就无价值到期，净亏损仍然只是 300 美元加额外的手续费。应当承认，价差的手续费会略为增加亏损，不过，同这个头寸的支出（300 美元）相比，它的数量很小。另一方面，如果股票在到期日时小幅下跌到 47，那么，这个价差就会实现盈亏平衡。在到期时，如果 XYZ 是 47，实值的 10 月 50 看跌期权就价值 3 点，虚值的 10 月 45 看跌期权就会无价值到期。因此，当 XYZ 的价格在期权到期时是 47，不计手续费，这个投资者就会收回 300 美元。他的盈亏平衡点从 42 提到了 47，这显著地改善了他恢复盈亏平衡的机会。

不过，实施这个价差策略会减小这个头寸的潜在盈利。这个价差的最大潜在盈利是 2 点。如果 XYZ 在到期时跌到了 45 之下，这个价差就价值 5 点，因为 10 月 50 看跌期权的售价比 10 月 45 看跌期权高 5 点。投资者的潜在盈利被限制在 2 点之内，也就是价差间 5 点的最大跨度减去建立头寸时他所支付的 3 点。即使标的股票大幅度下跌，他也不可能再获得更大的盈利。面对未兑现的亏损和将投资全部亏损掉的这种可能性，看跌期权持有者一般不去考虑这个不利的方面。一般而言，能够实现盈亏平衡或者得到小笔盈利，他就感激不尽了。构造这手价差可以帮助他实现这个目标。

应当指出，除非 XYZ 在到期时价格在 50 以上，他就不会面对整个支出再加手续费这样的最大亏损。只要 XYZ 在 50 之下，10 月 50 看跌期权就有一定的价值，投资者就还可以从这个头寸中收回一些。这与最初的持有 10 月 45 看跌期权的头寸有明显的不同，在最初的头寸里，除非股票在到期时价格在 45 之下，否则就会出现最大亏损。因此，引进这个价差同时也减少了实现最大亏损的机会。

总的来说，有未兑现亏损的看跌期权持有者可以通过卖出两倍数量于他目前持有的看跌期权和买入次高行权价的看跌期权来构造一手价差。不过，只有当这个交易可以用很小的支出或者最好没有支出来完成时才应当采取这样的做法。这个价差提供了高得多的实现盈亏平衡的机会，同时也减少了出现头寸最大亏损的可能性。不过，如果标的股票价格后来大幅下跌，引进这些止损的方法会减小这个头寸的最大潜在盈利。正如在看涨期权中那样，在看跌期权中使用这种价差策略需要一个保证金账户。

16.5.2 跨期价差策略

有未兑现亏损的看跌期权持有者有时也可以使用另一种策略。如果他所持的是中期或长期的看跌期权，他可以就目前持有的这手看跌期权卖出近期的看跌期权，从而构造一手跨期价差。

【示例 16-7】在股票价格为 45 时，投资者用 3 点买入了 1 手 10 月 45 看跌期权。股票上涨到 48，朝着对看跌期权买家不利的方向运动，他的看跌期权的价值跌到 1.50。在这个时候，他可以考虑按 1 点卖出近期的 7 月 45 看跌期权。理想的情况是 7 月 45 看跌期权无价值到期，从而他持有的看跌期权的成本就减少 1 点。这时，如果标的股票下跌到 45 之下，他在 7 月到期日之后还可以盈利。

这个策略的主要缺点是，如果标的股票在近期的 7 月期权过期之前跌回到 45 或者更低，那么就只有很少或者没有盈利可言，事实上，有相当大的可能会出现亏损。正如前面指出的，看跌期权在时间价值方面同看涨期权有显著的不同。当股票价格为 45 时，7 月 45 看跌期权同 10 月 45 看跌期权之间也许没有多大的区别。这就是说这个价差不会有什么收益，而价差交易者的亏损则等于最初的未兑现亏损再加上手续费。在上面的示例里，如果 XYZ 迅速跌回到 45，7 月 45 看跌期权就会价值 1.50，而 10 月的合约则会价值 2.50。在这个时候，价差的两条腿都会有亏损：他用 1 卖出 7 月 45 看跌期权，而它现在价值 1.50；他用 3 买入 10 月 45 看跌期权，而它现在价值 2.50，再加上此时他已经花了 2 笔手续费，而且还要再花 2 笔将头寸平仓。

在这个时候，这个策略家也许会决定什么都不做，等着看这个股票接下来是否会上涨，使得 7 月 45 看跌期权无价值到期。不过，如果股票继续下跌到 45 之下，随着两手看跌期权都更接近持平价，这个价差几乎肯定会变为一笔亏损。

这种价差没有"向上挪仓"那么具有吸引力。在"向上挪仓"策略里，如果股票在价差建立之后价格下跌，交易者并不会有亏损，尽管他确实限制了他的盈利。即使股票下跌还会导致亏损这个事实使得跨期价差变得不那么受欢迎。

16.6 相等头寸

在考虑其他以看跌期权为方向的策略之前，读者应当知道**相等头寸**（equivalent position）的定义。当两个策略（或者说头寸）有相等的潜在盈利时，它们就是相等头寸。它们可以有不同的质押或投资要求，但是它们的潜在盈利是相同的。本书第 2 部分讨论的许多以看涨期权为方向的策略都有相等的看跌期权策略。我们已经讨论过一个这样的示例。"保护性卖空"（protected short sale），或者说卖空普通股股票和买入一手看涨期权，就与买入一手看跌期权相等。也就是说，两者都在期权行权价之上有有限风险，也都在下行方向有较大的潜在盈利。一种简单的辨别两个策略是否相等的方法是看一看它们的盈利图形的形状是否相同。买入看跌期权同"保护性卖空"的形状完全相同（见图16-1和图4-1）。在讨论更多的看跌期权策略时，我们会一直提到这个看跌期权的策略是否与前面讨论过的哪个看涨期权策略相等。这可以帮助我们理解看跌期权的策略，对看跌期权不熟悉的读者可能会感到看跌期权的策略有些复杂，这是可以理解的。

第17章

持有股票的同时买入看跌期权

除了在标的股票下行运动中的投机杠杆之外，看跌期权还有另一个有用的特征，那就是，可以使用买入看跌期权的策略来限制已持有股票在下行方面的亏损。在投资者同时持有普通股股票和同一股票上的看跌期权的时候，他就有了一个在期权存续期内下行方向风险有限的头寸。这个头寸也叫做合成看涨期权多头（synthetic long call），因为它的盈利图形的形状与看涨期权多头一样。

【示例17-1】一个投资者持有XYZ股票，它的价格是52，他用2的价格买入了1手10月50看跌期权。这个看跌期权给了他按50的价格卖出XYZ的权利，因此这个股票持有者在他的股票中最多亏损2点。由于他为看跌期权的保护支付了2点，不管在这之前XYZ的股价会跌到多深，他在10月到期之前的最大潜在亏损是4点。另一方面，如果股票价格在10月之前上涨，这个投资者可以实现股票中所有收益，再减去他为看跌期权保护所付的2点。看跌期权的作用非常像一个有期限的保险。表17-1和图17-1显示了这个头寸在10月到期时的结果：用2点买入10月50看跌期权来保护持有售价为52的XYZ普通股股票。图形中的虚线代表了持有股票本身的潜在盈利。请注意，如果股票在10月低于48，买入看跌期权就对股票持有者有好处。不过，如果XYZ在到期时高于48，买入看跌期权就成了影响潜在盈利的一笔小负担。这个策略不一定是用来实现股票持有者在股票中最大的潜在盈利，它实际上是为股票持有者提供了保护，在看跌期权存续期间消除了持有这只股票会有灾难性亏损的可能性。在本章和第18章所讨论的所

表17-1 备兑持有股票在到期时的结果

XYZ 到期价格	股票盈利（美元）	看跌期权盈利（美元）	总盈利（美元）
30	− 2 200	+1 800	− 400
40	− 1 200	+ 800	− 400
50	− 200	− 200	− 400
54	+ 200	− 200	0
60	+ 800	− 200	+ 600
70	+1 800	− 200	+1 600
80	+2 800	− 200	+2 600

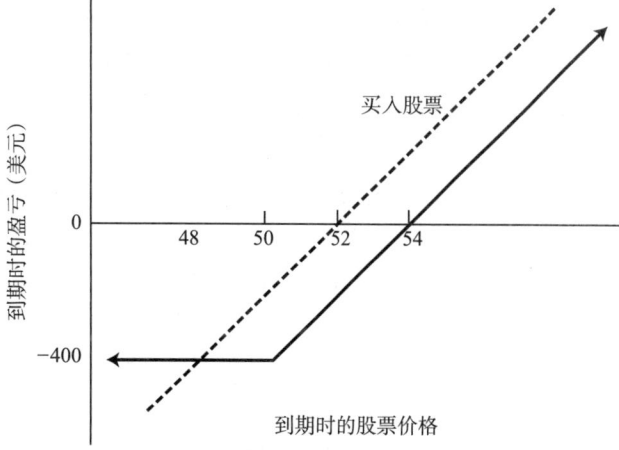

图17-1 买入普通股股票和买入看跌期权

有买入看跌期权的策略中，看跌期权都是必须全价付清的。这是唯一需要增加的投资。

虽然任何普通股股票持有者都可以使用这个策略，但有两类股票持有者会发现这个策略特别有吸引力。首先，不想卖出股票的长期持有者可以使用看跌期权的保护来限制其短期的亏损。其次，在买入股票时想要某种"保险"，以防看错的投资者，也会发现看跌期权的保护具有吸引力。

要是坚信股票价格会下跌，那么，股票的长期持有者也许应当把股票卖掉。不过，他的买入成本有可能使得资本税高到使得卖出股票贵得不可接受。而且，他或许对股票是否会下跌并没有百分之百的把握，也许还想留住这只股票，它说不定真得会上涨。无论是哪种情况，买入看跌期权都可以限制持股人在下行方向的风险，同时仍然为股票上涨留下空间。许多个体和机构投资者手里都有因为这种或那种原因而不能轻易脱手的股票。买入低成本的看跌期权常常可以减小熊市对他们所持股票的负面影响。

第二类为了保护目的而买入看跌期权的人，包括正在股票中建立起头寸的投资者。这样的投资者也许想要在买入股票的同时买入一手看跌期权，从而构造一个头寸，它的盈利性同前面的盈利图所描写的相似。他一开始有的头寸就立刻是一个下行风险有限，但如果股票上涨就有大笔盈利的头寸。这样，在看跌期权的存续期内，他就可以放心地持有这个头寸，而不必担心如果股票价格一时下跌，应当在什么时候将它出手。有些相当激进的股票交易者也使用这个策略，因为有了它就不必在股票上设置止损指令。看着股票下跌，启动止损指令，接着价格又反弹回去，这常常是让人烦恼的经历。有看跌期权作为保护的股票持有者就不需要对股票的下行运动做出过激反应。在这个看跌期权的存续期内，他都可以高枕无忧，因为他已经在头寸中建立了保护机制。

17.1 买什么样的看跌期权

股票持有者选择应当买什么样的看跌期权，决定了他要放弃多少潜在盈利以及限制多大的风险。虚值看跌期权的成本很小。因此，如果标的股票价格上涨，它对潜在盈利就只是较小的障碍。不幸的是，这样的看跌期权在股票价格跌到期权行权价之前的保护功能也小。因此，买入虚值看跌期权所提供的下行方向的保护没有买入实值期权那么大。买入深度虚值期权作为保护更像是一种"灾难保险"：如果在这个看跌期权的存续期内股票出现灾难性暴跌，股票持有者可以从这样的看跌期权中得到保护，但是，如果股票下跌有限，它就提供不了什么保护。

【示例 17-2】XYZ 价格为 40，10 月 35 看跌期权的售价为 0.50 点。买入这个看跌期权作为普通股股票的保护在上行方向的潜在盈利方面几乎没有影响。不过，如果 XYZ 跌到 35 或者更低，股票持有者就只会亏损 5.50 点。这是他最大的可能亏损，因为如果 XYZ 在 10 月到期日的价格在 35 之下，他就可以将他的看跌期权行权，按 35 的价格卖出股票，在股票上亏损 5 点，同时他还必须为这个看跌期权付 0.50 点，所以总的亏损为 5.50 点。

另一方面，股票持有者可以买入一手实值看跌期权作为保护。这样会严重限制他的潜在盈利，因为标的股票必须上涨到比行权价更高的地方，他才有盈利可言。不过，实值看跌期权在下行方向提供了巨大的保护，将他的亏损限制到非常小的数量。

【示例17-3】XYZ的价格同样是40，10月45看跌期权的售价为5.50点。买入10月45看跌期权的股票持有者的最大风险是0.50点，因为在任何时候都可以将这个看跌期权行权，按45的价格卖掉股票，这样在股票上就会有5点的收益。他为这手看跌期权付了5.50点，所以他总的最大亏损是0.50点。但是，在这个看跌期权的存续期里，他很难从这个头寸中盈利，在10月到期时他想要有任何盈利，XYZ就必须上涨5.50（看跌期权的成本）以上。

买入深度实值的看跌期权是一个过度保守的策略，因而通常不是一个好策略。另一方面，买入深度虚值的看跌期权也不是一种聪明的做法。一般来说，交易者应当买入略为虚值的看跌期权作为保护。这样就可以在对保护股票的正面作用和限制盈利的负面作用之间达到一种平衡。

如果还记得我们实际上已经在第3章中做过这样的分析，读者也许会感到有趣。再看一下用买入看跌期权来保护股票多头的这个策略的盈利图（见图17-1）。它同一手简单的买入看涨期权的盈利图形一模一样。因此，买入看涨期权和买入看跌期权并买入股票这两个策略是相等的。重申一遍，相等的意思是说它们的潜在盈利相似。显然，持有一手看涨期权和持有股票以及一手看跌期权有显著的不同。股票持有者持续在一个不确定的时段内持有他的头寸，而看涨期权的持有者则不是如此。同时，股票持有者不得不为他的头寸支付多得多的钱，而且，他有股息收入而看涨期权持有者则没有。因此，在将以看涨期权为方向的策略与以看跌期权为方向的策略进行比较时，"相等"并不意味着完全一样，它只是标志着这两个策略有相似的潜在盈利。

在第3章里我们指出过，略为实值的看涨期权常常在风险和收益之间提供最好的比率。当看涨期权略为实值时，股票价格是高于期权行权价的。与此相似，略微虚值的看跌期权为买入看跌期权作为保护的股票持有者提供风险和收益之间的最好的比率。同样，股票也是略为高于期权的行权价。实际上，因为这两个头寸是相等的，我们可以得出同样的结论，这就是为什么我们说读者在前面已经听到过这样的分析了。

17.2 税务考虑

我们在后面会详细地讨论税务上的考虑，不过，在这里有必要说一下一条与持有股票并买入看跌期权有关系的重要税法。如果股票持有者在买入看跌期权时已经是股票的长期持有者，那么，买入看跌期权对他的税务状况没有什么影响。与此相似，如果股票的买家在买入看跌期权的同时买入股票，并且他持有的头寸被认定为一个对冲头寸，那么，对他股票的税务状况也没有影响。不过，如果交易者在买入看跌期权的时候已经是一个普通股股票的短期持有者，那么，他在普通股股票上积累起来的持股时间就不复存在了。此外，一直要到这手看跌期权被卖出之后，才能重新计算股票的持有时间。

【示例17-4】假定持有股票6个月才算长期持有。也就是说，股票持有者必须将一只股票持有6个月以上，股票上的收益才能被看作长期资本收益。一个买入这只股票的投资者，如果在持有股票的5个月时买入了一手看跌期权，那么，他先前的5个月持有期就不再有效。假定他从这时起将股票和看跌期权同时持有6个月,在6个月结束时将看跌期权平仓。他的股票的持有期就将重新开始计算。即使他已经持有这只股票11个月了,在买入看跌期权之前有5个月,6个月是在持有看跌期权的同时继续持有股票,就税务目的而言,他的持有期是零!

这条法律对报税来说很重要,交易者如果对买入看跌期权对他持有普通股股票的税收可能发生的影响不清楚的话,那么应当咨询一下他的税务顾问。

17.3 买入看跌期权作为对备兑看涨期权卖出者的保护

因为买入看跌期权为普通股股票的持有者提供了保护,有的投资者自然会想到,同样的保护特性也可以用来限制他们在卖出备兑看涨期权策略中的下行风险。读者应当记得,卖出备兑看涨期权涉及买入股票和就股票卖出一手看涨期权。卖出备兑在上行方向的潜在盈利有限,在下行方向提供了同看涨期权权利金数量相等的保护。如果股票价格在到期时稍许下跌、保持不变或者上涨,备兑卖出者就能盈利。当股票下跌的幅度超过所收入的看涨期权权利金时,备兑卖出者才会实际亏损。他在下行方向有很大的潜在风险。整个策略被称为保护性领圈(protective collar),或者简称为"领圈"(collar)[它有时也被叫做"对冲保护"(hedge wrapper),不过这已经是个过时的说法了]。

买入虚值看跌期权可以为卖出备兑消除大的潜在亏损,但花在买入看跌期权上的钱会减少这手卖出备兑的总收益。因此,交易者在决定是否值得买入这手看跌期权时,必须将它的成本包括在最初的计算中。

【示例 17-5】XYZ 的价格是 39,XYZ 10 月 40 看涨期权的售价是 3 点,XYZ 10 月 35 看跌期权的售价是 0.50 点。用 39 的价格买入普通股股票,按 3 点的价格卖出 10 月 40 看涨期权,就可以建立起一手卖出备兑。如果 XYZ 在到期日价格 40 之上,这手卖出备兑就会有 4 点的最大潜在盈利。如果 XYZ 在 10 月到期时低于 36 这个盈亏平衡点,这手卖出备兑就会亏钱。如果在启动这个卖出备兑的同时买入 10 月 35 看跌期权,这个备兑卖出者的潜在盈利就会略有降低,但是他的潜在风险也会大大降低。如果在卖出备兑中加入买入看跌期权的策略,在 10 月到期日时的最大潜在盈利就减少到 3.50 点,盈亏平衡点向上移到了 36.50,如果 XYZ 在到期日低于 36.50,卖出者就要遭受一定的亏损。不过,这个卖出者的最大亏损不会超过 1.50 点,这出现在 XYZ 在到期时价格低于 35 的时候。买入看跌期权产生了这个止损的效果。表 17-2 和图 17-2 显示了普通卖出备兑的盈利性和有买入看跌期权保护时的盈利性。

表 17-2 普通卖出备兑同受保护的卖出备兑的比较

XYZ 到期价格	股票盈利(美元)	10 月 40 看涨期权盈利(美元)	10 月 35 看跌期权盈利(美元)	总盈利(美元)
25	-1 400	+300	+950	-150
30	-900	+300	+450	-150
35	-400	+300	-50	-150
36.50	-250	+300	-50	0

(续)

XYZ 到期价格	股票盈利（美元）	10月40 看涨期权盈利（美元）	10月35 看跌期权盈利（美元）	总盈利（美元）
38	− 100	+ 300	− 50	+ 150
40	+ 100	+ 300	− 50	+ 350
45	+ 600	− 200	− 50	+ 350
50	+1 100	− 700	− 50	+ 350

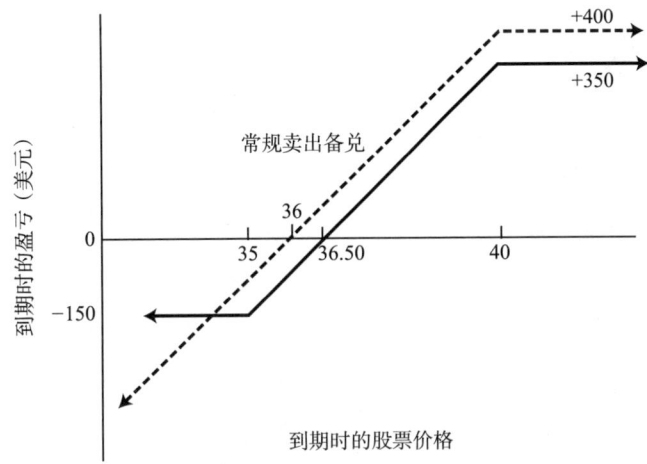

图 17-2　买入看跌期权保护的卖出备兑看涨期权

在计算备兑卖出者的收益时，应当仔细地把手续费以及看跌期权的成本考虑进去。在第 2 章中我们说明过，备兑卖出者为了得到一个准确的"总收益"画面，必须将所有手续费、保证金利息成本和所有收到的股息都包括在内。图 17-2 显示出盈亏平衡点略为提高了一些，总的潜在盈利因为买入看跌期权而减少了一些。不过，最大风险相当小，而且在形势不利的时候，卖出者也不再需要被迫向下挪仓。

读者应当还记得，没有保护性看跌期权的备兑卖出者为了得到更大的下行方向的保护，就不得不向下挪仓。向下挪仓意味着买回目前卖出的那手看涨期权，再卖出另一手行权价较低的看涨期权来代替它。如果股票在下跌之后价格稳定下来，那么，向下挪仓的做法会有帮助。可是，如果股票反转过来，价格重新上升，那么，因为向下挪仓，备兑卖出者的盈利就受到限制。事实上，他甚至可能"锁定"了一笔亏损。有保护性看跌期权的备兑卖出者就不需要操心这种事。他永远不需要向下挪仓，因为他的最大亏损是有限的。因此，他永远不会落入"锁定"亏损的局面。这是一个很大的优势，特别是从情绪的角度来看，因为卖出者永远也不会被迫在股票价格下跌的过程中对股票价格的未来走向做出判断。有了这个看跌期权，他就完全可以不采取任何行动，因为他总的亏损是有限的。如果股票价格后来反弹，他仍然可以获得最大盈利。

卖出备兑并买入看跌期权策略的较长期效果不是很容易确定，不过，看上去卖出者因为买入看跌期权而略为减少了他的总收益率。这是因为他在股票略为下跌、保持不变或价格上涨的情况中放弃了一些盈利。只有在股票严重下跌时他才能够"收益"。因为同其他

（略为下跌、保持不变或上涨）情况相比，卖出者只有在发生概率较小的情况中才有可能获益。不过，买入看跌期权的策略还是有用的，因为它消除了因为大笔亏损的可能性所带来的情绪上的不确定性。买入看跌期权的备兑卖出者常常可以发现，在持有保护性看跌期权的情况下，他可以更理性地进行操作。

这个策略同前面介绍的那个牛市价差的策略是相等的，请注意，图17-2的盈利图的形状同牛市价差的盈利图（见图7-1）的形状是相同的。这就意味着这两个策略是相等的。事实上，我们在第7章里说过，牛市价差有的时候可以被看作是卖出备兑的"替代"。实际上，牛市价差同这个策略（买入看跌期权保护卖出备兑）更接近。当然，在这两种策略之间有不同的地方。它们在潜在盈亏方面是相等的，不过，备兑卖出者不可能在短时期内将他的投资全部亏损掉，而价差交易者则有这种可能。为了实际使用牛市价差作为卖出备兑，交易者应当在价差中只投资他可用资金的一小部分，而将剩余资金投在固定收益证券上。在第7章里我们对这个策略有过更为深入的讨论。

17.4 无成本领圈

"领圈"策略往往是以另一种形式出现：一个股票持有者开始对股市会下跌的可能性感到担心，决定要就他的股票买入看跌期权作为保护。但是，看跌期权的成本使他感到沮丧，因此，他同时也考虑要卖出看涨期权。如果他买入一手虚值看跌期权，那么，很有可能他可以卖出一手看涨期权，其收入可以完全抵消这手虚值看跌期权的成本。因此，他就不用成本就能建立起一手保护性领圈，至少没有支出。他的"成本"是放弃了股票在卖出的看涨期权的行权价之上的潜在盈利。

事实上，有些大机构的交易者可以通过像高盛和摩根斯坦利这样的大场外交易期权经纪人来交易领圈。他们甚至会给经纪人下达这样的指令："我手里有XYZ股票，我想要买1年到期的10%虚值的看跌期权。为了创建一手无成本领圈，1年到期的看涨期权应当用什么样的行权价呢？"于是，这个经纪人也许会告诉他，这样的看涨期权应当是30%虚值的。这个看涨期权的实际行权价取决于对标的股票波动率的估计，也取决于利息和股息。这种类型的交易是经常出现的。

用长期期权可以构造出一些非常有趣的情况。最有趣的情况之一出现在1999年，当时，一家公司持有500万股思科公司（Cisco）股票CSCO，它决定建立3年的无成本领圈为股票对冲。当时CSCO的交易价是130左右，它的波动率是50%。同3年的行权价为130的看跌期权的售价相同的3年的看涨期权的行权价为200！这似乎不合逻辑，但这是通过期权定价模型的帮助计算出来的。因此，这个公司就对它所有的CSCO股票作了对冲，这样，在今后3年里在下行方向没有风险（看跌期权的行权价等于股票的当前价格），而在上行方面仍然有高于50%的潜在盈利。

因此，交易者在建立领圈时，即使他不是一个机构交易者，也应当考虑使用**长期期权**（LEAPS），因为这样的看涨期权的行权价同看跌期权的行权价相比或者同标的股票的价格相比，会高出许多。表17-3显示了一手卖出看涨期权在抵消一手买入平值看跌期权的成本的同时，可以虚值到什么程度。这个表格里的存续期是 2.5 年，这是目前场内的 LEAPS 期权中最长的期限。

使用较低行权价进行部分卖出备兑

应当指出，交易者不一定要完全放弃他股票中的全部潜在盈利。他可以像往常一样买入看跌期权，然后卖出行权价比一手低成本的领圈所需要的稍低一些的看涨期权，但卖出的看涨期权的数量要少于所持有的股票的数量。这样做，在标的股票的一些股份上就会有无限的潜在盈利。

表 17-3 抵消平值看跌期权成本的看涨期权的最高行权价（假定存续期为 2.5 年）

波动率	标的物的看涨期权的行权价
30%	30% 虚值
40%	35% 虚值
50%	40% 虚值
70%	50% 虚值
100%	70% 虚值

【示例 17-6】假定存在下列的价格：

XYZ 股票：	61
4 月 55 看跌期权：	1
4 月 65 看涨期权：	2

此外，假定交易者持有 1 000 股 XYZ。因此，用每手 1 点的价格买入 10 手 4 月 55 看跌期权就可以在下行方向提供保护。为了抵消这些看跌期权的成本（1 000 美元），交易者只需要用每手 2 的价格卖出 5 手 4 月 65 看涨期权。因此，这样的保护没有一点成本，而且在 500 股 XYZ 股票上仍然有无限的潜在盈利，因为就所持有的 1 000 股股票上只卖出了 5 手看涨期权。

使用这种方法，交易者在建立领圈中可以变得更富有创造性，他可以决定使用什么样的看涨期权行权价来实现在抵消看跌期权成本和保留上行方向潜在盈利之间的平衡。在卖出看涨期权上使用的行权价越低，他需要卖出的看涨期权数量就越小；卖出看涨期权的行权价越高，他就必须卖出越多的看涨期权来抵消买入的看跌期权的成本。这里的权衡是，较低的看涨期权行权价在上行方面保留了更多的最终潜在盈利，但是看涨期权的指派价位则设定在较低的水平上。

我们可以使用上面的那个示例来展现这些事实：

【示例 17-7】上面的价格依然存在，不过，现在引进了另一个看涨期权：

XYZ 股票：	61
4 月 55 看跌期权：	1
4 月 65 看涨期权：	2
4 月 70 看涨期权：	1

同前面一样，交易者可以卖出 5 手 4 月 65 看涨期权来抵消 10 手看跌期权的成本。或者，作为另一种选择，他可以卖出 10 手 4 月 70 看涨期权。如果他卖出的是 5 手，他就在 500 股股票上有无限的潜在盈利，但是其他的 500 手就会被在 65 的价位上因为期权被指派而卖掉。在另一种策略中，他限制了上行方向的潜在盈利，但是，在股票运动到行权价 70 之前，没有股票会因为期权被指派而被卖掉。哪一种方法"更好"？这很难说。在前一个策略里，如果股票一直上涨到了 75，由此产生的盈利就等于在后一个策略里股票在 70 的价

格被指派买走的结果一样。之所以是如此，是因为 500 股股票的价值将会是 75，但是其他 500 股则会在价格为 65 时就被指派买走，由此得到的平均数也是 70。因此，前一个策略只有在股票实际上涨到 75 之上才会比后一个策略的表现要好，而交易者不得不考虑到，这样的情况是不大可能会发生的。不过，许多投资者还是喜欢用前一种策略，因为它在提供保护的同时，并不要求他们放弃全部上行方向的潜在盈利。

17.5 调整领圈

如果标的股票价格急剧下降，领圈可能会有所调整。股价下跌以后，看跌期权的价值比较大，而看涨期权的价值则很小。如果投资者认为股票已经跌得差不多了时，他只会卖出看跌。至于他是要覆盖看涨期权，如果股价反弹，投资者将有有很大的盈利潜力。在另一方面，如果投资者不确定股票是否不会再跌，他可能只周转看跌期权，或者看跌期权和看涨期权一起，到低于行权价格，因此从头寸中获得很大的应收（应收来自于出售原看跌期权，这目前是非常有价值的）。作为第三选择，他也会考虑对他拥有的看跌期权售出一些虚值看跌期权。这会带来一些应收，但会导致股票在低于卖出的看跌期权的行权价时有亏损。

在另一方面，如果在领圈建立之后标的股票价格大幅增加，唯一退出领圈的方法是覆盖卖出的看涨期权，这将生成（很大的）应付。当然，标的股票的价格上涨，所以这是一个可以用来抵消看涨期权亏损的未实现利润。本质上，不存在从上面退出领圈的方便的策略。

总的来说，在使用"领圈"的策略上，交易者可以富有创造性。有一件事需要记住：如果交易者不想卖掉他持有的股票，那么，在他的头脑里，他实际上是在卖出裸看涨期权。也就是说，如果交易者持有"不能"卖的股票，这或许是因为卖掉股票后的灾难性税务负担，或者是因为这个股票在"家族里"已经有了很长时间。那么，他就不应当就它而卖出备兑看涨期权，因为他将不得不把这个看涨期权作为裸期权来处理（如果他拒绝卖掉股票的话）。如果股票价格大幅上涨，这就会造成相当大的惊恐，要是一开始就避免在这个股票上卖出看涨期权，那么，就可以很容易地免除这种恐慌。

第18章
Options as a Strategic Investment

买入看涨期权的同时买入看跌期权

投机者有几种方法来同时买入看跌期权和看涨期权。一种简单的方法实际上是看涨期权买家的一种后续行动。如果股票价格上涨，看涨期权的买家有了盈利，他也许会考虑买入一手看跌期权，在保持上行方向更多的潜在盈利的同时，锁定他从看涨期权中已经得到的盈利。在第3章里我们为已经有盈利的看涨期权买家列举了4种基本的选择方法：他可以将看涨期权平仓以提取盈利；他可以什么都不做；他可以通过卖掉这手看涨期权，提取盈利，使用部分的收益买入更为虚值的看涨期权，从而将头寸"向上挪仓"；或者，他可以就他持有的盈利的看涨期权卖出虚值看涨期权，从而构造出一手牛市价差。如果标的股票有场内看跌期权，他就有了另一种选择——他可以买入一手看跌期权。买入这手看跌期权可以起到锁定看涨期权盈利的目的，而且，如果股票价格继续上涨，这个看涨期权还有获得进一步盈利的空间。

【**示例 18-1**】投资者一开始按3点的价格买入了一手XYZ 10月50看涨期权，当时股票的价格是48。过了一段时间，在股票上涨到58之后，这个看涨期权价值9点。如果有10月60看跌期权，它的售价就会是4点，这个看涨期权的持有者于是可以买入这个看跌期权以锁住他的盈利。在买入看跌期权之后，他的头寸就会是：

按3点买入1手10月50看涨期权
按4点买入1手10月60看跌期权
净成本：7点

他于是拥有了一手**宽跨式价差**（strangle，一个由不同条款的看涨期权和看跌期权组成的头寸），它的价值始终至少是10点。如果XYZ在到期时价格在50～60之间，那么，这个组合的价值就刚好是10点。例如，如果XYZ在到期时为52，这手看涨期权就价值2点，而看跌期权就价值8点。换种情况，如果股票在到期时价值58，那么，看跌期权就价值2点，而看涨期权则价值8点。如果XYZ在到期时高于60，这个组合的价值就会等于其中看涨期权的价值，因为看跌期权在XYZ为60时会无价值到期。在这种情况里，看涨期权的价值会超过10点，因为它的行权价是50。同样，如果XYZ在到期时低于50，这个组合的价值也会大于10点，因为这时看跌期权会实值10点以上，而看涨期权会无价值到期。

因此，投机者构造出了一个他不会输钱的头寸。由于他为这个头寸只付出了7点（为看涨期权付了3点，为看跌期权付了4点），而无论发生什么事情，在到期时这个组合都至少价值10点，因此就锁定了3点盈利。如果XYZ价格继续上涨，比如XYZ在到期时高于60，那么投机者就可以有高于3点的盈利。此外，如果XYZ价格突然暴跌，在到期时股票价格在50之下，投机者也会有高于3点的盈利。读者必须意识到，谁都不可能一开始就建立起这样的头寸。之所以会有这种令人向往的情况出现，是因为在买入看跌期权以前这手看涨期权已经积累起了相当数量的盈利。我们在第16章里也介绍过类似的策略，在其中，看跌期权的买家买入看涨期权来保护他的未兑现的盈利。

18.1 买入跨式价差

一个买入跨式价差的策略包括买入条款相同的一手看跌期权和一手看涨期权，也就是说，它们有相同的标的股票、行权价和到期日。通过买入跨式价差，无论股票朝哪个方向运动，只要运动得足够远，买家都有大量的潜在盈利。最大的亏损是事先确定的，它等于买家最初投资的金额。

【示例 18-2】有下列的价格：

XYZ 普通股股票：	50
XYZ 7月50看涨期权：	3
XYZ 7月50看跌期权：	2

如果交易者同时买入7月50看涨期权和7月50看跌期权，他就买入了一手跨式价差。这笔交易的成本是5点加上手续费。买入一手跨式价差所需要的投资是净支出。如果标的股票在到期时的价格刚好是50，这个买家就会亏损掉他的全部投资，因为看跌期权和看涨期权都会无价值到期。如果股票在到期时高于55，这个跨式价差的看涨期权部分的价值就会高于5点，跨式价差买家就能盈利，即使他的看跌期权会无价值到期。在下行方向存在相似的情况。如果XYZ在到期时的价格低于45，看跌期权的价值就会高于5点，他就会有盈利，尽管看涨期权会无价值到期。表 18-1 和图 18-1 显示了这个跨式价差在到期时的结果。这个跨式价差的买家可以马上知道他在到期日的盈亏平衡点，在这个示例里是45和55。如果标的股票在到期时价格在这两个盈亏平衡点之间，他就会亏损。如果XYZ在到期时价格远离50，他就会有大量的潜在盈利。

一般而言，交易者应当买入波动率相对较大的股票的跨式价差，这样的股票在所设定的时间

表 18-1　买入跨式价差在到期时的结果

XYZ 到期时价格	看涨期权盈利（美元）	看跌期权盈利（美元）	跨式价差总盈利（美元）
30	− 300	+1 800	+1 500
40	− 300	+ 800	+ 500
45	− 300	+ 300	0
50	− 300	− 200	− 500
55	+ 200	− 200	0
60	+ 700	− 200	+ 500
70	+1 700	− 200	+1 500

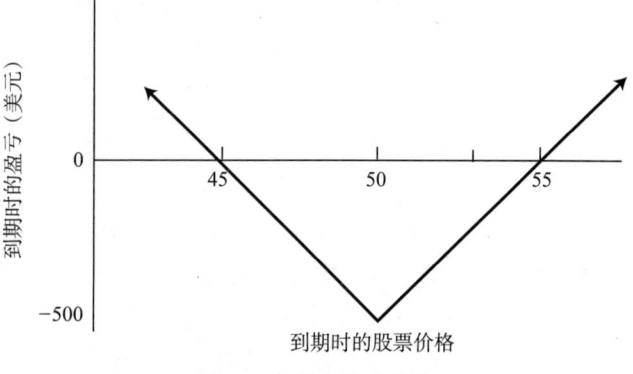

图 18-1　买入跨式价差

内有可能出现幅度大到足以使得这个跨式价差盈利的运动。这个策略在期权权利金较低的时候特别有吸引力，因为低权利金意味着跨式价差的成本更低。虽然把这个价差一直持有至到期日时按百分比计算的亏损可能相对较大，事实上，交易者将整个投资全都亏损的概率是很小的。即使 XYZ 在到期日的价格为 50，在最后交易日仍然有机会将这个跨式价差卖出一点钱来。

18.1.1 相等策略

买入跨式价差和反向对冲是相等的策略。我们在第 4 章介绍过反向对冲策略，它是由卖空标的股票和买入这个股票的 2 手看涨期权组成的。两种策略的盈利特征相似：出现在期权行权价上的有限亏损，以及如果标的股票价格上涨或下跌到一定的幅度，就会有大量的潜在盈利。不过，买入跨式价差比反向对冲更为优越，而且，只要股票有场内看跌期权交易，反向对冲这个策略就过时了。跨式价差更为优越的原因是持有者不必支付股息，而且，交易跨式价差的手续费成本也比较低。

18.1.2 使用看跌期权构造反向对冲（合成跨式多头）

同跨式价差和反向对冲相等的还有第 3 种策略。它包括买入标的股票和买入 2 手看跌期权。如果股票价格大幅上涨，这个头寸就会有大笔盈利，因为股票的盈利在抵消了买入 2 手看跌期权的固定亏损之后还有剩余。如果股票价格大幅下跌，也会产生盈利。在下跌中，2 手看跌期权多头产生的盈利在抵消了 100 股股票多头之外还有剩余。这种形式的买入跨式价差同样也只有有限的风险。最糟糕的情况就是股票价格在期权到期日时刚好等于这些看跌期权的行权价。这时，2 手看跌期权都会无价值到期。风险无论就百分比而言还是就金额而言都是有限的，因为相对买入股票的成本而言，2 手看跌期权的成本一般来说只占相对很小的比例。此外，如果标的股票是有股息支付的股票，投资者还有可能有某些股息收入。买入股票和买入 2 手看跌期权是比反向对冲更好的策略，但是不如买入跨式价差。

18.2 买入跨式价差的选择

从理论上说，通过分析运用最应该买入的看涨期权和最应该买入的看跌期权，就可以发现最好的买入跨式价差策略。如果某个股票的看跌期权和看涨期权都显示出有吸引的特征，那么，就可以买入这个跨式价差。应当从整个头寸的角度来评估一个跨式价差。应用于看跌期权或看涨期权的分析也可以用在跨式价差上。第一，交易者必须相信这个股票在一个固定的时段（例如 60 天或 90 天）里将按照它的波动率上下运动。第二，可以从这个股票的运动中预计到看跌期权和看涨期权的价格。在这样的分析中，提供最好收益机会的跨式价差就是最应该买入的价差。

为了说明这个分析，我们再一次使用上面的示例。

【示例 18-3】XYZ 的价格是 50，7 月 50 看涨期权的售价是 3，7 月 50 看跌期权的售价是 2。如果策略家能够断定 XYZ 在今后 90 天内有 25% 的概率上涨到 54 之上，有 25% 的概率跌到 46 之下，他就可以预测期权的价格。在衡量一只股票有多大的概率按事先计算出的价格运动方面，第 28 章在论述数学运用时提供了一种精确的方法。眼下，知道总的分析程序比知道它的实际应用更为重要。如果 XYZ 在 90 天后的价格为 54，我们就有理由推测，这个看涨期权会价值 5.50 点，而看跌期权会价值 1 点。因此，这个跨式价差的价值就是 6.50 点。同样，如果 90 天后股票的价格为 46，看跌期权会价值 4.50 点，而看涨期权则会价值 1 点，整个跨式价差就会价值 5.50 点。跨式价差的价格在看涨期权有一定实值（例如，4 点）时的价格，常常比它在看跌期权有相同实值时要高。在这个示例里，策略家现在认定 90 天之后跨式价差在上行方向有 25% 的可能会价值 6.50 点，在下行方向有 25% 的可能会价值 5.50 点。这两种预期的平均值是 6 点。因为这个跨式价差目前的售价是 5 点，这就代表了一笔 20% 的盈利。如果对所有供选择的跨式价差都按同样方法进行排序，也就是说，预期每只标的股票在上行和下行方向都有 25% 的运动幅度，那么，跨式价差的买家在对各种跨式价差机会进行比较时，就有了一个共同的基础。

18.3　后续行动

我们不断地提到，股票在短时期内很可能停留在相对无变化的价位上。这不是说股票在无论哪个方向上都从来没有运动，而是说它在这段时间中的净运动值相对很小。

【示例 18-4】如果 XYZ 目前的价格是 50，你可以说它在 90 天之后价格超过 55 的可能性相当小，也许是 30%。根据这个标的股票波动率而做的数学分析甚至也可能证明这一点。不过，这并不是说这个股票在这个 90 天的时段内只有 30% 的可能会碰到 55 的价位。它说的是，它只有 30% 的可能在 90 天结束的时候价格超过 55。这显然是两种不同的情况，出现的概率各不相同。即使 90 天结束的时候价格高于 55 的概率只有 30%，在 90 天之内价格碰到 55 这个价位的概率也有可能大到令人惊奇，也许会高到 80%。对跨式价差的买家来说，知道这两种现象之间的区别很重要，因为他常常有可能会采取后续行动来改善他的头寸。

许多时候，在买入一个跨式价差之后，标的股票开始强势运动，使得这个跨式价差看上去马上就要盈利了。但是，正在事情朝好的方向发展的时候，股票反转过来，改变了方向，也许迅速下跌以至于快让这个跨式在另一边出现盈利。但是，这些高波动的股票运动常常产生不了多大的净价格变化，在到期日时，跨式价差的买家有可能面临亏损。交易者也许会认为他可以在市场迅速向上，看涨期权出现盈利的时候从看涨期权的一侧提走盈利，然后希望价格反向运动，然后他再从看跌期权的一侧得到盈利。不过，提取小笔盈利是一种糟糕的策略。买入跨式价差是一个亏损有限但潜在盈利无限的策略。交易者在成为一个大赢家之前，或许不得不经受许多次小亏损。但是，一次大幅的股票运动时所得到的收益就可以抵消掉许多次小规模的亏损。如果提取了小笔盈利，跨式价差的买家就立刻失去了获得大笔盈利的可能性：这就是为什么说限制盈利是一个糟糕的策略。

这是那种在理论上说起来容易，在实践中执行起来就不那么简单的一种情况。看着你的跨式价差在短期内赚了 2 或 3 点，紧接着却因为股票没有坚持下去而亏得更多，从情感上来讲这是令人沮丧的。使用另一个示例，我们可以说明跨式价差买家可以使用的另一种后续行动。

【示例 18-5】交易者最初买入了 1 手 XYZ 1 月 40 跨式价差，花了 4 点，当时股票的价格是 40。在一段相当短的时间之后，股票上涨到 45，于是有下列价格存在：

XYZ 普通股股票：	45
XYZ 1 月 40 看涨期权：	7
XYZ 1 月 40 看跌期权：	1
XYZ 1 月 45 看跌期权：	3

这个跨式价差目前价值 8 点。我们包括了 1 月 45 看跌期权是因为它是这个后续行动的一部分。这个跨式价差的买家这时候能做些什么呢？首先，他可以什么都不做，任由跨式价差按自己的方向发展，至少再等 3 个月。不过，假定他不甘心就这么坐着，他可以把看涨期权卖掉，提走盈利，期望股票接着就会下跌。这是比较不聪明的策略，因为这样做就放弃了在上行方向获得大笔潜在盈利的机会。

在以前的场外市场里，交易者可以试着使用一种被称为交易跨式价差（trading against the straddle）的技巧。因为在场外期权中没有二级市场，跨式价差的买家常常就他们持有的跨式价差直接交易股票。这类后续行动的做法是，如果股票价格上涨到使得跨式价差在上行方向出现盈利，价差者就应当卖空标的股票。这里不涉及额外的风险，因为如果股票价格继续上涨，跨式价差的持有者在任何时候都可以将它的看涨期权行权，以回补卖空的股票，提取盈利。反过来，如果标的股票一开始就下跌，使得跨式价差在下行方向有盈利，交易者可以买入标的股票。同样，如果股票持续下跌，他也没有额外的风险，因为他可以在任何时候将看跌期权行权，卖掉股票，得到盈利。这里的概念是使得这个头寸有可能通过使用在跨式价差上的额外的股票头寸从大规模的股票价格反转运动中得到盈利。这个策略对经纪商最有好处，在交易者想要对市场起伏测出深浅的时候，他可以收取多项手续费。在场内期权市场里，也可以实现同样的策略效果（以较小的手续费），需要做的只是在上行运动中卖掉所持的看涨期权，使用部分收益，买入同已持有的看跌期权相似的第 2 手看跌期权。在下行运动中，交易者可以卖掉持有的看跌期权以提取盈利，然后买入第 2 手同他已持有的看涨期权相似的看涨期权。在上面的示例里，看涨期权可以卖 7 点，第 2 手 1 月 40 看跌期权买入的成本为 1 点。跨式价差买家于是拿回了他最初的 6 点成本，而且仍然在下行方向有获得大笔盈利的可能。不过，我们并不推荐这个策略，因为这个跨式价差的买入者限制了自己在股票正在运动的方向上的盈利。一旦股票从 40 运动到 45，就像在这个示例里那样，那么，就有更多的理由相信它会继续向上运动，而不是向下跌回 5 点。

另一种更可取的后续行动是一种跨式价差买家保留住大部分已经积累起来的盈利而不至于在股票继续运动下去时限制进一步的潜在盈利的策略。在上面的示例里，为了达到这个目的，跨式价差买家可以使用 1 月 45 看跌期权，也就是价格较高的那个看跌期权。

【示例 18-6】假定当股票价格达到 45 时，他卖掉了他持有的那手看跌期权，也就是 1 月 40 看跌期权，得到 1 点，与此同时，花 3 点买入了 1 月 45 看跌期权。这个交易的成本是 2 点。于是他就有了下面的头寸：

> 买入 1 手 1 月 40 看涨期权
> 买入 1 手 1 月 45 看跌期权
> 组合成本：8 点

他现在拥有 1 手成本为 8 点的组合价差。不过，无论标的股票在到期日时是什么价格，这个组合都至少价值 5 点。因为看跌期权的行权价比看涨期权的行权价高出 5 点。事实上，如果股票在到期日时高于 45 或是低于 40，这个跨式价差的价值就会超过 5 点。这个后续行动对潜在盈利没有限制。如果股票价格继续上涨，看涨期权的价值就会变得越来越高。另一方面，如果股票反转方向，急剧下跌，看跌期权就会变得相当昂贵。无论是哪种情况，大量潜在盈利的机会都保留了下来。此外，投资者的风险暴露面也得到了改善。新头寸的最大亏损是 3 点，因为这个组合最初花费了 8 点，而在最不利的情况下它也可以卖到 5 点。

总的来说，如果标的股票向上运动到下一个行权价，跨式价差买家就应当考虑将他的看跌期权向上挪仓，卖掉他现在持有的看跌期权，买入另一手行权价高出一级的看跌期权。反过来说，如果股票一开始就下跌，他应当考虑将看涨期权向下挪仓，卖掉他现在持有的看涨期权，买入另一手行权价更低一级的看涨期权。在这两种情况里，他都减小了他的风险暴露面而没有限制他的潜在盈利，这正是跨式价差买家应当采取的后续行动。

18.4　买入宽跨式价差

宽跨式价差是这样一种头寸，它是由一手看涨期权和一手看跌期权组成的，这两手期权一般到期日相同，但行权价不同。下面的示例显示了一手宽跨式价差。

【示例 18-7】交易者可以买入一个由一手 XYZ 1 月 45 看跌期权和 1 手 XYZ 1 月 50 看涨期权组成的宽跨式价差。买入这样一手宽跨式价差和买入一手跨式价差（straddle）很相似，不过也有些不同。我们在下面的讨论中将说明这些不同。假定有下面的价格存在：

> XYZ 普通股股票：　　　47
> XYZ 1 月 45 看跌期权：　2
> XYZ 1 月 50 看涨期权：　2

在这个示例里，两手期权在买入的时候都是虚值的。这是最常见的买入宽跨式价差的做法。如果 XYZ 在 1 月到期时仍然在 45～50 之间，两个期权都无价值到期，宽跨式价差买家就失去他的全部投资。这笔投资（在这个示例里是 400 美元）与就 XYZ 买入一手跨式价差的投资相比，一般要小一些。如果 XYZ 上涨到高于 50 或下跌至低于 45，这个宽跨式价差在到期时就会有一些价值。在这个示例里，如果 XYZ 价格在到期时高于 54，看涨期权的价值就会高于 4 点（看跌期权会无价值到期），价差买家就会有盈利。与此相似，如果 XYZ 在到期时在 41 之下，看跌期权的价值就会高于 4 点，价差买家在这种情况里同样有盈利。如果标的股票在期权到期之前有大幅运动，潜在盈利的数量就会相当大。表 18-2 和图 18-2 显示了这个头寸在 1 月到期时的盈亏。同跨式价差相比，宽跨式价差出现最大亏损的价格范围要更大一些。跨式价差只有在股票在到期时刚好等于期权的行权价时才会出现最大亏损。在宽跨式价差的情况中，只要股票在到期日时在两个行权价之间，就会出现它的最大亏损。宽跨式价差的实际亏损额要小一些，这是一种补偿。两种策略的潜在盈利都相当大。

在上面的示例里，两手期权都是虚值期权。也可以使用实值期权来构建一个非常相似的头寸。

【示例18-8】同前面一样，XYZ 的价格为47，实值期权有可能有以下的价格：XYZ 1月45看涨期权的价格为4点，XYZ 1月50看跌期权的价格为4点。如果交易者买入这个实值宽跨式价差，他要付出的总成本是8点。不过，这个宽跨式价差的价值始终至少是5点，因为看跌期权的行权价比看涨期权的行权价要高5点。读者在前面已经看到过这类头寸，我们在介绍买入跨式价差以及买入看涨期权和买入看跌期权的保护性后续行动中讨论过这样的头寸。因为这个宽跨式价差的价值不会

表18-2 买入宽跨式价差在到期时的结果

XYZ 到期时价格	看跌期权盈利（美元）	看涨期权盈利（美元）	总盈利（美元）
25	+1 800	− 200	+1 600
35	+ 800	− 200	+ 600
41	+ 200	− 200	0
43	0	− 200	− 200
45	− 200	− 200	− 400
47	− 200	− 200	− 400
50	− 200	− 200	− 400
54	− 200	− 200	0
60	− 200	+ 800	+ 600
70	− 200	+1 800	+1 600

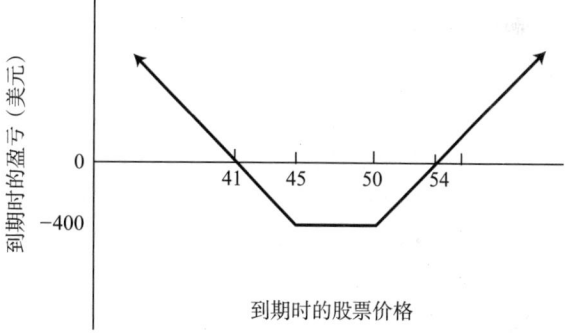

图18-2 买入宽跨式价差

低于5点，这个实值宽跨式价差买家在这个示例里最多也只会亏损3点。如果标的股票大幅运动，他的潜在盈利还是没有限制的。因此，即使它的初始投资较大，从买家的角度看，实值宽跨式价差常常会比虚值宽跨式价差更为优越。实值宽跨式价差所涉及的风险按百分比而言无疑较小一些：买家不可能亏掉他的全部投资，因为他始终可以拿回5点来，即使在最坏的情况里（当XYZ在到期日时价格在45～50之间的时候）。买入实值宽跨式价差的百分比盈利要低一些，因为投资者一开始就为这手宽跨式价差付了更多的钱。读者对这样的评论不应当感到奇怪，因为我们在讨论直接买入看涨期权的时候说过，一般而言，买入一手实值看涨期权比买入一手虚值看涨期权更为保守。在买入看跌期权中也是这样，甚至更是如此，因为一手实值看跌期权中的时间价值更小。因此，由这两手期权（一手实值看涨期权和一手实值看跌期权）构造出的这个宽跨式价差，比起虚值宽跨式价差来说，应当是更为保守的。

如果标的股票价格朝某一方向运动得很快，宽跨式价差买家有时候就能采取行动来保护他的某些盈利。他可以用上面讨论跨式价差时所介绍的相似方法来这样做。例如，如果股票向上运动得很快，他可以卖掉他最初买入的看跌期权，买入一手行权价高出一级的看跌期权来替代。如果他一开始用的是虚值的宽跨式价差头寸，通过这样做，他就有了一手

跨式价差。不过，策略家不应当盲目地采取这样的后续行动。这取决于已经过去了多少时间和所涉及的期权的价格，用这种方式将看跌期权"向上挪仓"有可能非常昂贵。因此，最好是具体情况具体分析，看一看采取这样的后续行动是否合乎逻辑。

最后一点，虚值宽跨式价差有可能看上去很便宜，在接近到期日的时候，两手期权的价格都不到1个点。但是，在使用宽跨式价差的时候，出现等于交易者最初投资的最大亏损的概率相当高。这同买入跨式价差显然不同，在跨式价差中，损失全部投资的概率很小。激进的投机者不应当使用大笔资金来买入虚值宽跨式价差。实值宽跨式价差的百分比亏损更小一些，它等于最初为期权所付的时间价值，不过，手续费会相当高。无论是哪种情况，买家想要盈利，标的股票就需要有相对大幅度的运动。

第19章

Options as a Strategic Investment

卖出看跌期权

如果标的股票价格下跌，看跌期权的买家就能盈利。正如你可以想到的，如果标的股票价格上涨，看跌期权的卖家就能盈利。相对于卖出备兑看跌期权，卖出未备兑看跌期权的情形更为常见。因此，我们首先介绍卖出未备兑看跌期权。这是一个看多的策略。

19.1 卖出未备兑看跌期权

因为看跌期权的买家有权利按照行权价卖出股票，看跌期权的卖出者就有义务按照行权价买入股票。通过承担了这样的义务，他可以收到看跌期权权利金。如果标的股票上涨，看跌期权无价值到期，卖出的看跌期权不会被指派，因此他可以得到同收到的权利金数量相等的最大盈利。他有很大的下行方向风险，因为股票有可能会大幅下跌，卖出的看跌期权因此会增值，导致大笔亏损。我们可以用一个示例来说明有关风险和收益的一般状况。

【示例19-1】XYZ的价格是50，一手6个月的看跌期权的售价是4点。裸看跌期权卖出者在上行方向有一笔固定的潜在盈利（在这个示例里是400美元），在下行方向有大量的潜在亏损（见表19-1和图19-1）。对下行方向的限制的只是股票价格不可能跌到0之下这样的事实。

表 19-1 卖出看跌期权到期时的结果

XYZ 股票到期价格	看跌期权到期价格（持平）	卖出看跌期权盈利（美元）
30	20	−1 600
40	10	− 600
46	4	0
50	0	+ 400
60	0	+ 400
70	0	+ 400

卖出裸看跌期权的质押要求和卖出裸看涨期权是一样的。这个质押要求等于目前股票价格的20%加上看跌期权的权利金再减去任何虚值的数量。

【示例19-2】如果XYZ的价格是50，卖出一手行权价为50的4点的看跌期权的质押要求就是1 000美元（5 000美元的20%）加上期权权利金400美元，总数为1 400美元。如果股票价格高于行权价，就从质押要求中减去股票价格与行权价之

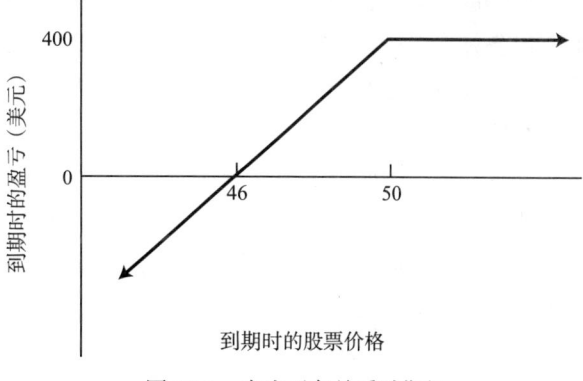

图 19-1 卖出无备兑看跌期权

间的差价。无论这样的算法产生出的数字有多大，最低的质押要求是这个看跌期权的行权价的 10% 再加上期权的权利金。

卖出无备兑看跌期权的策略在许多方面都和卖出备兑看涨期权的策略相像。你可以注意到它们的盈利图的形状相同，这就是说这两个策略是相等的。在介绍卖出裸看跌期权时，将它与卖出备兑看涨期权进行比较，对读者可能会有帮助。

交易者在两个策略中对标的股票都是看多的，或者至少是中性的。如果标的股票向上运动，未备兑看跌期权的卖出者就有盈利，也许是收入的全部权利金。如果标的股票在到期日没有变化（中性），看跌期权的卖出者在最初卖出这个期权时所收入的全部权利金就变成了他的盈利。如果这手看跌期权是虚值的，这就代表了他的最大盈利，因为这就意味着整个看跌期权的权利金都是由时间价值组成的。不过，对一手实值看跌期权来说，时间价值只是整个期权权利金中的一部分。这些性质同卖出备兑看涨期权中固有的性质是相似的。如果股票向上运动，备兑看涨期权卖出者就可以得到他的最大盈利。但是，如果股票在到期日时没有变化，那么，只有在股票价格高于行权价的情况里他才能得到最大盈利。因此，在这两种策略中，如果头寸建立的时候股票价格高于期权行权价，那么，实现最大盈利的概率就更大。这代表了不是那么激进的运用：开始时卖出虚值看跌期权，它同卖出实值备兑看涨期权是相等的。

更为激进的使用卖出裸看跌期权的方法是一开始就卖出实值看跌期权。实值看跌期权的卖出者在开始时就可以收到较大数量的权利金，如果标的股票上涨得足够高，他可以得到一大笔盈利。使用这种方法增加了潜在盈利，因此也承担了更大的风险。如果标的股票下跌，实值看跌期权的卖出者亏钱的速度会比一开始卖出虚值看跌期权的情形更快。同样，这些事实在前面讨论卖出备兑看涨期权时也说明过。比起卖出一手虚值的备兑看涨期权来说，卖出一手实值的备兑看涨期权能提供更多的下行方向的保护和更小的潜在盈利。

要总结这些并不难，只需要注意到，无论是在卖出裸看跌期权策略中还是在卖出备兑看涨期权的策略中，在股票高于卖出的期权的行权价时建立起来的头寸都是不那么激进的头寸。如果股票价格一开始就低于期权的行权价，那么，由此建立的头寸就是较为激进的头寸。

当然，卖出备兑看涨期权和卖出裸看跌期权之间有一些基本的不同。首先，卖出裸看跌期权一般需要的投资比较少，因为交易者只需要股票价格的 20% 加上权利金作为质押，而卖出备兑看涨期权所使用的保证金需要 50% 的质押。同时，裸看跌期权卖出者实际上并没有现金投资，他使用的是质押。因此，他可以通过现有的投资组合的价值来帮助他卖出裸看跌期权，投资组合中的资产可以是股票、债券或者政府发行的证券。不过，任何亏损都会导致支出，因而可能影响到他的投资组合。应当指出，如果希望的话，交易者可以用现金账户卖出裸看跌期权，他只是需要在账户中存入与这个看跌期权行权价相等的现金或现金等价物。这叫做"以现金为基础的卖出看跌期权"（cash-based put writing）。备兑看涨期权的卖出者有标的股票的股息收入，而裸看跌期权的卖出者则没有。在某些情况里，这个数目可能相当可观，但是，同样应当指出，高收益股票的看跌期权会有较高的价值，裸看跌期权的卖出者因此在一开始就会有更高的权利金。严格地从收益率的角度来看，卖出裸看跌期权的表现要比卖出备兑看涨期权更好。从根本上说，卖出裸看跌期权需要有同卖出备兑看涨期权不同的心理素质。大部分投资者觉得卖出备兑看涨期权是一种可以接受的策略，因为它涉及普通股股票的持有权。而卖出裸期权对普通投资者来说则是一个陌生的概念，即使这两个策略是相等的。因此，一般而言，同一个投资者不太可能同时参与这两种策略。

19.2 后续行动

如果标的股票价格下跌，裸看跌期权的卖出者就应当采取保护性的后续行动。最简单的后续行动就是如果股票下跌，就承担少量亏损，将头寸平仓。由于实值看跌期权往往会很快失去时间价值，如果股票朝对他不利的方向运动，他会发现他的亏损常常相当小。在上面的示例里，XYZ 为 50 时看跌期权为 4。如果股票跌到 45，卖出者有可能相当容易就可以用 5.50 或 6 点将这个看跌期权买回来，从而只承担相当小的亏损。

在卖出备兑看涨期权策略里，我们曾建议策略家应当在可能的情况下尽量向下挪仓。这样做而不是将备兑看涨期权头寸平仓的理由之一是平仓手续费会很大，一般来说你不可能老是买入、卖出股票。更有利的做法是保留股票头寸，只是将看涨期权向下挪仓。在卖出裸看跌期权中不存在这样的手续费劣势。当交易者选择了裸看跌期权头寸时，他只是买回看跌期权。因此，对裸看跌期权卖出者来说，向下挪仓就不是那么有利。例如，在上面的分析中，看跌期权的卖出者用 5.50 或 6 点买回那手看跌期权。在这个时候，他也可以向下挪仓，卖出一手行权价为 45 的看跌期权。但是，也许在其他股票里有更好的卖出看跌期权的机会，他没有理由要继续保留 XYZ 这只股票中的头寸。

事实上，对裸看跌期权卖出者来说，同样的推理也可以用在任何一种挪仓行动上。对备兑看涨期权卖出者来说，向前挪仓，也就是当看涨期权只有很少或者没有剩余时间价值时，将它买回来，同时卖出一手更远期的、行权价相同的看涨期权，是非常有利的。通过这样做，他收到了额外的权利金，而且完全没有破坏他的股票头寸。但是，裸看跌期权卖出者在向前挪仓上就没有什么优势。他也可以收到额外的权利金，但是当他将最初未备兑的看跌期权平仓的时候，在决定就同一个标的股票卖出另一手看跌期权之前，他应当对卖出其他股票的看跌期权的可行性进行评估。不管他是仍然使用 XYZ 股票，还是在不同股票上建立卖出看跌期权的头寸，手续费成本都是一样的。

19.3 对卖出裸看跌期权进行评价

计算卖出裸看跌期权的潜在收益不像计算卖出备兑看涨期权的潜在收益那么直截了当。原因是质押要求会随着股票价格的变化会变化，因为任何裸期权头寸都是要逐日盯市的。最保守的方法是在账户中放进足够的质押，以防标的股票下跌导致追加保证金。用这种方法，裸看跌期权卖出者就不会因为没有满足保证金要求而被迫提前平仓。

【示例 19-3】XYZ 的价格是 50，10 月 50 看跌期权的售价是 4 点。最初的质押要求是 50 的 20% 再加上 400 美元，也就是 1 400 美元。没有额外的要求，因为股票价格刚好等于看跌期权的行权价。此外，让我们假设标的股票下跌到43，这个卖出者就要将这个头寸平仓。为了维持他的卖出看跌期权头寸，他应当预留足够的保证金，这样，如果股票在43时，他还能满足质押要求。当股票价格为43时的质押要求是1 560美元（43的20%再加上至少是7点的实值量）。因此，建立这个头寸的看跌期权卖出者应当为每一手卖出的看跌期权预留1 560美元的质押价值。当然，从这个质押要求中可以减去从卖出看跌期权中得到的收入，在这个示例里是400美元减去手续费。如果我们假定这个卖出者卖出的是5手看跌期权，他总共收入的权利金是2 000美元，他的手续费成本会是75美元，净权利金就是1 925美元。

在知道了这些信息之后，找出最大潜在收益和亏损方面的盈亏平衡点就是一件容易的事。要得到最大潜在收益，这个看跌期权就要在标的股票高于行权价的情况下无价值到期。因此，最大潜在盈利等于所收入的净权利金。收益率就是用盈利除以质押要求。在上面的示例里，最大潜在盈利是1 925美元。每手看跌期权的质押要求是1 560美元（准备股票跌到43），或者说，5手看跌期权总共7 800美元，再减去收入的1 925权利金，总的质押要求是5,875美元。因此潜在收益率就是1 925除以5 875，或者说是32.8%。表19-2对这些计算作了总结。

表 19-2　卖出未备兑看跌期权的潜在收益的计算 （单位：美元）

XYZ：50	
XYZ 1月50看跌期权：　4	
潜在盈利：	
卖出5手看跌期权	2 000
减去手续费	− 75
最大潜在盈利（收入的权利金）	1 925
盈亏平衡点：	
行权价	50.00
减去每手看跌期权的权利金（1 925/5）	− 3.85
盈亏平衡时的股票价格	46.15
所需质押（准备股票跌到43）	
43的20%	860
加上看跌期权权利金	+ 700
	1 560
	× 5
买5手看跌期权需要的保证金	7 800
减去收到的权利金	−1 925
净质押	5 875
潜在收益率：	
权利金/净质押	1 925/5 875=32.8%

人们对怎样计算卖出裸看跌期权的收益率有不同的意见。上面所说的是一种比较保守的方法，它用的是比初始要求更高的质押要求。当然，因为交易者不是真的用现金来投资，而只是使用他现有投资组合的质押价值。你甚至可以说交易者在这样的头寸里根本就没有

投资。这也许不错，但是，如果没有计算收益率的方法，就没有办法对各种不同的卖出看跌期权机会进行比较。

收益率计算的另一个重要特征是无变化时收益。如果看跌期权最初是虚值的，无变化时收益就同最大潜在盈利相等。不过，如果看跌期权最初是实值的，对收益的计算就必须考虑到卖出者在看跌期权到期时为买回这个看跌期权所必须付多少钱。

【示例 19-4】XYZ 的价格是 48，XYZ 1 月 50 看跌期权的售价是 5 点。如果股票在到期日价格无变化的话，就只能有 3 点盈利，减去手续费，因为看跌期权在 XYZ 到期时为 48 时，这个看跌期权就必须以 2 点买回来。买回的手续费也必须包括在内，这样计算才能尽可能地精确。

正如卖出备兑看涨期权的情况一样，交易者可以构造出若干不同的卖出裸看跌期权。其中之一可以是最高潜在收益。另一种可以是能提供最多下行方向保护的卖出看跌期权；也就是说，那些亏损机会最小的。不过，两者都需要做一些审视。在考虑最大潜在收益的时候，交易者应当下功夫保证至少在下行运动方面有某些余地。

【示例 19-5】如果 XYZ 的价格是 50，XYZ 1 月 100 看跌期权的售价也就会是 50，它无疑会有非常大的最大潜在盈利。但是，这里对下行运动没有提供任何的保护余地，交易者显然不应当卖出这样一手看跌期权。处理这类问题的一个简单方法是，如果看跌期权没有提供至少 5% 的下行保护，那就不要使用这样的期权。另外，交易者也应当拒绝无变化时收益低于 5% 的这种情况。

另外一种选择涉及下行方向最大限度的保护，使用它的时候也必须进行某种审视。

【示例 19-6】XYZ 的价格为 70，XYZ 1 月 50 看跌期权的售价最多不会超过 0.50。因此，在这种情况里，交易者几乎不可能亏钱；要出现亏损，股票必须下跌 20 点。不过，从这个头寸里实际上得不到什么，几乎可以肯定不会有投资者想要卖出这样深度虚值的看跌期权。

在选择卖出看跌期权时，必须有一个起码的可以接受的收益水平。例如，交易者可以决定，为了选这个头寸来进行最大的下行方向的保护，这个头寸必须至少提供 12% 的年收益率。有了这样的要求，就可以排除掉上面所说的极端情况。一旦经过这样的审视，就可以用正常的方式来对各种选择进行排序。收益最高的卖出看跌期权应当是较为激进名单的首选，在下行方向提供最高百分比保护的则应当成为较为保守的名单的首选。在最为严谨的意义上，应当正确地使用一个将标的股票的波动率结合在内的更为高级的技巧。正如前面提到过的，在第 28 章论述数学运用时我们将介绍这样的技巧。

19.4 按低于市价买入股票

除了像在前面的讨论里那样将卖出裸看跌期权看作一种独立的策略之外，实际上想要得到股票的投资者常常也可以卖出裸看跌期权。

【示例 19-7】XYZ 是一只价值 60 美元的股票，投资者觉得如果在 55 的价格上就值得买入。他在市场上放了一个限价 55 的公开买入指令。3 个月之后，XYZ 的价格下跌到 57，但没有跌得更低。之后它反转方向，大幅度上涨，于是限价买入指令从来没有被启动过，投资者失去了这次机会。

这个假想的投资者可以使用一手裸看跌期权来为他服务。假定当 XYZ 最初在 60 的时候，这个投资者不是放置一个公开限价指令，而是卖出一手 3 个月的裸看跌期权，价格为 5 点。这样，只要 XYZ 在到期时价格低于 60，他就可以按 60 的价格买入股票。也就是说，他必须为这个股票付 60 的价格。但由于他在卖出看跌期权时已经收到了 5 点，他的净成本就是 55。因此，即使 XYZ 在到期日的价格为 57，而且从来没有低于过这个价格，这个投资者仍然可以 55 的成本买到 XYZ。

当然，如果 XYZ 立刻上涨，而且在到期日时价格高于 60，这个看跌期权就不会被指派，投资者也不能持有 XYZ。不过，他仍然能从卖出看跌期权中得到 500 美元，看跌期权现在没有任何价值了。因此，由于采取了行动而不只是等待，看跌期权的卖出者在他的投资中起了更为积极的作用。他至少为他的努力得到了某种收益，即使他没有能够买到股票。

如果 XYZ 的价格不是上涨，而是显著下跌，例如，在到期日跌到了 40，这个投资者就不得不按 55 的净成本买入这个股票，因而有了当前的账面亏损。不过，他本来就打算按 55 的价格买入这个股票，因此，在这种情况中，这个看跌期权卖出者同那个使用限价买入指令的投资者所得到的结果是一样的。批评家也许会指出，如果投资者关于买入股票的看法发生变化的话，他在任何时候都可以撤销在普通股股票上的买入指令。看跌期权的卖出者当然也可以通过买回这个看跌期权进行平仓以取消他的义务，从而做到同样的事。

这个技巧对许多最终想要持有股票的投资者都有用处。大规模投资组合的管理者和个体投资者都可以发现以这个目的卖出看跌期权是一种有用的策略。这是一种试图按比目前市场价格更低的价格来积累股票头寸的方法。如果股票价格上涨，没有能够买到股票，那么，投资者至少有看跌期权权利金收入来弥补他的努力。

必须小心

尽管卖出裸看跌期权看上去似乎性质温和，由于以下的两个原因，它有可能是非常危险的：（1）如果标的股票暴跌，就有可能出现巨额的亏损；（2）因为质押要求相当低，所以有高度的杠杆效应。如果你"不在乎持有"一只"高质量"的股票，那么，就它卖出虚值看跌期权，听上去是个不错的主意。但是，任何股票都有可能出现灾难性的暴跌。在美国的那些最大的股票中，几乎每一年都会有一只或者更多只股票出现严重下跌（1991 年的 IBM，1999 年的宝洁，以及 1999 年的施乐等，这只是其中的一些示例而已）。如果有人刚好就这样的股票卖出看跌期权，而且，糟糕的是，如果他刚好过度使用了他的资本，因为他有钱满足卖出大量看跌期权的保证金要求，那么，在这样的下跌里，他就有可能彻底破产。因此，在裸看跌期权的策略上，不管标的股票的"质量"如何，都不要在你的账户中过分地使用杠杆。

19.5 卖出备兑看跌期权

按照定义，当投资者还相应持有一手看跌期权，其行权价等于或高于其卖出的看跌期权时，其卖出的看跌期权才是备兑的。这是一个价差。不过，就保证金的目的而言，如果投资者在卖出一手看跌期权的同时也在卖空标的股票，他就是备兑的。保证金的要求是针对卖空股票的，在卖空看跌期权方面没有这样的要求。这样就构造了一个潜在盈利有限的头寸，如果标的股票的价格在到期日时低于看跌期权的行权价，就能实现这个盈利。在上行方向有无限的风险，因为如果标的股票价格上涨，卖空股票的一侧就会积累亏损，而卖出看跌期权一侧的盈利是有限的。这事实上是与卖出裸看涨期权相等的头寸，不同的只是备兑看跌期权卖出者必须就标的股票支付股息，如果有这样的股息存在的话。卖出无备兑看涨期权比起这个策略有一个好处：它的手续费要低得多。此外，看涨期权的时间价值一般比看跌期权要高，因此，裸看涨期权卖出者能得到更多的时间价值。卖出备兑看跌期权是一个很少有人使用的策略，它不如卖出裸看涨期权。因此，我们在这里也不多做讨论了。

19.6 卖出看跌期权比率

卖出看跌期权比率包括卖空标的股票，再加上每卖空 100 股股票就卖出 2 手看跌期权。这个策略的盈利图的形状同卖出看涨期权比率的图形一模一样，它在卖出的期权的行权价上获得最大潜在盈利，标的股票无论在哪个方向运动得太远，都会出现大量的潜在亏损。不过，因为刚才所说的原因，看涨期权比率价差要好得多。看涨期权比率卖出者有股息收入，看跌期权比率卖出者则必须支付股息。此外，看涨期权比率卖出者一般能得到更大数量的时间价值，因为看涨期权比看跌期权有更多的时间价值。所以，卖出看跌期权比率不是一个值得使用的策略。

第20章
Options as a Strategic Investment

卖出跨式价差

卖出跨式价差涉及卖出一手看跌期权和一手条款相同的看涨期权。同任何种类的期权卖出一样,卖出跨式价差可以是备兑的或未备兑的。这两种策略都使用得相当普遍。卖出备兑跨式价差与卖出备兑看涨期权非常相似,一般来说,对同样类型的投资者具有吸引力。卖出未备兑跨式价差与卖出看涨期权比率更为相似,它对那些对卖出大量时间价值,希望在标的股票保持稳定的情况下获得更多盈利的比较激进的策略家更有吸引力。

20.1 卖出备兑跨式价差

在这种策略里,交易者在持有标的股票的同时卖出一手这个股票上的跨式价差。对那些已经涉足卖出备兑看涨期权的投资者,这种策略特别有吸引力。在现实中,这个头寸并不是完全备兑的,只有卖出的看涨期权部分才为持有的股票所保护。卖出的看跌期权是未备兑的。不过,"备兑跨式价差"的名字一般用在这类头寸上,以便将它同卖出未备兑跨式价差进行区分。

【示例20-1】XYZ的价格为51,XYZ 1月50看涨期权的售价为5点,XYZ 1月50看跌期权的售价为4点。一手卖出备兑跨式价差可以通过在买入100股标的股票的同时卖出1手看跌期权和1手看涨期权而建立起来。这个头寸同一手卖出备兑看涨期权头寸之间的相似性是相当明显的。卖出备兑跨式价差实际上是一手卖出备兑(买入100股XYZ加上卖出1手看涨期权)和一手卖出裸看跌期权组合而成的。因为我们已经证明过一手卖出裸看跌期权和一手卖出备兑看涨期权是相等的,这个头寸同一个在200股股票上建立起来的卖出备兑看涨期权很相似。事实上,一手卖出备兑看涨期权的所有盈亏特征都与卖出备兑跨式价差是相同的。在上行方向潜在盈利有限,在下行方向潜在风险巨大。

读者应当记得,卖出裸看跌期权与卖出备兑看涨期权相等。因此,一手卖出备兑跨式价差可以认为是同一个200股的卖出备兑看涨期权相等,或者是同卖出两手裸看跌期权相等。事实上,相对于卖出备兑跨式价差而言,卖出两手看跌期权策略有它的好处。在这个情况里,手续费成本会低一些,最初需要的投资也会低一些(虽然引进杠杆未必一定是件好事)。

如果XYZ价格在到期日时高于行权价50,就可以实现最大盈利。这个情况中的最大盈利是800美元:从卖出这个跨式价差所得到的权利金,再减去如果看涨期权在股票价格为50时被指派的1点的亏损。事实上,备兑跨式价差的最大潜在盈利可以通过下面的公式很快计算出来:

最大盈利＝跨式价差权利金＋行权价－最初股票价格

这个示例的盈亏平衡点是46。请注意，在这个示例里，卖出备兑部分（按51买入股票，用5点卖出一手看涨期权）的盈亏平衡点是46。这个头寸的裸看跌期权部分的盈亏平衡点也是46，因为1月50看跌期权卖出时候的售价是4点。因此，这个组合头寸（卖出备兑跨式价差）的盈亏平衡点一定是46。同样，使用一个公式可以很容易地证明这一点：

盈亏平衡价格＝（股票价格＋行权价－跨式价差权利金）/ 2

表20-1和图20-1将卖出备兑跨式价差同一个100股的XYZ的1月50看涨期权的卖出备兑在到期日的结果进行了比较。

表 20-1 卖出备兑跨式价差到期时的结果

股票价格	(A) 100 股卖出备兑（美元）	(B) 卖出看跌期权（美元）	备兑跨式价差 (A+B)（美元）
35	−1 100	−1 100	−2 200
40	− 600	− 600	−1 200
46	0	0	0
50	＋ 400	＋ 400	＋ 800
60	＋ 400	＋ 400	＋ 800

备兑看涨期权卖出者可以变成备兑跨式价差卖出者，这样做的吸引人之处在于他可以不必显著地改变他的卖出备兑看涨期权头寸的系数，就可以增加他的收益。使用表20-1中的数字，如果交易者决定通过用51买入XYZ和用5点卖出1月50看涨期权来建立一手卖出备兑，那么，他就有了一个最大潜在盈利在50之上，盈亏平衡点在46的头寸。如果在他的备兑看涨期权的头寸里加进那手裸看跌期权，他没有改变头寸的价格系数；他仍然可以在股票价格高于50时得到最大盈利，盈亏平衡点仍然是46。因此，在变成备兑跨式价差卖出者的时候，他不必改变他对这个标的股票的看法。

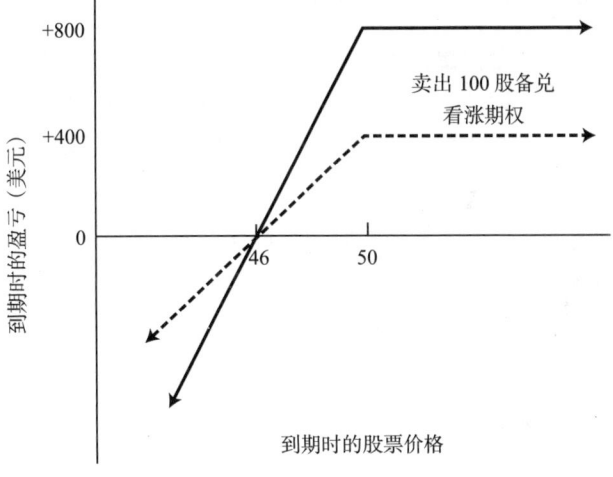

图 20-1 卖出备兑跨式价差

由于加进了这手裸看跌期权，投资增加了，在到期时，在股票价格到50之上的潜在盈利金额增加了，在股票价格到46之下的潜在亏损金额也增加了。备兑跨式价差卖出者在下行方向亏损的速度要高出一倍，因为这个头寸同一个200股的卖出备兑相等。因为裸看跌期权的手续费比卖出备兑看涨期权的手续费要低，备兑看涨期权卖出者在他的头寸中加进一手裸看跌期权时，一般而言可以在某种程度上增加他的收益。

实施后续行动的方法同卖出备兑看涨期权基本相同。一般在备兑的情况中需要将看涨期权挪仓的时候，交易者现在都可以将整个跨式价差挪仓（向下挪仓以寻求保护，向上挪仓以增加盈利，如果跨式价差中的时间价值消失，那么就向前挪仓）。上下挪仓也许会涉及支出，除非是挪到更远的到期日。

有的卖出者也许想要对卖出备兑跨式价差策略做一些小的修改。与其按同一价格卖出看跌期权和看涨期权，他们宁愿在卖出备兑看涨期权基础上再卖出一手虚值看跌期权。也就是说，如果交易者在 XYZ 的价格为 50 时买入股票和卖出看涨期权，然后他可以在 45 上卖出一手看跌期权。这样可以增加他在上行方向的潜在盈利，同时，只要 XYZ 到期时价格处于 45～50 之间，两手期权都会无价值到期。如果 XYZ 价格在到期日时低于 45 时，这样的做法会增加潜在风险的金额。不过，卖出者总是可以将这个看涨期权向下挪仓以得到额外的下行方向的保护。

在这个策略上，最后应当指出一点。如果备兑看涨期权的卖出者是以保证金卖出看涨期权，并在卖出看涨期权时使用完了他的借贷能力时，他就必须增加质押物以完成卖出备兑跨式价差。这是因为卖出的看跌期权是无备兑的。不过，用现金来运作备兑看涨期权的卖出者在把头寸转换为卖出备兑跨式价差策略时，就不必增加额外的资金。他只需要将他的股票移到一个保证金账户里，使用已经持有的股票的质押价值来卖出必要的看跌期权，以完成卖出备兑跨式价差。

20.2 卖出无备兑跨式价差

在一个卖出无备兑跨式价差中，交易者在没有持有标的股票的情况下卖出跨式价差。从广义上说，这是一个潜在盈利有限但潜在风险巨大的中性策略。不过，获得盈利的概率相当大，而且可以采用一定的方法来减小这个策略的风险。

因为交易者在这个策略中是在卖出一手看跌期权和一手看涨期权，他一开始得到大量的时间价值。如果标的股票价格在到期日相对没有变化，跨式价差的卖出者就可以就它的内在价值而将这个跨式价差买回来。这样做一般会带来一笔盈利。

【示例 20-2】有下列价格存在：

XYZ 普通股股票： 45
XYZ 1 月 45 看涨期权： 4
XYZ 1 月 45 看跌期权： 3

一个跨式价差可以卖出 7 点。如果股票价格在到期日高于 38 或低于 52，这个跨式价差的卖出者就会盈利。因为在这个情况里，用少于 7 点就可以把实值期权买回来，而虚值期权则会无价值到期（见表 20-2）。

表 20-2 卖出裸跨式价差

XYZ 到期价格	看涨期权盈利（美元）	看跌期权盈利（美元）	总盈利（美元）
30	+ 400	-1 200	- 800
35	+ 400	- 700	- 300
38	+ 400	- 400	0
40	+ 400	- 200	+ 200
45	+ 400	+ 300	+ 700
50	- 100	+ 300	+ 200
52	- 300	+ 300	0
55	- 600	+ 300	- 300
60	-1 100	+ 300	- 800

请注意，图 20-2 的形状看上去像是一个屋顶。到期时最大潜在盈利点是在行权价上，如果股票价格运动得过远，在两个方向上都会出现大量的潜在亏损。读者应当记得，卖出看涨期权比率策略（买入 100 股标的股票，卖出 2 手看涨期权）有着相同的盈利图形。卖出裸跨式价差和卖出看涨期权比率这两种策略是相等的。当然，正如所有相等的策略一样，这两种策略也有它们的不同之处。不过，这两种策略都是基于概率的策略，这样的策略有时会变得相当复杂，在这一点上，它们是相同的。此外，在不利的市场条件中，或是没有采用后续策略，这两种策略都有巨大的潜在风险。

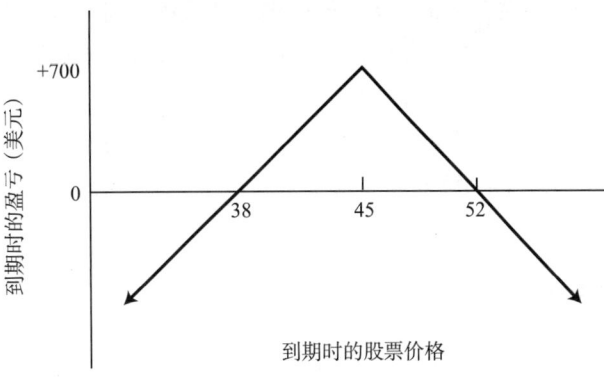

图 20-2　卖出裸跨式价差

裸跨式价差所需要的投资比单独卖出看涨期权或看跌期权所需要的投资要大。一般而言，这意味着保证金要求同一手简单的裸卖出中的实值期权的要求是一样的。这个要求是股票价格的 20% 加上实值期权的权利金。跨式价差的卖出者应当准备足够的质押物，这样，无论是采取什么样的他认为是必要的后续行动，都不至于有追加保证金的要求。如果他想在股票涨到上行盈亏平衡点（在上面的示例里是 52）时将这个跨式价差平仓，那么他就需要有足够的质押以保证在股票为 52 时他仍能持有这个头寸。如果他计划采取行动，而这个行动要求他在股票上涨到 55 或 56 时仍然持有这个头寸，那么，他就要有足够的质押能够满足这个行动。如果股票一直没有达到这样的高位，在持有头寸的时候，他会有多余的质押。

20.3 卖出跨式价差的选择

理想情况下，交易者想要从卖出跨式价差中得到一笔权利金，它可以产生一个盈利范围，其宽度同标的股票的波动率相关。在上面的示例里，盈利范围是 38 ～ 52。这取决于 XYZ 的波动率，它可以很宽，也可以不宽。虽然交易者可以根据下面的简单公式来构造一个简单的、对跨式价差进行排序的跨式价差卖出者指数，这在某种程度上还是一种主观的衡量：

$$指数 = 跨式价差的时间价值 / (股票价格 \times 波动率)$$

这样的排序还可以进一步细化。例如，去掉其中看跌期权或看涨期权的售价不到 1/2 点（如果想要更严格一点的话，甚至可以是 1 点）的情况，或者是其中的实值时间价值很小的情况。此外，这个指数必须年化，这样才能够对不同到期日的跨式价差进行比较。我们在第 28 章讨论数学运用的时候将以预期收益分析的形式来讨论更高级的选择标准。

要得到一个更为保守的跨式价差列表，可以使用更多的过滤程序。例如，你可以忽略所有价值不到标的股票价格一个固定百分比（例如 10%）的跨式价差。同时，你也可以抛开所有的期限过短（例如剩余存续期不足30天）的跨式价差。剩下的跨式价差的候选者应当是那些在有利条件下能够提供合理收益，同时也应当能很容易适应下面所要讨论的那些后续行动。最后，交易者一般应当在下行盈亏平衡点或是它的上方有一定的技术支撑，在上行盈亏平衡点或是它的下方下有一定的技术阻力。这样，使用计算机产生了一份按照类似上面的指数将跨式价差排序之后的列表，跨式价差卖出者就可以进一步根据标的股票的技术图形为跨式价差排序。

20.4 后续行动

跨式价差所涉及的风险有可能非常大。当市场条件有利时，即使使用严格的选择标准，并为了防止不利的股票运动而预留了额外的质押价值，策略家还是可以得到相当可观的盈利。不过，在一个极度波动的市场里，特别是在牛市中，它有可能很快就会出现亏损，因而必须采取后续行动。因为看跌期权的时间价值在它变成实值时趋于缩减，所以，下行方向的风险实际上要比上行方向稍小一些。在一个极度牛市的市场里，看涨期权的时间价值几乎没有什么缩减，甚至还可能增加。这就迫使跨式价差卖出者在把跨式价差买回来时必须支付更多的时间价值，特别是当这种情况出现在离到期日相当远的时候。

后续行动的最简单形式是在标的股票价格达到盈亏平衡点的时候将这个跨式价差买回来。股票达到盈亏平衡点时，跨式价差的价格只会比最初的价值略高一点，所以，这样做的目的是将亏损限制在小数量之内。在实践中，这个理论被证明有若干缺陷。如果标的股票在离到期日还有很长时间时就达到盈亏平衡点，这个跨式价差中剩下的时间价值仍然会非常大，卖出者如果重新买回这个跨式价差，就会有相当大的损失。因此，某个在到期日是盈亏平衡点的价格，在到期之前则有可能是亏损点。

【示例20-3】跨式价差是在股票价格为45时建立的，之后，股票突然上涨，很快涨到了52。看涨期权的售价是9点，不过它是7点实值。在一个牛市里，这种情况并不少见。此外，看跌期权价值1.50点。这也不罕见，因为虚值看跌期权还剩余大量时间，它趋向于将时间价值保存得很好。因此，如果跨式价差卖出者想要买回这个价差，他就必须支付10.50点，即使它是在盈亏平衡点上，而且在看涨期权一侧已经有7点的实值。

我们在这里用到这个示例，只是为了说明，不要认为交易者总是可以在盈亏平衡点上买回跨式价差，并且相信如果这样做他就可以把亏损限制在不到1点的范围内，这是一个错误的概念。如果在跨式价差中时间所剩无几，那么，这种类型的买回策略会有最好的效果。在这样的情况里，这些期权确实会接近持平价，这个跨式价差就可以在股票到达盈亏平衡点时用接近初始价值的价格买回来。

另一种可以使用的后续行动同前面一种相似，但有所改进。它的做法是，在一手实值期权的价格等于这个跨式价差的初始价格时，只买回这手实值的期权。

【示例20-4】再用一下相同的情况，假定当XYZ开始大涨，当股票达到50的时候，看涨期权价值7点。这手实值期权（看涨期权）现在的价值等于这个跨式价差最初的价值。这时可以把它买回来，继续持有那手虚值看跌期权。只要股票停留在45之上，这个看跌期权就会无价值到期。在实践中，经过足够的时间之后，或者当标的股票继续上涨时，用一小笔钱就可以把这个看跌期权买回来。

这类后续行动并不依赖于某个固定的股票价格，而会随着期权自身价格的变动而启动。因此，它是一种动态的后续行动。其中，根据距离到期日的时间，同一行动可以用在不同的股票价格上。如果将跨式价差在盈亏平衡点上平仓，我们面临的问题之一是，这个盈亏平衡点只有在到期日才是有效的盈亏平衡点。正如我们在前面的示例里所指出的，在离到期日还很远的时候，这个股票价格代表不了盈亏平衡点。因此，在某个固定的股票价格上只买回实值期权常常是一个更好的策略。这种策略的缺陷是在买回实值期权之后，交易者并不能释放多少质押价值，因此，在一段可能是相当长的时间内，他被绑在一个潜在盈利很小的头寸上。买回看涨期权所释放的质押价值等于实值的数量，卖出者仍然需要等于股票价格 20% 的质押物。

交易者可以修正这种后续方法来保留一些盈利。例如，他也许决定等实值期权的价值变得比整个跨式价差最初的价值大出 1 点的时候，再买回这手实值期权。这样，如果另一手期权无价值到期，他还有机会得到 1 点的总盈利。无论是哪种情况，总有股票会突然反转方向，给剩余的看跌期权空头造成亏损的可能。这种后续方法同卖出比率中在标的股票上使用买入或卖出止损指令的后续策略相似。

在介绍解决上面的问题的其他类型的后续策略之前，有必要来谈一谈用在卖出比率中的方法，也就是向上挪仓和向下挪仓。在跨式价差中，向上挪仓或向下挪仓常常帮不了你什么忙。在卖出比率中这样的策略要有效得多；没有人想要不断地买卖股票头寸，因为这里有手续费。不过，在跨式价差中，一旦把一个头寸平仓，就没有必要在同一个股票中使用相似的跨式价差。在建立新的跨式价差中使用其他股票也许更可取。

交易者还有其他两种简单的后续行动可以考虑使用，不过，没有一种对大部分策略家都适用。首先，即使股票大幅运动，交易者还是可以考虑什么都不做，如果他认为股票在期权到期时有可能会回到接近权价的价位，那么等待就有好处。只有资产配置分散很好以及富有经验的投资者才应当采取这种做法，因为在极端的市场情况里，几乎所有的股票都会同向运动。不管是谁，如果不采取某种行动，都会遭受巨大亏损。更为激进的后续行动可以是试图将这个跨式价差"分腿"，买回有盈利的那条腿，然后希望股票价格会反转，从而可以买回剩下的那条腿。在上面的示例里，当 XYZ 上涨到 52 时，激进的交易者会用 1.50 买回那手看跌期权，取走盈利，然后希望股票会跌回去，从而可以用更便宜的价格买回看涨期权。这是一种非常激进的后续行动，因为股票价格很有可能继续上涨，因此产生更大的亏损。这是交易者的做法，而不是训练有素的策略家的做法，因此应当避免这样的行动。

从本质上说，后续行动应当用来做两件事：第一，限制头寸的风险；第二，保留产生潜在盈利的余地。上面这些后续行动没有一个能够实现这些目的。不过，有一种后续行动可以使跨式价差卖出者在限制风险的同时仍然保留产生潜在盈利的余地。

【示例 20-5】在最初当股票的价格为 45，以 7 点卖出了这个跨式价差之后，股票经历了上涨，出现了下列的价格：

XYZ 普通股股票：	50
XYZ 1月45看涨期权：	7
XYZ 1月45看跌期权：	1
XYZ 1月50看涨期权；	3

我们将1月50看涨期权的价格包括在这里是因为它将是这个后续行动的一部分。请注意，这个跨式价差中有相当数量的时间价值，因此现在买回来会相当昂贵。不过，假定这个跨式价差卖出者不改变他卖出的1月45跨式价差，而是买入1月50看涨期权作为上行方向的保护。因为这个看涨期权的成本是3点，他现在就有了一个总收入为4点的头寸（跨式价差最初卖了7点的收入，他现在为50的看涨期权花费了3点）。不管股票价格会上涨到多高，这种买入行权价比跨式价差的行权价更高的看涨期权的做法，都限制了上行方向的潜在亏损。如果XYZ在到期日价格高于50，看跌期权就无价值到期，卖出者必须付出5点来将这个看涨期权价差平仓（卖出1月45，买入1月50）。这就是说，如果XYZ在到期日价格高于50，他的最大潜在亏损是1点加上手续费。

除了能够限制上行方向的亏损，这类后续行动仍然给潜在盈利留有余地。如果XYZ在到期日的价格在41～49之间，也就是说，离行权价45相差不到4点，卖出者还可以用少于4点的价格将这个跨式价差买回来，从而得到一笔盈利。

因此，这个跨式价差既限制了上行方向的潜在风险，也为潜在盈利保留了余地（如果标的股票跌回最初45的行权价）。只有严重的价格反转，股票价格跌到40之下，才会产生大笔的亏损。事实上，股票需要相当长的时间才能够反转目前强劲的向上冲力，一路跌到40。因此，卖出者总是有机会在剩余较少时间价值的时候，把这个跨式价差买回来。

这个后续策略对这个头寸的保证金会有影响。在买入看涨期权作为上行方向保护时，为了保证金的目的，这个卖出者持有的是一手看空的看涨期权价差和一手未备兑的看跌期权。这个头寸的保证金通常比一个5点实值的跨式价差所需要的要少。

这个策略还有第2步的行动。

【示例20-6】股票在短期内持续上涨，虚值看跌期权的价格跌到了不足0.50点。跨式价差卖出者现在可以考虑买回这个看跌期权，这样的话，他就只剩一手看涨期权熊市价差。在花0.50点买回这手看跌期权之后，他剩余头寸的净收入就是3.50点。因此，如果XYZ反转方向，价格在到期日时距离行权价3.50点之内，也就是低于48.50，这个头寸就能产生盈利。事实上，如果XYZ在到期日低于45，整个熊市价差就会无价值到期，这个策略家就会有3.50点的盈利。最后，由于买回了这手看跌期权，就不再有对裸看跌期权的保证金要求，因此可以释放多余的资金，价差者可以在继续持有低保证金要求的熊市价差的同时，在另一只股票上重新建立一个跨式价差头寸。

总的来说，相对于前面介绍的比较简单的买回策略，这类后续行动可以用在更为广泛的目的上。它限制了卖出者的亏损，但又不妨碍他继续获得盈利。而且，他还有可能释放出足够的保证金。用这部分保证金，他可以在另一只股票上，用不足1点的价格买入未备兑看跌期权来建立一个新的头寸。这样，他不至于在等待最初的跨式价差到期时，将所有资金都占住。同样类型的策略也可以用在下行的市场中。如果股票在卖出跨式价差之后下跌，卖出者可以买入一手行权价较低的看跌期权来限制下行方向的风险，同时依然保留如果股票上涨回到行权价时会有的潜在盈利。

20.5 等股头寸的后续行动

在卖出跨式价差中有很多种后续策略可以使用，其中最好的方法还是等股头寸。读者应当记得，一个期权头寸的等股头寸等于期权数量 × delta × 每手期权所代表的股份数。如果是卖空的头寸，那么期权的数量就是一个负数。把这个方法应用到上面的情形，下面就是一个等股头寸方法的示例：

【示例 20-7】和前面一样，假定跨式价差最初卖了 7 点，但是股票上涨了。有下面的价格和 delta 存在：

      XYZ 普通股股票： 50
      XYZ 1 月 45 看涨期权：7；delta： 0.90
      XYZ 1 月 45 看跌期权：1；delta：−0.10
      XYZ 1 月 50 看涨期权：3；delta： 0.60

假定最初卖出的是 8 手跨式价差，每手期权代表了 100 股 XYZ。我们可以计算出这 8 手跨式价差空头的等股头寸：

期权	头寸	Delta	等股头寸
1 月 45 看涨期权	8 手空头	0.90	720 股空头（−8 × 0.9 × 100）
1 月 45 看跌期权	8 手空头	−0.10	80 股多头（−8 × −0.1 × 100）
总等股头寸			640 股空头

显然，这个头寸是相当看空的。除非交易者对 XYZ 极度看空，否则他就应当对头寸有所调整。最简单的调整方法是买入 600 股 XYZ。另一种方法是买回卖出的 7 手 1 月 45 看涨期权。这样的买入行为可以给这个头寸加上一个买入 630 股（7 × 0.9 × 100）的 delta。这就能使这个头寸基本成为中性。不过，正如前面的示例所指出的，策略家也许不想要买入这个期权。如果他决定买入 1 月 50 看涨期权为这手卖出的跨式价差做对冲，那么他就需要买入 10 手 1 月 50 看涨期权才能让这个头寸保持中性。他需要买这么多的原因是这个 1 月 50 看涨期权的 delta 是 0.60；买入 10 手合约可以在这个头寸中加进 600 股的 delta 多头。

虽然在理论上买入 10 手是正确的，但由于交易者实际上只卖出了 8 手跨式价差，因此在实践中他也许只买入 8 手 1 月 50 看涨期权。

20.6 一开始就设定保护

在某些情况下，跨式价差的卖出者有可能在一开始就建立一个在一个方向上没有风险的头寸。他可以在建立跨式价差的同时买入一手虚值的看跌期权或看涨期权。这就可以实现在前面几节里谈到的后续行动所要达到的目的，而保护性期权则更便宜，因为在买入时它是虚值的。当然，从一开始就在跨式价差中加进一手虚值期权多头，有好处也有坏处。

【示例 20-8】假设有下面的价格：

XYZ 股票：	45
XYZ 1 月 45 跨式价差：	7
XYZ 1 月 50 看涨期权：	1.50

该头寸上行的风险是有限的。如果交易者花 7 点持有 1 月 45 跨式价差，而且用 1.50 点买入 1 月 50 看涨期权，他的总收入就是 5.50 点。在这个头寸中他没有上行方向的风险。因为如果 XYZ 上涨，在到期日在 50 之上，他可以通过用 5 点买回这手看涨期权价差的办法将这个头寸平仓。看跌期权则无价值到期。这手虚值看涨期权消除了这个头寸在股票价格高于 50 时的风险。一开始就买入保护的另一个好处是，如果股票跳空或者交易暂时中止，交易者可以得到保护。在有这个保护的情况下，如果受保护的方向出现这样的运动，它所能造成的后果就很小。不过，如果是作为后续行动而买入保护，那么，股票价格突发的大幅运动就会毁了他的策略。

这个头寸的总潜在盈利比正常的跨式价差要小，因为，如果股票在到期日低于 50，为买入的看涨期权所付的权利金就会亏损掉。不过，这手看涨期权的自动限制风险的特性所提供的好处也许大于减少的潜在盈利。策略家在股票上扬时可以安下心来，不需要为在上行方向可能会积累起来的亏损而担忧。

跨式价差卖出者在下行方向也可以通过相同的方式而得到保护，他可以一开始就买入一手虚值的看跌期权。

【示例 20-9】 在 XYZ 的价格为 45 时，交易者用 7 点卖出一个 1 月 45 跨式价差，如果他担心股票价格会下跌的话，他可以同时花 1 点买入一手 1 月 40 看跌期权。

现在，很容易看出，跨式价差卖出者可以在卖出这手跨式价差的同时分别买入一手虚值看涨期权和虚值看跌期权，这样，他从一开始就在两个方向都有了保护。这样做的主要好处是，无论在哪个方向，这个头寸的风险都是有限的。此外，保证金的要求也会大幅度下降，因为整个头寸包括了一个看涨期权价差和一个看跌期权价差。这里不再有任何裸期权。一开始在两个方向上都买入保护的缺陷是增加的手续费成本，另外，由于买入两手期权的成本，这个跨式价差卖出的总潜在盈利也会减小，也许还是大幅减小。因此，交易者必须对保护的成本进行评估，看一看同跨式价差的收益相比它是否过高。如果可能的话，这种完全受到保护的策略是非常吸引人的，我们在第 23 章中对它还要进行讨论。

总的来说，跨式价差卖出者决定要买保护的策略，每一个都有它的好处和坏处。买入期权限制了风险，这个特征显然是一个好处。不过，卖出期权的人并不是在任何时候都想通过纯粹买入时间价值来得到保护。他一般更愿意买入内在价值。读者可以注意到，在上面所讨论的每一个保护性买入策略中，买入的期权都包含大量的时间价值。因此，卖出者常常必须在限制风险和限制买入期权的成本之间寻求一种微妙的平衡。不过，就最终分析而言，无论成本如何，对风险都必须有所限制。

20.7　卖出宽跨式价差（组合价差）

读者应当还记得，一手宽跨式价差是一个包含看跌期权和看涨期权的头寸，在其中，这些期权的条款不尽相同。一般来说，看跌期权和看涨期权有相同的到期日，但是行权价不同。卖出宽跨式价差通常是通过卖出一手虚值看跌期权和一手虚值看涨期权来建立的，头寸建立时股票价格大致在这两个期权的不同的行权价的中点。这样，即使股票价格与行权价有一定距离，裸期权的卖出者还是能够对标的股票的走向保持中性。

这个策略和卖出跨式价差很相似，不同的是卖出宽跨式价差的最大盈利区域要比跨式价差大得多。在这个策略或者是任何裸卖出策略中，策略家可以赚到的大部分钱都来自于收入的权利金。跨式价差卖出者只有很小的机会得到相当于全部价差权利金的盈利，因为只有当股票价格在到期日刚好等于行权价时，卖出的看跌期权和看涨期权才会都无价值到期。宽跨式价差卖出者则不同，只要股票在到期日时价格在两个行权价之间，他就可以得到最大潜在盈利，因为在这种情况下这两手期权都会无价值到期。这个策略同第6章里在讨论卖出看涨期权比率时所介绍的卖出变量比率是相等的。

【示例20-10】如果存在下列价格的话：

XYZ普通股股票： 65
XYZ 1月70看涨期权： 4
XYZ 1月60看跌期权： 3

可以通过卖出1月70看涨期权和1月60看跌期权建立一个宽跨式价差。如果XYZ价格在到期日时在60～70之间，这两手期权都会无价值到期。价差的卖出者就有7点的盈利，等于其最初得到的收入。如果XYZ在到期日时高于70，策略家就必须付出一定的成本买回看涨期权。例如，如果XYZ价格在到期日时为77，买回1月70看涨期权就要花7点，因此造成一个盈亏平衡的情况。在下行方向，如果XYZ价格在到期日时为53，1月60看跌期权就需要7点才能买回，因而决定了下行方向的盈亏平衡点。表20-3和图20-3描述了这个卖出宽跨式价差头寸的可能结果。这个示例中的盈利范围相当大，从下行的53到上行的70。因为当前股票价格是65，因此这是一个相对中性的头寸。

粗看上去，这似乎是一个比跨式价差更保守的策略，因为盈利范围更宽，股票需要运动相当大的幅度才会达到盈

表20-3 组合价差卖出的结果

股票到期价格	看涨期权盈利（美元）	看跌期权盈利（美元）	总盈利（美元）
40	+ 400	-1 700	-1 300
50	+ 400	- 700	- 300
53	+ 400	- 400	0
57	+ 400	0	+ 400
60	+ 400	+ 300	+ 700
65	+ 400	+ 300	+ 700
70	+ 400	+ 300	+ 700
73	+ 100	+ 300	+ 400
77	- 300	+ 300	0
80	- 600	+ 300	- 300
90	-1 600	+ 300	-1 300

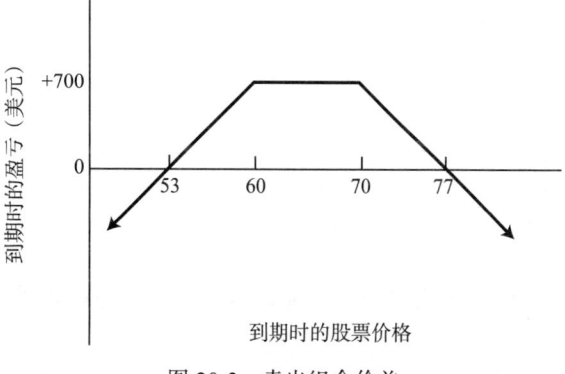

图20-3 卖出组合价差

亏平衡点。在没有后续行动的情况下，这没有错。但是，如果股票一开始就迅速上涨或下跌，宽跨式价差卖出者常常没有其他选择，只能买回实值期权以限制他的亏损。正如前面所显示的，这时买回的价格有可能会包括大量的时间价值，从而产生显著的亏损。

宽跨式价差卖出者唯一可用的其他方法（除了通过交易把这个头寸平仓之外），是在股票达到任何一个盈亏平衡点时，将这个头寸转化为一手跨式价差。

【示例 20-11】如果前面示例里的 XYZ 价格上涨到了 70 或 71，1 月 70 看跌期权就会被卖掉。根据可用的质押金额，在卖掉 1 月 70 看跌期权的时候，可以买回也可以不买回 1 月 60 看跌期权。如果股票价格稳定下来，这种把宽跨式价差转化为跨式价差的做法就会效果很好。如果股票继续上涨，它也可以减少痛苦。不过，如果股票反转方向，1 月 70 看跌期权空头就无法盈利。在决定是否要将宽跨式价差转化为跨式价差上，标的股票的技术分析可以提供一定的帮助。如果股票价格有相当大的可能会回落，那也许就不值得将这手看跌期权向上挪仓。

在这个宽跨式价差的示例里，卖出者从卖出看跌期权和看涨期权中收入大笔的权利金。不过，在许多时候，一个激进的宽跨式价差卖出者会想要卖出两手离到期日很近的虚值期权。这些期权的卖价一般都不到 1 点。有的时候这是非常激进的策略，因为如果标的股票无论在哪个方向迅速运动，穿过行权价，这个卖出者就没有其他什么办法。他必须买回期权以限制亏损。不过，这类卖出宽跨式价差（卖出价格不到 1 点的短期虚值期权）对许多卖出者都有吸引力。我们在第 5 章中介绍过卖出近期看涨期权的裸看涨期权卖出者，这里的哲学和他们的哲学相似，他们也认为期权有很大的可能会无价值到期。它也有着相同的风险：如果价格出现大幅变化或开盘跳空，那么就会出现把许多次交易的盈利一扫而空的灾难性亏损。卖出价格不足 1 点的组合是一种拙劣的策略，应当避免这种策略。

在结束对卖出宽跨式价差的讨论前，考虑一下对卖出宽跨式价差有什么样的保证金要求是有好处的。还记得吗，卖出一手跨式价差所需要的保证金是 20% 的股票价格加上看跌期权或看涨期权的价格，取决于哪一手期权是实值的。不过，在卖出宽跨式价差中，正如在前面的示例里那样，两手期权可能都是虚值的。当出现这种情况时，跨式价差的卖出者可以从他的保证金要求中减去虚值金额。因此，如果在卖出 1 月 60 看跌期权和 1 月 70 看涨期权的时候 XYZ 价格为 68，质押要求就是股票价格的 20%，加上看涨期权的权利金，再减去 200 美元（较小的虚值金额）。这手看涨期权虚值 2 点，而看跌期权虚值 8 点。实际上，任何涉及卖出看跌期权和看涨期权（跨式价差或宽跨式价差）的真正质押要求，都是取看跌期权或看涨期权中要求较大的一个，加上另一手期权的实值金额。在最后那句话里，另一手期权的实值金额适用于在构建宽跨式价差时卖出两手实值期权的情况。这种策略没有那么流行，因为卖出者在卖出两手实值期权的时候，通常收入的时间价值较少。实值宽跨式价差的一个示例是当股票价格为 65 时，卖出 1 月 60 看涨期权和 1 月 70 看跌期权。

20.8 对卖出未备兑跨式和宽跨式价差的进一步讨论

我们在讨论卖出比率的时候曾经指出，这是一个以高概率获得有限盈利的策略。因为卖出跨式价差和卖出比率是相等的，宽跨式价差和卖出变量比率是相等的，这样的说法也适用于这两个策略。不过，使用跨式和宽跨式价差的交易者必须意识到，在一个高波动的市场里，必须要采用保护性的后续行动来限制亏损。跨式价差卖出者有时还可以使用其他的技巧来帮助他降低风险。

我们在前面不断地提到，看跌期权在变为实值期权后失去时间价值的速度要比看涨期权快。交易者常常可以通过卖出 1 或 2 手额外的看跌期权来构建一个中性头寸。也就是说，如果交易者卖出 5 或 6 手看跌期权和 4 手条款相同的看涨期权，他常常可以创造出一个比跨式价差更为中性的头寸。如果股票向上运动，看涨期权在一个看多的市场里积累起时间价值，而额外的看跌期权则帮助抵消看涨期权的不利后果。另一方面，如果股票下跌，5 或 6 手看跌期权所拥有的时间价值和 4 手看涨期权一样多，这也是一个不带偏向的中性头寸。如果股票一开始就大幅下跌，卖出者总是可以通过卖出另外的 1 或 2 手看涨期权来保持平衡。卖出额外的 1 或 2 手看跌期权是跨式价差卖出者对付最凶险敌人的对策，这个敌人就是标的股票的迅速和极度上涨。

20.8.1 使用 delta

我们可以用更严格的方法来实施这个通过增加看跌期权空头来构造一个中性头寸的分析。读者应当记得，卖出比率者或比率价差交易者可以使用头寸中期权的 delta 来决定一个中性的比率。跨式价差卖出者也可以这样做。我们说过，看涨期权的 delta 和看跌期权的 delta 之间的差别差不多是 1。使用前面跨式价差卖出示例里的价格，假定看涨期权的 delta 是 0.60，那么，就可以得出一个中性的比率：

价格		delta
XYZ 普通股股票	45	
XYZ 1 月 45 看涨期权	4	0.60
XYZ 1 月 45 看跌期权	3	−0.40（0.60 − 1）

看跌期权的 delta 是负数，标志着看跌期权和标的股票是负相关的。用看涨期权的 delta 去除以看跌期权的 delta，忽略那个负号，就得出一个中性的比率。由此得出的比率——在这个示例里是 1.5∶1（0.60/0.40），是每卖出 1 手看涨期权就需要卖出多少看跌期权的比率。因此，为了建立一个中性头寸，交易者需要卖出 3 手看跌期权和 2 手看涨期权。读者也许会想，假设 1 手平值看涨期权的 delta 是 0.60 是否合理。一般而言这是正确的，非常长期的平值看涨期权有较高的 delta；非常短期的看涨期权的 delta 则接近 0.50。因此，3∶2 的比率常常是中性的比率。当我们在讨论卖出比率涉及中性比率时，我们提到过卖出 5 手看涨期权和买入 300 股股票常常会产生中性的比率。读者应当注意到，一个由卖出 3 手看跌期权和 2 手看涨期权而构成的跨式价差和一个卖出 5 手看涨期权和买入 300 股股票的卖出比率是相等的。

如果跨式价差卖出者要使用 delta 来决定他的中性比率，他应当在开始投资的时候就对每一个头寸进行计算，而不是仰赖于 3 手看跌期权和 2 手看涨期权常常产生中性比率这样的泛泛之谈。delta 也可以用作后续行动，在标的股票运动之后调整比率以保持中性。

20.8.2 避免过度交易

在上面介绍的所有卖出跨式价差和宽跨式价差的策略里，过多的后续行动都会造成不利结果，因为会有手续费成本。因此，虽然采取保护性行动很重要，跨式价差卖出者应当事先有所计划，尽量不对策略进行改动，从而保护自己。这就是为什么买入保护常常是有用的；它不但限制了股票运动方向的风险，而且只需要一手额外的期权手续费。事实上，如果可能的话，一开始就买入保护的策略常常比采取第 2 步行动进行保护要更好。

从避免过多的后续行动的概念引申开来，我们可以说，策略家应当避免对标的股票的运动方向进行预测。例如，如果跨式价差卖出者计划在股票达到 50 的时候采取防御行动，那么，他就不应当在股票只是 48 或 49 的时候就根据预测而行动。股票有可能会回落。如果是这样，卖出者不但已经采取了不应当采取的防御行动，付出了手续费成本，还降低了他的潜在盈利。当然，每个人在心理的某个角落都是交易家，预测（或者等待下去）的欲望总是存在。除非有很强的技术理由要这样做，否则的话，策略家应当抵制想要交易的欲望，应当按照他最初的计划执行他的策略。在这方面，卖出比率者或许更有优势，因为他可以使用在标的股票上的买入和卖出止损指令来消除他在后续行动中的情感因素。在第 6 章讨论卖出看涨期权比率时我们介绍过这种技巧。不幸的是，在卖出跨式价差和宽跨式价差中不存在这样的回避情绪的技巧。

20.8.3 使用收入

在前面的章节里我们提到过，卖出备兑看涨期权不需要策略家有任何现金投资。他可以使用他现有投资组合的质押价值来完成卖出裸期权。此外，一旦他卖出了未备兑的期权，他还可以使用他从卖出期权中得到的权利金来购买像政府债券那样的固定收益证券。同样的道理自然也适用于卖出跨式价差和宽跨式价差策略。不过，策略家不应当过分热衷于在他的头寸中持续保持收入，也不应当一心想要不惜代价地把政府债券留在手里。如果卖出者的后续行动需要他有资金支出以限制亏损，或者需要他卖掉政府债券以保持收入，他就应当毫不迟疑地这样做。

第21章

用看跌期权和看涨期权来构造合成股票头寸

策略家有可能只用期权就建立起一个从本质上和股票头寸相同的头寸。同简单地买入股票或卖空股票相比,这样的期权头寸一般只需要较少的保证金投资而且保持了其他的固有好处。简单地说,这些策略可以总结为:

(1)买入看涨期权和卖出看跌期权,以替代买入股票。
(2)买入看跌期权和卖出看涨期权,以替代卖空股票。

21.1 合成股票多头

如果交易者在买入一手看涨期权的同时卖出一手行权价相同的看跌期权,那么,他就构造了一个同持有股票相等的策略。这样的头寸有时被称为"合成"股票多头。

【示例21-1】为了证明这个期权头寸的表现和一个股票多头头寸相同,假定有下面的价格存在:

XYZ普通股股票: 50
XYZ 1月50看涨期权: 5
XYZ 1月50看跌期权: 4

如果投资者对XYZ是看多的,而且想要以50的价格持有这只股票,他可以考虑使用一种变通的方法,买入1月50看涨期权,同时(未备兑地)卖出1月50看跌期权。正如表21-1所显示的,通过使用这个期权策略,这个投资者的潜在盈亏和一个股票持有者几乎是一样的。这张表右面两栏将这个期权策略的结果与仅仅按50的价格持有这只股票的结果进行了比较。

表21-1 合成买入股票头寸

XYZ到期价格	1月50看涨期权结果(美元)	1月50看跌期权结果(美元)	总的期权结果(美元)	买入股票结果(美元)
40	−500	−600	−1 100	−1 000
45	−500	−100	−600	−500
50	−500	+400	−100	0
55	0	+400	+400	+500
60	+500	+400	+900	+1 000

表21-1显示,在到期日在任何价格上这个期权策略的结果都比股票的结果刚好少100美元。因此,"合成"股票多头和实际股票多头有几乎相同的潜在盈亏。这两种相等头寸的结果之所以有差别,是因为期权策略家为了设立这个头寸必须要付1点的时间价值。这100

美元代表了股票的持有成本和要支付的股息。因此，实际上这两个头寸是完全一样的（关于持有股票和"合成股票"之间的完整关系，我们会在第 27 章的**转换组合**（conversion）中解释）。这个时间价值意味着，在到期时"合成"头寸的表现会比实际股票头寸差 100 美元。请注意，当 XYZ 为 50 的时候，看跌期权和看涨期权一开始都完全由时间价值构成。合成头寸在看涨期权中为时间价值支付了 5 点，而从看跌期权中只得到了 4 点的时间价值。因此，净时间价值是 1 点的净支出。

投资者之所以使用合成股票多头的头寸而不是股票头寸自身的理由是，合成头寸所需要的投资比直接买入股票要小得多。买入这只股票需要在现金账号里有 5 000 美元，或者在保证金账号里有 2 500 美元（如果保证金率是 50%）。这个合成头寸则只需要 100 美元的支出和满足质押要求（股票价格的 20%，加上看跌期权的权利金，减去行权价同股票价格之间的差价）。从理论上说，把这笔钱投资在短期资金里，所得到的利息可以抵消为合成头寸所付的 100 美元。在这个示例里，质押要求是 5 000 美元的 20%，或者说 1 000 美元，加上 400 美元的看跌期权权利金，加上 100 美元的支出（因为买入看涨期权付了 5 点，卖出看跌期权只收入 4 点）。这笔交易的初始投资就是 1 500 美元。在这里，在建立头寸的时候在股票价格与行权价之间没有差价。当然，因为这里有一手裸看跌期权，如果股票价格下跌，这个质押要求就会上升，如果股票价格上涨，这个质押要求就会下降。同时请注意，买入股票在账户中产生了一笔 5 000 美元的支出，而期权策略的支出只是 100 美元，其他都是质押要求，而不是现金要求。

由于保证金要求降低了，头寸就有了更大的杠杆。如果 XYZ 上涨到 60，股票头寸的盈利就会是 1 000 美元，它代表了在保证金之上的 40% 的盈利（1 000 美元 /2 500 美元）。使用期权策略的话，这个百分比要更高。盈利会是 900 美元，收益率会是 60%（900 美元 /1 500 美元）。当然，在下行方向杠杆也会起作用，因此，期权策略的按百分比计算的风险也更高。

使用合成股票策略一般并不只是用它来替代股票多头。除了有可能潜在盈利小一些之外，期权策略家没有股息收入，而股票持有者则有。不过，期权策略家有可能从他没有投放在股票持有权的资金中得到利息。对策略家来说，重要的是要懂得，一手看涨期权多头加上一手看跌期权空头等于股票多头。因此，策略家可能在某些正常需要买入股票的期权策略中，使用合成期权头寸来替代买入股票。

21.2 合成股票空头

在卖出一手看涨期权的同时买入一手看跌期权可以建立起一个同卖空标的股票相等的头寸。一般而言，同卖空股票相比，这种替代的期权策略有很大的好处。使用上面的价格（股票价格为 50，1 月 50 看涨期权的价格为 5，1 月 50 看跌期权的价格为 4），表 21-2 显示了在 1 月到期日时的潜在盈亏。

期权头寸和卖空股票的头寸有相似的结果：如果股票下跌就有大量的潜在盈利，如果标的股票价格上涨就有无限的亏损。不过，期权策略比股票头寸的表现要好，因为期权策略家得到了时间价值的好处。同样，这是因为看涨期权比看跌期权有更多的时间价值，在这个情况里对期权策略家有好处，因为他是卖出看涨期权和买入看跌期权。

表 21-2　合成股票空头头寸

XYZ 到期价格	1月50看涨期权结果（美元）	1月50看跌期权结果（美元）	总的期权结果（美元）	买入股票结果（美元）
40	＋500	＋600	＋1 100	＋1 000
45	＋500	＋100	＋600	＋500
50	＋500	－400	＋100	0
55	0	－400	－400	－500
60	－500	－400	－900	－1 000

由于两个重要的因素，期权策略比卖空股票更可取：（1）没有必要去借股票；（2）没有遵守 uptick[⊖] 规则的必要。当投资者卖空股票的时候，他首先必须从持有股票的人那里借到股票。这个程序是由投资者的经纪公司的股票借贷部门处理的。如果因为某种原因没有人愿意借出股票，那么就没有办法执行卖空股票的指令。此外，卖空纽约股票交易所和纳斯达克的股票必须遵守 uptick 规则。也就是说，卖空的价格必须高于前一笔交易的价格。这个规则是好多年以前（由纽约股票交易所）引进的，为的是防止交易者在"熊市砸盘"而将市场拖垮。

不过，使用期权的"合成股票空头"策略，投资者就不必为这两个因素担心。首先，看涨期权可以随意卖出；没有借任何东西的必要。同时，看涨期权即使在标的股票在按向下的价码（downtick）交易时也可以卖空（看跌期权可以买入）。许多专业交易商使用"合成股票空头"是因为他们可以非常及时地用相等的方式来卖空股票。如果一个投资者想要卖空股票，且他事先没有安排借贷股票，那么，在他的经纪人询问股票借贷部门，到确定可以借到股票的时候，时间就被浪费掉了。

不过，这里需要防止误解。如果投资者是就一只借不到的股票卖出看涨期权，那么他必须肯定他不会被指派。因为，如果投资者因为看涨期权行权而被指派，他还是必须卖空标的股票。如果这个股票是借不到的，那么，经纪人就必须为他买入股票。因此，在一个股票也许很难借到的情况里，投资者应当使用这样的行权价，这个行权价可以让这手看涨期权在最初卖出的时候是虚值的。这可以减小但是不能排除提前指派的可能性。

在这个策略中，杠杆也是一个因素。假定保证金率是 50%，卖空者需要 2 500 美元为这个头寸提供质押。期权策略家最初只需要股票价格的 20%，加上看涨期权的价格，再减去收进的收入，所需要的质押是 1 400 美元。此外，我们在合成股票多头头寸中提到的劣势在合成股票空头策略中就再不是劣势。期权交易者不需要为期权支付股息，但是卖空股票的人必须支付股息。

由于期权头寸不必支付股息，还有从大量的时间价值中得到较大潜在盈利的好处，想要卖空股票的交易者常常可以用卖出一手看涨期权和买入一手看跌期权来替代。对一个策略家来说，懂得卖空股票头寸同期权头寸之间的相等关系也很重要。在某些情况里，他也

⊖　股市上在你的指令的前一指令的交易价格必须高于你的卖空价格。——译者注

许能够用期权头寸来代替通常需要的卖空股票。

21.3 分开行权价

策略家还可以对合成的策略稍加变动,设立一个激进但有吸引力的头寸。与其在看涨期权和看跌期权上使用相同的行权价,他可以在看跌期权上使用较低的行权价,在看涨期权上使用较高的行权价。这种把行权价分开(split)的做法为他可能犯的错误留了余地,同时仍然保留了获得大量盈利的可能。

21.3.1 看多

如果卖出的是一手虚值的裸看跌期权,与此同时买入的是一手虚值的看涨期权,那么,这样建立起来的就是一手激进的看多头寸。交易者常常可以在建立这个头寸时得到一笔收入。如果标的股票价格上涨得足够高,买入看涨期权和卖空看跌期权的头寸都能产生盈利。如果股票价格相对无变化,买入的看涨期权就会有亏损,但卖出的看跌期权仍然可以盈利。如果标的股票价格下跌,那就会产生风险,卖空看跌期权和买入看涨期权两方面都会亏损。

【示例 21-2】有下面的价格存在:XYZ 的价格是 53,1 月 50 看跌期权的售价是 2,1 月 60 看涨期权的售价是 1。一个对 XYZ 看多的投资者卖出 1 月 50 裸看跌期权,与此同时,买入 1 月 60 看涨期权。这个头寸有 1 点的收入,再减去手续费。卖出裸看跌期权需要有质押。如果 XYZ 在 1 月到期时在 50～60 之间,两手期权都会无价值到期,投资者可以得到一笔同初始收入相等的小盈利。不过,如果 XYZ 在到期日上涨到 60 之上,他的潜在盈利就是没有限制的,因为他持有行权价为 60 的看涨期权。如果 XYZ 在到期之前下跌到 50 之下,他的亏损就会非常大,他卖出了行权价为 50 的看跌期权。表 21-3 和图 21-1 显示了这个策略在到期时的结果。

表 21-3 看多的分开行权价

XYZ 到期价格	1 月 50 看跌期权盈利(美元)	1 月 60 看涨期权盈利(美元)	总盈利(美元)
40	-800	-100	-900
45	-300	-100	-400
50	+200	-100	+100
55	+200	-100	+100
60	+200	-100	+100
65	+200	+400	+600
70	+200	+900	+1 100

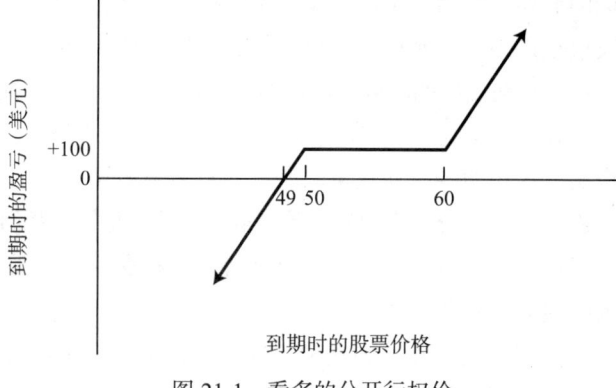

图 21-1 看多的分开行权价

使用这个策略的投资者本质上对标的股票是看多的,他想要免费买入一手虚值看涨期权。如果他错了但是错得不严重,标的股票只是稍许上涨,甚至还略微下跌了一些,那么他仍然可以有少量盈利。当然，如果他是对的，在股票上涨中就可以产生大量盈利。如果他错了，股票大幅下跌而不是上涨，那么他就会损失惨重。

这个策略在期权价格被高估时非常有用。假定投资者对标的股票看多，但发现看涨期权太贵，因而很失望。如果他想买入一手这样昂贵的看涨期权，他可以通过同时卖出一手虚值看跌期权来在某种程度上减少支出，这样的看跌期权也会比较贵。因此，如果他对股票看多的判断是对的，他就持有了一手定价比较"合理"的看涨期权，因为这手看涨期权的成本由于卖出看跌期权的收入而降低了，降低的数量等于从卖出看跌期权中收入的权利金。

21.3.2 看空

如果投资者对股票看空，也有一种相应的策略。他可以买入一手虚值的看跌期权，使得他在股票下跌时有机会得到大量盈利，同时卖出一手虚值的裸看涨期权，用权利金收入来"资助"买入的那手看跌期权。如果股票停留在低于看涨期权行权价的价位，卖出看涨期权就会有盈利。但如果标的股票上涨得过高，他就会有很大的亏损。

【示例21-3】XYZ的价格是65，看空的投资者买入了一手2月60看跌期权，价格为2点，他同时也卖出了一手2月70看涨期权，权利金收入是3点。这些交易产生了1点的收入，再减去手续费。投资者必须为卖出裸看涨期权提供质押。如果XYZ在2月到期日之前大幅下跌，那就有可能出现大量的盈利，因为投资者持有2月60看跌期权。即使XYZ的表现不尽人意，但在到期日还是落在60～70之间，他还是会有数量等于最初收入的盈利，因为两手期权都会无价值到期。不过，如果股票上涨到70以上，那就会有无限的亏损，因为他有一手行权价为70的裸看涨期权。表21-4和图21-2显示了这个策略在到期时的结果。

表21-4 看空的分开行权价

XYZ到期价格	2月60看跌期权盈利（美元）	2月70看涨期权盈利（美元）	总盈利（美元）
50	+800	+300	+1 100
55	+300	+300	+ 600
60	-200	+300	+ 100
65	-200	+300	+ 100
70	-200	+300	+ 100
75	-200	-200	- 400
80	-200	-700	- 900

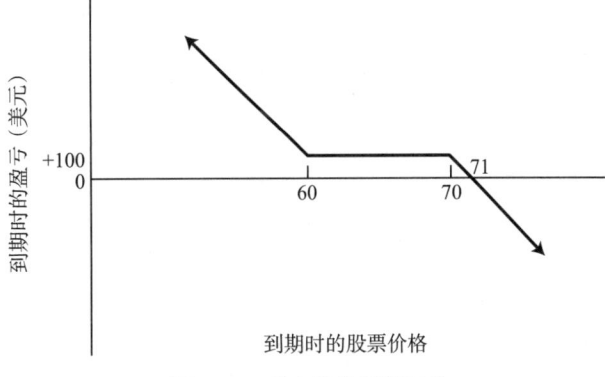

图21-2 看空的分开行权价

这显然是一个激进的看空策略。投资者想要下行方向的潜在盈利而持有一手虚值看跌期权。此外，他卖出了一手虚值看涨期权，通常卖出看涨期权的收入会高于买入看跌期权的支出。由于卖出了看涨期权，他基本上就免费得到了那手看跌期权。事实上，即使标的股票只有小量的上涨或者略为下跌，他还是会盈利。如果股票上涨到卖出的看涨期权的行权价之上，风险就会成为现实。

在策略家持有普通股股票的时候，他们非常频繁地使用看空的分开行权价策略。也就是说，想要为他的股票提供保护的股票持有者会买入一手虚值看跌期权，同时卖出一手虚值看涨期权来资助买入看跌期权。这个策略被叫做"保护性领圈价差"，我们在介绍"持有普通股股票的同时买入看跌期权"一章中对它有详细的讨论。在第 23 章中我们将介绍一个与这个策略相似但风险有所修正的策略。

21.4 总结

在这两种激进的策略里，投资者都必须对标的股票的未来价格运动有明确的看法。他买入一手虚值期权，为股票的运动提供潜在盈利。但是，如果股票没有像预期的那样表现，投资者就有可能会亏损掉他的整个投资。一个有足够质押的激进投资者可以卖出另一手虚值期权来抵消他买入期权的支出，从而抵御这样的后果。这样，他不但在股票出现预期运动时可以盈利，而且在股票相对无变化时也可以盈利。不过，如果标的股票朝同他最初预期相反的方向运动时，他可能损失惨重。这就是为什么他必须对股票有明确的看法，并且在时机上也应当有相当的把握。

第22章

基本的看跌期权价差

从理论上说，看跌期权的价差策略同相应的看涨期权的价差策略没有显著区别。使用看跌期权价差可以建立看多的头寸，也可以建立看空的头寸。这同看涨期权中的情况相似。不过，因为看跌期权比看涨期权更以股票的下行运动为方向，比起相等的看空的看涨期权价差策略来说，有些看空的看跌期权价差策略要更为优越一些。

最简单的3种期权价差是：

1. 牛市价差；
2. 熊市价差；
3. 跨期价差。

用看涨期权构造的相同类型的价差也可以用看跌期权来建立，不过，其中有一些区别。

22.1 熊市价差

看涨期权的熊市价差是卖出一手行权价较低的看涨期权，同时买入一手行权价较高的看涨期权。与此相似，看跌期权熊市价差是由卖出一手行权价较低的看跌期权和买入一手行权价较高的看跌期权而组成的。看跌期权的熊市价差是一个支出价差。这是因为较高行权价的看跌期权比较低行权价的看跌期权价格更高。因此，对有看涨期权和看跌期权交易的股票，投资者可以用收入（看涨期权）也可以用支出（看跌期权）来建立一个熊市价差。

看跌期权熊市价差	看涨期权熊市价差
买入 XYZ 1月 60 看跌期权	买入 XYZ 1月 60 看涨期权
卖出 XYZ 1月 50 看跌期权	卖出 XYZ 1月 50 看涨期权
（支出价差）	（收入价差）

看跌期权熊市价差同看涨期权熊市价差有相似的潜在盈利。最大潜在盈利有限，如果 XYZ 价格在到期日时低于较低行权价，就会出现最大潜在盈利。在这个示例里，看跌期权之间的跨度将会扩大且等于两个行权价之间的价差。最大风险也有限，如果 XYZ 的到期日价格高于较高的行权价，就会出现最大亏损。

【示例 22-1】有下面的价格存在：

XYZ 普通股股票：	55
XYZ 1月 50 看跌期权：	2
XYZ 1月 60 看跌期权：	7

买入 1月 60 看跌期权和卖出 1月 50 看跌期权可以用 5 点的支出建立起一手熊市价差。表 22-1 可以帮助证明这确实是一手熊市价差。读者可以注意到，图 22-1 的图形形状同看涨

期权熊市价差的图形形状（见图8-1）是相同的。这个价差所需要的投资是净支出，它必须全部付清。请注意，标的股票价格在到期日只要低于50，就能实现最大潜在盈利；标的股票价格在到期日只要高于60，就会出现最大潜在风险。最大风险始终等于最初建立这个头寸时所需要的支出，再加上手续费。在这个示例里，盈亏平衡点是55。下面的公式可以帮助你迅速计算出与这个看跌期权熊市价差相关的有用的统计数字。

最大风险 = 初始支出

最大盈利 = 行权价的差价 − 初始支出

盈亏平衡价格 = 较高行权价 − 初始支出

相对于看涨期权熊市价差，看跌期权熊市价差有一个好处。使用看跌期权，投资者在建立这个价差的时候可以卖出虚值期权。因此，投资者不会在这个价差变得盈利之前就在卖出的期权上被提前指派。卖出的看跌期权要有被指派的风险，首先要变成实值。这时价差会有盈利，因为股票必须跌到较低的行权价之下。看涨期权熊市价差的情况就不是这样。在看涨期权价差里，作为熊市价差的一部分，投资者卖出一手实值看涨期权，因此，在这个价差变得盈利之前，有被提前指派的风险。

除了提前行权的可能性有不同，看跌期权熊市价差相对看涨期权熊市价差还有另一个优势。在一个看跌期权价差中，如果标的股票迅速下跌，因此使得两手期权都成为实值，那么它的跨度一般也会迅速扩大。这是因为，正如前面提到的，看跌期权在变为实值之后，倾向于迅速失去它的时间价值。在上面的示例里，如果XYZ很快跌到48，1月60看跌期权的价格就会接近12，几乎没有保留什么时间价值。卖出的1月50看跌期权也保留不住多少时间价值，也许卖价会在4点左右。因此，它们之间的跨度就变成了8。在一个短期的下跌运动里，看涨期权熊市价差常常不会产生相似的结果。因为看涨期

表22-1　看跌期权熊市价差

XYZ到期价格	1月50看跌期权盈利（美元）	1月60看跌期权盈利（美元）	总盈利（美元）
40	−800	+1 300	+500
45	−300	+ 800	+500
50	+200	+ 300	+500
55	+200	− 200	0
60	+200	− 700	−500
70	+200	− 700	−500
80	+200	− 700	−500

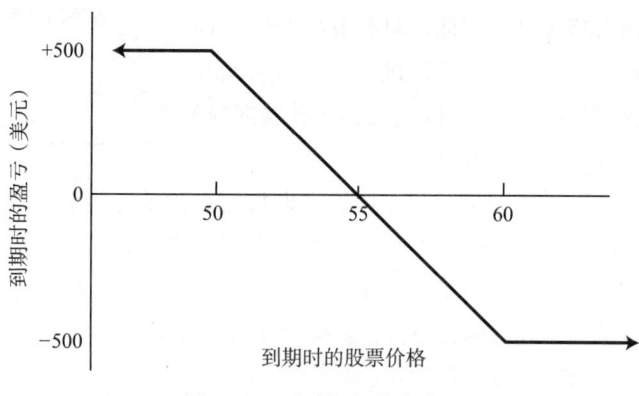

图22-1　看跌期权熊市价差

权价差涉及卖出一手较低行权价的看涨期权，这手看涨期权在股票价格跌到接近较低行权价时，实际上还在增加时间价值。因此，即使这个看涨期权价差在到期时的盈利和看跌期权价差相似，在一个迅速下跌的运动里，它的表现常常没有看跌期权价差那么好。

由于这两个原因（不容易被提前指派和短期运动中的较高盈利），看跌期权熊市价差比

看涨期权熊市价差更好。有的投资者仍然喜欢使用看涨期权熊市价差，因为它是用收入建立的，因此不需要那么多的现金投资。这是个不充分的理由，不应当因为这个就避免使用更好的看跌期权价差，也不应当用它来否定其他的考虑。请注意，看涨期权熊市价差的保证金要求会导致投资者购买力的减小，其数量同建立一个相似的看跌期权熊市价差所需要的支出相近（一手看涨期权熊市价差所需要的保证金是行权价之间的差价减去建立价差的收入）。因此，只有那些初始资金接近最低资本要求的账户，才能够从收入价差中获得显著的好处。大多数经纪公司对价差交易的最低资本要求是 2 000 美元。

22.2 牛市价差

买入一手行权价较低的看跌期权，与此同时卖出一手行权价较高的看跌期权，这样就可以建立一个使用看跌期权的牛市价差。同样，这跟使用看涨期权建立牛市价差的方式是相同的，在看涨期权的价差里，投资者买入一手行权价较低的看涨期权，卖出一手行权价较高的看涨期权。

【示例 22-2】我们可以使用同样的价格：

XYZ 普通股股票：	55
XYZ 1 月 50 看跌期权：	2
XYZ 1 月 60 看跌期权：	7

这里，牛市价差可以通过买入 1 月 50 看跌期权和卖出 1 月 60 看跌期权来建立。这是一个信用差价。在这个示例里有 5 点的收入。如果标的股票价格上涨，在 1 月到期日高于 60，这个价差就可以得到它的最大潜在盈利。在这种情况里，XYZ 价格只要高于 60，两手看跌期权都无价值到期，价差交易者就能将全部收入（在这个示例里是 5 点）作为盈利。因此，最大潜在盈利是有限的，如果标的股票价格上涨到较高行权价之上，就能实现最大潜在盈利。看涨期权牛市价差展现出同样的特征（第 7 章）。"牛市价差"这个名字是来自于这是一个看多的头寸的事实。这个策略希望标的股票价格上涨。

这个价差的风险也是有限的。如果标的股票在到期日时下跌，只要 XYZ 的价格低于 50，就会出现最大亏损。在这个示例里风险是 5 点。要说明这一点，注意一下如果 XYZ 价格在到期日时低于 50，两个看跌期权之间的差距就会扩大到 10 点，等于两个行权价之间的差价。因此，价差交易者就必须花 10 点将这个价差买回来，或者说，将这个头寸平仓。因为他一开始得到了 5 点的收入，这就意味着他的亏损是 5 点（10 点的平仓成本减去他最初 5 点的收入）。

一手看跌期权牛市价差所需要的成本实际上是一笔质押要求，因为这个价差是一个收入价差。所需要的质押数量等于行权价减去从价差得到的净收入。在这个示例里，质押的要求是 500 美元（1 000 美元，或者说 10 点的行权价差价，减去从价差中收到的 500 美元收入）。请注意，在一手看跌期权牛市价差中，最大潜在亏损总是同质押要求的数量相等的。

要计算出一手牛市价差的盈亏平衡点并不难。在这个示例里，如果不计手续费的话，到期日时的盈亏平衡点是 55。XYZ 价格在 1 月时为 55，1 月 50 看跌期权就会无价值到期，

1月60看跌期权则必须花5点买回。当XYZ为55时，它实值5点。因此价差交易者就实现盈亏平衡，因为他最初从价差中得到了5点的收入，而现在支出5点将这个价差平仓。使用下面的公式，你可以很快算出一手看跌期权牛市价差的细节：

最大潜在风险 = 初始质押要求 = 行权价之间差价 − 收到的净收入

最大潜在盈利 = 净收入

盈亏平衡价格 = 较高行权价 − 净收入

22.3 跨期价差

一个跨期价差是由卖出一手近期期权和买入一手较远期期权构成的，两手期权的行权价相同。这个定义既适用于看涨期权，也适用于看跌期权。在第9章里，我们显示了在看涨期权跨期价差中有两种交易哲学可以使用：或者是中性的，或者是看多的。与此相似，在看跌期权跨期价差中也有两种哲学：中性的或者看空的。

在一个中性跨期价差中，投资者是抱着当近期看涨期权或看跌期权到期之后将这个价差平仓的想法而建立这个价差的。在这种类型的价差中，如果股票在到期日刚好等于行权价，就能实现最大潜在盈利。价差交易者希望能从近期期权的时间价值比远期期权销蚀得更快的事实中获利。

【示例22-3】XYZ的价格为50，1月50看跌期权的售价是2点，4月50看跌期权的售价是3点。卖出1月50看跌期权，买入4月50看跌期权，就可以用1点的支出建立一手中性跨期价差。这个头寸所需要的投资是这个净支出的数量，他必须一次付清。如果XYZ在1月到期时刚好是50，假定其他因素都不变，1月50看跌期权就无价值到期，4月50看跌期权则价值大约2点，此时这个中性的价差交易者就可以2点的售价卖出4月50看跌期权，提取他的盈利。价差交易者在这个示例中的盈利为1点，不计手续费，因为他最初设立这个价差有1个点的支出，然后用2点卖掉4月50看跌期权将头寸平仓。因为手续费有可能会占盈利的很大比例，所以应当建立足够多数量的价差以减小手续费所占的百分比。这就意味着一开始就至少要建立10手价差。

在任何一类跨期价差中，风险都限制在净支出内。如果标的股票在近期期权到期时运动到远离行权价的价位，那么就会出现最大亏损。如果发生这样的事，两手期权会在几乎相同的价格上交易，价差会缩小到几乎为零。对跨期价差来说，这是最糟糕的事情。例如，如果标的股票跌得很深，例如跌到20，近期和远期看跌期权都会在将近30点的价格上交易。另一方面，如果标的股票涨得很高，例如涨到80，两手看跌期权都会在非常低的价格上交易，譬如说1/16或者1/8，价差跨度同样会缩小到几乎为零。

中性看涨期权跨期价差一般比中性看跌期权价差更优越。由于看涨期权中的时间价值一般数量更大（除非标的股票支付大笔股息），对卖出时间价值感兴趣的价差交易者在使用看涨期权时会得到更多的好处。

跨期价差的第2种哲学要更为激进一些。可以用跨期价差来构造看跌期权的看空策略。在这样的情况里，投资者在建立价差时使用的是虚值看跌期权。

【示例22-4】 XYZ的价格为55，投资者可以用1点卖出1月50看跌期权，同时用1.50点买入4月50看跌期权。他希望在近期的1月看跌期权到期之前，标的股票停留在行权价上。如果是这样，他就可以从卖出的那手看跌期权中得到1点的盈利，将买入的4月50看跌期权的净成本降低到0.50点（50美分）。这时，他就变得看空，希望标的股票价格在4月到期之前大幅下跌，这样他就可以在持有的4月50看跌期权上得到大量盈利。

正如使用看涨期权的牛市跨期价差是相对吸引人的策略一样，使用看跌期权的熊市跨期价差也是如此。应当承认，要想用好这个头寸，有两个标准必须满足：首先，近期看跌期权必须无价值到期；其次，标的股票必须下跌，这样多头腿才能盈利。虽然这样的情况不会经常发生，但一旦出现有利的情况，从中得到的收益足以弥补多次的亏损。之所以会如此，是因为熊市跨期价差的初始支出很小，在上面的示例里是0.50点（50美分）。因此亏损很小。但如果事遂人愿，潜在盈利会非常大。

激进的价差交易者一定要小心，不要让他的价差出现"分腿"的情况。如果这样做，他会面临巨额的亏损。这个策略的目的，是接受大量的小额亏损以换取虽然不常出现但只要出现就足以弥补并超出所有亏损的高额盈利。如果在执行的过程中无意中造成了大笔亏损，那就会毁掉整个策略。同时，如果标的股票价格在近期看跌期权到期之前跌到行权价之下，这个价差的跨度通常会大到可以产生一笔小额盈利，这时投资者应当将这个价差平仓，提走盈利。

第23章

Options as a Strategic Investment

看涨期权和看跌期权组合的价差

有些类型的价差可以通过看跌期权和看涨期权的组合来构造。我们在前面讨论过一个这样的策略：蝶式价差。还有其他的策略存在，它们为价差交易者提供了潜在的大笔盈利。这些策略都涉及看跌期权和看涨期权的跨期价差和跨式价差的变形。

23.1 蝶式价差

虽然在第10章中蝶式价差是用看涨期权来构造的，但在前面我们已介绍过这个策略。读者应当记得，蝶式价差是一个中性的头寸，它风险有限，盈利也有限。这个策略涉及三个行权价，在较低的两个行权价之间是一个牛市价差，在较高的两个行权价之间是一个熊市价差。如果股票价格在到期日等于中间的行权价，这个价差就能实现其最大盈利，如果股票价格在到期日高于较高的行权价或低于较低的行权价，它就承受其最大亏损。

因为无论是牛市价差还是熊市价差都可以用看跌期权或者看涨期权来构造，那么，（由一手牛市价差和一手熊市价差组成的）蝶式价差显然也可以用其他不同的方法来构造。事实上，这个价差有4种构造方法。如果期权的价格相当平稳，也就是说，套利交易者将价格保持在接近合理的水平，那么，所有这4种方法在期权到期时的潜在盈亏都是相同的。不过，由于看跌期权和看涨期权在到期之前行为方式各有不同，因而构造蝶式价差的方法也各有自己的优缺点。

【示例 23-1】有以下的价格存在

XYX 普通股票股票：60			
行权价：	50	60	70
看涨期权：	12	6	2
看跌期权：	1	5	11

只使用看涨期权的方法意味着投资者应当买入1手50看涨期权，卖出2手60看涨期权和买入1手70看涨期权。因此，这时就有1手行权价在50～60之间的牛市价差，和1手行权价在60～70之间的熊市价差。同样，投资者可以将行权价在50～60之间的任何类型的牛市价差和行权价在60～70之间的任何类型的熊市价差组合起来，构造一个相似的蝶式价差。这些价差有的是收入价差，有的是支出价差。事实上，投资者在两个相等的蝶式价差之间做出选择的依据，很可能是看它们是用收入还是支出来建立的。

表23-1总结了构造蝶式价差的四种方法。为了核实这里所显示的支出和收入，读者应当记得，无论是使用看跌期权还是看涨期权，一手牛市价差都是由买入一手较低行权价的

期权和卖出一手较高行权价的期权所组成的。与此相似，用看跌期权或看涨期权构造的熊市价差，都是由买入一手较高行权价的期权和卖出一手较低行权价的期权所组成的。请注意，第3种选择（用看跌期权构造的牛市价差和用看涨期权构造的牛市价差）是一个被虚值看跌期权多头和虚值看涨期权多头所保护的跨式价差空头。

表 23-1 蝶式价差

牛市价差 （买入 50 期权， 并卖出 60 期权）	熊市价差 （买入 70 期权， 并卖出 60 期权）	总收支
看涨期权（6 支出）	看涨期权（4 收入）	2 支出
看涨期权（6 支出）	看跌期权（6 支出）	12 支出
看跌期权（4 收入）	看涨期权（4 收入）	8 收入
看跌期权（4 收入）	看跌期权（6 支出）	2 支出

如果标的股票在到期日刚好在 60，这 4 种价差中任何一种在到期日的最大潜在盈利都是 8 点。如果股票价格在到期日是在 70 之上或者 50 之下，每种价差的最大可能亏损都是 2 点。例如，在这张表格的最上面一行只用看涨期权来构造的价差中，或者是最下面一行只用看跌期权来构造的价差中，风险都等于涉及的支出，也就是 2 点。无论股票的价位在哪里，大支出的价差（表中的第 2 行）可以在到期日平仓，至少收入 10 点，因此风险也就是 2 点（它一开始的成本是 12 点）。最后，用收入构造的组合（第 3 行）的最大买回成本是 10 点，因此它的风险也是 2 点。此外，因为行权价之间的差价是 10 点，所以，在所有情况中的最大潜在盈利都是 8 点（最大盈利 = 行权价的差价 − 最大风险）。

使得所有这些组合在风险和收益方面都保持相同的因素是套利交易者。如果看跌期权和看涨期权的价格偏离太远，套利交易者就会采取无风险行动迫使它们回归正常。这种特殊形式的套利叫作盒式价差，我们将在第 27 章中介绍它。

尽管所有这四种构造蝶式价差的方法在到期时都是相等的，但在到期之前的某些价格运动中，有的价差比其他的更优越。我们在前面说过，最好用看涨期权来构造牛市价差，最好用看跌期权来构造熊市价差。由于蝶式价差是由一手牛市价差和一手熊市价差组合起来的，蝶式价差的最好构造方法就是用看涨期权来构造牛市价差，用看跌期权来构造熊市价差。这个组合就是表 23-1 中第二行中的那个头寸。这个策略涉及四个价差中最大的支出，因此许多投资者都回避这个策略。不过，所有其他的价差都涉及一开始就卖出一手实值的看跌期权或看涨期权，这是一个会导致提前行权的情况。读者也许还记得，表 23-1 中第三行的收入组合就是我们在前面所说的保护性跨式价差头寸。也就是说，投资者卖出一个跨式价差，同时分别买入一手到期日相同的虚值看跌期权和虚值看涨期权来对跨式价差作保护。因此，一手蝶式价差实际上和卖出一手完全受到保护的跨式价差是相等的。

虽然蝶式价差有的时候也有一些作用，但它不是一个非常有吸引力的策略。构造这个头寸的手续费非常高，它也没有大笔盈利的机会。头寸中的风险有限是个有益的特征，但是，仅这个特征还不足以弥补这个策略的其他不那么吸引人的特性。从根本上说，策略家在这里寻找的是在期权到期之前会保持中性的股票。如果潜在盈利至少是最大风险的 3 倍（最好是 4 倍），而且标的股票看上去是在交易范围之内，那这个策略就是可行的；否则就是不可行的。

23.2 鹰式和铁鹰式价差

鹰式价差与蝶式价差非常相似，只是该价差中间是两个不同的行权价。鹰式价差可以全部用看涨期权来构造，也可以全部用看跌期权来构造。而铁鹰式价差则是用看涨期权和看跌期权的组合来构造。这些价差的盈利图形都相同，因此它们是相等的。在实践中，大多数交易者在构造这类价差时，都使用铁鹰式价差策略。此时，所有期权最初都是虚值的，在建立该头寸时就能获得收入。

【示例 23-2】假设 XYZ 价格为 120，某个铁鹰式价差可能可以用下面的方式来构造：

买入 1 手 XYZ 12 月 135 看涨期权：0.50

卖出 1 手 XYZ 12 月 130 看涨期权：1.00

卖出 1 手 XYZ 12 月 110 看跌期权：1.00

买入 1 手 XYZ 12 月 105 看跌期权：0.50

净收入：1.00

在这个基本的构成中，看涨期权行权价之间的差和看跌期权行权价之间的差应该相等（在本例中是 5 点）。所有期权在开始时都是虚值的。在这些标准下，建立该头寸时常能获得一笔收入，因为卖出的期权的行权价与标的物当前价格的距离，比买入的期权更近。如果标的股票在到期时位于两个中间的行权价之间，那所有期权都会无价值到期，该交易者能获得等于初始收入的盈利（减去手续费）。这是该交易能提供的最大潜在盈利：本例中是 100 美元。

相反的，如果标的物在到期时位于任何一个期权多头的行权价之外，那就会实现最大损失，在本例中是 400 美元。图 23-1 显示了该价差的潜在盈亏：

$$最大损失 = 较高行权价之差 - 最初的收入$$
$$= 135 - 130 - 1.00 = 4.00$$

当看跌期权价差和看涨期权价差具有相同的行权价之差时，最大损失同时也等于较近行权价之差减去最初的收入。如果较低的行权价之差比较高的行权价之差更大，那最大损失就会是较低行权价之差减去最初的收入。一般而言，最大损失为两个行权价之差中的较大值，再减去最初的收入。

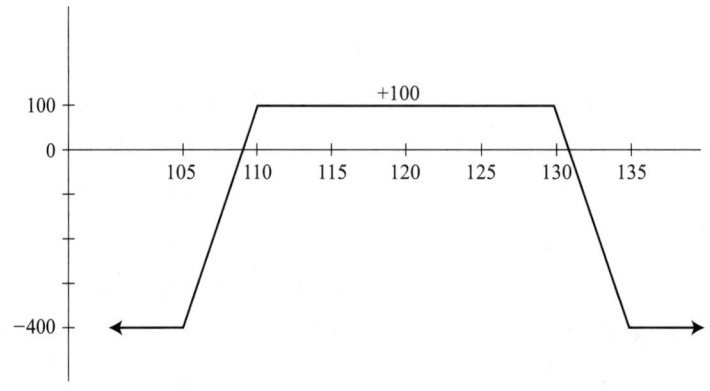

图 23-1 鹰式价差（美元）

该价差所需要的保证金就是其最大风险。因此，如果标的物在到期时高于较高的行权价，或低于较低的行权价，投资者可能会损失其100%投资于该头寸的资金。这样看的话，该策略有很大的风险。

理想情况下，投资者可以把这些行权价设置得离当前股票价格足够远，以让出现最大损失的概率足够小。例如，期权空头行权价的通常设置标准是离股票当前价格有1个或更多的标准差的距离。标准差计算的实际方法可以在第28章"数学应用"中找到。然而，头寸损失的概率不会是零，总是有可能会出现最大风险。

需要指出的是，波动率的上升从两方面给该策略带来了负面影响：（1）股票有更大的概率移出最初估计的期权空头行权价；（2）所有期权都会变得更贵，这会导致价差出现盯市亏损，不过许多投资者并不太在乎盯市亏损，毕竟这些亏损仍是有限的。

交易者们不会就什么是最好的后续行动达成一致。一种理论认为，当股票上涨到看涨期权空头行权价（上例中是130）之上时，看涨期权价差就应该被立刻或短期内平仓；而当股票下跌至看跌期权空头行权价（上例中是110）之下时，看跌期权价差就应该被平仓。然而，这种方式虽然会限制亏损，但可能会导致比什么都不做更大的损失。这是因为股价有可能先快速上穿130，然后又在到期日跌回到120，执行了止损的投资者会有一笔"小额"亏损。而如果他什么都不做，却能实现最大盈利。

因此另一种后续行动的理论就是什么都不做，任由价差到期。当然，如果某个投资者把他的资金都投资在一个价差里，这种理论就会是有害的。因此，需要某种资金管理的方法，例如，分配全部资金的特定比例给这个策略。此外，只分配1/3～1/2的资金给这个策略，即使发生最大损失，投资者仍有剩余资金来继续交易，并继续用相同的比例来分配剩余资金。

总而言之，鹰式价差有很大的吸引力。它有很大的机会获得小额盈利（假设期权空头行权价离初始股票价格足够远）。但它也有较小的可能会亏损，因此交易者不能用很高比例的资金来交易这个策略。总之，市场中有很多有吸引力的策略，特别当股票市场剧烈波动时。

23.3 期权多头和价差的组合

投资者也有可能将一手看涨期权多头和一个收入看跌期权价差组合起来，构造一个表现同买入看涨期权非常相似，但风险在大部分价格范围内都比较小的头寸。在使用该策略时，投资者常常对标的股票相当看多，而他想要买入的看涨期权又"定价过高"。与此相似，如果投资者对标的物是看空的，他有时可以将买入一手看跌期权同卖出一个看涨期权收入价差组合起来。在这一节里我们将介绍这两种做法。

23.3.1 在看多的情况里

有的时候会发生这样的事：投资者对某只股票看多，可是发现它的期权非常昂贵。事实上，它们可以贵到使人对直接买入看涨期权望而却步的地步。例如，这可能发生在股票价格突然暴跌的时候（也许是因为整个股市中的一个突如其来的看空运动）。在这样的时候，直接买入看涨期权会冒很大的风险。如果标的股票开始反弹，看涨期权的隐含波动率常常会下降，从而对投资者的看涨期权多头头寸造成损害。

在这种情况下，买入看涨期权是对的，但不妨在买入期权的同时，卖出一个看跌期权收入价差。读者应当记得，看跌期权收入价差是一个看多的策略。此外，由于我们假定这个特定股票的期权价格昂贵，那价差中的看跌期权也会相当昂贵。因此，从这个价差中得到的收入会稍许大于"正常的"收入，因为期权价格很贵。

【示例23-3】XYZ的售价是100。投资者希望买入12月看涨期权作直接的看多投机。这个看涨期权的售价是10。不过，投资者认为12月看涨期权定价过高（投资者可以使用一个期权定价模型来判断该期权是否定价过高，在第28章中将讨论这样的模型）。因此，他决定除买入12月100看涨期权之外，还使用下面的看跌期权价差：

卖出12月90看跌期权： 6
买入12月80看跌期权： 3

卖出这个看跌期权价差可以带来3点收入。因此他整个头寸的总支出就是7点（在12月100看涨期权上支出了10点，再减去卖出看跌期权价差所得到的3点收入）。如果投资者对该股票看多的判断是正确的（也就是说，这个股票上涨了），从某种意义上说，他可以认为他为这个看涨期权付出的价格是7点。看这个问题的另一种方法是：由于卖出了看跌期权价差，这个看涨期权的价格就被降低到一个可以接受的水平，一个同它的"理论价值"相当的水平。换句话说，如果它的价格是7而不是10，这个看涨期权就不会被认为昂贵。卖出看跌期权价差可以被视为降低这个看涨期权总成本的一种手段。

当然，由于卖出的看跌期权价差，这个头寸有了某些额外的风险。如果股票急剧下跌，这个看跌期权价差就有可能亏损7点（这个价差10点的跨度，减去最初收到的3点收入）。加上在看涨期权上所支出的10点，这就意味着整个头寸的风险是17点。事实上，这就是对这个价差的保证金要求。因此，整个价差仍然风险有限，因为买入看涨期权和看跌期权收入价差都是风险有限的策略。不过，将两者组合在一起的风险比任一单独头寸的风险都要大。

读者应当记得，投资者使用这个策略的前提是对标的股票看多。因此，如果他的分析是正确的，他想要的是上行运动带来的最大结果。如果他对股票的看法错了，那么，在这个头寸的最大潜在风险成为现实之前，他需要使用某种止损的办法。

图23-2显示了这个头寸的结果，以及其他两种可能。标注着"到期时的价差"的那条直线，显示的是在12月到期日时这个看涨期权和牛市价差的组合的盈利能力。此外，另外有一条直线是如果用10点买入

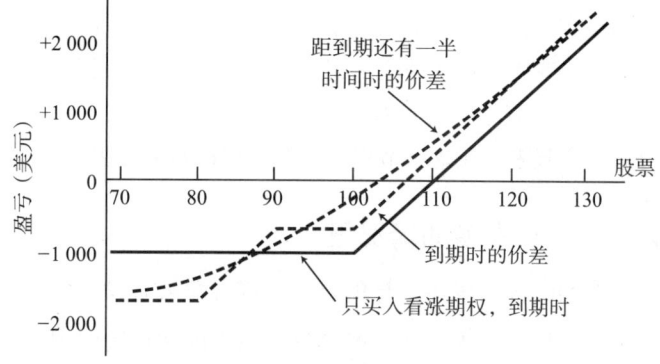

图23-2 买入看涨期权与看跌期权收入（牛市）价差对比

12月100看涨期权的可能结果。这种做法可以用来与那手三重价差进行比较，看一看额外的风险和收益出现在哪里。请注意，只要股票价格在到期日高过87，这个三重价差的表现就会比只买入12月100看涨期权的表现要好。由于股票开始的时候是在100，而且投资者在开始的时候对这个股票是看多的，那可以认为股票跌到87之下的机会相当小。所以，在一个较大的价格范围内，三重价差的表现都比只买入看涨期权要好。

在图23-2中的最后一种可能性，是在离到期日还有一半时间的时候这个三重价差的盈亏。你可以看出，它看上去很像持有一手看涨期权：它的曲线同第1章显示的看涨期权价格曲线的形状相同。

因此，相对于只持有一手看涨期权，这个三重的策略常常更有吸引力和更具盈利能力。不过，要记住，它确实会增加风险，同时也需要比只买入平值看涨期权更多的质押。在这个策略里，投资者也可以尝试在使用买入虚值看涨期权的同时卖出一手看跌期权价差，以得到足够的收入来完全支付看涨期权的费用。这样的话，只要股票价格保持在看跌期权收入价差中较高的行权价之上，他就没有风险。

23.3.2 在看空的情况里

用同样的方式，投资者可以利用对股票看空的看法来构造一个头寸。同样，它也是在期权定价过高，投资者感到只买入平值看跌期权价格太贵的情况下最有用。

【示例23-4】 XYZ的交易价是80，投资者对这只股票明确地看空。不过，12月80看跌期权的售价为8，根据期权模型的分析，它贵了一些。因此，投资者可以考虑卖出一手看涨期权收入价差（虚值期权）来帮助减少买入看跌期权的成本。整个头寸因此可以是：

买入1手12月80看跌期权：	8 支出
卖出1手12月90看涨期权：	4 收入
买入1手12月100看涨期权：	2 支出
总成本：	6 支出（600美元）

整个头寸的盈利能力显示在图23-3里。图形中的直线显示了这个头寸在到期日的表现。引进看涨期权收入价差将股票在到期时反弹到100之上的风险增加到1 600美元。请注意，这个风险是有限的，因为买入看跌期权和看涨期权收入价差都是风险有限的策略。所需要的保证金是它的最大风险，也就是1 600美元。

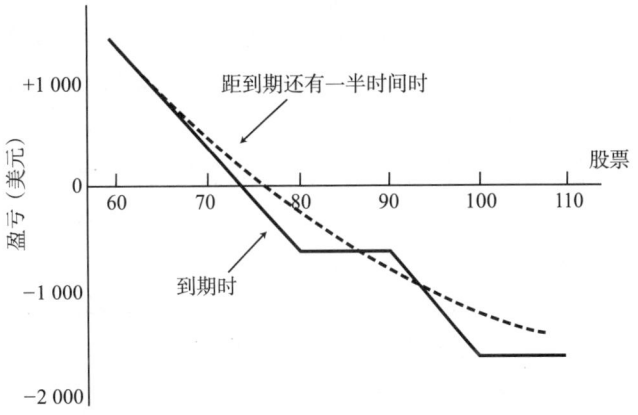

图23-3 买入看跌期权与看涨期权收入（熊市）价差对比

图23-3中的曲线显示了在离到期日还有一半时间的时候整个三重价差的表现。在这个情况里，它的曲线看上去与只买入看跌期权的曲线非常相似。

因此，这个策略对看空的交易者具有吸引力，特别是当期权价格很高的时候。在这种情况里，它比只买入一手看跌期权有一定的优点，但是，它确实需要更大的保证金投资，而且在理论上有更大的风险。

23.4 牛市或熊市价差的一个简单后续行动

有时，当投资者已经有一手牛市或熊市价差在手里的时候，他可以使用另一种看跌期权和看涨期权组合的方法。假定投资者持有一手看涨期权牛市价差，而且标的股票向上运动得很好。事实上，它比价差所使用的两个行权价都高。不过，正如常常出现的那样，牛市价差的跨度有可能还没有伸展到它的最大潜在盈利。这个时候，投资者可以为了两个目的使用看跌期权：（1）决定这个看涨期权价差是否在"合理"的价值上交易，（2）锁住某些盈利。首先让我们来看一看核实"合理价值"的一个示例。

【示例 23-5】交易者用 5 点买入了一手 XYZ 看涨期权牛市价差。这个价差使用的是 1 月 70 看涨期权和 1 月 80 看涨期权。后来，XYZ 价格上涨到 88，但是在这些期权中还保留有许多时间价值。在这个时候，价差的跨度可能只有 7 点。交易者对此有些失望，因为它还没有伸展到 10 点的最大潜在盈利。不过，在牛市价差和熊市价差中经常出现这种情况，这也是这些价差没有直接买入看涨期权或看跌期权那么具有吸引力的原因之一。

不管怎么说，假定有下面的价格存在：

1 月 80 看跌期权： 5
1 月 70 看跌期权： 2

我们可以使用这些看跌期权的价格来核实这个牛市价差的价格是否"合理"。请注意这个看跌期权的跨度是 3 点，而看涨期权的是 7 点（两者都是由 1 月 70 和 1 月 80 的期权组成的）。因此，把它们加在一起就是 10 点，也就是行权价之间的跨度。在出现这种情况的时候，我们可以得出结论说这些价差是"合理"的，它们是按理论上正确的价格在交易。

知道这样的信息并不能帮助投资者获得更多的盈利，但它提供了某种价格验证。许多时候，在看到一手看涨期权牛市价差的跨度没有伸展到他所期望的那么宽的时候，投资者会感到烦恼。用看跌期权来核实，可以帮助策略家冷静下来，从而做出理性的而不是感性的决定。

【示例 23-6】使用前面的示例里使用过的牛市价差，假定投资者持有一手 XYZ 看涨期权牛市价差，买入 1 月 70 看涨期权，卖出 1 月 80 看涨期权，支出为 5 点。现在，假设时间快到到期日了，股票价格再一次到达 88。在这个时候，整个价差在理论上接近它的最高价格 10 点。不过，由于两手期权都深度实值，**做市商**（market-maker）给这些看涨期权报出的买价同卖价之间相差相当大。在离到期只有一或两个星期，股票价格为 88 的时候，市场上或许有下列的价格：

如果投资者要按市场价格将他的头寸平仓，他就会按 17.50 卖掉他买入的 1 月 70 看涨期权，花 8.20 买回他卖出的 1 月 80 看跌期权，从而得

看涨期权	买报价	卖报价
1 月 70 看涨期权	17.50	18.50
1 月 80 看涨期权	7.80	8.20

到 9.30 的收入。因为这个价差的最大价值是 10 点，投资者就放弃了 0.70 点，对一个很快就会到期的头寸来说，这个数目相当大。

不过，如果我们看一下看跌期权，并且发现了下列的价格：

看跌期权	买报价	卖报价
1 月 80 看跌期权	0.20	0.40
1 月 70 看跌期权	没有	0.10

投资者可以花 40 美分买入 1 月 80 看跌期权来"锁定"他的看涨期权价差的盈利。让我们暂时不考虑手续费，如果他买入了这手看跌期权，并且同这个看涨期权价差一起一直持有至到期日，在到期日时他将看涨期权价差平仓，可以得到 10 点的收入。他为这手看跌期权支付了 40 美分，因此，他在将价差出手的时候的净收入就是 9.60，这比他只持有看涨期权价差而只能得到的 9.30 要好多了。

这个看跌期权策略有一个很大的好处：如果标的股票突然暴跌到 70 之下（应当承认，这不是经常发生的），那就会产生大量的盈利。买入 1 月 80 看跌期权在所有的价格上都保护了这手牛市价差的盈利。但是，在 70 之下，这手看跌期权就可以有额外的盈利，而价差可以有很好的盈利。只有在出现了对 XYZ 公司带来显著损害的新闻时价格才会这样暴跌，不过，这种情况有的时候确实会发生。

如果投资者使用这样的策略，那么他需要仔细考虑手续费成本和提前行权的可能性。对专业交易商来说，这些是不相关的问题，因此专业商可以在任何他觉得有道理的时候随时将牛市价差按这种方式出手。不过，如果公众客户的股票在 80 的价格上被指派，在 70 的价格行权买入股票，那么他就要付两笔手续费，再加上看跌期权的手续费。应当将这样的支出同直接将这手看涨期权价差平仓时两手实值看涨期权的手续费成本相比较。此外，如果公众客户就卖出的 1 月 80 看涨期权收到提前指派通知，第二天在他将 1 月 70 看涨期权行权时，他有可能需要提供日间交易（day-trade）保证金。

对熊市价差我们就不做详细讨论了，可以说，它的盈利也可以通过相似的策略来锁定。假定投资者持有一手 1 月 60 看跌期权，并且卖出了一手 1 月 50 看跌期权来构造一个熊市价差。后来，当股票价格为 45 的时候，他想要将这个价差平仓，但是发现市场中实值看跌期权的买报价和卖报价之间相差太大，他无法兑现接近 10 点的理论价值。这时，他应当看一看 1 月 50 看涨期权的售价是多少。如果它的价格不到 1 点，就像在临近到期日时经常发生的那样，那么，就应当买入这样的看涨期权来锁住熊市价差中的盈利。同样，公众客户在决定采用这个策略之前应当考虑手续费成本。

23.5　3 种有用但复杂的策略

这一节将讨论三种策略。它们的设计，都是为了允许在市场出现正确条件的情况下获得大量盈利的同时，也对风险进行限制。三种策略都是组合策略，也就是说，它们都同时涉及看跌期权和看涨期权。它们也都是跨期策略，也就是说，它们卖出短期期权，同时买入较长期的期权。（在第 24 章里我们将讨论性质同这些策略相似的第四种策略。）虽然这些策略都比较复杂，适合于最成熟的策略家，它们确实提供了具有吸引力的风险／收益机会。此外，这些策略也可以为公众客户所使用，它们并不只是为专业人员设计的。在这一节里，我们对这三种策略都只做概念性的介绍,具体的选择标准将在下一节里讨论。

23.5.1 双刃攻击(双重跨期价差)

我们在前面说过,看多的跨期价差是一个相当具有吸引力的策略。一手看多的看涨期权跨期价差是用虚值看涨期权以较小的支出构造起来的。如果短期看涨期权无价值到期,股票在较长期的看涨期权到期之前大幅上涨,盈利有可能会很大。无论在哪种情况里,风险都是有限的,它等于构造这个价差时所需要的那一小笔支出。与此相似,使用看跌期权的看空跨期价差也是具有吸引力的策略。在这个策略里,投资者使用虚值的看跌期权来设立这个价差。然后,他会希望短期看跌期权无价值到期,接着股票价格出现大幅下跌,从而在较长期的看跌期权上产生盈利。

因为这两种策略都具有吸引力,将它们组合在一起应当也具有吸引力。这就是说,当股票价格在两个行权价之间的中点时,投资者可以同时设立一手看多的虚值看涨期权跨期价差和一手看空的虚值看跌期权跨期价差。如果股票保持相对稳定,两手短期期权都会无价值到期。然后,无论是在哪个方向上,只要股票有大幅运动,都可以产生大量的盈利。使用这种策略,在短期期权无价值到期之后,价差交易者不关心股票是朝哪个方向运动;他只希望股票变成高波动的,在某个方向上有大幅的运动。

【示例 23-7】假定在离 1 月期权到期之前还有 3 个月的时候,有下列的价格存在:

XYZ 普通股股票:65			
1 月 70 看涨期权	3	1 月 60 看跌期权	2
4 月 70 看涨期权	5	4 月 60 看跌期权	3

这个跨期价差的看多部分可以通过按 3 点卖出较短期的 1 月 70 看涨期权同时用 5 点买入较长期的 4 月 70 看涨期权来构成。价差的这个部分需要 2 点的支出。这个价差的看空部分是用看跌期权来构造的。短期 1 月 60 看跌期权可以卖到 2 点,较长期 4 月 60 看跌期权可以用 3 点买入。因此,这个价差的看跌期权部分是 1 点的支出。于是,这个跨期价差构造起来需要 3 点的支出,再加上手续费。这个支出就是所需要的投资,没有质押的要求。由于这里涉及 4 手期权,手续费成本会很高。同样,构造大量的价差可以减小按百分比计算的手续费成本。

请注意,这个头寸的期权在刚构造头寸时都是虚值的。股票价格在看涨期权的行权价之下,在看跌期权的行权价之上。投资者卖出了一个短期的看跌期权和看涨期权的组合,买入了一个较长期的组合。为了称呼方便,我们把它叫做"双重跨期价差"。

这个头寸可以有各种不同的结果。首先,应当知道,风险是限制在初始支出之内的,在这个示例里,也就是 3 点。如果标的股票在短期期权到期之前急剧上涨或者急剧下跌,那么,看涨期权之间的跨度和看跌期权之间的跨度都会缩小到几乎不存在。这是投资者最不想看到的局面。在实践中,即使标的股票很早就出现大幅运动,这个价差也还有可能剩下小量的正值差价。因此,亏掉全部投资的可能性并不大。

在图 23-4 中,图形中有两个盈利尖峰,每个行权价均有一个。根据权益类期权的定价方式,看涨期权跨期价差的尖峰(本例中在 70 的行权价上)会比看跌期权跨期价差的尖峰更高。如果最初建立头寸时持有额外的看跌期权跨期价差，那这些尖峰就可能是等高的。例如，买入3手看涨期权跨期价差，并买入4手看跌期权跨期价差，则可能产生等高的尖峰。

如果投资者认为标的股票会在价差建立之后且在短期期权到期之前出现跳空，那这种类型的策略就会非常有用。这种跳空有可能是因为盈余公告，或者某个生物技术公司召开美国食品及药物管理局（FDA）听证会，或

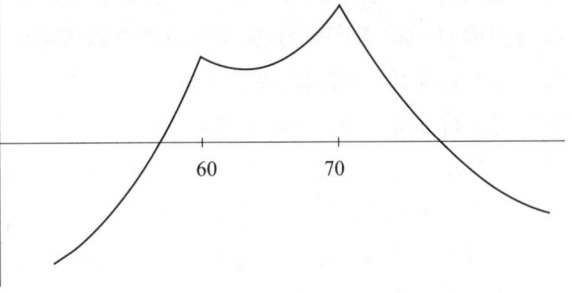

图23-4　双重跨期价差

者是一宗有潜在不确定性的诉讼。在所有这些情况下，用隐含波动率来表示的短期期权价格都会比长期期权变得更贵，这在理论上会让双重跨期价差成为一个有吸引力的策略。投资者一般会试图估计未来的跳空幅度，并把跨期价差设置在这些点上。短期跨式价差的价格有时是一个有用的参考。

【示例23-8】XYZ市场价为80，并且即将发布盈余公告。假设XYZ在发布盈余公告时常会跳空。此外，假设最短期的7月80跨式价差的价格为10点。这或多或少代表了期权市场对XYZ价格在盈余公告发布之后的移动距离。投资者并不知道XYZ在发布盈余公告之后会上涨还是下跌，但基于现在可获得的信息，期权交易者可以预期该股票在盈余公告发布之后会移动大约10点。因此某个投资者可以同时买入行权价为90的看涨期权跨期价差和行权价为70的看跌期权跨期价差——它们都与当前股票价格有10点的距离（事实上，他可以买入3手看涨期权价差和4手看跌期权价差，以便让他在任意行权价上的潜在盈利保持相等）。他可以卖出7月期权（预期会发生的跳空之后的首个到期日）和买入8月、9月或10月期权（这取决于有什么月份可以交易）。

如果短期期权都无价值到期，那么，当时就会有盈利出现。

【示例23-9】在前面的示例里，如果XYZ价格在1月到期时仍然是65，这个头寸当时就会有盈利。XYZ为65，1月看涨期权和看跌期权就都无价值到期，4月期权的总价值有可能为5点。如果XYZ价格在1月时为65，这个头寸就可以平仓，投资者就可以提走盈利，因为4月期权可以卖到5点，而最初的价差"成本"只有3点。虽然手续费会显著地降低这2点的毛盈利，但总头寸仍会有不错的百分比盈利。如果策略家决定在这时提取盈利，那么，他就是用保守的方法在运作。

不过，策略家也许想更激进一些，那可以继续持有4月的组合，期望股票在这些期权到期之前会有大幅的运动。如果这种情况真的发生，那潜在盈利就会很大。

【示例23-10】如果在4月到期之前股票有非常大的牛市运动，上涨到100，那么，4月70看涨期权就可以卖到30点。（4月60看跌期权这时就会无价值到期。）相反，如果股票在4月到期日暴跌到30，那么，60的看跌期权就会价值30点，看涨期权则会无价值到期。无论是哪种情况，策略家都可以在最初的3点的投资上得到大量的收益。

在短期期权过期之后，应当采取什么样的行动，对策略家来说不是一件容易的事。他

可能在，是提取有限的盈利还是继续持有这个组合以博取更大的盈利之间左右徘徊。对策略家来说，一种合理的方法也许是在短期期权刚刚无价值到期之后什么都不做。在长期期权由于因时减值而产生亏损之前，他可以继续持有这些期权一段时间。回到前面的示例，当1月期权无价值到期之后，策略家继续持有4月的组合，这个组合当时值5点。即使股票价格保持在65，他也可以继续持有这个组合6或8个星期，直到它们的价值销蚀到3点。到这个时候，这个头寸就可以平仓，净亏损等于在各个交易中所花的手续费成本。

作为一般的规则，投资者应当愿意继续持有这个组合，即使这意味着他让小笔的盈利消蚀为亏损。这样做的原因是投资者应当给自己最大的机会去实现更大的盈利。这样做他有可能会遭受若干小亏损，但是，如果有机会得到大盈利，他的盈利就有相当的可能超过所有亏损的总和。

在这个策略，在短期期权到期时，如果看跌期权或是看涨期权稍稍实值的话，那么，在这个时候投资者就应当提走小笔的盈利。

【示例 23-11】 如果 XYZ 在1月期权快要到期的时候运动到了71，价差的看涨期权部分就应当平仓。1月70看涨期权可以用1点买回，4月70看涨期权或许会价值5点。因此，这个价差的看涨期权部分可以"卖"到4点，足以弥补整个头寸的全部成本。当股票价格为71时，4月60看跌期权就不会有什么价值，不过应当将它留在手里，以防股票出现大幅下跌。如果标的股票在1月到期时稍稍实值，例如，价格在58或59，类似的情况也会出现在价差的看跌期权一侧。策略家在任何时候都不应当去冒让卖出的期权被指派的风险。因此，只要头寸中的某一部分在短期到期日出现实值，他就必须将它平仓。当然，只有在股票上涨到看涨期权的行权价之上或者下跌到看跌期权的行权价之下时才有必要这样做。

总的来说，如果投资者在足以包括若干市场周期的长时段内运作这个策略，那么这就是个合理的策略。不过，策略家必须小心，不要将他的大部分交易资本都放进这个策略。因为即使亏损是有限的，它们仍然代表了他的全部净投资。我们在下一章将讨论这个策略的一种变形，其中投资者卖出的期权数量会比他买入的更多。

23.5.2 跨期跨式价差

另一个把看跌期权跨期价差和看涨期权跨期价差合起来的策略是通过卖出一手短期的跨式价差，并同时买入一手较长期的跨式价差所构成的。因为短期跨式价差的时间价值消失得比长期跨式价差要快，投资者可以就有限的投资获取盈利。这个策略在某种程度上不如前面一节所介绍的那个策略，不过，它相当有趣，值得我们在这里考察一下。

【示例 23-12】 假定离1月到期日还有3个月，有下面的价格存在：

XYZ 普通股股票：40			
1月40跨式价差：	5	4月40跨式价差：	7

在卖出1月40跨式价差的同时买入4月40跨式价差，就可以构造跨式价差的跨期价差。它有2点的成本，或者说交易的支出，再加上手续费。

在短期跨式价差到期之前，风险限制在这个支出的数量之内。也就是说，即使 XYZ 价格大幅上涨或者大幅下跌，可能出现的最糟的情况就是两个跨式价差之间的差价缩减到零。

这就使得投资者的亏损数量等于他最初的支出，再加上手续费。对风险的限制只适用于短期跨式价差到期之前。如果策略家决定买回短期跨式价差，然后继续持有较长期的那一手，那么，他的风险就增加了买回短期跨式价差的成本。

【示例 23-13】当 1 月期权到期时，XYZ 的价格是 43。1 月 40 看涨期权现在用 3 点买回。看跌期权无价值到期，因此，整个跨式价差可以用 3 点平仓。在这个时候，4 月 40 跨式价差也许可以卖到 6 点。如果策略家想继续持有 4 月跨式价差，希望股票也许会有大幅的价格波动，那么，他在买回了 1 月 40 跨式价差之后完全可以这样做。不过，他现在在这个头寸里的总投资是 5 点：最初的 2 点支出加上买回 1 月 40 跨式价差的 3 点。因此，他的风险就增加到了 5 点。如果 XYZ 的价格在 4 月到期时刚好在 40，那么，他就会把整个 5 点都亏损掉。亏损掉整个 5 点的可能性虽然很小，但是，他还是有很大的可能会亏损比最初的 2 点支出更多的数量。因此，由于买回了短期跨式价差并且继续持有较长期的跨式价差，他的风险增加了。

这实际上是一个中性的策略。读者应当记得，在前面讨论跨期价差的时候，我们指出过，投资者用价格靠近行权价的股票来构造一手中性跨期价差。这对看涨期权跨期价差和看跌期权跨期价差都是如此。这个用跨式价差来构造跨期价差的策略只是一手中性看涨期权跨期价差和一手中性看跌期权跨期价差的组合。此外，回忆一下，我们曾经说过，中性跨期价差交易者构造这个头寸的动机，是要在短期期权到期之后就将这个头寸平仓。他主要感兴趣的是卖出时间，想要在短期期权失去时间价值的速度比长期期权快这个事实中获取盈利。跨式价差的跨期价差也应当如此对待。一般最好是在短期期权到期日将它平仓。如果股票价格在这个时候接近行权价，一般来说就会出现盈利。要证实这一点，回过头去看一下前面提到的价格。在 1 月到期日时 XYZ 的价格是 43。1 月 40 跨式价差可以用 3 点买回，4 月 40 跨式价差可以卖到 6 点。因此，这两个跨式价差之间的差距就扩大到了 3 点。因为最初的差距是 2 点，这就代表了这个策略家有 1 点的盈利。

如果股票在短期到期日时刚好等于行权价，最大盈利就得以实现。在这种情况里，1 月 40 跨式价差可以用不足 1 点的价格买回，4 月 40 跨式价差可能会价值 5 点。在这个示例里，两个价差之间的差距从最初的 2 点扩大到现在的将近 5 点。

这个策略不如前面一节里所介绍的那个策略（"跨期组合"）。为了有可能得到无限的盈利，投资者必须增加他的净支出，加进买回短期跨式价差的成本。因此，策略家只有在短期跨式价差看起来定价非常高的情况里才使用这个策略。此外，除非股票价格在短期到期日与行权价接近程度使得短期跨式价差可以用不到 1 点的价格买回，否则的话，这个头寸就应当在这个时候平仓。因为买回的成本不到 1 点，这个策略家就有可能以增加小量风险为代价来换取得到大量盈利的机会。有可能以不到 1 点的成本买回短期跨式价差的机会很小，远不如前面策略中虚值看跌期权和看涨期权都无价值到期的机会大。因此，"跨期组合"为价差交易者提供了更多的得到大量盈利的机会，同时也绝不会迫使他增加他的风险。

23.5.3 持有一手"免费的"组合（"对角蝶式价差"）

前面几节里介绍的策略都是用支出来建立的。这就意味着即使短期期权无价值到期，策略家还是有风险。他这时持有的期权多头也会紧接着无价值到期，从而使得他的总亏损等于他的最初支出。还有另一个使用看涨期权和看跌期权的策略，它可以给这个策略家持有一手"免费"组合的机会。这就是说，从卖出短期期权所得到的收入会等于或者超过他买入长期期权的全部成本。

这个策略包括卖出一手短期跨式价差并且买入一手长期虚值看涨期权和一手长期虚值看跌期权。这个策略同前面介绍的卖出受保护的跨式价差有所不同，区别在于买入的期权的存续期要比卖出的期权的存续期更长。

【示例 23-14】有下面的价格：

XYZ 普通股股票：40					
4月35看跌期权：	1.50	1月40跨式价差：	7	4月45看涨期权：	2.50

如果投资者想要按7点卖出短期的1月40跨式价差，同时买入虚值看跌期权和看涨期权组合（4月35看跌期权和4月45看涨期权），那么，他就构造了一手收入价差。这个头寸的收入是3点减去手续费，因为从卖出跨式价差中收入了7点，买入虚值组合支出了4点。要注意，从技术上说，这个头寸包括了一个看涨期权的熊市价差（买入较高的行权价，卖出较低的行权价）和一个看跌期权的牛市价差（买入较低的行权价，卖出较高的行权价）。所需要的投资以质押的形式出现，因为两个价差都是收入价差，它等于行权价之间的差价减去所收到的收入。在这个示例里，投资就会是行权价差价的10点（看涨期权5点，看跌期权5点）减去3点收入，总的质押要求是700美元，再加上手续费。

这个头寸可能出现的结果之间会有很大的不同。不过，在短期期权到期前，风险是有限的。如果标的股票在1月到期之前大幅上涨，看跌期权就会接近无价值，两手看涨期权都会按接近持平价交易。当看涨期权处于持平关系时，策略家最多只需要付5点就可以将这个看涨期权价差平仓，因为两手看涨期权的行权价之间的差价是5点。同样，如果标的股票在1月期权到期之前大幅下跌，看涨期权就会接近无价值，而看跌期权则会成为持平。同样，把这个看跌期权价差平仓，最多也只需要5点，因为两手看跌期权的行权价之间的差价也是5点。这个示例中最差的结果是2点的亏损（最初有3点收入，而策略家要平仓也最多只需付5点）。这是理论风险。在实践中，即使标的股票大幅上涨，也不大可能出现两手看涨期权交易价格之间的差距为5点。因为较长期的看涨期权会保存少量的时间价值，即使它深度虚值。同样的分析也适用于看跌期权。因为风险等于两个相邻行权价（两个互相挨着的行权价）之间的差价减去初始净收入，因此，我们总是可以迅速地计算出所面临的风险。

策略家在这个头寸中的目标是要能够用比最初的收入更低的价格把短期跨式价差平仓。如果他能做到这一点，他就可以免费持有那手长期的组合。

【示例 23-15】在临近1月到期日的时候，策略家能够用2点买回1月40跨式价差。因为他最初收入了3点，现在又用2点买回卖出的跨式价差，他在这个头寸中就有1点的总盈利，再减去手续费。一旦他这样做了，策略家就保留了买入的头寸，4月35看跌期权和4月45看涨期权。如果标的股票接着大幅上涨或者大幅下跌，他就可以得到非常大的盈利。不过，即使买入的组合无价值到期，策略家还是有盈利，因为他买回跨式价差的钱少于最初的收入。

在这个示例里，策略家的目标是要用低于 3 点的价格买回 1 月 40 跨式价差，因为 3 点是初始收入的数量。在到期的时候，这就意味着如果想用 3 点或者更少的成本买回，股票价格就必须在 37 ～ 43 之间。虽然股票价格确实有可能在短期期权到期日时停留在这个相当窄的范围之内，但是，这并不是很现实。不过，愿意稍微多承担一点风险的策略家常常可以通过将 1 月 40 跨式价差"分腿"而达到同样的结果。我们反复说过，投资者不应当将一个价差分腿，这里是这条规则的一个例外，因为投资者持有一手买入的组合，因而是受到保护的，他并没有因为将他卖出的跨式价差"分腿"而面临大量的风险。

【示例 23-16】XYZ 在 1 月到期之前价格上涨，1 月 40 看跌期权的价格跌到 0.50 点。即使离到期日还有一些时间，策略家也许决定要用 0.50 点的价格买回这个看跌期权。如果股票继续上涨，他的总风险就有可能会增加 0.50 点。不过，如果股票接着掉转方向，开始下跌，他就可以用 2.50 点或者更低的价格将看涨期权买回来。这样的话，他仍然可以达到用 3 点或更低的价格买回短期跨式价差的目的。事实上，如果股票先是在一个方向上迅速运动，然后掉转方向，在另一方向上出现大幅运动，那么，他就有可能在离短期到期日相当远的地方就将这个跨式价差的两条腿都平仓。

我们介绍了这个策略的最大风险和可能的优化目标，不过，在这个策略里，也应当考虑期间的结果。

【示例 23-17】XYZ 在 1 月期权到期时是 44。1 月 40 跨式价差必须用 4 点买回。这就意味着无法免费得到组合价差多头，需要 1 点的成本再加手续费。策略家在这个时候必须决定他是否想要继续持有 4 月的期权，或者他是否想把它们卖掉。如果卖掉的话，也许整个头寸能产生一小笔盈利。在这类情况里，没有什么铁定的规则。如果他决定继续持有较长期的期权，策略家就应当意识到他这样做承担了额外的风险。不过，他也许认为以低成本持有这个组合价差多头是值得的。在这个示例里，成本是 1 点加上手续费，因为他最初只得到 3 点的收入，却付出 4 点买回那个跨式价差。买回短期跨式价差的成本越高，策略家就越倾向于在同一时候卖掉他买入的期权。例如，如果 XYZ 在 1 月到期时是 48，1 月 40 跨式价差需要 8 点才能买回，这样的话，他毫无疑问应当同时把他的 4 月期权也卖掉。最难做出决定的时候是当股票刚好在短期到期日的最优买回区域之外的时候。在这个示例里，如果 XYZ 价格在 1 月到期日时在 44 ～ 45 或 35 ～ 36 的区域，策略家就会很难做出决定。

读者也许还记得，在第 14 章讨论将价差对角化的时候，我们提到过，投资者有时可以通过建立一手对角收入价差而免费持有一手看涨期权。我们举了一个对角熊市价差的例子。对一手对角看跌期权牛市价差也是如此，因为它也是一手收入价差。这一节所讨论的策略是一手对角看涨期权熊市价差和一手对角看跌期权牛市价差的组合，它通常被称为"对角蝶式价差"。在第 14 章中所讨论的概念，也就是能够从短期看涨期权中得到比最初为长期看涨期权所付的更多的钱这个想法，在这里也同样适用。投资者构造一个收入头寸，希望有可能在买回卖出的短期看涨期权时得到的盈利大于买入期权的成本。如果他能够做到这一点，他就可以免费持有期权，标的股票无论朝哪个方向大幅运动，他都可以得到大量的盈利。即使股票在短期期权买回之后没有什么运动，他仍然没有什么风险。风险出现在短期期权到期之前，而且这个风险是有限的。因此，这是一个有吸引力的头寸，这个头寸如果持续运作几个市场周期，应当可以产生相当大的盈利。理想情况下，这些盈利能够足以抵消所有不得不承担的小额亏损。因为在这个策略里有大量的手续费成本，策略家应当记住，批量构造这些价差可以起到减少手续费百分比的效果。

23.6　选择价差

在介绍了这三种策略的概念之后，现在，让我们来确定它们的选择标准。"跨期组合"是这些策略中最容易的。投资者想要看到的情况是股票价格接近两个行权价的中点。最有吸引力的头寸一般出现在当行权价之间的距离起码是 10 点，标的股票的波动率相对较高的时候。构造一手"跨期组合"的最优时间是在短期期权到期之前的 2～3 个月。此外，投资者希望短期期权的价格总和至少等于长期期权成本的一半。在前面介绍"跨期组合"的那一节中所给的示例里，短期组合的卖出价为 5 点，长期组合是花 8 点买入的。因此，短期组合的价值要大于长期组合的成本的一半。下面总结了以下五条标准：

（1）股票波动率相对较大；
（2）股票价格接近两个行权价的中点；
（3）行权价之间的距离至少是 10 点；
（4）距离短期期权到期日 2 或 3 个月；
（5）短期组合的价格大于长期组合价格的一半。

即使这里列举了 5 条标准，要找到满足所有这些条件的头寸并不难。策略家同时也可以依靠技术分析的数据。如果股票看上去是在一个短期交易区域内波动，这个头寸就会更具吸引力，因为这标志着出现短期组合无价值到期的可能性增加了。

"跨期跨式价差"是一个看上去有吸引力但事实上并不如此的策略。读者到现在应当已经意识到，期权价值的销蚀并不是直线型的。真正的情况是，期权倾向于在相当接近到期日之前保留一定的时间价值，而在接近到期日时，时间价值则消失得非常快。因此，卖出短期跨式价差，同时买入较长期跨式价差，常常因为支出很小而看上去具有吸引力。同样，在帮助选择一个合理的有吸引力的头寸方面，也可以构造某些标准。在构造头寸的时候，股票应当等于或者非常接近行权价。因为这本质上是一个中性的头寸，这样的头寸往往在短期期权到期日提供最大的潜在盈利，投资者应当卖出尽可能多的时间价值。这是为什么股票必须在一开始时接近行权价的原因。标的股票的波动率不一定要很大，不过波动率大的股票更容易满足下面的两个标准。从短期期权得到的收入至少应当是长期期权的支出的 2/3。在前文介绍这个策略的示例里，短期跨式价差卖了 5 点，长期跨式价差是用 7 点买入的。因此，短期跨式价差的价值要大于长期跨式价差的价格的 2/3。最后，这个头寸应当在离短期到期日还有 2～4 个月的时候构造。如果使用到期时间更长的期权，这个头寸就有很大的可能会出现标的股票在短期期权到期的时候运动到离行权价有相当距离的位置。"跨期跨式价差"的三条标准可以总结如下：

（1）股票在构造头寸时接近行权价；

(2）距离短期期权到期日2～4个月的时间；

(3）短期跨式价差的价格至少是长期跨式价差价格的2/3。

在这三个策略中，"对角蝶式"是最难判定的。同样，投资者应当想要标的股票在构造头寸时接近中间的行权价。同时，投资者也应当选择波动率较大的股票，因为这样就有可能免费持有长期的头寸。如果能够达到这样的要求，那么，投资者应当想要股票能够有大幅的运动，从而可以产生大量的盈利。最具限制的标准（这个标准将在日常基础上取消掉大部分的可能性）是，短期跨式价差的价格必须至少是长期虚值组合价格的1.5倍。通过坚持这个标准，投资者就有一定的机会能用低价买回短期跨式价差，低到可以使他免费持有那个长期的头寸。在前文介绍这个策略的示例里，短期跨式价差卖出的价格为7点，长期的虚值组合的成本是4点。这就满足了这个标准。最后，投资者应当在短期期权到期之前限制他可能的风险。读者应当还记得，这里的风险等于任何两个相邻行权价之间的差价，再减去净收入。在这个示例里，风险是5点减去3点，也就是2点。风险应当永远小于收到的收入。这就排除了用4点卖出一个行权价为80的短期跨式价差，同时总共花1点买入行权价为60的看跌期权和行权价为100的看涨期权。虽然这里的收入远不止买入这个组合的成本的1.5倍，但风险却会高到可笑的地步。这个风险事实上是20点（两个相邻行权价的差价）减去3点的收入，或者说17点，这实在是太高了。

这些标准可以总结如下：

(1）股票价格在构造头寸时接近中间的行权价；

(2）距离短期期权到期日有3～4个月；

(3）卖出的跨式价差的价格至少是长期虚值组合价格的1.5倍；

(4）短期期权到期之前的风险低于所得的净收入。

当看到一手相对短期的跨式价差卖到似乎是高得可笑的价格时，策略家就有可能发现这种类型的头寸。专业商往往对一只股票短期的潜力有相当好的感觉，他有的时候在股票快要有大幅运动之前将跨式价差的买价报得很高。这会导致短期跨式价差的定价远远高出合理的价格。当一个跨式价差的卖家注意到某一个特定的跨式价差的卖价看上去太吸引人的时候，他应当考虑构造一手对角蝶式价差来代替它。他仍然卖出了定价过高的跨式价差，但同时也买入了较长期的虚值组合来作为对冲，以防止大笔亏损。这两种做法都没错。也许股票会有一个非常短期的大幅波动，从而证明专业商是正确的。不过，持有对角蝶式价差的策略家也不必为此担心，因为他的风险有限。一旦短期运动结束，股票朝开始的行权价跌回去，使得短期跨式价差有可能用较低的价格买回来，这是策略家使用对角蝶式价差的最终目的。

应当承认，这三个策略都相当复杂，因此，刚入门的投资者不应该尝试。如果投资者想在他应当如何运作这样一个策略方面积累经验，那么，最好先在一段时间内使用一个"账面策略"。这就是说，他并不实际进行投资，而是跟踪报纸上的价格，每天做出决定，但不承担实际的风险。这就可以使得没有经验的策略家对这些复杂的策略在一段特定时间内的表现积累起一定的感觉。当然，机敏的投资者可以按同样的方式得到价格的历史信息，跟踪若干个市场周期。

23.7 总结

看跌期权和看涨期权可以组合起来构成一些非常具有吸引力的头寸。在单纯买入看跌期权或看涨期权的同时加上看涨期权或看跌期权的收入价差可以增加头寸的盈利能力，特别是在期权价格昂贵的时候。此外，我们介绍了三种不同到期日的看跌期权和看涨期权的组合的高级策略。这三种包括看跌期权和看涨期权的跨期组合的不同策略都可能具有吸引力。当短期看涨期权定价过高时，投资者应当特别对这些类型的头寸保持警觉。典型情况下，这种情况会出现在市场正在或者刚刚经过一个牛市的阶段。出于称呼的方便，我们将这三种策略称作"跨期组合"、"跨期跨式价差"和"对角蝶式价差"。

如果标的股票价格在短期期权到期之前保持相对稳定，这三种策略都提供了大量的潜在盈利。此外，所有这三种策略的风险都有限，即使标的股票在短期期权到期日之前在某个方向有暴发性运动，情况仍然是如此。如果出现了中等的结果，例如，股票在短期期权到期日之前有幅度不大的运动，那么这些策略都还有可能得到有限的盈利，因为时间价值在短期期权中的销蚀速度比在长期期权中要快得多。

这三种策略有许多共同点，但是每一种都有它自己的优缺点。在这三种策略中，"对角蝶式价差"是唯一的一种有可能免费持有期权的策略。应当承认，实际完全免费地持有期权的可能性并不大。不过，投资者有相对很大的可能性可以显著地降低买入期权的成本。"跨期组合"，也就是我们讨论的第一种策略，提供了获得全部短期期权权利金的可能性。这是因为两手短期期权在构造头寸时都是虚值的。"跨期跨式价差"提供了在短期期权到期日的最大潜在盈利。也就是说，如果股票价格从建立头寸到短期期权到期之间相对没有变化，那么，"跨期跨式价差"就有这三种策略中最好的盈利。

从不利的方面来看，"跨期跨式价差"是这三种策略中最不具吸引力的。这主要是因为在短期期权到期日之后，如果投资者想继续持有他买入的头寸，他就不得不增加他的风险。要发现提供足够的收入使得头寸有吸引力的"对角蝶式价差"常常不是一件容易的事。最后，"跨期组合"最有可能最终亏损掉全部支出，因为投资者也许会发现较长期期权同样也无价值到期了。（同短期期权一样，它们在建立头寸时就是虚值的。）

一般而言，策略家不太容易在某个具体的时间在市场上发现大量的价格有吸引力的头寸。不过，因为它们是有吸引力的策略，只需要很低的保证金质押或者根本不需要，所以，策略家应当不断地寻找这种类型的头寸。投资者应当将一部分现金或者质押放在一边，专门用在这类头寸上，也许是他资产的15%～20%。

第24章

Options as a Strategic Investment

看跌期权比率价差

看跌期权价差的交易者可能想卖出比起持有的看跌期权数量更多的看跌期权。这就构造出了一个比率价差。有两类看跌期权比率价差具有吸引力：标准看跌期权比率价差和看跌期权比率跨期价差。这两种策略都是为比较激进的投资者设计的。如果运用得当，它们可以提供吸引人的收益机会。

24.1 看跌期权比率价差

这个策略是为对标的股票持中性或略为看空的人所设计的。在一手看跌期权比率价差里，投资者买入一定数量的行权价较高的看跌期权，卖出更多数量的行权价较低的看跌期权。这个头寸涉及裸看跌期权，因为投资者卖出的看跌期权比他买入的要多。这个头寸在上行方向的风险有限，但在下行方向有可能风险巨大。如果在到期时股票价格刚好等于卖出的期权的行权价，那么，这个头寸就可以实现它的最大盈利。

【示例 24-1】如果有下面的价格存在：

    XYZ 普通股股票：   50
    XYZ 1 月 45 看跌期权：   2
    XYZ 1 月 50 看跌期权：   4

那么，可以通过在买入 1 手 1 月 50 看跌期权的同时卖出 2 手 1 月 45 看跌期权来建立一个看跌期权比率价差。因为投资者为买入的看跌期权要支付 400 美元，从卖出的 2 手虚值看跌期权中可以收回 400 美元，所以，整个价差可以用零的成本建立起来。这个头寸没有上行方向的风险。如果 XYZ 在 1 月到期时上涨到 50 之上，那么，所有的看跌期权都无价值到期，结果就只亏损手续费。不过，在下行方向有风险。如果 XYZ 大幅下跌，投资者就必须付出比他卖出 1 手看跌期权多头所收到的钱更多的钱来买回 2 手看跌期权空头。如果 XYZ 价格在到期日时是 45，整个头寸就实现它的最大盈利，因为卖出的看跌期权无价值到期，而买入的 1 月 50 看跌期权则价值 5 点，投资者可以按这个价格将它卖掉。表 24-1 和图 24-1 总结了这个头寸。请注意，这个头寸有一个盈利范围，在这个示例里是 40～50。如果 XYZ 在 1 月到期时在 40～50 之间，那么，在除去手续费之前，这个价差就有一定的盈利。如果股票价格在到期时低于 40，那么就会出现亏损。虽然因为股票的价格不可能跌到零之下，所以亏损是有限的，但是，这些亏损有可能数额巨大。不过，正如前面指出的，在上行方向没有风险。下面的公式总结了所有看跌期权比率价差的情况：

最大上行风险 = 价差的净支出（如果建立时有收入就没有上行风险）

最大潜在盈利＝行权价差价 × 买入看跌期权数量 － 净支出（或加上净收入）

下行盈亏平衡价格＝较低行权价 － 最大潜在盈利 ÷ 裸看跌期权数量

看跌期权比率价差所需要的投资包括，裸期权所必需的质押要求加上（减去）整个头寸的支出（收入）。因为对裸期权的质押要求是股票价格的20%，加上权利金，减去期权的虚值额，整个示例里的实际金额就是700美元（5 000美元的20%，加上200美元的权利金，减去1月45看跌期权虚值的500美元）。同所有的卖出裸期权头寸一样，策略家必须留有足够的质押，以防股票价格出现反向运动。这样，他就给股票的运动留下足够的余地，而不至于因为追加保证金而不得不将头寸提前平仓。在这个示例里，如果策略家感到在股票跌到39之前他都想持有这个头寸，那么，他就应当将质押价值增加到1 380美元（3 900美元的20%，加上600美元的实值额）。

表 24-1　看跌期权比率价差

XYZ 到期价格	买入1月50 看跌期权盈利（美元）	卖出2手1月45 看涨期权盈利（美元）	总盈利 （美元）
20	＋2 600	－4 600	－2 000
30	＋1 600	－2 600	－1 000
40	＋ 600	－ 600	0
42	＋ 400	－ 200	＋ 200
45	＋ 100	＋ 400	＋ 500
48	－ 200	＋ 400	＋ 200
50	－ 400	＋ 400	0
60	－ 400	＋ 400	0

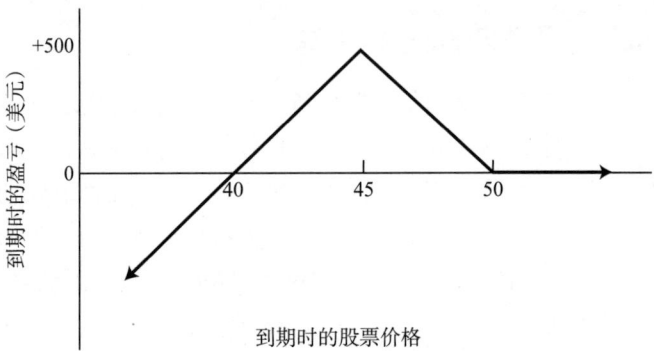

图 24-1　看跌期权比率价差

一般而言，如果在建立头寸时，股票价格在两个行权价之间，那看跌期权比率价差就最有吸引力。也就是说，如果XYZ在45～50之间的某个价位上，投资者会发现使用上面那个示例中的看跌期权比率价差具有吸引力。如果股票在建立头寸时低于较低的行权价，这个看跌期权比率价差就不具有吸引力，因为股票价格已经过于接近下行方向的风险点。换一种情况，如果股票价格高于买入的看跌期权的行权价，投资者一般就必须为建立这个头寸付出大量的支出。虽然投资者可以通过为每一手买入的看跌期权卖出4手或5手期权来抵消支出，但大比率会导致下行方向极度的风险，因此是非常激进的。

看跌期权比率价差的后续行动比较简单。除了在股票突破下行方向的盈亏平衡点时将头寸平仓之外，投资者没有什么可以做的。因为看跌期权在变成实值之后，时间价值失去得相当迅速，一般而言不存在向下挪仓的机会。如果股票向下突破盈亏平衡点，投资者应当能够按持平价将看跌期权平仓。价差交易者也许会想要买入额外的看跌期权，就像在第11章里就看涨期权所说的那样。不过，在看跌期权里这样做没有多大的好处，原因是时间价值的缩减。

对经验不够丰富的投资者来说，整个策略可以提供心理上的满足，因为在标的股票的上行运动中他不会输钱。许多涉及看涨期权的比率策略都有上行方向的风险，大部分投资者不喜欢在股票上涨时亏钱。因此，虽然投资者会由于卖出多手虚值期权来盈利，因而被比率策略所吸引。但是，他们常常更喜欢看跌期权比率而不是看涨期权比率，因为看跌期权的策略在上行方向风险很小。

有一种看跌期权比率价差的变形，有时更具有吸引力。因为它降低了下行盈亏平衡点，从而降低了股票跌到该点之下的可能性。

【示例24-2】 在看跌期权比率价差中使用三个行权价。假设有下列的价格存在：

XYZ：127

XYZ 12月125看跌期权：3.00

XYZ 12月121看跌期权：2.00

XYZ 12月116看跌期权：1.25

宽基（broad-based）指数或者交易所交易基金（ETF），例如SPY[⊖]，一般都有1月期的期权存在。较低行权价期权的隐含波动率一般比较高行权价期权更大。可以用下面的方式建立一个看跌期权比率价差：

买入1手12月125看跌期权，卖出1手12月121看跌期权，卖出1手12月116看跌期权净收入为0.25。

这个头寸与前面介绍的看跌期权比率价差相似。如果XYZ在到期时高于125，该头寸的盈利为最初的收入——0.25点。然而，这个价差的盈利区域更宽，而该区域的很大一部分都可以获得最大盈利。

下行盈亏平衡点 = 较低行权价 − 两个较高行权价之间的差价 − 净收入

= 116 − (125 − 121) − 0.25

= 111.75

除非XYZ在到期时低于111.75，否则这个价差就不会亏钱。由于建立该价差时股票价格为127，因此还有很大的下行保护。

图24-2显示了这个价差的盈利图形。

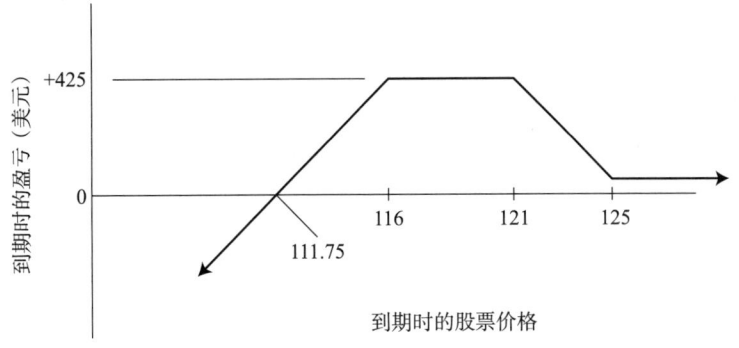

图24-2　使用三个行权价的看跌期权比率价差

⊖　SPY为标普500指数ETF的交易代码。——译者注

此外，在两个较低行权价之间的任何位置——本例中是 116 ~ 121 的区域，该价差都可以获得最大潜在盈利。

$$最大潜在盈利 = 两个较高行权价的差价 + 净收入$$
$$= (125 - 121) + 0.25 = 4.25$$

由于 116 看跌期权是一个裸看跌期权，因此投资者必须为它提供保证金。另外两个看跌期权组成了一个熊市价差，因此不需要任何质押。假设股票位于较低行权价以计算保证金是较为明智的，这需要一些额外的质押。这样就不会在标的物价格一开始下跌就收到保证金追加通知。

建立好头寸之后，投资者必须对其进行监控，看标的物是否开始下跌。如果这真的发生了，标的物下跌至最大潜在盈利区域（本例中是介于 116 ~ 121 之间），那就有可能在到期前就获得盈利。在这种情况下，该价差交易者可以平掉部分或全部头寸以提取盈利，特别是在他担心股价会继续下跌的情况下。

相反地，如果标的物略微超过较高的行权价（本例中是 130），就能获得比最初的收入更大的盈利。这与时间价值的销蚀有关。另外，如果一周之后标的物价格接近 128，那投资者可以平掉头寸以获得收入。

因此，有可能在建立这类头寸时就获得一笔收入，然后在稍后平仓时获得另一笔收入。这是这个策略的目标，并经常能够实现。该担忧的当然是下行风险。但如果该价差交易者一直在监控，并能及时在触及下侧盈亏平衡点时平仓（即使此时会有一些亏损），那这个策略在长期中的净效果就会是非常令人满意的。

24.2　使用 delta

"delta 价差"的概念也可以用来建立和调整看跌期权比率价差。我们最初在第 11 章中首次介绍了 delta 价差。可以用价差中涉及的两个看跌期权的 delta 来构造一个中性的看跌期权价差。决定中性比率的方法是用较高行权价的看跌期权的 delta 除以较低行权价看跌期权的 delta。回到前面的示例，假定 1 月 45 看跌期权的 delta 是 -0.30，1 月 50 看跌期权的 delta 是 -0.50。那么，中性的比率就是 1.67（-0.50 除以 -0.30）。也就是说，每买入 1 手看跌期权就需要卖出 1.67 手看跌期权。因此投资者可以买入 3 手 1 月 50 看跌期权，同时卖出 5 手 1 月 45 看跌期权。

如果标的股票价格波动不大，这种类型的价差的价格不会有多大变动。不过，随着时间的流逝，1 月 45 看跌期权中卖出的时间价值的优势就开始转化为盈利。如果标的股票上下运动略多一些，两个看跌期权之间的中性比率就会变化。价差交易者可以通过卖出更多的 1 月 45 合约或者买入更多的 1 月 50 合约来将这个比例调回到中性。

24.3　看跌期权比率跨期价差

看跌期权比率跨期价差是由买入一手较长期的看跌期权和卖出更多数量的较短期的看跌期权来组成的，所有的期权的行权价都相同。这个头寸一般是用虚值看跌期权来建立，也就是说，股票价格高于行权价。因此，近期看跌期权无价值到期的可能性更大。同时，这个头寸应当用收入来建立，这样，从卖出近期看跌期权中得到的钱除了抵消长期看跌期权的成本之外还有盈余。如果能够做到这一点，并且近期看跌期权无价值到期，那么策略家就能免费拥有长期的看跌期权。如果股票接着大幅下跌，他就会有大量盈利。

【示例24-3】如果XYZ的价格是55，1月50看跌期权的价格是1.50，4月50看跌期权的价格为2，那么，投资者就可以在买入4月50的同时卖出2手1月50看跌期权，建立一手看跌期权比率跨期价差。这是一个收入头寸，因为卖出2手1月50看跌期权可以收入300美元，而买入4月50看跌期权只需要200美元。如果股票在1月到期时上涨到50之上，1月50看跌期权就无价值到期，4月50看跌期权就可以免费拥有。事实上，即使4月50看跌期权在这时候也无价值到期，策略家在总头寸上也可以得到一小笔相当于最初收入的盈利，也就是100美元，再减去手续费。不过，如果在1月合约无价值到期之后，XYZ急剧下跌到25或者20，那么，仍然持有的4月50看跌期权就会产生大量盈利。

如果股票在1月看跌期权到期之前跌到离50相当远的地方，这个头寸的风险就非常大。例如，如果XYZ在1月看跌期权到期之前跌到30，投资者就不得不用4 000美元将1月50看跌期权买回来，而他卖出4月50看跌期权多头只能收回2 000美元。这就产生了一笔相当大的亏损。当然，只要采取适当的后续行动，这样的悲剧是可以避免的。一般而言，如果在近期看跌期权到期之前，股票价格跌到它的行权价之下8%～10%，那么，投资者就应当将这个头寸平仓。

正如任何类型的比率头寸一样，这里也涉及裸期权。这就增加了对这个头寸的质押要求，同时也意味着策略家必须留有足够的质押，以便于采取后续行动。在这个示例里，初始的质押要求为750美元（5 500美元的20%，加上150美元的1月合约的权利金，减去裸1月50看跌期权虚值的500美元）。不过，如果策略家决定在XYZ跌到46之前他都想保留这个头寸，那么，他就要预留1 320美元的质押（4 600美元的20%，加上400美元的实值数量）。当然，初始头寸产生的100美元的收入（减去手续费）可以用来减少所需要的质押要求。

对于愿意接受卖出裸看跌期权的投资者来说，这个策略是实用的。因为这个头寸必须建立在股票价格高于看跌期权的行权价的时候，有理由期望近期看跌期权会无价值到期。这就意味着会产生一些盈利，如果股票在较长期的看跌期权到期之前有大幅的向下运动，那么就会有很大的盈利。不过，在近期看跌期权到期之前，投资者必须小心地限制他的亏损，因为虽然最终的大笔盈利有可能超出一系列的小亏损，但是却无法弥补大笔的亏损。

看跌期权比率跨期价差

使用价差中看跌期权的delta，策略家可以构建起中性的头寸。如果看跌期权最初是虚值的，那么，中性的价差一般就涉及卖出更多的看跌期权。用实值期权可以构建另一种类型的看跌期权比率跨期价差。正如看涨期权的实值价差一样，投资者要买入更多的看跌期权才能保持中性的比率。

无论是哪种情况，都是用买入的看跌期权的delta去除以卖出的看跌期权的delta。其结果就是中性的比率，它可以用来决定每买入 1 手看跌期权时需要卖出多少手看跌期权。

【示例 24-4】考虑一个虚值的情况。XYZ 的交易价是 59。1 月 50 看跌期权的 delta 是 −0.10，4 月 50 看跌期权的 delta 是 −0.17。如果要建立一个跨期价差，投资者就要买入 4 月 50 看跌期权，卖出 1 月 50 看跌期权。因此，中性比率的计算就是 1.7∶1（−0.17/−0.10）。每买入 10 手看跌期权需要卖出 17 手。

这个价差有裸看跌期权。因此，如果标的股票下跌得太深，就有大量的风险。不过，如果股票正常下跌，可以采取后续行动。这样的行动是设计来限制下行方向的风险。

反过来，在使用实值看跌期权的跨期价差里，投资者一般买入比他卖出的更多的期权。我们可以用一个使用 delta 的示例来说明这个事实。

【示例 24-5】XYZ 的价格为 59。1 月 60 看跌期权的 delta 是 −0.45，4 月 60 看跌期权的 delta 是 −0.40。正常情况下，较短期的实值期权的 delta 比较长期的实值期权的 delta 更大（按绝对值计算）。

这个价差的中性比率是 0.889（−0.40/−0.45）。也就是说，投资者每买入 1 手看跌期权，只卖出 0.889 手。换一种说法，他需要买入 9 手，卖出 8 手。

这类价差没有裸看跌期权，因此有大量的下行方向的潜在盈利。如果股票涨得太高，亏损就限制在价差的初始支出。如果股票在到期日刚好等于行权价，就会出现最优的结果。即使此时多余的看跌期权多头会有亏损，但包括其他看跌期权的价差则会产生大于小笔亏损的盈利。

实值看跌期权价差的另一个风险是，如果股票下跌，投资者有可能很快就被指派。事实上，因为这个原因，投资者必须小心，不要用深度实值的看跌期权来建立价差。虽然作为看跌期权并不一定会改变价差的盈利性，不过，它意味着客户手续费成本和保证金要求会增加，客户在指派的时候必须要花手续费才能买回股票。

24.4 一个合乎逻辑的延伸（比率跨期组合）

前面一节展示了看跌期权比率跨期价差的吸引力。对于看多的投资者来说，前面介绍的看涨期权比率跨期价差也是相当有吸引力的策略。这两类比率跨期价差（看跌期权和看涨期权）的合乎逻辑的组合就是比率组合（ratio combination），它是买入 1 手较长期的虚值组合，同时卖出若干手短期的虚值组合。

【示例 24-6】有下列价格存在：

XYZ 普通股股票：55			
XYZ 1 月 50 看跌期权	1.50	XYZ 4 月 50 看跌期权	2
XYZ 1 月 60 看涨期权	3.50	XYZ 4 月 60 看涨期权	5

投资者可以卖出近期的 1 月组合（1 月 50 看跌期权和 1 月 60 看涨期权）而得到 5 点。买入较长期的 4 月组合（4 月 50 看跌期权和 4 月 60 看涨期权）需要 7 点的成本。如果卖出的 1 月组合的数量比买入的 4 月组合更多，那么就建立了一个比率跨期组合。例如，假设策略家卖出 2 手近期 1 月组合，得到 10 点，与此同时，买入 1 手 4 月组合支出 7 点。这就

是一个收入头寸，在这个示例里是 3 点的收入。如果近期的虚值组合无价值到期，那就会保证有 3 点的盈利存在，即使长期期权接下去也无价值到期。如果近期的组合无价值到期，长期的组合就是免费得到的，不管股票朝哪个方向有大幅的运动，都会产生大量的盈利。

如果近期期权无价值到期，那这确实是一个非常诱人的策略。但投资者必须紧密监控这个头寸，避免出现大笔亏损。如果股票在近期到期日之前朝某个方向突破得过于迅速，就可能出现大量的亏损。在缺乏对标的股票的技术分析信息的情况下，投资者可以大致计算出一个如果达到就应该采取后续行动的价格。这同我们在第 12 章就看涨期权比率跨期价差所介绍的分析是相似的。假定在这个示例里股票开始上涨。这里应当有一个价格，在这个价格上策略家应当支付 3 点的支出，将这个组合的看涨期权腿平仓。这应当是他的盈亏平衡价格。

【示例 24-7】XYZ 价格在 1 月到期日时是 65（比最初组合的行权价高出 5 点），近期的 1 月 60 看涨期权价值 5 点，远期的 4 月 60 看涨期权有可能价值 7 点。如果投资者将这个组合的看涨期权腿平仓，他就不得不花 10 点买回那两手 1 月 60 看涨期权，与此同时，从卖出 4 月 60 看跌期权中可以得到 7 点。这个平仓的交易会是 3 点的支出。不计手续费，这代表目前为止盈亏平衡的情况，因为一开始有 3 点的收入。策略家将继续持有 4 月 50 看跌期权（1 月 50 看跌期权已经无价值到期），同时期望发生不太可能发生的事情，也就是股票价格在 4 月到期之前会暴跌到 50 之下。如果标的股票很快出现向下的突破，同样的分析也可以用在这个价差的看跌期权腿上。例如，可以决定在 1 月的合约到期时向下的盈亏平衡点是 46。因此，如果股票在近期到期日之前出现大幅运动，策略家有两个参数可以用来控制亏损：上行方向的 65 和下行方向的 46。在实践中，如果股票在到期日之前而不是刚好是到期日时达到这些价位的话，策略家将组合的实值腿平仓，会有一小笔亏损。不过，他仍然应当采取这样的行动，因为这个策略的风险管理的目标是，如果有必要就承受少量的亏损。最终产生的大量的盈利除了弥补在此出现的所有少量亏损之外，还会有很多的剩余盈利。

前面的后续行动是用来处理在近期到期日之前的标的股票的高波动运动。另一个也许更常见的需要采取后续行动的情况是，当标的股票在近期到期时相对无变化的时候。在这个示例里，如果 XYZ 在 1 月到期时的价格接近 55，这时候就会出现一笔比较大的盈利：近期组合会无价值到期，投资者从而得到卖出这个组合时收入的 10 点，远期的组合也许仍然价值 5 点，因此在 4 月组合中未兑现的亏损就只有 2 点。这代表了一笔总量（实现的和未实现的）为 8 点的盈利。事实上，只要可以用比这个头寸的最初的 3 点的收入少的费用买回近期组合，这个头寸在近期到期日就会有总的未兑现收益。是提取这个收益，还是持有长期的组合，并希望标的股票会有大幅的运动？虽然策略家通常会具体情况具体分析，但一般的哲学是保留 4 月的组合。在这个时候投资者的盈利已经有了担保，最糟的情况也有 3 点的盈利（最初的收入）。因此，策略家应当给他自己一个获得大量盈利的机会。策略家也许应当试图将他的买入的组合交易出手，因为这样做他就没有使得这个头寸亏损的风险。技术分析也许能够为他提供这个股票的买入或卖出的区域，这样，他就可以根据这些价位来考虑卖掉他买入的头寸。

总的来说，这是一个极有吸引力的策略，有交易裸期权经验的策略家应当使用这个策略。只要坚持只承受少量亏损的风险管理原则，这个策略就有相当大的概率可以在总体上获得盈利。

24.5 看跌期权的总结

　　这里我们就结束了对看跌期权策略的讨论。看跌期权在许多情况中都有用处。第一，它代表了一种使用期权从看空的观点中得到好处的、更具有吸引力的方法。第二，由于使用了看跌期权，我们就有了一组新的策略，也就是跨式价差和组合价差，它们带来了相对高水平的潜在盈利。在这一部分，我们重新讨论了许多在第二部分就介绍过的看涨期权策略。其中有的在交易哲学、选择标准和后续行动方面比我们在第一次引进它们时的讨论要更为全面一些。第二次的介绍（涉及看跌期权）常常集中在看跌期权如何适应这些策略的机制上。这种设计是有意安排的。读者如果计划要使用某一既可以用看跌期权也可以用看涨期权建立的策略（例如，熊市价差），那么，他就应当同时熟悉这两种方法，既要阅读讨论看涨期权的那一章，也要阅读相应的讨论看跌期权的那一章。

　　一般而言，组合价差的策略为读者引进了新的概念。组合价差使得投资者有可能将不同的有吸引力的看涨期权或看跌期权的头寸（例如，虚值跨期价差）结合为一个头寸。我们讨论过的四种涉及在卖出短期期权的同时买入较长期期权的组合价差策略，它们是相当复杂的，但也是最有吸引力的，因为它们风险有限而潜在盈利巨大，这些正是策略家所寻求的特征。

第25章
Options as a Strategic Investment

长期期权策略

长期期权策略与短期期权策略非常类似，但它们之间有一些细微的差别。场内长期期权实际上是一个稍微不同的期权类别，被称为 LEAPS。虽然这个术语现在还存在，那已经有些过时了。在现代的语言中，长期期权仅仅是指它们的月份和年度的不同。例如，在 2012 年，投资者会说"IBM 1 月 14 年看涨期权"，这是一个在 2014 年 1 月到期的期权。

LEAPS 期权由 CBOE 在 1990 年 10 月首次引进，当时只有少数蓝筹股有这种期权。它们非常受欢迎，因此最终就有越来越多的股票有长期期权交易。今天，许多股票和指数都有这种场内期权。在期权代码计划（OSI，见第 1 章）推出之前，这些期权有一套完全不同的代码。不过在 OSI 开始于 2010 年生效之后，LEAPS 这个术语就不再强制使用了。

长期期权的策略同较短期期权的策略没有实质的区别。不过，这些期权有很长存续期的事实似乎对买家有利而对卖家不利。这是长期期权如此流行的原因之一。作为策略家，投资者知道一个策略是否合理并不取决于期权中剩余存续期的长短。在策略中起决定作用的是期权的相对价值。如果一个期权定价过高，它就是一个可选的的卖出对象，不管它的剩余存续期是两年还是两个月。显然，在两年的时间里需要更多的后续行动，我们在本章的后面将讨论这个问题。

长期期权一般都有 2.5 年的存续期。例如，在 2011 年秋季，2014 年 1 月到期的股票期权就会上市交易。这些合约一般在春季上市，这意味着最长的期权有大于 2.75 年的存续期。不过在 2008 年，这些长期股票期权的上市周期被缩短了。唯一的到期月份为 1 月。不过，对于一些指数期权而言，长期期权会在 12 月到期。这一段所讨论的细节很可能在未来会发生改变。

25.1 长期期权的定价

影响长期期权价格的因素与影响其他任何期权价格的因素完全相同：

（1）标的股票价格；

（2）行权价；

（3）离到期的时间；

（4）波动率；

（5）无风险利率；

（6）股息率。

相对于短期股票期权，这些因素对长期期权的影响也许会更显著。因此，交易者在考察长期期权时也许会认为它过度昂贵或便宜，但事实上并非如此。投资者需要对长期期权与他所熟悉的短期股票期权之间的价格关系进行观察，在这方面积累经验。如果不具备这样的经验，那么，在对长期期权进行评价时，他就必须加倍小心。

重新考察一下包括某些长期期权在内的期权定价曲线也许是有用的。请看一下图 25-1 中若干期权的定价曲线。同以前一样，内在价值的实线是底部的线条；它对所有的看涨期权都相同。这些曲线是根据相关变量的相同价值而绘制的，这些变量是股票价格、行权价、波动率、短期利率和股息。这样，我们就可以直接对它们进行比较。

图 25-1 的曲线中最引人注目的是 2 年长期期权的曲线相当平坦。它整体的

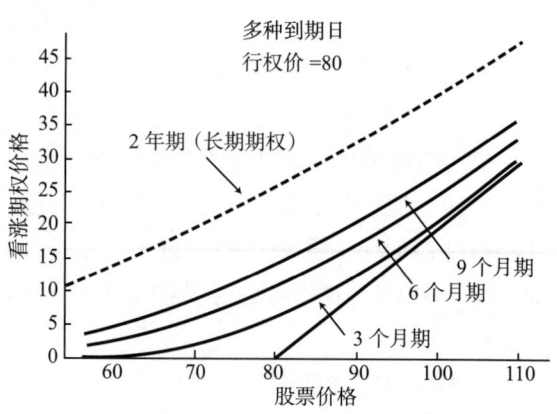

图 25-1　长期看涨期权定价曲线

形状同短期曲线相似，但即使股票价格只是 25% 实值或者虚值，还是有很多的时间价值，因此，2 年的曲线要比其他曲线都平坦得多。

我们还可以得出其他的结论。注意一下平值期权：2 年长期期权的卖价比 3 个月期权的卖价高出 4 倍多一点。正如我们所看到的，由于利率和股息的影响，这有可能发生变化，但是，它证实了在前面提到过的事情：因时减值不是线性的。因此，即使 2 年长期期权的剩余存续期是 3 个月期权的 8 倍，它的售价也仅是后者的 4 倍。在一个没有经验的观察者看来，这个长期期权看上去似乎很便宜。但是要记住，这些图形描绘的是一组输入参数的合理价值。不要只是因为把长期期权的价格同短期期权的价格相比，就得出长期期权看上去便宜的结论，要使用模型来对它进行评价，或者，至少使用别人的模型的结论。

图 25-1 的曲线描绘了股票价格、行权价和所剩时间之间的关系。决定期权价格的其他因素中最重要的是标的股票的波动率。所有期权的价格都在很大程度上受到波动率变化的影响，对长期期权来说更是如此。只要波动率有一点变化，长期期权的价格就会大幅波动。我们在后面还将考察波动率变化对短期和长期期权的不同影响。

在进行这样的讨论之前，考察一下利率和股息对长期期权的影响是有好处的。相对于传统的股票期权，它们对长期期权的影响要大得多。之前我们曾经说过，除非股息数量很大，否则，利率和股息对期权价格的影响很小。对短期期权来说这种说法是正确的。对长期期权来说，利率或股息在这么长一段时间内积累起来的效果，对期权的绝对价值会有放大的影响。

图 25-2 描绘的也是期权定价曲线，不过这是一个 2 年长期期权的曲线。行权价是 100，右面的直线描绘的是这个长期期权的内在价值。3 条曲线分别代表无风险利率为 3%、6% 和 9% 时的期权价格。所有其他因素（离到期的时间、波动率和股息）都是固定的。仅仅是利率中 3% 的变化就会导致期权价格的巨大变化。

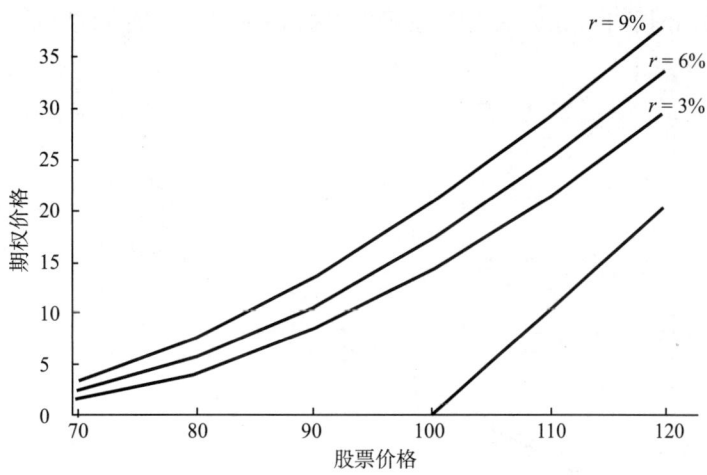

图 25-2　2 年长期看涨期权定价曲线，利率的比较

随着长期期权变为实值，长期期权之间的价格区别也逐步增大。注意一下在这幅图形里，如果从左往右看，曲线之间的距离在扩大。虚值长期期权的价格区别已经够大了，即使虚值相当深的期权也有将近 1 个点（见图形左边的那些点位）。对平值的 2 年长期期权，3% 的利率变化导致了超过 2 点的更大的价格变化。最大的期权价格变化出现在实值期权中！这似乎有些不合逻辑，不过，在后面考察长期期权策略时就可以看出其中的原因。现在，可以认为：利率变化 3%，实值长期期权的价格变化 4 点之上。这是个巨大的变化，有这样的变化，任何考虑要交易实值长期期权的交易者，都应当考虑一下他自己对短期利率变化趋势的看法。

利率在 2 年之内发生 3% 的变化，可能性是相当大的。因此，要想有把握地预测 2 年的长期期权定价时应当采用什么样的利率，不是一件容易的事。此外，投资者在决定长期期权是"便宜"还是"昂贵"的时候应当非常小心。因为在传统情况下，短期利率在这种分析中并不是一个重要的因素。但是，对长期期权来说，图 25-2 就是一个明显的证据，它说明对长期期权的交易者来说，利率是一个重要的考虑因素。

现在来考虑一下股息。图 25-3 描绘了 2 年看涨期权的价格。图形中不同的曲线针对的是不同的股息率：顶部的线条代表目前的股息率，中间的代表如果股息每年增加 1 美元会出现的价格，底部的显示如果股息每年增加 2 美元会有什么样的价格。所有其他的因素（波动率、离到期的时间和无风险利率）在这个图形中的每一条曲线上都是相同的。通过 LEAPS 看涨期权价格的下降，证实了股息的增加的影响。原因是显而易见的，在股票由于增加的股息而有较大数量的除息时，它的价格会降低更多。

在看涨期权实值程度变得更深的时候，长期看涨期权价格降低的实际数量会略有增加。也就是说，这些曲线之间的距离在左边（虚值）比在右边（实值）要小。对实值的看涨期权，在 2 年内的每 1 美元的股息增长会导致长期期权的价值减少 1½ 点。

图 25-3 的刻度同图 25-2 是相同的，因此它们可以直接在规模上进行比较。请注意，股息增加 1 美元对长期看涨期权的影响要比利率增加 3% 的影响要小得多。就图形而言，读

者只要注意到前面图形中 3 条曲线之间的距离比这幅图形中 3 条曲线之间的空间要宽得多，就可以意识到这一点。

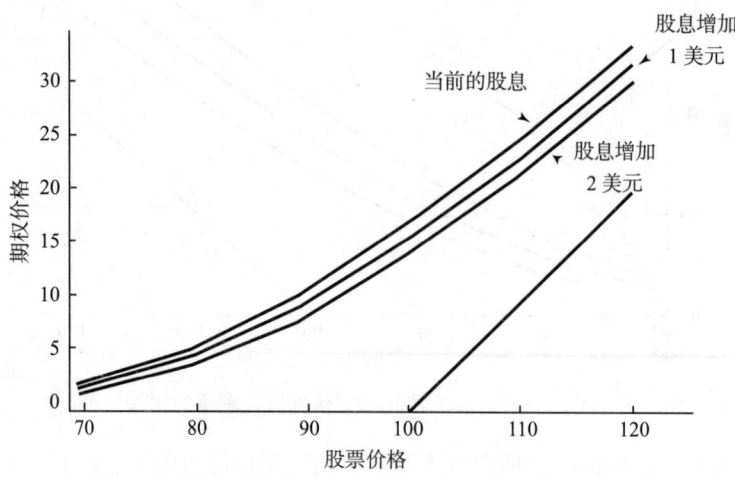

图 25-3 当股息增加时 2 年长期看涨期权定价曲线

最后请注意，股息的增加对看跌期权的效果是相反的。也就是说，标的普通股股票中股息支付的增加会导致看跌期权价格增加。如果这个看跌期权是一个长期期权，那么这种增加的效果会更大。

如果有人认为很难给长期期权做出客观的定价，那么，注意一下下面的情况。由于两个原因，前面的利率图形和股息效果图形往往会放大它们对长期期权价格的影响。第一，它们描绘的是对一个 2 年长期期权的效果。这是一个时间很长的长期期权。许多长期期权的到期日没有这么远，因此，对于还有 10 ～ 23 个月到期的长期期权来说，它们的效果没有那么大。第二，这些图形所显示的利率和股息的变化是一下子发生的。这并不完全符合现实。在现实中，如果利率发生变化，它们会每次变化一点，通常是每次 0.25% 或 0.5%，或许多到 1%。如果股息增加，这样的增加可能是一次性的，但是它们不太会在长期期权买入或卖出后立刻就发生。不过，这些图形想要说明的是，利率和股息对长期期权的影响要远远大于它们对普通短期股票期权的影响，这一点是确定无疑的。

25.2 长期期权同短期期权的比较

表 25-1 可以帮助说明投资者在评价长期期权时会面临到的问题，不管是借助脑力还是模型。所有这些变量（股票价格、波动率、利率和股息）都是按间距提供的，它还显示了 3 个月的短期期权同 2 年的长期期权的比较。这里有 3 组比较：20% 虚值期权、平值期权和 20% 实值期权。

这里需要简单解释一下为什么在这张表格里列出了波动率。波动率通常是以百分率表示的。股票市场的波动率大约是 15%。这个表格显示了如果波动率变化 1 个百分点，例如，达到 16% 的话，会发生什么事。当然，这个表格也显示了如果其他因素有少量变化的话会发生什么情况。

表 25-1　长期看涨期权同短期看涨期权的比较

变量	间距	期权价格的变化					
		20% 虚值		平值		20% 实值	
		3 个月	2 年	3 个月	2 年	3 个月	2 年
股票价格	+1 点	0.03	0.41	0.54	0.70	0.97	0.89
波动率	+1%	0.03	0.43	0.21	0.48	0.04	0.33
利率	+1/2%	0.01	0.27	0.08	0.55	0.14	0.72
股息	+0.25 美元/季度	0	−0.62	−0.08	−1.18	−0.14	−1.50

　　3 个月和 2 年的期权之间的大部分区别都很大。例如，如果波动率增加了 1 个百分点，3 个月的虚值看涨期权的价格只会增长 3 美分（左面一栏里的 0.03），而 2 年的长期看涨期权的价格则会增加 43 美分。作为另一个示例，看一看底部右面的那对数字，它们显示了股息的增长对实值 20% 期权的影响。这里的假设是，股息在这个季度会增加 25 美分（而且以后每个季度都会增加 25 美分）。对 3 个月的看涨期权，这就意味着 14 美分的损失，因为影响到这个期权的只有一个股息季度；但对这个 2 年的长期期权来说，这就是一笔 1½ 的损失，因为在这个看涨期权的存续期中这个股票将经历额外的 2 美元的除息。

　　这张表格同时也显示出只有 3 点区别不怎么大。其中的 2 个同股票的价格有关。如果股票价格变化 1 点，无论是平值的还是实值的期权都没有非常不同的表现，虽然长期期权确实上跳了 70 美分。仔细观察的读者会注意到，这个表格的顶部一栏描写的是这些期权的 delta，它显示的是期权价格对应股票价格中每一点的变化而会出现的变化。另一个差别不是非常大的是波动率的变化对平值期权的影响。3 个月的看涨期权的变化是 21 美分，而长期期权的变化也只有 0.5 点。这仍然是 2 比 1 的比例，但是比起表格中的其他比较来，就小得多了。

　　研究一下表格中的其他比较。习惯于交易短期期权的交易者也许一般会忽略利率 1.5% 的上升、季度股息 25 美分的增长、波动率只有 1% 的增加，或者股票价格 1 点的运动的影响（除非当他的头寸是虚值的时候）。但如果发生其中任意一种情况，长期期权的交易者就会立刻要么有丰厚的收益，要么有严重的亏损。在几乎每一种情况里，他的长期看涨期权都会获益或者亏损 0.5 的价值，这是一个有显著的数量。

25.3　长期期权策略

　　许多使用长期期权的策略同相应的使用短期期权的策略没有多大区别。不过，正如前面显示的，长期期权的长期性有的时候会使策略家经历同他习惯的结果不同的结果。

　　作为一般的规则，投资者应当在利率低的时候和市场隐含波动率低的时候买入长期期权。如果出现相反的情况（高利率和高波动率），他就应当倾向于使用卖出长期期权的策略。当然，在运作一个策略的时候，还有许多其他的具体的考虑。但是，由于长期期权的长期性将投资者在如此长一段时间内暴露于利率和波动率的运动，投资者在建立一个头寸时，应当把自己放在一个就这两方面而言是有利的位置上。

25.3.1 使用长期期权来代替股票

任何实值的期权都可以用来代替标的股票。股票持有者可以使用一手实值看涨期权多头来代替股票多头。股票的卖空者也可以使用看跌期权空头来代替股票空头。这并不是什么新观念，我们在第3章讨论买入看涨期权的理由时简单地提到过。在短期期权中这已经在相当长的时间内被用作一种策略。不过，随着长期期权的引进，它的吸引力似乎在某种程度上增加了。越来越多的人在考虑是否能够卖出他们持有的股票，买入 LEAPS 作为替代，或者干脆一开始就买入长期期权而不是具体的普通股股票。

替代目前持有的股票。简单地说，这个策略使用的是这样的思考方式：如果投资者持有股票并且卖了它，他就可以从这笔收入中拿出一小部分来投资在一手看涨期权里。如果股票价格上涨，他仍然可以得到上行方向的潜在盈利，与此同时，将剩下的钱投资在银行里以得到利息。所收到的利息可以作为股息（如果有的话）的替代品，毕竟现在他就不能收到股息了。此外，他在下行方向的风险更小了：如果股票急剧下跌，他的亏损限制在这个看涨期权最初的成本里。

在实践中，投资者应当仔细计算他能够得到的和他将要放弃的。例如，失去的股息收入是否太大，将多余的收入进行投资是不是足以弥补这个亏损？在为这个看涨期权所支付的时间价值中，有多少潜在的收益会浪费掉？决定使用看涨期权来代替股票的股票持有者所面临的成本是手续费、看涨期权的时间价值和失去的股息。好处是从释放出的大笔资金中得到利息，再加上持有看涨期权比持有股票在下行方向的较小风险。

【示例 25-1】 XYZ 的售价是 50。行权价为 40 的 1 年的长期期权的售价是 12 美元。XYZ 的年度股息是 50 美分，短期利率是 5%。一个 100 股 XYZ 普通股股票的持有者如果想要卖掉他的股票，买入 1 年长期期权作为替代，那么，他必须计算的经济事实有哪些呢？

这个看涨期权的时间价值是 2 点（40 + 12 − 50）。此外，如果卖掉股票，买入长期期权，他可以得到 3 800 美元减去手续费。首先，计算一下由此产生的净收入：

得到收入的账目：	
卖出 100 股 XYZ 股票	5 000
减去股票手续费	− 25
净卖出所得：	4 975 美元收入
1 手长期看涨期权成本	1 200
加上期权手续费	15
看涨期权净成本：	1 215 美元支出
总收入：	3 760 美元收入

现在可以计算出做这样转换头寸的成本和好处：

转换头寸的成本：	
时间价值	−200
股息损失	− 50
股票手续费	− 25
期权手续费	− 15
总成本：	−290 美元

		（续）
转换头寸的好处：		
3 760 美元收入的利息（5% 年利率）		
= 0.05 × 3 760 美元		+188 美元
转换头寸的净成本		−102 美元

股票的持有者现在必须决定是否值得为了将他的下行风险限制在价格 39½ 之上而在每股股票上支出略微高于 1 美元的成本。39½ 的价格作为下行方向的风险限制，只是用每股的形式表达出他从该头寸中收入的净收入（3 760 美元）加上利息收入（188 美元）的总量。也就是说，如果 XYZ 在今后一年急剧下跌，这手长期期权无价值到期，投资者在他银行账户里仍然有 3 948 美元。这就等于将他最初的 100 股股票的价格风险限制在 39½ 之上。

如果投资者决定要用长期期权替代股票，他就应当将卖股票的收入存在 1 年的定期存款或政府债券里。这样做有两个原因。首先，他在 1 年内锁住了目前的利率，也就是他在计算中所使用的利率。其次，他不会再受诱惑，把这笔钱用在其他地方，如果这样做，就有可能抹去了这个替代策略的潜在好处。

上面的计算都是假定这个长期看涨期权或股票都会被持有整整一年。如果投资者知道情况不是如此，那么就必须重新计算，得出正确的成本和好处。

警告。看上去这笔钱（102 美元）对将股票头寸转换成看涨期权持有权来说是一个合理的不高的价格。不过，如果投资者计划要在股票跌到 39½ 之前就将股票出手，那么，他也许会感到他不需要花这个钱来买保护。（不过，应当意识到，他基本上可以实现同样的目的，因为他在任何时候都可以将他的长期期权卖掉。）另外，在 1 年结束的时候，如果他仍然想持有这个股票的话，他必须支付另一笔股票手续费，将 XYZ 普通股股票买回来（或者他必须付两笔期权手续费将他的看涨期权多头挪仓到后面的到期日）。另一个可能存在但不太可能出现的缺点是，标的普通股股票有可能宣布增加股息，或者更糟一些，会有特殊的现金股息。无论什么形式的股息，长期期权持有者都没有权利得到，而股票持有者则显然有这样的权利。如果这个公司宣布有配股，它对这个策略没有影响，因为看涨期权持有者有权利得到配股（以股票形式发放股息）。利率的变化也不成为影响因素，因为长期看涨期权的持有者是投资在 1 年的债券或者 1 年的定期存款中，因此不受期间短期利率变化的影响。

还有其他会对这个策略发生影响的情况。它们大部分都与税收考虑有关。如果这个股票目前是一笔有盈利的投资，把它卖掉就会产生资本收益，因此就必须纳税。如果股票目前有浮亏，买入看涨期权就会是一笔洗售交易（wash sale），投资者在这个时候并没有承接亏损。（参见第 41 章，其中对洗售交易规则和期权交易有更广泛的讨论。）

从理论上说，上面的计算可以产生一笔总收入。在这种情况下，投资者一般会想要用看涨期权来替代股票，除非他的税务考虑占了上风，或者他怀疑会有新的现金股息。如果出现这种情况，在转换头寸上一定要非常小心。正常情况下，套利者——为交易所会员交易并且无须付手续费的人，在一般公众有机会发现这样的情况之前就已经利用了这样的情况。如果他们不利用这样的机会，那就一定有什么理由（也许是现金股息）。因此，如果出现这种情况，在大胆走进去之前，你必须极度小心进行经济分析和研究。

总的来说，如果一只普通股股票有实值长期期权存在，股票的持有者就应当对使用长期看涨期权来替代普通股股票的经济理由作一个评价。即使数学的计算肯定了这种替代策略，股票持有者还是必须考虑他的税务情况以及股票的现金股息前景，然后才能决定是否应当转换头寸。

25.3.2　一开始就买入长期期权而不是买入普通股股票

这种股票持有者决定是否应当用长期看涨期权来代替股票的逻辑，同样也适用于准备买股票的人。换句话说，这个投资者不是已经持有这只股票，他是想要买这只股票。这个潜在的买家也许应当买入一手长期看涨期权，然后将剩下来准备买股票的钱存进银行，而不是实际买入股票。

他的成本（实际成本和机会成本）可以用同前面相似的方法计算出来。唯一真正的不同是，在这个情况里，他必须支付股票手续费，而在前面的示例里他则不用（因为他已经持有股票）。

【示例 25-2】同前面一样，XYZ 的售价是 50，1 年的行权价为 40 的长期期权的售价是 12，XYZ 的年度股息是 50 美分，短期利率是 5%。

普通股股票的原始买家，如果他决定买入长期看涨期权而不是股票本身的话，他就有一定的"机会"成本和节省。首先，计算一下买入股票同买入长期期权之间所需投资的不同：

可能的初始投资：		
股票：	5 000 美元 + 25 美元手续费	= 5 025 美元
长期期权：	1 200 美元 + 15 美元手续费	= 1 215 美元
净差别：		3 810 美元

现在，计算一下成本和节省：

成本：		
	时间价值	−200 美元
	股息损失	− 50 美元
节省：		
	3 810 美元的 1 年 5% 的利息	+190.5⊖ 美元
净机会成本：		− 59.5⊜ 美元

在这个情况里，看起来似乎潜在的股票买家更应当买入长期看涨期权。如果他将初始投资中的差额放入 1 年的定期存款或者政府债券的话，他的净"成本"就只有 59.5⊜ 美元。用这样一小笔钱，他就可以得到全部的上行方向的潜在盈利（扣掉 59.5⊜ 美元），而下行的风险则限制在 40 之上（到 1 年结束的时候，即使长期期权无价值到期，他也会有 4 000 美元在银行账户里）。

买入实值长期期权，同时将长期期权的成本同股票的成本之间的差额放进有利息的投

⊖ 疑原文有误，原文为 190。——译者注
⊜ 疑原文有误，原文为 60。——译者注

资里，这是一个有吸引力的策略。如果这个差额投资的利息很高的话，就更是如此。不幸的是，这样的高利息带来一种两难的困境。因为，正如前面指出的，较高的利息会使得长期期权变得更为昂贵。

在这个替代的策略里，投资者得不到增发现金股息或特别股息的好处，而他所替代的股票持有者则能够得到。但是，股票持有者有其他的担心，像税收之类的，这些就与他无关。同样，这些具体的计算只有在打算将股票持有整整一年的情况下才有效。如果预期持有期短于1年，那么就应当作相应的调整。

使用保证金。一个普通股股票的潜在原始购买者也可能在考虑用保证金来买入股票。如果他用长期期权代替，他就可以省下保证金利息。当然，他不会有那么多的钱放在银行里。不过，他同时也应当将成本同买入长期看涨期权所需要的成本进行比较。

【示例25-3】 同前面一样，XYZ的售价是50，1年的行权价为40的长期期权的售价是12；XYZ的年度股息是50美分，短期利率是5%。另外，假定保证金的利率是就借入的支出的8%。

首先，计算一下不同投资前景的差别：

买入股票的成本：		
5 000美元 + 25美元手续费：		5 025美元
借入的数量（50%）		− 2 512
所需资金		2 513美元
买入长期期权的成本：		
1 200美元 + 15美元手续费：		1 215美元
差额（可以放进银行账户的钱）		1 298美元

假定他是要买入长期期权的话，现在可以将成本和机会进行比较了。

成本：		
时间价值		− 200美元
股息损失		− 50
节省：		
1 298美元上5%的利息		+ 65美元
2 512美元支出的1年8%的保证金利息		+ 201
净节省：		+ 16美元

对于潜在的使用保证金的股票买家来说，在这个示例里有真正的节省。事实上，他不必就他的支出支付保证金利息，使得买入长期看涨期权成为一种节约成本的替代方法。最后，应当注意到，现有的保证金规则允许投资者使用保证金来购买长期期权。这也可以放到上面的计算里，只要减去所需投资，在支出上增加保证金费用就可以了。

总的来说，普通股股票的潜在买家常常会发现，如果有实值的期权可以使用，买入这个期权比买入股票自身更具吸引力。如果他计划要使用保证金来买股票，那么，买入长期期权就可能更具有吸引力。买入长期期权的主要缺陷是如果现金股息增加或者有特别股息，他是得不到的。不过，读者请耐心地读下去，因为下面的策略也许比上面这个策略还要好。

25.3.3 使用长期看跌期权来保护已经持有的股票

上面所介绍的替代策略要达到什么目的呢？股票持有者付出一定的成本（在实际示例里是 102 美元），从而将他持有股票的风险限制在 39½ 上。如果他买入一手长期看跌期权作为代替呢？让我们暂时不考虑这个看跌期权的价格，把注意力集中在这个策略能够实现什么样的目的上。投资者在下行方向会得到保护，不会有大量的亏损，因为他持有一手看跌期权，而且他可以享受上行方向的增值，因为他仍然持有股票。这难道不是替代策略想要达到的目的吗？是的，确实是。在这个策略里只需要付一笔手续费（付在相当便宜的虚值长期看跌期权上），而且也没有失去增加的股息或特别股息的风险。

在使用一手看涨期权作为替代与买入一手看跌期权之间进行比较是相当容易的。首先，像在上面的示例里那样对它们的表现进行计算。这个示例显示出股票持有者要用长期看涨期权来替代股票的成本是 102 美元，这样的替代可以把他的头寸保护在 39½ 的价格上。事实上，他为一手行权价为 40 的长期看跌期权所付的是 102½ $^{\ominus}$ 美元（102 美元的成本加上 40 的行权价同保护价 39½ 之间的差额）。现在，如果 XYZ 的 1 年的行权价为 40 的长期看跌期权可以用 1½ 买到，他只买入这手看跌期权，就可以完成最初想要完成的所有的事情。

此外，他还可以在手续费上省钱，并且仍然可以享受增加的现金股息。这些额外的好处应当使得看跌期权对股票持有者具有更大的价值，因此，他也许愿意为这个看跌期权付比 1½ 略高一些的价格。如果长期看跌期权可以以这个价格买到，它显然就是个更好的选择，投资者应当买入长期看跌期权而不是使用长期看涨期权来代替普通股股票。

因此，任何想要对他的头寸进行保护的股票持有者都可以用以下方法中的一种：他可以卖掉股票，用一手看涨期权来代替它；或者继续持有股票，同时买入一手看跌期权来保护它。对这个策略来说，长期看涨期权和看跌期权是经得起检验的。因为 LEAPS 的长期性，投资者不必反复建立他的头寸，付多重的手续费，就像他在短期期权中不得不做的那样。要决定这样的运作是否可行，或者，如果可行的话，是应当使用看涨期权的替代策略还是看跌期权的保护策略，股票持有者应当进行上面所显示的那些简单的计算。

25.3.4 使用长期期权而不是卖空股票

正如买入实值的长期看涨期权有的时候比买入股票本身更明智一样，买入实值的看跌期权有的时候是比卖空普通股股票更好的选择。读者应当还记得，无论是买入看跌期权还是卖空股票都是一种看空的策略，实施的人通常预期股票价格会下跌。不过，策略家知道，卖空股票是许多策略的一个组成部分，它也许反映了其他的看法，而不只是对股票的纯粹看空。无论是哪种情况，一手实值的看跌期权都可以有效地替代对股票自身的卖空。看跌期权持有者有两个主要优势：他限制了风险（而股票卖空者在理论上有无限的风险）；同时，他不必像卖空者那样必须为标的股票支付任何股息。此外，买入看跌期权的手续费通常比卖空股票所需要的手续费要低。

要在买入实值看跌期权同卖空股票之间进行比较，没有太多可以计算的。如果花在时

$\ominus$ 疑原文有误，原文为 152。——译者注

间价值上的费用同省下来的股息支付小的话，那么，看跌期权或许是更好的选择。

专业套利者和其他交易所会员，以及某些大客户，他们在卖空股票时能有利息收入。对这些交易者来说，要交易看跌期权，就必须是几乎完全没有时间价值。这样比较下来，他们才会选择买入看跌期权而不是卖空股票。不过，想要卖空的公众客户应当意识到存在买入一手实值看跌期权来代替这样的可能。

25.4 为投机买入长期期权

只要看一下上面的股票替代策略，策略家就可以知道买入看涨期权和看跌期权有各种不同的用法。不过，买入期权的最流行的原因是为了投机获利。持有期权所带来的杠杆和有限风险的特征使得它们在这个目的上也具有吸引力。当然，风险是亏损100%的投资，而且因时减值也是同期权持有者作对的。在这些方面，长期期权与短期期权没有什么不同，有区别的只是期权的存续期更长。

因时减值是投机性期权持有者的最大敌人。如果买入的是长期期权而不是短期期权，那么买家以天计算的因时减值暴露通常就会减小。因为随着期权接近它的到期日，因时减值的极度负面的影响才会日益放大。我们在第3章说明过因时减值不是线性的：期权价值在快到期时销蚀得比刚开始时要快得多。一手长期看跌期权或看涨期权最终会变成一手正常的短期股票期权，时间价值此时才会开始以更快的速度销蚀。但是，在长期期权存续期开始的时候，由于还有很多的剩余时间，短期的因时减值相对价格而言是不大的。

表 25-2 和图 25-4 显示了两个期权的减值率：一个是平值的（上端的曲线），另一个是20%虚值的（下端的曲线）。横轴是离到期的月份数。纵轴是期权价格按日计算的因为因时减值而失去的百分比。可以称作长期期权的是离到期至少有9个月的期权，因此，它们是在图形右端底部的那些期权。

表 25-2　因时减值的日百分比

	因时减值的百分比	
所剩月数	平值	20% 虚值
24	0.12	0.18
18	0.14	0.27
12	0.19	0.55
9	0.22	0.76
6	0.27	1.18
3	0.60	3.57
2	0.73	4.43
1	1.27	
2 周	3.33	

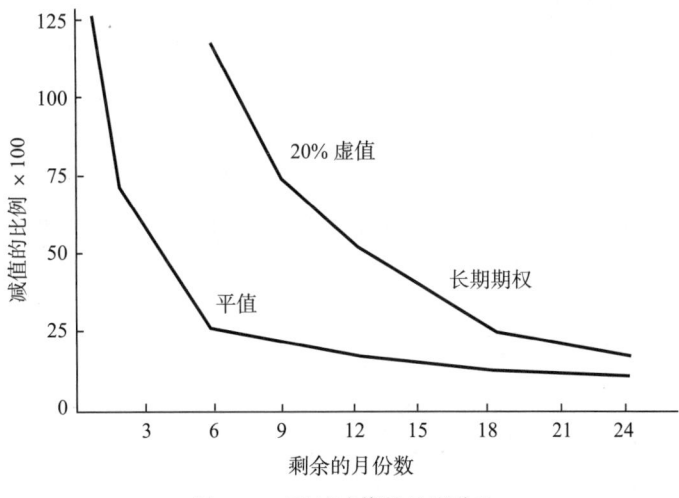

图 25-4　因时减值的日百分比

两条曲线随着时间接近到期日而向上倾斜的性质表明了随着到期日的接近因时减值的加快。注意一下虚值期权的价值按百分比而言比平值期权销蚀得要快多少。不过，同正常的股票期权相比，长期期权几乎没有什么销蚀。大部分长期期权，甚至虚值的长期期权，每天失去的不到它们的价值 1% 的 ¼。同一手 6 个月的 20% 虚值的股票期权相比，这个数量很小。6 个月的期权每天要失去 1% 以上的价值，而且它离到期仍然还有 6 个月。

从表 25-2 中可以看到，2 个月的虚值期权每天失去价值要大于 4%！

因此，长期期权价值的因时减值速度是不快的。这就使得长期期权的持有者有机会利用他对股票价格的看法为他服务，而不必像普通股票期权持有者那样，过多地担心时间的消逝。因此，持有长期期权的一个好处就是，投资者对买入期权的时机的把握不必像买入较短期期权那样把握得那么精确。这不但是一个策略上的优势，而且是一个巨大的心理优势。一个对股票的走向感到有把握的长期期权的买家，可以冷静地等到预期的运动出现。如果它不出现，即使在或许是 6 个月这样长的时间内，他仍然可以收回他最初买价的相当大的一部分，因为因时减值的速度缓慢。

不要以为长期期权的价值根本不会销蚀。虽然（像前面所显示的）销蚀的速度缓慢，一个每天失去 0.15% 价值的期权在 6 个月里仍然会失去它价值的 25%。

【示例 25-4】XYZ 的价格是 60，18 个月的行权价为 60 的长期看涨期权的售价是 8 美元，这个期权同时间相关的价值每天的销蚀是微小的；因为时间而销蚀 1/8 点大约需要 1 个星期。不过，如果将这个期权持有 6 个月而没有发生其他事情的话，这个长期看涨期权的售价就会是 6。因此，如果股票在 6 个月结束时保持在 60，它就会失去 25% 的价值。

那些熟悉持有股票看涨期权和看跌期权的人，可能已经习惯看到一手期权在 4 或 5 个星期这样短的时间内失去它 25% 的价值。因此，从较为缓慢的因时减值的角度来看，持有长期期权显然是有优势的。

这种结论导致一个显而易见的问题："什么时候是卖出看涨期权再买入较远期的看涨期权的最好时机呢？"再看一看表 25-4 中的数字可能对回答这个问题有帮助。可以注意到，对平值期权来说，曲线是在过了 6 个月之后开始急剧向上弯曲。因此，要减少因时减值的效果，在其他条件都相同的情况下，投资者在他买入的平值看涨期权离到期还有大约 6 个月的时间卖掉它，同时买入一手 2 年的长期看涨期权，这样做应当是符合逻辑的。这就可以将他的因时减值暴露减小到最低限度。

虚值期权的情况就更突出。图 25-4 显示了虚值 20% 的看涨期权在离到期还有 1 年左右的时候，价值就开始以快得多的速度（按百分比计）销蚀。同样的逻辑在这里也适用：如果投资者交易的是虚值期权，那么他就可以在离到期还有将近 1 年的时间时卖掉他持有的期权多头，同时买入一手 2 年的长期期权来重新建立他的头寸。

25.4.1 "廉价"买入的好处

我们在上面说明了一手长期看涨期权的价格会因为利率的上涨和波动率的增加而上涨。因此，如果投资者想要参与到投机买入长期看涨期权的策略里，那么他就应当在利率和波动率低的时候更激进一些。

使用几个价格作为例证，也许可以帮助说明利率和波动率的影响有多大，以及它们如何能够成为长期看涨期权买家的朋友。假定投资者买入一手 2 年的平值长期看涨期权，当时的情况是：

为了说明的目的，假定目前的波动率低于 XYZ 的历史波动率，3% 的利率也是低水平的。如果股票价格上涨，那就没有问题，因为长期看涨期权的价格也会上涨。但是，如果股票价格下跌或者停留在原来的价位没有变化呢？是不是就没有盈利的希望啦？实际上，不是。如果利率增加或者看涨期权交易的波动率增加，我们知道长期看涨期权价值也会增加。因此，即使股票也许是朝不利的方向运动，仍然有可能拯救交易者的投资。表 25-3 显示了即使在所说的时间过去之后，要将长期看涨期权的价值保持在 14 时，波动率应当是多少以及短期利率应当在哪里。

XYZ 股票价格：100
1 月 2 年行权价 100 的长期看涨期权：14
短期利率：3%
波动率：低于（历史）平均波动率

表 25-3　1 月 2 年长期期权 = 14 时所必需的因素（r：利率；v：波动率）

股票价格	1 个月之后	6 个月之后
100（无变化）	r = 3.4% 或 v + 5%	r = 6% 或 v + 20%
95	r = 6% 或 v + 20%	r = 9.4% 或 v + 45%
90	r = 8.5% 或 v + 45%	r = 12.6% 或 v + 70%

为了说明怎样使用这张表格，假定股票价格在 1 个月之后是 100（无变化），如果利率在这段时间从原来的 3% 上涨到了 3.4%，即使已经过了 1 个月，这个看涨期权仍然价值 14。换一种情况，如果利率没有变化，波动率从它原来的水平上升了 5%，那么，这个看涨期权仍然价值 14。请注意，这是说波动率只需要从它原来的水平上稍许有所上升（原来水平的 1/20），而不是上升整整 5 个百分点。

即使股票价格跌到 90，时间过去 6 个月，如果利率上升到了 12.6%（几乎不可能）或者波动率增加了 70%，那么，这个长期看涨期权的持有者仍然可以盈亏平衡。波动率常常有可能在 6 个月内有如此大幅度的波动，但利率则不太可能。

事实上，就利率而言，在这个表格中只有顶部那一行也许代表了现实的利率。1 个月里增加 0.4%，或者 6 个月里增加 3%，这是有可能的。在其他几行中，也就是股票价格下跌的情况，要拯救这个看涨期权的价格，如果光凭利率的变化，那么对利率增加的幅度要求就过高了。不管怎么样，任何利率的增长都会有帮助。波动率则是另一回事。波动率常常有可能在 1 个月的时间内从原来的水平上有 50% 的变化，在 6 个月里就更是如此。因此，正如前面说过的，波动率是更起主导作用的因素。

这张表格显示了增长的利率和波动率对长期看涨期权的影响。这样的影响对长期看涨期权的持有者有利，当然，对长期看涨期权的卖家不利。显然，投资者在一个策略中使用长期期权之前应当意识到利率和波动率的大致水平。

25.4.2　delta

一手期权的 delta 是当标的股票价格每变化 1 点时期权价格会随之变化的数量。在这一章前面的部分里，在比较长期期权同短期期权之间的区别时，我们曾经提到过 delta。在这里对这个议题要做更深的探讨，因为它是一个非常重要的概念，不但对期权的买家是如此，在大多数策略性决定中也是如此。

图25-5显示了两个不同期权的delta：2年的长期期权和3个月的股票期权。它们的条款除了到期日之外都相同。行权价为100，波动率和利率的假设都相等。横轴代表的是股票的价格，纵轴代表的是期权的delta。

我们可以作出若干相关的观察。首先，注意一下平值长期期权的delta非常大，将近0.70。这就意味着，同相应的短期股票期权相比，长期看涨期权的运动与普通股股票的运动要同步得多。

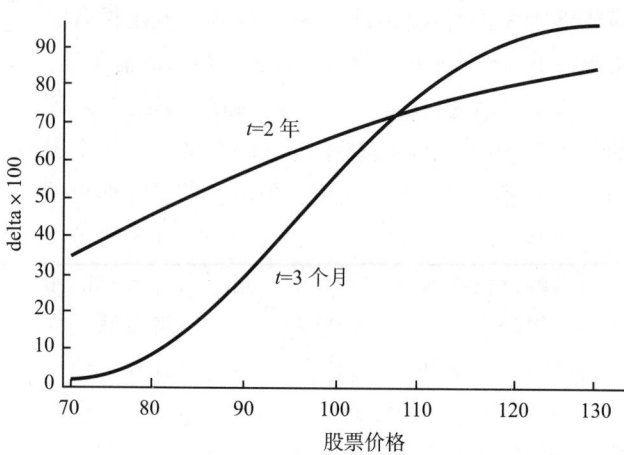

图25-5　看涨期权delta比较，2年长期期权同3个月股票期权相比

非常短期的平值期权的delta大约是0.50，而略为长期的期权的delta在0.55～0.60的区域里。这种现象意味着，一手平值期权的存续期越长，它的delta就越大。

另外，这张图还显示出，3个月看涨期权和2年的长期看涨期权的delta在期权大约为5%实值时是大致相等的。如果期权实值更深，那么长期看涨期权的delta就会较低。这就是说平值和虚值的长期期权同相应的短期期权相比与普通股票的运动更为同步。重申一遍，除非是两个期权都实值5%以上，否则长期看涨期权比正常的短期期权运动得更快。请注意，这里说的运动指的是绝对的价格变化，而不是价格的百分比变化。

当股票运动的时候，2年长期期权的delta的变化没有3个月期权的delta的变化大（见图25-5）。请注意，长期期权的曲线在图形中相对平坦，只是略为向上偏离水平线。与此相对，3个月看涨期权的delta在期权虚值的时候非常低，而在期权实值的时候则非常高。对看涨期权的买家来说，这意味着他可以预期到长期看涨期权价格增加或减少的数量是同样稳定的。这就会影响到他究竟是买实值的看涨期权还是买虚值的看涨期权。在正常的短期期权中，他可以预期实值看涨期权会更为紧密地反映股票的价格运动。因此，如果他预期股票有小规模的运动，他会想要买入这个看涨期权。可是，在长期期权里，在出现期权价格运动时，其数量上的差别远没有那么大。

【示例25-5】XYZ的交易价是82。有行权价为80和90的3个月的看涨期权，这些行权价上也有2年的长期期权。下面的表格总结了现有的信息：

XYZ：82　日期：2002年1月		
期权	价格	Delta
（2002年）4月80看涨期权	4	5/8
（2002年）4月90看涨期权	1	1/8
（2004年）1月80长期看涨期权	14	3/4
（2004年）1月90长期看涨期权	7	1/2

假定交易者预期标的普通股股票在3个月内会从82运动到85。如果他分析的是短期

看涨期权,他就可以看到在4月80看涨期权中有1⅞的潜在盈利,在4月90看涨期权中有3/8的潜在盈利。这两个盈利的计算都是将看涨期权的delta乘以3(用点数计算的预期的股票运动)。因此,在这两个期权中,预期盈利有很大的区别,特别是在把手续费考虑进去之后。

现在来看一下长期期权。如果XYZ向上运动3点,1月80将增加2¼,1月90将增加1½。它们之间的区别远没有短期期权之间的区别大。你可以注意到1月90长期期权的售价是1月80长期期权的一半。由delta勾画出的运动标志出1月90长期期权运动的百分比要大于1月80的合约,因而是更好的买入选择。

25.4.3 看跌期权 delta

前面对长期看涨期权的 delta 所作的观察,有许多也适用于长期看跌期权。不过,在使用下面的公式时,图 25-5 就有了一些变化。读者应当还记得,看跌期权 delta 同看涨期权 delta 之间的关系是(除了深度实值的看跌期权之外):

$$看跌期权\ delta = 看涨期权\ delta - 1$$

这就将前面介绍的关系倒转过来了。换句话说,短期看涨期权运动得没有长期期权快,而短期看跌期权在大部分情况里运动得比长期看跌期权要快。图 25-6 显示了这些期权之间的 delta。

纵轴表示的是看跌期权的 delta。请注意,就价格变化而言,虚值长期看跌期权同短期股票看跌期权之间的行为没有多大的区别(图形的右下部)。

如果是短期期权,实值的看跌期权(当股票价格低于行权价的时候)运动得较快。看跌期权

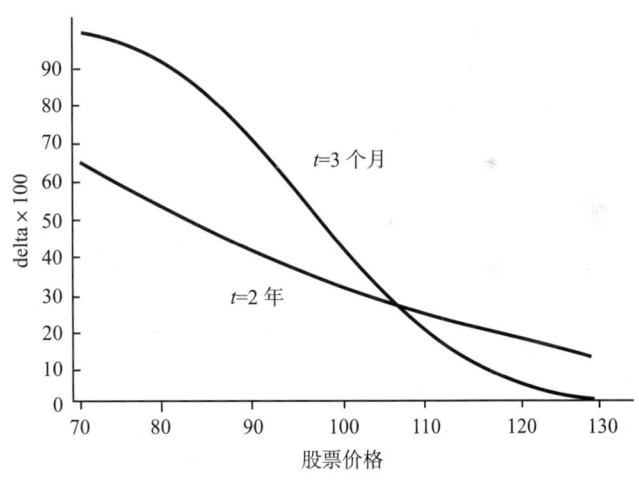

图 25-6 看跌期权 delta 比较,2 年长期期权同 3 个月股票期权相比

实值得越深,这个事实就越突出。图形的左侧显示出了这个事实。

就像长期看涨期权的 delta 曲线那样,长期看跌期权的 delta 曲线也是平坦的。此外,这个 delta 在整个图形中都没有数值很大的情况。例如,实值的 2 年长期看跌期权在标的股票每运动 1 点的时候只运动 30%。想要就股票的下行运动做投机而买入长期看跌期权的投资者必须意识到,这里的杠杆效应不是很大。一手实值的长期看跌期权的价值想要增加 1 点,标的普通股股票的价格就要运动大约 3 点。长期看跌期权对股票运动的反应远没有短期看跌期权那么敏感。

总的来说,想要买入长期看跌期权或看涨期权作为投机的期权买家,应当意识到长期期权在同较短期期权比较时所表现出的不同的价格行为。由于长期期权距离到期还有很长

时间，长期期权的因时减值要小一些。由于这个原因，长期期权的买家在时机把握上不需要那么精确。总的来说，当标的股票运动的时候，长期看涨期权运动得更快，而长期看跌期权运动得更慢。除此之外，投机买入期权的一般理由同样适用于长期期权：杠杆和有限的风险。

25.5 卖出长期期权

卖出长期期权的策略同卖出较短期期权的策略没有显著的不同。这一节的讨论将集中在长期期权的卖家需注意的两个主要区别。第一，长期期权的较慢的因时减值的速度，意味着那些习惯于坐在一边，看着卖出的期权的时间价值被消耗掉的短期期权的卖出者，在长期期权上不会经历同样的效果。第二，卖出策略的后续行动往往取决于是否能够在卖出的期权只有很少或者没有时间价值剩下来的时候将它们买回来。因为长期期权即使为大量实值或虚值的情况下仍然保留了时间价值，长期期权使用的后续行动就会涉及重新买回大量的时间价值。

25.5.1 卖出备兑

正如同短期期权一样，也可以就标的股票而卖出长期期权。这样做不需要额外的质押或投资。这样的头寸有有限的潜在利润，并在标的股票价格保持不变或下跌时增强盈利（同持有股票相比）。只要标的股票在到期日价格等于或者高于卖出的期权的行权价，卖出备兑就能实现它的最大潜在盈利。

长期期权的卖出备兑者在卖出长期的期权时，就价格而言，收到了大量的权利金。他应当将他从卖出长期期权中可以得到的盈利，同他反复卖出较短期看涨期权时的盈利进行比较。当然，没有人能够担保他可以在这长期期权较长的存续期内不断地卖出短期期权。

另外，使用卖出备兑的递增收益概念的策略家也许会发现卖出长期看涨期权相当有吸引力。这是一个他可以找到更高的目标价位的策略，在这个价位上他愿意卖掉他的普通股股票，而且，他可以顺便卖出看涨期权，赚得递增的收益（参见第 2 章中介绍的细节）。因为这一类卖出者所关心的只是账户中所买入的权利金的绝对水平，而不是类似行权时收益等事。因此，如果有可能，他就应当使用长期看涨期权，因为其中有最大程度的权利金。此外，如果递增收益卖出者眼下持有短期看涨期权，并且就要被指派，那么，他也许应当挪仓到长期看涨期权，以保住他的股票，并且得到更多的权利金。

这一节剩下的部分将从更平常的角度来讨论卖出备兑，这个投资者买入股票，同时就这个股票卖出一手看涨期权，以获得一个具体的收益。

【示例 25-6】 XYZ 的售价是 50。投资者正在考虑一笔 500 股的卖出备兑。他不能确定使用 6 个月的看涨期权还是 2 年的长期期权。7 月 50 看涨期权的售价是 4，离到期还有 6 个月；1 月 50 长期看涨期权的售价是 8½，离到期还有 2 年。让我们进一步假设 XYZ 每个季度发放 25 美分的股息。

正如在第 2 章里那样，我们计算了所需要的净头寸，然后计算了收益（行权时收益），最后确定了下行方向的盈亏平衡点。

	所需净投资	
	7月50看涨期权	1月50长期看涨期权
股票成本（500股，每股50）	25 000 美元	25 000 美元
加上股票手续费	+ 300	+ 300
减去期权权利金收入	− 2 000	− 4 250
加上期权手续费	+ 50	+ 100
净现金投资	23 350 美元	21 150 美元

显然，长期期权卖出备兑者所需要的现金投资更少，因为他在卖出备兑中卖出了一个更为昂贵的看涨期权。请注意，在这两种情况里期权权利金都用来抵消一部分投资。在进行卖出备兑时，这是个正常的习惯。

现在，知道了所需要的净投资，投资者就可以计算出（行权时）收益。这个收益是假定股票价格在到期日时等于卖出期权的行权价，而且股票因为期权指派而被买走。短期卖出者可以收到2次股票的股息，而长期卖出者在到期时则收到了8次。

	行权时收益	
	7月50看涨期权	1月50长期看涨期权
股票成本（500股，每股50）	25 000 美元	25 000
减去股票手续费	− 300	− 300
加上到期前股息收入	+ 250	+1 000
减去净投资	−23 350	−21 150
行权时净盈利	1 600 美元	4 550
行权时收益（净盈利/净投资）	6.9%	21.5%

如果行权，长期期权卖出者有高得多的净收益，这也是因为他一开始卖出的就是更昂贵的期权。不过，为了合理地对这两种卖出策略进行比较，应当把收益年化。也就是说7月50卖出备兑在6个月内的收益是6.9%，因此，如果在今后的6个月内能够重复同样的表现，那它的年化收益就是这个数字的两倍。同样地，长期期权的卖出备兑者在股票被行权买走的情况下在2年内的收益是21.5%。不过，如果是以年度为基础计算，那么他的年化收益就只是这个数字的一半。

年化的行权时收益	
7月50看涨期权	1月50长期看涨期权
13.80%	10.80%

因此，如果以年化为基础，短期的卖出看上去更好。短期看涨期权通常比长期看涨期权有更高的年化收益率。下面我们会讨论年化的问题。

最后，对每一种卖出都可以计算出它们在下行方向的盈亏平衡点：

	下行方向盈亏平衡点的计算	
	7月50看涨期权	1月50长期看涨期权
净投资	23 350 美元	21 150 美元
加上股息收入	− 250	− 1 000
到期前总的股票成本	23 100 美元	20 150 美元
除以持有的股票股份数（500）		
等于盈亏平衡点	46.2	40.3

卖出的长期看涨期权的较大的权利金为长期期权卖出备兑提供了一个低得多的盈亏平衡价格。

如果投资者使用的是保证金账户，对用保证金做的卖出备兑也可以进行相似的比较。上面的步骤是卖出备兑者为了判别短期卖出备兑同长期卖出备兑之间的优劣而做的必要步骤。对它们的分析则不那么常见。如果投资者使用年化的收益率，似乎短期卖出要好一些。不过，年化收益在某种程度上是一个取决于若干假设的主观数字。

第1个假设是，在7月50看涨期权无价值到期或者股票被指派买走之后，在随后的6个月里，投资者仍然有可能产生相等的收益。如果股票价格相对没有变化，这个卖出备兑者必须用4点卖出一手从现在算起的6个月的看涨期权。或者，如果股票被指派买走，他必须在其他地方找到相同的投资。此外，为了达到长期卖出提供的2年时间长度，这个6个月的收益必须要反复再生成3次（离现在6个月、1年，以及1.5年）。这个卖出备兑者对假设这样的收益会每6个月重复一次根本没有任何把握。

在计算年化收益时采用的第2个假设是，1年过后长期看涨期权的行权时收益有一半可以兑现。但是，正如在这一章里反复说明的，一手期权的因时减值不是线性的。因此，1年之后，如果XYZ的价格仍然是50，1月50长期看涨期权的售价就不会是它目前价格的一半（1/2 × 8½ = 4¼）。如果其他条件没有变化，它的售价会在5.00左右。不过，考虑到长期看涨期权在利率、波动率或股息支付发生变化时的可变性，想要对1年之后的看涨期权的价格进行评估，是一件极其困难的事。因此，认为2年21.5%的行权时收益在1年之后将是10.8%，这很可能是一种错误的判断。

因此，卖出备兑者必须根据他所知道的信息来做出决定。他知道，如果是短期的7月50卖出备兑，要是股票在6个月被指派买走，他的收益就是6.9%，仅此而已。如果他选择较长期的期权，如果股票在2年内被指派买走，他的收益就是21.5%。哪个选择更好？这个问题只有每一个卖出备兑者自己可以回答。投资者对长期投资的态度在做出这个决定时会是一个主要的因素。如果他认为XYZ在长期内前景很好，而且他认为今后2年内保守的收益将在10%之下，那么，他也许就会选择卖出长期期权。不过，如果他觉得短期XYZ看涨期权的权利金中有暂时超量可以利用，而且他并不真想成为这个股票的长期持有者，那么他也许会选择短期卖出备兑。

下行方向保护。投资者或许也会考虑到实际的下行方向的盈亏平衡点。卖出长期期权的下行盈亏平衡点为40.3，这是已知的数量。无论XYZ在2年之内跌得有多深，只要它在到期之前反弹到略为高于40的地方，这笔投资至少会不盈不亏。如果股票很快跌到了40，那就会有问题。如果出现这样的情况，长期看涨期权仍然还有很大数量的时间价值。因此，如果投资者想要在这个时候将股票卖掉，同时买回他的看涨期权，那么他就会有亏损，而不是一个盈亏平衡的局面。

短期卖出只能将股票的下行风险保护到46.2。当然，如果在今后的2年中反复卖出6个月的看跌期权，可以将盈亏平衡点降低。问题是，如果XYZ价格下跌，投资者就不得不每6个月卖出一次6个月的看涨期权，那么他将被迫使用一个更低的行权价，如果权利金水平缩减，他就只能锁住较少的盈利（或者甚至是一笔亏损）。我们在第2章详细讨论过向下挪仓的概念。

这里有必要对向下挪仓再说一点。读者应当记得，向下挪仓就是买回目前卖出的看涨期权，同时卖出另一手行权价较低的看涨期权。虽然当标的股票价格不断下跌时，也许有必要进一步防范下行方向的亏损，但是，这样的行动在任何时候都会减小整个头寸的盈利能力。现在有长期期权可以使用，面临向下挪仓的短期卖出者于是可以考虑将长期期权用作工具，即使是向下挪仓，也可以带来有益的权利金。不错，这样做的确可以收到大笔的权利金。不过，要记住，在这样做的时候，投资者承担了按照比他原先想要的价格更低的价格卖出股票的义务。这就是为什么向下挪仓减少了最初的潜在盈利。如果向下挪仓到一手长期期权，他就减少了他在一段更长的时间内的最大潜在盈利。因此，投资者不应当无保留地将一手期权挪仓到存续期更长的合约。他应当仔细地分析他是否想要在标的股票下跌的情况下在一个头寸中投入这么长的时间。

总的来说，长期看涨期权提供的大量绝对的权利金会让卖出这些备兑看涨期权变得非常有吸引力。不过，投资者应当对可能的收益进行计算，看一看短期卖出是否能够达到同样的目的。即使长期期权的大量权利金有可能将最初的投资降低到微不足道的地步，但投资者也必须意识到，它同时也创造出了大量的杠杆，而杠杆有可能是危险的东西。

长期看涨期权提供的大量的下行方向保护是现实的，但是，如果股票跌得太快，在计算出的下行盈亏平衡点上无疑会有一笔亏损。最后，如果出现麻烦，投资者不应当总是将头寸挪仓到长期看涨期权，因为他将不得不在一个甚至更长的时段内按照比最初打算的价格更低的价格卖出他的股票。

25.5.2 "免费"卖出备兑看涨期权

在第 2 章里我们简单地介绍过一种卖出昂贵的长期期权的策略。在这一节里，我们将对它进行更为仔细的分析。有一种类型的卖出备兑看涨期权，其中使用相当昂贵的看涨期权，它有的时候会吸引交易者来搭"顺风车"。这个策略在一定程度上的确像在搭顺风车。不过，正如你可以想象到的，它也可能带来大麻烦。

一手基于保证金的卖出备兑看涨期权所需要的投资是股票价格的 50%，减去从卖出这个看涨期权中所得的收入。从理论上说，一手期权有可能卖到股票成本 50% 之上的价格。如果是一个保证金账户，那就有可能"免费"建立一手卖出备兑。我们分别用两种看涨期权来讨论这一点：卖出实值看涨期权和卖出虚值看涨期权。

卖出虚值备兑看涨期权。这是考察这个策略的最简单途径。投资者有可能找到这样的长期期权，它只是略为虚值，售价是股票价格的 50%。可以理解，这样的股票波动率会相当大。

【示例 25-7】GOGO 股票的售价是每股 38 美元。GOGO 有场内期权，2 年的行权价为 40 的长期看涨期权的售价是 19 美元。这手卖出备兑所需要的资本是零，虽然会有一些手续费。支出是每股 19 点，经纪人会在保证金的基础上借给你这个数目。

有的经纪公司要求有某种最低的保证金存款，不过，从技术上说，对这个头寸没有进一步的要求。当然，杠杆是无限的。假定投资者决定要买入 10 000 股 GOGO 的股票，同时卖出100手备兑看涨期权。如果股票跌到零，他的风险是190 000美元！这也正是他的账户中的支出。因此，就仅仅一笔投资，投资者有可能亏损到倾家荡产。此外，如果股票开始下跌，投资者的经纪人会要求维持保证金。他或许在股票下跌不到2点的时候就要求投资者存入保证金。如果投资者持有10 000股股票，经纪人要求2点的维持保证金，那就意味着这个追加保证金的数额是20 000美元。

盈利也不会像乍一看上去那么大。最大的潜在毛盈利是210 000美元，如果股票是在40的价位上被指派买走的话。卖出备兑在每一股上盈利21点（40美元的卖出价格减去最初的成本19美元）。投资者必须为支出总额190 000支付2年的利息。如果利率为10%，那么总的利息就是38 000美元。在买入和卖出上还都有手续费要付。

总的来说，这是一个有巨大的甚至危险的杠杆的头寸。

卖出实值备兑看涨期权。如果期权在一开始的时候是实值的，那么情况就会略有不同。上面的保证金要求实际上并没有准确地说出使用保证金时的卖出备兑看涨期权。当一手卖出备兑是建立在股票上的时候，这里有一个条件：股票价格的50%或者行权价的50%，两者取其低者，才能被"借走"。因此，投资者实际上在一开始就需要比股票价格一半更多的资金。

【示例25-8】 XYZ的交易价是50，有2年的行权价为30的长期看涨期权，售价为25点。投资者也许会认为一手卖出备兑看涨期权所需要的资金会是零，因为看涨期权的售价是股票价格的一半。但是，在实值看涨期权的情况下，并不是这样。

保证金要求：	
买入股票：	50点
减去期权收入	−25
减去保证金借贷①	−15①
净要求：	10点

① 行权价的50%或股票价格的50%，取其低者。

这个头寸仍然有很大的杠杆。投资者投资了10点，希望如果股票在30的价位上被指派买走，可以盈利5点。当然，如果头寸持有2年，投资者同时必须为15点的支出支付2年的利息。此外，如果股票跌到行权价之下，经纪人会要求维持保证金。

请注意，上面计算净要求的"公式"同样适用卖出虚值备兑看涨期权，因为在这种情况里，股票价格的50%始终是低于行权价的50%的。

总结一下这个"顺风车"策略：如果投资者决定要使用这个策略，他必须高度注意高杠杆的危险。无论最初的投资多么微不足道，投资者所冒的风险一定不能大于他亏得起的钱。同时，他必须有所计划，在投资的过程中能够应付保证金的要求。最后，选择实值期权也许更好一些，因为这样出现维持保证金要求的可能性小一些。

25.5.3 卖出无备兑长期期权

卖出无备兑期权是一个有活力的策略，特别是如果权利金的定价过高的话。长期期权可以按照与短期期权相同的保证金要求卖出。当然，取决于投资者的目标，长期期权的特性可以帮助或者伤害无备兑的卖出者。

卖出无备兑看跌期权。我们首先来谈谈卖出裸看跌期权，这是因为作为一种策略，它同我们刚刚讨论过的卖出备兑相等。两种期权如果在到期日的盈利图形相同，它们就是相等的。卖出裸看跌期权同卖出备兑看涨期权是相等的，因为它们的盈利图形相同（见附录D，图形I）。两者都有上行方向的有限潜在盈利和下行方向对大量亏损的暴露。一般来说，在两个相等的策略中，有一个会比另一个具有某种优势。

在这里的情况中，卖出裸看跌期权通常是两者之中更具优势的，原因是保证金设定的方法。在卖出裸看跌期权时，投资者不必实际有现金投资；他可以用质押来满足保证金的要求。这就意味着裸看跌期权卖出者可以用股票、债券、政府债券或货币市场基金作为质押。此外，所需要的实际质押数量也少于买入股票和卖出看涨期权所需要的保证金投资。这就意味着，投资者可以正常地操作他的投资组合：买入股票，然后把它卖掉，将收入放进政府债券，或者是买入另一只股票，与此同时，只要他满足了维持质押的要求，他的裸看跌期权头寸就不会受到干扰。

因此，买入股票和卖出看涨期权的策略家或许应当改用卖出裸看跌期权。这并不适用于那些就已经持有的股票的卖出备兑者，也不适用于那些使用卖出备兑的递增收益概念的人，因为股票的持有权是他们策略的一部分。不过，如果有这样的策略家，他们想要得到权利金，在标的股票价格相对不变或上涨的时候得到盈利，同时在下行方向有少量的保护（这是卖出裸看跌期权和卖出备兑这两个策略的定义），那么，他们就应当卖出裸看跌期权。作为一个例证，想一想前面所讨论的那个卖出长期备兑。

【示例25-9】 XYZ 的售价是 50。投资者在斟酌，究竟是应当使用 2 年的长期看涨期权和 500 股股票来卖出备兑，还是应当卖出 5 手 2 年的长期看跌期权。1 月 50 长期看涨期权的售价是 8.50，离到期还有 2 年，1 月 50 长期看跌期权的售价是 3.50。我们进一步假设 XYZ 每个季度支付 25 美分的股息。

卖出备兑所需要的投资同上面的计算是一样的：假设每股股票的手续费是 3 美分，每手期权合约的手续费是 5 美元。

所需净投资——卖出备兑			
股票成本（500 股，每股 50）	25 000 美元	加上期权手续费	+ 25
加上股票手续费	+ 15	净现金投资	20 790 美元
减去期权权利金收入	− 4 250		

对卖出裸看跌期权的质押要求同对任何裸股票期权的质押要求是一样的：股票价格的 20%，加上期权的价格，减去虚值的数量。最低的绝对质押要求是股票价格的 15%。

质押要求——裸看跌期权			
股票价格的 20%（0.20 × 500 × 50 美元）	5 000 美元	减去虚值数量	− 0
加上期权权利金	1 750	总质押要求	6 750 美元

请注意，这个裸看跌期权卖出者实际收到的权利金是 1 750 美元减去手续费，例如，100 美元，因此就是 1 650 美元。这笔净权利金可以用来降低总的质押要求。

现在，我们可以对这两笔投资的盈利能力进行比较了：

如果股票价格在到期日超过 50 的收益			
	卖出备兑		卖出裸看跌期权
股票成本（500 股，每股 50）	25 000 美元	收到的看跌期权净权利金	1 725 美元
减去股票手续费	− 15	收到的股息	0
加上到期前收到的股息	+ 1 000	净盈利	1 725 美元
减去净投资	−20 790		
如果行权时的净盈利	5 195 美元		

现在可以比较它们的收益了。如果 XYZ 在长期期权到期时价格在 50 之上：

如果 XYZ 高于 50 时的收益	
（净盈利/净投资）	
卖出裸看跌期权：	25.6%
卖出备兑：	25.0%

卖出裸看跌期权的收益率比较高，即使在没有考虑到以下的事实时也是如此。使用裸看跌期权的策略家不必在质押上花 6 750 美元的现金。这笔钱可以放在政府债券里，在卖出看跌期权的 2 年时间内赚取利息。即使长期债券只有 4% 的年息，这也可以给这个卖出裸看跌期权头寸在整个 2 年里的收益增加 8%，也就是到 33.6%。这就使得事情很清楚：从策略的角度看，卖出裸看跌期权比卖出备兑看涨期权更优越。

即便如此，投资者也许有理由会想，卖出长期看跌期权是否比卖出较短期的股票看跌期权更优越。同卖出备兑看涨期权的情况一样，答案取决于投资者想要达到什么目的。短期看跌期权不能给账户带来那么多的权利金，因此，当它们到期的时候，投资者就不得不去卖出另一手合适的看跌期权，以替代到期的那一手。另一方面，卖出长期看跌期权带来大量的权利金，投资者在长期看跌期权到期之前不必去找替代。卖出长期看跌期权的不利一面是因时减值在短时间内帮不上忙，而且，即使股票价格运动得更高（从外表上来看这样对这个头寸有利），这个看跌期权的价格也不会大幅下跌，因为这个看跌期权的 delta 相对较小。

在决定是使用短期看跌期权还是长期看跌期权时，还有另一个因素需要考虑。有些看跌期权的卖出者实际上是想要用比市场价低的价格买入股票。也就是说，他们不在乎他们卖出的看跌期权被指派，他们愿意按照行权价减去卖出这个期权时所收入的权利金这个净成本来买入股票。如果他们没有被指派，他们就可以保持同他们最初卖出这个期权时收到的权利金相等的盈利。一般而言，只有对一只股票有信心的人才会用这种方式卖出看跌期权。因此，如果他在这个看跌期权上被指派，他会把这看作是一个买入标的股票的机会。这个策略同长期期权不怎么相配。因为长期看跌期权会有相当大数量的时间价值，在这个期权的存续期过去许多时间以前，很少有（如果有的话）看跌期权的卖出者实际被指派的可能。这就意味着看跌期权卖出者在近期内不太可能通过指派而变成股票的持有者。因此，如果投资者是想要通过卖出看跌期权最终被指派而买入普通股股票，那么他最好是使用较短期的看跌期权。

25.5.4　卖出无备兑看涨期权

在卖出无备兑看涨期权上，使用长期期权还是较短期的看涨期权之间没有多少区别，除了那些在讨论卖出无备兑期权时已经提到过的区别。时间价值的销蚀更为缓慢。而且，如果股票上涨，裸看涨期权必须得到保护。那么，看涨期权的卖出者通常就会付出比他习惯为看涨期权设置保护所支付的更多的时间价值。当然，投资者之所以要卖出裸看涨期权的理由，可以用来说明为什么要为这个目的而使用长期期权。

大部分策略家卖出裸看涨期权的主要目的是要在股票上涨到行权价之前得到时间价值。这些策略家一般对股票运动的方向有自己的看法，相信它或许被停在一个价格区域内，或者甚至会在短期内下跌。使用长期期权并不适合这样的策略，因为很难说股票价格会在这么长的一段时间内都停留在行权价之下。

卖出长期期权以替代卖空股票。卖出裸看涨期权的另一个原因是把它用作类同卖空普通股股票的策略。在这种情况里卖出的是实值看涨期权。它有三重好处：

（1）卖出看涨期权所需要的质押金额低于卖空股票；

（2）投资者在卖空一手期权时不必借入一手期权，而卖空股票则必须借入股票；

（3）卖出期权没有 uptick 规则的限制，卖空股票则必须遵守这个规则。

由于这三个原因，投资者或许应当选择卖出实值看涨期权以代替卖空股票。

这两种策略的潜在盈利有所不同。股票卖空者在股票大幅下跌的时候有极大的盈利，而实值看涨期权的卖出者只能得到看涨期权的权利金，不管股票跌得有多深。另外，在股票价格接近行权价时，看涨期权的价格下降缓慢。表述这一点的另一种方式是说，看涨期权的 delta 从一个接近于 1 的数字（这就是说这个看涨期权紧密反映股票价格运动）缩减到某个同在行权价上的更接近 0.5 的数字（这就是说看涨期权价格的下跌速度只有股票价格下跌速度的一半）。

看涨期权的卖出者可能面临的另一个问题是被提前指派，我们接下来就要讨论这个议题。如果一只股票在正常的卖空中借不到的话，投资者就不应当就它来运作卖出看涨期权的策略。如果借不到标的股票，一般来说就是有外在的力量在起作用；或者是有人提出并购或换股，或者是正在发生可转换组合。无论是哪种情况，如果借不到标的股票，投资者不应当误解为他因此可以卖出一手实值的看涨期权而不必为这个头寸担心。在这些情况里，看涨期权通常只有很小的或者没有时间价值，而且会被提前指派。如果确实发生了这样的指派，策略家就会变成卖空这只股票，由于借不到股票，他就必须到公开市场上去买入股票。这样，他起码也要为这个无利可图的策略支付某些手续费；在最糟的情况下，他还必须以更高的价格买入这个股票。

长期看涨期权可以帮助减轻这个问题。因为这些看涨期权期限很长，它们多半含有一些时间价值。有时间价值的实值看涨期权通常是不会被指派的。如果借不着股票，与其去卖空这样的股票，投资者不如试着卖出实值的长期看涨期权，不过只有在这个期权仍然含有时间价值的条件下。看涨期权离到期还有很多时间，并不一定意味着它一定含有时间价值，我们在下面的讨论里会看到这一点。最后，如果投资者确实卖出了长期看涨期权，他必须意识到如果股票价格下跌，长期看涨期权不会完全跟着股票的价格走。在股票价格接近行权价的时候，在长期期权中积累起来的时间价值甚至会更高。不过，裸看涨期权的卖出者在这个情况中仍然可以得到某些盈利，而且，这个策略比起根本无法卖空股票这种处境来是一种更好的选择。

提前指派。一手美式期权是一个在它存续期内的任何时候都可以行权的期权。所有场内的股票期权,包括长期期权在内,都是美式期权。因此,任何卖出的实值期权都有可能面临提前指派。要知道一手期权是否会被马上提前指派,只要看一看它是否还有时间价值。如果这手期权没有时间价值,也就是说,它是以持平价或贴水价在交易,那么,它就有可能很快会被指派。不想被指派的期权卖出者,在它不再有时间价值时应当买回这个期权。

长期期权也会面临提前指派。尽管这种可能性非常小,一手长期期权还是有可能失去它全部的时间价值,因此成为提前指派的对象。如果标的股票被兼并,或者是并购的提案快要完成,那么就肯定会发生这样的情况。不过,它也可能是因为悬而未决的股息支付,或者,更具体地说,因为股票快要除息而引起的。读者应当记得,看涨期权的持有者,包括长期看涨期权的持有者,是得不到任何由标的股票支付的股息的。因此,如果看涨期权的持有者想要股息,他就在股票除息的前一天将他的看涨期权行权。这就使他在恰如其分的时间成了普通股股票的持有者以得到这份股息。

是什么样的经济考虑使得他将这手看涨期权行权的呢?如果这个看涨期权中还有任何时间价值,这个看涨期权持有者的更好选择是在公开市场上卖掉这手看涨期权,同时在公开市场上买入股票。用这种方法,他仍然可以得到股息,但是,在卖掉他的看涨期权时他可以得到更好的价格。不过,如果这个看涨期权没有剩余时间价值,那么,他就不必费事在公开市场中进行两次交易,他只需要将他的看涨期权行权以买入股票就可以了。

这一切都不错,但是,这个看涨期权怎么会在到期之前就按持平价交易呢?这同任何看涨期权都有的套利有关。在这个情况里,套利不是我们在第1章里讨论这个题目时提到的简单的贴水套利。它是我们在第28章将更详细讨论的一种更为复杂的形式。这里我们只需要指出,如果股息大于从一笔同行权价相等的收入上所赚得的利息,那么,时间价值就会从这个看涨期权中消失。

【示例25-10】 XYZ是一个价格为30美元的股票,它就要除息50美分。当时的短期利息是5%,有行权价为20的长期期权。

行权价20上50美分的季度股息,它的年度股息率就是10%(在这个行权价上)。因为短期利率远远低于这个股息率,从经济上考虑,套利者不可能在从信用账户中赚5%的同时为股息付出10%。

在这样的情况里,长期看涨期权就会失去它的时间价值,从而在股票除息的时候变成被提前行权的对象。

实践中情况要比这里说的更复杂,因为看跌期权的价格会在其中起作用。不过,这个示例显示出了套利者必须经历的一般推理过程。

有的套利者构建起这样的头寸:它们能够在同看涨期权行权价相等的收入数额上赚取利息。这样的头寸涉及卖空标的股票和买入看涨期权。因此,当股票要除息的时候,套利者就可以得到股息。如果股息的数量大于他从信用账户上可以赚取的利息,他就会把看涨期权平仓以回补他卖空的股票。这样的行动可以防止他为股票支付股息。

套利者将看涨期权行权,这就意味着有人要被指派。如果你是这个看涨期权的卖出者,这就有可能是你。全面理解这样的套利并不重要，市场上以持平价或贴水价交易的看涨期权就是反映这种效果的一种形式。因此，如果一手长期看涨期权是以持平价交易，即使它还剩有大量的时间，它还是有被指派的可能。

25.5.5 卖出跨式价差

卖出跨式价差同卖出比率是相等的，在这个策略中，投资者试图卖出（定价过高的）期权以生成一个期权卖出者从中可以盈利的股票价格范围。随着股票价格的运动，这个策略往往需要后续措施。策略家感到，他必须调整他的头寸来防止更大的亏损。长期看涨期权和看跌期权可以用在这个策略里。不过，它们的长期性往往对实现卖出跨式价差的目的没有什么帮助。

第一，考虑一下因时减值的影响。投资者在正常情况下也许是卖出一个 3 个月的跨式价差。如果股票"表现不错"，在过了 2 个月价格相对没有变化，那么，这个跨式价差的卖家就有理由预期他会有大约相当于最初跨式价差 40% 的盈利。但是，如果投资者卖出的是一个 2 年的跨式价差，而股票在 2 个月之后相对没有什么变化，那么他的盈利就只有最初卖价的大约 7%。在知道了长期期权的销蚀过程之后，这应当不会让人感到惊讶。不过，因为这个原因，跨式价差的卖家在使用长期期权时就会存有戒心，除非他真有把握这些期权是被定价过高了。

第二，考虑一下后续行动。回忆一下第 20 章的内容，在那里我们说明过价格的上下拉锯对卖出跨式价差的人来说是死敌。如果投资者就价差的某一条腿采取保护性的后续行动（例如，他采取了某种看多的行动，因为标的股票价格在上涨，卖出的看涨期权在亏钱），结果股票反转过来，一路暴跌回去，这样就会出现上下拉锯。显然，离到期日越远，就越可能在采取后续行动之后出现拉锯，它的代价也越大，因为重新买回的期权中仍然有大量的时间价值。这也使得卖出长期期权的跨式价差不那么有吸引力。

长期期权的跨式价差看上去也许相当昂贵，因为它们的绝对价格很高，从而看上去是有吸引力的卖出跨式价差的候选对象。但是，这个价格常常是有它的道理的，而且，卖出长期期权跨式价差的人将同突发的股票价格运动进行斗争，然而在时间的流逝中得不到多大的好处。卖出长期期权的跨式价差的最好的时机是当短期利率很高，波动率也很高的时候（也就是说，期权被过高定价）。在这样的情况里，卖家至少可以从利率下跌或波动率下降中得到一些好处。

25.6 使用长期期权的价差

如果投资者愿意，前面讨论过的所有的价差策略都可以用长期期权来做。对长期期权价差的保证金的要求同对普通股票期权价差的保证金要求是一样的。有一种价差很适合长期期权：买入较长期的期权和卖出较短期的期权的策略。当然，因为长期期权是长期的因而也是昂贵的，投资者在这样的价差中一般会有大量的支出，如果股票出现反向的走势，就会有显著的风险。此外，还会有另一种风险。我们考虑一个简单的、使用看涨期权的牛市价差的示例，来说明这些事实。

【示例 25-11】在 1 月份有下面的价格：

XYZ 股票：105	1 月（2 年）100 看涨期权：26
4 月 100 看涨期权：10.50	1 月（2 年）110 看涨期权：21.50
4 月 110 看涨期权：5.50	

一个投资者正在考虑一个 XYZ 的牛市价差，但是不敢确定是应当使用短期看涨期权、长期看涨期权、还是两者的组合。下面是他可以有的一些选择：

短期牛市价差：	对角牛市价差：	长期牛市价差：
买入 4 月 100，价格 10.50	买入 1 月长期 100，价格 26	买入 1 月长期 100，价格 26
卖出 4 月 110，价格 5.50	卖出 4 月 110，价格 5.50	卖出 1 月长期 110，价格 21.50
净支出：500 美元	净支出 2 050 美元	净支出：450 美元

请注意，为长期价差所付的支出要比为短期牛市价差所付的支出略低一些。这就意味着，在它们各自的到期日，它们的潜在盈利差不多是相同的。不过，策略家更关心的是怎样将它们直接进行比较。可以将它们进行比较的最明显的时间是在短期期权到期的时候。

图 25-7 显示了这 3 个头寸在 1 月到期时的盈利能力。我们假定以下因素在 4 月到期同在 1 月到期时是相同的：波动率、短期利率和股息。

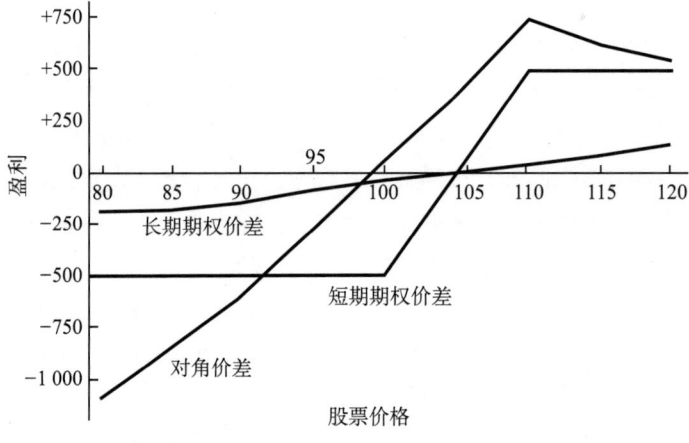

图 25-7 牛市价差在 4 月到期日的比较

请注意，短期牛市价差同第 7 章的盈利图形相像，它的最大盈利在 110 之上，最大亏损在 100 之下（见表 25-4）。

在 3 个月的时间里，长期期权既不会产生很多盈利，也不会产生很大亏损。即使 XYZ 的价格上涨到 120，这个长期牛市价差只有 150 美元的盈利。反过来看，如果 XYZ 跌到 80，这个价差也只亏损 200 美元。这样的价格活动在长期牛市价差中是很典型的，在这样的

表 25-4　牛市价差在 4 月到期日的比较

股票价格	短期	对角	长期期权
80	−500	−1 100	−200
90	−500	− 600	−150
100	−500	50	− 25
110	500	750	50
120	500	550	150
140	500	150	250
160	500	− 50	350
180	500	− 350	450

价差里，两手期权都还保留了大量的时间价值。

对角价差则不同。典型情况下，一手牛市价差的最大潜在盈利是行权价减去所付的支出之后的差值。对这个对角价差来说，这就是 1 000 美元减去 2 050，一笔亏损！显然，这个简单的公式不适用于对角价差，因为在卖出的期权到期时买入的期权仍然有时间价值。这幅盈利图形显示出，在这 3 个价差中，这手对角价差确实是最看多的。它在卖出期权的行权价上获得最好的盈利（评价所有价差的一个标准程序），这笔盈利在 4 月到期日（仍然是在波动率和利率没有变化这个重要的假设之下）比其他两手价差的的盈利都高。如果 XYZ 的交易价高于 110，这手对角价差就会亏掉它的一些盈利；事实上，如果 XYZ 在非常高的价格上交易，对角价差实际上会输钱（见表 25-4）。只要买入的长期看涨期权失去它的时间价值，对角价差的表现就不会那么好。

如果普通股股票价格下跌，这手对角价差的风险金额就最大。不过这不是百分比意义上的风险，因为它的初始支出最大。如果 XYZ 在 3 个月内跌到 80，这个价差就会亏损将近 1 000 美元，刚好超过它最初 2 050 美元的一半。显然，在同一时候，短期价差会亏损掉它的全部初始投资，不过那只有 500 美元。

如果在卖出的期权到期时标的股票的价格接近卖出的期权的行权价，对角价差的盈利最大。不过，如果标的股票无论朝哪个方向有大幅的运动，对角价差就是 3 个策略中最糟的一个。也就是说，对角价差是一个中性的价差：投资者希望标的股票在近期期权到期之前保持在卖出的期权的行权价附近。即使对角价差以牛市价差的假象出现，就像在上面的示例里，这种论断也是正确的。

许多交易者喜欢买入长期期权，同时卖出虚值的近期看涨期权作为对冲。这样做需要小心。如果标的股票上涨得太快而且利率下跌或者波动率下降，这就会是一种糟糕的策略。对股票的看法是正确的，但是用错了期权策略，结果亏了钱，没有比这对心理造成的损伤更大的事情了。考虑一下上面的示例。看上去这个价差交易者对 XYZ 是看多的，这也是他选择牛市价差的原因。如果 XYZ 变成一只牛气十足的股票，在 3 个月里从 100 涨到了 180，对角价差交易者就会亏钱。他不可能开心，没有人会。这是在使用一手长期期权进行对角价差时要记住的。

价差中期权的 delta 对这个期权的表现提供了一个很好的线索。读者应当记得，短期实值期权具有相当高的 delta，特别是当接近到期日的时候。不过，实值长期看涨期权的 delta 不会特别地高，因为它保留有大量的时间价值。因此，投资者是在卖出一手 delta 高的期权，同时买入一手 delta 较低的期权。这些 delta 标志着如果标的股票价格上涨，这个投资者就会亏钱。考虑一下下面的情况：

XYZ 股票：120	
看涨期权	头寸 delta
买入 1 手 1 月长期 100 看涨期权	0.70
卖出 1 手 4 月 110 看涨期权	−0.90

在这个时候，如果 XYZ 价格上涨 1 个点，这个头寸的预期亏损就是 20 美分，因为期权空头的 delta 比期权多头的 delta 大 0.20。

这种现象在长期期权的对角价差上也有反映。如果价差的两个行权价靠得太近，实际上就有可能建立一个股票上涨也会亏钱的牛市价差。这一点对许多交易者来说都很难接受。

在上面的示例里，正如在表25-4里所显示的，事情正是如此发生的。解决这个问题的一个方法是扩大行权价之间的距离，使得即使股票暴涨也至少还有某些潜在盈利。要做到这一点并不容易，因为此时卖出的短期期权的权利金很小。

应当注意到，在某些特殊的情况里，对角价差甚至可以被看做是卖出备兑的替代。我们曾经说过，一手长期看涨期权有的时候可以用来替代普通股股票，投资者于是将长期看涨期权的成本同买入股票的成本之间的差额放在银行里（或者是长期债券里）。假定一个投资者是卖出备兑者，买入股票而且就它卖出相对短期的看涨期权。如果这个投资者想要用长期看涨期权来代替他的股票，他就有了一手对角牛市价差。这样一手对角价差的风险或许比上面提到的那手要小，因为投资者选择长期期权作为替代的理由应当是因为它"便宜"。但是，对角牛市价差的潜在陷阱也会出现在这个情况里。因此，如果投资者是一个卖出备兑者，这并不一定就意味着他可以用长期期权看涨期权替代买入股票而不必小心。由此产生的头寸也许不像他想的那样和卖出备兑相似。

这里的"底线"是，如果投资者所付的支出大于行权价之间的差距，股票上涨到足以基本上抹去两手期权的时间价值的高度的话，他最终有可能亏钱。如果投资者在标的股票下跌时将他的头寸向下挪仓，那么这种情况也会起作用。这样做的话，他最终有可能将行权价之间的关系倒转过来。也就是说，卖出的期权的行权价比持有的期权的行权价要低。在这种情况里，如果他收到的总收入低于行权价之间的差额（这是相当可能发生的事情），那么，他就锁定了一笔亏损。因此，那些认为这个策略可以保证有盈利的人，最好是好好想想。它几乎可以肯定不是这样。

后式价差。长期期权还可以用到其他流行的对角价差形式上，例如卖出实值近期期权，买入更大数量的长期（LEAPS）的平值或虚值看涨期权的那种策略（这就是在第14章里所称的对角后式价差）。这是一个出色的策略，在这个价差里，可以把长期期权用作期权多头。读者应当记得，这个价差的目标是股票高波动，特别是如果使用看涨期权的话在上行方向的高波动。如果这种情况没有出现，股票反而下跌了，那么，至少从卖出实值期权中得到的权利金会是一笔收入，可以用来抵消在买入的较长期的看涨期权中所遭受的亏损。这个策略也可以用看跌期权来建立，在这种情况里，价差交易者希望标的股票在价差存续期内急剧下跌。

不必深入到上面示例中的具体细节，对角后式价差的交易者应当意识到，他在价差中将有相当大数量的支出，而且，如果股票价格大幅下跌，其中相当大的一部分会被亏损掉。在上行方向，他的长期看涨期权会保留一些时间价值，而且会同标的股票的运动基本保持同步。因此，在建立一个中性头寸时，他也许不需要买入他以为会需要的那么多的长期期权。

【示例25-12】XYZ的价格是105，价差交易者想要建立一手后式价差。读者应当还记得，一个中性策略中期权的数量是通过两个期权的delta相除来决定的。假定有下面的价格和delta存在：

XYZ股票在1月的价格：105		
期权	价格	delta
4月100看涨期权	8	0.75
7月110看涨期权	5	0.50
1月（2年）长期100看涨期权	15	0.60

使用这些期权可以建立两种后式价差。在第

一种里，投资者卖出 4 月 100 看涨期权，同时买入 7 月 110 看涨期权。他卖出的是 3 个月的看涨期权，买入的是 6 个月的看涨期权。中性的比率是 0.75/0.50，或者说 3 对 2。也就是说，每卖出 2 手看涨期权就买入 3 手看涨期权。因此，中性的头寸会是：

| 买入 6 手 7 月 110 看涨期权 |
| 卖出 4 手 4 月 100 看涨期权 |

作为第二种选择，他可以在价差的多头腿中使用长期期权；他仍然卖出 4 月 100 看涨期权作为价差的空头腿。在这种情况里，他的中性比率就是 0.75/0.60，或者说 5 对 4。由此产生的中性价差就是：

| 买入 5 手 1 月 100[注]长期看涨期权 |
| 卖出 4 手 4 月 100 看涨期权 |

因此，一个使用长期期权的中性后式价差比一手使用 6 个月期权的中性后式价差在多头腿中需要买入较少的期权。这是因为长期看涨期权的 delta 更大一些。这里的要点是，由于长期看涨期权所包含的时间价值，即使是股票运动得较高的时候，也不一定非要买那么多。如果投资者不使用 delta，而只是认为对任何对角后式价差 3 对 2 都是一个好比率，那么，如果他使用长期期权的话，他就是过度看多的。如果标的股票下跌，他就会有亏损。

跨期价差。长期期权也可以用在跨期价差（买入较长期期权，卖出较短期期权，两者的行权价相同）上。跨期价差是一种中性的策略，其中，价差交易者希望标的股票在短期期权到期时尽可能地接近行权价。一手跨期价差在股票价格运动得离行权价太远时有风险（见第 9 章和第 12 章）。买入一手长期看涨期权增加了风险的金额，但没有增加按百分比计算的风险，因为投资者在这个价差有更大的支出。

简单地说，跨期价差是使用相等数量的买入和卖出的期权来建立的。它常常并不是真正意义上的中性策略。正如在第 9 章讨论跨期价差时所指出的，投资者也许应当使用两个期权的 delta 来建立一个真正中性的跨期价差，特别是如果股票的价格最初不等于行权价时。如果期权是虚值的，投资者就应当卖出更多的期权。相反，如果期权是实值的，投资者就应当买入更多的看涨期权。从统计学角度来说，这两种策略各有各的好处，也各有各的吸引人的地方。在使用长期期权的 delta 来构建中性价差的时候，投资者一般需要买入的看涨期权比他认为的要少，因为长期看涨期权的 delta 更高。这同前面在对角后式价差的示例中所显示的现象是相同的。

25.7　总结

长期期权（LEAPS）只不过是期限更长的期权而已。它们在许多策略中的作用同其他期权相同。它们的保证金和投资要求同投资者更为熟悉的股票期权的保证金和投资要求相似。交易所交易的既有长期看涨期权，也有长期看跌期权，它们都有二级交易市场。

长期期权同较短期期权的价格之间有一定的区别，不过，最大的区别是利率和股息对

[注] 疑原文有误，原文为 110。——译者注

长期期权的价格有相对更大的影响。因为长期期权是长期的，利率的增加会导致长期期权价格的增长，而股息支付的增加则会导致长期看涨期权价格的降低和长期看跌期权价格的增加。同往常一样，波动率对一个期权的价格有重要的影响，长期期权也不例外。即使是标的股票波动率的细微变化也会给一个为期2年的期权造成很大的影响。因时减值的速度在长期期权中要慢得多，因为它们是期限较长的期权。最后，长期看涨期权的delta比短期期权中的delta要大（实值程度5%以上的看涨期权除外）；反过来，长期看跌期权的delta则较小（虚值程度在5%以上的看跌期权除外）。

有些常见的策略在使用长期期权时效果很好。如果想要将本来要投资在股票中的现金投放到定期储蓄或长期债券中的话，那么，可以用长期期权来代替股票。为投机而买入期权的人可以利用长期期权的缓慢的因时减值。可以就普通股股票而卖出长期看涨期权，从而构造一手卖出备兑。不过，在大部分情况里，卖出裸长期看跌期权也许是个更好的策略。价差同样也可以使用长期期权，不过价差交易者应当仔细考虑买入长期期权并卖出短期期权的效果。如果标的股票有大幅的快速运动，这个价差策略的表现也许会和最初想象的不同。

总的来说，长期期权与交易者和投资者所熟悉的短期期权没有多大的不同。一旦投资者熟悉各种影响期权价格的因素对长期期权的影响，长期期权就会成为他们策略武器库中的不可或缺的工具。

第四部分
Options as a Strategic Investment

其他的考虑

第26章
Options as a Strategic Investment

买入期权和政府债券

我们已经介绍了许多策略,从简单的到复杂的。每一种策略都有它的优点,但同样也有它的缺点。事实上,这些策略有的过于复杂,普通的投资者不容易实施。读者也许感到应当有一个容易一些的答案。难道就没有这样的策略,它不需要这么大的投资,或者这么多时间来监控,但还是可以有机会得到合理的盈利?事实上,有一个策略我们还没有讨论过,一个被数学分析领域里的一些专家认为是最好的策略。简单地说,这个策略包括将投资者90%的资金放进无风险投资(就像短期的政府债券),用剩下10%的资金买入期权。

我们在前面指出过,有的更具有吸引力的策略是那些低风险水平和高潜在收益的策略。一般来说,这种类型的策略会频繁出现小亏损和有较小机会获得大笔盈利。它们的优势在于:1或2次的大笔盈利在抵消了多次的小笔亏损之后,还会有剩余盈利。政府债券/期权策略就是一个这样的策略。

26.1 政府债券/期权策略是如何运作的

虽然运作这个策略涉及一定的细节,但它基本上是一个相当简单的策略。首先,在这个买入的期权的存续期期间,投资者可能的最大亏损是投资的10%,减去在投资组合的固定收益部分(其余90%)得到的利息。把买期权的投资分布开来,以致在1年的时间内总的风险保持在大约10%,这是一件简单的事。

【示例26-1】一个投资者也许会决定,将他2.5%的资金用来购买3个月的期权。这样,在1年的时间里,他承担的风险就是10%。与此同时,他把其余90%的资产投资于固定收益证券,这或许会有6%的总利息收入。这就使得他每年的总风险降低到4.6%的水平。

有更好的方法可以监控这个风险,我们在下面会讨论。对这个策略的潜在盈利的唯一限制是时间。投资者因为持有期权(假设是看涨期权),因此就可以从股票市场大幅的向上运动中得到丰厚的盈利。同其他任何风险有限而潜在盈利丰厚的策略一样,少量的大笔盈利就可以抵消大量的小笔亏损。当然,在实践中,他的盈利永远不会大到让人吓一跳,因为只有大约10%的资金投入在买入期权里。

需要注意的是,如果利率非常低,那购买政府债券的那部分投资就没有或只有很少利息。在这种情况下,投资者可能会考虑把这90%的资金投资于风险稍微比政府债券大一点的投资品种中。可能是AAA级公司债券,或者一些类似的投资品种。不过,投资者不应该把这部分资金投资于任何可能导致亏损的品种中,例如垃圾债。需要保证赚利息的那部分资金的安全,而让买期权的那部分资金承担风险。如果赚利息的那部分资金也承担了风险,那就会从根本上改变这个策略的目标。

总体上说，这个策略在有可能得到高于平均潜在盈利的同时，大大减小了风险。因为投资在期权中的 10% 的资金提供了很大的杠杆，因此，当市场出现有利条件时，这一部分的投资就有可能在短期内翻倍或翻 3 倍。这个策略同持有可转换债券（convertible bond）有些相像。可转换债券因为可以转换成普通股股票，价格就同标的股票的价格同步上下。不过，如果股票下跌幅度很大，债券就不会一路跟着跌下去，因为最后债券的收益会为这个价格提供一个"下限"。

有一种人们不常使用的叫做"合成可转换债券"的策略。投资者买入同一股票的公司债券和看涨期权。如果股票价格上涨，看涨期权的价格也会上涨，因此，这个公司债券同看涨期权的组合的表现，就与可转换债券在上行方向的表现很相似。另一方面，如果股票价格下跌，看涨期权就会无价值到期，而投资者则可以保留他大部分的投资，因为他仍然持有公司债券加上债券所赚得的利息。

将投资者 90% 的资金放进无风险的有利息的证券，用剩下的 10% 买期权的策略，比可转换债券或者"合成可转换债券"的策略都要好，因为在这个投资的绝大部分资金都没有价格起伏的风险。

政府债券／期权策略相当容易运作，虽然投资者在每一次购买新期权时都需要做一些工作。同时，需要进行周期性的调整，以保持风险水平在所有时间都大致相等。至于买什么样的期权，读者应当还记得在第 3 章和第 16 章对如何选择最好的买入期权的具体细则。这些标准可以大致总结如下。

（1）假定每一个标的股票在一个固定的时段（30 天、60 天或 90 天）里都能够随着它的波动率而上涨或下跌。

（2）对上涨之后的看涨期权的价格或下跌之后的看跌期权的价格进行评估。

（3）将所有潜在的购买对象按照潜在收益的高低从上到下排序。

使用这个策略的人只需要对那些按照这个排序提供了最高收益机会的期权感兴趣。在前面讨论买入期权的章节里，我们提到，投资者也许应当看一看他要买的期权的风险／收益比率，以得出一个更为保守的列表。不过，对政府债券／期权策略来说，这没有必要，因为总的风险已经受到限制。通过前面的标准对要买入期权进行排序，一般产生的是一个平值的或略微虚值的期权列表。这些不一定是"定价过低"的期权，虽然如果一个期权真的定价过低，比起"定价过高"的期权来，它就有更多的机会在这个选择的列表中排在高位。

许多数据服务商和经纪公司都根据同上面的标准相似的选择标准提供可买期权的列表。想要按这种方式选择可买期权的策略家会发现他不必在选择程序上花费大量的时间。读者应当注意到，这类可买期权的排序完全忽视了对标的股票的前景的看法。如果投资者宁愿按照标的股票的前景（最好是技术分析提供的前景）来购买期权，他就必须在选择程序上花更多的时间。虽然这对某些投资者来说可能有吸引力，从长远来看，由此产生的结果或许不如前面介绍的在可买期权上不带偏向的方法，除非这个策略家在挑选股票上非常在行。

26.1.1 保持风险水平相等

在这个政府债券/期权策略中，策略家必须要做的第2件事是保持他的风险水平在所有的时候都大致相等。

【示例 26-2】投资者在开始这个策略的时候有 90 000 美元在政府债券里，同时花了 10 000 美元购买期权。过了一些时间之后，买入期权的部分效果不错，他现在有 90 000 美元在政府债券里，有 30 000 美元在期权上，再加上从债券中得到的利息。显然，他在固定收益证券里的资金不再是 90%，在买入期权中也不再是 10%。现在的比例是债券 75% 和期权 25%。这个比率的风险过大，策略家于是必须卖掉一部分期权，用得到的资金买入更多的债券。因为他总的资金现在是 120 000 美元，他必须卖掉 18 000 美元的期权，将他的期权投资从 30 000 美元的数字降低到 12 000 美元，或者说，他总资金的 10%。如果投资者在有了盈利之后没有将他的资金进行重新调整，他最终就可能会失去这些盈利。因为期权能够在很短的时间内失去它们很大比例的价值，投资者始终面临着会亏掉他投资于期权部分中的几乎全部资金。如果他将盈利都保留在这个策略的期权部分，那么他就一直在用积累起来的盈利在冒险。这是一个不聪明的做法。

投资者在出现亏损之后也必须调整政府债券同期权的比率。

【示例 26-3】在第 1 年里策略家亏损掉了他最初放在期权里的全部 10 000 美元。这就使得他的资金只剩下 90 000 美元加上利息（利息有可能有 6 000 美元）。他可以卖掉一部分债券，将所得的钱买入期权，把比例重新调整到 90：10。如果投资者使用这个策略，他每年都用他资金的 10% 承担风险。因此，一系列的亏损有可能降低原始资金的价值，虽然 1 年的净亏损会小于全部资金的 10%，因为还有从政府债券上赚来的利息。我们建议策略家按照这种方法来调整他的比率，不管市场是向上还是向下，这样，在所有的时候他都有基本上相似的风险/收益机会。

每一个人都可以按自己的需要将期权的挑选过程同债券/期权比率混合起来，以适应他自己的投资组合。较大的投资组合可以将资金分散配置到不同的持有时段，也可以经常调整比率，或许是每个月一次。较小的投资者应当将他的头寸集中在比较长的持有时段，同时不需要那么经常地调整他的比率。使用一些示例也许可以帮助说明持有大量资金的策略家和资金量较小的策略家各是如何运作的。应当注意到，政府债券/期权策略同样适用于数量相当小的资金，只要放入期权的 10% 的资金使得投资者有可能比较充分地加入市场的运动就行。下面同时也介绍了一个特别小的投资者可以使用的技巧。

26.1.2 将风险年化

在谈到投资组合的规模之前，让我们先来介绍一下年化风险的概念。投资者买入期权时也许要将它们持有 30 天、90 天或者 180 天。在任何时候他都不想让他持有的期权有大于 10% 的年化风险。在实践中，如果投资者买入了期限为 90 天的期权，但是只计划将它们在手里留 30 天，那么，他就不太可能在 30 天内将他的投资 100% 亏损掉。不过，为了计算年化风险的方便，假定无论这个期权离到期还有多少时间，风险在任何持有时段内都是

100%。因此，一手买入的 30 天的期权代表了一个 1 200% 的年化风险（每 30 天的 100% 的风险，乘以 1 年中 12 个 30 天的时段）。90 天的购买有 400% 的年化风险，180 天的购买有 200% 的年化风险。可以把这 3 个持有期的购买用多种方法组合起来，使得整个年化风险是 10%。

【示例 26-4】 一个投资者可以将他的总的资金的 2.5% 在 1 年中分 4 次放在买入期限为 90 天的期权中。这就是说，他 2.5% 的资金面临着 400% 的年化风险；400% 乘以 2.5% 等于总资金 10% 的年化风险。当然，剩下的资金将被放在无风险的有利息的证券中。有许多种类似的组合，其中一种可以把总资金的 1% 用来买入期限为 90 天的期权，同时将总资金的 3% 放在买入期限为 180 天的期权里。这样，投资者的 1% 的总资金有 400% 的年化风险，3% 有 200% 的年化风险（0.01 乘以 400 加上 0.03 乘以 200 等于整个资金 10% 的年化风险）。如果投资者喜欢用公式的话，年化风险可以这样来计算：

$$\text{整个投资组合的年化风险} = \text{总投资资金的百分比} \times \left(\frac{360}{\text{持有期}}\right)$$

如果投资者能够将资金分散配置在不同的持有期，年化风险就是各个持有期的风险的总和。

有了这样的信息，策略家就可以组合使用 1 个月、3 个月和 6 个月持有期的期权，最好是每一个各自都由同上面所介绍的相似计算机分析中产生出来。因为策略家知道年化风险，他知道在买入每一个持有期应该进行多少投资。

【示例 26-5】 假设有一个非常大的投资者，或者说一群投资者，他们有 100 万美元投资在政府债券/期权策略里。另外，假设这笔钱的 0.5% 用来购买 30 天的期权，并且准备每 30 天重新投资一次。与此相似，0.5% 放在 90 天的购买里，1% 放在 180 天的购买中。这样，总的年化风险是 10%：

$$\text{总年化风险} = 0.5\% \times (360/30) + 0.5\% \times (360/90) + 1\% \times (360/180)$$
$$= 0.06 + 0.02 + 0.02$$
$$= 10\%$$

如果总资金是 100 万，这就意味着在 30 天购买的投资是 5 000 美元，90 天购买是 5 000 美元，180 天购买是 10 000 美元。这笔钱在每一个持有期结束的时候将按相似的数量进行重新投资。

26.1.3 风险调整

在每一个持有期结束的时候，必须要不断地调整比率以反映 10% 的风险。虽然投资者保持投资比例的稳定是正确的，他必须保持清醒头脑，不要以为每一次都应当自动地重新投资同样的金额。

【示例 26-6】 在 30 天结束的时候，包括潜在期权盈亏和利息的整个投资组合的价值降低到了 990 000 美元。这样，只有 0.5% 的资金应该投资到买入下一个 30 天期限的期权里，也就是 4 950 美元。

按照这种方式（首先计算年化风险，通过事先确定的在不同持有时段中投资的百分比来进行平衡，然后，在每个持有期结束时重新调整实际的投资金额）进行运作的话，总的风险/收益比例就会保持在接近前面对这个策略的简单介绍中所说的水平。就策略家而言，这可能要求他进行较大数量的工作，但是，管理大型的投资组合通常就是需要辛勤地工作。

较小的投资者无法做到彻底的资产分散配置，不过他也不需要对他总的头寸进行频繁地调整。

【示例26-7】投资者决定在这个策略中投资50 000美元。因为在买入30天的期权中有1 200%的年化风险。因此，在这样规模的投资里买入这么短期限的期权就没有意义。他可以将他的资金的1%投资在买入90天的期权中，3%投资在买入180天的期权中。按照投资金额来计算，这就是500美元在90天的期权里，1 500美元在180天的期权里。应当承认，这没有给分散配置留下多大的余地，但是买入短期期权会使投资者面临过大的风险。在实践中，这个投资者也许只将他的资金的5%投在180天的期权里，这也是10%的年化风险。这就是说，他可以只用期权买家的一种分析（180天的那个）来运作，并且在期权备选列表中选择一个来投入2 500美元。

他没有办法像大投资者那样频繁地对他在买入期权中的投资进行调整，因为有手续费的考虑。每过180天他自然必须做一次调整，但是他也许希望能够调整得更频繁一些，例如，每90天，从而可以将他在180天上的投资分布到不同的期权到期周期中。同时也应当指出，买卖政府债券至少要10 000美元，最小增加额度是5 000美元。也就是说，投资者可以买入或卖出10 000美元、15 000美元、20 000美元或者25 000美元等，但是不能买卖5 000美元、8 000美元或23 000美元的政府债券。对于有100万美元的投资者来说，这不是个问题，因为在买卖政府债券上要四舍五入到需要的5 000美元的增额还占不到他的资金的1%。不过，对一个只有5万美元的中等投资者来说，这就有可能成为问题。虽然短期的政府债券确实代表了最好的无风险投资，中等投资者至少应当使用没有手续费的货币市场基金作为他有利息收入的资产的一部分。这样的基金比起政府债券来风险只是高出一点点，但它们允许任何数量的存款和提款。

真正的小投资者也许会感到这个策略跟他们没什么关系。有没有可能在只有很少的钱（如5 000美元）的情况下运作这个策略呢？有这样的可能，不过它有一些劣势。

【示例26-8】在只有5 000美元的时候，要想把年化风险控制在10%的水平之下是极其困难的。例如，每180天的5%的现金投资在每一个投资阶段只有250美元。因为上面所介绍的选择程序往往会选出平值的或略为虚值的看涨期权，许多这样的期权每手的价格都大于2½。这个小规模投资者也许应当决定将他的风险水平略为提高一些，不过不管实际投入的金额是多么小，年化风险水平永远不应当超过20%。超过这个水平会使得这个固定收益/买入期权策略的目的完全失效。显然，这个小规模投资者买不了政府债券，因为他总的可投资的资金水平低于债券买卖的1万美元的最低要求。他也许会考虑使用货币市场基金。很明显，这么小规模的投资者是在双重的劣势下运作的：他在购买期权中的小额投资有可能使他无法买入某些更具吸引力的期权；他的固定收益部分所得到的利率百分比要低于较大的投资者从政府债券或其他形式的相对无风险和有利息的证券中所得到的利率。因此，小规模投资者在实际投资之前，应当仔细地考虑他的财务能力以及是否愿意严格遵守这个策略的标准。

也许在读者看来，在这些示例里每次买入期权时实际放进风险的金额是相当小的。事实上它们相当小，但是正如上面所显示的，它们代表了10%的年化风险。这些示例都基于一个假设：每一手买入期权在持有期内的风险都是100%。这个假设的限制性是很强的，如果稍微放宽一些，那么在每个持有期内的投资金额都可以更大。不过，要假设在一个短到30天的持有期内持有一个看涨期权的风险小于100%是困难的和危险的。策略家也许觉得他有足够的能力在出现亏损时将头寸平仓，因此将持有的风险水平置放在100%之下。换一种情况，数学分析也许一般会显示出在一个固定的时段里预期风险是小于100%的。投资者也可以通过买入实值期权，来减小他在买入期权的交易中将所有钱都亏掉的概率。虽然这样的期权更为昂贵，不过，即使股票没有像交易者所期望那样上涨，它们当然有更大的可能保留某些价值。执行任何一个这样的标准都有可能导致投资者变得过分激进，因而在买入期权中投资过多。坚持下面这个更为简单的、更严格的假设对投资者来说要安全得多：即使是在一个相当短的持有期内，每当买入期权的时候，投资者都是在用他的100%的投资在承担风险。

26.1.4 避免过度的风险

有一个最后的警告是必须提出的。投资者在使用他的有利息收入的那一部分资金时，不应当"标新立异"。对某些投资者来说政府债券看上去过于"温顺"，他们想要使用政府全国按揭协会证书（GNMA）、公司债券、可转换债券或者市政债券作为固定收益投资。虽然这些证券的收益也许会比政府债券略高一些，但它们的流动性较差，而且涉及的风险也比短期政府债券高。此外，有的投资者甚至考虑将他们剩余的资金放在其他地方，像高收益股票或卖出备兑看涨期权。虽然买入高收益股票或卖出备兑看涨期权是保守型的投资，但正如大多数投资一样，同买入90天的政府债券相比，它们应当被看作是高度投机的。在这个策略里，买入期权的那一部分投资代表了潜在盈利。短期债券上的收益足以抵消风险。投资者再想要从他投资的固定收益的这一部分得到更高的盈利，就必须非常小心。因为他也许会发现，他在原来根本不计划有风险的那部分资金上承担了风险。

在对这个策略的评价上有相当多的严密的数学研究。理论论文非常喜欢讨论研究此类问题。学者们一般只把买入看涨期权作为这个策略的风险部分。显然，策略家完全可以买入看跌期权而不伤害这个策略的总风险。在买入的只是看涨期权的时候，震荡的和向下的市场都对这个策略的表现不利。如果在买入期权的时候也买入一些看跌期权，只有在遇到震荡市场的情况下会产生最糟的结果。

这其中存在一个权衡。如果在买入期权之后，市场经历了大幅度的上涨，用来买入看跌期权的那部分资金就会被亏损掉。因此，在一个下跌的市场里，买入看跌期权同买入看涨期权的组合有可能比只买入看涨期权的策略要表现更好，但是，在一个上涨的市场里，它的表现会更差。就广义而言，如果投资者有资金需要分散配置的话，包括买入一些看跌期权是有一定道理的，因为市场上涨的概率没有把市场上涨和下跌结合起来的概率高。同时持有看跌期权和看涨期权的投资者无论市场朝哪个方向有大幅的运动都能够盈利，因为有盈利的期权能够克服不盈利的头寸所造成的有限亏损。

26.2 总结

总的来说，政府债券/期权策略从多重角度来看都是一个有吸引力的策略。它的真正优势在于它对风险事先有限定而对潜在盈利没有限制。有的理论家认为如果在买入期权的时候期权是"定价过低"的，这是可以使用的最好的策略。这个策略同时也相对容易运作。没有必要建立保证金账户，也不需要像是在卖出无备兑期权那样需要计算质押，这个策略可以完全使用现金账户来运作。这里不涉及价差，也没有必要担心类似提前指派那样的细节（因为在这个策略里没有卖出期权）。

不过，想要使用这个策略的投资者必须排除一个误解，不要认为它因为很容易所以就不需要费劲。对于这个策略来说，年化风险管理的概念和应用非常重要。期权买入的机制也很重要，特别是在选择买入什么样的看涨期权或看跌期权时，需要训练有素的和理性的方法。因此，这个策略只适合那些既有时间也有正确地运作它的素养的投资者。

# 第27章
Options as a Strategic Investment

套 利

证券市场中的套利往往指的是投资者在只有很小风险或者根本没有风险的情况下，在一个市场中买入某种东西，而在另一个市场中将它卖出，以赚取小额的盈利。例如，投资者可以在纽约按 55 的价格买入 XYZ，然后按 55.25 的价格在芝加哥卖掉。套利，特别是期权套利，涉及比这个简单的示例远要宽阔的技巧范围。许多期权套利的技巧涉及买入相等头寸的一侧的同时卖出它的另一侧。因为有大量的相等策略（许多我们在前面已经指出过），一个职业的期权套利者有可能建立许多种头寸，它们的大部分没有或者只有很小的风险。公众客户一般而言不可能运作套利之类的策略，因为涉及手续费。套利者是公司交易员或者是场内交易员，他们通过相关证券交易所的席位来交易，因此只需要支付很低的交易费用。

尽管不能亲身使用套利技术，懂得这些套利技术对公众客户来说是有好处的。套利者在期权市场中起着有用的功能，他们常常在没有市场的合约上做市（例如，在深度实值的期权中）。这一章是为那些准备实际参与套利的策略家写的。不过，公众客户也不用困惑，因为，如果把自己置身于套利者的位置，他就有可能更好地理解套利的策略。

要想在双重场内的期权上进行纯套利是几乎不可能的。也就是说，在芝加哥期权交易所（CBOE）买入一手期权，在纽约的美国股票交易所将它卖掉以得到盈利。这样的价差很少出现，而且即使有数额也如此之小。因此，期权套利者永远都别想全面地使用这种简单的套利。他的注意力通常集中在这里介绍的那些更为复杂的套利形式上。

27.1 基本的看跌期权和看涨期权套利（"贴水价"）

基本的看涨期权套利和看跌期权套利是期权套利中两种比较简单的形式。在这些情况里，套利者想要用贴水价买入期权，与此同时，在标的市场持有一个相反的头寸。然后，他可以立刻将他的期权行权，得到一笔同贴水数量相等的盈利。

先来介绍基本看涨期权套利。在第 1 章讨论预期行权的那一节里已经简单介绍了这个策略。

【示例 27-1】XYZ 的交易价格为 58，XYZ 7 月 50 看涨期权的交易价是 7.90。这个看涨期权的交易价实际上离持平价有 10 美分的贴水。有贴水的期权通常要么是深度实值的，要么是离到期只有很短的时间，或者是两者兼而有之。这个看涨期权的套利可以这样来构建：

（1）用 7.90 买入这个看涨期权；

（2）按 58 卖出股票；

（3）将这个看涨期权行权，用 50 买入这个股票。

套利者从股票中可以得到 8 点的盈利，因为他按 58 的价格将股票卖出，同时通过期权行权用 50 的价格将股票买了回来。在期权上他损失了最初付出的 7.90 点，这样，他还有 0.10 点的盈利。因为他是交易所的会员，或者是用某个交易所会员的席位在交易，所以在行权这个交易时，他只付了很小的一笔费用。

事实上，虽然这个股票是在买入之前卖出的，它并不是本义上的卖空。这个头寸在一开始的时候就是作为"无撤销行权"（irrevocable exercise）而设计的。套利者承诺了看涨期权的行权。因此，在卖出这个股票的时候不必遵守 uptick 规则。

看涨期权套利的主要目的是要能够在按比卖出股票的价格有贴水的价格买入看涨期权。其间的差额就是这个套利的潜在盈利。基本看跌期权套利同这个看涨期权套利非常相似。同样，套利者是寻找按照相对于持平价有贴水的价格买入看跌期权。看跌期权套利是由买入股票和期权行权所构成的。

【示例 27-2】XYZ 的售价是 58，XYZ 7 月 70 看跌期权的价格是 11.90。看跌期权同持平价有 10 美分的贴水，套利者因此可以采取以下的行动：

（1）用 11.90 买入看跌期权；

（2）按 58 买入股票；

（3）将看跌期权行权，按 70 卖出股票。

股票的交易有 12 点的盈利，因为股票是用 58 买入，然后通过期权行权用 70 卖出的。看跌期权的成本（11.90）亏损掉了，不过套利者仍然得到 0.10 点的盈利。同样，这个盈利与在建立这个头寸时期权中的贴水量相等。一般来说，套利者会立刻将他的看跌期权行权，因为他不想将资本绑在买入的股票上。但如果股票马上就要除息时例外。我们在下一节里将讨论股息的套利。

基本的看涨期权和看跌期权套利在任何时候都可以存在，尽管在有大量深度实值期权或者在离到期只有很短时间的时候它们出现的频率更高。在市场上涨之后，会比较容易建立看涨期权套利；在市场下跌之后，会比较容易发现看跌期权套利。随着到期日的临近，即使是略为实值的期权在交易的最后一两天也有可能成为贴水价交易的候选。之所以会这样，是因为公众对期权购买的兴趣一般会减退。唯一剩下的公众买家是那些买回先前卖出的人。许多备兑卖出者会让股票被指派买走，因此，这就使得公众中的潜在购买力量进一步减低。于是，套利者就成了提高购买兴趣的一方。

套利者显然想要把这些头寸建得越大越好，因为如果是用贴水建立起来的，这些头寸中就没有风险。一般而言，股票市场比期权市场要大，因此，套利者在他的期权头寸上要花费更多的时间。不过，有的时候期权市场也会大于相应的有报价的股票市场。在发生这种情况的时候，套利者就有另一种选择：他可以用持平价卖出一手实值期权，而不是建立一个股票头寸。

【示例 27-3】XYZ 的价格是 58，XYZ 7 月 50 看涨期权的价格是 7.90。这些数字同前面的示例一样。此外，假设：交易者能用 7.90 买得到的看涨期权比按 58 卖得出的股票要多。如果他可以在市场上用持平价卖出另一个实值看涨期权，那么，他就可以用这样的期权来代替卖出股票。例如，如果 XYZ 7 月 40 看涨期权可以卖到 18（持平价），这个套利还是可以建立起来。如果他卖出的 7 月 40 看涨期权被指派，他实际上就是按 58 的净价格在卖空股票（40 的行权价，加上卖出 7 月 40 看涨期权时得到 18 点）。因此，就套利的目的而言，按持平卖出看涨期权同卖空股票是相等的。

与此相似，在基本看跌期权套利中也可以使用实值看跌期权。

【示例 27-4】XYZ 的价格是 58，7 月 70 看跌期权的价格是 11.90，有可能建立一手套利。不过，如果交易者无法在 58 的价格买到足够的股票的话，他也可以使用另一个实值看跌期权。假定 XYZ 7 月 80 看跌期权的售价是 22，这同用 58 的价格买入股票是相同的。因为如果这个看跌期权被指派，套利者就不得不用 80 的价格（行权价）买入股票。但是，他的净成本要从 80 里减去从卖出看跌期权中收入的 22 点，所以，净成本就是 58。同样，套利者也能够用卖出深度实值期权来代替股票的交易。

上面的这些示例假设套利者是用持平价卖出一手较深实值的期权。在实践中，如果实值期权有贴水，那么，即使是较深实值的期权一般也会有贴水。套利者一般会以持平价卖出较深实值的期权，这个期权的实值程度没有以贴水价交易的期权那么深。

广义上讲，这种技术可以运用到任何一个包括股票交易的套利上，除非股票的股息会起到重要的作用。因此，如果套利者在买入或卖出股票作为套利的一部分上有困难时，他总是可以看一看是否可以卖出同这个股票头寸相等头寸的实值期权。

27.2 股息套利

股息套利实际上同基本看跌期权套利很相似。交易者能够通过买入股票和看跌期权来锁定盈利，然后等着在将他的看跌期权行权之前收取股息。从理论上说，在股票除息的前一天，所有的看跌期权应当都有至少同股息同等数量的时间价值。即使深度实值的看跌期权也是如此。

【示例 27-5】XYZ 的收盘价是 45，它明天将有 1 美元的除息。此时，一手行权价为 50 的看跌期权至少可以卖到 6 点（实值的数量加上股息的数量），因为股票马上要除息，预期的开盘价是 44，到时会有 6 点的实值。

但是，如果看跌期权的时间价值少于股息的数量，套利者就可以建立一个无风险的头寸。假定 XYZ 7 月 50 看跌期权的售价是 5.90，股票的价格是 45，将要除息 1 美元。套利者可以采取以下的步骤：

（1）用 5.90 买入看跌期权；
（2）用 45 买入股票；
（3）持有看跌期权和股票，一直到股票除息（在这个示例里是 1 美元）；
（4）将看跌期权行权，按 50 将股票卖掉。

交易者从股票的交易中得到 5 点，按 45 买入，通过行权看跌期权以 50 卖出，同时拿到了 1 点的股息，因此整个的收入就是 6 点。因为他为看跌期权付出了 5.90 点，净盈利就是 0.10 点。

在远离除息日的时候，一手深度实值的看跌期权有可能按非常接近持平价的价格交易。因此，看上去似乎套利者可以事先"囤积"这类头寸，然后就坐等股票除息。不过，这样想问题有一个漏洞，因为套利者在买入股票必需的资金上有持有成本。而持有成本会随着短期利率上下浮动。

【示例27-6】如果目前的持有成本年利率是6%，这就等于每2个月为1%。如果套利者想在到期之前2个月建立这个示例里的头寸，他的持有成本就是0.5075点。（他的总支出是50.90点，股票的45和期权的5.90，他在到期日前为持有股票和这个期权要付1%的成本。）这个成本要大于0.50点，很明显地大于0.10点的潜在盈利。因此，如果套利者想要在除息日之前建立一手股息套利，他必须意识到他的持有成本。当然，如果除息日很近，这个持有成本就没有多大影响，套利者可以主要根据股息的数量和看跌期权中的时间价值来衡量头寸的盈利性。

套利者应当注意到，这个买入看跌期权和买入股票以拿到股息的策略有可能有一个有利可盈的副作用。如果股票价格上涨到或者超过这个看跌期权的行权价，在这个头寸就可能会有相当大的盈利。虽然这样的上涨不太可能发生，如果它确实发生了，那就是额外的好处。即使是小幅的上涨也可以给看跌期权增加一些时间价值，使得套利者在卖掉他的头寸时得到比套利贴水中可以得到的更大的盈利。

这种形式的套利优势也被用来作为一种有限形式的风险套利。风险套利是一种如果发生一定事件就锁住盈利的策略。如果这样的事件没有发生，那么就会有亏损（通常相当有限），因此这个头寸有风险。这个风险的因素使得风险套利同无风险的标准套利区别开来。在后面我们将更详细地介绍风险套利，不过，下面是一种与特别股息相关的风险套利的形式。

【示例27-7】大家都知道XYZ相当频繁地发放额外的或者说特别股息。有一些这样的股票，例如柯达和通用汽车。在这个示例里，假定这个假想的股票XYZ一般在每年的第四季度发放一笔特别股息，不过，它正常的季度股息率是1美元。假定在过去的5年里这笔第四季度的特别股息是额外的1美元到3美元不等。如果套利者愿意对即将发放的股息数量进行投机的话，他也有可能获得不错的盈利。即使他对特别股息的数量估计过高，他的亏损也有限。假定XYZ在公司将要宣布第四季度的股息之前的两个星期内价格为55。没有人可以担保事实上会有一笔特别股息，但是假定XYZ今年的盈利情况还不错，而且似乎有可能会有特别股息。此外，假定1月60看跌期权的交易价是7.50。这个看跌期权有2.50点的时间价值。如果套利者用55买入XYZ，同时用7.50买入1月60看跌期权，那么，他就设定了一手风险套利。无论股票跌得多深或者看跌期权失去多少时间价值，只要特别股息大于1.50美元，他都会盈利。一笔1.50美元的特别股息加上1.00美元的正常股息，总共2.50美元，这就能覆盖他的风险。请注意，对于最近的历史范围是1.00～3.00美元的正常股息来说，1.50美元的特别股息算是低的，因此套利者也许会想要通过建立这个股息风险套利来略作投机。即使这个公司出乎意料地决定宣布没有任何特别股息，它极可能仍然支付1.00美元的正常股息。因此，这个套利者可能的最大亏损是1.50点（他2.50点的初始时间价值成本，减去1点的股息）。在实践中，这只股票在下两个星期里也许不会有大幅的价格变动（它是一只高收益的股票），因此1月60看跌期权在股票除息之后或者还会留有一些时间价值。因此，实际的风险甚至会低于1.50点。

这种类型的股息风险套利并不经常可以发现的，愿意做一些研究和承担一定风险的套利者也许会发现，他有可能建立一个小风险的头寸，这个头寸的盈利性比通常的贴现股息套利的盈利性要高出许多。

在看涨期权方面，确实找不到一个股息套利的直接形式。如果一个相对高收益的股票将要除息，看涨期权的持有者会想要将期权出手。他们这样做是因为股票价格要下跌，而这一般会迫使看涨期权的价格也下跌，原因就是股息。不过，看涨期权的持有者是收不到现金股息的，因此，如果股票价格要下跌相对大的数量（或许是0.75点或者更多），他就不愿意持有这个看涨期权。由于看涨期权的持有者想要卖掉他们的看涨期权，于是常常会产生一个有贴水的期权，因此就有可能运用基本看涨期权套利。不过，如果套利者是想要对一只明天就要除息的股票进行套利的话，就应当小心。因为他必须卖出股票来建立这个套利，在这一天结束的时候，不能持有这个卖空股票的头寸，否则的话，第2天（除息日）就要为这只股票支付股息。另外，他的记录必须准确，这样可以在除息日的前一天将所有买入的期权行权。如果套利者太粗心，在除息日那天仍然在卖空某个股票，他也许会发现，已经建立的贴现盈利有很大一部分会被必须要支付的股息抹掉。

27.3　转换和反转组合

在对看跌期权进行介绍的时候，我们指出过，看跌期权和看涨期权是通过一种叫做转换的程序而相互关联的。这是一个套利的过程，其中交易者有时能够在绝对没有风险的情况下锁住盈利。转换组合是由买入标的股票，同时也买入一手看跌期权和卖出一手看涨期权来组成的，看跌期权和看涨期权的条款相同。如果这个头寸的总成本低于期权的行权价，它就有一笔锁定的盈利。

值得注意的是，如果这是一个无风险套利，那么标的和期权的条款就必须一致。例如，如果期权对应150股标的股票（假设近期股票发生了3对2的拆分），那么这个投机活动需要针对每个期权购买150股的XYZ股票。再举一个例子，如果有过去的不久XYZ对每股持有的XYZ股票衍生出一股UVW股票，那么有些股权对应的是100股的XYZ和100股的UVW。在这种情况下，对于每手期权，投机者必须购买100股的XYZ和100股的UVW而且这些期权的条款必须将两只股票都包含在内。

【示例27-8】有下面的价格存在：

XYZ普通股股票：　　　　55
XYZ 1月50看涨期权：　　6.50
XYZ 1月50看跌期权：　　1

这个转换组合的总成本是49.50（买股票支出55，加上买看跌期权支出的1，再减去卖出期权收入的6.50）。因为49.50低于行权价50，在这个头寸里就有一笔锁定的盈利。要看一看这笔盈利确实存在，假定股票在到期时价格高于50。高于50多少这没有关系，结果都是一样的。当股票高于50的时候，看涨期权就会被指派，股票在50的价格上被卖掉。看跌期权会无价值到期。因此，盈利是0.50点，因为这个头寸最初的成本是49.50，而最终在到期日时以50的价格而平仓。如果XYZ在到期日时低于50，也会出现相似的结果。这时，交易者将他的看跌期权行权，按50卖掉股票，看涨期权则无价值到期。同样，这个头寸是按50的价格平仓的，因为它在建立时候的成本是49.50，同样也能获得0.50的盈利。无论在到期时股票价格是多少，这个头寸都会有一笔锁定的0.50点的盈利。

这个示例有些过于简单，因为它没有包括两个非常重要的因素：股票有可能支付的股息和这个头寸在到期之前的持有成本。包括这些因素会使得事情在某种程度上变得复杂起来，所以我们将在解释完另一个相随的策略之后再来讨论它们。这个相随的策略是反转组合。

反转组合[或者说，反向转换组合（reverse conversion）]刚好是转换组合的反面。在反转组合中，交易者卖空股票，卖出一手看跌期权，同时买入一手看涨期权。同样，看跌期权和看涨期权的条款相同。如果反转组合最初的收入（卖价）大于这些期权的行权价，它就有利可盈。

【示例27-9】我们可以用一组不同的价格来描绘一个反转组合：

XYZ普通股股票： 55
XYZ 1月60看涨期权： 2
XYZ 1月60看跌期权： 7.50

假设这个期权包含了100股XYZ。这个反转组合的总收入是60.50（卖股票得了55，加上从看跌期权中得到的7.50，再减去看涨期权的成本2）。因为60.50大于这些期权的行权价60，这里就有与两者的差额相等的0.50点的锁定盈利。要证实这一点，首先假设XYZ在1月到期时低于60。看跌期权就会被指派，在60的价格上买了股票，看涨期权会无价值到期。因此，这个反转组合头寸就按60的价格平了仓。因为这个头寸的最初的卖出价值（收入）是60.50，所以就有0.50点的盈利。另一方面，如果XYZ在到期时高于60，交易者就会将他的看涨期权行权，从而按60买入股票，看跌期权则无价值到期。同样，他是用60的成本将这个头寸平仓，并且会有0.50点的盈利。

在反转组合中股息和持有成本也是重要的。在这里我们来讨论一下这些因素。转换组合涉及买入股票，在这个套利存在的时期内只要有股息，交易者都能得到。但是，进行转换组合的交易者也必须付出相当大的资金来建立这个套利，而且必须从他的潜在盈利中减去这个头寸的持有成本。在上面的示例里，转换组合的头寸需要49.50点的成本来建立。如果交易者的资金成本是每年6%，于是他在持有这个头寸的每个月里就会失去$0.06/12 \times 49.50$，或者说每个月0.247 5点，这将近每个月0.25点。而这个示例中的潜在盈利是0.50点，因此，如果交易者将这个头寸持有两个月以上，他的持有成本就会吞掉他的盈利。在建立任何转换组合之前准确地计算他的持有成本，对套利者来说是至关重要的。

如果读者偏好公式的话，一手转换组合或反转组合的潜在盈利可以用下面的方式来表示：

转换组合盈利 = 行权价 + 看涨期权价格 − 股票价格 − 看跌期权价格
+ 股息收入 − 头寸的持有成本

反转组合盈利 = 股票价格 + 看跌期权价格 − 行权价 − 看涨期权价格
+ 持有成本 − 股息收入

请注意，在任何一个交易日里，这两个公式中唯一会发生变化的是所用证券的价格。其他的因素，股息和持有成本，在这一天都是固定的。因此，交易者可以准备一个简单的计算机程序，可以为这个股票罗列出适用于所有行权价系列的固定费用。

【示例 27-10】假定 XYZ 股票在其持有期内将支付 0.50 点的股息，而且这个头寸将持有 3 个月，持有成本为每年 6%。如果套利者对一个行权价为 50 的转换组合感兴趣，转换组合头寸对应 100 股股票，他的固定成本就为：

转换组合固定成本 = 持有成本率 × 持有时间 × 行权价 − 所得股息
= 0.06 × 0.25 × 50 − 0.50
= 0.75 − 0.50 = 0.25

套利者知道，如果用简单的只涉及证券价格的公式计算出来的潜在盈利大于 0.25 点，他就可以建立一个包含所有成本的、最终有利可盈的转换组合头寸。当然，如果股票的价格是 40 或者 60，持有成本就会不一样。因此，使用计算机计算和打印出每只股票上所有可能的行权价对交易者会很有用，因为他可以每天都迅速地从这个表格上找出他所需要的固定成本。

27.4 对持有成本的进一步套利

除了上面所说的方法，计算持有成本还有其他更为复杂的方法。简单地说，用头寸的支出乘以所付的利率和持有头寸的时间。也就是说，它可以用下面的公式来表示：

$$持有成本 = 行权价 \times r \times t$$

其中，r 是利率，t 是持有头寸的时间。将这个持有成本的公式同上面的转换组合盈利的公式结合起来，就得到：

转换组合盈利 = 看涨期权 − 标的股票 − 看跌期权 + 股息收入 + 行权价 − 持有成本
= 看涨期权 − 标的股票 − 看跌期权 + 股息收入 + 行权价 $(1 − rt)$

按照精算学，持有成本的表达要略为复杂一些。这个简单的（行权价 × r × t）公式忽略了两件事：利率的复合效果和"现值"（未来某个数量在当前的价值）的概念。包括现值和复利效果的绝对正确的公式必须将盈利公式中的因子（$1 − rt$）改换为因子

$$\frac{行权价}{(1+r)^t}$$

这样做的效果大吗？不大，如果 r 和 t 都不大的话就不大。在大多数期权计算中 r 和 t 都不大。每个月的利率通常小于 1%，时间少于 9 个月。因此，使用简单持有成本的公式一般为套利者所接受，而且用在大多数的实际操作中。事实上，对套利者来说这常常是因为方便的缘故，如果他是用计算器计算持有成本而这个计算器又没有取幂的功能的话。不过，

如果分析的是高利率和更长期限的期权，使用简单公式的套利者就应当再用正确的公式核实一下，以保证他的误差不至于太大。

为了简单化起见，下面的示例都用简单公式来计算持有成本。不过，读者应当记住，这只是一个当利率低且持有期短的时候所使用的一种近似。对利率的复合效果的讨论引出另一个有趣的问题：所有使用保证金的人从理论上说都应当使用复利的公式来计算他可能的利息开支。不过，在实践中只有极少的投资者会这样做。我们在第 2 章的一个示例中谈到过关于这种递增效果对卖出备兑看涨期权的影响。

27.5 回到转换和反转组合

对反转组合套利来说，也有必要进行类似转换组合盈利公式所进行的那样的盈利计算。因为反转组合一定要卖空股票，所以交易者就必须在持有头寸期间为股票支付股息。不过，在头寸建立的时候他得到了一笔收入，这笔资金可以用来赚取利息。因此，在反转组合中，股息是成本而利息是盈利。

【示例 27-11】使用上面所说的相同的 XYZ 的例子。股票就要付 0.50 点的股息，头寸将持有 3 个月，现金利率是每个月 0.5%。如果交易者想要用行权价 30 的期权做套利，固定成本就是：

$$\text{反转组合固定成本} = \text{所付股息} - \text{月利息率} \times \text{持有月份} \times \text{行权价}$$
$$= 0.50 - 0.005 \times 3 \times 30$$
$$= 0.50 - 0.45 = 0.05 \text{ 点}^{\ominus}$$

这个反转组合的固定成本非常小。事实上，读者应当看到，在一手反转组合中常常有可能（或者说多半会出现）一笔固定收入而不是固定成本。要证实这一点，可以将行权价换成 50 或 60，重新计算一下这个示例中的数据。正如在转换组合中一样，反转组合中的这个固定成本（或者盈利）是一个可以用在整个交易日中的数字，它不会变化。

借股票来卖空

上面的示例假定的是套利者得到卖空股票上全部的持有成本率。实际上只有某些套利者才能够得到这样的持有成本率。在卖空股票的时候，交易者必须首先从持有股票的人那里借到股票，然后到市场上卖出这个股票。当经纪公司的客户在保证金账户里存放股票的时候，他们同意经纪公司不必特别征求他们同意就可以将股票借贷出去。因此，如果为这个经纪公司工作的套利者想要建立一手反转组合，如果这个反转组合所需要卖空的股票可以在公司的某个保证金账户中找到，套利者就可以借出这个股票，得到全部持有成本率。这就是所谓的"使用盒子里的股票"（using the box stock）（保证金账户中的股票一般被称为"盒子"里的股票）。

然而，也有其他的情况。套利者想要做一个反转组合但是没有"盒子"股票可以用。他于是必须找到其他的可以借到股票的人。显然，有人持有股票而且愿意在收费的条件下

$\ominus$ 原文为 0.005 点，疑有误。——译者注

将这只股票借给想要借贷的套利者。有的人专门就为愿意借出股票的投资者和想要借入股票的套利者之间搭桥。这些人就在所谓的"股票借贷"这一行里。一般而言，用这种方式借入股票的费用是通行的持有成本率的10%～20%。例如，如果当前的持有成本率是每年10%，那么，套利者就付给借贷者1%或2%来借他的股票。这会稍微降低一点反转组合的盈利性。由于本来盈利的空间就不大，对套利者来说，借贷股票的这项成本有可能对套利者造成显著的区别。

套利者从他的账户收入余额中赚取利息，而利率的变化会对市场发生影响。例如，市场上有可能找到一个净盈利为50美分的反转组合机会。这样的反转组合也许并不是对所有的套利者都具有同样的吸引力。那些有"盒子"股票的人愿意为了50美分而做反转组合，而那些必须花1%借入股票的也许想要55美分才肯做这个反转组合；那些付2%借股票的人也许想要65美分。因此，从事转换和反转组合的套利者是相互竞争的，不但在市场上，而且也在股票借贷的领域里。

对套利者来说，找到反转组合的头寸一般比找到转换组合的头寸要容易。这是因为转换组合的固定成本相当繁重。除非股票支付相当大的股息，大到足以抵消持有成本，否则的话，转换组合公式中的固定的部分就很难在扣除成本之后还有盈利。在实践中，为持有股票所付的利率有可能高于从卖空股票中所赚的利率，不过，所有像样一点的计算机程序都应当能够处理这两个不同的利率。

新入门的交易者也许会觉得"转换组合"这个名字用得不符合逻辑。在场外期权市场里，经纪商创造出一个同这个头寸相似的头寸，实际上是将一手看跌期权转换为一手看涨期权而产生的结果。

【示例27-12】当你持有一手传统的XYZ行权价为60的看跌期权，而股票跌到了50的时候，你常常没有机会在二级市场上把这个看跌期权卖掉以得到盈利。场外期权经纪商也许可以帮你将这个看跌期权转换为一手看涨期权。他把看跌期权从持有者手里买过来，然后买入这个股票，然后再向看跌期权的持有者卖出行权价为最初的60的看涨期权。因此，这个经纪商就买入股票，买入看跌期权，并卖出看涨期权，这就是一手转换组合。客户于是持有了一手行权价为60的XYZ的看涨期权，到期日同那手看跌期权的到期日相同。这个客户原来持有的看跌期权现在转换成了看涨期权。为了完成这个转换，经纪商付给这个客户在现有的股票价格50同行权价60之间的差额。这个客户于是从这个转换中得到了1 000美元。同时，这个经纪商会向这个客户收取持有这个股票的成本，因此，经纪商是没有风险的。如果股票反弹回到60，客户就可以赚到更多的钱，因为他持有看涨期权。经纪商没有风险，他一开始持有的就是一个套利头寸。经纪商也可以用相似的方式完成一个反转组合（将一手看涨期权转换为一手看跌期权），不过，在这么做时，他要向客户收取股息。

27.6 转换和反转组合中的风险

转换和反转组合一般被认为是无风险套利。也就是说，套利中的盈利一开始就是固定的，标的股票随后的运动对最终结果没有影响。一般来说这没有错。不过，它们有时也会有一定的风险，这样的风险可以大到如果交易者不处理的话就足以使他亏钱。在反转组合中四个风险：额外的股息、反转组合存在期间利率下跌、收到提前指派，或者是股票价格在到期时刚好等于行权价。转换也有相似的风险：股息减少、利率增加、提前指派，或者是股票价格在到期时接近行权价。

首先我们从反转组合交易者的角度来探讨这些风险。如果公司宣布有额外的股息，很有可能这个反转组合会变得无利可盈。之所以会如此，是因为大部分额外股息数量都相当大，大过反转组合可能有的盈利。在防止因为一个股票发放一笔真正的额外套利而被困住这方面，套利者没有什么招数可想。不过，有的公司每年定期发放额外股息方面是有案可查的。套利者应当知道哪些公司有这样的纪录以及这些额外股息的发放时间。市场中有时会有这样的线索。当套利者最初考察时（在他实际建立反转组合之前），如果发现这个反转组合能过度套利，那他就应当持怀疑的态度。这个反转组合看上去那么吸引人，也许出于什么理由。市场将一笔额外的股息考虑在内，这也许就是答案。

第二个风险是在反转组合行权的过程中利率出现变化。显然，利率在反转组合的持有期内有可能发生变化。这个持有期一般是3～6个月。有两种方法可以对这种情况有所弥补。最简单的方法是给利率的运动留下一定的空间。例如，如果目前的年利率是12%，交易者可以让利率有2%～3%运动的空间，取决于这个反转组合的预期持有期有多长。为了允许有2%的运动，套利者在最初计算盈利的时候应当使用10%的利率，比目前的12%低2%。如果没有一手反转组合能够在10%的利率上盈亏平衡，他就不建立任何反转组合。能够使得一手反转组合盈亏平衡的利率往往被称作"有效利率"（在这个示例里是10%）。显然，如果在这个反转组合持有期内利率平均高于10%，它就有盈利。在正常情况下，当套利者建立了整个反转投资组合时，他应当知道每一组在同一月份到期的反转组合的有效利率。因此，他就有2个月的反转组合有效利率、3个月的反转组合有效利率等。

给利率留出运动的余地并不等于说如果利率确实下跌不会有逆向的影响。例如，利率可以跌出所留的空间之外。因此，有必要采取进一步的措施对利率下跌进行完全保护。交易者应当把这个反转组合所产生的收入投资在差不多在反转组合到期时到期的定期有息证券中，这样的证券所含的利率可以锁定在这个反转组合账户的盈利。例如，假定一个套利者有500万美元在3个月的反转组合里，它的有效利率是10%。如果他买入价值500万美元的3个月的利率为11.5%的定期储蓄，那么，他在他的500万美元上就锁定了1.5%的盈利。并不是所有的套利者都使用这种用定期证券来为利率的波动作对冲，有的人觉得不值得做。他们让账户中的收入随着通行的利率而波动，如果利率上升，他们就能得到更多；如果利率下跌，这样做可以起到缓冲效果。

反转组合的第三种风险是卖出的看跌期权收到提前指派通知。这会迫使套利者买入股票，从而产生支出。因此，这个头寸就赚不到最初计划的那么多的利息。如果在这个反转组合建立后不久就收到了指派通知（读者应当记得，实值的看跌期权有可能在远离到期日就被指派），这个反转组合就会实际上出现总的亏损。这种提前指派通知常出现在熊市中。提前指派的唯一好处是套利者手里还剩有未对冲的看涨期权多头，这些看涨期权虚值很深，通常价格也相当低（0.25点或者更少）。如果市场在看涨期权到期之前反转方向，变为牛市，套利者就可以在这些看涨期权上赚钱。虽然没办法对市场下跌进行完全对冲，但是，如果套利者用实值看涨期权和虚值看跌期权来建立反转组合，就会有一定的帮助。这样再加上要求套利在接近行权价的地方有较好的总回报，应当可以在熊市中对负面影响起到一定的缓冲作用。

最后的风险也是最常见的风险，那就是在到期时股票收盘价刚好等于行权价。在这种情况下，套利者必须就是否将他买入的看涨期权行权做出决定。因为股票的价格刚好等于行权价，他不能肯定卖出的看跌期权在到期时是否会被指派。结果他可能在到期之后的星期一早上手里有一个未对冲的股票头寸。如果股票开盘跳空，他就有可能面临一笔明显的亏损，使得许多次反转组合得到的盈利都亏掉。股票收盘价等于行权价的风险看上去似乎很渺小，但是并非如此。如果在到期日股票没有真正的买入或卖出的活动，贴水套利的过程会迫使价格接近行权价的股票最终回到行权价。一旦它接近行权价，风险就会变为现实。

有两种基本情况会导致这种未对冲的股票头寸出现。首先，假定套利者觉得不会收到看跌期权的指派，于是将看涨期权行权了。但是，他错了，他确实在看跌期权上被指派了。他就买入了两倍的股票（一份通过看涨期权的行权，一份通过看跌期权的指派）。因此，在星期一的早晨他所持的是股票多头头寸。另一种情况产生出相反的结果。假定套利者觉得将要在看跌期权上被指派，他决定不将看涨期权行权。如果他在这个情况中错了，就什么股票都没有买（他既没有行权，也没有被指派）。因此，他在星期一早晨就在持有股票空头头寸。

如果套利者真的决定不了他是否会在卖出的看跌期权上被指派，他有若干线索可以追寻。首先，在星期五傍晚是否有可能影响到市场开盘或这只股票在星期一早晨开盘的晚间新闻？如果有的话，在有关看涨期权行权的决定中就应当考虑到这则新闻。另一个线索来自在到期的星期五收盘之前股票的交易价格。如果在收盘之前，在一天的交易里股票价格大部分时间都在行权价之下，那么，看跌期权被指派的机会更大。之所以如此是因为其他的套利者（贴现套利者）或许在这一天里买入了看跌期权和股票，将要通过行权来清理他们的头寸。

如果还有疑问的话，最聪明的办法也许是将看涨期权的一半行权，预期会有部分的看跌期权被指派（总有这种可能）。这种折中的办法一般会在星期一早晨产生某种未对冲的股票头寸，但这个头寸会比最大的暴露至少小了一半。

如果在期权存续期的晚期交易（在最后的几天内）中股票价格接近反转组合行权价，套利者可以采取的另一种方法是将反转组合挪仓到后面的到期日，如果做不到这一点，那就挪仓到同一到期日的不同行权价。首先，考虑一下挪到另一个到期日。套利者知道同他的3个月的反转组合的有效利率相等的美元价格。如果可以将目前的期权平仓并且在下一个到期日按至少是有效利率为新的期权开仓，那么这个反转组合就应当挪仓。这种情况不太可能发生，最主要是4手分开的期权之间的买卖报价之间的差距使得想要的价格很难得到。注意：整个的这手4条腿的订单可以作为一个价差指令下达，没有必要将这个价差"分腿"。

第二种行动（挪仓到同一到期月的不同行权价）也许更有可能。假定套利者手里有一手7月45的反转组合（买入7月45看涨期权和卖出7月45看跌期权）。如果标的股票价格接近 45，他也许会在交易池内下一道 3 条腿的价差指令：卖出 7 月 45 看涨期权（平仓），买入 7 月 45 看跌期权（平仓），同时卖出 7 月 40 看涨期权（开仓），这样可以得到 5 点的净盈利。这样套利者除了一小笔交易费用之外不必花任何成本，他因为将行权价挪了 5 点而得到了 5 点的收入。一旦完成了这个行动，他就把行权价挪开了将近 5 点，因此可以避免股票收盘价等于行权价的问题。

总的来说，这四种风险都相当关键，反转组合者应当小心，不要成了它们的牺牲品。不经意的套利者使用离当前市场利率太近的有效利率，用虚值的看跌期权建立反转组合，不断地置身于在到期后的第二天早晨得到无对冲的股票头寸这样的风险。有的时候他会遭受大笔的亏损。因为许多反转组合者用的是小额的资本在运作，并且使得他们的支持者相信这是一个没有风险的策略，因此，这样的亏损会导致他们破产。这是没有必要承担的风险。正如上面所介绍的，有对付这些风险的措施，它们可以减小这四个风险的后果。

让我们更简要地考虑一下转换组合交易者的风险。在转换组合中股票收盘价等于行权价的风险同在反转组合中一样严重。处理这些风险的技术在转换组合中能起的作用同在反转组合中相同。其他的风险也同反转组合相似，不过有一些细微的差别。

如果出现股息削减，转换组合就会有麻烦。除了在建立转换组合之前注意这个公司的基本面因素之外，套利者在预测这一点上实在没有什么可做的。作为选择，他可以避免那些大部分套利盈利都由股息构成的那种转换。

另一种风险同提前指派有关，如果看涨期权在除息日之前被提前指派而没有得到股息的话，就会出现这样的风险。此外，提前指派使得套利者手里只剩下买入的看跌期权，尽管是极小的一部分，因为它们肯定都是深度虚值的。同样，如果在建立转换组合的时候坚持股息不是主要因素的方针，那么就可以帮助减轻提前指派的后果。

最后的风险是利率在转换组合持有期内的增长。这会使得持有成本大于预期的数量，并且有可能导致亏损。从一开始就对这种风险进行对冲的最好方法是给错误留下余地。因此，如果当前的利率是 12%，套利者也许只建立那些如果利率上升到 14% 仍然可以盈亏平衡的转换组合。如果利率平均来说没有上升到这个水平，那么就会有盈利。套利者可以试图用卖出有利息的票据来为这种风险对冲，这些证券同这个转换组合在差不多的时候到期。例如，如果套利者有 500 万 3 个月的转换组合是按 14% 的有效利率建立起来的，他按 12.5% 的利率卖出票据，这样，他就锁定了一笔 1.5% 的盈利。这种做法在转换组合者之间并不常见，不过它确实能够对利率增加的后果进行对冲。

27.7　转换组合小结

在场内期权市场中，转换组合和反转组合的运作帮助将看跌期权和看涨期权的价格维持在合理的水平上。如果套利者在某个具体的期权上很活跃，这个看跌期权和看涨期权的价格就会根据前面所给的公式同股票价格保持合理的关系。请注意，这也是为什么看跌期权的价格倾向于低于看涨期权价格的有说服力的原因。决定看跌期权价格和看涨期权价格之间的差异的主要因素是资金成本。从本质上说，"成本"（虽然有的时候是收入）是从看跌期权的理论价格中减掉的。回顾一下前面计算转换组合的潜在盈利的公式。假定事情之间相互搭配圆满。于是，这个公式就会是：

$$看跌期权价格 = 行权价 + 看涨期权价格 - 股票价格 - 固定成本$$

此外，如果股票价格刚好等于行权价，这个公式就简约为：

$$看跌期权价格 = 看涨期权价格 - 固定成本$$

因此，只要固定成本（它等于持有成本减去股息）大于零（它一般都大于零），如果股票价格等于行权价，看跌期权的售价就低于看涨期权。只有在支付大量股息的股票的情况里，当固定成本变为负数（也即是说，它不再是成本，而成了收入）的时候，相反的说法才是正确的。我们在前面提到过，在其他条件相同的时候，平值看涨期权的售价比平值看跌期权要高，这里就是一个支持的证据。读者可以清楚地看到，这跟有人喜欢指出的看跌期权和看涨期权的供给和需求没有关系。同样的分析还可以用来证明更为广义的说法，也就是，除了在有大量股息支付的股票之外，看涨期权比看跌期权有更大的时间价值。

对公众客户我们还有最后一个建议。使用简化的公式，公众客户有时候可以找到看上去潜在盈利大于手续费成本的转换组合或反转组合。这样的头寸有时确实会出现。但是为公众客户提供的收益率同现金的短期利率相比，几乎总是低到荒唐的地步。如果不是这样，套利者会非常快地逮住这样的头寸。公众期权交易者在思考这个头寸的时候，也许没有真正想到要把一个头寸的潜在盈利同把钱放进银行所能得到的收入进行比较。但是，他必须这样做才能说服自己，明白他不可能在转换组合或反转组合的尝试中得到成功。

27.8 利率游戏

在前面对反转组合的讨论中可以看得很清楚，套利者的很大一部分盈利来自从这个头寸的收入上所赚的利息。还有一类能从赚得的利息中得到好处的头寸。套利者卖空标的股票，与此同时，买入一手价格略高于持平价的实值看涨期权。套利者能够承受持平价之上多高的价格，取决于他在到期之前能从卖空股票中赚得的利息和股息的支付额。在这类头寸中他不使用看跌期权。事实上，这个"利率游戏"的策略只是一个没有卖出看跌期权的反转组合。这种小小的修改对套利者有一种可以跟踪的好处：如果标的股票价格急剧下跌，他就可以获得大笔的盈利，因为他是卖空了标的股票。无论是什么情况，他都可以得到利息的收入，减去为看涨期权所付的时间价值，再减去股息的损失。

【示例 27-13】XYZ 是用 60 卖空的，1 月 50 看涨期权是用 10.25 的价格买入的。假定目前的利率是每个月 1%，这个头寸是在离到期前 1 个月建立的。XYZ 没有股息。从这个交易中得到的总收入是 4 975 美元，因此，这个套利者在 1 个月的时间里可以得到 49.75 美元的利息。如果股票在到期时价格在 50 之上，他就将看涨期权行权，用 50 买回股票，将这个头寸平仓。他在证券交易中的亏损是 25 美元，也就是他为这个看涨期权所付的时间价值。（他按 60 卖空股票，用 50 买入，但是在将看涨期权行权时亏损了 10.25 点。）因此，他的总盈利是 24.75 美元。

【示例 27-14】这个示例也许可以说明，利率的效果在现实生活中所起的作用其实更重要。在 1979 年早期，离到期还有大约 6 个月的 IBM 4 月 240 看涨期权实值大约 60 点。这个时候，IBM 没有除息的打算。正常情况下，这样一个深度实值的期权在离到期日这么近的时候会在持平价或者甚至是贴水价上交易。可是，这些看涨期权的交易价要高出持平价 3.50 点，原因就是当时通行的利率很高。IBM 的价格是 300，4 月 240 看涨期权的交易价是 63.50，通行的利率将近每月 1%。卖空股票和买入看涨期权之后的收入为 23 700 美元。因此，这个套利者在 1 个半月的时间里就赚得利息 365.50 美元，而他的头寸亏损了 350 美元（为看涨期权所付的 3.50 点的时间价值）。加在一起，他还有足够的盈利空间。

我们在第 1 章里说过，利率会影响期权的价格。上面的"利率游戏"策略的示例相当清楚地显示出其中的原因。随着利率上升，套利者可以在这个策略中为买入的看涨期权支付更多，因此造成了高利率时期看涨期权的高价格。如果看涨期权的价格高，看跌期权的价格也会如此，因为转换和反转组合一定会保持两者之间的相互关系。与此相似，如果利率下跌，套利者就会提供较低的买价，看涨期权和看跌期权的价格都会因此而变低。由于这些活跃的套利活动，期权价格直接同利率相关的这个理论就得到了证实。

27.9 盒式价差

一个套利是由同时买入和卖出不同价格的相同证券或相等证券而构成的。例如，反转组合是由在卖出一手看跌期权的同时卖空股票和买入一手看涨期权而构成的。读者应当记得，卖空股票/买入看涨期权的头寸叫做合成看跌期权。也就是说，卖空股票和买入一手看涨期权同买入一手看跌期权是相等的。反转组合因此是由在卖出一手（场内的）看跌期权同时买入一手（合成的）看跌期权组成的。与此相似，一手转换组合只不过是在买入一手（场内的）看跌期权的同时卖出一手（合成的）看跌期权。为了套利的目的，可以将相等的策略组合起来。其中比较常见的一种就是盒式价差。

读者应当记得，我们说过，牛市价差或者熊市价差可以用看跌期权建立，也可以用看涨期权建立。因此，如果投资者同时买入一手（看涨期权）牛市价差和一手（看跌期权）熊市价差，他就有了一个套利头寸。从本质上说，他只是买入和卖出相当的价差。如果价格差异计算正确的话，就有可能出现一个无风险套利。

【示例 27-15】有下面的价格存在：

　　　　　　　XYZ 普通股股票：　　　55
　　　　　　　XYZ 1 月 50 看涨期权：　7
　　　　　　　XYZ 1 月 50 看跌期权：　1
　　　　　　　XYZ 1 月 60 看涨期权：　2
　　　　　　　XYZ 1 月 60 看跌期权：　5.50

在这个示例里，套利者可以通过执行下面的交易来建立一个盒式价差：

买入一个看涨期权牛市价差：		
买入 XYZ 1 月 50 看涨期权	7	支出
卖出 XYZ 1 月 60 看涨期权	2	收入
净看涨期权成本	5	支出

(续)

买入一个看跌期权熊市价差：		
买入 XYZ 1 月 60 看跌期权	5.50	支出
卖出 XYZ 1 月 50 看跌期权	1	收入
净看跌期权成本	4.50	支出
头寸总成本	9.50	支出

不管 1 月到期时 XYZ 的价位在哪里，这个头寸都会价值 10 点。套利者锁定了一笔 0.50 点的无风险盈利，因为他用 9.50 点"买入"了这个盒式价差，在到期时可以按 10 点把它"卖掉"。要证实这一点，让我们对这个头寸在到期时的情况作一个评价，首先，当 XYZ 价格高于 60 的时候，然后是当 XYZ 价格在 50～60 之间的时候，最后是当 XYZ 价格低于 50 的时候。如果 XYZ 在到期时高于 60，看跌期权就会无价值到期，看涨期权牛市价差就会实现 10 点的最大潜在盈利，也就是行权价之间的差额。因此，如果 XYZ 在到期时价格高出 60，这个头寸可以平仓，得到 10 点。假设 XYZ 在到期时价格在 50～60 之间，卖出的虚值期权会无价值到期（1 月 60 看涨期权和 1 月 50 看跌期权）。于是就剩下一个买入的实值组合，由 1 手 1 月 50 看涨期权和 1 手 1 月 60 看跌期权组成。当 XYZ 在到期时价格在 50～60 之间时，这两手期权的总价值一定有 10 点（例如，套利者可以将他的看涨期权行权，用 50 买入股票，然后将看跌期权行权，按 60 将股票卖出去）。最后，假定股票在到期时在 50 之下。看涨期权就会无价值到期，但是剩下的看跌期权价差（实际上是一个看跌期权的熊市价差）就会实现最大的潜在价值 10 点。同样，这个盒式价差可以平仓，收入 10 点。

不过，套利者必须为持有这个头寸而支付成本，在前面的示例里，如果利率是 6%，而且他必须将这个盒式价差持有 3 个月，那么，他就要付额外的 14 美分（0.06 × 9.5 × 0.25）。这样，他还是有盈利的空间。

说到底，这里是在卖出一个（使用看跌期权的）熊市价差的同时，买入一个（使用看涨期权的）牛市价差。我们用这些条件来描绘这个盒式价差，是为了说明套利者是买入和卖出相等的头寸这样一个事实。不过，使用盒式价差的套利者不应当用牛市或熊市这样的概念来思考问题。他关心的应当是用比两个行权价之间差额更小的成本来"买入"整个盒式价差。说"买入"这个盒式价差，意思是看涨期权价差的部分同看跌期权价差的部分都是支出价差。套利者只要发现一手看涨期权价差和一手看跌期权价差使用的是相同的行权价，并且两者都是支出价差，而且买入它们的成本低于行权价之间的差额加上持有成本，那么，他就应当实施这个套利。

显然，我们刚才介绍的策略有一个相随的策略。套利者有时候有可能"卖出"这两种价差。也就是说，他可以使用同样的行权价，建立一个收入看涨期权价差和一个收入看跌期权价差。如果这个收入大于行权价之间的差额，他就可以锁定一笔无风险的盈利。

【示例 27-16】假定存在有另外一组价格：

XYZ 普通股股票： 75
XYZ 4 月 70 看涨期权： 8.50
XYZ 4 月 70 看跌期权： 1

XYZ 4月80看涨期权： 3

XYZ 4月80看跌期权： 6

通过执行下面的交易，可以"卖出"这个盒式价差：

卖出一个看涨期权（熊市）价差：			卖出一个看跌期权（牛市）价差：		
买入4月80看涨期权	3	支出	买入4月70看跌期权	1	支出
卖出4月70看涨期权	8.50	收入	卖出4月80看跌期权	6	收入
净看涨期权收入	5.50	收入	净看跌期权收入	5	收入
			头寸总收入	10.50	收入

在这个情况里，无论XYZ在到期时是什么价位，整个头寸都可以用10点买回。这就意味着套利者锁住了0.50点的无风险盈利。为了证实这个说法，首先假设XYZ在4月到期时高于80。看跌期权将无价值到期，看涨期权的行权价之间的跨度将扩展到10点（买回成本）。换一种情况，如果XYZ在4月到期时价格在70~80之间，买入的虚值期权就会无价值到期，实值组合的买回成本将是10点。（例如，套利者让看跌期权在80被指派，用这个价钱买入股票，然后将看涨期权按70行权，用这个价钱卖出股票，因此，将头寸平仓的净"成本"是10点。）最后，如果XYZ在到期时低于70，看涨期权就会无价值到期，看跌期权之间的行权价的跨度就会扩大到10点。它于是就可以用10点的成本平仓。无论是哪种情况，套利者都可以用10点将这个盒式价差买回平仓。

在卖出盒式价差中，持有头寸的期间可以就收到的收入赚取利息。

在盒式价差的盈利性中还有一个因素。因为卖出盒式价差产生了收入，卖出盒式价差的套利者就会从这笔卖出中赚一小笔钱。反过来，买盒式价差的购买者因为持有成本而必须负担一笔费用。因为在盒式价差中盈利余地很小，这些持有成本可能产生一定的影响。因此，盒式价差可能实际只卖了5点，即使行权价之间的距离只有5点，套利者仍然可能赚钱，因为他有利息收入。

这样的盒式价差不容易发现。如果它确实出现的话，套利行为本身很快就会使得套利成为不可能。事实上，任何类型的套利都是如此，它不可能被无限期地实施下去，因为光是套利活动自身就会强迫价格回到它该回到的地方。有的时候套利者能够发现他喜欢的期权报价，特别是在波动大的市场里，从而可以用盒式价差建立一个无风险套利。若要它的价值一眼就能看出来，只需回答以下两个问题。

（1）如果套利者要建立的是1手支出看涨期权价差和1手支出看跌期权价差，使用同样的行权价，那么，总的成本是否会小于行权价之间的差额加上持有成本？如果答案是"是"，那么套利就成立。

（2）换一种情况，如果套利者是要卖出这2手价差，建立1手收入看涨期权价差和1手收入看跌期权价差。那么，所收到的总的收入加上所赚的利息是否大于行权价之间的差额？如果答案是"是"，那么套利就成立。

在盒式价差中有一定的风险。其中的许多同套利者在进行转换和反转组合时所面临的风险相同。首先，股票有可能收盘价刚好等于两个行权价中的一个，这就是风险。这样的话，套利者就面临着是否要将买入的期权行权的两难境地，因为他不知道是否会被指派。

此外，提前指派会改变盈利性：卖出的看跌期权的指派会因为由此买入的股票而产生大量持有成本；卖出的看涨期权的指派难免会在刚好要除息的日子之前，使得套利者亏损相当于股息的数量。

实际交易盒式价差的机会是不多的，但是这样套利的存在有助于将市场价格保持在合理水平。例如，如果一只标的股票开始迅速运动，订单量急剧增加，期权市场中的专业商和做市商也许忙于应付订单，无法肯定他们的市场报价是否正确。他们可以使用盒式价差的原则来将价格保持在合理水平。最活跃的期权是那些行权价最接近当前股票价格的期权。专业商可以迅速地将行权价高出但最接近股票价格的看涨期权和看跌期权的报价加起来，然后再加上行权价刚好低于股票价格的期权报价。这四者的总和应当得到一个围绕行权价差额的价格。如果行权价相隔 5 点，那么这四个报价的总和应当大致为 4.50 的买报价和 5.50 的卖报价。如果这四个报价加起来的价格使得交易者有可能建立起盒式价差，那么专业商就会对他的报价进行调整。

27.10　相等套利的变形

相等头寸的套利还可能有其他的变形，虽然它们相对复杂，或许不值得套利者花时间去分析。例如，交易者可以买入一个使用看涨期权的蝶式套利，同时卖出一个使用看跌期权的蝶式套利。可以卖出一个场内的跨式套利和买入一个合成的跨式套利（卖空股票和买入 2 手看涨期权）。相反地，可以就一个卖出比率而买入一个场内的跨式套利（买入股票和卖出 2 手看涨期权）。只有在出现某些看跌期权和看涨期权比另一些看跌期权和看涨期权有更大的报价差的条件下，套利者才会考虑这类策略。如果是这种情况，他也许能够建立一个普通的盒式价差、转换或反转组合，然后再对头寸进行补充，以确保事实上他是在买入和卖出相等的头寸，从而保持套利的机制不变。

27.11　套利的效果

在场内期权市场里，套利的程序是有用的，因为它可以提供一个否则的话就不会存在的二级市场。在正常情况下，公众对实值期权的兴趣随着期权变得深度实值或者离到期时间变得非常短的时候而减弱。在这样的期权上，来自公众的买家很少。事实上，卖出的压力会增加，因为公众宁愿将持有的期权平仓而不是行权。这种期权的少数公众买家也许是要将头寸平仓的期权卖出者。不过，如果卖出者是备兑的，特别是关系到看涨期权，他也许决定要被指派而不是将他的头寸平仓。这就意味着公众卖方创造出的供给比公众需求所能对冲的数量要大。由套利者创造出的市场，特别是在基本看跌期权或看涨期权套利中，基本上满足了这个需要。没有套利者，那些存续期所剩无几的实值期权，在公众卖出者停止将他们的头寸平仓之后，完全可能根本就没有买方市场。

相等套利（转换组合、反转组合和盒式价差）有利于在看跌期权和看涨期权相互之间以及同标的股票之间保持合理的价格。这样就为公众创造出了一个更有效和理性的运作市场。例如，套利者可以免除这样的情况，一个公众客户买入了一手看涨期权，看到股票上涨，但是却找不到下家可以用更高的价格卖掉他的看涨期权。如果这个看涨期权过于便宜，套利者就会做反转组合，这样的套利要买入看涨期权，因此提供了一个接纳卖出的市场。

有人会问，期权的交易是否会影响股票价格，特别是在刚好到期或者就要到期的时候。如果在某一股票上的套利数量非常大，看起来它能够暂时影响股票自身的价格。例如，就看涨期权套利为例。这个套利涉及在市场上卖出股票。通过看涨期权行权的相应的股票买入并不是在交易所行权的。因此，就股票市场而言，也许看上去会有不寻常的股票交易量。如果有大量的基本看涨期权套利在运作，那么就会在看涨期权到期之前将股票价格维持在低位。

看跌期权有着相反的效果。这个策略涉及在市场上买入股票。通过看跌期权行权而发生的卖出股票行为发生在交易所之外。如果有大量的看跌期权套利被行权，也许看上去在这个股票里有不寻常数量的买单。这样的活动也许会将股票价格暂时维持在高位。

不过，在许许多多大量的示例里，套利对标的股票的价格没有明显的影响。因为同股票的交易总量相比，实施套利的数量是微乎其微的。即使某一期权的持仓量很高，就算其中套利者的期权交易量很大，实际的套利活动会迫使股票价格和期权价格恢复到它们合理的关系上，从而破坏了套利的机会。

有不少相当深入的研究，包括博士论文，想要对期权交易影响股票价格的理论进行证明或反证。没有任何权威性的结论，也许永远不会有，因为这个任务太复杂。从逻辑上说，套利似乎可以暂时影响股票的运动，如果它是有贴水的、离到期日很近的实值期权。不过，合理地说，必须承认这些套利的规模几乎从来就没有大到可以扭转标的股票自身的方向性趋势。因此，如果股票没有明确的方向，套利有可能帮助打破僵局，但是，如果确实有大量的投资者想要买入或者卖出这个股票，那么，任何有可能存在的套利都是在这些投资者的绝对统治之下。

27.12 使用期权的风险套利

风险套利这个名字很好地介绍了这个策略。它基本上是一个套利（买入和卖出相同的或相等的证券）。不过，因为这个套利的成功通常取决于某个未来事件的发生，所以这个策略一般包含有风险。我们在上面讨论就一个标的股票将要支付的特别股息数量进行投机的时候，介绍过风险套利的一种形式。那个套利是由买入股票和买入看跌期权组成的，建立套利的时候看跌期权的时间价值要小于预期的特别股息。这里的风险在于套利者对预期特别股息的大小方面所作的投机。

27.12.1 并购

风险套利在股票市场中是一种历史悠久的套利。一般而言，它与提议的并购或兼并实际是否按所提议的方式完成进行投机有关。

【示例 27-17】XYZ 的售价是每股 50 美元，它提出要收购 LMN，方案是每股 XYZ 股票兑换 2 股 LMN 的股票。这就意味着如果兼并按照所提议的完成，每股 LMN 就值 25 美元。在提出兼并的那一天，LMN 股票或许会上涨到每股 22 美元。在这个兼并被 LMN 的股东批准之前，它的价格在交易中不会一路上涨到 25 美元。套利者如果觉得这个兼并会被批准，他就可以采取行动。他会卖空 XYZ，同时，就卖空的每 1 股 XYZ，买入 2 股 LMN 股票。如果并购成功，他就会盈利。他卖空 XYZ 同时又买入 LMN 是要保护自己，以防出现 XYZ 的市场价格在兼并被批准之前下跌。从本质上说，他是卖空 XYZ，同时买入 XYZ 的相等物（如果兼并完成，2 股 LMN 就等于 1 股 XYZ）。这显然是一种套利。不过，这是一种风险套利，因为，如果 LMN 的股东拒绝这个收购的话，他就肯定要亏钱。他的潜在盈利等于 LMN 目前的市场价格（22）同兼并价格（25）之间还剩下的差额。如果提议的兼并完成了，这个差额就会消失，套利者就得到了盈利。

并购的最大风险是这个并购被取消。如果发生这样的事，被兼并的股票（LMN）的价格就会下跌，回到兼并前的水平。此外，兼并股票（XYZ）的价格有可能会上涨。因此，风险套利者就有可能在交易的两侧都亏钱。如果所提兼并涉及的股票中其中之一或者两只都有期权，套利者就有可能在策略中使用期权。

在并购的情况里，因为两只股票都有可能出现大幅的运动（它们一起运动），买入期权是更好的期权策略。如果并购公司（XYZ）有实值的看跌期权，那么，买入这些看跌期权就可以用来代替卖空股票。这样做的好处是，如果 XYZ 在等待并购完成期间急剧上涨，那么，套利者的盈利就会增加。

【示例 27-18】同上面一样，假定 XYZ 的售价是 50，它正在对 LMN 进行 2 对 1 的兼并。LMN 的价格是 22。假定 XYZ 在兼并结束时的价格为 60。这就将 LMN 的价格拉到了将近 30。如果投资者是用 50 卖空 100 股 XYZ，按 22 买入 200 股 LMN，那么他的盈利就是 600 美元（买入 200 股 LMN 有 1 600 美元的收益，卖空 XYZ 有 1 000 美元的亏损）。

把这个结果同相似的用买入看跌期权来代替卖空股票的策略比较一下。跟以前一样，假定它买入了 200 股 LMN，不过现在是买入 1 手 XYZ 看跌期权。如果套利者可以用 5.50 点买入略有一些时间价值的 XYZ 7 月 55 看跌期权，那么，如果并购完成时 XYZ 的价格在 55 之下，他的盈利金额是相等的。

不过，在 XYZ 的价格上涨到 60 的时候，他的盈利额就增加了。LMN 从 22 涨到 30，他还是赚 1 600 美元，但是，现在他在 XYZ 看跌期权上只亏损 550 美元，因此，同全交易股票的 600 美元相比，他现在的盈利是 1 050 美元。

用买入看跌期权来代替卖空股票的缺点是，套利者没有从卖空股票中得到收入，因此没有按持有成本率赚钱。不过，这个缺点可能没有看上去那么严重，因为要借到并购方的股票来卖空，代价非常大，甚至不可能。如果借贷股票的成本非常高，或者根本找不到股票借，那么买入实值看跌期权就是一个有效的选择。买入一手实值看跌期权比买入一手平值或虚值要好。因为，如果 XYZ 的价格没有变化或者下跌，为后者所付的时间价值会吞噬掉太多的盈利性。如果并购失败而且 XYZ 上涨，这个策略还可以减少亏损。在买入的看跌期权上的亏损比卖空 XYZ 股票的亏损要小。

同时请注意，套利者可以卖出 XYZ 7 月 55 看涨期权和买入看跌期权。当然，这就是一个合成的卖空股票，纯粹是替代卖空股票的头寸。只有在套利者借不到并购方的股票时我们才建议使用这样的策略。如果他想这样，那就应当使用实值的看跌期权和虚值的看涨期权，因为如果在看涨期权上被指派，同卖空一样，他无法借到股票交割。使用一手虚值的看涨期权就减小了最终被指派的机会。

相随的策略是买入实值看涨期权而不是买入被兼并公司股票（LMN）。如果股票跌得太深，不管是因为兼并失败或者是因为兼并中的股票过度下跌，这个策略都有它的好处。此外，买入 LMN 股票的持有成本也没有了，虽然一般它是构建在买入看涨期权的成本之中的。看涨期权与看跌期权相比有较大的时间价值，使得这个策略不像用买入看跌期权来替代卖空股票那么有吸引力。

套利者也可以考虑卖出而不是买入期权。一般而言这不是一种高明的策略，不过，在某些场合里也有它的用处。卖出期权不高明的理由是因为它们在这个风险套利中没有限制风险，但是限制了盈利。例如，如果投资者就被兼并的公司股票（LMN）卖出看跌期权，那么他就有一个看多的情景。不过，如果被兼并的公司股票（LMN）上涨得太高，那就会有亏损。因为只要 LMN 涨过了行权价，卖出的看跌期权就停止赚钱。如果兼并价格朝 LMN 有利的方向发展，那么这就更让人失望。在兼并价格战中股票价格大幅上涨时买入 LMN 股票的套利者会有丰厚的盈利，然而看跌期权的卖家则无法得到相似的盈利。

用卖出实值看涨期权来代替卖空并购公司（XYZ）的做法在有的时候有它的好处。要卖空股票时，需遵守正点价差规则（a plus tick），即卖空的价格不得低于前一成交价。如果许多套利者在同时卖空同一股票，那就不容易在这个股票上卖空。此外，XYZ 的自然持有者也许会看到套利者把价格压了下去，决定要卖掉股票而不是遭受在并购的过程中可能出现的股票价格下跌。另外，XYZ 的买家变得提心吊胆，为了同样的原因而降低他们的买报价。所有这些叠加起来，就为卖空造成了一个非常困难的局面，即使能借到股票也是如此。卖出实值的看涨期权可以克服这种困难。这个看涨期权应当是深度实值的，而且离到期不能太远，因为套利者不想看到 XYZ 下跌到看涨期权的行权价之下。如果发生这样的情况，他就不再是对冲的；套利的另一条腿（买入 LMN 股票）会继续下跌，但是他不再有任何卖出的头寸来保护买入的 LMN 股票。

27.12.2　并购的限制

股票还有另外一种并购，对它更难套利，不过期权在这里可以起到作用。在有的并购情况里，并购公司（XYZ）许诺给被并购公司（LMN）的股东等于一个固定金额的股份数。即使并购公司的股票价格稍微有波动，都会付这个数量的股票。不过，如果 XYZ 跌得太深，它就无法向 LMN 的股东支付增长异常的股份数。因此，XYZ 就在给 LMN 每份股票上所付的股份数设一个最大额限制，这样，XYZ 的股东就有了保障。如果像在并购中常常发生的那样，XYZ 的价格下跌，那么，他们公司的股票价值不会过分稀释，因此在下行的方向有了一定的保护。但是，如果 XYZ 跌得过深，那么 LMN 的股东得到的就更少。与这种下行方面的保护相似，XYZ 通常也规定了将付给 LMN 股东的最低股份数量，即使 XYZ 股票剧烈上涨。因此，如果 XYZ 价格剧烈上涨，那么，LMN 的股东的所得就会比他们预期的更好。用一个示例可以说明这一类的并购协议。

【示例27-19】假定XYZ的价格是50，它想要兼并LMN，用的是谈好的每股25美元的价格，像上面的示例里那样。不过，不是直接用2股LMN换1股XYZ。XYZ公司说，只要XYZ的价格在45～55之间，它就给LMN的股东每1股LMN价值25美元，按这个价格并购。有了这个信息，我们可以决定LMN股东可以得到的最高数额和最低数额的股份：最高数额是用底端的限制45去除谈好的价格25美元，或者说0.556股；最低数额是用高端的限制55去除谈好的价格25美元，或者说0.455股。

这种类型的并购通常是用将发行多少XYZ股份的方式来表达，而不是以XYZ有可能会运动到什么价格范围来陈述。无论是哪种情况，都可以从一种情况推导出另一情况来，因此，用什么方法来说明并购协议只是一个习惯问题。例如，在这样的情况里，并购可以说是价值25美元，每1股LMN至少价值0.455股XYZ，最多0.556股XYZ。请注意，只要XYZ的价格在45～55之间，这些比率使得这个并购价值等于25：45乘以0.556等于25，0.455乘以55也等于25。

如果并购的股票XYZ在并购完成时的价格在45～55之间，那么，每个LMN股东将得到的XYZ的股份数目就是按预定的方式决定的。一般来说，在并购宣布的时候，XYZ会说，在并购结束时候，它将用它的价格来建立正确的比率。另外一个稍有不同的方法是，有的时候并购公司会说，用来决定最后比率的是股票在一定时段中的平均收盘价。这个一定的时段有可能是并购结束前的10个交易日。

【示例27-20】假定XYZ在并购结束那一天的收盘价将用来决定这个比率。此外，假定XYZ在那一天的收盘价是51。这是在事先说好的范围之内，因此必须进行计算，以决定每个LMN股东可以得到多少股XYZ的股份。决定这个比率是用这一天的价格51去除说好的价格25。这样，最后的比率是0.490 196。这个最后比率一般有很长的小数，以保证让LMN的股东得到尽可能接近每股25美元的价格。

上面的两个示例解释了这类并购是如何运作的。这种类型的并购被人说成是有"钩子"的，也就是有稳定价格的比率。这就使它很难套利。只要XYZ在45～55的范围内浮动，套利者就不会想要把卖空XYZ作为他策略的一部分，因为此时XYZ的价格不会影响到他最终从LMN得到的价格（25）。他会买入LMN并且等到这个并购基本要结束了才卖空XYZ。在等待的时候，他就会大致知道他应当为持有的每1股LMN卖空多少股XYZ。之所以必须在并购的结尾卖空XYZ，是因为在LMN的实物股票被重新组织进XYZ之前，通常会有一段时间。在这段时间里，如果他没有卖空XYZ来对冲，那么他买入的LMN就会有风险。

如果XYZ在并购完成很久之前就开始跌到45之下，也就是这个并购的低端的"钩子"之下，那就会出现麻烦。如果它停留在45之下，那么套利者就应当设立一个套利，例如就每1股持有的LMN卖空0.556股的XYZ。只要XYZ在并购完成之前停留在45之下，这就是正确的比率。不过，如果在建立了这个比率之后XYZ反弹回来，超过了45，套利者就会有亏损。XYZ的价格有可能继续上涨，在卖空的那条腿造成亏损。不过，LMN不会跟着上涨，因为并购的构建方法是，LMN的价值就是25，除非XYZ上涨得过高。因此，买入的那条腿在卖空的那条腿向上运动得更高的时候并没有跟进。

另一方面，如果XYZ从它最初的价格50向上运动得太远，升到上端的"钩子"55之上，那就不会有问题。在这样的情况里，套利者已经买入了LMN，还没有卖空XYZ，因为并购还没有完成。LMN在XYZ的价格超过了55之后只是跟随它走得更高而已。

这是一种常见的两难局面。我们曾经说过，并购股票常常在并购一宣布之后就马上下跌。因此，XYZ有可能跌到或者跌过下端的"钩子"。有的套利者在XYZ开始跌到将近45时卖空少量的XYZ，然后，如果它跌到远离45的地方，就回补这个卖空，试图用这种方法对自己进行对冲。用这种方法来处理的问题是，套利者最后得到的是一个不正确的比率。从本质上说，他是在迫使自己对XYZ的运动进行预测。

如果并购股票跌到下端"钩子"之下，那么，如果这个股票有场内期权，就有可能在没有这些风险的情况下建立起一个对冲。这里的设想是，买入并购公司的看跌期权，这些期权的行权价接近或等于低端"钩子"的价格。然后买入合适数量的被并购公司（LMN）的股票以完成这个套利。如果并购公司接着反弹，回到谈好的价格范围，看跌期权的亏损被限制在行权价之外的区域，前面所介绍的问题就被解决了。

【示例27-21】公司宣布了上面示例所介绍的并购：XYZ要按照每股25美元的价格兼并LMN，补充规定是：每股LMN至少值0.455股XYZ，但最多只值0.556股XYZ。这些股份的比率同XYZ的45和55的价格相等。

假定XYZ价格在并购宣布之后立即下跌，一直跌到了40。此外，假定这个并购预计要在7月完成，而且市场上有XYZ 8月45看跌期权，它的售价是5.50。这就代表了只有0.50点的时间价值。套利者于是可以通过买入10 000股LMN和56手XYZ的看跌期权来建立一手套利。较小的投资者可以买入1 000股LMN和6手看跌期权。两者都大致符合1股LMN等于0.556股XYZ的正确比率。

27.12.3 要约收购

另一类符合广义的风险套利的公司兼并是要约收购（tender offers）。在要约收购中，兼并公司通常用现金交换被兼并公司的股票。有的时候，收购的是被兼并公司的所有股份，有的时候是其中一部分股份。在后一种情况里，了解剩下的股份会发生什么情况很重要。它们有可能同兼并公司的股份对换，也有可能折换为其他证券（最有可能的是债券），或者，对剩下的股份根本没有任何交换的计划。在有的情况里，一个公司会收购它自己的部分股票，因此，它事实上既是兼并者，也是被兼并者。因此，要想正确地套利，要约收购有时会过于复杂。使用期权可以减少风险。

在兼并公司用现金交换被兼并公司的所有股份（叫做"全现金"收购，"any and all" offer）的情况里，使用期权的主要用途是买入看跌期权作为保护。套利者在买入被兼并公司股票的同时买入这个公司的看跌期权。如果兼并由于某种原因失败，看跌期权可以在被兼并公司的股票下跌时防止灾难性的亏损。套利者在买入这些看跌期权时必须有一定的见识。如果它们过于昂贵或者过于虚值，或者，如果被兼并公司在兼并失败时股票未必会真的跌得很深，那么买入这些看跌期权就是一种浪费。不过，如果在下行方向有显著的风险，那么买入看跌期权是会有用的。

在"全现金"收购中卖出期权看上去常常是一个容易赚钱的机会,不过,这里也有风险。如果兼并完成,被兼并的公司就会消失,它的期权就会被摘牌。因此,卖出虚值的被兼并公司的看跌期权似乎常常看上去是合理的。如果兼并完成,在兼并结束时这些期权就会无价值到期。不过,如果兼并失败,这些看跌期权的价格就会急剧上涨,引起大笔的亏损。另一方面,卖出行权价比收购价格更高的裸看涨期权看上去也是容易赚到钱的。同样,如果兼并完成,这些期权就会被摘牌和无价值到期。在这个情况里的风险是,另一个公司对被兼并公司开出更高价格,而卖出的看涨期权是就这个被兼并公司的。如果发生这样的情况,价格会突然上跳,卖出的看涨期权会损失惨重。

在要约收购只针对部分股份的时候,期权可以起到更重要的作用,特别是当人们预期剩下的股票在部分收购完成之后会大幅下跌的时候。用一个部分要约收购的示例可以说明这种情况。

【示例27-22】 XYZ 提出要买回它自己的部分股票。它提出的收购价是每股 70 美元,它要买回公司的一半股份。对其他股份如何处理,没有任何计划。根据公司的基本面数据,可以预期剩下的股票大约会卖到 40 美元一股。因此,如果收购完成,XYZ 的平均价格就是 55(一半的卖价是 70,另一半价值 40)。在收购完成之前,XYZ 的价格也许在每股 52 或 53 左右。投标一结束,XYZ 股票会立刻跌到每股 40 美元的水平。

有两种方法可以在这种情况中赚钱。一种是在现有的价格(例如 52)上买入 XYZ 股票,然后去投标。当投标结束,XYZ 重新开盘的时候,剩下的股份会用较低的价格(例如 40)交易。如果刚好是 50% 的股票在要约收购中被接受,那么,这个方法可以在每股上产生 3 美元的盈利。在现实中,通常被接受的比例要略为高一些,因为有的人会错失,没有去投标。因此,投资者的平均净价格会是每股 56 美元,在这个方法里每股有 4 美元的盈利。在这种情况里的风险是,当价格为 70 的收购结束之后重新开盘的时候,XYZ 的价格会远在 40 以下。

从理论上说,另一种就这样的要约收购进行交易的方法是按 52 卖空 XYZ 的股票,然后在收购结束重新开盘的时候,用 40 的价格将它买回。不幸的是,这种方法无法实施,因为不会有可以借贷以供卖空的 XYZ 股票。所有的持有者都会将股票去投标而不是把它借给套利者。套利者懂得这一点,他们也懂得如果在最后一分钟想要卖空股票所必须承担的风险。他们会不得不用现金买回股票,或者不得不给从他们手里买走股票的人的一半的股票付每股相等于 70 美元的价格。由于某种原因,许多个体投资者认为他们可以使用这种策略而不必承担风险。他们卖空股票,以为经纪公司会有办法为他们借到股票。不幸的是,这种想法常常使得客户亏掉一大笔钱。

在想要从 XYZ 从 52 跌到 40 中得到盈利的企图中,使用看涨期权也帮不了什么忙。正常情况下,XYZ 的实值看涨期权在要约收购刚好要完成之前会在持平价上交易。如果套利者卖出看涨期权来代替卖空股票,他可能会在要约收购过期的第二天收到指派通知,因此发现他自己也面临着同卖空股票同样的问题。

在这种价格跌落中唯一安全的运作方法是买入 XYZ 的看跌期权。这些看跌期权会非常贵。事实上,如果 XYZ 的价格在要约收购到期之前是 52,而普遍的看法是 XYZ 在收购到期之后的价格会是 40，那么，行权价为 50 的看跌期权的售价至少是 10 美元。这么贵的价格反映了对 XYZ 价格跌落的预期。因此，除非预见到股票价格会跌得比 40 深，否则买入这些看跌期权来作为对下行方向的保护是没有好处的。然而这里有买入 XYZ 股票同时也买入昂贵的看跌期权的套利机会。

在提供这种套利的一个示例之前，有必要对就卖空投标说几句话。卖空投标（short tendering）是不合法的。它出现在当一个交易者实际并不持有股票，但是向要约收购中投标股票的情况里。在一个要约收购中对什么构成股票的持有权有复杂的定义。在要约收购过期的那一天，投资者必须净买入所有他投标的股票股份。因此，他不能在收购过期的前一天投标股票，然后在第二天卖空股票（即使他能够借到股票）。此外，投资者如果就他的头寸卖出某种看涨期权，那么，他就必须减去为这些看涨期权所保护的股票的股份数目：所有行权价小于要约收购价的看涨期权都必须减掉。因此，如果他买入了 1 000 股股份，同时卖出了 10 手实值看涨期权，那么，他就没有任何股份可以用来投标。无论是新手还是经验老到的交易者，都必须意识到这些定义，不应当违反卖空投标的规则。

现在让我们来看一下由买入股票和买入昂贵的看跌期权所组成的套利。

【示例 27-23】XYZ 的价格是 52。同前面一样，有一个要约收购，收购一半的股票，价格是 70，对剩下的股票没有计划。7 月 55 看跌期权的售价是 15，7 月 50 看跌期权的售价是 10。这很常见，两个期权对后市的预测是相同的：40。

如果套利者用 52 的价格买入 200 股 XYZ，用 10 买入 7 月 50 看跌期权，只要要约收购完成，他就锁定了一笔盈利。他只买了 1 手看跌期权，这是因为他假设公司只会接受 100 股股票，其他的 100 股将还给他。一旦这 100 股股票还给了他，他可以将看跌期权行权，把头寸平仓。

下面的表格总结了这些结果：

（单位：美元）

最初买入	
按 52 买入 200 股 XYZ	10 400 支出
按 10 买入 1 手 7 月 50 看跌期权	1 000 支出
总成本	11 400 支出
平仓卖出	
按 70 通过投标卖出 100 股 XYZ	7 000 收入
按 50 通过看跌期权行权卖出 100 股 XYZ	5 000 收入
总收入	12 000 收入
总盈利：600	

这个策略没有了如果 XYZ 在收购之后开盘跳空，大幅低于 40 时会出现的风险。下行方向的价格现在被锁定在看跌期权里。

如果在要约收购中有 50% 以上的 XYZ 股票被接受，那么就会有更大的盈利。同时，如果 XYZ 接着在足够高的价格上交易，7 月 50 看跌期权因此有某些时间价值，那么也会产生较大的盈利。(在这个情况里，套利者不会将这个看跌期权行权，而是分别卖掉股票和看跌期权。)

部分要约收购可以有不同的形式。上面示例里介绍的这种叫做"两级"收购("two-tier" offer),因为收购价格同剩下来股份的价格有很大的不同。在有些部分收购里,剩下来的股份是用基本上相同的价格买入,或许是通过一个现金并购。上面的策略在这样的情况里就不适用,因为这样的并购同"全现金"收购差不多。在其他类型的部分收购里,在部分现金收购之后会发行并购公司的债务证券。这些债务证券的净价格有可能同要约收购的价格不同。如果是不同的话,上面的策略就有可能起作用。

总的来说,套利者应当小心看待要约收购。在"全现金"收购中,套利者应当小心,不要承担过分的期权风险。反过来,在部分要约收购中,套利者应当利用所有"两级"收购的情况,买入股票和买入看跌期权。

27.12.4　盈利性

因为风险套利情况中的潜在盈利有可能非常大,或许是每100股3或4点,公众可以参与到这种策略里。对公众客户来说,由于手续费的缘故,风险套利的盈利对他们来说没有套利者那么高。不过,潜在盈利常常大到使得这种类型的风险套利对公众客户来说也是切实可行的。

总的来说,风险套利者在他的策略里可以使用期权,来代替实际的股票头寸,或者是用来保护股票的头寸。虽然因为盈利微薄导致公众通常不能参与到套利的策略里,但风险套利常常会是例外。潜在盈利有可能大到使得公众客户可以克服手续费负担的地步。

27.13　配对交易

近年来比较流行的一种股票交易策略是配对交易。简单地说,这种策略涉及交易成对的股票(一个买入,另一个卖空)。因此,这是一个对冲策略。这两只股票的运动在历史上是相互关联的。当一只股票相对另一只股票从历史上来说是高估的时候,配对交易者就建立一个头寸。然后,当股票回到它们的历史关系上时,就会有盈利产生。在现实中,有相当复杂的计算机程序专门用来寻找合适的配对。

卖空股票中得到的利息将买入股票的持有成本对冲掉。因此,配对交易者除了股息支付方面可能的差额之外,没有任何开销。

配对交易的天敌是卖空股票的价格猛升,而买入持有的股票则没有相应的价格上涨。如果有兼并,就可能有这种情况发生。当然,配对交易者会力图研究他们所面临的情况,以保证不至于常常卖空被认为要被兼并的公司的股票。

如果两只股票上都有实值期权的话,配对交易者有可能使用期权来减少他们的风险。交易者可以在一只股票上买入实值看跌期权,而不是卖空股票,并且在另一只股票上买入实值看涨期权以代替买入股票。在这个期权的组合里,交易者只付很少的时间价值,因此,他们的潜在盈利大致同使用股票的交易策略相同(不过,交易者会有支出,因为这两个期权都是买入的,因此在这个期权策略里有持有成本)。

如果股票回到历史的相关性,期权策略反映的盈利同股票策略一样,再减去任何失去的时间价值。不过，期权策略带来的好处是，如果有兼并发生，看跌期权的损失有限，所以这个交易者的亏损会小一些。

期权策略的另一个好处是，如果两只股票都有大幅的运动，那么，即使这对股票之间的相关性不回到历史常态，这个策略也能赚钱。例如，如果两只股票都大幅下跌，的确有可能发生这种情况。看涨期权的亏损有限，而看跌期权的盈利则继续积累。与此相似，在上行方向，两只股票同时大幅运动，看跌期权无价值到期，但看涨期权则会继续赚钱。在这两种情况中，即使这对股票的表现不如预期，期权策略还是会盈利。

这种类型的策略（买入实值期权来同时代替价差或者对冲策略的两条腿）我们将在第 31 章和第 35 章中作更详细的讨论。

27.14 供市（批量头寸）

供市（facilitation）是这样一个过程，在其中交易者在做市（making markets）方面寻求帮助，以买入或卖出大批量（block）的股票。这并不是一种真的套利，因此我们把它放到第 28 章中讨论。

27.15 总结

与期权有关的套利可能获利丰厚，不过除非潜在盈利非常大，否则这一般都是那些身为交易所会员（不用或只支付很少手续费）的职业交易员的专属策略。可能的套利方式有很多，无风险的策略就包括贴水套利、股息套利、转换和反转组合、利率游戏套利、盒式价差和相等套利等。它们可能有一些风险，比如标的资产价格在到期时刚好等于行权价等。不过这些风险也很小。还有些风险较大的套利方式，当然它们也会有更大的潜在盈利，比如与兼并、收购和要约收购等相关的套利。不管怎么样，在任何套利情形中，投资者必须确信他交易的标的资产是与他头寸中的期权的条款相匹配的。否则那就不是一个无风险套利。事实上，风险可能会很大。

第28章
Options as a Strategic Investment

数 学 应 用

我们在前面的许多地方都提到了，有可能在期权策略中使用数学的技术。这一章将对这些技术进行推演。虽然一般投资者（公众、机构或者场内交易商）通常对高等数学知道的不多，但这一章里的信息对他们应当仍然是有用的。它可以使投资者明白，什么样的策略决定需要数学的帮助。它可以使投资者有能力对信息服务商的技术进行评价。此外，如果投资者想要雇用某个数学方面有专长的人来为他工作，这里提供的信息可以为这样的工作提供一个关注点。在数学方面有造诣而且会利用计算机的投资者应当可以直接使用本章所提供的这些技术。

28.1 布莱克－斯科尔斯模型

因为期权的价格是由股票价格、行权价、波动率、离到期的时间和短期利率决定的，从逻辑上说，应当有可能推导出一个公式，从这些变量中计算出期权的价格。自1973年期权开始场内交易以来，有过许多这样的模型。它们之中许多是想对最先出现模型进行改进。这个最先的模型就是**布莱克－斯科尔斯模型**（Black-Scholes Model）。这个模型是在1973年早期面世的，同场内期权开始交易的时间非常接近。它在这样一个时候公布于众，因此就有了相当多的信奉者。这个公式相当容易使用，公式很短，变量不多。

实际的公式是：

$$\text{理论价值} = pN(d_1) - se^{-rt}N(d_2)$$

式中：

$$d_1 = \frac{\ln\left(\dfrac{p}{s}\right) + \left(r + \dfrac{v^2}{2}\right)t}{v\sqrt{t}}$$

$$d_2 = d_1 - v\sqrt{t}$$

这些变量是：

p = 股票价格；

s = 行权价；

t = 离到期的时间，用1年的百分比表示；

r = 目前的无风险利率；

v = 用年标准差衡量的波动率；

$\ln$ = 自然对数；

$N(x)$ = 累积正态密度函数。

这个模型的一个重要的副产品是对 delta（也就是说，期权价格中预期因为股票价格中的一个单元的变化而出现的变化数量）的精密计算。我们在第 3 章讨论买入看涨期权时介绍过 delta，它的更正式的名字是对冲比率：

$$\text{delta} = N(d_1)$$

这个公式非常简单，大多数能编程的计算器都可以很容易对它进行计算。事实上，在交易所的交易池里常常可以看到有人使用这样的计算器，因为有的比较偏重理论价值的场内交易者想对期权权利金的即时价值进行监控。当然，如果使用计算机就更容易也更快了。在很短的时间内就可以进行大量的布莱克-斯科尔斯的计算。

在大部分统计学书里都可以找到累积正态分布函数的表格。不过，为了计算的目的，反复地到一个表格中去查找值是一种浪费。因为正态曲线是一条光滑的曲线（它是一条"钟状"曲线，最多地用在描述人口的分布上），我们可以用一个公式来大致得出累积分布：

$$x = 1 - z\,(1.330\,274y^5 - 1.821\,256y^4 + 1.781\,478y^3 - 0.356\,538y^2 + 0.319\,381\,5y)$$

式中，

$$y = \frac{1}{1 + 0.231\,641\,9|\sigma|},\quad z = 0.398\,942\,3 e^{-\sigma^2/2}$$

那么，如果 $\sigma > 0$，$N(\sigma) = x$；或者，如果 $\sigma < 0$，$N(\sigma) = 1 - x$。

就给期权定价的目的而言，这个近似值是相当精确的。因为就期权价格而言，1‰ 点并不重要。

【示例 28-1】 假定 XYZ 的交易价是 45，我们想对 7 月 50 看涨期权进行估计，它离到期还有 60 天。此外，假定 XYZ 的波动率是 30%，无风险利率目前是 10%。理论价值计算的细节都显示在这里，这样，想要为模型编程的读者就可以用来同他们自己的计算进行比较。

一开始先使用上面的公式得出 t，d_1 和 d_2：

$$t = 60/365 = 0.164\,38\,(\text{年})$$

$$d_1 = \frac{\ln(45/50) + (0.1 + 0.3 \times 0.3/2) \times 0.164\,38}{0.3 \times \sqrt{0.164\,38}}$$

$$= \frac{-0.105\,36 + 0.145 \times 0.164\,38}{0.3 \times 0.405\,44} = -0.670\,25$$

$$d_2 = -0.670\,25 - 0.3\sqrt{0.164\,38} = -0.670\,25 - (0.3 \times 0.405\,44) = -0.791\,89$$

现在，使用上面的公式计算出 d_1 和 d_2 的累积正态分布函数：

$$d_1 = -0.670\,25$$

$$y = \frac{1}{1 + (0.231\,641\,9 \times |-0.670\,25|)} = \frac{1}{1.155\,26} = 0.865\,61$$

$$z = 0.398\,942\,3 e^{-(-0.670\,25) \times -0.67025)/2}$$

$$= 0.398\,942\,3 e^{-0.224\,62} = 0.318\,68$$

这个 5 次多项式的计算步骤太多。这里只给出结果：

$$x = 0.748\,65$$

因为我们要确定的是一个负数的累积正态分布，这个分布是由 1 减去 x 而得到的。

$$N(d_1) = N(-0.670\,25) = 1 - x = 1 - 0.748\,65 = 0.251\,34$$

用同样的方式,它要求为 x, y, z 计算出新的值,
$$N(d_2) = N(-0.791\,89) = 1 - 0.785\,79 = 0.214\,21$$

现在回到计算期权理论价值的公式,我们可以完成对 7 月 50 看涨期权理论价值的计算,这里简称"价值":

$$\begin{aligned}\text{价值} &= 45 \times N(d_1) - 50 \times e^{-0.1 \times 0.164\,38} \times N(d_2) \\ &= 45 \times 0.251\,34 - 50 \times 0.983\,7 \times 0.214\,21 \\ &\approx 0.774\,4\end{aligned}$$

因此,7 月 50 看涨期权的价值只是刚好略为高于 3/4 点。请注意,这个看涨期权的 delta 也根据 $N(d_1)$ 而计算出来,它刚好等于 0.25。这就是说,在股票价格有小量变动的时候,7 月 50 看涨期权价格的变化速度是股票价格变化速度的 1/4。

这个示例应当回答了本书先前版本的读者提出的许多问题。如果读者对这个模型的更进一步的细节感兴趣,或许还包括实际的标准差,那么,他应当读一读《使用期权中的事实和幻想》㊀这篇文章。这个模型中存在的不怎么明显的关系之一是看涨期权的价格在无风险利率上升的时候会上涨(看跌期权的价格会下跌)。我们同时也可以看到,这个模型也证实了这样的关系:上升的波动率、较高的股票价格,或者离到期更多的时间等,都意味着更高的期权价格。

这个模型的特征

这个模型有些方面值得讨论一下。首先,读者会注意到,这个模型没有包括股票所付的股息。正如前面展示的,股息对看涨期权的价格有负面的作用。因此,直接使用这个模型会趋向于过高地估计看涨期权的价格,特别是在那些股息付得相对高的股票上。处理这问题有一定的办法。费希尔·布莱克,这个模型的发明人之一,建议使用下面的方法:调整公式里使用的股票价格,从现有的股票价格里减去在到期前有可能支付的股息的目前的价值,然后再计算期权的价格。第二种方法,假设期权是在实际到期日之前的那个最后的除息日以前到期的。同样是调整股票的价格,计算期权的价格。使用这两种计算方法计算出的较高的期权价格作为理论价格。

另一种不那么精确的方法是在看涨期权的价格上使用加权系数。这个加权系数是以股息支付为基础的,对高收益股票的看涨期权使用较大的加权。应当指出,在我们将要介绍的许多种应用中,没有必要知道看涨期权的精确理论价格。因此,这个股息"校正"不一定非要用在所有的策略决定上。

这个模型是建立在股票价格的对数正态分布上的。虽然正态分布是模型的一部分,由于将指数函数包括在内,这个分布就成了对数正态了。对那些对统计学不那么熟悉的人来说,一个正态分布就是一个钟状曲线。这是人们最熟悉的数学分布。使用正态分布的问题是,它允许有负值的股票价格存在,而这是不可能出现的现象。因此,股票价格一般使用对数正态分布,因为它意味着股票价格的范围只能是从零到无限大。此外,对数正态分布

㊀ 费希尔·布莱克(Fisher Black),见《金融分析师杂志》(*Financial Analysts Journal*),1975 年,第 36 ~ 70 页。

的向上（看多）的偏向从逻辑上来说也正确，因为股票价格最多只能跌100%，但是上涨不止100%。在布莱克－斯科尔斯模型之前的许多期权定价模型想要使用经验分布（empirical distribution）。一个经验分布的形状同正态分布或对数正态分布的形状不同。股票价格的合理经验分布同对数正态分布的相差并不太大，只是在股票是否会保持稳定的假设上，它们常常比对数正态分布认为这种情况的概率更大。布莱克－斯科尔斯模型的批评家宣称，在很大程度上因为这个模型使用的是对数正态分布，所以它往往会对实值看涨期权定价过高，对虚值看涨期权定价过低。在某些情况里，这个批评没有错。但是，这并没有显著地削弱这个模型在策略决定中所起的作用。不错，如果投资者只是根据他们计算出的价值来买入或卖出看涨期权，这会导致很大的问题。不过，如果策略的抉择是基于其他的比定价过高/定价过低更重要的因素时，有一些小差距就没有什么关系。

在数学应用中，如何计算波动率始终是一个困难的问题。在布莱克－斯科尔斯模型中，波动率的定义是股票价格的年化标准差。这里是对标准差的一般统计学定义：

$$\sigma^2 = \frac{\sum_{i=1}^{n}(P_i - P)^2}{n-1}$$

$$v = \sigma/P$$

式中　P ——所有 P_i 的平均股票价格；
　　　P_i ——当日股票价格；
　　　n ——所观察的天数；
　　　v ——波动率。

当波动率是用过去的股票价格计算出来的时候，它就叫做历史波动率。同一股票的波动率在不同的时间往往不同。有的因素可以预见得到，像一个大股票的分股会增加股票的流通量，这些因素可以降低波动率。一个公司进入更为投机的业务领域会增加波动率。其他界定没有那么清楚的因素也会改变波动率。因为波动率在定价模型中是一个非常关键的要素，对使用模型的人来说，合理地对当前的波动率进行估计就非常重要。人们现在意识到，年化标准差并不准确，因为它包括的时间阶段太长。近年来使用模型的人做了不少努力，这些努力说明，在得出目前的波动率的过程中，也许应当让短期股票的价格活动比过去股票的价格运动有更大的权重。这是一种可行的途径，不过，计算这样的因素而产生的错误，并不少于使用年化标准差所产生的错误。准确计算波动率的问题很关键，因为这个模型对波动率很敏感。

计算对数正态历史波动率。上面的计算并没有为布莱克－斯科尔斯模型提供正确的输入数据，因为这个数据假设价格变化的对数是服从正态分布的，而不是价格本身。这就是说，上面公式中 P_i 项应当改变。

【示例28-2】XYZ今天的收盘价是51，昨天是50。因此，它这一天的百分比变化是51/50 = 1.02。1.02的自然对数就是以这个波动率公式为基础的：

$$\ln(51/50) = \ln(1.02) = 0.019\ 8$$

用算术的方式说这个股票今天上涨了2%，但是用对数正态来表达的话，它只上涨了

1.98%。

如果股票价格下跌,这个方法就会产生一个负数。假定 XYZ 在下一天从 51 跌回到 50。在波动率公式中使用的数字就会是:

$$\ln(50/51) = \ln(0.980\,4) = -0.019\,8$$

使用这个概念就可以形成一个新的等式。它可以产生同布莱克-斯科尔斯模型相一致的波动率:

$$v = \sqrt{\frac{\sum_{i=1}^{n}(X_i - \bar{X})^2}{n-1}}$$

式中,$X_i = \ln(P_i/P_{i-1})$;P_i 为第 i 天的收盘价;$\bar{X}$ 为所需天数中 X_i 的平均值。

因此,要计算一个 10 天的历史波动率,就需要观测 11 天的数据。在下面的示例里,如果你不想自己计算波动率的话,不必担心全部的细节,它们是为需要检查他们工作的数学家和编程者提供的:

天数	XYZ 股票	P_i/P_{i-1}	$X_i = \ln(P_i/P_{i-1})$	$(X_i - \bar{X})^2$
1	153.875			
2	153.625	0.998 4	-0.001 6	0.000 020
3	151	0.982 9	-0.017 2	0.000 405
4	146	0.966 9	-0.033 7	0.001 336
5	144.125	0.987 2	-0.012 9	0.000 250
6	147.25	1.021 7	0.021 5	0.000 345
7	146.25	0.993 2	-0.006 8	0.000 094
8	149.5	1.022 2	0.022 0	0.000 365
9	152.5	1.020 1	0.019 9	0.000 289
10	158.625	1.040 2	0.039 4	0.001 332
11	158.375	0.998 4	-0.001 6	0.000 020
			平均:0.002 882 5	∑:0.004 455

10 天的 lns (第 4 列) 的平均值是 0.002 88。

然后,每一个 ln 与均值的差的平方之和 (第 5 列)。例如,第 1 天该项是 $(-0.001\,6 - 0.002\,88)^2 = 0.000\,02$。这就是最右面那列的最上面的那个数字。在"ln"那列中的每个数字都可以按这样的程序进行计算。所有这些项的和是 0.004 455。

$$现在 v = \sqrt{0.004\,455/9} = 0.022\,249$$

这是一个 10 天的波动率。将它转换为年化波动率,我们需要乘以 1 年里交易天数的平方根。因为在 1 年里大约有 260 个交易日,最后的波动率就是:

$$v = 0.022\,249 \times \sqrt{260} = 0.358\,7$$

因此,你可以说 XYZ 的年化波动率是 36%。

这是计算历史波动率的正确方法。显然,如果愿意的话,策略家可以计算 10 天、20 天和 50 天以及年化波动率,或者其他任何的时段。在某些情况里,你可以从不同的波动率的相互比较中得到有关一个股票、期货和它的期权的宝贵信息。

28.2 计算综合隐含波动率

事实上,策略家有一种可以让市场为他计算波动率的方法。这叫做使用隐含波动率,也就是说,市场自身隐含的波动率。这个概念的假设是:对行权价接近目前股票价格的期权和成交量相对大的期权,市场的定价是合理的。这有些像有效市场假设。如果在一个接近平值的期权中有足够的成交量,这个期权一般来说会按合理价格交易。如果一个期权的实际价格是合理价格,它就可以用来作为布莱克-斯科尔斯公式的一个固定值,而让波动率成为一个未知的变量。这个波动率可以通过迭代计算而得到。事实上,每一只具体股票的每一种期权都可以通过迭代的过程而计算出波动率。这可以为这只股票产生若干不同的波动率。如果交易者根据成交量和同实值或虚值的距离来加权,那么,就可以为这只标的股票得出一个单一的波动率。这个波动率是以这只标的股票在既定的一天中所有期权的收盘价为基础的。

【示例 28-3】XYZ 的价格是 33,收盘价列举在表 28-1。每一个期权都有一个不同的隐含波动率,这是通过决定每个期权的收盘价在布莱克-斯科尔斯模型中会产生什么波动率而计算出来的:这就是说,如果 0.34 用来作为波动率,

表 28-1 隐含波动率,收盘价格和成交量

期权	期权价格	成交量	隐含波动率
1月30看涨期权	4.50	50	0.34
1月35看涨期权	1.50	90	0.28
4月35看涨期权	2.50	55	0.30
4月40看涨期权	1.50	5	0.38
		200	

这个模型就给 1 月 30 看涨期权算出 4½ 作为价格。为了理性地将这些波动率结合在一起,必须先使用加权系数才能够得出 XYZ 股票自身的波动率。

这个成交量加权系数很容易计算。每个期权的系数只是这个期权的日成交量除以所有 XYZ 期权的总成交量(见表 28-2)。离行权价的距离加权函数也许不应当是线型的。例如,如果一个期权是 2 点虚值,另一个是 4 点虚值,前

表 28-2 成交量加权系数

期权	成交量	成交量加权系数
1月30看涨期权	50	0.25 (50/200)
1月35看涨期权	90	0.45 (90/200)
4月35看涨期权	55	0.275(55/200)
4月40看涨期权	5	0.025(5/200)

面期权的权重未必一定要是后面期权的两倍。一旦一个期权过度实值或者虚值,无论它有多大的成交量,它就不应当有多少权重,或者根本就不应当加权。下面形式的任何抛物线函数都足以说明问题:

$$\text{加权系数} = \begin{cases} \dfrac{(x-a)^2}{a^2} & x < a \\ = 0 & x > a \end{cases}$$

式中,x 是股票价格同行权价价格之间距离的百分率;a 是模型所用的最大的百分率距离。超过这个距离,使用模型的人就不再给期权的隐含波动率加权。

【示例 28-4】一个投资者决定,如果期权的行权价超出目前股票价格 25%,他就不再给这个期权加权。变量 a 在这时等于 0.25。当 XYZ 的价格为 33 时,加权系数的计算可以用

表 28-3 来表示。要把成交量和离行权价的距离这两个加权系数结合起来，用这个期权的隐含波动率乘以这两个系数。将所有涉及的期权的这些乘积加起来。这个总数然后除以这些加权系数的乘积的总和，表示成公式为：

表 28-3 距离加权系数

期权	离行权价距离	距离加权系数
1月30看涨期权	0.091(3/33)	0.41
1月35看涨期权	0.061(2/33)	0.57
4月35看涨期权	0.061(2/33)	0.57
4月40看涨期权	0.212(7/33)	0.02

$$\text{隐含波动率} = \frac{\sum(\text{成交量系数} \times \text{距离系数} \times \text{隐含波动率})}{\sum(\text{成交量系数} \times \text{距离系数})}$$

在我们的示例里，XYZ 股票由此算出的隐含波动率是 29.8%（见表 28-4）。请注意，这个隐含波动率 0.298 同任何单个期权的隐含波动率都不同。它是一个综合的数字，其中给成交量最大的近值期权以最大的权重，而成交量小的（5 手合约）虚值的 4 月 40 看涨期权几乎没有给什么权重。这个隐含波动率仍然是标准差的一种形式。因此，凡是需要标准差波动率的地方，它都可以用。

表 28-4 期权的隐含波动率

期权	成交量系数	距离系数	期权的隐含波动率
1月30看涨期权	0.25	0.41	0.34
1月35看涨期权	0.45	0.57	0.28
4月35看涨期权	0.275	0.57	0.30
4月40看涨期权	0.025	0.02	0.38

$$\text{隐含波动率} = \frac{0.25 \times 0.41 \times 0.34 + 0.45 \times 0.57 \times 0.28 + 0.275 \times 0.57 \times 0.30 + 0.025 \times 0.02 \times 0.38}{0.25 \times 0.41 + 0.45 \times 0.57 + 0.275 \times 0.57 + 0.025 \times 0.02}$$
$$= 0.298$$

这种计算波动率的方法相对准确，它对股票的波动率的变化也很敏感。例如，随着市场变为看多的或看空的（产生大幅度的上涨或下跌），大部分股票会随之出现高波动的运动。期权权利金迅速上涨，这种隐含波动率的方法会迅速抓住这种变化。在最终得出股票的波动率之前，还有一项微调需要做。在日间运动中，一只股票（特别是它的期权成交量不活跃的股票）的价格波动有可能大于策略家想要看到的。通过得出最后 20 天或 30 天的隐含波动率的移动平均（moving average）可以起到平滑的作用。另一种不需要储存太多过去天数数据的方法是在隐含波动率上使用动量计算（momentum calculation）。例如，今天的最终波动率可以通过将今天的隐含波动率的 5% 加上 95% 的昨天的最终波动率而计算出来。这个方法只需要储存一个数据，就是昨天的最终波动率，但还是保留了一种"平滑"的效果。

一旦计算出了这个隐含波动率，就可以把它作为波动率这项变量用在布莱克－斯科尔斯模型（或者任何其他模型）里。因此，交易者可以使用股票的隐含波动率，根据布莱克－斯科尔斯公式计算出每一个期权的理论价值。因为股票的隐含波动率很有可能在某种程度上同这个具体的期权的隐含波动率有所不同，这样，在期权的实际收盘价同根据这个模型计算出的理论价格之间就会有所不同。这个差额代表了这个期权在理论上同这只股票的其他期权相比被过高或过低估价的数量。

计算波动率倾斜

没有一个单一的、确定性的方法来计算每只股票每一天在期权上的倾斜数值，但这里有一个可接受的方法。这个过程基本上如下。

（1）计算每个期权的单独隐含波动率。

（2）计算步骤（1）中每个期权系列的标准差。不用像计算综合隐含波动率那样为每个单独的隐含波动率赋权。而是仅仅计算这组隐含波动率的标准差。此外，在这个标准差的计算中，可以去掉那些没有或只有很少时间价值的期权，因为它们不是代表这只股票的"正常"期权。

（3）用步骤（2）的结果除以综合隐含波动率，计算过程如下文所示：

【示例 28-5】XYZ 交易价为 6.50。它有多个场内期权交易，每个期权的隐含波动率都不同。

期权	隐含波动率
3月5看涨期权	85.0%
6月5看涨期权	77.5%
3月7.5看涨期权	75.0%
6月7.5看涨期权	70.0%

这四个数字的标准差是 6.25。注意，这个数字并没有考虑单个期权的价格或成交量。然而，如果深度实值或深度虚值的期权的时间价值非常小，那它们将不在考虑范围之内。

此外，假定上述四个期权的综合隐含波动率（这需要使用成交量和实值或虚值的程度）为 75.0%，那这个股票的"倾斜因子"就会是：

$$倾斜因子 = 6.25/75.0 = 8.3\%$$

所有股票的倾斜因子都可以用类似的方法计算出来，并进行排序。具有最高倾斜因子的股票会有个非常明显的**波动率倾斜**（Volatility Skew）。对于有很大倾斜因子的特定股票，投资者应该看看其单个期权的隐含波动率，以便于知道是什么导致了这个倾斜。

如果即将发生某个"事件"（FDA 听证会、诉讼判决、盈余公告等），就可能会导致一个水平的倾斜，即刚好在预期的事件之后到期的期权的隐含波动率会比所有其他期权都高。相反，在一个熊市中，则可能出现垂直的倾斜，例如，较低行权价的期权的隐含波动率会比较高行权价的期权更高。与这些倾斜相关的策略会在"波动率交易技术"一章中讨论。

一旦计算出综合隐含波动率和波动率倾斜因子，投资者就应该考虑为每个股票、指数、ETF 和期货合约建一个日频价值的数据库。通过这些信息，投资者接下来就能计算出隐含波动率和倾斜在过去一段时间里的分位数。这些会是很有用的统计资料，可以帮助投资者确定某个特定股票的期权是否确实是昂贵或便宜，或者它们是否出现了不正常的倾斜。

28.3 预期收益

有的投资者只有在历史部分对他们有利的时候才进入头寸。当投资者进入一笔交易时，他通常相信有可能盈利。例如，当买股票的时候，他会认为有"很大可能"股票会上涨或者公司收益会增加。投资者有可能有意识或无意识地对这种可能性进行估计。但是，投资者毫无例外的都是以对盈利的正面预期为基础的。因为期权的期限是固定的，相对于上面所说的靠直觉的评价来说，投资者对期权的预期盈利会进行更为严谨的计算。这种更严谨的方法包括对预期收益的计算。预期收益只不过是这个头寸在大部分情况中会产生的收益。

用一个简单的示例可以帮助解释这个概念。在计算预期收益中的一个重要的变量是列举出股票在未来某个时刻达到某一特定价格的概率。

【示例 28-6】XYZ 的售价是 33，投资者想要知道 XYZ 在 6 个月时价格会是什么。假定 XYZ 在 6 个月内有 20% 的可能性会在 30 之下，有 40% 的可能性在 35 之上，最后，假定 XYZ 在 6 个月内有相等的 10% 的机会价格为 31，32，33 或 34。为了简化起见，所有其他的价格都忽略。表 28-5 对这些假设做了总结。

表 28-5 预期收益计算

XYZ 在 6 个月的价格	XYZ 在这个价格上的机会
低于 30	20%
31	10%
32	10%
33	10%
34	10%
高于 35	40%
	100%

因为总的百分比是 100，从理论上来说，所有可能的结果都考虑到了。现在，假定 2 月 30 看涨期权的交易价是 4，2 月 35 看涨期权的交易价是 2。买入 2 月 30 看涨期权并卖出 2 月 35 看涨期权就可以建立一个牛市价差。这个头寸的成本是 2 点，也就是说，它是 2 点的支出。如果 XYZ 在到期时在 35 之上，这个价差交易者就可以得到 3 点，也就是 150% 的收益。如果 XYZ 在到期时低于 30，他就有 100% 的亏损。这个价差的预期收益可以通过将到期时每个价格的结果乘以在这个价格上的概率，然后将结果加在一起而得出。例如，如果 XYZ 在到期时低于 30，价差交易者就亏损 200 美元。我们假定的是 XYZ 在到期时低于 30 的可能性是 20%，因此，预期亏损是 20% 乘以 200 美元，或者说 40 美元。表 28-6 显示了所有这些价格的预期结果。总的预期收益是 100 美元。这就是说，预期收益（盈利除以投资）是 50%（100 美元/200 美元）。这看上去是一个有吸引力的价差，因为价差交易者可以"预期"他的投资会有 50% 的收益（不计手续费）。

表 28-6 计算预期盈利

XYZ 到期价格	在这个价格的概率 (A)	在这个价格的盈利 (B) 美元	预期盈利 (A)×(B) 美元
低于 30	20%	−200	−40
31	10%	−100	−10
32	10%	0	0
33	10%	+100	+10
34	10%	+200	+20
高于 35	40%	+300	+120
		总预期盈利	100

这个示例真正计算的只是如果投资者历史上使用同一头寸反复投资时可以预期的长期收益。说一个具体的头寸有 8% 或 9% 的预期收益跟说普通股票有 8% 或 9% 的长期收益没有什么区别。当然，股票的表现在牛市里要好得多，在熊市里要差得多。与此相似，这个有 50% 预期收益的牛市价差的示例在任何一种情况中都有获得最大盈利或 100% 亏损的可能。50% 的预期收益是许多情况的总收益。根据数学理论，如果投资者反复投资在一个有正预期收益的头寸里，他赚钱的可能性就更高。

正如我们已经指出过的,为股票价格中的可能的结果选择什么样的百分比是一个关键的选择。在上面的示例里,如果投资者稍微改变一下他的假设,让XYZ在到期时低于30的机会等于30%,高于35的机会等于30%,那么,预期收益就会下跌很多,它就只有25%。因此,使用合理准确和一致的方法选择这些百分比是至关重要的。此外,上面的示例是过于简化的。它使用的收盘价全都是整数,没有类似32.50这样的分数价格。如果想要正确地计算出预期收益,那么就必须将这个股票的所有可能结果都考虑在内。

幸运的是,在计算某一给定股票在一个既定价格和一个既定时间段内的预期百分比概率方面,有一种直截了当的方法。这种计算方法涉及使用股票价格的分布。正如前面提到的,布莱克-斯科尔斯模型使用的是股票价格的对数正态分布,虽然今天许多设计模型的人使用非标准的(经验的或直观的)分布。无论是哪种分布,在分布曲线之下的任何两点之间区域的面积是在这两点之间的概率。

图28-1是一个典型的对数正态分布的图形。顶部总是在分布的"均值",或者说在平均数上。对股票价格的分布来说,在"随机游走"的理论里,"均值"一般被看作是目前股票的价格。有了这幅图形,投资者就可以将在任何一个价格点上的概率视觉化。应当注意,股票相对没有变化的概率相当大;股票价格不可能低于

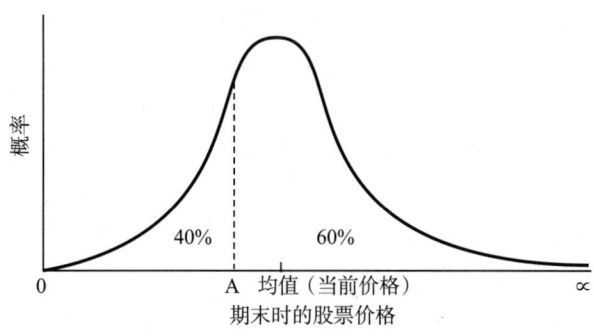

图28-1 典型的对数正态分布

零;而且,在这幅图形中有看多的偏向(股票可以无限地上涨,虽然出现这种情况的可能性非常小)。

在随机游走的分布中,XYZ在这个时段的末尾低于均值的可能性是50%。这就是说,在图形上,在这个曲线之下的50%的区域在均值的左面,50%在均值的右面。注意一下图形上的"A"点。在图形上,在分布曲线下,有40%的区域在A点的左面,60%在A点的右面。这就意味着在这个时段结束时有40%的可能股票价格会低于"A",有60%的机会它会高于"A"。因此,分布曲线可以用来决定计算预期收益所必需的概率。读者应当注意到这样的事实:这些概率适用于这个时段的结尾。对于在这个时段之内的时候,对XYZ的价格在"A"之下的概率是多少,它们一点也说明不了。要计算出这个百分率,必须要有相关的计算程序。

当波动率用标准差来表示时,这个分布图形的高度和宽度是由标的股票的波动率决定的。这同这一章前面所介绍的计算波动率的方法是一致的。当然,可以使用隐含波动率。因为使用期权模型的人一般感兴趣的时段不是1年,所以,一定要将所使用时段中的波动率转换为年化波动率。使用下面的公式很容易做到这一点:

$$v_t = v\sqrt{t}$$

式中　v——年化波动率;

　　　t——按年计算的时间;

v_t——该时间（t）中的波动率。

举例来说，一个 3 个月的波动率等于年化波动率的一半。在这个情况里，t 等于 0.25（1 年的 1/4），因此 $v_{0.25} = v\sqrt{0.25} = 0.5v$。

我们为计算预期收益所必需的概率的计算提供了必要的基础。下面的公式计算了这样一个股票的概率，这个股票目前的价格为 p，它在这个时段结束时在另一个价格 q 之下。这里用的是对数正态分布。

股票在时段 t 结束时价格低于 q 的概率是：

$$P(低于) = N\left(\frac{\ln\left(\frac{q}{p}\right)}{v_t}\right)$$

式中　N——累积正态分布；
　　　p——股票目前价格；
　　　q——既定价格；
　　　ln——既定时段的自然对数。

如果投资者感兴趣的是在既定价格之上的股票价格，那么这个公式就是：

$$P(高于) = 1 - P(低于)$$

有了这个公式，使用计算机就可以很快计算出预期收益。投资者只需要从某个价格开始（例如，牛市价差中的较低行权价）一直到较高的价格（牛市价差中的较高行权价）。在两者之间的每一价格上，价差的结果乘以这个价格的概率，然后再累加起来。

简单地说，可以使用下面的迭代公式。

$$P(价格在 x 上) = P(低于 x) - P(低于 y)$$

式中 y 是接近但小于 x 的价格。一个示例可以是：

$$P(价格为 32.4) = P(低于 32.4) - P(低于 32.3)$$

因此，一旦选择了低起点和决定了低于这个价格的概率，投资者只要使用上面的公式来迭代运算，就能够计算出高于这个价格的概率。在现实中，投资者是将这个信息同分布曲线结合起来使用的。如果想要的话，任何基本微积分中求积分近似值的方法，像梯形法则（Trapezoidal Rule）和 Simpson 法则等，都可以用在这里以求得更精确的结果。

下面是一个计算预期收益的典型示例。

【示例 28-7】XYZ 目前的价格是 33，它的年化波动率是 25%。按前面的示例建立一手价差：买入 2 月 30 看涨期权，卖出 2 月 35 看涨期权，支出为 2 点，这些都是 6 个月的期权。表 28-7 为计算预期收益提供了必要的组成部分。列

表 28-7　计算预期盈利

到期价格 (q)	(A)P(低于 q)	(B)P(等于 q)	(C) 价差盈利（美元）
30	0.295	0.295	−200
30.10	0.301	0.006	−190
30.20	0.308	0.007	−180
30.30	0.316	0.008	−170
.	.	.	.
.	.	.	.
.	.	.	.

（A），也就是价位在价格 q 之下的概率，是根据前面所给的公式计算出来的，其中 $p = 33$，$v_t = 0.177 (= 0.25\sqrt{1/2})$。第一个需要看的股票价格是 30，因为在这个价格之下，这个牛市价差的所有结果都相同：价差会 100% 亏损。对从这个价格起一直到 35 之间的每个 0.1 点的价格进行计算。预期结果是将右面两列（B）和（C）相乘，再将结果相加而计算出来的。请注意，列（B）是将列（A）的相邻的数字相减而得出的。将这个示例演绎到底并没有特别大的意义，因为计算的其余部分同这里列举的相似，而且数目很大。

从理论上说，如果投资者有足够的数据和功率足够大的计算机，他就可以每天对大量的策略进行评价，以预期收益为基础，选出最好的头寸。他或许会买入一些期权（看跌期权或看涨期权），一些牛市价差，一些裸卖出和比率跨期价差，少数几手跨式价差和卖出比率，以及若干卖出备兑看涨期权。这个理论要付诸实践是有困难的，因为涉及巨大数量的计算，也因为收盘价数据的准确性。我们在前面提到过，计算机所假设的是实际上有得到"不好的"收盘价的可能。这里说的"不好的"收盘价，指的是在这一天的后半段，期权并没有与股票同时进行交易，实际的期权市场在价格上同该期权收盘时所反映的价格有区别。将一个合约的日成交量进行"筛选"可以帮助减轻这个问题。例如，如果这个期权在前一天没有达到事先规定的最小成交量，投资者可以在他的计算中将这个期权剔除。如果为每一个期权都提供买报价和卖报价的数据，那么代价要大一些，不过结果会更可靠，而且可以减轻"不好的"收盘价所造成的麻烦。除了成交量筛选之外，另一种减少计算数量的方法是把策略限制在投资者感兴趣的范围内，或者是那些他有理由相信同他的投资目标相符的策略。不管投资者在计算数量上加以什么样的限制，还是需要有相当的计算机功率来计算预期收益。一个精密的可编程的计算器有可能提供即时的计算，可是永远无法用来对整个期权市场进行评价，对每天的有利的情况进行排序。网上也有使用即时价格进行这种类型计算的计算机程序。虽然即时价格有时会有帮助，但它们不是绝对必要的。

计算预期收益的另一个副产品是它可以用来作为另一种预测期权理论价值的模型。投资者需要做的只是计算出在期权到期日时在行权价之上的每个相邻价格的概率，然后将它们加起来。这个结果就是期权的理论价值。有的服务商提供这些数据，这些数据一般提供了与布莱克－斯科尔斯模型不同的理论价值。出现这样的区别的原因是布莱克－斯科尔斯模型包括了无风险利率，而预期收益模型中则没有。

28.4 将这些计算用到策略决定中

28.4.1 卖出看涨期权

我们在第 2 章中介绍的将卖出看涨期权进行排序的一个方法，就是根据不亏损的概率来将所有至少能够提供最低可接受的收益水平进行排序。如果投资者对安全感兴趣，他也许会决定采用这种方法。假定他决定考虑所有年化总收益（资本收益、股息和手续费）至少是 12% 的卖出看涨期权，那就会取消许多潜在的卖出看涨期权，但是他每天还是有大量的可以使用的卖出看涨期权。他知道每个卖出看涨期权的下行盈亏平衡点。因此，可以很快算出在到期时股票低于这个盈亏平衡点的概率。最后卖出名单会把那些在到期时最不可能低于盈亏平衡点的卖出看涨期权列为最好的。同样地，这个排序是以预期概率为基础的。而且毫无疑问，没有人能担保股票在现实中不会低于盈亏平衡点。不过，在长期中，这样的名单应当能够提供最为保守的卖出看涨期权。

【示例 28-8】XYZ 的售价是 43，6 个月的 7 月 40 看涨期权的售价是 8 点。在包括了股息和 1 个 500 股股票头寸的手续费成本之后，在到期日的下行盈亏平衡点是 36。如果 XYZ 的年化波动率是 25%，那么就可以计算出在到期时有钱可赚的概率。6 个月的波动率是 17.7%（25% 乘以 0.5 年的平方根）。使用这一节前面提供的公式，可以计算出价格低于 36 的概率：

$$P(\text{在 6 个月低于 36}) = N\left(\frac{\ln\left(\frac{36}{43}\right)}{0.177}\right) = N\left(\frac{-0.178}{0.177}\right) = 0.158$$

XYZ 在 6 个月里价格低于 36 的预期概率是 15.8%。因此，这就是一个有吸引力的保守策略，因为它赚钱的概率很大（即会有 85% 的可能性价格在到期时不会低于盈亏平衡点）。这个示例里的行权时收益按年化计算大约为 20%，因此，从盈利的角度看，它也是可以接受的。有计算机的帮助，对所有卖出备兑的候选对象进行类似的计算，是一件简单的事。

能够使用一个共同的分母（波动率）对下行方向的保护进行衡量，在其他类型的卖出备兑看涨期权的分析中也有用。卖出一个有较高盈利潜力的虚值看涨期权的投资者也会对了解他下行方向的保护感兴趣。例如，他也许决定想要在一个盈利可能性是 60% 的情景中投资。这不是一个很难实现的要求，因此会有许多有吸引力的、高潜在盈利的卖出看涨期权策略可供选择。用成功的概率来表述对下行方面的要求消除了不得不强加的主观的要求。典型的主观要求是，只使用卖价为 1 点以上的看涨期权，或者是下行的保护必须是股票价格的一定百分比等。对有着不同波动率的股票来说，这些显然是不够的。下行保护的标准应是用"下行保护的概率"来表述，或者用波动率自身来表述。按照这种方法，在高波动的和波动率中等的股票之间就可以进行统一的比较。

28.4.2 买入看涨期权

期权的买家也可以建设性地使用对波动率的衡量来帮助他做出买入期权的决定。在第 3 章里我们证明了，以标的股票波动率为基础来评价看涨期权的盈利能力是分析买入期权的正确方法。这里要介绍一种具体的分析方法。在这个分析中，某些变量可以修改，以配合看涨期权买家的具体需要。不过，总的逻辑对所有的情况都适用。

第一步，投资者应当用一致的股票运动来对买入看涨期权进行排序。投资者可以决定根据当标的股票随着它的波动率而上涨时它们会如何表现，来对所有的买入看涨期权策略进行排序。我们必须对"随着它的波动率"这个说法作一限定。例如，投资者决定采用所有的股票都会向上运动 1 个标准差，然后根据这个假设将所有的买入看涨期权策略进行排序。想要买入看涨期权的投资者还必须有一个固定的持有期。一般而言，投资者的持有期为 30

天、60 天或 90 天。

分析盈利能力和风险的具体步骤如下。

（1）根据波动率，限定标的股票的向上或向下的运动距离。

（2）选择分析所针对的持有期。

28.4.3 盈利能力

（3）根据上面的假设，计算股票将向上运动到的价格。

（4）使用类似布莱克－斯科尔斯模型之类的定价模型，对期权在股票完成向上运动之后会有的价格进行估计。

（5）计算扣除手续费之后的百分比盈利。

（6）对这个股票所有的期权都重复第（4）步和第（5）步。

在对所有的股票都进行了第（3）步到第（6）步的操作之后，根据它们的百分比收益将这些买入看涨期权的策略进行排序。

28.4.4 风险

（7）在运用了第（1）步和第（2）步的假设之后，计算股票有可能跌到的价格。

（8）使用一个模型，计算股票下跌后的期权价格。

（9）计算扣除手续费之后的百分比亏损。

（10）计算收益/风险比率：用第（5）步得出的百分比盈利除以第（9）步得出的百分比风险。

（11）对这个股票所有的期权都重复第（8）步到第（10）步。

对所有股票都进行第（7）步到第（11）步的操作，然后根据它们的收益/风险比率进行排序，这样就可以建立一个不是那么激进的买入期权策略的最终排序名单。

较高盈利能力的买入期权策略的名单往往是那些平值的或略为虚值的看涨期权。根据收益/风险比率排序的没有那么激进的名单，往往是实值的看涨期权。

【示例 28-9】第 1 步和第 2 步，假定一个投资者想要买入一个持有期为 90 天的期权，这里的假设是，每个股票在这段时间内都将向上移动 1 个标准差。（在给定的时段里，股票在某个方向上运动大于 1 个标准差的可能性只有 16%。因此，在实践中，投资者在他的排序计算中可以使用较小的股票运动。）此外，假设以下数据是已知的。

XYZ 普通股股票：	41
XYZ 年化波动率：	30%
XYZ 1 月 40 看涨期权：	4
离 1 月期权到期的时间：	6 个月

第 3 步，计算股票向上的潜力。这是通过使用下面的公式来实现的：

$$q = pe^{av,\ominus}$$

⊖ 原文为 $q = pe^{av}t$，疑有误。——译者注

式中 p = 当前股票价格；

q = 潜在股票价格；

v_t = 在时段 t 中的波动率；

a = 一个常数，见下述。

常数 a 和 t 是根据第 1 步和第 2 步的假设而确定的。第一个常数 a 是可以出现的运动的标准差数量。在我们的示例里，$a=1$。这就是说，这个分析所用的假设是股票只能向上运动 1 个标准差。第二个常数 t 是 0.25，因为这里分析的是一个 90 天的持有期，也就是 1 年的 25%。在这个示例里：

$$v_t = v\sqrt{t} = 0.30\sqrt{0.25} = 0.30 \times 0.50 = 0.15$$

因此

$$q = 41e^{0.15} = 41 \times 1.16 = 47.64$$

因此，如果在 90 天内刚好运动 1 个标准差，这个股票就向上运动到将近 47.64。

第 4 步，使用布莱克–斯科尔斯模型，可以对 XYZ 1 月 40 看涨期权定价。如果 XYZ 在 47.60，而且这个期权的存续期少了 90 天，它的价值就大约为 8.10。

第 5 步，计算潜在盈利。这个示例没有考虑手续费，但是，在现实的情况中，应当将它们包括在内。

$$百分比盈利 = (8.10 - 4)/4 = 4.10/4 = 103\%$$

因此，如果 XYZ 在今后 90 天内向上运动 1 个标准差，这个看涨期权预期会有的盈利就是 103%。再回顾一下，股票实际上运动到这么远或者比它更远的可能性只有大约 16%。不过，如果所有股票的所有期权都在同样的假设下进行排序，那么就可以对有盈利的期权进行合理的比较。

第 6 步从这个示例里省略掉了。它是基于 XYZ 在 90 天之后的价格是 47.60 的价差，对所有其他的 XYZ 期权进行相似的盈利分析（第 4 步和第 5 步）。

第 7 步，计算 XYZ 会下跌到多深。用来计算股票下行方面的可能性的公式与用来计算股票上行方面的可能性的公式是相同的：

$$q = pe^{-av_t}$$
$$= 41e^{-0.15} = 41 \times 0.86 = 35.39$$

如果下跌 1 个标准差，XYZ 在 90 内将下跌到将近 35.39。请注意，XYZ 可能上涨和下跌的实际距离是不同的。上行的潜在距离是 6.60 点，而下行的潜在距离则是 5.75 点。造成这个区别的原因是使用的是对数正态分布。

第 8 步，使用布莱克–斯科尔斯模型，投资者可以估计，如果 XYZ 在 90 天后的价格是 35.39，那 XYZ 1 月 40 看涨期权的价值就是 1.10。

第 9 步，1 月 40 看涨期权的潜在风险是：

$$百分比风险 = (4 - 1.10)/4 = 2.90/4 = 73\%$$

第 10 步，收益 / 风险比率只是用百分比收益除以百分比风险：

$$收益 / 风险比率 = 103\% / 73\% = 1.41$$

第 11 步，对所有 XYZ 的期权都进行这个分析，然后，对所有有期权的股票进行这个分析。按照它们的收益/风险比率对没有那么激进的买入看涨期权策略进行排序。比率越高，策略就越有吸引力。对更为激进的买入策略的排序所依据的只是它们的潜在收益（第5步）。

这就完成了买入看涨期权的示例。在结束这一节之前，应当指出，对买入策略中，假设标的股票运动了整整1个标准差之后才进行排序也许有些过分。比较中庸的假设是股票或许会运动0.7个标准差。在一个固定时段的结尾，有25%的机会股票会向上运动至少0.7个标准差。

28.4.5　看跌期权的定价

给看跌期权定价的理论模型是推导出来的，也就是说，它们同为看涨期权定价的模型是分开的。布莱克和斯科尔斯在他们最初的论文里展示了这样一个模型。不过，正如我们已经说明的，在场内期权市场里，由于转换和反转组合策略，看跌期权同看涨期权之间有一种相互关系。

如果投资者假设价差交易者会通过转换而有效地影响市场，那么，为了给看跌期权定价，他也可以使用基本的看涨期权定价模型。理论家会争辩说，这样的定价方法是假设始终有高效率的套利交易存在，可是这并不是事实。如果投资者想要决定这个看跌期权的定价过高或过低的精确性质，那么，这个"转换有效性"的假设就有可能是一个严重的缺陷。不过，如果投资者只是将各种不同的看跌期权策略在性质相同的假设上进行比较，那么，看跌期权定价的套利模型就能起到很好的作用。

可以使用看涨期权定价模型和套利公式来估计场内看跌期权的价格。读者应当还记得，套利交易者必须将持有这个头寸的成本和将要收到的股息考虑在内。

看跌期权理论价值 = 看涨期权理论价值 + 行权价 − 股票价格 − 持有成本 + 股息

"看涨期权理论价值"是通过布莱克−斯科尔斯模型得到的。持有成本是资金（利率）乘以行权价，再乘以离到期的时间。读者应当还记得，这是计算持有成本的近似公式（见第27章关于现值和复利的评论）。因此，如果XYZ是41，6个月的1月40看涨期权按照布莱克−斯科尔斯模型计算出的价值为4点，那么，就可以估计出这个看跌期权的理论价值。假定资产利率成本为每年10%，股票的6个月（$t = 1/2$年）内会支付50美分的股息。

$$\text{看跌期权的理论价格} = 4 + 40 − 41 − (0.10 \times 40 \times 0.5) + 0.50$$
$$= 3 − 2 + 0.50$$
$$= 1.50$$

这就意味着，如果看涨期权可以卖到4点，套利交易者就愿意为这个看跌期权付1.50点来建立一手转换组合。套利交易者的价格被用来作为场内看跌期权估计的理论价格。

28.4.6　买入看跌期权

买入看跌期权的排序可以按照前面所介绍的为买入看涨期权排序所采用的非常相似的方法。当股票随着它的波动率而下跌时，就会出现盈利的机会。股票向上的运动对看跌期权的买家来说代表了风险。前面一节中在买入看涨期权策略中所采用的11个步骤全都适用于买入看跌期权的策略。第 4 步和第 8 步所必需的看跌期权的定价是根据刚才所展示的价差模型而得出的。

如果一个标的股票没有场内看跌期权交易,那就可以考虑合成的看跌期权。虽然所有在美国上市的股票在每个行权价上都既有看涨期权也有看跌期权,在权证中,特别是在国外,还有一些情况可以用到下面的讨论。回顾一下,合成看跌期权是有些经纪公司为客户创造出来的。经纪公司卖空股票,同时买入看涨期权。客户可以根据所涉及的风险数量以及标的股票要付的股息来买入合成看跌期权。除了不含持有成本之外,用在买入期权策略分析中第 4 步和第 8 步的合成看跌期权定价公式同场内看跌期权的套利公式是完全一样的:

看跌期权理论价值 = 看涨期权理论价值 + 行权价 − 股票价格 + 股息

在进行排序分析的时候,很少有合成看跌期权看上去是有吸引力的买入策略的候选对象。这是因为,当客户买入一手合成看跌期权的时候,他必须事先付出股息的全部成本,但是在卖空股票头寸上所得到的收入里,得不到任何降低成本的对冲。因此,相对而言,比起场内看跌期权来,合成看跌期权总是更加昂贵。不过,如果投资者对某个没有场内看跌期权的股票特别看空,那么,合成看跌期权仍然是有价值的投资。这里所建议的分析可以使他对这个投资的潜在收益和风险有所感受。

28.4.7 跨期价差

定价模型可以帮助决定什么样的中性跨期价差最具吸引力。读者应当还记得,在一个中性跨期价差里,投资者卖出一手短期看涨期权,同时买入一手较长期的看涨期权,建立头寸的时候,股票价格相对接近这些看涨期权的行权价。这个价差的目的是捕捉两个期权在因时减值方面的差异。中性跨期价差一般在短期期权到期时平仓。定价模型可以帮助价差交易者对价差的潜在盈利进行估计,同时帮助确定在短期期权到期时这个头寸的盈亏平衡点。

要确定这个价差的最大潜在盈利,假定短期看涨期权无价值到期,并且使用定价公式对较远期期权在股票价格刚好等于行权价时的价值进行估计。因为在价差交易中手续费相对较高,因此,最好是在计算中把手续费考虑进去。计算第 2 种潜在盈利(无变化时的盈利)有时也有用。要计算如果股票价格在期权到期时没有变化,这个头寸会有多少盈利,假定这个价差平仓时那手短期看涨期权的价值等于它的内在价值(如果股票当时低于行权价就等于零,如果股票在建立头寸的时候高于行权价,就等于股票价格同行权价之间的差价)。然后使用定价模型来估计当股票价格没有变化时那手较远期看涨期权的价值,这个期权这时仍然有 3 到 6 个月的存续期。由此产生的在短期看涨期权的内在价值和较远期看涨期权的估算价值之间的差额就是对这个价差平仓时的价格的估计值。当然,这里的盈利就是这个差额减去目前的(最初的)差额,再减去手续费。

在前面对跨期价差的讨论中,我们曾经指出过,在短期期权到期时,有一个上行方向的盈亏平衡点,还有一个下行方向的盈亏平衡点。使用定价模型,可以估计出这些盈亏平衡点。方法之一涉及对价差在相邻股票价格上的平仓价值进行估计。如果发现了与初始价值相等的平仓价值,再加上手续费,这就是盈亏平衡点。

【示例28-10】如果我们的价差使用的是行权价30，投资者可以从价格30开始计算盈亏平衡点。对价差在股票价格为30，29.90，29.80和29.70等价位上的平仓价值进行估计，直到发现盈亏平衡点。一旦通过这种方式找到了下行方向的盈亏平衡点，从行权价开始再迭代推演上行方向的盈亏平衡点。因此，投资者就会对股票价格在30，30.10和30.20等价位时的平仓价值进行估计。这种方法在某种程度上来说相当耗神费力，不过，有计算机的帮助它还是相当快的。如果采用更为复杂一些的迭代程序，那还可以减少需要计算的次数。

有了定价模型的帮助，还可以得到最后一项有用信息：价差的理论价值。重新计算短期和较远期看涨期权在当前时间和股票价格上的估计价值，在标的股票上使用隐含波动率。由此产生的在两个看涨期权的估计价格之间的差额可能会同实际的差额有很大的区别，或许会因此突出这个跨期价差的吸引力。投资者应当建立这样的价差，其中理论的差额大于实际的差额（也就是说，他应当买入"便宜的"跨期价差）。

一旦经过计算得到了这些信息，策略家就可以根据他的选择标准对价差的机会进行排序，找出最好的候选对象。对价差进行排序的逻辑方法是根据它们的无变化时收益。在短期到期日有最高无变化时收益的价差，是那些股票价格和行权价一开始就很接近的价差，这是中性跨期价差的基本要求。更复杂的排序体系应当包括价差的理论价值，或许甚至可以包括价差的最大潜在盈利。当然，类似的分析也可以用来判断看跌期权跨期价差，这时需要用到看跌期权的套利定价模型。

28.4.8 比率价差

比率价差涉及卖出裸期权。因此，策略家有很大的潜在风险，不管是在上行方向、下行方向，或者是两个方向上都有。他应当尽量认识到这种可能性。确定股价在未来某个时间高于或低于特定价格的概率的公式，可以给他提供所需要的这些概率。例如，在一个卖出跨式价差的情况里，策略家会想要计算出最大潜在盈利、无变化时收益、在上行盈亏平衡点或上行行动点的质押要求（在相反的股票运动中对裸期权的质押要求会增加），以及盈亏平衡点自身等。他也可以计算出在到期时高于上行盈亏平衡点或低于下行盈亏平衡点的概率。此外，在这个头寸上他还可以进行预期收益的分析，以决定这个头寸同其他股票上的同一类型的其他所有头寸相比，它的总盈利情况如何。这样的预期收益分析不必假设头寸会一直持有到到期日。不必付或付很少手续费的公司交易者也许会有兴趣看一看在一个短到30天或者更短的时段内，持有这个头寸的预期收益会如何。假设他们由于手续费的关系不会交易得那么频繁，公众客户可以使用更长的持有期。对比率价差的排序应当基于无变化时收益或者预期收益。

这里介绍的对跨期价差和比率价差头寸的分析不应当被看作是一成不变的真理。在上面所说的这种形式的分析里，策略家是在预测未来的期权价格和股票价格，他的前提是标的股票的波动率保持不变。虽然在某些情况中事情也许确实是如此，但是，很多情况下，在持有这个头寸的这段时间里，标的股票的波动率会发生变化。如果波动率下降，跨期价差的预期盈亏平衡点就会大大偏离行权价。因此，在某些价位上，虽然价差交易者预期会有盈利，但实际上出现了亏损。如果波动率上升，比率头寸的预期收益就会下跌，因为股票运动到盈利范围之外的概率会增加，因此亏损的概率也会增加。

从理论上说，在头寸建立之后仍然可以通过每天继续监控这个头寸，来抵消波动率的变化的影响。例如，在一个卖出跨式价差中，如果股票开始急剧运动，预期收益就会变得非常低。如果发生这样的情况，投资者可以对头寸做出调整，以改进这个头寸。对公众客户来说，这样的监控是很难付诸实践的，因为如果不断地对头寸进行调整，手续费很快就会累积起来。没有什么确定的方法可以用来对头寸进行偶尔的、阶段性的调整。不过，通过使用后续行动分析，公众客户有可能更好地把握调整一个头寸的时机。例如，假定一个投资者最初在股票价格为30时卖出了一个5点的跨式价差，过了一段时间，股票价格到了34。对一个5点的、行权价为30的、在股票价格为34的时候建立的、距离到期日更短的跨式价差，也可以计算出它的预期收益来。如果预期收益是负值，那么就需要进行调整。采取这种形式的调整可以将交易的次数保持在最小的范围内，同时策略家仍然有可能发现他的头寸在什么时候失去了恰当的平衡。当然，投资者将使用当前的波动率来做出这些决定。在这一章的后面我们将讨论另一种后续监控的技术，也就是使用期权的delta，我们在前面已经好几次介绍过这种技术。

28.5 协助或机构批量头寸

在这一节和下一节里，我们将说明使用**对冲比率**（hedge ratio）的好处。这些主要是会员公司的策略，而不是公众客户的策略，因为它们的最好效果出现在没有手续费成本的时候。一个机构批量交易者可以使用期权来帮助他建立和维持头寸，特别是在他想要在股票交易的客户端提供报价的时候。

假定一个批量交易者想要为股票提供一个买报价，以协助客户的卖出指令。如果他想在卖出他的股票多头之前有某种对冲，而且这只股票有场内的期权，那他可以卖出一些期权来对冲股票头寸。在决定需要卖出多少手期权时，他可以使用对冲比率。在这一章的前面，在讨论布莱克－斯科尔斯定价模型的那一节里，我们已经提供了对冲比率的精确公式。它是这个公式的一个组成部分。简单地说，对冲比率只不过是期权的delta，也就是说，它是当股票价格有小额变化时期权价格会发生的变化的数量。通过对其股票多头卖出正确数量的看涨期权，批量交易者就会有一个中性头寸。从理论上说，如果股票价格发生小额的变化，这个头寸既不会盈利也不会亏损。因此，在公开市场上将他的头寸平仓之前，他赢得了一定的时间。

【**示例28-11**】一个交易者买入了10 000股XYZ，1月30看涨期权按0.50的对冲比率在交易。为了得到一个中性头寸，交易者应当就20 000股股票（10 000除以0.5等于20 000）卖出期权。因此，他应当卖出200手1月30看涨期权。如果这个对冲比率是正确的（它主要是标的股票波动率估计值的函数），这个交易者的头寸在很大程度上就不会因为股票价格中的小量运动而产生盈利或亏损。当然，如果批量交易者想要承担一定的风险，那就是另一回事。不过，就这里讨论的目的而言，我们所作的假设是这个批量交易者只想要在最没有风险的情况下协助这笔交易。在这个头寸里，如果股票向上运动1点，期权价格就会向上运动 0.50 点。这个交易者就会在股票头寸上盈利 10 000 美元，在 200 手期权空头上亏损 10 000 美元，因此，他既无盈利也无亏损。一旦交易者建立了这个中性的头寸，他就可以开始把注意力集中在将这个头寸平仓上。

在实践中，对冲比率有可能不是非常精确，因为随着股票价格的变化它往往会不断地发生变化。如果交易者发现股票运动的幅度大于 1 点，他也许必须加上或买入一些看涨期权，以保持一个中性的对冲比率。这就会让他置于某些风险中，但是，比起完全没有对冲来说，风险要小得多。当然，也有因为股票的运动而盈利的情况。例如，隐含波动率有可能降低，使得看涨期权变得更便宜。

卖出股票以满足客户买入指令的批量交易者也可以建立相似的对冲。他可以根据对冲比率买入看涨期权，以建立一个中性的头寸。

实施这种协助过程的人相当多，特别是在想要吸引大机构客户业务的经纪公司中更是如此。因为引进了场内看涨期权而且可以用它们来协助执行指令，许多大批量股票的报价就有了显著的改进。如果能够使用期权来为他的头寸对冲，(为经纪公司工作的)批量交易者就愿意报出较高的买价或较低的卖价。使用期权的协助交易造成了一个在机构客户看来是更完善的市场(较高的买报价和较低的卖报价)。如果没有这样的场内期权的存在，批量交易者提供的买报价或卖报价或许会离当前市场价格偏离很远，因为他们想要用较小程度的风险来完成他的只有股票的头寸。这显然就为机构客户提供了一个较差的市场。

中性价差

可以用两个或更多的期权的对冲比率来决定一个中性的价差。这个策略对期权交易所的做市商特别有用，这些做市商也许想要在提供一个公众市场的过程中减小买入或卖出期权的风险。如果两个期权的对冲比率是已知的，中性比率就是由这两个对冲比率相除而得出的。

【示例 28-12】一手 XYZ 1 月 35 的对冲比率是 0.25，一手 XYZ 1 月 30 的对冲比率是 0.50，因此，一个中性比率是 2 : 1 (0.50 除以 0.25)。这就是说，投资者可以就每手买入的 1 月 30 卖出 2 手 1 月 35。或者，反过来，可以就每手卖出的 1 月 30 买入 2 手 1 月 35。因此，一个刚刚买入 50 手 1 月 30 的做市商，想要为公众看涨期权卖家提供市场，可以通过卖出 100 手 1 月 35 来对冲他的头寸。这应当可以在股票价格稍许变化的时候将风险控制在很小的程度，一直到他能够将头寸平仓。这个中性价差的比率不像同股票和期权相关的比率那样对标的股票的波动率估计那样敏感。这是因为同样的波动率估计对两个期权都适用，由此产生的价差的比率往往不会有很大的变动。

风险交易者也可以利用中性价差比率。我们在前面章节里介绍过卖出比率、比率价差和卖出跨式价差时多次说明过这个概念。比率价差在会员公司交易员和场内交易员之间相当流行。回忆一下：一手比率价差是由买入一定行权价的期权，同时卖出更为虚值的更多数量的期权所组成的。交易者或者公众客户自然可以用对冲比率来建立一个中性的头寸。或许更重要的是，在股票价格发生变化之后，在后续行动中用对冲比率来保持头寸的中性。这个策略是第 11 章中介绍的"delta 价差"。

风险交易者不是想要建立一个价差来减少对小量股票运动的风险。他既想要盈利，又想尽可能地对标的股票保持中性。他实施的是一个对标的股票的前景保持中性的风险策略。他卖出的时间价值比买入的时间价值要多。

【示例28-13】买入15手1月30看涨期权，卖出30手1月35看涨期权，这是一个看涨期权比率价差，它可以是一个用来谋求潜在盈利的头寸。例如，如果delta是0.60和0.30，那么，它就是一个中性的头寸。如果股票在到期时刚好在35，这个价差的表现就最好。不过，如果股票在到期之前迅速上涨，这个价差的比率就会从2∶1下降到也许是3∶2。也就是说，1月30看涨期权同1月35看涨期权之间的中性比率应当是卖出3手1月35和买入2手1月30。如果交易者想要保持他头寸的平衡，他可以再买入5手1月30。这样，相对他最初卖出的30手1月35，他就有了20手买入的1月30。反过来，如果股票价格下跌，中性比率就会增加，这就意味着需要卖出更多的看涨期权。例如，如果这个股票价格下跌，中性比率就有可能是3∶1。在这种情况下，可以再卖出15手1月35，使得这个头寸变成卖出45手看涨期权和买入15手看涨期权，这就产生了为3∶1的中性比率。

不断地对比率进行调整是一种不正确的做法，因为在交易运动中频繁的上下拉锯亏损会抹去这个头寸的潜在盈利。不过，交易者也许会事先挑选某些价位点，这些价位点上，他想要在极端的错误之前对他的头寸进行重新评价。例如，如果前面的价差是在股票价格为30时建立的，价差交易者也许想要在33或27上重新调整，哪个先出现就根据哪个调整。

通过对使用对冲比率的价差进行监控，交易者可能还可以知道他所建立的头寸是否过于看多或过于看空。

【示例28-14】交易者从上面介绍的示例开始，买入15手1月30看涨期权，卖出30手1月35看涨期权，当时的对冲比率分别是0.60和0.30。过了一段时间，股票跌到了27，交易者需要重新评价他的头寸。1月30的对冲比率有可能变为0.42，1月35的则可能是0.14，这就意味着中性的比率是3∶1（0.42/0.14 = 3）。他现在有一个看多的头寸，因为他的2∶1的比率比中性的3∶1的比率要小。交易者并不是非要根据这个信息而采取行动。他在这个时候对这个股票有可能实际上是看多的，而且想要保持他的头寸。这个对冲比率的有用之处就在于，它可以让交易者知道他的头寸是看多的，因此他就可以做出正确的判断。没有这个知识，他也许还在认为他的头寸是中性的，如果他确实想要保持一个中性头寸的话，这就是一个严重的失误。如果交易者的比率大于这个中性比率（例如，2∶1比3∶2），那么，他持有的就是一个看空的头寸。

最后应当注意到的是，这个比率可以通过买入或卖出这两个期权中的任何一个而得到调整。

【示例28-15】如果股票下跌，投资者想把这个比率增加到3∶1，他可以卖出更多的1月35，或者卖掉一些1月30。做出看多的调整，可以用相似的方法买入价差的任何一条腿。一般而言，投资者应当通过卖出时间价值或买入内在价值来进行调整。也就是说，在调整的时候，一般是卖出虚值的，买入实值的。

28.6 对后续行动的帮助

在监控头寸方面，计算机可以对策略家提供无价的帮助。策略家一般来说必须要有某种办法将他的头寸输入到一个储存数据库里，同时也必须有某种方法辨认出组合在同一交易头寸中的不同证券。一旦做到了这一点，计算机就可以同时读取定价数据（即时价格或者收盘价）和储存在数据库中的数据，以产生同所有头寸现有状况相关的信息。

及时的逐日盯市（盈亏）显然是有用的，它可以帮助交易者看到他在每一天的交易情况。计算机也很容易给交易者提供一组同他相关的警告，生成一份综合名单，其中包括那些可能需要采取行动的头寸。这是大部分策略所需要的，事实证明，策略家应当尽量避免提前指派。他需要计算出所有卖空头寸中剩下的时间价值，如果时间价值所剩无几（也许是0.10 点或者更少），计算机就应当对交易者发出警告，这对计算机来说很简单。同样，交易者在临近到期的期权头寸（也许是离到期不到 1 个月）方面每天也应当有一份名单。就这个目的而言，因为快要到除息日而对交易者发出警告也是有用的。

如果交易者在数据库中输入另一则信息，计算机可以在采取另一种后续行动方面为他提供帮助。在我们介绍过的大部分策略里，特别是那些涉及未备兑期权的策略，交易者都会想根据标的股票的运动而采取某种后续行动。如果股票上涨很多，他也许想买回卖出的看涨期权或者买入其他的看涨期权作为保护。如果股票下跌过多，同样的操作也可以用在看跌期权上，或者是将卖出的看涨期权向下挪仓。如果交易者把股票价格输入到他想要采取的行动的策略中，计算机就能够逐日监控股票的收盘价，并且产生一份头寸名单，这些头寸已经在上行方向或下行方向超出了应当采取行动的价格点位。

计算机还可以对更为精密类型的头寸进行监控。回顾一下，我们曾经指出过，可以将一个头寸中涉及的期权的 delta 互相比较，以决定这个头寸究竟是看多的还是看空的。布莱克–斯科尔斯模型可以用来计算交易者头寸中期权的 delta。然后计算机就可以决定净头寸是多少，因此告诉交易者他的头寸已经变成"买入 delta"（看多的）、"卖空 delta"（看空的），或者是中性的。如果他看到头寸是看空的，而他并不想他的头寸有这样的结构，那么，他就可以做出某些看多的调整。尽管所有更为复杂的卖出跨式价差和卖出受保护的跨式价差头寸都可以用这样的方法来进行有用的监控，delta 价差和中性价差非常适合使用这种类型的后续行动。

决定一个头寸是净空头还是净多头的计算一般涉及计算"等股头寸"（equivalent stock position，ESP）。如果投资者拥有 10 手 delta 为 0.45 的看涨期权，他在这些看涨期权中的等股头寸就是 10 × 100（每手期权合约所代表的股份数）× 0.45 = 450。这就是说，根据它们的 delta，持有这 10 手看涨期权等于持有 450 股标的股票。所有的看跌期权和看涨期权都可以简化为等股头寸，它们也自然可以同头寸中实际买入或卖空的股票结合在一起，产生整个头寸的等股头寸。由此产生的交易者每个头寸的等股头寸连同上面所说的那些项目都可以用计算机打印出来。

投资者还可以使用更复杂的方法。计算机可以产生一份到期日时的头寸结果表格。如果想要的话，这样的数据还可以用图表来表达，不过并没有这种必要。正如本书的示例所显示的，表格就足够了。只有在所有的头寸都同时到期时，这样的图表才有意义。如果不是这样，那么交易者就可以让计算机产生一个显示短期期权到期时结果的表格或图表。例如，在一个跨期价差中，交易者可以看到在将这个差价头寸平仓的时候他将面临什么样的盈利能力。

最后，计算机还可以为已持有的头寸计算出预期收益。这样，交易者对这个头寸就有一个更为动态的画面，而且这个预期收益通常是针对一个相对短的时段的。这个时段也许是 30 天或者是到期之前剩下的时间，这取决于哪个时段更短。对这个预期收益的计算同这一章前面所介绍的对预期收益的计算是相通的。第一，投资者使用股票的波动率来构建一个价格范围，使用这个价格范围来考察这个头寸。第二，投资者使用布莱克－斯科尔斯模型来计算这个头寸中的各种期权在未来某个时刻和各种不同股票价格上的价值。计算机程序用表格形式来展示一定的计算结果。正如上面介绍的，将股票在每一个价格上的概率同这个头寸在这个价格上的结果相乘，再将这些乘积相加，就可以得出预期盈利。再用预期盈利除以预期投资，就得到预期收益。因为保证金计算需要相关的计算机程序，所以这里忽略了这个最后的步骤，只是考察预期盈利。这对我们在这里的目的来说，已经足够了。下面的示例说明的是计算机所显示的在 30 天后一个头寸、等股头寸、到期时盈利和预期收益看上去会是什么样子。这是一个复杂的头寸，选择它的目的是要展示这些分析的价值。

【示例 28-16】当 XYZ 为 31.75 时有下列的头寸存在。这个头寸本质上是和一个卖出反向比率价差（reverse ratio write）结合在一起的一个后式价差。它同一个买入跨式价差很像。其中，如果股票在到期日运动的幅度足够大的话，在上行或者下行方向潜在盈利就会增加。一开始的时候，计算机应显示出这个头寸和等股头寸。

头寸		Delta		ESP
卖出	4 500 股 XYZ	1.00	卖出	4 500 股股票
卖出	100 手 XYZ 4 月 25 看涨期权	0.89	卖出	8 900 股股票
买入	50 手 XYZ 4 月 30 看涨期权	0.76	买入	3 800 股股票
买入	139 手 XYZ 7 月 30 看涨期权	0.74	买入	10 286 股股票
	总的等股头寸：		买入	686 股股票
头寸中的总资金：	163 500 美元收入			

使用等股头寸的优势是可以将这个相当复杂的头寸简化为一个单独的数字。整个头寸同买入 686 股普通股股票相等。对这样一个大头寸来说，它本质上接近于 delta 中性。计算机应当展示的下一项是这个头寸目前的总收入或支出。有了这个信息，如果可能的话，就可以绘制出到期日时的图形。在这个头寸里，因为有 4 月和 7 月期权的组合，所以无法画出一幅限定在一个到期日的图形。计算机应当画出的是一幅以 4 月到期或者更近的日期为基础的图形。

假定现在离 4 月到期日还有些距离，因此，计算机画出的是 30 天之后的图形。为了做到这一点，计算机使用这个股票的波动率来预测未来 30 天的价格。在下一个表格里显示了 7 个价格：它们分别代表了沿着这个股票的分布曲线上的 7 个点位，分布在从当前股票价格开始的 −1.5 个标准差到 +1.5 个标准差的运动轨迹上。这 7 个点自然没有包括股票价格的所有可能运动，不过，这是一个有代表性的样本。

股票在 30 天后的价格	标准差	预期结果（美元）
35.90	+1.5	+ 15 847
34.10	+1.0	+ 12 355
32.90	+0.5	+ 10 097
31.75	0.0	+ 9 443
30.60	−0.5	+ 10 743
29.50	−1.0	+ 14 172
28.50	−1.5	+ 19 605
预期盈利		+ 11 426

显然，这个头寸在过去有过一些盈利的调整。这一点在这里并不重要，因为交易者只对将来感兴趣。如果这个头寸目前的逐日盯市价值超过 11 426 美元，那么，他就应当考虑将这个头寸平仓，因为它的盈利已经超出了预期盈利。

28.7 实施

本章中所介绍的许多分析都可以从可靠的数据商或者经纪公司那里得到。计划要自己分析的策略家，无论是自己做还是请别人为他编程，都应当意识到这样的程序不能使用诸如 Java Script，PHP，HTML 等网页语言来写，因为对这些编程语言来说，这里的数学要求过于复杂。其他的像 Pascal，C，C++，Visual Basic 或者任何高层次的结构化编程语言都可以用。Java 也可以用，不过要记住，Java 的主要用途不是计算。必须要有可靠的期权数据，包括有关标的股票股息的信息。较大的可编程计算器可以用来处理布莱克-斯科尔斯模型、计算对冲比率以及决定股票在未来某个时刻在某个价位之上或之下的概率等。不过，要求更高的计算，像对隐含波动率的计算或者决定一个头寸的预期收益等，则一定需要使用计算机。

28.8 总结

本章展示了两种基本的数学助手：定价模型和预测股票运动概率的能力。对冲比率和预期收益分析是这些基本助手的延伸。这些工具可以用来对所有的策略进行评估。这样的分析应当能够给交易者或策略家在建立相对有吸引力的头寸方面提供某些概念，同时，在对头寸的后续调整中也可以提供帮助。所有这些分析在很大程度上都依赖于对标的股票波动率的估计。使用隐含波动率看来是得出波动率准确和及时的估计值的最好途径之一，因为它是从市场自身价格中得来的。我们在这里并没有包括所有的数学应用。知道进行严格数学分析的好处的策略家，或者是正在开始了解这种好处的策略家，都可以使用本章介绍的基本数学知识为他自己的交易构建起许多其他的帮助手段来。

第五部分
Options as a Strategic Investment

指数期权和期货

第29章
Options as a Strategic Investment

指数期权和期货产品介绍

自从 1981 年出现以来，场内指数期权被证明非常受欢迎。指数期权的标的证券不是个股，而是由许多股票组成的指数。它们也包括指数期货合约的期权。大多数流行的现金交割期权都是指数或者分类指数的期权。交易这些期权的策略和交易股票期权的策略没有什么实质的区别，除了少数显著的例外。不过，期权自身的定价和交易方式则有不同。我们将集中讨论股票期权和指数期权之间的这些不同。

指数产品（现金交割期权、以期货为标的的期权以及指数期货）将是本书这一部分主要的讨论对象。我们将看一看指数是如何构成的，怎样使用这些产品来投机，怎样对冲，以及怎样用一个指数和另一个指数进行价差交易。这些策略既使用期权，也使用期货。在后面的章节里我们还将提到其他的期货期权（货币、谷物以及债券等）。

在这一章里，我们将考察在指数期权和期货中哪些因素使得它们和本书前半部分所讨论的股票期权有所不同。不过，我们首先要对股票指数和计算它们的方法作深入的介绍。同时，在这一章里，我们也将讨论期货合约以及交易期货与交易股票和股票期权有什么不同。

29.1 指数

因为许多现金交割期权或期货期权都以股票指数作为标的，因此，理解指数是如何计算的，对于投资者了解指数中的某一只股票的运动如何影响这个指数的总价值，是有帮助的。有期权交易的指数一般是股票指数，也就是说，构成这个指数的要素是股票。计算股票指数有两种主要的方法：市值加权和价格加权。

29.1.1 市值加权指数

一只股票的市值（capitalization）是它的证券在当前市场价格上的总价值。它是发行（流通）的股份数量和当前股票价格的乘积。在一个市值加权的指数中，需要计算所有股票的市值，并把它们加在一起得到这个指数的总市值。指数中每一股票的价格乘以这一股票发行的总股本（流通股），然后计算它们的总和。最后，这个总和被一个称为"**除数**"（divisor）数字所除，得到最终的指数价值。举一个示例可以帮助说明计算一个市值加权指数的价值这个概念。

【**示例 29-1**】假定有一个指数，它包括了三种股票，这些股票的价格和流通股列举在下面的表格里。表格中也包括了价格和流通股的乘积（市值）。

股票	价格	流通股	市值
A	30	175 000 000	5 250 000 000
B	90	50 000 000	4 500 000 000
C	50	100 000 000	5 000 000 000
总市值:			14 750 000 000

大多数指数都会使用一个除数，因为直接说这个指数收盘收在 14 750 000 000，并不是一种聪明的做法（例如，想象一下怎样用这么大的数字来给道琼斯指数报价）。这个除数通常是一个任意的数字，最初用来将指数价值简化到一个使用方便的数量。在建立指数的时候，除数的设定也有可能只是为了使得指数一开始的时候是一个整数。假定在上面的示例里我们想要指数的（由既定价格和流通股所代表的）最初价值为 100.00。那么，我们就会将最初的除数设定为 147 500 000。这样，这个指数的总市值除以这个除数，得出的价值就是 100.00。

在指数的成分股发生变化时，可以通过改变指数的除数来保持这个指数价值的连续性。请注意，当股票分股时，除数并不需要变化，因为价格自动向下调整的幅度等于该股票流通股所增加的幅度。注意一下上面的示例，如果股票 B 有 2 对 1 的分股，那么它的价格就会是 45（90÷2）。而它的流通股就会从 5 000 万股翻倍到 1 亿股。而股票 B 的市值仍然保持不变，还是 4 500 000 000 美元。

不过，如果一只股票改变了它的市值而这种变化不会自动在价格中得到调整，那么这个除数就必须有所改变。例如，一个公司有可能增发股票（这样的事件不会导致股票价格在市场中自动发生调整）。为了保持在增发股票这一天和增发股票的前一天之间指数价值的连续性，就需要改变这个除数以保持指数有同样的价值。考虑一下下面的示例。

【示例 29-2】使用前面的那个指数的示例，假定在某一天收盘时是有下面的价格：

股票	价格	流通股	市值
A	40	175 000 000	7 000 000 000
B	80	50 000 000	4 000 000 000
C	60	100 000 000	6 000 000 000
总市值:			17 000 000 000
除数: 147 500 000			
指数价值: 115.25			

现在，假设股票 A 当天傍晚增发了 200 万股，它的流通股就变成了 1.77 亿股。这样的变动会让指数的价值发生下列的变化：

股票	价格	流通股	市值
A	40	177 000 000	7 080 000 000
B	80	50 000 000	4 000 000 000
C	60	100 000 000	6 000 000 000
总市值:			17 080 000 000
除数: 147 500 000			
指数价值: 115.80			

不过，如果市场实际上没有变化，那么将指数的价值从 115.25 改为 115.80 没有什么意

义。如果投资者认为由于增发，股票 A 的价格一定会下跌，那么完全可以这么做。但是，投资者态度的这种变化会随着股票价格的下跌而反映在指数的价值中。因此，为了在增发之后的第 2 天早晨使得指数的价值保持一致，必须改变除数以反映股票 A 多出来的 200 万股。这个新的除数等于新的市值（17 080 000 000）除以旧的指数价值（115.254 237 3）。这样就产生了新的除数：

新的除数：148 194 117.6

正如上面的示例所表明的，一个市值加权的指数的除数有可能经常在改变。幸运的是，有负责维持指数及时反映市场情况的组织。每到需要改变的时候，他们都会对这个除数进行计算。因此，投资者如果需要知道什么是最新的除数，通过打电话或者访问相关的网站，一般就可以找到这样的信息。这比全靠自己去跟踪所有东西要便捷得多。

在市值加权的指数里，市值最大的股票在指数中的权重最大。这就意味着一个包含有巨额市值股票（像 IBM、美国电话电报公司、通用电气、埃克森和通用汽车公司）的指数就被这些股票所左右。例如，标普 500 指数（S&P 500）按股票的数量（500）而言，是最大的市值加权指数之一。可是，在这个指数里，IBM 的市值如此之大，它占了整个指数的 5%。显然，在标普 500 指数中还有不少股票的权重几乎是无足轻重的。为了计算一只股票在这个指数所占的权重，只需用这个股票的市值去除以指数的总市值。使用前面的示例，我们可以看出这个权重是如何计算出来的。

股票	价格	流通股	市值	权重
A	40	177 000 000	7 080 000 000	41.5%
B	80	50 000 000	4 000 000 000	23.4%
C	60	100 000 000	6 000 000 000	35.1%
总市值：			17 080 000 000	100.0%

关于指数另一个需要知道的有趣的统计数据是这个指数包含了每一只股票多少的股份数。在一个市值加权的指数里，每一只股票的股份数是用这只股票的流通股数除以指数的除数而得到的。在上面的和一个示例里，下面的表格显示了这个指数包含了每一种股票的多少股份数。

股票	价格	流通股	市值	股份数
A	40	177 000 000	7 080 000 000	1.20
B	80	50 000 000	4 000 000 000	0.34
C	60	100 000 000	6 000 000 000	0.68
总市值：			17 080 000 000	
除数：147 500 000				
指数价值：115.80				

因此，如果股票 A 上涨 1 点，那么，整个指数的价值就会上升 1.20 点，因为在这个指数中有 1.2 股的股票 A。你可以看得出计算这样一个统计数字的价值：它可以让你很容易看出，在一个交易日里每只成分股的运动是如何影响这个指数的运动的。在股票暂停交易而指数继续交易的情况里，这个信息特别有用。

【示例 29-3】假定在上面的指数里，股票 C 暂停交易。在这个指数里有 0.68 股的股票

C。假定股票 C 的价格预期要降低 3 点，但这个指数当前的交易价和前一天晚上的收盘价相比没有变化，因为股票 A 和股票 B 的价格这一天都没有变化。如果投资者想要给这个指数的期权定价，假设他使用这个指数当前的价格，那就错了。因为只要股票 C 开盘，指数价格就会有变化。不过，这并不要紧，因为投资者可以容易地看出，如果股票 C 开盘时下跌 3 点，那么，整个指数就会下跌 2.04 点（3×0.68）。因此，投资者在给这个期权定价时应当假设这个指数的交易价已经下跌了 2 点。当然，这一类预测的前提是知道股票 C 在这个指数里有多少股份数。

在试图预测一只股票对一个指数的长期效果时，还有一种相似的分析相当有用。如果你认为股票 C 可能会上涨 30 点，随后，你可以看到，这将导致指数上涨 20 点。知道了这样的相互关系，基于这样的假设，有时股票期权和指数期权之间的期权价差就会出现获利机会。

应当注意，股票在市值加权指数中的股份数不是每天改变的，因为它不是取决于指数中股票的价格。不过，每只股票在指数中所占的权重确实是每天随着价格的变化而变化。因此，股份数是一个更稳定的跟踪数据，同时，也是可以更直接使用的、在股票价格发生变化时能够预见到指数价值的数据。

市值加权指数是最通用的指数，大多数投资者都熟悉若干种这样的指数：标准普尔 500 指数、标准普尔 400 指数、标普 100 指数（也用它的代码来称呼：OEX）、纽约股票交易所指数以及美国证券交易所指数等。

29.1.2　价格加权指数

价格加权指数所包括的每一只成分股在指数中的股份数都是相等的。价格加权指数的计算是将指数中各只股票的价格加在一起，然后除以一个除数，以得到指数的价值。同样，除数最初也是一个任意的数字，用它来产生一个想要的最初的指数价值（例如，像 100.00 这样的数值）。我们用上面使用过的同样的 3 只股票来构建一个价格加权指数。假定在建立这个指数时的除数是 1.658 43。

和市值加权指数不一样，当交易所对股票价格进行调整时（就像在股票分股或分发股票股息的情况里），就需要改变这个除数。但是，当公司增发股票时，则不需要调整。也就是说，价格加权指数中的除数在股票的价格调整时会发生变化，但是在股票的市值发生变化时则不需要调整。

股票	价格
A	30
B	90
C	50
总价格：	170
除数：1.658 43	
指数价值：102.51	

如果某只股票在增发中发行新股票，交易所不会自动对该股票的价格向下调整。因此，所有包含这只股票的价格加权指数的除数都不会发生变化，因为交易所没有调整这只股票的收盘价。

不过，在上面的示例里，如果股票 B 有 2 对 1 的分股，交易所就会将它的收盘价从 90 调整到 45。甚至在市场开盘之前，这只股票在价格加权指数中的总股数就会发生变化。因此，需要改变除数来反映这个分股。下面的示例总结了在股票 B 2 对 1 分股之后所发生的情况。

计算这个新除数是用新的价格总和 125 去除以原来的收盘价 102.51。因此，整个除数减小了，以产生出相同的指数价值（102.51），尽管指数中的价格总和现在是 125 而不是先前的 170。请注意，这个新除数和旧除数之间没有依赖关系。

股票	价格
A	30
B	45
C	50
总价格：	125
旧除数：1.658 43	
先前指数价值：102.51	
新除数（为了保持指数价值无变化所需的除数）：1.219 39⊖	

我们在市值加权指数中寻找的另一个统计数据是每只股票在指数中的股份数。在价格加权指数中，这个指数中所有股票的股份数都是相同的，这个数量等于 1 除以指数的除数。在上面最后的那个示例里，除数等于 1.219 39⊖。在这个指数中，每只股票有 1/1.219 39 股，或者说 0.82 股。因此，任何股票在既定的一天内上涨 1 个点，都会在这个指数造成 0.82 点的向上运动。在这个分股之前，每只股票有 0.60（1/1.658 43）股。

观察在成分股分股之后价格加权指数修订的另一种方法是：如果一只股票分股，为了重新建立指数中每只股票股份数相同的这个事实，部分多余的（分股分出来的）股份就应当卖掉，然后在剩下的每一只股票中买入数量相等的股份。请注意，在分股之前每只股票有 0.60 股，在分股之后是 0.82 股。当股票 B 按 2 对 1 分股的时候，它的股份就从 0.60 增加到了 1.20，因此，要重新平衡这个指数，就必须卖掉 0.38 股的股票 B，用由此得到的收入为股票 A 和 C 各买入 0.22 股。

和市值加权指数的情况一样，价格加权指数的除数也可能会相当频繁的修订。这些除数是由负责制作这些指数的机构来维持的，只要给相应的机构打个电话，就很容易得到这方面的信息。最流行的价格加权指数是各种道琼斯指数（Dow Jones）。

价格加权指数中权重最大的股票是价格最高的股票，这和市值加权指数有显著的不同。在市值加权指数中，权重最大的股票是市值最大的股票。因此，在上面的示例里，指数中权重最大的股票是分股之前的股票 B 和分股之后的股票 C。当然，一只股票的波动率和在指数价值变化中哪只股票有最大的权重有关系。因此，如果股票 B 在每股 90 美元时是价格最高的股票，但是波动率非常低，那么，它的价格变化就会很小。因此，它对指数价格变化的影响也许没有某些价格较低的股票的影响大。

一般来说，投资者对股票在市值加权指数中的权重远比他对股票在价格加权指数中的权重更为关心。也就是说，投资者也许注意到，在标准普尔 100 指数中，4 或 5 只股票（例如，IBM、美国电话电报公司、埃克森、通用汽车和通用电气）就可以占到 30% 的权重，尽管就数量而言它们只是指数成分股数量的 5%。然而，同样的 5 只股票在由 100 只股票组成的价格加权指数里或者只占大约 5%，因为它们的价格和其他 95 只股票的价格没有什么显著的区别（尽管它们的市值和其他股票有显著的区别）。因此，如果投资者注意到 IBM 中有大幅的价格变化，他会知道，包括这只股票的市值加权指数也会在 IBM 运动的同一方向显示出不寻常的运动。当然，一个包含 IBM 的价格加权指数也会受到 IBM 价格变化的影

⊖ 疑原文有误，原文为 1.219 43。——译者注

响,但不会是超常的影响,因为 IBM 在价格加权指数中的权重要小得多。

29.1.3 部门指数

部门指数(sectors)这个术语是用来指这样一种股票指数,该指数的所有成分股都是同一行业的股票。有部门指数(以及该指数的期权)的行业包括计算机和技术、国际石油、国内石油、黄金、交通、航空,以及游戏与酒店等。这些指数的计算方法和上面所介绍的方法相同,要么是价格加权的,要么是市值加权的。它们的成分股数量一般比主要股票指数少。大部分部门指数都是由 20 ~ 30 只股票组成的,因为在任何一个特定的行业里最多也不过就是这些股票。大的指数一般被称作"宽基"(broad-based)指数,与此相对应的,部门指数常常被称为"**窄基**"(narrow-based)指数。

部门指数也有期权交易。这些期权的目的是要使投资组合管理者(常常以行业为方向的管理者)能够根据行业来对他们的投资组合进行部分的对冲。部门指数期权往往是现金交割期权。我们将在后面讨论它们的策略,不过,宽基指数期权的策略和窄基指数的策略之间并没有多大的区别。区别之一是,和窄基指数期权的卖出者相比,卖出宽基指数期权的投资者在保证金方面会有更好的优惠(也就是说,对他们来说,需要存放的质押要求比较低)。

29.2 现金交割期权

现在,读者对指数已经有所了解,让我们来看一看最流行的场内指数期权:现金交割期权。

现金交割期权在期权合约中没有任何实体的标的物。如果期权行权或者指派,用来交割的只是现金,不涉及任何实物。这类期权一般是指数期权,例如标普 500 指数。对这样的指数来说,几乎不可能在行权或指派时实际交割标的证券。

因为许多投资者认为预测整个市场的运动比预测单只股票的运动要容易,于是现金交割的指数期权就变得非常流行。其他现金交割的指数期权的标的物包括纽约股票交易所指数、标普 500 指数、标普 100 指数(OEX,这是芝加哥期权交易所引进的一个指数)、纳斯达克指数(NDX)、道琼斯 30 工业指数(DJX),以及若干其他指数。在每一种情况中,指数中都有太多的股票,每一种股票中又有太多的变量,因此无法在行权和指派时处理实际股票的实物交割。有的现金交割期权的标的物是**分类指数**(subindex)。也就是说,像交通行业这样的较大的指数之下的分类组合。

29.2.1 行权和指派

在和这类期权打交道时,懂得行权和指派的结果很重要。当行权现金交割期权时,期权持有者收入的现金等于指数的收盘价与期权的行权价之间的差价。被指派的期权的卖出者必须支付相等的数量。下面的示例显示出一个看涨期权行权时的运作情况。在这个示例以及后面的示例里,我们将使用一个假想的代码为 ZYX 的指数(指数代码的最后一个字母往往是 X)。

【示例29-4】假定投资者买入了一手ZYX 9月160看涨期权。后来，指数价格大幅上涨，在某一天收盘价为175.24。这个投资者认为现在是对看涨期权行权以提取盈利的时候了。假定ZYX合约的每1点价值100美元，和股票期权一样，他收到的现金就应当是100美元乘以指数收盘价和行权价之间的差额，也就是100美元 × (175.24 - 160.00) = 1 524美元。通过行权，他不再有任何头寸或者权益，这个期权头寸从他的账户中消失了。通过行权他也没有得到任何证券，得到的只是现金。

指派运作的方式与此相似。期权的卖家必须要付出与指数收盘价和期权行权价之间的差额相等的现金。例如，假定一个交易者卖出了一手ZYX指数看跌期权：10月165看跌期权。之后指数价格下跌。有一天早上，这个看跌期权的卖家发现他被指派了（和股票期权的情况一样，他是在前一天就被指派的）。如果指数在前一天的收盘价是157.58，那么这个期权卖出者的账户里就会出现742美元的支出，也就是100美元 × (165.00 - 157.58)。

29.2.2 欧式行权和美式行权

在讨论更多的指数期权行权和相随策略的示例之前，有必要引进两个新的定义。**美式行权**（American exercise）指的是一个期权在任何时候都可以行权。**欧式行权**（European exercise）指的是一个期权只有在它的到期日才能行权。许多现金交割期权都有欧式行权的特征。所有的股票期权和某些指数期权有着美式行权的特征。

引进欧式行权的特性是因为机构投资者，他们往往需要就所持有的股票投资组合卖出看涨期权，他们不想看到这种保护突然消失的情况，想要在这方面有所保障。因此，一些指数期权系列就变成了欧式行权。两个主要的示例是在标普500指数和道琼斯30工业指数上的现金交割期权。标普100指数仍然保留了美式行权的特性。

实值的欧式看跌期权比实值的美式看跌期权要便宜。这是因为套利者必须将欧式期权头寸一直持有至到期日，他无法将他的看跌期权行权，立刻将头寸平仓。事实上，深度实值的欧式看跌期权会按贴水价交易，短期利率越高，贴水幅度就越大。

这就会影响到长期欧式看跌期权的完整的保护能力。如果一个投资组合经理买入看跌期权来保护他的投资组合，而市场出现暴跌，看跌期权有可能变成深度实值。如果这些看跌期权具有欧式行权的特性，它们就会按较大的贴水价交易，因此就无法为这个投资组合经理提供他想要的所有价格保护。

关于美式行权的考虑。指数期权的持有者将期权行权的主要理由是提取盈利。你也许会想，如果持有者想要提取盈利，他可以简单地在公开市场上卖出期权。当然，如果他做得到的话，他会这样做。但是，在很多时候，深度实值的期权在交易时会有很深的贴水。深度贴水指的是1/2点～3/4点，或者更多。在交易日快结束的时候，这些期权往往会在只是稍微有一点贴水的情况下交易。无论是哪种情况，期权的持有者都有可能决定行权而不是按贴水价卖出。当然，如果他是一个看涨期权的持有者，而这个看涨期权在某一天早晨按深度贴水价在交易，如果他决定此时把期权行权，而到这一天结束的时候，和一开始就简单地按深度贴水价将期权卖掉相比，他也许会损失更多（如果市场下跌的话）。事实上，有的理论家认为，深度实值的现金交割期权在一个交易日中的"工作"就是试图预测市场的收盘价。当然，这不是一个可以始终精确完成的"工作"（如果它能做到的话，那么，你想象不出进行这样预测的交易者会多有钱）。

如果一手现金交割的看涨期权持有者对市场开始看空，那就是另一个行权的理由。没错，如果一手现金交割的看涨期权持有者看空，他就应当行权。因为这样做，就将看多的头寸平仓，提走盈利。这和股票期权这类以实物证券为标的的期权似乎是相悖而行的。它带来了一种有趣的情况。如果投资者在后半天转为看空，甚至在收盘之后，他会想要将他的看涨期权行权，将头寸平仓。交易所认识到这样的技巧并不对每个人都有好处，例如，投资者想要在行权之前等一等，看一看这个晚上的资金供应情况，比起卖出同一个期权的人来说，他显然就有了优势。在市场收盘之后，期权的卖出者再无法有效地对他们的头寸进行对冲。为了防止这种情况，在任何一个特定的交易日内，在交易所收盘的5分钟之后，就不再接受行权现金交割期权的通知（当然，到期日除外）。这样，持有者和卖出者就处于公平的地位。

对经纪公司的客户，无论是零售客户还是机构客户，还有一个与行权现金交割期权相关的有趣事实。大部分经纪公司对现金交割期权的行权和指派要收取手续费。在刚开始交易指数期权时，手续费相当高。不过，投资者目前一般应当只需付基于期权价格的手续费。

【示例 29-5】 在前面的示例里，投资者在到期日将一手 ZYX 9 月 160 看涨期权行权，当时指数的收盘价是 175.24。差额是 15.24。投资者应当付的手续费，就像是他按 15.24 的价格卖出看涨期权多头的手续费，仅此而已。

对现金交割期权的卖出者来说，情况和股票期权没有这么大的区别。因为期权是按贴水价交易，卖出者仍然受到被指派的威胁。如果不是按贴水价交易，它也许就没有被指派的危险。同时，因为这里不涉及股票，因此就没有股息的支付，现金交割看跌期权的卖出者只需要关心这个看跌期权是否在按贴水价交易，而不必像股票期权那样，担心它对标的股票除息后的价格是否在贴水价上交易。

不过，在现金交割期权中进行价差交易的交易者有他们特别需要关心的事。由于价差中的期权空头被提前指派，一个看上去风险有限的价差有可能面临比最初想象的要大得多的风险。考虑一下下面的示例。

【示例 29-6】 假定一个投资者在 ZYX 指数上建立了一个看涨期权熊市价差，他买入了 11 月 160 看涨期权，价格为 1，与此同时，卖出了 11 月 155 看涨期权，价格为 3。他在这个价差上的风险是 300 美元加上手续费。即假设他最多支付有限的 500 美元来买回这个价差，或者说，事情看上去的确如此。但是，假定指数价格大幅上涨，价差交易者所持价差中的期权空头被指派，当时指数的价格为 175.24。因为被指派，他必须支付 2 024 美元来"回补"每一手看涨期权空头：100 美元乘以实值的数量：175.24−155.00，或者说 20.24。他在第 2 天开始交易之前收到这个指派通知。请注意，他无法简单地将他的看涨期权多头行权。因为如果这样做的话，行权看涨期权多头的价格会是第 2 天的收盘价。在最坏的情况下，假定市场得到令人失望的经济新闻，开盘时价格低了很多，指数只有 172。如果他用持平价格卖出他所买入的 11 月 160 看涨期权（1 200 美元），他就要付出一笔 824 美元的支出，这个金额大于他最初"有限的"500 美元的最大理论支出。因此，他在这个价差上就亏损了624美元（824美元减去最初的200美元收入），比理论上的有限亏损300美元要高出一倍多。

如果市场开盘价低了很多并且向下交易，他的亏损额就可能比想象的还要大。因为现在他的多头头寸处于风险暴露中：在期权空头被指派之后，价差就不复存在了。当然，如果市场第2天上涨，这就对他有利。不过，这里的要点是，一手由现金交割期权组成的价差，如果价差中的期权空头变为深度实值，随时都可能被指派时，整个价差所面临的风险就要大于行权价之间的差额（在股票期权中这是最大的风险）。

29.2.3 裸期权的保证金

当一个指数被认定为"宽基"指数时，对裸期权卖出者的保证金要求就要低一些。一个指数是不是宽基的，是由美国证券交易委员会（SEC）决定的。宽基指数的保证金要求比较低，是因为标的指数的价格变化通常不会像股票或部门指数那么快。因此，从理论上来看，裸期权的卖出者在卖出裸宽基指数期权时的风险要小一些。

卖出裸宽基指数期权的保证金要求是指数的15%，加上期权的权利金，再减去期权的虚值额（如果有的话）。它也有一个最低的要求：对看涨期权它是指数价值的10%；对看跌期权它是行权价的10%。这两个最低的要求还需要加上期权的权利金。

【示例29-7】假定ZYX的价位是168.00，12月170看涨期权的售价是6，12月170看跌期权的售价是5。卖出裸看涨期权的保证金要求可以计算如下：

	（单位：美元）
指数的15%	2 520
加上看涨期权的权利金	+600
减去虚值额	−200
裸看涨期权的保证金要求	2 920

卖出裸12月170看跌期权的保证金要求会是：

两者都高于指数价值10%的最低保证金要求。

	（单位：美元）
指数的15%	2 520
加上看跌期权的权利金	+500
裸看跌期权的保证金要求	3 020

卖出裸窄基指数期权的保证金要求和股票期权是一样的：期权的20%，加上权利金，再减去虚值额，最低的保证金要求是指数价值的15%。

其他的保证金要求和股票期权的相仿。例如，如果投资者想要卖出裸12月170跨式价差，根据上面示例里的价格，他的保证金要求就会是3 020美元，也就是看跌期权或看涨期权两者中较大的一个，这和在股票期权中的情况是一样的。对指数期权价差的保证金要求和对股票期权价差是完全一样的。那些符合组合保证金标准的账户将会获得更低的保证金要求，并不是上面所说的保证金要求。

29.3 期货

现在让我们来看一看期货合约是如何运作的。这一节将只讨论现金交割的指数期货，在后面我们会讨论实物交割的期货。普通的股票投资者也许会认为，他不用期货就可以使用指数期权策略。虽然他也许有可能不用接触期货，但是，这样的策略家很快就会认识到，指数期货是整个指数交易策略中一个必不可少的部分。因此，要想对投资者的头寸进行充分的对冲和最优运作，几乎所有的指数策略都必须使用指数期货或指数期货期权。

商品期货合约是在将来的某个时候交割特定数量的特定商品的标准化合约。较早的、更为传统类型的期货合约是谷物、肉类和金属的期货合约。近年来，期货有了很大的扩展，将债券、政府债券、货币等金融证券也包括在内。最近，还出现了现金交割的期货，也就是说，不需要交割实物。这些合约是直接用现金来交割的。有的现金交割的期货合约将股票市场指数作为它们的标的"商品"。这一节要讨论的就是以股指为标的物的期货。不过，这些基本事实也适用于所有期货合约，无论是现金交割的还是实物交割的。

有几种类型的交易者或投资者会使用期货合约。一种是投机者：他们使用期货来获得极大的杠杆，也利用标的商品价格中的小幅波动而产生盈利。另一种是真正的对冲者：他们是实际标的商品的交易者，使用期货来对冲他们的价格风险。这是期货最重要的经济功能。我们将在后面的章节里列举实物商品（包括股票）对冲的示例。不过，现在通过一个简单的示例，看看投资者是怎样使用股指期货来对冲一个股票投资组合的。

【示例 29-8】假定有一个股票共同基金，它的运作哲学是，在牛市里，投资者无论怎样做，都无法超越市场。因此，最好的投资策略就是，当投资者看多，他就只需"买入市场"。也就是说，这个共同基金实际上是买入并持有标普 500 指数中的所有股票。

如果这个基金的管理者对市场的看法转为看空，那么，他应当卖掉所有头寸。但是，将整个投资组合平仓的手续费成本会非常大。而且，卖出这么多股票的行为本身就实际上导致市场下跌，在他能够将整个投资组合卖掉之前，头寸中还没卖掉的部分就已经进一步贬值了。

与其卖掉他的股票，这个经理可以针对他的投资组合卖出标普 500 指数期货。随着标普 500 指数的上下运动，这个期货合约也会相应地上下运动。假定他卖出足够数量的期货合约来为整个股票投资组合的全部现金价值进行对冲。那么，即使股票市场下跌，他的期货合约也会下跌，因此从理论上防止他会有亏损。当然，如果市场上涨，他就没有什么盈利，因为期货在这种情况下就会有亏损。这个资金管理者所实现的是在没有股票手续费成本的情况下有效地卖掉了他的股票投资组合（期货的手续费一般相当低）。

如果他在后来的某个时候对市场又转为看多，他可以把期货买回来。这样，如果市场上涨，他的股票就可以充分获得盈利。和先前一样，他不必支付股票手续费，也不必耗精费神地买入 500 只股票来实现"买入"标普 500 指数，他只需要在期货市场中下一道指令。

期货合约的价格常常相对标的商品有升水，因为买入期货的投资者所花的现金没有买入所有股票所需要的那么多。因此，他节省了持有成本，但是不会有任何股息收入。市场通过用期货合约价格中的升水来反映了这样的节省。由此产生的结果之一，就是较长期的合约在交易中的升水大于短期合约，和期权中的情况差不多。不过，在大部分情况里，指数期货交易者所关心的是最短期合约，或许是次短期的合约。对于现金交割的期权，短期利率会影响其升水。下一章将介绍计算这些合约的"合理价值"的方法。

合约条款

在一些指数上有现金交割的指数期货，虽然它们之中一些品种成交量并不大。成交量最大的指数期货合约是标普 500 指数迷你期货合约。这个合约在芝加哥商业交易所（Chicago Mercantile Exchange）交易。它同一时间会有每 3 个月到期的合约（3 月、6 月、9 月、12 月）在交易，合约乘数为每点 50 美元。每点价值 50 美元并没有什么特别的理由，这个合约就是这样限定的。"大"的标普 500 期货合约的合约乘数为每点 250 美元。

【示例 29-9】期货交易者买了 1 手 3 月标准普尔 500 迷你合约，买入的价格为 401.00（最小的交易单元是 0.25 点）。后来该合约的价格上涨到 403.50。这个交易者就有了 2.50 点的盈利，或者说 125 美元（2.50 点乘以每点 50 美元）。

交易所有时会调整期货合约的条款，以便让其在当前的交易环境中更具有竞争力。因此，在交易之前，策略家咨询他的经纪人，以确定他要交易的合约究竟有些什么具体条款。

29.4 期货交易

期货一般在电子市场中交易。早些年，它们会在场内通过公开喊价的方式交易，就像股票和期权那样。不过近年来，大多数场内交易都被电子市场所取代。这一变化对个体交易者非常有利，因为他现在可以在交易屏幕上同时看到期货和期权的价格，就像他能看见股票和指数期权的价格那样。在过去可不是这样的。

保证金、价格限制和报价

期货合约是用保证金交易的，它们必须逐日盯市。一般而言，与合约金额相比，所要求的保证金数量是很小的，因此交易期货会有很大的杠杆。任何交易期货的人在开始交易的那一天都必须在他的账户里存放初始保证金（initial margin）。然后，在每一天结束的时候都要计算这个合约的盈利或亏损。如果是盈利，他的账户就得到收入，如果是亏损，他的账户就会有支出。在亏损的情况下，交易者必须在他的账户里存放更多现金以弥补亏损。这个每天的保证金计算就是所谓的维持保证金（maintenance margin）。初始保证金可以用政府债券或其他证券来充当质押。

【示例 29-10】标普 500 指数期货合约是现金交割的期货合约，它们是在芝加哥商业交易所交易的。因为这个合约是用现金交割的，所以没有实际的实物商品作为标的。这个合约是以标普 500 股指的价值作为基础的。在合约到期的时候，每一手持仓的合约都根据标普 500 股指的收盘价得出它的价值，然后合约就消失了。所有的合约都在最后一天用现金交割，然后就不复存在：它们到期了。合约的条款指明了每 1 点的运动价值 250 美元。因此，如果标普 500 指数自身是在 1 405，那么，构成这个标普期货合约的就是价值 250 美元 × 1 405 或者说 351 250 美元的成分股构成的指数。假设一手这个合约的初始保证金是 30 000 美元，虽然不同的经纪公司可能会有不同的标准。

假定一个交易者在 10 月的某个时候为他的账户买入了一手 12 月标普期货合约。当时标的指数在 1 405.00，假定他为这个期货合约付了 1 417.50。相对于指数本身，期货价格可能会有升水或贴水，这取决于无风险利率的水平。我们将在后面讨论之所以会这样的原因。这个客户一开始放了 30 000 美元作为保证金，或许是以政府债券的形式。但是，第二天市场下跌，期货收盘价为1 406.00。相对于买入价格，该交易者现在就有2 875美元的亏损（250 × 11.50），因为每点价值250美元。如果此时他账户中没有足够的质押，他就需要额外存入2 875美元的现金。

如果他想在到期之前继续持有这个合约，那么每天都会重复在账户中加入当日盈利或减去当日亏损这样的程序。最后，在最后一天，期货合约就会按照标普500指数"上午"的结算价来交割，并根据这个价格来计算保证金的变动。然后期货合约就到期了，因此它就从他的账户里被"抹掉"。只剩下他在这个合约上赚的或亏的现金。

少量的保证金所产生的杠杆效应（为合约金额的一个百分比），是让期货变得波动很大（以金额计算）的一个主要因素。在前面的示例里，30 000美元的保证金投资操作了价值351 250美元的股票。因此在这笔交易中，杠杆就是12倍。由于它们的波动性，许多期货合约的交易都有价格限制。也就是说，一天的价格变动上下不能超过前一天收盘价的一个固定数额。这个措施是为了防止有大宗头寸的交易者在某个方向上大规模地操纵市场。

标普和纽约股票交易所的到期日。许多指数的期权和期货都在最后交易日的最后一笔交易时到期，而标普500指数期货的到期日则有些复杂。若干年以前，为了减少指数期货和期权到期对股票市场造成的波动，纽约股票交易所和芝加哥商业交易所（标普500期货上市的地方）同意改变它们的指数产品的到期日，从最后一个星期五的收盘改为当天的早上。我们会在下一章中讨论到期日对股票市场的影响。

因此，标普期货和期货期权会在它们的最后交易日以下面的方式交割。在到期日（到期月的第三个星期五），根据每个股票的开盘价来计算指数价格，并以此价格作为期货和期权的"最终"结算价。在最后的星期五，期货和期权实际上没有交易，它们在前一天（星期四）收盘时就停止交易了。

这个变动的目的是为了给纽约股票交易所的专业商更多的时间来调整交易的另一侧以处理订单的不平衡。根据新的规则，随着市场在星期五早晨东部时间上午9点开盘，市场出现开盘价时，指数套利者就必须下达他们的买入或卖出指令。因此如果专业商需要的话，他们就可以在股票开盘的时候等一等；如果有大量的股票买单或卖单，他就可以招揽订单。

所有这些的效果是，在指数的所有成分股开盘之前，指数的"最终"结算价是未知的。如果在星期五早晨股市波动较大的话（也许是因为有新闻的缘故），或者这些股票中有许多出现严重的订单不平衡，那么等到标普500指数所有500个成分股都开盘的时候，已经要过了一些时间了。我们将在第30章中讨论指数套利。

价格限制。最初，股指期货交易是没有价格限制的。不过，1987年股市的崩盘改变了这一点。有人觉得如果期货市场（它在市场下跌中起了领先作用）停止交易一段时间，股票市场就有可能稳定下来。因此，在股指期货的交易中现在就有一系列的交易限制存在。这些限制的设计目的是"熔断闸"，也就是防止股市崩盘。它们不是其他期货上那种意义上的限制，但是和它们相似。

启动熔断闸的价格水平在不同的时候可能不一样，这取决于股市的波动情况和标普期货交易的价格水平。也就是说，如果标普期货在1500的点位上交易，投资者可以预计到熔断闸的幅度要比它们在 600 的点位上交易时要宽。这些熔断闸只出现在股市下跌的时候。如果这一系列熔断闸中的第 1 个熔断闸被启动，那么通常只是暂停交易 10 分钟。在这以后，如果股市继续下跌（通常是 10% 的下跌），那么一个更长时间的熔断闸就会被启动，大概暂停交易 30 分钟。在此之后，市场会重新开盘。如果价格又触发了另一个下跌限制（或许是 20%），那就会暂停更长时间的交易（2 小时左右，具体细节取决于当前的监管要求）。如果此后还有交易时间剩余，那市场还会再度开盘。如果股价继续下跌，碰到最后一个价格限制，那这一天的交易就终止了。在这一天股票不能以更低的价格交易了。不过，如果需要的话，它们会在第 2 天以更低的价格交易。

纽约股票交易所也有相似的价格限制（基于道琼斯工业平均指数）。这些限制并不一定与标准普尔期货中的限制完全一致。当这些严重的下侧限制真的发生的时候，可能会给对冲者带来麻烦。

实际上还有其他用来防止股票市场逃亡的"熔断闸"，不过它们和期货交易的价格限制没有关系。我们在第 30 章讨论指数套利和程序化交易时会谈到它们。

报价。股票和股票期权是用 10 分报价的，有时也用 5 分报价，期货的情况则不一样。有的期货交易是以分数交易的，有的则是用美分。在后面的章节里有许多期货和期权交易细节的示例。不过，投资者在开始交易期货或期货期权之前，应当熟悉每个合约的细节。从他的商品经纪人那里可以很容易得到这样的信息，或者是从上市该期货的交易所的网站中找到。

29.5 指数期货期权

正如我们在前面所看到的，期货合约可以让交易商品的人免于受商品价格波动的影响。卖出期货的共同基金经理在很大程度上放弃了上行方向的进一步可能盈利，同时也消除了下行方向的可能亏损。期权所提供的活动余地比期货更大。通过交易期权，投资者可以锁定其头寸一边的风险，并给另一边留下盈利的空间。例如，共同基金经理可以买入标普 500 指数看跌期权来对冲他下行方向的风险，但是保持了如果股票市场上涨在上行方向的盈利空间。这和卖出期货合约不同，期货合约锁住了他的盈利，同时也锁住了在市场有利时的进一步盈利空间。

许多期货合约上都有期权交易。这种期权的标的证券是有相同到期月的期货合约，而不是期货合约自身的标的物。因此，如果投资者行权场内期货期权，他得到的是一个期货合约头寸，而不是实物商品。

【示例 29-11】 一个交易者拥有 ZYX 期货 12 月 165 看涨期权（165 是行权价）。假定 ZYX 12 月期货的收盘价为 171.20。看涨期权和期货都每点价值 500 美元。如果行权看涨期权，交易者就拥有一手价格为 165 的 ZYX 12 月期货合约（到期月和期权相同）。因为目前的价格是 171.20，在他的维持保证金账户里就有 3 100 美元收入（500 × 6.20 点）。请注意，即使这是一个现金交割的期货的期权，行权给期权持有者带来的也只是一个期货合约头寸，而不是现金。

目前，所有的指数期货都有相应的期货期权。

29.5.1 到期日

期货期权的特征和股票期权基本相同：到期月（和标的期货合约的到期月相同），行权价，等等。如果一个交易者买入一手期货期权，和股票期权一样，他必须为它全额付清。对裸期货期权的保证金要求各有不同，不过一般而言比股票期权的要求要宽松。裸期权的保证金要求往往是以期货的保证金为基础的，而期货的保证金要远远低于场内股票期权所要求的标的股票价格的20%。

在期货期权的标的物为现金交割的期货合约时，期权和期货一般是在同一天到期的。因此，如果投资者要在到期日将ZYX期权行权的话，他就会先在他的账户里收到这个期货，然后这个期货再变为现金。因为这个期货是现金交割的，而且和期权在同一天到期。

【示例19-12】假定一个交易者拥有一手ZYX 12月165期货上的看涨期权，这个期货合约每1点价值500美元，他将这期权一直持有到最后交易日。在最后交易日，ZYX指数收盘价为174.00。他下了行权这个看涨期权的指令，因此就出现了下面一系列事件。

（1）通过行权看涨期权，用165的价格买入一手ZYX期货。

（2）期货的收盘价为174，于是保证金变动利润为4 500美元，也就是（174.00 − 165.00）× 500美元。

（3）因为行权，所有账户中就没有了期权。而由于期货到期了，所以账户中也没有了期货。

因此，行权使得账户里产生了4 500美元的现金，既没有期权合约也没有期货合约留下来。我们不知道对这个期权的持有者来说，这笔钱究竟是代表了一笔盈利还是一笔亏损，因为我们不知道他最初的成本是否大于4 500美元。

应当指出，一般而言，期货期权的到期日是相当复杂的。与股票期权不同，它们通常不在到期月的第三个星期五到期。指数期货期权一般确实是在到期月的第三个星期五到期，但是许多实物商品期权不是。我们在后面关于期货期权的一章将讨论这些不同。

29.5.2 期权权利金

期货期权的合约金额一般与标的期货的合约金额相同。也就是说，因为标普500期货每点价值250美元，那标普500期货期权也是如此。

【示例29-13】一个投资者在指数为1 409.50时，用4.20买入了一手标普500指数12月1 410看涨期权。这个看涨期权的成本是1 050美元（4.20 × 250）。和股票期权一样，买这个看涨期权的钱必须一次性付清。

期货期权的一个有趣事实是，长期期权有一种"双重权利金"的效果。期权自身有其时间价值，而它的标的证券，也就是期货，也有相对实物商品的价格升水。在考察跨期价差的时候，我们可以看到，这个现象有可能产生某种相对惊人的价格。

【示例29-14】在1月的某个时候，ZYX指数在162.00的价位交易。假定3月ZYX期货合约在163.50的价位交易，6月的期货合约在167.50交易。这些价格都是合理的，它们都代表了相对价位为 162.00 的指数的升水。这些升水都和期货合约到期之前所剩的时间有关。

现在，让我们来看看两个期权：3 月 165 看跌期权和 6 月 165 看跌期权。在标的物 3 月期货合约的交易价为 163.50 时，3 月 165 看跌期权的交易价可能为 3。6 月 165 看跌期权的标的证券是 6 月期货合约。因为 6 月期权离到期的时间更长，它比 3 月期权有更多的时间价值。不过，标的 6 月期货在 167.50 的价位交易，因此 6 月 165 看跌期权是 2½ 点虚值，因此有可能卖到 2½。这就形成了一个看上去非常奇怪的跨期价差，其中较长期期权的卖价是 2½，而短期期权的卖价是 3。当然，这是因为两个期权的标的证券不同的缘故。一个是实值的，一个是虚值的。这两种标的物：3 月期货和 6 月期货，它们自身价格有所不同。因此，由于这种双重权利金的效果，这个期权跨期价差就有了倒挂的价格。

29.5.3　期货期权的保证金

大多数期货交易所都使用一种叫做 SPAN 标准的保证金，SPAN 是 Standard Portfolio Analysis of Risk（标准投资组合风险分析）的缩写。这种制定保证金的方法非常公平，它是根据标的期货合约的运动和期权隐含波动率的潜在变化来决定一个期权头寸的保证金要求。

在此之前给期权头寸定保证金的方法是所谓的"客户保证金"方法。客户保证金方法一般得出较高的保证金要求。读者可以参考论期货和期货期权的那一章，进一步了解标准投资组合风险分析和其他类型的期权保证金要求。

29.5.4　其他条款

正如不同的实物商品期货有不同的条款一样，这些期货之上的期权也是如此。有的期权的行权价间距是 5 点，有的只是 1 点，它们反映了商品的波动性。具体地说，对于指数期货期权，标普 500 指数期权的行权价间距是 5 点。

自期权代码计划（OSI）出现之后，期货期权的代码编制方法就和股票期权一样了。用数字来表示行权价和到期日。然而，两者还是有一个主要的差异：大多数期货和期权的到期月份仍沿用了老式期货的方法。一些报价系统可能会给你转换，但许多都不会。其中 F 表示 1 月，G 表示 2 月，H 表示 3 月，J 表示 4 月，K 表示 5 月，M 表示 6 月，N 表示 7 月，Q 表示 8 月，U 表示 9 月，V 表示 10 月，X 表示 11 月，以及 Z 表示 12 月。

有的期货期权有持仓限制，不过它们允许持有非常大的头寸。应当向经纪人咨询，以确定不同期货期权各自准确的持仓限制。

许多客户和商人在交易期货期权时有一个主要关心的因素。经过登记可以推销股票的商人并不一定进行了推销期货的登记，如果他们要推销许多类型的期货期权，必须通过一个额外的测试。类似地，许多客户（主要是机构）在已经得到其委托人许可其交易股票期权的情况下，如果要交易期货或期货期权，还需要进一步的许可。策略家们并不存在这样的问题，如果期货期权中有交易机会，那他们就可以找一个能交易它们的经纪人来开户。同样地，如果某个策略家在开始交易期货之前，发现他需要其所属机构的某些许可，那他也应该先获得这些许可。

29.6 使用指数期权的标准期权策略

现在我们对指数期权的策略进行一个一般性的介绍。它们适用于所有指数期权，不管它是在股票期权交易所上市，还是在期货交易所上市。本书前面介绍的所有期权策略都可以用指数期权来建立。适用于股票期权的概念也适用于指数期权。如果投资者在一个行权价上买入一手看涨期权，并在更高的行权价上卖出另一手看涨期权，这就是一个牛市价差；如果投资者卖出行权价相同的一手看跌期权和一手看涨期权（跨式价差），这就是一个中性的策略。投资者使用 delta 来决定他需要卖出多少手期权来对冲其买入的期权，以建立一个 delta 中性的策略。同样，他在这个过程中使用 delta 来判定他的头寸的进展，通过调整头寸以保持 delta 中性。

我们不准备重复介绍这些策略。对它们的介绍已经相当详细了。头寸中的某一条腿不再有提前指派的风险，这一点可能会改变某些策略。在某些情况中，使用指数期权和期货有它特别的优点或缺点。因此，我们将简短地复习一下一些主要的期权策略，如果它们的使用和指数期权策略有特别的关系，就做详细的讨论。

29.6.1 买入期权

除了通常的提供杠杆和有限的资金风险这些买入期权的理由之外，想要买入指数期权的最常见原因，是利用它们来进行资产分散配置。许多人觉得预测整体市场方向比预测具体股票的方向要容易。买入指数期权自然可以很好地利用这种感觉。不过，有的时候买入指数期权并不一定更好。在这样的情况里，买入一组单只股票的期权实际上也许更聪明一些。

由于一种被称为"波动率倾斜"的现象，指数期权的隐含波动率有可能和预测的指数或股票运动出现不协调的情况。我们在论及高级概念时，将详细讨论这个现象。

例如，假定指数看跌期权是昂贵的，就像在 1987 年股票崩盘之后那样。当发生这样的情况时，那些对市场看空而买入一揽子个股看跌期权的交易者，实际上可以得到比买入指数看跌期权更大的盈利。股票的看跌期权一定会反映出股票价格运动的概率，因为套利策略会迫使它们和股票价格保持协调。因此，在出现这类波动率倾斜的时候，个股看跌期权就没有指数看跌期权那么贵。指数看跌期权会保持这么贵有几个原因，主要是因为超量的需求和膨胀的保证金要求。在这样的情况里，从理论上说买入一组个股看跌期权是正确的。事实上，投资者甚至可以通过卖出虚值的、定价过高的指数看跌期权来为其买入个股看跌期权对冲。

29.6.2 卖出指数期权

在前面的章节里，我们看到了许多在数学上有吸引力的策略都涉及卖出裸期权（卖出比率、跨式价差、比率价差等）。指数期权更证明了这样策略的有效性。读者应当记得，这些使用裸期权策略的最大风险是标的股票有可能大幅运动，如果这个运动是朝着裸期权的方向，那就会将头寸暴露于巨额的亏损中。也就是说，如果投资者卖出的是裸看涨期权，而标的股票急剧上涨，也许因为有人提出兼并，那么，他就会有大量的亏损，在没有后续措施的情况下，有可能是无限的亏损。

当然，策略家决不会让这样的亏损无控制地发展下去。他会试图采取一些后续措施来限制亏损，或者让他的头寸变得中性。不过，如果在标的物出现运动时市场休市，那么，即使是最好的策略家也无法对他的头寸进行对冲。例如，如果标的证券是股票，某些新闻有可能会在股票的收盘价和它第2天的开盘价之间造成巨大的跳空。这样的新闻也许和公司的兼并有关，或者和非常负面的盈利报告有关。

指数期权就没有这种特别的缺陷。指数，特别是宽基指数，不太会像股票那样开盘大幅跳空。指数不可能是兼并的对象。它也不可能因为某个成分股的糟糕盈利报告而大幅度缩水。因此，在使用裸期权的策略里，指数期权是比股票期权更有效的选择对象。由于情绪因素，或者也许由于在期货市场开盘之前，较早开盘的其他市场（例如债券市场）已经有了较大幅度的运动，指数期货和期权在开盘时常常会有1点左右的小幅跳空。对于裸卖出者来说，这样的跳空在正常情况下并不特别危险。

你不能假定指数不会有大幅的跳空，如果在市场中有重大、导致许多股票开盘跳空的事件发生，指数自身开盘时也有可能出现跳空。按百分比而言，这种跳空的最糟情况是在1987年股市崩盘的时候，标普100指数（OEX）和标普500指数开盘时都向下跳空20点以上。无论是在此之前还是之后，都没有出现过这种情况。但是，再次发生这种情况的可能性始终存在。因此，你不能假设在指数期权策略中卖出裸期权是一个低风险的策略。不过，一般而言，比起在股票期权中卖出裸期权来说，它的风险要小一些。

29.6.3 处理现金交割期权的提前指派

大多数指数期权都是欧式结算的，它们不能被提前行权。不过，也有一些现金交割的美式指数期权，它们就会存在提前指派的问题。指数期权的价差交易者面临的最大问题就是提前指派的可能性。这会使得他的头寸失去一条腿，将他暴露在比他想要的或者预见到的风险要大得多的风险中。

投资者在提前指派出现之前，通过观察实值期权的价格，常常可以得到线索。如果它们是按贴水价交易，那么，投资者可以预见到指派很有可能会发生。

【示例29-15】ZYX在1月期权到期的前几天按357在交易。股票市场在接近收盘时大幅度上涨，1月340看涨期权在东部时间下午4点时在16.50～17.00的范围内交易。因为这些看涨期权的持平价是17，因此，卖出者有可能在第2天早晨会收到指派通知。

观察到正在发生这种情况的策略家必须迅速做出决定。因为市场在收盘时大幅度上涨，那买入指数期权的套利者或机构账户很可能会将它们行权。我们之中玩世不恭的人甚至会想在此时卖空股票，并计划在明天一早再买回股票。请注意，那些卖出对冲看涨期权的人（也就是价差交易者），在收到指派通知之后，都会在市场中变为买家。他们价差中的空头腿通过指派被取消，剩下的只有多头腿。因此，为了平仓或者对冲，他们在第2天早晨必须卖出股票或指数期货和期权。这就迫使市场价格暂时下跌，对那些前一天晚上卖空的人来说，这是福音。

价差交易者第1个可能的行动是注意在接近交易收盘时正在发生什么事，试图将他买入的看涨期权行权，因为他预见到他会在卖出的看涨期权上收到指派通知。当然，这个指派并不一定就是事实，他只是预见到而已。因此，他有可能自作聪明，结果，在卖出的看涨期权上他没有收到指派通知，于是变成只持有卖单。

假定这个策略家没有预见到指派的出现，因此没有将他买入的看涨期权行权，在第2天早晨收到指派通知之后，他有若干种选择。首先，他可以什么都不做。对一个先前持有对冲头寸的人来说，这是一个非常激进地看多的姿态。不过，有的时候有人会这样做。采用这种激进方法的策略家是下注在这样的事实上：指派之后的抛售是暂时的，市场随后会反弹回来。到那时，他就有了按照对他有利的价格将剩下的多头头寸平仓的机会。这是一个过度激进的策略，我们不推荐这样做。

当投资者在收到现金交割期权的提前指派通知时，最妥善的做法是立刻想办法对剩下的头寸进行对冲。最简单的办法是买入或卖出期货，这取决于被指派的是看跌期权还是看涨期权。如果投资者的看跌期权被指派，投资者头寸中的看多的那个部分（卖出看跌期权是看多的）就被取消了。因此，投资者可以买入期权，迅速地在剩下的头寸中加进一些看多的成分。一般而言，如果投资者的看涨期权被提前指派，他的头寸中看空的那部分就被取消了（卖出看涨期权是看空的），因此就可以卖出期货，在剩余头寸中加进看空的成分。一旦得到对冲，如果需要的话，将早晨建立的对冲交易出手，从而将头寸在这个交易日里平仓。

提前指派通知是一大早收到的，因此，投资者可以立刻在过夜的市场里建立对冲。如果他等到白天的市场开盘，他可以利用期货或期权进行对冲。如果在期权市场开盘轮转（opening option rotation）中使用市价指令下单，投资者必须格外小心，特别是在市场大幅下跌之后的第二天的指数期权市场里。在这样的情况里，做市商非常紧张，不愿意将看跌期权作为保护卖给公众。因此，在股票市场大跌之后，看跌期权的过高定价是众所皆知的。在这种情况下，投资者应当尽量不要在开盘轮转中买入看跌期权。不过，到今天为止，所有的跳空和严重的定价失误的不正常情况都出现在市场熊市的一侧，在向下的方向。

29.6.4 结论

由于引进了指数产品，期权策略家就有了一些新的领域。在这一章讨论的这些概念，为探讨期权策略的这个新领域打下了基础。许多交易者不愿意交易期货期权，因为期货看上去太陌生。实际情况并不如此。通过交易期货期权，投资者也就可以使用和股票期权相同的策略。此外，他可以利用在股票期权中不存在的期货和期货期权的某些特性。

交易指数期权可以有丰厚的盈利，不过，只有在投资者懂得了所涉及的风险（特别是现金交割期权中提前指派的风险）的情况下才有可能。比起在某一时刻交易某一股票来说，能够"交易市场"的好处是显然的：如果投资者对市场的看法是正确的，他的指数期权策略就会有盈利。这比以股票为中心的买入策略要好，在后一策略里，投资者有可能对整个市场是看对了，但是因为买入的看涨期权所对应的股票并没有跟随市场趋势，因此没有赚到任何钱。

策略家在交易这些市场时，应当考虑他所有的选择。如果他是看多的，是不是真的应当买入 SPX 看涨期权？也许标普 500 期货期权会更好。事实上，也许所有的看涨期权都太贵，而标的期货则是更好的买入对象。在这一章里讨论的这些概念为策略家探讨这些问题提供了基础，使得他有可能在投资策略中做出最好的决定。

最后，要记住，指数期货和期权包括了许许多多不同种类的证券。投资者、交易者和策略家通过多种多样的方法来使用它们。在使用这些衍生证券方面，只有使用者的想法才是使用的限制。

29.7 看跌–看涨比率

在本书中，我们一般不关心技术交易系统。不是它们不重要，只是因为它们属于期权策略之外的投资范畴。不过看跌–看涨比率体系和期权的关系太密切了，值得在这里讨论一下。

看跌–看涨比率就是将所交易的看跌期权数量除以所交易的看涨期权数量。它可以按天、星期或者任何时段来计算。它可以根据股票期权、指数期权或者期货期权来计算。有的时候，它是用持仓量而不是成交量来计算的。另一种计算看跌–看涨比率的方法是用看跌期权的成交金额（每手看跌期权的价格乘以其成交量）除以看涨期权的成交金额，这就是所谓的加权看跌–看涨比率。如果它是按天计算的，交易者往往使用若干天的数字的平均值来平滑波动。

【示例 29-16】早报上显示昨天的 SPX 期权的交易情况如下。

SPX 看涨期权的总成交量：200 000 手合约

SPX 看跌期权的总成交量：300 000 手合约

因此，这个比率是

$$\text{指数看跌–看涨比率} = 300\,000 / 200\,000 = 1.50 \text{（昨天的）}$$

这个技术指标是一个反向指标（contrary）。反向交易（contrarian）的思维方式是这样的：如果每个人都在买入看跌期权，那么每个人都是看空的；如果每个人都在做同一件事，他们不可能都是正确的；所以反向交易者必须采取看多的态度。

因此，如果看跌–看涨比率很高，太多的交易者在买入看跌期权，那么反向交易者就应当把它解释为一个看多的信号。反过来，如果看跌–看涨比率过低，太多的交易者在买入看涨期权，反向交易者就应当把它看作是一个看空的信号。反向系统背后的理论是，在市场出现一个重大转折的时候，大多数交易者都是错的。

可以计算好几种看跌–看涨比率。一般而言，投资者不应当将不同类型的期权混同起来。例如，股票看跌–看涨比率只是使用股票期权的成交量。指数看跌–看涨比率只使用指数期权。每一种期货合约（黄金、白糖和玉米等）的看跌–看涨比率一般都是分别计算的，不能把它们组合在一起。不过，投资者应该把某一特定商品的所有月份合约组合在一起，比如 4 月黄金、6 月黄金和 9 月黄金等，以计算黄金看跌–看涨比率。

随着这些商品的 ETF 开始交易，投资者可以把某个商品的看跌–看涨比率作为一种信号来交易相关的 ETF（例如用黄金期权的看跌–看涨比率来交易 GLD）。

显然，成交量越高的期权合约越能产生可靠的看跌–看涨比率：股票期权和指数期权的流动性非常好。黄金期货期权本身不是那么活跃，在有的时候就可能会产生一个被扭曲的结果。

比率自身。交易者和投资者在股票期权中买入的看涨期权几乎总是多于看跌期权。因此，股票看跌－看涨比率通常是一个远远小于 1.00 的数字。如果买入看涨期权的交易非常活跃，那么，按天计算的股票看跌－看涨比率有可能跌到 0.30 的范围。有的时候一个非常看空的日子有可能产生 1.00 或者更高的数字。在平常的时候每天的比率一般在 0.50 左右。

指数期权则产生更大的比率。许多机构和其他的投资者持续地使用指数看跌期权的保护功能。因此，相对于股票看跌期权，投资者会买入更多的指数看跌期权。对于某些指数而言，一个平常的日子也许会产生 2.00 的比率。

比率的诠释。在计算出比率之后，有多种哲学来对其进行解释。所有的哲学都是反向交易的变形，因此前面所做的总评语，也就是高比率是看多的，低比率是看空的，在这里仍然适用。在对什么是"高"和什么是"低"的界定上，仍然有解释的余地。

一种学派认为应当使用绝对比率。一个示例可以是："如果股票看跌－看涨比率的 10 天移动平均值高于 0.60，这就是一个买入的信号。"不幸的是，在任何比率上使用绝对的数字在有的时候都会起到副作用。如果市场陷在一个长期的熊市运动里，那么就不断地有人买入看跌期权，使得这个比率在调头回到正常水平之前，达到相当高的水平。因此，在把它看作买入或者卖出的信号之前，最好先找到究竟什么是高的比率或者什么是低的比率。这是更为动态的解释：它使得买入和卖出的信号可以出现在看跌－看涨比率的不同绝对水平上。

一般而言，当标的市场开始下跌的时候，看跌－看涨比率会上升，反之则会下降。如果实际情况不是这样，那就有可能发生了对冲活动。在对冲活动消失之前，这个比率就不具有反向指标的价值。因此，如果标的是在上涨，而看跌－看涨比率也在上升，那投资者就应该忽略这个信号。这是因为，此时比率的上升是不正常的。有可能此时有人在上涨的市场中大量地买入看跌期权。因此，此时的买入看跌期权行为可能就是实际对标的市场持有多头头寸的投资者在做对冲。

总而言之，看跌－看涨比率是一个容易计算的指标。每天的波动起伏可以通过使用 10 天、20 天或 50 天的移动平均值来平滑。如果有太多的买入看跌期权的交易，这个比率就应当被解释为看多的；如果有太多的买入看涨期权的交易，这个比率就应当被解释为看空的。"太多"这个词儿不是很容易解释，但是，在图形上找出局部最高点和局部最低点是解决这个问题的一种合理途径。当看跌－看涨比率的移动平均值增加的时候，在这个平均值没有反转下降之前，都不能说出现了买入的信号；在平均值见底回升之后，卖出的信号就产生了。

29.8 总结

有许多种指数，也有许多种交易工具：现金交割期权、期货期权以及期货。这些不同的标的证券有不同的交易条款，对它们的期权的设计也有不同之处。这种多样性为机敏的期权策略家提供了许多交易机会。

第30章
Options as a Strategic Investment

股指对冲策略

这一章主要考察投资者用指数产品为一个股票投资组合对冲的各种方法。这个投资组合可以是个体投资者的小型投资组合，也可以是一个像标普500指数这样的大型投资组合。我们将从个体投资者、机构资金管理者和套利者的不同角度来探讨这个策略。这种用指数产品为股票对冲的技术已经变得越来越流行，同时，因为它对整个股市引起的短期运动，也引起了人们的注意。我们将解释为什么会有这样的运动出现。最后，我们将看一看通过买入一组表现同一个宽基指数相仿的股票组合来模拟这个指数的方法。

30.1 市场篮子

使用指数期货和期权的最流行的策略之一是买入一组表现同一个大盘指数表现相仿的股票组合，同时卖出定价过高的以这个指数为标的物的期货或期权。这组买入的股票组合通常被称作"**市场篮子**"（market basket）。这一章将介绍这些篮子是怎样被用来针对它们所模拟的指数进行交易的。这些指数可以是标普500，或者是范围小得多的指数，比如道琼斯30工业指数（DJX），或者甚至是小到只有几只股票组成的一个指数，这几只股票也许是某个投资者的股票组合。

一般而言，决定交易某个针对一组股票的衍生证券（期货或期权）是否能够获利的关键是这个期货合约自身中的升水。也就是说，如果标普500指数的价位在405.00，期货在408.00交易，那么就有3.00的升水：期货合约在比指数自身高3点的价位上交易。这个升水的绝对水平并不重要，重要的是这个升水与这个期货的合理价格之间的关系。我们在后面将考察如何确定这个合理价值。

期货是衍生证券的领头羊，特别是标普500指数期货。只要这些期货变得定价过高，其他衍生证券一般也会跟上。在本章中，如果我们提到标普500指数期货，要么是指合约乘数为每点250美元的"大合约"，要么是指合约乘数为每点50美元的迷你合约。

正常情况下，大部分衍生证券（期权和期货）都会跟随标普500指数期货的引导。当发生这种情况时，唯一定价合理的就只有指数自身，也就是股票。因此，对冲衍生证券的符合逻辑的方法是使用股票。如果这个指数足够小的话，例如包含30只股票的道琼斯指数（DJX），那么在期货定价过高的时候，投资者也许可以买入所有的30只股票，同时卖出期货。这是一个完整的对冲，而且事实上是一个套利。在更大的像标普500这样的指数里，只有最大的专业交易商才有可能买入所有500只股票，因此投资者可能会买入这个指数的一个较小的子集，希望这较小的一组股票会复制指数的表现，达到与买入整个指数类似的效果。我们将深入研究这两种类型的对冲。

即使投资者不准备使用这些对冲策略，对他说来，理解它们是如何运作的仍然非常重要。这些策略对整个股市的运动有一定的影响。为了预见到这些运动，必须对这些对冲策略有基本了解。为了实施任何一个这样的策略，首先必须知道如何确定一个期货合约的合理价值。

期货的合理价值

计算期货合约合理价值的公式极其简单，虽然要得到其中一个因素的信息有一些困难。首先，让我们来看一看简单的期货合理价值公式：

简单公式：

$$期货合理价值 = 指数 \times [1 + 时间 \times (利率 - 股息率)]$$

式中，指数是指数自身当前的价值；利率是当前的持有成本率（典型的是经纪商的借贷利率）；股息率是指数中所有股票的综合年股息率；时间是按年计算的在合约到期之前所剩的时间。

【示例 30-1】假定 ZYX 指数在 160.00 交易，经纪商的借贷利率是 10%，500 只股票的股息率是 5%，离期货合约到期刚好还有 3 个月。用年度来表示的时间就是 0.25，因此，这个公式就变成了：

$$期货合理价值 = 160.00 \times [1 + 0.25 \times (0.10 - 0.05)]$$
$$= 160.00 \times (1 + 0.012\ 5)$$
$$= 162.00$$

因此，期货应当在高出指数自身价值 2 点的价位上交易。期货高出指数的升水代表了不必买入并持有这 500 只股票所节省下来的资金利息，减去股票股息的损失（期货不付股息）。如果期货变得非常昂贵，在指数之上 3.50 或 4 点交易，那么就可以看作是高估了，那套利者就会来进场赚这部分钱。与此相似，如果期货交易价变得便宜，比合理价值要低出 1 点，那么在这种情况中也会有套利出现。

这个合理价值实际上是 4 个事物的函数：指数自身的价值，离到期的时间，当前的持有成本率和指数成分股在到期之前所付的股息。请注意，"指数的成分股在到期之前所付的股息"同我们在简单公式中使用的 500 只股票的股息率不是一回事儿。我们下面将进一步讨论两者的区别。

不过，在这样做之前，我们先看一看这个公式中变量的变化是如何影响期货合约的合理价值的。更重要的是，我们所感兴趣的是这些变量的变化是怎样影响这个期货合约相对指数价值的升水的。在交易市场篮子的时候，这是投资者应当主要关心的事。

随着指数自身价值的增长，升水的合理价值也会跟着增长。例如，如果像上面那个示例里，当指数在 160 时有 2 点的合理升水的话，那么，当其他变动都不变的情况下，如果指数价值为 320，那么合理升水就会是 4 点。反过来说，如果指数下跌，升水的合理价值也会缩减。

升水的上升和下降同持有成本率以及距离到期日的时间也成正比。请注意，这个说法也适用于股票期权,理由是一样的:持有成本率越高,或者持有期更长,或者两者兼备,从持有成本中节省的钱就越多。在上面的示例里,如果离到期还有6个月而不是3个月,升水的合理价值就会从2点变为4点。同样的,如果时间缩短,合理价值就会变得更小。

有的投资者,主要是机构投资者,使用短期政府债券利率而不是持有成本率来决定期货的合理价值。他们这样做的理由是要决定他们手里的现金是放在短期政府债券中更好,还是放在像这样的套利策略中更好。后面我们还会再来讨论使用短期政府债券的利率。

股息的变化对升水价值的变化是反向的。指数总股息率的增加会使期货合约的合理价值减小。这是因为期货的持有者得不到股息收入。因此,由于股息的损失,期货合约就减少了价值。反过来看,如果股息收益降低,升水的合理价值就会增加。不过,这不是有关股息的全部故事。

回顾一下,我们在上面说过,股息率和股息的数量不完全是一回事儿。这是因为股票支付股息的方法各有不同。同不断支付收益的债券不同,股票通常是每年分4次支付。也就是说,在上面显示的简单公式中的股息率这个变量应当为在到期之前实际支付的股息数量所代替。这个事实使得对指数合理价值的计算变得有些困难。为了准确地计算出这个价值,你必须知道这个指数中每一只股票的股息数量和除息日。要知道所有这些信息比知道指数的股息率要难得多,因为指数的收益率会每星期都在好几个地方公布。事实上,你需要一台计算机才能计算得出一个包含100只或者更多股票的较大的指数的实际股息。

因此,实际的公式同上面显示的简单公式有些不同:

实际公式:

$$期货合理价值 = 指数 \times (1 + 时间 \times 利率) - 股息$$

在这个公式里,股息指的是在期货到期前所有股息的现值。

【**示例30-2**】在一个同简单公式里的示例相似的示例里,假设ZYX指数的交易价是160.00,经纪商的借贷利率是10%,在到期前的股息的现值是1.89美元,离期货合约到期还刚好有3个月。用年度表达的时间是0.25,因此,这个公式就变成:

$$\begin{aligned}期货合理价值 &= 160.00 \times (1 + 0.25 \times 0.10) - 1.89 \\ &= 160.00 \times (1 + 0.025) - 1.89 \\ &= 162.11\end{aligned}$$

为了计算一个指数的股息的现值,有必要知道每只股票的股息以及这个股息的除息日。为了计算这个指数的股息,投资者计算出每个股息的现值,将这个结果乘以这只股票在这个指数中的除数,以得到这个股息的正确权重。这个指数的总股息是这些单个股票计算结果的总和。每只股票的除数仅仅是用这只股票的流通股除以这个指数的除数来得到。在价格加权的指数里,没有必要对每个股息的现值进行调整,只需要将它们加在一起,然后除以除数。让我们以一个由3只股票组成的假想的指数为例,来看一看应当怎样计算一个指数的股息的现值。

【**示例30-3**】假定一个市值加权的指数是由3只股票构成的:AAA、BBB和CCC。另外,假定每只个股的股息数量和距支付股息的天数如下面的表格所示,每只股票的流通量也列在表格中。最后,假设这个指数的除数是150 000 000。

股票	股息数量	距支付股息的天数	流通量
AAA	1.00	35	50 000 000
BBB	0.25	60	35 000 000
CCC	0.60	8	120 000 000
除数：150 000 000			

为了计算一个未来的数量的现值，我们使用这样的公式：

$$现值 = 未来数量 / (1 + 利率)^{时间}$$

其中利率是当前的短期利率，时间是用年度表示的。

假定当前的利率是10%。那么，AAA的股息的现值就是：

$$AAA 现值 = 1.00 / (1 + 0.10)^{(35/360)}$$
$$= 1.00 / 1.10^{0.0972}$$
$$= 1.00 / 1.009\ 3$$
$$= 0.990\ 8$$

股息的现值永远小于实际股息。一个数量的现值是一笔这个数量的钱，这笔钱必须按照所说的利率（在这个示例里是10%）在今天投资进去以产生那个将来的数量。也就是说，99.08美分按10%的利率将会在35天之后变成刚好1美元。

BBB的股息的现值是0.246 1，CCC是0.598 7。读者应当自己核实一下，确认这些数量确实是正确的。你可以注意到，股息的现值并不比股息的实际价值小多少。不过，在一个较大的指数中，当投资者应对的是几百个股息时，现值同这些股息的实际总和之间就会有显著的差别，特别是当短期利率很高的时候。

因为我们假定这是市值加权指数，所有这些数字都必须按照股票的市值进行调整，这样才能给每个现值在指数中的恰当的权重。因此，对AAA来说，调整过的股息是0.990 8乘以50 000 000（AAA的流通量），再除以150 000 000（也就是指数的除数）。这就得到了AAA调整的股息0.330 3。对BBB和CCC也可以用相似的方法来得到调整的股息，它们分别为0.057 4和0.479 0。

因此，这个指数的股息的现值就是这3个调整过的现值的总和，即0.330 3 + 0.057 4 + 0.479 0 = 0.866 7美元。

注意：如果这个指数是一个价格加权指数，指数的股息就会是这3个现值（0.990 8 + 0.246 1 + 0.598 7）的总和，再除以这个指数的除数。

上面的合理价值公式也可以用到期权上。例如，OEX指数没有期货。不过，可以用同样的方法计算出合理价值，然后，使用看跌期权和看涨期权可以构造出一个合成指数，这个合成指数可以与这个合理价值进行比较。

【示例30-4】假定OEX在364.50交易，一个9月OEX期货（如果有这样的期货存在的话）的合理价值是367.10。也就是说，这个期货会有2.60的升水。不仅期货在交易中会有理论升水，而且由行权价相同的看跌期权和看涨期权组成的"合成OEX"也应当有理论升水。因此，这个由期权构成的合成OEX也应当在367.10上交易。

也就是说，如果OEX9月365看涨期权的售价是4.60，9月365看跌期权的售价是2.50，那么，使用这两个期权构建的合成 OEX 的价格就会是 367.10。读者应当还记得，决定这个合成头寸成本的方法是将行权价加到看涨期权的价格上，然后减去看跌期权的价格，也就是 365 + 4.60 − 2.50 = 367.10。因此，这个合成头寸的价格同期货的理论价格是相同的。

同样的计算也可以用在任何有场内期权交易的指数上。现在，我们回到正在讨论的更大的主题：针对期货而交易市场篮子。

30.2 程序化交易

有两个术语往往会唤起人们对 1987 年股市崩盘和其他市场暴跌的回忆，它们是"**程序化交易**"（program trading）和"**指数套利**"（index arbitrage）。这两者自身并不能影响股市，因为它们是两条腿的交易策略，包括买入股票和卖出期货。从理论上来说，这种有两条腿的特征应当对市场不会产生什么影响。但是，在实践中，经常发生的情况是，这两条腿并不是同时执行的，结果导致股市要么上跳，要么下窜。

程序化交易只不过是就一个总的股票投资组合来交易期货而已。而指数套利则是针对构成指数的精确成分股来交易期货。

下面的讨论将以这样的假设为基础：交易者是要创造或者模拟指数自身，从而使用期货来对它对冲。这是一种套利的方法。不过，还有其他许多可以用期货来对冲的股票头寸。这些头寸包括投资者自己构建的多种股票的投资组合，或者是这样一组股票，在这组股票里，投资者想要消除（市场风险）。在正常情况下，投资者不会持有构成一个指数的所有股票，而是在他的投资组合里有一个独特的股票组合。这样的投资者也许想用期货来对他所持有的资产进行对冲。

投资者想要就他所持有的股票卖出指数产品的原因之一，可能是他现在对市场转为看空了，想要卖出期货而不是卖掉股票投资组合（并且以后再买回来），以避免股票换手的费用。与同样金额的股票换手相比，期货换手的手续费成本是相当低的。通过卖出一个指数（例如标普 500）的期货，他就消除了投资组合的"市场风险"（假定标普 500 指数代表了这个"市场"）。在卖出期货之后所剩下的只是"**跟踪误差**"（tracking error）。股市的总的运动同任何个别投资组合之间的差距被称作"跟踪误差"。如果他的投资组合的表现优于标普 500 指数，投资者仍然可以赚钱，但是，如果他的投资组合的表现不如指数，那么他就会发现他没有完全消除亏损。请注意，如果市场上涨，除非跟踪误差对他有利，否则，这个投资者就无钱可赚。

30.2.1 消除投资组合的市场风险

股票投资组合的性质各有不同，它们未必都反映了期货合约标的物指数的构成。必须考虑到单只股票的特征，因为它们可能会比"市场"运动得更快或者更慢。让我们花一点时间来为股票的这个特征下一个定义，因为它非常重要。

30.2.2 波动率与贝塔

回顾一下，当我们最初在为布莱克－斯科尔斯模型使用的**波动率**（volatility）下定义的时候，我们说过贝塔（Beta）是不可接受的，因为它只是对一只股票的表现同股票市场表现之间相互关系的衡量，而不是对股票价格运动速度的衡量。现在我们关心的是股票的运动同整个市场运动之间是什么样的关系。这就是贝塔。

不幸的是，对期权策略家来说，贝塔的数据不像波动率的数据那么容易获得。许多期权交易者只需要在报价机器上按一个键，就可以得到波动率的估计值。得到贝塔的估计值则不那么容易，而且，可以找到的贝塔往往是包括一个非常长的时期，例如好几年。这些长期的贝塔对本章所讨论的指数套利是没有用的。因此，如果交易者无法获得短期贝塔的计算结果，那么他可以通过将个股的波动率同市场的波动率进行比较的方法来得到近似的贝塔。

【示例 30-5】XYZ 是一只相对高波动的股票，它的隐含波动率和历史波动率都是 36%。总的市场的波动率是 15%。因此，投资者可以根据下面的方法算出 XYZ 的近似贝塔：

$$贝塔的近似值 = 36/15 = 2.40$$

在有些情况里，这种近似值的效果不好，因为股票同整个市场没有多少或者根本没有互动关系（例如黄金或石油股票）。如果投资者的投资组合是由这类股票组成的，那么，他就应当认真地去找出它们的贝塔，因为刚刚介绍的贝塔的评估方式会不准确。这些股票有可能波动率很高，也就是说，它们的价格变化得相当快，但是它们的运动方向或许同整个股市的方向完全相反。因此，它们是高波动率和低贝塔的。因此，上面说的从波动率中求贝塔近似值的方法对它们就不适用。

在本章中下面所用的示例里，贝塔一词和调整的波动率一词是一个意思。调整的波动率就是上面所说的通过波动率得出的贝塔的近似值：股票的波动率除以市场的波动率。

30.2.3 投资组合对冲

在对一个分散的投资组合进行对冲的时候，必须使用贝塔或者调整的波动率，因为投资者不想卖出过多的或过少的期货合约。例如，如果这个投资组合是由低波动率组成的，而投资者对它卖出了过多的期货，那么，如果市场上涨，这个投资者就会亏钱，即使他的投资组合的表现优于市场。之所以会发生这样的情况，是因为市场的波动率更大，涨幅会比低波动率的投资组合更多。理想情况下，投资者应当卖出刚好足够的期货，因此，如果市场上涨，就不会有盈利或者亏损。有的只会是跟踪误差。反过来，如果投资者没有卖出足够的期货以保护一个高波动的投资组合，那么，如果市场下跌，就有亏损的风险，因为这个投资组合下跌的速度比市场更快。

每一个股票的贝塔或者调整的波动率都被用来确定对冲这个投资组合所需卖出的正确的期货合约数量。指数中每只股票的价值（市值）都被这个股票的波动率所调整，以给出这个股票的"调整市值"。然后，把它们加在一起，投资者就可以确定有多少"调整市值"必须用期货来对冲。我们在下面的示例里介绍了这里所建议的方法，它在每只股票上都使用了调整的波动率。

以下是确定对冲一个分散的投资组合需要卖出多少合约所要采取的步骤。

（1）如果你不知道贝塔是多少，用每个股票的波动率去除以市场（标普500）的波动率,这就是这个股票的调整的波动率。

(2)将持有的每只股票的数量乘以它的价格,然后再乘以从第 1 步得出的调整的波动率。这就得出了投资组合中这只股票的调整市值。

(3)把从第 2 步得出的每只股票的结果加在一起,得出这个投资组合的总调整市值。

(4)用指数价格乘以期货的合约乘数(标普 500 是每 1 点 250 美元),再用从第 3 步中得到的总调整市值来除以这个乘积,以确定需要卖出多少手期货。

【示例 30-6】假定持有一个由三只不同的股票组成的投资组合:3 000 股 GOGO,一只场外的技术股;5 000 股 UTIL,一只主要的公用事业股;以及 2 000 股 OIL,一个大石油公司。这个投资组合的持有者对市场变得看空了,他想要卖出期货来保护这个投资组合。他需要决定应当卖出多少手期货。

这些股票的价格和波动率列在下面的表格里。假设这里假想的 ZYX 指数的波动率是 15%。这就是"市场波动率",我们用每只股票的波动率分别除以这个市场波动率,以得到它们的调整波动率(上面的第 1 步)。

股票	波动率	调整的波动率(第 1 步)	价格	持有数量	调整市值(美元)(第 2 步)
GOGO	0.60	4.00	25	3 000	300 000
UTIL	0.12	0.80	60	5 000	240 000
OIL	0.30	2.00	45	2 000	180 000
		总调整市值			720 000(第 3 步)

现在,假定 ZYX 指数在 178.65 交易,在期货中,每 1 点的运动价值 500 美元。现在就可以计算出第 4 步的结果了:720 000 ÷ 500 ÷ 178.65,或者说 8.06 手期货合约。因此,卖出 8 手期货合约就可以妥善地为这个分散的投资组合对冲。

在这个简单的示例中,有一个重要的细节:在所有对冲的计算中,是使用指数的价格而不是期货的价格。在这一章和下一章里有许多使用期货和期权为投资组合和市场篮子对冲的示例。无论是在什么情况里,在决定应当买入多少股票或者卖出多少衍生证券时,都应当始终使用指数的价值。

要注意,上面的投资组合示例的实际市值只有 465 000 美元(GOGO 有 75 000 美元,UTIL 有 300 000 美元,OIL 有 90 000 美元)。可是,这个投资组合的波动率要大于总的市场,因为其中有两只波动率较高的股票。因此,有必要为一个 720 000 美元的"市场"或者说调整市值进行对冲,从而弥补这个投资组合较高的波动率。

在大得多的投资组合里也可以使用相似的程序。波动率的估计当然是这些计算中的关键部分。不过,只要投资者是从相同的来源得到的波动率,他就应当有一个合理的对冲。没有办法对一只股票的未来表现同 ZYX 指数进行比较。因此,投资者应当预见到会有较大的跟踪误差。在这一类对冲中,投资者希望将跟踪误差控制在几个百分点以内。在一段足够长的时间内,这就可能是期货合约若干点的运动。当然,跟踪误差也可能带来对投资者有利的结果。在这里需要认识到的是,由于卖出了期货合约,持有投资组合的绝大部分风险就被消除了。投资组合上行方向的潜在盈利也被取消了。不过,建立这个对冲的前提是因为这个投资者对市场是看空的。

请注意，在投资者看空并对其投资组合进行对冲的时候，如果期货合约定价过高，那么他就会有额外的好处。这种情况会抵消一些负面的跟踪误差，如果有这样的误差出现的话。不过，没有人可以担保在投资者或者投资组合经理决定看空的时候，会有定价过高的期货存在。投资者最好在转为看空的时候就卖出期货，建立对冲，而不是等着，希望可以在卖出期货的时候能得到大量的升水。

30.2.4 用指数期权为投资组合对冲

正如前面提到的，凡是合适的地方，投资者都可以用期权来取代期货。如果投资者打算卖出期货，他就可以卖出看涨期权和买入看跌期权来代替。在这一节里，我们将对使用指数期权为股票投资组合对冲进行更为精细的考察。

首先，让我们来考察一下在前面的示例里投资者如何能够使用指数期权来为他的投资组合对冲。

【示例30-7】假定投资者持有同前面示例里相同的投资组合：3 000 股 GOGO，5 000 股 UTIL 和 2 000 股 OIL。他决定用指数 UVX 来对冲，它的期权的合约乘数是每 1 点价值 100 美元。假定 UVX 的波动率是 15%，这个投资者于是按照同上面的示例里相同的方法计算出了调整市值，得出的数字也是 720 000 美元。

假定 UVX 指数在 175.60 交易。这个投资者想要用 4 100 "股" UVX（720 000 美元 ÷ 175.60）来为他的 720 000 美元的调整市值对冲。因为 UVX 期权每 1 点的运动价值 100 美元，这就意味着投资者要卖出 41 手 UVX 看涨期权和买入 41 手 UVX 看跌期权。他或许会使用 175 的行权价，或者是 180 的行权价，因为这些行权价是看涨期权最不可能被提前指派的价位。

凡是涉及卖出期权的地方，就像在上面的示例里卖出看涨期权那样，投资者都必须意识到会有提前指派，从而将投资组合暴露在市场风险中的可能。因此，如果市场在期货和"合成"UVX 上有相同的升水（权利金），投资者在这种情况中就应当卖出期货，因为期货不会发生提前指派。不过，如果期权代表了一个比期货更高的"合成"价格，那么使用期权就更具有吸引力。

【示例30-8】假定同一个投资者决定要对他的调整市值为 720 000 美元的投资组合进行对冲。他对是使用 ZYX 期货或者 UVX 期权无所谓。哪个为他提供更好的机会，他就使用哪个。下面的表格显示了他正在考虑的这些证券的价格以及它们的合理价值。

这个投资者基本上有三种选择：(1) 使用 ZYX 期货；(2) 使用 UVX 行权价为 175 的期权；(3) 使用 UVX 行权价为 180 的期权。请注意，ZYX 期货在它的合理价值之下 15 美分的价位上交易（180.50 比 180.65）。UVX 指数的合理价值，正如期权的合理价值所显示的，是 177.50。它可以通过将看涨期权的价格加到行权价上，再减去看跌期权的价格而计算出来。在两种行权价的情况里，UVX 指数的合理价值

证券	当前价格	合理价值	指数价格
ZYX 6月期货	180.50	180.65	178.65
UVX 6月175看涨期权	5	5	175.60
UVX 6月175看跌期权	2	2½	175.60
UVX 6月180看涨期权	2½	2½	175.60
UVX 6月180看跌期权	4½	5	175.60

都是 177.50。

不过，实际的市场并不完全同合理价值相符。当使用实际价格时，投资者看到，无论使用 175 的行权价还是 180 的行权价，他都可以按 178.00 用期权合成的方法卖出 UVX 指数。因此，通过使用 UVX 期权，他可以通过合成，使用比合理价值高出 1/2 点的价格卖出 UVX "期货"，而 ZYX 期货的售价在合理价值 15 美分之下。因此，期权看上去是更好的选择，因为 65 美分（UVX 期权有 50 美分的高估，加上期货有 15 美分的低估）或许足以建立一个可以抵消提前指派可能性的优势。

在决定不再考虑使用期货之后，投资者现在必须决定选择使用什么样的行权价。因为他将要卖出看涨期权和买入看跌期权，同时，因为无论使用哪个行权价他都可以通过合成，按照 178 卖出 UVX "期货"，因此，他将选择 180 的行权价。这应当成为他的选择，因为 180 看涨期权是虚值期权，因此被提前指派的机会更小。

30.2.5 用指数看跌期权来对冲

现在，让我们来讨论一下不是建立完全的对冲，而是承担一定风险的对冲方式。期权同期货之间的主要区别是，期货锁定价格，而期权锁定的是最糟情况的价格（代价是成本更高），同时为进一步的潜在盈利留下了余地。要说明这一点，考虑一下一个由卖出期货作为保护的买入股票的投资组合。在这个情况里，投资者失去了除了跟踪误差之外的上行方向的所有潜在盈利。但是，如果他买入看跌期权来代替，他花了钱（因而产生了一个比使用期货更大的成本），但是仍然保留了如果市场上涨就会有的潜在盈利。

投资者可以通过买入指数看跌期权或卖出指数看涨期权来为一个股票投资组合多头对冲。买入看跌期权一般是更具吸引力的策略，特别是如果看跌期权便宜的话。为了妥善地建立这个对冲，不但有必要根据贝塔来调整股票的金额，而且还必须考虑到这个期权的 delta。下面的示例展示了如何使用看跌期权为一个不同种类股票的投资组合进行对冲。

【示例 30-9】假设一个投资者有一个同前面的示例相同的由三只股票组成的投资组合：3 000 股 GOGO，5 000 股 UTIL，以及 2 000 股 OIL。他对总的市场的看法现在变为看空的，因而想要对他下行方向的风险进行某些对冲。不过，他决定使用看跌期权来对冲，以防出现市场进一步上涨的情况。

下面重印了前面的表格，它显示出了投资组合中每只股票的调整波动率和市值。同前面一样，这个投资组合的总的调整市值是 720 000 美元。

股票	波动率	调整波动率（第 1 步）	价格	持有数量	调整市值（美元）（第 2 步）
GOGO	0.60	4.00	25	3 000	300 000
UTIL	0.12	0.80	60	5 000	240 000
OIL	0.30	2.00	45	2 000	180 000
		总调整市值			720 000（第 3 步）

投资者有以下两种方法使用看跌期权来为这个 720 000 美元的投资组合进行对冲。

（1）作为灾难保险：买入足够的（虚值）看跌期权，因此，在这个看跌期权的行权价之下，这个投资组合是100%对冲的。

（2）作为对当前市场运动的对冲：买入足够的看跌期权，因此，所有当前的投资组合的运动都得到对冲。

【示例30-10】方法1：在这种方法中，投资组合经理想要的是一个灾难保险。他对防止在市场暴跌中出现大量亏损比就目前市场运动进行对冲更为关心。投资组合经理在灾难保险中常常使用虚值看跌期权。

假定他将使用UVX指数看跌期权，这个期权每1点的运动价值100美元。3月170看跌期权的交易价是1，对冲用的就是这个期权。当时指数的价格为178.00。

因此他可以用投资组合的调整市值（720 000美元）去除以看跌期权的行权价的价值，行权价的价值是17 000美元（100 × 170）。

要买的看跌期权 = 720 000美元 / 17 000美元 = 42.4 [⊖]

42手看跌期权的成本：4 200美元

42手看跌期权的行权价的价值：714 000美元（42 × 17 000美元）

买入42手看跌期权的成本是4 200美元。它可以被看作为一笔价值为714 000美元的资产所付的保险费。在指数目前的价格（178.00）与行权价（170.00）之间，他的投资组合有市场风险。在8点的下跌之内，这42手看跌期权可以对冲掉下跌中的部分风险，但是，完全的保护价值要等到它们跌为实值之后才能实现。当然，这不是一个1对1的对冲，因为UVX指数的表现在这个指数跌到170之下就会同这个投资组合的表现有所不同。不过，由于买入了这些看跌期权，投资组合经理无疑消除了大量的如果价格进一步下跌就会出现的市场风险。

【示例30-11】方法2：在这个方法里，投资组合经理想要为他的投资组合当前的价值进行对冲。他不想他的投资组合再有任何下行方向的亏损。在这种情况里，他一般会买入平值的或实值的看跌期权，而且会使用看跌期权的delta来构建一个完全的对冲。

同样，假设他要使用UVX指数看跌期权，这个期权每1点的运动价值100美元。不过，在这个情况里，当指数在178.00时，他考虑在对冲中使用的是3月180看跌期权，这个期权的交易价是4½，delta为 −0.60。

在这个情况里，看跌期权的数量是通过使用同上面示例相同的公式决定的，然后再除以这个delta的绝对值：

要买的看跌期权 = 720 000美元 /（100 × 180）/ 0.60 = 67

保护的成本：67 × 450美元 = 30 150美元

在这个情况里，投资组合经理在看跌期权上花了更多的钱。但是，由于这笔额外的支出，他的投资组合就立即有了保护。此外，在他买入的看跌期权中还有一些内在价值（2点，或者说67手期权的13 400美元）。如果UVX指数下跌的话，这些看跌期权就会立刻开始对整个投资组合的亏损进行对冲。当然，如果市场上涨，他就会失去更多的保险支出。

当投资者使用期权而不是期货来为他的头寸进行对冲的时候，在期权的delta发生变化

⊖ 计算结果为42.35，四舍五入为42.4，原文为42.3。——译者注

时，他就必须进行调整。在使用期货中就没有这种需要；在期货的情况里，投资者也许有时会重新计算投资组合的调整市值，但是，这不会在很大程度上影响到需要使用多少期货。但在看跌期权的情况里，当市场下跌时，delta 的变化可能导致头寸 delta 变为 delta 空头，如果市场上涨，可能使它变为 delta 多头。这种情况同买入跨式价差多头相似：市场下跌，头寸变为 delta 空头；市场上涨，头寸变为 delta 多头。

基本上，这里需要做的调整同一个跨式价差多头的持有者要做的调整是相同的。如果市场上涨，这个头寸就变为 delta 多头，因为看跌期权的 delta 会缩小，它们不再为这个投资组合提供所需要的调整的金额的保护。在这种情况里，投资者可以将看跌期权挪到更高的行权价上，这样就可以基本锁定他在股票上的盈利。另外，他也可以按当前的（低）行权价买入更多的看跌期权以增加他的保护。

反过来看，如果市场在头寸建立之后立刻下跌，投资者会发现他变为 delta 空头。看跌期权多头的 delta 会增加，先前设定的保护实际上变得太多了。他可以使用的调整方法同那些持有跨式价差多头的交易者的方法是相同的：他可以卖掉一些看跌期权，从中得到盈利，同时仍然为股票投资组合提供所需要的保护。同时，他也可以将看跌期权向下挪到较低的行权价。不过，这种办法没有前面那种办法好。

30.2.6 用指数看涨期权来对冲

为股票投资组合对冲的另一种策略是在持有股票多头时卖出看涨期权来建立一个卖出比率。这种策略同使用看跌期权进行的保护相反，同卖出跨式价差更为相等。

【示例 30-12】在上面那个示例里，3 月 180 看跌期权的 delta 是 -0.60。这样，3 月 180 看涨期权的 delta 就应当是 0.40。如果投资组合经理要使用卖出比率来给他的投资组合对冲，他可以使用同前面示例相同的公式：

$$\text{要卖的看涨期权} = 720\,000 \text{ 美元} / (100 \times 180) / 0.40 = 100$$

他将卖出 100 手看涨期权来为他的投资组合对冲。

这里所需要做的调整同一个跨式价差的卖出者所需要做的调整基本相同。如果市场上涨，看涨期权的 delta 就会增加，头寸就会变为 delta 空头。在这种情况里，投资者或许会买入看涨期权。一个实际卖出跨式价差的后续措施也许应当是买入一些标的证券而不是看涨期权，但是，在这个情况里，不可能这样做，因为这里所说的投资组合或许是固定的。

另一方面，如果在持有这个投资组合并卖出看涨期权之后市场下跌了，这个头寸就变成了 delta 多头，因为看涨期权的 delta 缩小了。在这种情况中通常的措施是将看涨期权向下挪仓，重新为这个投资组合建立恰当数量的保护。

总的来说，卖出指数看涨期权来为投资组合对冲不像买入看跌期权那样具有吸引力。正如同相对的买入或卖出跨式价差的相关优点一样，这主要是由投资组合经理想要达到的目的的性质所决定的。正如在前面所指出的，卖出跨式价差虽然有风险，但是根据统计数据，这是个出色的策略。不过，在这一节里我们讨论的不是买入股票然后卖出指数看涨期权的策略。我们面对的是一个既存的投资组合，而且，这个投资组合的经理对市场的看法变为看空了。因此，这个股票投资组合是一个固定的实体，指数期权或期货是围绕着它来建立起来的，以保护它为目的。

就保护的目的而言，买入看跌期权远比卖出看涨期权要强。原因是：第一，卖出跨式价差所需的那种类型的调整常常涉及买入股票，或者至少是买入实值程度相对较深的看涨期权。一个投资组合经理或者持有一个股票投资组合的投资者也许不需要或者不想要卷入到一个有多重期权的头寸中。第二，使用看涨期权，如果市场大幅上涨，那么就有大量的风险。持有一个股票投资组合的人也许愿意放弃上行方向的潜在盈利（就像卖出期货那样），但是一般对在上行方向遭受大笔亏损会很恼怒。当然，使用看跌期权的话在上行方向就给潜在盈利留下空间。第三，卖出指数看涨期权有被提前指派的风险，虽然在这个情况中这一点并不重要，因为股票投资组合反正是买入股票的。可以在被指派之后立刻卖出其他的看涨期权。使用看跌期权唯一的真正缺陷是要付出权利金，而且，如果市场稳定下来，因时减值会导致看跌期权中的亏损。如果投资者确实觉得市场有可能稳定下来，那么，他就应当使用期货来为他的头寸对冲，而不是看跌期权或看涨期权。

30.3 指数套利

正如前面所说的，指数套利是由买入一个指数的几乎所有的成分股，同时就这些股票卖出期货合约，或者是反过来。当指数期货出现错误定价的时候，也就是实际价格与合理价值不相符的时候，如果价格误差足够大，那么就会出现套利机会。当期货严重高估的时候，那就买入股票，卖出期货；当期货严重低估的时候，那就卖出股票，买入期货。无论是哪种情况，套利者都是想捕捉期货合约的合理价值与其实际买入或卖出指数的价格之间的差额。我们首先来考察一下完全对冲的情况，也就是在其中买入或卖出的是整个指数的情况。然后，我们将考察用来模拟整个指数表现的较小数量的股票组合的情况。

为成分股数量较少的指数进行对冲比为较大的指数进行对冲要容易。为一个价格加权的指数对冲大概是最简单类型的对冲。作为示例，我们将使用前面一章里建立的那些指数。

只要一个指数上有期货或者指数期权交易，就有可能为了套利而建立市场篮子。交易者事先应当决定为了复制这个指数，对于每个股票，他分别打算买入或者卖出多少股。当然，在一个价格加权的指数中，他要买入的所有股票的数量都是一样的。在市值加权的指数中，他买入的每个股票的股数都不相同。我们先来看一看如何确定股数。然后再讨论某些细节，例如对指数的买报价和卖报价的监控，以及指令的执行等。

30.3.1 买多少股数

在实际交易股票和期货或期权之前，交易者应当确定，在他计划要套利的指数中，在每一只成分股上，他究竟应当买多少股数。在正常情况下，交易者会先决定他一次会交易多少期货合约或期权合约，然后，再决定买入多少股股票作为对冲。基本上，交易者是要对冲相等的金额，也就是说，他会买入足够的股票来对冲由指数所代表的总金额。

【示例30-13】假定一个交易者决定他将使用50手ZYX期货来建立他的市场篮子。就这50手期货，他需要买入多少股票呢？期货合约的合约乘数是每点500美元。假定ZYX

指数在 168.89 交易。于是，50 手合约所代表的总金额就是 50 × 500 美元 × 168.89 = 422 225 0[①] 美元。这个对冲者于是就会买入这个金额的股票来对冲 50 手期货合约空头。

同样，请注意，用来决定需要卖出多少手期货合约的价格，是指数的价格而不是期货的价格。

在一个价格加权的指数里，交易者先是决定他计划要交易的总的价值，然后再用这个总的价值去除以指数的除数，这样就决定了要买入的股份数量。由此产生的数量就是为了复制这个价格加权指数所需要买入的每只股票的股数。

【示例 30-14】假定我们有一个由 3 种股票构成的价格加权指数：A、B 和 C。下面的数据介绍了这个指数：

股票	价格
A	30
B	90
C	50
总价格	170
除数	1.658 43
指数价格	102.51

这个指数中每只股票的股数是 1 除以除数，或者说，1/1.658 43 = 0.602 98 股。因此，如果我们在这 3 种股票的每只都买入 0.602 98 股，那么我们就构造出了这个指数。

假定在这个指数上有期货合约在交易，这些期货的合约乘数是每 1 点价值 250 美元。也就是说，这个期货代表了一个总数等于指数乘以 250 的价值。有了这个信息，决定要买多少股的股票来为一手期货合约对冲就相当容易：250 乘以每只股票的股数 0.602 98，也就是说，每只股票的股数是 150.745 股。

在正常情况下，交易者不只是卖出一手期货合约，并且用股票来为它对冲。他会使用一个比较大的数量。例如，他决定交易 100 手期货合约。在这样的情况下，他将对每只股票买入下列数量的股数：

$$股数 = 0.602 98 × 250 \text{ 美元/点} × 100 \text{ 手期货合约} = 15\ 074.5 \text{（股）}$$

实际上，他或许是每只股票都买入 15 100 股来对冲这个指数，每隔 4 手（100 手期货对股票）就买入 15 000 股票。在没有对小数进行处理的情况下，这会是一个比较接近的近似值。

这个交易者也许会使用指数期权而不是期货来进行对冲。在这种情况下，期权的行权价就起不了作用。典型情况下，他会用指数期权来完全对冲他的头寸。也就是说，如果他买股票，那他就会同时卖出看涨期权和买入看跌期权。看跌期权和看涨期权的行权价和到期日均相同。这就创造出一个无风险的头寸。这是一个转换组合。

【示例 30-15】假定这个指数有现金交割的期权在交易，同股票期权一样，这些期权每 1 点价值 100 美元，这就是说，一手期权本质上就是合约金额为 100 股指数的期权。这个交易者打算买入 100 手 6 月 105 看跌期权和卖出 100 手 6 月 105 看涨期权来合成卖空这个指数。假设这个指数的数据同上面示例里相同，构成这个指数的是每只股票的 0.602 98 股股份。要对冲这 100 手由期权合成的指数，需要买入多少股份呢？

$$股数 = 0.602 98 × 100 \text{ 手合约} × 100 \text{ 股/合约} = 6\ 029.8 \text{（股）}$$

请注意，在价格加权指数的情况里，无论是指数当前的价值还是相关的期权的行权价

[①] 疑原文有误，原文为 422 225。——译者注

（如果使用期权的话）都对要买的股数带来影响。上面的两个示例都显示出这样的事实：需要买多少股份完全是由价格加权指数的除数和期权或期货的合约乘数所决定的。

对冲一个市值加权指数要复杂一些，虽然在股数方面，构造市值加权指数的技术与上面的价格加权示例没有什么不同。回忆一下，我们可以通过用每只股票的流通量去除以指数的除数，来确定市值加权指数中每只股票的股数。计算每只股票要买的股数的一般公式是：

要买的股票 N 的股数 = 指数中 N 的股数 × 期货数量 × 期货的合约乘数

我们将使用前面一章中的假想的市值加权指数来说明这些问题。

【示例 30-16】下面的表格说明了这个假想指数的相关事实，包括这个指数中每只股票的股数这个重要的数据。

股票	价格	流通量	市值	股数
A	40	177 000 000	7 080 000 000	1.20
B	80	50 000 000	4 000 000 000	0.34
C	60	100 000 000	6 000 000 000	0.68
	总市值：		17 080 000 000	
	除数：147 500 000			
	指数价值：115.80			

因此，如果交易者要买入 1.20 股的 A，0.34 股的 B 和 0.68 股的 C，他就可以复制出这个指数。之前提到，交易者通过用每只股票的流通量除以指数的除数，来确定该市值加权指数中每只股票的股数。

假定这个指数上有期货合约在交易，期货中每 1 点的运动价值 500 美元的盈利或亏损。这样，每只股票需买入的股数就等于 500 乘以该股票在指数中的股数。进一步假设该投资者决定交易 5 手期货。那为了对冲这 5 手期货头寸，该投资者对每只股票需买入的股数就是：

每只股票要买的股数 = 指数中该股票的股数 × 5 手期货 × 500 美元/手期货

下面的表格列出了这些信息，以及买入这些股票的总金额。我们将核实所买股票的金额确实是同期货所代表的指数金额是相等的。

股票	指数中的股数	对冲 5 手期货要买的股数	价格	所买股票的金额（美元）
A	1.20	3 000	40	120 000
B	0.34	850	80	68 000
C	0.68	1 700	60	102 000
				290 000

因此，买入股票的价值是 290 000 美元。从前面的一个示例里，我们看到了如何计算一手期货交易的价值。在这个情况里，指数是 115.80，卖出的是 5 手期货，每 1 点价值 500 美元。因此，卖出的期货所代表的总金额 = 5 × 500 × 115.80 = 289 500（美元）。这证实了我们为了对冲期货而买入的股票的数量是正确的。要注意，在股票买入金额与期货卖出金额之间有一些差别，这是因为在这个示例里，指数中的股数只保留了 2 位小数。

还有另一种方法来决定应当买入多少股份。在这种方法里，交易者首先决定他总的买入金额是多少。例如，他也许决定买入价值 10 000 000 美元的标普 100 指数（OEX）。接着交易者再计算他的买入金额占指数总市值的比例是多少。例如，10 000 000 也许约为 OEX

总市值的 0.02% 左右。然后,交易者再分别计算这些 OEX 指数的成分股的流通量的 0.02% 是多少。在确定了每只股票应当买入多少股之后,交易者必须决定针对这些股票需要卖出多少期货,他可以用 10 000 000 美元去除以指数的价格,然后再除以期货的合约乘数。下面的示例说明了这个程序。

【示例 30-17】假定交易者想要在一个同前面的示例相同的指数上建立一个套利。为了同那个示例进行比较,我们假定这个对冲者先要买入价值 290 000 美元的股票。在现实中,交易者也许会使用一个像 300 000 美元或 500 000 美元的整数。不过,如果进行直接的比较,我们可以更容易看出这两种方法产生的答案是否相同。

第一,对冲者必须决定他想要买入的金额占指数总市值的百分比。在这个情况里,他是买入 290 000 美元价值的股票,这个指数的总市值是 17 080 000 000 美元(参考前一个示例开始时的那个表格)。这就意味着他是买入这个指数总市值的 0.001 697 9%。

第二,他用这个百分比分别乘以每只股票的流通量。这就是说,他要买入这个指数中每只股票的流通量的 0.001 697 9%。这就导致了下面表格所显示的结果:

股票	流通量	要买的股数
A	177 000 000	3 005
B	50 000 000	849
C	100 000 000	1 698

将这些要买的股数同前面的示例进行比较。把数字四舍五入为整数之后,要买的股数是一样的。因此,这两种用来决定买入多少股份数的方法是相等的。

在结束这一节之前,应当指出,套利者也可以在期货定价过低时建立一个套利。他们可以卖空股票,同时买入定价过低的期货。建立这类套利要更难一些,因为卖空股票必须遵守"plus tick"规则。不过,当期货在相当长一段时间内定价过低的时候(也许是因为投机者的极度的悲观情绪),有可能从这个角度建立这样的套利。

30.3.2 套利的盈利性

在这个股票与期货的策略里,对许多套利者和机构投资者来说,关键是在去掉成本之后,是否还有足够大的收益。我们在前面用来计算期货合理价值的方法可以用来决定进行这个套利的总收益。

实施套利的主要成本是手续费成本。因为在交易指数的时候买入或卖出的是大量的股票,手续费一般来说都相当低。例如,机构投资者每股只需要支付 3 美分或者更低的价格。不过,这仍然可能是一笔显著的费用,特别是当买入的是像标普 500 指数这样的大指数的时候。如果使用一个计算机公司的服务来买入股票,即使专业套利者也可能必须支付手续费成本。下面一节将介绍这些交易股票的方法。

当某个投资者的手续费率已知时,他可以把这部分成本计入指数价格之中。他可以在当前指数价格中加入每股手续费率,并用这个结果除以指数的每股均价。下面的示例就描述了这个转换的方法。

【示例 30-18】假定交易者要用每股 3 美分的手续费买入整个 ZYX 指数。这个指数在 185.00 交易。此外,假设这个指数的每股均价是 45 美元。使用这个信息,交易者可以决定他将支付多少手续费,按照金额计算。

$$指数手续费 = (每股手续费 \times 指数价值) / 每股均价$$
$$= (0.03 \times 185.00) / 45 = 0.123$$

因此，每股 3 美分的手续费就折算为 12.3 美分的指数价值。

在上面的等式中，最难确定的因素是市值加权指数的每股均价。这里有一个捷径可以使用。对像道琼斯工业股平均指数（DJX）这样的价格加权指数来说，确定每股均价很容易。像 OEX 和标普 500 这样的大市值指数，它们的每股均价大约是 DJX 的每股均价的 80%。

我们已经把手续费率转化为指数价值了，现在投资者可以确定其进行期现套利的精确盈利。当然他还必须把期货的手续费考虑进去。下面的示例显示了在考虑了所有费用之后，执行期现套利的净盈利。一旦计算出净盈利，就可以计算出收益率。

【示例 30-19】假定 ZYX 指数在 185 交易，期货在 2 个月之后到期，它的合理价值升水是 2.00 点，不过它现在在 188.50 交易，实际升水为 3.50。期货的每 1 点价值 500 美元。因此，这个期货很贵，交易者可以买入股票和卖出期货。他的净盈利包括在合理价值之上的升水，再减去开仓和平仓的所有费用。

正如我们在前面看到的，当股票的手续费是每股 3 美分的时候，我们为了建立这个头寸支付 0.123 的指数价值。同样的，我们需要支付 0.123 的指数价值来平掉头寸。因此，开平双边的净股票手续费大约是 25 美分的指数价值。

期货一般只有在平仓时才收手续费。一般在这类对冲中，一手标准普尔 500 指数期货合约的手续费可以降到每手 10 美元。因为 185.0 的指数价值代表了 1/500 的期货合约价值，因此，我们就可以用实际的手续费金额去除以 500，得到一个同指数相关的数量来表达期货手续费。因此，就指数来说，期货的手续费是 10/500，或者说 0.02。因此，这个头寸开仓和平仓的手续费就是指数价值的 0.266，买入和卖出股票各是 0.123，期货单边是 0.02。

$$净盈利 = 期货价格 - 期货合理价值 - 手续费成本$$
$$= 188.50 - 187.00 - 0.27 = 1.23$$

将这个盈利年化，再除以当前的指数价格，我们就把这个绝对的净盈利金额转换为收益率。假定在到期之前刚好还有 2 个月。这样，收益率就可以用下面的方法计算出来：

$$增量收益率 = [净盈利 \times (1/所剩时间)] / 指数价格$$
$$= [1.23 \times (12/2)] / 185.00 = 3.99\%$$

在一个 2 个月的时段里，他的收益率差不多是 1% 的 2/3。

初看上去，约为 4% 的收益率算不了什么。不过，我们计算的是增量收益率。也就是说，这个收益率是在我们用来确定这个期货的合理价值的利率之上的收益率。因此，如果一个机构要将现金投资到当前的短期利率上，而我们用来确定上面示例里期货合理价值的利率就是这个利率；那么，如果某个机构进行期货套利，而不是直接把资金放在短期货币市场里，这个机构就年化收益而言就会有 4% 的额外增量。

30.3.3 交易的执行

大部分客户对交易是如何执行的都不关心，因为他们给经纪人下指令，让经纪人去关心细节问题。不过，对那些对实际交易执行感兴趣的人，我们有理由对这个问题用简短的一节来做一些介绍。

理想情况下，投资者应当能够就买报价、卖报价和最新价对他的指数的进展进行监控。有一些现代的报价服务商可以让投资者进行这样的监控。知道买报价和卖报价很重要，因为当交易者实际执行这些交易时，他一般是就买报价和卖报价进行交易的，而不是最新价。

【示例30-20】假定期货合约的合理价值代表了1.25点的升水，但是，实际的期货交易有2.00点的升水。根据最新价，指数是165.75，期货是167.75。这看上去似乎有足够的"空间"来执行一手有利可赢的套利，买入指数的成分股，卖出期货。但是，指数的165.75的价值是由指数中每只股票的最新价组成的。如果交易者看一看每只股票的卖报价，然后重新计算这个指数，那么，他得到的指数价值也许要高出50美分。这就意味着他的套利空间是25美分再减去成本，这样的盈利空间是不够的。

类似地，当交易者想要将他买入的股票卖掉，同时买回期货的话，他需要知道这个指数的买报价，这样才可以看出他需要付出什么样的升水才能将头寸平仓。

下达指令的主要方法是完全电子化。计算机知道每只股票要买的数量，一旦被启动，就将这些买单通过电子通信线路送到交易池的某个自动订单执行系统去。大多数自动系统都能保证大量的股票按卖报价执行。在这个高度精密的下单方法里，整个指数的全部执行过程只需要大约1分钟。这种下单方法是如此之快和如此精确，以至于一些有这种能力的经纪公司可以向其他没有这种能力的经纪公司提供这样的服务，从中收取手续费。

30.3.4　机构策略

大规模股票投资组合的持有者可以利用期货和市场篮子策略的优势。有两种基本的策略可以很容易为大宗交易者所使用。一个是买入期货来代替买入股票，另一个是卖出期货来代替卖出股票。我们对这两种策略都将进行仔细的考察。

当一个这样的大机构有钱投资在买入股票的时候，买入政府债券和期货来代替股票也许更合理一些。当然，只有在要买的股票是以大盘为基础，也就是说，在某种程度上复制标普500的表现的情况下，这种替代策略才有意义。这个机构并不一定要买入同指数成分股刚好相同的股票，不过，如果买入的股票需要分散化的话，买入股指期货可以帮助实现相等的结果。但是，如果买入的股票需要专门针对哪一方面，那么，这个策略或许就不适用。

这个策略在期货定价过低时效果最好。如果买入的不是股票，而是相等金额的定价偏低的股指期货，那么，原来打算用来购买股票的所有的钱都可以存入政府债券里。读者应当还记得，如果期货出现浮亏，在期货账户中就必须存入现金（维持保证金）。即使是这样，如果期货的定价确实偏低，对这个机构来说，还是会节省大量的资金。

第2种策略适用于当期货定价过高，机构想要卖出股票的时候。在这样的情况里，卖出期货比卖出股票更为可取。第一，可以节省大量的交易费用（手续费）。第二，期货的定价过高的性质实际上意味着同卖出股票相比，卖出期货有额外的盈利。同样，这样的策略只有在投资者想要卖出一个分散化的股票投资组合时才有意义，像标普500大盘指数这样的投资组合。

当然，机构也有可能在不考虑他们的市场部位的情况下参与套利活动。也就是说，如果资金管理者有一笔钱，这笔钱他要放在短期的工具（或许是短期债券）里，在这种情况下，如果增量收益率足够大的话，他可以换一种方法，参与到这种股票同期货的套利里。在这一章前面的一节里，我们看到了如何确定增量收益率。如果资金管理者在短期债券中可以得到 $7\frac{1}{2}\%$ 的收益，而在期货套利中可以得到 $11\frac{1}{2}\%$ 的收益，他也许应当采用后者。

30.4 后续策略

一旦建立了一手对冲，就必须对它进行监控，以防出现需要调整的情况。首要的和最简单的监控类型是管理所持有的市场篮子中股票的分股或其他的调整。更进一步，就盈利性而言，投资者也需要监控这个套利，观察一下是否需要将它平仓，或者其中的期货头寸是否需要挪仓到更远的到期月。

因为股票分股而调整投资组合是一件简单的事情，我们在后面将简单地讨论这种调整。在许多情况里，指数中的某一只股票会将它的业务中的某一部门或分支分解（spinoff）出去，将新股票分发给它的持股人。这样的股票分解一般不包括在指数的价格中，因此，对冲者应当一得到这些股票就马上将它们卖掉，因为它们对他的对冲策略不发生影响。

与此相似，在任何投资组合里，难免会有某些股票偶尔会成为并购或其他类型重组的对象。如果投资者在这样的情况里什么都不做，就他的投资组合同标的指数的关系而言，他不会亏损一分钱。不过，一般而言，在这样的情况里，投资者最好是将他的股票去参与竞购，并在并购之后用较低的价格来替代它。事实上，有的时候这样的并购会将指数成分股中的某一只股票完全吸收掉。在这样的情况里，投资者就必须用这个指数所公布的新的成分股来替代这只消失的股票。

从技术上说，在一个套利型的对冲中，每当指数的除数有变化，投资者就应当调整他的投资组合。因此，在一个市值加权的对冲中，每当有成分股增发新的普通股股份的时候，他就应当进行调整。不过，在大多数情况里，实际上没有这种必要，因为同股票现有的流通量相比，新增的股份数量是微不足道的。这样的新股不包括分股（splits），因为在分股的情况里，指数的除数确实会发生变化。更常见的情况是一个价格加权指数中有股票分股。在这样的情况里，投资者必须调整他的投资组合。在第 29 章中有一个这种调整的示例。从根本上说，投资者必须卖掉一些分股的股票，同时就这个价格加权指数中其他的每一只股票买入额外的股份。

我们现在来看一看平掉和保留这个套利的一些后续方法。

挪仓到其他月份

随着到期日的临近，对冲者需要做出是否要取消这个市场篮子的决定。如果期货的升水低于合理价值，他也许应当将整个头寸平仓，卖掉股票，买回期货合约。不过，如果期货仍然很贵，特别是下一个月份系列的期货价格很贵的话，那么对冲者就应当将他的期货合约换月。也就是说，他应当买回卖空的合约，卖出下一个月份系列的期货。对标普 500 指数期货而言，这就意味着向前挪仓 3 个月，因为指数期货是每 3 个月到期的。对于指数期权来说，每个月份都有到期的合约，因此，如果想要的话，投资者可以向前挪仓 1 个月。

要判定是否有可能挪仓是一件简单的事情：只需要将两个相关期货之间的价差的合理价值进行比较。如果目前市场价差高于这个价差的理论价值，如果投资者是买入股票和卖出期货的，那么就有理由进行挪仓。如果套利者最初是在期货定价偏低的时候建立他的头寸的，那么他就会是卖空股票和买入期货。在这样的情况里，如果目前市场价差低于这个价差的理论价值，那么，他就可以将整个套利向前挪仓 1 个月。

【示例 30-21】对冲者在标普 500 指数为 416.50 时卖出 3 月期货合约，期货合约当时的交易价是 417.50。6 月期货合约的交易价是 421.50。因此，在 3 月同 6 月的期货合约之间有 4 点的价差。

假定合理价值公式显示出 3 月系列的合理价值升水是 35 美分，6 月系列是 3.25 美元。因此，这个价差的合理价值，也就是这两个期货合约的合理价值之间的差，是 2.90。

由于当前市场里可以得到的价差为 4.00，因此对冲者应当考虑买回他的 3 月的期货，卖出 6 月期货。同期权交易中的价差指令一样，他可以通到期货交易中的**价差指令**（spread order）来实现这个向前挪仓的行动。由于这个挪仓，这个对冲将在一个定价偏高的价位上再保持 3 个月。

另一种将这个头寸平仓的方法是将它持有至到期日，然后，随着现金交割的指数产品到期，再将股票卖掉。如果投资者在期货到期的时候卖掉所有的股票，就在完全持平（parity）的基础上将他的对冲平仓。也就是说，刚好按照这个指数的最后成交价卖出了股票，期货合约也按照指数的最后成交价而到期。

为了指数期货和期权交割的目的，标普 500 指数和许多其他的指数都根据最后交易日每只股票的开盘价格来计算"最后成交价"。其他一些指数则使用每只股票的收盘价来计算最后成交价。

【示例 30-22】在正常情况下，如果标普 500 指数的交易价是 415，那么，它代表的是以指数成分股的最新价为基础的指数。但是，如果交易者想要按现有的卖报价买入所有的成分股，那么他为他的市场篮子或许会多付大约 50 美分，或者说，415.50。类似地，如果他要按照目前的买报价卖出所有的成分股，那么他的市场篮子的卖价大约会等于 414.50。

不过，在最后交易日，现金结算的指数产品会按该指数的开盘价到期。如果交易者要刚好按照那一天开盘时的买报价卖掉他的市场篮子，他也许会按照指数的最新价卖出。也就是说，他实际上自己创造出了这个指数的最新价，从而按照持平价将他的头寸平仓了。

在这个套利策略中把下面两件事结合在一起，是另一个有趣的方面。一件是短期期货同下一个较长期的期货之间的价差，另一件是在指数产品到期那一天执行这个套利中的股票部分。使用这个策略实际上可以使得交易者可以进入和退出一个对冲而不至于失去在最后成交价和买报价之间的差额或者是最后成交价同卖报价之间的差额。假设对冲者觉得，如果他可以用超出合理价值 1.50 的净价格建立一手套利的话，他就应当建立一手 3 个月的套利。此外，如果 3 个月套利的合理价值是 2.10，但是它目前在 3.60 交易，那么这就代表了合理价值之上的 1.50。对冲者通过买入短期期货和卖出较长期的期货来建立这个头寸，其中的净收入是 3.60 点。在短期期货到期的时候，对冲者不是将这个套利平仓，而是按这个交易日的最后成交价买入指数成分股,从而建立他的股票多头头寸,其价格等于在他买入的期货到期时的同一时刻的指数最新价。由此得到的头寸是买入股票和卖出期货,期货合约将在 3 个月后到期,升水为 3.60。因为这样一手 3 个月的期货的合理价值应当是 2.10,这个对冲就是在合理价值之上 1.50 处建立起来的。这个头寸可以用上面一段所介绍的那种方式来平仓,同样可以节省在指数成分股的最新价同买报价之间的差额。请注意,这个策略在这个套利的短期头寸部分到期时会在股市上产生买入的压力,而在后一个到期日时产生卖出的压力。

套利者平掉他的头寸的最后一个方法是在到期日之前将它平仓。有的时候,在期货到期之前的 2 或 3 个星期会有一些机会。如果投资者用来对冲的方法是买入股票和卖出期货,当期货在合理价值之下进行交易的时候,或者甚至有贴水时,那么就会有机会将这个对冲平仓。如果期货始终没有在合理价值之下交易,而是继续保持相当贵的价格,那么,常常出现的情况是应当挪仓到下一个到期月系列。

30.5 市场篮子的风险

即使买了指数的全部成分股,这类对冲还是有某些不确定性。因为投资者持有实际的指数,因此,无论期货价格如何运动,都不存在他所持有的股票会在对冲中失效的情况。但是,这里有其他的风险。其中之一是执行风险。也就是说,当投资者建立头寸的时候,看上去期货按 1.50 点的升水在交易。不过,如果其他对冲者在同样的时候做同样的事情,在他建立头寸的时候,就有可能要为股票支付比预期要高的价格,而卖出期货的价格也会更低。这种"执行风险"一般相当小,但是,如果投资者在执行股票指令时速度太慢,他设立的对冲可能就不会像最初所想的那样具有吸引力。

一个主要的风险是利率有可能在头寸存在的时候朝着对套利者不利的方向运动。如果他是买股票,卖期货,那么,他不会想要利率上涨。在前面的示例里,在持有头寸的 2 个月时段里的增量收益是 2/3 点。如果短期利率在 2 个月的时段里上升的平均值超出这个数量,这个增量的策略就会变得不怎么高明。他的持有成本会上升到抹平套利中盈利的地步。

对那些并不真有持有成本的机构套利者来说,他们会用下面的方式来看待这个情景:如果利率上涨,他也许会发现,与其把他的钱投资在增量套利策略里,还不如把它投在货币市场基金里,以得到通行的短期利率。反过来看,如果这个套利最初是通过卖空股票和买入期货来建立的,那么套利者就会因为同样的原因而不希望利率下跌。

投资者也许应当为了防止利率的运动而留有一定的余地。如果当前的利率是 8%,那么,投资者也许应当使用 10% 的利率作为缓冲。一个对冲如果在较高的利率水平上也有盈利,那么,当利率上升到 10% 时,也能够经受得住。

【示例 30-23】假定这个投资者通常是使用 7½% 的利率,按照增量收益率 1½% 建立买入股票同卖出期货相对的对冲。如果这个对冲建立在相对长的时段里,这里的回旋余地就相对比较小,利率有可能上涨到超过 9½% 的程度。这样的运动会使得这个对冲无利可赢。与此相对,投资者可以使用目前的利率加上一个缓冲作为利率来计算期货合约的合理价值。

也就是说，如果目前的利率是 7½%，他可以使用 8½%，并且仍然寻求 1½% 的增量收益。如果他按这样的水平建立这个对冲，就可以经受得起 1% 的不利运动，也就是那个缓冲带，同时仍然可以赚得 1½% 的增量收益率。

套利者面临的另一个风险是指数成分股所支付的股息发生变化。假定他是买入股票和卖出期货。如果股息支付跌得很多，或者是股息支付拖延到期货到期以后的话，他的收益就会减少。如果股息支付日期提前，或者是股息支付金额增加，卖出股票和买入期货的套利者就会有相似的麻烦，特别是当指数的主要成分股公司宣布会有一笔大宗的特别股息的时候。

如果投资者将这个套利一直持有至到期日，他就可以按持平价将它平仓。不过，如果他决定在到期日之前将它平仓，他就有可能面临会破坏预期收益的增大的成本。他不是像在到期日可以做的那样，按照指数的最新价卖掉股票，而是不得不按照买报价卖出它们，这个事实会导致他失去相当大的一部分盈利。

在后面的一节里，在我们讨论使用期货合约对指数的市场篮子进行不完全对冲时，我们将讨论最严重的风险："跟踪误差"，也就是指数的表现同买入的股票市场篮子的表现之间的差别。

30.6 对股票市场的影响

这些对冲头寸的开仓和平仓行动会在短期内影响股票市场。股市在指数产品到期之前会受到影响，在指数产品到期时也会受到影响。我们将对这两种情况都进行考察，同时也将讨论策略家如何利用这些信息来得到好处。

30.6.1 到期前的影响

当看多的投机者将期货的价格抬得过高的时候，套利者就会进入市场，建立买入股票和卖出期货的头寸。这种行动会导致股市价格向上跳跃，特别是因为这样的头寸通常快速建立起来，股票是按照卖报价买入的。这些向上的加速运动可以在几分钟内把道琼斯工业指数推高很多。

反过来看，如果期货变得相当便宜，那么，套利者就有可能推动市场下跌。如果头寸在股票市场是买入的话（买入股票，卖出期货），那当期货变得太便宜，套利者有可能决定将他们的头寸平仓。如果期货变得过分便宜，将头寸平仓会有更大的盈利的话，他们就会这样做，即使必须按照股票的买报价卖出股票，他们也不会将这个对冲留到到期日，或者将它挪仓到另一个系列。如果这些买入的对冲用这样的方法平仓，因为股票是按买报价卖出的，所以股市就会迅速下跌。在这样的情况里，市场有可能在几分钟内出现大幅的下跌。

不过，一旦买入的对冲被平仓，便宜的期货合约就不再造成市场的下跌。如果在对冲中不再持有股票，那么，当期货变得便宜时，套利者能够使用的唯一策略就是卖空股票和买入期货。因为股票必须按照 uptick 规则卖空，这样的活动有可能给市场上罩上一个"盖子"，但是不会导致它迅速下跌。

对套利者来说，在出现这些大量贴水的时候买入股票和卖空期货有很大的价值，以至于有的交易者在没有盈利或者甚至有亏损的情况下，也还是要建立买入股票和卖出期货的对冲。他们希望在头寸建立之后，期货会跌到出现大量贴水的价位，这样就可以将头寸平仓，获得大笔的盈利。如果这样的情况没有发生，他们所亏损的也只是几美分的指数价值。假设期货的合理价值是3.50。这样的套利者可以买入股票和卖出期货，净成本为3.45。这就是说，如果他们将头寸一直持有至到期日，他们会损失5美分，但是，如果出现了期货的大量贴水，他们就可以盈利。

监管机构近年来对程序化交易和指数套利对股市的影响越来越关注。实践中，当股票和期货在大致相同的时间同时执行的话，这些策略不至于在股市中导致过大的波动。

有一段时间，监管机构引入了一种在道琼斯指数相对前一个交易日的收盘价变动2%时就生效的"程序化交易限制"（program trading curbs），不过这个措施在2007年11月被取消了。

另一个更具有决定性的限制目前仍然存在——"熔断闸"。这些措施是在1987年股灾之后被引进的，一直持续至今。在每个季度末，纽约证券交易所都会根据当时的道琼斯指数价格设置三个水平分别为10%，20%和30%的熔断闸，取整到最近的50点间隔。例如，在2011年的第二个季度末，这些限制分别为1 200，2 400和3 600点。当这些限制被触及的时候，纽约证券交易所就会采取行动，具体行动取决于下跌的幅度和发生的时间长度。

对于最小的限制（下跌1 200点，近似于，2011），如果它在下午2点之前被触及，交易就会暂停1个小时。如果是在下午2点至2点半之间被触及，交易就会暂停30分钟。而如果是在下午2点半之后被触及，由于第1个交易限制，交易就不会暂停。

对于中等的限制（下跌2 400点，近似于，2011），如果它在下午1点之前被触及，交易就会暂停2个小时。如果是在下午1~2点之间被触及，交易就会暂停1个小时。而如果是在下午2点之后被触及，当天的交易就会终止。如果最大的限制（下跌3 600点，近似于，2011）在任何时候发生，当天剩余的交易都会终止。

这些限制需要很大的日内波动，即使是在2008年金融危机期间，这些限制也没有被触及。事实上，该熔断闸唯一一次被触及的时间是1997年10月27日，当时的限制是550点。当触及该限制时，当天剩余的交易时间都被终止了。这些限制只在常规的纽约证券交易所交易时间内有效。

对标普期货也同样有价格限制，分别为5%，10%，20%和30%。它们大致与道琼斯指数的限制相对应。除此之外，针对标普的5%的限制对于夜盘交易有效。如果在夜盘时触及该限制，交易就会暂停至第二天日盘开盘的时候。这个5%的限制在2008年1月21日时被触及，当时是马丁·路德·金纪念日，兴业银行的一个流氓交易员大量卖出导致市场剧烈下跌。当该限制被触及时，全球期货交易系统（Globex）连接被关闭，直至第二天才打开。

当然，读者应当记得，股市可以不受指数产品的定价偏高或定价偏低性质的影响而上下运动。也就是说，如果期货定价偏高，股票市场仍然有可能下跌。或许是因为股市中有大量的天然卖家。同样，即使期货很便宜，如果有很多交易者看多的话，股市还是有可能向上运动。因此，交易者在把股市的每一个运动都同指数产品联系起来的时候应当格外小心。

30.6.2 投资组合保险

投资组合保险（portfolio insurance）是一种策略的总称，在这个策略中，投资组合经理使用指数衍生品市场来保护他的投资组合，防止市场崩盘。他可以是卖出期货合约，或者是买入看跌期权合约，又或者是买入波动率产品（我们在后面讨论波动率衍生品的时候会介绍）。

投资组合保险这个总的概念是在20世纪80年代开始，通过使用期货来付诸实现。在这个策略当时的形式中，投资组合的经理并不是一下子就他全部的投资组合来卖出期货合约。在开始的时候他只卖一小部分。这就使得他有可能为投资组合在价格上行方向仍然保留大量的潜在盈利。如果市场进一步下跌，那么，他就再多卖一些。最后，如果股市跌得足够地深，他就会不断地卖出期货，直到他的整个投资组合都稳妥地得到对冲。在这个过程中，他使用计算机程序来计算什么时候该卖出期货合约以及应当卖出多少，从而最终可以按正确的价格得到适当数量的保险。

不幸的是，这个概念在实践中运作得并不理想。事实上，人们常常将它看作是导致1987年10月19日的500点崩盘的一个主要原因。在这一天导致出现这种情况的事实是，市场已经下跌得非常迅速。期货因此开始按贴水的价格在交易。投资组合保险策略假设的是期货合约在一定程度上是按合理价值在交易。因此，实施投资组合保险的基金经理没有在他们原先计划要卖出期货的时候卖出；或者，如果他们想要卖出足够的期货，就会导致期货价格出现巨大的贴水。无论是什么情况，市场都会持续下跌，没有任何反弹（主要是从10月15日星期四的下午到10月19日星期一的收盘），道琼斯平均指数总共下跌了超过650点[⊖]。随着市场暴跌，投资组合保险策略需要不断地卖出期货合约，期货合约确实被卖掉了，不过是在远远低于这个策略最初所要求的价格。这种持续的卖出将期货价格压在合理价格之下，它反过来又带动了其他程序化交易者和指数套利者抛售更多的期货合约。

结果投资组合没有完全得到保护（不过，应当指出，因为卖出了一些期货合约，它们确实在某种程度上得到了保护）。因此，投资组合经理不会高兴，股市的监管者也不会高兴（尽管所有的运作都是合法的）。这个策略当时失去了大部分的追随者，到今天也没有按照它以前的形式重新复活过。

不过，这个概念本身是个有效的概念，现在，人们一般使用买入看跌期权的方法来贯彻这个概念。从理论上来说，使用期货的策略比买入看跌期权的策略要高出一筹，因为投资组合经理应当能够从卖出期货中得到升水的部分。但是，在崩盘中这种做法失去了作用，因为它无法在最需要保险的时候买到保险，就像等到房子已经着火的时候再想要买火灾保险一样。

现在，投资组合经理买入看跌期权来保护他的投资组合。许多这样的期权是通过场外交易直接从大银行或经纪公司那里买来的，因为它们可以根据投资组合经理的需要进行定制。这种做法在某种程度上使得监管者有所顾虑，因为卖出看跌期权的大银行和经纪公司无疑承担了一定的风险。他们的确（通到期货或者其他看跌期权）为卖出的看跌期权进行了

⊖ 这代表了这个指数从当时相对较低的价格水平有一个25%的跌幅。

对冲。而监管者担心的是，如果再一次出现崩盘，卖出这些看跌期权的机构会到市场上疯狂地卖出期货，为他们的看跌期权空头头寸对冲。我们只能希望这些看跌期权的卖出者能够在不至于过分骚扰股市的情况下妥当地为他们的头寸对冲。

30.6.3 到期日的影响：急忙出场

在早期的指数交易中，期货和期权的到期常常会对股票市场本身造成较大的影响。幸好大多数指数产品都采用"早上"交割和欧式行权，现在这些影响已经很小了，但还没有完全消除。

平仓的行动可能会导致股票市场的运动。考虑一个在卖空股票和买入期货的指数套利者。在到期的一瞬间，他不会什么都不做。如果他真的什么都不做，当他的期货被现金交割后，他会剩下一个大的股票空头组合需要处理。任意一个很小的价格上涨都有可能完全抹掉他的套利盈利。因此，他必须在交易的最后一个"时刻"（tick）同时买回所有的股票，不管是在"早上"交割（当日的第一笔交易）或是"下午"交割（当日的最后一笔交易）。这个行动实质上形成了指数的交割价，然后就是以他的股票的组合交易价格为基准进行现金交割。

这个行动可能会影响股票市场。例如，如果大量的指数套利者在最后的交易时刻买回先前卖出的股票，股票市场则会上涨。相反的，如果在到期时套利者大量地卖出先前买入的股票，股票市场则会下跌。

通过要求这些交易者提前下达指令，这种对股票市场的影响被消除了。此时纽约证券交易所的专业商就可以公布订单的不平衡。这种不平衡会吸引另一个方向的交易的订单流。

【示例30-24】由于到期时标普500总是会有想不到的情形，纽约证券交易所的专业商会观察订单流，例如在发生交易的30分钟前，如果他发现IBM的卖量超过其能处理的能力，那他就会公布IBM存在订单不平衡，例如IBM存在500万股的卖量。世界各地的共同基金和机构投资者会看见这个通知，通常情况下，会有人愿意成为买家。因为他们知道，此时他们能够以跌点交易（downtick）买入大量的股票。因此，这时IBM的股价可能会稍微跌一点，但不会大幅下跌。因为有这些受订单不平衡通知所吸引来的买单。

当然，有一些线索可以知道有套利者在开仓，但由于指数产品太多，通常很难提前知道这些套利者会在哪个产品上开仓。例如，如果某个套利者持有标普期货的空头头寸，他可能还在股票、标普期货期权、SPX期权，或SPY期权等产品上持有多头头寸来抵消。事实上，即使我们知道他的一种头寸，在不知道总头寸的情况下，这个信息也说明不了什么。

一个比较"简单"，没有很多衍生品交易的指数是OEX指数（标普100指数）。它没有期货，没有活跃的ETF期权。因此，如果我们发现在到期前OEX期权的持仓量在增加，这可能就是套利者所持头寸的品种（在标普和其他指数产品上）的精确线索。

近年来，OEX期权的流动性没有以前那么好了，因此它的信息内容就消失了，但这个判断过程仍然是不变的。指数套利者持有实值OEX期权来对冲他们的头寸（如果是虚值期权，那他们就没有在对冲）。因此，只需简单地看一看快到期的实值看涨期权数量和实值看跌期权数量。假设有人这样做了，结果发现实值看涨期权存在很大的不平衡。那合理的假设就是这些看涨期权被股票空头所对冲。因此，在指数到期时，就会有潜在的买入力量，因为这些股票空头需要被买回来。相反地，如果实值看跌期权存在很大的不平衡，那就可以假设它们被股票多头所对冲，这些股票需要在到期时被卖出，这会给股票市场带来压力。

OEX 实值看跌期权和实值看跌期权的持仓量在到期前的不平衡常常可以提前注意到，只需要看看股票市场先前的走势。如果在上一个月股票市场大幅上涨，那就会有大量的实值看涨期权，而实值看跌期权的数量则会很少。因此投资者在看持仓量数据之前，就可以认为有一个买入的不平衡（卖空的股票需要被买回来）。相反地，如果股票市场在上一个月下跌了，那就会有大量的实值看跌期权，这可以被理解为股票市场存在卖出的压力。

30.7 模拟指数

在前面一节的讨论里，我们假设的是交易者买入足够的股票来复制整个指数。由于各种各样的原因，对许多投资者来说，都无法做到这一点，最主要的原因是因为执行的能力和所需的资本，交易者做不到复制指数。不过，这些交易者显然仍然想要从期货合约的理论定价的差异中得到好处。通过对冲的方式而做到这一点的方法是建立一个有较少数量的股票组成的市场篮子，从而得到针对期货头寸的某种对冲。

在这一节里，将展示如何使用较少数量的股票来为期货头寸对冲的途径。这跟我们考察如何使用指数期货或期权来为单个的投资组合对冲不同，因为现在将要试图复制整个指数的表现，不过，我们用的只是这个指数成分股的一个子集。在每一个这样的情况里，都将使用一种叫做回归分析（regression analysis）的数学方法，来衡量这些投资组合或者是较小的市场篮子的表现。不过，我们将采用一种比较简单的方法，它不要求复杂的计算，但是仍然能产生所需要的结果。

30.7.1 使用高市值股票

读者应当还记得，在一个市值加权的指数里，最大市值（价格乘以流通量）的股票具有最大的权重。在许多这样的指数里，都有那么几只股票，它们的权重要远远大于其他的股票。因此，常常有可能创立一个只是由这些股票组成的市场篮子，用它来为期货的头寸对冲。虽然这类市场篮子自然不能准确地跟踪指数，不过，它同指数之间有一种确定的正相关关系。

交易者使用较小的市场篮子的目的，从根本上说，是要用指数所代表的价值来为股票所代表的相同金额进行对冲。如果所涉及的总金额不是接近相等，对冲就不可能成功。以下所列举的这些步骤在计算为了给较大指数的期货或期权对冲而创造一个"迷你指数"的过程中，在计算每只股票需要多少股的时候，是必不可少的。

（1）找出在这个大指数（标普 100 指数、纽约股票交易所指数、标普 500 指数等）中每只股票所占的权重。上市期货或期权的交易所一般都会公布这样的信息，它也可以通过在第 29 章所阐述的方法计算出来。

（2）通过将成分股的相对权重扩大到 100%，找出这个将要构建的迷你指数中每只成分股所占的权重。

（3）找出指数在某个时刻的交易金额：指数价值乘以期货或期权的数量，再乘以期货的合约乘数。

（4）用第2步得出的每只股票的权重乘以从第3步得出的总金额得到需要在买入每只股票上花多少钱。

（5）用从第4步得出的结果去分别除以每个股票的价格，得到需要买多少股股票。

通过这些步骤可以构建起一个由较少数量的股票组成的迷你指数，这些股票是按照它们在大指数中权重的相对比例而组合在一起的，它们所代表的总金额足以针对需要对冲的期货或期权合约乘数进行交易。这种方法没有将波动率考虑在内。即使没有包括波动率，在使用高市值股票来为大盘指数对冲方面，这种方法还是合理的。

下面几页的示例用了四个虚构的大实值股票来说明要点（IBN，XON，GN 和 CE）。在不同的时候，市场中四个最大市值的股票可能会有不同。例如，通用汽车（GM）有一段时间是全世界市值最大的公司，不过它现在不是了。因此与其在这些示例中使用真实的股票代码，还不如用虚构的。

【示例 30-25】 假定我们想要为一个虚构的指数建立一个对冲，指数的代码是 UVX，所用的股票是 IBN，XON，GN 和 CE。下面的表格显示了在计算建立这个小型篮子时每只股票需要买入多少股时所必需的一些信息。

股票	流通量	价格	指数中的股数	市值	指数权重（第1步）
IBN	600 000	130	0.171	78 000 000	13.1%
XON	850 000	40	0.243	34 000 000	5.7%
CE	450 000	70	0.129	31 500 000	5.3%
GN	300 000	85	0.086	25 500 000	4.3%
					28.4%

UVX 价格：	170.25	
除数：	3 500 000	
总市值：	595 875 000	（价格乘以除数）

读者应当还记得这些数字是如何计算出来的：一只股票在指数中的股数是用这只股票的流通量去除以这个指数的除数。同时，指数权重（上面的第1步）是用该股票的市值（流通量乘以价格）去除以指数的总市值。最后，这个指数的价值是用指数的总市值去除以指数的除数。

有了这些信息，我们现在可以构建一个用来为 UVX 自身对冲的迷你指数。请注意，光是这 4 只股票就占了整个 UVX 指数的 28.4%。在我们的迷你指数里，这 4 只股票每一只所占的相对权重应当同它在 UVX 中所占的权重一样。上面表格中这 4 只股票的市值总量同它们的相对权重显示在右面的表格里。

这 4 只股票各自在这个迷你指数中的权重，等于每只股票的市值与它们的总市值之比（上

股票	市值	指数权重（第1步）	迷你指数权重（第2步）
IBN	78 000 000	13.1%	46.2%
XON	34 000 000	5.7%	20.1%
CE	31 500 000	5.3%	18.6%
GN	25 500 000	4.3%	15.1%
合计：	169 000 000	28.4%	100.0%

面的第2步)。在第2步中有两种计算的方法。第1种方法是,对IBN,用78 000 000(它的市值)去除以169 000 000(总市值)。第2种方法是,用第1步中IBN的权重13.1去除以总权重28.4%。两种方法得出的结论都是46.2%。现在,我们得出了迷你指数中每只股票的相对权重。请注意,它们之间的相互关系同它们在UVX指数中的相互关系是相同的。这样,一旦我们决定了针对这个迷你指数需要交易多少手期货,那么,将这些百分比转换成股票的股数,就是一件简单的事情。

当知道了要对冲的期货的总金额,知道了每只股票在这个指数中所占的权重,我们就可以计算出在这个迷你指数中每只股票的市值。最后,用市值去除以价格,就得到每只股票需要买入的股数。假定我们要使用UVX期权,它每点价值100美元,每一批为50手期权。当UVX价值为170.25时,这个指数的总金额就是851 250美元(170.25 × 100 × 50)。这是通过第3步得出的。下面的表格显示了为了决定就50手期权合约需要买入多少股股票所必需的计算。

股票	迷你指数权重	迷你指数市值(第4步)	价格	要买的股数(第5步)
IBN	46.2%	393 277	130	3 025
XON	20.1%	171 102	40	4 277
CE	18.6%	158 332	70	2 261
GN	15.1%	128 539	85	1 512
总值:	100.0%	851 250		

请注意,迷你指数中每只股票的市值是通过将所需要的交易金额(851 250美元)乘以这只股票在迷你指数中所占的权重而得出的。这就完成了第4步。而第5步是这样的:用从第4步中得出的数量去除以这只股票的价格,就得到这只股票需要买的股数。例如,在上面的表格里,要计算所要买的IBM的股数,就是851 250美元 × 0.462 = 393 277.5美元;然后 393 277.5 ÷ 130 = 3 025。

因此,交易者可以使用上面这4种股票中每一种的数量来为50手UVX期权合约对冲。从实践的角度说,交易者不会买入零股,而是将每只股票的数量四舍五入到整数:3 000股的IBN,4 300股的XON,2 300股的CE以及1 500股的GN。

随着迷你篮子中股票价格的变化,迷你篮子也需要重新计算。这是因为我们是用指数中各股票当前的价格来计算的这个迷你指数。因此,随着股票价格的变化,迷你指数的构成也开始偏离UVX的构成。

【示例30-26】假定石油股票的表现很不好,XON跌到了35(在我们构建迷你指数的时候它是40),而其他股票的价格同前面示例中的价格相同。最后,假定尽管XON的价格显著变化,整个UVX的价值仍没有变化,还是170.25。我们必须重新计算第1步,以决定每只股票在UVX中的权重。假设除数没有变化,每只股票的流通量没有变化,于是,权重就等于价格乘以流通量再除以总市值(595 875 000)。

股票	价格	流通量(以千计)	市值(以百万计)	指数权重(第1步)	迷你指数权重(第2步)
IBN	130	600	78.00	13.1%	47.3%
XON	35	850	29.75	5.0%	18.1%
CE	70	450	31.50	5.3%	19.1%

（续）

股票	价格	流通量（以千计）	市值（以百万计）	指数权重（第1步）	迷你指数权重（第2步）
GN	85	300	25.50	4.3%	15.5%
合计：			164.75	27.7%	100.0%

请注意，在 UVX 和迷你指数中，XON 的权重都下降了。其他三种股票的权重都相应地按比例上升。因为我们假设 UVX 的价值没有变化，迷你指数的市值仍然是 851 250 美元（170.25 × 100 美元/点 × 50 手期权合约）。现在，如果我们完成第 4 步和第 5 步，那么就可以看到在新版本的迷你指数中每只股票需要有多少股份。

股票	迷你指数市值（美元）（第4步）	价格	要买的股数（第5步）
IBN	402 641	130	3 097
XON	154 076	35	4 402
CE	162 589	70	2 323
GN	131 944	85	1 552
合计：	851 250		

将这个示例中要买的股数同前面的示例里要买的股数做一个比较。实际上，在每一只股票上我们都买入了更多的股数。之所以会如此，有两个原因。对 XON 而言，我们买入了更多的股数是因为它价格下跌的幅度大于它在指数中的权重的下跌幅度。对其他股票来说，我们买入更多的股份是因为每只股票在迷你指数中的市值都增加了，而价格没有发生变化。

这个示例可以用来说明，随着迷你指数中股票价格的变化，每只股票所需要的股数也会发生变化。这意味着使用这种方法的对冲需要经常重新计算这个指数的构成，至少每星期要重新计算一次。在实践中，对冲者知道哪些股票的表现不好，哪些股票表现超常。因此，在实际进行计算之前，对应当做什么，他已经有了一些概念。

在使用这样的"迷你指数"方面有许多不同的方法。有的交易者是极度短线的，每天可以进出期货头寸一次或者几次，他们或许想只用 1 只股票来给他的期货合约对冲（一般是最大市值的股票，例如说 IBN，除非有理由相信整个市场的运动方向与最大市值股票的运动方向有显著的不同）。

在其他的情况里，那些有较大资本和较多资源，但是不想对整个指数对冲的对冲者，也许会使用一个较大的迷你指数来对冲。在这样的情况里，对冲者一般对期货和股票的日内交易不感兴趣，而是像前面所介绍的那样，试图模拟针对合理价值的全面对冲。例如，标普 100 指数中市值最大的 30 种股票构成了整个指数的高于 70% 的市值。这就提供了非常精确的跟踪，而且，即使是对较小的交易公司来说，要执行这样的对冲也不是太困难。我们可以完全按照前面的示例所介绍的方法来计算一个 30 只股票的迷你指数。因为它代表了 70% 以上的指数，在跟踪这个指数方面，它就能起到很好的作用，尽管不可能是完美无缺的。

不过，如果对冲者想要用买入市值最大的 50 种股票来模拟标普 500 指数，那么，他持有的甚至还不到这个指数 40% 的市值。买入这 50 种股票并不能为他提供他所想要的精确跟踪。因此，如果对冲者想要对标普 500 指数进行对冲，那么，他就应当使用至少是 200 种股票。

30.7.2 跟踪误差风险

在所有这种模拟的指数投资组合里，就指数对冲而言，最大的风险是跟踪误差。所谓跟踪误差，指的是实际指数的表现同模拟指数投资组合的表现之间的区别。可以用统计学的方法来预测某个股票投资组合能够多么精确地模拟一个特定的指数。这同做民意调查的人在大选之前预测这场选举出胜的概率有多大是相似的。你也许听到过某个投资组合同它所想要模拟的指数之间的相关关系为 98% 的说法。

这种说法代表的是什么呢？首先，必须明白，在一组股票同另一组股票的相对表现方面，统计学无法预测出完整的信息，就像民意测验无法准确地预测出选举的结果一样。统计学可以告诉我们的是，一个投资组合的表现同另一个投资组合的表现接近相同的概率有多大。我们在前面介绍的预期收益的概念就同这种情况有些相似。这个统计学的数字不能保证投资组合在 98% 的时间内表现同指数相同，或者它绝对不会偏离 2%。它只是一种用作比较的衡量标准，告诉我们这样一个投资组合同指数之间有着很大的相关关系。

使用一个模拟指数而不是指数自身的实际风险是无法完全衡量出来的。如果是那样的话，我们就可以精确地预测出这个模拟指数的表现，而我们刚刚才证明这是不可能的。不过，假设一个平均的表现，例如，模拟指数在 1 年的时间内会偏离实际指数 2%。如果我们所谈论的是价位在 415 的标普 500 指数，那么，在 1 年的时段内的 2% 就会是 9.30 点，或者是 3 个月的时段里的 2.33 点。如果考虑到在我们所讨论的大部分套利示例中可以得到的盈利都并不比这个数字高多少，那么，这样的运动幅度显然是显著的。这个风险的补偿因素是，模拟指数的表现有可能比实际指数的表现更好，对冲者可以从中得到比套利更高的盈利。如果交易者有足够的资本和足够的时间，持续地参与到这种模拟的策略中，经过一段时间之后，如果模拟指数同实际指数之间有很高的相关关系的话，他的跟踪误差就会相对比较小。

30.7.3 对对冲进行监控

一旦头寸建立起来，交易者应当有能力对它进行某种监控。理想情况下，他应当有一个可以即时计算迷你指数的计算机系统。这样，就可以随时对实际指数的运动同模拟指数进行精确的比较。当然，跟踪误差可能对交易者不利，也可能对他有利。

没有必要为指数对冲专门建立一个计算机系统。许多计算机化的系统都可以根据使用者的选择对一个投资组合的盈亏进行实时计算。对计算迷你指数的相对价值来说，任何一个这样的系统都可以处理。在计算投资组合的盈亏时，所用的程序必须能计算这个投资组合的净价值。只要能够做到这一点，对冲者就能够将它转换为一种可以用来同较大的指数进行比较的迷你指数的价值。这里的"技巧"是使用一个迷你指数的乘数，它是一个 10 的幂。也就是说，期货的合约乘数乘以期货数量是 10 的幂。例如，如果期货的合约乘数是 250 美元，就像在标普 500 指数期货合约中那样，那么，40 的数量就会产生一个 10 的幂（250 美元 × 40 = 10 000）。这就意味着只进行小数点调整，这个迷你指数投资组合的总市值就能够读成"指数价值"。

【示例 30-27】如果交易者是就一个每点运动价值 500 美元的期货合约进行交易，那么，它也许应选择使用 20 手期货来为他的迷你指数对冲。这样，这里的乘数就是 500 美元 × 20 = 10 000 美元。如果他所对冲的指数的价位是 170.25，于是就买入价值 10 000 美元 × 170.25 或者说 1 702 500 美元的股票。他的迷你指数中的股票的总价值最初就是 1 702 500 美元，因此就可以通过将小数点移动 4 位来得到迷你指数的价值是 170.250 0。下面的表格总结了怎样使用上面示例中的 4 只股票来构建这样的指数。读者应当还记得，在前面的示例里，4 只股票的迷你指数的总市值是 851 250 美元。在这个示例里，我们的总市值将是它的两倍，也就是 1 702 500 美元。因此，要买的股票的股数以及市值都是前面示例的两倍。

股票	迷你指数市值（美元）（第 4 步）	价格	要买的股数（第 5 步）
IBN	805 282	130	6 194
XON	308 152	35	8 804
CE	325 178	70	4 646
GN	263 888	85	3 104
合计：	1 702 500		

随后，随着股票价值的变化，交易者使用计算盈亏的系统可以很容易计算出这个迷你指数的总市值。同时，通过将小数点移动 4 位而得出一个"迷你指数价值"，这个价值可以用来同实际指数（在这个示例里是 UVX）进行比较，以决定跟踪误差。

【示例 30-28】假定在这个迷你指数中的股票的价值要增加到 1 761 872，如右表所示。

股票	所持股数	价格	目前市值（美元）
IBN	6 194	135	836 190
XON	8 804	37	325 748
CE	4 646	69	320 574
GN	3 104	90	279 360
合计：			1 761 872

这个迷你指数的价值现在是 176.187 2（将小数点移动 4 位），或者说 176.19。这就意味着迷你指数的价值从 170.25 上涨到了 176.19，上涨了 5.94。这可以同 UVX 在同一时期内的运动进行比较。例如，如果 UVX 在这个时段中上涨了 6.50 点，那么就很容易看出这个迷你指数的表现比 UVX 要差 56 美分。如果换个时间迷你指数的增长快于 UVX，那么，在这样的情况里，就有了对我们有利的跟踪误差。

30.7.4 使用期权而不是期货

正如前面指出的，在对这些指数进行对冲的时候，我们可以使用期权来代替期货。假定交易者正在建立一个完全的对冲，在他为买入的市场篮子头寸进行对冲而使用期权的时候，就会有一个同转换组合相似的头寸。他可以卖出看涨期权同时买入行权价相同的看跌期权，从而创造出一个对冲。这同转换组合是相似的。

在为标普 500 指数对冲的时候，交易者可以使用标普 500 指数期货期权或者是标普 500 指数现货期权，不过，这样做未必比使用期货更具有吸引力。另一方面，在标普 100 指数中没有一个流动性强的期货合约，因此，在对这样的合约进行对冲时，交易者一般会使用标普 100 指数期权。正如前面提到的，在下一章我们将讨论指数间的期权套利，包括标普 100 指数同标普 500 指数之间的套利。

在通常情况下，无论在什么时候，都很难在这两者之间分出优劣来。不过，因为一个完整的期权对冲要求双向执行（卖出看涨期权和买入看跌期权），而期货只要求单一的执行。就这一点而言，期货也许稍微有些优势。

在这些关于指数的章节中的示例里，为了用期权来代替期货，交易者只需要使用同期货相当的正确数量的期权合约就可以。如果交易者要卖出的是标普100指数的看涨期权而不是标普500指数的期货，那么，他就要将期货合约的数量乘以5。使用5的乘数是因为标普500指数期货每点价值250美元，而标普100指数期权每点价值100美元，而且还因为标普500指数（SPX）的交易价格为标普100（OEX）价格的一倍（OEX在1997年11月有过一次2对1的分"股"）。因此，如果要使用看涨期权来代替卖出20手标普500期货，那么，相等的标普100期权的对冲就需要卖出100手看涨期权和买入100手看跌期权。

交易者可以使用期权而不是期货来建立不完整的对冲头寸。例如，他可以买入股票，同时只是卖出实值的看涨期权而不是卖出期货。这就创造出一个卖出备兑看涨期权。他仍然可以使用相同的技术来决定每只股票需要买入多少，但是，如果他决定不买看跌期权，那么，就有下行方向的风险。这样的头寸在看涨期权定价极度过高的情况下最有吸引力。

相似地，交易者也许想要买入股票和买入略为实值的看跌期权，但是不卖出看涨期权。这是一个合成的买入看涨期权的头寸：在上行方向有潜在的盈利，但是，如果指数下跌，就会有亏损。这样的头寸可以在看跌期权低估，看涨期权高估的时候建立。

30.8 交易跟踪误差

交易者就一个股票投资组合卖出期货的另一个原因是实际上想要捕捉跟踪误差。例如，如果交易者对石油钻探股票是看多的，而且预期它们的表现会比总的市场要好，他就可以买入一些钻探公司的股票，卖出标普500指数期货。卖出的期货从本质上将"市场"从钻探股票的集合中剥离出来。剩下来的是这样一个头寸：它所反映的是这些钻探公司的股票相对总的市场的表现。如果它们的表现更好，这个投资者就会赚钱。在这一节里，我们将要考察一下实施这种对冲策略的方法。这个投资者对预测市场走向并不特别关心：他想要做的只是从他手里的这组股票中将"市场"剥离出去。在这样的情况下，他希望如果这些股票的表现确实比大盘市场要好，他就可以获利。这里我们也不准备使用回归分析，而是把注意力集中在实施更简单的那些方法上。

投资者和投资组合经理常常以行业组合来考虑问题。例如，投资者会认为石油钻探股票的表现会比总的市场好，或者汽车工业的股票会不如总的市场。在这两种情况里，投资者通过卖出期货把市场的行为剥离出去，把市场同行业之间的差异转化为盈利。在某种意义上说，投资者创造了一个对冲，在其中，他想要通过跟踪误差而获得盈利。在前面的讨论里，跟踪误差不是我们想要发生的事。但是在这里的，投资者是利用预测到的跟踪误差的方向，并且就它进行交易，从中获得盈利。

建立这样的对冲的技巧同在这一章开头的示例里所用的技巧是完全一样的，在那里我们考察的是为一个具体的股票投资组合对冲。不同的是，现在投资者必须决定应当买入哪些股票。一旦这一点决定了，他就可以使用上面所说的四个步骤来决定，针对这些股票需要卖出多少手期货合约。

第1步：用每只股票的波动率除以市场的波动率，以计算每只股票的修正波动率。如果这组股票的运动同总的市场不存在较大的相关关系，则使用贝塔系数（beta）。

第2步：将每只股票的数量同价格相乘，以得出修正的市值。

第3步：将这些数字加在一起，以得出整个投资组合的总市值。

第4步：用指数的价格除以总的修正市值以决定需要买多少手期货合约。

【示例30-29】假定有一位投资者认为石油钻探股票的表现会比市场好。他决定投资50万美元买入金额相等的5只钻探股票。在这种情况里交易者一般会在每只股票上花费相等数量的钱。他会选择5只有代表性的股票，在这些示例里，股票的代码可能是OSA，OSB，OSC，OSD和OSE。第1个表格显示的是每只股票的价格和要买的股数，每只股票上都投资10万美元。

股票	价格	买入股数
OSA	20	5 000
OSB	50	2 000
OSC	25	4 000
OSD	10	10 000
OSE	40	2 500

现在，如果投资者知道了这些股票的波动率，就可以进行必要的计算。这些计算可以告诉他就整个钻探股票的投资组合需要卖出多少手期货。在下面表格里所提供的波动率和计算是假设市场波动率为15%。首先，用股票的波动率除以市场波动率，得出修正波动率（第1步）；再用股票价格乘以股票数量得出修正市值（第2步）；把这些数字加在一起，得出总的修正市值（第3步）。

股票	波动率	修正波动率（第1步）	价格	持有股数	修正市值（美元）(第2步)
OSA	0.46	3.07	20	5 000	306 667
OSB	0.30	2.00	50	2 000	200 000
OSC	0.21	1.67	25	4 000	166 667
OSD	0.50	3.33	10	10 000	333 333
OSE	0.35	2.33	40	5 000	233 333
总修正市值：					1 240 000（第3步）

假设投资者想要给假想指数ZYX对冲，ZYX期货每点价值500美元。如果ZYX指数的价格是175，那么，投资者就必须就这个钻探股票的投资组合卖出14手期货合约：1 240 000美元 ÷ 500美元/点 ÷ 175 ≈ 14（第4步）。

在一个类似这样的情况里，交易者在建立头寸时不必对市场看多或者看空。他需要的是把握交易这个行业的表现的机会。与此相似，决定什么时候将这个头寸平仓也不是根据对市场的看法。交易者也许有一笔未兑现的盈利，现在想要提走它，也许在这个行业中发生了一些基本的变化，导致投资者认为这个行业不再具有超出市场的潜力。

如果在投资者开始研究这个策略时，期货是定价偏低的，他就不应当建立这个头寸。从跟踪误差中得到的获益会在期货的理论价值中失去。因为投资者是在基本相同的时间建立对冲的两条腿（股票和期货），因此，他就有可能等到期货的价格变得具有吸引力再进行。这不是说期货的价格在建立这个头寸的时候必须是定价偏高的。不过，如果期货定价偏高的话，可以增强这个头寸的盈利性。

如果投资者认为某个特定的行业的表现将低于整个市场，他只需要决定每只股票需要卖空多少股，然后可以决定针对卖空的股票需要买入多少手期货，从而捕捉跟踪误差。如果投资者决定用这种方法来获得反向的跟踪误差，必须小心不要买入定价偏高的期货。他应做的是等到期货接近合理价值时再建立这个头寸。

质押要求

在这一章所讨论的所有投资组合对冲策略里，在期货和期权中都没有降低对保证金的要求。也就是说，股票必须是付全价或者是用保证金，就像是它们不存在任何保护一样，而对冲的证券（期货或者期权）也必须支付全部保证金。买入看跌期权必须支付全价，卖出期货必须支付正常的保证金，而且必须通过追加保证金来满足逐日盯市，卖出看涨期权的交易者必须按照裸期权的情况支付保证金，同时也必须满足逐日盯市。当然，一个持有股票的交易者可以用这些股票来满足裸看涨期权的保证金要求。

30.9 总结

指数期货和期权有两个主要的影响。一个是让交易者有可能"买入市场"而不必单个地挑选股票。这很重要，因为许多交易者对市场运动的方向有一定的概念，但是不懂得如何挑选单只股票。另外一个主要的也许更重要的影响是，大宗股票持有者现在可以就他们的投资组合在不必大费周折的情况下进行对冲。就（真实的或模拟的）实际股指使用这些期货和期权，将一种原先不存在的策略引入市场。这种衍生证券的多种用途可以通过本章所介绍的各种策略得到证实，包括对实际指数或模拟指数对冲、交易跟踪误差、在看空时卖出期货合约而不是整个投资组合，以及在期货便宜时买入期货而不是股票等。股票投资策略的持有者，不管是个人还是大型机构，都应当懂得这些策略，因为比起只是买入或卖出股票来说，这些策略常常更有可取之处。

第31章

指数价差交易

在这一章里，我们将考察以两种指数之间的价差为交易对象的策略。这可以通过期货实现，也可以通过期权实现。在某些情况里，这几乎是两个市场之间的套利，因为使用的指数相互之间可以跟踪。在有的情况里，这是一种高风险的尝试，因为使用的指数相互之间几乎没有任何关系。无论是哪种情况，如果两种指数期货之间脱离相应的关系，那么交易者就会有额外的优势。

31.1 指数间价差交易

在许多股票指数之间都有着一般的相互关系，不管是美国的股票指数还是世界各国的股票指数。交易者常常可以利用对这两个指数之间的相互关系的看法通过指数间价差交易获利，而不必实际预测股市的运动方向。请注意，这常常也是许多期权价差交易背后的哲学。

有的时候，一个分析家会说他预期低市值股票（small-cap）的表现会比高市值股票（large-cap）的表现要好。这个分析家应当考虑使用标普 500 指数同价值线指数（Value Line Index，它包括许多低市值股票）间的指数价差，或者是标普指数同以纳斯达克为基础的指数之间的价差。如果他买入包括较小股票在内的指数，卖出标普 500 指数，假设他的分析是对的，不管股票市场是上涨还是下跌，他都有钱可赚，他所需要的只是买入指数的表现比卖出指数的表现要好。

有的时候，同指数自身的定价相比，指数期货或期权的定价会出现错误。如果发生这种情况，交易者就可以从价格的差异中获利。有的时候，两个指数上的指数产品之间价差的交易价格同这两个指数自身之间价差的交易价格会相差很大。当发生这种情况的时候，就有可能进行指数间价差。

对这些价差的保证金要求常常没有那么高，因为一个指数上的期货可以对另一个指数上的期货起到对冲作用，这是为保证金规则所认可的。

在两个指数之间选择一个期货价差来交易的一般规律是：将相应期货之间的价格差异同指数自身之间的实际价格差异进行比较。如果期货间的差异与指数现货价格间的差异有显著不同，那么，交易者就卖出比较贵的期货，买入比较便宜的。在这一章里我们将讨论一些具体的价差。

交易者进行价差交易，无论是因为他想要预测现货指数之间的相互关系，还是因为他知道两个相应的期货价格有偏差，都必须决定究竟用什么样的比率来建立价差。在这个问题上有两种思考方法。第1种是，只买入一手期货和卖出一手期货（当然，是就两个不同的指数）。许多图表书和价差历史图形都是按这种方式来绘制的：它们以1比1为基础将一个指数同另一个指数进行比较。

【示例31-1】一个价差交易者想要买入ZYX指数期货，同时就它们卖出ABX期货。它们的合约乘数都是每点500美元，不过ZYX目前的价位是175.00，ABX是130.00。因此，目前的价差是45.00点。这个价差交易者认为这个价差会进一步扩大，从而可以从中盈利。下面的盈利表显示了不管市场朝哪个方向运动，如果这个价差扩大到50.00，他是如何获得2 500美元的盈利的。

市场方向	ZYX 价格	ZYX 盈利	ABX 价格	ABX 盈利（美元）	总盈利（美元）
向上	185.00	+5 000	135.00	−2 500	+2 500
中性	177.00	+1 000	127.00	+1 500	+2 500
向下	160.00	−7 500	110.00	+10 000	+2 500

请注意，在每一种情况中，指数ZYX和ABX之间的价差都是50.00点。不管总的市场运动方向是上涨，相对无变化或者下跌，盈利都是一样的。

价差交易者通过买入45.00的价差，并且在50.00的价位上卖掉它而得到5点的盈利，这个头寸2 500美元的盈利就是这5点的盈利（5.00点×500美元/点＝2 500美元）。

指数价差的第2种方法是在两种指数之间使用一个比率。这种方法常常是在两个指数的价格显著不同时所采取的。例如，如果一个指数的价格是另一个指数的两倍，而且这两个指数的波动率相似，那么，使用1比1的价差就会给价格较高的指数过多的权重。2∶1的比率要更好一些，因为它给价差两侧的指数以相等的权重。

【示例31-2】UVX是一个股票价格指数，它目前的价格是100.00。ZYX是另一个指数，它目前的价格是200.00。这两个指数有某些相似之处，因此，价差交易者也许会想就其中的一个而交易另一个。它们的波动率也相似。

如果投资者买入一手UVX期货，同时卖出一手ZYX期货，他的价差就过分侧重于ZYX的价格运动。下面的表格列出了这一点，它显示出如果两个指数有相似百分比的运动，1比1价差的盈利就被ZYX期货的盈利或亏损所控制。假定两个期货都是每点价值500美元。

市场方向	ZYX 价格	ZYX 盈利（美元）	UVX 价格	UVX 盈利（美元）	总盈利（美元）
向上 20%	240	−20 000	120	+10 000	−10 000
向上 10%	220	−10 000	110	+5 000	−5 000
向下 10%	180	+10 000	90	−5 000	+5 000
向下 20%	160	+20 000	80	−10 000	+10 000

这算不上一个对冲。如果交易者想要反映出ZYX指数的运动，他只需要交易ZYX期货就可以了，不必这么麻烦建立一手价差。

不过，如果交易者使用指数的比率来决定需要买入和卖出多少手期货，那么，他的头寸就会更为中性一些。在这个示例里，他会买入2手UVX期货，卖出1手ZYX期货。

提倡使用指数比率的人只是想要尽量捕捉住两个指数之间所有表现上的差距。他们并不是想要预测股市的总的方向。

从技术上说，合理的比率应当包括两个指数的波动率，因为波动率也是决定它们相对运动有多快的一个因素。

$$\text{比率} = (v_1/v_2) \times (P_1/P_2) \times (u_1/u_2)$$

式中　P_1，P_2——指数的价格；

　　　v_1，v_2——各自的波动率；

　　　u_1，u_2——合约乘数（例如，每点 500 美元）。

将波动率包括在内可以保证价差基本是建立在每个指数的相等的"波动率金额"上。此外，如果两个期货的合约乘数不同，这样的区别也应当考虑在内。

【示例 31-3】ZYX 指数波动率不是很高，只有 15%。交易者对就它同 ABX 指数价差有兴趣，ABX 指数的波动率相当高，它的历史波动率为 25%。下面的数据对这个情况做了总结。

	价格	波动率	合约乘数
ZYX 期货	175.00	15%	250 美元/点
ABX 期货	225.00	25%	500 美元/点

$$\text{比率} = (0.25/0.15) \times (225.00/175.00) \times (500/250)$$
$$\approx 4.286$$

经过四舍五入，交易者或许会就每手 ABX 期货交易 4 手 ZYX 期货。

在指数价差交易中使用期权

一般来说，如果有期货的话，使用期货比使用期权更容易交易指数价差。不过，还是有许多指数价差交易的策略使用期权。投资者可能希望构造期货或 ETF 的价差，以表示世界上各个市场：SPX、标普 500 指数交易所交易基金（SPY）、纳斯达克 100（NDX、QQQ）、罗素 2000（IWM）、中国（FXI）、新兴市场（EMM）等。

当两个指数都有期权交易时（大多数情况都是这样），策略家会发现他可以用期权来实现他的优势。他不单单可以用合成期权头寸来替代期货头寸（例如，用相同行权价的看涨期权多头和看跌期权空头来代替期货多头），还有其他两个选择。首先，他可以用实值期权来代替期货。其次，他可以用期权的 delta 来构造一个有更高杠杆的价差。当投资者对交易现货指数的价差感兴趣时，这些选择很有用处。不过它们不能用于交易期货之间升水的价差的短期策略。

用实值期权来代替期货有一个额外的优势：如果现货指数朝某个方向移动了非常大距离，该价差交易者仍能挣钱，即使他对于现货指数之间的关系预测错了。

【示例 31-4】市场上有以下价格。

　　　　　　　　ZYX：175.00

　　　　　　　　UVX：150.00

　　　　　　ZYX 12 月 185 看跌期权：10½

　　　　　　UVX 12 月 140 看涨期权：11

假定交易者想要买入 UVX 指数和卖出 ZYX 指数。他预期这两个指数之间的价差（目前是 25 点）会缩小。他可以买入 UVX 期货，卖出 ZYX 期货。不过，假定他不是这样做，而是买入 ZYX 看跌期权，同时买入 UVX 看涨期权。

12 月 185 看跌期权的时间价值是 1/2 点，12 月 140 看涨期权的时间价值是 1 点。这是一笔数量较小的时间价值。因此，只要两手期权保持在实值的价位，这样的组合所产生的结果同期货价差的结果就基本相似；唯一的区别是期货价差的表现好一些，超出的部分等于所付时间价值的数量。

虽然投资者为这个买入的期权组合头寸支付了一些时间价值，比起期货价差来，他却有了获得更大盈利的机会。事实上，即使现货指数之间的差距拉大了，如果指数波动率高的话，他还是可以盈利。要了解这一点，假定在整个市场出现了一个大幅上涨之后，有了以下的价格。

    ZYX：200.00

    UVX：170.00

    ZYX 12 月 185 看跌期权：0（基本上一文不值）

    UVX 12 月 140 看涨期权：30

这个最初用 21½ 点买入的组合头寸现在价值 30，因此，这个价差有了盈利。再看看在现货价差中发生了什么：它的价差从最初的 25 扩大到 30 点。这同投资者最初所希望的运动方向相反，但是期权头寸仍然盈利。

这个示例中的期权组合即使在现货价差出现不利运动的情况下仍然能够赚钱，是因为两个指数的价格上涨幅度都非常大。最终持有的看跌期权变得一钱不值，但是看涨期权多头则随着市场的上涨而继续积累盈利。这个情况同持有一个宽跨式价差多头（买入行权价不同的看跌期权和看涨期权）类似，不同的是看跌期权和看涨期权是以不同的指数为标的物。我们在第 35 章讨论期货价差的时候，将更详细地讨论这个概念。

指数价差中使用期权的第 2 种方法是使用实值程度没有那么高的期权。在这样的情况里，投资者必须使用期权的 delta 来准确地计算合适的对冲比率。他可以使用上面所给的指数比率的公式来计算需要买入和卖出的期权的数量，这个公式结合了价格和波动率，然后再乘以一个因数来把 delta 包括在内。

$$\text{期权比率} = \frac{v_1}{v_2} \times \frac{p_1}{p_2} \times \frac{u_1}{u_2} \times \frac{d_1}{d_2}$$

式中 v_i——指数 i 波动率；

   P_i——指数 i 的价格；

   u_i——合约乘数；

   d_i——指数 i 所选期权的波动率。

【示例 31-5】以下价格已知。

    ZYX：175.00，波动率 = 20%

    UVX：150.00，波动率 = 15%

    ZYX 12 月 175 看跌期权：7，delta = −0.45，每点价值 500 美元

UVX 12月150看涨期权：5，delta = 0.52，每点价值100美元

假定投资者决定建立一个头寸：如果两个现货指数之间差距缩小就会盈利。他现在决定要使用平值的期权而不是深度实值。他要使用期权比率公式来决定需要买多少手看跌期权和看涨期权（在这个公式中，不考虑看跌期权 delta 的负号。）

期权比率 =（0.20/0.15）×（175.00/150.00）×（500/100）×（0.45/0.52）≈ 6.731

为了每手买入的 ZYX 看跌期权，他要买入 7 手 UVX 看涨期权。

在前面的示例里，使用实值期权，投资者在时间价值上只有很小的支出，如果指数是高波动的，即使现货指数之间的差距没缩小，他也可以盈利。这个头寸中要支出很大的时间价值，但是，如果指数有较小幅度的运动，它也可以产生盈利。当然，如果现货指数朝着有利的方向运动，两个头寸都能盈利。

波动率的差异。有的时候会出现一个理论"优势"，就是波动率差异。假定两个指数的波动率应当基本相同，或者是两者之间至少应当存在某种关系，那么，如果这种关系改变，投资者就有可能建立一个期权价差。在这种情况里，两个指数中期权的定价都有可能符合它们的合理价值，因此，现在是波动率的差异存在不一致，而不是期权的定价。

在标普 100 指数和标普 500 指数的期权交易中，隐含波动率基本上是相同的。因此，如果一个指数的期权的隐含波动率比另一个指数期权要高，那么，就有价差的可能。在通常情况下，只有在隐含波动率的差异至少在 2% 之上，投资者才应当因为波动率而建立价差。

无论是什么情况，不管建立价差的理由是因为投资者认为现货指数的相关关系会发生变化，或者是因为一个指数的期权的价格相对另一个期权来说过于昂贵，或者是因为波动率中的不一致现象，价差交易者都必须使用期权的 delta 以及指数之间的价格比率和波动率来建立价差。

行权价的差异。期权交易者可以用另一种方法来利用指数之间的相关关系。如果在建立期权价差时使用的是行权价与目前指数价格相距甚远的期权（也就是说，它们是深度实值或虚值的期权），那么，投资者可以使用指数之间的比率来决定哪些行权价是相等的。

【示例 31-6】ZYX 的交易价是 250，ZYX 7 月 270 看涨期权的定价过高。期权策略家也许会想卖出这个看涨期权，同时用另一个指数的看涨期权为它对冲。假定他注意到 UVX 指数的看涨期权的交易价接近合理价值，UVX 的价位是 175。他应当买入什么样的 UVX 的行权价才能保持同 ZYX 270 的行权价相等呢？

交易者可以用指数之间的比率来乘以 ZYX 的行权价，也就是 270，以得出需要使用的 UVX 的行权价：

$$UVX 行权价 = 270 \times (175/250) = 189.00$$

于是，他可以买入 UVX 7 月 190 看涨期权作为对冲。要决定究竟需要买入多少手看涨期权，可以使用前面提供的期权比率的公式。

31.2 总结

到这里，我们就结束了对指数价差的讨论。提供上面的示例是为了对指数价差这个复

杂世界中一些最有用的策略作一点概述。我们不可能完整地描述相关指数之间和同一指数之内众多的价差。事实上，随着市场条件的变化，期货合约的升水由于市场情绪的变化而提高的时候，交易者在设计和实施新的策略方面，可以充分地发挥自己的想象力。

  人们常常可以通过观察而发现一个有用的策略。注意两个流行的指数在交易之间所发生的相关关系，观察这两个指数的期权之间的相互联系。如果，在后来的某个时候，你注意到这种关系正在发生变化，那么，这也许就是建立一个价差的理由。你可以使用以纳斯达克为基础的指数，例如纳斯达克100（NDX）指数或者是更小的以它为基础的指数（QQQ）。也可以使用行业指数和ETF。这样，需要记住的关键一点是，指数期权和期货的世界比股票期权的世界更为丰富多彩。股票期权的策略，只要学会了或者看懂了，就可以同样有效地运用到所有的股票上。在指数价差策略中，情况就不是这样。这种多样化意味着更多的盈利机会，比起股票世界来，意识到这种盈利机会的存在的人却更少。因此，读者应当勇于根据本书在这一部分所介绍的概念来建立自己的策略。

第32章
Options as a Strategic Investment

结构化产品

20世纪90年代，由于衍生工具的流行以及它们在投资组合中带来的低风险和低波动率的效果，一类新的产品应运而生。这类新产品被称为**结构化产品**（structured product），它们对投资者比对交易者更具有吸引力。基本上，这是由主要机构经纪公司的具有创造精神的设计师构建出的一种单一证券，这个证券的表现就像是一个由期权对冲的投资组合。这些设计师把衍生产品和股票结构化地组合起来，由此而产生对许多投资者具有吸引力的产品。在这一章里，我们将详细考察这些结构化产品，给读者提供一些背景知识，这样，他在将来就可以自己对相似的产品进行分析。

你想要持有一个没有风险的指数基金吗？或者，拥有一只热门的股票，同时得到一笔比这只股票自身支付的要高得多的股息吗？想必所有的人都会想要持有这样的资产。有了结构化产品，投资者就有可能拥有类似的投资，不过，它们是有代价的。上面所提的两个问题可以换而言之：你想要持有一个没有风险的指数基金，但也许不能得到市场上行运动的全部好处吗？它仍然有下行方向的保护，以及上行方向的无限的潜在盈利。这同拥有股票或指数，同时受买入看跌期权保护的情况是相似的。或者，你想要持有一只热门的股票，同时得到大笔的股息，但是，你上行方向的潜在盈利是限制在一个固定的数量之内的吗？这个头寸同卖出备兑看涨期权相似。

这两个问题描写了今天存在的大部分场内交易的结构化产品。就自身而言，它们是有吸引力的投资，不过，投资者在买入这些产品之前，必须仔细地对它们进行评估。

这一章讨论的重点是在各主要股票交易所上市交易的结构化产品。在场外交易中有一系列的产品，它们常被称作奇异期权（exotic options）。这些产品可以是非常复杂的，特别是当它们包含货币和债券期权在内的时候。虽然在这一章里展示的评价结构化产品的方法可以很容易地运用到对许多奇异产品的评价上，但讨论奇异期权不是我们的动机。同样，在这一章末尾所提到的到哪里寻找这些产品的信息的评论，可以用到寻找有关场内结构化产品的信息上，也可以用到寻找奇异期权产品的信息上。

32.1 "无风险"的持有股票或指数

许多主要的机构银行和经纪公司都雇了专职人员来设计结构化产品。他们常常被称作金融工程师，因为他们是把现有的金融产品拿过来，利用它们来构建某种新的东西。其结果是打包成一种基金类型（或者是单位信托，unit trust），并把份额卖给公众。不仅如此，这些份额还在美国证券交易所（AMEX）或者纽约证券交易所（NYSE）上市，像任何其他股票一样交易。这些属性使得结构化产品成为一种非常吸引人的投资。下面的示例可以说明一个一般的指数结构化产品是怎样的。

【示例 32-1】我们来考察一个结构化产品,看一看它是如何被设计出来的,以及如果卖出给公众的。假定设计者相信市场上对具有以下特征的指数产品有需要。

(1) 这个"指数产品"的发行价相当低,例如,每股 10 美元。

(2) 这个产品有到期日,例如,7 年。

(3) 拥有这个产品份额的投资者在到期日可以按下面两个条件中较好的那个条件将它们赎回:①每份 10 美元;②在 7 年时间内标普 500 指数的百分比增值。也就是说,如果标普 500 指数在 7 年之中翻了一番,那么,这些份额就可以按照它们面值一倍的价格赎回,也就是 20 美元。

因此,这个产品没有价格风险!在最坏的情况里(除了信用风险,我们在下面将谈到这一点),持有者也可以拿回他的 10 美元。

此外,这些份额在 7 年之中都将在公开市场上交易,因此,如果持有者在任何时候想要出场,都可以这样做。标普指数也许急剧上涨了,或者,他也许在其他地方需要现金,这两者都可以成为这些份额持有者想要在到期之前将它们卖掉的理由。

这样一个产品对许多投资者都具有吸引力。事实上,如果投资者认为股市从"长线"来看应当买入,那么,比起买入一个在今后 7 年价值会显然减小的股票投资组合来说,这就是一种安全得多的方法。结构化产品的风险是产品的发行人在到期时有可能没有能力履行支付 10 美元的责任。也就是说,如果发行这些产品的主要机构银行或经纪公司在今后 7 年内破产了,投资者就无法赎回它们。因此,从本质上说,结构化产品实际上是发行这些产品的经纪公司的一种债务(优先债务)形式。幸运的是,大多数结构化产品是由最大的和资本最雄厚的机构发行的,因此,在到期时无法支付的可能性可以说相当低。

银行是怎样创造这些产品的呢?看上去银行似乎是买入股票和一个看跌期权,然后就组合的成型产品而按份额卖出。事实上,这个产品通常不是用这样的方法构建起来的。这个观念其实不难把握。下面的示例显示了从银行的角度看,这个结构化产品是怎么样的。

【示例 32-2】假定这家银行想要从投资者那里募集 100 万美元,从而可以根据标普 500 指数在今后 7 年的增值而创造出一个结构化产品。银行将使用这笔钱的一部分买入美国政府零息债券,用其他的钱买入标普 500 指数的看涨期权。

假定美国政府债券的价格 60 美分(面值 1 美元)。这样的债券将在 7 年后到期时支付持有者 1 美元。因此,银行可以拿 60 万美元买入这些债券,知道在 7 年之后它们到期时,会价值 100 万美元。其他的 40 万买入标普 500 指数看涨期权。因此,即使买入的期权到时候无价值到期,投资者在 7 年过后还是可以拿回全部的本金。这就是为什么银行能够"担保"投资者可以拿回他们最初投资的所有的钱。

与此同时,如果股票市场上涨,价值 40 万美元的看涨期权就会增值,这笔钱也会到结构化产品持有者的手里。

在现实中,投资银行使用自己的钱(100 万美元)买入这个结构化产品所必需的证券。然后,他们将这个产品变成一个合法的实体(常常是单位信托),再把份额卖给公众,正如投行在向市场发行新股票那样，将它们的价格定得略高一些。

在初始发行的时候，看涨期权是按平值买入的，也就是说，看涨期权的行权价等于标普 500 指数在产品卖给公众的当天的收盘价。因此，结构化产品自身的"行权价"就等于这些看涨期权的行权价。这是在到期日用来决定标普指数在 7 年后是否增值的价格。如果增值的话，持有者就得到比最初购买价格更高的资金。

在初始发行之后，这些份额就在美国股票交易所或纽约股票交易所上市，随着标普 500 指数价格的起伏，它们的价格也就开始上涨或下跌。

因此，结构化产品并不是一个由看跌期权保护的指数基金，它是一个零息政府债券和一个指数看涨期权的组合头寸。这两种结构是相等的，正如拥有一个由看跌期权保护的股票头寸同卖出一手看涨期权是相等的一样。

这类结构化产品并不限制在指数上。投资者可以用一只个股、一组股票或者甚至是创造出一个模拟的牛市价差来做同样的事情。有许多种可能性，在下面的章节里将对其中主要的可能性进行讨论。从理论上说，投资者可以自己构建这样的产品，但是，其中的具体机制会过于复杂。例如，投资者到哪里去买数量不多的 7 年的期权呢？因此，投资者应当常常使用由投资银行打包（结构）的那些产品。

在现实中，许多发行这些产品的经纪公司和投行都给这样的产品取有名字，通常是简称，例如 MITTS, TARGETS, BRIDGES, LINKS, DINKS 和 ELKS 等。如果投资者看到名册，他就会发现这些产品通常叫做**票据**（notes）而不是股票（stocks）或**指数基金**（index funds）。不过，如果看一下对它们的描述，就可以发现它们常常同这一章所叙述的这些示例相似。

所得税的考虑

有一点现在就应当说清楚。在机构产品上有"影子利息"（phantom interest）。影子利息是投资者在（就到期价格）按贴水价买入债券时欠政府的钱。税务局在技术上将最初的购买价格称作**原始发行折扣**（original issue discount, OID）。例如，如果投资者按 60 美分买入面值 1 美元的零息美国政府债券，而且一直持有至到期，让它变为 1.00 美元，那么，税务局就不会将这 40 美分看作资本收益，而是利息收入。此外，税务局宣称，因为你是按折扣价买入债券的，所以，你是每年都在收取利息。（当然，在现实中，你什么都没有收取；只是你的投资每年略为增长一些，因为随着债券接近到期，债券的折扣在减少。）不过，你必须就假定是每年收取的"影子利息"而缴纳所得税。这些是法令，你对它们是无可奈何的。

因为有的结构化产品涉及买入零息债券，税务局规定，这类结构化产品的拥有者必须每年为影子利息纳税。如果可能的话，在你持有这个产品的每一年，为了避免在缴税时为影子利息报税，应当用免税的退休账户（IRA 或 SEP 等）来购买结构化产品。影子利息税只适用于这类结构化产品（保证在到期时你能拿回固定金额的钱），因为只有这类产品才需要买入零息债券以保证在股市下跌的情况下仍然能够拿回全部的钱。影子利息税不适用于在本章第二部分要讨论的那种类型的结构化产品。为了弄清楚，投资者应当从他的经纪商那里得到必要的信息，或者是阅读这个结构化产品的产品说明书（prospectus）。当然，在执行任何税务策略的时候都必须同合格的税务专家商量。

32.2 现金价值

结构化产品的现金价值是它在到期时的价值。一般来说，它是用同上面的示例所说的那些条款相似的方法来陈述的，而且常常带有一个公式。下面的示例可以说明这个公式的典型性质。

【示例 32-3】这个结构化产品是以每份 10 美元的价格发行的。所附条款申明持有者在到期时将得到或者是 10 美元，或者是标普 500 指数在价位 1 245.27 之上的全部增值部分。（你可以假设在这个结构化产品发行的那一天，标普 500 现货指数的收盘价是 1 245.27。）产品说明书一般会提供一个计算现金支付价值的公式，它会以同下面所列举的相似的形式来表达：

在到期时，现金价值将为下列两者中价值较大的那一项：

（1）10 美元；

（2）10 美元 + 10 ×（最终指数价值 −1 245.27）/ 1 245.27。

其中最终指数价值是标普 500 指数在到期日的收盘价。

这里所给的公式只是标普 500 指数在价位 1 245.27 之上的全部增值部分的一种数学表述。对那些更精通数学的人来说，这个公式可以进一步简约为：

$$\text{现金支付价值} = 10 \text{ 美元} \times \text{最终指数价值} / 1\,245.27$$

不过，只有在分享率是最终指数价值高于定约部分的 100% 的情况里，这个简约的公式才起作用。否则，就应当适用较长的公式。

不是所有的这类结构化产品都把指数中超出最初行权价的增值部分 100% 地交给持有者。在有的情况里，这个百分比要小一些（尽管有的产品在发行的前期所提供的增值的百分比实际上高于 100%）。自 1996 年以来，随着股市波动率的急剧增长，期权总的来说变得更为昂贵。因此，在 1997 年和 1998 年之后发行的结构化产品往往会包括一个"年度调整因子"。我们在这一章的后面将讨论调整因子。

因此，现金支付价值的一个更通行的公式（这个公式适用于在分享率是行权价的一个固定的百分比的时候）是：

$$\text{现金支付价值} = \text{担保价格} + \text{担保价格} \times \text{分享率} \times (\text{最终指数价值} / \text{行权价} -1)$$

32.3 内嵌看涨期权的成本

很少有结构化产品会支付股息[⊖]。因此，拥有一个这样的产品的"成本"就是失去的利息，因为你的钱不在银行里（或者是货币市场基金中），而是套在持有这个结构化产品上。

继续使用上面的示例，假定你在银行里存了 10 美元，而不是花 10 美元买了这个结构

[⊖] 不过，确实有付股息的。在一个叫做"道琼斯 10 大获益指数"（Dow-Jones Top 10 Yield Index，代码：XMT）的不很流行的指数上就有一种这样的结构化产品。这类指数被称作"道琼斯之狗"（dogs of Dow）。因为拥有一个"道琼斯之狗"产品的原因之一是股息是表现的一部分，这个结构化产品的创造者（美林）申明，在到期日投资者最低的收入会是 12.40 美元，而不是始初价 10 美元。因此，这个特别的结构化产品有一笔"股息"构建其中，其形式是在到期日的提高了的最低价格。

化产品。进一步假设,存在银行的钱有 5% 的利息,连续复利。在 7 年之后,经过连续复利,10 美元就会价值:

$$\text{银行存款} = \text{担保价格} \times e^{rt} = 10 \text{ 美元} \times e^{0.05 \times 7} = 14.191$$

通常有人会对这样的计算表示异议。即使是以年度复利,总数也是 14.07。单是把钱存在银行里,你就可以有大致 40% 的盈利(不考虑税务)。暂时不考虑结构化产品,这就意味着,为了超过银行存款的表现,大盘股市的价值在 7 年内需要增长至少 40%。

在这个意义上,内嵌在这结构化产品中的看涨期权就是这笔失去的利息(4.19 左右)。这看上去似乎是一个相当昂贵的期权,不过,如果考虑到这是一个 7 年的期权,那么它就显得不那么昂贵了。事实上,你可以对这样一个看涨期权的隐含波动率进行计算,并且把它同所关心的指数的当前的期权进行比较。

在这个情况里,如果股票的价格为 10,行权价也是 10,没有股息,利率是 5%,离到期是 7 年,一个价格为 4.19 美元的看涨期权的隐含波动率是 28.1%。标普 500 指数的看涨期权很少有这么昂贵的。因此,你可以看到,你是在为这个看涨期权支付"某种东西",尽管它采取的形式不是一开始就要支付的成本,而是失去的利息。

从另一方面来看,这个结构化产品的发行商也不太可能为买入的这个看涨期权实际支付这么高的隐含波动率,但是,他是在要求你支付这个数目。这就是发行商赚钱的地方。

上面的示例假定结构化产品的持有者可以分享标的指数在行权价之上的全部的上涨获益。如果不是这样的话,那在计算这个内嵌期权的时候就需要做出调整。事实上,你必须计算指数的价值在到期时需要产生什么样的现金价值,才能够同上面的"银行存款"的计算相等。然后使用指数的这个价值来计算内嵌看涨期权的价格。这样的话,才能发现这个内嵌看涨期权的真正价值。

你也许会问:"为什么不用分享率去除以那个'银行存款'公式呢?"如果分享率始终是用行权价的百分比来表述的,那么,这种方法是可行的,但是,有的时候不是这样,我们在考察更复杂的示例时将会看到。这一章中关于结构化产品的进一步的示例将演示这种计算内嵌看涨期权成本的方法。

32.4 到期前的价格行为

在到期之前,结构化产品的持有者是不能正常地将它"执行"的。也就是说,现金支付价值只适用于到期日。在这个产品存续的其他任何时候,投资者可以计算它的现金支付价值,但是不能实际得到它。在到期前你可以得到的是市场价格,因为结构化产品在其上市的交易所自由交易。在现实中,这些产品的交易一般是按对它们的理论现金支付价值稍微打折的价格进行交易的。这同封闭式基金按照对净资产价值打折的价格卖出是相似的。最后,在到期日,实际的价格会是现金支付价值,因此,如果你用折扣价买入这个产品,只要在到期之前一直持有它,你就可以获利。

【示例 32-4】假定有一个结构化产品是在 2 年之前发行的,初始发行价是 10 美元,行权价是标普 500 指数的 1 245.27。自从发行以来,标普 500 指数上涨到了 1 522.00。对标普

500 指数来说，这是一个 22.22% 的增值，因此，这个结构化产品的理论现金支付价值就是 12.22。说是"理论"的，是因为这个价值实际是无法实现的，因为这个结构化产品在目前是无法执行的，它离到期还有 5 年。

在真实的市场中，这个特定的结构化产品有可能按 11.75 左右的价格交易。这就是说，交易价同理论现金支付价值之间有一个折扣。无论是在结构化产品中还是在封闭式基金里，这种情况都相当常见。如果这个折扣大到一定程度的话，它就会将买家吸引到市场中来，因为，如果将它们持有至到期日，通过买入这样的产品，就可以多得 47 美分（这个折扣的数量）的盈利。这是一个 5 年之中的 4%（0.47 ÷ 11.75 = 4%）的收益，它并不丰厚，但毕竟是盈利。

为什么这个产品的交易价会有折扣呢？因为供需关系。它可以自由地按任何价格交易，带升水的或者打折扣的，因为没有任何东西使得价格一定要同理论现金支付价值相同。如果在公开市场上有多余的供给或需求，结构化产品的价格就会上下起伏，以反映这种多余的供给或需求。当然，这种折扣最后会消失，但是，在离到期还有 5 年的时候，常常可以发现这样的产品的价格同它的理论价值之间有相当大的区别。如果这个折扣大到一定地步，它就会吸引买家；反过来，如果其间有足够大的升水，那么这种情况就会吸引卖家。

32.5 SIS

我最先注意到的这类结构化产品之一，是在美国股票交易所（AMEX）交易的一种产品，名叫"股指收益证券"（stock index return security，简称为 SIS）。它的交易代码也是 SIS。这个产品在 1993 年发行，2000 年到期，因此，我们对它的运动有一部完整的历史。它的条款如下：标的指数是标普 400 中市值股票指数（代码：MID）。1993 年 6 月发行时的价格是 10 美元，发行那天 MID 的交易价位是 166.10，因此，它就是行权价。此外，买家有权利得到 MID 在行权价之上增值部分的 115%。因此，现金价值的公式是：

$$\text{SIS 现金价值} = 10 \text{ 美元} + 10 \text{ 美元} \times 1.15 \times (\text{MID 价值} - 166.10)/166.10$$

其中：担保价格 = 10 美元

标的指数 = 标准普尔 400 中型资本指数（MID）

行权价 = 166.10

分享率 = MID 在 166.10 之上增值部分的 115%

SIS 在 7 年之后到期，即 2000 年 6 月 2 日。在发行的时候，7 年的利率是 5.5%，因此，"银行存款"公式显示出投资者如果使用无风险的政府证券，10 美元的投资可以得到大约 4.7 点：

$$\text{银行存款} = 10 \text{ 美元} \times e^{0.055 \times 7} = 14.70$$

不过，我们不能简单地说这个内嵌的看涨期权的成本就是 4.7 点，因为这里的分享率不是 100%，它要更大一些。因此，我们需要找出 MID 的最终价值，它产生的现金价值同"银行存款"所产生的相等。使用现金价值公式，输入除了 MID 的最终价值之外的所有条款，我们就有了下面的等式。请注意：MID_{MIB} 代表的是从"银行存款"的现金价值产生的 MID

的价值，正如上面所计算的。

$$14.70 = 10 + 10 \times 1.15 \times (MID_{MIB} - 166.10) / 166.10$$

求出 MID_{MIB}，我们得到的是价值 233.98。现在，将它转换为行权价以上的百分比的增值：

$$内嵌看涨期权价格 = 233.98 / 166.10 - 1 = 0.408\ 7$$

因此，这个内嵌看涨期权的成本就是担保价格的 40.87%。在这个示例里，担保价格是 10 美元，这就意味着这个内嵌看涨期权的花费是 4.087 美元。

这样，从这个示例里，我们可以构建一个更为概括的计算内嵌看涨期权价值的公式。不过，这个公式只有在分享率是行权价的一个固定的百分比时才起作用。

$$内嵌看涨期权价值 = 担保价格 \times (最后指数价值_{MIB} / 行权价 - 1)$$

式中，最后指数价值$_{MIB}$ 同"银行存款"计算得出的现金价值相等时的最后指数价格；银行存款 = 担保价格 $\times e^{rt}$；r = 无风险利率；t = 到期前的时间。

因此，这个内嵌看涨期权的计算出的价值是将近 4.087 点，这是一个刚好超过 26% 的隐含波动率。在这个时候，MID 的场内短期期权的隐含波动率大约是 14%，因此，就它的初始成本而言，这个看涨期权是相当昂贵的。

不过，你应当记得，拥有 SIS 使得投资者在 7 年中得到比 MID 本身的增值还要大的收益，而且几乎没有风险。这也是一种价值。

事实证明，MID 在这 7 年的时间内相当强势，SIS 最后每份价值 30 美元。因此，结局是，SIS 的拥有者在 7 年中资产价值翻了 3 番，而且在一开始的时候就没有风险。这不是一种不好的方案。

32.5.1 股指收益证券跟踪记录

不过，SIS 同时告诉我们的还有它在存续期内的交易跟踪记录。图 32-1 显示了 SIS 在它存续期内的交易折扣。就是图形下方的那根线条。上方的线条是在同一天相应的现金价值。请注意，上方线条的形状同标普 400 中型资本指数（MID）的线条形状是完全一致的，因为它只是 MID 指数同某个运算常数相乘而已。折扣的曲线显得"凹凸不平"，因为它使用 SIS 的最新价来计算折扣。在现实中，因为 SIS 是波动率较低的证券，最新价并不总是代表 SIS 收盘时的买报价 - 卖报价。不过，这幅图形显示出在图形的左侧（1995 年）折扣大于 2 点，然后逐步减小，直到在接近到期时（2000）达到了零。

至少，这个折扣使得 SIS 的买家可以在他投资的总收益上加进额外的

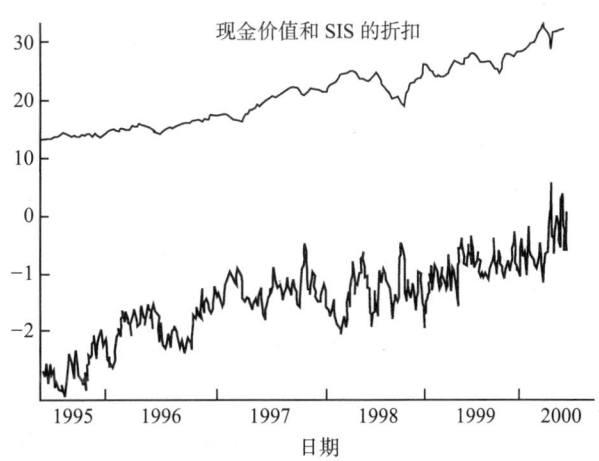

图 32-1　SIS 的折扣交易

一个部分。同时，在某些情况里（当 MID 在行权价之下交易的时候）SIS 实际上有一个担保的收益，正如持有债券有利息收入，持有股票有股息收入一样。下面一节中的示例考察了这些情况。

32.5.2　SIS 在同现金价值打折扣的情况下交易

当 SIS 在对现金价值打折扣的情况下进行交易时，SIS 的买家实际上在下行方向得到某种保护。

【示例 32-5】 1996 年后半年的某一天，MID 收盘价为 238.54，SIS 收盘价为 13。在 MID 的这个价格上，SIS 的现金价值是：

$$现金价值 = 10 + 10 \times 1.15 \times (238.54 / 166.10 - 1) \approx 15.02$$

所以，SIS 的交易价同现金价值有几乎是刚好 2 点的折扣。这是一个相当大的折扣（15.4%，2/13 ≈ 0.154）。

可以从这个角度看待这个问题：投资者就他的投资赚取"额外的"15.4%。这就是说，如果 MID 在到期日时刚好是这个价格，现金价值就会是结算价（15.02）。换句话说，由 MID 衡量的"股市"一点都没有改变。不过投资者能够得到 15.4% 的收益，这是因为他是按折扣价买入 SIS 的。

事实上，不管 MID 在到期时在什么价位，投资者都会感觉得到因为用折扣价买入而产生的正面效果。

因此，这个折扣可以而且应该被看作是在拥有这个结构化产品的总收益之外的好处。在结构化产品中，出现这样的对净资产价值的折扣是常见的事。不过，还有另一个考虑它的角度：它提供了下行方向的保护。

【示例 32-6】 使用同样的价格，MID 是 238.54，SIS 是 13，对现金价值 15.02 有一个 15.4% 的折扣。另一种分析折扣的含义的观点是把它看作下行方向的保护。换句话说，MID 在到期时价格可能下跌，即使是这样，投资者还能够保本。下行方向保护的数量是可以准确地计算出来的。基本上说，投资者想要知道的是，当 MID 是什么价格时现金价值会是 13？

解出下面的 MID 的方程就可以得到想要的答案：

$$现金价值 = 13 = 10 + 1.15 \times (MID / 166.1 - 1)$$
$$3 = 11.5 \times MID / 166.1 - 11.5$$
$$MID = 14.5 \times 166.1 / 11.5$$
$$MID \approx 209.43$$

因此，如果 MID 的价位是 209.43，现金价值就会是 13，也就是投资者目前为 SIS 所付的价钱。这是从 238.54 的当前价格向下的 12.2% 的保护。也就是说，即使 MID 在到期时下跌了 12.2%，从当前价格 238.54 跌到 209.43，买入 SIS 的投资者仍然可以盈亏平衡，因为它的现金价值仍然是 13。

当然，这个折扣也可以使用 SIS 的价格 13 或 15.02 来计算，不过，许多投资者宁愿根据标的指数来观察问题，特别是如果标的物是一个流行的、常用的指数，像标普 500 指数或道琼斯指数。

从图 32-1 里可以清楚地看到，在这个产品的存续期里，折扣始终存在，直到到期时才略呈直线地缩减掉。

32.5.3　SIS 按相对担保价格的折扣交易

在前面的示例里，投资者可以按 SIS 相对它的现金价值计算的折扣而买入 SIS。但是，如果股市大幅下跌，在他买入 SIS 的 13 美元的价格到担保价格 10 美元之间，他仍然会有风险暴露。同 MID 指数自身相比，这个折扣可以减少他的百分比亏损。但是，这仍然是一笔亏损。

不过，有的时候，结构化产品的交易不但对现金价值有折扣，而且对担保价格也有折扣。在 SIS 早期的交易时期，这种情况经常出现。从图 32-1 里可以看到，1995 年时的现金价值将近 11，而 SIS 的交易折扣要高于 2 点。换句话说，SIS 的交易价低于它的担保价格，而现金价值实际上高于担保价格。出现这种情况，对投资者来说就是一笔"双重红利"。

【示例 32-7】在 1995 年 2 月，存在下列的价格：

$$MID: \quad 177.59$$
$$SIS: \quad 8.75$$

我们暂时不考虑现金价值。如果投资者要按 8.75 的价格买入 SIS，而且在以后的 5.5 年里一直把它留在手里，一直到到期，那么，在他的 8.75 美元的投资上，就可以赚得 1.25 美元，这是一个 5.5 年的 14.3% 的收益。至于复合利率，这是一个年复利为 2.43% 的收益。

考虑到当时无风险的政府债券利率几乎是 2.43% 的一倍，一个 2.43% 的收益是不足取的。不过，在这个情况里，你持有一个股市中的看涨期权，只要你拥有这个看涨期权，你每年就可以有 2.43% 的收益。换句话说，"他们"付钱让你拥有一手看涨期权！在场内期权的世界里，这样的情况是不常见的。

如果我们将现金价值引入这个计算，这里的差异就更加大了。使用 177.59 的 MID 价格，计算出现金价值就是：

$$现金价值 = 10 + 11.5 \times (177.59 / 166.10 - 1) \approx 10.80$$

因此，在这个时候，当 SIS 价格为 8.75，它实际上是按对现金价值 10.80 的极大的 19% 的折扣在交易。即使股市下跌，仍然能保证他至少能获得 10 美元的担保价格。

在实践中，在现金价值高于担保价格的时候，结构化产品在正常情况下不会同它的担保价格打折扣交易。这种情况出现的情况比较少。

有的时候，股市在这些产品存续的时期下跌幅度比较大。我们可以观察一下这时它们交易中的折扣，看一看如果股市在初始发行日之后下跌的话，它们在股市下行中实际是如何表现的。考虑一下下面这个相当典型的示例：

【示例 32-8】1997 年，美林发行了一种结构化产品，它的标的指数是日本的日经指数（Nikkei）。在这个时候，日经指数的交易价位是 20 351，因此，这就是行权价。分享率是日经指数在 20 351 之上增值部分的 140%，这是一个很吸引人的分享率。这个结构化产品的交易代码是 JEM，它设计的到期日是 5 年之后，即 2002 年 6 月 14 日。

后来的事实证明，这实际上是在日本市场的顶峰。到 1998 年 10 月，全球市场在处理俄罗斯债务和美国的一家主要对冲基金的失败方面面临难题，日经指数暴跌到 13 300。因此，单是要回到行权价，日经指数的价格就必须上涨 50%。因此，看上去 JEM 不可能比它所担保的 10 美元价值多出多少。

因为有了实际的 JEM 的历史价格数据，我们可以回过头来看看市场是如何看待这种情况的。在 1998 年 10 月，JEM 实际在 8.75 交易，只比它的担保价格低 1.25 点。这个折扣等于 3.64 的年复合利率。换句话说，如果投资者按 8.75 买入 JEM，它在 40 个月之后按 10 美元到期，那么，他的收益就会是为 3.64% 的年复合利率。从它自身看，这似乎微不足道，但是，投资者必须记住，他同时也就日经指数持有一个看涨期权，这个期权在上行方向有 140% 的分享率。

32.6 在标的物以折扣价交易时计算内嵌看涨期权的价值

当结构化产品自身在相对它的担保价格打折扣交易时，我们有可能计算出内嵌看涨期权的价格吗？是的，前面展示的公式任何时候都可以用来计算内嵌看涨期权的价值。

【示例 32-9】我们再使用一次 JEM 这个日经指数结构化产品的示例，回想一下，它的担保价格是 10 美元，不过目前是按 8.75 美元的价格在交易，到期日是 40 个月之后。假设当时的无风险利率是 5.5%。假设用连续复利，今天投资的 8.75 美元在 40 个月之后会价值 10.51。

$$银行存款 = 8.75 \times e^{rt}$$
$$其中：r = 0.05，t = 3.33 \text{ 年}（40 \text{ 个月}）$$
$$银行存款 = 8.75 \times e^{0.055 \times 3.333} = 10.51$$

因为这个结构化产品在到期时价值为 10，看涨期权的价值就是 0.51。

还有另一个几乎相等的方法可以用来决定这个看涨期权的价值。它涉及如果这个结构化产品完全是发行经纪商的零息债券，它将在什么价位交易。在这个价值同这个结构化产品的实际交易价格之间的差异就是这个内嵌看涨期权的价值。

结构化产品的发行商的信用评级在决定折扣为多少方面是一个重要的因素。读者应当记得，担保价格是否可信取决于发行商的信用等级。在到期日要支付现金结算价值的是发行商，而不是上市交易这个产品的交易所，也不是任何的清算所或其他企业。

32.7 调整因子

近年来，有的结构化产品在发行时使用一个调整因子（adjustment factor）。调整因子对投资者一般而言是一个负面的因素，尽管发行商想要用让人无法发现其实际含义的复杂语言来装饰它。简单地说，调整因子就是一个乘数（小于 100%），这个乘数在计算最终现金价值之前用在标的指数的价值上。调整因子大概是在指数期权的隐含波动率开始比以前高得多的水平上交易的时候（从 1997 年起）出现的。

【示例32-10】一个结构化产品是按10美元的价格发行的。从表面上看，凡是标普500指数在1 100.00的价位以上的增值部分他都可以分享。但是，仔细考察一下，这个产品真正提供给投资者的是分享在一个调整价值之上的标普500指数（SPX）的增值部分，这个调整价值是SPX价格的一个百分比，而不是实际价格的本身。产品说明书中对现金价值结算公式的说明是：

$$现金价值 = 10 + 10 \times (调整的 SPX - 1\,100.00) / 1\,100.00$$

这个公式看上去同这一章前面的"普通"的现金结算公式相似，不过，我们还没有给"调整的SPX"下一个定义。事实上，它定义为SPX最后价格的一个百分比，在这个示例里它是91.25%。在现实中，产品说明书会谈到有关SPX的最后价格将向下调整所带来的影响，这个调整使用的是一个年度调整因子1.25%。因此，在7年到期之后，总的调整因子将是1.25%乘以7，也就是8.75%。调整的价值因此就是100%减去8.75%，或者说，91.25%。

对投资者来说，这个调整因子是个沉重的负担。它意味着在决定SPX的最后价值会比行权价1 100.00高出多少（如果还能够有增值的话）之前，先要减去调整因子的那部分。

【示例32-11】假定SPX在上面那个示例中的结构化产品的存续期内价格刚好翻了一倍。这就是说，它结束在2 200.00，刚好是行权价的两倍。在决定现金结算价值之前，SPX必须得到调整：

$$SPX 调整价值 = 0.912\,5 \times 2\,200.00 = 2\,007.50$$

于是最终现金结算价值就以SPX的这个调整的价值为基础：

$$现金结算价值 = 10 + 10 \times (2\,007.50 - 1\,100.00) / 1\,100.00 = 18.25$$

因此，事情并不像你可以预期的那样。虽然SPX指数价格翻了一倍，但你的钱并没有翻一番，而是"仅仅"增长了82.5%。

另一个看待这个问题的方法是：如果指数翻倍，那么，结构化产品的价值就"应当"是初始价格的一倍，或者说20。可是，事实上它的价值是20的91.25%，也就是18.25。

将这个示例再略微延伸一下，假定SPX在到期日时价格翻了三倍，变成了3 300。在这样的情况里，现金结算价值就会是：

$$SPX 调整价值 = 0.912\,5 \times 3\,300.00 = 3\,011.25$$

$$现金结算价值 = 10 + 10 \times (3\,011.25 - 1\,100.00) / 1\,100.00 = 27.375$$

或者，换一个角度，如果指数价格翻了三倍，那么，这个结构化产品的价值（在使用调整因子之前）就会是它的初始价格的三倍，即30，那么 $30 \times 0.912\,5 = 27.375$。

这个示例开始的时候只是展示这个调整因子会有多么沉重。请注意，如果标的物翻倍，你到手的钱并不是"翻倍"的数字减去8.75%（调整因子），而是"翻倍"的数字减去这个数字乘以调整因子（17.5%）。如果是翻三倍，你的收入就要减少 $3 \times 8.75\%$，或者说26.25%（也就是说，这个结构化产品的价值变成了27.375，而不是30。因此，百分比的增值是173.75%，而不是200%，按照初始投资而言，这里有一个26.25%的区别）。怎么会这样呢？这是因为在计算盈利（现金结算价值）之前，调整因子已经被运用到SPX的价格上了。

32.7.1 盈亏平衡的最终指数价值

在进一步讨论调整因子之前，我们需要再说明一件事：除非是标的物在到期时价值增值了至少是一个固定的数量，结构化产品的持有者所能得到的就只是它的基础价值。换句话说，标的物的价格必须增长到一定程度，它的最终价格乘以调整因子才会大于结构化产品的行权价。我们将这个价格称作盈亏平衡的最终指数价值。

让我们用一个示例来说明这个概念。

【示例 32-12】正如在前面的示例里，假定这个结构化产品的行权价是 1 100，调整因子是 8.75%。在什么样的价格上最终现金结算价值才会大于基础价值 10 呢？这个价格可以用下面的简单方程计算出来：

$$盈亏平衡最终指数价值 = 行权价 / (1 - 调整因子)$$
$$= 1\,100 / 0.912\,5 = 1\,205.48$$

一般而言，标的指数的价值必须增长到一定的数量才能实现盈亏平衡。在这个示例里，这个数量是：

$$1 / (1 - 调整因子) = 1 / 0.917\,5 = 1.095\,9$$

换句话说，标的指数的价值在到期时必须增长 9.5% 以上，才能刚好克服调整因子的作用。如果指数增值的数量小于这个数目，这个结构化产品的持有者在到期时就只能满足于他的基础价值（10）了。

前面的示例全都显示出调整因子不是一件小事。一眼看上去，投资者也许不会意识到它会带来多大的负担。说到底，你会问自己，每年 1.25% 有多大关系吗？但是，投资者看到了，它确实有关系。事实上，我们在上面的示例甚至没有包括其他的当投资者的钱处于风险时他会面临的成本，也就是持有成本，或者是如果他只是把钱存在银行里的话会得到什么样的收益。

32.7.2 衡量调整因子的成本

随着标的物的增值，调整的幅度也会增加。这是一个不寻常的概念。我们知道，结构化产品在一开始的时候就有一个内嵌的看涨期权。在这一章的前面，我们试图给期权定价。不过，随着调整因子概念的引进，我们发现看涨期权的成本原来不是一个固定的数量。它的变化取决于标的指数的最终价值。事实上，期权的成本是指数最终价值的一个百分比。因此，在一开始无法真正为它定价，因为我们不知道指数的最终价格会是什么。事实上，我们不得不停止认为这个期权的成本是一个固定数目的想法。如果你愿意，你可以称它为一个几何成本，因为它随着标的物的增值而增值。

也许，我们可以换一种方法来思考这个问题，用形象化的方法显示出，如果这个成本按比率来表示，那它会是什么样的。图 32-2 比较了前面示例里的结构化产品所捕捉住的指数中的增长率。图形中的 x 轴是指数的增长率。y 轴是结构化产品实现的增长率。条款同前面示例相同。行权价是 1 100，总的调整因子是 8.75%，结构化产品的担保价格是 10。

虚线说明了前面显示的第一个示例，当指数价值翻倍（100% 的增长），将价值带到

2 200，结构化产品价格因此增值 83.5%。因此，这一个点位（100%，83.5%）是在图形线条中上虚线相交的地方。

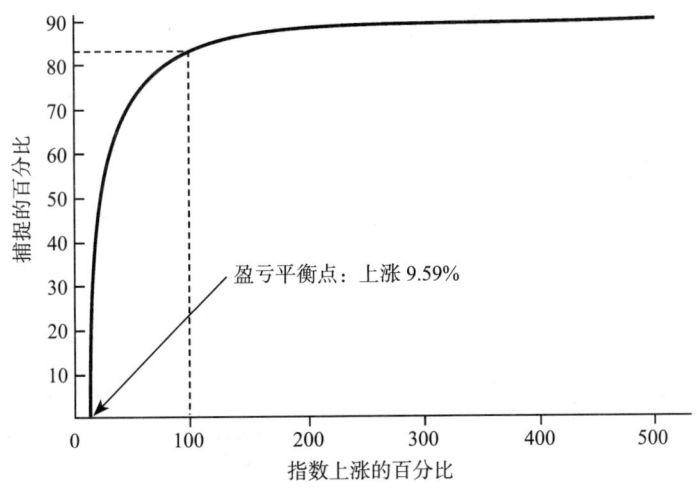

图 32-2　结构化产品所捕捉住的增长率

图 32-2 指出了如果标的指数在结构化产品的存续期内只有小量增值，投资者能够捕捉住的百分比增长是多么的少。我们已经知道，单是为了达到盈亏平衡的最终价格，指数就必须增长 9.59%。这个点位是图 32-2 中曲线同 x 轴相交的地方。

在盈亏平衡价格之上，图 32-2 中的曲线增长迅速，然后，在指数的增值达到 100% 左右的时候，开始变平。它所描绘的是，对于指数中小额的增长率来说，8.75% 的调整因子（它是对指数价格向下的调整）占去了大部分的增长率。只有当指数价格翻了一倍左右的时候，曲线才不再如此迅速地上升。换句话说，指数的价值增长得已经足够多了，因此，结构化产品（它永远不可能捕捉住全部的增长率）现在捕捉住了大量的指数价值增值。

在此之后，图 32-2 的曲线就急剧变平。在 91.25% 的时候就几乎完全变平。这就是说，指数已经增值到足够的程度（大约 3 000% 或者更多），这时结构化产品最终现金价值将反映出指数自身全部增值的 91.25%。这种增长率在 7 年中基本上是不可能达到的。在现实中，如果指数有所增值，它的增长也许同图 32-2 中 x 轴所显示的价值更成比例。在这些情况里，特别是在增长 100% 或更少的情况中，调整因子的压力会显著地损害这个结构化产品的收益。

如果有用的话，你可以用另一种方式来将图 32-2 形象化。用实际的指数价值：2 200、3 300、4 400、5 500 和 6 600 来代替 x 轴上所显示的价值：100、200、300、400 和 500。这样，x 轴就代表了这个指数的最终价值（在调整之前）。这有助于说明指数必须得上涨多少才能克服下行的调整。

图 32-3 显示了对到期日的指数价值同结构化产品的现金价值进行比较的一种更通用的观点。例如，虚线显示出，当指数（未调整的）的最终价值是 3 300 时，结构化产品的最终现金价值是 27.375，正如前面的示例所显示的。图 32-3 中的线条看上去像是持有一个看涨期权的线条：风险有限，上行方向有很大的潜在盈利。从这幅图形中，要说明调整因子对结

构化产品的价值有如此重要的压力，就要困难得多。图 32-2 和图 32-3 从数学角度说都是正确的。不过，只有图 32-2 描述了拥有一个有调整因子的结构化产品的真正成本。

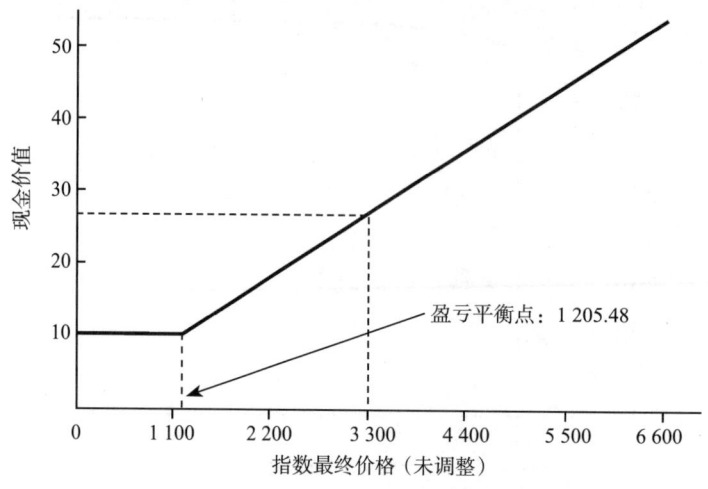

图 32-3　结构化产品到期时的现金价值

图 32-4 是关于这个主题的最后一幅图形。它显示了调整的结构化产品的现金价值（跟图 32-3 中的线条相同）与一条未调整的线条的比较。例如，未调整的线条显示出了如果指数价值翻倍的话，这个结构化产品的价格会真正翻倍。两根线条之间的区别（阴影区域）可以看作是这个内嵌看涨期权的成本，或者，至少是这个调整因子的成本。从图 32-4 中可以看到随着标的指数价值的增长，这个看涨期权的"成本"是如何增长的。

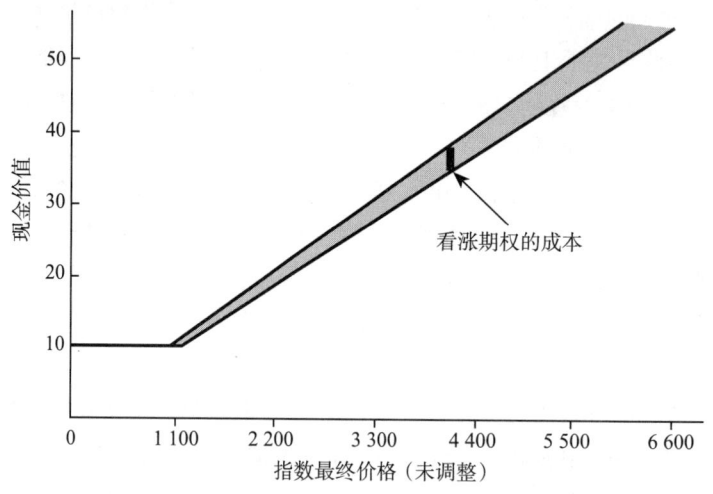

图 32-4　到期时调整同未调整的现金价值的比较

32.8　其他构建方法

多年来，创造结构化产品的金融工程师发明了若干种不同的构建方法。有的同价差相似，有的是将两三种不同的产品包装在一起。事实上，凡是有可能想到的都想到了。这里，需要的只是发行商觉得在某个地方有足够的人感兴趣，他因而有可能创造出产品，定出价钱，卖给不管是谁，只要有兴趣的人就行。在这一节里，我们将讨论若干不同的构建方法，也就是那些在过去已经出现在公众市场的产品。

32.8.1 牛市价差

有些结构化产品实际上代表的是一种牛市价差。有些情况下，对结构化产品条款的解释同那些最终现金价值用最小和最大价值来界定的看涨期权价差几乎是一样的。例如，它有可能是这样的：

"这个（结构化）产品的最终现金价值同基础价格 10 相等，加上标的指数超出行权价的所有增值，最高价格不超过 20"（行权价在其他地方说明）。

很容易看出这同一个牛市价差有多么相像：正如前面所描写的所有的结构化产品的情况一样，你面临的最糟的结果是拿回 10 美元，可以假定这是初始价格。然后，最重要的是，在指数价格超出所申明的行权价时，你可以得到一部分增值，这同样也跟前面讨论产品相似。不过，在这里，有现金价值的最高值：20。换句话说，结构化产品在到期时的价值是有天花板的。这同使用 10 和 20 这两个行权价的牛市价差完全相同。在现实中，这个结构化产品一定是同使用两个行权价相等的。我们后面会再来讨论。

还有另一种情况，其中，发行商有时也是用结构化产品的条款来说明，但事实上这个产品就是一个牛市价差。产品说明书有可能按照标准的方法来描绘这个结构化产品，但是，它在某个日期可以按某个价格（或者更高的价格）赎回。换句话说，别人有可能在某一天将你的结构化产品买走。事实上，你是针对你的结构化产品卖出了一个行权价更高的看涨期权。因此，通过通常的买入结构化产品以及用更高的行权价卖出一手看涨期权，你就拥有了一个内嵌的看涨期权。这同样也是一个牛市价差的定义。

在分析这种产品的时候，投资者必须注意，这里有两个看涨期权需要定价，不仅是要决定最终价值，而且，更重要的是，是要决定在到期之前，在它的存续期之内，你预计这个结构化产品的交易价会达到什么样的水平。期权策略家知道，如果离到期日还有相当多的时间的话，一个牛市价差不会扩展到实现它最大潜在盈利的程度，除非是标的物的上涨不但超出价差的较高行权价，而且超出许多。因此，投资者应当预计到，这类结构化产品应当有相似的表现。

在这一节剩下的部分里我们将使用这样的一个基于实际"牛市价差"的结构化产品，它是在公开市场中交易的。

【示例 32-13】假定这是一个同网络指数相连接的结构化产品。基于指数价值的行权价是 150。如果网络指数在 7 年以后的到期日时价位在 150 以下，那么，这个结构化产品的价值就是它的基础价格 10。这里没有调整因子，也没有分享率因子。这只是一个同前面讨论的较简单的示例中所看到的同样的定义。最终现金价值可以简单地表述为：

$$\text{现金结算价值} = 10 \times (\text{网络指数最终价值} / 150)$$

不过，产品说明书也规定，这个结构化产品在它存续期的最后一个月可以按照 25 的价格赎回。

这个赎回的特征意味着，事实上，在标的物的价格上有一个帽子。在实践中，这个赎回的特征可以发生在较长或较短的时段内，也可以是远在到期之前就可赎回。这些因素只是决定了"卖出"的内嵌看涨期权的到期日。

投资者应当做的第1件事是将行权价转换为与标的指数相等的价格，这样，他就可以看到较高的行权价相对于标的指数价格在哪里。在这个示例里，根据结构化产品的说法，较高行权价是基础价格的2.5倍。因此，按指数的说法，较高行权价就是行权价的2.5倍，或者说375：

$$指数看涨期权价格 = (看涨期权价格 / 基础价格) \times 行权价$$
$$= (25/10) \times 150$$
$$= 375$$

因此，如果网络指数上涨到375之上，赎回的特性就会被"实施"（也就是说，卖出的看涨期权就会变成实值的了）。我们可以预计到结构化产品在到期日交易的价值将等于基础价格加上行权价为10和25的牛市价差的价值。

对牛市价差进行定价。 正如单行权价的结构化产品包含了一个内嵌的看涨期权，它的价值可以推导出来，双行权价的结构化产品也是这样。相同的分析方法可以用下面的等式：

$$"理论"现金价值 = 10 + 牛市价差价值 - 持有成本$$

持有成本指的是持有基础价格（在这个示例里是10）的成本。

使用一个期权模型以及对牛市价差的知识，交易者可以计算出这个结构化产品在它存续期内任何时候的理论价值。此外，交易者可以决定它究竟是昂贵的还是便宜的，这个因素会导致是否要买这个结构化产品的决定。

【示例32-14】 假定网络指数在价格210交易，我们预计这个结构化产品会在什么价位上交易？答案取决于已经过了多少时间。假设自从这个结构化产品发行以来已经过了2年（因此，在这些期权中还剩下5年时间）。

当网络指数在210时，它比这个结构化产品的较低行权价150高出40%。因此，这个结构化产品的相等价格是14。另一种计算这个价格的方法是使用现金价值公式：

$$现金价值 = 10 \times (210/150) = 14$$

现在，我们可以使用布莱克－斯科尔斯（或者其他的）模型来对这两个看涨期权进行定价，一个的行权价是10，另一个的行权价是25。使用预计的波动率50%，再假设标的物价格是14，这两个看涨期权的价值大致为：

标的物价格：14

期权	理论价格
5年看涨期权，行权价 = 10	7.30
5年看涨期权，行权价 = 25	3.70

因此，这个牛市价差的价值就大致是3.60（7.30减去3.70）。这个结构化产品于是就会是13.60（基础价格10，加上这个价差的价值）：

$$"理论"现金价值 = 10 + 3.60 - 持有成本 = 13.60 - 持有成本$$

说结构化产品的价值实际低于现金价值，听上去似乎有些奇怪。但是，这是因为其赎回的特征而引起的：它将这个结构化产品的价值降低到现金价值公式所指出的价值之下。

有了这些信息，我们就可以预测出这个结构化产品在到期之前任何时候的交易价格。现在，我们来看一个更为极端的示例，其中，这个网络指数大幅上涨。

【示例32-15】假定网络指数在这个结构化产品到期之前所剩的4年时间里上涨到了525。这就大大超出了指数相等看涨期权价格375。同样，有必要先用获益率或者现金价值公式将指数价格转换为结构化产品的相等价格：

$$现金价值 = 10 \times (525 / 150) = 35$$

同样，使用布莱克–斯科尔斯模型，我们可以得出下列的理论价值：

标的物价格：35

期权	理论价格
3年看涨期权，行权价 = 10	25.50
3年看涨期权，行权价 = 25	14.70

现在，这个牛市价差的价值是10.80（25.50减去14.70）。实值程度最深的期权是按几乎接近持平的价格交易的，但是，这个（卖出）期权只有10点的实值，因而仍然有相当大的时间价值，因为离到期还有3年的时间：

"理论"现金价值 = 10 + 10.80 − 持有成本 = 20.80 − 持有成本

因此，即使网络指数的价位是525，远远高于相等看涨期权价格375，这个结构化产品预计还是会按远远低于它的最高价格25之下的价格交易。

图32-5显示出在一个宽的价格范围和不同的到期日的价值。读者可以清楚地看到，除非离到期日很近，或者是标的指数上涨到非常高的价格，否则结构化产品的价格离它的最大价格25都一直相当远。特别是，注意一下当指数价位在较高行权价375时（图形中有一条垂直线帮助辨认这些价值），这个牛市价差产品的理论价值是哪里。无论是哪种情况，这个结构化产品的价值都没有到过20，在离到期日较远的时候，它的价值甚至不到15。因此，由于赎回的特性，整个产品在上行方向的潜在盈利受到非常大的限制。

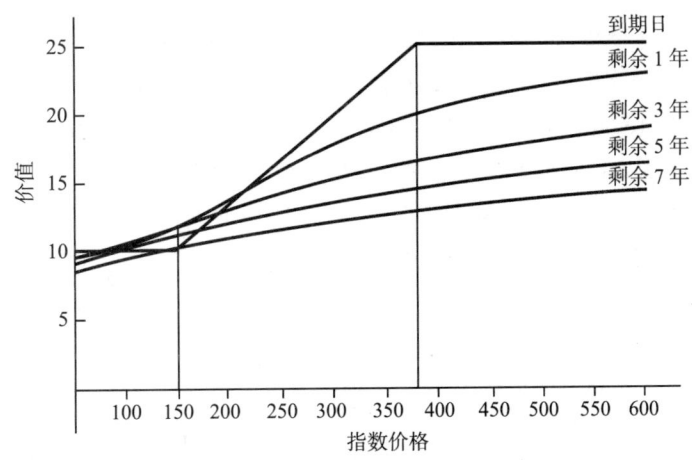

图32-5 牛市价差结构化产品的价值

图32-5中的曲线假设波动率为50%。如果波动率在这个结构化产品的存续期内有显著

的变化，那么，这些价值也会发生变化。如果波动率降低，曲线就会升高，更接近于"到期日"的线条；如果波动率增高，曲线就会更加朝下。

32.8.2 多重到期日

有些情况下，在结构化产品发行时涉及不止一个到期日。这些产品同在这一章最先讨论的那些简单的示例非常相似。不过，到期日在这里不是局限于一个日期，用来决定结构化产品的最终现金价值的最终指数价值是标的指数在两个或三个不同的日期的价格的平均值。

例如，某只这样的场内产品是在1996年发行的，它使用标普500指数（SPX）作为标的指数。同一般情况相同，行权价是SPX在发行日的价格。不过，它有三个到期日，分别在2001年4月、2002年8月和2003年12月。用来决定现金结算价值的最终指数价值是SPX在这三个到期日的收盘价的平均值。

事实上，这个结构化产品实际是3个结构化产品的总和，其中每一个到期日都不同。因此，其中的每一个内嵌看涨期权的价值都可以用上面展示的方法分别进行计算。然后取这3个价值的平均值，用它来决定这个结构化产品的内嵌看涨期权的总价值。

32.9 涉及结构化产品的期权策略

因为前面介绍的结构化产品同我们熟知的期权策略（买入看涨期权和牛市价差等）相似，因此，有可能将场内期权同结构化产品结合起来使用，以产生其他的策略。这些策略实际上相当简单，它们遵循本书前面章节所讨论的那些调整策略的逻辑。

【示例32-16】假定投资者在不久前买入了15 000份的某个结构化产品。它从本质上说是一个标普500指数（SPX）的看涨期权。这个产品的发行价是10，这也是它的担保价格。行权价是700，这也是当时SPX的交易价格。不过，现在SPX的交易价位是1 200，远远高于行权价。这个产品的现金价值是：

$$10 \times (1\,200 / 700) \approx 17.14^{\ominus}$$

另外，假定在这个结构化产品到期之前还有2年的时间，投资者对市场有些感到不安。他想要卖掉他持有的这个结构化产品，或者是对他的头寸进行对冲。不过，这个价格产品自身的交易价格是16.50，同它的理论现金价值有64美分的折扣。他并不是很想按这样的折扣卖掉，但是他意识到在目前的价格同担保价格10之间有很大的风险暴露。

他或许可以考虑就他的头寸卖出一个看涨期权。这就可以将它转换为同牛市价差相等的头寸，因为通过拥有这个结构化产品，他已经持有同一手买入看涨期权相等的头寸。假定他到交易SPX期权的芝加哥期权交易所去询价，发现了在12月到期的6个月的期权上有下面的价格：

SPX：1 200

期权	价格
12月1 200看涨期权	85

$\ominus$ 疑原文有误，原文为17.4。——译者注

| 12月1 250看涨期权 | 62 |
| 12月1 300看涨期权 | 43 |

假定他觉得价格为62点的12月1 250看涨期权比较合适，那么，他需要就他的头寸卖出多少手看涨期权才能得到一个稳妥的对冲呢？

首先，投资者必须计算出一个乘数，可以告诉他多少份结构化产品同1"股"SPX相等。在简单的示例中，可以用担保价格除以行权价而得到。

$$乘数 = 行权价 / 基础价格$$
$$= 700 / 10 = 70$$

这就意味着买入70份结构化产品等于买入1股SPX。为了证实这一点，假定投资者最初按10的价格买入了70份结构化产品，当时SPX的价位是700。后来，假定SPX价格翻了一倍，到了1 400。由于这个产品的简单结构，它有100%的分享率，没有调整因子，因此它的价格也应当翻倍到20。因此，70份用10买入的份额按20卖出就可以产生700美元的盈利。至于SPX，每股用700买入用1 400卖出指数也可以产生700美元。这就证实了70对1的比率是正确的乘数。

于是这个乘数可以用来计算按SPX来衡量的与当前的结构化产品头寸相等的头寸。回忆一下，这个投资者最初买入了15 000股。因为乘数是70对1，15 000股就等于：

$$SPX 相等股数 = 所持结构化产品股数 / 乘数$$
$$= 15\ 000 / 70 = 214.29$$

这就是说，在目前的价格上，拥有这些结构化产品的份额同拥有214股SPX相等。因为一个SPX看涨期权是一个100"股"SPX的期权，因此投资者就应当卖出2手看涨期权（经过四舍五入）来对结构化产品的盈利对冲。因为SPX 12月1 250看涨期权的售价是62，这就为他带进了12 400美元（减去手续费）。

请注意，卖出这些看涨期权在12月到期日之前事实上在这个投资者总头寸的潜在盈利上"戴了帽"。如果SPX在1 250之上有大幅度增值，因为卖出了这2手看涨期权，他的盈利就是"戴了帽"的。因此，他将合成买入看涨期权的头寸有效地转换成了一个牛市价差（如果你愿意的话，也可以说这是一个戴领圈的指数基金）。

在现实中，任何就结构化产品卖出的看涨期权都必须像裸看涨期权那样支付保证金。从根本上说，这15 000股结构化产品"保护了"卖出的2手SPX看涨期权，但是保证金规则不承认这种区分。从本质上讲，卖出2手SPX看涨期权构造了一个牛市价差。换一个角度，如果投资者认为这个结构化产品是一个完全为看跌期权所保护的买入指数的头寸（这是另一个考虑问题的方法），那么，卖出这个场内的SPX看涨期权就产生了一个"领圈价差"。

当然，如果投资者的账户里需要保证金的话，他可以卖出2手以上的SPX看涨期权，这就会创造出同一个看涨期权比率价差（call ratio spread）相等的头寸，而且会带有这个策略的特性：当价格等于卖出的看涨期权的行权价时潜在盈利最高，下行方向潜在盈利有限，但如果SPX迅速地大幅上涨，从理论上说就有无限的上行方向的风险。

在任何一个这些卖出期权的策略里，针对他的结构化产品，投资者也许应当周期性地和持续地卖出虚值的、短期的看涨期权。如果标的指数在这些卖出的期权的存续期内没有迅速上涨，这样一个策略就能够产生很好的结果。不过，如果指数涨过卖出的看涨期权的行权价，这样的策略就会减少结构化产品的总收益。

改变行权价。如果投资者想的话，他可以使用的另一个策略是建立一个看涨期权垂直价差（vertical call spread），从而有效地改变这个（内嵌的）看涨期权的行权价。例如，如果自从买入这个产品之后，市场有大幅的上涨，这个内嵌的看涨期权从理论上说就会有很好的盈利。如果投资者将它卖掉，再买入另一手行权价更高的相似的看涨期权，他就有效地将他的看涨期权向上挪仓。这样做可以提高行权价，同时大幅地降低下行的风险（代价是略为减少了上行方向的潜在盈利）。

【示例 32-17】 使用同前面的示例相同的产品，假定拥有这个结构化产品的投资者想要采取另一种方法。在前面的示例里，他对通过卖出略为虚值的场内看涨期权来有效地生成一个领圈的头寸或者一个牛市价差这样的可能性进行了评价。这样做的问题是，它限制了上行方向的潜在盈利。如果市场继续上涨，他所能分享的只有到较高行权价的增值（加上收入的权利金）。

一种更好的选择可以是将他的内嵌看涨期权向上挪仓，从而提走头寸中的一部分资金，但仍然保持上行潜在盈利。读者应当记得，这个机构产品有下列的条件：

担保价格： 10
标的指数： 标普 500 指数（SPX）
行权价： 700

正如在前面的示例里那样，投资者拥有 15 000 份结构化产品。此外，假定离结构化产品到期还剩下 2 年，目前的价格同前面示例里一样：

结构化产品当前价格： 16.50
SPX 当前价格： 1 200

为了简化，让我们假设标普指数有 2 年的长期期权（LEAPS），它们的价格是：

标普 500 指数 2 年长期期权，行权价 700： 550
标普 500 指数 2 年长期期权，行权价 1 200： 210

在现实中，标普 500 指数长期期权通常是减值的期权，意思是，它们是指数价值的 1/10，因此，售价也是 1/10。不过，为了这个理论上的示例，我们假设存在这里显示的全值的长期期权。

在前面的示例里，我们显示过，投资者要交易 2 手看涨期权，才能同他的结构化产品中内嵌的看涨期权的数量相等。因此，这个投资者要买入 2 手 1 200 看涨期权并卖出 2 手 700 看涨期权，从而将他的行权价从 700 挪到 1 200。每手挪仓可以带进两倍的 340 点；或者说，68 000 美元，减去手续费。

可以看到，因为行权价之间的差别是 500 点，而只收入了 340 点，他在这个向上挪仓中还留了一些东西"在桌子上"。在向上挪仓时这是常见的：投资者失去了垂直价差中的时间价值。不过，从所实现的成果这个角度来看，投资者仍然会发现这样的挪仓是值得的。他现在将看涨期权的行权价提升到了 1 200，以标普 500 指数为基础，而且在这样做时收进了 68 000 美元。因为他拥有 15 000 份结构化产品，这就意味着他每份收入了 4.53（68 000 /

15 000)。现在,举个例子,如果标普 500 指数在今后 2 年里暴跌,在到期日跌到了 700 之下,他仍然可以每股收回 10 美元的担保价格,再加上从挪仓中得到的 4.53 美元,也就是说,一个总数为 14.53 美元的"担保"价格。因此,他在下行方向保护了自己。

不过,请注意,他在下行方向的风险并没有完全消除。这个结构化产品眼下的价格是 6.50,它在现有标普 500 指数的价位上的现金价值是 17.14(见前面示例中对此的计算),因此,在这些价位向下到 14.53 美元的价格之间,他还是有风险的。

他的上行方向的盈利仍然是没有限制的,因为他净买入了 2 手看涨期权:标普 500 指数 2 年长期看涨期权,行权价为 1 200。他卖掉的 2 手行权价为 700 的长期看涨期权有效地将行权价为 700 的结构化产品中的内嵌看涨期权给抵消掉了。

这个示例显示了投资者在标的物上涨之后,如何能够有效地将他的结构化产品的行权价向上挪仓到更高的价格。每个投资者必须自己决定,是否值得为所得的下行方向的额外保护而牺牲潜在盈利。当然,这在很大程度上取决于场内标普 500 指数的价格,而这个价格反过来又取决于类似波动率和到期时间等因素。

当然,同在前面两个示例里一样,对有大量盈利积累的结构化产品的持有者来说,还有另一种选择:他可以卖掉手里的产品,买入另一个行权价更接近标的指数当前市场价的产品。当然,并不是总有可能这样做。不过,只要每隔几个月就有这样的产品被发行商引入市场,那么,就会有许多行权价可以选择。换成另一种结构化产品可能出现的缺点是,投资者有可能不得不延长他的持有期,不过,这未必一定就是坏事。

如果标的指数在买入结构化产品之后下跌的话,我们所面临的就是另外一种情况。在这样的情况里,投资者拥有一个合成看涨期权,这个期权有可能相当深度地虚值。使用场内看涨期权价差从理论上说有可能降低这个看涨期权的行权价,这样,如果出现上涨运动,就更容易产生盈利。在这样一种情况里,投资者可以卖出一手行权价等于这个结构化产品行权价的场内看涨期权,同时买入一手行权价更低的场内看涨期权,它同目前的市场价值更为相近。换句话说,他要买入一个场内看涨期权牛市价差,同他的结构化产品相匹配。当然,无论他为这个看涨期权牛市价差所付的支出是多少,都会增加他在下行方向的风险。不过,作为回报,他获得了如果标的指数的价格上涨到新的、较低的行权价之上,就可以更快获得盈利的能力。

当然,还可以构建出许多其他的涉及场内期权和结构化产品的策略。不过,这里所讨论的这些策略是一个投资者应当考虑的基本策略。要分析一个策略,只需要记住,这类结构化产品只不过是一个合成的买入看涨期权的头寸。一旦把握了这个概念,那么,任何由此产生的涉及场内期权的策略就都不难分析。例如,买入一个行权价基本同结构化产品的行权价相等的场内看跌期权,会生成一个同买入跨式价差相似的头寸。读者可以自己去理解和分析其他类似的策略。

32.10 结构化产品的名单

前面的介绍包括了绝大多数的场内结构化产品。还有许多涉及个股而不是指数的类似产品（常常叫做股票联结票据，equity-linked notes）。概念是一样的，只需要在这一章前面的讨论中用股票的价格替代指数的价格就可以了。

有的大型保险公司通过年金（annuities）的形式发行相似的产品。它们的表现同上面介绍的产品一模一样，不同的是它们没有一个连续的市场。不过，他们仍然为投资者提供了一个持有指数基金而没有风险的机会。事实上，许多保险公司的产品向持有者支付利息，这是大部分在股票市场场内的产品所没有的。

许多这些结构化产品都是由经纪公司引入并介绍给他们的客户的。其中一些在上市交易，不过上市产品的数量已经远不如以前。有一些期刊和网站专门介绍目前可交易的产品。通过网站搜索可以很容易地获得当前的结构化产品名单。

32.11 其他结构化产品

交易所交易基金

还有一些场内产品，它们就性质而言比那些已经讨论过的要简单，但是交易所有的时候也把它们当作结构化产品。它们常常以单位信托（unit trust）和共同基金（mutual fund）的形式出现。这些产品的总称是交易所交易基金（exchange-traded fund，ETF）。在单位信托里，一个发行商（例如，美林）将 10～12 种有相同特征的股票组合在一起，它们或许属于同一个工业部门或行业。发行商用这些股票组成一个单位信托。也就是说，这些份额为一个信托基金所持有，由此产生的实体（单位信托）可以如同它自己的份额一样实际交易。这些份额在交易所上市，像股票一样交易。

【示例 32-18】最有名和最流行的单位信托叫做标普预托证券（standard & poor's depository receipt，SPDR）。它是一种特征同标普 500 指数完全相同的单位信托，只是除以 10。SPDR 单位信托被人爱称为 Spiders（或 Spyders），它的交易代码是 SPY。如果标普 500 指数自身的价位在 1 400，那么，SPY 就会在大约 140 的价位交易。单位信托的交易非常活跃，主要因它们使得所有的投资者都能够买入一个指数基金，而且随意进出。它们的买报价同卖报价之间的距离非常小，原因是产品有极高的流动性。一个投资者在交易 SPY 时，他支付手续费同他在交易股票时是一样的。

ETF 对所有想要交易或投资指数基金的投资者都有吸引力，比起动态地管理单只股票来说，这些投资者更愿意接受指数提供的分散化（被动地管理股票）。只要可以借到份额，就可以卖空 ETF。有的 ETF 在实施卖空的时候，甚至不受"uptick"规则的约束。

其他两种大型的著名单位信托同 SPY 相似。一种是纳斯达克 100 跟踪股票，它的代码是 QQQ。QQQ 是纳斯达克 100 指数（NDX）价值的 1/40，不过，应当注意到 NDX 在过去有过 2 对 1 的分"股"，QQQ 也一样，因此，其中的关系可能有 1 对 2 的变化。另一个大型的流行单位信托同道琼斯 30 工业指数有关，它叫作钻石（Diamonds），交易代码是 DIA。由于这个概念很成功，SPDR 之下又有按行业就许多标普 500 指数的部门而建立起来的部门单位信托，包括技术、石油和半导体等，不过它们都没有那么成功。甚至还有等于 OEX（标普 100）指数的 1/10 价值的 ETF，只是它们的交易并不活跃。

ETF 是机构用批量股票组成的所谓的构成单位（creation units）来"创造"出来的。每创造一单位 ETF，都需要在一个信托机构存储特定股数的股票组合，这个投资组合与某个特定的指数的构成几乎相同，同时存储的还有同累积股息相等的现金，以换取特定的指数份额。类似地，赎回批量的 ETF 份额时，可以得到一个与指数近似的股票组合和特定数量的现金。要创造 SPY, QQQ, DIA 和类似的 ETF，需要有数目非常大的份额，5 万或者更多。创造部门基金时要求的批量可以少一些。

ETF 中有非常大的一部分叫做 iShares，它是由 Barclays Global Investors 创造出来以跟踪所有种类的指数基金。公众对许多这样的 ETF 所知甚少，例如，罗素 2 000 价值基金（russell 2000 value fund）和罗素 2 000 增长基金（russell 2000 growth fund），不过它们的大多数只要稍加审视就不难理解。有的基金上的 iShares 跟踪的是国外的行业，有许多基金是跟踪小市值的股票、价值股票、增长股票，或是类似医保、网络或者房地产等部门。www.ishares.com 这个网站显示了所有目前可用的 iShares。iShares 全都在主要的股票交易所交易。

ETF 的另一个主要分支叫做控股证券（holding company depository receipts，HOLDRS）。它们是由美林创造的。近年来，增加了许多模拟商品的 ETF。这些商品包括原油、黄金、白银、棉花、天然气、汽油等。我们会在第 34 章和第 35 章对它们进行详细的讨论。

ETF 的期权。许多 ETF 都有场内的期权。例如，QQQ 的期权在所有的期权交易所上市，是现在流动性最大的产品之一。当然，情况总是在变化：就像 OEX（标普 100 指数），它曾经有过每天交易 100 万手合约的纪录，而现在的交易量还不到那时的 1/30。

ETF 期权可以用来替代许多昂贵的指数。这就使得小投资者有可能用可接受的价格进行指数期权交易。

【**示例 32-19**】费城交易所的半导体指数（SOX）自出现以来一直是一个流行的指数，特别是在技术股股票高飙的时候。这个指数的期权相当贵，因为它的统计的波动率很高。多年以来，它在 500～1 000 的价格之间交易。当时，隐含波动率和历史波动率都接近 70%。因此，例如，如果 SOX 在 1 000，投资者想要买入一手 3 个月的平值看涨期权，他就需要支付大约 135 点，也就是花 13 500 美元买 1 手看涨期权。对于许多投资者来说，这是无法承受的。

不过，现在有了半导体 HOLDRS（代码：SMH）。它是由 20 种股票构成的（数量各自不同，因为它是市值加权的单位信托），它们的整体行为同半导体指数（SOX）相似。不过，当 SOX 的交易价在 500～1 300 之间的时候，SMH 的交易价格在 40～100 之间。SMH 期权的隐含波动率是 70%，同 SOX 期权一样，因为这两个指数涉及的是相同的股票。但是，当 SMH 为 100 美元时它的一手 3 个月的平值看涨期权只需要 13.50 点（1 350 美元）的成本，对大多数投资者和交易者来说，这样的期权成本要现实多了。

因此，大部分期权交易者应当注意的一个策略是，当他发现在高价的指数中有交易信号或者机会的时候，使用 ETF 作为替代。在许多指数和 ETF 之间有着相似性。例如，摩根斯坦利的高科技指数（MSH）因其看跌-看涨比率情绪信号的可靠性而闻名。但是，这个指数的价格很高，波动性也很大，同 SOX 差不多。不过，经过考察，交易者可以发现 QQQ

的交易几乎与 MSH 完全相同。因此，在交易者想要交易 MSH 时，他可以使用 QQQ 期权和"股票"来取代。

32.12　结构化产品总结

投资者在寻找独特的途径来保护长期持有的指数或者股票时，也应当使用结构化产品。

这些产品的数目不断地在增加和改变。在网站上也有分析的工具。例如，www.derivativesmodel.com 就有 40 多种不同的模型，专门设计来对期权和结构化产品进行定价。它们的范围从简单的布莱克－斯科尔斯模型到用来评估极端复杂的奇异期权的模型。

所有这些产品都有它们存在的理由，不过，最保守的似乎是那些提供上行潜在盈利同时限制下行风险的结构化产品，也就是我们在本章开头讨论的那些产品。只要发行商的信用没有问题，对所有愿意下功夫去学习和理解的人来说，这些产品都可以是有用的长期投资。

第33章

Options as a Strategic Investment

对指数产品的数学考虑

在这一章里,我们将考察一些运用在指数期权上的无风险套利的技巧。然后,我们将对这些数学技巧,特别是建模进行总结。

33.1 套利

我们在前面讨论了大部分的常规的套利策略。在这里要做一些复习,把注意力集中在前面论述对冲(市场篮子)和指数套利时所没有介绍到的一些特别技巧。

33.1.1 贴水价

只有在美式期权(可在任何交易日行权)的情况下,指数期权出现贴水才有交易的价值。大多数指数期权都是欧式期权,这意味着它们只能在到期的时候才能被行权。

我们已经看到,现金交割的期权一般在实值期权中出现贴水,正如在股票期权中一样。不过,因为贴水交易者无法对现金交割的期权进行精确对冲,因此他通常会在接近收盘的时候才进行贴水交易,这样,在期权买入的时间同市场收盘的时间之间就只留下了尽可能少的时间。这就减少了标的指数在该交易日交易结束之前会运动得太远的风险。

【示例33-1】标普100指数(OEX)在673.53的价位交易,一个套利者可以按16买入6月690看跌期权。这是一笔0.47的贴水,因为持平价格是16.47。这样的贴水足够了吗?也就是说,这个交易贴水的人能否买入这个看跌期权,在无对冲的情况下持有到收盘,并且将它行权,或者,OEX价格有太大的机会上涨,从而抹去贴水给他带来的好处吗?

如果他是在这个交易日几乎就要结束的时候买入这个看跌期权,那么,这个贴水有可能够了。之前提到,OEX中1点的运动大致同道琼斯指数(Dow)中的15点相等(而SPX中1点的运动大致等于Dow的7.5点)。因此,这个OEX的0.47的贴水大致等于Dow的7点。显然,这里的活动余地并不大,因为Dow很容易在很短时间内就有这么大的运动。因此,只有在离收盘仅几分钟,而且没有迹象表明有大笔要按照"收盘市场价"买入的指令存在的情况下,它才是足够的。

但是,如果在这个交易日的早期,贴水交易者发现了这个情况,他也许会等一等,因为他必须为他的头寸对冲,而这样贴水也许不值得这么麻烦。如果这个交易日还剩下几小时,即使是整整1点的贴水不足以使他保持在不对冲的状态中(OEX的1点大约等于DOW的15点)。但他可以买入期货、买入OEX看涨期权,或者卖出另一个指数的看跌期权。在收盘的时候，他可以将他用贴水价买入的看跌期权行权，然后，在公开市场里将他的对冲头寸平仓。

33.1.2 转换组合和反转组合

在现金交割的期权中，转换组合和反转组合实际上是第 30 章所描写的市场篮子对冲（指数套利）。也就是说，标的证券实际上是这个指数中所有的股票。不过，更标准的转换组合和反转组合可以延伸到期货和期货期权上。

因为在卖出期货时交易者的账户中没有收入，在买入期货中也没有支出，大部分期货的转换组合和反转组合在非常接近行权价的一个净价格上交易。这就是说，虚值期货期权的价值与它在转换或反转组合中作为对手的实值期权的时间价值相等。

【示例 33-2】一个指数期货在 179.00 交易。如果 12 月 180 看涨期权的交易价是 5.00，那么，12 月 180 看跌期权的价格就应当在 6.00 左右。实值看跌期权的时间价值是 5.00（6.00 + 179.00 - 180.00），与相同行权价的虚值看涨期权的价格相等。

如果交易者想要使用这些期权进行转换或反转组合，他就会有一个无亏损风险也无盈利可能的头寸：例如，可以用 180 的"净价格"建立一个反转组合。按 179 卖出期货，加上看跌期权的 6.00 的权利金，减去 5.00 的看涨期权的成本：179 + 6.00 - 5.00 = 180.00。正如我们从论述套利的第 27 章所得知的，交易者按照同行权价相等的"净价格"将一手转换或反转组合平仓。因此，从这个期货反转组合中，既没有获益，也没有亏损。

对于指数期货期权来说，当标的物收盘价接近行权价时，就没有风险，因为它们是现金交割的。交易者不必选择是否要将他的看涨期权行权（见论述套利的第 27 章，其中有对交易反转或转换组合在到期时的风险的介绍）。

在实践中，场内交易者也许想在用期货期权建立的转换组合中有小额的盈利（例如，标普 500 指数期货中的 5 或 10 美分）。套利者应当注意，期货期权实际上在账户中产生了收入或者支出。也就是说，在这方面，它们同股票期权一样，尽管标的工具不同。这就意味着，如果交易者在转换组合中使用的是一个深度实值的期权，这里实际上涉及持有成本。

【示例 33-3】一个指数期货的交易价是 179.00，交易者要对一个 12 月 190 转换组合定价，假定 12 月到期日离今天还有 50 天。假设当前现金的持有成本是年利率 10%。最后，假设 12 月 190 看涨期权的售价是 1.00，12 月 190 看跌期权的售价是 11.85。请注意，这个看跌期权的时间价值只有 85 美分，比看涨期权的权利金要低。之所以如此是因为交易者必须为构建这个 12 月 190 转换组合支付一笔持有成本。

如果交易者建立了这个 190 转换组合，他就会买入期货（账户中没有收入或支出），买入看跌期权（11.85 的支出），并卖出看涨期权（1.00 的收入）。因此，他的账户里实际上出现了来自期权的 10.85 的支出。10.85 按照 10% 的年利率在 50 天内的持有成本是 10.85 × 10% × 50/365 = 0.15。这就指出，这个进行转换组合的交易者愿意为了这个看跌期权少付出 15 美分的时间价值（或者反过来，进行反转组合的交易者愿意在卖出这个看跌期权少收 15 美分的时间价值）。看跌期权的时间价值不等于看涨期权的价格，而是看跌期权在交易中的权利金少了 15 美分。因此，这个看跌期权的时间价值是 85 美分，而不是同看涨期权的价格相等，或者说 1.00。

33.1.3 盒式价差

回顾一下，"盒式价差"是由一个涉及两个行权价的牛市垂直价差和一个使用相同的两个行权价的熊市垂直价差组成的。一个价差是由看跌期权组成的，另一个是由看涨期权组成的。无论在到期时标的证券的价格如何，盒式价差的盈利性总是相同的。

股票期权的盒式价差涉及想要用低于行权价之间的差价买入这个盒式价差。例如，想要用 4.75 买入一个行权价之间差距为 5 点的盒式价差。按照高于 5 点的价格卖出这个盒式价差也代表了一种套利。事实上，甚至按照刚好是 5 点的价格卖出这个盒式价差也可以为这个套利者产生盈利，因为他在卖出得到的收入上赚取利息。

同样的策略也适用于期货期权。不过，现金交割的期权涉及另一种考虑。在现金交割的期权中常常有这样的情况：盒式价差的售价高于行权价之间的差价。例如，一个行权价的差价为 10 点的盒式价差有可能卖到 10.50，这是对行权价之间差价的一个显著的升水。发生这一情况的原因是有可能出现提前指派。盒式价差的卖出者承担了这个风险，因而要求买家为这个盒式价差支付更高的价格。

如果他按照比行权价之间的差价高出半个点的价格卖出这个盒式价差，那么，如果他被提前指派，他就在指数的运动中加入了 0.5 点的活动余地。一般而言，盒式价差并不特别吸引人。不过，如果为这个盒式价差所支付的升水特别高，那么，交易者就应当考虑卖出这个盒式价差。因为这里涉及 4 个手续费，这通常不是一个散户的策略。

33.2 数学应用

下面的材料旨在为论述数学应用的第 28 章提供一些补充。指数期权有一些独特的属性，在想要通过模型预测它们的价值时，必须将这些特性考虑在内。

布莱克 – 斯科尔斯模型仍然是首选的期权模型，即使在指数期权上也是如此。虽然有其他的模型出现，但是布莱克 – 斯科尔斯模型似乎仍然能够提供准确的结果，而不必涉及大部分其他模型的极度复杂性。

33.2.1 期货

使用模型来预测大部分期货合约的合理价值是一项困难的任务。在处理这个任务方面，布莱克 – 斯科尔斯模型没有什么用处。读者应当还记得，我们在前面看到过，指数期货的合理价值可以通过计算股息的现值以及弄清期货合约同买入指数中实际股票相比而节省的持有成本来计算出来。

33.2.2 现金交割的指数期权

市值加权指数的期货合理价值模型需要知道指数中每只股票的准确股息、股息支付日以及市值（对价格加权指数来说，不需要知道市值）。这是得出模型使用的准确股息的唯一途径。在使用布莱克-斯科尔斯公式之前，对所有其他的指数，都必须进行同样的股息计算。

在实际的模型中，对现金交割指数期权来说，使用股息的方法同在股票期权中使用股息的方法相同。从指数的价格中减去股息的现值，使用调整的股票价格来对模型进行评价。在股票期权中，还有一种选择：将到期时间缩短到同除息日相等，在指数期权中这种方法行不通，因为有许多除息日。

我们来看一个示例，它使用的假想的股息信息和指数同我们在第30章讨论股票指数对冲策略时所使用的相同。

【示例33-4】假设我们有一个由3只股票组成的市值加权指数。下面的表格提供了这3只股票的同股息和流通量相关的信息。

股票	股息数量	股息支付之前的天数	流通量
AAA	1.00	35	50 000 000
BBB	0.25	60	35 000 000
CCC	0.60	8	120 000 000
除数：150 000 000			

交易者首先计算出每只股票的股息的现值，乘以流通量，然后再除以指数的除数。每只股票计算结果之和为这个指数的总股息。这个指数的股息的现值是0.866 7美元。

假设这个指数目前的交易价是175.63，我们想要计算7月175看涨期权的理论价值；这样，使用布莱克-斯科尔斯模型，我们可以进行下列的计算：

（1）从现有股票价格175.63中减去股息的现值0.866 7，得出调整的指数价格174.763 3；

（2）使用174.763 3作为股票价格来评估这个看涨期权的合理价值。所有其他的变量都同它们在计算股票期权中一样，包括无风险利率的实际价值（例如，10%）。

使用套利的模型，看跌期权的理论价值的计算方法同股票期权理论价值的计算方法相同。对现金交割指数期权来说这就足够了，因为有可能（尽管困难）通过买入或卖出整个指数来对这些期权进行对冲。因此，这些期权应当反映出这些套利的潜在性。当然，看跌期权的价值应当反映出对这个指数的股息套利的潜在性。在第28章讨论的套利评价模型需要使用股息，对于这些指数看跌期权，交易者需要使用指数上股息的现值，同在评估看涨期权的前一个示例中一样。

33.2.3 隐含的股息

如果交易者无法知道得出计算"股息现值"所必需的所有股息信息（也就是说，如果他是个人投资者或公众客户，他没有订阅基于计算机的股息"服务"），那么，他还是有一种办法，可以对股息的现值进行估计。他所需要的只是对做市商所知道的股息现值进行假设，并且根据这个假设来给期权定价。个体的公众客户可以使用这个信息来推导股息的大小。

【示例33-5】OEX的交易价是1 400，6月期权还有30天到期，短期利率是10%，有下面的价格存在：

    6月1 400看涨期权： 38.00
    6月1 400看跌期权： 30.00

交易者可以使用布莱克－斯科尔斯模型的迭代演算来决定 OEX 的"股息"是多少。在这个情况里，根据计算的结果，它大致是 2.10 美元。

简单地说，下面就是交易者需要采取的步骤，以发现这个股息：

（1）假设股息为 0.00 美元；

（2）使用假定的股息，使用布莱克－斯科尔斯模型以发现看涨期权的隐含波动率，看涨期权的价格是已知的（在上面的示例里是 38.00）；

（3）使用从第 2 步得出的隐含波动率和假设的股息，从第 2 步结束时布莱克－斯科尔斯模型计算中得出的满足套利条件的看跌期权的价值是否大致等于这个看跌期权的市场价值呢（上面的例子中是 30.00）？如果是，你的工作就完成了。如果不是，在假设的股息上增加某个标准量，例如 0.10 美元，再回到第 2 步。

这样，即使得不到完整的股息信息，投资者也可以使用市场提供的信息来估计一个指数期权的股息。投资者的唯一假设是做市商应当知道股息是多少（几乎可以肯定他们确实知道）。请注意，期权的隐含波动率是在决定隐含股息的同时决定的（上面的第 2 步）。这个简单的"隐含股息计算器"是一个有用的工具，它可以加到任何一个使用布莱克－斯科尔斯模型的软件中去。

33.2.4 欧式行权

在处理欧式行权中，交易者基本上不去注意实值看跌期权的最小价值是它的内在价值这个事实。欧式行权的看跌期权可以按照同内在价值有贴水的价格交易。从一个转换组合的角度考虑一下这样的情况。如果交易者买入股票，买入看跌期权，并且卖出看涨期权，他就有一个转换组合。如果这是一个欧式行权的期权，他就不得不将这个期权一直持有到到期日才能将它平仓。他不能提前行权，也不会被提前指派。因此，他的持有成本始终是到期前的最大值。这些持有成本就是看跌期权价值的贴水部分。

对一个深度实值的看跌期权来说，这个贴水等于将这行权价一直保持到到期日所需要的持有费用：

$$\text{持有费用} = s\,[1 - (1/(1+r)^t)]$$

实值程度没有那么深的看跌期权，也就是说，那些 delta 小于 -1 的看跌期权，不需要这个完整的贴水因子。在这种情况下，投资者可以将贴水因子同这个看跌期权的 delta 的绝对值相乘，以得出适当的贴水因子。

33.2.5 期货期权

布莱克模型（Black model）是一个修正过的布莱克－斯科尔斯模型，它可以用来对期货期权进行定价。读者可以参见论述期货的第 29 章中对期货的讨论。这个修正基本上是这样的：在布莱克－斯科尔斯模型中使用 0% 作为无风险利率，得出一个看涨期权的理论价值；然后对这个结果进行贴现。

布莱克模型：

$$\text{看涨期权价值} = e^{-rt} \times \text{布莱克－斯科尔斯模型的看涨期权价值 [使用 } r = 0\text{]}$$

式中　r——无风险利率；

　　　t——以年计算的距离到期的时间。

期货看涨期权理论价值同看跌期权理论价值之间的关系也可以根据这个模型进行讨论：

$$看涨期权 = 看跌期权 + e^{-rt}(f-s)$$

式中　f——期货价格；

　　　s——行权价。

【示例 33-6】有下面的价格存在：

$$ZYX\ 现货指数：174.49$$
$$ZYX\ 12\ 月期货：177.00$$

离到期还有 80 天，ZYX 的波动率是 15%，无风险利率是 6%。

为了计算 ZYX 12 月 185 看涨期权的理论价值，需要采取以下的步骤。

（1）使用行权价 185，股票价格 177.00，波动率 15%，所剩时间 0.22（80/365）和利率 0%，用标准布莱克-斯科尔斯模型进行定价。请注意，在这个模型里作为股票价格输入的不是指数价格，而是期货价格。

$$假定由此产生的结果是\ 2.05。$$

（2）对步骤 1 的结果进行贴现：

$$布莱克模型的看涨期权价值 = e^{-(0.06 \times 0.22)} \times 2.05$$
$$= 2.02$$

在这个情况里，布莱克模型同布莱克-斯科尔斯模型之间的差别相当小（3 美分）。不过，对长期期权或者深度实值的期权来说，这个贴现因子是相当大的。

我们在第 28 章论述数学应用时讨论过的其他有数学性质的项目对指数期权也都适用，不需要进行改动。预期收益和隐含波动率的意义是相同的。隐含波动率可以通过使用上面阐明的布莱克-斯科尔斯公式计算出来。

中性头寸的含义也没有变化。读者应当记得，作为一个副产品，上面所有的对理论价值的计算都提供了期权的 delta。在维持一个中性头寸方面，这些 delta 可以用在现金交割的期权上，也可以用在期货期权上，正如它们用在股票期权中那样。当然，这是通过对等股头寸（在这里，可以是相等"指数"头寸或相等"期货"头寸）的计算而实现的。

33.2.6　后续行动

适用于股票期权的各种类型的后续行动也同样适用于指数期权。事实上，当交易者的期权价差是在同一个标的指数上时，这些行动基本上是相同的。不过，当交易者进行指数间价差交易时，还有另外一种类型的有用的后续行动。之所以如此是因为，这个价差的不同结果不光是以一种指数的价格为基础的，还以这个指数同另一个指数的相互关系为基础的。

例如，有这样的可能：一个指数间价差的略为看多的策略即使在指数价格上涨的情况下实际上可能赔钱。当另一个指数的表现不尽如人意的时候，就有可能发生这样的情况。如果交易者使用计算机"勾画"出一幅若干不同结果的图形的话，那么，他对策略的潜在盈利就会有一个更为清楚的认识。

【示例 33-7】假设在 ZYX 和 ABX 指数之间建立了一个看跌期权价差。用 3.00 买入了 1 手 ABX 6 月 180 看跌期权，用 3.00 卖出了 1 手 ZYX 6 月 175 看跌期权，建立头寸的时候 ZYX 是 175.00，ABX 指数是 178.00。如果 ZYX 和 ABX 的价格有显著不同的运动方式，那么，这个价差显然会有不同的结果。

从表面上看，这似乎是一个看空的头寸（买入行权价较高的看跌期权，卖出行权价较低的看跌期权）。不过，如果指数运动得当，即使市场上涨，整个头寸也可能赚钱：例如，如果在到期的时候 ZYX 和 ABX 都在 179.00，那么，卖出的期权就会无价值到期，买入的期权仍有价值 1.00。这就意味着这个价差有 1 点的盈利，或者说 500 美元（卖出 ZYX 看跌期权有 1 500 美元的盈利，减去在 ABX 看跌期权上的一笔 1 000 美元的亏损）。

反过来看，如果股市下跌，并不一定就能盈利。如果 ZYX 跌到 170.00，而 ABX 跌到 175.00，那么，这两手看跌期权在到期时的价值都是 5，因此，在这个价差中既没有盈利，也没有亏损。

为了更好地理解他的头寸，策略家需要一种"滑动尺度"的图形。也就是说，大部分后续图形提供了（例如在到期时）在各种股票或指数价格上整个头寸会有的结果。这仍然是需要的：例如，在这个示例里，交易者想要知道当 ZYX 价格在 165 ~ 185 之间他的头寸会有什么结果。但是，在这个价差中，还需要有其他的东西：这个结果也应当考虑 ZYX 同 ABX 之间的关系如何。因此，交易者需要有 3 个（或者更多）表格来显示结果，每一个表格都显示了当 ZYX 的价格在到期日时从 165 ~ 185 时会有的结果。交易者也许首先要显示，如果 ZYX 低于 ABX 例如 5 点的话，这些结果会怎么样；然后，在另一个表格里显示如果 ZYX 和 ABX 的相互关系同建立头寸时没有变化的话（3 点的差异），这些结果又会怎么样；最后，用另一个表格来显示出如果 ZYX 和 ABX 在到期时价格相同的话会怎么样。

如果这两个指数在到期时它们的相互关系是 3 点的差异，这样的一个表格看上去会像这样：

	到期时价格				
ZYX	165	170	175	180	185
ABX	168	173	178	183	188
ZYX 175 看跌期权	10	5	0	0	0
ABX 180 看跌期权	12	7	2	0	0
盈利（美元）	+1 000	+1 000	+1 000	0	0

这幅图形显示出这个头寸是中性到看空的，因为即使指数没有变化，它还是赚钱。不过，将这个表格同在到期时 ZYX 的价格比 ABX 低 5 点的情况进行比较。

	到期时价格				
ZYX	165	170	175	180	185
ABX	170	175	180	185	190
ZYX 175 看跌期权	10	5	0	0	0
ABX 180 看跌期权	10	5	0	0	0
盈利	0	0	0	0	0

在这种情况里，这个价差没有任何潜在盈利，即使市场崩盘了也一样。因此，即使是类似这样的熊市价差，如果指数间的关系发生了不尽如人意的变化，还是有可能赚不到钱。

最后，看一下如果 ZYX 强劲上涨，赶上了 ABX 的话，会发生什么情况。

	到期时价格				
ZYX	165	170	175	180	185
ABX	165	170	175	180	185
ZYX 175 看跌期权	10	5	0	0	0
ABX 180 看跌期权	15	10	5	0	0
盈利（美元）	+2 500	+2 500	+2 500	+2 500	+2 500

这些表格可以被称作"滑动尺度"表格，因为交易者实际上做的是，每一次在保持 ZYX 的尺度不动的时候，稍微拉动 ABX 的尺度。请注意，在上面两个图表里，ZYX 的结果没有变化，而 ABX 则稍微滑动了一些，以显示出不同的结果。对于使用不同的标的指数的期权进行价差交易，或者进行指数间价差交易的策略家来说，这样的图表是必需的。

机敏的读者会注意到，上面的示例可以通过绘制一幅三维的图形来总结。X 轴是 ZYX 的价格；Y 轴是价差的盈利金额；Z 轴不是"滑动尺度"，而是 ABX 的价格。有这样的软件，它们可以绘制三维的盈利图，虽然这些图形不是很容易读懂。上面的表格于是就会是这个三维图形的多个水平面。

到这里，我们就结束了论述无风险套利和数学模型的这一章。之前提到，股票期权中的套利行为会影响到股票的价格。这里描述的套利技巧并不影响指数自身。它是通过市场篮子对冲来实现的。我们也知道，在这里不需要对新的模型进行评价。对于指数期权，交易者只需要对标准的布莱克－斯科尔斯模型中使用的股息进行正确的估计。对期货期权的定价，可以通过将布莱克－斯科尔斯模型中的无风险利率设定为 0%，再把这个结果贴现，这就是布莱克模型。

第34章

Options as a Strategic Investment

期货和期货期权

在前面讨论指数交易的章节里，我们对指数期权这一类特定类型的期货期权做了一些介绍。在这一章里，我们将介绍有关期货自身的一些背景知识，然后对期货期权这一大类进行一些研究。近年来，在许多种期货合约以及一些实物上有场内期权交易。它们包括各种标的物的期权，这些标的物包括黄金期货、活牛期货，以及货币和债券期货等。

这一章中的许多信息是用来介绍期货期权与普通的股票和指数期权的相似之处和不同之处。期货期权可以有自己专门的策略。不过，应当指出，一旦策略家懂得了一个策略，无论标的工具是什么，一般来说，这个策略都适用。这就是说，黄金期权中的牛市价差体现了所有股票期权的牛市价差的相同风险和收益：有限的下行风险和有限的上行潜在盈利。如果黄金期货价格在到期时高于较高的行权价，黄金牛市价差就能实现它的最大潜在盈利，正像如果股票价格在到期时高于较高行权价之上，股票期权牛市价差会实现它的最大潜在盈利一样。因此，用大豆或橙汁期货来取代本书前面所有示例中的 XYZ 股票，重新讨论相同的策略会浪费时间和纸张。我们在这里要做的，是把注意力集中在那些为期货期权提供了真正的新的或不同的策略领域。

在开始介绍以前，应当指出，期货合约和期货期权的标准化程度远没有股票或指数期权那么高。大部分期货的交易单位各不相同。大部分期权的到期月份、到期日和行权价间距也各不相同。我们在这里不准备罗列所有不同合约的具体条款。想要了解完整的细节，交易者应当同他的经纪人或合约上市的交易所联系。不过，凡是有示例的地方，我们都会为这些示例使用的合约提供完整的细节。

34.1 期货合约

在讨论期货期权之前，简单介绍一下期货合约自身是有好处的。回忆一下，一个期货合约是一个标准化的合约，它要求在未来某个时间按照某个特定的价格交割某个特定数量的某种商品。在许多商品和金融工具上都有期货合约上市交易。一些情况下，交易者必须交割或接受特定数量的某种实物商品（如 5 万蒲式耳的大豆），这些叫做实物期货。在其他情况下，期货合约是现金交割的，就像前面一章描写的标普 500 指数期货那样；还有其他期货也有相同的特性（例如，波动率指数期货）。这种类型的期货是以现金为基础的，或者说现金交割的期货。

在各个交易所上市的所有期货合约中，最常见的类型是以实物商品为标的物的期货合约。它们可进一步分类，例如，农产品期货（大豆、燕麦、咖啡和橙汁等），以及金融期货

（美国长期债券、中期债券和短期债券等）。

对期货不熟悉的交易者有时会将它们同期权混淆起来。期货同期权之间实在没有多少相似之处，应当把期货看作是会到期的股票。

也就是说，同股票的价格一样，期货合约的价格有可能狂涨，也有可能暴跌到接近零（从理论上说）。因此，潜在的风险是非常大的。反过来，如果拥有一手期权，风险是有限的。期货与期权之间的唯一的真正相似之处是它们两个都有到期日。在现实中，期货的表现同股票非常相像，新入门的人在深入下去之前应当懂得这个概念。

34.1.1 对冲

期货市场的主要经济功能就是对冲：持有一个期货头寸来对冲实际拥有实物商品的风险。实物商品或者金融工具被称为"现货（cash）"。对指数期货来说，这种对冲是设计来抵消拥有股票（作为指数期货标的物的"现货市场"）的风险。持有大量股票的投资组合经理可以就他的股票卖出指数期货，以抵消他因为持有股票而承担的大部分价格风险。此外，他能够建立这样一个对冲，而省下如果出售成千股股票就不得不付出的大量的手续费和精力。同样的道理适用于所有为期货合约提供标的物的现货市场。对那些不得不同"现货"市场打交道的人来说，能够对冲是至关重要的，因为他们因此就有了价格保护，而且可以在定价和盈利方面提高效率。下面是一个一般的示例，在说明对冲的概念方面，这样的示例是有用的。

【示例 34-1】一个在美国的国际商人得到一笔大合同，为一家瑞士工厂提供商品。这家瑞士工厂想用瑞士法郎付款，不过，付款期要等到 6 个月后收到货物时。这个美国商人显然很高兴能有这笔生意，但是，对于 6 个月之后用瑞士法郎支付可能并不那么高兴。如果美元兑换瑞士法郎的比率升高，这个美国商人从合同中收入的瑞士法郎，如果兑换成美元，就会比他最初认为他会拿到的要少。事实上，如果他本来的盈利就不多，并且瑞士法郎相对美元贬值过多，他甚至会有亏损。

对这个美国商人来说，使用一个瑞士法郎的期货合约应当能够有帮助。他是通过他的合同在"买入"瑞士法郎（也就是说，他将在 6 个月后得到瑞士法郎，因此，在这段时间内对瑞士法郎的价格波动有风险暴露）。他应当卖空一手 6 个月到期的瑞士法郎期货合约，从而锁定他目前的盈利额度。一旦出售了这个期货合约，无论发生什么情况，都锁定了盈利。

期货的亏损和盈利是用美元来衡量的，因为它是在美国的交易所交易。如果瑞士法郎在 6 个月内升值，他在卖出的期货中会有亏损，但是在出售他的产品中会得到更多的美元。反过来，如果瑞士法郎贬值，他从瑞士商人那里得到的美元少了，但是他卖出的期货合约会有盈利。无论是哪种情况，因为有了期货合约，他都有可能锁定一个将来（future）的价格 [因此就有了"期货"（futures）这个名字]，按照今天的水平，这个价格对他来说是有利可盈的。

读者应当注意到，有一些具体的因素是对冲者必须要考虑的。回顾一下，股票的对冲者在出售期货以对冲他的股票投资组合时，面临着一些可能出现的问题。首先是在期货的合理价值之下出售期货合约的问题；利率或股息支付的变化也有可能影响到对冲。这个想要为他的瑞士法郎对冲的美国商人也有可能遇到类似的问题。有的因素，例如短期利率，会影响到持有成本，还有其他的因素，它们都有可能导致瑞士法郎期货在交易中相对现货价格有升水或贴水。这就是说，在期货价格同现货价格之间，不一定是一种完全一一对应的关系。不过，这里的要点是，这个商人有可能显著地降低货币的风险，因为在6个月里，美元同瑞士法郎之间的关系有可能会出现大幅度的变化。虽然他的对冲没有消除所有的风险，但它无疑消除了风险中非常大的一部分。

34.1.2 投机

对冲者提供了期货的经济功能，而投机者提供了流动性。吸引投机者的是期货的杠杆。交易者用很小数量的保证金就可以交易期货。因此，盈亏的百分比都有可能相当大。

【示例34-2】一手棉花期货合约代表了50 000磅棉花。假设3月棉花期货在60的价位交易（也就是说，每磅60美分）。因此，交易者持有这个合约就控制了价值30 000美元的棉花（0.60美元/磅 × 50 000磅）。假设交易所的最低保证金是1 500美元。也就是说，交易者最初只需要1 500美元就可以交易这个合约。这就意味着交易者是用5%（1 500美元/30 000美元）的保证金在交易。

这里的潜在盈利或风险是多少呢？棉花中的1美分的运动，从60～61，就会产生500美元的盈利。只要知道合约的交易单位，交易者在任何时候都可以知道1美分的运动价值多少。对棉花来说，合约的交易单位是50 000磅，因此，1美分的运动就是0.01美元 × 50 000 = 500美元。

因此，如果棉花下跌了3美分，从60～57，这个投机者就会亏损3 × 500美元，也就是1 500美元，这是他整个的初始投资。换一种情况，如果是上行方向的3点运动，就会产生1 500美元的盈利，或者说，100%的盈利。

这个示例清楚地表明了投资者在期货合约中面临的巨大的风险和收益。很多经纪公司要求投机者存放的保证金要高于交易所的最低保证金。通常情况下，对有足够净资产的交易最活跃的投机者，允许使用交易所最低保证金交易；对其他的客户则必须拿出初始保证金2或3倍的钱之后才能进行交易。即使这样，还是有很大的杠杆，不过没有投机者按照交易所最低保证金交易时那么大。初始保证金可以用现金，也可以用政府短期债券。显然，如果交易者使用债券来满足他的初始保证金要求，只要债券仍然作为他的初始保证金要求的质押物，他就可以就这笔钱赚取利息。如果他使用现金作为初始保证金，他得不到利息（注意：有的大客户确实从他们的期货账户中用作保证金的现金中得到利息，不过大多数客户都没有）。

投机者同时必须根据维持保证金的要求保持他的账户中每天都有足够的资金。他的账户是每天进行逐日盯市的，因此，无论是兑现的还是未兑现的盈亏都计算在内。每一天，如果他的账户输了钱，他就必须往账户里打钱，或者是卖掉一部分他的政府债券以弥补亏损。不过，如果他赚了钱，他可以将未兑现的盈利提走，或者用在另一笔投资上。

【示例34-3】前面示例里的棉花投机者看到他拥有的3月棉花期货合约的价格在他持有这个合约的第一天就从60.00跌到了59.20。这就意味着在他的账户里有400美元的未兑现亏损，因为期货价格跌了 0.8 美分，而每 1 美分价值 500 美元。他必须在他的账户里加进 400 美元，要么就卖掉价值 400 美元的债券。

第二天，市场中出现了种植区有干旱的谣言，棉花价格大幅度上涨。3 月期货的价格收盘价为 60.90，比前一天的收盘价涨了 1.70。这就代表了在这一天的一笔 850 美元的盈利。他可以把这 850 美元全都取出来，或者是用来作为另一个期货合约的初始保证金，或者是将它转移到他的股票账户中，用来在那里买入另一笔投资。

没有投机者，期货合约就不会成功，因为投机者提供了流动性。波动率会吸引投机者。如果一个合约没有交易，持仓量很小，这个合约就会被摘牌。各个期货交易所都可以将期货摘牌，就像是纽约股票交易所可以将股票摘牌一样。不过，在股票摘牌的时候，它们只是转到场外市场去交易，因为公司仍然存在。当期货合约摘牌的时候，它们就消失了，没有场外的期货市场。期货交易所在上市新产品和一旦需要就将它们摘牌方面，一般都比股票交易所更为激进。

34.1.3 条款

每个期货合约都有一定的相关的标准条款。不过，交易不同种类的期货合约就像是交易完全不同的产品。例如，正如你能想到的，大豆的标准条款同可可的标准条款就完全不同。合约的交易单位（在上面的示例里，棉花是 50 000 磅）常常反映了历史上运送到市场的商品单位；在其他的时候，它只是一个任意的数目（如面值 100 000 美元的美国债券）。

同时，期货合约是有到期日的。对有的商品来说（如原油和它的产成品，燃料油和无铅汽油），一年的每个月份都有期货合约到期。其他的产品则只在一年的 5 或 6 个日历月月有到期日。好一些的金融报纸在刊登价格的同时也会刊登这些条款，所以，要发现它们不是一件难事。

在各个市场中，同时上市的到期月数量是互不相同的。例如，欧洲美元期货合约的到期日延续到 10 年之后。长期债券和 10 年期债券合约的到期日只延续到下一年或者相似的时期。另一方面，大豆期货在大约 2 年内有到期日，标普 500 指数期货也一样。

每个商品在到期月的具体哪一天停止交易也各不相同。同股票和指数是在第 3 个星期五到期不同，在期货中这个日子不是标准化的。

交易的时间也各不相同，即使是在同一个期货交易所，不同的商品也有不同的交易时间。例如，美国债券期货在芝加哥期货交易所上市，它们的交易时间很长（目前是每天从早上 8 点 20 分到下午 3 点，然后是从下午 7 点到晚上 10 点 30 分，东部时间）。然而，在同一个交易所，大豆期货的交易时间就很短（上午 10 点 30 分到下午 2 点 15 分，东部时间）。有的市场有时会改变它们的交易时间，有的则固守多年来不变的交易时间。例如，如果来自国外的对美国债券期货的需求增加，交易的时间甚至会更进一步延长。谷物市场则几十年来一直在使用同样的交易时间，没有理由预期它们在将来会改变。

不同的期货合约的最小变动价位也各有不同。谷物期货按 1/8 点交易，30 年债券期货按 1/32 点交易，标普 500 期货以 10 美分（0.10）交易。同样，熟悉他要交易的期货市场中的最小变动价位是交易者的责任。

每个期货合约也有它自己的保证金要求。这些同我们在上面就棉花期货的示例而显示的保证金类型相符。初始保证金可以用质押物，之后每天的逐日盯市的价格运动或者以现金支付，或者是卖掉一部分质押物。读者应当还记得，维持保证金是以每日的逐日盯市为根据的。

最后，期货交易受持仓限制的制约。这是为了防止市场的参与者在商品的某个交割月逼仓。不同的期货有不同的持仓限制。这通常只跟对冲者或者非常大的投机者有关。持仓限制是由期货交易所在的交易所来规定。

34.1.4 涨跌停板

大部分期货合约在它们每天所允许的最大价格变化方面设有限制。我们已经显示过，在指数期货中有用来作为熔断闸的价格限制，以防止股票市场出现崩盘。涨跌停板的限制在许多期货合约中都存在，目的是要防止有人通过强迫价格在某一方向剧烈运动而操纵市场。另一个需要涨跌停板限制的理由从表面上看是只允许一个固定数量的运动，它大致同由初始保证金要求覆盖的数量相等，或者略少一些，这样，如果需要的话就可以追加到维持保证金的水平。不过，涨跌停板限制被用到所有的期货合约上，而有的期货合约（例如，美国政府长期债券）并不真的需要这样的限制。债券市场太大了，没有人能够操纵得了这样的市场，而且，它有一个流动的"现货"债券市场可以用来对冲。

无论怎么说，在期货交易中，涨跌停板限制是交易者必须面对的现实。每个商品都有它自己的限制，这些限制根据交易所对这个商品的波动率的看法，会发生变化。例如，当黄金的交易价格在高于每盎司700美元之上大幅度摆动时，黄金期货的每日涨跌停板限制幅度就大于当它稳定在每盎司 300～400 美元的价位的时候（目前的限制是每天 15 美元的运动）。如果一个商品在连续 2 或 3 天涨停板或者跌停板，交易所通常会扩板以允许更大的价格运动。如果一个期货合约连续 3 天涨停板或者跌停板，芝加哥期货交易所就会自动扩板到 50%。

凡是有涨跌停板存在的时候，总是有这样的可能性：它们有可能将一个市场的流动性完全摧毁掉。作为期货合约标的物的实际商品叫做"现货"（spot），它是按照现货价格（spot price）交易的。现货交易自然没有涨跌停板。因此，有这样的可能：现货商品的价格暴涨，而期货合约只能涨到每天的停板价格。这种情况意味着，期货在接连几天会在"上下停板"之间交易。结果，如果期货交易涨停板，没有人会想要在停板的价格上出售，因为现货价格要高得多。在这样的情况里，在期货中就没有交易，它们只是作为买报价报到停板的价位，而没有实际交易发生。对于卖空者来说，这是灾难性的。他们有可能在根本没有机会将头寸平仓的情况下变得身无分文。有的时候，当佛罗里达突然出现霜冻时，这种情况确实发生在橙汁期货市场里。期权可以帮助缓解由于停板运动而造成的流动性不足。在这一章的后面，我们将讨论这个议题。

34.1.5 交割

实物商品的期货有可能被指派，就像股票期权有可能被指派一样。在期货合约被指派时，合约的买方就被指派接受整个合约。交割是卖方的选择，也就是说，合约的拥有者被告知他必须接受交割。因此，如果一手玉米期货被指派，期货的拥有者就不得不接受 5 000 蒲式耳的玉米。人们传说的会堆 5 000 蒲式耳的玉米在你院子里的说法是不正确的。交易者只是收到仓单，并且要交纳仓储费。他的经纪人会实际做出安排。同期权不同，期货合约在它们的存续期内是不能被指派的。实际上，在它们到期之前有一小段时间，这时候交易者可以接受交割。这段时间一般是 4～6 个星期，它被称作 "通知期" (notice period)。在这段时间内，交易者有可能被通知要接受交割。期货合约有可能被指派的第 1 天叫做 "第 1 通知日"。投机者会在第 1 通知日之前将他们的头寸平仓，将剩下的交易留给对冲者。对现金交割的期货合约（指数期货）来说，就不必考虑这些情况，因为它们不涉及实物交割。

当然，总是有可能有过失，结果在你不想要货的时候收到了指派通知。在正常情况下，经纪人有可能为你调整这个交易，不过，你还是要支付仓储费，并且，一般来说还要至少支付一笔手续费。

期货合约的条款准确地规定了必须交割的商品的数量，同时也规定了它们应当以什么样的形式交割。这些一般都是直截了当的，就像在黄金期货的情况中那样：这个合约要交割 100 盎司的纯度至少为 99.5% 的黄金，铸造为 1 条金锭，或者是 3 条 1 公斤的金锭。

不过，在有些情况下，必须交割的商品要更复杂一些，就像在长期债券期货的情况中那样。期货合约是用一个名义利率为 8% 的标准债券为标的的。不过，无论在什么时候，长期债券的通行利率都有可能不是 8%。所以，期货合约的交割条款就允许在交割债券时使用其他的利率。

请注意，交割是卖方的选择。因此，如果交易者是卖空期货，而且没有意识到第一通知日已经过了，他就没有麻烦，因为交割是在他的控制之下。只有那些买入期货的交易者才会出乎意料地收到交割通知。

如果预期要同实物商品打交道，交易者必须熟悉合约的具体条款以及交割的方法。每个期货合约的类似这样的细节都很容易在交易所或者经纪人那里找到。不过，大部分期货交易者从未接受或者交割过实物商品；在有可能需要交割之前，他们已经将期货合约平仓了。

34.1.6 给期货定价

介绍期货同现货商品之间的套利超出了本书的范围。我们只需要说，这样的套利在某些市场（例如美国债券）中出现的频率比在其他市场（大豆）中更高。因此，期货也可以是定价过高或过低的。我们可以使用同指数期货相似的方法来计算套利的可能性，将期货相对现货的升水作为决定的因素。

34.2 期货期权

在见过指数期货期权的这么多示例之后，读者对于期货期权多少有些熟悉了。期权的商业用途是锁定同一个未来价格相对的最坏情况中的价格。前面示例中的那个美国商人卖出瑞士法郎期货来锁定一个未来的价格。然而，他也许会决定买入瑞士法郎的期货看跌期权来对他下行的风险进行对冲。但是，如果货币市场朝对他有利的方向运动的话，他在上行方向仍然给自己进一步的盈利留下了余地。

34.2.1 描述

一个期货期权是一个标的期货合约而不是标的现货商品的期权。因此，如果交易者行权或者指派一手期货期权，他买入或者卖出的是这个期货合约。这些期权通常对应一手标的商品期货合约。同股票期权不同，分股和调整不适用于期货市场。期货期权一般是按与期货本身相同的最小变动价位来交易的（这个规则有一些例外，例如，长期债券期权的最小变动价位是 1/64 点，而它的期货的最小变动价位是 1/32 点）。

【示例 34-4】我们用大豆期权来说明上面所说的期货期权的特性。

假定 3 月大豆的售价是 575。

大豆是以美分报价的。因此 575 就是 5.75 美元，也就是说，每蒲式耳大豆价值 5.75 美元。一个大豆合约代表 5 000 蒲式耳大豆，因此，每 1 美分的运动价值 50 美元（5 000 × 0.01）。

假定有下面的期权价格。期权的成本也罗列在内（1 美分价值 50 美元）。

期权	价格	成本（美元）
3 月 525 看跌期权	5	250
3 月 550 看涨期权	35½	1 775
3 月 600 看涨期权	8¼	412.50

对期权策略家来说，为了决定某个策略的盈利性，他不一定非要知道实际的成本。例如，如果交易者买入 3 月 600 看涨期权，他需要 3 月大豆期货的价格在到期时高于 608.25 才能有盈利。这是看涨期权买家在到期时观察他的盈亏平衡点的正常方法：行权价加上看涨期权的成本。为了知道到期时的盈亏平衡价格是 608.25，没有必要知道大豆期权每点价值 50 美元。

如果这个期货是现金交割的期货（欧洲美元、标普 500 指数，以及其他指数），那么，期货和期权一般是在最后交易日结束时同时到期（实际上，标普 500 是在第 2 天早晨开盘时到期）。不过，实物期货的期权是在实际期货合约的第 1 通知日之前到期，目的是给交易者一定的时间在收到交割通知之前将他们的头寸平仓。期权在标的期货到期之前到期这个事实有一个略为奇怪的效果：期权常常在它代码中显示的那个月份的前一月到期。

【示例 34-5】3 月大豆期货的期权被称作"3 月期权"。它们实际上并不是在 3 月到期，不过，大豆期货是在 3 月到期。

大豆期权最后交易日的更拗口的定义是："在合约月前那个月的最后交易日前的那个最后的星期五之前的至少 5 个工作日。"

因此，3 月大豆期权实际上是在 2 月到期。假设 2 月的最后一个星期五是 23 号。如果在 2 月 19 号到 23 号这个星期的工作日内没有节假日，那么，大豆期权就在 2 月 16 号这个星期五到期，它距离 2 月的最后那个星期五有 5 个工作日。

不过，如果"总统节"碰巧是在 2 月 19 日的那个星期一，那么，在 19 号到 23 号的那个星期里只有 4 个工作日，因此，期权就会在前一个星期五到期，也就是 2 月 9 日。

不是那么简单，是吧？最好的办法是有一本可以用于查阅期货和期权到期日的日历。

《期货杂志》在它12月那一期中刊登有下一年的日历,在一年的每个月也刊登有月度日历。另外,经纪人也应当能够为你提供这方面的信息。

无论是什么情况,3月大豆期货期权是在2月到期,比3月大豆的第一通知日要早得多,3月大豆期货的第一通知日是在到期月的前一个月的最后的那个工作日(在这个情况里是2月28日)。期货期权的交易者必须小心,不要假设在期权到期日同期货合约的第一通知日之间有很长一段时间。在有的商品中,期货的第一到期日是在期权到期之后的那一天(例如活牛期货)。

因此,如果交易者是买入看涨期权或卖空看跌期权,因而通过行权或指派会得到一个期货合约多头的话,他就必须知道这个期货合约的第一通知日是哪一天;如果不注意,他就会在没有准备的情况下就期货多头头寸而收到交割通知。

34.2.2 其他条款

行权价间距。正如不同实物商品的期货有不同的条款一样,这些期货期权也是如此。行权价间距是一个主要的示例。有的期权的行权价间距为5点,有的则只为1点,它们反映出期货合约的波动率。具体地说,标普500指数期货期权的行权价间距为5点,大豆期货期权的行权价间距为25点(25美分),而黄金期货期权的行权价间距为10点(10美元)。此外,正如股票中常常出现的那样,如果商品自身的价格变化很大,这个具体商品的行权价间距也会发生变化。

【示例34-6】 黄金是按每盎司多少美元来报价的。根据期货合约价格的变化,行权价的间距也会有变化。目前的规则是:

行权价间距	期货价格
10美元	低于每盎司500美元
20美元	每盎司500~1 000美元
50美元	高于每盎司1 000美元

因此,当黄金期货变得太贵的时候,行权价之间的距离就变得更远。请注意,黄金还从来没有达到过每盎司1 000美元的价格,而交易所已经为出现这种情况做了准备。

行权价之间的这种变化在许多商品中都是常见的。事实上,有的商品在改变行权价的间距时,不但会考虑期货自身的实际价格,还会考虑到距离到期还有多少时间。

意识到行权价间距有可能变化(也就是说,在合约接近到期时会有新的行权价出现),对计划有些策略可以有帮助,因为这可以给策略家在使用什么期权对冲或调整头寸方面更多选择。

自动行权。同股票期权一样,所有的期货期权也都有自动行权的规则。总的来说,即使只是实值一个最小变动价位(tick),期货期权也会自动行权。如果你愿意的话,你可以下达指令,让期货期权不要自动行权。

34.2.3 系列期权

系列期权(serial options)是指到期月同它们相应的标的期货的到期月不相同的期货期权。

【示例34-7】 黄金期货在2月、4月、6月、8月、10月和12月到期。在这些月份也有到期的期权。请注意，这些到期日之间各自相隔2个月。因此，当一个黄金合约到期时，离下一个到期还有2个月。

大部分期权交易者意识到，最活跃的期权系列是最短期的期权。如果最短期的期权离到期有2个月，交易者对它的交易兴趣可能就不大。

意识到这个事实，交易所决定，除了正常的到期之外，需要有一个在最近的非期货到期月份的期权合约，也就是说，最近的那个没有实际黄金期货到期的月份。因此，如果目前是1月1日，那么，就会有在2月、3月、4月等到期月份的黄金期权。

因此，3月期权就会是一个系列期权。没有实际的3月期货存在。事实上，3月期权的行权是用4月期货来结算的。

系列期权的行权是通过在这个期权到期日之后的最短期的实际期货合约来实现的。 系列期权的到期合约数量取决于标的商品。例如，根据上面用斜体字标出的定义，黄金始终有至少一个系列期权在交易。有的期货的不同到期日之间有3个月（标普500指数以及所有的货币期权），它们在最短期的、没有实际期货合约对应的2个月份有系列期权。另一方面，白糖每年只有1个系列期权（12月），以衔接在正常的10月和3月白糖期货到期日之间存在的空缺。

策略家在交易可能有系列到期日的期权时，应该对如何评估他的策略特别小心。例如，可以根据标的标普500股指在到期时的价位来计划6月标普500期货期权的策略，因为6月期权的行权导致6月期货合约的交割，而6月期货的结算价格同指数自身在最后交易日的价格是相同的。但是，如果交易者交易的是4月标普500期权，他就必须根据6月期货合约在4月到期日的价位来计划他的策略。4月期权的行权导致在4月到期日得到6月的期货合约。因为6月的期货合约在4月时仍然有一些时间升水，那策略家就无法根据标普500指数在4月的实际价位来计划他的策略。

【示例34-8】标普500股指（代码：SPX）在1 410.50的价位交易。有下面的价格存在：

	期权
现货（SPX）：1 410.50	4月1415看涨期权：5.00
6月期货：1 415.00	6月1415看涨期权：10.00

如果交易者用10.00的价格买入6月1 415看涨期权，他知道，如果他购买的看涨期权要做到盈亏平衡，SPX指数在6月到期时就必须上涨到1 425.00。因为SPX目前的价位是1 410.50，为了在6月到期日达到盈亏平衡，现货指数就必须上涨14.50。

然而，同样的分析就不适用于对4月1 415看涨期权在4月到期日的盈亏平衡的计算。因为买入1 415看涨期权支付了5点，4月到期日的盈亏平衡价格就是1 420。但是，什么东西需要在1 420的价位上呢？6月期货，因为这是4月看涨期权行权所得到的。

6月期货目前的价格相对现货指数有4.50的升水（1 415 −1 410.50）。可是，在4月到期日，这个升水的合理价值就会缩小。假定这个合理价值在4月到期预计为3.50的升水。这样，SPX就必须是1 416.50，此时6月期货的合理价值才会是1 420.00（1 416.50 + 3.50 = 1 420.00）。

因此，SPX现货指数必须上涨6点，从1 410.50到1 416.50，6月期货在4月到期日才会在1 420的价位交易。如果这样的情况发生，买入的4月1 415看涨期权在到期日才会实现盈亏平衡。

期货期权的报价代码近年来有了很大的改进。大部分数据商使用数字这种方便的方法来表明行权价。唯一需要的"字符"是到期的月份。表34-1显示了期货和期货期权到期月的字符。因此，3月（2002年）大豆600看涨期权用的是类似这样的代码：SH2C 600，其中S是大豆的代码，H是3月的代码，2意味着2002，C代表了看涨期权，600是行权价。比起股票代码来说，这要简单得多，也灵活得多。没有必要像股票那样用字母来代表行权价，这样只会让每个人都变得惊慌和混乱。

表 34-1 期货或期货期权的月份代码

期货或期货期权到期月份	月份代码	期货或期货期权到期月份	月份代码
1月	F	7月	N
2月	G	8月	Q
3月	H	9月	U
4月	J	10月	V
5月	K	11月	X
6月	M	12月	Z

买报价-卖报价差价。一般来说，大部分期货期权的实际市场价（买报价和卖报价）都无法从数据商那里得到（在芝加哥商业交易所交易的期权是一个令人愉快的例外）。期货合约也是如此。交易者可以经常性的从交易池索要这样的报价。但是，如果交易者想要分析大量的期权，这就是一个很费时间而且难于付诸实践的过程。习惯于同股票或指数期权打交道的策略家会发现这是非常不方便的。这种情况持续了许多年，至今不见改进的迹象。

手续费。期货的交易者一般只在平仓的时候付手续费。如果投机者先是买入黄金期权，他在买入的时候不需要付手续费。后来，当卖出买入的头寸时，也就是平仓的时候，他就要付手续费。这也叫做"回合"手续费（round-turn commission），这样命名的原因一目了然。许多期货经纪公司对期货期权也采取同样的方法，只收回合手续费。股票期权交易者习惯于每次买入和卖出的时候都付手续费，一些期货期权经纪商在期货期权上也使用相同的方法。这是一个重要的区别。考虑一下下面的示例。

【示例34-9】有一位期货期权交易者单边支付15美元的手续费，也就是说，每次他买入或卖出一手合约时，他就支付15美元手续费。有一天，他的经纪商告诉他，他们将根据每回合收30美元，交易前就支付，而不是单边支付15美元。这是大部分期货经纪公司现在收取手续费的方法。单边15美元同每回合30美元，交易前付清，这是一回事儿吗？不，它不是一回事儿！如果你买了一手期权，它无价值到期了，那会怎么样？你已经付了手续费的交易实际上从来没有发生过。但是，你是无计可施的，因为对期货期权收取回合手续费已经成了行业的标准。

无论是哪种情况，许多交易者通过协商将手续费改为按合约数计算的费用。低收费的期货经纪商（也就是经纪公司）常常用这种方法来招徕生意。一般来说，这种支付手续费的方法对客户有好处。不过，它确实有期权交易者应当注意的看不见的效果。由于这种效果，交易某些期货期权比交易其他期货期权潜在地更有盈利性。

【示例 34-10】一个买了玉米期货的客户在期权交易中付的是每回合 30 美元。因为玉米期权每点价值 50 美元（1 美分），每一次他交易玉米期权的时候，他为每一点支付 0.60（30/50=0.60）。

现在，考虑一下同一个客户交易标普 500 期货。标普 500 期货和期货期权每点价值 250 美元。因此，在交易标普 500 期权时，他为每一点只支付 0.12（30/250 = 0.12）。

相对于玉米期权，他在标普 500 期权中显然有高得多的机会获得盈利。他可以用 5.00 买入一手标普 500 期权，然后按 5.20 卖出，获得 0.08 的盈利。然而，在玉米期权里，如果他用 5 买入一手期权，他需要卖到 5⅝ 才能赚钱，这是两个合约之间的一个显著区别。事实上，如果他参与到价差策略中，并且交易许多手期权的话，这个区别甚至就会更重要。

期货期权有持仓限额。金融期货中的持仓限额一般比较大，其他期货，特别是农产品，持仓限额则可能比较低。一个进行价差交易的大投机者有可能会不小心超出了较低的限额。因此，交易者在持有一个大头寸之前应当向他的经纪人查询，弄清楚各种期货期权的准确的持仓限额。

34.2.4 期权保证金

期货期权的保证金要求一般比股票和指数期权的要求更符合逻辑。例如，如果交易者有一个转换或反转组合，他的保证金要求在期货期权中就接近零。而在股票期权中则可能数额很大。此外，期货交易所引进了一种给期货和期货期权投资组合计算保证金的更好方法。

SPAN 保证金。几乎所有的交易所都使用标准投资组合风险分析（Standard Portfolio ANalysis of risk，SPAN）保证金系统。SPAN 是设计来确定一个投资组合的整体风险，包括所有的期货和期权。它是一个独特的系统，通过预测一个交易者的投资组合中期货合约的价格运动和期权隐含波动率的可能变化，来确定期权的保证金金额。比起在此之前实行的在某种程度上是任意的保证金要求（叫做"客户保证金"系统），或者是那些在股票和指数中使用的保证金体系来说，这种方法创造了对风险更为现实的估量。

不是所有的期货清算公司都自动按 SPAN 系统来计算他们的客户的保证金。有的在大部分期权账户上使用较老的客户保证金系统。使用 SPAN 系统对策略家有利。因此，交易者应当在能够提供 SPAN 保证金的经纪人处交易。

SPAN 保证金对策略家有两个主要的好处。首先，它对裸期权的保证金要求一般会比较低；其次，它对有的买入期权头寸的保证金要求也会降低。第 2 点听上去好像有些不寻常：买入期权头寸的保证金？SPAN 计算出目前有风险的买入期权的价值数量。显然，如果在到期之前还有时间价值存在，即使标的期货的交易跌停，看涨期权仍然还有价值。如果这个价值低于这个期权的市场价格，多余的部分就可以用在投资组合中的其他的保证金要求上！显然，在这样的系统里，实值期权有更大的多余价值。

SPAN 是怎样运作的。期货交易所设定某些基本的要求，例如，期货合约的运动数量必须有保证金（维持保证金）。在知道了这一点之后，交易所的计算机基于期货在一定价格范围内的运动和波动率的变化，为明天的交易生成一个可能的盈利和亏损的序列。这些结果被储存在一个"风险序列"（risk array）中。每一个期货合约和每一个期权合约都有自己不同的风险序列。清算会员（你的经纪人）或者你都不必做任何计算，所需要的只是看一看，根据 SPAN 风险序列中的盈利和亏损，你的投资组合中的期货和期权头寸会受到什么样的影响。交易所进行各种必需的数学计算，预测出盈利和亏损。这些计算的结果都表现在风险序列中。

在风险序列里有 16 个项目：对 7 种不同的期货价格，SPAN 预测出在波动率增加和波动率减小的情况下会出现的盈利或亏损，这就是 14 个项目。SPAN 同时还对一个"极端的"上行运动和一个"极端"的下跌运动预测潜在的盈利或亏损。究竟什么是"极端"的，由期货交易所来决定，"增加"的或"减小"的波动率，也是由交易所来定义的。

SPAN"保证金"也适用于期货合约，虽然波动率的考虑对实际期货的风险评估不起任何作用。第 1 个示例，考虑一下 SPAN 是如何评估一个期货合约的风险的。

【示例 34-11】这个示例用的是标普 500 期货。假定芝加哥商业交易所确定这个期货所需要的维持保证金是 10 000 美元，它代表了这个期货合约的一个 20 点的运动（读者应当记得，标普 500 期货每点价值 500 美元）。此外，交易所还确定"极端"的运动是 14 点，或者说 7 000 美元的风险。

情景	买入 1 手期货的潜在盈亏	情景	买入 1 手期货的潜在盈亏
期货无变化；波动率增加	0	期货下跌 2/3 的范围；波动率增加	-6 670
期货无变化；波动率减小	0	期货下跌 2/3 的范围；波动率减小	-6 670
期货上涨 1/3 的范围；波动率增加	+3 330	期货上涨 3/3 的范围；波动率增加	+10 000
期货上涨 1/3 的范围；波动率减小	+3 330	期货上涨 3/3 的范围；波动率减小	+10 000
期货下跌 1/3 的范围；波动率增加	-3 330	**期货下跌 3/3 的范围；波动率增加**	**-10 000**
期货下跌 1/3 的范围；波动率减小	-3 330	期货下跌 3/3 的范围；波动率减小	-10 000
期货上涨 2/3 的范围；波动率增加	+6 670	期货向上出现"极端的"运动	+7 000
期货上涨 2/3 的范围；波动率减小	+6 670	期货向下出现"极端的"运动	-7 000

这 16 个序列项目总是按照这样的顺序排列的。请注意，因为这个序列的对象是一个期货合约，"波动率增加"和"波动率减小"的情况始终是一样的，因为这里提到的波动率是用来作为期权定价公式的输入变量的。

请注意，产生这个序列并不需要这个期货合约的实际价格。SPAN 保证金总是等于这个序列中的最大潜在亏损。因此，如果交易者买入 1 手标普 500 期货合约，他的 SPAN 保证金要求就是 10 000 美元，它出现在"期货下跌 3/3"的情况里。这是一个期货合约始终需要的维持保证金。

现在，让我们考虑一个期权的示例。在这类计算中，交易所使用标的期货合约中的相同运动，计算期权在下一个交易日会存在的理论价值。其中之一的计算同波动率增加相关，另一项同波动率减少相关。

【示例 34-12】使用相同的标普 500 期货合约，下面的序列描绘了一个买入 12 月 410 看涨期权的风险序列。交易者不需要知道期权或期货的价格就可以使用这个序列；交易所将这些信息结合到用来得到潜在盈利或亏损的模型中。

情景	买入 1 手 12 月 1 400 看涨期权的潜在盈亏	情景	买入 1 手 12 月 1 400 看涨期权的潜在盈亏
期货无变化；波动率增加	+460	期货下跌 2/3 的范围；波动率增加	−2 540
期货无变化；波动率减小	−610	期货下跌 2/3 的范围；波动率减小	−3 430
期货上涨 1/3 的范围；波动率增加	+2 640	期货上涨 3/3 的范围；波动率增加	+8 060
期货上涨 1/3 的范围；波动率减小	+1 730	期货上涨 3/3 的范围；波动率减小	+7 640
期货下跌 1/3 的范围；波动率增加	−1 270	期货下跌 3/3 的范围；波动率增加	−3 380
期货下跌 1/3 的范围；波动率减小	−2 340	**期货下跌 3/3 的范围；波动率减小**	**−3 990**
期货上涨 2/3 的范围；波动率增加	+5 210	期货向上出现"极端的"运动	+3 130
期货上涨 2/3 的范围；波动率减小	+4 540	期货向下出现"极端的"运动	−1 500

这个风险序列中的项目全都相当符合逻辑。在一个买入看涨期权的头寸中，期货向上的运动会产生盈利，期货向下的运动会产生亏损。另外，最后的结果总是通过使用同较高的波动率相对的较低的波动率而得出的。在这个具体的示例里，SPAN 保证金要求是 3 990 美元（"期货下跌 3/3；波动率减小"）。也就是说，SPAN 系统预测，如果期货跌过了预定的整个价格范围并且波动率下降（最糟的情况），你就会在这个看涨期权中亏损掉 3 990 美元。因此，这就是要保持这个买入期权的头寸所必需的保证金数量。

虽然交易所并不告诉我们他们使用的波动率增长或减少的幅度是多少，看一看这个表格的前两行，就可以有一个大概的概念。交易所是说，如果期货明天没有变化，但是波动率"增加"，那么，这个看涨期权的价值就会增加 460 美元（92 美分）；不过，如果它"减小"，这个看涨期权就会亏损 610 美元（1.22 点）的价值。这些是很大的价格变化，因此，你可以假设，他们对波动率的变化的假设是相当大的。

使用 SPAN 风险序列的真正轻松之处是在需要对比较复杂的头寸进行评估的时候。交易者只需要将头寸中的每个期权或期货的风险序列因素结合起来，就可以得出总的保证金要求。

【示例 34-13】 使用上面的两个示例，你可以看出对一手卖出备兑的 SPAN 保证金：买入标普期货和卖出 12 月 1 400 看涨期权。

情景	买入 1 手标普期货	卖出 1 手 12 月 1 400 看涨期权潜在盈亏	卖出备兑
期货无变化；波动率增加	0	−460	−460
期货无变化；波动率减小	0	+610	+610
期货上涨 1/3 的范围；波动率增加	+3 330	−2 640	+690
期货上涨 1/3 的范围；波动率减小	+3 330	−1 730	+1 600
期货下跌 1/3 的范围；波动率增加	−3 330	+1 270	−2 060
期货下跌 1/3 的范围；波动率减小	−3 330	+2 340	−990
期货上涨 2/3 的范围；波动率增加	+6 670	−5 210	+1 460
期货上涨 2/3 的范围；波动率减小	+6 670	−4 540	+2 130
期货下跌 2/3 的范围；波动率增加	−6 670	+2 540	−4 130
期货下跌 2/3 的范围；波动率减小	−6 670	+3 430	−3 240
期货上涨 3/3 的范围；波动率增加	+10 000	−8 060	+1 940

(续)

情景	买入 1 手标普期货	卖出 1 手 12 月 1 400 看涨期权 潜在盈亏	卖出备兑
期货上涨 3/3 的范围；波动率减小	+ 10 000	− 7 640	+ 2 360
期货下跌 3/3 的范围；**波动率增加**	− 10 000	+ 3 380	− 6 620
期货下跌 3/3 的范围；波动率减小	− 10 000	+ 3 990	− 6 010
期货向上出现"极端的"运动	+ 7 000	− 3 130	+ 3 870
期货向下出现"极端的"运动	− 7 000	+ 1 500	− 5 500

跟预料中一致，对卖出备兑的最坏情景预测是期货价格下跌，隐含波动率上涨。如果发生这样的情况，SPAN 系统对这个卖出备兑的预测是要亏损 6 620 美元。因此"期货下跌 3/3；波动率增加"是 SPAN 的保证金要求金额：6 620 美元。

作为比较，在旧有的"客户保证金"的期权保证金系统之下，对卖出备兑的保证金要求金额是期货的保证金，加上期权的权利金，减去虚值部分的一半。在上面的示例里，假设期货价格是 408，看涨期权价格是 8。于是客户卖出备兑的保证金就会是 SPAN 保证金的两倍：

期货保证金	10 000 美元
期权权利金	+ 4 000
1/2 的虚值部分	− 1 000
	13 000 美元

显然，你可以相当容易地改动风险序列中使用的数量。例如，如果交易者有一个买入 3 手期货和卖出 5 手 12 月 410 看涨期权的比率价差，他可以很容易地将预测的期货的盈亏乘以 3，将预测的期权的盈亏乘以 5，再将这两个乘积加在一起，得出总的保证金。一旦完成了这一步计算，他的 SPAN 保证金就是 SPAN 系统为下一个交易日所预测的最糟的预期亏损。

在实践中，SPAN 的计算甚至还要更精密一些：它们考虑到一个最低期权保证金（针对深度虚值的期权）、考虑到同一商品上不同期货合约的价差（不同的到期月）、加进交割月费用（如果在第 1 通知日之后还持有一个头寸），甚至允许对相关但不同的期货价差少量地降低保证金（例如，短期债券同长期债券）。

如果你对自己计算 SPAN 保证金感兴趣，你的经纪人也许能够为你提供可以这样做的软件。不过，更可能的是，他会在你建立头寸之前提供计算 SPAN 保证金的服务。因此，你可以从你的经纪人那里索取得到 SPAN 保证金要求的细节。

34.2.5 实物货币期权

外汇期权不时有场内期权。有时这些场内期权要求实物交割。外汇期权有一个很大的场外市场。因为这些期权的实物商品标的是货币，就这个词儿的某种意义而言，这些也是现金交割的期权。不过，这些期权的现金标的物不是美元，而是欧元、瑞士法郎、英镑、加拿大元或者日元。在芝加哥商业交易所有同样的货币期货交易。因此，许多实物期权的交易者使用芝加哥的期货来对冲他们的头寸。

同股票期权不同，货币期权没有标准化的条款，在不同的情况里，期权合约的标的货币数量各不相同。行权价间距和交易单位也不一样。不过，因为只有6种不同的合约，也因为它们的条款同期货合约的细节相对应，所以这些期权相当成功。外汇市场是世界上最大的市场，它们的规模反映了这些货币期货的流动性。

我们将用日元合约来说明外汇期权是如何运作的。其他类型的外汇期权的运作机制大致相仿，虽然它们代表了不同数量的外汇。一手外汇合约所对应的外汇数量就是其交易单位，正像股票期权的交易单位是100股股票一样。日元期权的交易单位是62 500日元。货币自身一般是用美元报价的。例如，日元0.50的报价意味着1日元价值0.50美元。

请注意，当交易者持有外汇期权（或者期货）头寸时，他同时在美元中持有一个相反的头寸。也就是说，如果交易者持有一个日元的看涨期权，他是买入日元（至少是delta多头），同时，这也意味着他是在卖空美元。

日元期权的行权价间距是1美分，并且其价格也是用美分来表示，而不是美元。这就是说，如果日元在50美分的价位上交易，那么就有可能有48，49，50，51和52的行权价。知道了交易单位和以美元表述的行权价，交易者就可以计算出涉及外汇行权或指派的总美元金额。

【示例34-14】假定日元在0.50交易，行权价有48，50和52，代表着每日元所对应的美分数。如果交易者要将一个行权价为48的看涨期权行权，那么，行权涉及的美元金额就是125 000（交易单位）乘以0.48（用美元表示的行权价），或者说60 000美元。

期权权利金是用美分来表示的。也就是说，如果一个日元期权的报价是0.75，那它的成本就是0.007 5美元乘以交易单位125 000，或者说937.50美元。权利金以1/100点来陈述。也就是说，0.75的下一个价位是0.76。因此，对日元期权来说，每一个最小变动价位或者每1/100点等于12.50美元（0.000 1 × 125 000）。

满足指派通知的实际证券交割必须在货币所在国进行。也就是说，货币的买家必须在货币的发行国安排交割货币。在行权或指派的时候，货币的卖家或者是被行权的看跌期权的持有者，或者是被指派的看涨期权的卖出者。因此，如果交易者卖空瑞士法郎看涨期权，他被指派了，那么，他就必须将瑞士法郎交割到瑞士的一家银行。这基本上意味着，如果你预期要行权或者被指派的话，在你的公司或者经纪人同外国银行之间必须有某种安排。行权或指派的实际支付发生在经纪人同期权清算公司（OCC）之间，是用美元进行的。OCC然后能够在货币发行国接受或者交割外汇，因为OCC同这些国家的银行之间都有一定的安排。

34.2.6 ETF 期货

我们在第32章介绍了交易所交易基金（ETF）。大量的ETF都与期货有直接关联。这让那些没有期货账户的投资者也可以参与到特定水平期货的价格运动中。

与期货关联的ETF有两种构建方法。第一种是，该ETF实际持有实物商品。例如，黄金ETF（GLD）就是这样做的。因此，这类ETF实际上是与黄金的现货价格精确对应的。

另一种构建商品ETF的方法是买入标的期货，而不是实物商品。大量的ETF都是用这种方法来构建的。例如，原油 ETF（USO）、天然气 ETF（UNG）和波动率 ETF（VXX）等。这些 ETF 可能不能完全对应标的现货市场的表现，因为它们需要在持续持有和挪仓期货合约过程中支付时间价值。

这就产生了一个问题，当更长期的合约变得比更短期的合约更贵时，该 ETF 就必须支付这个差额。

【示例 34-15】当前月份的原油期货要到期了，因此它的价格会接近现货价格。假设该价格是 75。原油 ETF 此时需要卖出原持有的当月的期货，并买入下一个月的期货，例如以 76.50 的价格。

一个月之后，假设现货价格仍为 75，没有变化。当时以 76.50 买的期货现在的价格只有 75。因此该 ETF 在这些合约上就损失了 1.50，即使现货市场没有发生变化。此外，此时它还需要买下一个月的合约，可能价格为 76.50。

一段时间之后，所有这些以更高价格向前挪仓的期货交易的累积效应，相对于现货市场，会"拖累"该基金的表现。此外，该 ETF 只有有限金额的资产，这些损失最终会实际上导致该 ETF 在理论上耗尽现金。

34.3 期货期权交易策略

这里介绍的策略是期货期权交易所特有的策略。虽然它们同股票和指数期权策略有一些一般性的关系，但这些策略的大部分只适用于期货期权。我们同时也要表明（在后式价差和比率价差的示例里），无论标的工具是什么（股票、期货等），交易者都可以通过把所有的东西分析为"点数"而不是"金额"，用同样的方法来计算一个期权价差的盈利性。

在讨论具体策略之前，观察一下期货期权的一些关系和它们相互之间的价格关系以及它们同期货合约自身之间的价格关系，应当是有用的。在股票和指数期权的价格里已经包含了持有成本和股息，因为标的工具支付股息，而且交易者必须付出现金以买入或者卖出股票。在期货中的情况就不是如此。买入一手期货合约所需要的"投资"并不是一开始就要投入的现金。请注意，同期货相关的持有成本一般指的是持有现货自身的持有成本。这个持有成本除了同决定期货自身价格有关之外，对期货期权的价格没有影响。此外，期货没有股息或者类似的支出。甚至美国政府长期债券期权也是如此，因为现货债券的利率支付是构建在期货的价格之中的。因此，基于期货价格而不是直接基于现货价格的期权，就不一定非要有持有成本，因为期货自身一开始并没有相关的持有成本。

简单地说，我们可以这样来表述：

$$期货看涨期权 = 期货看跌期权 + 期货价格 - 行权价$$

【示例 34-16】4 月原油期货的收盘价是 18.74（每桶 18.74 美元）。有下面的价格存在：

行权价	4 月看涨期权价格	4 月看跌期权价格	看跌期权 + 期货 − 行权价
17	1.80	0.06	1.80
18	0.96	0.22	0.96
19	0.35	0.61	0.35
20	0.10	1.36	0.10

请注意，在每个行权价上，上面的公式都是正确的（看涨期权＝看跌期权＋期货价格－行权价）。这些不是理论价格；它们来自某个交易日的实际结算价格。

在现实中，当涉及深度实值或长期期权时，这个简单公式就不起作用了。但对大部分具体的近期期货合约上的期权来说，它是够用的。查一查今天的报纸，你可以自己证实一下我们这么说没有错。

这个观察的另一个细节：当期货合约刚好在行权价的时候，使用这个行权价的看涨期权和看跌期权会按相同的价格交易。注意一下，在上面的公式里，如果你将期货的价格设定在同行权价相同的价位上，最后的两项就相互抵消，剩下的就是：看涨期权价格＝看跌期权价格。

在讨论策略前要做的最后一个观察是，对行权价相同的看跌期权和看涨期权：

$$看涨期权净变化 - 看跌期权净变化 = 期货净变化$$

对股票和指数期权来说也是如此，这是一个值得记住的有用规则。如果市场中的最新价不符合上面的规则，那么，至少有其中一个最新价或许没有代表期权的真正市场价。

34.3.1 delta

因为我们是在讨论定价，也许应当提一下 delta。期货期权的 delta 同股票期权的 delta 有着相同的意义：期权价格因为标的期货合约价格每一点的运动而增长的数量。同时我们也知道，它是通过从期权定价模型得出的一阶导数而得到的即时的衡量尺度。

无论是哪种情况，一个平值的股票或指数期权的 delta 大于 0.50；离到期时间越远，delta 就越高。简单地说，这同将行权价的价值持有到期权到期日的持有成本有关。不过，部分的原因是由于股票的价格分布：有一个向上的偏向，由于离到期的时间较长，这个偏向就使得看涨期权的运动比看跌期权的运动更为突出。

期货的期权没有我们需要应对的持有成本的特性，但是，在它们的价格分布中确实有正向的偏向。同股票一样，一个期货合约可以增值到 100% 之上，但是不能跌过 100%。因此，平值的期货看涨期权的 delta 略大于 0.50。离期货期权到期日越远，平值看涨期权的 delta 就越高。

许多交易者都错误地相信，平值期货期权的 delta 是 0.50，因为在期货的转换和反转组合中没有持有成本。这样的看法是不对的，因为期货的价格分布同样也影响到 delta。

同股票和指数期权一样，在期货期权中，始终出现的情况是，一个看跌期权的 delta 同一个行权价和到期日相同的看涨期权的 delta 是相互关联的：

$$看跌期权\ delta = 1 - 看涨期权\ delta$$

最后，等股头寸的概念也适用于期货期权策略，当然，它被称作等额期货头寸 (equivalent futures position，EFP)。EFP 是用下面这个简单公式计算出来的：

$$EFP = 期权\ delta \times 期权数量$$

因此，如果交易者买入 8 手 delta 为 0.75 的看涨期权，那么，这个头寸的 EFP 就是 6（8 × 0.75）。这就意味着买入这些看涨期权等于买入 6 手期货合约。

请注意，在股票的情况里，等股头寸的公式中有另一个因素：每手期权代表的股份数。

这个概念不适用于期货期权，因为它们都是一手期货合约之上的期权。

34.3.2 数学的考虑

这一小节将讨论对期货期权和实物期权的建模考虑。

期货期权。用来给期货期权定价的是布莱克模型（见第33章对指数期权的数学考虑）。读者应当还记得，期货是不支付股息的，因此，在这个模型里就没有必要进行股息调整。此外，期货也不涉及持有成本，因此，交易者唯一需要做的是把0%作为对布莱克－斯科尔斯模型的利率输入项。这是一种过于简化的说法，特别是对深度实值的期权。交易者在买入一手期权时支付了一些钱。因此，布莱克模型在布莱克－斯科尔斯模型的价格里将这个因素贴现出去。因此，实际用来为期货期权理论价值定价的模型是布莱克模型，它只是用0%作为利率的布莱克－斯科尔斯模型，然后再贴现：

$$看涨期权理论价值 = e^{-rt} \times 布莱克-斯科尔斯公式\,[r=0]$$

我们在上面说过：

$$期货看涨期权 = 期货看跌期权 + 期货价格 - 行权价$$

实际的关系是：

$$期货看涨期权 = 期货看跌期权 + e^{-rt}(期货价格 - 行权价)$$

式中　r——短期利率；

　　　t——离到期的时间，以年计；

　　　e^{-rt}——贴现因子。

这里必须要用短期利率，因为当交易者为一手期权支出的时候，从理论上说，他就失去了如果把钱存在银行里就可以赚得的利息，在银行里的钱可以按短期利率获得利息。

在这两个公式之间的区别对不是深度实值的近期期权来说是如此之小，它通常小于期权中买报价同卖报价之间的差别，所以，可以使用第一个等式。

【示例34-17】下面的表格对使用这两个公式计算出的理论价值进行了比较，其中$r = 6\%$，$t = 0.25$（1/4年）。更进一步，假设期货的价格是100。行权价列在第1列里，看跌期权的价格在第2列。根据每个公式预测出的看涨期权价格列在后面的两列里。

行权价	看涨期权价格	公式1（简单）	公式2（使用e^{-rt}）	行权价	看涨期权价格	公式1（简单）	公式2（使用e^{-rt}）
70	0.25	30.25	29.80	100	7.50	7.50	7.50
80	1.00	21.00	20.70	105	10.70	5.70	5.77
90	3.25	13.25	13.10	110	13.90	3.90	4.05
95	5.35	10.35	10.28	120	21.80	1.80	2.10

对于20或30点实值或虚值的期权，在这些3个月的期权中，有明显的差异。不过，对那些接近行权价的期权来说，差异很小。

如果离到期的时间比上面示例里使用的时间要短，这些差异会小一些；如果时间更长，差异会放大。

实物期权。确定类似货币这样的实物期权的合理价值要复杂一些。计算实物期权合理价值的正确方法同计算股票期权的很相似。回忆一下，在股票期权的情况里，在计算期权价值之前，我们首先从股票现有的价格里减去股息的现值。在确定货币或者其他实物期权的合理价值时，我们也使用一个相似的程序。在所有这些情况里，标的证券都持续产生利息，而不是像股票那样，以季度计算。因此，我们需要做的只是从标的价格中减去在期权到期之前要付的利息的数量，然后将累积要付的利息的数量加起来。其他所有在布莱克-斯科尔斯模型中输入的数据都保持不变，包括无风险利率等于90天的政府债券。

同样，实践的期权策略家有近路可抄。如果交易者假设为了给货币定价的各种必需的因素基本上已经结合进了芝加哥的期货市场，那么，他就可以只是使用期货价格作为标的物的价格，用它来评估费城的实物交割期权。在近期合约上这种方法的效果不好，因为期货的到期日比费城期权的到期日早一个星期。此外，它忽略了费城期权的提前行权的价值。不过，除了这些小差异之外，这条近路能够得出策略选择中所需要的理论价值。

【示例34-18】在4月的某个时候，交易者想要计算费城6月欧元实物交割期权的理论价值。假定交易者知道布莱克-斯科尔斯公式必需的4个基本数据：离到期60天、行权价68、利率10%，以及波动率18%。但是，用什么来代表标的欧元的价格呢？就使用芝加哥的6月欧元期货合约的价格。

34.3.3 同涨跌停板相关的策略

大多数期货交易所都有涨跌停板存在这个事实，对期权的买家和卖家都可能造成伤害。不过，有的时候，涨跌停板有可能提供一个独特的机会。下面一节的注意力就集中在谁有可能从期货的涨跌停板中得到好处，以及谁不能。

读者应记得，期货合约中的涨停板是这个合约可以交易的离前一个收盘价的上涨或下跌的绝对点数。因此，如果债券中的涨停板是3点，它们昨天晚上收盘价为74 21/32，不管现货债券市场中发生什么情况，它们在第二天交易的价格都不能超过77 21/32。涨跌停板制度在许多期货合约中都存在，为的是保证市场不至于被某些人操纵，迫使价格在某个方向有巨大的运动。涨跌停板制度存在的另一个理由从表面上看是只允许有一个固定的、同初始保证金覆盖的数量大致相等的运动，这样，如果需要的话，就可以追加维持保证金。不过，涨跌停板制度也被用在没有必要的情况里。例如，在政府债券里，由于流动性之大，没有人能够操纵得了市场。此外；在政府债券期货合约同现货债券之间进行套利是一件相对容易的事。这也增加了流动性，使得期货合约不可能长期在同理论价值有显著差异的价格上交易。

有的时候市场实际上需要快速地大幅度运动，但是因为涨跌停板而无法做到。也许在涨停板的限制是3点的时候，现货债券上涨了4点。这没有造成什么区别，当期货合约上涨到它一天之内可以上涨的最大幅度，它就在那里形成了买报价（这个情况叫做"停板买报价"），而且，只要标的商品继续上涨，通常就不会重新交易。当然，有这样的可能，一个期货出现了停板买报价，结果，在同一个交易日的晚些时候，标的商品价格下跌，交易者开始卖出这个期货，使得它脱离了停板价格。同样的情况也有可能出现在下行方向，在那里，期货被交易到最大的可能价格，它就有了"停板卖报价"。

正如前面所指出的，期货期权有的时候也有强制的涨跌停板。这些停板的幅度同期货的停板一样。在其他的市场中，期权可以被自由交易，即使期货已经因为触及涨停板或跌停板而暂停交易时。不过，即使在期货期权自身有涨停板限制的情况里，也有没有触及停板的虚值的期权可以交易。

在期权还在交易的时候，交易者可以使用它们来推测如果没有涨停板限制的话，期货会在什么样的价格上交易。

【示例34-19】由于大家对干旱的恐惧，8月大豆大涨，星期五收盘在650（每蒲式耳6.50美元）。不过，周末中西部下了很大的雨，看上去干旱的恐惧是过火了。大豆开盘时跌了30美分，跌到620，跌到了30美分的停板。此外，在这个价位上没有买家，8月大豆合约被锁定在跌停板上。没有进一步交易。

交易者可以使用8月大豆期权作为一个价格发现的机制，看一看如果没有停板的话，8月大豆会在什么价位上交易。

假定有下面的价格存在，即使8月大豆因为被锁定在跌停板上没有交易：

期权	最后成交价	当天净变化
8月625看涨期权	19	−21
8月625看跌期权	31	+16

期权策略家知道可以通过买入一手看涨期权和卖出一手看跌期权来创造一手合成的期货多头头寸。或者反过来创造一手合成的期货空头。知道了这一点，策略家可以预测期货的交易价格是什么：

$$\text{隐含期货价格} = \text{行权价} + \text{看涨期权价格} - \text{看跌期权价格}$$
$$= 625 + 19 - 31 = 613$$

如果期权的价格是上面所显示的，策略家可以创造出一个价格为613的合成期货头寸。因此，在这个示例里，推测8月大豆期货的隐含价格是613。

请注意，这个公式只不过是本章前面展示的一个公式的另一个版本。

在上面的示例里，这两个期权都没有运动到30点的停板限制，在大豆期货期权中也像大豆期货中那样有停板制度。如果它们到了停板的话，在推测期货价格的公式中，它们就没有用处。只有自由交易的期权（没有涨停板也没有跌停板）才能用在上面的公式里。

如果更全面地看一看大豆期货期权在某个交易日中，在开盘之后跌到停板然后停留在那里的情况，那么就可以看到，它们之中有些也是不能交易的。

【示例34-20】将上面的示例继续下去。8月大豆在这一天锁住在30美分的跌停板上。下面的表格显示了更多的期权价格。所有在那一天涨30美分或跌30美分的期权都碰到了它们的停板限制，因此，就不能用在上面的确定8月大豆期货合约的隐含价格所必需的程序里。

期权	最后交易价格	当天净变化	期权	最后交易价格	当天净变化
8月550看涨期权	71	−30	8月550看跌期权	4	+3
8月575看涨期权	48	−30	8月575看跌期权	9	+6
8月600看涨期权	31	−26	8月600看跌期权	18	+11
8月625看涨期权	19	−21	8月625看跌期权	31	+16
8月650看涨期权	11	−15	8月650看跌期权	48	+22
8月675看涨期权	6	−10	8月675看跌期权	67	+30

深度实值看涨期权，8月550和8月575，和深度实值看跌期权，8月675，它们都在停板上。所有其他的期权在自由交易，因而可以被用来进行上面的8月期货隐含价值的计算。

你也许会问，在期货不能自由交易的时候，做市商怎么能够为期权做市呢？他们是根据现货报价给期权定价的。知道了现货价格，他们就可以推测期货的价格（在这个情况里是613），于是他们也可以为期权做市。

在期货被锁定在涨停板的价位时，能够使用期权的真正价值，自然也能够为投资者的头寸对冲。简单地说，如果交易者开始是买入8月大豆期货，然后，它们像前面的示例里那样在跌停板的价位被锁住，那么，交易者可以使用看跌期权和看涨期权来有效地将他的头寸平仓。

【示例34-21】同以前一样，8月大豆的价格为620，因为跌了30美分而停板。交易者开始交易的时候是买入期货，现在，他变得非常担心。他无法将买入的头寸平仓，而且，如果大豆明天开盘时继续跌停板，他的钱就全输光了。这时，他可以使用8月期权将他的头寸平仓。

我们已经证明了下面的公式是正确的：

$$买入看跌期权 + 卖出看涨期权 = 卖空股票$$

当然，它也同卖空期货相等。因此如果这个交易者买入一手看跌期权，卖出一手行权价相同的看涨期权，那么，他就有了一个同可以对冲他的买入期货头寸相等的卖空期货的头寸。

使用下面的价格（它们同上面相似），那么，交易者可以看出他的风险限制在由此产生的期货价格613上。也就是说，买入看跌期权和卖出看涨期权与卖出一手价格为613的期货是相同的，在这个交易日下跌了37美分。

现有价格：

头寸：

按19买入8月625看跌期权

按31卖出8月625看涨期权

期权	最后交易价格	当天净变化
8月625看涨期权	19	−21
8月626看跌期权	31	+16

在期权到期时 8月期货价格	看跌期权价格	看跌期权盈亏（美元）	看涨期权价格	看涨期权盈亏（美元）	头寸的净盈亏（美元）
575	50	+1 900	0	+1 900	+3 800
600	25	−600	0	+1 900	+1 300
613	12	−1 900	0	+1 900	0
625	0	−3 100	0	+1 900	−1 200
650	0	−3 100	25	−600	−3 700

这个盈利表显示出按19买入8月625看跌期权加上按31卖出8月625看涨期权与按613卖出8月期货相等，也就是说，它们的潜在盈利相同。因此，如果交易者买入看跌期权和卖出看涨期权，他实际上就按照613卖出了他的期货，承受了亏损。

在买入看跌期权和卖出看涨期权之后，他由此产生的结果就是一手转换组合（买入期货，买入看跌期权，卖出看涨期权）。在期货市场里，对转换和反转组合的保证金要求是零。

保证金规则承认这样的策略的无风险性。因此，在他付清了期货中未兑现的亏损之后，多余的钱可以用来进行新的交易。

如果期货交易者不想的话，他不必对他的头寸进行百分之百的对冲。他可以决定只是买入一手看跌期权来限制下行方向的风险。不幸的是，在期货已经被锁在跌停板上之后，这样做也许是不够的，而且太晚了。他可以建立多种的部分对冲：买入一些看跌期权，卖出一些看涨期权，使用不同的行权价，等等。

因为涨停板而无法对他的头寸进行对冲的裸期权卖出者可以使用相同的或相似的策略。他也可以使用仍然在自由交易的期权来创建一个合成期货头寸。

期货期权一般有足够的虚值行权价，其中有一些会仍然在自由交易。凡是持有亏损但因为停板而无法交易头寸的人都可以利用这个事实。只是懂得怎样使用这一种期权交易策略，就可以为许多期货交易者带来值得努力的好处。

34.4 常见的错误定价策略

期货期权有的时候会出现严重的错误定价。当然，任何产品的期权有时都会出现错误定价。但似乎错误定价出现在期货期权中比股票期权中更为频繁。下面的关于策略的讨论集中在一种特别的、常常出现的期货期权错误定价的模式上。它常常出现在虚值期权过于便宜，实值期权过于昂贵的情形中。这种现象的真正名字叫做"波动率倾斜"，我们在第36章论述高级概念的时候将对它进行讨论。在这一章里，我们将把注意力集中在如何发现它和如何从中获得盈利上。

有的时候，股票期权也在一定程度上表现出这个特性。一般而言，当投机者认为股票将突然出现大幅度价格上涨的时候，在股票交易中就会出现这种情况。他们争相买入虚值看涨期权，特别是近期的，想利用他们看多的观点来赚取盈利。在有兼并传言的时候，股票期权表现出错误定价的模式。当然，错误定价是一个同统计学相关的术语；从错误定价中无法印证兼并传言的可靠性。

我们将花一定的时间来讨论这个议题，因为期货期权交易者将有充分的机会观察到这样的错误定价模式，并且利用它来获得盈利；它不是某种罕见的东西。因此，交易者应当对此有所准备，利用它为自己服务。

【示例34-22】1月大豆的交易价是583（每蒲式耳5.83美元）。有下面的价格：

1月大豆：583

行权价	看涨期权价格	看跌期权价格	行权价	看涨期权价格	看跌期权价格
525		½	625	5¼	
550		3¼	650	3½	
575	19½	12	675	2¼	
600	11	28			

假定交易者知道，根据历史模式，这些期权的"合理价值"是在下面表格里列出的价格：

行权价	看涨期权价格	看涨期权理论价值	看跌期权价格	看跌期权理论价值	行权价	看涨期权价格	看涨期权理论价值	看跌期权价格	看跌期权理论价值
525			½	1.6	625	5¾	4.3		
550			3¼	5.4	650	3½	1.5		
575	19½	21.5	12	13.7	675	2¼	0.7		
600	11	10.4	28	27.6					

请注意，虚值看跌期权的定价远在它们的理论价值之下，而虚值看涨期权的定价则在它们的理论价值之上。行权价为575和600的期权在价格上要比虚值期权距离它们的理论价值要近得多。

还有另一种方法来看待这个数据，就是观察这个期权的隐含波动率。我们在第28章讨论数学应用时讨论过隐含波动率，它基本上就是交易者为了使得定价模型的理论价值同实际市场价格相符而必须输入期权定价模型的波动率。换句话说，它是实际市场所猜测的波动率。这个示例中的每个期权的波动率都不同，因为它们的错误定价将价格扭曲得很厉害。表34-2显示了这些波动率。这些期权的delta也显示在表中，因为后面的示例里要用到这个数据。

表34-2　大豆期权的波动率斜率

行权价	看涨期权价格	看跌期权价格	隐含波动率	看涨期权/看跌期权 delta
525		½	12%	/−0.02
550		3¼	13%	/−0.16
575	19½	12	15%	0.59/−0.41
600	11	28	17%	0.37/−0.63
625	5¾		19%	0.21
650	3½		21%	0.13
675	2¼		23%	0.09

这些隐含波动率说的是同样的故事：虚值看跌期权的隐含波动率最低，因此是最便宜的期权；虚值看涨期权的隐含波动率最高，因此是最昂贵的期权。

因此，不管你从哪个角度看问题，是通过期权价格同理论价值的比较还是通过比较隐含波动率，显而易见的是，这些大豆期权的价格之间互相失衡。

在许多商品期权中这种错误定价的扭曲都相当普遍：大豆、白糖、咖啡、黄金和白银都不时会出现这样的价格扭曲。这样的扭曲在有的商品中（例如，大豆）是固有的，在有的商品中则是因为投机者变得极度看多才出现。

这种明确无误的错误定价模型在期货期权中是如此盛行，策略家应当不断地对它的出现保持警觉。想从这个模型中获取盈利有两种主要的方法，两种都有吸引力，因为交易者是买入比卖出相对更便宜的期权。这样的策略如果实施在当期权出现错误定价的时候，机遇就在策略家的一侧，它们可以为这个头寸创造出正的预期收益。

在理论上有两个具有吸引力的策略：

（1）买入虚值看跌期权，卖出平值看跌期权；

（2）买入平值看涨期权，卖出虚值看涨期权。

交易者可以只是买入一手便宜的期权，卖出另一手昂贵的期权，这是一个看跌期权的熊市价差，或者是一个看涨期权的牛市价差。不过，最好是使用买入和卖出的期权数量不等的比率来实施价差。也就是说，第1个涉及看跌期权的策略是一个后式价差，而第2个涉及看涨期权的策略是一个比率价差。通过使用比率，这两个策略就更是一个中性策略。我们来分别考察一下这两个策略。

34.4.1 看跌期权的后式价差

后式价差策略在交易者预期会有大幅度的波动率时能最好地发挥作用。使用看跌期权来实施这个策略意味着标的期货价格大幅下跌时会产生最大的盈利，虽然如果期货上涨，也可以产生有限的盈利。请注意，到期前的价格中等程度的下跌对这个价差来说是最坏的结果。

【示例34-23】使用上面示例的价格，假定交易者决定要建立一个看跌期权后式价差。假设下面的价差有一个中性的比率：

在计算这个中性比率的时候，使用了这些期权的delta（见表34-2）。

买入4手1月大豆550看跌期权，价格3¼	13（支出）
卖出1手1月大豆600看跌期权，价格28	28（收入）
净头寸：	15（收入）

图34-1显示了这个价差的潜在盈利。这是看跌期权后式价差的一幅典型图形：上行方向的有限潜在盈利和在大幅下跌运动中的巨大潜在盈利。请注意，这个价差最初是以15美分的盈利建立的。无论1月大豆在哪个方向有大幅度的运动，这个头寸都能获利。显然，下行方向的潜在盈利会更大一些，这个头寸在下行方向买入的看跌期权更多。不过，如果大豆不是下跌而是上涨，这个价差交易者仍然可以盈利15美分（750美元），也就是头寸的最初收入。

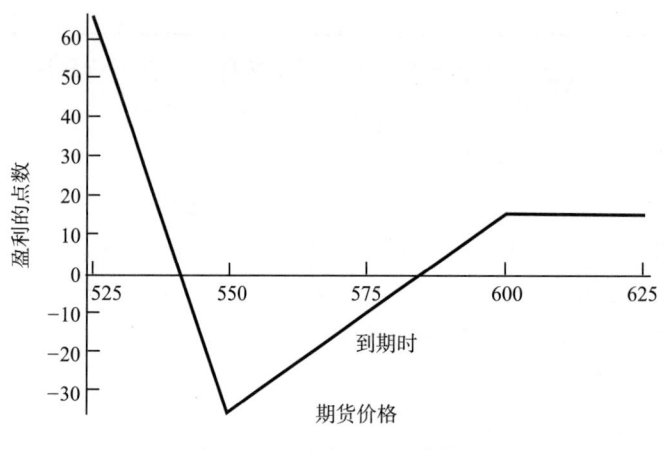

图34-1　1月大豆，后式价差

请注意，为了确定盈亏平衡点和最大潜在盈利，交易者可以用对待股票期权价格的方法来对待大豆期权价格。大豆期权每点价值50美元（在讲到大豆时，这是美分）和股票期权每点价值100美元这个事实，并不改变在一手看跌期权后式价差中的这些计算。

最大上行潜在盈利＝头寸初始支出或收入＝15点

$$最大风险 = 最大上行盈利 - 行权价间距 \times 看跌期权空头数量$$
$$= 15 - 50 \times 1 = -35 \text{ 点}$$
$$下行盈亏平衡点 = 较低行权价 - 风险点数 / 多余看跌期权数量$$
$$= 550 - 35/3 = 538.3$$

因此，交易者有可能使用相同的方法来分析一个期货期权头寸或股票期权头寸：将所有的数量都简约到点数，而不是金额。显然，在计算盈利或亏损的时候，最好还是将点数折回到金额。不过，可以注意到，将所有的数量都以"点数"来考虑，是一种非常有效的办法。你可以在后面使用每点价值多少美元来得到实际的成本金额。大豆每点价值 50 美元，股票或指数 100 美元，活牛期权 400 美元，咖啡期权 375 美元，白糖期权 1 120 美元，等等。用这种方法，你就没有必要为期货合约的合约条款所限制；在分析这头寸时你可以使用同样的方法来得到所有的数量。当然，在下达指令时，你还是必须遵守相应的合约规则，但是，这是在完成了分析之后。

34.4.2 看涨期权比率价差

回到我们讨论的问题上来，也就是捕捉期货期权中这个特殊的错误定价现象，读者应当还记得在这种情况中的另一个有吸引力的策略是看涨期权比率价差。这个头寸在高于当前期货价格的价位上有最高的潜在盈利，因为这些卖出的看涨期权是虚值期权。

【示例 34-24】我们再来使用前面示例里的 1 月大豆期权，假定交易者建立了下面的看涨期权比率价差。使用看涨期权的 delta（见表 34-2），下面的比率在建立头寸的时候是中性的：

买入 2 手 1 月大豆 600 看涨期权，价格 11	22	（支出）
卖出 5 手 1 月大豆 650 看跌期权，价格 3½	17½	（收入）
净头寸：	4½	（支出）

图 34-2 显示了这个看涨期权比率价差的潜在盈利。这是一幅相当典型的比率价差的盈利图：有限的下行风险暴露，价格等于卖出看涨期权行权价时的最大盈利，以及无限的上行风险暴露。

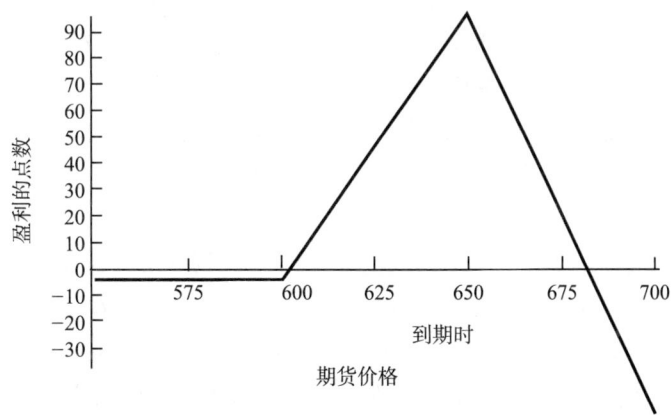

图 34-2　1 月大豆，比率价差

因为建立这个价差时使用的是两个虚值期权，交易者需要 1 月大豆期货有某些向上的运动时才能有利可盈。不过，过多的运动不是一件好事（虽然在这样的情况里可以使用后续策略）。因此，这是一个略微看多的策略，交易者应当认为标的期货在到期之前有机会有一定的上涨运动。

同样，为了计算出有意义的盈亏点数，分析家应当使用大豆运动的点数而不是美元或美分来分析这个头寸。回到论述看涨期权比率价差的第 11 章，看一看对看涨期权比率价差的这些公式的最初解释：

$$最大下行亏损 = 头寸初始支出或收入$$
$$= -4\tfrac{1}{2}（这是支出）$$
$$最大盈利点数 = 最大下行亏损 + 行权价间距 \times 所持看涨期权数量$$
$$= -4\tfrac{1}{2} + 50 \times 2 = 95\tfrac{1}{2}$$
$$上行盈亏平衡点 = 较高行权价 + 盈利点数 / 裸看涨期权净数量$$
$$= 650 + 95.5/3 = 681.8$$

这些是在到期时才有意义的盈利性的点数。交易者不必关心交易单位是什么（例如，对大豆来说是美分），也不必关系每一交易单位涉及多少美元（对于大豆和大豆期权来说是 50 美元）。他只用点数就能进行分析，而且也应当这样做。

在对后式价差和比率价差如何利用错误定价的期货期权进行比较以前，我们应当指出，认真的策略家不但应当分析他的头寸在到期时会如何表现，而且应当分析它们在短期内的表现。我们在第 36 章论述高级概念时会进行这样的分析。

34.4.3　使用哪个策略

看跌期权后式价差的潜在盈利显然同看涨期权比率价差有很大的不同。它们都为策略家提供了就错误定价的期权进行价差交易而获得好处的机会，在这一点上它们是相似的。考察一下期货合约的技术画面（图形）也许可以帮助我们决定究竟选择哪个策略（假定看跌期权和看涨期权的流动性相同）。读者应当记得，比起股票交易者来，期货交易者往往更偏向于技术分析，因此，懂得基本图形模式是有好处的，因为其他人也在观察它们。如果有足够的人看到了相同的模式，而且就此采取行动，那么，这个图形模式就会成为正确的模式，即使不是因为其他理由，只是从"自我实现的预言"这个角度看，也会是如此。

因此，如果期货被锁住在一个（平滑的）下跌趋势中，那么，就应当选择看跌期权，因为它提供了最好的下行方向的盈利。反过来，如果期货是在向上的平滑的趋势里，看涨期权是最好的选择。

如果在策略家建立了看涨期权比率价差之后期货价格暴涨，这就会产生最坏的结果。在某些情况中，非常看多的流言（像干旱或厄尔尼诺的天气预报，农场或矿井的工潮，俄罗斯买入谷物等）会导致这样的错误定价的现象。在这样的情况里，策略家在使用看涨期权比率价差策略时就应当多加质疑，即使是虚值的看涨期权看上去而且确实是贵得出奇。如果这个流言被证明是真实的，或者，如果有过多的卖空头寸受到挤压，期货价格有可能运动得过远和过快，对那些持有看涨期权比率价差的交易者就会造成伤害。他的保证金要求会随着期货价格运动得更高而迅速增加。期权权利金会居高不下，或者，如果期货价格迅速上涨的话，甚至可能膨胀，从而超出了因时减值可能带来的好处。另外，如果基本面因素随即发生变化，或者流言被证明是误传（天下雨了，工人复工了，俄罗斯人筹集不到所需的谷物信用），那么，期货价格就会迅速暴跌下来。

因此，如果关于基本面因素的流言在期货市场中引入了波动性，那么就实施看跌期权后式价差的策略。看跌期权后式价差是用来利用波动率所产生的机会的，这里所描写的基本面的情况显然是高波动的。看上去因为市场就要向上暴涨，建立一个看跌期权价差好像是浪费时间。可是，这仍然是在一个高波动市场中最明智的决定，而且，总是有这样的可能：一个暴涨的运动会迅速转变为暴跌，特别是当这个上涨是建立在流言或隔夜就可能变化的基本面消息之上时。

在看涨期权比率价差方面有几项"不可以做"的事情。在类似上面所介绍的那种情况里，不要使用比率价差策略，它在一个缓慢上涨的情况中效果最好。同时，不要使用深得出奇的虚值期权来实施比率价差，如果期货没有现实的机会上涨到卖出期权的行权价，交易者就是在浪费他的理论优势。最后，不要试图使用过分大的比率来得到最大的理论优势。这是一个重要的概念，下一个示例对这一点有很好的说明。

【示例 34-25】假定 1 月大豆期权有我们至此讨论的那种定价模式。1 月大豆的交易价是 583。一个（新入门的）策略家看到，略为实值的 1 月 575 看涨期权是最便宜的，而深度虚值的 1 月 675 看涨期权是最贵的。这可以从前两个表格中得到证实：或者是一个显示同"理论"价格相比较的实际价格的表格，或者是显示隐含波动率的表 34-2。

买入 1 手 1 月大豆 575 看涨期权，价格 19½	19½（支出）
卖出 6 手 1 月大豆 675 看跌期权，价格 2¼	13½（收入）
净头寸：	6（支出）

同样，交易者可以使用 delta（见表 34-2）来创建一个中性价差。这两个期权之间的中性价差涉及每买入 1 手看涨期权，就卖出 6 手另外的看涨期权。

图 34-3 显示了使用这个高比率可能出现负作用。如果大豆在 1 月到期时价格为 675，交易者可以得到 94 点的盈利，如果大豆穿破上行方向的盈亏平衡点，他就会迅速将他的盈利亏损掉，而上行方向的盈亏平衡点只不过是 693.8。前面的示例可以用来证实这些最大盈利和上行方向盈亏平衡点的计算。上行方向盈亏平衡点同行权价过于接近，无法采取妥善的后续行动。因此，从实践的角度看，这不是一个有吸引力的头寸，只不过猛看上去，它从理论上来说似乎是吸引人的。

看上去，如果中性价差所

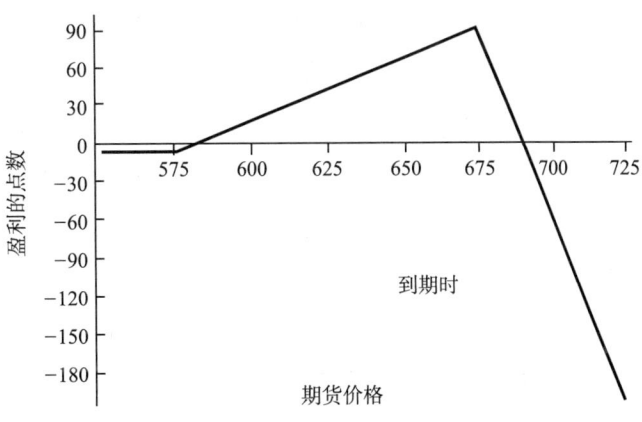

图 34-3　1 月大豆，高比率价差

"建议的"是一个6∶1的比率，交易者就会有麻烦。在现实中，如果策略家看不到整个画面的话，那么是将他自己带入了麻烦。统计数字只是一种帮助，一种工具。策略家必须按照他自己的情况来利用这种工具。同时应当指出，直到目前为止，我们的工具箱中还缺少一件工具。确实有统计数据清楚地说明这类高比率价差的风险。在这样的情况里，这个工具是期权的gamma。第40章将介绍如何使用gamma和其他更多的高级统计工具。在那里，我们将扩展对这个示例的讨论，将gamma的概念引入我们的讨论中。

34.4.4 后续行动

在股票期权中使用的相同的后续策略也可以用在这些期货期权上。我们在这里就不再重复它们的细节，更详细的解释可以在前面的章节里找到。这里对通常使用的后续策略做一个总结：

看涨期权比率价差

在类似这种情况的裸期权的策略里，后续行动一般涉及承担或限制亏损。上涨的市场会产生一个负值的等额期货头寸（EFP）。

通过下面的方法将一个负值的等额期货头寸中性化：

　　　　买入期货

　　　　买入一些看涨期权

通过在上行盈亏平衡点或接近这个平衡点处放置期货的买入止损指令以限制上行方向风险。

看跌期权后式价差

在使用超量的买入期权而建立的策略里，后续行动一般涉及提取或者保护盈利。下跌的市场会产生一个负值的等额期货头寸。

通过下面的方法将一个负值的等额期货头寸中性化：

　　　　买入期货

　　　　卖出更多的看跌期权

读者在本书的前面已经见到过这些后续行动的结果。不过，这里有一个重要的新概念：无论标的期货合约的价格是什么，这种错误定价的情况会自我传播。平值期权的定价总是会接近它们的合理价值；它们有着平均的隐含波动率。

【**示例34-26**】在前面的示例里，1月大豆的交易价是583，行权价为575的期权的隐含波动率是15%，行权价为600的是17%。交易者因此可以得出结论，平值的1月大豆期权的隐含波动率会大约在16%。

如果大豆在525或675的话，这仍然会是正确的。其他期权的错误定价会从现在是平值的行权价上延伸开来。表34-3显示了交易者有可能会看到的，1月大豆价格上升了75美分，从583到658。

请注意，在原有的和现在的情况中，同样的错误定价的情况都存在：58点虚值的看跌期

表34-3 波动率倾斜的传播

原来的情况		新的情况
1月大豆：583		1月大豆：658
行权价	隐含波动率	行权价
525	12%	600
550	13%	625
575	15%	650
600	17%	675
625	19%	700
650	21%	725
675	23%	750

权的隐含波动率只有 12%，而 92 点虚值的则有 23% 的隐含波动率。

这个示例不是用来推断一个平值的大豆期货期权的波动率永远是 16%。它可以是任何数值，取决于期货合约自身的历史和隐含波动率。不过，即使期货价格上涨或者下跌，波动率倾斜会始终存在。

这个事实会影响到这些策略在标的期货合约运动时的表现。首先，看一看当股票跌到买入的看跌期权的行权价时的看跌期权后式价差。

【示例 34-27】这个看跌期权后式价差是根据下面的条件来建立起来的：

行权价	看跌期权价格	看跌期权理论价值	隐含波动率
550	3¼	5.4	13%
600	28	27.6	17%

如果 1 月大豆期货跌到了 550，交易者就会预期所持的 1 月 550 看跌期权的隐含波动率会大约是 16% 或 17%，因为它们在这时候是平值期权了。这就导致了这样的假设：平值看跌期权有大约为 17% 的隐含波动率，这是它们在头寸建立时的隐含波动率。

因为这个策略涉及买入大量的 1 月 550 看跌期权，随着期货价格下跌而造成的这种隐含波动率的增长对这个价差是有好处的。

请注意，1 月 600 看跌期权的隐含波动率也增长了，这对价差有小量的负面影响。不过，因为这里只有一手看跌期权空头，而且，当期货在 550 的时候，它是相当深度虚值的，这个负面影响无法同 1 月 550 看跌期权多头中隐含波动率的扩展相抗衡。

看涨期权价差也会按照相似的方式得到好处。卖出期权的隐含波动率随着期货价格的上涨实际上会下降，因为比起建立价差时最初的虚值程度来说，它们现在的虚值程度要小了。虽然同样的情况也发生在价差中买入的看涨期权中，但是，因为卖出的数量超出买入的数量以及多余的期权是裸期权这个事实，这个价差总的来说就能获利。

简而言之，期货期权策略家应当对上面所介绍的这种错误定价情况保持警觉。在有的期货中这种现象经常发生，在有的期货中它们会不时出现。看跌期权后式价差策略风险有限，因此对更多的个体交易者具有吸引力；它最好是用在下行趋势或高波动的市场中。不过，如果期货是在平滑的上行趋势中，在一个波动率较低的市场里，看涨期权比率的策略就更好。无论是哪种情况，策略家都建立了一个在统计学上具有吸引力的价差，因为他卖出的期权的价格比他买入的期权的价格要高。

34.5 总结

这一章介绍期货和期货期权交易的基本原理。它也剖析了期货期权同股票或指数期权之间的基本区别。在某种意义上说，使用期货期权比使用股票期权要容易，因为在期货期权中不必考虑股息、利率、分股等。不过，每种标的实物商品同大多数其他商品完全不同这个事实，意味着策略家不得不熟悉各种各样的行权价、交易单位、到期日和第一通知日等大量的细节。

更多的细节意味着有更多的犯错机会，大部分这样的错误可以通过使用点数而不是金额来观测和分析所有的头寸而得以避免。

期货期权并没有创造出新的期权策略。不过，在期货价格锁在涨停板价位上的时候，它们提供了一个交易的机会。另外，期货期权中出现的波动率倾斜也对看跌期权后式价差和看涨期权比率价差提供了在股票期权中通常见不到的机会。

第 35 章将讨论期货价差和交易者如何在这些价差中使用期货期权。我们也将讨论跨期价差。使用期货期权的跨期价差同使用股票或指数期权的跨期价差不同。这些是期货市场中的重要概念（同期权价差有明确的区别），因此值得引起期货期权交易者的注意。

第35章

Options as a Strategic Investment

期货价差的期货期权策略

期货价差同期权价差不是一回事儿，相同之处只是在买入一个合约的同时卖出另一个合约。使用这种方法，价差的一条腿为另一条腿的风险作了对冲。这一章将介绍期货的价差，同时提供若干使用期权来交易这些价差的方法。

这一章也将讨论使用期货期权交易跨期价差的概念。这是一个使用期货期权与使用股票或指数期权有极大不同的策略。

35.1 期货价差

在讨论期权策略之前，有必要对期货价差下一个定义，同时考察一下常见的期货价差策略。

35.1.1 期货定价差异

前文已经说过，任何一个具体的实物商品在任何时候都有若干个在不同月份到期的期货合约。石油期货每个月都有到期日；白糖期货在任何一个日历年中只有5个到期月。到期月的频率取决于所讨论的期货合约。

同一标的商品上的期货在不同的价格上交易。导致这种差异的有许多因素，而不仅仅是像股票期权中只有一个时间因素那样。其中一个主要的因素是持有成本，也就是在到期日之前交易者将花多少钱来买入和持有实物商品。不过，其他因素也在起作用，包括供需关系的考虑。在正常的持有成本市场里，期货到期日越晚就越贵。

【示例35-1】黄金这种商品的期货就表现出向前的或正常的持有成本特征。假定现在是3月1日，现货黄金的交易价是351。这样，各个黄金期货合约的价格有可能像下面所显示的：

到期日	价格
4月	1 352.50
6月	1 354.70
8月	1 356.90
12月	1 361.00
下一年6月	1 366.90

请注意，每一个合约都比它前面的合约要贵。在前3个到期日中，每两个合约之间的差价都是2.20，在多余的到期时间中每个月之间等于1.10。不过，对9个月之后到期的12月合约来说，这个差异没有那么大，15个月之后到期的6月合约也是如此。之所以会如此的原因，有可能是长期利率比短期利率要稍微低一些，因此持有成本也稍微小一些。

不过，并不是所有期货的价格都这样井然有序。在有的情况里，不同的月份可以实际代表不同的产品，尽管两者都以同一实物商品作为标的。例如，小麦并不总是小麦。有夏小麦和冬小麦。尽管两者总的来说是相关的，在7月小麦期货合约同12月小麦合约之间有显著的差别。这些差别同利率几乎没有什么关系。

有的时候短期需求可以控制利率的效果,一个系列的期货合约的排列表现为短期期货更贵。这叫做反向持有成本市场,或者叫做贴水。

35.1.2 期货跨期价差

有的期货交易者想要预测同一标的实物商品的不同到期月份之间的相互关系。也就是说,交易者可以买入 7 月大豆期货和卖出 9 月大豆期货。当交易者同时买入和卖出不同的期货合约,他就是在做价差交易。当两个合约的标的实物商品相同的时候,他就是在交易跨期价差。

这个价差交易者并不是要预测总的价格方向。他是想要预测 7 月同 9 月合约之间的价格差异。对大豆是涨是跌他并不关心,只要 7 月同 9 月之间的差异按照他所希望的那样变化就行。

【示例 35-2】有一个价差交易者注意到历史价格图形显示出,如果 9 月大豆相对 7 月大豆变得过于昂贵,这个差异通常在 1 或 2 个月内就会消失。建立这手交易的机会通常出现在这一年的早期:2 月或者 3 月。

假定今天是 2 月 1 日,而且有下面的价格存在:

7 月大豆期货:600(每蒲式耳 6 美元)

9 月大豆期货:606

这里的价格差异是 6 美分。它很少会比 12 美分更差,而且常常反转到 7 月期货比 9 月期货更贵的地步,有的年份甚至会贵到 100 美分。

如果交易者就历史情况而交易这个价差的话,他因此就有大致 6 美分的风险,而盈利有可能达到 100 美分之大。如果历史适用于当今的话,这显然是一个很好的风险/回报比率。

假定交易者建立了这样一个价差:

买入 1 手 7 月期货,价格为 600

卖出 1 手 9 月期货,价格为 606

过了一些日子,出现了下列的价格以及盈亏。

期货价格	盈利/亏损
7 月:650	+50 美分
9 月:630	−24 美分
总盈利:	26 美分(1 300 美元)

这个价差倒转了过来,从最初的 9 月比 7 月贵 6 美分,到了 7 月比 9 月贵 20 美分。这个价差交易者因此赚了 26 美分,或者说 1 300 美元,因为大豆中的 1 美分价值 50 美元。

请注意,从下面的任何一对价格中都能够获取同样的盈利,因为 7 月和 9 月之间的价格差异在所有的等类中都是 20 美分(7 月是两者之间更贵的)。

7 月期货	9 月期货	7 月盈利	9 月盈利	7 月期货	9 月期货	7 月盈利	9 月盈利
420	400	−180	+206	650	630	+50	−24
470	450	−130	+156	700	680	+100	−74
550	530	−50	+76	800	780	+200	−174
600	580	0	+26				

因此,无论大豆是在一个严重的熊市,还是在一个飚扬的牛市,或者甚至没有变化,

都能同样有 26 美分的盈利。这个价差交易者所关心的只是价差是否能从 6 美分扩大到更大的数值。

图形（有时包括了数年的历史）保留了不同到期月之间的各种相互关系。价差交易者常常使用这些历史图形来决定在什么时候进入或退出跨期价差。这些图形展示了使得各种不同合约之间的关系扩展或者缩小的季节性倾向。对造成这些季节性倾向的基本面因素的分析同样也可以成为建立跨期价差的动机。

跨期价差交易（以及其他一些类型的期货价差）所要求的保证金比在期货自身中投机所需要的保证金要少。之所以如此的原因是，这些价差的风险被看作比直接交易期货的风险要小。不过，交易者仍然有可能在价差中获得大量的盈利或者亏损大量的钱（无论是按百分比衡量，还是以绝对的金额衡量），因此，不能把它看作是保守型的，它只是比直接进行期货投机风险要小。

【示例 35-3】使用上面示例里的大豆价差，假设投机的初始保证金要求是 1 700 美元。于是价差的保证金要求就可能是 500 美元。如果价差的每一条腿都需要分别置放保证金的话，交易者需要准备的初始保证金就会高得多，在这样的情况下，他需要 3 400 美元保证金。

在前面的示例里，我们看到大豆期货之间的价格间距有可能扩展到 100 点（1.00 美元），这是一个一旦出现就价值 5 000 美元的运动。虽然这个价格差异未必真的会达到历史高度，但它确实有可能会扩展 20 或 30 美分，这也是一笔价值 1 250～1 500 美元的盈利。

在如此短的时期里，对于 500 美元来说，这显然是很高的杠杆，因此，交易者必须将价差归类到风险策略里。

35.1.3 期货跨品种价差

另一类期货价差是交易者在一个市场中买入某个期货合约，在另一个或许相关的市场中卖出另一个期货合约。当期货价差的交易是在两个不同的市场里的时候，它就是一个跨品种价差。跨品种价差同跨期价差同样普遍。

有一种类型的跨品种价差涉及直接相关的市场。它的示例包括两种不同国际货币的货币期货价差、两种不同长期、中期或短期债券合约之间的金融期货价差，或者是一种商品以及它的产成品（例如，原油、无铅汽油和燃料油）之间的期货价差。

【示例 35-4】美国和日本的利率都很低。因此，两国的货币同欧洲货币相比价格都比较低，因为欧洲的利率一直比较高。交易者相信全球的利率将趋于一致，从而导致日元相对欧元的升值。

不过，因为他不能肯定日本的利率会上升，或者欧元的利率会下降，他不想在任何一种货币中直接持有头寸。于是他决定使用一个跨品种价差来实施他的交易想法。

假定他用下面的价格建立了一个价差：

买入 1 手 6 月日元期货：147.00

卖出 1 手 6 月欧元期货：130.00

在这两个货币期货之间最初的价格差异是 17.00。他希望这个差异会扩大。这两个合约的美元交易条款是相同的：每 1 点的运动（例如，从 130.00 到 131.00）价值 1 250 美元。于是他的潜在盈亏就是：

后期的价差变化	盈利/亏损（美元）	后期的价差变化	盈利/亏损（美元）
14.00	−3 750	18.00	+1 250
16.00	−1 250	20.00	+3 750

在某些情况里，交易所承认经常交易的跨品种价差，允许对它们减少保证金要求。这就是说，如果一手期货是卖出，另一手是买入，交易所承认它们是相互对冲的。

这些货币间的价差叫做交叉货币价差（cross-currency spreads），它们的交易量很大，因而有其他特别的交易工具（期货和权证），这些工具让投机者可以将它们作为一个独立的实体来交易。不管怎么说，在使用这两手期货的时候，它们可以被看作是跨品种价差的一个重要的示例。

在上面的示例里，假设直接投机的保证金在两个货币期货中都是每手合约1 700美元。这个价差所需要的保证金大约也是1 700美元，同这个价差的一条腿的投机保证金相等。因此，从保证金的目的看，这个价差头寸是个对冲头寸。这里的保证金的处理没有像跨期价差那么宽松（见前面的大豆示例），但是，如果这个价差的两条腿必须分开满足保证金要求的话，交易者的初始保证金要求就将是这个价差保证金的一倍。

其他的跨品种价差也可以享受降低的保证金要求，虽然粗看起来，它们之间的对冲关系似乎不像上面的货币那么直接。

【示例35-5】TED价差是一个普通的跨品种价差，它的一条腿是美国政府短期债券期货，另一条腿是欧洲美元期货。政府债券代表了可以找得到的最安全的投资，它们是有担保的。不过欧洲美元是没有保险的，因此代表了有风险的投资。因此，欧洲美元的收益要高过政府债券。这里的关键是高出多少，因为随着收益差异的扩大或缩小，在短期债券期货同欧洲美元期货的价格之间的差距也会扩大或缩小。基本上，当金融市场稳定，投资者有信心的时候，收益的差异就小，因为没有保险的存款同有保险的存款在金融形势确定的时候差别不大。不过，在金融界为不确定性和不稳定性所左右的时候，其间的差距就会扩大，没有保险的存款会因为它们承担的较高的风险而要求有相对较高的收益。

假定单是短期债券期货或欧洲美元期货的初始保证金要求是每个合约800美元。而TED价差的保证金只是400美元。因此，交易者交易这个价差所需要的保证金只是如果分开交易价差的两条腿所需要的保证金数量的1/4。

这里的保证金有更多优惠的理由是在这个价差中没有多大的波动率。从历史上看，它的波动率的变化范围是0.30～1.70。在这两个期货合约里，1美分（0.01）的运动价值25美元。因此，这个价差的整个的140美分的历史变化范围只代表了3 500美元（140×25美元）。

我们在后面讨论在跨品种价差中使用期货期权时将进一步讨论TED价差。有的时候使用期权而不是期货来建立这个价差要更合乎逻辑一些。

关于TED价差还有一点是必须说的：它有持有成本。也就是说，如果交易者买入一个价差，将它留在手里，时间越长，价差之间的差距就越小，因而给价差持有者带来小量的损失。当利率很低的时候，持有成本也很低（大约3个月有0.05）。如果短期利率上涨，它就会变大。表35-1中的价格显示了对长期合约来说，这个价差的成本比较高。

许多跨品种价差都内在地包含着某种持有成本，价差交易者应当意识到这个事实，因为这有可能影响到他的盈利。

关于跨品种价差最后的也较为复杂的一个示例是裂解价差。有这样两个主要领域，其中有一种基本商品在交易，还有两种同该商品相关的产成品在交易：一个是原油、无铅汽油和燃料油；另一个是大豆、豆油和豆粕。一个裂解价差涉及同时交易3者：基本商品和它的两个副产品。

表 35-1 TED 价差的持有成本

月份	短期债券期货	欧洲美元期货	TED 价差
3月	96.27	95.86	0.41
6月	96.15	95.69	0.46
9月	95.90	95.39	0.51

【示例35-6】这个裂解价差是由买入2手原油期货合约和卖出1手燃料油合约和1手无铅汽油合约所组成的。

这个价差的交易单位同3种期货的交易单位都不同。原油期货是一个1 000桶石油的合约；它的交易单位是每桶的金额，因此，原油价格中1美元的增长（例如，从18.00~19.00）对这个期货合约来说就值1 000美元。燃料油和无铅汽油期货合约的规格要小一些，但是它们同原油不同。这两种期货都是每个合约42 000加仑的产品，而且它们是按美分交易的。因此，每1美分的运动（汽油从60美分1加仑到61美分1加仑）价值420美元。表35-2总结了这里的信息，它显示出价格中每1单元变化的价值。

表 35-2 石油产品合约的条款

合约	初始价格	之后的价格	收入金额（美元）
原油	18.00	19.00	1 000
无铅汽油	0.600 0	0.610 0	420
燃料油	0.550 0	0.560 0	420

下面的公式一般用在石油裂解价差上的：

$$\text{裂解价差} = [(\text{无铅汽油} + \text{燃料油}) \times 42 - 2 \times \text{原油}] \div 2$$
$$= [(0.600\ 0 + 0.550\ 0) \times 42 - 2 \times 18.00] \div 2$$
$$= (48.3 - 36) \div 2$$
$$= 6.15$$

有的交易者不用"2"的除数，因此，使用上面的数据，他们得出的结论就是12.30。

无论是哪种情况，价差交易者可以跟踪到这个价差的历史，买入原油和卖出其他两个合约，或者反过来，从而在这3个产品运动时可以得到一笔总盈利。假定价差交易者认为汽油和燃料油相对原油价格太高。于是他可以用下面的方法实施这个价差：

按 18.00 买入 2 手 3 月原油期货

按 0.550 0 卖出 1 手 3 月燃料油期货

按 0.600 0 卖出 1 手 3 月无铅汽油期货

因此，在建立这个头寸时，这个裂解价差是6.15。假定价差交易者看对了，期货价格变化到了下面的价位：

3 月原油期货：18.50

3 月燃料油期货：0.607 5

3 月无铅汽油期货：0.557 5

这个头寸的盈利显示在表35-3中。

表 35-3 裂解价差的盈亏

合约	初始价格	之后的价格	收益（美元）
2 手 3 月原油	18.00	18.50	+1 000
1 手 3 月无铅汽油	0.600 0	0.607 5	−315
1 手 3 月燃料油	0.550 0	0.557 5	−315
净盈利（没有扣除手续费）			+370

你可以计算出，在新的价格上，这个裂解价差缩小到 5.965。因此，价差交易者在预测这个价差要缩小这一点上是看对了，于是就有了盈利。

保证金要求对这类价差也是有利的，它一般比 2 手原油期货的投机保证金要求要略低一些。

上面的示例展示了一些期货价差交易者紧密关切和大量交易的不同种类的跨品种价差。它们常常在交易者无须预测市场实际运动方向的情况下提供了一些最可靠的盈利机会。在这里，重要的只是价差的变化。

交易者不应当假设所有的跨品种价差都会有对交易者有利的保证金要求。只有那些具有传统关系的价差才有这样的优势。

35.2 在期货价差中使用期货期权

在考察过上面的示例之后，可以看出，期货价差同我们知道的典型的期权价差不是同一回事儿。不过，期权合约在期货价差策略中也可以派上用场。它们常常可以用非常小的风险提供额外的潜在盈利。无论是在跨期价差还是跨品种价差中都是如此。

我们先来讨论一下期货期权跨期价差。使用期货期权的跨期价差同使用股票或指数期权的跨期价差是不同的。事实上，与其将它看作期权价差策略，不如将它看作期货跨期价差的一种替代。

35.2.1 跨期价差

我们仍然可以用熟悉的方法来构建一个期货期权跨期价差：买入 5 月看涨期权，卖出行权价相同的 3 月看涨期权。不过，在期货期权跨期价差同股票期权跨期价差之间有一个主要的区别。这个区别是，一个使用期货期权的跨期价差涉及两种分开的标的工具，而用股票期权的跨期价差则不是这样。当交易者买入 5 月 600 大豆看涨期权，卖出 3 月大豆 600 看涨期权的时候，他是买入了一个 5 月大豆期货合约的看涨期权，同时卖出了一个 3 月大豆期货合约的看涨期权。因此，期货期权跨期价差涉及这两个分开但是相关的期货合约。可是，如果交易者买入 IBM 5 月 100 看涨期权和卖出 IBM 3 月 100 看涨期权，这两个看涨期权就是建立在相同的标的工具上：IBM。这是这两种策略之间主要的不同，虽然两者都叫做"跨期价差"。

对于习惯将跨期价差形象化的股票期权交易者来说，这个期货期权的变形一开始会使他感到困惑。例如，一个股票期权交易者有可能得出结论说，如果他能够用 5 点买入 1 手 4 个月的看涨期权，用 2 点卖出 1 个 2 个月的看涨期权，他就有一个很好的建立跨期价差的机会。这样的分析在期货期权中没有意义。如果交易者可以用 5 点买入 5 月大豆 600 看涨期权，用 3 点卖出 3 月 600 看涨期权，这是不是一个好的价差？没办法讲，除非你知道 5 月同 3 月大豆期货合约之间的关系。因此，为了分析期货期权跨期价差，你不但必须分析期权之间的相互关系，还必须分析期货合约之间的相互关系。简单地说，当交易者建立一个期货期权跨期价差时，他不只是在时间方面的价差，就像他在股票期权中那样，还是在标的期货的相互关系方面的价差。

【示例 35-7】交易者注意到，比起远期期权来，大豆近期期权价格过高。他觉得有理由建立一手跨期价差，因为他可以卖出定价过高的近期看涨期权，买入相对便宜的远期看涨期权。考虑到这些期权的理论价值，这是一个不错的情况。他用下面的价格建立了这个价差：

大豆合约	最初价格	交易头寸
3 月 600 看涨期权	14	卖出 1 手
5 月 600 看涨期权	21	买入 1 手
3 月期货	594	无
5 月期货	598	无

5 月/3 月 600 看涨期权跨期价差的建立用了 7 点的支出。离 3 月到期日还有 2 个月。目前，5 月期货交易相对 3 月期货有 4 点的升水。这个价差交易者想，如果 3 月期货在 3 月期权到期时基本没变化，他就可以有漂亮的盈利；因为 3 月看涨期权在目前是定价略高的，而且，在今后的 2 个月里，它们的因时减值速度会比 5 月看涨期权要快。

假定他是正确的，3 月期货在 3 月期权到期时价格没有变化。这并不等于说他的盈利就有保证了，因为交易者同时必须知道 5 月期货的交易价格。如果在 5 月同 3 月期货之间的价差表现很差（5 月相对 3 月下跌），那么，他仍然有可能亏钱。从下面的表格看一看 3 月同 5 月期货之间的价差是如何影响到整个跨期价差的盈利性的。在期货的价差最初是 +4 的时候，这个跨期价差的成本是 7 点的支出。

期货价格（3 月/5 月）	期货价差	5 月 600 期权价格	跨期价差盈亏
594/570	−24	4	−3 美分
594/580	−14	6½	−½
594/590	−4	10	+3
594/600	+6	14½	+7½

因此，即使 3 月期货价格没有变化，这个跨期价差仍然有可能亏损，就像这个表格的上面两行所显示的。如果期货价差扩大，它的表现有可能比预期的更好，就像这个表格的最后一行所显示的。

跨期价差的盈利性同期货的价差有很大的关系。在上面的示例里，即使 3 月期货合约的价格从一开始建立这个跨期价差之后没有发生变化，还是有可能亏损。在股票期权中这样的情况不会发生。如果交易者在 IBM 上建立了一个跨期价差，股票在近期期权到期时价格没有变化，那么这个价差几乎在任何时候都可以盈利（除非隐含波动率急剧下跌）。

因此，期货期权跨期价差的交易者是同时在交易两个价差。第 1 个与两个期权之间的相对定价差异有关（例如，波动率），同时与时间的消逝有关。第 2 个是两个标的期货合约的相互关系。所以，要画一幅普通的盈利图就很难。交易者必须用下面的方法来解决这个问题：

1. 使用横轴代表期货价差在近期期权到期时的价格；
2. 画若干盈利曲线，其中每一条曲线代表了近期期货在近期到期月的一种价格。

【示例35-8】把上面的示例扩展一下，这个方法可以说明如下。

图35-1显示了如何解决这个问题。横轴表示3月和5月大豆期货在3月期权到期时的价差。同以往一样，纵轴表示从这个跨期价差中预期的盈亏。

在这幅盈利图形同标准的盈利图形之间的主要不同是现在有好几组盈利曲线。每一条曲线代表了交易者想要在他的分析中加以考虑的3月期货的一个价格。前面的示例显示出的只是3月期货的一个价格：没有变化的594的价格。但是，交易者无法只是仰赖3月期货价格不发生变化这样的情况，他必须从不同的3月期货的价格来看这个跨期价差的盈利性。

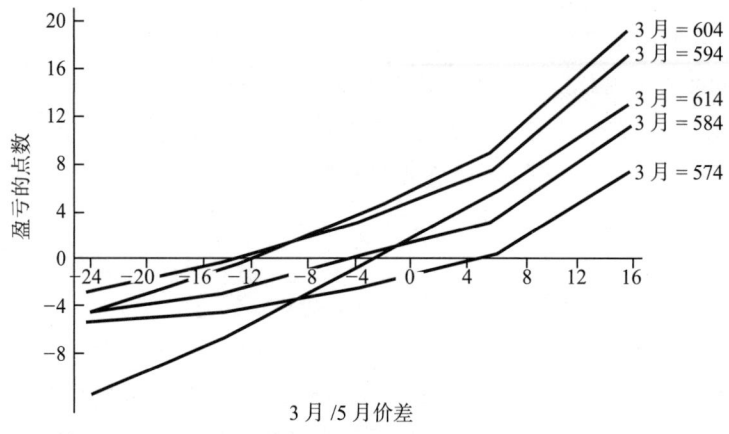

图35-1 大豆期货跨期价差，在3月到期日

表35-4总结了画在图35-1上的数据。有的事情一看就相当清楚。第一，如果期货价差增大，整个跨期价差一般会赢更多的钱。这些是在图形的最右面和表35-4的底部的点数。第二，如果这个期货的价差表现很糟，这个跨期价差几乎可以肯定会输钱（图形左面和表格顶部的点数）。

表35-4 大豆看涨期权跨期价差的盈亏

期货价差 5月－3月	3月期货 价格：	3月期权到期日的所有价格					期货 价差盈利
		跨期价差盈利					
		574	584	594	604	614	
−24		−5.5	−4.5	−3	−4.5	−11.5	−28
−14		−4.5	−3	−0.5	−1	−7	−18
−4		−2.5	0	+3	+3.5	−1	−8
6		0	+3	+7.5	+9	+5.5	+2
16		+7	+11	+17	+19	+13	+12

第三，如果3月期货价格上涨过高，这个跨期价差的表现就会很差。事实上，如果3月期货价格上涨，而且两个期货之间价差缩小，交易者的损失就会大于他最初的支出（图形中左面底部的点数）。部分的原因是，如果3月期货价格上涨，交易者就要亏损买回3月的期权，而且，如果5月期货的价格同时下跌，他也许还不得不亏损卖掉他的5月的期权。

第四，正如可以预见到的，如果3月期货略为上涨或者保持不变，期货之间的价差也保持相对不变，那么，就会出现最好的结果（图形右上角1/4区域的点数）。

在表35-4中，右面的一栏显示的是如果交易者在买入5月和卖出3月时，5月合约比3月合约高出4点，在不使用任何期权的情况下，他会得到的结果。

这个示例说明了期货价差影响能够有多大。这个跨期价差的盈利主要来自于期货价差的变化。因此，即使从理论的角度来看，这个跨期价差是具备吸引力的，但是由于期货价差的影响，它的结果似乎并不反映出理论的优势。对于习惯同股票期权打交道的跨期价差交易者来说，另外需要记住的重要的一点是，如果标的期货之间的价差倒转过来，在一个期货跨期价差中，交易者的亏损有可能大于他的初始支出。

不过，在期货期权的跨期价差中，还有另外一种观察问题的方法，它可以是取代或者替补一个期货合约本身的跨期价差的一种方法。再来看一看表35-4，注意一下最右面的一栏。这是一个大豆跨期价差，交易者分别用初始价格598和594买入5月和卖出3月时会有的盈利或亏损。对于一个价格显示在这个示例里的跨期价差来说，跨期价差的表现一般要更好。这是这个跨期价差的真正的理论优势发挥作用的地方。因此，如果交易者正在考虑建立一个跨期价差，他应当首先看一下期货期权跨期价差。如果期权有理论定价优势，这个跨期价差就会明显地比标准的跨期价差的表现要好。

研究一下表35-4。请注意，只有在价格下跌而价差扩大时（表的左下角），这个跨期价差的表现才更好。在所有其他的情况里，跨期价差策略都更好。当然，交易者不能指望事情总是会如此；这个示例之所以会有这样的结果，部分是因为卖出的3月期权与买入的5月期权相对要贵。

总之，期货期权跨期价差同股票或指数跨期价差相比要更为复杂。因此，使用期货期权跨期价差没有使用股票期权跨期价差那么受欢迎。不过，这并不意味着策略家应当忽视这个策略。策略家知道，他常常可以在看起来复杂的情况中发现最好的机会，因为这里可能有无效率的定价。运用这个策略的人主要是也懂得使用期权的跨期价差交易者。

35.2.2 买入组合

期权的另一个有吸引力的用途是替代两个彼此相对交易（trade one against the other）的工具。因为跨品种价差和跨期价差涉及两个彼此相对交易的工具，所以，期货期权在这些类型的价差中能起到很好的作用。你也许还记得，在**配对交易**（pairs trading）以及某些风险套利策略和指数期货价差中我们也谈到过相似的观念。

在任何一类期货价差中，交易者都有可能用期权替代实际期货。他可以在价差的多头腿中买入看涨期权而不是实际买入期货。同样，他可以在价差的另一条腿中卖出看涨期权或者买入看跌期权而不是卖出期货。不过，在使用期权时，他需要避免两个问题。第一，他不应当增加他的风险。第二，他不应当支付过多的会浪费掉的时间价值，否则，他在价差中的盈利就有可能消失。

让我们花一点时间来讨论这两点。首先，他不应当增加他的风险。一般而言，卖出期权而不是卖出期货，会增加交易者的风险。如果他卖出看涨期权而不是卖出期货，卖出看跌期权而不是买入期货，如果期货价格大幅度上涨，他的风险就可能急剧上升。如果期货价格急剧上涨，卖出的看涨期权就会赔钱，当期货价格涨过了卖出的看跌期权的行权价，卖出的看跌期权也会停止赚钱。因此，在跨期和跨品种价差中，我们不建议用卖出期权来代替期货。下一个示例将说明为什么。

【示例35-9】价差交易者想要交易活牛的跨品种价差。合约的尺寸是40 000磅，因此，每1美分的运动价值400美元。他想要卖出4月期货和买入6月期货，希望这两个合约之间的价差会缩小。

下面是当时的活牛期货和期权的价格：

4月期货：78.00
6月期货：74.00
4月78看涨期权：1.25
6月74看跌期权：2.00

他决定使用期权而不是期货来实施这个价差。他卖出4月78看涨期权来代替卖出4月期货；同时也卖出6月74看跌期权来代替买入6月期货。

过了一段时间，有了下面的价格：

4月期货：68.00
6月期货：66.00
4月78看涨期权：0
6月74看跌期权：8.05

期货之间的价差确实缩小了，从4点缩小到2点。不过，这个价差交易者并没有从中得到盈利，相反，他反而有了一笔亏损。他卖出的看涨期权没有价值了，他因此赚得了1.25点的盈利，但是，按2.00卖出的看跌期权现在价值8.05，这是一个6.05点的亏损。总起来这个价差交易者因为使用期权的净亏损是4.80点，如果使用期货的话，他会有2.00点的收益。

期货价差交易者想要确定的第2件事是，他不至于支付大量的会浪费掉的时间价值，从而失去他的潜在盈利。如果他买入平值的或虚值的看涨期权而不是买入期货，而且，如果他买入平值的或虚值的看跌期权而不是卖出期货，他的价差的盈利就有可能因为因时减值而被蚕食掉。在跨期和跨品种价差中，不要用平值或虚值的期权来代替期货。下一个示例说明了为什么不要这样做。

【示例35-10】一个期货价差交易者注意到在小麦中存在一个可以利用的机会。他想要买入7月和卖出5月。有下面的期货和期权价格：

5月期货：410
7月期货：390
5月410看跌期权：20
7月390看涨期权：25

这个交易者决定买入5月410看跌期权而不是卖出5月期货；同时买入7月390看涨期权，而没有买入7月期货。

后来，出现了下面的价格：

5 月期货：400

7 月期货：400

5 月 410 看跌期权：25

7 月 390 看涨期权：30

期货价差会有 20 点的盈利，因为这两个期货的价格现在一样了。至少这次，价差交易者在期权价差中也可以有盈利。他可以在每个期权中得到 5 点的盈利，总的是 10 点，这只是如果使用期货本身进行价差交易的一半。请注意，这里用来举例的期权价格中仍然有许多时间价值存在。如果时间更长，这些期权在接近持平价交易，那么，期权价差的结果就会更糟。

应当指出，如果期货价格波动比较大，有显著的上涨和下跌，那么，上面示例中的期权策略的表现就会比较好。在一定程度内，这样的说法是正确的。如果市场大幅度运动，一个期权会极其深度实值，另一个则会深度虚值。两者都剩不下多少时间价值，交易者于是浪费了所有花在最初的时间价值上的钱。因此，除非期货价格的运动速度快到超出时间价值的亏损，期货策略就仍然比期权策略高出一筹。

不过，刚才说的高波动的期货运动对一个期权头寸会有帮助是对的。它为下面的说法提供了理由：取代期货价差的唯一可取的期权策略是使用实值期权。如果交易者买入实值看涨期权而不是买入期货，买入实值看跌期权而不是卖出期货，他常常可以创造出一个比跨期和跨品种期货价差更具优势的头寸。实值期权避免了上面两个示例中所涉及的大部分麻烦。这里没有风险的增加，因为期权是买入的，而不是卖出的。此外，花在时间价值上的钱很少，因为这两个期权都是实值的。事实上，交易者可以只买入几乎没有时间价值存在的实值期权。不过，我们不建议这样做，因为它取消了使用中等实值期权可能有的好处：如果标的期货价格上下起伏波动，即使期货价差的表现不尽如人意，这个期权价差还是有可能赚钱。

为了说明这些观点，我们将使用市场间的 TED 价差作为示例。我们在前面说过，要买入一个 TED 价差，交易者需要买入政府短期债券期货，同时卖出相等数量的欧洲美元期货。

短期债券和欧洲美元期货上都有期权。如果买入的是短期债券看涨期权而不是短期债券期货，如果买入欧洲美元看跌期权而不是卖出欧洲美元期货，那么，就可以建立一个相似的头寸，而且比使用期货的买入 TED 价差有理论优势。这个优势是，如果短期债券或者欧洲美元的价格变动幅度大到一定程度，那么，即使 TED 的价差不配合，期权策略家也可以赚钱。

你也许会认为，短期利率的波动率不可能大到使得这个策略具有价值。不过，它们有可能在短期内有显著的运动，特别是如果美联储积极地降低或提高利率的话。例如，假定美联储及时降低利率，短期债券和欧洲美元价格都有显著的上涨。最后，买入的欧洲美元的看跌期权就会变得毫无价值，而持有的短期债券看涨期权则持续增值。因此，即使 TED 的价差没有变化或者缩小了，只要短期利率跌得够深，交易者还是可以赚钱。

与此相似，如果利率不是降低而是提高，只要看跌期权增值（上升的利率意味着短期债券和欧洲美元的价格会下跌），而且看涨期权最后变得毫无价值，这个期权价差就还是可以赚钱。

【示例35-11】在1月，有下列的6月短期债券和欧洲美元期货和期权的价格。所有这些产品的交易单位都是0.01，它价值25美元。因此，1整点的价值是2500美元。

6月短期债券期货：94.75

6月欧洲美元期货：94.15

6月短期债券9 450看涨期权：0.32

6月欧洲美元9 450看跌期权：0.40

6月的TED价差目前是0.60（两个期货的价格差异）。两个期货都有只剩下很少时间价值的实值期权。

6月短期债券的行权价为94.50的看涨期权实值0.25，它的售价是0.32。它的时间价值只有0.07点。与此相似，6月欧洲美元的行权价为94.50的看跌期权实值0.35，它的售价是0.40。因此，它的时间价值是0.05。

因为总的时间价值只有0.12（300美元），数值很小，策略家认为一手期权价差相对期货跨品种价差有优势，所以，他建立了下面的头寸：

	成本（美元）
按0.40买入1手6月短期债券看涨期权	1 000
按0.32买入1手6月欧洲美元看跌期权	800
总成本：	1 800

后来，全球的金融形势变得非常稳定，TED价差开始缩小。不过，与此同时，美国的利率降低了，短期债券和欧洲美元的价格开始有显著的上涨。到5月，在短期债券期权到期的时候，有下面的价格存在：

6月短期债券期货：95.50

6月欧洲美元期货：95.10

6月短期债券9 450看涨期权：1.00

6月欧洲美元9 450看跌期权：0.01

TED价差从0.60缩小到0.40。因此，任何想要只使用期货而买入TED价差的交易者就会亏损500美元，因为价差朝不利他的方向运动了0.20。

不过，看一看期权的头寸。这些期权现在加起来的价值是1.01（2 525美元），它们是花0.72点（1 800美元）买来的。因此，这个期权价差在期货策略亏损的时候产生了725美元的盈利。

任何使用这个期权策略来代替使用期货的交易者都会享受到这样的盈利，因为随着美联储不时降低利率，短期债券和欧洲美元的价格会上涨到足够的幅度，使得期权策略家的看涨期权的盈利超过他的看跌期权的亏损。这是在期货价差策略中使用实值期权而不是期货的优势。

公平地说，应当指出，如果期货价格保持相对没有变化，0.12点的时间价值（300美元）就可能损失掉了，而期货的价差则保持相对没有变化。不过，这并不改变使用这个期权策略背后的理由。

另一个应当考虑的因素是保证金要求。我们在前面指出过，实施这个TED价差的初始保证金是 400 美元。不过，如果交易者使用期权策略，他就必须为期权付全额，在上面的示例里是 1 800 美元。这对使用期权策略显然是个障碍。当然，如果投资了 1 800 美元，交易者就可以赚钱而不是用较小的投资而输钱，那么，初始保证金的多少就不是一个问题。因此，潜在盈利必须被看作是更重要的因素。

35.2.3 后续考虑

当交易者使用买入组合来实施一个期货价差策略的时候，他也许会发现他的头寸从一个价差变成为一个更接近直接买卖的头寸。如果市场是高波动的，一手期权变成深度实值，另一手接近无价值的话，就会出现这种情况。上面的 TED 的示例显示了随着看涨期权价值上涨到 1.00，而看跌期权几乎一文不值时，这样的情况是如何出现的。

当期权价差的一条腿变为虚值的时候，价差的性质开始消失，原来的头寸变为一个更加接近直接买卖的头寸。为了计算他在某个时候有多大的风险暴露，交易者可以使用这个头寸的 delta。下面的示例触及了一系列策略家也许不得不经历的分析和交易。第 1 个示例是关于在原油产品中建立一个跨品种价差。

【示例 35-12】 在夏末，一个价差交易者决定要实施一个跨品种价差。他预测这一年的冬天会非常冷；此外，他还相信汽油的价格在夏天的旅游季节被人为地抬得太高，而且，由于无效的市场定价，这个高价格被带入了后面的月份里。

因此，他想要买入燃料油期货或期权，卖出无铅汽油期货或期权。他计划如果可能的话在 12 月上旬退出交易，这时候市场应当已经将冬天这个事实考虑进去了。因此，他决定看一看 1 月的期货和期权。有下面的价格存在。

期货或期权	价格	时间价值
1 月燃料油期货	0.655 0	
1 月无铅汽油期货	0.585 0	
1 月燃料油 60 看涨期权	6.40	0.90
1 月无铅汽油 62 看跌期权	4.25	0.75

期货之间的价差是 0.07，或者说每加仑 7 美分。交易者认为到早冬的时候，它有可能增长到 12 美分左右。不过，他同时也认为原油和石油产品的价格有可能上下起伏很大，因此他考虑使用期权。这些产品都是每 1 美分价值 420 美元。

将看跌期权和看涨期权结合在一起，期权中的时间价值是 1.65，如果他为每个组合付出这个数目（693 美元）的话，如果期货的价差像他预期的那样扩大 5 点，他仍然可以赚钱。此外，如果石油产品价格高波动，那么，即使他对期货之间的相互关系看错了，期权价差还是为他提供了盈利的可能。

因此，他决定买入 5 手组合：

这个初始成本比对 5 手期货价差的初始保证金要求要大得多，期货只需要大约 7 000 美元。另外，期权的成本必须付现金，而期货的保证金可以用短期债券，而短期债券可以继续为这

头寸	成本（美元）
买入 5 手 1 月燃料油 60 看涨期权，每手 6.40	13 440
买入 5 手 1 月无铅汽油 62 看跌期权，每手 4.25	8 925
总成本：	22 365

个价差交易者赚钱。不过，这个策略家还是相信期权的头寸更有潜力，所以他就建立了这样一个头寸。

请注意，在这个分析中，这个策略家将他的时间价值的成本同他预期从期货价差本身

可以得到的潜在盈利进行比较。这常常是一种衡量应当使用期权还是期货的很好的办法。在这个示例里，他认为，即使期货价格保持相对不变，从而浪费了他的时间价值，只要他对燃料油的表现会好于无铅汽油的看法是对的，他仍然可以赚钱。

现在让我们来考察一下一些后续行动。如果期货价格上涨，这个头寸变成买入，有盈利可以积累。但是，如果期货价格下跌，整个头寸还是会亏损。策略家可以通过使用这个策略中期权的 delta 来计算变成买入头寸的程度。然后他可以使用期货或其他期权来把这个头寸变得更为中性，如果他想要这样的话。

【示例 35-13】假定无铅汽油和燃料油价格都上涨了一些，期货之间的价差略为扩大了一些。下面的信息是已知的：

期货价差扩大到了 8 美分。如果策略家是用期货来建立这个头寸的，他现在在 5 手合约上每手有 1 美分的盈利（420 美元），或者说 2 100 美元的总盈利。期权策略的盈利要更大一些。

期货或期权	价格	净变化	盈利/亏损（美元）
1 月燃料油期货	0.710 0	+0.055	
1 月无铅汽油期货	0.630 0	+0.045	
1 月燃料油 60 看涨期权	11.05	+4.65	+9 765
1 月无铅汽油 62 看跌期权	1.50	−2.75	−5 775
总盈利：			+3 990

期货的价格也上涨了。燃料油从它最初的价格涨了 5.5 美分，无铅汽油涨了 4.5 美分。这个上涨的幅度大到足以使得看跌期权变成虚值的。如果交易者是使用期权建立这个头寸，而且期货的价格上涨到这样的程度，由期权策略产生的盈利一般会更大一些。这个示例就是这种情况，期权价差的盈利几乎是 4 000 美元了。

这个示例显示了实施期权价差的策略家最希望的情况。期货价格涨幅大到使得看跌期权变成虚值的，或者是跌幅大到足以使得看涨期权变成虚值的。如果在期权到期之前发生了这样的情况，其中的一种期权一般会不再有什么时间价值（上面示例里的看涨期权）。另一种期权则仍然还有一些时间价值（这个示例里的看跌期权）。

这代表了一种具有吸引力的情景。不过，这里也有潜在的负面因素，这就是这个头寸现在是买入得太多了。它实际上不再是一个价差头寸。如果期货价格下跌，看涨期权就会迅速丧失价值。看跌期权则不会获益很多，因为它们是虚值的，也无法妥善地保护看涨期权。在这个关节点，策略家可以选择提走他的盈利：将头寸平仓，也可以选择做一些调整，使得这个价差再次变得更为中性。当然，他也可以什么都不做，不过，一个策略家一般会想要在一定程度上保护他的盈利。

【示例 35-14】策略家决定，因为他的目标是期货价差扩大到 12 美分，所以，当这个价差只有 8 美分的时候，就像现在这样，他不想将这个头寸平仓。不过，他想要采取某些行动来保护他目前的盈利，同时仍然保留增加盈利的可能性。

第 1 步是计算等额期货头寸（EFP）。表 35-5 显示了相关的数据。

总的来说，这个头寸大约等于买入 3 手期货合约。这个头寸的盈

表 35-5 买入组合的 EFP

期货或期权	价格	Delta	EFP
1 月燃料油期货	0.710 0		
1 月无铅汽油期货	0.630 0		
1 月燃料油 60 看涨期权，买 5 手	11.05	0.99	+4.95
1 月无铅汽油 62 看跌期权，买 5 手	1.50	−0.40	−2.00
总 EFP：			+2.95

利性绝大部分是同期货价格的上涨或下跌相关，而不是同燃料油期货与无铅汽油期货之间的价差会如何表现相关。

策略家可以很容易通过卖出 3 手合约而将这个买入 delta 中性化。这就为价格继续上涨时的进一步盈利留下了空间（这里还有 2 手额外的买入的看涨期权）。如果价格突然下跌，它也提供了下行方向的保护，因为 5 手买入的看跌期权加上 3 手卖出的期货可以将 5 手实值看涨期权中所有的亏损给对冲掉。

这个策略家应当卖出什么样的期货呢？这取决于他对自己在一开始的时候认为跨品种价差会扩大的分析有多大的信心。如果他仍然认为它会进一步扩大，那么，他就应当卖出无铅汽油期货，同深度实值的燃料油看涨期权相对。这会为他提供额外的、基于两种石油产成品之间相互关系的盈利或亏损的机会。不过，如果他认为这个跨品种价差现在的跨度理应更大，那么，他或许应当只是卖出 3 手燃料油期货，作为对燃料油看涨期权的直接对冲。

一旦交易者发现他处在就像上面的示例里那样的一个有利可图的情况里，最保守的途径是使用那个实值期权的标的期货来为这个期权对冲。这个行动可以减小对这个跨品种价差的盈利的依赖性。从期货价格的活动中仍然还有盈利的可能。此外，如果期货价格跌到使得两边的期权都成为实值的，那么，这个跨品种价差又会重新开始发挥作用。因此，在上面的示例里，保守的行为就会是针对燃料油看涨期权，卖出 3 手燃料油期货。

更为激进一些的途径是使用这个跨品种价差的另一条腿的标的期货来为这个实值期权对冲。在上面的示例里，这就会表现为针对燃料油看涨期权而卖出无铅汽油期货。

假定前面示例里的策略家决定要采取保守的行动，因此他卖出了 3 手燃料油期货，价格是 0.710 0 的市场价。这个行动在两个方向上都保存了大量的潜在盈利。它比就他现有的头寸直接卖出虚值期权要好。

如果期货价格下跌，或许是当看跌期权变回到实值的（看跌期权的 delta 至少是 -0.75 左右），他可以考虑将这个对冲平仓。在这个时候，这个头寸就会多少回到它最初的状态，除了他已经从 3 手卖出和买回的期货中得到了很好的盈利这个事实之外。

后记。上面的示例来自实际的价格运动。在现实中，期货不但会跌回到最初的价格，而且会跌到比这低得多的价位。这种反转的基本理由可以是天气暖和，对燃料油的需求减少，而且汽油的供应量也低。到 12 月期权到期日，存在下面的价格：

1 月燃料油期货：0.520 0

1 月无铅汽油期货：0.520 0

不但期货价格暴跌，而且跨品种价差也失败了。它们之间的价差变成了零！它从来就没有接近过最初认为的 12 美分的可能性。任何使用期货建立这个价差的交易者几乎都肯定会赔钱；他或许在价格达到这个水平之前就将头寸平仓了，不过，从头到尾，这里都没有机会从平仓中获得盈利。

不过，使用期权建立这个价差的策略家几乎可以肯定能赚到钱。你可以有把握地说，他买回了前面示例里的 3 手卖出的期货，得到了相当好的盈利，或许是 7 点左右。你也可以假设，随着看跌期权变成实值期权，交易者会建立一个相似的对冲，在 EFP 达到 -3.00

的时候买回了 3 手无铅汽油。这也许出现在无铅汽油期货的价格在 0.570 0 的时候，也就是实值 5 美分。

假设这些交易确实发生了，下面的表格显示了盈亏。

头寸	初始价格	最终价格	净盈利/亏损（美元）
买入 5 手看涨期权	6.40	0	-13 440
买入 5 手看跌期权	425	10.00	+12 075
卖出 3 手燃料油期货	0.710 0	0.640 0	+8 820
买入 3 手无铅汽油期货	0.570 0	0.520 0	-6 300
总盈利：			+1 155

在这个最终分析中，跨品种价差跌到零这个事实实际上有利于期权策略，因为看跌期权在到期时是实值的。当然，这是计划之外的，但是，因为在这个头寸上所持的是买入的头寸，策略家就能够在出现大波动的时候获得盈利。

35.2.4　跨期价差策略

显然，同样的策略也可以用在跨期价差上。例如，如果交易者考虑的是两个不同的大豆期货，他可以用实值期权取代头寸中的期货。于是他就有了同我们在跨品种价差中显示的相同属性：如果出现波动，就有大笔的盈利。当然，如果跨期价差扩大，他仍然可以赚钱，不过，他会损失掉他为这些期权所付的时间价值。

35.2.5　股票部门指数的期货价差交易

这个概念可以推演到更远一步。许多期货合约是同股票有关系的，通常是同一个具体商品相关的一个部门的股票。例如，有原油期货，原油 ETF（USO），也有原油和天然气部门指数（XOI）。有黄金期货，黄金 ETF（GLD），也有黄金和白银指数（XAU）。如果就这个商品同这个股票部门的相互关系的历史绘制图形的话，你可以发现就两者的关系而言，常常会有可以交易的模式。这种关系可以通过使用期权的跨品种价差来交易。

例如，如果交易者认为相对总的石油股票价格来说，原油是便宜的，他就可以买入原油期货或 USO 的看涨期权，同时买入石油天然气指数的看跌期权。交易者在决定这个价差的两条腿各自需要交易多少数量的期权合约必须有清楚的概念，他可以使用第 31 章讨论指数间价差时所介绍的比率来做到这一点。（事实上，如果两个标的期权的条款不同，这个公式也应当用在期货的跨品种价差上。）现在只是在使用期权的情况下加进了另一个构成要素：期权的 delta。

$$比率 = (v_1/v_2) \times (p_1/p_2) \times (u_1/u_2) \times (\Delta_1/\Delta_2)$$

式中　v_i —— 波动率；

　　　p_i —— 标的物价格；

　　　u_i —— 期权的交易单位；

　　　Δ_i —— 期权的 delta。

【示例 35-15】假定交易者确实想要买入原油看涨期权，同时买入 XOI 的看跌期权，因为他认为原油同石油股票相比是便宜的。有下面的价格存在：

　　　　7 月原油期货：16.36　　　　　XOI：256.50

　　　　原油 7 月 1 550 看涨期权：1.10　　6 月 265 看跌期权：14½

波动率：25% 波动率：17%
看涨期权 delta：0.74 看跌期权 delta：0.73

同其他大部分股票和指数期权一样，XOI 期权的交易单位是每点 100 美元。原油期货的交易单位是每点 1 000 美元。有了所有这些信息，可以计算得出下面的比率：

$$原油 = 1\,000 \times 0.25 \times 16.35 \times 0.74$$
$$XOI = 100 \times 0.17 \times 256.50 \times 0.73$$
$$比率 = 原油 / XOI = 0.91$$

因此，交易者就每 1 手他所买入的原油看涨期权，要买入 0.91 手 XOI 看跌期权。如果是一个小账户，这基本就是一个 1 对 1 的关系，但是，如果是一个大账户，那就可以使用精确的比率（例如，买入 91 手 XOI 看跌期权和 100 手原油看涨期权）。由此产生的数量概括了这两个市场的各种不同区别：主要是价格和标的物的波动率，再加上它们的交易单位之间的巨大差异（100 对 1 000）。

35.3 总结

期货价差是一种非常重要并且有潜在盈利的操作。在这样的价差中使用期权常常可以增进盈利性，依靠价格运动的波动性来弥补最初假设中的错误。

期货价差可以归结为两个范畴：跨品种价差和跨期价差。它们是重要的策略，因为许多期货在历史上表现出季节性的倾向，交易者可以交易这些倾向而无需考虑期货价格的总的运动。

期权可以用来增进这些期货价差策略的表现。期货跨期价差同跨期价差紧密相关。它同股票或指数期权跨期价差显著不同。

在期货中使用实值期权的买入的组合，无论对跨品种价差还是跨期价差来说，都是一个非常有吸引力的策略。期权策略为价差交易者提供了两种赚钱的方法：（1）从标的期货价差的运动；（2）如果期货价格有大幅度的运动，由于一个期权的价值可以持续增长，而另一个的价值则只能跌到零这样的事实。期权策略同时为策略家提供了随着价格的上涨或下跌而采取后续行动的机会，这样的后续行动是以等额期货头寸为基础的。

在这一章里介绍的概念不但适用于期货价差，而且适用于任何两种实体之间的跨品种价差。我们在这里举的一个示例是期货同股票部门指数之间的跨品种价差，不过，这个概念可以概括起来，运用到任何两种相关的市场上。

使用期货价差作为他们交易策略的交易者应当认真考虑在凡是可能的时候都使用期权作为替代。这样的替代策略常常可以增进盈利的机会。

第六部分
Options as a Strategic Investment

衡量和交易波动率

虽然到目前为止我们已经介绍了许多种类各异的策略和概念，但是在它们之间还缺少一条将它们连接在一起的线索。波动率是将所有的期权策略联系在一起，使得投资者可以做出比较决定的一个要素。事实上，波动率是期权交易中最重要的概念。当然，如果你在挑选股票上是一把好手，那么，也许你有可能不用考虑波动率。不过，这样的话，你是在没有充分考虑一个影响期权价格和策略的主要因素的情况下运作。对其余的人来说，在决定使用什么样的策略之前仔细考虑波动率，是一件必须要做的事。在本书的这一部分里，我们将对波动率和波动率交易进行深入的探讨。第1节提供了一些定义，并对能够（和应当）如何使用波动率的一般概念做了一些讨论。接下来我们从隐含波动率的变化对策略表现的影响这个角度，讨论了在前面介绍过的那些比较流行的策略。之后，我们讨论了波动率交易策略，对期权交易者来说，它们是一些最重要的概念。我们将讨论同投资者所感觉到的价格行为相反的股票的实际价格行为，我们还将介绍买入和卖出波动率的特殊标准和方法。

这里展现的信息并不是特别理论化的。大部分期权交易者都应当能够理解所有这些概念。对一个期权交易者来说，不管他是不是实际"交易波动率"，了解作为波动率交易基本原理的基础的这些概念，都是至关重要的。

为什么要交易"市场"

许多人热衷于预测股市的"游戏"，因为能够做到这一点的人似乎很有本事，也很聪明。每个人都有他自己喜欢的指标、分析技术或者"黑匣"交易系统。但是，市场真的能够被预测得了吗？如果不能的话，那么，为什么要把这么多时间花在预测市场上呢？对这些问题没有一个明确的答案，而且，即使有人可以证明市场是不可预测的，大部分交易者也不会相信他。事实上，要"预测"市场，也许有不止一种方法，因此，在决定市场是否能够预测之前，交易者必须确切地说明他究竟在说些什么。

有见识的期权交易者知道，市场预测可以分成两大范畴：（1）对价格短期运动的预测；（2）对标的物波动率的预测。这些不是相互独立的预测。例如，每个人的"目标"都是想要把两者都预测出来。这相当不容易。你不但必须看准方向，而且必须能够预测到标的物的波动性，这样才能够设定一个合理的目标。在某些情况里，你也许可以相当准确地做出第1种预测，但第2种则极为困难。

几乎每一个交易者都使用某种工具或技术来帮助他决定买入什么和什么时候买。许多这样的技术，特别是如果它们被精密化为一个交易"系统"的话，似乎都有一定的价值。从这个意义上说，市场看上去确实是可以被预测的。但是，这类预测往往涉及许多工作，不但包括最初对头寸的选择，而且包括在决定头寸大小时的资金管理，以及设置和监控（跟踪）止损指令的风险管理，等等。因此，它并不容易。

大部分数学研究证明，没有人能够真的预测市场，这使得事情变得更糟。它们倾向于把表现超出指数基金的人看作只不过是"恰逢其时"，也就是加入了赢家的潮流而已。事情真的是这样吗？考虑一下这样一个示例。你有没有去过拉斯维加斯，赢过一天的钱？或者赢了一个周末？或者赢了一个星期？你也许有可能对这些问题都回答"是"，虽然你知道从数学的角度来看，赌场赢你的机会肯定要大得多。如果将这个问题扩展到你的一生：你是不是一辈子都赢过赌场？如果你在赌场里玩过一段时间的话，这里的答案几乎肯定是"不是"。

数学家倾向于相信，击败大盘股市就像击败拉斯维加斯的赌场，短期也许有机会，长期则没有这种可能。因此，当数学家说股市是不可预测时，他们是说在一个长时期内持之以恒地击败这个"指数"，例如，标普500指数。

不过，持相反观点的人说，市场是可以被击败的。他们说，跟赌场赌博不同，这个"游戏"跟扑克更为相像。在这样的游戏里，一个好的玩家可以通过资金管理技巧而不断成为赢家，不像在赌场里，成功的概率是事先预定的。每个人在哪种看法是正确的问题上都有自己的看法。两种观点都有可信的地方，不过，就像是要成为一个好的扑克玩家很难一样，使用方向性的策略来持之以恒地击败市场，也不是一件容易的事。此外，即使是最好的方向性交易者也知道，他每年的资产价值也会有大幅度的波动和下跌。因此，对方向性交易者来说，收益的一致性一般是飘忽不定的。

收益的不一致性、所需要的工作量，以及必须有足够的资本并且对它加以管理，这些都是导致方向性交易者灭亡的因素。因此，短期的方向性交易对大多数交易者来说，都未必真的是一种让他感到"舒服"的交易策略，如果交易者使用一个让他感到不舒服的策略，那么，他早晚会在使用它的过程中输钱。

那么，有没有更好的替代方法呢？或者，交易者是不是只应当打包交易，买入一些指数，然后不去管它？作为一个期权策略家，你肯定应当有比单是买入指数基金更好的交易方法。选择波动率的交易，相对于那些让方向性交易变得困难的因素来说，有显著的优势。

如果交易者发现他具有对付方向性交易所需要的精力，那么就坚持使用这种方法。不过，为了安全起见，你也许想要在你的武器库里添加一些波动率交易。如果你发现方向性交易太耗费时间，或者不知道怎样妥善地使用止损指令，或者你的投资因为价格上下摆动而不断地有亏损，那么，你就应当把注意力更多地集中在波动率交易上，也许最好是通过买入跨式价差的形式。

第36章
Options as a Strategic Investment

波动率交易的基本原理

最早对波动率交易产生兴趣的是对数学感兴趣的交易者,他们注意到市场对未来的波动率的预测(如隐含波动率)与人们通常从理性上认为应当发生的情况有显著的差异。不仅如此,许多这些交易者(做市商、套利者和其他人)发现很难让一个"delta 中性"的头寸保持中性。为了寻找一种不需要对标的证券的市场运动方向持有看法而进行交易的方法,他们转向了波动率交易。这并不是意味着波动率交易消除了所有的市场风险,也许是将它们转化成波动率风险。它说的是,在从事期权交易的人之中,有一部分人在处理波动率风险方面可以比他们在处理价格风险方面有更加自如和自信。

简单地说,预测波动率比预测价格要容易得多。除非你说的是 20 世纪 90 年代的大牛市,当时,每一个热情的投资者都确定无疑地感到他知道怎样预测价格。要记住,不能将牛市同智慧混淆起来。考虑一下图 36-1 中的图形。这只股票看上去是一只不错的可以交易的股票:在接近低位时买入,在接近高位时抛出,或者甚至在接近高位时卖空,在后来

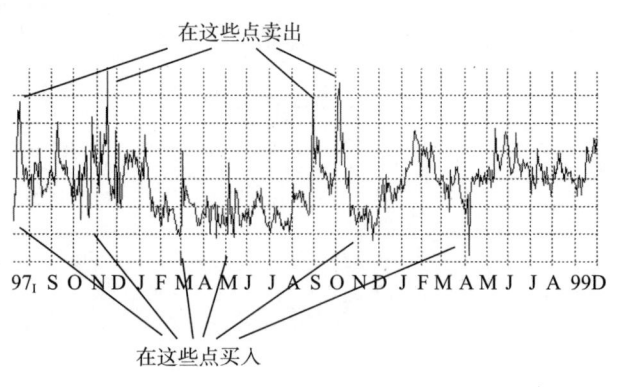

图 36-1 例图

的下跌中买回。它看上去在长时期内处于交易范围之中,因此,在每一次买入或卖出之后,它至少会回到交易范围的中点,有的时候甚至朝这个范围的另一侧继续运动。这张图形没有标度,不过,这并不改变它看上去是一个可交易对象的事实。事实上,这是一家重要的美国企业的期权的隐含波动率的图形。具体是哪一家没有关系(它是 IBM),因为几乎所有的股票、指数或期货合约的隐含波动率的图形都有相似的模式:一个交易范围。隐含波动率完全突破它的"正常"范围的唯一情况是,如果有显著的事件发生,它改变这个股票的运动方式的基本面要素的话(例如,有人要买这个企业,或者重要兼并,或者股票其他类型的价值稀释等)。

许多交易者观察到了这种模式,变得热衷于对波动率进行预测。请注意,如果交易者能够将波动率剥离开来,他就不必在乎股票价格朝哪里运动。他所关心的只是在接近这个范围的底部买入波动率,在它回到中部,或者是这个范围的高部时卖出波动率,或者是反过来。在现实中,公众客户几乎不可能把波动率如此精密地剥离开来。他不得不对价格有所关心,不过,他仍然能够建立起这样一个头寸,在其中,股票价格的运动方向同头寸的

结果没有关系。对许多投资者来说，这样的特性是有吸引力的，这些投资者反复不断地发现要预测股票的价格非常困难。此外，这类方法无论在牛市还是熊市里都起作用。因此，波动率交易对许多个体交易者都有吸引力。要记住，如果你自己想要妥当地运作一个策略，你必须发现它适合你个人的交易哲学。使用一个你感到不舒服的策略只会导致亏损和烦恼。因此，如果这个在某种程度上是中性的期权交易策略听上去能够引起你的兴趣，那么就继续读下去。

36.1 波动率的定义

波动率只是一个用来描写一只股票、期货或者指数的价格变化有多快的术语。当你就期权而谈到波动率的时候，有两类波动率是重要的。第 1 类是**历史波动率**（historical volatility），它是对标的工具在过去的价格变化快慢的衡量。另一类是隐含波动率，它是期权市场对这个标的物在这个期权的存续期内的波动率的预测。计算和比较这两种对波动率的衡量，可以在预测标的工具即将出现的波动率方面立刻对交易者有所帮助，这在决定今天的期权价格上是至关重要的。

正如我们在论述数学应用那一章里所显示的，历史波动率可以用一个特殊的公式来衡量。就像在大部分基础统计学书本里可以找到的那样，它只是一个计算**标准差**（standard deviation）的公式。要理解的重要的一点是，这是一个精确的计算，对于如何计算历史波动率，很少有争议。实际的衡量意味着什么，这并不重要。也就是说，如果有人说一个股票的历史波动率是 20%，那么，除了对热衷于统计学的人之外，对任何人来说，这个数字本身相对没有什么意义。不过，它可以用在进行比较的目的上。

标准差是用百分比来表示的。交易者可以说大盘股市的历史波动率通常是在 15%～20% 之间。一只波动性非常大的股票可以有超过 100% 的历史波动率。这些数字可以相互进行比较，因此，交易者可以说，历史波动率为 100% 的股票比一般"股市"的波动性要高出 5 倍。所以，可以用一个工具的历史波动率同另一个工具的历史波动率进行比较，以决定哪一个的波动性更大。历史波动率自身就是它的一个有用的功能，不过它的用途远不止如此。

对历史波动率可以根据不同的时段进行衡量，从而对标的物在不同时段内的变化有一种感觉。例如，人们通常计算 10 天的历史波动率，以及 20 天、50 天甚至 100 天的。在每一种情况里都把结果年化，这样，这些数字就可以直接拿来进行比较。

考虑一下图 36-2 中的图形。它显示的是一只在相当一段时间内在小幅度的范围内徘徊的股票（它也可以是一个期货合约或者指数）。在图形上用"A"标出的那一点上，也

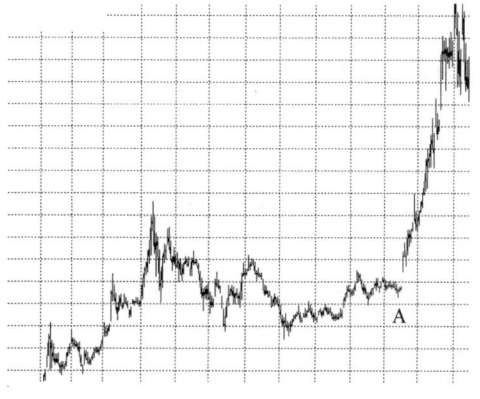

图 36-2 股票例图

许是它波动最小的时候。在这个时候，10 天的波动率也许在大约 20% 这样相当低的数字上。紧接着 A 点之前，价格运动非常小。不过，在股票开始变得波动比较大之前，较长时段的历史波动率会显示出较高的数字。当时，在 A 点的历史波动率的值有可能是：

10 天历史波动率：20%
20 天历史波动率：23%
50 天历史波动率：35%
100 天历史波动率：45%

这类历史波动率的模式描写的是一只价格运动最近减缓的股票。

它的价格运动在近期内没有那么极端。

再回到图 36-2 上，注意一下在离 A 点不远的地方，股票在短时期内上跳到高得多的地方。像这样的价格行为会导致隐含波动率急剧增长。而且，在这幅图形的最右侧，股票停止上涨，但是上下摆动，速度比在图形的大多数点位上要快得多。上下的剧烈波动常常会产生比直线运动所产生的更高的历史波动率值；这只是数字的效果。因此，在图形的最右端，10 天的历史波动率会增长得相当急剧，而较长时段的衡量数据则不会变得这样高，因为它们仍然包含着在 A 点之前出现的价格行为。

在图 36-2 的最右端，会有这样的数字：

10 天历史波动率：80%
20 天历史波动率：75%
50 天历史波动率：60%
100 天历史波动率：55%

从这样的数据排列里，读者可以看出近期的波动率要高于较远期的过去的波动率。在第 38 章论述股票价格分布的时候，我们将谈到交易者如果需要使用一个历史波动率的话，他应当在期权和概率模型中使用这些历史波动率中的哪一个作为这些模型的输入数据的"那个"历史波动率。我们需要有能力对波动率做出估量，这样才能决定一个策略是否能够成功，决定目前的期权价格是相对便宜还是相对昂贵的。例如，你不能只是说："我认为 XYZ 到 2 月到期日时至少要上涨 18 点。"做出这样的判断，需要有一些事实根据，在没有内幕消息透露这个公司从现在到 2 月之间会宣布什么事情的情况下，这样的根据应当是用波动率预测这种形式表现出来的统计学数据。

作为对（布莱克 - 斯科尔斯）期权模型的一个输入数据，历史波动率当然是有用的。事实上，在任何模型中波动率的输入都是关键的，因为在决定一个期权的价格中，波动率是如此重要的一个因素。另外，历史波动率的用处还不止在对期权的价格作评估上。在做出股票价格的预测和计算分布上，它也是必不可少的，就像我们在后面讨论这些议题时会看到的那样。任何时候，当你问："这只股票从这里运动到哪里，或者说，超过一个具体的价格目标的概率有多大？"对它的回答都在很大程度上仰赖于对标的股票（或者指数或期货）的波动率的认识。

从上面的示例里可以清楚地看出，任何工具的历史波动率都有可能发生急剧的变化。即使交易者只想使用一种对历史波动率的衡量方法（20 天历史波动率是使用得最普遍的衡量方法），它也会变动得相当频繁。因此，交易者永远无法肯定，将期权价格预测或股票价格分布建立在当前历史波动率上是否会产生出"正确的"结论。统计的波动率随着时间的进程而发生变化，在这样的情况里，你的预测会变为不正确的。因此，用保守的态度来做预测相当重要。

36.2 另一种方法：GARCH

GARCH 是**广义自回归条件异方差**（Generalized Autoregressive Conditional Heteroskedasticity）的简称，GARCH 是这个术语的英文缩写。它是预测波动率的一种技术，有的分析家说这种技术产生的结果比单单使用历史波动率或隐含波动率所产生的预测要好。GARCH 是在 20 世纪 80 年代由经济学领域中的专家创建的。它结合了历史波动率和隐含波动率，同时，使用者还可以加进一个常数（修正值，fudge factor）。不过，从本质上说，GARCH 波动率模型的使用者必须对这些用来做估量的因素的权重做某种预测或判定。因此，就其性质而言，它同前面所描写的情况一样，也是不明确的。

不过，如果使用正确的话，这个模型可以"学习"。也就是说，如果交易者（假设使用 GARCH）对今天的波动率做了一个预测，但是，事实证明实际的波动率要更低一些，于是，在做明天的波动率预测时，你或许想要使用现实世界的经验来将它往下调整，因为你看到现实的波动率在下降。这也结合了波动率倾向于保持不变的常识，也就是说，明天的波动率可能同今天的相同（根据统计学数据，在 2/3 的时间内是这样）。这就像是当飓风袭击时，你必须意识到你的预测有可能错了。同样的情况也适用于 GARCH 波动率预测，它们也有可能出现错误。

因此，在对波动率进行评估和预测方面，GARCH 并不是完美无缺的。事实上，从策略家的角度看，同前面所描写的最小 / 最大的技术相比，它甚至并不高出一筹。它发挥最好作用的领域是预测短期波动率，最喜欢这个模型的是货币期权的经纪商，因为他们必须不断地调整他们的市场报价。对于长期波动率的预测，GARCH 并不很有用，而长期波动率的预测正是一个波动率的头寸交易者所感兴趣的。不过，在对波动率进行预测方面，GARCH 被认为是最先进的技术，因此，许多注重理论的交易者和分析家都奉行这个模型。

36.3 移动平均值

有的交易者想要使用由日常隐含波动率值组成的移动平均值，或者是使用某种将近期历史波动率值平滑后的数据来进行波动率评估。正如在论述数学应用的那一章所提到的，在综合的日常隐含波动率计算出来之后，我们建议使用一个 20 天或 30 天隐含波动率的移动平均值来达到某种平滑的效果。事实上，最好是使用一个指数移动平均值（exponential moving average），因为它不需要交易者不断地得到最近 20 或 30 天的数据来计算这个移动平均值。为了计算下一个移动平均值，你只需要有最近的那个几何移动平均值。

36.4 隐含波动率

我们已经在许多地方提到过隐含波动率，不过，在深入探讨它的衡量和使用方法之前，我们想要扩展一下它的概念。隐含波动率只是同期权相关，不过投资者可以将一个具体的标的工具上的各种期权交易的隐含波动率加在一起，产生出一个单一的数字，这个数字常常被称作这个标的物的隐含波动率。

在任何一个时间点上，交易者都可以确切地知道影响到一个期权价格的下列因素：股票价格、行权价、离到期的时间、利率，以及股息。唯一剩下的因素是波动率，事实上，是隐含波动率。它是期权交易中的一个重要的"修正值"。如果隐含波动率过高，期权的定价就会过高。这就是说，它们会相对昂贵。另一方面，如果隐含波动率过低，期权就会变得便宜或定价过低。侧重理论的期权交易者不再使用"**定价过高**"（overvalued）和"**定价过低**"（undervalued）这两个术语，因为用这样的术语意味着交易者知道这个期权应当值多少钱。在现代词汇中，交易者会说，这个期权是以"高波动率"或"低波动率"在交易，意思是说，交易者对过去的隐含波动率是什么有一定的概念，而现在的衡量结果同过去相比是高的或者是低的。

从根本上说，隐含波动率是期权市场对标的物在某个期权的存续期内即将出现的统计波动率的猜测。如果交易的人相信这个标的物在这个期权的存续期内将会是高波动的，那么，他们就会报出较高的买报价，使得它的价格变得更高。反过来，如果交易的人认为这个股票将有一段低波动的时期，那么，他们就不想为它支付高价，偏向于报出较低的买报价，因此，这个期权就会是相对低价的。要注意的重要的事是，交易者在正常情况下不知道将来会怎么样。他们无法确切地知道这个标的物在这个期权的存续期内究竟会有多大的波动。

要假设内幕信息不会透露到市场中，虽然这样说，但这是不现实的。也就是说，如果有人拥有关于一个公司的收益报告、新产品公告、兼并动向等非公开信息，他们会积极地买入这个公司的期权，或者是为这个期权报买价，这就会增加这个期权的隐含波动率。因此，在某些情况里，当交易者看到隐含波动率迅速上升，这或许是有的交易者可能确实知道未来，至少是知道某个公司将要公布一则特别的消息。

不过，大部分时间没有人有内幕消息交易的。每个期权交易者，包括做市商和公众，都不得不在买入或卖出期权时对波动率进行"猜测"。之所以如此，是因为他付出的价格在很大程度上是受他对波动率评估的影响（无论他是否意识到事实上他是在做这样的波动率评估）。正如你可以想象的，大多数交易者对于在期权存续期内的波动率会是什么情况没有一点概念。他们只是按照看来合理的价格付账，也许是以历史波动率为基础。因此，今天的隐含波动率同这个期权的存续期里后来披露的实际统计波动率没有相像之处。

想要进一步从数学上对隐含波动率的定义有所了解的人，可以考虑一下下面的公式：

$$期权价格 = f(股票价格, 行权价, 时间, 无风险利率, 波动率, 股息)$$

进一步说，假定交易者知道下面的信息：

XYZ 价格：52
4 月 50 看涨期权价格：6
离 4 月到期的时间：36 天
股息：0.00 美元
无风险利率：5%

这样的信息对任何期权来说在任何时候都能从简单的报价系统中得到，除了隐含波动率之外，这些信息满足了我们所需要的其他所有要求。因此，如果这个期权目前的价格是 6，交易者应当在布莱克–斯科尔斯模型（或者他所使用的无论什么模型）中输入什么样的波动率才能得到这样的答案呢？也就是说，要形成这个等式，波动率必须是什么：

$$6 = f(52, 50, 36 天, 5\%, 波动率, 0.00 美元)$$

无论什么样的波动率,只要它能够使得模型产生目前市场价格(6)作为价值,它就是 XYZ 4 月 50 看涨期权的隐含波动率。如果你有兴趣的话,在这个情况里,这个隐含波动率是 75.4%。决定隐含波动率的实际程序是一个迭代的程序。没有绝对的公式,计算者在模式中不断用各种不同的波动率评估,直到答案同市场价值足够接近为止。

36.5 波动率的波动率

为了讨论一个具体实物(股票、指数或者期货合约)的隐含波动率,交易者一般引用单个期权的隐含波动率,或者是整个期权系列的综合的隐含波动率。对策略比较的目的来说,这一般就足够了。不过,事实上,在考虑隐含波动率上还有其他方法。具体地说,交易者也可以考虑隐含波动率的范围的宽度,也就是说,各个隐含波动率数字的波动性有多大。

传统的方法往往是谈论隐含波动率的百分比的高低。这种方法是将同样标的工具现在的隐含波动率的值同过去的隐含波动率的值进行排序。

不过,在使用百分比排序的时候,有一个相当重要的构成部分被漏掉了。交易者无法断定"便宜的"期权在实践中是否真的便宜。例如,如果交易者发现 XYZ 的整个过去的隐含波动率的范围只是在 39%～45% 之间,那么,当前 40% 的值虽然相当低,但看上去不怎么有吸引力。也就是说,如果 XYZ 期权的第 1 个百分位数在 39% 的隐含波动率值,而第 100 个百分比数在 45% 的值,那么,40% 的值实在算不了什么。如果以绝对值为基础,隐含波动率实在没有多少空间可以增长。即使它上升到了第 100 个百分位数,这个具体的 XYZ 期权还是没有增长多少价值,因为它的隐含波动率只从 40% 上升到了 45%。

不过,如果过去的隐含波动率的分布幅度很宽,那么,如果它们目前是在百分比排序的一个低层面上,交易者就可以知道这些期权真的是便宜的。假定,如果 XYZ 的过去隐含波动率的范围是在 35%～90% 之间,而不是上面所描写的那个狭窄的范围,那么,XYZ 隐含波动率的第 1 个百分位数是 35%,第 100 个百分位数是 90%。现在,如果目前的值是 40%,在目前的值之上有大量的期权可以交易的空间,如果隐含波动率向上运动到更高的等位时,就有可能增加期权的价值。

这就意味着,在实际运作中,交易者不但需要知道隐含波动率目前的百分位数,而且需要知道这个百分位数在数字范围中的位置。如果这个范围幅度很宽,那么,一个极端的百分位数确实代表了一手便宜的或昂贵的期权,但是,如果这个范围很窄,那么,交易者也许就不必过分地关心隐含波动率目前的值。

隐含波动率的另一个常常为人忽视的方面是它的范围是如何根据期权中剩下的时间而变化的。对长期期权(LEAPS)的交易者来说,这一点尤其重要。因为一手长期期权隐含波动率的范围没有一手短期期权隐含波动率的范围大。为了说明这一点,我们为 OEX 期权的隐含波动率作了一幅长达数年之久的图形,既包括普通期权,也包括长期期权。其结果就是在图 36-3 中显示的扩散图形。

在图 36-3 中有两条曲线,它们囊括了大多数的数据点。从这些线条可以看出,短期期权的隐含波动率的范围要大于远期期权。例如,在这幅扩散图左端的隐含波动率的值的范围是从14%~40%（不计在线条之外的那一个点）。但是，对24个月或者时间更长的较长期的期权，这个范围是从17%~32%。虽然OEX期权有它们自己的特征，这幅扩散图在我们所看到的任何股票或指数中仍然是相当有代表性的。

从这里可以得出的一个结论是，长期期权隐含波动率的变化没有短期期权隐含波动率的变化那么大。对长期期权交易者来说，这个信息会很重要，特别是如果他将长期期权的隐含波动率同标的物的一个合成的隐含波动率或者历史波动率进行比较的时候。

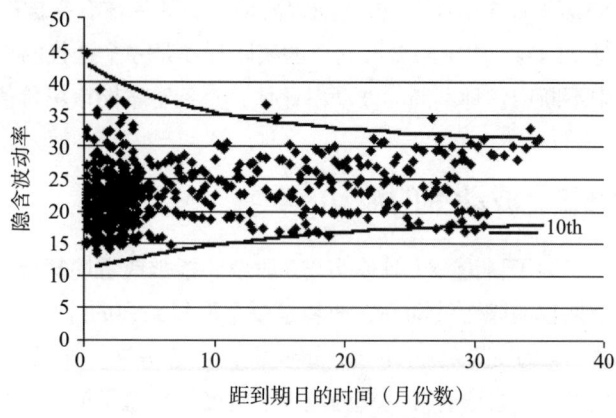

图36-3　长达数年的OEX期权的隐含波动率

同样，考虑一下图36-3。使用所有所给数据点而得出的OEX合成隐含波动率的第10百分位数是17%，虽然单凭图形看出这一点不容易。在这幅扩散图的右边有一根短线条标出了这个水平（第10百分位数）。可以看出，长期期权很少在这么低的波动率水平上交易。

在图36-3里，两条曲线之间的距离在左侧（也就是说，短期期权）要比在右侧（长期期权）大得多。因此，对长期期权交易者来说，当考虑到所有这些期权的时候，要找到极高或者极低的隐含波动率值，不是一件容易的事。因此，如果你所观察的是所有期权的隐含波动率的百分比排序，包括所有短期期权在内，那么，长期期权很少有看上去"便宜"的时候。

你可以说，如果交易者要买长期期权的话，他应当只看这幅扩散图的右边的波动率范围的幅度。这样他可以就这个期权是否便宜做出决定，或者说，不是单凭长期期权的目前的值同过去的值之间的比较。这种思路在推理上是有一定谬误的。有这么几个原因：第一，如果交易者长期持有这个期权，波动率范围就会扩展开来，隐含波动率有可能会出现显著的下降。第二，长期波动率范围有可能非常之小，即使期权最初相当便宜，隐含波动率的大幅增长也不能转化为像在短期期权中可以看到的那样的价格收益。

懂得过去隐含波动率的范围的重要性，并且意识到隐含波动率的范围随着时间的缩短而扩展，这对所有在交易决定中使用隐含波动率的人来说，都非常重要。

隐含波动率是实际波动率的优秀预测指标吗

交易者可以计算隐含波动率的事实，并不意味着这样的计算是对未来的波动率的正确的评估。正如上面所说，就像对一只股票的未来价格一样，市场也并不真的知道一个工具将会如何波动。当然，在评估未来的波动率方面有一定的线索，也有一些一般的方法，但是，期权交易有的时候会出现远离以往水平的隐含波动率这个事实仍然存在。因此，可以把隐含波动率看作是对期权存续期内股票将会实际发生的情况的一种不准确的评估。要记住，隐含波动率是对未来的评估，因为它是以交易者的推测为基础的，它有可能是错的，就像所有对未来事件的评估都有可能是错的一样。

上面所提出的问题也许是一个人们应当更经常地问自己的问题："隐含波动率是实际波动率的优秀预测指标吗？"从某种程度上说，假设隐含波动率和历史（实际）波动率会汇拢似乎是合乎逻辑的。可是，事情并不真是如此，至少在短期内不是如此。此外，即使它们确实汇拢了，究竟谁在开始时是正确的呢？是隐含的还是历史的？也就是说，究竟是隐含波动率运动到同标的物的实际运动相一致的地步，还是股票的运动加快了或者减缓了，从而达到了同隐含波动率的一致？

为了说明这个概念，我们将使用若干图形来显示隐含的同历史的波动率之间的比较。图36-4显示的是OEX指数的信息。OEX期权一般而言是定价过高的。见第29章的讨论。这就是说，OEX期权的隐含波动率几乎总是高于后来被证明的实际波动率。考虑一下图36-4。在这个图形中有3条线：隐含波动率、实际波动率，以及两者之间的差别。不过，在这些线条是由什么组成的方面，有一个重要的区别。

（1）隐含波动率的曲线描绘出了OEX的每日综合的隐含波动率值的一个20天移动平均值。这就是说，每天计算出一个单一的数字作为当天的OEX的综合隐含波动率。这些隐含波动率的数字通过使用在论述数学应用的那一章所显示的平均化公式进行计算，每个期权的隐含波动率由交易量和实值或虚值的距离加权，以得出这个交易日的一个单一的隐含波动率值。为了将每日的值平滑化，这里使用了一个20天的简单平均移动值。这个逐日的OEX的隐含波动率包括了所有的OEX期权，因此，它同VIX这个**波动率指数**（Volatility Index）是不同的，后者只是使用最接近平值的期权。由于使用所有的期权，同VIX相比，这里的波动率数字就略有一些不同，但是两者的图形所显示的模式是相似的。这就是说，使用所有OEX计算出的隐含波动率的最高点的出现时间与VIX的最高点出现时间是相同的。

（2）这个图形上的实际波动率同人们通常认为的历史波动率有一点区别。它是20天的历史波动率，它所计算的20天是在计算隐含波动率那一天之后的20天。因此，隐含波动率曲线上的点位是同在20天之后形成的20天历史波动率的计算相匹配的。这样，这两条曲线多少显示出波动率的预测和在20天的时段内实际发生的情况。这些实际波动率值也是用一个20天移动平均值加以平滑的。

（3）这两者之间的差别相当简单，正如图形底部的曲线所显示的。穿过这个差别线画有一条"零"线。

当这条"差别线"穿过这条"零"线的时候，波动率预测同在20天后实际出现的波动率就是相等的。如果差别线在零线之上，那么隐含波动率就过高；期权是定价过高的。反过来，如果差别线在零线之下，那么实际波动率就证明比隐含波动率所预测的要大；期权在这个情况下就是定价过低的。在图36-4里，这样的区域是画了阴影的。简单地说，在图形中有阴影的时段里，你应当拥有期权，在没有阴影的区域里，你应当卖出期权。

注意一下，图36-4确认了这样的事实：OEX期权一直是定价过高的。很少有图形是像OEX图形那样单维的，其中期权如此始终如一地定价过高。大多数股票的差别线都在零线周围上下振荡。考虑一下图36-5和图36-6。图35-5显示的是一幅同35-4相似的图形，将一只股票的实际和隐含波动率进行比较,也显示了两者之间的区别。图 36-6 显示了同一只股票的价格图形,覆盖在隐含波动率上,这是在一个出现大量阴影之前的时段,包括出现阴影的时期。

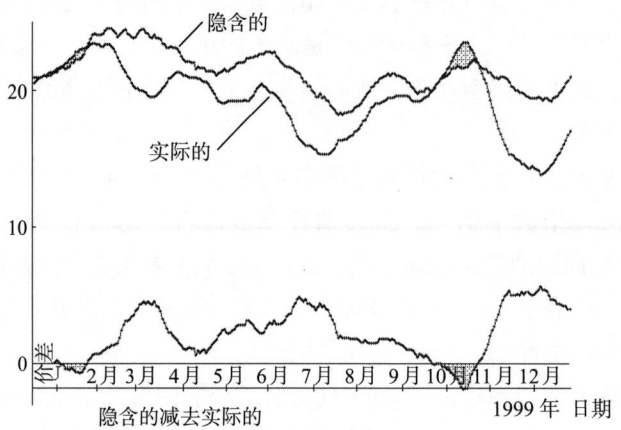

图 36-4　同历史波动率相对的 OEX 的隐含波动率

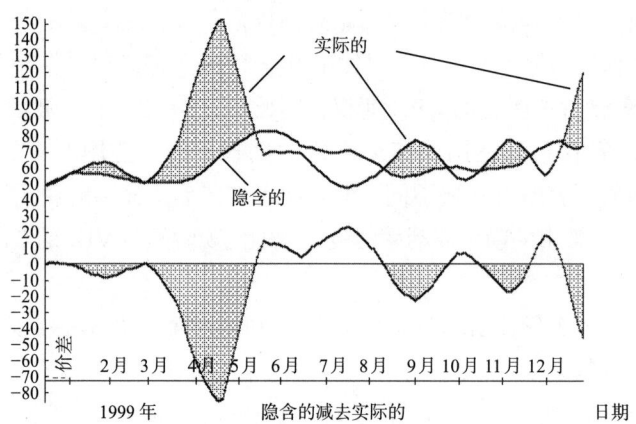

图 36-5　某只股票的历史波动率和相对应的隐含波动率

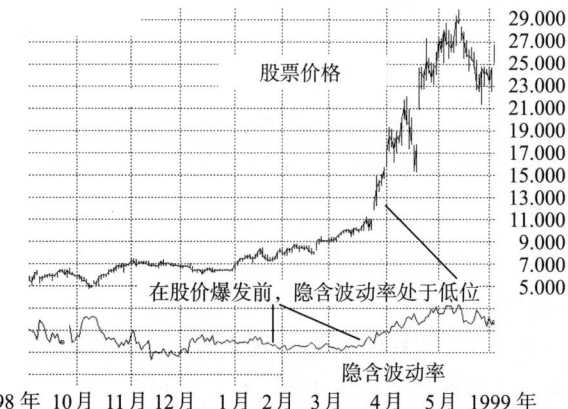

图 36-6　这只股票的价格图形

这幅波动率比较图形（见图 36-5）显示了若干阴影区域，在这些时段内，股票的波动性比期权所预测的更大。期权的拥有者在这样的时期就会有盈利，只要他们对这只股票所采取的是相对中立的态度。图 36-6 显示了这只股票在 1999 年 3～4 月之前、包括这段时间内的表现，这是图形上阴影最大的区域。注意一下，在股票在一个多月中从 10～30 的强势运动之前，隐含波动率相当低，这些图形来自实际的数据，它们展示了隐含波动率在多大程度上有可能偏离历史波动率。在 1999 年 2 月和 3 月上旬，隐含波动率在这些图形上处于最低的水平，或者是接近最低的水平。但是，到 3 月底，股票价格开始暴涨，在一个月里翻了 3 倍。显然，在这个情况里，隐含波动率在预测即将出现的实际波动率方面是个很差的指标。

在这一年的后半期出现了什么情况呢？在图 36-5 里你可以观察得到隐含波动率和实际波动率在 1999 年的其余时间内上下振荡了若干次。看上去这些振荡很小，而且隐含波动率实际上在预测实际波动率方面做得很好，至少是在 1999 年 12 月价格出现最后的上升之前是这样。不过，看一下图 36-5 左边的标度，你可以看出隐含波动率是要停留在 50%～60% 的范围内，但是实际波动率则不断地向上突破。

这里还有另一个示例。图 36-7 和图 36-8 描绘了另一只股票和它的波动率。在每一幅图形的左半边，隐含波动率都相当高。它比后来出现的实际波动率要高，因此，在图 36-7 中差别线在几个月内都保持在零线之上。然后，由于某种原因，期权市场决定要做调整，隐含波动率开始下降。它的日最低点在图 36-8 上用一个小圈标了出来，在图 36-7 上同一个时间点也用一个小圈标了出来。在这个时候，期权交易者是在"说"，他们预期在接下来的那个星期里股票会非常平缓。可是，股票实际上有两次迅速的运动，一次从 15 跌到 11，另一次是涨回到 17。这样的运动使得实际波动率上弹，而隐含波动率保持在低位。经过一段时间在 13～15 之间交易之后，在这期间隐含波动率保持在低位，股票最后向上突破，正如图 36-7 和图 36-8 右面的尖顶可以证明的。因此，在这些图形上，在大部

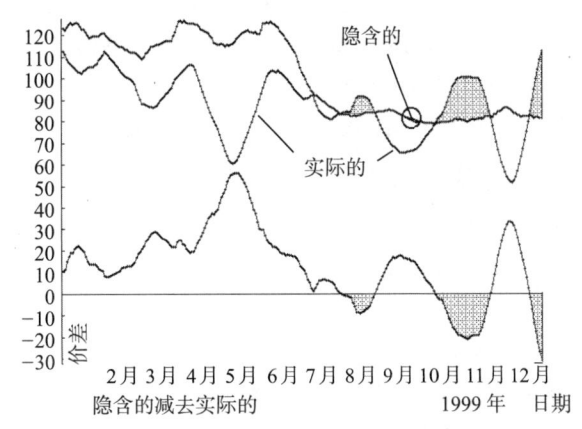

图 36-7　另一只股票的历史波动率和相对应的隐含波动率

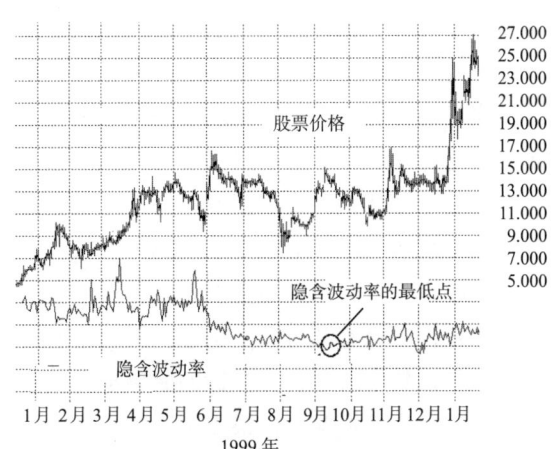

图 36-8　这只股票的价格图形

分时间内，隐含波动率是实际波动率的一个糟糕的指标。不但如此，即使股票在一个月的时间内价格翻了一倍，隐含波动率仍然停留在低位。

从这些图形中，要注意的重要的事情是，它们清楚地显示出，对在它之后出现的实际波动率来说，隐含波动率实在算不上一个好的指标。如果它是的话，差别线在大部分时间内都会在接近零线的地方徘徊。事实却是差别线上下急剧摆动，隐含波动率过高或过低地评估了实际波动率，偏差相当大。因此，交易者对波动率目前的估量（也就是隐含波动率）有可能实际上错得相当离谱。

反过来，你也可以说历史波动率对在它之后出现的隐含波动率也不是一个出色的预测指标，特别是短期。没有人真的坚持说它是一个好的预测指标，因为历史波动率只是对过去发生的事情的一种反映。我们能够有把握说的只是，隐含波动率和历史波动率倾向于在一个范围内交易。

这些图形中突出的一点是，隐含波动率的上下起伏似乎比实际波动率要小。这似乎是波动率预测过程的一个自然功能。例如，当市场暴跌时，期权的隐含波动率只有中等程度的上涨。换句话说，在期权交易者和做市商在给期权定价时对波动率进行预测的时候，倾向于做出在某种程度上"中庸"的预测，因为走极端的预测有更大的可能会是错的。当然，事实后来证明它还是错的，因为实际波动率相当迅速地上下跳动。

这里展现的少数几幅图形并不构成一个严密的研究，以得到隐含波动率是实际波动率的一个糟糕的预测指标的结论，不过，我坚定地相信这样的说法是正确的。研究市场的研究生可以在这里寻找他的硕士论文选题。

36.6 波动率交易

由于隐含波动率有时会极度地非理性这个事实，期权交易的隐含波动率有的时候显著地偏离交易者在正常情况下所预期的波动率。例如，假定一只股票正处在一个相对无波动的阶段，就像在图36-2里，刚好在图形的A点之前的股票价格。在这段时间内，期权的卖出者或许会变得更为激进，而期权的购买者或许看到他们先前买入的期权随着时间的消逝而减值，变得更为谨慎。期权的价格因此而下跌。换一种说法，隐含波动率下降。当隐含波动率下降时，期权的卖出者一般而言会感到高兴（而且常常变得更为激进），而期权的购买者则会亏损（而且常常变得更为谨慎）。只需要看一看交易者期权账户中的盈亏账单就会知道。可是，任何人只要在图36-2中对这只股票的波动率回头看得更远一些，就会知道它在过去的波动率要大得多。因此，他也许认为这个期权的隐含波动率变得太低了，从而成为期权的买家。

波动率交易者的目标是要发现隐含波动率可能出现错误的情况，从而建立一个当人们发现这个错误时就有利可图的头寸。因此，波动率交易者的主要目的是发现隐含波动率是高估的或者低估的情况，他对标的股票本身的前景怎样看在这里没有关系。从某些方面来说，这同一个想要根据收益报告和其他基本面信息来发现高估和低估股票的股票基本面分析家没有什么不同。

从另一个角度来看，波动率交易也是一种投资的反向理论。也就是说，当所有其他的人都认为标的股票不会有波动性的时候，波动率交易者应当买入波动率。当所有的人都卖出期权，找不到期权买家的时候，波动率交易者应当挺身而出，买入期权。当然，波动率交易者在建立新头寸之前，必须进行严谨的研究，但是，一旦出现这样的情况，最有可能发生的是，他持有的头寸同"大众"所做的事是相反的。当大部分人卖出波动率的时候（或者，至少是大部分人拒绝买入它的时候），他会买入波动率，当所有其他的人都慌乱地要买入期权，使得期权相当昂贵的时候，他会卖出波动率。

36.7 波动率为什么会走到极端

交易者不可能买入所有他认为是便宜的期权。对股票运动的概率必须有某种考虑。更重要的是，交易者不可能卖出所有他认为是昂贵的期权。期权也许有理由变得昂贵，其中的原因有可能是有人对某个即将出现的公司新闻（例如，兼并或者出人意料的收益报告等）有内幕消息。

因为期权提供了相当大的杠杆，对于想要做一手快速交易的人，特别是那些相信他们知道某些一般公众所不知道的消息的人，期权是具有吸引力的工具。因此，如果一项兼并事项走漏了消息，无论出自公司管理层、投行、印刷厂或者会计师，凡是知道这个消息的人，都可能相当激进地买入期权，至少是为这样的期权报出买报价。凡是在期权的需求大于供给的时候（在这个情况里，主要的供给者或许是做市商），期权很快就变得更为昂贵。这就是说，隐含波动率增加了。

事实上，有这样的金融分析家和记者，他们把交易量的大量增加看作是股票即将有大幅度运动的线索。几乎没有例外，如果交易量增加而且隐含波动率也增加，那就是一个有效的信号，警告说有些有内幕消息的人正在买入期权。在这样的情况里，卖出波动率也许不是一个好主意，即使这些期权在数学上是昂贵的。

有的时候，一部分的投资者会事先知道甚至更小的新闻。如果这些新闻足以促使股票运动少量点数，知道这些新闻的人就会想要在新闻面世之前买入期权。这样的小新闻可以是有关谈判，或者解聘企业的高管，或者同其他公司的联盟，或者甚至是新产品的公告。

· 波动率的卖出者可以把两件事看作是警告的信号，它们告诉他这些期权或许是在"预测"一件公司事件（因此应当避免对它们"卖出波动率"）。这两件事是期权交易量的急剧增加和期权隐含波动率的突然上弹。它们的出现（其中之一或者一起），有可能是因为有内幕消息的交易者想要在实际公司新闻公布于众之前得到一种有杠杆的工具。

36.7.1 期权交易量或隐含波动率的突然增长

由期权交易活动大量增加而揭示内幕交易的症状是可以辨别出来的。典型情况下，大部分交易量的增长出现在近期的期权系列中，特别是平值行权价的合约，或是离平值最近的虚值合约。不过，这样的活动并不到此为止。随着做市商抓住所有他们在交易所订单簿中可以找得到的东西（由于工作职能的性质，他们需要向那些有内幕消息的人卖出他们想要买入的近期期权），它散布到其他的系列里。除此之外，做市商也许还会怂恿别人，也许是机构，就他们机构股票持有中的一个部分卖出一些昂贵的看涨期权。这种活动对波动率的卖出者来说应当是个警告，警告他要置身局外。

当然，在任何一个交易日里，都会有许多期权异常活跃的股票，而这些交易活动的增加同内幕交易没有任何关系。这样的活动可以包括大宗的卖出备兑看涨期权，或者也许是一个机构为既存的股票头寸进行对冲而买入大量的看跌期权，或者是一个套利者建立的一手相对大的转换或反转组合，或者甚至是一个对冲基金启动的一手大规模的价差交易。在任何一种这样的情况里，期权的交易量都会急剧上弹，但是，它并不意味着有人持有关于公司新闻事件的内幕消息。在这里所说的期权交易的活动只是市场运作的正常功能而已。

将这些套利和对冲活动同内幕交易区分开的机制是：(1) 在"健康的"情况里，很少有期权交易量朝其他系列的期权扩散；(2) 股票价格自身疲软。不过，在出现真的内幕交易的活动时，做市商对买入看涨期权的激进的性质有所反应。这些做市商知道他们必须为自己对冲，因为他们不想在由于兼并收购或其他新闻而导致股票价格急剧上涨的情况中卖出裸看涨期权。正如前面提到的，他们想要买入订单簿中其他的任意的期权，但是，有可能没有这么多这样的期权。因此，作为最后的办法，他们用来减小他们的头寸负值 delta 的办法是买入股票。因此，如果期权交易活跃而且价格昂贵，并且，如果股票价格也在上升，那么，你或许有了一个可信的"有人知道某些事"的指标。不过，如果期权是昂贵的，但是其他因素都没有出现，特别是如果股票价格在下跌，那么，在这样的情况里，交易者就可以比较放心地实施卖出波动率的策略。

不过，有这样一种情况，其中，期权有可能是有内幕消息的人的追逐对象，但是没有同时出现很高的交易量。这种情况有可能出现在不活跃的期权里。在这种情况里，一个代表有内幕信息的人的场内经纪人拿着他的订单进入交易池去买期权，可是做市商不愿意卖给他很多，做市商选择的是提高卖报价而不是大量卖出。如果这样的情况接连发生几次，随着这个经纪人反复提高买报价但每次只买到几手合约，这个期权就会变得非常昂贵，与此同时，做市商在不断地提高他的卖报价。

最后，场内经纪人得出结论，这些期权太贵了，不值得费神，于是退出交易池。也许他的客户这时已经买入股票了。无论是哪种情况，这里发生的事实是，随着买报价和卖报价不断提高，期权已经变得非常贵，但是，因为这些合约流动性差，所以没有多少实际的期权交易量。因此，同期权交易量突然增加联系在一起的正常的警告灯就不会亮。在这种情况里，波动率的卖出者仍然应当小心，因为他不想陷入刚好在某个重要的公司新闻公布之后卖出看涨期权这种状况里。这里的线索是隐含波动率在短时间内（1 天，或者实际上更少的时间）名副其实地爆发了，仅这一点就应当足以向隐含波动率的卖出者提出警告了。

这里要记住的是，当期权突然变得非常昂贵的时候，特别是同时有强势的股票运动和大量的股票交易，那么，在发生这种情况的背后很可能有足够的理由。这个理由或许在短时期内就会通过新闻的形式而变成公众信息。事实上，有一位主要的做市商曾经说过，他相信隐含波动率中的大部分增长最后被证明是有道理的，也就是说，会有导致股价上涨的新闻公布。因此，一个隐含波动率的卖出者应当避免这样的情况。隐含波动率的突然增长或许应当被看作是有潜在的新闻事件正在形成。这些情况不是一个中性的隐含波动率的卖出者想要介入的。

另一方面，如果期权变贵是由公司新闻造成的结果，那么，隐含波动率的卖出者进行交易时就会放心一些。或许在隐含波动上升的时候这个公司宣布了不尽如人意的收益，股票因此而受到打击。在这种情况里，交易者可以接触到这样的信息，明确地对它进行分析，他不是在对付只有少数内幕交易者才知道的某种隐蔽的事实。有了清晰的分析，交易者就可以设计出一个有潜在盈利的妥善的波动率卖出策略。

另一种期权随着市场活动而变得昂贵起来的情况是当标的物处于熊市之中时。在股票、指数和期货合约中都是这样。1987年的崩盘是一个极端的示例，只有隐含波动率在崩盘期间扶摇直上。其他类似的市场暴跌（像1989年10月，1997年10月和1998年8～9月）也导致隐含波动率急剧上扬。在这些情况里，波动率的卖出者知道隐含波动率为什么这么高。有了这个事实，于是他可以围绕一个中性的策略，或者围绕他对将来的看法，构建自己的头寸。当期权价格昂贵，而似乎没有人知道为什么的时候，隐含波动率卖出者必须要小心。这时有可能有内幕交易存在，这也是波动率卖出者应当停止卖出期权的时候。

36.7.2 便宜的期权

当期权是便宜的时候，通常没有那么多可以觉察得到的为什么它们会变得便宜的原因。一个显然的原因可以是，公司的企业结构发生了变化，或许是它被兼并了，或者是这个公司收购了一家规模同它差不多的公司。在这两种情况里，合并起来的企业的股票都有可能没有原来公司的股票的波动率那么大。兼并是一个"度蜜月"的过程，这个公司的期权的隐含波动率会下跌，从而产生它们是便宜的假象。

与此相似，一个公司会成熟起来，或许增发更多的股票，或许建立起健康的收益链，它的股票的波动性被认为比以前要小。一些网络公司就是这方面的经典示例：刚开始的时候，投资者对它们寄予很大希望，它们的价格运动频繁，因此，期权的交易有相对高的隐含波动率。然而，随着公司成熟起来，一个公司买入其他的网络公司，或者甚至是同一家大型的有建树的公司合并——就像美国在线（America Online）和时代－华纳通信（Time-Warner Communication）合并一样。在这些情况里，实际的（统计的）波动率会随着公司的成熟而减小，隐含波动率也会如此。从表面上看，一个波动率的买家也许把这种降低的波动率看作一个有吸引力的买入机会，但是，如果进一步考察的话，他会发现这样的降低是有它的理由的。如果隐含波动率的降低看来是有理由的，那么，波动率的买家就应当忽视它，而去寻找其他的机会。

当波动率看起来在走极端的时候，无论是太贵还是太便宜，所有的波动率的交易者都应当持怀疑的态度。交易者应当对各种可能性进行调查，看一看为什么波动率会在这样极端的水平上交易。在有的情况中，来自公众的供给和需求会将期权推到极端的水平，其中没有其他的原因。这些是最好的交易波动率的情景。不过，如果有迹象表明波动率出现极端的值是因为某种逻辑的（但也许不公开的）原因，那么，波动率交易者就应当持怀疑的态度，而且应当避免这个交易。这种情况典型地发生在昂贵的期权上。

波动率的买家确实不必害怕他们是否因为计算错误而买入了一个看上去便宜但实际上并非如此的期权。波动率买家如果这样做会有亏损，不断地将期权过高定价会导致破产，但是，偶然的错误或许不会是致命的。

可是，波动率的卖家则必须要加倍地小心。每一个错误都有可能是他的最后一个错误。如果紧跟着出现了一个相对股票目前价格有大量升水的兼并报价的话，卖出根据历史标准来看是极端昂贵的裸看涨期权可以是毁灭性的。即使是看跌期权的卖家也必须小心，虽然许多交易者认为卖出裸看跌期权是安全的，因为它同买入股票是一回事儿。可是，谁说过买股票就没有风险呢？如果股票暴跌，例如，从80跌到了15或20，就像Oxford Health那样，或者，从30跌到2，就像Sunrise Technology那样，那么，看跌期权的卖家就会被埋葬了。因为卖出裸期权的风险如此之大，期权会因为开盘时的大幅度跳空而一文不值。这就是在卖出期权之前交易者一定要研究为什么期权这么贵的原因。例如，如果交易者已经知道一个小型生化公司正在等待美国食品和药物管理局（FDA）在两个星期内进行审核，而所有的期权突然之间都变得非常贵，那么，这个波动率卖家不应当去逞英雄。很明显，至少有一些交易者相信股票价格有可能会出现大规模的缺口。此时最好是重新去找别的卖出期权机会。

期货期权和指数期权的卖出者也必须小心，虽然在这些市场里不会出现兼并，不会在收益报告方面有大大出人意料的情况，也不会因为某个公司事件而出现巨大的缺口。不过，期货市场也有像谷物报告或政府经济数据这种需要对付的情况，这些事件也有可能造成高波动的局面。根本的一点是，如果交易者刚好在这样的新闻事件出现之前卖出波动率，而这个新闻事件证明波动率有理由变得昂贵，那么，波动率卖出，即使是对冲的波动率卖出，也会让他付出代价，使得情况恶化。

36.8 总结

波动率交易是走进市场的一种有利可图的方法，因为波动率几乎总是在一个范围内交易，因此，对它的价值的评估可以比对标的物的实际价格的评估要精确得多。即使是这样，交易者在进行波动率交易时也必须小心，因为需要进行实在的研究才能决定波动率是否事实上是"便宜"或"昂贵"的。同任何的接近市场的系统的方法相同，如果交易者在研究方面马马虎虎，他就没有希望得到卓越的结果。在下面几章里，我们将花许多时间来帮助读者了解波动率对头寸的影响，以及如何使用波动率来构建正的预期收益率。

第37章
Options as a Strategic Investment

波动率对流行策略的影响

前一章讨论了隐含波动率的计算或者说对它的解释，同时也讨论了它同历史波动率的关系。另一个与此相关的重要议题是隐含波动率如何影响具体的交易策略。简单地说，人们也许以为发现隐含波动率的变化对期权头寸的影响是一件很容易的事，但是，事实上，大部分交易者并没有完全理解波动率是如何影响期权头寸的。在有的情况中，特别是在期权价差和比较复杂的头寸中，交易者对隐含波动率的变化将如何影响到他的头寸并没有一种直觉的"画面"。在这一章里，我们将对隐含波动率的变化如何影响大多数流行的期权策略做一番相对彻底的考察。

当然，可以用计算机分析来为这种波动率效果"画"一幅图形，我们在后面会讨论到这一点。不过，期权策略家对于一个头寸在隐含波动率发生变化时一般会有怎样的变化应当有一定的概念。在进入具体策略之前，对读者来说，懂得波动率对期权价格的影响的基本原理是很重要的。

37.1 vega

从技术的角度讲，交易者用来衡量波动率变化对一个期权价格的影响的术语是期权的vega。在这一章里，我们将用vega作为参考，但重点是在实践性，因此，对波动率如何影响期权头寸的描写将用日常的语言来描写，同时也将涉及vega的更为数学化的领域。做了这样的声明之后，让我们来给vega下一个定义，在后面的讨论里我们将在这个意义上使用这个术语。

简单地说，vega是期权价格在波动率每变化一个百分点时所变化的数量。

【示例37-1】XYZ的售价是50，7月50看涨期权的交易价是7.25。假定不存在股息，短期利率是5%，离7月到期还有刚好3个月。有了这些信息，交易者可以知道这个7月50看涨期权的隐含波动率是70%。这是个相当高的数字，因此，交易者可以得出结论说，XYZ是一个高波动率的股票。如果隐含波动率升到71%的话，期权的价格会是多少呢？使用一个模型，交易者可以发现，如果发生这样的情况，7月50看涨期权从理论上说价格应当是7.35。因此，这个期权的vega就是0.10（取两位小数）。也就是说，当波动率增加了1个百分点，这个期权的价格增加了10美分，从7.25到了7.35。（请注意，这里的"百分点"指的是波动率中整整1个点的增长，从70%到71%。）

如果隐含波动率不是增加了而是减少了呢？同样，交易者可以使用这个模型来决定期权价格的变化。在这个情况里，使用69%的隐含波动率并且保持其他因素不变，期权的理论价值就会是 7.15，同样是 0.10 的价格变化（这一次是价格的降低）。

这个示例在隐含波动率如何影响看涨期权方面指出了一个有趣而重要的方面：如果隐含波动率增加，期权的价格也会增加，如果隐含波动率降低，期权的价格也会降低。因此，在期权价格同它的隐含波动率之间有着直接（direct）的关系。

从数学上说，vega 是布莱克－斯科尔斯模型（或者任何你在用的期权定价模型）的同波动率相关的偏导数（partial derivative）。在上面的示例里，这个 7 月 50 看涨期权的 vega，在 XYZ 为 50 时，可以计算出为 0.098，它同交易者在考察时所得出的 0.10 非常相近。

Vega 与看跌期权也有直接的关系。也就是说，在隐含波动率增加的时候，看跌期权的价格也会增加。

【示例 37-2】使用前一个示例里同样的条件，假定 XYZ 在 50 交易，离 7 月还有 3 个月，短期利率是 5%，没有股息。在这个情况里，下面的看跌期权和看涨期权的理论价格可以用在所说的隐含波动率上。

股票价格	7 月 50 看涨期权	7 月 50 看跌期权	隐含波动率	看跌期权 vega
50	7.15	6.54	69%	0.10
	7.25	6.64	70%	0.10
	7.35	6.74	71%	0.10

因此，看跌期权的 vega 也是 0.10，同看涨期权的 vega 一样。

事实上，我们可以说，条款相同的看涨期权和看跌期权的 vega 是相同的。要证明这一点，我们只需要回到转换组合的套利等式。如果看涨期权价格上涨，其他条件（利率、股票价格和行权价）都相等，那么，看跌期权就一定上涨相同的数量。隐含波动率在看涨期权的价格中会造成这样的变化，在看跌期权价格中也会造成相似的变化。因此看跌期权和看涨期权的 vega 一定是相同的。

同样重要的是要知道 vega 是怎样随着其他因素的变化而变化的，特别是随着股票价格的变化，或者是时间的变化。下面的示例包括了若干表格，它们显示出在一个典型的上下波动的环境中 vega 的表现。

【示例 37-3】在这个示例里，让我们假设利率（5%）、隐含波动率（70%）、时间（3 个月）、股息（0）和行权价（50）都不变，变化的只有股票的价格（见表 37-1）。

表 37-1

股票价格	7 月 50 看涨期权的隐含波动率	看涨期权理论价格	vega
30	70%	0.47	0.028
40		2.62	0.073
50		7.25	0.098
60		14.07	0.092
70		22.35	0.091

上面这个示例假设股票价格的变化是发生在同一时间点上。在现实中，时间自然同样会流逝，这也会影响到 vega。表 37-2 显示假设其他条件都不变，vega 是如何随着时间的变化而变化的。

【示例 37-4】在这个示例里，下面的条件都是固定的：股票价格（50）、行权价（50）、隐含波动率（70%）、无风险利率（5%）和股息（0），不过，我们现在假设时间上下波动。

表 37-2 清楚地显示出，时间的流逝不但导致看涨期权价格的下跌，而且也造成 vega 的

下降。当然，这是有它的道理的，因为交易者不应当指望隐含波动率的上升会在这样一个期限非常短的期权上产生多大的影响，至少这样的影响肯定不会比它对一个长期期权所产生的那么大。

表 37-2

股票价格	隐含波动率	剩余时间	看涨期权理论价格	vega
50	70%	1年	14.60	0.182
		6个月	10.32	0.135
		3个月	7.25	0.098
		2个月	5.87	0.080
		1个月	4.16	0.058
		2个星期	2.87	0.039
		1个星期	1.96	0.028
		1天	0.73	0.010

有的读者也许会想，隐含波动率自身的变化是怎样影响 vega 的。这可以被称作"vega 的 vega"，虽然我从来没有听到过有人实际这样说过。表 37-3 将探讨这个概念。

【示例 37-5】同样，若干因素保持不变：股票价格（50）、离 7 月到期的时间（3 个月）、无风险利率（5%）和股息（0）。表 37-3 允许隐含波动率上下波动，它显示出了在不同的波动率上 7 月 50 看涨期权的理论价格和它的 vega 会有什么样的变化。

因此，表 37-3 显示出在隐含波动率大幅度变化时，vega 令人惊讶地保持在稳定的水平上。这是为什么没有人对"vega 的 vega"感兴趣的真正原因。vega 只有在隐含波动率极其高的时候才开始下降，而这种水平上的隐含波动率是罕见的。

表 37-3

股票价格	隐含波动率	看涨期权理论价格	vega
50	10%	1.34	0.097
	30%	3.31	0.099
	50%	5.28	0.099
	70%	7.25	0.098
	100%	10.16	0.096
	150%	14.90	0.093
	200%	19.41	0.088

我们也可以计算出为了克服波动率的下跌股票所需要上涨的距离。考虑一下图 37-1，它显示的是一手有不同的隐含波动率的 6 个月的看涨期权。假定交易者买入一手目前的隐含波动率为 170%（图形的顶部曲线）的期权。后来，投资者感觉波动率减弱了，期权在隐含波动率为 140% 的水平上交易。这就意味着这个期权现在"驻扎"在从上往下数的第 2 条曲线上。从这两条曲线之间的大概的距离来看，由

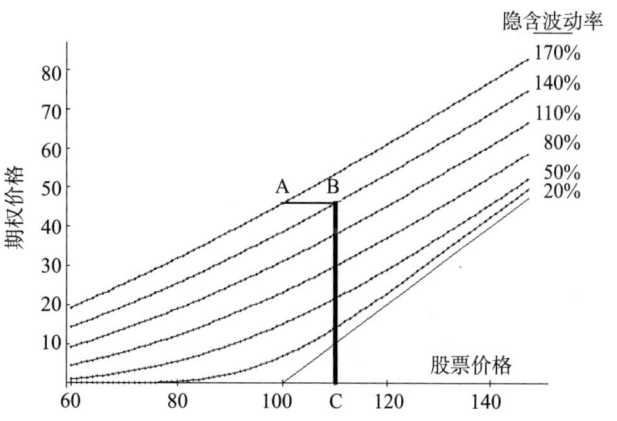

图 37-1　不同隐含波动率上的期权理论价格
（6个月看涨期权）

于隐含波动率的下降，整个期权也许亏损了 5~8 点的价值。

看这个问题有另一种方法。同样，假定交易者买入了一手平值期权（股票价格 = 100），当时它的隐含波动率是 170%。这个期权的价值在图 37-1 的图形上是用 A 点标志的。后来，这个期权的隐含波动率下跌到 140%。为了弥补隐含波动率带来的亏损，股票价格必须上涨到什么地方呢？从 A 点到 B 点之间的水平线显示了每条曲线上期权价值相同的部位。因此，从 B 点向下画一条垂直线到 C 点，我们就可以看到 C 点处的价格大约为 109。因此。如果隐含波动率从 170% 跌到 140%，那么，股票必须上涨 9 点才能保持期权价值不变。

37.2　隐含波动率和 delta

图 37-1 显示出另一个不同寻常的效果：当隐含波动率变成非常高时，期权的 delta 没有多大的变化。简单地说，一个期权的 delta 衡量的是当股票运动 1 点的时候，期权价格有多大的变化。从数学上说，delta 是期权模型相对于股票价格的一阶偏导数。从几何学的角度说，这意味着一个期权的 delta 是前面图形中曲线的切线的斜率。

当股票价格在 80~120 之间时，图 37-1 中的底线（这里的隐含波动率 = 20%）有一个独特的曲率。因此，delta 的范围是从一个相当低的数字（当股票价格接近 80 的时候）到一个相当高的数字（当股票接近 120 的时候）之间的区域。现在看一下图形中的顶部线条，这里隐含波动率等于 170%。从较低的左边到较高的右边，它几乎是一条直线！这条直线的斜率是恒定的。这就告诉我们，对这样一个昂贵的期权来说，delta（它是这个斜率）几乎没有变化，不管股票是在 60 交易或者 150 交易！单是这个事实就会使许多人感到惊讶。

此外，这个 delta 值是可以衡量的：在股票价格从 80 一直到 150，它是 0.70 或者更高，除了其他涵义之外，这意味着一个隐含波动率极高的虚值期权的 delta 是相当高的，可以预期它对股票价格运动的反映要比交易者想象得要更为紧密，如果他对 delta 的观察不是那么仔细的话。

图 37-2 演绎了这个概念，它显示出一个期权的 delta 是如何随着隐含波动率的变化而变化的。从这幅图形里可以清楚地看出当隐含波动率是 20% 时期权的 delta 变化得有多快，它同当隐含波动率极高时它的变化有多小形成对比。

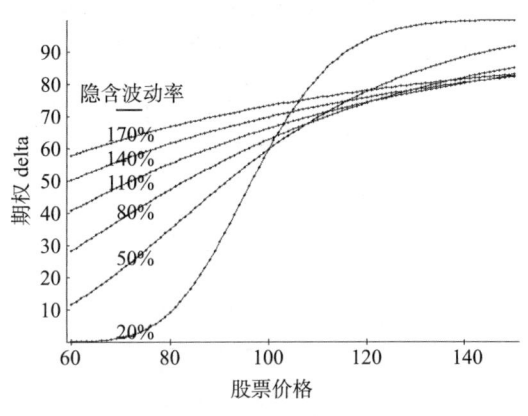

图 37-2　6 个月看涨期权在不同隐含波动率上的 delta 值

这个数据本身就很有趣，不过，当交易者认识到他的期权中隐含波动率的变化（vega）同时也意味着这个期权中的 delta 的显著变化，它就变得更令人入迷了。在某种意义上，这解释了为什么在第 1 幅图形（见图 37-1）里股票上涨了 9 点而期权的持有人还是什么钱都没赚到：因为隐含波动率从 170% 下降到了 140%。

37.3 对中性的影响

一个流行的使用 delta 的概念是"delta 中性"价差,这个价差的盈利性应当同市场的运动没有关系,至少在短时间内和有限的股票价格变化中是如此。任何显著影响期权 delta 的事情都会影响这种中性,从而导致 delta 中性的头寸变得失去平衡(或者,更可能的是,导致交易者一开始就对构成 delta 中性价差的因素产生错误的直觉)。

让我们使用一个熟悉的策略(买入跨式价差)作为示例。简单地说,当投资者买入一手跨式价差,他就是买入一手看跌期权和一手条款相同的看涨期权,没有什么时髦的地方。不过,有可能出现的情况是,因为涉及期权的 delta,这个方法有向上的偏向,因此,应当建立一手中性的跨式价差。

【示例 37-6】假定 XYZ 的交易价是 100,期权的隐含波动率是 40%,投资者考虑买入一手 6 个月的行权价为 100 的跨式价差。下面的数据总结了这个情况,包括了期权的价格和 delta。

XYZ 普通股股票:100;隐含波动率:40%

期权	价格	delta
XYZ 10 月 100 看涨期权	12.00	0.60
XYZ 10 月 100 看跌期权	10.00	−0.40

请注意,股票价格同行权价是相等的(100)。不过,delta 并不完全相等。事实上。看涨期权的 delta 是看跌期权 delta 的 1.5 倍(就绝对值而言)。投资者必须买入 3 手看跌期权和 2 手看涨期权来建立一个 delta 中性的头寸。

大部分有经验的期权交易者都知道,一个平值看涨期权的 delta 比一个平值看跌期权的 delta 要高一些。因此,他们常常不经核对就认为买入 3 手看跌期权和 2 手看涨期权是一个 delta 中性的"买入跨式价差"的头寸。考虑一下一个相似的情况,不过,这里的隐含波动率要高得多,例如,110%。

AAA 普通股股票:100;隐含波动率:110%

期权	价格	delta
AAA 10 月 100 看涨期权	31.00	0.67
AAA 10 月 100 看跌期权	28.00	−0.33

这里 delta 中性的比率约是 2∶1(67 除以 33),而不是前面示例里的 3∶2,尽管两个股票的价格都是 100,两组期权离到期都还有 6 个月。两者之间的重要区别是 delta 中性的比率,特别是如果投资者交易的是大量的期权。这就显示出不同水平的隐含波动率是如何改变投资者对什么是中性头寸的看法。它同时也指出,投资者不能仰赖于他的直觉;最好的做法始终是使用模型进行核实。

将这种看法再推进一步,投资者如果想要保持他的头寸 delta 中性,他就必须注意隐含波动率的变化。如果 AAA 期权中的隐含波动率有显著的下降,2∶1 的比率就不再是中性的,即使股票仍然在价格 100 上交易。因此,一个想要保持 delta 中性的交易者不但必须监控股票价格的变化,而且必须监控隐含波动率的变化。对更复杂的策略来说,交易者也会发现因为隐含波动率的变化,delta 中性的比率也会发生变化。

前面的示例总结了会影响 vega 的主要变量,也显示了 vega 是如何影响除了它自己之外的其他因素,像是 delta,从而影响到 delta 的中性程度。顺便说说,标的物的 vega 是零:从理论上说,隐含波动率的增加对标的物的价格根本没有影响。在现实中,如果期权非常昂贵(也就是说,隐含波动率扶摇直上),它通常将交易者带入股票交易,因此股票的价格也会发生变化。不过,这不是数学上的关系,而是市场的因果关系。

37.4 头寸 vega

正如通过 delta 或者模型中任何其他偏导数可以做到的那样，交易者可以计算出一个头寸 vega，也就是整个头寸的 vega。决定一个头寸 vega 的方法是用买入或卖出的期权的数量去乘以单个期权的 vega。"头寸 vega"只是持有头寸的数量，乘以 vega，乘以每个期权所对应的股份数（这通常是 100）。

【示例 37-7】使用简单的看涨期权价差作为一个示例，假设有下面的价格存在：

证券	头寸	vega	头寸 vega
XYZ 股票	无头寸		
XYZ 7月 50 看涨期权	买入 3 手看涨期权	0.098	+0.294
XYZ 7月 70 看跌期权	卖出 5 手看涨期权	0.076	−0.380
净头寸 vega：			−0.086

对一个波动率交易者来说，这个概念非常重要：因为它可以告诉他，他构建的头寸是否会按照他所希望的方式活动。例如，假定投资者发现了价格很高的期权，他觉得隐含波动率会下降，最后会变得与历史的正常状态更为一致。于是他想要建立一个负值头寸 vega 的头寸。一个负值头寸 vega 标志着这个头寸在隐含波动率下跌时可以获利。反过来，一个隐含波动率的买家，也就是一个发现某种定价过低情况的交易者，想好构建一个正值头寸 vega 的头寸，因为这样的头寸在隐含波动率上升时就会获利。无论是哪种情况，其他的因素，例如 delta 和离到期的时间等，都会对这个头寸的实际盈利金额发生影响，但是，头寸 vega 的概念对一个波动率交易者来说仍然是重要的。例如，如果发现了便宜期权，然后建立某种头寸 vega 为负值的奇怪价差，那就没有道理。这样的头寸同交易者想要（在这个情况里，买入便宜期权）的目的是背道而驰的。

37.5 直接买入和卖出期权

让我们现在开始考察隐含波动率对各种策略的影响，首先从最简单的策略开始，也就是直接买入期权。我们已经说明，隐含波动率用直接的方式影响单个看跌期权和看涨期权的价格。也就是说，隐含波动率的增长会导致期权价格的上涨，隐含波动率的下降会导致期权价格的下跌。这个信息是最重要的信息，因为它告诉了期权交易者他需要知道的东西：隐含波动率的爆发性增长是期权持有者的福音，但是，对期权卖出者来说则有可能是一场灾难，特别是对裸期权的卖出者。

用一些示例也许可以将隐含波动率的影响之大说清楚，这个影响即使在期权离到期只剩下不多的时间时也是如此。交易者应当懂得这样的概念：波动率的增长可以克服几天甚至几个星期的因时减值。第 1 个示例想要将这个概念在某种程度上加以量化。

【示例 37-8】假定 XYZ 在 100 的价格上交易，交易者对分析一个 3 个月的行权价为 100 的看涨期权有兴趣。此外，假定隐含波动率目前是 20%。根据这些假设，布莱

股票价格	100
行权价	100
剩余时间	3 个月
隐含波动率	20%
看涨期权理论价值	4.64

克－斯科尔斯公式告诉我们，这个看涨期权应当在 4.64 的价格上交易。

现在，假定时间过了 1 个月。如果隐含波动率保持不变（20%），这个看涨期权由于因时减值而会丢失将近 1 点的价值。那么，如果想要完全抵消由于因时减值而带来亏损，隐含波动率需要上涨多少呢？也就是说，在过了 1 个月之后，在什么样的隐含波动率上这个看涨期权才会仍然价值 4.64 呢？结果证明它需要在接近 26% 的地方。

股票价格	100
行权价	100
剩余时间	2 个月
隐含波动率	25.9%
看涨期权理论价值	4.64

如果再过 1 个月会发生什么情况呢？当然，有这样的隐含波动率，它可以使得这个看涨期权的价格仍然是 4.64，不过，它会高到不合理的地步。事实上，如果隐含波动率增加到 38%，这个看涨期权会仍然价值 4.64，即使离到期只剩下 1 个月。

股票价格	100
行权价	100
剩余时间	1 个月
隐含波动率	38.1%
看涨期权理论价值	4.64

这样，如果隐含波动率在第 1 个月从 20% 增长到 26%，那么这个看涨期权就仍然会在同样的价格上交易：4.64。隐含波动率出现这样的增长并不少见：从 20% 到 26% 这样幅度的增长是经常可以看到的。在下一个月里要它从 26% 增长到 38%，这样的可能性或许要小一些，但并不是绝对不可能。在过去出现过许多产生这样的增长的可能性，例如，在任何 8 月、9 月或 10 月的熊市或小崩盘里。此外，如果在这个股票上有兼并的传言，或者，如果整个市场变得波动性很大，就像在 20 世纪 90 年代的后半期，那么，就有可能出现这样的波动率增长。

也许这个示例是被这样的事实所扭曲了的：一开始的 20% 的隐含波动率是一个相当低的数字。如果从一个高得多的隐含波动率开始，例如，80%，那么，事情会怎么样呢？

【示例 37-9】这里的假设同前面示例里的一样，不过，现在将隐含波动率设在一个高得多的水平上：80%。布莱克－斯科尔斯模型给出这个看涨期权的价格会是 16.45。

股票价格	100
行权价	100
剩余时间	3 个月
隐含波动率	80%
看涨期权理论价值	16.45

同样，我们必须问相同的问题："如果过了 1 个月，隐含波动率需要多高，布莱克－斯科尔斯模型才会产生 16.45 的价格呢？"在这个情况里，隐含波动率刚好超过 99%。

股票价格	100
行权价	100
剩余时间	2 个月
隐含波动率	99.4%
看涨期权理论价值	16.45

最后，为了将这个示例同前面的示例进行完整的比较，有必要看一看隐含波动率必须上升到什么水平，才能够抵消另一月的因时减值。它必须在 140% 之上。

表 37-4 总结了这些示例的结果，显示出在时间流逝的过程中，为了保持这个看涨期权的价格，隐含波动率必须上升到的水平。

股票价格	100
行权价	100
剩余时间	1 个月
隐含波动率	140.9%
看涨期权理论价值	16.45

比起前面的示例来，后面示例里出现的波动率的增长是不是可能性更小呢？也许是这样，对最后那个示例更是这样。最后的示例中，隐含波动率必须从 80% 上升到 140% 才能保持看涨期权的价值。不

过，在另一种意义上，它似乎有它的道理：注意一下，波动率从 20% 上升到 26% 是一个 30% 的增长。也就是说，20% 乘以 1.30 等于 26%。这就是在第 1 个月为了保持这个看涨期权的价格对较低的波动率的要求：隐含波动率的一个幅度为 30% 的增长。不过，在更高的波动率上，只需要 25%（80% 到 99%）的增长。因此，按照这样的条件，这两者看上去更为相等。

表 37-4

最初隐含波动率	保持看涨期权价值所需要的隐含波动率	
	1 个月之后	2 个月之后
20%	26%	38%
80%	99%	141%

使得表 37-4 的上面的一行看上去比底部的一行更有可能的只不过是这样的事实：有经验的期权交易者知道许多股票的隐含波动率很轻易地就会在 20%～40% 的范围内上下起伏。可是，很少有股票的隐含波动率会高到上面那个较高的范围。事实上，在网络股在 20 世纪 90 年代后半期变得火热之前，有这种波动率的只是价格很低、波动率极大的股票。因此，交易者对这样的高隐含波动率的股票没有多少经验，但是，这并不意味着出现在表 37-4 中的波动率的起伏没有可能。

如果读者能够接触到包含布莱克－斯科尔斯模型的软件程序，他可以对其他的情况进行测试，看看隐含波动率的影响是如何大。例如，掠过细节，读者可以使用一个 12 个月的期权作为示例，这个期权最初的隐含波动率是 20%。为了将这个看涨期权的价值在 6 个月的时段里保持不变，所需要的只是将隐含波动率增加到 27%。从期权卖出者的角度来看，这或许最能说明问题。如果你卖出一个 1 年的（LEAPS）期权，而且时间过去了 6 个月，在这段时间里隐含波动率从 20% 上升到了 27%（这显然有相当大的可能），你就会一分钱都赚不到！此时，如果股票的价格还是一样的话，那么这个看涨期权的价格就还是一样的。

最后，我们在前面提到过，隐含波动率常常在市场崩盘中猛然上涨。事实上，交易者可以计算出为了在未来保持这个看涨期权的价值，隐含波动率在市场崩盘中必须增长多少。这同这一节里第 1 个示例相似，不过现在股票的价格也会降低。表 37-5 显示的是，在股票价格下跌时，为了保持这个看涨期权的最初价值（4.64 的价格）需要有什么样的隐含波动率。其他因素同前面一样：剩下的时间（3 个月）、行权价（100）和利率（5%）。同样，这个表格显示的是在同一时刻的价格变化。在现实生活中，需要有略为高一些的隐含波动率，因为每一次市场崩盘都要持续 1 或 2 天。

因此，从表 37-5 里，交易者可以说，即使标的股票在 1 天之内下跌了 20 点（在这个情况中是 20%），而隐含波动率与此同时从 20% 猛升到 67%，这个看涨期权的价格就不会发生变化！这种极端的事情曾经发生过吗？它确实发生过。在 1987 年崩盘时，市场在 1 天之内下跌了 22%，而波动率指数（VIX）在 1 天内在理论上从 36% 上升到 150%。事实上，因为隐含波动率的暴涨，尽管出现了历史上最糟糕的市场崩盘，某些 OEX 期权的看涨期权买家实际上做到了亏损和盈利相互抵消，甚至赚

表 37-5

股票价格	看涨期权保持价值所必需的隐含波动率
100	20%（最初系数）
95	33%
90	44%
85	55%
80	67%
75	78%
70	89%

了一点钱。

即使没有说明其他的问题，这些示例至少应当使得读者知道，在建立一个期权头寸的时候，意识到隐含波动率的存在有多么重要。如果你是买入期权，而且你在隐含波动率是"低"的时候买入它们，那么，如果在你持有这些期权期间隐含波动率只是恢复到"正常"水平，你就可以获利。当然，标的物价格的增长也是重要的。

反过来，期权的卖出者在期权最初卖出的时候必须对隐含波动率保持警惕，也许比期权的买家更要保持警惕。对裸期权卖出者或备兑期权卖出者来说，这一点很重要。如果在卖出期权的头寸建立起来时隐含波动率"过低"，那么，隐含波动率的增加（或者更糟，暴涨）对这个头寸就有很大的威胁。它可以完全抵消掉因时减值的效果。因此，一个期权卖出者不应当只是因为他认为可以每天从消逝的时间中积累因时减值而卖出期权。这有可能不错，但是，隐含波动率的增长有可能完全压倒由于因时减值而存在的盈利，特别是对较长期的期权来说，更是如此。

与此相似，隐含波动率的降低同样也是重要的。因此，如果看涨期权的买家买入"太贵"的期权，也就是隐含波动率"过高"的期权，那么，即使标的物朝对他有利的方向有少量的运动，他还是有可能输钱。

在下一章里，我们将讨论期权的买家或卖家应当如何衡量隐含波动率，以决定它究竟是"过低"还是"过高"。现在，掌握这个总的概念就够了：隐含波动率的变化对期权的价格会有显著的影响，这个影响比时间消逝的影响要大得多。

事实上，所有这些导致了这样的问题：究竟什么是时间价值？一个期权价值中不是内在价值的那部分受到波动率的影响实际上比因时减值的影响还要大，而这部分的价值还是被称作"时间价值"。

37.6 时间价值是一个误称

许多（或许是新入门的）期权交易者似乎认为时间是期权买家的主要敌人。不过，如果交易者对这一点进行认真思考的话，他就应当意识到期权的不是内在价值的那一部分价值同股票的价格运动或波动率的关系实际上比同任何其他东西的关系更紧密，至少在短期内是如此。因为这个理由，更仔细地分析一下一个期权的"多余价值"部分代表的究竟是什么，以及为什么买家不应当将它主要看作是时间价值，也许是有好处的。

一个期权的价格是有两个部分构成的：（1）内在价值，它是期权价值中的"真实的"部分，也是一个期权的实值程度；（2）"多余价值"，它常常被称作是时间价值。影响到一个期权的"多余价值"部分的实际上有五个因素。时间最终会主导所有这些因素，但是，这个期权的存续期越长，其他因素对"多余价值"的影响就越大。

影响这个多余价值的五个因素是：

（1）股票价格的运动；

（2）隐含波动率的变化；

（3）时间的消逝；

（4）股息（如果有的话）的变化；

（5）利率的变化。

每一个因素都是以运动或变化来表述的，也就是说，它们都不是静止的东西。事实上，交易者使用"希腊字母"来衡量它们：delta, vega, theta（没有指派给股息的"希腊字母"）以及 rho。典型地说，股息和利率中变化的影响很小（尽管大幅度的股息变化或利率变化会造成一个期限很长的期权的价格变化）。

如果所有条件都保持静止不变，那么，因时减值最终会抹去一个期权的所有的多余价值。这就是为什么它被称作时间价值的缘故。但是，保持静止不变的事物是没有的，如果以日计算的话，因时减值的影响很小，因此，剩下的那两个因素就是最重要的。

【示例 37-10】XYZ 11 月下旬的交易价位是 82。1 月 80 看涨期权的交易价是 8。因此，内在价值是 2（82 减去 80），多余价值是 6（8 减去 2）。如果股票在 1 月到期时价格仍然为 82，这个期权的价值自然就只有 2，你可以说，6 点的多余价值由于因时减值而亏损掉了。但是，在 11 月下旬的那一天，其他的因素所起的作用要大得多。

在这具体的那一天，这个期权的隐含波动率刚好在 50% 之上。交易者可以决定这个看涨期权的希腊字母代表的价值是：

delta:	0.60
vega:	0.13
theta:	−0.06

这就意味着，例如，因时减值每天只有 6 美分。随着时间的消逝它会增加，但是，即使过了一两天，除非波动率增加或者股票运动到离行权价更近的价位，theta 不过增加到 20 美分之上。

从上面的数字里我们可以看到（这应当可以凭直觉感觉得到），影响这个期权的最大的因素是股票价格的运动（delta）。这样说有一点不公平，因为可以想到（虽然不太可能）波动率有可能会大幅度上弹，在这个期权的 1 天的运动中成为比 delta 更重要的因素。此外，因为这个期权主要是由多余价值构成的，这些更具主导的力量对多余价值的影响就比因时减值要大。

在 vega 同多余价值之间有一种直接的关系。也就是说，如果隐含波动率上升，这个期权的多余价值的部分也会上升，如果隐含波动率下降，多余价值也会下降。

delta 同多余价值之间的关系不是那么直接。股票价格运动到离行权价越远的地方，它对多余价值的缩减就有越大的影响。如果这个看涨期权是实值的（就像在上面那个示例里那样），那么，股票价格的增加会导致多余价值的减小。也就是说，一个深度实值的期权主要是由内在价值构成的，它的多余价值相当小。不过，当一个看涨期权是虚值的时候，效果刚好相反。这时，股票价格的增加会导致多余价值的增加，因为股票价格的增加将股票带到离期权行权价更近的地方。

对有些读者来说，下面所说的也许可以帮助将这个说法概念化。delta 部分对多余价值的影响是这样的：

虚值看涨期权：delta100% 地影响到多余价值。

实值看涨期权："1.00 减去 delta"影响到多余价值。（因此，如果一个看涨期权实值程度很深，而且它的 delta 是 0.95，那么，这个 delta 只有 0.05，也就是 1.00 减去 0.95 的增长空间。所以，它对在这个深度实值的看涨期权所剩下的数量很小的多余价值没有多少影响。）

这些关系自然不是静止不变的，例如，假定在一个与上面相同的情况里，股票在 82 的价格交易，1 月 80 看涨期权的交易价为 8，不过，离期权到期日只剩 1 个星期！这样的话，隐含波动率就是 155%（很高，但在高波动期间不是没有听说过）。不过，在这个情况里，这些希腊字母值之间的关系就有很大的不同：

delta:	0.59
vega:	0.044
theta:	−0.51

这个非常短期的期权，它的 delta 同前面示例里的 delta 相似（一手平值期权的 delta 一般都是略高于 0.50）。与此同时，vega 缩小了。在这样短期的期权中波动率变化的效果实际上大约是前面示例里的效果的 1/3。不过，因时减值变得非常大，在这个期权中占到了每天半个点的程度。

这样，现在读者对于多余价值是如何被股票价格运动、隐含波动率变化和时间消逝这"三大因素"所影响应当有个概念。交易者如何利用这种情况呢？首先，交易者可以看到，一个期权的多余价值也许更多地来自标的股票的潜在波动率，因此来自期权的隐含波动率，而不是时间。

由于上面的有关多余价值的信息，交易者不应当认为他可以随意地卖出看上去有许多多余价值的期权，然后指望时间流逝给他带来盈利。事实上，有可能有很高的波动率（实际的和隐含的）在相当长的一段时间内将多余价值保持在相同的水平。事实上，在后面论述波动率评估的章节里，我们将会证明，与人们传统的看法相反，期权的买家有更好的机会获得成功。

37.7 波动率同看跌期权

同前面的讨论显示出的看涨期权的情况相似，在看跌期权中，隐含波动率的增加显然也会导致价格的增长，不过，由于看跌期权同看涨期权之间有一定区别，因此，在这里对看跌期权自身做一点考察还是有用的。一个看跌期权在它变成实值期权之后，往往会很快失去它的权利金。这是因为转换组合。在转换组合中，套利者或做市商买入股票和买入看跌期权，同时卖出看涨期权。如果他将这个头寸一直保持到到期日，他就必须就在建立头寸时出现的支出支付持有成本。另外，他可以得到在他持有这个头寸期间为股票支付的股息。我们在讨论套利的那一章里以略为不同的形式提到过这一点，在这里我们再重复一下：

在一个完美的世界里，所有的期权价格都如此精确，转换组合完全无钱可赚。这就是说，事情将像式（37-1）所描写的那样：

看涨期权价格 + 行权价 − 股票价格 − 看跌期权价格 + 股息 − 持有成本 = 0 　　（37-1）

式中：持有成本 = 行权价 $/(1+r)^t$；

t = 到期前时间；

r = 利率。

现在，我们已经知道，看跌期权的时间价值是它的超出内在价值的价值。实值看跌期权的内在价值只不过是行权价同股票价格之间的差额。因此，交易者可以为实值的看跌期权的时间价值（TVP）写出式（37-2）：

$$\text{看跌期权 TVP} = \text{看跌期权} - \text{行权价} + \text{股票价格} \tag{37-2}$$

套利式（37-1）可以改写为：

$$\text{看跌期权价格} - \text{行权价} + \text{股票价格} = \text{看涨期权价格} + \text{股息} - \text{持有成本} \tag{37-3}$$

用式（37-2）来取代式（37-3）中的项，交易者就可以得出：

$$\text{看跌期权 TVP} = \text{看涨期权价格} + \text{股息} - \text{持有成本} \tag{37-4}$$

换句话说，实值看跌期权的时间价值等于（虚值）看涨期权的价格，加上在到期前可以得到的股息，再减去在同一时段的持有成本。

假定股息很小或者是零（正如在大多数股票上那样），交易者可以看到，凡是在持有成本大于虚值看涨期权价值的时候，实值看跌期权就会丧失时间价值。因为这些持有成本可以相对较大（持有成本是为这个头寸的支出所付的利息，而这个支出差不多同行权价相等），它们可能迅速超过虚值看涨期权的价格。因此，实值看跌期权的时间价值消失得相当快。

对于看跌期权的买家来说，这是一个重要的信息，因为他们必须理解，即使股票价格下跌，看跌期权的价值增值也没有人们期望的那么大，因为看跌期权的时间价值消失得相当快。对看跌期权的卖家来说，这个信息更重要：一个看跌期权只要不再有时间价值，这个看跌期权的卖出者就面临着被指派的风险。因此，一手看跌期权远在到期之间就有被指派的可能，即使是长期看跌期权也在所难免。

现在，回到隐含波动率如何影响一个头寸这个主要议题上来，交易者可以问自己，隐含波动率的增加或减小将如何影响到式（37-4）。如果隐含波动率增长，看涨期权的价格就会增长，如果这个增长足够大，那就有可能在看跌期权中注入一些时间价值。因此，隐含波动率的增长也有可能增加看跌期权的价格，但是，如果看跌期权实值过深，隐含波动率的微小的增长未必能使得看跌期权增值。也就是说，隐含波动率的增长会增加看涨期权的价值，但是，在它增加到足以超出持有成本之前，实值看跌期权的价格将保持持平。因此，卖出的看跌期权仍然处于被指派的风险之中。

37.8 买入或卖出跨式价差或宽跨式价差

因为持有一手跨式价差涉及拥有条款相同的一手看跌期权和一手看涨期权，相当明显的是，隐含波动率的增长会对跨式价差的买家有很大的好处。如果隐含波动率上升，就会出现一种双重的获益，因为它对买入跨式价差之中的看跌期权和看涨期权都有正面的影响。因此，如果一个跨式价差的买家在隐含波动率"低"的情况里小心地买入跨式价差，那么，他就有可能以两种方法之一赚钱：（1）标的价格的运动大到足以超出这个跨式价差最初的成本；（2）隐含波动率的增长快到足以克服因时减值的有害影响。

反过来，跨式价差卖出者的风险则刚好相反，如果隐含波动率急剧增长，他就有潜在的灾难性的亏损。不过，如果隐含波动率下降，跨式价差卖出者可以抓住速度比因时减值更快的获益。因此，在卖出期权的时候（这同样适用于备兑期权和裸期权），非常重要的一点是只卖出隐含波动率"高"的期权。

宽跨式价差同跨式价差是相同的，不同的只是看涨期权和看跌期权的行权价不同。通常，看涨期权的行权价比看跌期权要高。卖出裸期权的人常常喜欢卖出其中期权深度虚值的宽跨式价差，这样，在到期的时候它们有内在价值的机会就比较少。宽跨式价差的表现就隐含波动率而言同跨式价差基本相同。

在后面的章节里我们将对拥有跨式价差的概念进行详尽的讨论。另外，我们还将仔细讨论相对卖出期权而买入期权的一般概念。

37.9 看涨期权牛市价差

在这一节里，我们将考察牛市价差策略。看一看它是如何被隐含波动率的变化所影响的。我们来看一个看涨期权牛市价差，看看如果其他因素保持不变，隐含波动率的变化如何影响到这个价差的价格。我们做下列的假设：

假设组 1
股票价格：100
离到期时间：4 个月
头寸：买入行权价为 90 的看涨期权 卖出行权价为 110 的看涨期权

问自己这样一个简单的问题：如果股票在 100 保持不变，隐含波动率急剧增长，整个 90～110 看涨期权牛市价差的价格是上涨还是下跌？先回答这个问题，然后读下去。

事实是这样的：如果隐含波动率增加，这个价差的价格就会减小。我想，许多读者都会对这样的结论感到惊讶。表 37-6 包括了一些示例，它们是使用上面的假设由布莱克－斯科尔斯模型得到的。这些假设中最重要的是，在这个表格所有的示例里，股票的价格都是 100。

交易者应当觉悟到，要实际按照理论价值交易这个价差或许不是一件容易的事。因为在期权中有买报价同卖报价之间的差距。不过，隐含波动率的影响是非常清晰的。

交易者可以将隐含波动率每增加 1 个百分点时一个期权头寸变化的数量加以量化。回想一下，这个衡量标准叫做期权的 vega 或期权头寸的 vega。在看涨期权牛市价差中，交易者从买入的看涨期权的 vega 中减去卖出的看涨期权的 vega，以得出这个看涨期权牛市价差的头寸 vega。表 37-7 是表 37-6 的重复，不过加进了 vega。

表 37-6

	股票价格 = 100
隐含波动率	90～110 看涨期权牛市 价差理论价值
20%	10.54
30%	9.97
40%	9.54
50%	9.18
60%	8.87
70%	8.58
80%	8.30

表 37-7

	股票价格 = 100	
隐含波动率	90～110 看涨期权牛市 价差理论价值	头寸 vega
20%	10.54	−0.67
30%	9.97	−0.48
40%	9.54	−0.38
50%	9.18	−0.33
60%	8.87	−0.30
70%	8.58	−0.28
80%	8.30	−0.26

因为这些 vega 都是负值，它们意味着如果隐含波动率增加，价差的价值就会减小，如

果隐含波动率减少,价差的价值就会增加。同样,这些说法同交易者对一个看多的看涨期权头寸的期望似乎是相反的。

当然,在股票价格保持不变的情况下隐含波动率在仅仅一天之内就有急剧的变化,这样的情况几乎不可能出现。因此,为了更好地理解应当期望什么,交易者真正需要的是看一看在未来的某个时候(例如,从现在起的两三个星期)在各个不同的股票价格上会发生什么情况。图 37-3 的图形是对这些更为复杂的情况进行调查的开始。

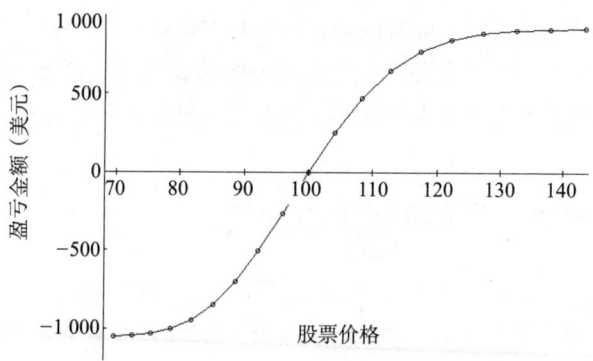

图 37-3　牛市价差 30 天的盈利图,隐含波动率为 20%

图 37-3 中显示的盈利曲线是以这样的假设为基础的:(1)这个牛市价差仍然使用上面的假设组 1 中的细节;(2)买入这个价差的时候,隐含波动率是 20%,而且在绘制上面的盈利图时保持在这个水平;(3)自从买入这个价差,30 天过去了。在这些假设之下,这幅盈利图显示出这个牛市价差相当符合交易者的期望。也就是说,这条曲线的形状同一个牛市价差在到期时的形状很相像,只是如果你仔细看一下的话,可以发现它在股票高于 110 或低于 90(也就是这个价差所使用的行权价)之前,并没有扩展到最大的潜在盈利或亏损。

现在,观察一下如果只有一个因素发生变化而其他假设不变的话会发生什么样的情况。在这个情况里,假设在买入这个价差时隐含波动率是 80%,在一个月之后仍然保持在 80%。图 37-4 显示了这样的比较。80% 的曲线覆盖在先前显示的 20% 的曲线的顶部。这个比较相当明显。使用 80% 的隐含波动率的盈利曲线几乎是一条平直线,只是略为向上倾斜。比起较低隐含波动率的曲线来,显示出小得多的潜在风险和收益。这就指出了另一个重要的事实:对波动大的股票,即使股票有显著的运动,交易者仍然无法期望一个 4 个月的牛市价差在存续期的第 1 个月会扩大或者缩小很多。更长期的价差运动就更小。

作为由此而来的结果之一,注意一下,如果在股票上涨的同时隐含波动率缩减了,盈利的可能性就会增加。从图形上看,使用图 37-4,如果交易者的盈利图形从 80% 的曲线在图形的右侧运动到 20% 的曲线,这就是一个正面的发展。当然,如果股票价格下跌,隐含波动率也下跌,那么,交易者的亏损就会更加糟糕:看一下图 37-4 左面的图形。

我们可以使用结合其他隐含波动率在内的图形,不过,这会是画蛇添足。表 37-6 或表 37-7 的其他价差的盈利图可以插在图 37-4 显示的这两条曲线之间。

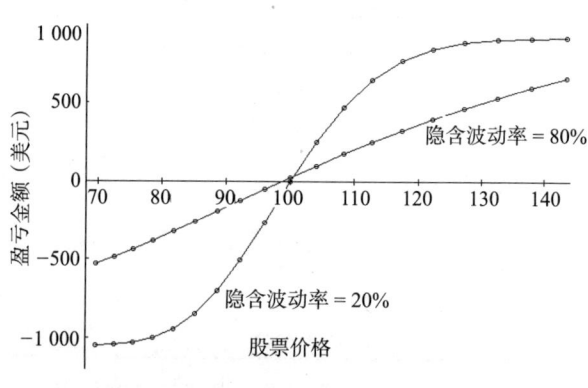

图 37-4　牛市价差 30 天的盈利图

如果我们所讨论的牛市价差是看跌期权收入价差而不是看涨期权支出价差,那么,这些结论看上去也许就不那么反常了。有经验的期权交易者对这里所揭示的已经知道得很多,不过,经验不足的交易者也许会发现这个信息同他们所预期的有所不同。

对牛市价差策略可以得出一些一般的结论。最重要的一个也许是,如果使用到一只高波动的股票上,那么,即使股票按照你所希望的向上有不错的运动,价差的跨度也不会扩大多少。事实上,在隐含波动率很高的情况里,在到期日之前,牛市价差不会扩展到它最大的价格。这会使人非常烦恼和失望。

期权交易者建立牛市价差常常是因为他们感到期权"太贵",因此,这个价差是一种降低总的投资支出的一种方法。不过,最终所付的代价很大。考虑一下这样的事实:如果股票在30天之内从100涨到了130,任何一个合理的4个月的买入的看涨期权(也就是说,行权价在建立头寸的时候接近股票价格)都会有相当好的盈利,而牛市价差的获益则几乎不到5点。为了说明这一点,图37-5的图形将买入行权价为100的平值看涨期权同90～110牛市价差进行了比较,两者的隐含波动率都是80%。相当明显的是,在一个向上的运动中,买入看涨期权的头寸在很大程度上占据上风。当然,在股票下跌的时候,买入看涨期权的表现就较差,但是,因为这些是看多的策略,我们有理由假设这个交易者在建立这个头寸时对市场的前景是持正向的态度。因此,在下行方向所发生的情况不是他主要考虑的方面。

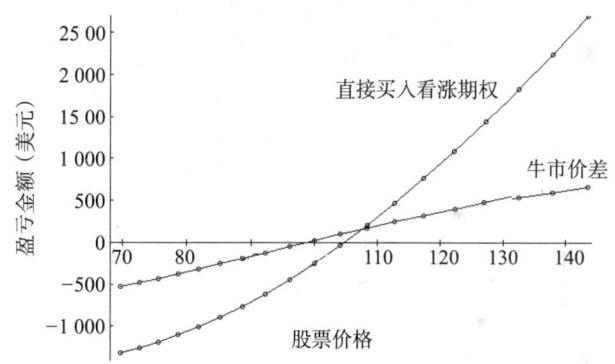

图 37-5 买入看涨期权同牛市价差 30 天相比,隐含波动率为 80%

牛市价差和买入看涨期权也有着相反的头寸 vega。也就是说,隐含波动率的上升会对买入看涨期权的策略有利,但是对牛市价差不利(反过来也一样)。因此,买入看涨期权和牛市价差根本就不是非常相像的头寸。

如果交易者想要使用牛市价差来有效地减小买入一手平值期权的成本,那么,至少要肯定期权之间的行权价分得相当开。这样的话,如果标的物价格上涨,在牛市价差中就有合理的空间吸收一定数量的价格增值。同时,交易者也可以考虑使用两个都是虚值的行权价来建立牛市价差。这样,如果股票强势上涨,这个价差交易者就可以得到更大百分比的收益。不过,这样还是无法克服上面所说的事实。它们只会因为采取这些行动而变得没有那么严重而已。

是熟悉的情况吗

交易者常常会错误地相信两个头寸比事实上更为相似。例如,交易者进行了某种分析(是基本面分析还是技术分析不重要),而且得出结论,认为这只股票(或者是期货或指数)将要出现上涨运动。此外,他想要使用期权来贯彻他的策略,但是,在对实际市场价格进行考察之后，他发现期权似乎太贵了。因此，他想："干吗不用牛市价差来代替呢？它成本低，也是看多的。"

标的物的价格相当快就涨了上去，证明这个交易者的预测是正确的，时机也抓得很好。如果标的物运动得很猛，特别是在期货市场里，那么，隐含波动率也同样会增长。如果你是买入看涨期权，那么，你就是幸运儿。但是，如果你买入的是牛市价差，那么，你不但会非常失望，而且将面临如果要等到价差跨度扩大到甚至是接近最大潜在盈利的程度，就不得不把这个价差再持有若干星期（也许是几个月）的局面。

听上去熟悉吗？每一个期权交易者恐怕都或早或晚地经历过这样的思考过程。至少，现在你知道是什么原因了：高的或者增长的隐含波动率不是牛市价差的朋友，但它是直接买入看涨期权的同盟。令人惊讶的是，许多期权交易者并没有意识到这两个策略之间的不同，他们也许认为这两个策略在性质上是相同的。

因此，在使用牛市价差的时候要小心。如果你真的认为看涨期权过于昂贵，想要降低成本，那么，试试这个策略：买入这个看涨期权，与此同时，卖出一手收入看跌期权价差（牛市价差），使用略为虚值的看跌期权。这个策略降低了看涨期权的净成本，同时保持了上行方向的潜在盈利（虽然它增加了下行方向的风险，但这个风险是固定的）。

【示例37-11】 当XYZ在100的时候，交易者是看多的，想要买入7月100看涨期权，这个期权在2个月后过期。但是，在经过考察之后，他发现它们的交易价是10，也就是说隐含波动率为59%。他知道，在历史上，这个股票期权的隐含波动率的范围从40%～60%，因此，这些是非常昂贵的期权。如果他现在买入这些期权，而隐含波动率回到它的居中的50%的活动范围，那么，他就会因为隐含波动率的减少而受损。

作为一种可能的补救，他考虑在买入这些看涨期权的同时，卖出一手虚值看跌期权收入价差。这个价差产生的收入就作为降低这些看涨期权的净成本的一种工具。如果他是正确的，股票上涨了，所有这些就意如所愿。不过，在这个头寸中引进了看跌期权价差也在下行方向增加了一些额外的风险。

假定有下面的价格存在：

整个看多头寸现在就由下面的构成部分组成：

图37-6显示出了在到期时直接买入看涨期权和上面所构建的这个看多头寸的盈利性。

首先，读者可以看到这个牛市价差头寸的总风险是17点，它出现在当XYZ的价格在期权到期时低于80（看跌期权价差的较低行权价）的时候。当然，这比7月100看涨期权自身10点的成本要高，不过，如果交易者使用任何一种交易止损，他或许就不会有整个的17点的风险，因为他不必在股票一路跌到80之下的情况中始终留住这个头寸。同时也请注意，如果股票在到期时的价格是87，这个牛市价差头寸的亏损就是10点（同看涨期权一样）。因此，只要XYZ在到期时价格为87或者更高，这个组合头寸的风险实际上比直接买入看涨期权更小。因为交易者在建立这个策略时应当是看多的，他完全有可能预计股票在到期时应当是87或者更高。

XYZ：100
7月100看涨期权：10（如上所述）
7月90看跌期权：5
7月80看跌期权：2

买入1手7月100看涨期权，价格为10
买入1手7月80看跌期权，价格为2
卖出1手7月90看跌期权，价格为5
净支出：7点支出（加上手续费）

图 37-7 提供了另一种比较，这是两个头寸在过了 30 天之后的比较。注意一下，价差头寸又一次在上行方向表现较好，在下行方向风险较大。两条曲线的交叉点在价格 95 左右。也就是说，如果 XYZ 在 30 天后高于 95，牛市价差头寸的表现会好过买入看涨期权的策略。

关于所需要的投资，还有最后一点应当说明。直接买入看涨期权需要一笔 1 000 美元的投资，也就是买入期权的成本。这个牛市价差

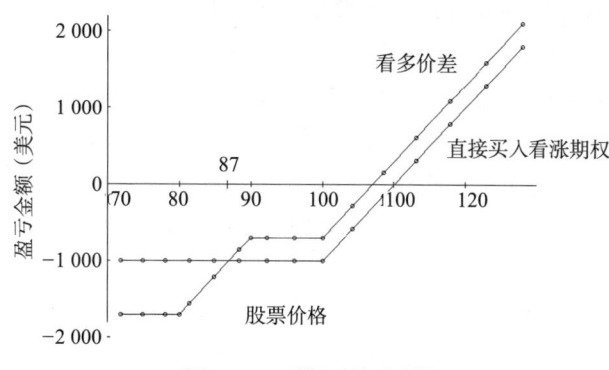

图 37-6　到期时的盈利性

头寸需要 1 000 美元，加上这个价差的 700 美元（行权价之间的区别，减去从卖出这个价差得到的 3 点收入），总的是 1 700 美元，这也是这个牛市价差头寸的风险。因此，取决于股票上涨的程度，直接买入看涨期权的收益率也许会更好。

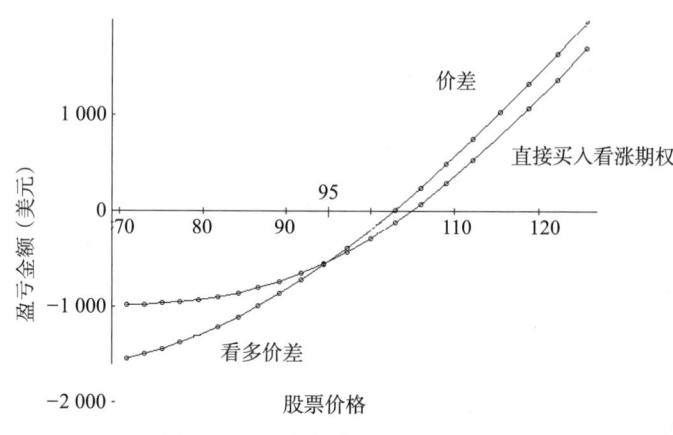

图 37-7　两个头寸在 30 天后的结果

总的来说，这个牛市价差头寸相对直接买入看涨期权来说是一个有吸引力的选择，特别是当这个看涨期权是定价过高的时候。如果标的股票大幅度下跌，这个价差确实有亏损更多钱的风险。不过，如果交易者真是看多的，而且，如果交易者在整个头寸上使用一个合理的、严格的下行方向的止损，这个价差可以产生比直接买入定价过高的看涨期权更出色的表现。

37.10　看跌期权垂直价差

令人同样感兴趣的是隐含波动率对看跌期权价差的影响。一种流行的使用看跌期权的策略是卖出收入价差：用看跌期权构成的牛市价差。假定一只股票的售价是 100，交易者将要卖出一个行权价为 110 的看跌期权，同时买入一个行权价为 90 的看跌期权。这是一个看跌期权收入（牛市）价差。同时假设这些期权离到期还有 4 个月（见表 37-8）。

如果隐含波动率低到20%，如果考虑周到的话，交易者就不应当卖出这个收入价差，因为在这样低的隐含波动率上，这个实值的12月110看跌期权在10美元上交易（持平价格），因此立刻就面临提前指派的风险。不过，可以看到，隐含波动率的增长增加了这个价差的价值。现在，如果交易者卖出这个价差，在隐含波动率增加的时候，他就会输钱。我们在看涨期权牛市价差中也证明了这一点：它们在隐含波动率上升时赔钱。当然，反过来，当隐含波动率下跌时，这个看跌期权收入价差就会赚钱。

表　37-8

隐含波动率	90～100看跌期权牛市价差（理论价值）
20%	9.15 收入①
30%	9.70 收入
40%	10.12 收入
50%	10.46 收入
60%	10.78 收入
70%	11.05 收入
80%	11.33 收入

① 在持平上卖出期权的交易。

30天过后会发生什么呢？图37-8显示了这两种情况：隐含波动率在30%和隐含波动率在80%。读者可以得出结论说，在30%～80%之间的隐含波动率水平的盈利图形居于图37-8显示的这两个盈利曲线之间。

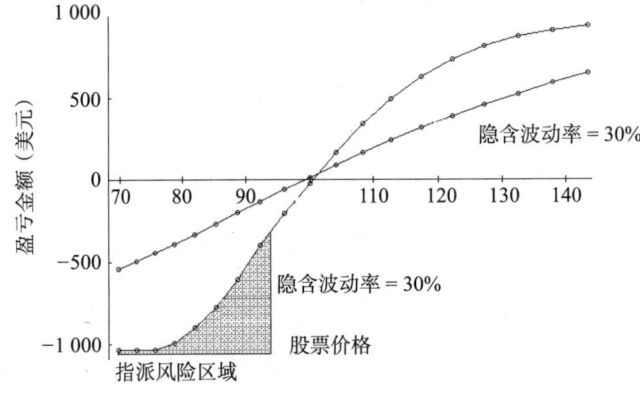

图37-8　看跌期权收入（牛市）价差在30天的盈利

首先，交易者可以观察到，如果隐含波动率增加，看跌期权牛市价差不会扩展到任何接近它的最大潜在盈利的地方。在前面一节里我们在看涨期权牛市价差上也看到过相同的情况。不过，看跌期权牛市价差者落在另一个陷阱里：如果隐含波动率下跌，而且股票价格也下跌，那么很快就会出现提前指派。注意一下图形中左下角的阴影部分，从大约94的价格往下扩展。过了30天之后（这个期权还有3个月的存续期），如果隐含波动率是30%，110看跌期权（卖出的看跌期权）就会同94以下的股票按持平关系交易。因此，它就有提前指派的风险。如果隐含波动率更低的话，看跌期权就会同高得多的股票价格呈持平关系。

就自身而言，在一个股票或期货的看跌期权价差上，提前指派未必一定是件很糟的事。这里会有额外的保证金要求（因为股票必须付钱，如果是期货合约，也要支付保证金），不过，按金额看，风险仍然是相同的。当然，如果不能全额支付股票的话，额外的保证金要求有可能会压垮股票交易者，而且，提前行权也有可能增加额外的手续费。不过，在基于现金的指数期权中，在提前行权之后，会有更严重的风险增长，因为交易者只剩下了价差中的多头腿。如果期权碰巧价值很高，那么，如果标的物迅速上涨，就会有相当大的风险。

事实上，在交易者将这个价差平仓的时候，他也许实际上亏得比最初有限的风险金额要多，这全都是因为提前指派。（如果标的物首先价格大跌，使得两手期权都深度实值，然后，交易者在卖出的看跌期权上被指派，接着标的物的价格又急剧上涨。）

这里的教训是：如果交易者考虑要使用其中至少有一个期权是平值或实值的牛市价差，那么，选择看涨期权牛市价差就比看跌期权牛市价差要更好。提前指派对大多数看涨期权来说并不真正是一种考虑。

不过，在这两种情况里都有一个更为严重的问题，这就是即使在股票有漂亮的看多运动的时候，价差也没有扩大。因此，同样，在大多数情况中买入一个看涨期权实际要比使用牛市价差更好，因为盈利更大，而且隐含波动率的增加对直接买入看涨期权的人来说也是件好事儿。

请注意，对虚值看跌期权收入价差来说，这些效果是相似的，但是远没有那么突出。不过还是应当注意到，隐含波动率的增长也会伤害虚值看跌期权收入价差。因此，如果标的物迅速下跌（崩盘，暴跌），那么，隐含波动率通常会迅速地急剧上升。因此，虚值收入价差的交易者就受到增长的隐含波动率和标的物迅速接近他的期权的行权价从而扩大了这个价差的价格这个事实的双重打击。

37.11 看跌期权熊市价差

那么，在熊市情况中的看跌期权价怎么样呢？在一个看跌期权垂直价差中，交易者买入行权价较高的看跌期权，卖出行权价较低的看跌期权，以构建一个简单的看跌期权熊市价差。实际上，隐含波动率的突然上涨对这个看跌期权熊市价差是有帮助的。这就是说，这个价差的价格会略微扩大。要证实这一点，再看一看表37-8，这一次，只是想象交易者是在使用支出买入这个价差。注意一下，在波动率较低的时候支出最小（当隐含波动率是30%的时候，支出是9.15）。如果隐含波动率立刻就上弹到80%，这个价差就会扩大到11.33的支出，就形成了一笔快速盈利。所以，马上就可以看出一个支出看涨期权牛市价差（它在隐含波动率突然增长时会赔钱）同一个支出看跌期权熊市价差之间的区别。

不幸的是，另一个主要缺陷（如果标的物出现有利的运动，这个价差并不扩大）仍然是事实。图37-9显示了一个看跌期权熊市价差，30天之后，两个不同的隐含波动率。同样，较低的隐含波动率的价值扩大得较快，因为两个期权在这个情况里都倾向于变为持平。事实上，你在图形上可以看出，在低波动率的情况里，在股票价格大约低于77的地方，有提前指派的风险。不过，这不是问题，因为在这样的情况里，价差已

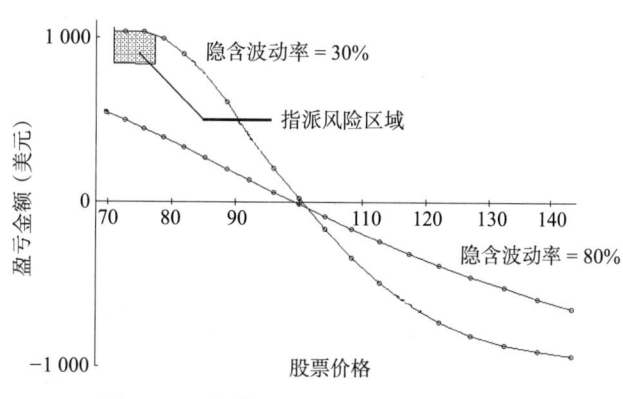

图37-9　看跌期权熊市价差在30天的盈利

经扩大到最大的可能限度,如果出现提前指派的风险,只要将头寸平仓就可以了。

不过,当隐含波动率保持在高位的时候,这个价差并不扩大多少,即使股票在 30 天之后下跌了许多。当标的物迅速下跌时,隐含波动率上升(甚至猛涨)是常见的事,因此,看跌期权熊市价差的价格或许不会扩大多少。这也许不是在心理上让人痛快的策略,因为在标的物迅速下跌时,交易者并没有得到他希望得到的那个水平的盈利。

同样,这里似乎也是直接买入一手期权或许比一个价差更好。在这些情况里,正如同看涨期权一样,这样的说法在看跌期权中也是对的。价差常常使得一个交易者对问题的看法变得无必要地复杂起来。

37.12 跨期价差

在前面论述跨期价差的那一章里,我们提到,隐含波动率的增加会导致跨期价差价格的扩展。当然,两个期权都会变得更为昂贵,但是,长期期权的绝对价格变化会更大。因此,跨期价差的价格会扩展。这听上去同直觉好像相反,特别是涉及高波动率股票的地方,因此,举一些示例应当有用。

【示例 37-12】假定 XYZ 的交易价是 100,交易者对一个跨期价差有兴趣,这个价差买入 1 手 8 月(5 个月)看涨期权,卖出 1 手 5 月(2 个月)看涨期权。为了这个示例的目的,假设这些都是平值期权。首先,我们要考察这两个期权的 vega,假定隐含波动率是 40%:

股票:100
隐含波动率:40%

期权	理论价格	vega
卖出 5 月 100 看涨期权	6.91	0.162
买入 8 月 100 看涨期权	11.22	0.251

在理论上,这个价差应当价值 4.31,也就是理论价值之间的差异。更重要的也许是,它的波动率暴露是 0.089,即买入看涨期权的 vega 同卖出看涨期权的 vega 之间的差异。因为 vega 是正值,这就意味着隐含波动率的增加对这个价差有利。换句话说,如果隐含波动率增加,交易者可以期望期权之间的价差会扩大,如果隐含波动率降低,他可以期望期权之间的价差会缩小。

我们也可以构建下面的表格,以显示这个价差在隐含波动率的不同水平上的理论价值。这个表格假设在隐含波动率发生变化之前只过了很短的时间(只有 1 个星期)。它同时假设股票的价格仍然是 100。

股票价格:100

头寸建立之后的 1 个星期

隐含波动率	价差理论价值
20%	2.58
30%	3.52
40%	4.46
50%	5.40
60%	6.33
80%	8.16
100%	12.92

从上面的数据里可以明显地看出隐含波动率的水平对一个跨期价差的价值有非常大的影响。相比之下,因时减值的最初的实际影响则相当小。例如,注意一下,如果波动率在 40% 保持不变,那么,在过

了一个星期之后，价差只会略为扩展，从 4.46 到 4.31。同波动率的增长或缩减导致的变化相比，这是一个很小的数目。

跨期价差交易者常犯的一个错误是认为这样的价差在高波动股票上极度具有吸引力。考虑一下上面的同一只股票，仍然在 100 的价格交易，不过，由于某种原因隐含波动率猛升到 80%（也许是因为有兼并的流言）。

股票：100		
隐含波动率：80%		
	看涨期权	理论价值
	5 月 100 看涨期权	12.55
	6 月 100 看涨期权	16.81

从表面上看这是一个非常具有吸引力的价差。5 月期权离到期还有 2 个月（6 月合约还有 3 个月），这个价差当前的价格是 4.26。不过，这两个期权都完全是由时间价值组成的，而且，在 5 月期权到期时，如果股票价格仍然在 100 左右的话，6 月 100 看涨期权的价值极有可能远远超出 4.26。许多交易者在用这种方法考虑这个价差时没有注意到的事实是，如果隐含波动率能够保持不变，6 月看涨期权将会只值"远远超出 4.26"。如果这只股票在正常情况下隐含波动率是在 40% 左右，那么，预期这个 80% 的水平会保持不变，也许就不够合乎理性。做一个比较，注意一下，如果这个股票在 5 月到期时是 100（这是这样一手跨期价差的最大的潜在盈利），那么，6 月 100 看涨期权，在隐含波动率为 40% 以及离到期还有 1 个月的情况下，它的价值就只有 4.77。因此，这个价差就只有几美分的盈利（从 4.26 到 4.77），而且，如果股票价格在到期日距离行权价很远，就有可能出现亏损而不是盈利。

这里要记住的是，一个跨期价差是一个"买入波动率"的游戏（而一个反转组合跨期价差则刚好相反）。对这个头寸进行评价时，要注意到隐含波动率会发生什么情况，而不仅仅是股票的价格有可能在什么价位或者在这个头寸中会有多少因时减值。

37.13 比率价差和后式套利

这一章前面的描写相当完整和准确地描述了波动率的变化会带来什么样的影响。更为复杂的策略一般不过是将前面讨论过的策略组合起来，因此，要察觉隐含波动率会有什么效果，是一件容易的事；只要把波动率对简单策略的影响加在一起就行了。例如，一个卖出看涨期权比率实际上是同卖出一手跨式价差相等的，而后一个策略的波动率后果是相当容易理解的。

另一方面，对比率价差的解释也许就不那么直接，不过，它们还是相当简单的。一个看涨期权比率价差实际上只是一些看涨期权牛市价差同一些裸看涨期权的结合。例如，一个看涨期权比率价差也许是由买入 1 手 XYZ 7 月 100 看涨期权和卖出 2 手 7 月 120 看涨期权组成的。如果你将它的组成部分分解开来，整个价差实际上就是买入 1 手 XYZ 7 月 100～120 看涨期权牛市价差，加上 1 手额外的 7 月 120 看涨期权。

我们已经知道，隐含波动率的增长对裸看涨期权来说非常不利。此外，我们在前面指出过，隐含波动率的增长实际上对平值看涨期权牛市价差有害。因此，对一个看涨期权比率价差来说，这两个组成部分都会因为隐含波动率的增长受到伤害。反过来，隐含波动率的减小对比率价差有利，不过，凡是涉及裸期权的地方，交易者应当更关心他的风险而不是收益。

我们在前面也指出过，如果标的股票价格迅速上涨，看涨期权牛市价差的价差就不会扩大多少。价差的价格要在接近到期日或者股票价格远高于价差的较高行权价的时候才会扩大到它的最大潜在盈利。这种情况对看涨期权比率价差也不是很有利。假定标的股票价格突然暴涨，隐含波动率同时也上扬。这两种情况的组合经常出现，特别是如果股票在这之前相当"平滞"，或者如果有某种活跃的公司（兼并）传言的话。在这种情况下，看涨期权比率价差的表现会很差，因为股票价格的增长无疑会伤害裸看涨期权的头寸，而牛市价差的价格的扩展没有大到足以对此进行弥补的程度。此外，隐含波动率的增长对这两者都不利。

对看跌期权比率价差也是一样的。它们实际上是一个看跌期权熊市价差加上一些裸看跌期权的组合。如果标的物价格下跌，而隐含波动率增加（在所有的市场中这都是一种极为常见的情况），那么，看跌期权比率价差的表现就会很差。事实上，如果标的物价格下跌得非常快（崩盘），隐含波动率有时会暴涨，因此，看跌期权比率价差交易者应当非常清楚地意识到他在这种情况中的风险。

总的来说，使用比率价差策略的交易者应当清楚地理解隐含波动率的增长会带来的风险，并且对它进行分析。这不但包括对价差的 vega 风险进行估量，而且包括使用概率计算器，输入某些膨胀的隐含波动率，看一看这个价差有多大的可能会陷入真正的麻烦。

后式价差

看涨期权后式价差只是看涨期权比率价差的反面。因此，所有前面的关于隐含波动率是如何对比率价差造成伤害的评论，在讨论后式价差时都可以反过来用。隐含波动率的增加对后式价差策略有利，而隐含波动率的减小对这个价差略为不利。不过，因为在后式价差中风险是有限的，隐含波动率的这种减小不会造成灾难性的后果，除非是交易者在一个头寸中投入了过多的资金。

37.14 总结

一般而言，交易者可以通过计算头寸的 vega 来决定他的头寸对波动率的暴露。不过，对一个策略家来说，从总体上知道隐含波动率是如何影响他的头寸和策略，对他是有好处的。因此，这一章的目的是指出波动率的变化对基本类型的期权策略最常见的影响。一旦交易者对他的波动率暴露有了感觉，他就能够对是否会出现不利的波动率运动进行估量。例如，如果隐含波动率的增长会对他造成伤害，而且策略家看到同历史波动率相比目前的隐含波动率的水平相当低，那么，他或许就应当将他的头寸平仓，或者是进行调整。

对大多数期权头寸来说，波动率和标的物的价格是两个主要的影响盈利性的因素。因时减值只有在接近到期日时才变得最有关系。可是，许多交易者仍然将大部分注意力集中在标的物的潜在运动上，常常忽视了隐含波动率的变化会带来的影响。这是一个错误，因为大部分有经验的期权交易者在任何时候对波动率的风险都会有所计划。懂得并且处理好这个风险对期权交易者的盈利会产生积极的影响。

第 38 章
Options as a Strategic Investment

股票价格的分布

统计学和其他相关领域在股市中的研究，有很大一部分是以股票价格服从正态分布的假设为前提的，具体地说，是对数正态分布。在实践中，这通常是一种不正确的假设。对于期权策略家来说，这就意味着，在你所相信的关于一些期权策略比其他一些期权策略具有优势的假设里，有些东西未必正确。在这一章里，我们将揭示若干同股票价格分布相关的事实，包括它是如何影响期权策略家的。

38.1 关于波动率的错误概念

在许多金融分析的领域，统计学被用来评估股票（以及期货和指数）的价格运动。许多作者写了大量的论著来讨论如何使用概率来帮助选择有效的期权策略。股票共同基金的经理们常常通过对波动率的评估来帮助他们决定投资组合的风险程度。这样的做法很常见。不幸的是，几乎所有这些运用都是错的！也许说它们"错"了，说得有些过重，但是，几乎所有对股票价格运动的估量全都过于保守。如果交易者在卖出裸期权，或者是其他类似的需要避免高波动价格运动的策略而使用这样的估量的话，那将是极其危险的。

如果你对数学分布不是很熟悉，那么，你应当知道，对数正态分布通常被用来描写股票价格，因为它的形状直观地同股票的行为方式相似：它们不可能低于零，它们可以无限地上升，在大部分时间中它们没有太大的变动。除此之外，分布的形状所根据的是标的工具的历史波动率。在对数正态分布中（正态分布也一样），股票价格在 99.74% 的时间内保持在离它们目前的价格 3 个标准差之内的范围内。一个标准差（sigma）是一种统计学的衡量方法，它的绝对距离随着时间而增加，它也是所有股票或期货合约中的某种可以通过使用历史价格而很容易计算出来的东西。

股票的实际行为方式同许多数学模型对股票理论行为方式的假设之间有很大的区别。问题在于，假设正态或对数正态分布可以预测股票的价格运动。这样的假设排除了偶尔会出现的这样的交易日的可能，在这些交易日里，许多股票、若干期货和相对较少的指数会经历疯狂的运动。正态分布基本上是说，股票不可能上涨或下跌超过 3 个标准差。事实上，根据数学，如果按照正态分布（"经典的"钟状曲线是一种正态分布）活动，运动 3 个标准差的概率是 0.001 3（或者说，略高于 1‰）。因此，如果 2 500 种股票有期权，那么，在这些股票中，在任何一个既定的交易日，你的预期应当是，它们之中大约只有 3 只股票会运动到 3 个标准差。

可是，在现实的市场交易里，股票运动超过 3 个标准差是正常的事。有的甚至多到 5

个标准差之上。从统计学上说（如果对数正态分布是正确的话），交易者在他的一生中也许只能看到一次这样幅度的运动，可是，在现实中每天都有 5～10 次！具体地说，按照正态分布，运动到 8 个标准差的概率是 0.000 000 000 000 000 629。这个数字是如此之小，如果价格真的是按照正态分布的，那么，自从有了宇宙到今天，你只会看到这样的情况发生一次。如果正态分布是股票价格的正确构成形态，这样小的概率就会指出，交易者在 10 亿个交易日中都不会看到一次 8 个标准差的运动。可是，你几乎在每个交易日都可以看到若干这样的运动，而且，它们未必是低价的、稀奇古怪的、从 1 美元跌到 75 美分的股票，或者是某种类似的不伦不类的东西。

如果这些数目还不足以使你相信股票不是按对数正态分布的，也许，下面的研究能够做到这一点。表 38-1 列举了 1999 年 4 月 5 日这个星期一出现的一些运动，这一天股市的波动率比较大（道琼斯指数上涨了 174 点）。

表 38-1

股票	最后成交价	变化	标准差
Aspect Devt(ASDV)	8	−14.38	−31.2
Axent(ANT)	8	−12	−11.2
Ameritrade(AMTD)	91.63	+29.13	+8.6
CheckPoint(CHKP)	28.75	−10.75	−8.4
Sabre Gp.(TSG)	55	+8.50	+8.0

这一天有许多其他显著的运动。在表 38-1 的名单里，所有 3 个价格下跌的股票都是因为收益警告，2 个价格上涨的是因为当时的网络狂热。总的来说，有 55 只股票的运动在那一天超过了 4 个标准差！这一天并不特别，虽然它是处在收益警告的季节，也是在网络狂热之中。但是，如果你仍然相信对数正态是股票价格的正确分布模型的话，那么，市场波动性较大这个事实还是解释不了这些大幅度的运动。

为了说明出现这种情况并不是特别选的示例的缘故，我们选了一个低波动率的时段。自从芝加哥期权交易所有了波动率指数（VIX）的交易以来，最低的市场波动率读数出现在 1993 年 1 月～7 月之间。最低的一天是 1993 年 7 月 25 日。在这一天，有 12 只股票的运动幅度超过了 4 个标准差。它们包括 Adaptec（ADPT）、Bethlehem Steel（BS）、U.S. Steel（X）、Chiquita Brands（CQB）和 Novell（NOVL）等著名的公司。

要知道一只股票运动了多少标准差的唯一方法是在衡量中使用它的历史波动率，例如，20 天历史波动率。因此，一只像 Bethlehem Steel 这样的波动率不大的股票在 1993 年的 4 点的运动同 Ameritrade 在 1999 年的 29 点的上涨（见表 38-1）相比，就相形见绌了。不过，如果使用历史波动率，按照标准差来看，两者都是大幅度的运动。

我们还可以进行另一场测试。这里用来测试的是 1998 年 10 月 8 日的价格，这一天，在经过俄罗斯债务问题而导致的严重的快速下跌之后，市场见了底（在经过了一个星期的起伏极大的交易之后，这是波动率非常大的一天），测试的目的是要看一看有多少股票的运动幅度在 4 个标准差之上。有 33 只股票，不过，这个看上去不高的数字反映了这样的事实：许多股票的 20 天历史波动率到 10 月 8 日已经膨胀到一定程度。在这一天，公用事业指数

(UTY)跌了14点，这大约是5.5个标准差，American Power Conversion(APCC)上涨了6点，这是一个高于5个标准差的获益。

也许你会认为，这些1天的运动不足以说明问题，在一个更长的时间里，对数正态分布是更好的说明。我们就用一个稍微长一些的时段对波动率的衡量做了一个研究。这个研究的结果不但肯定了我们的怀疑，而且，定量地给出了某些股票能够有多大的波动率，实际上更加惊人。

第1个示例是由1999年10月22日到1999年12月7日之间的30个交易日组成的。这些日子没有什么神奇的地方。它们只是碰巧是在进行这个研究中有数据的最近30个交易日的时段。

这个时段的第1个交易日是市场上相当普通的一天：波动率或许比当时市场的正常波动率要略微低一些。为了证明这个说法，应当注意到，在10月22日，CBOE的波动率指数(VIX)大约为23，这个是一个相对中等的水平。因此，这不是一个波动率很高的时段。

这个示例相当简单。我们对2 900种有期权交易的股票进行衡量，看一看从1999年10月22日起，在一个30天的时段内，它们之中有没有哪一个在任何时候运动幅度大于3个标准差的。这个标准差是以每只股票的20天历史波动率为基础的。显然，如果一只股票在这个30天时段的最后一天有超过3个标准差的运动，那么，这个运动幅度会比在这个时段的第1天超出3个标准差的运动幅度要大得多。因此，在读下去之前，先猜一猜：在这30天内，有多少股票出现过超出3个标准差的运动？还记得吧，对数正态分布预测的是，没有一只股票会有这么大幅度的运动。答案就在下一段里。

在我们所说的这个时段里，在朝上方向有大幅度运动的股票比朝下方向的股票要多。这不奇怪，因为市场在这段时间是向上走的。最后的总数显示是这样的：在这个研究包括的时间内，在2 900种股票之中，将近650种股票经历了3个标准差以上的运动，其中包括65种股票运动的幅度大于6个标准差。如果对数正态分布是正确的，表38-2的两行数字就会都变成零。这就明确地显示出在这个阶段中，股票的价格运动并不符合"正态"的预期。这个研究的结果显示在表38-3中（请注意，"σ"是希腊字母sigma，数学家传统上用它来表示标准差，因此"3σ"意味着3个标准差）。

表38-2 股票价格运动

总的股票数：2 888				日期：1999年10月22日～1999年12月7日	
	3σ	4σ	5σ	>6σ	总数
上行运动：	309	116	44	47	516
下行运动：	69	29	15	19	132
			总的运动≥3σ的股票数目：648（所研究股票的22%）		

最大的股票运动是一只股票在6个交易日里从价格5上跳到几乎12。最大的向下运动之一是一只股票在两个星期内从20跌到了8，其中主要的跌幅出现在两天之内。

如果你觉得这个研究有偏向，因为它所研究的是纳斯达克市场正处在强势的时候，那么，这里有另一个示例，它使用的另一组数据：在1999年6月和7月18号之间（长度也是30个交易日）的股票价格。在这段时候，大幅度的运动比较少，大约2 500种股票中有大约

250 种的运动幅度超过了 3 个标准差。可是，这仍然是每 10 个中有 1 个，远远要大于如果你相信正态分布的话所会预期的。表 38-3 显示了结果。

表 38-3　更多的股票价格运动

总的股票数：2 447					日期：1999 年 6 月 1 日 ～ 1999 年 7 月 18 日
	3σ	4σ	5σ	$>6\sigma$	总数
上行运动：	104	28	13	12	157
下行运动：	54	19	7	14	94
		总的运动 $\geq 3\sigma$ 的股票数目：251（所研究股票的 10%）			

最后，这里还有一个示例，它使用的是在我们的数据库中波动率最小的一个时段：1993 年 7 月。它的结果包括在表 38-4 里。

表 38-4　波动率最小的时段中的股票价格运动

总的股票数：588					日期：1993 年 7 月 1 日 ～ 1993 年 8 月 17 日
	3σ	4σ	5σ	$>6\sigma$	总数
上行运动：	14	5	1	1	21
下行运动：	28	5	3	4	40
		总的运动 $\geq 3\sigma$ 的股票数目：61（所研究股票的 10%）			

初看上去，好像在市场的这个低波动率的时段中大幅度的股票运动急剧减少，接着，你会意识到它还是代表了所研究股票的 10%。1993 年有场内期权的股票数目比 1999 年要少得多，因此，数据库中的数据也少（这个数据库只跟踪有场内期权交易的股票）。同样，这仍然意味着，比起对数正态分布所指出的几乎是零的概率来说，股票会有大幅度标准差的运动的概率实际上要大得多（大约是每 10 个中有 1 个）。

38.2　波动率买家守则

前面讨论的要点是，股票运动的幅度要远远大于你的预期。此外，当这样的运动出现时，它的速度往往很快，而且一般带有缺口。不过，在 30 个交易日这样的长度内，并不总是出现带缺口的运动。考虑一下这样的事实：在我们所研究的股票中，有的在 30 天内运动了 5.8 个标准差。在这段时间内，没有任何巨大的缺口，不过，所有在股票迅猛上涨时卖出看涨期权的人一定不会认为这是一个渐进的上涨。

那么，这样的信息对普通的期权交易者有什么意义呢？有这么一点，你如果要在一个潜在的高波动的市场里（或者，就这个问题而言，在任何市场里，因为这种大幅度的运动决不是只限制在高波动市场的时段里）卖出股票期权的话，你最好是三思而行。这个说法不但包括裸期权，而且也包括许多其他形式的期权卖出，因为标的股票有可能出现大幅度的运动。

例如，一般认为卖出备兑看涨期权是"保守的"。可是，当股票有潜力产生这些大幅度的运动时，它会使交易者要么放弃大量的上行方向盈利，要么遭受大量的下行方向亏损（卖出备兑看涨期权的盈利有限，下行方向风险相对较大，同它的相等策略卖出裸看跌期权也相同）。当这些大幅度的股票运动出现在上行方向时，卖出备兑者就会因为在上行方向放弃了太多的潜在盈利而失望。反过来，如果股票迅速下跌，交易者的裸看跌期权被指派，他常常就不再有买入股票的胃口（即使他在一开始卖出看跌期权的时候说过他"不在乎"这样做）。

在这些问题上，即使进行价差交易也会有麻烦。例如，垂直价差限制了盈利，因此，当它们出现的时候，交易者无法参与到这些相对频繁的大幅度的股票运动中。

一个期权的卖家能做什么呢？首先，他必须仔细地分析他的头寸，考虑到有可能出现比对数正态分布预测的要大得多的股票运动。此外，他必须小心，只有在期权就隐含波动率而言是昂贵的时候才卖出期权，这样，任何隐含波动率的减小都会对他有利。不过，对期权的卖家来说，最明智的做法或许是应当把注意力真正集中在指数上（或许是某些期货合约），因为从统计学的角度看，它们的波动性要比股票小得多。听上去很难相信，期货的波动率小于股票（虽然期货中可以使用的杠杆可以使它们变成从整体上来说风险性更高的投资）。

这些股票价格的示例是有意思的，但是，它们还没有全面深入到足以立论的地步，以肯定股票价格的行为不是对数正态的。因此，我们做了一个更全面的研究。下面一节展示了这个研究的结果。

38.3 股票价格分布

前面的示例指出，至少在这些具体的情况里，股票价格的运动同对数正态分布是不一致的，而对数正态分布是许多数学模型用来描写股票和期权价格行为的分布模型。对数学家来说，这不是什么新消息：早在20世纪60年代中期就有文章指出，对数正态分布是有漏洞的。但是，对股票价格行为来说，这不是一个很糟的描述，因此，许多人继续在实际应用中使用对数正态来描述价格活动。

自从1987年以来，股票展现出高度的波动率，特别是在类似1987年的崩盘和2000年4月14日的小型崩盘这样暴跌的日子里，它们使得更多的人警觉到在他们通常对股票运动方式的假设中或许有什么不对的地方。对数正态分布"说"，一只股票在现实中不可能运动到3个标准差之外（不管是在一天、一星期还是一年中）。股票的实际价格运动讥讽了这样的假设，它们在一天之内常常运动4个、5个甚至10个标准差（不是所有的股票，但是许多股票是这样，多到对数正态分布的模型解释不了）。

为了进一步将这些想法定量化，我们写了一些计算机程序来分析我们的股票价格数据库中6年的数据。对于股票市场来说，这是一个相当短的时段。虽然它的长度足以提供有意义的分析（在这个分析中有250万个股"交易日"），这个时段是一个有偏向的时段，股市在其中大部分时间是向上的。

38.3.1 "大"画面

这个分析的第一部分显示出，股票价格的总分布同这个研究的预期是基本相符的，而且，（不奇怪）同其他人对股票价格的"真正"分布的论述也是基本相符的。也就是说，在股票价格的实际运动中，标准差幅度超过对数正态分布预测的概率要比符合对数正态分布的概率要大得多。大多数数学家和股市参与者把落在分布尾段的这种高概率现象叫做"肥尾"。就是这些"尾巴"给期权卖出者带来麻烦，或许甚至给使用杠杆的股票持有者带来麻烦，因为融资的买家和裸期权的卖出者以为这样的情况永远不会发生。对他们以及许多股市参与者来说，股市价格的这种行为方式凭直觉是觉察不到的。

图 38-1 中的图形显示了这个总分布。顶部的图形是对数正态分布的图形和使用 1993 年 9 月到 2000 年 4 月期间数据的实际分布图形，这两幅图形重叠在一起。实际分布是使用 30 天运动绘制的（也就是说，看一看某一天的股票价格，然后看一看在 30 个日历日之后它在哪里，以此来计算标准差的数目）。图中的 x 轴（底部的轴线）显示了标准差运动的数目。请注意，这个曲线的形状更接近于一个正态分布而不是对数正态分布，因为 x 轴表示的是标准差运动的数目而不是股票价格自身的运动。因为这个原因，在这一节剩下的讨论中，我

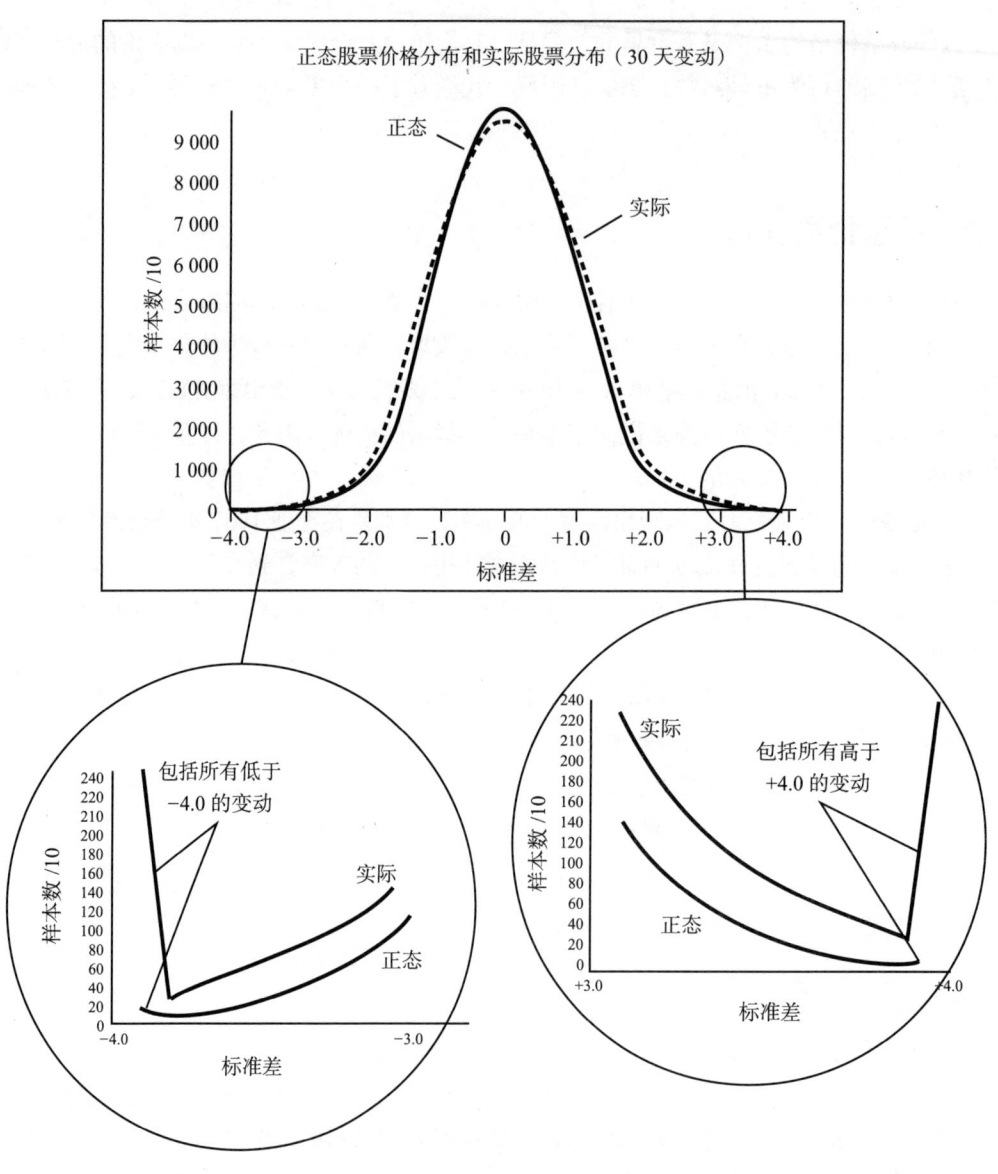

图 38-1　股票价格分布不是"正态"

们将使用"正态"这个词。应当明白,"正态"的是标准差的分布,由这些标准差运动所衡量的股票价格的分布是"对数正态"的。y 轴(左边的轴线)显示的是"计数",它是在我们计算的 250 万个数据点中,一个数据点实际在 x 轴上出现(在"实际"分布的情况里)或预期会出现(在"正态"分布的情况)的次数。y 轴的记数法是显示实际数字被 10 所除。因此,例如,"正态"分布中的最高点(标准差运动的数目是 0)显示了在 250 万次中大约有 95 000 次,你可以预期一个股票在 30 个日历日中不会有变化。

初看上去,这两根曲线似乎是几乎相同的。不过,仔细检查一下,很清楚它们不是,事实上,它们之间有一些相当令人吃惊的区别。

38.3.2 肥尾

图 38-1 相当清楚地显示出了肥尾现象。这里提供了放大的肥尾图形,以显示理论("正态")分布同实际股票价格运动之间的不同。考虑一下下行的方向(图 38-1 左下角被圈的图形)。首先,注意一下,"实际的"和"正态的"图形在尾部(最左的那一点)都向上抬起。这是因为这个图形是截止在 -0.40 个标准差,所有更大的运动都积累在一起,画在最左面的那一点上。你可以看到,"正态"分布预期在 250 万个数据点中有少于 200 次运动等于或超出 -0.40 个标准差(是的,"正态"分布确实允许有大于 3 个标准差的运动,只是这样的概率非常小)。另一方面,实际股票价格(即使是牛市,在这个研究所包括的时段中,它们同样也出现)跌过 -0.40 个标准差的,在 2.50 万次中有 2 500 次。因此,在现实中,将实际分布同理论分布相比,实际遭受严重下跌的机会要大到 12 倍以上(2 500 同 200 相比)。同时注意一下在左下角的圆圈中实际分布在图形里始终大于正态分布。

向上方向的肥尾显示出的是相同的情况。实际股票价格的上涨可以远远超过正态分布所指出的。在极端的情况里(运动 $+4.0$ 个标准差以上),在实际股票价格中有 2 000 个主要的运动,而正态分布所预期的只有 100 多一点。同样,这里的差别也非常大:20:1。

38.3.3 拐点

如果实际分布在两端出现肥尾,那么,它一定在某个地方的点数积累要低于正态分布图,因为对两者来说,这里都只有 250 万个点存在。在这个情况里,正态分布事实上在 -2.5 个标准差和 $+0.5$ 个标准差之间点数比实际分布要高。这些是两条曲线的交叉点,也就是拐点(inflection point)。在这个范围之外,实际分布比预期的要更密集。

这也可能是因为这里的数据所反映的是一个非常看多的时期。也就是说,实际股票上涨得比它们预期会上涨的更远,并不一定就在尾部,而是在中间的区域,在 $+0.5$ 同 $+1.5$ 之间。就尾部而言,这并不改变研究的结果,不过,你也许并不是始终能够把中等上涨会出现得比预期的更频繁作为依据。

38.3.4 这个研究的附带好处

在进行这些分析的过程中,我们一路也计算了许多小一些的分布。其中之一是在整个研究涉及的任何一个交易日中的价格分布。现在,你必须明白,每一天的交易只能产生大约 3 000 个数据点（在数据库里有大约 3 000 种股票），因此，由此产生的曲线不会像图 38-1 所显示的曲线那么平滑。不过，有的交易日相当有趣。例如，考虑一下 2000 年 2 月 14 日这个星期五的小型崩盘。道琼斯工业指数这一天跌了 617 点；标普 500 指数跌了 83 点，纳斯达克 100 指数跌了 346 点。除了 1987 年的崩盘之外，这是历史上最大的一天跌幅。图 38-2 显示了这幅分布图形。

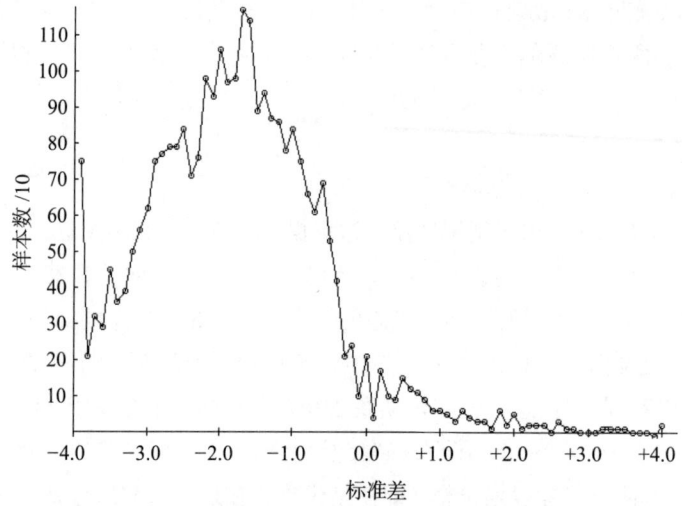

图 38-2　2000 年 4 月 14 日的股票价格分布，包括 2 984 种股票

首先，注意一下这个分布朝左侧的倾斜，这同我们的直觉是相符的：如果出现 2000 年 4 月 14 日这样严重的暴跌，这个分布应当在左面。同时，注意一下最左面的数据点，它代表了所有 -4.0 标准差或者幅度超出它的运动，这个数据点显示出在 2 984 只股票中有 750 只的运动达到了这样的幅度！这是难以置信的，它真正指出了在类似这样的日子里，裸看跌期权和融资（使用保证金）买入股票会有多么危险。没有一个概率计算器会得出同这样的现象相近的结论，可是，这样的情况确实出现了，在给其他人带来严重损害的同时，它使得持有看跌期权的人得到了巨大的好处。

除了具体日子中的分布之外，我们还为具体股票在考察时段绘制了分布图形。图 38-3 显示了 IBM 的图形，使用的数据来自同上面研究使用的相同时段（1993 年 9 月～2000 年 4 月）。在下一幅图形里，我们使用了更长的价格历史来绘制 IBM 从 1987～2000 年的价格运动分布。图 38-3 及图 38-4 描绘的都是 IBM 在 30 天内的运动。

图 38-3 或许更鲜明地显示了牛市在最后的 6 年多对事情发生的影响。在图 38-3 里有 IBM 的 1 600 个数据点（也就是每天的读数），而整个分布是向右边倾斜的。在整个时段里，它显然可以相当轻易地向上运动。事实上，这里出现的最糟糕的运动是 1 个 -2.5 标准差的运动，而在上行方向则有 10 个 +4.0 或更大幅度的朝上的标准差运动。

对 IBM 的行为做更长一些时间的观察，考虑一下更长期的 IBM 的价格分布，回到 1987 年 3 月，正如显示在图 38-4 中的那样。

从图 38-4 中可以清楚地看到，同图 38-3 相比，这个较长期的分布同正态分布更为相符，也就是说，它有一个对称的外形，而图 38-3 则是明显地偏向右边的（朝上的方向）。

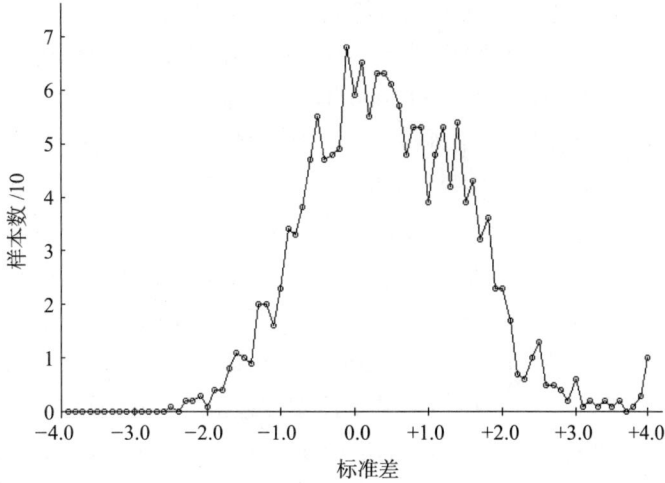

图 38-3 股票价格分布，IBM，7 年

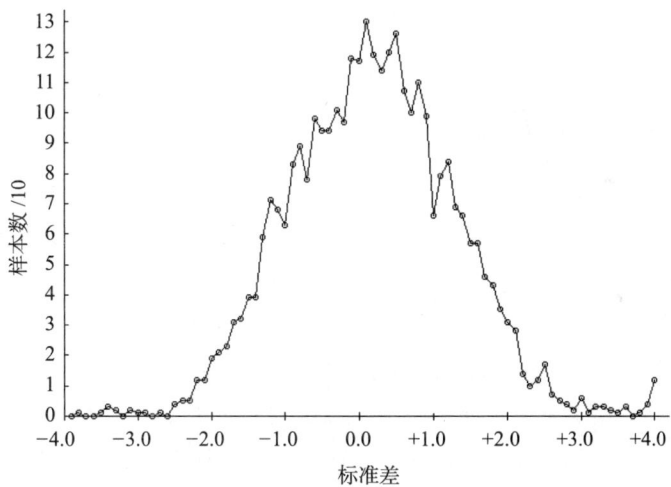

图 38-4 实际股票价格分布，IBM，13 年

这两幅图形对图 38-1 显示的大画面有一定的意义。这个研究使用的数据库里大部分股票的数据只是回溯到 1993 年（IBM 是一个例外）；但是，如果所有股票的概括研究都使用一直回溯到 1987 年的数据，那么，可以肯定，"实际"价格分布会比较对称，而不是那么偏向右边（朝上的方向）。这是因为在这个较长的阶段里，有更多的看空的阶段（1987 年、1989 年和 1990 年都有一些不那么动人的时刻）。不过，这并不改变基本的结论：股票能够运动到比正态分布所指出的边界更远的地方。

38.4 对期权交易者这意味着什么

期权交易者从这些分布和研究中可以学到的最明显的事情是，买入期权的可行性或许比人们通常让你相信的要大得多。传统的想法是卖出期权是"最好的"，因为每过一天，期权的价值就浪费掉一点，这样的看法是错误的。在现实中，当你卖出一手期权时，你在整个期权的存续期中就暴露在对你不利的价格运动和隐含波动率运动中。这种情况出现的可能性很大，而且，一般而言，它们在短期内对期权价格的影响比因时减值更大。

你也许会问："但是，在1999年和2000年之间不正是波动率扭曲了这些数字，使得大幅度运动出现的次数比它们应当出现得更多，而且有可能重新再出现吗？"对此的回答是一个响亮的"不对"！理由是，在这个研究中每天使用的是当前的20天历史波动率，以决定每个股票有多少标准差的运动。因此，在1999年和2000年，历史波动率相当高，这就是说，股票必须走非常长的一段路才能够运动4个标准差。不过，在1993年，市场停滞不前，历史波动率很低，因此，4个标准差的运动只需要一个小得多的价格运动。要看出这一点实际怎样发生的一个具体示例的话，仔细地看一下图38-4中IBM的图形，也就是那幅包括了1987年崩盘的图形。这幅图形中没有一个幅度超出负4.0个标准差的运动，你难道不觉得有些奇怪吗？这里的原因是，IBM的历史波动率在出现崩盘那一天之前已经增长了许多，以至于当IBM在崩盘那一天跌下去的时候，它的运动幅度要小于负4个标准差。（事实上，它1天的运动是大于−4个标准差的，不过30天的运动，也就是图38-3和图38-4所描绘的则不是。）

38.5 股票价格分布的总结

我们可以相当肯定地说，股票同正态分布并不相符。实际上，正态分布在大部分时间里对股票的价格运动是一个不错的近似描绘，但是，对那些使用它作为非波动率策略的基础的人来说，正是这些"外围的"结果会造成伤害。

研究混沌理论的科学家一直想对这个问题有一个更好的答案。在《美国科学》杂志1999年2月期上有过一篇文章题为"漫步华尔街"（Fractal Walk Down Wall Street），它遭到了一些艾略特波浪理论追随者的批判，他们说，这篇文章的作者是想要"发明"那些R. N. 艾略特（Elliott）多年以前就发现的东西。这一点我不清楚，但是，我知道这篇文章更为详细地谈到了相同的要点。在这篇文章中，作者指出，混沌理论被用到地震的预测中。它得出的基本结论是，地震是不可预测的。可是，这就等于说这样的分析是毫无用处的吗？作者指出不是这样。这意味着人类应当建设能够抗御地震的更为结实的楼房，因为没有人能够预测它们什么时候会发生。将这一点联系到期权市场上，这意味着交易者应当将注意力集中在构建可以抗御偶尔发生的混沌运动上，因为对混沌的股票价格运动我们也无法预测。

重要的是，期权交易者应当比其他任何人都更懂得低估股票价格运动的风险。对期权的卖出者来说这样的风险尤其大（这也包括卖出备兑者和价差交易者，他们也许在为买入的股票或买入的看涨期权而卖出看涨期权中放弃了过多的上行方向的潜在盈利）。通过将过去的股票价格定量化，就像我们在这一章所做的那样，目的是要让你相信，对你的分析来说，"传统的"假设还不够好。这并不意味着，仅仅因为股票出现大幅度运动的频率有可能比大多数期权模型预测的要高，你就可以买入定价过高的期权，不过，它确实意味着定价过低的期权的买家在若干方面都能够得利。反过来，期权的卖家一定需要将努力集中在期权昂贵的地方，即使是这样，还是要清醒地意识到，在期权存续期内，他有可能会遇到大于预期的股票价格运动。

那么，这对期权策略来说意味着什么呢？从表面上看，它意味着，如果交易者使用正态（或者对数正态）分布来对一个策略的成功概率进行估量，他也许会在股票中看到一个他原先以为不可能出现的大幅度运动。如果交易者是买入跨式价差，那很好。不过，如果他是卖出裸期权，那么，就会发现不可收拾的后果。这就是为什么在卖出裸股票期权的时候应当极度小心的理由之一；这样的运动出现得太频繁了。虽然在指数中出现类似这样幅度运动的次数要少得多，不过，道琼斯指数在1997年10月下跌了550点之上，形成了7个标准差的运动，而1987年的崩盘则大约是16个标准差的运动。根据加州大学伯克利分校的马克·鲁本斯坦（Mark Rubenstein）教授的说法，这是在我们现有宇宙生命的10倍长的时间里才应当遇到一次的。当然，这个说法是以对数正态分布为依据的，而我们知道这样的分布模型在某种程度上低估了事情，但是，无论根据什么分布模型，这都是一个大数目。

在期权策略方面，有两种方法可以采取。一种是发明另一种估量股票价格分布的方法。这么说吧，这不是件容易办到的事，否则的话，早就有人让它名扬天下了。有许多人做过尝试，有的对长期的价格运动史进行观察，然后找出适合这些数据的一种分布。问题是，如果把这些偶尔出现的大规模的价格运动包括在内，那么，这样的新理论就有可能带来另一种也许更严重的错误：过高而不是过低地估计了出现这样运动的概率。

第二种方法是继续使用正态分布，因为可以很快地得出这样的曲线，而且在许多地方都能得到数据图形。然后，你可以在隐含波动率看上去比较低的时候使用期权买入策略（例如，买入跨式价差），因为你知道你有更大的概率得到比统计学预测的结果要更好的结果，或者，如果你是使用卖出期权的策略的话，在进行心算的时候，你可以就这些大规模的潜在运动进行调整。

38.6　期权的定价

肥尾分布的极端运动应当被包括在期权的定价中，但实际上它们并没有，至少大部分模型没有这样做。例如，布莱克-舒尔兹模型使用的就是对数正态分布。就个人而言，我认为布莱克-舒尔兹模型是分析期权和期权策略的出色的工具，但是，你必须明白，在标的物的大幅度运动方面，它也许没有提供足够的概率。

这是不是意味着大部分期权都是定价过低的，因为交易者和做市商是使用布莱克-舒尔兹模型（或者相似的模型）来为它们定价的？不必深入技术细节，答案是"没错"，有的期权，特别是虚值的期权，有可能是定价过低的。不过，你必须明白，经历这样的大幅度的运动相对而言是罕见的情况，只是罕见的程度不像对数正态分布所说的那么高。因此，一个虚值期权也许是定价略为过低的，但是，这种过低的程度往往不足以在现实中造成什么不同。

事实上，常常出现价格突然大幅度上涨的谷物、黄金、石油和其他市场中的期货期权表现出明显的波动率斜率。这就是说，虚值看涨期权在交易中的隐含波动率要比平值看涨期权的隐含波动率要高。具有讽刺意味的是，这些高幅标准差运动出现在商品中的机会要比在股票中少得多，至少在历史上是如此。因此，有的虚值期货期权是昂贵的这个事实，或许是对出现大幅度运动的可能性的一种不正确的过分调整。

38.7 股票价格运动的概率

这一章介绍的有关分布的信息可以结合到更为严密的确定概率的方法中去。这就是说，交易者想要对一个股票、期货合约或指数出现一定幅度运动的概率进行估量，并且这种估量已经将价格的肥尾或其他非对数正态的行为考虑在内。

计算这种概率的软件一般叫作"概率计算器"。在市场上有许多这样的软件程序。有免费的，也有要1 000美元这样离谱的高价的。在现实中，一个精通统计学的人可以创造出一个高水平的概率计算器，或者，这样的程序也可以花100美元左右的名义费用而买到。

在进入各种不同的概率估量的方法之前，应当注意到，它们全都需要交易者输入一个对波动率的估量。其他只有少数几种需要输入的数据，通常是股票价格、目标价格和研究的时段等。交易者输入的波动率自然是将来的波动率，这是一个无法确切预测的数字。尽管这样，所有的概率计算器都要求输入这个数据。因此，交易者必须记住，他从任何一个这样的概率计算器得到的结果都只是对可能发生的事情的一种估量。它不应当被看作是可以依赖的"真理"。

另外，概率计算器所作的第二个假设是：在整个研究过程中，交易者输入的波动率始终保持不变。我们知道这是不对的，因为波动率每天都在变。但是，确实没有什么好办法来对波动率在研究时段中的变化进行估量，因此，我们差不多是被迫向这种不正确的假设妥协。

就概率计算器而言，没有什么确定的办法可以解决这些波动率的"问题"，不过，一个有帮助的技巧是，使得波动率偏向于对你的目标不利的方向。这就是说，在你对波动率的预测中保持极度保守。如果事情的发展好过你的估量，没有问题。但是，你至少没有在一开始就把事情夸大了。用一个示例可以帮助说明这个技巧。

【**示例38-1**】假定有一个交易者在考虑买入XYZ上的一个跨式价差。这个5个月的跨式价差的售价是8，股票目前的交易价是40。一个概率计算器可以帮助他决定在期权到期之前XYZ上涨到48或下跌到32（盈亏平衡点）的机会。不过，这个概率计算器的答案在很大程度上取决于这个交易者输入这个概率计算器的对波动率的估量。假定有关XYZ的波动率有下面的已知信息。

10天历史波动率：	22%
20天历史波动率：	20%
50天历史波动率：	28%
100天历史波动率：	33%

这个交易者应当使用哪个波动率呢？他是不是因为这个跨式价差是5个月的，离到期差不多就是100天，所以就选择100天的历史波动率呢？他是不是因为20天历史波动率是大多数交易者认为"大家接受"的衡量标准，因此就选择20天历史波动率呢？他是不是应当计算出一个刚好是离到期前的天数的历史波动率，然后使用这个计算出的波动率呢？

从最保守的角度出发，上面的这些答案全都不对，至少所说的理由不对。因为交易者在这个策略中是买入期权,他应当使用上面的历史波动率衡量尺寸中最低的作为他的波动率估量。这样做,他采取的就是保守的方法。如果这个跨式价差的买入策略在这样的保守的假设下前景不错,那么,他就可以感到相当的把握,不会夸大了成功的可能性。如果后来证明在这个头寸存在的期间波动率比估计的要高,对这个由买入期权组成的头寸来说就是额外的好处。因此,在这个示例里,他应当使用 20 天历史波动率,因为这是他面临的 4 种选择中波动率最低的一种。

与此相似,如果交易者考虑的是卖出期权或者是持有一个 vega 为负值的头寸(这样的头寸在波动率增加时会受到伤害),那么,他进行这样的概率预测时就应当使用最高的历史波动率。这样做,他同样也是持保守的立场。如果这个策略在高波动率的假设之下,看上去仍然可行,那么,他就可以相信,在这个头寸的存续期内不至于因为更高的波动率而措手不及。

有的时候,即使使用 100 天的回溯时段也不足以决定历史波动率。这就是说,标的物在 100 天内表现得离奇和反常。它在现实中的真实性质不能由它在过去 100 天的运动所说明。有人会说,无论在哪种情况中,100 天的时间都不足以决定历史波动率。虽然在大部分时间里,上面显示的 4 种波动率衡量尺度都足以给波动率提供线索。

在需要一个更长的回溯时段的时候,可以使用另一种方法:回到标的物价格的历史数据库中,计算出在数据库中数据时段的 20 天、50 天和 100 天的历史波动率,或者至少是相当大一部分的过去价格。然后,使用这些波动率估量计算结果的中值。

【示例 38-2】 XYZ 在过去几个月里表现离奇,原因是整个市场的高波动率和一系列影响到 XYZ 的混乱新闻事件。一个交易者想要交易 XYZ 的期权,但是需要对 XYZ 的"真正的"潜在波动率有可靠的评估,因为他认为这些新闻事件是失真的。眼下,历史波动率的读数如下。

20 天历史波动率:	130%
50 天历史波动率:	100%
100 天历史波动率:	80%

不过,当交易者向后对 XYZ 的交易历史看得更远的时候,他看到 XYZ 的波动率通常没有这么大。因为他怀疑 XYZ 最近的表现并不代表它真正的长期表现,那么,在他的期权定价模型或概率计算器中应当输入什么样的波动率呢?

与其是使用上面 3 个数字中的最大值或最小值(取决于他是买入或者卖出期权),这个交易者决定向后看一看 XYZ 最近的 1 000 个交易日。如果使用 100 个连续的交易日来计算出一个 100 天历史波动率的话,就会有 901 个这样的时段(从第 100 天开始,一直继续到第 1 000 天,第 1 000 天应当就是目前这个交易日)。应当承认,这些并不是完全独特的时段;在 1 000 天的数据里只有 10 个不重复的(独立的)、持续的 100 天的时段。不过,假设我们使用的是这 901 个时段。于是交易者就会得到 100 天历史波动率的一个分布。假定它看上去像是下面的数据所显示的。

百分比分位	100 天历史波动率
0th	34%
10th	37%
20th	43%
30th	45%
40th	46%
50th	48%
60th	51%
70th	58%
80th	67%
90th	75%
100th	81%

换句话说,这 901 个历史波动率(每个里面有 100 天)是

整理过的，然后决定它们的百分比分位数。上面的表格只是整个百分比在哪里的一个剪影。这 901 个波动率的范围是从低端的 34% 到高端的 81%。同时注意一下，从第 20～60 之间变化很小：100 天的历史波动率在整个这一段之间是 43%～51%。上面数字的中值是 48%，也就是在第 50 分位数上的 100 天波动率。

回到这个示例的前面，目前的 100 天历史波动率是 80%，同过去 1 000 天的历史衡量相比，这是个很高的读数，肯定远远高于 48% 的中值。

交易者可以用相似的分析在 1 000 天的历史数据中发现在这段时间内 10 天、20 天和 50 天的历史波动率。这些波动率也可以加以整理和排序，使用第 50 分位数（中值）的数据作为对波动率的估量。在这样的计算之后，交易者就有了这样的信息：

100 天历史波动率的中值：	48%
50 天历史波动率的中值：	49%
20 天历史波动率的中值：	52%
10 天历史波动率的中值：	49%

使用 1 000 天的数据：

如果这些是交易者得出的数据，那么，他或许就在期权模型或概率计算器中使用 48% 左右的波动率估量。当然，这同（在这个示例一开始所显示的）目前的历史波动率有显著的不同。因此，交易者必须仔细衡量，决定他究竟是预期股票的表现同较长期（1 000 个交易日）的特征更为一致，还是有理由认为这个股票的行为方式已经发生了变化，因而应当使用更高的和更近期的波动率。

因此，在策略分析中要考虑的相关波动率包括中值，也包括目前的数字。如果交易者在他的策略中准备买入期权，他应当使用上面显示出的波动率的最小值 48% 吗？也许。不过，如果他是期权的卖家，那么，他应当使用最大值 130% 吗？这可能有些过于谨慎，但是，至少这会使他感到安全，如果他的波动率卖出头寸在这么高的波动率预测中仍然有正的预期收益，那么，这一定是一个具有吸引力的头寸。

在上面的示例所显示的分析里，使用 1 000 个交易日并没有什么神奇的地方。也许使用 600 个交易日的效果会更好一些。这里的宗旨是使用足够的交易日以引进一定的历史数据，与股票的近期的离奇行为相抗衡。

在其他方面，这个示例也显示出，无论交易者在计算中花多大工夫和使用多少数学，波动率都是不稳定的。因此，充其量它们也只是对将来会发生什么的一种不牢靠的估量。但是，它是交易者所能得到的最好猜测。不过，交易者必须意识到，如果近期同远期波动率的比较显示出这么大的分歧的话，对使用这些波动率的任何数学预测的结果都不应当过度依赖。这些结果同波动率预测自身一样是脆弱的。

当然，无论是哪种情况，在头寸存在期间出现的实际波动率有可能甚至比交易者在最初分析中所使用的波动率更不尽如人意。交易者对此是无可奈何的。不过，如果你选择的是看上去对你不太有利的波动率，而且这个头寸在这样的假设下仍然具有吸引力，那么，交易者遇到的就更有可能是让他高兴的惊喜，在头寸存在期间的实际波动率更有可能会进一步为他带来好处。

在最近的一章里，我们概括了各种使用历史波动率、隐含波动率、这两种波动率的移动平均值，甚至使用 GARCH 波动率来试图预测波动率的方法。所有这些方法都无法确定地告诉我们将来会发生什么事情。因此，对波动率的预测无可避免地是模糊不定的。

除了这种在评估波动率的模糊性之外，概率计算器所提供的答案代表了某种"在长期中"发生的事情的概率。也就是说，如果同样的情况出现了许多次，这个答案在揭示股票会有多少次朝所说的目标价格运动方面是有用的。如果交易者碰巧是栽在1987年崩盘的漩涡中，那么，这对他提供不了多大的安慰。因此，要记住，概率计算器是工具，它可以为你在对相似头寸的相对风险进行估量方面提供帮助（例如，评价各种裸期权卖出），但是，在任何一种情况中，股票运动的结果与概率计算器描写的这个运动实际发生的概率，可以是大不相同的。

38.7.1 终点计算

下面一段描写的是各种概率计算机制是如何工作的。我们在第28章论述数学应用时已经展示了最简单和最直接的概率计算器。它包括在论"预期收益"的那一节里。为了完整起见，这里再显示一下这个公式。

这个公式提供的是一只目前价格为 p 的股票，在这个时段结束的时候，低于某个其他价格 q 的概率。这里使用的是对数正态分布。

在时段 t 结束时股票低于价格 q 的概率：

$$P(\text{低于}) = N\left(\frac{\ln\left(\frac{q}{p}\right)}{v_t}\right)$$

式中 N——累积正态分布；

P——股票目前价格；

q——既定价格；

ln——既定时段的自然对数。

如果投资者感兴趣的是计算股票在既定价格之上的概率，那么，这个公式就是：

$$P(\text{高于}) = 1 - P(\text{低于})$$

在上面的公式里，$v_t = v\sqrt{t}$，同往常一样，式中，t 是按年计算的距离到期的时间；v 是年化波动率。

就预测的目的而言，这个公式是相当基本的，许多交易者都使用它。在www.optionstrategist.com 这个网站可以找到这个计算器的免费版本。它的主要问题是，它提供的是股票在一个时段终点（t）时高于或低于目标价格的概率。这不是一种完全现实的进行概率分析的方法。大部分期权交易者对他们的头寸在一个期权的存续期内会发生什么事非常关心，而不是只在到期日的时候。

【示例 38-3】假定这个交易者是卖出看跌期权。他卖出的是 OEX（标普100）10月550裸看跌期权，OEX 目前的交易价是600。在通常情况下他不会只是将头寸留在那里，一直等到到期，因为卖出裸期权有很大的风险。在这里，基本上有可能出现以下三种情况。

（1）OEX 有可能在到期之前从来没有跌到550之下。在这种情况里，他就会有一个从来没有危险的非常让人安心的交易，期权会无价值地到期。

（2）OEX有可能跌到550之下，并且在到期之前一直停留在那里。在这种情况里，除非OEX只是跌到离550相差不远的地方，否则，他肯定会有亏损。

（3）OEX有可能在交易建立之后和期权到期之前的某些时候跌到550之下，但在到期之前反弹到550之上。

如果出现第三种情况，一个有经验的期权交易者几乎肯定会调整他的头寸，避免出现大量的亏损。他可以将他的裸看跌期权向下挪仓到另一个行权价，或者干脆将它们平仓。不过，他不可能什么都不做。

上面显示的这个简单的概率计算器公式并没有考虑到这个交易者会面临的第三种情况。因为它所关心的只是股票在期权到期时的价格，而只有第一和第二种情况符合这种考虑。因此，使用这个简单的计算器并不能真正说明一手交易在它的存续期之内所发生的事情。

让我们给上面的交易加进一些数字，这样你就可以看出其中的不同。假定在上面的示例里波动率的估量是25%，离到期还有30天，OEX的价格是600，卖出的裸看跌期权的行权价是550。下面是可能产生的概率：

情景	实际出现的概率
1. OEX从来没有跌到550之下	67%
2. OEX跌到550之下并且停留在那里	19%
3. OEX跌到550之下但后来反弹到550之上	14%

上面所说的概率是这三种不同的情况出现的"真正"概率。不过，如果交易者使用上面展示的简单的概率计算器，他就会得到下面的信息。

情景	实际出现的概率
1. OEX在到期时价格高于550	81%
2. OEX在到期时价格低于550	19%

因此，使用简单计算器，看上去有81%的可能这个交易者都不必操心这手交易。只需要坐在一边，放心地等这个期权无价值地到期。不过，在现实生活中，正如前面一组概率所显示的，这里只有67%的机会这个交易者不必为这个交易担心。这里的区别（另外的14%）是第三种情况（OEX跌到550之下，但是在到期之前又反弹到550之上）出现的概率。简单概率计算器完全没有将这种情况考虑在内。

因此，大多数严格的交易者都不使用这种简单模型。这是不是说它一点也没有用处呢？不是，作为一个比较的工具，它无疑是有效的。例如，在股票期权中，用它来对这手OEX看跌期权无价值到期的概率与考虑中的另外一个卖出期权的这样的概率进行比较。不过，可以有更好的分析方法。

在结束对这个简单概率计算器的情况的讨论之前，应当指出另外一点。我们在本书前面提到过，一个期权的delta实际上是对这个期权在到期日时成为实值的概率的相当好的评估。因此，delta和上面显示的这个简单的终点概率计算器想要向交易者传递的信息是相同的。在现实中，隐含波动率在不同行权价的合约中会有不同（波动率倾斜），特别是在指数期权中，因为这个事实，期权的delta不一定完全同波动率计算器的结果相符。即使是这样，在对股票在到期日时高出行权价（看涨期权）或低于行权价（看跌期权）的概率进行估量方面，delta还是一个迅速和简捷的方法。

38.7.2 "曾经"计算器

在看到了终点计算器的弱点之后，下一步是要设计一个能够对股票在概率研究时期（通常是一个期权的存续期）内的任何时候曾经达到过目标价格的概率进行评估的计算器。事实上，有两种方法可以解决这个问题。一种是使用**蒙特卡罗**（Monte Carlo）分析，其中，分析者让计算机运作大量随机生成的情景（例如，10万种左右），同时记录下达到目标价格的次数。在评估一个事件的概率方面，蒙特卡罗分析是一个完全有效的方法，不过，这是一个相当复杂的方法。

在现实中，还有一种可以用来创造出一个能够对"曾经"的概率进行评估的简单公式。不过，这也不是一项简单的任务。在下面的讨论里，我将引用同乔治亚大学（University of Georgia）数学系教授斯图尔特·梅休（Stewart Mayhew）博士的通信内容。由于知识产权的原因，这里没有列出完整的公式，不过，对一个数学或统计学专业的人来说，从下面的描写中应当能够推导得出来。如果你对实施实际的公式不感兴趣，那么，你可以使用麦克米伦分析公司（McMillan Analysis Corp.）卖出的程序中得到这样的计算，这个程序可以在 www.optionstrategist.com 买到。

这里的讨论技术性相当高，因此，对数学描述不感兴趣的读者可以略过下面这一段，直接跳到论述蒙特卡罗研究的那一节。

有公式可以发现股票在它的生命期内任何时间碰到上行方向的目标价格的"曾经"概率，在决定这个公式的过程中，下面的步骤是必要的。首先，假设股票的价格是随机运动的，它们的表现是以无风险利率（r）为前提的。数学家把随机行为称作"布朗运动"（Brownian Motion）。在布朗运动上，统计学著作中有若干可用的公式。如果你是要评估达到最大限度点（上行目标）的概率，需要的是已知的一个求得布朗运动累积最大值的累积密度函数（cumulative density function，CDF）的公式。在这个公式里，必须使用对数正态函数来描写这个上行的目标。因此，与其是在 CDF 公式中使用实际目标价格，我们用 $\ln(q/p)$ 来代替。式中，q 是目标价格；p 是股票目前的价格。

这个"曾经"概率计算器为期权交易者提供了更多有用的信息。不但裸期权卖出者对他将不得不在一个期权的存续期内进行调整的概率有了一个更加现实的评估，而且，期权的买家也能够发现有用的信息。例如，如果交易者用 10 的价格买入了一手期权，那么，他就可以使用"曾经"概率计算器来评估股票在期权存续期内的任何时候在高出行权价 10 点之上交易的概率。这就是说，这个期权有多大的概率会达到至少是盈亏平衡？当然，这个期权买家也可以用它来决定其他的事情，例如期权价格翻倍（或者投资达到某种其他的，他认为对他的分析来说是合适的收益）的概率。

38.7.3 蒙特卡罗概率计算器

到现在为止，我们所讨论的计算器都有前面所说的局限性：主要是，它们在很大程度上都依赖于使用者对波动率的估量，它们假定波动率会始终保持不变，而且，使用的是对数正态分布。这一章在前面解释了对数正态分布不是股票价格遵循的真正分布。因此，我们想要的概率计算器是能够随着时间而对不同的波动率情况进行调整，而且使用的不是对数正态的股票价格分布的概率计算器。

如果按照这样的假设，那么，我相信没有哪一个单一的公式可以用来进行概率计算。我们必须使用被称作蒙特卡罗的模拟。从本质上说，你"告诉"计算机你想要模拟什么。这可以是现实生活中的任何数目的事情，或许是国家宇航局的航天飞机中的火箭引擎的一个部件，或者是一台内燃引擎，或者是一块石头的运动。只要能够描绘过程，计算机就可以模拟。然后，计算机可以对这些情况进行大量的模拟，以决定该怎样回答这样的问题："航天飞机引擎部件失败的概率有多大"，或者"这台内燃引擎能运作多少时间不用换油"，或者"股票在某个目标价格交易的概率是什么？"可以把蒙特卡罗模拟技术看作是让计算机反复多次地进行这个模拟，并且记录下某个结果出现的次数。如果尝试（模拟）的数目大到一定程度，而且模型本身没问题，那么，用由此产生的记数除以进行尝试的次数，就是对所说事件出现概率的一个很好的评估。人们进行大量尝试的原因是因为经过大量数目的尝试，一个事件出现的频率会大致接近它在一次单独尝试中出现的实际概率，这样的一次单独尝试，例如，可以是你的交易。

下面三段内容描写了构建一个使用蒙特卡罗模拟的股票概率计算器所需要的一般的必要程序。同样，这里的技术性也相当高，因此，如果读者对数学背后的背景知识不感兴趣的话，那么可以略过下面的三段。在股票概率计算器的情况里，可以按照下面的方法来进行蒙特卡罗模拟。

我们知道股票价格的分布看上去是什么样。如果你想模拟真实情况的话，可以将肥尾构建在这个分布中。对数正态分布和实际分布都可以见图38-1。将这个信息告诉计算机是一件相当简单的事。例如，回忆一下，在图38-1中上有250万个数据点。在图38-1的实际分布中，它们之中大约有9.2万点（或者说3.68%）的产生是因为股票没有变化。同时，它们之中大约2 500点，或者说1‰，是从 −4.0 以上的标准差运动产生的。这些百分比，同其他的一起，被输入计算机，从而构成一个包括100%的所有可能的股票运动在内的总分布。

然后，我们告诉计算机，让股票根据用户输入的无论是什么样的波动率而随机运动。这样，就会有相当大概率，在既定的一天它不会运动到非常远地方，它会运动到3个以上的标准差的概率非常小。当然，在肥尾分布中，比起普通的对数正态分布来说，出现3个以上标准差运动的概率要更大一些。蒙特卡罗模拟通过既定数目的交易日而演进，随着时间的推进而累积性地移动股票。如果股票碰到盈亏平衡价格，这个具体的模拟就会被终止，下一个就会开始。在所有的尝试（或许是10万个），那些上行价格被触及的次数除以总的尝试数目，以得出概率估量。

费这么大力气对这些更为复杂的概率分布进行评价，真的值得吗？事情似乎是这样。考虑一下下面的示例。

【示例38-4】假定一个交易者正在考虑卖出XYZ裸看跌期权，XYZ股票的交易价格为80。他想要卖出11月60看跌期权，它在2个月到期。虽然XYZ的波动率相当高，他感到如果看跌期权被指派，他不在乎。不过，他想要看到这些看跌期权无价值地到期。假定他通过各种波动率计算器得到了下面的信息：

XYZ 简单"终点"概率在到期时 < 60	10%
XYZ 的曾经交易 < 60 的概率（使用对数正态分布）	20%
XYZ 的曾经交易 < 60 的概率（使用肥尾分布）	22%

如果根本不需要关心这个看跌期权的概率真的只是10%，这个交易者或许应当卖出裸期权，而且感到相当安心，因为他有的是一手不必过分担心的交易。不过，如果需要为这个看跌期权操心的真正的概率是22%，那么，他也许就不会做这笔交易。许多裸期权卖出者想要卖出的期权是有可能出现麻烦的概率在15%以下的期权。

因此，选择使用什么样的概率计算器在是否建立一个交易方面确实会造成不同。

概率分析对其他策略也能起到相当好的作用，收入价差交易者（虚值看跌期权价差的卖家）通常想要对必须采取防御行动的概率进行定量分析。任何对一个深度虚值看跌期权收入价差进行调整或平仓的做法通常会摧毁它的大部分或者全部的盈利，因此，对必须做这样调整的概率在一开始就有一个精确的估量，是很重要的。

期权的买家也可以从使用更准确的概率估量中得到好处。对买入跨式价差和宽跨式价差这样的中性策略来说，基本上都是这样。在这种情况中，交易者感兴趣的是股票在这个头寸的存续期内能够运动到足以碰到这个跨式价差的两个盈亏平衡点之一的概率。

蒙特卡罗概率计算可以扩展到将其他种类的分布也包括进来。在统计学界，有许多描绘随机模型的分布。对数正态分布只是其中的一种（不过，总的来说，它是跟踪股票价格运动最紧密的一种）。同时，有的学派认为，在研究股票策略时，应当分析每只股票各自的价格分布模型，而不是使用在整个市场上积累起来的总的价格分布。对这一点，有很激烈的争论，因为一只个股的交易模型会突然发生改变，只要看一看在20世纪晚期和21世纪早期任何一只网络股就知道了。因此，基于个股行为的概率估量，即使是这种行为持续了许多年，还是有可能是一种不可靠的统计数据，不足以用来作为概率估量的基础。

总起来说，交易者在持有一个头寸之前应当使用概率计算器，即使这个头寸只是直接买入期权。即使是股票交易者或许也应当使用概率计算器。不过，在这样做的时候，交易者应当意识到这个估量的局限性。它在很大程度上依赖于对波动率的估量，而对波动率的估量是由使用者输入的，而且是以对标的工具在期权存续期间所使用的分布模型的假设为基础。虽然这两个局限都无法完全克服，交易者可以通过使用保守的波动率估量来解决这个问题。同时，他可以看一看概率计算在若干种分布下的不同结果（或许是对数正态分布、肥尾分布或者那些仅是使用相关标的工具在过去的价格行为的分布模型），同时分析一下区别在哪里。在这样的情况中，他至少对在期权头寸的存续期内有可能发生什么有一定的感觉。

38.8 预期收益

我们在论述数学应用的那一章描写了预期收益的概念。简单地说，预期收益就是一个头寸的预期盈利除以它的投资（或者是预期投资，如果投资的价值随着股票的价格而变化，就像在裸期权头寸或是期货头寸里那样）。不过，关键的构成部分是预期盈利。

计算预期盈利的方法是，计算出一个头寸在一定股票价格的盈利性，乘以这个股票在这个价格的概率，然后将所有可能的股票价格上的这个乘积加起来。在最初引进这个概念的时候，"股票在这个价格的概率"指的是我们现在知道的"终点"概率。在现实中，对头寸预期盈利衡量的一个更好的办法是使用上面介绍的更高级的概率评估模型。

在使用肥尾蒙特卡罗模拟而对预期收益进行的一般研究中，可以对某些策略做出一些一般的结论。

（1）在期权定价合理时，不管使用什么分布，牛市价差都是表现较差的策略。这同我们在前面就交易者在使用垂直价差时常常感到失望而做的观察多少相符。

（2）虽然在对数正态分布下，卖出备兑似乎比拥有股票表现更好，在肥尾的分布中，两者基本相等。

（3）不过，最让人吃惊的是这样的事实：在肥尾分布中，买入期权的策略要比在对数正态分布中的表现要好很多。这个现象最清楚地说明了肥尾分布的"力量"：交易者可以预期，一个风险有限而潜在盈利无限的投资在有肥尾出现的情况下会有出色的表现。

使用对数正态分布多少代表了同期权策略相关的传统智慧，这是许多经纪人推崇的想法："不要买期权，不要同价差沾边，要么买股票，要么卖出备兑看涨期权"。肥尾分布的那一栏基本上将这种建议头足倒置了。在现实生活中（正如由肥尾分布所显示的），盈利有限而潜在风险无限或巨大的策略是不高明的策略。

交易者应当意识到，许多貌似精密的期权分析（甚至在不使用期权的分析中）都使用了"预期收益"这样的说法。许多投资者以盲信的态度接受这些"收益"，觉得它们既然是计算机生成的，就一定是正确的。事实上，即使是用作比较，它们也未必一定有代表性。

38.9 总结

这一章说明了概率分析是一种非精密的科学，因为市场行为的方式同数学所描述的有很大的不同。不过，概率分析对期权策略家来说也是必不可少的东西；离开了它，他对策略的盈利性就茫然无知。总的来说，在一组分散化的头寸里，期权策略家应当使用蒙特卡罗模拟中的肥尾分布来评估概率。不过，如果做不到的话，他可以使用正态或对数正态分布，不过作为附加条件，他必须明白，这样的分布并不是"真理"。对于任何做空波动率的策略（例如，股票期权的卖出裸期权的策略），他都应当采用非常严格的标准，因为在这里，标的物出现大幅度运动的概率要比正态的概率大，特别是当标的物是股票的时候。

精密的交易者应当使用不止一种价格分布模型来观测他的概率。当然，这种类型的分析（使用多种分布模型）加重了投资者的负担，因为他必须选择他想要使用的分布模型来分析他的投资。不过，这种方法非常有说服力，他可以将不同策略的不同收益进行比较，从而对哪个策略在不同的市场条件中表现最好有一个合理的预期。

第 39 章
Options as a Strategic Investment

波动率交易技巧

前面的3章为波动率交易奠定了基础。在这一章里，我们将描写如何实际运用这些技巧。应当明白，波动率交易既是一门艺术，也是一门科学。它是一门科学，因为交易者在决定历史和隐含波动率以及计算概率等方面必须非常严谨。由于这些衡量尺度具有我们在前面几章详细描写过的那些变幻莫测的因素，波动率交易在某种程度上也是一种艺术。就像两个不同的基本面分析家在面对同一个关于收益、销售预期等方面的信息时，他们对一个股票的未来的影响也会有不同的看法一样，两个不同的波动率交易者对于它们在股票运动方向的潜力方面，也会有不同的看法。

不过，波动率交易者对下面这种方法有一致的看法。它是基于将今天的隐含波动率同交易者所预期的波动率在未来的表现进行比较。正如前面所指出的，交易者对波动率的预期可以是以波动率图形、历史波动率和隐含波动率的模式，或者其他类似复杂到像GARCH这样的预测模型为基础的。它们之中没有一个能够保证你一定成功。不过，我们确实知道在一段长时间内波动率倾向于在一定的范围内交易。因此，交易者都同意这样的方法：如果波动率"低"，那么就买入波动率。如果波动率"高"，那么就谨慎地卖出波动率。就这么简单：买低卖高（不一定非要按照这个顺序）。波动率交易背后的理论是，谈论波动率的买低卖高（或者至少是决定什么是"低"和"高"方面），比谈论股票价格的买低卖高要容易。

在大多数时候，任何一个特定的股票、期货或指数的隐含波动率都不会特别高或特别低。因此，在任何给定的一天，波动率交易者对大部分股票都没有多大兴趣。对高市值股票来说尤其如此，这些股票有大量的期权交易。有许许多多的交易者在关注这些股票的情况，他们很少让波动率达到交易者认为是"太高"或"太低"的极端。不过，有大量的有期权交易的股票、期货和指数存在，总是有一些会出格，这些出格的情况是个体波动率交易者应当集中努力的地方。

一旦发现出现极端波动率的情况，如何进行交易就会有不同的方法。有的交易者（做市商和短线交易者）寻求的是非常快的交易，而且预期波动率在一个反常运动之后很快会恢复到正常状态。其他人则偏向于使用头寸交易者的方法：认为如此偏离常态的极端的波动率按照正常情况要过一定的时间才会恢复到常态。显然，交易者自己的情况在某种程度上会决定他采用什么样的策略。像手续费的多少、所需资本和风险承受能力等都会决定交易者更倾向于短线交易还是头寸交易。这一章所描写的技巧对这两种方法都适用，不过重点是在头寸交易。

39.1 两种错误的波动率预测方法

当交易者分析某个特定标的工具的期权的隐含波动率的时候，他们一般可以得到正确的预测；这就是说，隐含波动率对即将出现的波动率是相当好的估计。不过，当他们错了的时候，他们实际上有可能错在两方面：要么错在对波动率自身的预测上，要么错在波动率预测的途径上。让我们来讨论一下这两种错误。当他们对波动率的绝对水平预测错了的时候，这只是意味着隐含波动率要么是"过低"，要么是"过高"。当然，回过头去看，交易者只有看到了在期权的整个存续期中实际波动率之后，才能做出这样的定论。第2种错误是将一个特定的标的工具的某些期权的隐含波动率估计比同一标的工具上的其他期权要便宜得多或贵得多。这叫做波动率倾斜，它通常是对标的物在整个期权存续期中将如何表现的不正确的预测。

因此，这一章的其余部分将分为两个主要部分。第1部分将从"错误的"隐含波动率的绝对水平这个角度来讨论波动率（我们把它叫做"对波动率的预测进行交易"），第2部分将讨论波动率倾斜。

39.2 对波动率的预测进行交易

波动率交易者必须有某种手段可以断定隐含波动率已经反常到可以进行交易的地步。然后，他必须决定建立什么样的交易。此外，同任何策略一样，特别是期权策略，后续行动也很重要。在这一章里，我们不再引进新的策略。这些策略在本书的前面章节里都已经有了介绍。不过，在合适的地方，我们将简短复习有关这些策略和后续行动的要点。

首先，交易者必须找到隐含波动率异常的情况。虽然这并不是分析的终点。在此之后，交易者需要做一些概率分析，看一看标的物在过去的行为。其他微调的方法也常常有用。我们在这一章里将对这些进行介绍。

39.2.1 发现隐含波动率异常

对于什么是确定隐含波动率是否"异常"的最好方法，在波动率交易者之间有许多不同的看法。最流行的方法是将隐含波动率同历史波动率进行比较。不过，在前两章我们说过，隐含波动率未必一定是历史波动率的好的预测指标。虽然不能放弃这种方法，可是，在使用时必须有选择。另一种方法是将今天的隐含波动率同它过去的值进行比较。这个概念在很大程度上依赖于隐含波动率的百分位数的概念。最后，还有试图从隐含和历史波动率图形中"读出"信息的方法。这实际上同 GARCH 想要做的有些相像，不过只是用于短期而已。因此，这些方法是：

（1）将隐含波动率同它自己过去的水平进行比较（百分位数方法）；
（2）将隐含波动率同历史波动率进行比较；
（3）诠释波动率图形。

此外，我们还将考察两个用得较少的方法：将历史波动率现有的水平同对历史波动率过去的值进行比较，以及只是用一个概率计算器来计算概率并交易，这有最大成功概率的机会。

39.2.2 百分位数方法

在本书作者看来，这个百分位数的方法有很多好处。当有人说波动率倾向于在一个范围内交易，它是波动率交易的基本前提时，他一般指的是隐含波动率。因此，了解当前隐含波动率在过去隐含波动率的波动范围中处于什么位置，是有意义的。如果隐含波动率就通常交易的水平来说是低的，那么我们就可以说这些期权是便宜的。反过来，如果它相对那些过去的值来说是高的，那么我们就说这些期权是贵的。这些结论不是根据历史波动率得出来的。

隐含波动率的百分位数一般用来说明目前的隐含波动率值相对它过去的值而言处在什么位置。在这种情况中使用的"隐含波动率"值是综合值，它包括了一个标的工具上所有的期权，对它们根据实值或虚值的程度而加权（平值期权得到更大的权重），同时也根据它们的交易量来加权。我们在论述数学应用的第 28 章首次介绍了这个技巧，而且在其他地方也多次提到过它。每一个标的工具的综合隐含波动率值可以作为每天的数据储存在数据库里，专门处理期权数据的公司卖出这样的数据库。同时，www.optionstrategist.com 的会员还可以得到这样数据的图形。

一般而言，在任何既定的一天里，大多数标的工具的综合隐含波动率值都在接近第 50 级百分位数左右。不过，某一天在某些标的物中出现接近零或 100% 的百分位数值也不少见。这些是波动率交易者所感兴趣的情况。例如，那些值在第 10 级或者更低的期权可以被认为是"便宜的"；那些在第 90 级百分位数之上的就会被认为是昂贵的。

在现实中，隐含波动率的百分位数受大盘市场运动的影响。例如，在一个严重的市场下跌中，整个市场的隐含波动率都会增加。于是，交易者可以发现大量股票的期权的隐含波动率在第 90 级以上。反过来，在其他的时候有可能出现整个市场的隐含波动率都有显著的下跌。例如，1993 年，还有 2001 年的夏天。在这样的时候，我们常常发现有大量的股票，它们的期权的隐含波动率在百分位数的第 10 级以下。这里要说的是，百分位数的分布是动态的，而不是像对数正态分布那样是静止的。是的，也许经过一段长时间，考虑到大量的示例，我们会发现隐含波动率的百分位数是正态分布的，但不是在某个既定的一天。

交易者在这个百分位数计算中有自己的一些选择。首先，他必须决定在进行排序时要使用多少的历史天数。一年大约有 255 个交易日。因此，如果他想要一个两年的历史，他就需要根据过去两年的 510 天的值来记录今天的隐含波动率值的百分位数。为了确定百分位数，本书的作者通常使用 600 天的隐含波动率的历史，不过，其他的时间长度也不是没有道理。这里的目的是要使用足够长时间的波动率历史，从而给交易者更好的视野。这样，一个第 10 级或者第 90 级的百分位数才会真正有意义，从而成为确定一个期权是便宜或者昂贵的好的起点。

除了实际的百分位数之外，交易者还应当意识到隐含波动率分布的宽度。我们在前面对此已经有过讨论，从根本上来说，这个概念是：如果第一个百分位数是 40% 的隐含波动率，而第 100 个是 45% 的隐含波动率，那么，在交易者是否能够将一个期权归类为便宜或昂贵方面，这里的整个范围狭窄到了没有意义的地步。

在低百分位数的隐含波动率上买入期权的好处是为交易者提供了两种赚钱的途径：其中之一是通过标的物的运动（例如，如果拥有一手跨式价差的话），另一个是通过隐含波动率的增加。也就是说，如果期权回到第 50 级的隐含波动率，买入"便宜"期权的隐含波动率交易者也可以从这个运动中获利。这里的前提条件是，第 50 级同第 10 级之间的距离大到足以让期权价格的运动具有一定的意义。作为一条或许应当记住的规则：如果期权在 1 个月之内从目前的（低）百分位数值上升到了第 50 级，隐含波动率中的增长是不是同这段时间内的因时减值相等或更大？换一种说法，在其他条件都不变的情况下，在 1 个月之后，如果隐含波动率上升到了第 50 级，期权的交易价格仍然相等或者上涨了吗？如果是这样的话，那么，隐含波动率的宽度就大到了足以产生所想要的结果的地步。

这种确定隐含波动率是否异常的方法的吸引人之处在于，交易者"被迫"以相对价值为基础买入便宜的期权（或者是卖出昂贵的期权）。这里还没有把历史波动率考虑在内，我们在后面讨论概率计算器时将谈到它。当然，没有担保说在头寸存在期间隐含波动率会运动到第 50 级，但是，如果这种情况发生的话，那么显然会对这个头寸有一个帮助。

事实上，这个方法所衡量的是交易期权的公众现在对波动率是怎么"想"的，并且将它同他们过去的想法进行比较。因为公众在主要的转折点（对于价格和波动率）总是错的，因此，有理由说，当"所有其他人"将波动率压到一个过低的水平时，那么就应当买入波动率。不过，如果反过来，说当其他人将波动率推到极高的水平时就应当卖出波动率，那就未必正确。在这种情况中要注意的是，有人有可能有内幕消息，从而使得期权贵得有道理。这是卖出波动率比较困难的另一个理由：那些实际上使得隐含波动率变得很高的人，有可能掌握比你知道的多得多的信息。

39.2.3 把隐含波动率同历史波动率进行比较

交易者最常用的确定期权是便宜或昂贵的方法是将现有的综合隐含波动率与各种不同的历史波动率的值进行比较。不过，这只是因为大家都用它，并不一定就说明这个方法在确定什么样的期权最适合波动率交易者方面是最好的方法。在本书作者看来，它不如百分位数（将隐含波动率同隐含波动率相比）的方法，不过，它有它的优点。使用这种方法背后的理论是，隐含波动率同历史波动率最终毫无疑问会汇拢。因此，如果交易者在它们差距很大的时候建立一个波动率交易头寸，就应当有它的优势。

不过，这个理论有不少漏洞。第一，没有人能够担保这两者就会及时汇拢。例如，在交易者的头寸变得有利可图之前汇拢。历史的和隐含的波动率常常会在几个星期内保持着相互分离的状态。

第二，即使确实出现了汇拢，它并不一定就意味着交易者可以赚钱。举例来说，考虑一下这样一个情况，其中隐含波动率是 40%，历史波动率是 60%。这是一个相当大的差距。因此，你会想要买入波动率。此外，假设这两者确实汇拢了，这是不是说你一定会赚钱？不，事情并不是这样。如果它们确实汇拢了，但是汇拢在 40%，那会怎么样？或者，更糟一些，汇拢在 30%？在这些情况中，随着股票运动速度减缓，而你的期权失去时间价值，几乎可以肯定你会赔钱。

这种方法的另一个问题是，隐含波动率在买入的时候未必就是低的，在卖出的时候未必就是高的。考虑一下刚刚用过的示例。我们只知道隐含波动率是40%，历史波动率是60%。我们对40%是高、是低还是中等没有概念。因此，还是有必要看一看隐含波动率的百分位数是多少。如果40%被证明是一个相对较高的隐含波动率，就像通过看一看在过去几年里隐含波动率在什么水平上而确定的那样，那么我们或许在这个情况里就不想要买入波动率，即使隐含波动率同历史波动率之间有很大的差距。

许多做市商和场内交易员都使用这种方法。不过，他们常常寻求短期内定价错误的期权，认为波动率很快就会回到原来的水平。不过，对一个头寸交易者来说，上面说到的那些问题会给他带来麻烦。

在这样说了之后，如果还是有人要使用这个方法来试着确定期权在什么时候异常的话，那么应当实施下面所说的相似的程序。交易者必须肯定隐含波动率同所有的相关的历史波动率相比都有显著的不同。例如，交易者也许需要肯定隐含波动率比10天、20天、50天和100天的历史波动率都低出80%。此外，也应当注意到隐含波动率目前的百分位数，这样，交易者就有某种相对的基础来确定是否所有的波动率，历史的和隐含的，都非常高或非常低。如果它们全都在非常高的百分位数，那么，交易者就不应当买入期权，如果它们都在非常低的百分位数，那么他就不应当卖出期权。

一幅既显示隐含波动率也显示某些历史波动率的波动率图形往往可以对做出这些决定有所帮助。交易者不但能够迅速地看出期权是在高百分位数或低百分位数，而且还可以看出在过去相似的时候，当隐含波动率同历史波动率之间有显著的区别时，究竟发生了什么情况。

最后，交易者需要某种衡量尺度来确认如果在隐含波动率同历史波动率之间确实出现了汇拢，他是否就能够赚钱。例如，如果交易者是在买入一手跨式价差，他也许需要知道，如果隐含波动率在1个月内碰到了历史波动率（例如，这些历史波动率中最低的水平），他就实际上有钱可赚。交易者可以使用不同的时段，但是，他必须小心，不要出格。例如，如果目前的隐含波动率是40%，历史波动率是60%，那么，要让隐含波动率在一两天内上升到60%，就几乎不可能。使用这个标准同时也可以保证隐含波动率同历史波动率之间的绝对差距会大到足以能够得到盈利的地步。也就是说，如果隐含波动率是10%，历史波动率是13%，那么，在两者之间的区别就是30%。表面上看，在隐含波动率同历史波动率之间有一个"大"的差别。但是，如果隐含波动率上升，同历史波动率汇拢，这就意味着在隐含波动率中只有3点的绝对值的上涨，如果时间有了变化，去掉成本之后，这样的上涨恐怕不足以产生盈利。

如果达到了所有这些标准，那么交易者就成功地使用隐含波动率同历史波动率比较的方法发现了"定价错误"的期权，因此他就可以进入到波动率分析的下一个步骤：使用概率计算器。

39.2.4 诠释波动率图形

交易者在确定期权是否定价错误时使用的另一种技巧是实际去分析波动率的图形，典型的是隐含波动率的图形,不过也可以是历史波动率的。这看起来似乎是一种主观的方法,不过,它同 GARCH 的方法没有多大的区别,后者被认为是高度先进的。当交易者考察波动率图形时,他不是像技术分析家看股票图形那样在寻找技术形态:支撑位、阻力位、头肩形、旗形和三角旗形等。他只是在寻找波动率变化的趋势。

在使用许多指标,特别是情绪指标方面,这都是一种有效的方法。通过等待这个趋势发生变化,使用者就不会在波动率向下的趋势之中买入,也不会在波动率向上的趋势之中卖出。

【示例 39-1】假定一个波动率交易者确定,目前股票 XYZ 的隐含波动率水平在所有过去值中居于第 1 级的百分位数。因此,这些期权从来都没有这么便宜过。整个市场或许在经历一段非常平滞的阶段,或者 XYZ 自身是在一个拉长的、狭窄的交易范围内交易,这两种情况都有可能导致隐含波动率持续地大幅度地下跌。找到这些便宜的期权之后,他想要买入波动率。不过,他无法担保隐含波动率不会继续下跌,即使它已经便宜到从来没有过的地步。

如果遵循等待隐含波动率的趋势出现反转这个技巧的话,他就会每天都注意观察 XYZ 的隐含波动率,一直到出现少量的增加,这样的增加象征了期权的买家现在对 XYZ 的期权变得比较感兴趣了。图 39-1 显示了这种情况看上去会是什么样的。

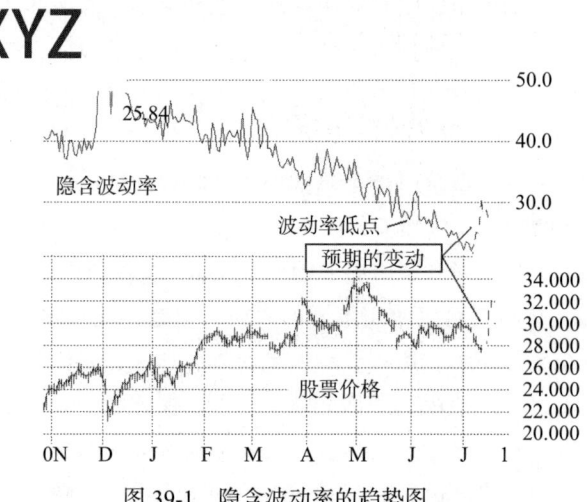

图 39-1 隐含波动率的趋势图

这幅图形对若干现象做了标记,因此,我们将对它做详细的讨论。在图 39-1 上有两幅图形:顶部的线条是隐含波动率的图形,底部的是股票价格的图形。隐含波动率的图形显示出,在 6 月 1 日附近,它达到了历史低位:28%(也就是说,它在历史波动率的百分位数的第 0 级)。因此,交易者也许会在这个水平上买入波动率。不过,在这个时候,隐含波动率显然还在陡然下跌的趋势中,因此,看到这幅图形的波动率交易者也许会决定要等到波动率有反弹时再买入。事实证明这是一个明智的决定,因为股票在此之后的 1 个半月中都没有方向,与此同时波动率还在不断地下降。在这幅图形的右侧,隐含波动率跌到了将近 20% 的地方。

这两个图形上的实线表示的是已知的XYZ的隐含波动率和价格历史。虚线表示的是可能会出现的情况。如果隐含波动率不再是向下了，这时，他才有理由买入波动率。

这种方法有它的优点，理由是交易者无法知道波动率会跌多深，而且，更重要的是，他不知道波动率会涨多高。我们提到过，同样的方法在其他的情绪指标中也相当有效，特别是看跌-看涨比率。在20世纪90年代的牛市里，只包含股票的看跌-看涨比率一般是在30～55的范围之内。因此，有的交易者变得习惯于看跌-看涨比率超出50就买入市场（对整个市场来说，高的看跌-看涨比率是看多的预测指标）。但是，当牛市结束的时候，或者是至少僵持的时候，看跌-看涨比率集中在接近70～75的地方。因此，使用静态方法（也就是，"超过50就买"）的人就会被埋葬，因为他们在看跌-看涨比率出现新高的时候买入得过早，因而就不得不承担后果。如果采用趋势反转的方法，他们就可以得救。这是一种更为动态的程序，交易者因此会让看跌-看涨比率继续上升，直到见顶为止。在这个时候，就可以买入市场。

这正是诠释波动率图形所要做的。交易者不是依靠过去的数据来琢磨运动的绝对的最高值或最低值会出现在哪里，而是注意到波动率数据是在极端的水平（百分位数的第1级或第100级），于是对它进行监控，直到它调转方向。这对期权卖出者特别有用，因为它可以防止掉入巨量期权买入的漩涡里，在这样的情况里，买方或许有关于某种类似兼并之类的公司事件的内部信息。不错，期权可以是非常昂贵（第100级百分位数），但是，它们是贵得有理由的，那些有内幕消息的人知道这个理由，而典型的波动率交易者则不知道。如果波动率交易者等到隐含波动率值出现向下的转向再卖出这些期权，那么，他有很大可能可以避免绝大多数的麻烦，因为在新闻面世之前，或者是买家（也许认为兼并的传言不会兑现）放弃之前，这些期权或许不会失去它们的隐含波动率。

在提前入市这一点上，期权的买家没有期权的卖家所面临的问题，不过，等到波动率趋势上升（就像在图39-1中那样）再来猜测波动率是否已经见底，也是有道理的。正如在一个严重下跌的趋势中买入一只股票是有勇无谋的那样，在买入波动率方面，也是如此。

同样的方法用在历史波动率的时候用处比较小，因为这样的图形对期权价格没有什么可说的。下面一节将对这种看法进行扩展。

39.2.5 历史波动率与历史波动率的比较

上面一节总结了三种交易者想要发现异常期权的主要方法。有的时候也有人提到另外一种方法：将历史波动率目前的水平同历史波动率过去的水平进行比较。我们也将介绍这一方法，不过，一般而言，这种方法不如其他的方法，因为这样一种比较没有告诉我们有关期权价格的任何信息。例如，如果我们发现目前的历史波动率在历史波动率的百分位数中居于非常低的位置，但接着又了解到期权价格昂贵，而且隐含波动率或许还高出历史波动率，那么，这对我们没有什么帮助。在这种情况里，交易者通常不想买入期权，因此，最初的对历史波动率同历史波动率的比较就是一种浪费。

将历史波动率目前的水平同它的过去的值进行比较，是一种朝后看的方法，因为历史波动率涉及的只是过去的股票价格。这种方法没有考虑到隐含波动率。此外，这种方法包括了这样的假设：一只股票的波动率特征是不会变化的，就波动率而言，它会转回到某种"正常的"过去的价格行为。现实根本不是如此。几乎所有的股票在一定时期内都会显著地改变它的历史波动率的模式。

考虑一下在技术股红火时期的一只高波动的股票：Rambus（RMBS）。从股票上市到2000年2月之间，历史波动率的范围在50%～110%之间。在这个时候，股票的平均价格是每股20美元左右。

2000年2月，RMBS股票价格开始迅速上涨，于是事情有了很大的变化。在这个时候，股票暴涨到115，然后跌回到35，接着在135附近形成了新高，随之又暴跌到接近20。因此，股票自身在两年之内完成了一段疯狂的来回旅程。图39-2和图39-3就是在这段时间RMBS的股票图形和历史波动率图形。

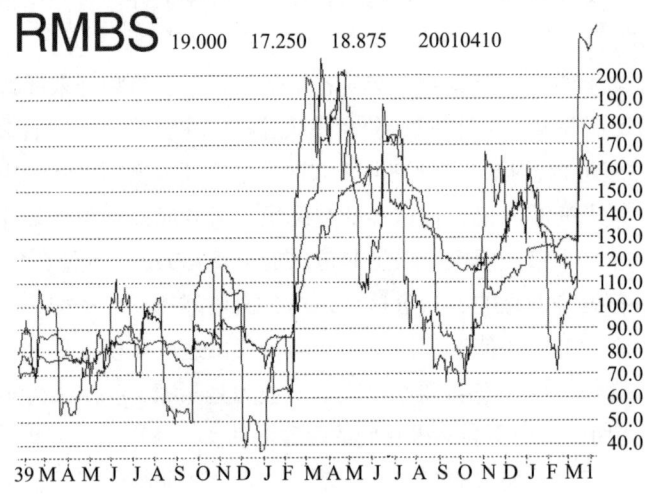

图39-2　RMBS的历史波动率

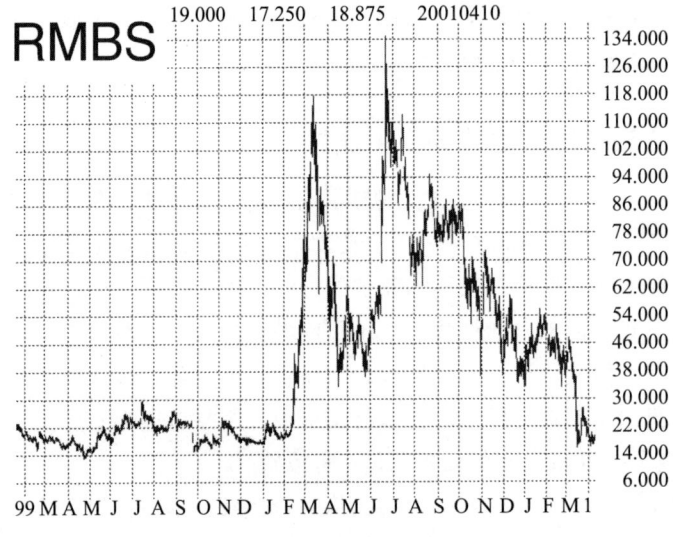

图39-3　RMBS的股票图形

在发生这样的情况时，历史波动率会陡然上升。在 2000 年 2 月之后，一直到 2001 年，历史波动率都在 120% 之上。因此，很清楚，Rambus 的行为模式在 2000 年 2 月之后有了很大的变化。在此之后，如果交易者在任何时候将历史波动率进行比较，他就会错误地得出结论说，RMBS 将要减缓下来，最近的历史波动率同过去的历史波动率相比显然过高。如果交易者根据这样的结论在 RMBS 上卖出波动率，那么，这会是一个昂贵的错误。

RMBS 可能是一个极端的示例，但它决不是绝无仅有的。许多其他股票在行为上也经历过类似的变化。在我看来，因为有这样的行为存在，把历史波动率与对历史波动率过去值进行比较的方法就不能成为一种有效的选择波动率交易的方法，因而在这方面就是一种没有用处的方法。

这种方法的最大的用处是用来对前面所介绍的其他方法进行补充，从而为波动率交易者就他对标的工具波动率的预期提供某种观察的角度；不过，它显然只能用来起到一般的指导作用。

39.2.6 查看基本面因素

一旦发现了这些定价失误的期权，查看一下新闻，看一看在这种价格失常背后有没有基本面的原因，这始终是必须要做的。例如，如果期权非常便宜，于是交易者查看了新闻报道，发现标的股票是一个全现金兼并收购的对象，这样，他就不会买入这些期权。这个股票不会有什么运动，事实上，如果兼并实现，股票就会消失。

与此相似，如果期权看上去非常之贵，交易者查看了新闻，发现标的公司有一个正在被政府机构（例如，美国食品和药物管理局）审核的新产品，那么，就不应当卖出这个期权，因为根据美国食品和药物局听证会的决定，这个股票有可能出现一个跳空运动。有许多相似的公司事件会使期权价格变得非常之贵。在有这样的事件或谣传出现的时候，波动率的卖家不应当搅和在其中。

不过，如果没有可以解释得了为什么期权是如此便宜或如此之贵的新闻，那么，波动率交易者就可以将他的分析继续下去。

39.2.7 选择要用的策略

一般而言，当交易者决定要交易波动率时，简单的策略就是最好的策略，特别是如果交易者买入波动率的话。如果这里涉及波动率倾斜，那么，也许有其他更好的策略，我们在这一章的后面将讨论这些策略。不过，如果交易者是因为认为隐含波动率异常因而想要直接交易波动率的话，那么，只有少数几个策略可以使用。

如果波动率过低，那么，应当买入跨式价差或者宽跨式价差。如果标的工具目前的交易价附近有可以使用的行权价，那么，交易者一般会买入跨式价差。不过，如果标的物目前的交易价介于两个行权价之间，那么，宽跨式价差就是更好的选择。无论是哪种情况，一个头寸交易者应当买入一手离到期还有几个月的跨式价差，从而增进他盈利的机会。没有什么"最好"的时间长度，因此，交易者在做出这个决定时应当使用概率计算器来帮忙。我们将在后面讨论如何使用概率计算器。

【示例39-2】 XYZ的交易价是39.60，波动率交易者决定他想要买入波动率。根据这个信息，他应当试图买入一个看跌期权和看涨期权的行权价都是40的跨式价差。

假定目前是12月，XYZ可以使用的到期月份有1月、2月、4月、7月和10月。再加上下一年1月的长期期权（LEAPS）。于是他会对每一种跨式价差进行分析（1月40、2月40和4月40等），看一看买哪一个最好。一般而言，根据期权价格通常的构造方法，似乎是中等范围的跨式价差成功的概率最高。当然，在使用概率计算器时要考虑到每个跨式价差的实际价格。在这个情况里，对一个头寸交易者来说，从统计学的角度来看，7月40跨式价差或10月40跨式价差或许是最好的选择。

如果XYZ在例如37.50的价格上交易，那么，这个交易者或许就应当考虑买入一个宽跨式价差，买入1手行权价为40的看涨期权，同时买入1手行权价为35的看跌期权。从买入宽跨式价差的角度来说，将行权价之间的距离拉大到一个行权价间距（例如，对股票期权来说是5点）之外是没有意义的。这只是使得这个头寸在一开始时更为中性。

说到中性，交易者也应当使用这个头寸的delta来修正看跌期权对看涨期权的比率，使得这个头寸在建立的时候尽可能保持中性。这是我们建议使用的方法，因为波动率买家并不在乎股票是上涨还是下跌。他只对股票的运动或波动率的增长感兴趣。

【示例39-3】 XYZ仍然是在39.60交易，交易者想要一个中性的头寸。他应当使用这个头寸的delta来构建一个中性的头寸。例如，考虑一下10月40跨式价差。假定概率计算器使用的波动率是40%。根据这些条件（以及我们在前面的示例中所假定的那些条件），10月40看涨期权的delta是0.60，10月40看跌期权的delta是−0.40。因此，买入2手看涨期权和3手看跌期权的比率是中性的比率。如果看涨期权的售价为6，看跌期权的售价为5，那么，这个2对3的头寸的盈亏平衡点就是上行方向的53.5和下行方向的31。这些信息可以总结如下。

10月40看涨期权的delta	+0.60
10月41看跌期权的delta	−0.40
Delta中性比率：买入2手看涨期权和3手看跌期权	
10月40看涨期权价格	6.00
10月40看跌期权价格	5.00
2对3头寸的净成本	27点
盈亏平衡点	上行方向 = 40 + 27/2 = 53.50
	下行方向 = 40 − 27/3 = 31.00

于是概率计算器会努力算出在到期日之前股票有多大的机会出现在53.50或31.00的价位上。事实上，因为在若干到期月都有跨式价差，策略家应当用相同的方式对它们每一个都进行分析。表39-1显示出他的选择会有什么样的结果。如果交易者在考虑买入一个宽跨式价差，那么，他也可以用看跌期权和看涨期权的delta来进行相似的计算，其中看涨期权的行权价高于看跌期权的行权价。

表 39-1

	1月	2月	4月	7月	10月	1月长期
看涨期权价格	1.25	2.25	3.50	5.00	6.00	7.15

(续)

	1月	2月	4月	7月	10月	1月长期
看跌期权价格	1.50	2.35	3.35	4.35	5.00	5.55
看涨期权 delta	0.48	0.52	0.55	0.58	0.60	0.62
看跌期权 delta	−0.52	−0.48	−0.45	−0.42	−0.40	−0.38
中性比率	1∶1	1∶1	1∶1	2∶3	2∶3	2∶3
债务	2.75	4.60	6.85	23.05	27.00	30.95
上行盈亏平衡点	42.75	44.60	46.85	51.57	53.50	55.47
下行盈亏平衡点	37.25	35.40	33.15	32.30	31.00	29.68

另一个在波动率低的时候可以使用的简单策略是跨期价差，因为它有正值的 vega。也就是说，如果隐含波动率上升，可以期望它会拓宽。不过，对大多数交易者来说，跨期价差的盈利有限的性质是一种太大的负担，无论是从心理上还是从手续费上来说都是如此，因此，波动率交易者对这个策略用得不多。有的交易者只有在他们认为隐含波动率在近期内不会增长时才使用跨期价差。他们或许买入一手略为虚值的看涨期权跨期价差，同时也买入一手略为虚值的看跌期权的跨期价差。这样，如果在短期内没有多大的变动，卖出的期权会无价值地到期，留在手里的买入的跨式价差或宽跨式价差就比在此以前更具吸引力。当然，这个策略有它的缺点：标的物的一个快速的运动会导致亏损，这样的情况在买入一个简单的跨式价差或宽跨式价差的情况中是不会发生的。

39.2.8 卖出波动率

如果交易者在卖出波动率（也就是说，波动率很高），他的选择要复杂一些。几乎每个曾经卖出过波动率的人都有过不愉快的经验，或者是因为股票价格猛然上涨，或者是因为波动率陡然上升。在这一章的后面我们将详细讨论卖出波动率应当注意的一些问题。现在，我们将考虑简单一些的策略，这样，我们的讨论仍然是关于构造一个波动率交易头寸。

简单地说，一个波动率卖出者一般有两个策略可以选择（虽然也可以引进一个更复杂的策略）。最简单的策略就是卖出一手虚值看跌期权和一手虚值看涨期权。所选的行权价应当离标的物目前的价格有足够的距离，这样，这个头寸面临麻烦（也就是说，标的物在这个头寸的存续期内实际在裸期权的行权价上交易的可能性）的可能性就会相当小。正如上面的期权买家先是列举出若干到期月，然后计算出盈亏平衡点一样，波动率的卖家也应当这样做。一般来说，他也许应当卖出短期的期权，不过，所有的到期月都应当考虑，至少在开始的时候是这样。同时，他也许应当试一试不同的行权价，以求在股票达到裸期权行权价的低概率与得到足够的权利金从而使得交易有价值之间实现平衡。对本书作者来说，用不足 1 点的价格卖出裸期权是不值得一试的。

当然，仅仅卖出这样的一手看跌期权和一手看涨期权意味着这些期权是未备兑的，而这样的策略并不是对所有的人都合适。我觉得下一个最好的策略是一个收入价差。收入价差的问题是，交易者既卖出昂贵的期权，也买入昂贵的期权作为保护。波动率的变化对收入价差的影响在前面两章已经仔细讨论过了，因此，这里就不复述了。我们所要说的只是，如果波动率下降，收入价差交易者可以兑现的盈利就相当小（或许甚至不足以抵消将头寸平仓的手续费支出），而一个裸期权卖出者则显然可以在更大的范围内得到更多的盈利。

在卖出裸期权同收入价差之间的选择在很大程度上取决于交易者自身的哲学和心理素质。如果交易者对裸期权感到不自在，或者他不可能花许多时间来监控市场活动（或者是有人为他监控），又或者他没有足够的钱来给头寸支付保证金，将它一直保持到股票价格达到盈亏平衡点，那么，裸期权对这样的交易者就不合适。

另一个会影响到期权卖出者策略选择的因素是所考虑的标的工具的类型。至今为止，指数期权对裸期权卖出是最好的选择。其次是期货，股票排在最后。这是因为这些不同工具的不同行为方式。直到现在，股票仍然最有可能出现巨幅跳空的运动，而这样的运动是卖出裸期权的死敌。因此，如果交易者发现有昂贵的股票或期货期权，那么，更合理的也许是使用收入价差的策略。

有时候，当期权很贵的时候，还有另外一种策略可以使用。它叫做波动率后式价差，不过，我们要在这一章的后面再讨论这个策略。

39.2.9　使用概率计算器

不管使用什么样的方法来发现异常的期权，不管交易者偏好什么样的策略，都有必要使用一个概率计算器，对标的物是否会出现能够产生盈利的运动（或者，如果你是卖出期权的话，对它们是否不会产生落入亏损的运动）有一个可依据的看法。这是历史波动率可以起到很大作用的地方，因为它是概率计算器的输入数据。事实上，如果对波动率不能提供一个可信的估计，那么，没有一个概率计算器可以产生令人相信的预测。请回过去复习一下前面的那一章，那里对概率计算器和股票价格分布有深入的讨论。

使用概率分析也可以减少把隐含波动率同历史波动率进行比较这种选择方法所固有的一些问题。如果概率对成功有利，那么我们也许就不会那么在乎期权目前的隐含波动率是在高百分位数上，还是在低百分位数上（虽然我们仍然不会当期权在隐含波动率的高百分位数上时买入波动率，或者是当期权在低百分位数上时卖出期权）。

在使用概率计算器时，交易者首先选择一个策略（例如，如果期权便宜就买入跨式价差），然后，像前面那一节说明的那样，计算出盈利平衡点。接下来使用概率计算器来确定标的工具在期权头寸的存续期之间是否有任何交易到某一盈亏平衡点上的可能性。前面一章说明过，使用肥尾分布的蒙特卡罗模拟是用于这个程序的最好方法。

一个买入波动率的情况要具有吸引力，标的工具超过盈亏平衡点的概率就应当大于80%，一个卖出波动率的情况要具有吸引力，标的工具在造成亏损的价格上交易的概率就应当小于25%。当然，波动率的卖出者可以通过选择深度虚值期权来大大地影响这个概率。正如上面指出的，波动率卖出者事实上应当就若干不同的行权价来计算概率，力图在高概率的成功同收入的权利金数量大到值得承担这个风险之间找到平衡。

【示例39-4】OEX指数在650交易。假定交易者认为波动率很高，想要对裸期权卖出进行分析。另外，假定他的选择集中到卖出9月期权上，这个期权在五个星期后到期。表39-2列出了他考虑的主要选择。在这个示例里的期权是指数期权，这些期权价格反映了（我们后面要讨论的）波动率倾斜。这样，这个示例可以更真实一些。

表 39-2

裸卖出	9月800看涨期权 9月500看跌期权	9月750看涨期权 9月550看跌期权	9月730看涨期权 9月570看跌期权	9月700看涨期权 9月600看跌期权
看涨期权价格	0.20	1.50	3.50	8.80
看跌期权价格	0.40	2.00	3.70	8.50
看涨期权行权价概率	4%	17%	30%	44%
看跌期权行权价概率	1%	11%	20%	40%

右面两栏的选择应当排除在考虑之外，因为股票在到期日之前碰到行权价的概率太高，远远超出前面提到的作为指导方针的25%。这就留下了9月500～800宽跨式价差和9月550～750宽跨式价差作为考虑对象。虚值最深的期权（9月500～800宽跨式价差）的概率最好，但是，售价这么低的期权没有给收益留下多大的余地，即使它们是无价值到期。记住，对裸指数期权来说，交易者建立一个头寸，需要至少为指数价格10%的保证金，在这个示例里，这就意味着6 500美元。事实上，我们建议根据行权价自身来准备保证金（800的15%，在这个示例里就是12 000美元）。因此，卖出9月500～800宽跨式价差而收入60美元，再减去手续费，似乎算不上什么收益。因此，最好的选择似乎是550～750宽跨式价差。如果期权无价值到期，所建议的保证金是750（较高的行权价）的15%，或者说11 250美元，交易者在手续费之外还可以赚到320美元，这就是在1个月内的大约2.8%的收益。交易者无法将这样的收益年化，因为他不知道在这些期权到期之后，同样的期权定价结构在下5个星期内是否会继续存在。

也可以进行其他概率的计算。例如，假定交易者决定买入一个跨式价差，他不但应当知道有多大的概率会盈亏平衡，而且还应当知道有多大的概率至少得到一定百分比的收益，例如，20%。交易者也应当计算股票运动超过盈亏平衡点20%的概率。这个距离（20%）是一个可以使用的合理的数字，因为如果股票确实运动到这么远的话，投资者很有可能提走部分盈利，或者是调整他的头寸。

39.2.10　使用股票历史价格

到目前为止做的所有工作：确定什么期权是昂贵的、选择一个策略，以及计算成功的概率，在某种程度上都还是理论性的，我们还没有就标的工具的波动率进行过任何"回测"。在这里，交易者应当考察一下过去的价格，看一看股票在过去是否有过大幅度的运动（不管这样的运动是想要的还是不想要的）。

【示例39-5】交易者考虑要买入XYZ 10月40跨式价差，价格为11点，当时股票价格是39.60。这些期权是便宜的，根据概率计算，成功的概率也相当好。现在需要提出和回答的问题是："这个股票在过去是否有过在10个月（这个跨式价差离到期的时间）里运动11点的能力？"或者，更重要的，"这个股票在过去是否有过10个月里运动28%的记录"？因为11除以39.60为28%。如果这只股票有历史价格，那么就很容易回答这些问题。交易者甚至可以通过观察这只股票的图形，在没有计算机帮助的情况下自己回答这些问题，不过，计算机对历史价格的分析要更为严谨，因此更值得提倡。

这些答案可以用概率的形式来表达，同概率计算器产生的结果相似。

假定交易者认定这只股票在过去的 77% 的情况里能够在 10 个月里运动 11 点。这还可以，但不是非常出色。不过，当交易者看到 XYZ 的价格图形时，他看到它在上涨到目前的价格之前，在很长一段时间内在低得多的价格上交易。很难指望一个 10 美元的股票会在 10 个月内运动 11 点。这就是为什么第二个数字，那个涉及 28% 运动的数字，是更重要的数字。在这个情况里，交易者可以发现 XYZ 在过去的 90% 的情况里能够运动 28%。这样看来，这是一个相当不错的买入跨式价差的头寸。

这个对过去价格的分析可以用更精密的方法来完成。与其是看股票在过去的运动幅度是否达到过所需要的距离，交易者不如看一看这只股票的运动"看上去"怎么样。也就是说，在有些情况中，过去的运动看上去似乎吸引人，但仔细看一下，交易者就不会那么乐观。

例如，如果 XYZ 确实已经反复出现过 28% 的运动，但是在构成它 10 个月的股票历史中，在大部分时间里它很少有大于这个幅度的，那么怎么办呢？这样的话，交易者也许不会想要持有这个跨式价差。

过去运动的另一种情况可以是，XYZ 产生过交易者没有理由相信它会重复的运动。也许这是因为一个不理想的盈利报告而导致的向下的大幅跳空，或者，如果这是在 20 世纪末和 21 世纪初的一只网络股票，它有一个大幅度的向上运动，紧接着又出现了一个大幅度的向下运动。这是另一种不会重复的运动类型，因为在没有网络狂热的情况下，这只股票在一个大幅度的往返运动之前和之后，都只是一只在一定范围内运动的股票。

这些问题只要看一看图形就可以解决。不过，在许多情况里肉眼会造成假象。更为严谨的方法是构建一幅这些过去的股票运动的直方图，并且对这幅直方图进行研究。

图 39-4 显示了这样的一幅直方图。x 轴显示了在 XYZ 价格数据库中的每个 10 个月的运动幅度。到"1"的运动意味着股票在 10 个月里运动了 28%，但没有更多。到"-2"的运动指出它在 10 个月里跌了 56%（所要求的距离的 2 倍）。y 轴（左边的刻度）显示了运动出现次数的百分比。在图 39-4 中显示的作为示例的直方图实际上是一个对交易者非常有利的图形。请注意一下，股票总是有可能至少运动 28%。此外，它相当频繁地 2～3 次地运动到这么远。最后，在这幅直方图的点位之间有一种延续性。y 轴上的一些数据点几乎在所有的 x 轴的数据点上（在最小的和最大的 x 轴点之间）。这是一种好现象，因为它显示出 XYZ 有可能在过去活动中占统治地位的聚集运动。

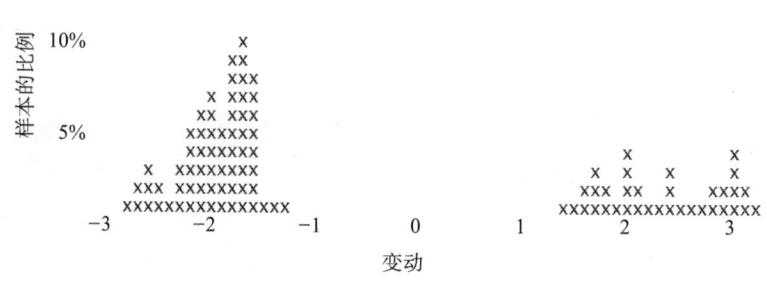

图 39-4　XYZ 运动的直方图（在 10 个月内测试 28% 的运动）

至于什么不是一个"好"的直方图，我们不会太迷恋于一幅显示出在 x 轴靠近"-1"和"1"或者它们之间有大量聚集数据点的直方图。如果可能的话，我们想要股票有比只超出盈亏平衡的距离运动得更远的能力。作为示例，看一看图39-5，它显示出了一个运动几乎没有超出过"-1"或"1"点位的股票，即使在超出这些点位时，超出的幅度也很小。大部分这样的情况会导致交易亏损，因为，即使股票可能超出需要的百分比，但这是它在10个月中最大的运动，而交易者不可能知道刚好要在这一点上提取盈利。图39-5的直方图所显示的跨式价差是不应当买的，无论在此之前的分析是怎么说的。

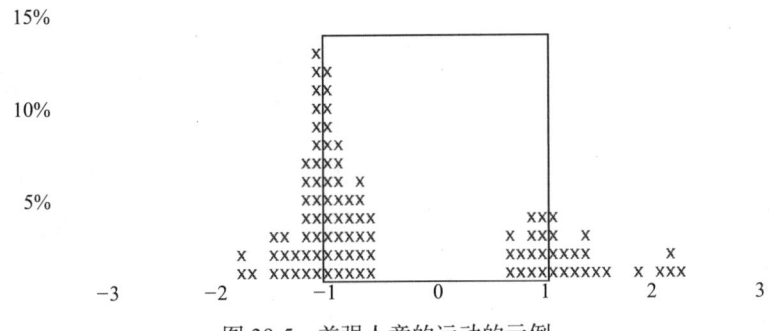

图 39-5　差强人意的运动的示例

如果这个直方图显示出在"+3"水平之上有大量的运动，而在这个水平之下几乎没有什么运动，那么，这样的情况也是应当避免的。这样一幅直方图很有可能反映的是向上猛涨的、网络类型的股票活动，我们在前面提到过，对这样的活动没有理由指望它会重复自身。一般而言，交易者不想看到在直方图的 x 轴上有过多的空白处，需要的是持续性。

如果直方图是有利的，那么波动率的分析就完成了。交易者就找到了定价失误的期权，它们有相当好的理论盈利性，它们过去的股票运动证实了这样的运动在将来是有可能出现的。

39.2.11　另一种方法

在考虑了所有这些分析之后，另一种方法出现在脑海里：仅仅使用过去的运动，完全无视其他的分析。这听上去有些极端，但是它无疑是一种有效的方法。它就像给那些"知道"IBM能够运动18点并且因此想要买入这个跨式价差的人提供一些动力。如果直方图（对过去运动的研究）告诉我们IBM确实有相当大的运动18点的机会，那么，我们还有必要去考虑隐含波动率同历史波动率的关系，或者两种类型的波动率目前的百分位数，或者理论概率计算器的结论吗？从某种意义上来说，它就像是将隐含波动率（跨式价差的价格）同历史波动率（股票价格运动的历史）在一个严格的实践的意义上进行比较，而不是使用统计学的方法。

在现实中，交易者必须注意，不要买入过分昂贵的期权（或者卖出过分便宜的期权），因为谁都不能忽视隐含波动率。不过，跨式价差自身的价格（它是由直方图上的 x 轴决定的）并不反映出期权的价格，因此，在非技术分析的意义上说，也不反映出隐含波动率。我怀疑，如果只是使用过去的运动来产生波动率交易的候选者的话，这张名单会相当长。因此，就实践而言，它没有什么用处。

39.2.12 关于卖出波动率的更多考虑

在早些时候我许诺过要讨论更复杂的卖出波动率的策略。在以中性的方式卖出（定价过高的）期权，也就是"卖出波动率"时，期权策略家往往面临一个困难的选择。许多交易者不喜欢卖出裸期权，特别是裸股票期权，而且，许多用来限制风险的价差形式都迫使策略家必须选择方向（看多或者看空），而他并不真的想要这样的策略。这一节将讨论在股票和期货期权市场中有保护地卖出波动率这个更具挑战性的方面。

卖出波动率的困难之处在于发现一个允许交易者从卖出昂贵的期权中获利而又不必为其对冲（买入同样昂贵期权进行对冲）支付太多这样的中性策略。大多数交易者首先使用的简单策略是收入价差。从理论上说，如果隐含波动率在持有收入价差头寸期间下跌，那么就有盈利兑现。不过，再去掉建立头寸时花在四个不同期权上的手续费，有的时候还有将它们平仓（假定交易者卖出的看跌期权价差和看涨期权价差都是虚值的）的手续费，如果头寸提前平仓，也许就剩不下多少真正的盈利。总的来说，收入价差策略没有什么不好的地方，但是，它不具有真的可以使人感到兴奋的东西。有没有其他的既对风险有所限制，同时又在隐含波动率下跌时可以获利的可用策略呢？价格最高的期权是期限最长的期权。如果隐含波动率高，那么，如果交易者可以卖出这些期权并且对它们进行对冲的话，那会是一个好策略。

最简单的具有我们想要的特征的策略是卖出一个跨期价差，也就是说，卖出一个较长期的期权，同时，买入一个同样行权价的短期期权为它对冲。不错，这两者都相当贵（而且，近期期权的隐含波动率也许比远期的还要略高一些）。不过，远期期权交易价的绝对值要高得多，因此，如果两者都变得便宜起来，长期期权下跌的幅度就点数而言比近期的要大不少。这就是说，长期期权的 vega 比短期期权的 vega 要大。当交易者卖出一个跨期价差的时候，它叫做反向跨期价差（reverse calendar spread）。这个策略在论述反向价差的那一章里介绍过。读者应当复习一下那一章，不仅包括对该策略的介绍，还包括股票和指数反向价差中所内含的保证金问题的描述。

大部分交易者在反向跨期价差中所遇到的问题之一是，它产生不了很大的盈利。这个价差在卖出之后差距在理论上可以缩减到零，但是在现实中它不会如此，因为，即使它已经非常深度实值或虚值，长期期权还是会保留某些数量的时间价值。因此，这个价差永远不会真的缩减到零。

不过，还有另一种方法，它常常可以提供大一些的潜在盈利，同时仍然保留如果隐含波动率降低还可以盈利的可能。在某种意义上，它是反向跨期价差策略的修正，它可以创造出一个潜在地甚至更理想的头寸。这个头寸叫做波动率后式价差（volatility backspread），它涉及卖出一手长期的平值期权（正如在反向跨期价差一样），并且买入更多数目的较近期的虚值期权。这个头寸一般是按 delta 中性的原则构建起来的，并且有一个负值的 vega，也就是说，如果隐含波动率下降，它就有盈利。

【示例 39-6】XYZ 在 6 月上旬的交易价是 115。它的期权非常昂贵。交易者想要使用下面这两种期权构建一个波动率后式价差。

看涨期权	价格	delta	vega
7月130看涨期权	2.50	0.26	0.10
10月120看涨期权	13	0.53	0.27

一个delta中性的头寸将是买入2手7月130看涨期权，卖出1手10月120看涨期权。这就带进了8点的收入。同时，它有一个小量的负值的vega，因为2乘以7月看涨期权的vega，减去1乘以10月看涨期权的vega是-0.07。也就是说，XYZ总的期权的隐含波动率每降低1个百分点，这个头寸就有7美元的获利，这不是一个大数目，不过这只是一个小头寸。

这个头寸的盈利性显示在图39-6中。这个策略风险有限，因为它没有涉及裸期权。事实上，如果XYZ上涨到一定的幅度，交易者可以有大笔的盈利，因为那手多余的看涨期权多头。同时，在下行方面，如果XYZ大幅度下跌，所有的期权都会失去它们大部分的价值，交易者的盈利数量就会接近于最初得到的收入。此外，隐含波动率的下降也产生了一小笔盈利，虽然因时减值可能对交易

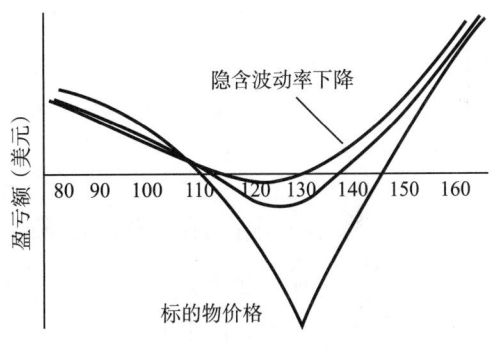

图39-6 波动率后式价差中性头寸

者不利，这取决于短期期权买在什么时候。最大的风险是XYZ的价格在7月到期时刚好在130上，因此，任何一个使用这个策略的策略家都应当计划在这个近期到期日之前将这个头寸平仓。它不应当被留在手里，等到价值贬值到最大的亏损点。

可以考虑对这个策略的修正。修正之一是卖出更长期的期权，当然，要用买入近期期权来为它们对冲。期权的期限越长，它的vega就越大，因此，隐含波动率的降低会导致价格更高的长期期权价格下跌得越深。不过，之所以想要使用这样的修正，是因为这样的事实：当期权变得真正昂贵的时候，近期期权常常会出现倾斜的情况。也就是说，近期期权交易时的隐含波动率会比长期期权的隐含波动率要高得多。在长期期权（LEAPS）中尤其是如此。因为这个原因，交易者应当肯定他不至于落入短期期权丧失波动率而长期期权与此同时还或多或少地保留了相同的波动率（长期期权就常常如此）这种情况。近期同远期期权之间的不同的波动率这个概念在第36章论述波动率交易基本原理时有过更为详细的讨论。作为一种一般的规则，如果交易者发现较长期期权的隐含波动率比你要买的期权的隐含波动率要低得多，那么，就不要使用这个策略。这个策略不太可能在长期期权（LEAPS）中发挥预期的作用。

交易者在寻找这类交易时应当分析的另一件事是，使用看跌期权是否比使用看涨期权更好。理由之一，你可以建立一个高度的盈利性是在下行方向的头寸（同上面的XYZ的示例所显示的上行方向的情况相反）。当然，在考虑到这样的可能性之后，交易者实际上可以从建立一个既有看涨期权价差也有看跌期权价差的头寸中得到好处。不过，如果你这样做的话，你就创造了一个"好消息，坏消息"的情景。好消息是最大风险减小了。例如，如果

XYZ刚好在130（看涨期权价差中最糟的情况），相随的看跌期权价差的收入就可以把这个风险减少一些。不过，坏消息是，在这个头寸中的没有盈利的价格范围变得宽多了，因为有两个地方会在某种程度上出现最大亏损（在买入的看涨期权的行权价和买入的看跌期权的行权价）。

我们将简短地提一下保证金，因为我们在论反向价差的那一章已经讨论过了。对指数和股票期权，这个策略被看作是裸期权，这是一种荒唐的假设，因为任何人都可以从盈利图中看出，这个头寸在近期期权到期之前都是完全对冲的。这就提高了对非交易所会员的交易者资本的要求。不过，对期货期权来说，这个保证金的反常情况不是一个问题。对这些期权，交易者只需要为行权价之间的差额减去所收到的收入提供保证金，因为这是这个头寸的真正风险。总起来说，想要在股票和期货期权市场里卖出波动率的交易者需要有对冲，因为经常有价格跳空出现，而且这样的跳空可能造成惨重的亏损。这个策略创造了一个更为中性的，更少依赖于价格的途径来从隐含波动率的下降中获得盈利，特别是同简单收入价差相比，尤其如此。

39.2.13 总结：根据对波动率的预测进行交易

在波动率表现异常时进行交易，从理论上来说是个有吸引力的策略。上面所介绍的程序包括了若干步骤，使用了统计的和理论的分析。不过，无论是哪种情况，概率计算器都必须"说"一手波动率交易有很高的成功概率。这只不过是在进行概率分析之前使用什么样的标准来限制我们的选择的问题。因此，从这个角度来观察波动率交易分析也许更有用处：

步骤1：使用一个标准来对各种波动率交易的选择进行限制。下面这些都可以用来作为第一标准，但并不是同时全都用上：

（1）隐含波动率必须在百分位数的一个极端的等级上；
（2）历史波动率同隐含波动率之间必须有很大的区别；
（3）诠释隐含波动率图形，观察是否出现了趋势的反转。

步骤2：使用一个概率计算器来预测是否可以期望这个策略会成功。

步骤3：使用过去价格的历史，决定标的物在过去是否有能力创造出有盈利的交易。（例如，如果交易者考虑要买入跨式价差，问这样的问题："这个股票是否能够运动到这么远，频率是否高到足以使这个买入跨式价差的交易获利？"）使用直方图来保证过去的股票价格分布是平滑的，这样，一个异常的、无代表性的运动就不会过分地影响到这些结果。

从步骤1开始的每一个标准在每一天都可以产生一个各不相同的有效的波动率交易的候选名单。如果一个具体的候选策略出现在不止一个名单上，那么，它就有可能是所有的情况中最好的一个。

39.3 交易波动率倾斜

在这一章的前面我们提到过，在两种情况中波动率预测有可能是"错误"的。第1种情况是隐含波动率脱离常规。第 2 种情况是同一标的工具上的单个期权的隐含波动率之间有显著的区别。这叫做波动率倾斜，它自身就提供了交易的机会。

39.3.1 同一标的证券上不同的隐含波动率

一个期权上的隐含波动率是交易者应当用来作为布莱克 – 斯科尔斯模型输入的波动率，这样，这个模型所产生的结果就同这个期权目前的市场价格相等。因此，每个期权都有它自己的隐含波动率。一般而言，它们相互之间的值会相当接近，虽然不是完全相同。不过，在有的情况里，各个隐含波动率之间的差别大到值得引起策略家的注意。这一节要讨论的就是后面这种差别相当大的情况。

【示例 39-7】XYZ 的交易价是 45。有下面的期权价格存在，它们的隐含波动率也列在下面：

期权	实际价格	隐含波动率	期权	实际价格	隐含波动率
1月 45 看涨期权	2.75	41%	2月 45 看涨期权	3.50	38%
1月 50 看涨期权	1.25	47%	2月 50 看涨期权	4.00	45%
1月 55 看涨期权	0.63	53%			

请注意，这些单个期权的隐含波动率的范围是从较低的 38% 到较高的 53%。对同一标的证券的期权来说，这个差别相当大，不过，对于说明问题的目的而言，它是有用的。

买入较低隐含波动率的期权，与此同时卖出较高波动率的期权，这样可以建立一个中性的策略，比如买入 10 手 2 月 45 看涨期权，卖出 20 手 1 月 50 看涨期权。中性价差的示例在下一章里会有所扩展，那里将讨论使用精确的衡量来决定应当分别买入多少和卖出多少看涨期权。

在交易这样一个头寸之前，策略家应当问问自己，不同期权之间是否有理由在隐含波动率之间有这么大的差别。一般而言，我们有理由说，虚值期权的隐含波动率要比平值期权略高一些，较长期限的期权要比短期期权的隐含波动率更低一些。不过，在许多情况里事情并不是如此，因此，交易者必须小心，不要将事情过于抽象化。

投机者常常想要找到成本额最低的期权。因此，如果是有兼并的谣传，他们就买入虚值期权，而不是买入定价更高的或者实值的期权。如果虚值期权因为兼并谣传而非常之贵，那么，策略家就必须小心，因为中性策略的概念会把他带进卖出裸看涨期权。这不是说他应当完全避免这样的情况；他也许有可能构建一个头寸，其中在上行方向有足够的余地保护他自己，或者，他也许相信这个谣传只是个谣传而已。

回到前面的关于同一标的股票有不同的隐含波动率这个总的题目上，策略家应当问问自己，他是怎么样发现单个期权之间的差别大到值得引起注意的。在下一章的论述高级数学概念那一节的结尾处提供了一个数学方法。在这里我们只需要说，有方法可以将各个隐含波动率中的差别归结为一个单一的数字，有点像"隐含波动率的标准差"，对策略家来说相当容易使用。对这些数字可以建立起一个名单，对股票或期货进行比较，看一看哪一个可以成为这类中性价差的对象。在既定的一天中这个名单一般都相当短，大约 20 种股票和

10种期货可以够得上标准。

同一标的股票的各个期权的隐含波动率保持各不相同,这个概念需要更进一步的讨论。在下面一节里,我们将讨论在不同行权价的波动率之间的半永久的扭曲性这个观念。

39.3.2 波动率倾斜

在1987年股市崩盘之后,指数期权经历了后来被证明是永久的扭曲。虚值看跌期权始终比虚值看涨期权要贵。此外,虚值看跌期权比平值看跌期权也要贵;虚值看涨期权比平值看涨期权要便宜。导致这种扭曲的效果有若干因素,但是,它的根子很深,从那时起,在所有的市场起伏中都始终存在。其他的市场,特别是期货市场,也经历过在各种不同行权价的隐含波动率之间的长期扭曲关系。

这个现象的正式名称为波动率倾斜:它是不同行权价的期权按不同的隐含波动率交易的持久效果。应当注意到,同样行权价的看涨期权和看跌期权一定是按相同的隐含波动率交易的;否则的话,转换或反转组合就会消除这些区别。不过,在不同的行权价之间没有真正的套利。因此套利无法消除波动率倾斜。

【示例39-8】OEX指数期权中有波动率倾斜。假定OEX和它的期权的平均波动率是16%。在有波动率倾斜存在的时候,在各个行权价上的隐含波动率看上去可能是这样的:

OEX:580

行权价	看涨期权和看跌期权的隐含波动率(%)	行权价	看涨期权和看跌期权的隐含波动率(%)
550	22	590	15
560	19	600	14
570	17	610	13
580	16		

在这种形式的波动率倾斜中,虚值看跌期权是最贵的期权;虚值看涨期权是最便宜的。隐含波动率的这种模式叫做反向波动率倾斜(reverse volatility skew),或者,也叫做负向波动率倾斜(negative volatility skew)。

这种效果的原因产生于股票市场有强烈的偶尔崩盘的倾向这个事实,寻求保护的投资者买入指数看跌期权。由于1987年崩盘期间出现的投资组合保险策略的失败,他们不像原来那样卖出那么多的股指期货。此外,卖出裸指数看跌期权所需要的保证金也增加了,特别是对做市商,他们是裸看跌期权的主要提供者。因此,对指数看跌期权有高需求但只有低供给。所以,虚值的指数看跌期权就非常昂贵。

这并不能完全解释为什么指数看涨期权会如此便宜。出现这种现象的部分原因是因为机构交易者可以通过卖出一些虚值的指数看涨期权来为那些昂贵的指数看跌期权提供一些资金。如果他们的机构持有股票,那么,这样的卖出基本上就是卖出备兑看涨期权,在大部分情况中,这些机构会拥有标的股票。这个策略叫做领圈价差。

波动率中的这种扭曲同股票价格的概率分布并不一致。这些扭曲的隐含波动率为股票运动界定了一条不同的概率曲线。它们似乎是说,市场下跌的机会要大于上涨的机会。实际并不是如此;事实上,事情是反过来的。回过去考虑一下使用正态对数分布来界定价格运权价都有 16% 的隐含波动率；这个倾斜于是会从这个行权价上扩展出去。因此，如果 OEX 上涨到 600，那么 600 的行权价就会有 16% 的波动率；或者，如果它跌到 560，那么 560 的看跌期权和看涨期权就有 16% 的波动率。当然，16% 只是一个起代表作用的数字；OEX 的"平均"波动率也会改变。为便于说明，假设平值的行权价保持一致的波动率是一种方便的做法。

【示例 39-9】交易者开始的时候建立了一个 OEX 的看涨期权后式价差，想要从波动率倾斜中得到好处：

最初的情况：OEX：580

期权	隐含波动率	delta
6 月 590 看涨期权	15%	0.40
6 月 600 看涨期权	14%	0.20

一个中性价差就会是：

买入 2 手 6 月 600 看涨期权；

卖出 1 手 6 月 590 看涨期权。

因为这里的 delta 的比率是 2∶1。

现在，假定 OEX 在后来上涨到 600，时间还远在到期之前。在这个情况里，这不是一个特别吸引人的价格。读者应当记得，在到期日，如果标的物价格刚好在买入的期权的行权价上，一个后式价差就会有它最糟的结果。即使是在到期之前，如果指数刚好在 600，交易者就不能指望会有什么盈利。

不过，这个策略一开始就有统计学上的优势，这也许对他能够有所帮助。目前的情况看上去也许是这样的：

期权	隐含波动率
6 月 590 看涨期权	17%
6 月 600 看涨期权	16%

6 月 600 看涨期权现在是平值期权，因为 OEX 上升到了 600。这样，它的隐含波动率就是 16%（或者是 OEX 在当时不管有什么样的"平均"波动率，这里假设它仍然是 16%）。6 月 590 看涨期权的波动率要略微高一些，因为这里仍然有波动率倾斜的存在。

因此，对在这个价差里的期权多头来说，它们的隐含波动率增加了，这是一个好处。当然，期权空头的隐含波动率也增加了，但是，由于两个原因，这个总的价差还是可以获利：

（1）买入期权的数量比卖出的要多一倍；

（2）波动率增长对平值期权的效应最大，实值期权所受的影响最小。

所有的指数期权都有这种波动率倾斜。波动率倾斜在其他市场中也存在。有波动率倾斜的其他市场通常是期货市场。特别是黄金、白银、白糖、大豆和咖啡的期权，它们常常会出现一种同指数期权中所出现的波动率倾斜形式相反的波动率倾斜。在这些期货市场里，最便宜的期权是虚值看跌期权，而最贵的期权是虚值看涨期权。

【示例 39-10】1 月大豆在 580 上交易（每蒲式耳 5.80 美元）。下面的隐含波动率表格显示出了波动率倾斜在这个大豆市场中是如何同前面示例里 OEX 市场中所显示的相反的：

动的理由。因此，如果交易者能够将头寸保持到到期日，他就有机会从波动率倾斜中获得盈利。

前面的示例显示出交易者想要卖出高隐含波动率的期权，同时买入低隐含波动率的期权作为对冲。因此，对 OEX 的交易者来说，有以下三种相关的策略。

（1）买入一个 OEX 的看跌期权熊市价差。

  例：买入 10 手 OEX 6 月 560 看跌期权
    卖出 10 手 OEX 6 月 540 看跌期权

（2）买入 OEX 看跌期权，卖出更多数目的虚值看跌期权（卖出看跌期权比率）。

  例：买入 10 手 OEX 6 月 560 看跌期权
    卖出 20 手 OEX 6 月 550 看跌期权

（3）卖出 OEX 看涨期权，买入更多数目的虚值看涨期权（看涨期权后式价差）。

  例：买入 20 手 OEX 6 月 590 看涨期权
    卖出 10 手 OEX 6 月 580 看涨期权

在所有这三种情况里，交易者都是在卖出较高隐含波动率，买入较低隐含波动率的期权。第一个策略是一个简单的熊市价差。虽然它的获利是基于这样的事实：期权就隐含波动率来说是有倾斜的，但是，它不是一个中性的策略。为了获利，它需要标的物价格下跌。使用这样的方向性的策略没有什么不对的地方，但是，策略家必须意识到这个倾斜（在到期日之前）是不会消失的，因此为了盈利，指数的价格必须要有运动。

第二个策略也许对略为看空的投资者最合适，虽然市场的严重下跌有可能使得指数低到那手多余的看跌期权空头会有严重亏损的地步。不过，从统计学的角度看，这是一个吸引人的策略。在到期时，波动率倾斜必须消失；市场必须运动到同它们的现实概率分布相一致，而不是同具有倾斜的期权所隐含的虚假概率分布相一致。这样，策略家就有了潜在的有利可图的情景。

后式价差策略对看多的投资者最合适，虽然有的时候也可以为了收入而创建后式价差，这样，如果指数下跌，就可以赚一小笔钱。从理论上说，一个策略家可以同时实施这两种策略，这可以给他在一个较大的指数价格范围内取得优势。同时，这并不意味着他不会输钱；它只是说他的策略因为期权定价的方法而从统计学上看更有优势。也就是说，他获利的可能性更大。

不过，在现实中，一个中性的交易者要么选择比率价差，要么选择后式价差，而不是两者兼备。作为一般的规则，如果目前的隐含波动率是在高百分位数上，交易者应当使用比率价差策略。如果目前隐含波动率在低百分位数上，那就使用后式价差。按照这种方法，隐含波动率向回运动到第 50 级百分位数，已经建立的头寸也会有好处。

在这些策略中发生的另一件有趣的、对它们会有好处的事情是：随着 OEX 的运动，波动率倾斜也会扩展到各个行权价中。在前面一节的示例里可以看出，交易者或许应当继续使用在他建立这个头寸时出现的扭曲的波动率来预测他的盈利。这是一种保守的策略，也是一个正确的策略。在这些 OEX 价差交易的情况里，它也许会有好处。

假定 OEX 的交易始终存在倾斜，这意味着无论在什么样的绝对价格水平上，平值的行

1月大豆：580

行权价	隐含波动率（%）	行权价	隐含波动率（%）
525	12	625	19
550	13	650	21
575	15	675	23
600	17		

请注意，虚值看涨期权现在是更为昂贵的期权，而虚值看跌期权则是最便宜的。这种隐含波动率的模式叫做前向波动率倾斜（forward volatility skew），或者说，正向波动率倾斜（positive volatility skew）。

由这些波动率所隐示的大豆价格的分布是不正确的，这同OEX在股市中的情况一样。大豆的隐含分布过于看多，它隐示着大豆市场上涨100点的可能性要比下跌50点的可能性要大得多。考虑到大豆的历史价格运动，这是不正确的。

一个想要从这个市场的前向（或者说正向）波动率倾斜中得到好处的策略家基本上有3种可用的策略。它们是同我们为OEX所推荐的策略相反的策略，OEX的隐含波动率倾斜是反向的（或者说负面的）。首先是看涨期权牛市价差，其次是看跌期权后式价差，最后是看涨期权比率价差。在这3种情况里，交易者会买入较低行权价的期权，卖出较高行权价的期权。这就给了他理论上的优势。

对OEX策略所做的同样的评论也可以用在这里。牛市价差是一个方向性的策略，因此，尽管在统计学上有波动率倾斜上的优势，交易者或许也只能在标的物价格上涨的时候才能期望它会赚钱。建立看跌期权的后式价差的最好时机是当隐含波动率的总的水平在一个低百分位数上的时候。最后，看涨期权比率价差在上行方向上有很大的风险（而且，期货价格有可能快速上涨，特别是在基本面条件有所变化的时候，就像天气的变化对谷物市场的影响那样）。使用看涨期权比率的最好时机是当隐含波动率已经在高百分位数上的时候。

作为一条总的评语，应当注意到如果波动率倾斜在交易者仍然持有头寸的时候消失的话，一般就会有盈利产生。在正常情况下在这个时候提取盈利对策略家是有利的。否则的话，后续措施就应当坚持采用为这些策略所建议的总的行动：在比率价差的情况里是防止大量亏损的保护性措施；在后式价差的情况里，提取部分盈利，或许将买入的期权挪仓到一个更接近平值的行权价。

39.3.3 对波动率倾斜的总结

凡是有波动率倾斜存在的地方，无论是在什么市场，中性的策略家就有机会建立一个有优势的头寸。这些优势产生于这样的事实：正常的市场运动与期权所隐含的不同。不仅如此，如果在所有的行权价上，从最低到最高，都有倾斜的话，那么，期权是就错误的。策略家使用相同的倾斜在到期日之前预测他的盈利时应当小心，因为它也许会持续一些时间。不过，在到期日，它自然一定会消失。因此，计划要将头寸留到到期日的策略家可以发现，波动率倾斜为他提供了一个产生正预期收益的机会。

39.4 关于波动率交易的总结

期权的理论交易大部分是以中性的方式进行的,它涉及一个很大的部分:波动率交易。本书的这一部分内容想要为这部分交易建立基础,搭建框架,说明实际程序。正如读者可以看到的,这里可以使用一些精密的技巧,不是策略意义上的,而是交易者观察波动率的方法和股票运动方式的意义上的。

可以自由使用统计学的方法来确定波动率运动或股票运动的方式。概率的计算、股票价格的分布以及相关的问题就其性质而言都是同统计学有关的。波动率交易者的意图是要发现这样的情况,在其中,目前市场的隐含波动率是不正确的,或者是它的绝对值,或者是在一个具体的标的工具的期权中散布的波动率倾斜。在发现了这样的不协调时,交易者通过构建一个基本中性的头寸来利用这个优势,他要做的往往不是更多地预测价格,而是预测波动率。

大部分波动率交易者想要买入波动率而不是卖出,理由是这样做所使用的策略风险有限而潜在盈利很大,而且不需要交易者不断地对它们进行监控。如果交易者持有一手跨式价差,那么,所有产生价格跳空的主要市场运动都能给你带来盈利。因此,每天只要看一次就足够了,这个事实意味着波动率买家除了整天看着计算机屏幕之外还可以有自己的生活。除此之外,股票期权的波动率买家可以利用股票中会出现的杂乱无章的运动,利用时而出现的肥尾运动。

不过,因为波动率和价格是如此不稳定,交易者无法准确地预测它们的运动。历史波动率与隐含波动率的不一致、短期期权同长期期权的隐含波动率的差别,以及预测股票价格分布的困难,所有这些都使得预测波动率的过程变得更为复杂。因此,波动率交易不是一把"锁",不过,它的实践者通常相信,到目前为止,它是可以找到的理论期权交易的最好方法。此外,大多数期权专业交易者主要是交易波动率而不是方向性的头寸。

第 40 章
Options as a Strategic Investment

高级概念

随着期权市场的成熟，策略家不得不更加依赖数学来选择新的头寸和发现他们的头寸在上下起伏的市场中会如何活动。这些技巧可以用在简单的策略上，例如牛市价差或者比率价差，它们也可以用在更为复杂的期权的投资组合上。

首先，我们将更进一步考察隐含波动率的概念，主要把它作为选择有正预期收益的新头寸的助手。然后，我们将讨论风险管理的概念。事实上，投资者可以将他的期权头寸分解为若干容易理解的风险衡量的组成部分。这一章将介绍用来评价投资者头寸的技巧，同时还显示如何使用这个信息来减少头寸风险。在本章的末尾包括了进行这些分析所需要的实际的数学运算。

40.1 中性

在前面的许多示例里，我们一般假设交易者会为了捕捉定价或波动率中的差异，而持有一个"中性"头寸。为什么把注意力集中在中性上呢？期权头寸中的中性指的是交易者不依赖于任何一个影响期权价格的因素。简单地说，这意味着交易者能够设计出一个期权头寸，在其中，无论标的证券朝哪个方向运动，他都能够获利。

大部分期权策略都可以归入两个范畴：作为对股票或者期货策略的对冲（例如，买入看跌期权以保护股票的投资组合），或者自身就是一种盈利的工具。大部分交易者属于后一个范畴，他们常常从投机的角度进行期权交易：要么是买入期权，要么是卖出权利金（备兑的或未备兑的）。在这样的策略里，交易者对市场的走向有自己的看法；他需要标的证券有一定的价格运动才能盈利。即使是被视为保守策略的卖出备兑看涨期权，如果标的股票暴跌的话，也会有大量的亏损。

事情并不是非要如此不可。可以将策略设计成无论标的股票有什么样的价格变化都有机会盈利，同时也有机会可以因标的物价格的变化而盈利。这样的策略是中性策略，而且，它们总是需要有至少两个期权：一个价差、跨式价差或其他的组合。常常出现的情况是，当交易者构建一个中性价差的时候，他对标的证券的变化是中性的。同时，他也有可能（而且常常是聪明的做法）对标的物的价格变化率、证券的波动率或者因时减值是持中性态度的。这并不是说，任何中性期权价差都会自动盈利；这只是说，交易者寻求一个机会（或许是一个定价过高的期权系列），并且想要通过围绕它构建一个中性的策略来捕捉住这个过高的定价。然后，无论标的股票怎样运动，如果这个过高的定价消失了，策略家都有机会赚钱。

请注意，如果一个投机者确定他发现了一个定价过低的看涨期权，从而只是买入这个看涨期权，希望股票价格会上涨，那么，上面所说的中性方法同这个投机者所使用的方法是截然不同的。对这个投机者来说，如果 XYZ 价格下跌，除非隐含波动率有巨额增长（这不是他应当指望的），他就赚不了钱。这一章的下一节将讨论交易者应当如何决定他的中性性。事实上，如果他不是中性的，那么，他就有某种风险。下面的一节概述了策略家可以用来建立一个新头寸或管理一个既有头寸的各种衡量风险的尺度。

这些风险衡指标准中最重要的是衡量这个头寸目前有多大的市场风险暴露。在前面我们将它描写为"delta"。对策略家来说，几乎相等重要的是，随着标的证券价格的变化，期权策略会按照什么比率发生变化。另外有意思的是波动率在期权到期之前是如何变化的，还有，甚至是无风险利率是如何影响这个头寸，也是值得研究的。在对期权头寸的这些组成部分都搞清楚之后，如果需要的话，策略家可以采取行动，减少同其中任何一个因素相关的风险。

40.2 希腊字母

风险的衡量尺度一般是用实际的或假想的希腊字母来命名的。例如，我们在前面的章节里讨论的"delta"。到今天，人们通常就只用这个"希腊文"代码来描述一个期权头寸的风险暴露。例如，"delta 多头 200 股"说的是整个头寸的表现就像是刚好持有 200 股标的股票多头。一共有 6 个这样的希腊字母，不过，常用的只有 4 个。

40.2.1 delta

同期权策略家相关的最重要的风险衡量指标是"delta"，也就是当标的证券发生运动时，它的期权头寸有多大的即时暴露。事实上，delta 这个术语通常至少用在两种不同的上下文里：一个是用来表达在标的证券发生 1 点的运动时期权变化的数量，另一个是用来描述整个期权投资组合的股票等股头寸。

复习一下单个期权的 delta 的定义（最早在第 3 章中有介绍），读者应当还记得，delta 在看涨期权中是一个从 0.0～1.0 的数字，在看跌期权中是一个从 -1.0～0.0 的数字。这是如果标的股票运动 1 点时期权会运动的数量；换种说法，它是反映股票价格任意变动对期权价格变化的比例。

【示例 40-1】假设一个 XYZ 1 月 50 看涨期权的 delta 是 0.50，XYZ 的价格是 49。这就意味着这个看涨期权的运动速度是这个股票的运动速度的 50%。因此，如果 XYZ 跳到 51，2 点的涨幅，那么，就可以预期 1 月 50 看涨期权的价格会上涨 1 点（股票涨幅的 50%）。

在另一种说法中，一个看涨期权的 delta 常常被认为是看涨期权在到期时会是实值的概率。也就是说，如果 XYZ 是 50，1 月 55 看涨期权的 delta 是 0.40，那么，有 40% 的概率 XYZ 在 1 月到期时的价格会超过 55。

看跌期权的 delta 是用负来表达的，它意味着看跌期权的价格运动方向同标的证券的方向相反。还记得吗，虚值期权的 delta 是小一些的数目，随着期权虚值程度的加深而趋向于 0。反过来，深度实值的看涨期权的 delta 接近于 1.0，深度实值的看跌期权的 delta 接近

于 –1.0。请注意：从数学的角度看，一个期权的 delta 是布莱克 – 斯科尔斯模型（或者无论哪个你正在使用的公式）的同股票价格相关的偏导数。从图形上看，它是期权价格曲线的切线的斜率。

让我们现在来看一看波动率和时间这两者是如何影响一个看涨期权的 delta 的。这一章的许多数据都既用表格也用图形来表示，以满足读者的不同需要。

标的股票的波动率对期权的 delta 是有影响的。如果股票波动率不高，那么，实值期权的 delta 就会比较高，而虚值期权的 delta 就会比较低。图 40-1 和表 40-1 描绘了两只波动率不同的股票上的各个不同看涨期权的 delta。这里显示的是在不同行权价上的 delta，离到期的时间都是 3 个月，标的股票的价格都是 50。请注意，这幅图形确认了这样的事实：低波动率股票的实值期权的 delta 较高。对虚值期权，事情就是反过来的：在这样的情况里，高波动率股票的期权的 delta 较高。另一种观察这个数据的方法是，高波动率股票的期权所含的时间价值总比低波动率股票的期权要多。在跟踪股票价格运动方面，在实值的时候，含有更高时间价值的期权不如那些只有很少或者没有时间价值的期权那么准确。因此，这些低波动率股票的实值期权有较高的 delta，因为它们在跟踪标的股票价格运动方面更准确。虚值期权的整个价格都是由时间价值组成的。时间价值较高的期权（那些高波动率股票上的期权）的运动幅度会更大，因为它们的价格较高。因此，高波动率股票的虚值期权的 delta 就更高。

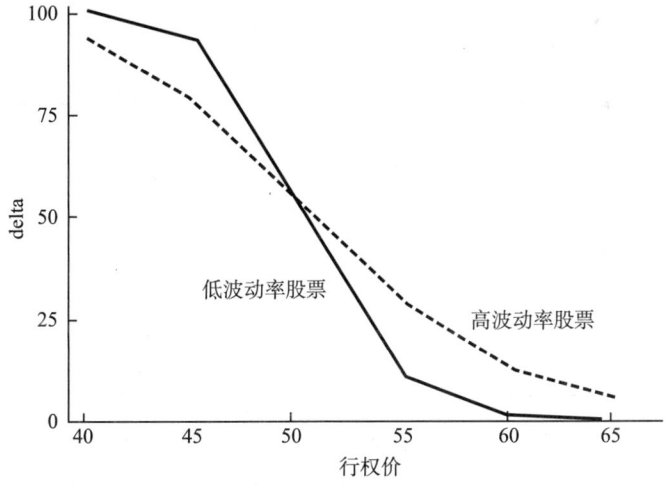

图 40-1　delta 比较，XYZ = 50

表 40-1　不同波动率时的 delta 比较，XYZ = 50，离到期时间 = 3 个月

行权价	delta	
	低波动率股票	高波动率股票
40	100	94
45	93	78
50	51	53
55	11	29
60	1	13
65	0	5

时间同样也会影响 delta。图 40-2（见表 40-2）和图 40-4 显示了时间同 delta 之间的关系。图 40-2 的标度同图 40-1（delta 同波动率）相似：delta 数据显示在不同的行权价上，在所有的情况里，XYZ 的价格都等于 50。请注意，短期期权在实值时 delta 比较高。同样，这也是因为它们的时间价值最少。对虚值期权，事情刚好反过来：长期的期权的 delta 较高，因为这些期权所含的时间价值最多。

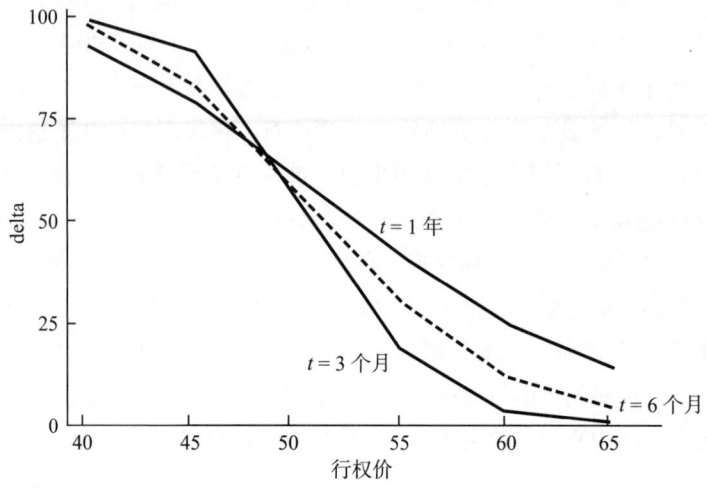

图 40-2　delta 比较，XYZ = 50

表 40-2　delta 比较，离到期时间不同，XYZ = 50

行权价	delta		
	$t = 1$ 年	$t = 6$ 个月	$t = 3$ 个月
40	92	97	99
45	79	83	90
50	61	57	55
55	41	30	18
60	25	12	3
65	14	4	0

图 40-3（见表 40-3）描绘了一个 XYZ 1 月 50 看涨期权，XYZ 的价格为 50。这幅图形的横轴是"到期前剩下的星期数"。请注意，较长期的平值期权的 delta 比较短期期权的 delta 数值大。事实上，随着到期日临近，delta 的数值缩减得更加迅速。因此，即使股票价格保持不变，波动率稳定，它的期权的 delta 随着时间的流逝还是会变化。对策略家来说，记住这一点很重要，因为他不断地在监控他的头寸的风险特征。他不能因为股票在一段时间内保持同样价格，就假设他的头寸不会有变化。

头寸 delta。delta 这个术语的另外一种用法是我们在前面提到的等股头寸（ESP）；对期货期权来说，它被称作等额期货头寸（EFP）。为了在这两种用法之间加以区别，期权的 delta 一般被称作"期权 delta"（option delta），而 ESP 或 EFP 被称作"头寸 delta"（position delta）。读者应当还记得，头寸 delta 的计算是根据下面这个简单的等式：

头寸 delta = 期权 delta × 每手期权的股份数 × 期权数量

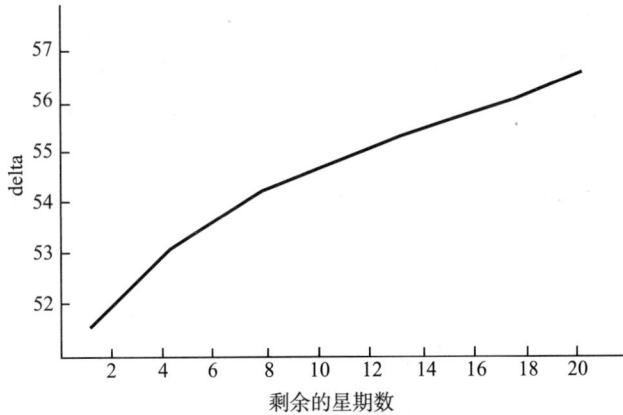

图 40-3 因为时间变化而变化的 delta

表 40-3 因为时间变化而变化的 delta

剩下的星期数	delta	剩下的星期数	delta
20	0.566	8	0.543
18	0.562	6	0.538
15	0.557	4	0.531
13	0.553	2	0.521
10	0.547	1	0.515

对于期货期权,"每手期权的股份数"为"每手合约的股份数"所代替,这个数目永远是 1。这是对一个期权头寸有多大市场风险暴露的衡量。无论是把它叫做头寸 delta,ESP 还是 EFP,交易者都是使用他的投资组合中的单个期权的 delta 来计算整个风险暴露。通过将这个头寸（或者是整个期权投资组合）中的每一项的计算加在一起,交易者就可以大致知道整个头寸有什么样的市场风险暴露。下面是从论述数学应用的那一章里搬过来的一个示例,它显示的是怎样计算一个复杂头寸的净风险暴露。

【示例 40-2】当 XYZ 为 31.75 时有下列的头寸存在。它同一个买入的跨式价差（或后式价差）相像,如果有可能,许多做市商和专业交易者都会建立这些类型的头寸,以利用我们今天的市场中所固有的突发的波动率。

头寸	delta	头寸 delta
卖出 4 500 股 XYZ 股票	1.00	- 4 500
卖出 100 手 XYZ 4 月 25 看涨期权	0.89	- 8 900
买入 50 手 XYZ 4 月 30 看涨期权	0.76	+ 3 800
买入 139 手 XYZ 7 月 30 看涨期权	0.74	+ 10 286
总的 ESP		+ 686

这个头寸虽然看上去相当复杂,但它可以简约为仅仅是大约 700 股 XYZ 多头。这通常被称作"delta 多头 700 股"。因此,当用来指整个头寸的 delta 的总和的时候,"delta"一词同"等股头寸"是同义的。

由于头寸是持有 delta 多头,因此对市场而言这个头寸有一定的风险暴露。如果头寸的 delta 为零,它就将是 delta 中性的,因此,从理论上来讲,此时,头寸对市场而言是没有风险暴露的。

请注意,交易者只要简单看一下他的投资组合,就可以得出他的 delta 的总的特征:看涨期权空头或看跌期权多头会在头寸中引进负的 delta；看涨期权多头和看跌期权空头会引进正的 delta。此外，很明显，标的证券多头会给头寸增加多头 delta（long delta），而标的证券空头给头寸增加负的 delta。我们将在本章的下一节讨论如何使用这样的信息来调整交易者的头寸。

显然，整个头寸的 delta 会随着股票价格的上下运动和时间的变化而变化。这里得出的数字只是为了知道这个头寸在当时的构成。正是因为需要知道这个头寸在其他因素发生变化时将如何变化，所以策略家才使用了下面的这些概念。

40.2.2　gamma

简单地说，gamma 是在标的股票价格变化时 delta 变化的速度。我们已经知道，当看涨期权从虚值期权变为实值期权时，它的 delta 会增加。gamma 只是对 delta 增加的速度的一个准确的指标。

【示例 40-3】XYZ 的价格为 49，假定 1 月 50 看涨期权的 delta 是 0.50，gamma 是 0.05。如果 XYZ 的价格上涨 1 个点到 50，这个看涨期权的 delta 增加的数量就是这个 gamma 的数值。它会从 0.50 增加到 0.55。

正如同 delta 一样，gamma 也可以用百分比来表示。不过，在这个情况里，增加或减少也要用在 delta 上。

【示例 40-4】同样，XYZ 的价格为 49，假定 1 月 50 看涨期权的 delta 是 0.50，gamma 是 0.05。如果 XYZ 的价格上涨 2 点到 51，这个看涨期权的 delta 就会增加股票运动的 5%，因为这里的 gamma 是 0.05，或者说 5%。这个股票运动的 5% 是 0.05 × 2，或者说 0.10。因此，delta 就会增加 0.10，从 0.50 到 0.60。

显然，delta 不可能在每次 XYZ 上涨 1 点的时候都增加 0.05，因为如果按照这样的算法，它最终会超过 1.00，而 delta 的最大数值是 1.00。因此，gamma 显然发生了变化。总的来说，当股票价格接近期权的行权价时，gamma 就达到了它的最大值。当股票价格离开行权价时，不管是哪个方向，gamma 值都会减小，朝它的最小值 0 的方向运动。

从概念上说，这就意味着深度实值的或深度虚值的期权的 gamma 接近于 0。这是合理的，它意味着深度实值或深度虚值期权的 delta 不会再有什么变化，即使股票价格运动了 1 个点。

【示例 40-5】假定 XYZ 的价格是 25，1 月 50 看涨期权的 delta 基本是 0。如果 XYZ 向上运动 1 点到了 26，这个看涨期权仍然是深度虚值，它的 delta 仍然是 0。因此，这个看涨期权的 gamma 是 0，因为股票价格上涨了 1 点，而 delta 没有变化。

与此相似，当 XYZ 的价格为 25 的时候，XYZ 的 1 月 45 看跌期权的 delta 是 −1.0。如果 XYZ 价格上涨 1 个点到 26，这个看跌期权的 delta 不会改变；它仍然是深度实值的，因此，delta 仍然会是 −1.0。因此，这个深度实值的期权的 gamma 也是 0，因为 delta 在标的证券有 1 点的上涨时没有发生变化。

请注意，所有期权的 gamma 都是正，不管是看涨期权还是看跌期权。

知道 gamma 的其他特性也会有用。随着到期日的临近，平值期权的 gamma 会急剧增加。考虑一下一个离到期只有一两天的期权。如果它是平值的，delta 就会是将近 0.50。不过，如果股票上涨了 2 点，这个期权的 delta 就会上跳到差不多 1.00，因为离到期时间很短。因此，这个 gamma 就会大约是 0.25（股票运动了 2 点，delta 增加了 0.50），同这个数值相比，一个离到期还有好几个星期或者好几个月的平值期权的 gamma 值就要小得多。同样是标的股票的 2 点的运动，对一个较长期的期权来说，几乎不会导致 delta 有什么变化。

虚值期权表现出的 gamma 同到期时间之间的关系是不同的。一个将要到期的虚值期权有着非常小的 delta。不过，如果这个虚值期权还有不少剩余的时间，那么，它的 gamma 就会大于将要到期的期权。

图 40-4（见表 40-4）描述了三个到期时间不同的期权。在这里可以观察到 gamma 同时间的关系。请注意，短期期权对深度实值和虚值的，有非常低的 gamma，但是对平值的（在 50 的）有最高的 gamma。反过来，长期的 1 年的期权有 3 次在深度实值或虚值的期权中达到了最高值。这些数据展现在表 40-4 中。这张表格包括了略多一些的数据：在离到期时间甚至更短的情况中的平值期权的 gamma。注意一下在平值期权中 gamma 是怎样随着时间的减少而迅速增加的。在只剩 1 个星期的时候，gamma 超过了 0.28，也就是说，要是股票价格只是从 50 上涨到 51，这个看涨期权的 delta 也会从 0.50 上升到 0.78。

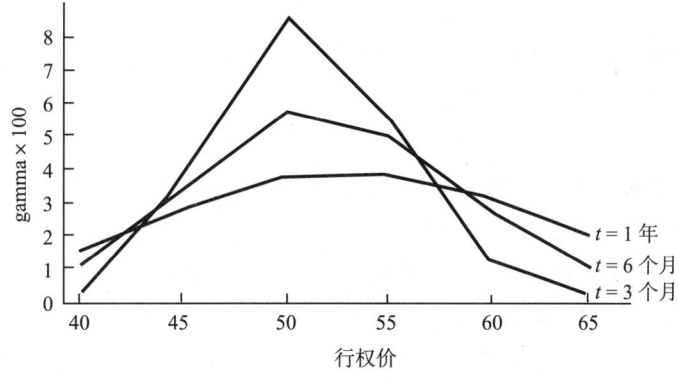

图 40-4　gamma 比较，XYZ = 50

表 40-4　gamma 比较，离到期时间不同，XYZ = 50

离到期时间	行权价					
	40	45	50	55	60	65
1 年	0.015	0.029	0.039	0.04	0.033	0.023
6 个月	0.011	0.037	0.058	0.051	0.030	0.013
3 个月	0.003	0.039	0.086	0.057	0.015	0.002
2 个月			0.108			
1 个月			0.166			
1 星期			0.288			

gamma 同时也与标的证券的波动率有关。波动率低的股票的平值期权的 gamma 要高于波动率高的相似的期权。下面的示例说明了这一点。

【示例 40-6】假定 XYZ 的价格是 49，ABC 的价格也是 49。另外，XYZ 波动率比较大（隐含波动率30%），ABC的波动率相对较低（20%）。这样，这两个股票的相似期权的gamma会有显著的不同。

期权	XYZ 的 gamma（波动率=30%）	ABC 的 gamma（波动率=20%）
1月50	0.066	0.097
1月55	0.045	0.039
1月60	0.019	0.005 3
2月50	0.055	0.081
2月60	0.024	0.011

请注意，波动率较低的ABC股票的平值期权（1月50和2月50）的gamma比XYZ平值期权高。不过，看一看行权价高一档的（1月55），你会发现波动率更大的期权的gamma要略高一些。看一看高两档的，波动率较高的期权的gamma要高得多，1月60的和2月60的都是如此。

如果你考虑一下波动率同delta之间的关系，就可以发现这个概念是有道理的。在低波动率的股票上，你可以发现，即使是略微实值的期权，它的delta也增长得很快。这是因为，由于股票波动率低，买家不愿意为这个期权支付太多的时间价值。因此，gamma也相当高，因为随着期权变为实值的，delta的增长就会比在波动性高的股票上更加迅速。虚值期权则是完全不同的事情。因为对波动率低的股票来说，想要快速运动到虚值期权的行权价不是一件容易的事，因此，虚值期权的delta相当小，它也不会很快发生变化（也就是说，gamma也小）。

图40-5总结了这些概念（见表40-5），它描绘了不同波动率股票上的相似期权的gamma。为了便于画图，我们假设XYZ等于50，离到期还有3个月。

请注意，对一个波动率非常高的股票来说，在离到期还有3个月的情况下，gamma在几乎所有的行权价上都相当稳定。这就意味着，即使标的股票只有1点的运动，在这样一个高波动股票上的所有期权的delta都会有相当大的变化。对中性的策略家来说，意识到这一点很重要，因为如果标的股票波动率非常高，一开始是delta中性的头寸很快就会发生变化。正如从这个表格里可以看到的，这个"中性"价差中的期权的delta会很快改变，从而使得这个价差变得相当非中性。我们在这一章的后面将详细地讨论这个概念。

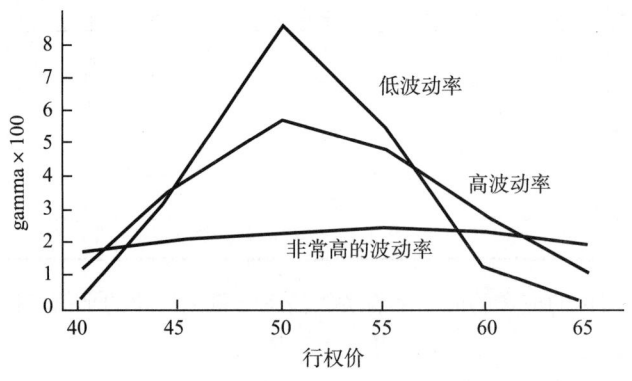

图40-5　gamma比较，XYZ = 50，t = 3个月

表 40-5 不同波动率的 gamma 比较，XYZ = 50，t = 3 个月

行权价	gamma		
	低波动率	高波动率	非常高波动率
40	0.003	0.013	0.017
45	0.039	0.039	0.022
50	0.086	0.057	0.024
55	0.057	0.049	0.025
60	0.015	0.028	0.023
65	0.002	0.012	0.020

正如我们用 delta 来构建整个头寸或者投资组合的等股头寸，我们也可以用相似的方法来使用 gamma。下面是一个这样的示例，它使用的是前一个关于头寸 delta 的相同的证券。要注意的重要一点是，标的证券自身的 gamma 是零。之所以如此是因为标的证券的 delta（它始终是 1.0）从来不改变，因此它的 gamma 就是零。gamma 衡量的是 delta 的变化总量；如果标的证券的 delta 从来都不发生变化，那么，标的证券的 gamma 一定是零。

【示例 40-7】当 XYZ 是 31.75 时，有下面的头寸存在。回顾一下，它同一个买入跨式价差（或后式价差）相似，如果股票在到期时运动到一定的幅度，无论是在哪个方向，它们都能获利。除了前面列举的 delta 之外，这里还列举了 gamma。注意一下，因为 gamma 是一个很小的绝对值，在计算中有时我们保留了 3 或 4 位小数。

头寸	期权 delta	头寸 delta	期权 gamma	头寸 gamma
卖出 4 500 股 XYZ 股票	1.00	- 4 500	0.000 0	0
卖出 100 手 XYZ 4 月 25 看涨期权	0.89	- 8 900	0.010 0	-100
买入 50 手 XYZ 4 月 30 看涨期权	0.76	+ 3 800	0.030 0	+150
买入 139 手 XYZ 7 月 30 看涨期权	0.74	+10 286	0.020 0	+278
总数：		+ 686		+328

同前面一样，这个头寸差不多是 delta 多头 700 股。此外，你现在可以看到它是正 gamma 300 多股。这意味着，XYZ 每运动 1 点，delta 就预期会变化 328 股：如果股票向上运动 1 点，delta 就会增加到 +1 014（现有的 delta，也就是 686，加上 gamma 的 328）。如果 XYZ 向下运动 1 点，那么，delta 就会减少到 +358（现有的 delta，也就是 686，减去 gamma 的 328）。

请注意，在上面的示例里，如果 XYZ 继续上涨，gamma 会保持为正（虽然它最后会缩减一些），而 delta 会继续增长。这意味着这个头寸会更多头。如果你注意到，随着股价上涨，由于有额外的看涨期权多头的存在，以及它们的实值程度加深，这个事实就显得有它的道理了。反过来，如果 XYZ 继续下跌，delta 就会继续减小，并且很快就变为负，也就是说，这个头寸现在整体上是卖空的。因此，这个头寸确实同一个买入跨式价差相似：在市场上涨时，它会变得更加多头；而在市场下跌时，它会变得更加空头。

买入期权，无论是看涨期权还是看跌期权，都有正的 gamma，卖出期权则有负的 gamma。因此，一个持有正 gamma 头寸的策略家就有一个净买入的头寸，他一般会希望市场有大幅度的运动。反过来，如果策略家持有一个负 gamma 的头寸，这就意味着他是卖空期权，因而想要市场保持稳定。

请注意，有可能在 delta 中性的情况下仍然有相当大的 gamma。（例如，如果策略家拥有 delta 相互对冲的看跌期权和看涨期权，他就会是 delta 中性，但是，仍然有正的 gamma，因为这两个期权都是买入的。）如果策略家是 delta 中性的，他知道在这个时候他没有市场风险暴露，但是，他的 gamma 向他显示出，如果市场运动，他的头寸会出现什么样的风险暴露。我们在本章的后面将详细讨论这些概念。

40.2.3　vega 或 tau

在希腊字母表中没有称作"vega"的字母。因此，有的策略家（为了追求纯粹）选择使用真正的希腊字母"tau"来表示这个风险指标。本书中使用的是"vega"这个词，不过读者应当记住"tau"指的是同一件事。vega 是当波动率变化时期权价格变化的数量。vega 始终是用正数来表示的，不管是指看跌期权或者看涨期权。

我们知道，高波动率的股票有高价的期权。因此，随着波动率的增加，一个期权的价格也会增加。如果波动率降低，这个期权的价格也会降低。vega 只不过是一种想要在其他条件不变的情况下对波动率运动时期权价格增加或减少幅度进行量化的做法。

在考虑一个示例之前，复习一下波动率这个术语是有帮助的。波动率是对标的证券运动速度的一种衡量。从统计学上说，它通常是作为股票价格在一定时段（一般是年化的）的标准差来计算的。这种统计学的衡量是用百分比来表示的，虽然将这个百分比同实际股票运动联系起来有可能是复杂的。我们可以说，一个波动率为 50% 的股票比一个波动率为 30% 的股票的波动性更大，这样就够了。股票市场总的波动率一般是 15%，虽然它会不断变化（例如，崩盘）。

【示例 40-8】同样，假设 XYZ 的价格是 49，1 月 50 看涨期权的售价是 3.50。这个期权的 vega 是 0.25，XYZ 当前的波动率是 30%。

如果波动率增加 1%，到了 31%，那么，根据这个期权的 vega，期权的价值就会增加 0.25，到 3.75。

如果波动率不是增加而是下跌了 1%，到了 29%，那么，1 月 50 看涨期权的价值就会减小到 3.25（损失 0.25，也就是这个 vega 的数量）。

如果一个期权的隐含波动率增加，这个期权的价格也会增加。因此，即使 XYZ 股票可能表现出同以前相同的运动，即它的（历史）波动率没有变化，如果有足够的期权买家，他们还是会抬高 XYZ 的隐含波动率。同样，即使历史波动率没有变化，过多的期权卖家仍然有可能压低隐含波动率。因此，我们必须得出结论说，vega 所衡量的是当隐含波动率变化时期权价格变化的数量。

vega 同时间有关系。图 40-6（见表 40-6）显示了离到期时间不同的期权的 vega。我们假定在所有的情况中标的股票的价格都是 50。注意一下，离到期的时间越长，vega 就越高。注意一下下面的情况很有意思：对期限很长的期权来说，略为虚值的看涨期权（行权价 = 55）的 vega 实际上高于平值期权的 vega。不过，随着时间的消逝，这种差异也消失了。我们在这里没有显示出来但也同样真实的是，在波动率非常高的股票上的略为虚值的期权，它的 vega 也会比平值期权的 vega 高。

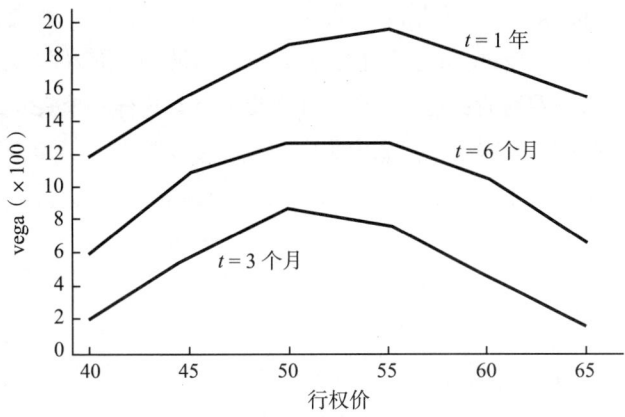

图 40-6　vega 比较，XYZ = 50

表 40-6　不同时段的 vega 比较，XYZ = 50

行权价	vega		
	$t = 1$ 年	$t = 6$ 个月	$t = 3$ 个月
40	0.12	0.06	0.02
45	0.16	0.11	0.06
50	0.19	0.13	0.09
55	0.20	0.13	0.08
60	0.18	0.11	0.05
65	0.16	0.07	0.02

同前面讨论过的风险指标一样，vega 可以用来指期权自身（期权 vega），或者指整个头寸（头寸 vega）。因为 vega 是用正数表示的，如果交易者是买入期权，那么他的头寸 vega 就是正的。这就意味着如果波动率减小，他就有暴露，如果波动率增加，他就能赚钱。

【示例 40-9】同样，假定我们有一个同前面一样的后式价差，XYZ 的价格是 31.75。

这个 vega 是正的 10.23 点（1 023 美元，因为这些股票期权中每一点价值 100 美元）。这个头寸有一个正 vega 的

头寸	期权 vega	头寸 vega
卖出 4 500 股 XYZ 股票	0.00	0
卖出 100 手 XYZ 4 月 25 看涨期权	0.02	− 200
买入 50 手 XYZ 4 月 30 看涨期权	0.05	+ 250
买入 139 手 XYZ 7 月 30 看涨期权	0.07	+ 973
总的 vega：		+1 023

事实意味着它是暴露于波动率的变化的。如果波动率降低，整个头寸就会亏钱：波动率每降低 1% 点就亏损 1 023 美元。不过，如果波动率增加，这个头寸就能盈利。

平值期权的 vega 最大，随着期权变得深度实值或者虚值，vega 趋向于接近零。同样，这也很容易理解，因为波动率对深度实值或虚值期权的影响没有那么大。另外，对于平值期权来说，长期期权的 vega 要高于短期期权的 vega。要证实这一点，考虑一个极端的情况：一个距离到期只有一天的平值期权，因为即将出现的到期日，无论是什么样的波动率变化，对它都不会有多大的影响。不过，离到期还有 3 个月的平值期权无疑会对波动率的变化做出反应。

vega 同 delta 和 gamma 都没有直接的联系。交易者可以有一手既没有 delta 也没有 gamma 的头寸（delta 中性，gamma 也中性），但是仍然对波动率有暴露。这并不意味着这样的头寸是交易者所不希望看到的；它只是说，如果交易者有这样一个头寸，那么，他就对市场大部分风险都没有暴露，只需要把注意力集中在波动率风险上。

在本章后面的部分，我们将讨论如何使用波动率来建立头寸以及如何使用 vega 来监控头寸。

40.2.4 theta

theta 衡量的是一个头寸的因时减值。所有的期权交易者都知道时间是期权持有者的敌人，它是期权卖出者的朋友。theta 是对交易者头寸中的时间的风险指标。theta 一般是用负数来表示的，它是用期权价值会发生的变化的数量来表示的。因此，如果一个期权的 theta 是 −0.12，这就意味着整个期权每天会失去 12 美分，或者说大约 1/8 点。对看跌期权和看涨期权都是这样，虽然行权价和到期日相同的看跌期权同看涨期权之间的 theta 并不相同。

非常长期的期权在 1 天的时间之内是没有多少因时减值的。因此，一手长期期权的 theta 接近于零。另一方面，短期期权，特别是平值的短期期权，theta 的绝对值最大，因为它们的价值每天都要为时间的变化所蚕食。高波动率股票期权的 theta 比低波动率股票期权的 theta 要高。显然，前者更为昂贵（有更多的时间价值），所以每天都会损失更多的时间价值，也就是说，它们有更高的 theta。最后，因时减值不是线型的，期权在合约快到期之前每天亏去的价值百分比更大。

图 40-7（见表 40-7）描绘了 theta 与不同行权价和不同波动率的期权的关系，这些期权离到期都还剩 3 个月。同样，注意一下，对波动率非常高的股票来说，虚值期权的 theta 同平值期权的 theta 一样大。这是说，每过一天，股票价格达到虚值的行权价的概率就降低一些，从而导致期权丧失价值。这并不改变这样的事实：对非常短期的期权来说，平值期权的 theta 最大。

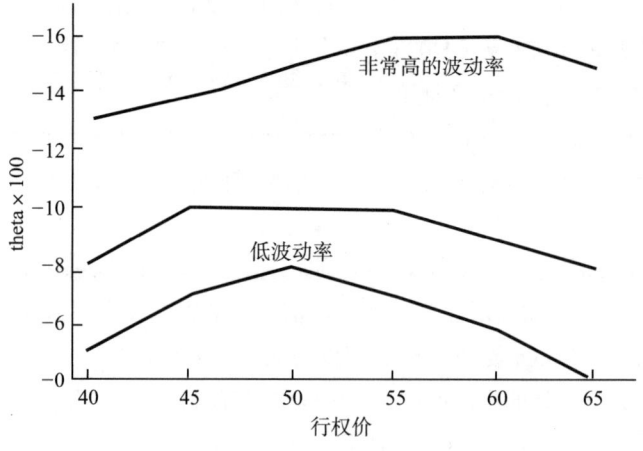

图 40-7 theta 比较，XYZ = 50，t = 3 个月

表 40-7 不同波动率的 theta 比较，XYZ = 50，t = 3 个月

行权价	theta		
	低波动率	中波动率	高波动率
40	−0.005	−0.008	−0.013
45	−0.007	−0.010	−0.014
50	−0.008	−0.010	−0.015
55	−0.007	−0.010	−0.016
60	−0.006	−0.009	−0.016
65	−0.004	−0.008	−0.015

正常情况下，策略家对单个期权的 theta 不感兴趣。他通常更关心 delta 或 gamma。不过，正如其他风险指标一样，可以计算出整个期权投资组合的 theta。"头寸 theta"这个量度有可能变得相当重要，因为它使得策略家能够很好地了解时间消逝每天给他的头寸带来预期的盈利或亏损。下面的示例说明了这一点。请注意，标的证券自身的 theta 是零，因为它没有因时减值的问题。

【示例 40-10】XYZ 的价格是 49，策略家在 2 月时持有下面的头寸，因此，4 月看涨期权比 7 月看涨期权先到期。这个头寸同一个大型的跨期价差头寸相似。

头寸	期权 theta	头寸 theta
卖出 4 000 股 XYZ 股票	0.00	0
卖出 150 手 XYZ 4 月 50 看涨期权	−0.04	+600
买入 150 手 XYZ 4 月 30 看涨期权	−0.02	−300
卖出 78 手 XYZ 7 月 30 看跌期权	−0.02	+156
总的 theta		+456

这个头寸预期因为因时减值每天可以盈利 456 美元。请注意，卖空的头寸，不管是看跌期权还是看涨期权，都有一个正的头寸 theta，而买入的头寸都有一个负的头寸 theta。负的头寸 theta 意味着这个头寸因为时间而有风险，而正的头寸 theta 则意味着时间是对这个头寸有利的。

40.2.5 rho

由于利率的变化而发生的期权价值的价格变化，这就是 rho。读者应当还记得，对期权价格有影响的因素之一就是利率。利率上涨，看涨期权的价格就会上涨，而看跌期权的价格就会下跌。反过来也一样：利率下降，看涨期权的价格就会下跌，而看跌期权的价格就会上涨。rho 衡量的是这些价格上涨或下跌的数量。

看跌期权和看涨期权相对利率的行为也许不是一看就能明白的，不过，回忆一下，用实值看涨期权建立起来的套利（"利率游戏"，我们在第 27 章讨论价差的时候提到过的）说明了，随着利率的增长，套利者愿意为实值看涨期权支付更多，因为他们可以从就这个实值看涨期权而卖空的股票上得到更多的利息。因此，上涨的利率可以导致看涨期权的价格上涨。

对看跌期权，反过来则是对的：上涨的利率会导致看跌期权的价格下跌。同样，可以用一手套利来说明这一点。记得吧，在一手反转组合中，套利者卖出股票和看跌期权，同时买入看涨期权。我们已经说明，随着利率的上涨，他愿意为看涨期权支付更高的价格，因为他可以从卖空他的股票中获得额外的利息。这自然就意味着他愿意以更低的价格来卖

出看跌期权。

在看涨期权中，rho 是用正数表示的，在看跌期权中，它是负数。rho 在深度虚值期权中数值最小，在深度实值期权中数值最大。较长期期权的 rho 较大，非常短期的期权的 rho 接近零。下面的期权价格表可以帮助说明这些关系。

【示例 40-11】XYZ 的价格为 49，下面期权标有 rho（1 月是近期月）。

月份 / 行权价	看涨期权 rho	看跌期权 rho
1 月 35	0.05	−0.01
1 月 50	0.03	−0.03
1 月 60	0.00	−0.05
7 月 35	0.18	−0.02
7 月 50	0.14	−0.15
7 月 60	0.07	−0.18

请注意，无论是在 1 月的合约里还是在 7 月的合约里，实值看涨期权（行权价 35）的 rho 都比虚值看涨期权（行权价 60）的 rho 要大。与此相似，实值看跌期权（行权价 60）的 rho 按绝对值也比虚值看跌期权（行权价 35）的 rho 要大。同样，在 1 月合约和 7 月合约中都是如此。

另外，注意一下所有的较长期的 7 月合约的 rho 都比相应的较短期的 1 月合约中的 rho 要大。

同前面的示例相似，我们也可以为整个头寸计算出"头寸 rho"。一般而言，如果不是因为他的投资组合包含一些长期期权或者深度实值的期权，交易者不会对他的头寸 rho 太关心。因此，当交易者交易长期期权（LEAPS）或权证的时候，rho 对他才是更为重要的考虑，这两者都有可能是极度长期的工具。在我们至今所讨论过的风险指标中，rho 是用得最少的一个，因为许多交易者往往是用相对短期的期权来构建他们的头寸。

40.2.6 gamma 的 gamma

有的时候，你也许会听到有人说"风险的六个指标"。还有第六个指标，它是最富神秘感的。在任何时候，交易者都知道一个期权的 delta 和 gamma。当股票运动的时候，delta 发生（gamma 数量的）变化，但是，gamma 也会发生变化。有的交易者有兴趣知道当股票变化的时候，gamma 会有多大的变化。因此，他们计算出一种 gamma 的 gamma，它是当股票价格变化时，gamma 变化的数量。我们在这一章的末尾将讨论这个概念。对涉足高波动率股票的头寸的策略家，这是最重要的，因为，如果股票运动得足够远，gamma（从而 delta）有可能发生急剧的变化。因此，交易者也许应当知道这个风险指标是如何影响他的盈利性的。

40.2.7 总结

delta：正 delta 标志着这个头寸目前是看多的；如果标的证券价格向上，这个头寸就会赚钱。负 delta 标志着这个头寸目前是看空的。

gamma：正 gamma 意味着如果标的证券价格上涨，delta 就会上升。正 gamma 一般是说在这个头寸里主要是买入的期权，要么是看跌期权，要么是看涨期权；负 gamma 标志着头寸是卖出的或裸期权。

theta：负 theta 意味着随着时间的消逝，这个头寸会亏钱（典型的买入期权的头寸）；正

theta 是说时间对这个头寸有利（卖出期权的头寸）。

vega：正 vega 意味着（感受到的）波动率的增加对头寸有利（有买入期权在内的头寸一般都是如此）；负 vega 意味着波动率的减小会有好处。

40.3　策略考虑：使用"希腊字母"

在考察策略家如何使用 delta，gamma 等运作一个具体策略之前，看一看它们是如何同本书所介绍的各个策略相关的，是有好处的。表 40-8 是各种策略对各种市场因素的暴露的一份总指南。它不是一份适用于所有目的，或者专门集中在哪一方面的表格。因为随着股票的上涨或下跌，有些风险因素无疑会发生变化。

在构建这个表格的时候，我们做了一些假设。首先，假设那些 delta 标为零的策略是作为中性策略而建立的。对牛市价差和熊市价差，假设股票价格是在两个行权价之间。对两种其他的价差（看涨期权比率和看跌期权比率），假设股票价格在卖出的期权的行权价上。对所有其他情况，其中只涉及一个行权价，假设股票价格等于行权价。

表 40-8　常用策略的一般风险暴露

策略	delta	gamma	theta	vega	rho
买入股票	+	0	0	0	0
卖空股票	−	0	0	0	0
买入看涨期权	+	+	−	+	+
买入看跌期权	−	+	−	+	−
买入跨式价差	0	+	−	+	+
卖出备兑	+	−	+	−	+
卖出裸看涨期权	−	−	+	−	−
卖出裸看跌期权	+	−	+	−	+
卖出比率（跨式价差）	0	−	+	−	+
跨期价差	0	−	+	+	−
牛市价差	+	−	−	−	+
熊市价差	−	−	−	−	+
看涨期权比率价差	−	−	+	−	+
看跌期权比率价差	0	−	+	−	+

正如可以预期到的，涉及买入和卖出期权的价差策略比起直接买入或卖出的策略来要更难量化。跨期价差策略是一个价差交易者不想看见股票运动很多的策略，他宁愿标的证券的价格停留在接近行权价的价位，因为这是有最大潜在盈利的区域。它的 gamma 是负数的这个事实就反映出了这一点。同时，对跨期价差来说，时间的流逝是有利的，theta 是正数的这个事实反映出了这一点。最后，因为隐含波动率或利率的增加会抬高价格，扩大价差的两条腿之间的差距（产生盈利），因此，vega 是正数，rho 是负数。

牛市价差的 delta 是正数，它反映出这个价差的看多的性质，但是，它的 gamma 是负数。gamma 是负数的理由是，随着标的证券价格上涨，头寸的看多性就减小，因为这个头寸的潜在盈利是有限的，从而它的看多性也是有限的。由于相似的原因，熊市价差的 delta

是负数（反映出看空性），它的 gamma 是负数（反映出有限的看空性）。牛市价差和熊市价差就其他风险指标来说是相同的：theta 是负数，反映出因时减值对这个头寸不利的事实。没有那么明显的是如果感觉到的波动率增加了，头寸就会受损这个事实；不过，负的 vega 告诉我们这一点是真实的。

这些风险指标是重要的，它们相当形象地描绘了一个期权头寸或期权投资组合的风险和收益的特征。它们在建立一个新头寸上是有用的，因为交易者可以看到他承担了多少风险。此外，在后续行动中它们也非常有用，因为交易者可以看到他的头寸的性质在当前的市场中有了什么样的发展。下面，我们将详细地讨论如何使用这些风险指标来帮助建立头寸和采取后续行动。

40.3.1 delta 中性

中性头寸中的一种流行类型是 delta 中性，也就是说，使得等股头寸（ESP）或等额期货头寸（EFP）为零。一个 delta 中性的头寸是，一个价差中买入期权的预计的价格变化的总额基本上被同一价差中卖出期权的预计的价格变化的总额所对冲的头寸。

【示例 40-12】XYZ 的交易价是 50。下面的 3 个期权按表中所指出的价格和 delta 在交易。另外，表中也显示出了每个期权的"理论价值"。

XYZ：50

期权	价格	delta	理论价值
1 月 50 看涨期权	3.00	0.55	3.50
1 月 55 看涨期权	1.50	0.35	1.48
2 月 50 看涨期权	3.50	−0.40	3.44

假定交易者可以依赖"理论价值"（不过，这是一个很大的假设），那么，显然，1 月 50 看涨期权比其他的期权要便宜：其他期权接近它们的价值，而 1 月 50 看涨期权的价格要比它的理论价值低 50 美分。这个中性的策略家想要买入 1 月 50 看涨期权，同时用这里展现的两个其他的期权中的一个来为他买入的期权对冲。选择之一是在买入的 1 月 50 看涨期权同若干数目的卖出的 1 月 55 看涨期权之间建立一个价差。为了确定需要买入和卖出多少，交易者只需要将这两个期权的 delta 相除就可以了。

$$\text{delta 中性价差的比率} = 0.55 / 0.35 = 11 : 7$$

因此，delta 中性的比率价差就是由买入 7 手 1 月 50 看涨期权和卖出 11 手 1 月 55 看涨期权而组成。要证实这个价差相对 XYZ 的价格变化是中性的，注意一下，如果 XYZ 价格向上运动 1 点，1 月 50 看涨期权的价格将增加 0.55，因此，7 手这样的期权就会增值 7 × 0.55，或者说总的 3.85 点。与此相似，1 月 55 看涨期权的价格会增加 0.35，因此，11 手这样的期权就会增值 11 × 0.35，或者说总的 3.85 点。因此，这个价差的多头腿会盈利 3.85 点，而空头腿会亏损 3.85 点，这是一个中性的情况。

由此产生的头寸是一个比率价差。这个价差的盈利性出现在期权到期时 XYZ 的价格在 51～62 之间，图 40-8 显示了这一点。不过，这不是主要的方面。对中性的交易者来说，这个头寸的真正的吸引力在于，如果 1 月 50 看涨期权的定价过低的性质（同 1 月 55 看涨期权相比)消失了,那么,不管 XYZ 的短期市场运动是什么,这个头寸都会产生盈利。如果这样的情况发生,整个头寸就可以平仓。

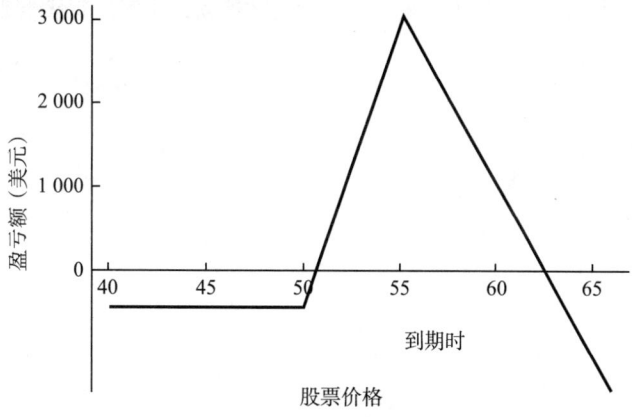

图 40-8 XYZ 比率价差

为了说明这个事实,假定 XYZ 实际上跌到了 49,而 1 月 50 看涨期权回到了"理论价值":

XYZ: 49

期权	价格	delta	理论价值
1 月 50 看涨期权	3.00	0.52	3.00
1 月 55 看涨期权	1.50	0.34	1.13
2 月 50 看跌期权	3.90	−0.42	3.84

注意一下,这个表格中的理论价值等于前一表格中的理论价值减去 delta 的数量。因为 XYZ 1 月 50 看涨期权不再是定价过低的,整个头寸就应当平仓,策略家从 1 月 50 看涨期权上没钱可赚,但是,在 11 手 1 月 55 看涨期权上,每手赚得 0.40,在去掉手续费之前,总的盈利是 440 美元。

这个示例在很大程度上依赖于这样的假设:交易者能够准确地对这些头寸的理论价值和 delta 进行估计。在现实中,这样的任务有可能相当艰巨,因为要进行估计,交易者就必须知道这个普通股股票的未来波动率。这不是一件容易的事。不过,就这个价差的目的而言,我们使用的是两个 delta 的比率。此外,这个示例并不要求交易者知道每个期权的准确理论价值;这里,唯一需要知道的是一个期权相对另一个期权价格更便宜。

用来代替比率价差,我们也可以使用前面的数据来建立另一种类型的中性头寸:买入 1 月 50 看涨期权(这是这个头寸的基础,因为我们假设的是它是便宜的期权),同时买入 2 月 50 看跌期权(这是上面的数据中给我们唯一的另一种选择)。这是一个某种买入跨式价差的头寸。回忆一下,一个看跌期权的 delta 是负数;因此,同样,我们可以将两个 delta 的绝对值相除而得出这个 delta 中性的比率:

delta 中性跨式价差比率 = 0.55 / |−0.40| = 11∶8

因此,一个 delta 中性的跨式价差头寸是由买入 8 手 1 月 50 看涨期权和买入 11 手 2 月 50 看跌期权组成的。这个跨式价差没有市场暴露,至少在短期内没有。注意一下,这个

delta 中性的跨式价差的盈利图形同 delta 中性比率价差有很大的不同，不过，它们两者都是中性的，而且，两者都是以 1 月 50 看涨期权便宜这个事实为基础。如果股票价格大幅度运动，这个跨式价差就能赚钱，如果股票价格只有少量的运动，比率价差就能赚钱。（见图 40-9）

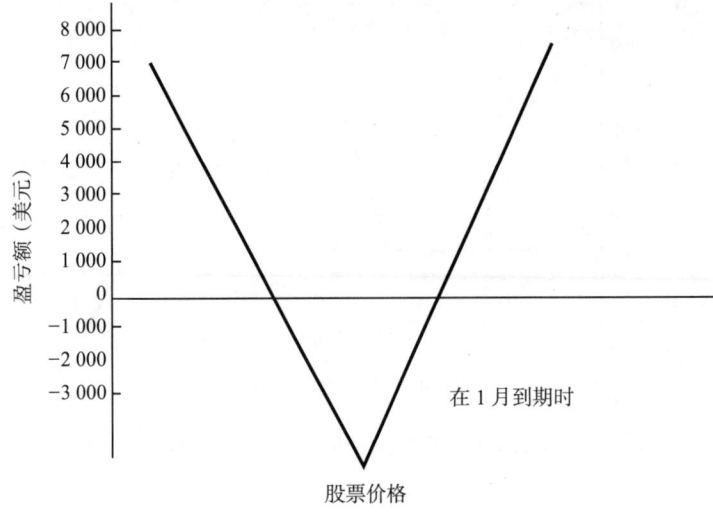

图 40-9　买入 XYZ 跨式价差

这样两个盈利图形如此不同的策略，有可能实现相同的事情（也就是说，捕捉住 XYZ 1 月 50 看涨期权定价过低的现象）吗？是的，不过，为了决定哪个策略"更好"，策略家必须考虑其他的因素：例如，标的证券的历史波动率，或者在到期之前实际还剩下多少时间，以及他自己对待卖出未备兑看涨期权的心理态度。看一下这两个头寸的 gamma，可以帮助我们更准确地判定它们的其他风险。

delta 中性并不是 100% 地中性的。事实上，delta 中性说的是，交易者只有在标的证券有小量的价格变化的情况下才是中性的。在考虑到其他风险指标时，一个 delta 中性的头寸有可能具有严重的非中性的特征。因此，交易者不能轻率地建立一个 delta 中性的头寸，然后就不管它了，随着某种因素的变化，它还是有可能有显著的市场风险。

例如，显然，一眼看上去，上面一节所描写的两个头寸（比率价差和买入跨式价差）完全不同，但是，它们都是 delta 中性的。如果交易者在他的头寸里结合使用其他的风险指标，他就有可能将这些"中性"策略之间的区别量化。我们将使用一个卖出跨式价差的头寸来考察这些不同的因素是如何发挥作用的。

包含裸期权的头寸的 gamma 是负数。这意味着在标的证券运动时，这个头寸就会加进同这个运动相反的属性：如果证券上涨，整个头寸就会变成看空；如果它下跌，整个头寸就会变成看多。这样的描写一般适用于所有的裸期权，像比率价差、裸跨式价差，或者卖出比率等。

【示例 40-13】 XYZ 的价格为 88。离 7 月到期还有 3 个月，XYZ 的波动率是 30%。假定以 10 点的价格卖出 100 手 7 月 90 跨式价差（看跌期权和看涨期权的售价各为 5 点）。正如表 40-9 所显示的，开始的时候，这个头寸接近 delta 中性。但是，因为两个期权都是卖出的，每个卖出就都给这个头寸带来了负的 gamma。

表 40-9　卖出跨式价差头寸的 delta 和 gamma，XYZ = 88

头寸	期权 delta	头寸 delta	期权 gamma	头寸 gamma
卖出 100 手 7 月 90 看涨期权	0.505	−5 050	0.03	−300
卖出 100 手 7 月 90 看跌期权	0.495	+4 950	0.03	−300
总的股份数		− 100		−600

　　这个示例显示出了计算 gamma 的用途。最初的头寸只是净卖空 100 股 XYZ，一个非常小的 delta。事实上，一个交易少量股票的人也许实际上会因此而相信，他能够卖出这 100 手跨式价差，因为它仅仅等同于卖空 100 股股票。

　　计算 gamma 可以迅速地证明，这样的想法是不可行的。这里的 gamma 非常大，有 600 股负 gamma。因此，如果股票仅仅跌了 2 点，这个交易者的跨式价差头寸的表现就有可能同一个买入 1 100 股的头寸（最初的 100 股卖空加上 gamma 告诉我们的可以预期的买入的 1 200 股）相似！在股票下跌 2 点之后，整个头寸看上去会像下面这样：

XYZ：86

头寸	期权 delta	头寸 delta
卖出 100 手 7 月 90 看涨期权	0.44	−4 400
卖出 100 手 7 月 90 看跌期权	0.55	+5 500
		+1 100 股份数

　　因此，股票的一个 2 点的下跌意味着这个头寸已经有了"看多"的面目。进一步的下跌会使得这个头寸变得甚至"更为看多"。这显然不是一个适合于小投资者的头寸（卖空 100 股股票），尽管如果你只是看这个头寸的 delta 的话，它看上去好像是如此。观察一下 gamma 就可以更充分地揭示出真正的风险。

　　与此相似，如果股票上涨了 2 点，到了 90，这个头寸就迅速变为 delta 卖空。事实上，在这个情况里，交易者可以预期它会是卖空 1 300 股：最初的卖空 100 股加上由负 gamma 所指出的 1 200 股。于是，上涨到 90 时，这个头寸看上去就会是这样的：

XYZ：90

头寸	期权 delta	头寸 delta
卖出 100 手 7 月 90 看涨期权	0.56	−5 600
卖出 100 手 7 月 90 看跌期权	0.43	+4 300
		−1 300 股份数

　　这些示例说明了，像卖出 100 手跨式价差这样的一个大头寸在股票价格只有小距离的运动时，有可能以多快的速度具有一个大数值的 delta。将这个运动加以类推并不完全正确，因为随着股票价格的变化，gamma 也会变化。但是，这可以给交易者一种感觉，让他知道他的 delta 会有多大的变化。

　　事先就近期未来的某一点而计算这样的信息常常是有用的。图 40-10 描绘了这个大型的卖出跨式价差的头寸在卖出两个星期之后的 delta。横轴上的点数是股票的价格。这个头寸的中性消失之快，是值得警觉的。两个星期之内的一个到 93 的小幅度运动（只是一个标准差）可以使得整个头寸变为同卖空 3 300 股 XYZ 相等。图 40-10 所显示的实际上只是

gamma 对这个头寸的效果,不过,这样的表现形式也许更适合有些交易者的习惯。

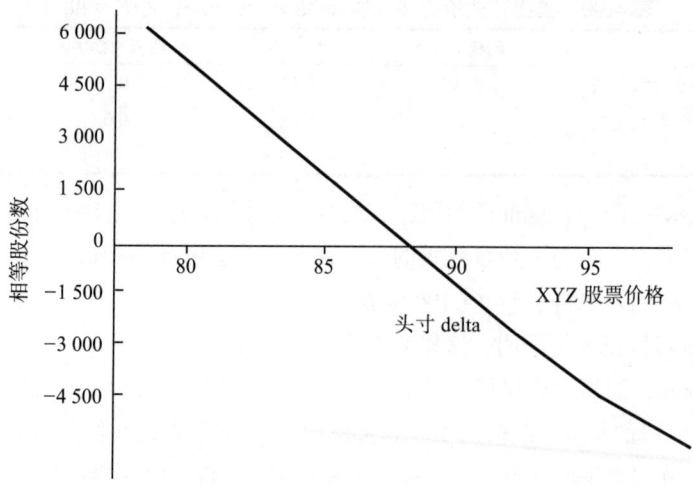

图 40-10　预计的 delta,在 14 天内

这里所说的是这个头寸是在同市场"斗争":当市场上涨时,这个头寸变得越来越看空。这会是一个令人不愉快的局面,无论是从创造了未兑现的亏损而言,还是就心理影响而言。头寸 delta 和 gamma 可以用来估计将会出现的未兑现亏损的数量。如果这个标的股票有迅速的运动,这个头寸预期会有多大的亏损呢? 从 delta 和 gamma 中很快可以得到答案:XYZ 运动的第一个点位,从 88 到 89,这个头寸的表现就像是在卖空 100 股股票(头寸 delta),因此,它会亏损 100 美元。XYZ 再上涨 1 个点,从 89 到 90,这个头寸的表现就像是它是在卖空最初的 100 股股票(头寸 delta),加上另外的 600 股(头寸 gamma)。因此,在 XYZ 的第二个点位的运动中,整个头寸的表现就像它是在卖空 700 股股票,因此,亏损另外的 700 美元。所以,如果 XYZ 立刻上涨 2 点,这个头寸就会有未兑现的亏损 800 美元。这个情况可以总结为:

亏损,股票运动的第一个点 = 头寸 delta

亏损,股票运动的第二个点 = 头寸 delta + gamma

股票运动 2 点的总亏损 = 2 × 头寸 delta + 头寸 gamma

使用上面示例的数据:

亏损,XYZ 从 88 运动到 89:-100 美元(头寸 delta)

亏损,XYZ 从 89 运动到 90:-100 美元(delta) - 600 美元(gamma) = -700(美元)

总亏损:XYZ 从 88 运动到 90:-100 美元 × 2 - 600 美元(gamma) = -800(美元)

我们可以通过观察看涨期权和看跌期权在 XYZ 从 88 上涨到 90 之后的价格来核实这个结论。如果这样的情况发生了,你可以使用一个模型来计算预期的价格。不过,还有另一种方法。考虑一下下面的说法:

如果股票上涨 1 点,看涨期权的价格就会是:

$p_1 = p_0 + \text{delta}$

$5.505 = 5.00 + 0.505$(如果股票价格到 89 的话)

如果股票价格上涨了 2 点，这个看涨期权就会有上面数量的增长，加上下一个点的相似增长。股票第二点运动的 delta 是最初的 delta 加上 gamma，因为 gamma 告诉我们 delta 的变化会有多大。

$$p_2 = p_1 + \text{delta} + \text{gamma}$$
$$p_2 = (p_0 + \text{delta}) + \text{delta} + \text{gamma}$$
$$= p_0 + 2 \times \text{delta} + \text{gamma}$$
$$6.04 = 5.00 + 2 \times 0.505 + 0.03 \text{（如果股票价格到 90 的话）}$$

使用同样的计算，如果 XYZ 立刻上涨到 90，这个示例中的看跌期权的价格就会是：

$$4.04 = 5.00 - 2 \times 0.495 + 0.03$$

因此，总的来说，这个看涨期权会增加 1.04，不过，看跌期权只会增加 0.96。这样计算出的 100 手看涨期权的未兑现的亏损就是 10 400 美元，这笔亏损为 100 手看跌期权的 9 600 美元盈利所对冲，剩下的净未兑现亏损就是 800 美元。这就证实了从上面使用头寸 delta 和头寸 gamma 所得出的结果。同样，这也肯定了这样的逻辑上的事实：股票的一次快速运动会在一个卖出跨式价差的头寸中造成未兑现的亏损。

接下去，让我们看一看其他因素对于这个卖出跨式价差的一些影响。时间对这个跨式价差的卖出者有利。在头寸建立之后，在头两个星期内的因时减值没有在接近到期日时那么大。我们可以使用这个头寸的 theta 来准确地计算出预期的因时减值的数量有多大。

XYZ：88

头寸	期权 theta	头寸 theta（美元）
卖出 100 手 7 月 90 看涨期权	−0.03	+300
卖出 100 手 7 月 90 看跌期权	−0.03	+300
		+600

这是在这个头寸刚建立时（XYZ 价格为 88，离到期还有 3 个月）就因时减值而言所看上去的模样。这里的看跌期权和看涨期权的 theta 基本上是相同的，它们指出，每个期权的价值大约每天会销蚀掉 3 美分。请注意，这里的 theta 是用负数表达的，因为这些期权是卖出的，头寸 theta 是一个正数。一个正的头寸 theta 意味着因时减值对你有利。从卖出 100 手看涨期权中，交易者可以预期每天得到 300 美元。从卖出 100 手看跌期权中，他还可以预期每天得到 300 美元。因此，他的总头寸每天会因为因时减值而产生一笔 600 美元的理论盈利。

卖出跨式价差可以从因时减值中产生盈利，这没有什么惊人的。这是公认的事实。不过，这个因时减值的数量可以通过使用 theta 而量化。此外，它也可以显示出如果考虑到时间的流逝，这个 delta 中性的头寸并不是中性的。

最后，让我们就波动率的变化来考察一下这个头寸。这可以通过计算头寸 vega 来实现。

XYZ：88

头寸	期权 vega	头寸 vega（美元）
卖出 100 手 7 月 90 看涨期权	0.18	−1 800
卖出 100 手 7 月 90 看跌期权	0.18	−1 800
		−3 600

同样的，这个信息也是出现在头寸刚建立的时候，离到期还有 3 个月，XYZ 的波动率为 30%。这个 vega 相当大。看涨期权的 vega 为 0.18 意味着如果期权的隐含波动率增加了 1 个百分点，从 30% 到 31%，这个看涨期权的价格就会增加 18 美分。因为这个头寸是卖空 100 手看涨期权，看涨期权价格增加 18 美分就转化为一笔 1 800 美元的亏损。看跌期权的 vega 同看涨期权相同，因此，如果期权交易的波动率只是增加了 1 个百分点，整个头寸就会亏损 3 600 美元。当然，如果波动率减少了 1 个百分点，到 29%，那么整个头寸就会有 3 600 美元的盈利。

因此，在这个卖出跨式价差的头寸里，波动率风险是最大的风险。同前面一样，很显然，波动率的增长对有裸期权在内的头寸是不利的。使用 vega 将这个风险进行量化，同时也显示出在建立这样一个头寸时，力图卖出定价过高的期权有多么重要。策略家不应当在任何时候都固守一种策略。例如，他不应当总是卖出裸看跌期权。如果这些看跌期权的波动率低于历史正常水平，这样一个头寸很可能会遇到由头寸 vega 所代表的风险。在近期内有过好几次这样的情况，大部分是在市场崩盘的时候：指数和股票期权的隐含波动率都急剧上跳。这样的情况对期权的卖家是不利的。而且，几乎每一次指数期权的隐含波动率在崩盘出现之前都相当低。因此，任何考察他的 vega 风险的交易者都不应当在期权就历史而言是"便宜"的时候卖出裸期权。

总之，当交易者考虑到所有其他因素时，这个"中性的"头寸在现实中会变得非常复杂。

头寸总结

风险因素	评语
头寸 delta = −100	中性：对小幅度市场运动没有即时的暴露
	标的物的 1 点的运动导致 100 美元的亏损
头寸 gamma = −600	相当负面：市场运动对头寸造成反面影响
	标的物的第 2 点的运动造成 700 美元的亏损
头寸 theta = +600 美元	有利：时间消逝对这个头寸有利
头寸 vega = −3 600 美元	非常负面：隐含波动率的变化对头寸有极大的影响

在一开始的时候，这个卖出跨式价差的头寸只有一件事情是保证对它有好处的：因时减值（随着价格、时间和波动率的变化，风险因素也会变化）。股票价格运动没有帮助，但始终会有股票价格运动，因此，交易者可以预料到他会感到这些价格运动的负面影响。波动率是一个重要的未知因素。如果它减小，跨式价差的卖出者就会有漂亮的盈利。不过，现实地说，它只会减少一个有限的数量。如果它增加，这个头寸的盈利性就会变得很糟。更糟的是，如果隐含波动率增加，标的股票的价格有很大的可能也会上涨。这也不是一件好事。因此，很重要的一点是，跨式价差的卖出者只有在有理由相信目前的波动率很高而且有可能会下降的情况下才使用这个策略。如果有一定的危险，会出现相反的情况，那么就应当避免这个策略。

如果波动率保持相对稳定，交易者就可以预见到时间的消逝会对这个头寸发生什么影响。delta 不会变化太多，因为这些期权已经是实值的了。不过，gamma 会增加，它意味着离到期日越近，短期的价格运动对这个头寸的未兑现的盈利就越有更大的影响。theta 会增长更多，它意味着对于跨式价差的卖出者来说，时间会是个更好朋友。短期期权比长期期权的因时减值的速度要快。最后，vega 也会减小一些，因此，在离到期的时间明显减少的时候，单是隐含波动率的增长对头寸的破坏性影响就没有那么厉害。所以，时间的消逝一般会在大部分方面改进这个裸跨式价差。不过，这并没有解决当前情况中的所有问题，也不意味着过了一些时间就没有风险了。

比起只是将这个跨式价差卖出头寸描绘为 delta 卖空 100 股，或者是看一看这个头寸在到期时会怎么样来说，上面示例所显示的这类分析要深入得多了。在前面的示例里，我们知道在 3 个月后到期时如果 XYZ 价格在 80～100 之间，整个跨式价差的卖出者就能获利。但是，在这期间究竟会发生什么事，那完全是另外一回事儿。要决定这个头寸在当前的时间点上会有什么正常的或失常的表现，delta、gamma、theta 和 vega 都是有用的。

回到这一节开始时的那个策略表格。注意一下比率价差或者跨式价差（它们是相等的策略），它们具有我们刚才详细描写的这些特征：delta 是 0，若干其他因素是负。我们显示过这些负值的因素是如何转化为潜在的盈利或亏损。观察一下同一表格的其他栏目，注意一下卖出备兑和卖出裸看跌期权（不要忘了，它们也是相等的），你可以看到对它们的描写同对跨式价差的描写非常相似：delta 是正，其他因素是负。这是一个比卖出裸跨式价差更糟的情况，因为它有所有相同的风险，而且，除此之外，如果标的股票立刻下跌，它也会遭受亏损。这里要说的是，如果交易者在观察了上面这些示例之后感到卖出跨式价差并不是一个特别吸引人的策略，那么，他就更不应当采用卖出备兑，因为它有相同的风险因素，并且还不是 delta 中性的。

正如我们所许诺的，在这里我们将扩展在讨论期货期权的那一章中提到的一个示例。读者应当还记得，交易者常常在期货期权中发现波动率倾斜，不过，我们指出过，交易者通常不应当仅仅因为它们看上去具有最大的理论优势而买入一手平值看涨期权（最便宜的）和卖出大量的虚值看涨期权。我们提供了下面的示例。现在，我们将扩展这个示例，将 gamma 包括进来。

【示例 40-14】在 1 月大豆期货期权价格中有很高的波动率倾斜存在：虚值看涨期权比平值看涨期权要贵得多。

下面的数据是已知的：

1 月大豆：583

期权	价格	隐含波动率	delta	gamma
575 看涨期权	19.50	15%	0.55	0.010 0
675 看涨期权	2.25	23%	0.09	0.002 6

使用这些数据，下面的价差看上去是中性的：

买入 1 手 1 月大豆 575 看涨期权，价格 19.50	19.50（支出）
卖出 6 手 1 月大豆 675 看跌期权，价格 2.25	13.50（收入）
净头寸	6（支出）

在展示最初的示例的时候，我们通过使用盈利图形来说明这个比率过于陡峭，如果出现价格大幅度上涨，就会有问题。

现在，交易者知道了 gamma 的概念，他就可以将这些问题量化。

这个价差的头寸 gamma 的相当负面的：

$$\text{头寸 gamma} = 0.01 - 6 \times 0.0026 = -0.0056$$

这就是说，1 月大豆每上涨 10 点，这个头寸就变得大约卖空 1/2 个期货合约。最大的盈利点是在 675，比目前价格 583 高 92 点。虽然大豆一般不会在几天内就上涨 92 点，不过，这确实说明了如果大豆迅速上涨到潜在最大盈利点，这个头寸会变得非常卖空。如果这样的情况发生的话，这里就不会有任何盈利出现。

即使是大豆的一个不大的 20 美分的上涨（小于停板限额），也会使得这个小小的价差显著地看空。如果交易者建立了一定数量的这种价差，例如，买入 100 和卖出 600，他就有可能很快地变成非常看空的。

一个中性的价差交易者不会在这个价差中使用这样大的一个比率。他会使得 gamma 中性，然后处理随之而来的 delta。下一节就将讨论实现这个目的的方法。

40.3.2 创造多重中性

那么，策略家该怎么办呢？如果他感到其他因素是风险的话，他可以试图建立就这些因素来说是中性的头寸。如果他想要除去因为波动率增加或减小而带来的风险的话，那么，没有理由说他不能建立一个 vega 中性而不是 delta 中性的头寸。或者，也许他想要除去股票价格运动的风险，如果是这样，他可以试图保持同时 delta 中性和 gamma 中性。

这听上去好像是个简单的概念，但是，如果你动手建立一个让不止一个风险变量保持中性的头寸的话，事情就不是这样了。例如，如果交易者想要建立 delta 和 gamma 都是中性的一个价差，他可以使用下面的方法。

【示例 40-15】XYZ 的价格为 60。一个价差交易者想要使用下面的价格建立一个 gamma 和 delta 都是中性的头寸。

期权	delta	gamma
10 月 60 看涨期权	0.60	0.050
10 月 70 看涨期权	0.25	0.025

建立一个让这两个风险指标都中性的价差的秘诀是首先将 gamma 中性化，因为 delta 始终可以通过标的证券的对冲头寸而得以中性化，不管它是股票还是期货。首先，通过将两个 gamma 相除来确定一个 gamma 中性的价差。

$$\text{gamma 中性比率} = 0.050 / 0.025 = 2 : 1$$

因此，买入 1 手 10 月 60 看涨期权，同时卖出 2 手 10 月 70 看涨期权，就会是一个 gamma 中性的价差。现在，计算一下这个价差的头寸 delta。

头寸	delta	头寸 delta
买入 1 手 10 月 60 看涨期权	0.60	+60 股
卖出 2 手 10 月 70 看涨期权	0.25	−50 股
净头寸 delta		+10 股

因此，保持 gamma 中性的比率使得如此建立起来的这个 2 : 1 价差的头寸 delta 变成了买入 10 股股票。如果交易者买入 100 手 10 月 60 看涨期权和卖出 200 手 10 月 70 看涨期权，他的头寸 delta 就是买入 1 000 股。

这个头寸 delta 可以很容易地通过卖空 1 000 股股票来得以中性化。由此产生的头寸就是 gamma 和 delta 都是中性的。

头寸	期权 delta	头寸 delta	期权 gamma	头寸 gamma
卖空 1 000 股 XYZ	1.00	−1 000	0	0
买入 100 手 10 月 60 看涨期权	0.60	+6 000	0.050	+500
卖出 200 手 10 月 70 看涨期权	0.25	−5 000	0.025	−500
净头寸		0		0

因此，建立一个 gamma 和 delta 都是中性的头寸是一件简单的事。事实上，凡是要建立一个 delta 和任何一个其他的风险指标都是中性的头寸，都是一件简单的事，因为必须要做的只是先建立其他风险指标（gamma，vega 和 theta 等）之间的中性比率，然后通过使用标的物来除去由此产生的头寸 delta。

从理论上讲，交易者可以建立一个同所有 5 个（如果你要包括 gamma 的 gamma 的话，那就是 6 个）风险指标都保持中性的头寸。当然，在这样一个头寸里，也不会有多大的潜在盈利。不过，有的交易者，像做市商，实际上确实使用了这样的构造方法，至少是想要使用这样的构造方法。对做市商来说，盈利来自期权的买报价同卖报价之间的价差，而不是来自对市场方向的预测。

不过，对不止一个风险因素保持中性的想法仍然是一个有效的概念。事实上，如果策略家能够确定他真正想要实现的目的是什么，那么，他常常可以剔除其他因素，构建一个目的刚好是实现他想要的东西的头寸。假定交易者认为某一种期权的隐含波动率过高。他可以只是卖出跨式价差，以捕捉这个波动率。不过，他因此就暴露于标的股票的价格运动。对他更有利的是构建一个 vega 为负值的头寸，以反映他对波动率的看法，然后再使得头寸变为 delta 中性和 gamma 中性，这样，这个头寸对市场运动就没有什么暴露。通常这可以相当容易就做到。举一个示例就可以说明这样做的方法。

【示例 40-16】XYZ 的价格是 48。离到期还有 3 个月，XYZ 和它的期权的波动率是 35%。下面的信息是已知的：

XYZ：48

期权	价格	delta	gamma	vega
4 月 50 看涨期权	2.50	0.47	0.045	0.08
4 月 60 看涨期权	1.00	0.17	0.026	0.06

无论是什么原因（也许是因为历史波动率过低），这个策略家决定卖出波动率。也就是说，他想要有一个负的头寸 vega。这样，如果波动率降低，他就可以赚钱。这或许可以通过买入一些 4 月 50 看涨期权和卖出更多的 4 月 60 看涨期权来实现。不过，他不想要任何价格运动的风险，因此就做了一些分析。

首先，他应当确定一个 gamma 中性的价差。这样做的方法同确定一个 delta 中性的价差是相同的；不同的只是用 gamma。只需要将两个 gamma 相除来确定一个需要使用的比率。在这个示例里，假定我们将使用 4 月 50 看涨期权和 4 月 60 看涨期权：

$$\text{gamma 中性比率} = 0.045 / 0.026 \approx 1.73:1$$

因此，一个 gamma 中性的头寸可以通过买入 100 手 4 月 50 看涨期权和卖出 173 手 4 月 60 看涨期权来建立。做为选择，也可以买入 10 手同时卖出 17 手，这样也基本上能够满足 gamma 中性的比率。在这个示例里我们将使用较大的头寸。

在选择了这个比率之后，对 delta 和 vega 会有什么影响呢？

头寸	期权 delta	头寸 delta	期权 gamma	头寸 gamma	期权 vega	头寸 vega
买入 100 手 4 月 50	0.47	+4 700	0.045	+450	0.08	+800 美元
卖出 173 手 4 月 60	0.17	−2 941	0.026	−450	0.06	−1 038
总头寸		+1 759		0		−238 美元

这个头寸的头寸 delta 是买入 1 759 股 XYZ 股票。这可以很容易通过卖空 1 700 或 1 800 股 XYZ 股票来中性化这个 delta 而得到"治愈"。因此，整个头寸，包括卖空 1 700 股股票，对 delta 和 gamma 就都会是中性的，而且会有想要的负值的 vega。

图 40-11 显示了在到期时的实际盈利图。不过，要记住，在正常情况下这个策略家不应当想要将这样一个头寸留到到期日。如果他预期的波动率的下降实现了（或者事后证明他错了），那么，他就应当将这个头寸平仓。

另一点应当注意的是，在一开始的时候 delta 和 gamma 是中性的这个

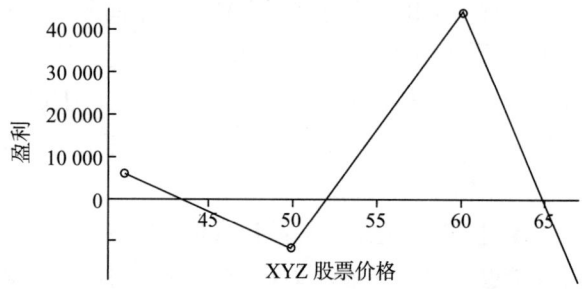

图 40-11 vega 为负值的价差：gamma 和 delta 为中性

事实并不意味着在股票运动（或者甚至波动率变化）的时候它们会永远保持中性。不过，在短期内，股票价格运动对这个头寸不会或者只会有很小的影响。

总的来说，交易者始终能够创建一个对 gamma 和 delta 都是中性的头寸，要做的是首先选择一个使得 gamma 为零的比率，然后使用标的证券中的一个头寸来使得由于这个选择的比率而产生的 delta 中性化。这类头寸总是涉及两个期权和一些股票。由此产生的头寸对其他的风险因素未必是中性的。

40.3.3 数学的方法

策略家应当意识到，由于有了计算机，对若干风险因素来说，要决定它们是否中性是一件相当容易的事。需要做的事只是解一系列联立方程。

在前面的示例里，得出的 vega 是个负数：−238 美元。只要波动率从目前的 35% 的水平下降 1 个百分点，交易者就可以预期得到 238 美元。我们可以通过另一种方法得出这个结论，只要交易者愿意事先定出他想要承担的 vega 风险。这样，他就可以假设 gamma 为 0，找出在这个价差中需要交易多少期权。同上面一样，通过使用普通股股票，delta 是中性的。

【示例 40-17】价格同前面示例里相同。XYZ 是 48。离到期 3 个月，XYZ 和它的期权的波动率是 35%。下面的信息也相同。

期权	价格	delta	gamma	vega
4 月 50 看涨期权	2.50	0.47	0.045	0.08
4 月 60 看涨期权	1.00	0.17	0.026	0.06

一个价差交易者预期波动率会下跌，想要建立一个波动率每降低一个百分点就可以获利 250 美元的头寸。此外，他还想要 gamma 和 delta 中性。他知道最终通过使用 XYZ 普通股股票可以将任何 delta 中性化，就像前面的示例里那样。他需要用多少手期权进行价差才能获得想要的结果呢？

为了回答这个问题，交易者必须针对两个未知数 x 和 y 建立两个方程。未知数 x 和 y 分别代表了要买入和卖出的期权的数量。方程中的常数取自上面的表格。

第一个方程表示了 gamma 中性：

$$0.045\,x + 0.026\,y = 0$$

式中，x 为价差中 4 月 50 看涨期权的数目；y 为价差中 4 月 60 看涨期权的数目。请注意，这个方程中的常数是所涉及的这两个看涨期权的 gamma。

第二个方程表示了想要的如果波动率下降就可以获利 2.5 点（或者说 250 美元）vega 风险：

$$0.08\,x + 0.06\,y = -2.5$$

式中，x 为价差中 4 月 50 看涨期权的数目；y 为价差中 4 月 60 看涨期权的数目。这个方程中的常数是期权的 vega。

此外，请注意，这里的 vega 风险是负数，因为价差交易者想要的波动率降低时获利。

通过代数的方法来解这两个方程，就会得到下面的结果：

方程：

$$0.045\,x + 0.026\,y = 0$$
$$0.08\,x + 0.06\,y = -2.5$$

解：

$$x = 104.80$$
$$y = -181.45$$

这意味着该交易者要买入 105 手 4 月 50 看涨期权，因为 x 是正数，这就是说期权应当买入。他还要卖出 181 手 4 月 60 看涨期权（y 是负数，这就是说看涨期权应当卖出）。这同前面示例里确定的比率是几乎相同的。数量要稍微高一些，因为这里的 vega 是 −250 美元而不是在前面示例里得出的 −238 美元。

最后，交易者要通过计算头寸 delta 来再次确定需要买入或卖出的用来中性化 delta 的股票数量：

$$\text{头寸 delta} = 105 \times 0.47 - 181 \times 0.17 = 18.58$$

因此，为了中性化这个头寸，需要卖空 1 858 股 XYZ 股票。

注意：不能将这两个方程都设为等于零，否则，所有的解就都等于零。这很容易解决，只需要将其中至少一个设为等于一个不是零的小数目，例如 0.1。只要有一个风险因素不等于零，你只需要解开这些联立方程，就可以确定所有其他因素的中性比率。市面上有许多便宜的计算机程序可以解开类似这样的联立方程。

这个概念可以推广到更远，以确定为了得到想要的结果而创造的最好价差。交易者也许甚至应当试一试三个不同的期权，使用第三个期权来将 delta 中性化，这样他就不必使用股票来中性化。第三个方程可以使用 delta 作为常数,并且设为等于零,代表 delta 是中性的。解出这个答案需要一个三元三次方程,对计算机来说,这是一件简单的事情。

只要有一个风险因素不是零,交易者通过解这些联立方程就能够确定所有其他因素的中性比率。更为重要的是,计算机可以扫描许多产生 gamma 和 delta 中性的有具体的头寸 vega(例如,−238 美元)头寸的组合。然后,他可以通过一些逻辑的方法来选择"最好的"可选价差,如果可能的话,包括选择那些有正 theta 的价差,这样时间就会对他有利。

总的来说,交易者可以将所有的风险因素都中性化,或者,他可以规定他所想要承受的风险。只要写出方程,将它们解出来就行。最好是使用计算机来完成这个工作,不过,这一点可以做到的事实在期权价差和降低风险的策略中开拓了一个全新的、广阔的天地。

40.3.4 使用风险指标对头寸进行评价

前面的讨论处理的是建立一个新头寸和如何确定它是否中性。不过,这些风险指标的最重要的用途是预测一个头寸在将来的表现会如何。最起码地说,一个认真的策略家应当使用计算机来印出在未来预计价格上的盈亏预测。此外,应当就几个未来的时间点进行这类分析,从而策略家对时间消逝的影响以及标的证券的较大幅度运动的影响有一个概念。

首先,交易者应当为第一个分析选择一个合适的时段,例如今后的 7 天。然后,他应当使用股票价格的统计学预测(见论数学应用的第 28 章),以确定标的证券在这个时候的可能价格。显然,这个股票价格预测需要使用波动率,而波动率在某种程度上是可变的。不过为了这样一种预测的目的,我们可以使用当前的波动率。可以选择由此产生的多达 9 个的结果:从 −2 到 +2 的每半个标准差(−2.0,−1.5,−1.0,−0.5,0,0.5,1.0,1.5 和 2.0)。

【示例 40-18】XYZ 的价格是 60,波动率是 35%。可以用下面的公式来确定股票在 7 天之后的价格分布:

$$未来价格 = 目前价格 \times e^{av\sqrt{t}}$$

其中:

a 同下面表格中的常数(−2.0,…,2.0)相应:

标准差的数目	预测的股票价格	标准差的数目	预测的股票价格
−2.0	54.46	0.5	61.47
−1.5	55.79	1.0	62.98
−1.0	57.16	1.5	64.52
−0.5	58.56	2.0	66.11
0	60.00		

同样,回过头去看一看论述数学应用的第 28 章,那里对这个确定结果的公式有更详细的讨论。

请注意,用来预测价格的公式把时间作为它的一个构成要素。这就意味着,在我们考察更远的时间时,可能的股票价格范围就会扩大,这是这项分析中的一个必要的和逻辑的组成部分。例如,如果我们要确定离今天 14 天的未来股票价格,价格的范围就会是从 52.31 ∼ 68.82。也就是说,XYZ 在 7 天之后是 54.46 的概率同在 14 天之后是 52.31 的概率一样大。到期日距离今天大约 90 天,在到期日,这个价格范围会大许多。在试图对这个头寸进行评价的时候，不要犯对每个时段（7天、1天、1个月、到期日等）使用相同价格的错误。这样的分析会得出错误的结论。

一旦得出了合适的股票价格，对每一个股票价格都需要计算出下面的数值：盈利或亏损、头寸 delta、头寸 gamma、头寸 theta 和头寸 vega。（对股票和期货的短期期权来说，头寸 rho 一般不是一个重要的风险指标。）有了这些信息，策略家在对付未来方面就有所准备。有一件重要的事情需要注意：在确定这些预测值时，有必要使用一个模型。正如前面所显示的，如果在头寸中期权的当前隐含波动率是扭曲的，那么，策略家应当在期货期权价格预测中使用当前的隐含波动率作为模型的输入数据。如果他不这样做，要是卖出的期权过于昂贵，买入的期权过于便宜，这个头寸有可能看上去具有过分的吸引力。如果将当前的隐含波动率结构推演到近期的未来中，那么，这样得出的盈利图形会更真实一些。

使用一个同上面的示例相似的示例，一个通过卖空股票而保持 delta 中性的比率价差，就可以描绘出这个概念。

初始头寸。XYZ 的价格是 60。1 月 70 看涨期权离到期还有 3 个月，同 1 月 60 看涨期权相比，它的价格比较贵。一个策略家预期当 XYZ 期权的隐含波动率减小时，这种差异会消失。因此他想要建立下面的头寸，这个头寸是 delta 和 gamma 中性的。

头寸	delta	gamma	theta	vega
买入 100 手 1 月 60 看涨期权	0.565	0.072 3	−0.020	0.109
卖出 240 手 1 月 70 看涨期权	0.204	0.029 8	−0.019	0.080
卖空 800 股 XYZ				

整个头寸的风险暴露是：

头寸 delta：−46 股（基本上是 delta 中性）

头寸 gamma：+8 股（gamma 中性）

头寸 theta：+256 美元

头寸 vega：−830 美元

因此，这个头寸的 gamma 和 delta 都是中性的。另外，因为正的 theta，每过 1 天这个头寸就有 256 美元的盈利，这是一个吸引人的特征。正如这个价差交易者所希望的，如果 XYZ 的波动率减小，这个头寸就赚钱：隐含波动率每减小 1 个百分点，这个头寸就盈利 830 美元。解（gamma 和 vega 系数的）二元一次方程，就能知道需要买入和卖出的数量。由此得出，通过卖出 800 股 XYZ，头寸 delta 就会变为中性。

下面的分析假定 1 月 70 看涨期权相对昂贵的现象还会持续下去。它们是整个头寸中卖出的期权。如果定价过高的现象消失，这个头寸价差看上去就具吸引力，不过，没有人可以担保说它们会变得更便宜，特别是在一个像一两个星期这样的时段里。

按照上面所确定的股票价格，在 7 天之后这个头寸看上去会是什么样子呢？

股票价格	盈利/亏损	delta	gamma	theta	vega
54.56	1 905	−7.40	1.62	0.94	−1.57
55.79	1 077	−4.90	2.07	1.18	−1.96
57.16	606	−1.97	2.13	1.53	−2.90
58.56	528	0.74	1.65	2.00	−4.62

(续)

股票价格	盈利/亏损	delta	gamma	theta	vega
60.00	771	2.38	0.56	2.63	−7.22
61.47	1 127	2.07	−1.01	3.38	−10.63
62.98	1 252	−0.87	−2.85	4.22	−14.56
64.52	702	−6.73	−4.67	5.07	−18.61
66.11	−1 019	−15.42	−6.21	5.85	−22.31

与此相似，在过了 14 天之后，这个头寸会有下列的特征。

股票价格	盈利/亏损	delta	gamma	theta	vega
52.31	4 221	−9.10	0.69	0.55	−0.98
54.14	2 731	−6.93	1.69	0.75	−0.89
56.02	1 782	−2.87	2.51	1.06	−1.21
57.98	1 717	2.17	2.44	1.61	−2.69
60.00	2 577	5.85	1.00	2.51	−6.00
62.09	3 839	5.29	−1.63	3.73	−11.05
64.26	4 361	−1.55	−4.61	5.09	−16.90
66.50	2 631	−14.80	−7.02	6.31	−22.17
68.82	−2 799	−32.83	−8.32	7.18	−25.72

图 40-13 用图形的方式表现了同样的信息，因此，喜欢图形而不是表格的读者可以容易地跟上下面的讨论。

首先，这个价差的盈利性是可以考察的。这幅盈利图假设 XYZ 的波动率保持不变。注意一下，在 7 天之中，如果股票价格保持不变，这个头寸就有小额的盈利。这是可以预见的，因为 theta 是正，所以时间对这个价差有利。同样，在 14 天之内，如果 XYZ 的价格保持相对没有变化，盈利甚至会更大，同样也是因为正的 theta 的原因。总的来说，这个头寸在 7 天之内的预期盈利是 800 美元，在 14 天是 2 600 美元。这就指从统计学上看，这是一个吸引人的情景，不过，这自然不意味着交易者一定不会输钱。

继续看一下这幅盈利图，下行方向对这个价差是有利的。因为如果 XYZ 暴跌，头寸中卖空股票的那一部分就会贡献出更大的盈利（见图 40-12）。上行方向是会出现麻烦的地方。在 7 点之内，在上行方向，如果股票价格为 65 时这个头寸盈亏平衡，在 14 天里，它在 67.50 盈亏平衡。

读者也许会问，"为什么在上行方向有这么大的风险呢？我以为这个头寸是 delta 中性和 gamma 中性的呢。"不错，这个头寸最初对这两个指标都是中性的。这个中性性解释了盈利曲线在目前股票价格为 60 时的平坦性。不过，当股票在上行方向运动了 1.50 个标准差，这个中性性就开始消失了。要知道这一点，让我们看一看图 40-13 和图 40-14，这两幅图形显示出了在这个价差建立起来之后的 7 天和 14 天的头寸 delta 和头寸 gamma。同样，这些同前面表格中列出的数字也是相同的。

首先，看一下在 7 天中的头寸 delta（见图 40-13）。注意一下当 XYZ 在 57～63 之间时这个头寸保持 delta 相对中性。这是因为 gamma 最初是中性的。不过，如果 XYZ 在 7 天之内上升到 63 之上或者下跌到 57 之下，这个头寸就变得相当 delta 卖空。在这种情况下

gamma 会发生什么呢？因为我们刚刚观察到 delta 最终会变化的，这肯定意味着这个头寸得到了一些 gamma。

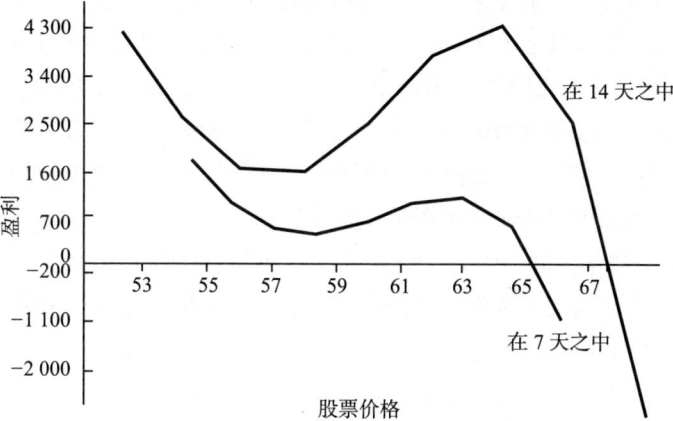

图 40-12　XYZ 比率价差：gamma 和 delta 为中性

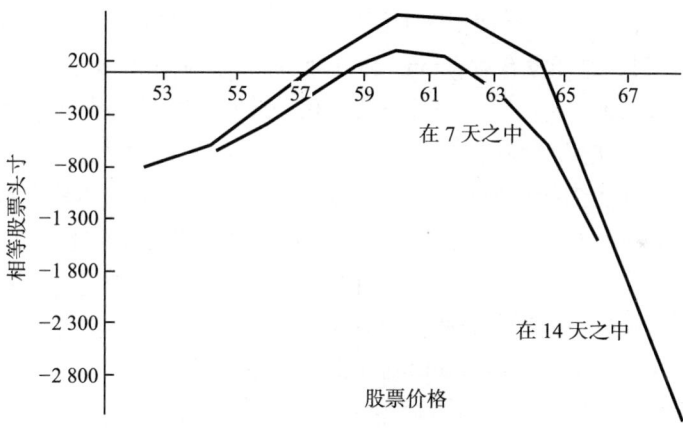

图 40-13　XYZ 比率价差：头寸 delta

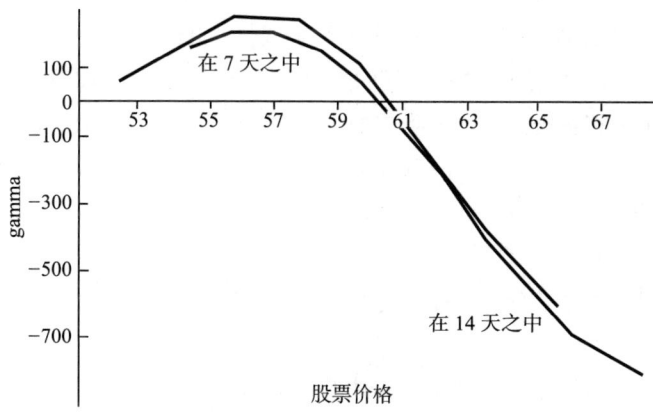

图 40-14　XYZ 比率价差：头寸 gamma

图 40-14 描绘了 gamma 不是非常稳定这个事实，考虑一下它是从接近 0 的地方开始的。如果 XYZ 下跌，gamma 就会略有上升，反映出在 XYZ 下跌时这个头寸会变得更为看空这个事实。但是，因为同这个头寸中卖空的股票配对的只有看涨期权，所以在下行方向没有风险。正的 gamma，哪怕只是像这个示例中的小额的正数，在股票运动中都是有好处的。

上行方面就完全是另一回事儿。在 7 点之内，股票价格在 63 之上时，gamma 看似变得严重负数。记住负的 gamma 意味着交易者的头寸对市场价格变化会有不良的反应：这个头寸很快就变成"同市场斗争"。随着股票价格进一步上涨，gamma 就变得越来越负面。这些观察适用于 7 天的情况也适用于 14 天的股票价格运动；事实上，对 gamma 的影响在这个示例里似乎并不特别取决于时间，因为在图 40-14 中的两根线条非常接近。

上面的信息详细地描写了这样的事实：如果股票在太短的时间内上涨得太快，这个头寸的表现就会有问题。不过，稳定的股票价格会产生盈利，下跌的价格也会。这些结论并不很惊人。因为，只要简单地观察一下，你就可以看出在这个头寸里有额外的卖出看涨期权加上一些卖空的股票。不过，事先计算这个信息的要点是要能够预测在什么地方做出调整以及做多大的调整。

后续行动。策略家应当怎样使用这个信息呢？一个简化的方法是当 delta 变为非中性的时候调整 delta。不过，这样没有对 gamma 做任何事，所以未必是最好的方法。如果交易者要调整的只是 delta，他就应当用下面的方法来做：delta 图形（见图 40-13）显示出，如果 XYZ 在一个星期内上涨到 64.50，这个头寸就大约 delta 卖空 800 股。一个简单的计划是，如果股票上涨到 64.50，那么就回补 800 股卖空的 XYZ 股票。回补 800 股股票就会使这个头寸在当时回到 delta 中性。注意，如果股票缓慢地上涨，策略家回补这 800 股的价位就应当更高一些。例如，如果 delta 在 14 天（同样请见图 40-13）显示 XYZ 要在 65.50 左右才到了一个 delta 卖空 800 股的价位。因此，如果 XYZ 要 2 个星期才开始上涨，交易者可以等到 65.50 再回补这 800 股股票，使头寸回到 delta 中性。

无论是哪种情况，买入 800 股股票都不能处理随着股票价格上涨而悄悄出现负的 gamma。同负的 gamma 作斗争的唯一方法是买入期权，而不是股票。要使一个头寸回到对不止一个风险暴露保持中性，需要交易者在解决这个问题时采用同最初建立这个头寸时相同的方法。首先将 gamma 中性化，然后用股票来调整 delta。注意一下在这个方法同前面刚描写过的那个方法之间的区别。这里，我们想要调整 gamma，然后再处理 delta。

为了加进一些正的 gamma，交易者应当买回（回补）一些正在卖空的 1 月 70 看涨期权。假定做这个决定的时候是 XYZ 在 14 天达到了 65.50。从图 40-14 看，你可以看到这个头寸在这个时候会大约 gamma 卖空 700 股。假定 1 月 70 看涨期权的 gamma 是 0.07。那么，交易者就必须回补 100 手 1 月 70 看涨期权，在头寸中增加 700 股正的 gamma，使头寸恢复到 gamma 中性。这笔购买自然使得这个头寸变为 delta 多头，因此，必须卖空一些股票使得头寸 delta 再次恢复到中性。

因此，后续行动的程序有些同建立头寸的程序相似。首先将 gamma 中性化，然后通过使用普通股股票来除去由此产生的 delta。我们在这里没有显示由此生成的后续调整的盈利图形，因为这个过程会不断持续下去。不过，作若干观察是有必要的。第一，买入看涨期权来减小负的 gamma 会伤害这个头寸的原始主题：如果可能的话，保持负值的 vega 和正值的 theta。买入看涨期权会给头寸增加 vega，减少 theta，这不是价差交易者想要看到的。不过，比起让头寸随着股票价格上涨而积累亏损来，它还是更为可取的。第二，如果头寸有利可盈，交易者或许应当选择将它平仓。如果波动率像预期的那样下降，就会发生这样的情况。这时，当股票上涨，产生负的 gamma，交易者实际上会有盈利，因为他关于波动率的假设是正确的。如果他认为从降低的波动率中不会再有太大的潜在盈利，他或许应当使用负的 gamma 开始上升的那一点作为头寸出场的价位。第三，交易者也许应当选择接受获得的 gamma 风险。与其是让他最初的主题处于危险的境地，不如只是调整 delta，让 gamma 积累起来。这不再是一个中性的策略，但是，交易者有他的理由用这种方法来处理问题。至少他已经计算了风险并且意识到这个风险。如果他选择接受它而不是剔除它，这是他的决定。

第四，显然，这个过程是动态的。随着各种因素的变化（股票价格、波动率、时间），头寸自身也在变化，策略家面临着新的选择。这里没有绝对正确的调整。在许多时候，这个过程与其说是科学还不如说是艺术。另外，随着股票的运动和时间的消逝，或者如果这个头寸所包括的证券发生了变化，策略家应当不断地重新计算这些盈利图形和风险指标。只有一点是绝对真实的，那就是认真的策略家应当意识到他的头寸同至少 4 个基本指标有相关的风险：delta，gamma，theta 和 vega。忽视这些风险是对管理这个头寸的不负责任。

40.3.5 买入 gamma

一个卖出定价过高的期权，同时使用其他期权或股票为它对冲的策略家常常会有一个同前面描写的那个策略相似的头寸。大幅度的股票运动，至少是在一个方向上，对这样的头寸典型地会成为麻烦。这个头寸的反面是持有一个买入 gamma 的头寸。这就是说，如果股票在某个方向有快速运动，这个头寸的表现会更好。虽然这似乎有好的心理作用，但这些类型的头寸有它们自己类型的风险。

买入 gamma 的最简单的头寸是一个买入跨式价差的头寸，或者是一个后式价差（反向比率价差）。另一种构建买入 gamma 头寸的方法是倒转一个跨期价差：买入近期期权，同时卖出远期期权。因为近期期权的 gamma 比同一行权价的远期期权的 gamma 要高，这样的头寸就有买入 gamma。事实上，预期股票会有剧烈波动的交易者常常构建这样一个头寸，原因是公众会相随而来，将短期期权的价格抬高（增加它们的隐含波动率），使得这个交易者的价差有更大的盈利性。

不幸的是，所有这些头寸常常会变成买入所有的其他一切，也包括 theta 和 vega。这就意味着时间对这个头寸是不利的，而且，隐含波动率中的摆动可能有帮助，也可能有害。交易者是否可能构建一个买入 gamma，但是不受其他因素牵制的头寸呢？当然可以，但是，它看上去会是什么样子呢？正如你也许想到的，这里的答案不是铁板钉钉的。

在下面的这些示例里，假设有这样的价格存在。

XYZ：60

期权	价格	delta	gamma	theta	vega
3 月 60 看涨期权	3.25	0.54	0.051 0	0.033	0.089
6 月 60 看涨期权	5.50	0.57	0.030 6	0.021	0.147

【示例 40-19】假定有位策略家想要建立一个 gamma 多头，但 delta 和 vega 中性的头寸。他认为股票会运动，但是不敢肯定运动的方向，而且不想在波动率的快速运动方面有任何风险。为了给"他想要 gamma 多头"这个说法量化，让我们假设他想要 gamma 买入 1 000 股，或者 10 手合约。

我们已经知道，delta 始终是可以到最后再中性化的。因此，让我们先来考虑一下其他两个变量。下面的两个方程是用来确定为了使 gamma 多头和 vega 中性而需要买入的数量。

$$0.051\,0\,x + 0.030\,6\,y = 10\,(\text{gamma}，以合约数表示)$$
$$0.089\,x + 0.147\,y = 0\,(\text{vega})$$

这两个方程的解是：

$$x = 308$$
$$y = -186$$

因此，交易者应当买入 308 手 3 月 60 看涨期权，同时卖出 186 手 6 月 60 看涨期权。这是一个我们讨论过的反转跨期价差：买入近期看涨期权，卖出远期看涨期权。

最后，delta 必须要中性化。要做到这一点，使用刚刚确定的数量来计算头寸 delta：

$$\text{头寸 delta} = 0.54 \times 308 - 0.57 \times 186 = 60.30$$

因此，这个头寸是买入 60 手合约，或者 6 000 股股票。可以通过卖空 6 000 股 XYZ 来将 delta 中性化。

这个总的头寸看上去就会是这样：

头寸	delta	gamma	vega
卖空 6 000 股 XYZ	1.00	0	0
买入 308 手 3 月 60 看涨期权	0.54	0.051 0	0.089
卖出 186 手 6 月 60 看涨期权	0.57	0.030 6	0.147

它的风险指标是这样的：

头寸 delta：买入 30 股（中性）

头寸 vega：7 美元（中性）

头寸 gamma：买入 1 000 股

这个头寸于是满足了最初的想要 gamma 多头 1 000 股的目标，但是 delta 和 gamma 是中性的。

最后，注意一下，theta = -625 美元。这个头寸每天由于因时减值会损失 625 美元。

这个策略家必须比这个分析走得更远一些，特别是如果他处理的头寸不是一个简单的组合。他应当计算出盈利图，同时也看一看随着时间的消逝和股票价格的变化，这些风险指标是如何表现的。

图 40-15（见表 40-10、40-11 和 40-12）显示出在 7 天、14 天和 3 月到期时的潜在盈利。图 40-16 显示了在 7 日和 14 日的时间间距上的头寸 vega。在讨论这些事项之前，这些数据将展现在 3 个不同时间的表格中：7 天、14 天和在 3 月到期日。

表 40-10 的数据描绘了 7 日的头寸。

表 40-11 代表了 14 日的结果。

最后，3 月到期日时这个头寸的模样应当已经相当清楚了（见表 40-12）。

在每一种情况里，注意一下股票价格都是根据最后一节显示的统计公式计算出来的。时间消逝得越多，股票就越有可能从目前的价格上漂移得更远。

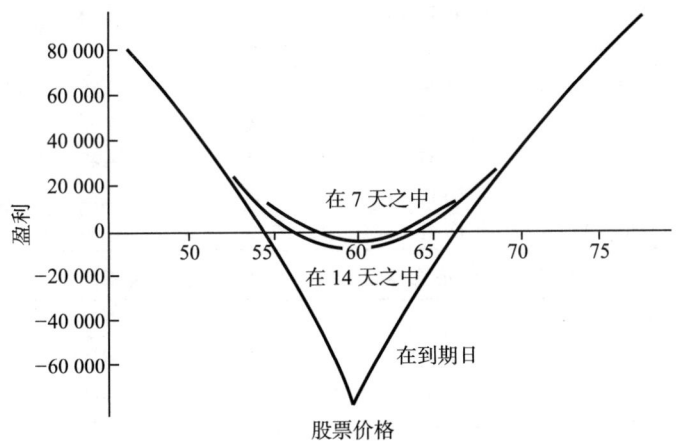

图 40-15　交易 gamma 多头，盈利图

表 40-10　gamma 多头头寸在 7 天的风险指标

股票价格	盈利 / 亏损	delta	gamma	theta	vega
54.56	12 259	−58.72	8.28	4.15	−5.74
55.79	5 202	−46.60	9.78	5.20	−4.18
57.16	− 224	−32.45	10.80	6.09	−2.85
58.56	−3 670	−16.91	11.25	6.73	−1.94
60.00	−4 975	− 0.80	11.08	7.04	−1.63
61.47	−3 901	15.01	10.32	6.98	−1.96
62.98	− 507	29.69	9.09	6.57	−2.89
64.52	5 105	42.56	7.54	5.87	−4.29
66.11	12 717	53.17	5.86	4.97	−5.96

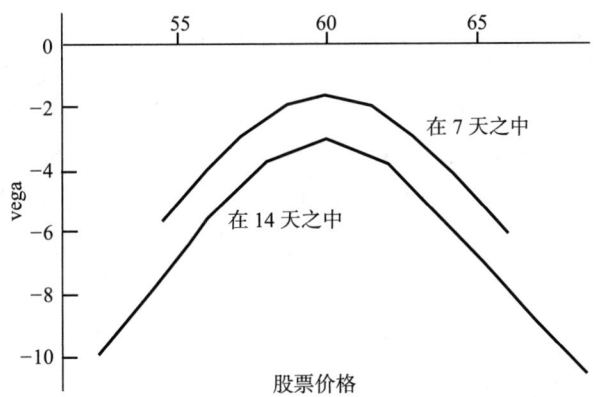

图 40-16　交易 gamma 多头，头寸 vega

表 40-11 gamma 多头头寸在 14 天的风险指标

股票价格	盈利 / 亏损	delta	gamma	theta	vega
52.31	24 945	−79.34	4.75	2.10	− 9.91
54.14	11 445	−67.68	8.00	3.91	− 7.87
56.02	227	−49.79	10.79	5.76	− 5.56
57.98	− 7 263	−26.87	12.42	7.21	− 3.73
60.00	−10 141	− 1.44	12.47	7.88	− 3.04
62.09	− 7 784	23.22	10.99	7.60	− 3.78
64.26	− 347	44.47	8.45	6.47	− 5.71
66.50	11 491	60.12	5.55	4.82	− 8.20
68.82	26 672	69.81	2.92	3.09	−10.48

表 40-12 gamma 多头头寸在 3 月到期时的风险指标

股票价格	盈利 / 亏损	delta	gamma	theta	vega
46.19	81 327	− 75.69	−3.65	−1.32	− 6.88
49.31	55 628	− 89.84	−5.39	−2.25	−11.43
52.64	22 378	−110.50	−6.89	−3.33	−16.50
56.20	−21 523	−136.65	−7.62	−4.28	−20.67
60.00	−78 907	144.68	−7.29	−4.79	−22.49
64.06	−25 946	117.44	−6.03	−4.70	−21.26
68.39	19 787	95.03	−4.31	−4.10	−17.44
73.01	59 732	79.05	−2.67	−3.24	−12.43
77.95	96 062	69.19	−1.43	−2.41	− 7.69

这幅盈利图形显示出这个头寸在很大程度上像一个买入跨式价差头寸的图形：如果股票无论在哪个方向朝上或者朝下运动，它都会有大量的、对称的盈利。此外，如果股票保持相对无变化，亏损就会很大。这些亏损往往会立刻开始积累，在 14 天内变得相当可观。因此，如果交易者进入这类头寸，他最好是很快就得到他想要的股票运动，要不然，他就应当准备砍掉他的亏损，退出这个头寸。

关于这个头寸要注意的最让人吃惊的事情是时间对这个头寸的灾难性效果。这幅图形显示出了如果预期发生的股票运动没有实现的话会产生多大的亏损。这些亏损完全是因为因时减值：theta 在最初的头寸中是个负数（每天 625 美元的亏损），而且保持是负数（令人惊讶地不变），一直到 3 月到期日（当买入的看涨期权到期）。时间也会影响 vega。请注意 vega 怎样立刻开始变为负数，而且，随着时间的消逝，负数会越变越大。简单地讲，有理由说，随着时间的消逝，这个头寸变得容易受到隐含波动率增长的伤害。

时间和波动率之间的关系对策略家来说也许不是一下子就看得出来的，除非他花时间来计算这类表格或图形。事实上，交易者也许在某种程度上对这样的观察而感到束手无策。实际发生的是，随着时间的消逝，如果波动率增长，所持期权就不再具有那么大的爆炸力，不过，卖出的期权还剩下很多时间，因此，如果波动率上升，期权就会剧烈上涨。

图 40-17 和图 40-18 对 delta 和 gamma 提供的数据没有那么能够说明问题。因为 gamma 在开始时是正数，随着股票上涨，delta 也急剧上涨，如果股票下跌，delta 也下跌得同样迅速（见图 40-18）。对一个买入 gamma 的头寸来说，这是标准的表现；一个买入跨式价差看上去

非常相似。注意一下在整个过程中 gamma 保持是正数（见图 40-17），虽然如果股票朝着这个分析使用的价格范围的终端运动的话，它会跌到较小的水平。同样，对一个买入跨式价差的头寸来说，这也是标准的行为。

因此，这是一个好的头寸吗？除非你知道标的证券会发生什么情况，否则这是一个难于回答的问题。从统计学的角度看，这类头寸有负面的预期收益，而且一般在长期中产生亏损。不过，在近期期权注定要过热的情况里（也许是因为兼并的谣传，或者是有关于一个公司的显著信息的透露），许多精密的交易者建立这类头寸来利用股票价格预期的爆发性运动。

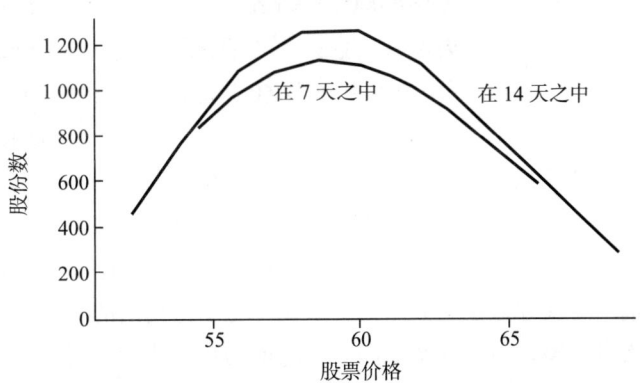

图 40-17　交易 gamma 多头，头寸 gamma

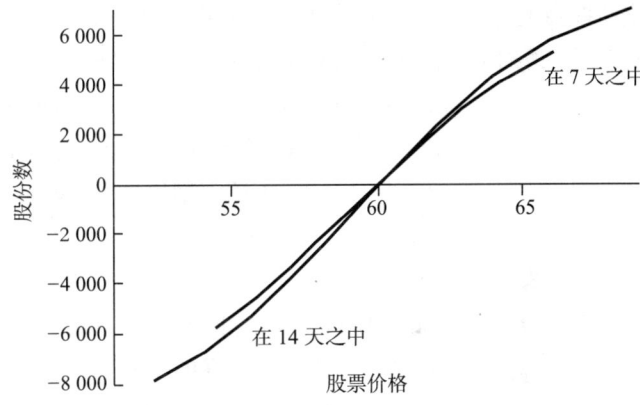

图 40-18　交易 gamma 多头，头寸 delta

其他变量。不用涉及过多的细节就能够将上面的头寸同相似的一些头寸进行比较。这样做的目的是要说明策略家最初要求的变化会如何改变已经建立的头寸。在前面的头寸里，策略家想要买入 gamma，但是对 delta 和波动率中性。假定不止是预期到价格的运动（也就是说，他想要正 gamma），而且预期到波动率中的变化。如果是这样的话，他应当也想要正的 vega。假定他决定波动率每移动 1 个百分点，他就想要盈利 1 000 美元，用这样的方法来为这种要求进行量化。那联立方程就会是：

$$0.051\,0\,x + 0.030\,6\,y = 10\ (\text{gamma})$$
$$0.089\,x + 0.147\,y = 10\ (\text{vega})$$

这些方程的解是：

$$x = 243$$
$$y = -80$$

此外，为了使得这个头寸达到 delta 中性，还必须卖空 8 500 股股票。由此产生的结果就是：

卖空 8 500 股 XYZ	delta：中性
买入 243 手 3 月 60 看涨期权	gamma：买入 1 000 股
卖出 80 手 6 月 60 看涨期权	vega：买入 1 000 美元
	theta：买入 630 美元

还记得吗，上一节讨论的那个头寸是 vega 中性的，它是：

卖空 6 000 股 XYZ	delta：中性
买入 308 手 3 月 60 看涨期权	gamma：买入 1 000 股
卖出 186 手 6 月 60 看涨期权	vega：中性
	theta：买入 625 美元

请注意，在这个新头寸里，买入的 3 月 60 看涨期权是卖出的 6 月 60 看涨期权的 3 倍之多。比起那个 vega 中性的头寸来，这个比率要大得多，在那个头寸里，每卖出 1 手就买入大约 1.6 手。买入的近期期权的更为主导的地位意味着这个新头寸对因时减值的暴露比前一个头寸甚至更大。也就是说，为了得到正的 vega，交易者被迫在因时减值方面承担更大的风险。由于这个原因，比起前面那个头寸来说，这个头寸就不是那么理想；既要买入 gamma 又要买入波动率，这似乎风险太大。

这并不是说交易者无论在什么情况下都不应当买入波动率。事实上，如果交易者预期波动率会上升，他也许应当建立一个 delta 和 gamma 都中性，而 vega 为正的头寸。同样，使用同前面的示例相同的价格，下面的头寸可以满足这些标准：

卖空 2 600 股 XYZ	delta：中性
卖出 64 手 3 月 60 看涨期权	gamma：中性
买入 106 手 6 月 60 看涨期权	vega：买入 1 000 美元
	theta：买入 11 美元

这个头寸的形式更为传统。它是一个跨期价差，不同的只是多买了看涨期权。另外，这个头寸的 theta 现在只有 11 美元，也就是说，每天因为因时减值而遭受的损失只有 11 美元。猛一看它似乎是这三种选择中最好的一种。不幸的是，当你画出盈利图（见图 40-19）的时候，你会发现这个头寸在下行方向有相当大的风险：卖空的股票弥补不了大数量的 6 月 60 看涨期权。不过，这个头寸在上行方向确实有钱可赚，而且，如果波动率上升，它也可以盈利。如果在建立这个头寸时，3 月看涨期权相对 6 月看涨期权定价过高，那么，它的吸引力就更大了。

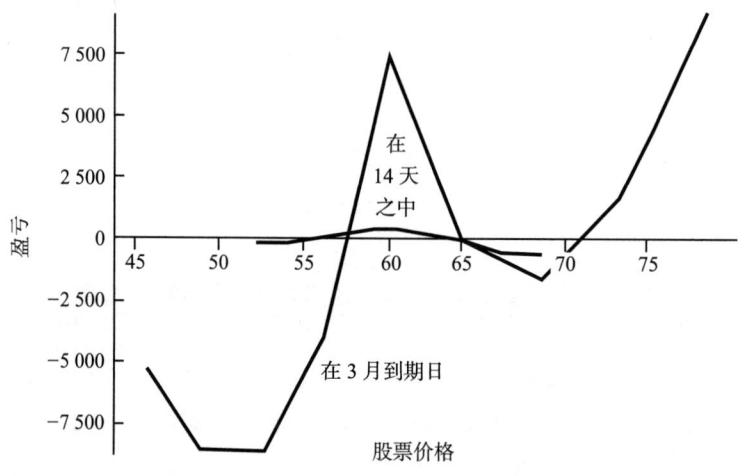

图 40-19　交易 gamma 多头，"传统的"跨期价差

总之，通过对交易者想要承担或避免的风险进行界定，可以为构建最终头寸提供细节。策略家应当考察潜在的风险和收益，特别是盈利图形。如果潜在风险不是他想要的，策略家就应当重新思考他的要求，重头来过。因此，在这里展现的示例里，策略家感到他最初想要的是买入 gamma 的头寸，但是，它涉及过多的因时减值的风险。于是有了再一次的努力，在这个情景中引进了正的波动率。最后，第 3 个分析产生了，它涉及的是只买入波动率，不买入 gamma。由此产生的头寸的时间风险很小，但是，如果股票价格下跌，就会有风险。它或许是这 3 种方法中最好的一种。策略家是通过一个逻辑的分析过程而得出这个结论的。

40.4　高级数学概念

这一章剩下的部分是对论述数学运动的第 28 章的一个简短的补充。它的技术性相当高。那些想要理解在这些风险指标背后的基本概念的，或许想用更高级的方法来使用它们的读者，也许会对下面的讨论感兴趣。

40.4.1　计算"希腊字母"

我们已经知道，delta 的方程是布莱克－斯科尔斯模型计算的一个副产品：

$$\Delta = N(d1)$$

每一个风险指标都是可以通过数学的方法从这个模型中推导出的偏导数。不过，有一种取得近似值的捷径，它同样也起作用。例如，求 gamma 的公式可以是这样的：

$$x = \ln\left(\frac{P}{s \times (1+r)^t}\right) \bigg/ v\sqrt{t} + \frac{v\sqrt{t}}{2}$$

$$\Gamma = \frac{e^{(-x^2/2)}}{pv\sqrt{2\pi t}}$$

这里有一个正确但更简单的方法来得出 gamma。delta 是布莱克－斯科尔斯模型中与股票价格相关的偏导数，也就是说，它是同股票价格变化相应的一定数量的期权价格的变化。gamma 是同股票价格变化相应的 delta 的变化数量。因此，你可以通过以下步骤来得出 gamma 的近似值：

（1）使用 $p =$ 当前股票价格来计算 delta；
（2）设定 $p = p + 1$，重新计算 delta；
（3）gamma = 从第 1 步得出的 delta － 从第 2 步得出的 delta。

同样的步骤也可以使用在其他的"希腊字母"上。

vega：

（1）使用一个特定的波动率计算出期权的价格；
（2）使用上面的波动率加 1%，计算出期权的另一个价格；
（3）vega = 第 1 步的价格同第 2 步的价格之间的差额。

theta：
（1）使用当前离到期的时间计算出期权的价格；
（2）使用离到期少一天的时间计算出期权的另一个价格；
（3）theta＝第1步的价格同第2步的价格之间的差额。
rho：
（1）使用目前的无风险利率计算出期权的价格；
（2）将利率增加1%，使用增加后的利率计算出期权的另一个价格；
（3）rho＝第1步的价格同第2步的价格之间的差额。

40.4.2　gamma 的 gamma

我们在前面推迟了对这个概念的讨论，因为它不是很容易掌握。现在将它包括在内，为的是那些有的时候也许会想要使用它的读者。对它不感兴趣的读者可以略过这一节。

回忆一下，这是一个期权头寸第六个风险指标。gamma 的 gamma 是当股票价格发生变化时 gamma 会变化的数量。

还记得吗，在前面对 gamma 的讨论里，我们提到过，gamma 是会变化的。下面的示例是以前面用的同一个示例为基础的。

【示例40-20】XYZ 的价格为49，假定1月50看涨期权的 delta 为0.50，gamma 为0.05。如果 XYZ 向上运动1个点，这个看涨期权的 delta 就会增加这个 gamma 的数量。它会从0.50增加到0.55。简单地说，如果 XYZ 向上再运动1个点，到51，delta 就会再增加0.05，到0.60。

显然，delta 不可能在 XYZ 价格每增长1点时都增长0.05，因为，这样下去它最终会超过1.00。而我们知道，delta 的最大值是1.00。因此，gamma 显然也是在变化的。

在现实中，随着股票价格离行权价越远，gamma 就变得越小。因此，当 XYZ 价格为51时，gamma 可能就只有0.04。所以，如果 XYZ 上涨到52，这个看涨期权的 delta 就会增加0.04，到0.64。因此，gamma 的 gamma 就是 −0.01，因为 gamma 在股票上升1点的时候从0.05下降到0.04。

随着 XYZ 的价格变得越来越高，gamma 就变得越来越小。最后，当 XYZ 在60到65之间时，delta 就变成将近1.00，而 gamma 就接近于0.00。

gamma 的这个随着股票运动而出现的变化叫做 gamma 的 gamma。它或许有其他的名字，不过，因为只有最精密的交易者才使用它，所以它没有一个标准的名字。一般而言，交易者是在他的整个投资组合中使用这个指标，以衡量这个投资组合对头寸 gamma 的反应。

【示例40-21】正如在前面一些示例中那样，XYZ 的价格是31.75，有下面的风险指标存在：

头寸	期权 delta	期权 gamma	期权 gamma/gamma	头寸 gamma/gamma
卖空4 500股 XYZ	1.00	0.00	0.000 0	0
卖出100手 XYZ 4月25看涨期权	0.89	0.01	−0.001 5	−15
买入50手 XYZ 4月30看涨期权	0.76	0.03	−0.000 6	− 3
买入139手 XYZ 7月30看涨期权	0.74	0.02	−0.000 3	− 4
总 gamma 的 gamma				−22

还记得吧，在同一个用来描写 gamma 的示例里，这个头寸是 delta 多头 686 股，它的正 gamma 是 328 股。此外，我们现在看到，gamma 自身是随着股票上涨而下降（它是负数），或者，随着股票下跌而增加。事实上，XYZ 每运动 1 点，可以预期它会增加或降低 22 股。

因此，如果 XYZ 向上运动 1 点，就会出现以下情况：

（1）delta 从 684 增加到 1 014，增加 gamma 的数量；

（2）gamma 从 328 降低到 306，标志着如果 XYZ 继续上涨，delta 增加的数量就会比以前小。

你可以想象出在不同情况中 gamma 的 gamma 的变化的一般画面（实值、平值和虚值，或者是离到期的不同时间）。下面的两个指数看涨期权的表格显示出了在不同股票价格上的 delta、gamma 和 gamma 的 gamma，这两个期权是离到期还有 1 个月的 1 月 350 看涨期权和离到期还有 11 个月的 12 月 350 看涨期权。

指数价格	1 月 350 看涨期权			12 月 350 看涨期权		
	delta	gamma	gamma/gamma	delta	gamma	gamma/gamma
310	0.000 6	0.000 1	0.000 0	0.320 3	0.008 3	0.000 0
320	0.008 7	0.002 0	0.000 4	0.397 1	0.008 2	0.000 0
330	0.061 8	0.010 0	0.001 3	0.478 7	0.008 0	-0.000 0
340	0.233 3	0.074 4	0.001 3	0.562 6	0.007 8	-0.000 1
350	0.524 1	0.030 9	-0.000 3	0.636 0	0.007 3	-0.000 1
360	0.795 7	0.021 5	-0.001 4	0.698 4	0.006 7	-0.000 1
370	0.942 0	0.008 6	-0.001 0	0.765 3	0.006 0	-0.000 1
380	0.989 2	0.002 1	-0.000 3	0.821 3	0.005 2	-0.000 1

从这里可以得出若干结论，这些结论并不都是一目了然的。首先，长期期权的 gamma 的 gamma 是非常小的。这是可以预期的，因为长期期权的 delta 变化得非常慢。下一个事实在较短期的 1 月 350 的表格中看得最清楚。深度虚值期权的 gamma 的 gamma 几乎是零。不过，随着期权接近实值，gamma 的 gamma 就变为正，虽然期权仍然是虚值的，它则接近于它的最大值。当期权变为平值的时候，gamma 的 gamma 就变成负。之后它一直是负，当期权变成略为实值时达到它最大的负值。从这里起，随着期权的实值程度变得越来越深，gamma 的 gamma 保持它的负值，但越来越接近于零，最后，当期权极度实值时，达到了（负）零。

有没有可能不必进行深度的数学计算就可以推断出这个风险指标呢？有这样的可能。注意一下，当一个期权是虚值的时候，它的 delta 是从一个小数目开始的。然后它开始增长，开始的时候很慢，然后越来越快，直到它在一个平值期权中达到刚好是 0.60 之下。从这里起，它继续增长，但是，随着期权变为实值期权，增长的速度要慢得多。delta 的这种运动可以通过 gamma 来观察出来：它是 delta 的变化值，因此，它开始的时候随着股票价格接近行权价而缓慢增加，然后，当期权是实值的时候开始减小，始终是个正数，因为 delta 在股票上涨的时候只会朝正数的方向变化。最后，因为 gamma 的 gamma 是 gamma 中的变化，因此，随着 gamma 越变越大，它开始变为正，但这时是 gamma 开始逐步减小的时候，这可以从负值的 gamma 的 gamma 中反映出来。

总之，gamma 的 gamma 是精密的交易者用在大宗的期权头寸上的，在这些期权头寸中，股票价格的变化给 gamma 带来的影响不是很明显。交易者常常对它们的 delta 有所感觉。他们甚至对 delta 在股票价格运动时会有什么变化也有所感觉（也就是说，他们对 gamma 也有所感觉）。不过，精密的交易者知道，即使是从零 delta 和零 gamma 开始的头寸最后也会获得一些 delta。gamma 的 gamma 告诉交易者这个头寸最后获得 delta 的速度会有多快以及数量会有多大。

40.4.3　衡量隐含波动率的差异

读者应当还记得，我们在讨论隐含波动率的时候曾经说过，交易者如果能够发现这样的情况，其中，同一个标的证券上的不同的期权之间的隐含波动率有很大的差异，那么，这就可能是一个有吸引力的建立中性价差的机会。策略家也许会问，他应当如何来确定这两个期权之间的差异大到值得他注意的程度了呢。更进一步说，有没有一种可以快速确定这一点的方法（当然要使用计算机）？

解答这一点的一个逻辑的方法是看一看每个期权自己的隐含波动率，并且计算出这些数字的标准差。用这个标准差除以这个股票总的隐含波动率，就可以将它转换为一个百分比。这个百分比，如果足够大的话，就可以提示策略家，告诉他在这个标的证券的不同期权之间有可能存在进行价差交易的机会。下面的示例可以说明这个程序。

【**示例 40-22**】XYZ 在 50 交易，有下面的期权和各自不同的隐含波动率存在。我们可以通过这个公式为这些隐含波动率计算出一个标准差，叫做隐含标准差（implied deviation）：

$$\text{隐含标准差} = \sqrt{((\text{与平均值之差})^2 \text{的和}^{\ominus}/(\text{期权数目}-1))}$$

XYZ：50

期权	隐含波动率	与平均值之差
10 月 45 看涨期权	21%	−9.44
11 月 45 看涨期权	21%	−9.44
1 月 45 看涨期权	23%	−7.44
10 月 50 看涨期权	32%	+1.56
11 月 50 看涨期权	30%	−0.44
1 月 50 看涨期权	28%	−2.44
10 月 55 看涨期权	40%	+9.56
11 月 55 看涨期权	37%	+6.56
1 月 55 看涨期权	34%	+3.56

平均值：30.44%

（与平均值之差）² 的总和 = 389.26

隐含标准差 = $\sqrt{(\text{差额})^2 \text{之和}^{\ominus}/(\text{期权数目}-1)}$

⊖ 疑原文有误，原文是"与平均值之差和的平方"，应该是"与平均值之差的平方的和"。——译者注

⊖ 疑原文有误，原文是"差额和的平方"，应该是"差额平方的和"。——译者注

$$= \sqrt{389.26/8}$$
$$\approx 6.98$$

这个数字代表了隐含波动率之间的原始标准差。为了将它转换为可以用来比较的数字，必须把它除以平均隐含波动率：

$$差值百分比 = 隐含标准差 / 平均隐含波动率$$
$$= 6.98 / 30.44$$
$$= 23\%$$

如果这个"差值百分比"大于15%，那么它通常就是显著的。这就是说，如果不同期权的波动率之间的差异大到在上面的计算中会产生15%甚至更大的结果，那么，策略家就应当考虑是否要在这个证券或者期货合约中建立中性的价差。

这里展示的概念可以使用隐含波动率的加权平均值（将交易量和同行权价的差价考虑进去）而不是原始的平均值而得到进一步完善。这个任务就留给读者了。

我们提到过，计算机可以在很短的时间内进行大量的布莱克-斯科尔斯模型计算。因此，计算机可以甚至更快地计算出每个期权的隐含波动率，然后进行"差值百分比"的计算。想要建立这类中性价差的策略家只需要看一下差值百分比的清单，找出价差交易的候选者。在既定的某一天，这个清单一般相当短，合格的大约只有20种股票和10种期货合约。

40.5 总结

在今天高度竞争和高度波动的期权市场里，中性价差的交易者必须对他们的风险有高度的警惕。这样的风险并不只是在到期日的风险，而且是市场中当前的风险。更进一步，他们应当对在标的股票或期货合约价格上下运动时这个风险是如何增加或减少的有所了解。另外，时间的消逝或者市场为期权所指定的波动率（隐含波动率），都是重要的考虑因素。即使短期利率的变化也会发生影响，特别是涉及到长期期权（LEAPS）的时候。

策略家一旦意识到这些风险，他就可以使用它们来选择新的头寸，调整既有头寸，以及形成特别策略来从它们之中得到好处。他可以选择他想要挖掘的某个特别的标准（例如，卖出高波动率），并且使用其他的指标来构建一个对所有其他变量没有风险的头寸。此外，只要可能就不想要任何市场风险的做市商或专业商，可以使用这些技巧，在可能的情况下，尽量将所有现存的风险中性化。

第 41 章
Options as a Strategic Investment

波动率衍生品

在 1973 年场内期权开始交易的时候，每个"新的"股票加进这些期权之中时，只有看涨期权会上市交易。最终，在 1976 年，一些股票也上市了看跌期权。那时，期权业内人士都幻想着有一天所有上市期权的股票都会有看涨期权和看跌期权（在那时确实是个幻想）！当然，现在我们知道，每个上市期权的股票都会立刻在所有可能的行权价上有看涨期权和看跌期权上市交易。

最终，在 1983 年，指数期权开始上市交易，它们非常受欢迎。然而，期权交易者仍缺少一种重要的工具来有效地对冲一个股票组合或其他金融工具。没有直接的方法来表示波动率。当然，可以设计一些由看涨期权和看跌期权组成的策略来大致地对冲波动率，但这样做的效果并不好。因为在它们的风险-收益特征中有许多其他的组成部分，而不仅仅是波动率。

许多聪明的期权交易者和交易团队自场内期权上市交易起就开始设计和跟踪波动率的度量方法。但直到 1993 年芝加哥期权交易所 CBOE 正式公布波动率指数（VIX）后，才开始有真正的波动率指数存在。

但 VIX 的公布只是代表交易者能够看见它，他们还不能交易它。事实上，在 2003 年 VIX 的计算方法发生了改变，并很快（2004 年）上市了 VIX 期货。CBOE 成立了一个自己的期货交易所，CBOE 期货交易所（CFE）来交易这个品种。已实现波动率（方差期货）和隐含波动率（VIX 期货）均开始上市交易。交易场内衍生品的公众不怎么喜欢交易方差期货，但却非常喜欢交易 VIX 期货。

虽然中间过程有一些波折，但最终 VIX 场内期权在 2006 年正式开始交易。它是自场内期权开始以来上市的最成功的新产品之一，并且投机者和希望保护股票组合的对冲者对它的喜爱程度还在继续增加。

这些期权和期货第一次允许场内期权交易者直接衡量波动率（场外机构投资者之前就有能力在一些时候交易已实现波动率和隐含波动率）。

在本书的这个部分，我们将深度考察场内波动率衍生品，从它们的定义，在投机和策略中的使用方法，到它们在组合保护中的作用。

41.1 历史波动率和隐含波动率

历史波动率衡量某个资产（如股票）在过去移动得究竟有多快。而隐含波动率，则是期权市场对标的物将在期权的存续期内如何波动的预测。它是一个前瞻性的衡量。

在第 28 章中，我们介绍了如何计算波动率，包括历史波动率和隐含波动率。历史波动率是某个资产（股票、指数、期货或其他你在监控的资产）日频价格变化百分比的标准差。方差是波动率的平方。历史波动率是一种回顾性的衡量，因为它在计算中使用的是过去的价格。

一般而言，在牛市中，实际波动率会下降；在熊市中，则会上升。之所以会这样的一个理由是，在牛市中，股票倾向于每天上涨。而在熊市中，常常出现大幅的快速下跌，因此此时的日频价格变化率的标准差就会更大。事实上，投资新手和一些媒体人士把波动率和价格下跌这两个术语混淆了。当他们想说"市场在下跌"时，他们可能会说"市场在波动"。显然，这是不对的。

不过，关于波动率和价格变化的一般性关系并不是在所有市场中都是对的。例如，在 1995～2000 年的科技股牛市中，股票价格在上涨，而波动率也在上涨。科技股的大幅上涨过程常被少数孤立的但显著的卖出交易日所打断。作为一个一般性的规则，以日频为基础，波动率的运动方向在 75% 的时间里都与标的资产的价格变动方向相反。这已经占很大比例的时间了，不过并不是全部时间。

然而，隐含波动率是期权定价中的一个严格的组成部分，并且它是一个前瞻性的衡量。人们在一个理论模型（诸如布莱克－斯科尔斯模型）中用这个波动率来让模型的"合理价值"预测值与期权的当前市场价相等。不过，没有一个特定的公式来计算隐含波动率，只能用一个迭代过程来实现。

在本书的其他许多地方，我们都说明了，在确定特定情形下哪个策略最好时，隐含波动率是一个非常重要的决定因素。一般而言，高隐含波动率意味着期权是昂贵的，而低隐含波动率意味着它们是便宜的。但这个表述太笼统了，因为我们除了看一下波动率的历史值，没有其他实际的方法来知道什么是"高的"或"低的"。当场内期权刚上市的时候，布莱克－斯科尔斯模型也刚出现，许多喜欢数学的交易者（包括本书作者）都认为确定一个期权是便宜还是昂贵的，是一件简单的事，然后就可以相应地买卖它们。大家一开始没有注意到的事是，不存在所谓的"合理价值"这个东西。它完全依赖于你对波动率的估计，以及这些估计值与标的物的最终波动率的关系。

当波动率"很高"的时候，貌似是交易这些期权的好机会，但是这常常需要验证。有可能即将有什么事件发生，从而让股票价格大幅跳空。例如 FDA 的听证会，或一份盈余公告，或一则关于收购的传言。即使标的物价格的大幅下跌也可能导致隐含波动率的上升，因为交易者担心价格继续下跌，从而愿意高价买入看跌期权。

41.2 VIX 的计算方法

初始 CBOE 波动率指数的计算方法发布于 1993 年，并回溯至 1986 年。实际的计算公式是由杜克大学的詹姆斯·威利（James Whaley）博士所设计的。它使用了 OEX 期权的 4 个序列的数据，以当前的 OEX 价格为中心，一个行权价高于当前的 OEX 价格，另一个低于，并包括最近的两个到期月。这些期权的隐含波动率被加权来组成 1 个数值——VIX。

在当时（1993），OEX 期权还是流动性最好和最受欢迎的指数期权。不过，随着时间的变化，标普 500 股指期权（SPX）开始占据了这个地位，这主要是因为 SPX 更受大型机构投资者的欢迎。此外，期权交易者已经知道，自 1987 年股灾起，指数上的深度虚值看跌期权就变得比平值期权更贵（从隐含波动率的角度）。与此同时，深度虚值看涨期权变得比平值期权更便宜。最终，需要有一种新的波动率计算方法来把这些因素都考虑进去。

因此，在 2003 年，CBOE 修改了 VIX 的计算方法。"老的" VIX 仍然保留，只是它的交易代码变成了 VXO。"新的" VIX 是基于 SPX 期权的，并且把前两个到期月的所有行权价的期权都囊括在内。实际上，并不是所有的行权价被囊括在内，不过已经差不多接近所有了，只要该期权有买报价和卖报价。用方言来表述的话，那就是"新的" VIX 是基于前两个到期月的期权"条"（strips）。实际的计算公式比较复杂，大家可以在 CBOE 的网站上找到，同时还可以找到关于该主题的一些学术论文。

老的和新的 VIX 衡量的都是 30 天的波动率。你将在后面看到，这一点非常重要。正是这个原因，使得更长期的，在未来很多个月之后到期的衍生品，将不能很好地跟踪 VIX。用数学的术语来说，这个 30 天的估计意味着，在计算 VIX 中所使用的 2 条 SPX 期权在每一天都有不同的权重。随着时间从这一个月到下一个月，"近"月的 SPX 期权条的权重会降低，而"远"月的权重会增加。

VIX 的计算方法是通用的，它可以用来计算任何有连续交易（有买报价和卖报价）的期权，需要用到最近的两个到期月的 2 条期权的数据。因此，几乎所有的场内股票、指数或期货合约的期权都可以进行类似 VIX 的波动率计算。

为了交易某个资产的 VIX 期权，首先需要为该产品建立一个波动率，或 VIX 指数。标的股票（指数或期货）有常规的场内看跌期权和看涨期权交易，但 VIX 期权并不是以股票价格来交易。它们是根据由该股票的看跌期权和看涨期权所计算出的 VIX 指数来交易。因此，首先需要建立一个类似 VIX 的指数，然后就可以交易该指数的期权了。例如，SPX 看跌期权和看涨期权已经上市了很多年，那么这些期权就可以用来计算最初几个月的 VIX，然后再基于 VIX 指数来建立 VIX 期货和期权。

VIX 最初是 CBOE 波动率指数的术语和代码。不过现在这个术语已经扩展来描述计算波动率的整个过程。例如，以施乐为例。最初它是一个公司的名字（现在也是），不过最终变成了"复印"的意思，甚至变成了"复印机"的意思，而不管是哪家公司生产的。这样的事同样发生在 VIX 上。施乐实际上提起过一次诉讼来阻止其他公司使用它的名字，不过这个尝试没有成功。

在 2010 年和 2011 年，CBOE 在黄金、原油和欧元（外汇）上引入了 VIX 的计算。分别使用了热门的 ETF（GLD、USO 和 FXE）上的期权。后来，VIX 的计算推广到更多的 ETF 和特定个股上。甚至期货交易所也参与其中，以该交易所上市的期货期权为基础，为黄金和原油引入了 VIX 计算。

从那时开始，CBOE 把 VIX 计算推广到大量的其他 ETF 和一些个股上。包括苹果（AAPL）、亚马逊（AMZN）、高盛（GS）和 IBM（IBM），以及以下的 ETF：新兴市场（EEM）、中国（FXI）、巴西（EWZ）、金矿（GDX）、白银（SLV）和能源（XLE）。这些股票和 ETF 的波动率（VIX）计算都有单独的代码。

这个现象与1976年看跌期权被引入的情形非常类似。当时，似乎让每个上市期权的股票都同时有看跌期权和看涨期权上市是一个幻想，不过最终这成了常态。我们目前可能就处在这样的临界点上，未来上市期权的资产可能都会有看跌期权、看涨期权和VIX期权。显然，我们现在还在这个过程的早期阶段，不过它确实有可能成为现实。

对大家所讨论的究竟是哪个VIX的界定，现在还没有展开，但将来会变得很有必要。在很多年里，VIX都是指基于SPX期权的波动率计算。但随着时间的推移，会越来越有必要将其称为"SPX VIX"，以便于"黄金VIX"、"苹果VIX"等相区分。

波动率存在每年的季度特征，这有时对交易者非常有用。知道波动率在一年之中的一般路径非常重要。单个年度可能会有一些变化，但大多数年度都满足一种或另一种普遍模式。

图41-1显示了"老的VIX"（VXO）在1989～2010年这22年间复合值。在这22年中的每一年里，计算每一天的VXO平均值。例如第一天的平均值是20.75。之所以用VXO，是因为它有更长的历史回溯数据。VIX和VXO的走势基本相同，因此下面的结论也可以应用于VIX。

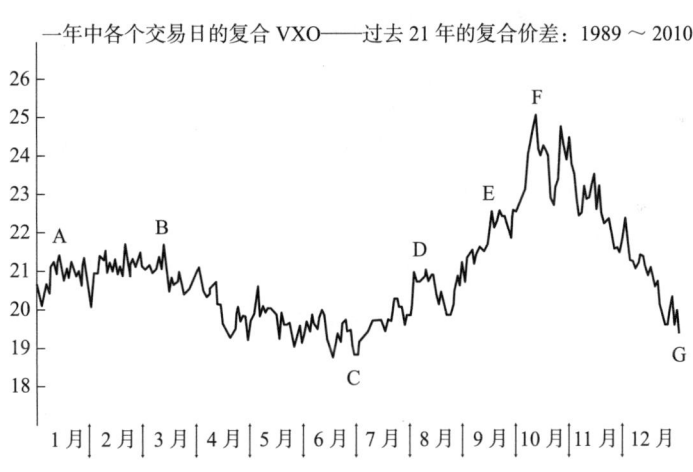

图41-1　波动率的季节性

因此，图41-1中的模式是该年中每个交易日的22年平均VXO。波动率看上去会在1月略微上升，并在3月得到尖峰。然后再下降至年度低点（非常接近7月的第1天）。然后波动率会大幅上升，一直持续至夏季的后半部分（传统上认为8月是个不波动的月份，这里的结论不是这样），并在9～10月出现急剧上升。

当然，股票市场经常在9～10月大幅下跌，这就导致了图41-1中所显示的波动率上升。关于尖峰的时间，"平常的"交易者可能认为他已经知道波动率将会继续怎么变化了——它在上升。因此，即使他错过了在夏季买入波动率，他还可以在10月买入，希望未来波动率会变得更大。这就是个体投资者的想法，不过这是个反向指标。波动率没有再继续上升，反而在该年的秋季下降，并在该年的最后时间里回撤得很厉害，与7月的低点非常接近！

当然，这个模式并不是在每一年里都成立。但即使某些年看上去不符合这个模式，也会有明显的相似性。例如，考虑一下 2010 年。在该年的 5 月有一次"闪电崩盘"（flash crash），伴随着的是一次大幅的市场下跌。因此，VIX 从 4 月的年度低点快速上升到 5 月年度高点。在该年的剩余时间里，波动率都在逐渐下降。换句话说，从某种程度上说，2010 年左边的图形是图 41-1 中的图形被"压扁"后的效果。同样的情况在其他一些年份也出现过。

这些季节性数据并不是你构造特定策略的必要信息，但它明确指出了：在春末或夏初"买入"波动率是一个好的选择，而在秋季卖出波动率可能同样有用。

41.3 上市的波动率期货

在 2004 年，CBOE 成立它的期货交易所（CFE）时，只考虑了 2 个产品：历史波动率期货和隐含波动率期货。隐含波动率期货（或 VIX 期货，这个名字更常用）后来被证明是更受欢迎的产品。

我们在第 34 章讨论了期货。如果你对期货不是太熟悉，你可以再复习一下那一章，虽然下面的信息已经足够让你理解 VIX 期货。如果你准备交易任何波动率衍生品，千万不要忽略这一节的内容。即使你认为自己对交易 VIX 期货没有兴趣，而只对 VIX 期权有兴趣，你仍然必须理解 VIX 期货，这样才能理解 VIX 期权。因此，这一节内容是要求必读的。

期货合约有到期日，而没有行权价。这就是期货和期权的主要区别之一。另一个区别是，期货交易有很高的杠杆，因此投资者在交易期货合约时并没有有限的风险。相反地，期货价格中一个小幅不利变动（例如 10%）就可能抹去他的初始保证金要求。

VIX 期货以价格的形式来标价，与 VIX 类似。例如，如果 VIX 自身的价格在 20 附近，那期货的价格在大多数情况下可能会比 20 稍微高一点。一手 VIX 期货合约的每一点变动价值 1 000 美元。因此，某个投资者以 21 买入 7 月 VIX 期货合约，并以 22 卖出，那他就会挣 1 000 美元（不考虑手续费）。

期货经纪商的保证金要求差异很大，这取决于期货的价格和市场整体波动率。交易所在合适的情况下会提高保证金标准以限制投机。目前，1 手 VIX 期货合约的交易所最低保证金为 4 000 美元。我们会在后面讨论价差保证金。因此，VIX 期货合约有很大的杠杆，就像大多数期货合约一样。合约中 4 点的变动就会让你有翻倍的盈利，或者亏完你全部的初始保证金。

41.3.1 VIX 的到期日

VIX 期货会上市多个到期月份，从当前日期开始，至少有 7 个连续的到期月份。每个期货合约都有一个到期日。一眼看上去，VIX 的到期日仿佛很神秘，其实确定到期日的方法有其实际的物理原因，就像所有商品和金融产品的到期日一样。

任意特定月份的 VIX 期货的到期日会比下一个月到期的 SPX 期权早 30 天。它通常是星期三。它有时会是"正常"期权到期日（该月的第三个星期五）之前的星期三，或者是下一个星期三。只有这两种可能。

【示例 41-1】7 月 SPX 期权在该月的 19 日（星期五，该月正常的第三个星期五）到期。因此 6 月 VIX 期货的到期日会比它早 30 个日历日。这就是 7 月中有 19 天，6 月中 11 天。由于 6 月有 30 天，从月底向前数 11 天所得到的到期日是 6 月 19 日，星期三。

为什么会"向前数"30 天？为什么不让 VIX 期货刚好在第三个星期五到期，就像所有其他的股票和指数期权那样？让我们晚一点再讨论这个问题，先来看看流动性。如果没有套利交易，没有哪个衍生品会具有流动性，或者说会成功。例如，看跌期权和看涨期权的做市商可以通过建立与期权相反的头寸来对冲掉相等的头寸。当监管者在 2008 年 10 月准备禁止卖空交易时，他们显然没有意识到这一点。如果不能卖空标的物，期权做市商就不愿意持有看涨期权多头或看跌期权空头。这个禁令很快就针对期权做市商取消了（这相当于针对所有人都取消了，因为其他人可以买入看跌期权，然后让做市商卖空股票来对冲他们卖出的看跌期权）。

这 30 天的向前数的期限是有必要的，因为这让做市商可以对冲他们的期货头寸。最初，VIX 衍生品的设计者很难决定如何让这个产品可以被对冲。然后他们想到了这个主意。还记得吧，计算 VIX 需要加权两条 SPX 期权，并且权重在每天变。期货的做市商会持有大量的期货头寸，他们希望能用 SPX 期权来对冲这个头寸。从纯理论上说，他们需要在这两个月份的期权条的所有 SPX 期权上建立头寸，并且只要他还持有这个对冲头寸，他就需要每天调整这两条期权的数量。显然，这是荒谬的。正是因为需要知道做市商如何才能有效地对冲大的期货头寸，才延误了这个产品的初次上市时间。

最终，一个明智的对冲方法产生了。那就是，在期货的到期日，让 VIX 的计算方法只与一个期权条相关，并且这些期权都会在 30 天后到期？这样做市商就可以持有大量的期货头寸，并同时用一条 SPX 期权来对冲，然后持有这个头寸，不需要每天调整 SPX 期权的数量。这个方法解决了这个问题，至少是绝大部分。

VIX 期货的实际到期时间为星期三到期日的早上，此时计算 VIX 只需使用到期日为 30 天的 SPX 期权。在计算 SPX 期权时所使用的价格的规则为买报价和卖报价的平均值，或者是最后交易价，这些规则可以在 CBOE 的网站上找到。

一旦得到"只适用于到期日"的 VIX 计算结果，那 VIX 期货就到期了，并以该价格来进行现金交割。

【示例 41-2】接着上面的示例，在到期日，星期三，6 月 19 日，6 月 VIX 期货实际上并没有交易。相反，当在这一天的早上，6 月 SPX 期权开盘时，在该整条期权中每个相关的期权首个买卖报价或交易价都被用来进行类似 VIX 的计算（根据常规的 VIX 公式），因此"VIX 交割价"就被确定了下来。CBOE 会以 VRO（像指数一样报价）这个代码来传播这个 VIX 交割价。因此，6 月期货就以这个价格进行交割并到期。这些合约会从每个交易者的账户中消失，并以该价格计算最终的盈利或亏损。这个处理流程与其他那些现金交割的金融期货（例如标普 500 期货）到期时的流程是一样的。

假设有个账户已经以 23.25 的价格买入了 6 月 VIX 期货，并持有至到期。此外，再假设在到期日，确定的 VRO 是 20.84。那就会有 2.41 点的已实现亏损，或 2 410 美元，被记录在他的账户中，然后该期货头寸就会从他的账户中移出。在现实中，该期货会在他的账户中逐日盯市，因此这笔 2 410 美元的亏损会积累一段时间。

关于 VIX 到期的问题，有一些强词夺理式的指控。有谣言认为，SPX 期权的交易者可以让虚值期权的价格变得异常，来让到期日的 VRO 发生价格跳跃。这些指控一般都是一些想象，虚构性大于真实性。交易所实际上有一些流程来在到期日剔除掉无关的 SPX 期权的价格。

不管怎么样，确实发生过许多 VRO 相对前一个晚上的 VIX 收盘价有大幅跳跃的现象存在。这主要是因为隔夜市场的变化，从而导致 SPX 在下一天开盘时出现跳空。因此，你最好在到期之前将你的 VIX 衍生品头寸平仓，而不是单纯地持有它们至到期。

41.3.2 期货与 VIX 对比：升水或贴水

如果期货合约的价格比 VIX 高，那就说它在以升水价交易。相反，如果期货的价格比 VIX 低，则说它在以贴水价交易。换句话说，就像标普期货和许多其他的期货合约一样，升水或贴水这两个术语是在指期货和 VIX 之间的关系，而不是其他什么东西。也就是说，我们一般不说"VIX 相对期货合约有贴水"，而是说"期货合约相对 VIX 有升水"。

波动率的交易者注意期货的升水是有用的。但只是考虑当月期货合约的升水是不够的。在当月合约临近到期的时候，升水对该合约的重要性就没有下一个合约那么大。因此，有必要用两个近期期货合约的数据，来计算出一个混合的升水。

由于 VIX 是两个近期月份期权条的 30 天加权平均值，并且这是指日历日，那我们就可以用两个近期月份期货的价格来直接计算这个混合的升水。

【示例 41-3】当 6 月 VIX 期货成为当月合约的第一天，有下面的价格存在。假设 6 月和 7 月 VIX 衍生品的到期日之间有 4 周的时间间隔（即 20 个交易日）。

$$VIX: 23.05$$
$$6 月 VIX 期货：25.00$$
$$7 月 VIX 期货：27.50$$

因此升水就是：

$$6 月升水：25.00 - 23.05 = 1.95$$
$$7 月升水：27.50 - 23.05 = 4.45$$

由于两个到期日之间有 20 天，并且离 7 月到期日还有 19 天，因此 6 月的权重为 95%，7 月的权重为 5%。因此混合的升水就会是：

$$0.95 \times 6 月 + 0.05 \times 7 月 = 0.95 \times 1.95 + 0.05 \times 4.45 = 2.125$$

下一个交易日，该权重就会是 0.90 和 0.10，再然后就是 0.85 和 0.15，等等。当两个 VIX 到期日之间间隔 5 周的时候，这意味着它们之间有 25 个交易日，那么每一天的权重变化就是 0.04（即，第一天的权重会是 0.96 和 0.04，第二天会是 0.92 和 0.08，等等）。

如果投资者用这种方式来计算 VIX 升水，那在 VIX 到期这段时间就会有一个平滑的转换过程。否则，如果投资者只是用最近的合约，那在每个期货到期日都会有一个跳跃或跳空，因为不管交易者愿意为下个月的期货支付多少升水，最近的期货会由于它快要到期而只有很少的升水。

41.3.3 期限结构

当投资者在谈论所有期货合约的共同升水特征时，他是在讨论期货的期限结构。许多期货合约都存在这样的情况，同时有 7 个或更多的月份在交易。一种比较正常的模式是，随着时间的延长，会看到有越来越大的升水。

【示例 41-4】这是一个有正斜率期限结构的例子：

VIX	17.86
6 月 VIX 期货	19.00
7 月 VIX 期货	19.60
8 月 VIX 期货	20.55
9 月 VIX 期货	21.75
10 月 VIX 期货	22.60
11 月 VIX 期货	23.15
12 月 VIX 期货	23.35
1 月 VIX 期货	24.25

看见了吗？每个期货合约的价格都比前一个稍高一点。这就是一个正斜率的期限结构。我们会在这一章更多地讨论和引用期限结构，但它确实意味着交易者愿意为更远到期的 SPX 期权支付更高的隐含波动率，而为近期的 SPX 期权支付更少。

我们在第 36 章《波动率交易的基本概念》中已经强调过这个概念。图 36-3 显示了 OEX 期权的隐含波动率。由于该图会在本章中引用很多次，所以我们把它作为图 41-2 复制了过来。图中的点是期货的价格。例如，如果图 41-2 中所有期货都沿着较低的边界附近，那就会是一个向上倾斜的期限结构。如果它们沿着上较高的边界分布，那就会是一个向下倾斜的期限结构。

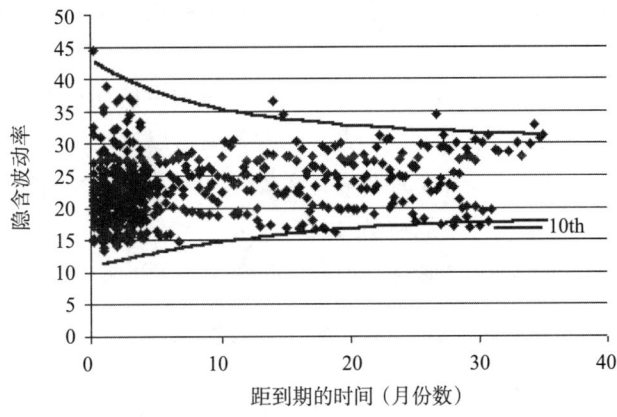

图 41-2　长达数年的 OEX 期权的隐含波动率

在牛市中和 / 或 VIX 价格非常低的时候，经常存在一个正斜率的期限结构。而在持续的熊市煎熬中，特别是 VIX 非常高的时候，常常出现负斜率的期限结构。例如，在 2008 年最后几个月，以及 2009 年 3 月之前的断断续续的时间里，VIX 期货的期限结构为严重的负斜率。因此股票市场的牛市经常导致期限结构向上倾斜，越是牛气冲天的时候，期限结构的向上倾斜程度越大。但当市场开始下跌时，向上的倾斜会缓解。此外，如果股市继续下跌，期限结构会从一个正的斜率，逐渐变平，如果熊市一直持续则最终会发生反转（负斜率）。

从这个角度来看，期限结构有时可被视为市场是否被超买或超卖的良好指标。此时期限结构的斜率会朝一个方向或另一个方向"非常陡峭"。此时很可能它会变平，为了让这种情况发生，股票市场会反转方向（至少是暂时的）。

交易新手经常会问，为什么这些期货价格与 VIX 差异很大，即使短期期货也是如此。除了期权定价的自然期限结构之外，就像图 41-2 中所示，还有另一个重要的因素，VIX 的计算方法和衡量 VIX 期货之间的差异。还记得吧，在 VIX 的计算中，我们使用的是两个近期条的 SPX 期权，而期货仅仅跟踪了存续期为 30 天的 SPX 期权。

例如，考察一下在 2011 年 8 月发生了什么。此时 VIX 暴涨至 48，而股票市场暴跌，但 VIX 期货的收盘价并没有达到那个水平。在 2011 年 8 月 8 日，VIX 收盘价为 48，而近期（当月份）的 8 月 VIX 期货的结算价为 36.55，有 11.45 的巨大贴水。在这一天，9 月（第二个月份）期货甚至有更大的贴水——17.80。9 月 VIX 期货在这一天的结算价为 30.20。

当交易者看见这样的价格时，他们可能会这样想："难道这些期货交易者都疯了吗？他们为什么会让期货价格比 VIX 低这么多？难道他们不知道股市在暴跌吗？"这些期货价格其实与交易者的想法没有多大关系。相反，产生这种价格的原因是，VIX 和期货的组成部分并不相同。VIX 和 VIX 期货都是基于 SPX 期权的隐含波动率。在这一天，VIX 是根据 8 月和 9 月 SPX 期权的隐含波动率的加权结果。而 VIX 期货，则仅仅基于一条 SPX 期权——那些在期货到期日之后 30 天到期的期权。因此，在 8 月 8 日这一天，8 月 VIX 期货是基于 SPX 9 月期权。类似地，9 月 VIX 期货是基于 SPX 10 月期权。

让我们看一看这些细节，以了解为什么会有这么大的贴水出现。表 41-1 显示了在 2011 年 8 月 8 日时特定 SPX 期权收盘时的隐含波动率。VIX 是列标中"8 月"和"9 月"的隐含波动率的加权结果。

然而，8 月期货仅仅是列标为"9 月"的期权的组合结果。9 月期货仅是列标为"10 月"的期权的组合结果。因此，很容易就可以发现，为什么 VIX 会比 8 月期货高这么多，为什么 8 月期货会比 9 月期货高这么多。这都与 SPX 期权的隐含波动率有关系，其中主要是"8 月"列中的隐含波动率太大了。

这样的贴水最终会消失，如果没有在到期日之前消失的话，也会在到期日消失。

表 41-1　在 2011 年 8 月 8 日，SPX 的隐含波动率

	SPX：1 119.46，−79.92		
行权价	8 月（%）	9 月（%）	10 月（%）
1 000	61.6	43.4	37.9
1 025	60.0	42.2	36.9
1 050	57.8	40.9	35.7
1 075	55.2	39.4	34.6
1 100	52.0	37.8	33.2
1 125	49.0	36.2	32.0
1 150	45.7	34.5	30.7
1 200	39.7	31.2	28.3
期货		8 月期货：36.55	9 月期货：30.20
VIX	48.00		×××

观察过去一些极端时刻时的期限结构会很有指导性。当 VIX 期货首次开始交易的 2004 年，由于当时处于充分的牛市，VIX 非常低。事实上，VIX 在 2007 年早期之前一直维持低位。但是，在 2007 年 2 月 27 日，中国提高了准备金率，导致全世界的市场都开始下跌。在一天之内，中国股票市场下跌了 8%，道琼斯指数下跌了 400 点，标普指数下跌了 50 点。这对长期的低波动率市场带来了很大的冲击。期货的行为开始变得不寻常。表 41-2 显示了市场暴跌之前和之后的期限结构。

表 41-2 VIX 衍生品的表现，2007 年 2 月

	2007 年 2 月 15 日	2007 年 2 月 27 日	变化比例 (%)
VIX	10.22	18.31	+79
3 月期货	11.55	14.80	+28
4 月期货	12.60	14.50	+15
5 月期货	13.40	14.40	+7
6 月期货	13.80	14.40	+4
7 月期货	14.15	14.55	+3
8 月期货	14.55	15.10	+4
11 月期货	15.10	15.15	+0.3

表 41-2 有很多可以讨论的内容。首先，注意 VIX 相对于这些期货合约上升的幅度。本质上，期限结构从 2 月 15 日的向上倾斜变为在 2 月 27 日有点向下倾斜。并且没有一个期货跟随了 VIX 的变化，3 月当月合约显然比其他合约上升更多。这个示例是我们将显示的如何模拟 VIX 的众多示例中的第一个。如果投资者想模拟 VIX，不管是出于投机还是保护某个股票组合的目的，他都必须只交易当月合约。

期货在 2007 年 2 月 27 日没有上升那么多的一个原因是，它们看上去预示着市场过度反应了，牛市还会继续。不过它确实后来很快就恢复了。因此，当所有期货都相对 VIX 有贴水时（就像 2 月 27 日中那样），那市场就被超卖了，当 VIX 下跌时，就是一个买入的信号。换句话说，当 VIX 有一个尖峰，特别是当所有期货都以贴水价在交易时，就是一个买入整个股票市场的信号。

期货没有跟随 VIX 这一事实的原因是，当时许多惊慌失措的交易者中只有很少的人在交易这个产品。毕竟，一些有前瞻性的个人投资者，并没有完全被 2007 年的持续的低波动的牛市所迷惑，他们认为波动率会在下一年的某个时候上升。因此他们买入 8 月或 11 月 VIX 期货。可以想象，当 2007 月 2 月首次 VIX 暴涨发生的时候，他们会有多沮丧，他们的期货几乎没有上涨。媒体和一些错误的分析师给这一现象提供了一些错误的解释。其中一些解释非常荒唐。而另一些比较接近了，但没有点到实质，比如引用 SPX 期权是欧式行权的事实等。

正确的理由是，长期的 8 月和 11 月波动率在 2 月的这一天并没有上涨那么多。只有 SPX 3 月和 4 月期权的隐含波动率有显著的上涨。我们可以从典型的期限结构图（见图 41-2）中看到，近期期权的隐含波动率比远期期权的隐含波动率更容易爆发。在这个例子中，3 月和 4 月期权上升最多，而 3 月期权的权重又最大，所以导致 VIX 急剧上升。3 月 VIX 期货的标的是 4 月期权，因此也仅与这个月的波动率有关。后面月份的期权并没有上涨多少。因此，如果某个投资者想去模拟 VIX 的爆发性运动，他不能交易长期 VIX 期货或期权。相反，他必须交易短期期权，并不停地挪仓。

长期月份有时会有剧烈反应，特别是当"聪明的钱"认为市场有长期风险的时候。而在 2007 年 2 月出现的事件，大多数聪明的交易者只认为这是市场的短期风险，中国准备金率的上升只是一个短期事件。他们确实对了，市场在 2007 年 3 月又开始延续向上的趋势。

但在 2007 年 7 月和 8 月，产生了一个完全不同的图。股票市场在 2007 年 7 月中期达到了新高，此时出现了一个新的术语：次级债（对大多数人来说是新的）。SPX 在 1 个月里出现了接近 200 点的急速下跌。肯定有什么新的事情发生了，市场已经从 2002～2003 年的低点上涨很久了，在此期间的波动率一直很低，并且没有大的回调。这次回调结束于 8 月中期。在这一个月里，产生了一种完全不同的波动率期限结构。表 41-3 显示了在这段时间所发生的情况。

表 41-3　VIX 衍生品的表现，2007 年 7～8 月

	2007 年 7 月 16 日	2007 年 8 月 16 日	变化比例 （%）
VIX	15.59	30.83	+98
8 月期货	16.70	30.60	+83
9 月期货	16.79	27.25	+62
10 月期货	16.97	23.50	+38
11 月期货	16.98	22.38	+32
12 月期货	17.04	22.45	+31
2008 年 2 月期货	17.20	22.50	+31
2008 年 5 月期货	17.29	22.45	+30

表 41-3 中的期货的反应与表 41-2 中有非常大的不同。首先，请注意 VIX 增加了很多，差不多在一个月中翻了一倍。8 月的短期 VIX 期货合约的涨幅最大，达 83%。因此期货和期权的交易者并没有预期波动率会很快回到表 41-2 中的低波动率水平。如果你持有 8 月合约作为保护，你会对它的表现感到满意。你不太可能得到更多了，相对于标的物有 98% 的变化，而衍生品已经有 83% 的变化了。不过如果你是用该年更远的月份合约来对冲的话，比如 11 月，那你就可能有点失望，因为这个长期合约只上涨了 30% 多一点。

因此，即使金融市场中出现了一次主要的爆发（这是历史上最差的一个熊市的起点），长期合约的隐含波动率只上涨了一点点。再说一次，如果有人想模拟 VIX 的表现，那他必须使用短期合约，并不断地挪仓。

再请注意 7 月 16 日的期限结构，它在温和地向上倾斜，但一个月之后，它变成严重地向下倾斜。在这段时间内，牛市的图形变成了熊市的图形。这是牛市已经终结和熊市已经开始的又一个信号。

关于 VIX 期货表现的第三个也是最后一个示例显示在表 41-1 中。这个例子的数据中包括了雷曼兄弟破产，市场从焦虑的熊市演变为完全的金融危机。我们在后面的分析中还会用到这里的数据。

如果说什么时候需要波动率保护，就是这个时候，这是史上最严重的金融灾难之一。VIX 跳跃了 226%（实际上后来变得更高）。在 2008 年 9 月 3 日，9 月期货是这时的当月合约。如果你持有这个合约并在 9 月到期时将它挪仓至 10 月合约，你将从你的期货头寸中赚到 186%。当然，这没有 VIX 的变化那么多，但它已经是一个很多的对股票价格下跌的保护了。即使你一直持有的是 10 月合约，你也能获得 146% 的收益，这至少也提供了一定数量的保护。

不过如果你持有的是更长期的合约，比如那些到期日在 2009 年的合约，那相对于 VIX 的上涨，以及股票市场所发生的下跌，你实际所得到的收益却很少。2009 年 3 月合约在表 41-4 中所涵盖的这段时间内的涨幅只有 24%。显然，近期合约更紧密地跟随着 VIX，即使 VIX 在金融危机中出现爆发也是如此。

请注意在 2008 年 10 月 10 日期限结构的陡峭向下倾斜。所有期货的价格相对于 VIX 都

有很大的贴水。就如前文所示，当 VIX 出现尖峰，而所有期货都存在贴水时，就是一个买入整个股市的信号。不过在这个例子中，VIX 现在还没有达到尖峰。因此仅仅因为所有期货都出现贴水，并不成为买入股票的理由。尽管它是一个警示，即短期时间维度内出现了买入信号。我们后面会看到，有一些（期权）策略可以用来处理这种情形，特别是 VIX/SPX 对冲策略。

图 41-3 显示了与表 41-4 相同的信息，不过是以图形的形式来表示的。图形中的每一条线都代表不同日期的期限结构。在

表 41-4 VIX 衍生品的表现，2008 年 9～10 月

	2008 年 9 月 3 日	2008 年 10 月 10 日	变化比例（%）
VIX	21.43	69.96	+226
9 月 +10 月期货	21.64	62.00	+186
10 月期货	23.10	56.71	+146
11 月期货	23.42	38.30	+64
12 月期货	23.20	33.78	+46
2009 年 1 月期货	23.66	32.41	+37
2009 年 2 月期货	23.82	31.35	+32
2009 年 3 月期货	23.64	29.29	+24

每一条线上都有一些点来表示大量期货和 VIX 的价格。图形中最低的线表示的是 2008 年 8 月 11 日的期限结构。在这一天，VIX 刚刚超过 20，期货则有小幅的升水，一直延续到 2009 年的 2 月合约，这个合约的价格大约是 23。因此这一天的期限结构是略微向上的。

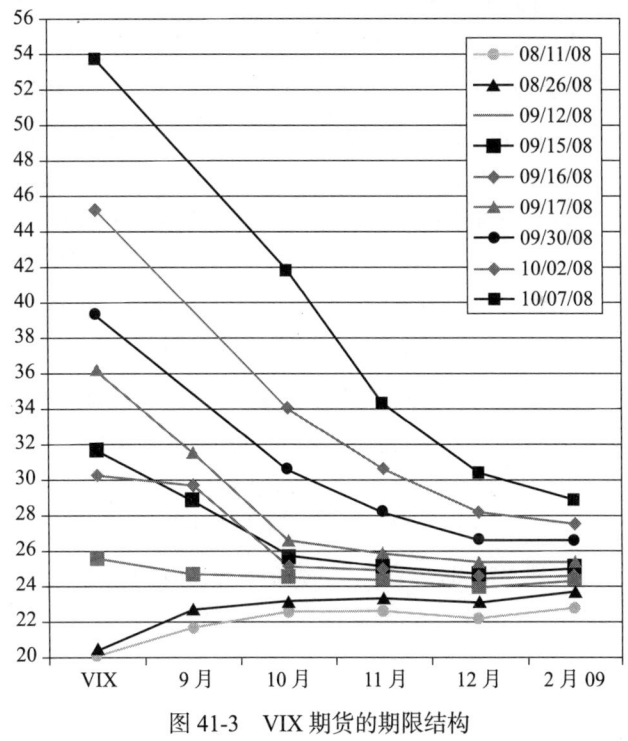

图 41-3 VIX 期货的期限结构

即使在这个时候熊市仍在继续，但市场基本上在窄幅波动，因此 VIX 衍生品上就看不出有什么紧急性。在 2008 年 8 月后期，期限结构并没有改变太多。然而，进入 9 月，市场中出现了关于雷曼兄弟可能会破产的恐慌和谣言。不过即使是在 2008 年 9 月 12 日，期限结构仍然十分水平，VIX 略微低于 26，各个期货则在 24 或 25 的价格上交易。

然而，在 9 月 15 日，消息证实了，美国政府不会紧急救助雷曼，然后股票市场开始暴

跌。VIX 在 9 月 15 ~ 17 日急剧上升。因此在 9 月 17 日，期限结构变为明显的向下倾斜。此时 VIX 刚好高于 36，但当月期货（这一天的当月期货是 10 月合约，因为 9 月刚好在这一天的早上到期）却只有 26！当月期货有 10 点的贴水。其他月份的期货则在更低的价格上交易。比如 2009 年 2 月合约的价格为 25。换句话说，虽然股票市场正在暴跌，并且 VIX 在暴涨，但 VIX 期货却非常平稳，现在的价格只比先前高一点点。这是不寻常的，也是不正确的（我们后面会看到）。不正确是指，波动率应该变得更高。那些在如此低的价格卖出波动率期货的人，肯定是被误导了。

图 41-3 中的最后一个日期是 2008 年 10 月 7 日。在这一天，VIX 一直攀升至 54，不过 10 月期货仍相对较低，只有 42。其他的期货则更低了，11 月为 34，12 月为 30，2009 年 2 月为 29。因此，此时的期限结构为非常陡峭的向下倾斜。这就是在极端熊市中会发生的情况。VIX 继续上涨，但期货并没有紧随其步伐。只有当月期货有一点希望会跟随 VIX。当然，在到期日，当月期货价格和 VIX 会有一个靠拢。根据这个事实，我们可以设计一些有意思的策略来处理这些类型的情形，我们下面会谈到。

最终，在 2008 年 10 月的熊市周期中，VIX 日内最高上升到 88 的尖峰。这个尖峰与 2008 年 10 月底的市场强劲反弹形成对照。

在这个始于 2007 年的持续熊市中，还有其他的波动率尖峰。这些尖峰虽然没有像 2008 年 10 月时的那个尖峰那么极端，但它们也都有同样的特征：所有的 VIX 期货都以贴水价在交易，并且期限结构也是向下倾斜。每次 VIX 达到尖峰时，都会发生一次强劲的反弹。在 2007 年 8 月、2007 年 11 月、2008 年 1 月、2008 年 3 月和 2008 年 7 月这几次发生的情况最为明显。股票市场每次都会反弹。这些反弹并不是熊市的终结，但它们却是有交易价值的，SPX 指数至少有 100 点的中期反弹。

不过，并不是每次市场触底都有这样的信号出现。例如，在 2009 年 3 月熊市最终触底时，VIX 就没有出现尖峰。当股市大跌的时候，VIX 只是上升了一点点。从波动率来看的市场触底的唯一线索，就是期货的期限结构在市场最终反弹时从斜向下变成了斜向上。但即便是这样，期限结构的变化也不是立刻发生的。在 2009 年 4 月 13 日之前，期限结构都仍然有一个负的斜率，此时距股市的实际底部出现已经有 1 个月了。

当然，这样的情况也会在其他时候出现，而不仅仅是在熊市中。事实上，大多数的股市严重下跌都会伴随着出现 VIX 的快速上升，然后 VIX 达到某个尖峰。此时就是股市的买入信号。当 VIX 的尖峰出现，并且 VIX 期货也以贴水价交易时，就是一个更确定的买入信号。

41.3.4 方差期货

为了完整性，我们将讨论 CBOE/CFE 在 2004 年上市的另一个波动率期货——方差期货。方差是对已实现波动率的一种衡量。因此这些合约是在衡量市场过去的波动情况。从技术上说，它们是在衡量 SPX 过去 90 天的历史波动率，每季度一次。方差是标准差（或波动率，从传统意义上的话来说）的平方。在第 28 章的"模型的特征"一节，我们提供了计算方差的公式。这些合约就是用那个公式来确定交割价的。

这些合约的到期日分别为 3 月、6 月、9 月和 12 月。这些合约的交割日为该月的第三个星期五，就像其他"常规"期权一样。由于它们波动很剧烈，所以 1 点变化的价值是 50 美元。例如，当波动率在 2008 年的秋季，从 20 点上升至接近 90 点时，最近的方差期货的价格从 400 上升至 8 100（波动率的平方）。这是 7 700 点的变化，价值 38 500 美元（50 美元乘以 7 700）。

方差期货的保证金要求是变化的，依赖于其初始价格。如果所有上市的期货合约的价格都在 400 或更低一点，那每手合约的保证金就会是 5 500 美元。如果合约价格更高，那保证金也会提高。如果所有合约的价格在 10 000～11 025 之间，那每手合约的保证金就会是 230 000 美元。方差期货的保证金的完整表格可以在 CFE 的网站上找到（http://cfe.cboe.com）。

在继续介绍这些合约之前，有一点需要强调一下。与波动率期货不同，这些方差合约很不受欢迎。即使是在最好的时候，它们的持仓量也只有几百手。最近，它们几乎没有持仓量了。这一点有些让人吃惊，因为它们是模仿在场外市场上非常成功的类似合约的。有可能是因为它们是用方差来报价，而不是波动率。例如，如果一个做市商在给波动率报价为"买入价 20，卖出价 21"，从方差来表示的报价就会是"买入价 400，卖出价 441"。因此价差就会是 41 个"最小变动价位"那么宽。这样做不会鼓励流动性。

针对这些期货，CBOE 有一些有意思的计算方法，以计算实际的交割价。当某个合约只有 90 天或更少的存续期时，实际波动率的计算就开始了。这被称为计算期。因此期货价格"隐含了"剩余期限的波动率。

【示例 41-5】6 月方差期货已经在它们的"计算期"的中间了，它们的计算期是到期前的 90 个日历日。假设过去 45 天的方差计算结果（见第 28 章）是 200（波动率为 14.1%）。

此外，假设 6 月方差期货合约目前的价格为 300。那我们就可以推导出市场对期货剩余期限内的方差的估计。

如果实际方差是 200，并且期货价格为 300，那在剩余的 45 天的剩余实际方差就会是 400。也就是说，如果前 45 天的实际方差是 200，那么剩余 45 天的实际方差就会是 400，这样总的 90 天的方差才会是 300。

因此，该期货价格预示着，市场在期货的剩余存续期内会变得更加波动——平均为 400（或 20% 的波动率）。在了解了这个信息之后，交易者就可以对期货价格进行假设或者预测。

CBOE 每日用 IUG（隐含的）和 RUG（实际的）这两个代码来公布隐含波动率（上例中的 400）和已实现方差（上例中的 200）。从信息的角度来看，这些指数（IUG 和 RUG）有时对交易者来说非常有用。即使他们并不交易方差期货本身。

这些计算只应用于最近期的期货合约，即处于计算期内的那一个。更远期的方差期货实际上并不与任何具体数据有关系，除非它们进入计算期，那就会与已实现的波动率进行靠拢。这些合约一般都以非常高的方差预期在交易。从 2004 年 5 月出现时至 2007 年夏季（在熊市开始之前），SPX 典型的实际方差接近 100（10% 的波动率）。正常情况下，这些方差合约在它们存续期的最后时间里会以非常低的方差在交易。事实上，一直做空这些合约就可以赚到钱。

CFE 已经提出，他们会在将来修订这个合约，以便它有更广的吸引力。如果他们这样做了，那方差期货有可能会成为有意思的交易工具。不过，至少在目前为止，它的流动性太小了，你只能做很小额的投机交易。

41.4 其他上市的波动率产品

在这一节，我们将介绍其他的波动率产品，但还不包括期权。波动率期权将在下一节进行介绍。

人们可以公开获得很多基于波动率的指数和数据，但它们并不是都有相应的产品在交易。例如，标普 500 指数（SPX）建立于 1957 年，尽管它在很长的时间内都是市场的主要指数，但在 1982 年标普期货出现之前，实际上都没有办法来交易标普 500 指数。VIX 建立于 1993 年，但直到 2004 年才可以交易它。类似地，还有其他的波动率衡量，其中大部分都是由 CBOE 发布的，它们可能对交易者用来观察市场非常有用，但此时却没有办法来交易它们。也许在未来会可以交易。

关于波动率的概念扩散得很快，现在很多指数、ETF 和股票都有与波动率相关的产品。就像前文所提到的，未来可能每个上市期权的股票都会有看涨期权、看跌期权、波动率期货和期权上市交易。看跌期权在 1976 年引入之后很快就获得了广泛的认可。对于普通公众来说，波动率期权可能没有像看跌期权那样看上去有用，因此他们的接受过程可能要困难一些，不过波动率期权最终会做到的。

41.4.1 其他波动率指数

还有其他波动率指数。与 VIX 相同的计算过程可以应用于任何具有连续期权序列交易，并且一直有"好的"买报价和卖报价的资产。例如，纳斯达克 100（NDX）波动率就是采用了与 VIX 一样的计算方法，你可以使用代码 VXN 来找到它。对纳斯达克的另一个计算方法，使用了有些稍微不同的公式，可以使用代码 QQV 来找到。同样地，罗素 2000 指数（RUT）的波动率计算结果是 RVX，道琼斯 30 工业指数（DJX）的 VIX 波动率计算结果是 VXD。

与 VIX 相关的特定统计数据包括 VIX 买报价（代码：VWB）和 VIX 卖报价（代码：VWA）。

还记得 VIX 是一个 30 天波动率的估计吧。CBOE 还公布了一种更长期的，3 个月的波动率估计，也使用了与 VIX 一样的计算方法，它的代码是 VXV。

还有一些有意思的策略指数。其中一个是 VPD，即升水策略指数（premium strategy index），它跟踪的是每月简单卖出 1 个月的 VIX 期货合约并不断挪仓的策略的表现。还有一个类似的策略：VPN，它包括卖出 1 个月的 VIX 期货，并买入 1 个看涨期权。另外还有一个波动率套利指数：VTY。

这些指数中的大部分都只能有时看一看，因为它们还不能交易。

41.4.2 股票、期货和 ETF 的波动率指数

现在大家对 VIX 越来越感兴趣，并把这种计算方法应用到更多的资产的期权上。例如，

GLD 是黄金 ETF。它的期权的流动性非常好，交易很活跃。因此，就可以把 VIX 的计算方法应用到这个产品上，并得到一个"GLD VIX"。事实上，CBOE 已经开始在很多资产上这样做了，并肯定在未来会有更多这样的应用。此时，大多数这样的产品都还只是计算指数，目前还没有就这些资产上市期货或期权，因此它们还不能交易。不过，它们很可能在不久的将来就变得可以交易。

从这个角度来看，最初的 VIX 应该被认为是"SPX VIX"，尽管这个名字现在还没有使用。因为现在这些产品的列表还比较短，表 41-5 列示了这些产品。

表 41-5 现有的 VIX 计算

名字	代码	VIX 计算代码	名字	代码	VIX 计算代码
ETF 波动率指数			金矿 ETF	GDX	VXGDX
黄金 ETF	GLD	GVZ	能源业 ETF	XLE	VXXLE
原油 ETF	USO	OVX	个股波动率指数		
欧元 ETF	FXE	EVZ	苹果公司	AAPL	VXAPL
新兴市场 ETF	EEM	VXEEM	亚马逊	AMZN	VXAZN
白银 ETF	SLV	VXSLV	高盛	GS	VXGS
中国 ETF	FXI	VXFXI	IBM	IBM	VXIBM

在这份完整列表中，目前唯一可以交易的产品是 GLD，它在 CFE 有期货上市交易（基础代码：GV），在 CBOE 有期权上市交易（代码：GVZ）。截至目前，它们的交易不是太活跃，但可能有一天这个列表和许多更多的标的物会上市波动率期货和期权。

为了保证这个议题的完整性，我们再介绍一下芝加哥商品交易所（CME）——黄金和原油的期货，以及其他东西，都在这个交易所交易。CME 也参与到这个波动率交易的活动中来了。他们用黄金期货期权和原油期货期权也建立了与 VIX 类似的指数。请注意，这些期权与 GLD 和 USO 期权有差异，尽管它们的隐含波动率并没有太大的区别（这一点并不奇怪）。它们也不怎么受欢迎。CME 还对大豆和玉米建立了与 VIX 类似的波动率计算，不过这些产品目前还没有上市交易。虽然他们认为这些产品很好，不过实际的产品还没有成功。这些 CME 的产品的代码见表 41-6。

表 41-6 CME 基于期货期权的波动率计算

产品	基础代码	VIX 指数代码	VIX 期货代码
黄金期货	GC	GVX	GV
原油期货	CL	OIV	CV
大豆期货	S	SIV	没有交易
玉米期货	C	CIV	没有交易

41.4.3 波动率 ETF 和 ETN

一旦波动率期货变得非常受欢迎后，其他机构就会试图复制这个产品。由于 CBOE 和 CFE 有特定的授权协议，因此就不能直接复制相同的产品。也就是说，不能另外成立一家期货交易所来用同样的方法交易波动率期货。不过，有大量的利用 VIX 期货的**交易所交易基金**（ETF）和**交易所交易票据**（ETN）被成立了起来。

第一个，也是最受欢迎和流动性最好的产品是巴克莱银行成立的 VXX。它的正式名称是 iPath 标普 500 VIX 短期期货交易所交易票据（iPath S&P 500 VIX Short-term Futures Exchange Traded Note）。它成立于 2009 年 1 月 31 日，成为那些不能直接交易期货和期权的机构来交易 VIX 的一个方式。巴克莱会每天挪仓，以确保它们能与 VIX 公式保持适当的比率。

还有一个类似的 ETN，即 iPath 标普 500 VIX 中期期货 ETN（iPath S&P 500 VIX Midterm Futures ETN），交易代码是 VXZ。它使用了 4～7 个月的 VIX 期货，以建立一个更长期的波动率产品。它没有 VXX 那么受欢迎，因为（我们前文已经说明了）长期波动率期货不能很好地跟踪 VIX 的短期变化。即便是这样，它也有较大的流动性。VXX 和 VXZ 都有期权上市，它们的到期日是"常规的"该月的第三个星期五。

截至目前，VXX 是最活跃和最受欢迎的波动率 ETF 和 ETN。不过，由于市场中对波动率对冲产品的需求在增加（未来还会继续增加），其他产品也在变得受欢迎。下面的列表简单整理了目前存在的主要产品。需要注意的是，经过成立这些产品的公司的努力，或者独创性地满足投资者的特定需求，目前流动性不好的产品未来有可能会变好。

其他公司也成立了一些直接复制 VXX 和 VXZ 的产品。这些产品也使用了 VIX 期货来建立最终的产品。Velocityshares 成立了短期和中期的 ETN，分别用 VIIX 和 VIIZ 这两个代码在交易。Proshares 也有波动率 ETF 产品在交易，代码为 VIXY 和 VIXM，也分别是短期和中期产品。我发现这就像在做一个字母型花片汤（alphabet soup），不过这些产品都在由那些希望获得波动率保护的交易者在交易。目前 VXX 的流动性大约是 VIXY 的 40～50 倍，是 VIIX 的 200 倍。

这些产品的其一些成立者希望有更多的创造性。有一个叫反向 VIX ETN 的产品，它是由 Velocityshares 成立的，交易代码是 XIV（刚好把 VIX 的顺序颠倒过来，意识到了吗？）。当交易者开始理解这个产品的运作原理之后，这个产品开始每天有几百万股的交易量。在下一节，我们将讨论这些合约的一些缺点，以及为什么这个反向产品会有确定的盈利潜力。当然，还有一个中期的反向 ETN，代码是 ZIV。

Velocityshares 还成立了相对 VIX 有两倍变化速度的 ETN：短期产品是 TVIX，中期产品是 TVIZ。TVIX 也变得非常受欢迎，因为交易者们喜欢用这个产品所提供的两倍速度来进行波动率投机。

甚至还有产品设计来反映期限结构的陡峭程度（XVIX）。此外，CBOE 建立了一个指数（不是可以交易的实际产品）来反映 SPX 期权价格的倾斜度，它的发布代码是 SKEW。

看见这么多产品，你可能会想把它们都忽略掉。不过，这并不是一个好的选择，因为它们中的一些确实有吸引力。

未来，这些产品间的相对流动性肯定会有变化，但在目前，VXX、XIV（反向）和 TVIX（双倍速度）是交易最活跃的产品。

41.4.4　ETF 和 ETN 的潜在问题

这些基于 ETF 的商品一个主要问题是，它们不能必然很好地跟踪标的商品。这主要因为 ETF 是在被迫交易期货合约，当 ETF 管理人在从一个期货合约挪仓到另一个时，常常做出一个"亏损的"交易，从而让 ETF 的表现与相应的现货指数或商品自身的表现之间存在差异。

有许多关于美国原油基金 ETF（USO）和美国天然气基金 ETF（UNG）的文章，它们比较了相应的实际的原油或天然气价格。这些基金买入实际的商品期货，并在它们到期时不断挪仓。这就产生了一个"问题"，当长期合约比近期合约更贵时，该 ETF 就需要支付这个差异。

【示例 41-6】最近的原油期货即将到期，因此它的价格在到期时会接近现货价格。假设这个价格是 75。USO ETF 会卖出在这些最近的期货上的头寸，然后以 76.50 的价格（例如）买入下一个月的期货。

一个月之后，假设现货市场价格没有变化，仍为 75。这次即将到期的期货，其成本是 76.50，但现在的价格是 75。因此这个 ETF 就在这些合约上有 1.50 的损失，即使现货一点都没变。

一段时间之后，所有这些以更高的价格进行挪仓的累积效应会拉低这个基金相对于现货市场的表现。此外，由于 ETF 只有有限的资产，因此这些损失最终从理论上会导致这个 ETF 损失完现金。

相同的问题有时也会影响这些波动率指数 ETN，VXX、VXZ 和所有其他的产品（包括 XIV，它是反向 ETN，其被影响的效果刚好相反）。VXX 使用了前两个 VIX 期货合约，而 VXZ 使用了第 4～7 个月的合约。在每一天，这些合约的权重都会发生变化，以反映期货的合适比率。

【示例 41-7】考虑 VXX ETN。假设 9 月 VIX 期货刚到期，因此组成 VXX 的是买入 10 月和 11 月的 VIX 期货。在还有 19 个交易日（4 周）剩余的时候，10 月合约的比率会是 95%，11 月是 5%。下一天就会是 90%/10%，再下一天就会是 85%/15%，等等。在每一天的收盘时，该 ETN 的管理者（巴克莱银行）都需要卖出一些 10 月期货，并买入一些 11 月期货。

当 VIX 期货的期限结构变为向上时，11 月合约会比 10 月合约更贵（更不要说做市商知道这些订单的来源，因此在执行订单时会对巴克莱收取特定的额外费用）。

不过，有时期限结构会向下倾斜，此时 ETN 实际上会从挪仓中挣钱。因为第二个月的价格比第一个月的更低。这种情况常出现在熊市中。

看一下图 41-4，它显示了 VIX 和 VXX 自 2009 年 1 月成立以来至 2010 年中期的简要图形。即便是在没有进行统计验证的情况下，我们也可以发现，VXX 的表现会比 VIX 自身差很多。考虑一下点 A 和点 B，它们分别代表了 VIX 在 2009 年 3 月和 2010 年 5 月的尖峰。在 VIX 的图上，点 B 基本上与点 A 一样高。不过在 VXX 的图上，点 B 则比点 A 低很多。

在这段时间内，VIX 期货的期限结构一般都是连续的斜向上的。因此，VXX 每天的挪仓都会导致亏钱。这就导致 VXX 相对于 VIX 表现更差。

点 C、D 和 E 进一步强化了这一点。从点 C 至 D，VXX 的表现基本与 VIX 一致。在这段时间内的期限结构非常水平，因此 VXX 的拖累就最小。从点 D 至 B，股票市场在下跌，因此 VXX 实际上还有盈利（比后者更高）。但在夏季时情况变得糟糕，VIX 期货的升水变得很大，并且期限结构变得相当陡峭，这两点都会损害 VXX 的表现。因此在点 E，VXX 已经创了新低，而 VIX 则没有。

图 41-4 是有说服力的：当期限结构向上倾斜时，VIXX 的管理人会每天都在做亏损的交易，虽然他们每天只需挪仓一小部分头寸。不过当期限结构斜向下时，巴克莱的交易者就能每天从挪仓中赚钱。

在任何情况下，当期限结构斜向下（这只会在熊市，或 VIX 处于非常高的水平时才会发生），VXX 的表现就会更好；而当期限结构斜向上（这在牛市中很常见）时，VXX 的表现就会更差。此外，当 SPX 看跌期权有大量的买家以寻求保护的时候，期限结构会更加陡峭地向上倾斜，这会让 VXX 有更大的拖累。

我不认为有人会真正买入并持有 VXX，不过 VXX 确实是个有用的工具，尽管它在牛市中的表现会差于 VIX。请注意，VXX 在熊市中会有更好的表现，因此这就是你应该买入 VXX 的好时候。与此同时，由于 VXX 在牛市期间的表现会更差，因此你可以在这时卖出 VXX。事实上，由于存在反向 ETN（XIV），与其直接卖出 VXX，你只需在这些时候买入 XIV 即可。这个反向 XIV 会在向上的期限结构出现时占据优势。第一次引入 XIV 的时间是 2010 年 12 月，你可以比较一下从那时起的 VIX 和 VXX 的相对表现。

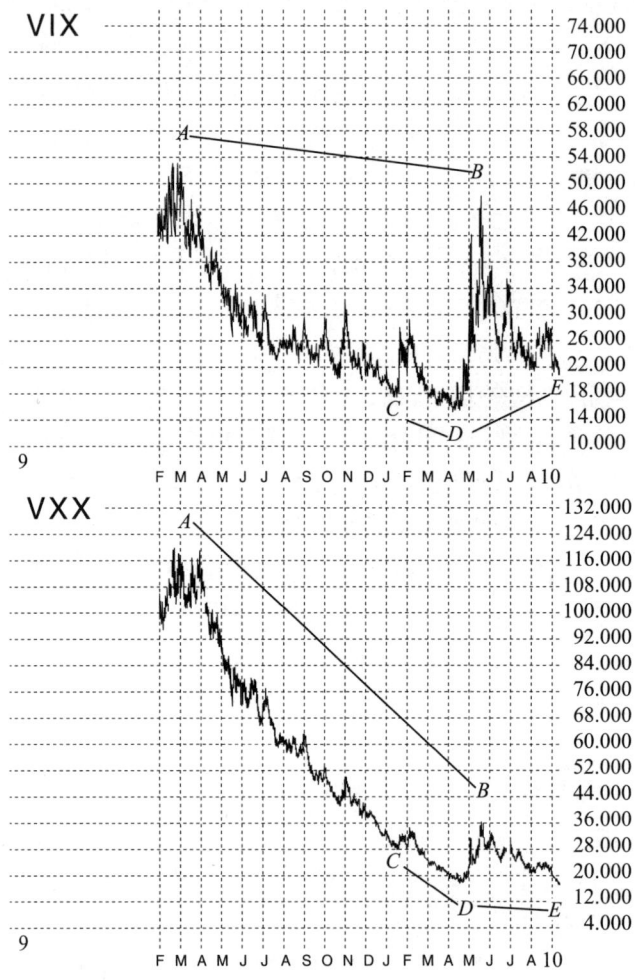

图 41-4　VIX 和 VXX，2009 年产生至 2010 年中期

投资者可以根据 VIX 期货的期限结构来做出决策（当期货相对 VIX 有贴水时买入 VXX，当期货有升水时买入 XIV）。因此，与直接否定商品 ETF（这是其中之一）不同，存在一些很好的使用 VXX 的方法。不过如果你只是想投机波动率，那 VIX 期货看上去会比 VXX 更好。

41.5 已上市的 VIX 期权

VIX 期货在 2004 年 3 月首次上市。方差期货则在随后的 5 月上市。但两年之后 VIX 期权才上市。它们最初计划在 2005 年 4 月上市，但由于当时没有一个可行的让做市商对冲其头寸的方法，所以日程表被更改了。经过一些具有创造性的工作，VIX 期权在 2006 年 2 月 24 日开始交易。这些期权后来被证明是非常受欢迎的，尽管它们的一些特征与以前交易的期权有些不同。

我们在前文提到过，一些 ETN，比如 VXX，也有期权上市。这些期权属于"常规的"类型，在到期月的第三个星期五到期，并在被行权或指派时交割 VXX 份额。

但 VIX 期权是基于现金的期权，在到期日以现金进行交割，就像 OEX 或 SPX 期权那样。在交割 VIX 期权时，前文已经说过，是以 VIX 期货早上的结算价来进行的。

【示例 41-8】某个投资者持有 VIX 7 月 25 看跌期权。他没有在公开市场中卖出这个合约，而是持有至到期。确定的交割价（VRO）为 20.84。那这个 7 月 25 看跌期权就有 4.16 点实值（25 减去 20.84）。在到期之后，该投资者的账户中可以获得 416 美元。而该看跌期权合约则会从他的账户中移出。

不过 VIX 期权的几乎所有其他方面都与其他上市的个股或指数期权不同，不管它们是不是以现金为基础的。

首先，它们与 VIX 期货有相同的到期日——比下一个上市的 SPX 期权的到期日早 30 天。这一天经常是星期三，并且常常是第三个星期五之前的那个星期三，但有时会是第三个星期五之后的那个星期三。

不过关于 VIX 期权需要知道的最重要的事是，它们的价格是基于 VIX 期货的，而不是 VIX 本身。或者你可以这样来想这个问题：VIX 期权是基于多条 SPX 期权的隐含波动率来定价的（当然，这就是 VIX 期货所表示的）。不过当你仔细看的时候，会发现隐含波动率（以及期货价格）或在不同月份之间大幅变化。如果有人在讨论 IBM 股票，比如 10 月的 IBM 和 12 月的 IBM，它们都是一个东西，都是 IBM 的价格。对于诸如 SPX 指数来说也是如此。不过对于这些标的指数的期权的隐含波动率来说，就不是一回事。

【示例 41-9】在 2006 年 2 月 24 日，也就是 VIX 期权上市交易的第一天，VIX 的价格为 11.46。行权价为 15 的 VIX 看跌期权有下列的价格存在：

VIX 指数：11.46

VIX 3 月 15 看跌期权：3.00

VIX 4 月 15 看跌期权：2.55

VIX 5 月 15 看跌期权：2.00

首先，这看上去有点奇怪，难道不是吗？更长期的看跌期权的价格居然比更短期的低？不过每个期权交易者都会把期权价格与持平价相关。首先，对于一个正常的/美式的期权，实值看跌期权的持平价等于行权价减去标的物价格。

如果我们（错误地）假设 VIX 就是这个标的物，那我们会计算出：

$$持平价 = 15 - 11.46 = 3.54$$

看上去这些看跌期权都是在持平价的下面交易。这个 5 月 15 看跌期权，价格为 2.00，看上去比其持平价低了接近 1.5 点。

这种情况怎么可能发生？这个问题的答案与这个事实有关，为了在到期日之前对期权进行定价，这些 VIX 期权的标的物不是 VIX 自身（至少在它们到期之前不是），而是 VIX 期货。那么考虑一下进一步的信息，见表 41-7：

表 41-7　VIX 期权和期货的价格

期权合约	期权价格	期货价格
VIX 3 月 15 看跌期权	3.00	3 月：12.10
VIX 4 月 15 看跌期权	2.55	4 月：12.76
VIX 5 月 15 看跌期权	2.00	5 月：13.86

考虑一个众所周知的 XYZ 期权有下面的一般信息：

XYZ：13.86

XYZ 5 月 15 看跌期权：2.00

你可能没有发现这里有什么不寻常的地方。XYZ 股票价格低于 15 的行权价，因此它是 1.14 点实值的（15 减去 13.86）。该看跌期权的价格为 2.00，在它的内在价格之上。

用表 41-7 中的数据来替代这个 5 月 15 看跌期权：

5 月 VIX 期货：13.86

VIX 5 月 15 看跌期权：2.00

如果你认为标的资产是期货合约而不是 VIX 自身，那现在表 41-7 中的期权价格就有用了。事实上，VIX 可能与它的期货价格有显著的差异，正如我们在以前的示例中可以看到的。在交割流程开始之前，VIX 都不会与近期期货价格靠拢。因此，在一个 VIX 期权的几乎全部存续期里，VIX 自身的价格都是一个无关的信息！确实是这样，在知道近期期货和 VIX 最终会靠拢的情况下，我们也许可以采用一些策略来赚钱。但就对期权进行定价的目的来说，VIX 的信息是不必要的。VIX 期权是根据期货合约的价格来定价的。

为了强化这一点，考虑在 2008 年金融危机中的某一天的 VIX 期权价格。这一天是 2008 年 10 月 10 日，与我们先前在表 41-4 中所讨论的期货示例是同一天。在这一天，有下列的信息：

VIX：69.96

VIX 10 月 25 看涨期权：31.70

VIX 11 月 25 看涨期权：13.70

VIX 12 月 25 看涨期权：10.00

现在，如果某人不了解 VIX 期货和期权的定价结构，他可能会认为上面列出的信息有误。怎么可能一个 11 月的看涨期权的价格比相同行权价的 10 月的看涨期权价格还低？同样的问题在 12 月看涨期权中也存在。此外，当 VIX 接近 70，而这些看涨期权的行权价都是 25 时，看上去持平价应该是 45。为什么所有这些看涨期权的价格都低于持平价呢？肯定有哪里出什么问题了。

不过确实没有问题。记住，在 VIX 期权的定价中，VIX 的价格是一个无关的信息。相反地，我们应该考虑的是 10 月、11 月和 12 月期货合约的价格。表 41-8 组合了上面的期权价格，以及表 41-4 中的期货价格。

表 41-8　VIX 期权和期货的价格，2008 年 10 月 10 日

期权合约	期权价格	期货合约	持平价（期货）
VIX 10 月 25 看涨期权	31.60	10 月：56.71	31.71
VIX 11 月 25 看涨期权	13.70	11 月：38.30	13.30
VIX 12 月 25 看涨期权	10.00	12 月：33.78	8.78

第 4 列显示了该看涨期权相对于期货合约的持平价（内在价值）。也就是说，该价格等于期货合约的价格减去 25 的行权价。从这个角度来看，这些期权的价格看上去就比较正常。10 月和 11 月 25 看涨期权的价格接近持平价，因为它们已经深度实值了。而 12 月 25 看涨期权（也是实值的）则还有一些时间价值，因为它有更长的存续期。再说一次，VIX 的价格与期权的价格没有关系。

在这部分讨论中需要重点理解的是，单个 VIX 期货的价格是不同的，并且它们之间的关系并不是一直保持不变。熟悉其他期货合约的交易者应该知道，例如 12 月的小麦和 7 月小麦并不是一回事。是的，它们在某种程度上是相关的，但它们的价格之间的差会在不同的时候扩大或缩小。这一点对于 VIX 期货也是成立的。

41.5.1　VIX 期权跨期价差

使用相同的概念，让我们来看一看一个特别温和的策略——看涨期权跨期价差，看是否会有一些不同的结果。下面的示例基本上复制了在 2008 年秋季中所实际发生的情况，这让客户和他们的经纪公司非常苦恼。

日期：2008 年 9 月 8 日

VIX：22.64

VIX 10 月 25 看涨期权：1.75

VIX 11 月 25 看涨期权：2.15

当时（当然，现在也基本上是这样）大多数期权经纪系统并没有正确的计算 VIX 期权的希腊字母和隐含波动率，因为它们没有"足够聪明地"把期货价格作为标的物。相反，它们使用的是 VIX，我们现在知道这是错误的。这就产生了一个问题。把 VIX 作为（不正确的）标的物，会让这两个期权的隐含波动率看上去有问题，因为这样计算出的 10 月 25 看涨期权的隐含波动率比 11 月 25 看涨期权还高。因此，交易者可能会想着进行看涨期权跨期价差的交易。

VIX 跨期价差：

买入 11 月 25 看涨期权，卖出 10 月 25 看涨期权，价格为 0.40

如果这是 IBM 股票或是个指数，或其他不是期货期权的任何东西，那你就知道，一个"常规的"跨期价差的风险就是最初的支出（这个例子中是 0.40），并能够获得有限的盈

利，盈利的大小取决于近期（10月）到期日时的标的物价格，以及那时长期（11月）看涨期权的隐含波动率。不过对于IBM来说，就没有"10月IBM"和"11月IBM"，IBM就是IBM。

不过这不是IBM期权，实际发生的情况却是个灾难。你已经在先前的表格中看见了这些价格：

日期：2008年10月10日

VIX 10月25看涨期权：31.60

VIX 11月25看涨期权：13.70

这个VIX看涨期权跨期价差目前的价格是 −17.90点。因此，为了平掉这个价差，还需要额外花费1 790美元！你需要在卖出你的11月25看涨期权多头的基础上，再额外花费17.90才能买回10月25看涨期权。由于你在建立这个价差时已经支出了40美元，因此你的总损失是1 830美元，再加上手续费。

用这个策略的交易者会损失很多钱，他们的经纪公司在很多情况下也会。因为这些经纪公司对这些头寸没有收取合适的保证金，而是把它认为是一个"常规的"跨期价差。现在许多有经验的经纪公司会对VIX跨期价差或对角价差中的任何期权空头收取裸保证金，只有垂直价差才会按照正常的保证金标准。

41.5.2 波动率的波动率

在进入更复杂的VIX期权的定价之前，有必要来看一看这个标的指数VIX和它的期货的波动性会是怎样的。理解波动率的波动率，可以帮助我们对VIX期权进行定价。因为在给期权定价的过程中需要用到对波动率的估计。同样地，了解了VIX和它的衍生品的波动性之后，可以帮助我们理解它们作为一种对冲或投机工具，在高波动率的时期会有多有效。

图41-5显示了过去10年VIX的历史波动率。这个时间周期涵盖了牛市和熊市。此外，VIX的实际价格在这段时间里变化很大。它在2002年的熊市中上升至60附近，然后在2006年下降至10，又在2008年爆发至接近90，然后又在2011年返回至十几的位置，后来又再一次跃升至50。

在数据中，VIX的价格有很大的方差。然而，有一点是成立的：不管是牛市还是熊市，VIX在高位还是在低位，VIX的历史波动率都惊人的维持不变，平均维持在90%附近。

图中黑色的，没有那么波动的线是100天的历史波动率，它的变化范围在60%～150%之间。灰色的线是20天历史波动率，这也是交易者用来估计波动率常用的时间段，它的波动范围是40%～270%。

图中的几个最高的顶峰都发生在VIX极端高的时候（因此也是主要的市场底部）：2001年9月、2002年7月、2005年5月、2006年6月、2007年2月、2007年11月、2008年11月、2010年5月和2011年8月。有意思的一个现象是，当VIX期权开始上市交易之后，VIX变得更加波动。现在还不确定这是否是个巧合。

在图41-5所涵盖的数据中的100天历史波动率的中位数是90%。我认为没有哪个股票的100天历史波动率会有90%这么高，不管是在什么时间周期或长度里。

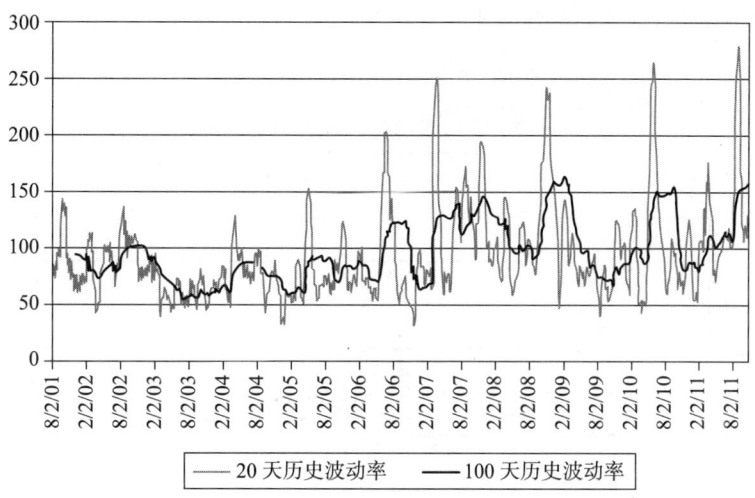

图 41-5　VIX 的历史波动率

不过人们不能交易 VIX，我们只能交易 VIX 的衍生品。VIX 期货没有 VIX 自身那么波动，但在股票市场的灾难阶段，期货也会出现很大的波动。图 41-6 显示了连续 VIX 期货的长期图。你可能知道，连续期货合约图是通过把所有当月期货合约图"拼接"起来，不过需要剔除不同合约之间的跳空。它用来显示某个期货交易者连续的持有当月期货，并不断地在其到期前（或在第一通知日，如果是实物期货合约的话）挪仓的过程。请注意，这有点类似于巴克莱的 VXX，只是 VXX 是两个当月期货的加权组合，而连续图只包括了当月合约。不过两者都有一个长期的下降趋势，这是由于需要或多或少持续地支付期货的升水。这部分升水会在到期时损失掉。只有在熊市的时候，这个连续图或 VXX 才会有额外的收益，因为此时期货相对 VIX 会有贴水。

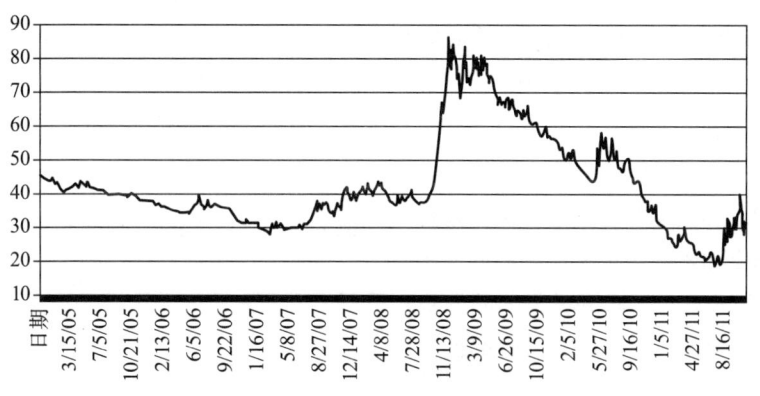

图 41-6　VIX 连续期货图

回到实际波动率的主题，考虑一个期货合约。图 41-7 显示了 11 月期货的 20 天和 100 天历史波动率，数据开始于它们产生时的 2006 年。这个 11 月是个合适的合约，因为它经常被用来在 9 月和 10 月（这是股市中的典型的"坏"月份）提供保护。你会发现这个合约经常出现波动率爆发，并且这个合约是可以交易的。在 2007 年和 2008 年，当股市下跌时，11

月合约的实际波动率上升至 100% 以上（从 40% 的低点）。

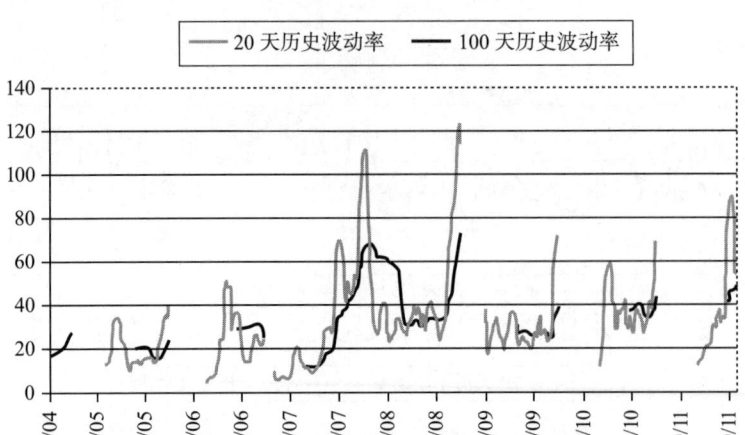

图 41-7　VIX 期货的历史波动率

41.5.3　VIX 期权的倾斜

当投资者观察在交易的全部 VIX 期权时，他是在观察 7 个或 8 个到期日的期权。这些期权的价格都基于在那个月到期的标的期货合约。每个后续的更长期的月份的期权会比前面的波动更小。表 41-9 显示了 VIX 期货波动率（使用 20 天的历史波动率）的典型序列。这个数据取自 2010 年 7 月 22 日，但它显示了一般情况下波动率之间的关系。当月的波动率比下个月的大一些，而第二个月的又比第三个月的大一些，以此类推。

引用图 41-2 关于隐含波动率期限结构的一般图形，可以再强化一下这个概念。假想在图形中每个月份的两条曲线间有一条垂直线，以表示该月份波动率的可能范围。该垂直线会在当月中最长，而在第二个月中第二长，等等。这就是表 41-9 所要表示的：每个期货月份的波动率的范围。

巧合的是，在 2010 年 7 月，波动率从 5 月和 6 月（"闪电崩盘"）的尖峰开始下降，可能期货预期这个下降会持续（后来确实是这样）。因此此时 VIX 的历史波动率和期货的历史波动率之间就比正常情况下的差异更不一致。在任何情况下，VIX 一般都比其期货更波动。

表 41-9 中的数据是用来说明 VIX 期权的定价，因为它显示了 VIX 8 月期权会比 1 个月之后的期权有更高的隐含波动率。另外，9 月 VIX 期权会比任何随后月份的期权有更高的隐含波动率，诸如此类。这意

表 41-9　VIX 期货的 20 天历史波动率（HV），2010 年 7 月 22 日

产品	20 天历史波动率
VIX	100%
8 月期货	56%
9 月期货	45%
10 月期货	41%
11 月期货	39%
12 月期货	37%
1 月期货	36%
2 月期货	35%

味着在 VIX 期权中存在一种水平倾斜。近期期权的隐含波动率常比远期期权高。

与单只股票不同，这并不必然代表着一个波动率的交易机会。在单只股票的情况下，如果近期期权相对于远期期权更昂贵，那就可能可以采用跨期价差的策略（不过，有可能出现这样的倾斜是有正当理由的，例如马上就会有一个盈余公告）。不过对于 VIX 期权，出现这样的倾斜是正常的，因为 8 月期权和 10 月期权之间的价差交易，涉及两个不同的标的物，而不只是一个（股票期权就是这样），而近期的标的物会比远期的更波动。

在 VIX 期权中除了水平倾斜之外，还有垂直倾斜（vertical skew）。有大量的方法来验证为什么会有这样的倾斜存在。其中一个就是因为 VIX 的下行空间是有限的，而在上行方向可以爆发得非常剧烈。因此较低行权价的期权应该比较高行权价的期权有更低的隐含波动率。

考察这一问题的另一个方法与 SPX 期权相关。我们在前面的章节中证明了，指数期权在定价中有一个向下的倾斜，这个倾斜自从 1987 年股灾之后就一直存在。与平值或者虚值看涨期权相比，SPX 的虚值看跌期权在隐含波动率方面非常昂贵。因此，较低行权价期权的隐含波动率应该比较高行权价的更高。VIX 是 SPX 的反向（当一个上升时，另一个会下降），因此 VIX 期权就应该镜像复制 SPX 期权的特征。因此，对于 VIX 来说，较高行权价的期权的隐含波动率应该比较低行权价的更高。

这两种讨论都有效地解释了为什么会有倾斜。

41.6　交易策略：方向性信号

现在我们已经了解了相关的定义，并且读者已经熟悉场内波动率期货和期权的交易机制，现在我们可以讨论一些策略了。我们一开始先看一看怎么用 VIX 及其衍生品的数据来帮助预测市场。

让我们先在图 41-8 中看一下 VXO（"最初的" VIX）的长期图表。我们用这个数据，是因为当 CBOE 在 1993 年第一次引进 VIX 的时候，他们把数据回溯到了 1986 年，因此在理论上包括了 1987 年的股灾。你可能还记得，在 2003 年新的 VIX 引入之后，这个"最初的" VIX 的代码改成了 VXO。因此 VXO 就有最长（理论上）的历史数据。

在这张图上，有大量的关于波动率的普通观察点，以及它们在特定市场阶段时的表现。第一也是最重要的事实是，波动率的尖峰总是与市场危机同时出现，并且是市场底部的最终指标。

VXO 在尖峰时的实际水平并不是特别重要，尽管它度量了伴随尖峰而出现的危机的程度。例如，1994 年美联储突然提高利率导致的尖峰就刚好是众多"买入"信号中的一个，尽管当时 VXO 只是上升到了 20。

大多数信号的出现，都是因为一些特定事件——战争、金融危机、恐怖袭击等。不过，有一些尖峰则仅仅是因为市场下跌而引起的恐慌情绪，从而快速地推高了 VIX 和 VXO。最高的两个尖峰出现于 1987 年的股灾和 2008 年的金融危机。请记住，1993 年之间的所有数据都是理论（倒推的）数据，因此它只是对 VIX 的一种估计。即如果当时有 VIX，那么在 1987 年它会爆发至 150。另一方面，我们知道，在 2008 年时，VXO 达到了 103。

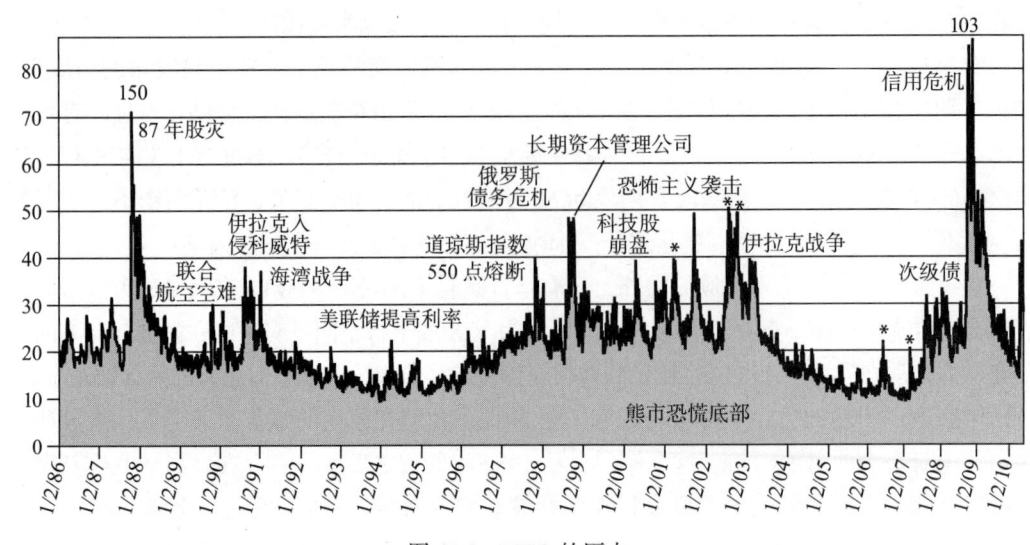

图 41-8 VXO 的历史

我们先前讨论过，当 VIX 或 VXO 出现尖峰时，常常伴随着出现股票市场的坚实底部。当股票市场快速下跌时，这样的尖峰就会快速地出现。接下来，当 VIX 达到尖峰并很快反向下跌时，通常股市是在中期的底部附近。

之所以会出现这种现象是因为，在市场下跌时，交易者会恐慌地持有 SPX 看跌期权。就像你可以预期到的，在股市的暴跌过程中，这些看跌期权会变得非常昂贵。这就像你在房子已经着火的时候才买火险，那当然会非常昂贵。

从这个角度来看，VIX 的尖峰是一个反向指标。当"最后的"交易者为"最后的"看跌期权支付了高价之后，然后所有玩家都已经放弃，接着股市就会反转上涨。

图 41-8 还显示了其他重要的数据。例如，VIX 和 VXO 很少跌到 10 以下，因此我们可以认为这个水平是一种底部。在下一节，我们将对 VIX 在 10 时的含义做进一步的讨论。不过在这里，只要知道 VIX 不会在 10 附近形成深谷并很快反弹就已经足够。相反，在图中，VIX 会在 10 附近的底部停留很长时间。这最终会导致一个更高水平的波动率。

从这个角度来看，许多分析师认为 VIX 是"均值回复的"。这意味着，VIX 不会一直向上或向下，就像股市或某只股票一样。相反，它会维持在诸如 10～50 的正常区域内，并在达到某个极端值后，最终返回这个区域的中点。

一般而言，统计数据显示，在 75% 或 80% 的时间里，VIX 的运动方向与市场方向相反。这是基于日频数据的。在以更长期的数据进行统计时，两者的运动方向会以更高的水平负相关。简而言之，当市场下跌时，VIX 会上升，反之则反是。在这个图上有很明显的证据，这也是为什么买入波动率能对某个投资组合提供很好的保护。

波动率的趋势

波动率的趋势也很重要。VIX 倾向于在牛市中不断走低，而在熊市中不断冲高。虽然图 41-8 并没有显示股票市场，只显示了 VXO，但其中也可以发现一些较大的趋势。例如，

2003～2007年的牛市就伴随着VIX越来越低的趋势，直到它最终达到10。回过头来看，现在知道是因为美联储在管控利率，以给持有金融工具和房地产提供一个"完美的"环境（以及一个副产品，压缩波动率）。不过，这一切在2007～2008的金融危机中都土崩瓦解。

另一个有趣的趋势是1995～2000年期间的波动率上升趋势，这次是伴随着一个牛市。VIX在市场上涨的时候上升的情形很少见，不过这是一个非常波动的牛市。还记得波动率是日频价格变化的标准差吧？如果牛市中出现波动率上升，那就需要大量的反弹、波动和拉锯运动，不过总的趋势是向上的。

VIX的趋势还可以用来作为一个短期的确认指标。例如，如果市场在下跌，但是VIX没有上升，那么你就可以认为市场的下跌是暂时性的。不过，如果市场在下跌，并且VIX在上升，那就是一个看空的组合，应该认为熊市会继续。

相反的分析也适用于上涨的市场。如果市场在上涨，并且VIX在下降，那就是一个牛市的确认。不过，如果市场在上涨，而VIX也在上升，那这个上涨趋势就是值得怀疑的。

用VIX来度量保护的成本。这里是一个对VIX进行一般性描述的好地方：VIX是一个对保险成本的度量。当然，VIX的含义不仅仅是这些，不过这确实是个有用的描述。这可以帮助许多新手理解VIX如何以及为什么会有时上升而有时维持不变。因此，当市场暴跌，而交易者疯狂地买入SPX看跌期权时，保护的成本就会很高，VIX也是一样。

我们先前已经指出，并不是所有的股市低点都会出现VIX的尖峰。确实在有的时候，当股市下跌时，VIX并没有急剧上升。导致这一点的原因有很多，不过它们基本上都是基于一个相同的事实：看交易者是否觉得有必要在这种情形下买入保护，或者保护的供给是否充足。

还记得我们先前提过的，在2007～2009年的熊市的底部，当时SPX下降至2009年3月的低点，而VIX并没有快速上升。有经验的交易者知道，大多数人都已经在这个熊市的后期获得了保护，因此就没有多少保护的需求。此时VIX相对较高，差不多在50，不过并没有出现尖峰。

一般而言，当你看见市场在下跌，而VIX并没有上升时，那你就可以假设保护会比较便宜。有时这种便宜是因为那些预见到市场会下跌而提前买入保护的交易者在卖出保护以实现盈利。保护供给的增加会让成本下降，即使此时股市在下跌。如果没有人愿意买入保护，也会出现同样的效果。需求的缺乏或者供给的充足都会导致保护成本的下降，并让VIX维持在相对低点或不变。

仅仅因为保护很便宜，并不意味着这些不愿意保护的人就很聪明。事实上，在2011年8月，反向的做法才是正确的。当时VIX非常便宜，而市场首次开始下跌。即使SPX已经下跌了100点，VIX仍在20多的低位。不过，很短的时间里，SPX就开始暴跌，而VIX则暴涨，在几天里翻了一倍。不过在那时，对于保护的需求就飞涨了。

隐含波动率的快速上升与标的物的低点同时出现，这个概念对于个股、期货和ETF等也同样适用。目前这些资产还没有类似VIX的产品，不过这不是个问题。你只需要看一看这些资产的期权的复合隐含波动率图，就可以发现波动率的尖峰。

VIX的极端低点。如果说VIX的尖峰是股市的买入信号，那么极端低点是卖出信号吗？它可能是，不过有时最好从更广的范围内看这个低波动率意味着什么。如果交易者们不愿意为期权付高价，那就代表着市场共识认为标的物不会再波动了——它的价格不会再怎么变了。从一个反向观点的角度来看这个问题，如果"每个人"都认为标的物会保持稳定，那它的反面就很可能是对的，即标的物价格会爆发。这个爆发既可能是向上，也可能是向下。因此，从一般的认识来看，极端低的波动率是一个买入波动率的信号。如果该产品并不能直接交易波动率的话，那可能是以买入跨式价差的形式。

至少，当VIX很低的时候，你可以考虑买入VIX看涨期权或SPX看跌期权，来为一个股票组合提供保护。如果市场向上爆发，你的组合会盈利。相反，如果市场暴跌，这个便宜的保护会很好地发挥作用。

不过，需要指出的是，波动率可能会长时间维持低位。与此相反的是，当波动率达到极端高的时候，它会很快向下。换句话说，VIX会停留在底部，而在顶部形成尖峰。由于股市的运动与VIX相反，这也就是说，SPX会停留在顶部，而在底部形成深谷，有经验的交易者都知道这个事实。

我们已经说过，极端低的VIX通常先于一个快速的市场下跌。"新的"VIX的回溯数据始于1993年，而"老的"VIX，也就是现在的VXO，回溯至1986年。在这两个波动率指数的完整历史中，VIX只有少数几次低于10，当它出现时，随后常常会有一个快速的市场下跌。

在它们的历史上，VIX和VXO只在9个不同的"时期"内低于10（一个"时期"可能有多个交易日VIX或VXO低于10，不过都把它们算在一起。），近年来，大多数时间里VXO都比VIX低。因此VXO会先低于10。事实上，VIX并不是每次都会跟随。例如，在2007年2月1日，VXO的收盘价低于10，而VIX则没有低于10，VIX的低点（10.08）出现于2月2日。在此之后，VIX⊖在10之上晃悠了一个星期，然后才最终跌到10以下。

VXO低于10而VIX没有的情形还发生过两次。因此当VXO低于10，而VIX低于10.30时，你就可以说这两个指数"太低了"。把这个作为一个入场标准。表41-10显示了SPX运动的结果。第一列"入场时间"是这个"太低了"的标准首次出现的日期。第二列显示了多少个交易日之后SPX才开始暴跌。SPX的跌幅显示在第三列，是同时用SPX的点数和跌幅来显示的。最后，第四也是最后的一列显示了投资者需要承担的回撤，也就是在第二列中定义的等待期中SPX的上涨点数。

表41-10 "低"VIX出现之后的市场下跌

入场日期	SPX下跌之前的天数	SPX下跌的规模：点数（%）	等待时的回撤（点数）
2007-2-14	8	−50.3（3.3%）	4.3
2007-2-2	5	−10.3（0.7%）	1.7
2007-1-24	1	−16.2（1.1%）	0.0
2006-12-14	5	−12.8①（1.0%）	1.6
2006-11-20	4	−19.0（1.3%）	5.5

⊖ 原文为SPX，疑有误。——译者注

(续)

入场日期	SPX 下跌之前的天数	SPX 下跌的规模：点数（%）	等待时的回撤（点数）
2005-12-22	2	−12.1（0.9%）	0.5
2005-7-20	1	− 8.2（0.7%）	0.0
1994-1-28	5	−10.9（1.9%）	3.3
1993-12-22	5	− 4.1[①]（0.9%）	4.7

① 总共有 2 天的下跌

总体上，这是个不错的系统，可以发现什么时候 SPX 会在 1～2 天内出现急剧的（差不多 1%）下跌。在这样的低波动率市场中，这种跌幅是很可观的。这种下跌一般会在一周内出现，有时甚至就在下一天。此外，投资者等待时的回撤也是很小的。

最差的信号是第一个，发生于 1993 年。（可能那个时候的交易者还没有意识到 VXO 低于 10 究竟代表了什么。当时 VIX 还是个新东西，就在该年的早期才引进。）相对于 SPX 最终的跌幅，1993 年的回撤是较大的。

因此，要求 VXO 低于 10，并且 VIX 低于 10.30 看上去是个不错的入场标准。不过如果你把这视为一种交易系统，那就需要设置一个退出点。在表 41-10 中显示的大多数情形中，大多数下跌都出现在 1～2 天内，这可以从第三列中看到。以你要么可以从 SPX 第一次大的下跌中获利，要么为拟建立的任何空头头寸至少设置一个紧的跟踪止损。1994 年 1 月的信号是个主要的例外，它是一个更严重的下跌的前兆。美联储在 1994 年 2 月 1 日上调了利率，并敲打了股市很长时间。许多小盘指数和个股都在那年大幅下跌。事实上，大多数小盘股投资者都把 1994 年视为一个熊市年份，即便当时 SPX 和 OEX 并没有下跌。因此，有时把 1994 年称为秘密的熊市（stealth bear market）。

总之，很少看见 VIX 会为 10 或低于 10，不过当它真的发生的时候，就值得特别留意。

41.7 使用 VIX 期货的信息

VIX 期货可以帮助投资者决定策略，有时还可以确定市场方向。VIX 期货与 VIX 的关系，以及它们自己之间的关系——**期限结构**（term structure）可以提供这些洞察力。

VIX 期货的极端升水或贴水

对于波动率的交易者和观察家来说，近月 VIX 期货合约与 VIX 之间的关系非常重要。当 VIX 衍生品在 2004 年第一次开始交易时，VIX 的价格很低，波动率在这个持续的牛市中处于休眠状态。事实上，VIX 在 2007 年早期之前都主要在 10～16 之间交易，除了 2006 年夏季有一个短暂的例外。在这段时间里，VIX 期货都有相对大的升水，这并不是因为投资者认为波动率会增加，而是因为他们认为波动率不会更低了，因此它更可能会上升。在任何情况下，这段时间的数据都不能用来确定 VIX 期货的升水是否有任何预测价值或策略价值。

不过，当 VIX 变得更高的时候，并且近月期货也有较大的升水，那就常常是"聪明的钱"预期波动率会快速上升的一个标志。波动率的快速上升通常意味着股市的快速下跌。不过，就像我们将显示的，这个现象在熊市中更有效，而在牛市中则没有那么有效。第一次出现这种现象的时间是2007年年底。

【示例41-10】在2007年，股市在这些年里第一次出现了蹒跚。SPX在7月下跌了180点，却等到2007年10月中期才创新高。然后就是再一次的下跌，SPX在2007年感恩节下跌了170点。在那个点位上，又出现了一波反弹，直到圣诞节。SPX在这两个节日期间反弹了110点，而道琼斯30工业指数则反弹了1 000点。

表41-11显示了2007年年底VIX、1月VIX期货和SPX的价格，以及期货的权利金。

表41-11 1月VIX期货和VIX，2007年12月

日期	1月期货	VIX	期货升水	SPX
2012年7月17日	25.45	24.52	0.93	1 445.9
2012年7月18日	24.57	22.64	1.93	1 454.9
2012年7月19日	24.42	21.68	2.74	1 453.0
2012年7月20日	24.17	20.58	3.59	1 460.1
2012年7月21日	23.10	18.47	4.63	1 484.4
2012年7月24日	22.17	18.60	3.57	1 496.4
2012年7月26日	22.01	18.66	3.35	1 497.6
2012年7月27日	22.72	20.26	2.46	1 476.2
2012年7月28日	22.80	20.74	2.06	1 478.4
2012年7月31日	23.11	22.50	0.61	1 468.3

首先，请注意SPX1445～1497的反弹，时间是12月17日至12月26日。再请注意这段时间里伴随着的VIX下降，24.52～18.66。这是个典型的现象：VIX在股市反弹时下降。

不过，现在请看一看1月VIX期货的价格。它们在这段时间里下跌了一点，但没有VIX下跌的那么多。1月VIX期货价格和VIX之间的差异就是"期货升水"。在这张表中的所有情形中，1月期货都在以升水价交易。当升水小于1.00时，这可能不算什么。但当升水有4.63，就像12月21日收盘时那样，或者在12月20～26日维持在3.00之上，就值得关注了。

实际上，VIX期货是在"说"，VIX会继续维持高位，即VIX会上升以便追赶期货价格。当VIX上升时，市场会下跌。事实上，这是一个主要的卖出信号，结果SPX在不到1个月的时间里下跌了230点。

即便是在现在，也很少看到近月VIX期货的升水会高于4.00。

根据我们先前对VIX计算方法以及VIX期货的构成的介绍，我们现在知道有一个很大的不一致现象存在。在上面的示例中，在12月末，VIX是由两条SPX期权来组成的，这两条期权分别会在2008年1月和2月到期。这两条期权的权重会每天变化，但在12月末，它们的权重基本上是相等的。然而，1月VIX期货价格则只基于1条期权——2008年2月的SPX期权。因此，实际上发生的情况是，交易者在打压1月期权价格，从而拉低VIX，但并没有打压2月期权价格。当然，也有可能相反：交易者在买入SPX的2月保护，而没有买入1月保护。不管是哪种情况，从这些SPX期权的活动中都可以推导出这样的事实，

就是职业投资者和散户很希望年底的结果会是正的,并且它会保持至 2008 年。因此,这个较大的 VIX 期货升水就是某种反向指标。

就像它所显示的,真实的情况是交易者在新的一年开始的时候就开始尽快地卖出,并且法国兴业银行的一个"流氓交易员"事件导致该银行不得不把大量的多头头寸平仓,这进一步加剧了市场的卖出,从而导致了 2008 年 1 月中期的严重市场下跌。

还有其他的例子来说明,在升水很高的时候,近期期货的升水会是个很好的卖出指标。例如,在 2008 年 5 月,VIX 期货上又出现了类似的大升水,很快 SPX 就在 2 个月内下跌了 240 点。

在 2009 年 3 月之后出现的大牛市期间,这个技术的有效性被极大地降低了。该牛市在 2009 年的夏末继续延续,交易者们开始以相对昂贵的价格大量买入 SPX 期权,这推高了 VIX 期货的价格。这不仅包括近期 VIX 期货,还包括远期期货。不过没有出现严重的市场下跌,这让波动率分析师开始找答案来解释这种现象。一种理论认为,在 2007 年和 2008 年早期,VIX 衍生品是一个相对较新的产品,因此主要是那些"聪明的钱",即职业交易者在使用。而在 2009 年中期,这种保护的效果在随后出现的熊市之后已经广为人知,因此在 2009 年的牛市中,公众和不聪明的共同基金和对冲基金管理人现在也开始买入保护。他们期望在 2009 年秋季会出现某种程度的市场调整,不过这一直没有实现。

不过与其为不同的投资者贴上"聪明的"(或"笨的")标签,不如从另外一个方面来解释这个现象。还记得吧,图 41-2 中显示了期限结构的一般形状。在牛市中,波动率会比较低,并且期限结构会像图 41-2 中较低的线那样。也就是说,此时期货相对于 VIX 有升水是正常的。在熊市中,波动率会比较高,并且期限结构会像该图中较高的线那样。也就是说,期限结构会向下倾斜,并且期货相对于 VIX 会有贴水。

因此,在始于 2009 年的牛市中,期货有并且一直维持升水是正常的。因此,较大的升水并不是卖出信号,而仅仅是反映了牛市正在持续中。不过在 2007~2009 年的熊市中,升水就很少见,如果它们出现了,那就是卖出信号。在接下来的熊市中(以及接下来可能会出现的其他熊市中),如果近月期货出现了大的升水,那就可被视为卖出信号。不过在持续的牛市中,近月期货的大升水并不是什么特别的信号。

VIX 期货的极端贴水经常是买入主板市场的信号。也就是说,交易者们恐慌地买入短期 SPX 保护,促使 VIX 的价格上升。而反映在近期 VIX 期货价格中的下一个月的 SPX 期权的隐含波动率却没有那么受欢迎。因此期货低于 VIX 价格。当贴水先扩大到很大的水平,然后又开始快速缩小的时候,这经常是股市马上就要上涨的信号。这也是一个反向指标。当"每个人"都恐慌着买入近期 SPX 看跌期权的时候,市场接下来就会上涨。

在 2008 年 10 月的金融危机期间,近月期货的贴水达到了惊人的 25 点。在 2010 年 5 月的"闪电崩盘"期间,贴水达到了 10 点。而在 2011 年 8 月暴跌期间,贴水达到了 16 点。在这些情况发生之后,市场就上涨了。

图 41-9 是混合的近月期货的日频升水散点图与 SPX 线图的组合。请注意,当市场处于低位时,期货有很深的贴水。而在最初的两年,大的升水出现之后市场就开始大幅下跌。

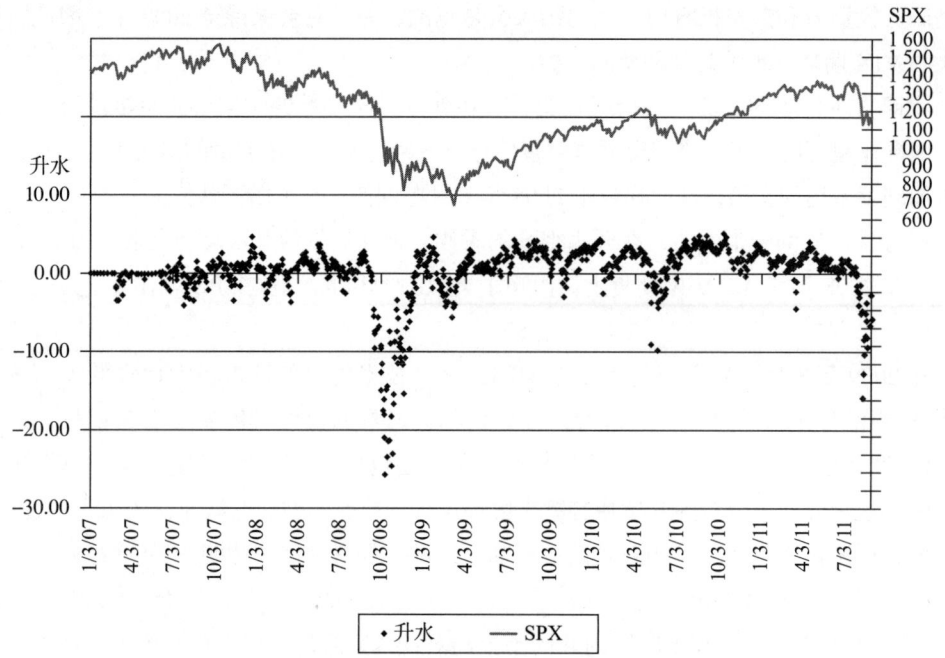

图 41-9 SPX 与混合的近月 VIX 期货升水

不过，投资者在确定近期贴水或升水之前，应该做一些调整。投资者不能简单地用当月的 VIX 期货合约减去 VIX，因为在 VIX 临近到期的时候，这样做会产生一种有偏的统计。

你可能已经注意到这张图标题中"混合的"（blended）一词。有必要用两个近期合约的价格来产生一个"混合的"期货价格，用这两个近期期货的加权来得到升水。这样做的好处是，在实际近月合约到期的时候，混合的期货价格就不会有大幅的跳空。这个"混合的"期货价格的计算方法在前面已经有过介绍。在到期日的前 20 个交易日之中，权重每天减少 5%；或在到期日的前 25 个交易日中，权重每天减少 4%。如果这段期间内有假期，则用混合因子来调整这些假期（24 个交易日，或 19 个交易日等，这种情况在 1 月经常发生。因为在 1 月，两个 VIX 到期日之前常常有 3 个假期）。

【示例 41-11】在 7 月 VIX 到期日之后的第一天，有下列的价格存在：

8 月 VIX 期货：28.00

9 月 VIX 期货：30.75

加权因子：95%/5%

加权的（混合的）期货价格 = 0.95 × 28.00 + 0.05 × 30.75 = 28.14

假设此时 VIX 为 24.38，那么混合的期货升水就是：

28.14 − 24.38 = 3.76

41.8 利用和交易期限结构

正如我们先前提到的，期限结构在牛市中会向上倾斜。所有期货相对 VIX 都会有升水，并且每个期货的价格都比前一个更高。在期货市场的术语中，这种向上倾斜的期限结构也被称为**正向市场**（forwardation），它的意思与**期货升水**（contango）一致。

在熊市中，期限结构会向下倾斜。VIX 期货相对 VIX 有贴水，并且每个后续的期货合约的价格都比前一个更低。在期货市场中，这又被称为**反向市场**（backwardation）。

由于大多数个股期权交易者和波动率交易者都并不一定是有经验的期货交易者，在这部分内容中，我们会用向上倾斜（或有正的斜率）和向下倾斜（或有负的斜率）来描述期限结构，而不是使用期货的术语。这样会更容易从视觉上知道实际的形状，而不是不停地定义正向市场、反向市场或期货升水等。

有时期限结构并不是完全的向上或向下倾斜。这种情况经常发生于牛市向熊市转化的阶段，反之亦然。

期限结构的一个很好的用途就是把它的形状与市场行动进行比较。当投资者对现在的市场类型不太确定时，用这个方法就非常有效。例如，如果期限结构在向下倾斜，这反映了现在是一个熊市。如果这个向下倾斜的形状在市场上涨时也维持不变，那么交易者可以认为这个上涨会是很短暂的，只是熊市中的反弹，并不是熊市向牛市的方向变化。

期限结构可以用期货（跨期）价差来交易。这是一种有高度杠杆的交易方式，不管是对市场方向进行投机，还是有时在近期期货临近到期时获得升水或贴水，这都是一种有意思的交易方式。请注意，在这一节中，我们并没有提到混合的近期期货升水。相反，所提到的近期期货合约就是最近期的 VIX 期货合约。

CBOE 的期货交易所（CFE）有最低的保证金要求。他们对于涉及首次上市的三个月份中的两个期货合约的跨期价差所收取的保证金非常低。当 VIX 期货刚上市的时候，这种价差的保证金是 100 美元。后来它涨到了 625 美元，不过仍非常低。记住 1 点的 VIX 期货价格变化价值 1000 美元。因此，一笔价差交易可能赚也可能亏很大比例。

【示例 41-12】假设有下列的价格存在：

VIX：36

9 月 VIX 期货：32

10 月 VIX 期货：30

由于 9 月是近月，9 月 VIX 期货（32）与 VIX（36）之间的 4 点差异会在 9 月到期日消失。因此，交易者可能会考虑以 2 点的差异买入 9 月 VIX 期货，并同时卖出 10 月 VIX 期货。

买入 9 月和卖出 10 月 VIX 期货：2.00 点（9 月减 10 月）

假设过了一段时间，9 月开始接近 VIX，并且有下列的价格存在：

VIX：38

9 月 VIX 期货：35

10 月 VIX 期货：32

那么价差就扩大到了 3.00 点（35 − 32）。

如果该价差交易者平掉了该头寸，那他会有 1 000 美元的盈利。对于一段很短的时间来说，这是很高的收益。因为该笔交易的保证金只有 625 美元。交易的细节如下所示：

最初的交易	平仓的交易	盈亏（美元）
买入 9 月，价格为 32	卖出 9 月，价格为 35	+3 000
卖出 10 月，价格为 30	买入 10 月，价格为 32	−2 000
总交易：买入，价差为 2.00	卖出，价差为 3.00	+1 000

41.8.1 用期限结构的价差来投机

期货价差可以用来投机。相对于直接买入 ETF 或指数看涨期权，一些交易者更愿意交易价差，因为这个价差有很大的杠杆。在牛市中，期限结构会倾向于变陡。也就是说，次月的期货合约会比当月期货更高。因此如果某个交易者的一个可信的指标出现了整个市场的买入信号，那他建立一个期货价差就是值得的。

相反，如果市场走熊，期限结构就可能会变平或向下。在这种情况下，交易者就会想买入当月的 VIX 期货，并卖出第二个或第三个月份的期货。

小结一下：

当用 VIX 期货价差来投机时：

如果是牛市，则买入次月 VIX 期货，并卖出当月 VIX 期货。

如果是熊市，则买入当月 VIX 期货，并卖出次月 VIX 期货。

没有人能够保证 VIX 期货价差会真的像所期望的那样移动。它在理论上的确会这样，并且在超过 75% 的时间里都会这样，但确实会有股市变化但期货价差并不跟随的情况发生。并且，需要注意的是，进行这种期货跨期价差交易的职业交易者有时还会在 SPY 或 SPX 期权上建立抵消的头寸，以对冲风险。例如，假设你对市场看多，因此买入次月并卖出当月。你可能还会买入一些 SPY 看跌期权以防股市下跌，因为在股市下跌时，价差的移动方向就会对你不利。如果采用这种方法，小心避免过度对冲是一种聪明的选择。因为如果股市确实上涨了的话，买入大量的 SPX 看跌期权会显著地损害该价差交易者的潜在盈利。

期限结构的倾斜度本身就可能是判断整体市场方向的一个线索。例如，如果期限结构向下倾斜，那就代表着目前处于熊市。但如果是很陡的向下倾斜，那就可以认为市场被超卖了。在这种情况下，交易者可以预期市场会上涨，从而让期限结构变得稍微平一些。因此一个 VIX 期货价差的交易者就可以卖出当月期货，并买入次月期货，以期望在市场上涨中它们会稍微靠拢一些。

图 41-10 显示了一个这样的例子。在 2007 年 8 月，当时金融市场已经出现了关于"次级债"和其他抵押资产可能产生问题的消息，股市已经出现了快速下跌。这让期限结构变得向下倾斜（倒过来了）。很快在 2007 年 9 月就出现了恢复性的反弹。

截至 2007 年 9 月 17 日，期限结构都非常陡，如图 41-10 中的最高的线所显示的那样。当时 SPX 为 1476。

某个交易者认为该期限结构会变得平一些，这可能是因为他认为现在确实太陡了，也可能他看多后市，所以才建立这个价差：

买入 11 月期货：22.84

卖出 10 月期货：24.33

价差：−1.50

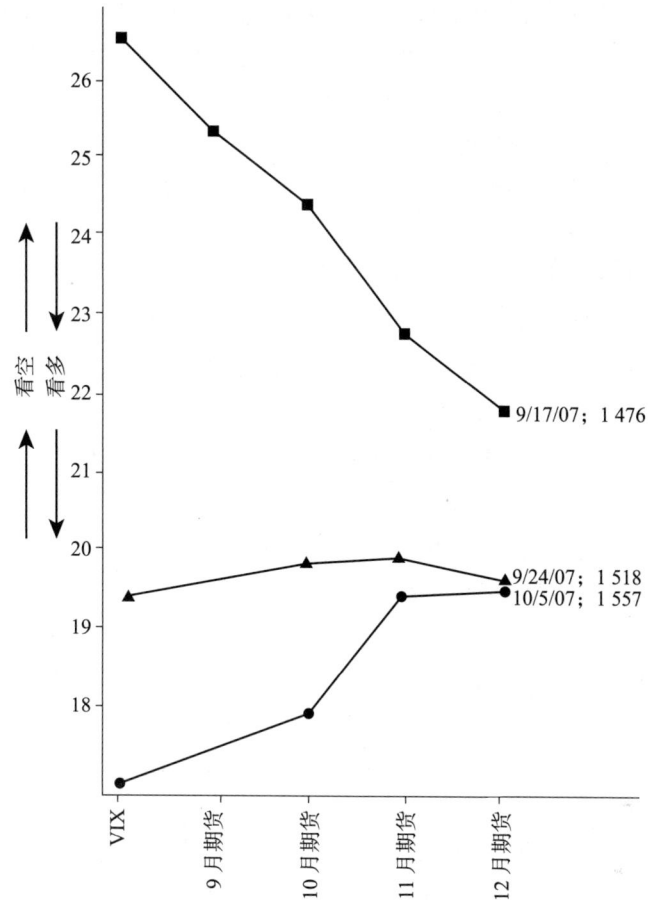

图 41-10 VIX 期货的期限结构

当时这个价差的保证金只要 100 美元。现在，它可能会需要 625 美元。

后来在很短的时间内，本·伯南克就提出了非常宽松的货币政策，然后股市就上涨了很多。在 9 月 24 日（图 41-10 中的中间的线），SPX 上涨到 1 518，而期限结构基本上变得完全水平了。当时的价格为：

$$11 \text{ 月期货：} 19.91$$
$$10 \text{ 月期货：} 19.70$$
$$\text{价差：} +0.21$$

该价差交易者此时赚了 1.71。我们有以下两种方式来看待这笔交易。

1. 该价差交易者以 −1.50 的价格买入，然后现在以 +0.21 的价格卖出，所以就赚了 1.71。

2. 你可以通过计算每个期货合约的盈亏来验证这个结果：

11 月：买入价 22.83，卖出价 19.91，2.92 点的亏损

10 月：卖出价 24.33，买入价 19.70，4.63 点的盈利

因此是 4.63 的盈利，减去 2.92 的亏损，得到的总盈利就是 1.71

这笔盈利就是 1 710 美元，因为每 1 点价格变动价值 1 000 美元。而在这一周里的投资额是 625 美元。显然这是一笔高杠杆的交易，这也是为什么有一些交易者更喜欢交易期货价差，而不是交易实际的 SPX 或股市的等价物。

最后，请注意，如果该交易者一直等到 10 月 5 日才平仓，就如图 41-10 中的较低的线所示，该价差会进一步扩大，因为现在的期限结构已经开始有一个正的斜率。

41.8.2　在存在较大贴水或升水时交易期限结构

交易者可能想用期货价差来投机的另一种方式是 VIX 期货有较大贴水或升水的时候。不过，交易者必须确信 VIX 的这种"拉扯"（pull）效果会在他建立的价差的合约中最大。考虑下面的价格，它们取自表 41-3，在 2008 年 10 月 10 日。

【示例 41-13】在 2008 年 10 月 10 日收盘时，有下列的价格存在：

$$VIX：69.96$$
$$10 月 VIX 期货：56.71$$
$$11 月 VIX 期货：38.30$$
$$12 月 VIX 期货：33.78$$

10 月期货会在 10 月 22 日到期，这意味着 10 月合约只有 7 个交易日的存续期。因此，10 月期货中 13.25 的贴水会在那一天之前缩减到零。因此某个交易者想买入 10 月并卖出 11 月，这不是因为他看空市场，而是因为在未来的 7 个交易日里，VIX 对 10 月期货的"拉扯"会非常明显。

不过，这个价差的问题是，11 月期货也相对于 VIX 有一个很大的贴水：31.66 点！随着 10 月期货临近到期日，11 月相对于 VIX 也将会有一个"拉扯"。事实上，为这两个近期月份的价差所支付的 18.41 太大了，交易者在建立这个头寸时要非常小心。

不过 11 月减去 12 月价差则可能更有效。因为 12 月期货是第三个月份的合约，它在短期内受到的"拉扯"效果可能就没有那么大。因此，在希望 VIX 把近月合约"拉扯"得更高的时候，建立这个价差可能更好：

买入 11 月，并卖出 12 月，以 4.52 的价差（11 月减去 12 月）

11-12 月合约的价差迅速增大，在 10 月合约到期时已经增至 8.62 点，相当于获利 4 100 美元，并且价差在继续扩大。在 12 月份期货合约受到 VIX 现货"拉扯"之前，价差一度达到 14 点。

请注意：作为一种替代，买入 10 月并卖出 12 月的价差也是有效的。使用上面的价格，这个价差接近 23 点。它也满足较低的保证金要求，因为这两个合约都属于前三个到期月的合约。不过这个价差的波动会更加剧烈。它先下跌到 17 点左右，然后又扩大到 28。可能没有谁愿意对一个只有 625 美元初始保证金要求的头寸承受 6 000 美元的回撤。因此 11-12 月价差是目前最好的价差。

当 VIX 近月期货有较大的升水时，也有类似的情形存在。考虑下面的示例，其中期货合约相对 VIX 有较大的升水。

【示例 41-14】在 2010 年 10 月 11 日收盘时，有下列的价格存在：

VIX：18.96

10 月 VIX 期货：21.30

11 月 VIX 期货：25.10

12 月 VIX 期货：27.05

在这个示例中，10 月期货即将到期，只有 6 个交易日可供交易了。它的 2.34 点的升水在到期日就会消失。因此，VIX 会对这些 10 月期货有一个"向下"的拉扯。

而 11 月期货还有相对较大的升水（6.14）。考虑到在 6 个交易日之后，11 月期货就会变成当月合约，因此 VIX 也会对它们有一个向下的"拉扯"。

而 12 月期货在短期内就不太可能受到来自 VIX 的向下"拉扯"。

在这个例子中，有下面的几种价差可以考虑：

买入 11 月，卖出 10 月，价差为 3.80（11 月减去 10 月），或者

买入 12 月，卖出 10 月，价差为 5.75（12 月减去 10 月），或者

买入 12 月，卖出 11 月，价为 1.95（12 月减去 11 月）

11-10 月价差不会再扩大了，并且它会在 10 月合约的最后交易日暴跌，因此这不是个成功的价差。相应的，12-10 月价差也不会再扩大了。

只有 11-12 月价差会扩大。它在 10 月到期日之前（在 6 个交易日中）达到了 2.50，并在随后的一周后扩大到 2.90 附近。

因此，在这两个例子中，VIX 对前两个月合约的拉扯作用基本上是相同的。这就是当月期货临近到期日时会出现的现象。如果当月合约还有更长的存续期（比如三周或者更多），那 VIX 的这种"拉扯"作用就只会对当月期货合约有用。确实会这样，在这两个例子中，VIX 对有 5 周存续期的次月合约（11 月）的拉扯作用就比对第三个月合约（12 月）的大。

在任何情况下，期货跨期价差还有另一种有效的使用方法。请注意，方差期货也可以交易跨期价差，但它的保证金很大（每个跨期价差为 25 000 美元）。这是因为此时不能应用相同的原则。对于方差期货，近期合约会靠近已实现波动率，而下一个合约则可以大范围波动，直到它进入"计算期"。

读者需要记住一些最后的建议。首先，期货跨期价差的交易有很大的杠杆。如果交易者试图交易 VIX 期权或 ETN 或 ETN 期权的跨期价差的期限结构，那就不会有杠杆，至少杠杆不会有这么大。

波动率投机。我们已经说过，交易者不能直接交易 VIX，而只能交易它的某个衍生品。不过许多交易员还是试图预测波动率，并在 VIX 的衍生品中持有投机头寸。

在有些时候，波动率是可以预测的。例如，当 VIX 低至 10 时，我们就知道它不会更低了。我们只是不知道它什么时候会上升。相反，如果 VIX 非常高，比如接近 50，我们就有相当的信心认为，它的价格会在很短的时间内相对下降。不过这些陈述太笼统了，不能作为一个交易系统来实际使用。

一些交易者实际上试图用技术指标来给 VIX 画图，就像他们对股票所做的那样。本书作者不是技术分析的粉丝。使用布林通道、MACD 或 VIX 及其期权的看跌 – 看涨比率并不能得到任何稳定的或显著的结果。为了进一步证明这一点，考虑一下看跌 – 看涨比率。VIX

看涨期权的成交量常常比看跌期权高很多，因为这个产品主要是一个被职业交易者用来做对冲的工具。因此我们知道，看跌-看涨比率（以及其他情绪或反向指标）会在对冲活动很活跃的时候失去效力。因为这些活动与交易者对市场的实际看法并没有什么关系。

我们知道的是，当波动率爆发的时候，它会以非常凶猛的形式出现。当股市极端下跌的情形发生的时候，VIX以及VIX期货的20天历史波动率会以4倍、5倍或更高的倍数跳跃。因此，买入波动率看涨期权会是个有利可图的策略。事实上，有一种称为"永续买入VIX看涨期权"（perpetual VIX call buy）的策略，也就是不停地买入虚值的VIX看涨期权。

这个策略对于股票期权是不适用的。例如，10年的研究表明，如果买入所有行权价的虚值IBM看涨期权，并在每月的到期日挪仓至下个到期日。尽管有2003～2007年的大牛市，这个买入看涨期权的交易在2008年早期也只有很少的盈利。然后它就会亏很多钱，尽管后来IBM也有恢复。这是因为看涨期权总是相当昂贵。看跌期权的买家也不会好多少。虽然2008年后期股市的大跌会让看跌期权的买家赚钱，但他在接下来的牛市中就会亏很多，总结果还是很大的净亏损。

考虑一下图41-11，这就是买入虚值程度为1个、2个或3个行权价间距的VIX看涨期权，持有至最后交易日，并挪仓至下一个月的交易结果。出于研究的目的，假设当VIX低于30时，行权价间距为2.5点，而在VIX高于30时，行权价间距为5点。因此，如果8月VIX期货的价格为18，而你想买入虚值程度为3个行权价间距的看涨期权，那你应该买

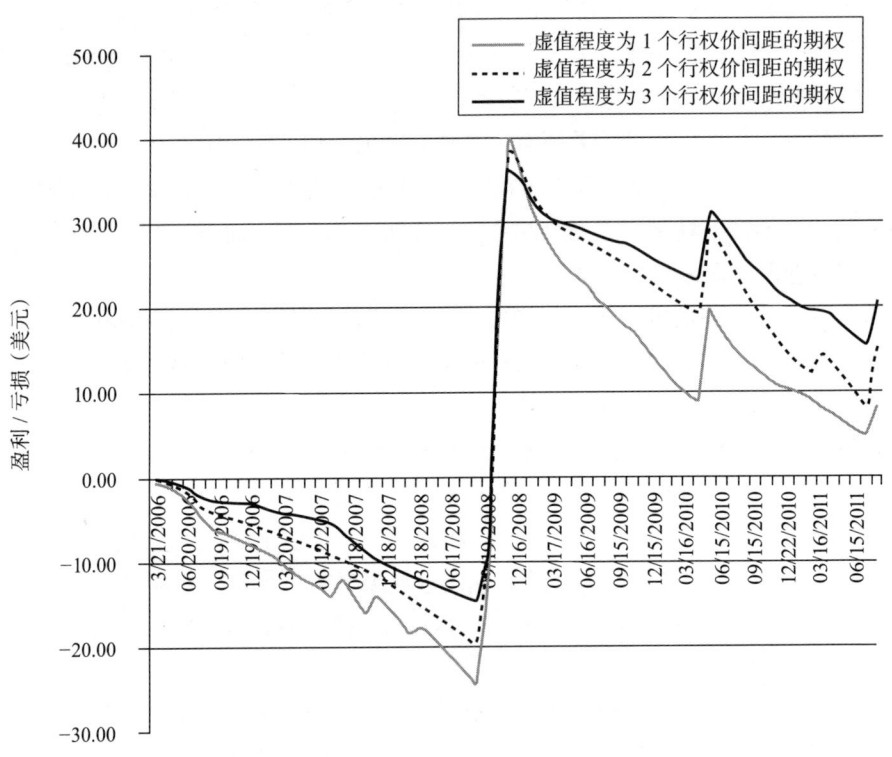

图41-11 虚值VIX看涨期权

入 25 的行权价。或者假设在下一个月，9 月 VIX 期货为 35，而你想买入虚值程度为 3 个行权价间距的看涨期权，那你应该买入 9 月 50 看涨期权。买入这些深度虚值的期权，每月的支出就不会太大。

仔细看一下图中的黑线，它就是每月买入虚值程度为 3 个行权价间距的 VIX 看涨期权的结果。你可以发现，在 VIX 开始交易之后的 5 年多的时间里，这个策略可以盈利。盈利主要产生于 2008 年秋季的市场大跌，在 2010 年 5～6 月时主板下跌所导致的 VIX 再一次跳跃，以及 2011 年夏末再一次出现的情况。

当然，对于那些于 2008 年秋季开始交易的人而言，就会有亏损。因为随着市场越涨越高，波动率被抑制了（你可以在灰线中发现一些向上的点，这反映了 VIX 在 2007 年夏季时的首次短暂上升）。这个策略的最糟的时候是 2008 年的 8 月（黑线），当时亏了 1 300 美元。不过很快就有了盈利，在 2011 年 8 月，这种每月买入 1 手合约的交易会最终产生大约 2 000 美元的盈利（黑线，未考虑手续费）。

可能在更长的时间段里，比如 10 年或 12 年，这个买入虚值程度为 3 个行权价间距的看涨期权的策略将不再有盈利。不过只要还有熊市出现，那期望这个策略会盈利就是合理的。

这个策略可行的一个理由是，VIX 自身的波动率会在市场急速下跌时爆发。而在股市的牛市中，VIX 会下降，但它的表现不会像一个股票在熊市中的那样。相反，它会在十几的低点附近走平（很少在 10 以下交易），并且它的波动率会下降。这就是 VIX 的表现与股票，甚至诸如 SPX 指数的表现之间的主要差异。这个永续买入看涨期权的策略对于有 2 倍或 3 倍杠杆的 ETF 就没用，因为它们会每天重设。

投资者可能希望有一个技术能只在 VIX 很"便宜"的时候买入看涨期权，但问题就在于如何定义便宜。在 2010 年，VIX 在爆发至 48 之前曾下跌到 16 附近。在 2008 年，VIX 在雷曼引起的股灾所导致的 VIX 上升至 89 之前，曾在 20 附近。在 2011 年，VIX 在上升至 48 之前，曾下跌至 15。基于这些数据，你可能希望在 VIX 低于 20 时才"进入"这个策略。

不过在更早的时间里，在 2006 年和 2007 年，VIX 一直在下降，跌至 10～12 的区域，并在这个区域停留了很长时间。即使是在 2007 年末和 2008 年的前三个季度，此时熊市已经出现了，但 VIX 还是有好多次在 20 之下，并有好多高于 30 的尖峰。这些都没能让看涨期权的买入者赚到多少钱（可能在月内有盈利，但在到期日却没有，而到期日才是我们分析的基础）。

因此，什么是"便宜"呢？在回答这个问题之前，也许你需要更多的数据点。在 2008 年 9 月，VIX 到期日的前一个交易日，VIX 为 36。如果你当时觉得 VIX 太贵了，因此不买入看涨期权，那么你就会错过一个在 10 月 VIX 到期日到 69 点的涨幅，以及在 11 月到 80 点的涨幅。

如果你用这个策略来投机，或者用来保护一个股票组合（我们会在后面强调这一点），那你最好持续地买入虚值程度为 3 个行权价间距的 VIX 看涨期权，不要间断。这样就不会给犯错留下余地。

41.9 用波动率衍生品来保护股票组合

许多组合管理人,即使他们只是管理自己的组合,也会考虑在牛市中保护盈利,或是在熊市中防范亏损。不过,大多数组合管理人都不愿意放弃上涨的空间。也就是说,他们不愿意把头寸变现,或者卖空他们的头寸。

这时衍生品策略就非常有用了。交易者可以买入"保险"来预防市场下跌。这些保险的成本可以根据单个组合管理人的需求来调节。此外,诸如波动率期货和期权等新产品,甚至可以给这些有远见(forward-thinking)的组合管理人提供更好的对冲。

一个组合有很多方法在不实际卖出股票的情况下获得保护。交易者可以采用一种"宏观"的方法,使用宽基指数期权来对冲主板风险(如标准普尔500、纳斯达克100或VIX)。从成本的角度来看,这种方法是最有效的,但可能没办法满足交易者在其他方面的需要。例如,如果这个组合并没有很好地跟踪标准普尔500,那么用标准普尔500期权来对冲可能就没那么合适。

"微观"的方法就更有效。它一般涉及用这只股票的期权来对冲这只股票。显然,这个方法能提供最好的对冲效果,因为这些对冲工具都与这只股票完全对应。不过,这种方法的成本很高,无论是从"保险金额"还是从管理这些头寸所需的时间来看都是如此。

41.9.1 宏观方法

那些用宏观方法来对冲的管理人认为他们的组合与某个主要的指数在平均意义上关系非常紧密,因此这个指数的期货或期权就可以用来对冲这个组合。除非他是在管理一个指数基金,否则这个实际组合与用来对冲的指数衍生品之间都存在一些跟踪误差。不过,在大多数情况下,这个组合管理人不会在意一个小的跟踪误差,因为他知道这个保护能够抵御一个快速的或严重的市场下跌。宏观策略如下。

(1)**买入宽基指数看跌期权**。这可能是用宽基指数期权来获得保护的最流行的方式(但这并不意味着是保护的最好方式)。交易者一般买入那些保护特征不会立刻生效的看跌期权。也就是说,如果交易者只需要在市场严重下跌时的保险,那保险的成本就会较低。当前组合价格和该看跌期权所保险的水平,从保险的术语来说,就可被视为"免赔额"。特别的,交易者会买入那些行权价低于当前市场价5%、10%,甚至15%的看跌期权(即它们是虚值看跌期权)。该管理人知道他会在市场中承受一定的亏损。不过如果市场下跌的幅度更大,那他就可以让他的组合获得完全的保护。

这种形式的保险的成本会随着市场价格和市场状况而大幅变化。平均而言,一年的虚值程度为10%的SPX看跌期权的支出金额占组合总价值的比例介于2%~3%之间。

(2)**宽基指数看跌期权价差**。为了降低保险的成本,一些组合管理人会在买入虚值看跌期权的同时,还卖出更虚值的看跌期权,以获得一些收入来降低保险的成本。使用这种策略的风险是,交易者给他的保护戴了一顶"帽子"。例如,如果他买入10%虚值的看跌期权,并同时卖出15%虚值的看跌期权,那他会在股市下跌10%~15%之间时获得有效的保护。如果股市的跌幅超过这个水平,那他的保险收益就会有限。因为这个原因,本书作者不建议这种用看跌期权价差来获得保护的方法。

（3）**卖出宽基指数看涨期权**。对于那些需要或希望"灾难"保险的人来说，这个策略不怎么受欢迎。不过对于那些认为在跨多个市场周期的过程中，持续的卖出一种消耗性资产（看涨期权）会提高收益的管理人来说，这个策略就很受欢迎。这个卖出看涨期权的交易会降低组合在市场价高于看涨期权行权价的时候的上行潜力。不过，作为补偿的是，这种形式的保险实际上不需要花一分钱（它的成本是损失了向上的机会）。CBOE 建立了多个基于指数的卖出备兑看涨期权的基准指数，从理论上跟踪这个方法，你可以用代码 BXM 来看看其中主要的一个的报价。

（4）**领圈**。这个策略组合了上面的方法 1 和方法 3：它包括买入虚值看跌期权，并卖出虚值看涨期权。卖出看涨期权降低了看跌期权的成本，从而也降低了总的保险成本。这个策略的一种应用方式是"零成本"领圈，其中看涨期权的价格会大于或等于看跌期权的价格（并不是在所有情形中都存在）。不过，为了获得这个优势，该组合管理人再一次负了失去上行潜在盈利的风险，因为他卖出了看涨期权。因此他用失去上行潜在盈利的机会成本来换取了保险现金成本的降低。

（5）**期货**。交易者可以卖出宽基指数期货来对冲他的股票组合。可以是标准普尔 500 期货、纳斯达克 100 期货，或其他一些期货。这个方法一般不怎么受欢迎，因为尽管卖出的期货保护了下行的风险，但它也去掉了在上涨市场中的任何潜在盈利。即使只有很少比例的组合采用了期货空头来对冲，大多数的组合管理人也会把这种放弃上行盈利的举动视为一种负担。此外，普遍认为是这种策略导致了 1987 年的股灾，因此大家对这种策略的印象并不好。

（6）**波动率衍生品**。这是一种不同的方法。当市场下跌时，波动率一般会上升。因此，当对一个组合进行对冲时，交易者会买入波动率期货，或更喜欢的是买入波动率看涨期权。图 41-8 显示了 VIX 在股市暴跌时会如何（引人注目地）上涨。因此，这种"买入"波动率的行为是一种有效的保护方式，并且有可能是最好的方式。

① **波动率期货**。在 2004 年波动率期货上市之前一点，美林的一个分析师显示了，10% 的波动率对冲就足够保护一个宽基的股票组合。换句话说，如果把 90% 的钱投资于表现类似于 SPX 的股票中，并把剩余的 10% 投资于"VIX"，这个组合的表现无论是在牛市中，还是在熊市中，都会好于 SPX。在实践中，这种理论被证明是没办法实现的，主要是因为买入 VIX 期货有很高的升水成本。后来，其他的研究表明，20% 的对冲会更合适，不过这个原则很有价值。为了验证这个，交易者只需用波动率期货来对冲他组合名义净资产价值中的很小比例。

利用波动率期货来对冲并没有用 SPX 期货时的一些劣势，尽管它仍有一些劣势。基本上，如果股市上涨，波动率期货就可能会亏钱，除非它们变得非常低（比如在 10～15 的区域内）。因此，它们会在牛市中给组合的表现带来拖累。虽然这个拖累没有卖出标准普尔期货那么大，但仍比较大。

② **VIX 看涨期权**。可以买入 VIX 的虚值看涨期权来构造组合的对冲。由于 VIX 会在股市下跌时急剧上涨，这些看涨期权就会盈利，因此可以对冲一个权益组合的亏损。

这个策略与把买入 SPX 看跌期权作为"保险"的策略类似。买入期权只有有限的风险，并在需要对冲时会有无限的潜在盈利。不过，相对于 SPX 看跌期权，用 VIX 看涨期权来对冲一个权益组合的效率更高。

41.9.2　VIX 看涨期权比 SPX 看跌期权更适合用来进行组合对冲

VIX 看涨期权是宽基权益组合更好的对冲方法的简单理由是，它们提供了动态的保护，而 SPX 看跌期权就没有。为了证明这一点，我们看一下下面的示例：

【示例 41-15】在 6 月，SPX 为 1 530，某个组合管理人决定买入 SPX 看跌期权来对冲。他选择了 12 月 1 400 看跌期权，它差不多 8% 虚值。在买入了这个保护之后，假设股市有一个很强的夏季攻势。在 9 月早期，SPX 达到了 1 700。在最需要这些看跌期权的时候（进去这一年的秋季，而秋季是股市传统的困难时期），先前买来提供保护的看跌期权现在已经有 300 点虚值了。问题就在于，看跌期权的行权价是固定的，当市场上涨时，这个保护就变得越来越没有价值。从这一点来看，交易者要么不得不在更合理的虚值位置上（8%～10%）买入更多的保护，要么干脆放弃保护。

正是因为本示例中提到的原因，许多组合管理人都避免买入看跌期权来作为保护。因为他们会在市场上涨时失去保护能力。

在 VIX 期权上就不会发生同样的事。考虑上面示例中的那个组合管理人，不过现在他决定买入 VIX 看涨期权来作为保护。

【示例 41-16】在 6 月，SPX 为 1 530，VIX 在 15 附近，某个组合管理人决定买入 VIX 看涨期权来对冲。他选择了 12 月 20 看涨期权。也就是说，这些看涨期权会在 VIX 到期前高于 20 时提供保护。这只可能在一个市场急剧下跌时出现。不过正常情况下，VIX 的尖峰会在 30 多，若市场急剧下跌，VIX 还会更高，即使它的起点非常低。

正如上一个例子所示，SPX 在夏季出现了上涨，在 9 月初达到了 1 700。这时，VIX 的价格可能会更低，比如在 12 附近。但尽管 VIX 已经下跌了，但这并没有什么关系。因为一旦股市从 1 700 点开始快速下跌，VIX 就会很快涨到 30 多，然后这些 VIX 看涨期权多头就可以提供保护，即使股市已经比刚开始涨了很多了。

这个例子显示了 VIX 看涨期权是怎样的动态保护。当大盘上涨时，它们不会失去保护能力。当 VIX 一开始就相对较低时就更是如此。

41.9.3　买入 SPX 看跌期权来实施宏观保护

权益组合管理人对他的保护成本非常关心。当然，这个成本是会随着市场状况而变化的。如果波动率很高，特别是在一个已经开始下跌的市场里，SPX 看跌期权和 VIX 看涨期权都会更贵。

为了估计这种保护的成本，可以用实际价格来做一些模拟。然后就可以估计出保护的净成本。

例如，图 41-12 显示了买入 3 个月期，虚值程度 10% 的 SPX 看跌期权的净成本。此外，假设一直持有这个保护至到期日，若在到期日时有内在价值则得到这部分价值，或无价值到期。接下来，再买入一个新的，3个月期的，虚值程度10%的看跌期权。这种行动是每季度进行一次的，采用的是实际SPX看跌期权价格。分别在3月、6月、9月和12月的到期日买入看跌期权。

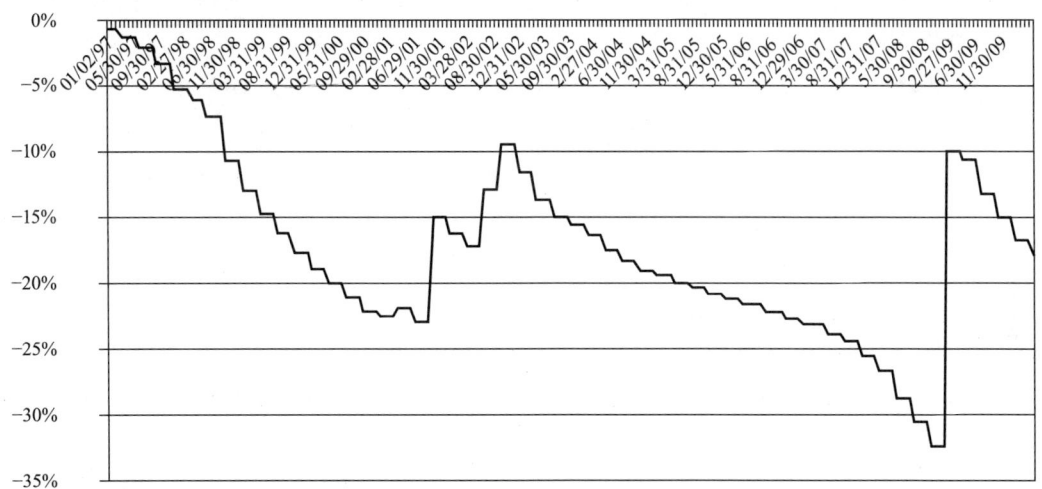

图41-12　用3个月期权对冲10%虚值的SPX

图41-12中的数据始于1997年1月，因此它包括了13个完整的年度。这张图是用SPX价格的累积比例（左轴）来显示保护成本的。换句话说，在2010年夏季的终点，图中对应的数字为大约-0.18，或负的18%。这就意味着，在过去13年多中，这个保护的累积成本为SPX价值的18%（如果你喜欢的话，也可以说是组合价值的18%）。平均而言，这相当于每年不到2%的保护成本。

即便是在最低点，也就是2008年夏季，该图为大约负的32%。换句话说，截至那一天的过去11年多的时间里，保护的累积成本为组合价值的32%。平均而言，这相当于每年不到3%的保护成本。

请注意，这个保护在两个特定时期有效，包括2001～2002年，以及2008年第1季度的熊市。图形在这段时期里上升，表示这些看跌期权在这些季度里赚钱。不过，在这段时期之前以及之后，这种保护几乎每个季度都会亏钱。请注意该图在除熊市时期之外的其他时间内都有一种向下的梯级模式。这标志着在作为保护而买入的看跌期权上的亏损。

还需要注意的是，在一些季度中，看跌期权会先出现盈利，然后在季末却失去了它们的价值。确实是这样。例如，在2007年第3季度，当时"次级债"这个词第一次展露出其丑陋的一面。在7月和8月这段时间里，市场出现了急速下跌，而买入的保护性看跌期权则有盈利。不过随着9月出现了由美联储引起的强劲上涨，让这个保护最终无价值到期。

当图中的梯级很高时，就是看跌期权保护非常昂贵的时候。也就是说，这些期权的隐含波动率很高。从2008年中期开始，一般情况下这是正确的。请注意这些梯级在2006年时是多么的小，当时VIX一直在接近10的低位徘徊。

总之，过去13年的对冲损失大约是组合价值的18%，或是每年1.4%（不计复利）这一更可接受的数字。

关于 SPX 期权，还有一些其他的研究。它们使用了其他不同的免赔额或更长期的期权，不过它们的统计结果并不比上面的更好。

在进行 SPX 对冲时，交易者需要买入足够的看跌期权来完全对冲他的组合在该行权价下的调整价值。

【示例 41-17】假设交易者有个表现类似 SPX 的组合。此外，该组合的净资产价值为 300 万美元。他决定买入 SPX 6 月 1 500 看跌期权来对冲。那他需要买入下面的数量：

组合价值/(100 × 行权价) = 3 000 000/(100 × 1 500) = 20 看跌期权

(假设该期权的每点运动价值 100 美元，这就是上式中 100 的来源。)

如果交易者的组合与 SPX 并不完全相同，那他在买入保护之前必须根据 SPX 调整他的组合。这个过程类似于我们在第 30 章中"模拟指数"时所做的那样。

我们这里就不介绍太多的细节了，只指出交易者在确定"等期货头寸"时需要注意的几点。首先，该组合中的每个股票都应该从金额的角度进行波动率调整。也就是说，持有的每个股票价值都应该根据它的可比较波动率（有些人将它称之为 beta）进行调整。如果交易者的组合中有负 beta 的股票（如黄金股票），那么这些股票应该不包含在宏观计算中。

【示例 41-18】交易者有一个由 3 只不同的股票组成的小组合。他希望用 SPX 看跌期权来对冲这个组合。表 41-12 显示了这些股票的价格和波动率，以及它们的"调整的波动率"，也就是每个股票的波动率除以 SPX 波动率后的值。交易者也可以用 beta 来替代调整的波动率，不过 beta 是一个长期的测量，因为它可能会得到不准确的对冲计算结果。最后，把每只股票的金额乘以调整的波动率，再加总起来，就得到了需对冲的 SPX 总金额。

表 41-12 波动率调整的组合价值（SPX 的波动率 = 16%）

股票	股票价格	股票波动率（%）	调整的波动率	调整的价值
10 000 股 IBM	160	24	1.50	240 000
500 股 GS	120	40	2.50	150 000
200 股 AAPL	400	32	2.00	160 000
合计				550 000

这个组合净 SPX 波动率调整后的总价值，就是表 41-12 中最右边一列所显示的 3 个数字的和，也就是 550 000 美元。请注意，这个金额与这 3 只股票的实际净资产价值（300 000 美元）有很大的差异。换句话说，这 3 只股票的波动性都比 SPX 大，因此交易者需要买入价值 550 000 美元的 SPX 保护，来对冲这个价值 300 000 美元的小组合。需要买入的看跌期权的数量是：

SPX 看跌期权数量 = 波动率调整价值/(100 × SPX 行权价)

因此，如果交易者将买入行权价为 1 100 的 SPX 看跌期权来对冲他的组合时，他需要买入 550 000/(100 × 1 100) = 5 手看跌期权。请注意，公式中的 100 是该看跌期权的合约乘数，即每点运动价值 100 美元。例如，如果交易者有一个科技股组合，他可能希望用 QQQ 来作为对冲指数。那也是采用上面示例中的相同步骤，只是在计算每只股票的波动率调整价值时，应该使用 QQQ 的波动率，而不是 SPX 的。

41.9.4 买入 VIX 看涨期权来实施宏观保护

如果权益组合管理人希望用 VIX 看涨期权来作为保护，那他就必须决定两件事。第一类似于在买入 SPX 看跌期权时需要做出的决定：这个保护的虚值程度需要为多少？它是这个保险的"免赔额"。在持有本质上类似于 SPX 的组合时，交易者可以很容易地确定他的风险（"免赔额"）——5%、10% 等。不过，在使用 VIX 看涨期权时，情况就不是那么简单了。当 SPX 下跌 10% 时，VIX 并不一定会上涨 10%。事实上，它经常会上涨更多。因此，买入的 VIX 看涨期权应该虚值程度更深一些，这样就可以节约一些初始的保险费支出。

第二个问题是，"需要买多少保护呢？"由于 SPX 看跌期权和权益组合都是与 SPX 相关的，这个问题就很好回答，只要把该组合的净资产价值转化为 SPX "等量值"就可以了，就像上面的示例所示。不过，对于 VIX 看涨期权来说，就没有这样直接的关系了。因此，我们用美林最初的研究来回答这个问题——如何买入足够的 VIX 来对冲该组合 10%～20% 的价值。

【示例 41-19】假设 SPX 价格为 1 530，VIX 为 15。该对冲者决定买入 VIX 12 月 20 看涨期权。假设他的组合根据 SPX 的波动率调整后的价值为 1 000 万美元。然后，根据美林的研究，他决定根据组合价值的 10%（等于 100 万美元）来买入保护。因此他的保护会在 VIX 高于 20 时触发，我们用这个行权价来确定需要买入的 VIX 看涨期权的数量：

$$数量 = 10\% \times 净资产价值 / (100 \times 行权价)$$
$$= 10\% \times 1\,000\, 万美元 / (100 \times 20)$$
$$= 100\, 万美元 / 2\,000$$
$$= 500\, 手看涨期权$$

这个数量对于 VIX 看涨期权来说并不算什么，因为它是流动性最好的几个合约之一。

假设买入了 1 个月的看涨期权（因为当指数快速下跌时，近月合约跟随的程度会最大），那么这些看涨期权的成本应该低于每个合约 1 点（100 美元），总成本不超过 5 万美元，这相当于组合实际净资产价值的 0.5% 少一点。如果交易者决定对冲 20% 的调整价值，那他应该买入 1 000 手看涨期权。

注意，这个公式并不完全正确，因为它意味着，如果使用的行权价更高，那应该买入的看涨期权就更少。相反，我们稍后会看到，我们建议买入与当前 VIX 期货价格有一个相对固定的距离的期权。此外，交易者可能会想用一个高于 20% 的数来代替公式中的 10%，因为最近的研究（根据美林最初的研究的扩展）表明，合适的对冲比率可能接近该组合的资产价值的 20%。

那些看涨期权能够提供多少保护呢？还记得吧，计算 VIX 时只使用了 SPX 两个近期系列的期权。因此，更长期的 SPX 期权可能会以显著不同的隐含波动率在交易，并不会必然地紧密跟踪 VIX 自身。

在 VIX 的情况下，即使是当月的期货和期权也并不一定会完全跟踪 VIX。接着上面的示例，假设买入的 VIX 看涨期权的价格为 1.00 每手。此外，假设股票市场快速下跌了，并且 VIX 上冲到了 27。此时，VIX 看涨期权不太可能会完全反应这 7 点实值的全部价值（由于期权的期限结构），不过它们可能会很容易地上涨到 5。因此，每个合约的盈利就会是 400

美元，或合计 222 000 美元，这相当于权益组合的净资产价值的 2.2%。

如果出现了一个严重的市场冲击，VIX 可能会在更高的价格上交易，然后看涨期权就能提供更多的保护。此外，更低行权价的看涨期权能够提供更多的保护水平，但会在一开始时就增加保险的成本。

图 41-13 显示了实际的结果，由于 VIX 期权开始交易于 2006 年，买入 1 个月的，虚值程度为 3 个行权价间距的 VIX 看涨期权，并不断地挪仓。（注意：当 VIX 低于 30 时，3 个行权价间距至少意味着 7.5 点；而当 VIX 高于 30 时，则至少代表着 15 点。）此外，主要这些虚值程度是相对于相应的 VIX 期货合约价格的，而不是 VIX 自身。

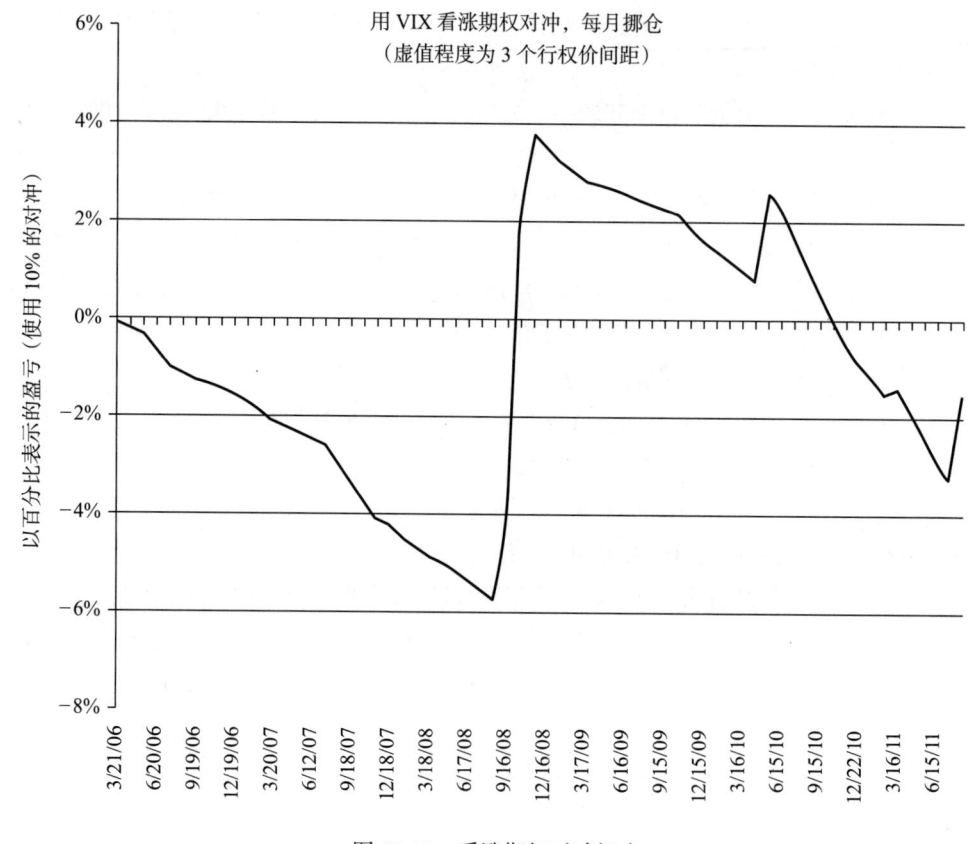

图 41-13　看涨期权对冲挪仓

y 轴显示了以百分比表示的盈亏，假设这个交易者买入了足够的 VIX 看涨期权来对冲某个组合（在这个例子中是 SPX）10% 的名义净资产价值。

显然，你可以看见持有 VIX 看涨期权在实际危机发生时的有效性。VIX 看涨期权在 2008 年 10 月出现了大笔的盈利，并在 2010 年 5 月和 2011 年 8 月出现了较小的盈利。

下面提供一些量化的数据，VIX 的历史波动率会周期性地高于 50%，并有时达到 100%，而 SPX 的波动率在长期中的平均值是 15%，并在长期的牛市中会更低。因此，交易者从统计的角度可以确定，可以买入虚值更多的 VIX 看涨期权，而不用与 SPX 看跌期权有同样的虚值程度，因为 VIX 的实际波动率会更高。

我们已经说过，VIX 度量的是 30 天的波动率。因此，没有理由去买更长期的 VIX 期权。

把这些都考虑进去，以过去市场下跌时的平均 VIX 移动为基础，一个关于需要买入多少 VIX 看涨期权的更好的答案就可以用这样的方式来表示：

（1）把你的组合转化为"波动率调整的"价值，以 SPX 为基础；

（2）根据上面的方法来买入虚值程度为 3 个行权价间距的 VIX 看涨期权；

（3）每 10 万美元波动率调整的价值所需要买入的看涨期权数量 = 比例 × 0.35。

其中，比例是指你希望对冲的调整价值的比例，根据美林的研究，它介于 10 ～ 20 之间。如果该比例是 20，那你应该为每 10 万美元波动率调整的价值买入 7 手 VIX 看涨期权。我的观点是，这个比例应该是 20，如果看涨期权离到期日还有一点远，那或者还可以更高一些。

41.10 其他的宏观策略

在关于组合保护的这一节开始的部分，我们提到了其他一些策略，它们都是简单买入期权来作为保护的策略的变种。虽然我并不喜欢这些价差策略，不过许多交易者会发现，领圈策略还是挺有用的。

41.10.1 SPX 领圈

除了买入 SPX 看跌期权作为保护之外，交易者还可以通过同时卖出 SPX 的虚值看涨期权来降低这些看跌期权的支出。如果卖出的看涨期权的价格等于或大于看跌期权的价格，那么这个最终的头寸就被称为"零支出的"领圈。

当然，这时会存在一个机会成本——当价格高于卖出的看涨期权的行权价时，所放弃的上行潜在盈利。即便是这样，某些交易者也会认为领圈是一个可以接受的策略。

零支出的领圈经常是用长期期权来构建，并在股息率很低，且波动率很高时有最好的作用。交易者可能没办法一下子就了解所有的细节，不过我们可以用一个在 2007 年（最近的牛市的尾部）的示例来说明。当时有下面的价格存在：

$\qquad$2007 年 6 月：

$\qquad$SPX：1517

$\qquad$12 月（09 年）SPX 1 450 看跌期权：107.6

$\qquad$12 月（09 年）SPX 1 700 看涨期权：118.8

在 2007 年 6 月，股息率很低，虽然波动率不是很高，但也不处于低位。因此，用这些 2.5 年后到期的期权，交易者可以建立一个零支出的领圈，来限制住低于 1 450 时的亏损（比当前市场价格低 5%），并允许升值到 1 700 点（高于 SPX 的历史高点）。因此这是一个非常有吸引力的领圈，特别是考虑到在 2007 和 2008 年所实际发生的情况。

41.10.2 对领圈进行调整

在建立了领圈之后，应该怎么操作呢？交易者可以什么都不做，计划接受它的结果，不管结果是怎样的。但这可能不是最好的方式。

许多投资者会在标的物价格下跌时调整领圈。接着上面的示例，假设过了一段时间之后，SPX 跌到了 1 300。领圈中的看跌期权会变得深度实值，价格会比（那时）深度虚值的看涨期权高得多。因此如果把这个领圈平仓，会得到一笔收入。

那用这笔钱来干什么呢？有以下的选择：（1）在更低的行权价上建立一个新的领圈。如果又建立了一个"无支出的"领圈，那上端的行权价就会比先前的低，因此卖出的看涨期权就会限制 SPX 的强劲上涨。大多数交易者都不愿意这样做，除非他们相当肯定股市会下跌（如果是这样的话，那他应该继续保留他最初的领圈）。（2）用这笔收入来买入一些虚值看跌期权。当股价进一步下跌的时候，这些看跌期权就能提供保护，而与此同时上端就不再被限制住。（3）什么都不做，任由组合中的股票多头"裸露着"。只有当交易者对目前已经达到市场底部相当肯定的时候，才应该这样做。

另一方面，如果股价在建立了领圈之后上涨了，那这个投资者就没有什么有吸引力的选择方案。看涨期权价格会上涨，而看跌期权价格会下跌，因此把领圈平仓需要一笔支出。当然，股票组合也会有上涨，因此该交易者总体上是盈利的，只是没有一开始就不建立领圈时的盈利那么多。如果他相当肯定地认为最差的时间已经过去了，标的物会继续上涨，那交易者常常会在价格上涨时把领圈平仓。

41.10.3　VIX 领圈

交易者也可以用 VIX 期权来构造领圈。不过在这种情况下，交易者是在卖出 VIX 看跌期权，并买入 VIX 看涨期权来获得保护。

【示例 41-20】目前 VIX 价格为 23.50，某个交易者想建立以下的 VIX 保护性领圈：

买入 VIX11 月 30 看涨期权，价格为 0.90

卖出 VIX11 月 20 看跌期权，价格为 1.00

VIX 领圈与 SPX 领圈有一些不同的特征。首先，交易者并没有真的像 SPX 领圈那样限制他的组合的盈利。是的，如果市场上涨了，VIX 会下跌，并且可能会低于卖出的看跌期权的行权价。不过，VIX 实际上不会低于 10，因此这个卖出的 VIX 看跌期权对他的组合的上行潜在盈利的限制就会有一个约束。而卖出的 SPX 看涨期权则会在市场的上涨过程中持续性地限制上行的盈利。

在上面的示例中的领圈是一个无支出的领圈。不过为了实现这个目的，卖出的 VIX 看跌期权的行权价可能离现在的 VIX 价格非常近。这意味着只需一个温和的市场上涨就可以让 VIX 的价格低于 20，从而给这个上涨的股票组合带来损失。

更具有操作性的方法是，交易者可以卖出更虚值的 VIX 看跌期权。不过，在这种情况下就不能建立一个零支出的领圈了，但卖出的看跌期权也能在一定程度上降低买入 VIX 看涨期权作为保护的支出。

41.10.4　波动率保护的另一种策略

机构交易者常常在找不需要支出的保护性策略。这就是零支出领圈这么受欢迎的原因了。如果交易者已经有了保护，但并不需要或没有使用它，那对他来说就没有什么实际的支出。"支出"是一种机会成本，它是在标的物价格上涨足够多（例如，高于卖出的 SPX 看涨期权的行权价，或低于卖出的 VIX 看跌期权的行权价）的时候对盈利设置的一个上限。

还可以用 VIX 期权来设计一种 VIX 看涨期权后式价差的策略来提供保护或投机。有人认为这种策略会更好，因为它可以在有亏损发生的时候，让你更早地退出。不过，所有的有思想的交易者都知道，天下没有免费的午餐。如果这里没有风险，那么你肯定要放弃一些其他的东西。

这个策略是基于 2 对 1 的看涨期权后式价差，如下例所示：

【示例 41-21】2 对 1 的 VIX 看涨期权后式价差

    日期：5 月中期，在 5 月 VIX 衍生品合约的到期日
    VIX：17
    7 月 VIX 期货：20.25
    买入 2 手 VIX 7 月 32.5 看涨期权，价格为 0.80
    卖出 1 手 VIX 7 月 25 看涨期权，价格为 1.60
    初始支出：0 美元

在 5 月 VIX 衍生品的到期日，用 8 月期权建立了一个 VIX 看涨期权后式价差：卖出 1 手虚值看涨期权，并买入 2 手更虚值的看涨期权，其中前者的价格差不多为后者的 2 倍。注意，这两个期权会在 2 个月后到期，而不是 1 个月。如果交易者在建立这个价差时需要一些小额的支出，比如不超过 15 或 20 美分，那结果也和这个例子差不多。

建立这个头寸背后的主要思想是，一个 2 对 1 的看涨期权后式价差的表现更像一个看涨期权多头（至少在一段时间内是这样），直到该头寸非常接近到期日，到那时在较高行权价附近的损失会变大。

图 41-14 显示了这样一个价差的盈利图。图 41-14 中有 3 条线。直的黑线显示了持有头寸至 7 月到期日时的表现：低于 25 时没有盈利或亏损（手续费除外）；介于 25～32.5 之间时，亏损会增加，并在到期日为 32.5 时达到 7.5 的最大亏损（750 美元）；高于 32.5 时，亏损会逐渐下降，并在 40 时达到上行盈亏平衡点；高于 40 时，则盈利没有限制。

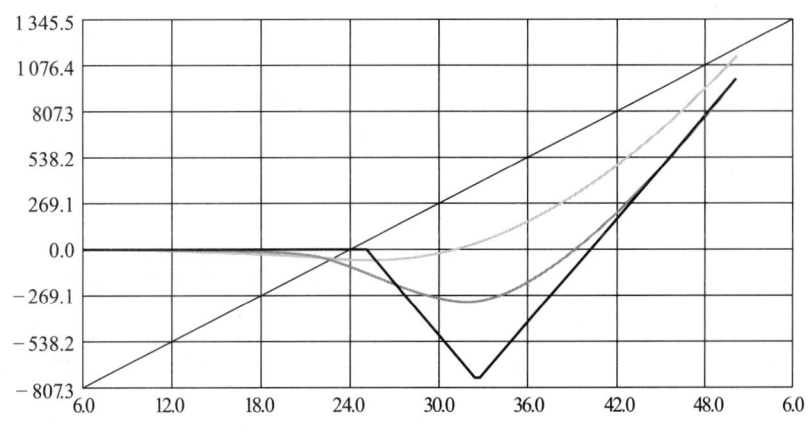

图 41-14 VIX 2 对 1 的看涨期权后式价差

黑灰线自身没有什么特别有吸引力的地方。弯曲的黑灰线显示了头寸在到期日前10天的表现。再一次，头寸会在接近32时达到300美元左右的相对最大亏损。这也并没有什么吸引力。

这个头寸真正有吸引力的地方是灰线。它显示了头寸在6月VIX衍生品的最后交易日时（或者在7月到日之前的1个月时）的表现。由于距离到期日还有很远，灰线几乎很少处于负的区域。最差的点是在25附近有大约60美元的小损失，并且还有一个月的时间。它确实是有很大的上行潜在盈利（在这3条线中），因为这个价差持有了2手看涨期权，而只卖出了1手看涨期权。

如果你只是看灰线，那它的形状非常像在到期日之前持有1手看涨期权多头时的形状。当价格高于31或32时，灰线就会急剧地转为向上，因此7月VIX期货也会上涨至那里或更高，以便让这个还有1个月到期的头寸开始产生盈利。

因此这个后式价差可以在理论上被用在正常情况下需要买入VIX看涨期权的策略中。主要是用来保护一个股票组合，或者是直接对波动率的大幅上涨进行投机。

那么，这个2对1的后式价差是否真的就比买入短期看涨期权更好呢？可能不是的。这个策略的关键很简单：交易者建立一个2对1的后式价差，并在亏损开始出现的时候把头寸挪仓到下一个到期月。简而言之，这意味着该头寸是在离到期日还有2个月时开仓，然后在还剩1个月到期时挪仓。

从表面上看，这个后式价差策略看上去非常有吸引力。如果你仅是想投机波动率，那它可能是合适的。不过在这个策略有两个主要的缺点。第一个缺点是与VIX期货的期限结构有关。我们知道，期权是基于期货而不是基于VIX的。此外，在一个严重的熊市中，当VIX向上爆发时，期限结构会变得向下倾斜（即所有期货相对于VIX都有贴水）。当这种情况发生时，这个后式价差策略（用第二个月的期权而不是第一个月的）可能就不能产生期望的盈利。

证明这一点的最简单方法，就是再看一看在VIX衍生品上市之后出现的最厉害的熊市（2010年10月）。在某一点，有下面的大致价格存在：

    VIX：70，2010年10月10日
    10月VIX期货：56
    11月VIX期货：38

10月VIX看涨期权多头的实值程度比11月2对1的看涨期权后式价差多18点！当10到期日临近时，VIX停留在70附近，那么10月期货也会上涨到70。与此同时，11月期货只能上涨到40多一点。这对于用第二个月而非第一个月的期权来提供保护的人来说，这是一种灾难。

一个反驳的观点是可以买入更多的11月2对1后式价差来抗衡直接买入10月看涨期权。这个观点是对的，不过两者的保证金要求有很大的差别。

后式价差的保证金是两个价之间的差，再加上建立这个价差时可能出现的任何支出。显然，直接买入看涨期权的要求只是付出的权利金。即使这个2对1的后式价差的行权价之差只有5点（如果交易者希望只为这个价差付一点点支出，那这并不总是可能的），下面就是与以 0.60 点直接买入看涨期权的对比：

资金要求对比

零支出的 2 对 1 的看涨期权后式价差：500 美元

以 0.60 直接买入看涨期权：60 美元

因此，口头上说"做更多的后式价差"很简单，但从投资的资金要求的角度来看，这样做的支出很高。这一点可能是很显著的。例如，假设有一个交易员在以全部保证金的方式持有股票多头，或就账户中的全部股票卖出了裸指数或个股看跌期权。在这种情况下，他很可能必须平掉账户中的一些"主"策略来给后式价差提供资金。

期限结构很重要。不过可能最大的问题是，什么情况下才会有潜在盈利产生。从图 41-14 中可以看到，使用后式价差时，当价格刚好低于后式价差中较高的行权价时（在这个例子中是 31 或 32）会有潜在盈利出现。这个虚值程度可能比我们在关于买入看涨期权的建议中用的"3 个行权价间距"还要深。

总之，2 对 1 的看涨期权后式价差策略有一定的吸引力，因为如果能在到期前很好地挪仓，亏损确实很少。不过，在严重的危机中，这个策略的表现没有直接买入当月看涨期权的策略好。如果交易者支付了一小笔的钱来直接买入看涨期权，那他就能在比后式价差产生盈利的价格更低的位置获得保护，并且在 VIX 的上行过程中与 VIX 跟踪得更紧密。

41.10.5 组合保护小结

相对于 SPX 看跌期权，VIX 看涨期权提供了一种更优越的、更动态的对冲。这是源于两个基本事实：（1）在真实的危机中，不管是买入的哪个行权价的 VIX 看涨期权，VIX 都会很轻易地爆发得更高；（2）VIX 的波动率比 SPX 大得多，因此只需要很少数量的看涨期权就可以对冲整个组合，而相同的情况则需要买入更多的 SPX 看跌期权来获得保护。

可能 VIX 对冲更像一个危机对冲，但这就是需要保护的时候。正常情况下，交易者不会为了一个小幅的市场下跌而使用保护，因为这样做的成本最终被证明会非常大。

41.11 使用波动率衍生品的对冲策略

关于这一点，我们已经主要讨论了直接买入 VIX 和它的衍生品来进行投机或保护。不过，还有一些其他的有用策略。其中一个这样的策略就是跨期价差，前面我们稍微对它提及了一下。

前文已经显示，两个期货月份之间的跨期价差可以作为股票市场交易的替代，或者当交易者预期 VIX 的期限结构会发生变化时使用这个策略。这是一个高杠杆的策略，因为涉及前 3 个月的期货价差的保证金只要 624 美元。

我们先前已经发现，使用 VIX 期权的跨期价差的表现与股票的跨期价差并不一样。这是因为这个价差涉及两个 VIX 期权，而这两个期权的标的物并不一样。而股票的标的物都是一个，比如 IBM 或苹果。

41.11.1 VIX 跨期组合

在前面的关于 VIX 衍生品的策略中，都有很大的风险，虽然在理论上风险是有限的。如果交易者在交易这些期货价差时没有使用很大的杠杆，风险确实是有限的。除了用期货来交易价差之外，交易者还可以用实值的期权来构建一个类似的头寸。

本书的前面已经指出，任何跨品种价差都可以用实值期权来构建，并且通常是个更好的选择。期权头寸可以在两个方面挣钱：（1）品种间价差如交易者所期望的那样扩大或缩小；（2）两个标的物都极端波动。在后面的情形中，其中一个期权会获得很大的盈利，而另一个期权则只有有限的风险。因此在第2种情形中，即使跨品种价差本身并没有变化，也有可能盈利。

【示例 41-22】某个交易者希望卖出 10 月 VIX，并买入 11 月 VIX。他可以简单地买入 10 月 VIX 期货，并卖出 11 月 VIX 期货。不过如果这个价差朝不利于他的方向变动，就像 2008 年秋季中出现的极端价差，他可能会承受巨大的亏损。相反，有 11 月 VIX 看涨期权多头和 10 月 VIX 看跌期权空头组成的头寸（这两个期权都是实值的），则可能是期货跨期价差的很好替代品。

在 9 月 8 日有以下的价格存在：

日期：2008 年 9 月 8 日

VIX：22.64

10 月 VIX 期货：23.39

11 月 VIX 期货：23.63

假设某个交易者建立这个期货跨期价差，买入 11 月和卖出 10 月。正如我们先前在表 41-7 中所见的，情况很快变糟了。

日期：2008 年 10 月 10 日

VIX：69.96

10 月 VIX 期货：56.71

11 月 VIX 期货：38.30

这个价差在建立时是 24 分（11 月减去 10 月），现在是 18.41（10 月减去 11 月），因此该笔期货交易的总损失会是 18.65（0.24 + 18.41）点，或 18 650 美元。但如果我们最初买入的是期货组合，情况会怎么样呢？

日期：2008 年 9 月 8 日

买入 VIX 11 月 20 看涨期权：5.00

买入 VIX 10 月 27.5 看跌期权：4.30

组合支出：9.30 点

这个价差的最大风险是最初投资的 930 美元。出现这种情况时，11 月 VIX 必须低于 20 之下，而 10 月 VIX 期货必须高于 27.5——对于这么低的 VIX 来说，这样的价格基本上是不可能出现的。

相反地，正如我们所知，VIX 出现了爆发，10 月超过了 11 月很多。即便是这样，这要么让头寸重新回到中心位置，要么提取一部分盈利，或至少在盈利的腿中设置一个跟踪止损。如果没有做这些，那么在市场的急速反转中，这些已经产生的盈利就可能会消失。

41.11.7 一般的观察

如果回过头来看，并仔细地想一下，只要市场是不稳定的，交易者不管是用两个看涨期权还是两个看跌期权，这个策略都应该有效。因此这个策略应该可以在任何时候使用。事实上，持有这个对冲与持有"整个市场"的跨式价差非常类似。可以是买入 SPY（或 SPX）跨式价差，也可以是买入 VIX 自身的跨式价差。这个对冲交易的"优势"来自于 VIX 期货所存在的显著升水或贴水，这个差异会在期货到期时消失。

这个一般的策略能够成功还有第二个条件，即它只在 SPY 和 VIX 之间的一般关系维持有效的时候才能盈利。也就是说，只有当波动率和股票市场在不同方向的变化速度基本接近的情况下才有效。离开了这一点，这个对冲就不再有效。

由于 VIX 和 SPY 之间没有绝对的关联性，因此我们无法知道这个对冲的未来表现。这一点就是那些买入 VIX 或 SPY 跨式价差的人所不需要考虑的。在实践中，肯定会有 SPY 或 VIX 跨式价差的表现好于这个对冲头寸的情况出现。不过，特别是在 VIX 期货中存在"优势"的时候，在绝大多数情况下，这个对冲头寸的表现都会更好。

41.11.8 小结

总之，这个对冲策略是一种很好的交易波动率的方法。也就是说，当 VIX 期货相对于 VIX 有很大距离的时候建立这个头寸。通过使用期权，可以在 VIX 和 VIX 期货出现靠拢，或者任何一个方向有大幅的波动出现时获得无限的盈利。

41.12 用 VIX 期权来构建比率价差

在表 41-8 附近的讨论中，显示了为什么 VIX 期权会在水平方向和垂直方向存在倾斜。表 41-13 显示了 VIX 期权隐含波动率的典型情形：

表 41-13 VIX 期权的隐含波动率，7 月 15 日，假设 VIX 为 21

月份：行权价	8 月	9 月	10 月	11 月
平值 −1	76%	76%	65%	60%
平值	86%	84%	71%	63%
平值 +1	97%	89%	75%	67%
平值 +2	104%	94%	80%	70%
平值 +3	113%	98%	83%	72%
期货	20.60	21.92	22.59	22.80
20 天历史波动率	53%	43%	38%	34%

请注意这明显的水平倾斜（短期期权更贵，而长期期权更便宜）。这是基于期货上的类似倾斜（表 41-13 的最后一行，其中 HV 表示"历史波动率"）。此外，请注意 VIX 期权比单个期货合约的近期历史波动率要更昂贵。这是因为 VIX 期货常常有爆发的潜力，而期权

的定价是基于前瞻的波动率，而不是历史波动率。

此外，还存在垂直倾斜。表中的第一列显示了5个行权价，都是相对于平值期权的，代表着不同期货合约的不同行权价的期权。表中显示的高于行权价（+1，+2，+3）和低于行权价（−1）表示的是与"平值"行权价的行权价间距倍数（行权价间距为2.50点）。行权价更低的期权的隐含波动率比行权价更高的期权低。这种线性的倾斜与SPX期权中出现的倾斜（不过方向相反）有些类似，对使用相同到期月的比率价差和后式价差有利。VIX期权的垂直倾斜是一种向上的或正的倾斜，而SPX期权的垂直倾斜是一种向下的或负的倾斜。

不过，使用不同月份的期权的跨期价差和对角价差，就没办法获得优势，即使期权中也存在着水平倾斜。这种明显的水平倾斜确实是应该存在的，因为标的物期货的实际波动率也是在近期期货上最高，随着期限越长越连续下降的。

当交易者买入较低隐含波动率的期权，并卖出较高隐含波动率的期权时，看涨期权比率价差就有理论上的优势。

【示例 41-24】

VIX：22.73

7月 VIX 期货：21.95

期权	价格	隐含波动率（%）	期权	价格	隐含波动率（%）
7月 22.5 看涨期权	2.30	97	7月 27.5 看涨期权	1.35	116
7月 25 看涨期权	1.75	108	7月 30 看涨期权	1.05	122

示例看涨期权比率价差：

买入1手7月25看涨期权，价格为1.75

卖出2手7月30看涨期权，价格为1.05

净收入：0.35

上行盈亏平衡点：35.35

该价差交易者必须为1手裸看涨期权提供质押，以符合针对裸指数看涨期权（这里的指数并不是一个宽基指数）的常见的保证金要求。

这个比率价差的盈利图显示在图41-15中。这个例子中的看涨期权比率价差的理论优势来自于这个事实：买入的期权的隐含波动率为108%，而卖出的期权的隐含波动率为122%。

这个价差会在VIX在到期日不高于35.35时盈利。在低于25时，盈利只有建立头寸时最初收入的35分。不过在25～35之间时，就可以获得更大的盈利，其中5.35的最大盈利会在VIX刚好等于30时获得。当然，在到期日之前，如果7月期货上涨很多或期权的隐含波动率扩大，这个价差也会有亏损。图41-15中的灰线显示了到期前的结果。

这些特征非常类似于SPX或SPY的看跌期权比率价差。喜欢交易SPX看跌期权比率价差的交易者也会把这个VIX看涨期权比例价差作为备选。如果市场突然暴跌，这两个策略都会有很大的亏损。当这种情况发生的时候，隐含波动率会爆发，波动率的波动率也会爆发。

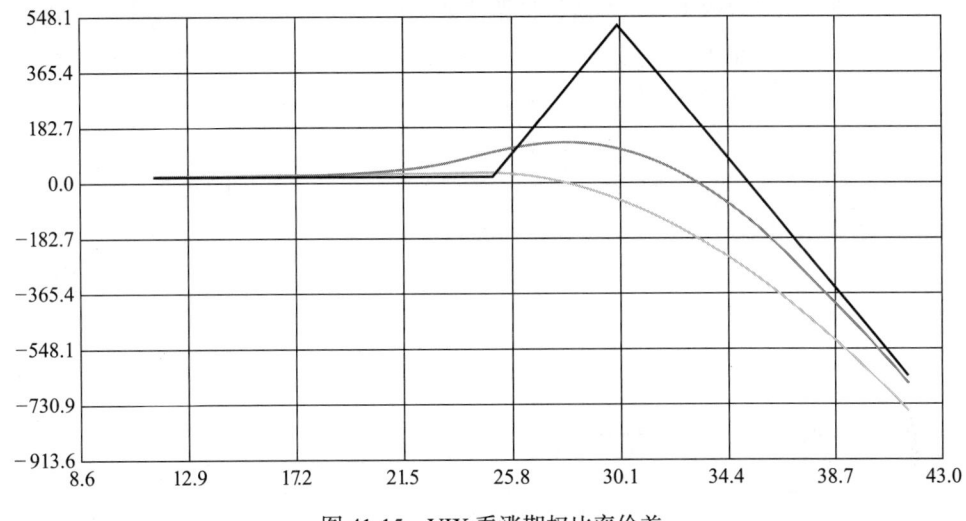

图 41-15　VIX 看涨期权比率价差

哪个策略会"更安全"呢？这是个有意思的问题。作为一种非对冲的策略，这个问题很难回答。因为两个策略都受制于上文提到的波动率上升的危险。不过，如果交易者是在管理一个 SPY 或 SPX 看跌期权比率价差的组合，那他可以买入一些虚值的 VIX 看涨期权来对市场暴跌进行对冲。而 VIX 看涨期权比率价差的交易者就不大可能会这样做，因为这样做会把他的比率价差转化为一个蝶式价差，而蝶式价差可能就没有他所需要的获利能力特征。

41.12.1　VIX 看跌期权比率价差

某些机构交易者喜欢 VIX 看跌期权价差，尽管这个策略有理论上的劣势。这个策略的劣势在于，从隐含波动率的角度来看，交易者买入的期权比卖出的期权更贵。

【示例 41-25】假设有个交易者认为 VIX 将会下跌，但他对此并不确定。他可能买入 VIX 看跌期权，但又不希望如果波动率在买入期权的时期内没有下跌而带来损失。他可能会考虑买入熊市价差或看跌期权比率价差来抵消部分持有 VIX 看跌期权的风险，并等着市场下跌。

VIX：22.73

7 月 VIX 期货：21.95

期权	价格	隐含波动率（%）
7 月 20 看跌期权	1.30	85
7 月 18 看跌期权	0.50	74
7 月 16 看跌期权	0.10	64

示例看跌期权比率价差：

买入 1 手 7 月 20 看跌期权，价格为 1.30

卖出 2 手 7 月 18 看跌期权，价格为 0.50

净支出：0.30

下行盈亏平衡点：16.30

交易者需要为头寸中的 1 手裸看跌期权提供保证金。

由于较低行权价的期权的隐含波动率的下降，VIX 期权中的虚值看跌期权的价格会下跌很快。如果交易者仅以 1.30 买入了 7 月 20 看跌期权，那他会在 7 月期货价格下跌时盈利，特别是在到期前期货价格低于 18.70 时。

图 41-16 显示了这个看跌期权比率价差的盈利图像。在看跌期权比率价差中，如果 VIX 没有下跌，他只有 30 分的风险，不过如果 7 月 VIX 期货立刻下跌，他也挣不了什么钱，因为此时期权空头会对组合不利（见图 41-16 中的曲线）。最后，在到期日，如果 VIX 介于 16.30～19.70 之间，他就能盈利。不过如果 VIX 跌过 16.50，他就会亏损相当大的金额。

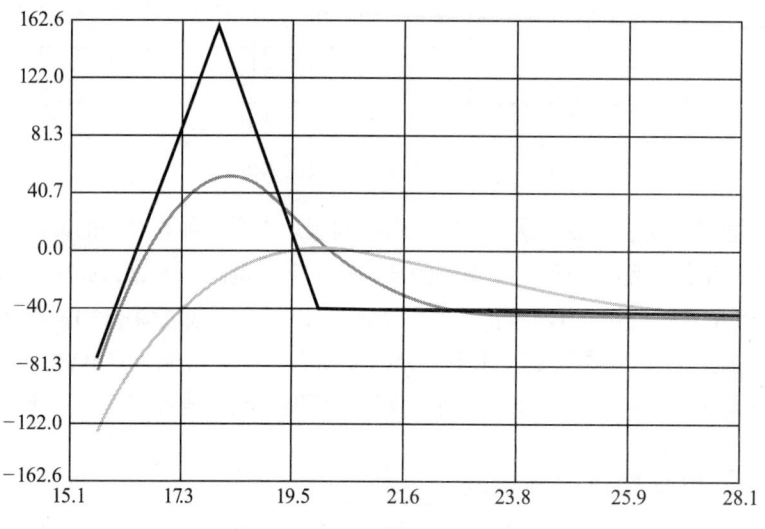

图 41-16　VIX 看跌期权比率价差

因此，这个策略只有当交易者预期 VIX 价格会有适度的下跌时才有效，而这一点是很难预测的。

41.12.2　VIX 看跌期权后式价差

不过，有另外一个看跌期权策略可以利用期权中的倾斜来交易，这就是看跌期权后式价差。这个策略的典型应用情形是：交易者认为 VIX 会有一个适度的移动，并且向下的移动比向上的移动更可能出现。因此它经常是在 VIX 位于或高于 30 时才建立的。

【示例 41-26】在一轮市场下跌之后，VIX 已经有了显著的上升，并在 38 附近交易。某个交易者认为市场可能会上涨，那么 VIX 就会下跌。不过，也有可能市场会再次下跌，并且 VIX 向上爆发到更高的位置。

VIX：37.81

11 月 VIX 期货：36.30

期权	价格	隐含波动率（%）
11 月 45 看跌期权	10.70	99
11 月 37.5 看跌期权	4.80	85

示例看跌期权后式价差：

买入 2 手 11 月 37.5 看跌期权，价格为 4.80

卖出 1 手 11 月 45 看跌期权，价格为 10.70

净收入：1.10

下行盈亏平衡点：31.10

在这个头寸中没有裸看跌期权。这个 2 对 1 的价差的保证金等于最大的风险，即两个行权价之差（7.50）再减去初始收入（1.10），或 640 美元。

这个后式价差的盈利图显示于图 41-17。在这个策略中，交易者建立这个后式价差获得了收入（这常常是策略家正常情况下在交易后式价差时所期望的）。此外，买入的期权的隐含波动率比卖出的期权的低很多，因此这个价差有一个理论上的优势。

如果 VIX 向上爆发，然后所有看跌期权都无价值到期，那这个价差交易者就可以获得 1.10 的初始收入作为他的盈利。相反，如果 VIX 大幅下跌（例如在一个上涨的市场中），那只要 VIX 在到期日低于 31.10，他都会有盈利。事实上，由于这个策略有 1 手净看跌期权多头，那在 VIX 比盈亏平衡点低很多的时候，他就会有显著的盈利。

当 VIX 在到期日刚好等于买入的期权的行权价（37.5）时，就会有最差的情形出现，实现 640 美元的最大损失。显然，如果 VIX 离它的初始价格移动很远的时候，这个价差就会很有吸引力。

然而，交易者不需要等到期权到期才实现盈利。如果 VIX 立刻出现了大的移动，并且这个移动足够大，那他就会有盈利。此时交易者可以采取一些调整方法来锁定部分盈利，或提取部分盈利，甚至把头寸全部平仓。不过，如果 VIX 并没有移动，那他可能会想在 11 月 1 日附近平掉头寸，那时的损失会如图 41-17 中的深灰色线所示。等待更长时间会让这个头寸暴露于最大损失中，正如盈利图中的实黑线所示。

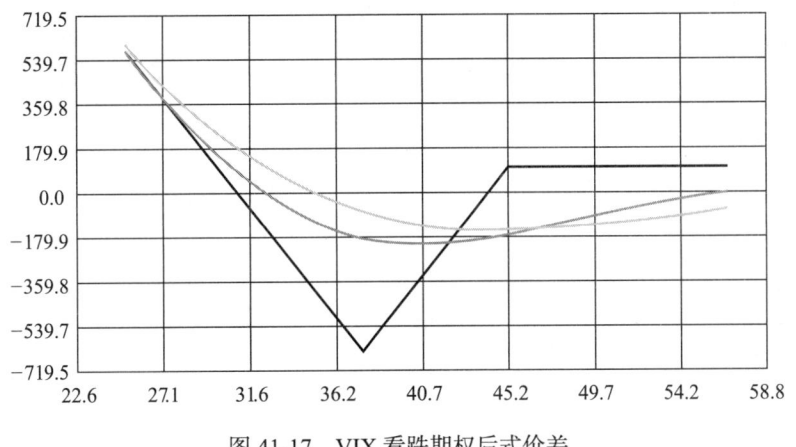

图 41-17　VIX 看跌期权后式价差

41.12.3　小结

VIX 期权的比率价差和后式价差可以使用，并且在理论上有吸引力。先前介绍的看涨期权后式价差是一种保护策略，或者也可以在冒少量风险的情况下进行上行方向的投机。看跌期权后式价差在进行 VIX 的下行方向的投机时有理论上的优势。从向上倾斜的角度来看，看涨期权比率价差很有吸引力。只有看跌期权比率价差看上去缺乏吸引力，不过即便是这样，也有一些交易者喜欢用这个策略。

41.13　波动率衍生品小结

　　场内波动率衍生品的引入是场内期权和期货的发展历史中最显著的发展之一。未来，个股、指数和期货合约也都会有场内波动率衍生品。波动率常常是最难对冲和掌控的变量，不过可以用这些新产品来直接交易波动率。虽然它们最初的应用是对冲个股组合的波动率风险，不过它们也可以是很好的投机和构建策略的工具。

第 42 章
Options as a Strategic Investment

税　务

　　这一章将概述同场内期权相关的一些基本的税务处理，同时展示若干税务策略。读者应当意识到税务法律是在不断更改的，因此，在实际贯彻任何以税务为导向的策略之前，都应当请教税务顾问。联邦税务局对某些税务策略的解释也有可能重新限定或发生变化。

　　期权是一项资本资产，任何获益或亏损都是资本获益或亏损。根据这笔期权交易是否只是这个期权，或者它是否通过行权或指派而成为股票交易的一部分，税收的后果各有不同。在期权市场平仓或者无价值到期的场内期权交易是资本交易。期权转手的持有期是否可算作长期投资，始终同股票是相同的（目前是 1 年）。如果持有这个期权的时间超过了长期资本盈利持有期的期限，从期权购买中的获益有可能被看作长期盈利。

　　从出售期权中得到的获益是短期资本盈利。此外，期货期权和指数期权以及其他非股票类期权的税务制度有可能不同于股票期权。我们将分别讨论这些问题。

42.1　历史

　　在场内期权交易的短暂历史中，在税务法则上有过若干次重大的变化。当期权在 1973 年开始上市的时候，税务法令将从出售期权中得到的获益和亏损当作一般收入。这里的思路是，只有专业人员和在行业中的人实际上出售场外期权，因此，他们的盈亏代表了他们的一般收入，或者说，生活的来源。这条法规展现了一些涉及价差的有意思的策略，因为价差的多头腿可以被看作是长期盈利（如果持有期超过 6 个月的话，这是当时长期盈利所要求的持有期限），而价差的空头腿则是一般的亏损。当然，为了产生这样的结果，股票必须朝想要的方向运动。

　　1976 年税务法有了改变。影响到期权交易者的主要变化是，长期持有期限延长为 1 年，同时，从卖出期权得到的获益或亏损被看作资本盈利。长期期限的延长基本上取消了场内期权持有者会得到一笔长期盈利的全部可能性，因为场内期权市场中最长的期权也只有 9 个月的期限。

　　在这个阶段，有各种各样的税务策略可以使用，它们可以合法地让投资者将资本盈利从今年推迟到明年，从而避免付税。基本上说，投资者可以进入一个涉及在明年到期的深度实值的期权的价差。这样的价差或许可以建立在 10 月，使用 1 月的期权。然后，他等待标的股票运动。一旦运动发生，这个价差就有一条腿盈利，另一条腿亏损。这笔亏损通过将亏损的头寸挪仓到另一个深度实值的期权而兑现。兑现的亏损于是就可以申报在这一年的税收里。价差剩下的部分（现在是一笔未兑现的盈利）就可以留在那里，一直到下一年的到期日。在那个时候，这个价差就可以平仓，盈利得以兑现。因此，这笔盈利从这一年移到下一年。然后，在这一年的后半期，这笔盈利可以再挪入再下一个年度，以此类推。

1984年发布的新的税收法令有效地制止了这样的实践。进行了两项全面的改革。首先，新的法令规定，任何涉及对冲的期权价差（就像前面示例里的那两手深度实值的期权），如果有亏损，允许承接亏损的数额不得超过它的大于价差另一条腿的未兑现盈利。[税务文件坚持根据旧有的商品术语将这些头寸称作"跨式价差"，不过，就期权的目的而言，它们实际是价差（spreads）或卖出备兑（covered writes）。]作为这条法令的一个副产品，股票的持有期限可以通过卖出过度实值的期权而被终止或取消。其次，新的法令要求在所有非股票类期权和期货中的头寸在税务年结束的时候都要根据市场价进行结算，兑现的和未兑现的盈利都要纳税。非股票类的期权的税率比股票类期权的税率要低。然后，1986年，长期和短期资本盈利的税率都变为同最低的一般税率相等。我们将详细讨论所有这些要点。

42.2 基本税务处理

就税收的目的而言，行权或指派的场内期权属于不同的范畴。期权交易的最初的权利金被结合在股票的交易中。在股票头寸平仓之前，这个股票头寸不必纳税。行权或指派的看涨期权和看跌期权有四种不同的组合。表42-1总结了将期权权利金用在股票成本或卖出价格上的方法。

下面几节里是一些如何对待这些不同的交易的示例。除了这些说明基本税务处理的示例之外，还有一些补充的策略。

42.2.1 看涨期权买家

如果一个看涨期权的持有者随后卖掉了这个看涨期权或者让它无价值到期，他就有一笔资本盈利或者亏损。对股票期权来说，期权的这个持有期决定了这笔盈利或亏损是长期的还是短期的。正如前面提到的，如果持有长达1年以上，就有可能算作长期盈利。就税收的目的而言，一手无价值到期的期权被看作是一手在到期日按照零美元卖掉的期权。

【示例42-1】一个投资者在7月花5点买了一手XYZ 10月50看涨期权。他在9月1日用9点卖掉了这手看涨期权。也就是说，通过平仓交易，他兑现了一笔资本盈利。他需要报税的盈利是按表42-1所显示的那样计算出来的，假设他在买入和卖出这手期权时都付了25美元的手续费。

表42-1 将期权权利金用在股票成本或销售价格上

行动	税务处理
看涨期权买家行权	将看涨期权权利金加进股票成本
看跌期权买家行权	从股票卖出价格中减去看跌期权权利金
看涨期权卖出者被指派	将看涨期权权利金加进股票卖出价格
看跌期权卖出者被指派	从股票成本中减去看跌期权权利金
销售的净收入（900 − 25）	875美元
净成本（500 + 25）	−525
短期获益	350美元

虑持有期限的，下面的讨论就同它们有关。

42.3.1 看涨期权行权

一个拥有实值期权的股票看涨期权的持有者也许应当决定将他的看涨期权行权，而不是到期权市场将它卖掉。如果他这样做，在期权交易自身之上就没有纳税的责任。而且，股票的成本就加进了最初的看涨期权的成本。此外，持有期从买入股票的那一天算起（看涨期权行权的后一天）。期权的持有期对由行权产生的股票头寸没有影响。

【示例42-6】一手XYZ 10月50看涨期权是花5点在7月1日买入的。到10月到期日时股票价格上升了，期权持有者决定将这个看涨期权在10月20日行权。期权的手续费是25美元，股票的手续费是85美元。于是，股票的成本基础就可以计算如下。

通过行权按50的价格买入100股XYZ	5 085美元
（5 000美元加上85美元手续费）	
最初看涨期权成本（500美元加上25美元）	525
股票的总成本基础	5 610美元
股票的持有期从10月21日算起	

当这笔股票最终被卖掉的时候，根据股票售价同它的报税成本基础5 610美元的比较，这可以是一笔盈利，也可以是一笔亏损。此外，除非是一直将这些股票持有到下一年10月21日，这就是一笔短期的投资。

42.3.2 看涨期权指派

如果一个卖出的看涨期权没有平仓，而是被指派了，这个看涨期权的净销售收入就被加进到标的股票的销售收入中。看涨期权的持有期不再作数，股票头寸被看作是在指派的那一天卖掉的。

【示例42-7】一个裸卖出者卖出了一手XYZ 7月30看涨期权，售价为3点，后来，在接近到期日时，这个期权变成实值的，期权不是被买回来，而是被指派了。股票的手续费是75美元。他从股票中得到的净销售收入可以计算如下。

净看涨期权收入（300 - 25）	275美元
按30的价格通过指派	
卖出100股XYZ（3 000 - 75）	2 925
股票净销售收入	3 200美元

在投资者出售的是一个裸的或者说未备兑的看涨期权的情况里，他在指派时是卖空股票。当然，他也可以通过在公开市场买入股票来交割以回补卖空。这样的股票卖空要遵守同卖空相关的税务法令，也就是说，任何从股票卖空中得到的盈利或亏损都是短期的盈利或亏损。

备兑卖出者的税务处理。另一方面，如果投资者是就一个备兑看涨期权而被指派的，也就是说，他所运作的是一个卖出备兑的策略，而且，他在收到指派通知的时候选择交割他所拥有的股票，那么，他就有了一个完整的股票交易。股票的成本是由在早些时候的购买价格所决定的，当然，净销售盈利是根据前面的示例由指派来决定的。

从股票的购买和销售中确定盈利是一件容易的事，不过，要确定这个交易的税务情况就不那么容易。为了防止持股人使用深度实值看涨期权在股票变为长期投资的同时保护他们的股票，税务部门建立一些复杂的税务法。它们可以总结如下。

（1）如果股票期权在出售的时候是虚值的，它对股票的持有期就没有影响。

（2）如果股票期权在出售的时候是深度实值的，而且股票的持有期还没有达到长期持有的期限，那么，股票的持有期就被取消。

（3）如果股票期权是实值的，但实值的程度不深，那么，股票的持有期在持有这个看涨期权期间就被中止。

这些规则相对复杂，值得做进一步的解释。第1条规则只是说交易者可以出售虚值看涨期权而不会有任何问题。如果股票后来价格上涨，通到期权指派而被买走，出售股票所得到的盈利就包括期权权利金。根据股票的持有期，这个交易可以是长期的，也可以是短期的。

【示例42-8】假设在某一年的9月1日，一个投资者用35的价格买了100股XYZ。他将股票留在手里一段时间，然后，在第2年的7月15日，在股票上涨到43，他卖出了一手10月45看涨期权，价格为3点。

净看涨期权销售盈利（300－25）	275美元	
由指派而得的净股票收入（4 500－75）	4 425美元	
净股票销售收入	4 700美元	4 700美元
净股票成本（3 500＋75）		3 575美元
净长期盈利		1 125美元

因此，这个备兑卖出者就有1 125美元的盈利，它是长期投资，因为股票持有期超过1年（从买入股票的这一年的9月1日到股票被指派买走的下一年的10月的到期日）。

请注意，如果在相似的情况中，股票持有期少于1年，这笔盈利就是短期投资的盈利。

让我们现在来看一看其他两条规则。它们是相互关联的，因为它们之间的区别只在于"过度实值"的定义。只有在股票持有期没有成为长期投资，而且有看涨期权出售的情况下，它们才发挥作用。如果售出的看涨期权过度实值，它就可以取消股票的短期持有时间。否则的话，它就中止持有期。如果看涨期权是实值的，但不是过度实值，它就被看作合格的卖出备兑。在决定一个看涨期权是否合格方面，有若干相关的规则。在实际讨论这个复杂的定义之前，让我们先从两个示例来看一看一个看涨期权是否合格会有的影响。

【示例42-9】合格的卖出备兑：在3月1日，一个投资者买入了100股XYZ，价格是35。他将这个股票持有了3个半月，在7月15日，股票上升到43。这时，他卖出了一手实值看涨期权，10月40看涨期权，价格是6。到10月到期日，股票价格下跌，看涨期权无价值到期。

他现在面临下面的情况：从出售看涨期权所得的575美元的短期盈利，加上他买入100股XYZ，持有期只有3个半月。因此，出售10月看涨期权中止了他的持有期，但是没有取消它。

他现在可以将股票再持有8个半月，然后把它作为长期投资卖掉。

如果这个示例里的股票价格保持在40之上，而且因为看涨期权的指派而被买走，净结果就会是，像前面的示例那样，期权的盈利被加进股票的销售价格中，而且，因为卖出合格的备兑看涨期权可以在3个半月中止股票的持有期，所以整个净盈利会是短期投资的盈利。

这是一个出售不是过度实值的看涨期权的示例。不过，如果交易者是就还没有成为长期持有的股票出售一手过度实值的看涨期权的话，那么，这个股票的持有期会被取消。这就是说，如果这个看涨期权接着被买回来或者无价值到期，这个股票必须要再持有1年才能被视为长期投资。这个规则有可能用在对投资者有利的方向。如果投资者买入了股票，而股票价格下跌，他面临有一笔长期亏损的危险，但是，他实际上并不想卖掉这只股票，那么，他就可以卖出一手过度实值的看涨期权（如果有这样的期权存在的话），从而取消在这个股票上的持有期。

合格的备兑看涨期权。上面的示例和讨论总结了同卖出备兑有关的税务规则。现在，让我们来看一看什么样的看涨期权是合格的备兑看涨期权。下面的规则是文字解释。大多数投资者使用根据这些规则建立起来的表格。这些表格可以在"附录E"中找到。（记住，这些规则有可能变化，你需要咨询税务顾问，看看最新的数字是什么。）合格的备兑看涨期权是：

（1）期权在卖出的时候离到期的时间多于30天；

（2）卖出的看涨期权的行权价不低于下面的基准价位。

① 首先决定可用股票价格（ASP）。这一般是该股票前一天的收盘价。不过，如果股票开盘的时候比前一个收盘价高110%，那么，可用股票价格就是较高的开盘价。

② 如果 ASP 低于 25 美元，那么，这个基准行权价就是 ASP 的 85%。因此，任何卖出的看涨期权如果行权价低于 ASP 的 85%，就不合格。（例如，如果股票价格是 12，投资者卖出一手行权价为 10 的看涨期权，这样的期权就不合格：它过度实值。）

③ 如果 ASP 在 25.13 ~ 60 之间，那么这个基准价格就是下一个最低的行权价。因此，如果股票价格是 39，投资者卖出一手行权价为 35 的看涨期权，这个看涨期权就是合格的。

④ 如果 ASP 高于 60 但是低于 150，而且看涨期权离到期不止 90 天，那么，这个基准价格就是低于 ASP 的两个行权价。这里有一个进一步的考虑，那就是这个基准价格不能比 ASP 低过 10 点。因此，如果股票的交易价是 90，投资者可以卖出一手行权价为 80 的看涨期权，只要这个看涨期权离到期还有不止 90 天，这个看涨期权就是合格的。

⑤ 如果 ASP 大于 150，而且看涨期权离到期不止 90 天，那么，这个基准价格就是 ASP 之下的两个行权价。因此，如果期权的行权价间距是 10 点，那么，投资者可以出售 20 点实值的看涨期权，这个期权还是合格的。当然，如果有 5 点的行权价间距，那么，投资者就不能卖出一个实值高于 10 点的看涨期权，否则，这个看涨期权就是不合格的。

这些规则相当复杂。这是为什么我们在"附录E"中对它们进行总结的原因。此外，它们始终都是有可能发生变化的，因此，如果投资者考虑要就一个性质仍然是短期的股票出售一手实值的备兑看涨期权，他应当向他的税务顾问或经纪人咨询一下，以确定这个实值看涨期权是否合格。

同合格的看涨期权相关，还有一条进一步的规则。还记得吗，我们说过，上面的规则只有在当看涨期权卖出时股票还不是长期持有的时候才适用。如果股票在期权卖出时已经是长期持有了，那么，在看涨期权被指派，股票被买走的时候，它就被看作长期的，不管看涨期权在卖出的时候行权价是什么。不过，如果投资者就已经长期持有的股票卖出看涨期权，然后认赔买回这个看涨期权，这个看涨期权上的亏损就必须看作长期亏损，因为这个股票是长期持有的。

总的来说，就报税而言，对备兑看涨期权卖出者来说，上升的市场是最好的。如果他卖出虚值看涨期权而股票上涨了，他在看涨期权上有短期的亏损，再加上在股票中有长期盈利。

【示例 42-10】 在某一年的 1 月 2 日，一个投资者买入了 100 股 XYZ，价格为 32，付了 75 美元手续费，与此同时他也卖出了 1 手 7 月 35 看涨期权，售价为 2 点。这个 7 月 35 看涨期权无价值到期了，这个投资者于是又用 3 点的价格卖出了 1 手 10 月 35 看涨期权。到了 10 月，XYZ 的价格是 39，投资者用 6 点买回了 10 月 35 看涨期权（它是实值的），同时卖出了 1 手 1 月 40 看涨期权，价格是 4 点。在 1 月，在到期日，股票通过看涨期权的指派而被用 40 的价格买走。投资者在股票上有了长期资本盈利，因为他将股票持有了 1 年之上。他同时在 1 月 35 和 10 月 35 看涨期权上有两手短期资本交易。表 42-2 和表 42-3 显示了他在运作这个卖出备兑策略中的净税务处理。期权手续费在每笔交易上是 25 美元。

表 42-2　交易总结

1 月 2 日	买入 100 手 XYZ，价格 32
	卖出 1 手 7 月 35 看涨期权，价格 2
7 月	7 月看涨期权无价值到期（XYZ 价格为 32）
	卖出 1 手 10 月 35 看涨期权，价格 3
10 月	买回 10 月 35 看涨期权，价格 6 点（XYZ 价格为 39）
	卖出 1 手 1 月 40 看涨期权，价格 4 点（在次年）
次年 1 月	100 股 XYZ 通过看涨期权指派被买走，价格 40

表 42-3　交易的税务处理

短期资本项目		
7 月 35 看涨期权：	净收入（200 − 25）	175 美元
	净成本（无价值到期）	0
	短期资本盈利	175 美元
10 月 35 看涨期权：	净收入（300 − 25）	275 美元
	净成本（600 + 25）	−625
	短期资本盈利	350 美元
长期资本项目		
100 股 XYZ 股票：	1 月 2 日买入，次年 1 月到期日卖出。因此，	
	持有期长于 1 年，符合长期投资要求。	
	股票净销售收入（指派的看涨期权）：	
	1 月 40 看涨期权销售收入（400 − 25）	375 美元
	按 40 行权价卖出 100 股 XYZ（4 000 − 75）	+3 925
	股票净成本（1 月 2 日每股 32 买入 100 股）：	4 300 美元
	（3 200 + 75）	−3 275
	长期资本盈利	1 025 美元

无论是就盈利还是税收而言，对这个备兑看涨期权卖出者来说，事情都进展得很好。

他不但在1年的时间内在他的股票和期权交易上有850美元的盈利，而且他在税收方面也得到很好的待遇。他在7月和10月期权交易中加起来承接了175美元的短期亏损，同时，得到了1 025美元的长期盈利。

这个示例说明了税务处理对备兑卖出者的重要性：就税收而言，他的优化情景是一个上升的市场，因为，如果他将标的股票持有1年以上，他就可能得到长期盈利，与此同时，他还可以因为以更高价格平仓卖出的看涨期权减少短期亏损。不幸的是，在一个下跌的市场里，会出现相反的情况：短期期权盈利加上标的股票上可能的长期亏损。有一些可以避免长期亏损的方法，例如，买入一手看跌期权（本章后面会讨论），或者在股票变成长期之前就盒式价差进行卖空。不过，这些运作会打断卖出备兑的策略，因此，未必是一种聪明的选择。

总体来说，如果备兑看涨期权卖出者手里有的是一手卖出的实值看涨期权，而且接近到期日，那么，他有几种选择。如果股票还不是长期持有，他可以选择买回卖出的看涨期权，同时卖出另一手到期日超出股票长期持有期限的看涨期权。这是前面那个示例中假想的投资者针对他的10月35看涨期权所做的。因为这个看涨期权是实值的，他可以选择让这个看涨期权被指派，当时就从这个头寸中提走他的盈利。不过，这会产生一笔短期盈利，因为股票的持有期还没有超过1年，因此，他可以通过买回期权的办法将这手10月35看涨期权平仓，与此同时卖出另一手到期日可以使得股票的持有期超过1年的看涨期权。他因此卖出了在下一年到期的1月40看涨期权。注意一下，这个投资者不但决定把股票留作长期投资，而且决定想要获得更多的潜在盈利：他将看涨期权向上挪仓到更高的行权价。这就使得持有期持续下去。一手实值的卖出会中止这个持有期。

42.3.3 交割"新"股票以防止出现大量长期盈利

有的备兑看涨期权卖出者在看涨期权被指派时，也许不想交割他们用来为卖出的看涨期权做对冲的股票。例如，如果备兑卖出者就一个成本基础极低的股票而出售期权，他也许不愿意为了卖掉他持有的这只特别的股票而付税。因此，这个被指派的看涨期权的出售者有的时候也许想在公开市场买入股票来为指派而交割，而不是交割他已经拥有的股票。回忆一下，看涨期权卖出者在公开市场买入股票来完成指派义务是完全符合期权清算所的规则的。就税收的目的而言，投资者从他的经纪人那里收到的出售股票的确认书应当特别指明卖掉的究竟是哪些具体的股份。通常这样做的方法是在确认书上写明"通过买入"，并且写明售出股票的买入日期。这样做的目的是清楚地认明就指派而交割的是"新"股票，而不是原有的长期持有的股票。投资者必须向他的经纪人下达这些指示，这样，经纪公司就会在确认书上做合适的注明。如果投资者意识到他的股票有可能会因为指派而被买走，而他不想这样的事发生，那么，他必须事前同他的经纪人商量，这样，在股票实际因为指派要被买走的时候，就可以采取适当的措施。

【示例42-11】一个投资者拥有100股XYZ股票，他的成本基础，在几年中多次分股和分发股息之后，是每股2美元。XYZ的价格为50，投资者决定按5点卖出1手XYZ 7月50看涨期权，给他的投资组合带进一些收入。接着，这个看涨期权被指派了，但是投资者不想交割他的成本基础为2美元的股票，因为这样的话他就必须为高额盈利支付资本盈利。

他可以到公开市场去按目前的价格另外买 100 股 XYZ，用它们来完成指派的义务。假定现在是 7 月 20 日，这时他收到他的 XYZ 7 月 50 看涨期权的指派通知。他从他的经纪人那里收到的按 50 出售 100 股 XYZ 的确认书（也就是看涨期权指派的确认书）应当写明："通过 7 月 20 日买入"。销售日期的年份也应当在确认书上写明。这只 XYZ 股票的长期持有者当然必须重新掏钱到公开市场上去买入额外的 XYZ 以完成指派通知而进行交割。因此，如果这个投资者觉得他有可能要实施这样的策略以避免出售低成本基础股票需要承担的税务的话，他就必须存有一定数量的可以调用的资金。

42.3.4 看跌期权行权

如果看跌期权的持有者不是选择在场内市场将期权平仓，而是将看跌期权行权（从而按行权价出售股票），这个看跌期权的净成本就从标的股票的净销售收入中扣除。

【示例 42-12】假设 XYZ 4 月 45 看跌期权是用 2 点买入的。XYZ 在 4 月到期时价格跌到了 45 之下，这个看跌期权的持有者决定要将他的实值的期权行权，而不是到公开市场将它卖掉。股票销售的手续费是 85 美元，因此，从标的股票中得到的净销售盈利就是：

按行权价 45 卖出 100 股 XYZ（4 500 − 85）	4 415 美元
净看跌期权成本（200 + 25）	−225
为税务目的的股票净销售收入	4 190 美元

如果股票销售代表了一个新头寸，也就是说，投资者卖空这个标的股票，那么，根据目前同卖空有关的税务法，它最终就是一笔短期的盈利或者亏损。如果看跌期权的持有者已经拥有标的股票，并且利用看跌期权行权作为手段来卖出这只股票，那么，就税务目的而言，他在这笔股票交易上的盈利或亏损的计算方法就是从用上面的方式决定的销售收入中减去最初的净股票成本。

42.3.5 看跌期权指派

如果一手卖出的看跌期权被指派，股票就按行权价买入。买入股票的净成本要减去最初收入的看跌期权权利金。

【示例 42-13】如果交易者最初用 4 点卖出了一手 XYZ 7 月 40 看跌期权，它后来被指派了，于是确定这只股票成本的方法就是（假定在买入股票时有 75 美元的手续费）：

按 40 指派 100 股 XYZ 的成本（4 000 + 75）	4 075 美元
净看跌期权销售收入（400 − 25）	−375
股票的净成本基础	3 700 美元

通过看跌期权指派而买入的股票的持有期从看跌期权被指派的那一天算起。投资者卖出期权的那段时间对股票持有期没有影响。显然，看跌期权交易自身并没有变为一项资本项目；它变成了股票交易的一部分。

42.4 特别的税务问题

42.4.1 洗售规则

看涨期权的买家应当觉悟到洗售规则（wash sale rule）的存在。一般而言，对一个以亏损而卖出的证券，如果有基本相同的证券或者用来获得该证券的期权是在这个销售的前 30 天或后 30 天买入的话，那么，根据洗售规则，这笔亏损销售不享有减税的优待。这就意味着交易者想要出售 XYZ 以得到税务亏损，那么，他就不可以在销售日以及前 30 天和后 30 天这个 61 天的时段内买入 XYZ。当然，投资者可以合法地进行这样的交易，只是不能就销售在报税时报亏损。看涨期权无疑是一种获得证券的期权。因此，如果一个投资者想要出售 XYZ 从而在报税中申报亏损，那么，根据洗售规则，在卖出股票的前 30 天或后 30 天之内就不能买入任何 XYZ 的看涨期权。

不过，不同系列的看涨期权一般并不被认为是基本相同的证券。如果投资者出售一手 XYZ 1 月 50 看涨期权来申报亏损，那么，他可以接着买入任何其他的 XYZ 看涨期权，而不必担心这会妨碍他根据出售 1 月 50 看涨期权而申报亏损。不过，如果他买入另一手 1 月 50 看涨期权（相同的证券）是不是会影响到他最初卖出这个 1 月 50 看涨期权以申报亏损，在这一点上是不清楚的。

同时，投资者也可以卖出一个看涨期权以申报亏损，然后，紧接着就买入标的股票。这也不会违反洗售规则。

避免洗售。根据一般的看法，出售看跌期权不是通过获得期权来买入股票，即使这是卖出看跌期权指派的效果。这个事实在有的时候是有用的。如果一个投资者在持有股票中有亏损，他也许会想要将股票卖掉，在当年报税的时候申报亏损。洗售规则使得他无法在卖出股票之后的 30 天内买入相同的股票，或者是这只股票的看涨期权。这个投资者就在一个月内"没有"这只股票；这就是说，在之后的 30 天内，他无法参与到这只股票的上扬中去。如果这只标的股票有场内的看跌期权，这个投资者可以部分对冲这种负面的影响。在卖出股票的同时卖出一手实值的看跌期权，这个投资者就能够在当年报税的时候申报他的股票亏损，同时也能够参与到这只标的股票的价格运动中去。

如果股票价格上扬，看跌期权的价格就会下跌。不过，如果股票上扬到高出看跌期权行权价的价位，投资者从卖出看跌期权得到的收入就没有从持有股票中得到的收入多。不过，如果股票上扬，他仍然会有一定的盈利。

反过来，如果股票价格下跌，投资者在出售看跌期权中就会亏钱。这显然代表了风险，尽管风险没有持有股票那么大。一个额外的劣势是，如果标的股票付有股息的话，出售看跌期权的投资者是得不到这个股息的。

在经过 30 天之后，投资者可以回补这个看跌期权，买回标的股票。使用这种方法的投资者在选择卖出的看跌期权上应当小心，要选择提前指派的可能性最小的。因此，在使用这个策略的时候他应当出售长期的实值看跌期权。（他需要使用实值期权，这样他可以高度参与股票的运动。）注意一下，如果股票在 30 天之内就通过看跌期权的指派而转给投资者，他因此就必须将股票买回来，这样的话，就会触及洗售规则，他就不能在股票上申报亏损。他必须等他有可能在不违反洗售规则的情况下出售股票，这样才能申报亏损。

最后，这个策略必须使用一个保证金账户来实施，因为看跌期权的出售将被回补。显然，从出售股票自身中得到的钱可以用来作为卖出看跌期权的质押。如果股票价值下降，总是有可能因为未备兑的看跌期权而追加保证金的可能。

42.4.2 卖空规则——看跌期权持有者的麻烦

如果一个持有标的股票的投资者买入一手看跌期权，那么，这对这只股票的持有期会发生影响。如果股票持有者买入看跌期权，他通常是为了免除一部分因为股票价格下跌而产生的下行方向的风险。不过，如果买入一手看跌期权是为了保持持有期在税务上还不够作为长期投资来处理的股票的话，那么，股票的整个持有期都不复存在。此外，这只股票的持有期只有在这手看跌期权平仓之后，才重新开始计算。例如，如果投资者持有 XYZ 11 个月（还算不上长期持有），然后买入了一手 XYZ 的看跌期权，那么，他在这只股票上积累的整个持有时期就全都取消了。另外，在他最后将这个看跌期权出手的时候，这只股票的持有期就必须从头算起。他失去了前面的 11 个月的持有期，也失去了同时拥有股票和看跌期权时的持有期。买入看跌期权的税务处理来自与卖空有关的总规则，按照这个规则，获得一个期权来按照一个固定的价格卖出一项资产（这就是看跌期权）应当看作卖空。如果一个投资者要买入一个看跌期权来保护他的仍然是短期持有的股票的话，这道法律对他有严重的税务影响。

"结合的"看跌期权和股票。有两种情况，在其中买入看跌期权不会影响到标的股票的持有期。首先，如果股票的持有期已经长到足以作为长期投资处理，那么，买入看跌期权对标的股票的持有时间就没有影响。其次，如果看跌期权同它要保护的股票是同时买入的，而且，投资者说明他将通过这个具体的看跌期权的行权出售这些具体的股票股份，那么，这个看跌期权和股票就可以看作"结合的"(married)，对它们就可以使用正常的股票持有期。为了保持这个"结合的"身份，投资者必须将这个看跌期权行权。如果他让这个看跌期权无价值到期，那么，他就不能在看跌期权上申报亏损，而是必须将看跌期权成本加在标的股票的净成本之上。最后，如果投资者既没有将看跌期权行权，也没有让看跌期权无价值到期，而是在各自的市场中将看跌期权和股票卖掉，那么，卖空的规则就回过来发挥作用了。

对"结合的"看跌期权和股票的定义及其结果的规定是相当详细的。后果究竟是什么呢？"结合"规则最初是想要允许投资者买入股票，保护它，同时仍然有机会得到长期盈利。如果期权还有 1 年以上的存续期，这就有可能。读者必须意识到这样的事实：例如，如果他一开始的时候将股票和一个场内的 3 个月的看跌期权"结合"在一起，那么，他不可能在这个看跌期权到期时重新使用另一个看跌期权来仍然保持"结合的"身份。一旦最初"结合的"看跌期权出了手（通过出售、行权或者到期），其他看跌期权就不能再同这只股票"结合"起来。

保护长期盈利或避免长期亏损。投资者有的时候可以利用买入看跌期权的卖空一面。最明显的用法是他可以通过买入一手看跌期权来保护一笔长期盈利。如果他决定要提取长期盈利，但是想要推迟到下一个税务年度，那么，他就可以这样做。买入一个明年到期的看跌期权就可以实现这个目的。

买入期权就税务目的而言的另一个用途是避免一只股票头寸上的长期亏损。如果一个投资者拥有一只价格下跌的股票，而且就要变为长期持有，他可以买入一手这只股票的看跌期权来取消这个持有期。这就避免了必须承接长期亏损。一旦这个看跌期权平仓了，或者是卖掉，或者是无价值地到期，股票持有期又重新开始，于是它会是一个短期头寸。此外，如果投资者决定将他买入的看跌期权行权，结果就会是一笔短期亏损。看跌期权行权导致的股票销售的基础就等于看跌期权的行权价减去为看跌期权所付的权利金。另外，注意一下，这个策略并不锁定标的股票上的亏损。如果股票上扬，投资者仍然有可能参与到这个上扬中，虽然他或许会失去为这个看跌期权所支付的全部权利金。请注意，这两个长期策略同样也都可以通过出售深度实值的看涨期权来实现。

42.5 总结

到这里我们就结束了税务这一章对场内期权交易以及它们对期权策略的直接后果的讨论。除了对平仓、无价值到期、指派或行权的期权交易者的基本税务处理之外，我们还介绍了若干其他有用的税务情况。看涨期权的买家应当意识到洗售规则。看跌期权的买家必须意识到涉及看跌期权和股票拥有权的卖空规则。看涨期权卖出者应当认识到在等待在下一个税务年兑现盈利的同时出售实值看涨期权以保护标的股票的好处。看跌期权的卖出者有可能通过出售实值看跌期权来避免洗售，同时仍然保持了在标的股票上扬中得到潜在盈利的机会。

42.6 股票期权的税务计划策略

42.6.1 推迟短期看涨期权盈利

看涨期权持有者有可能对将盈利推迟到明年或者将看涨期权的短期盈利转换为股票的长期盈利感兴趣。前者要比后者容易得多。一手赚钱的、明年到期的看涨期权的持有者可以采取三种可能的行动，让他在保留住盈利的同时，将盈利推迟到明年。一种方法是买入一手看跌期权。显然，为这个目的，他应当买入一手实值看跌期权。通过这样做，他既可以在时间价值上尽量少花钱，同时也锁住了他在看涨期权上的盈利。随着时间的进展和股价的起伏，这个看跌期权和看涨期权组合的盈利和亏损会基本相抵，除非股票强势上涨，超过了看跌期权的行权价。不过，这也可能是一件令人高兴的事，因为会有更多的盈利积累起来。这个组合在第二年平仓，从而产生一笔盈利。

【示例 42-14】一个投资者在 9 月 1 日买入了一手 XYZ 1 月 40 看涨期权，价格是 3 点。这个看涨期权在明年到期。XYZ 到 12 月 1 日价格上涨，看涨期权的售价是 6 点。这个看涨期权持有者想要提取他的 3 点的盈利，但是也想将这笔盈利留到下一年。举例来说，他可以通过花 5 点买入一手 XYZ 1 月 50 看跌期权来做到这一点。于是他持有这个组合，一直到第 2 年的第 1 天。在这个时候，他可以按照至少 10 点将整个组合平仓，因为看跌期权的行权价高出看涨期权 10 点。在这两个行权价上，时间价值的增值都会带来好处。无论是哪种情况，他都有盈利。他最初的成本是 8 点（看涨期权是 3 点，看跌期权是 5 点）。因此，他就有效地将最初持有看涨期权的盈利提取推迟到了下一个税务年。这个看涨期权持有者在这类交易中承担的风险是买入和卖出看跌期权的手续费，以及看跌期权中可能出现的任何时间价值的损失。投资者必须自己决定是这些风险大（尽管它们也许相对比较小），还是将税务盈利推迟到明年的好处大。

看涨期权持有者有可能将他的税务盈利推迟到明年的另一种方法是就他目前持有的看涨期权卖出另一手XYZ看涨期权。也就是说，他创造出了一手价差。为了保证他能够尽量多地保存他现有的盈利，他应当出售一手实值看涨期权。事实上，如果可能的话，他应当出售一手行权价比他现在持有的看涨期权的行权价要低的实值看涨期权，以保证如果标的股票价格大幅度下跌的话，他的盈利不会受到影响。一旦建立了这个价差，它就被一直保持到下一个税务年度，然后再平仓。这种推迟盈利的方法中明显的风险是，交易者有可能在卖出的看涨期权上收到指派通知。这种可能性并不一定十分遥远，因为用来保护目前盈利的是实值看涨期权。这样的指派会导致在由此产生的买入和卖出标的股票中的大量的手续费成本，而且有可能显著地减少他的盈利。因此，这个策略中的风险大于前面的那个策略（买入一手看跌期权），不过，如果在这个标的股票上没有看跌期权交易的话，它就是唯一的选择。

【示例42-15】一个投资者在8月花3点买入一手XYZ 2月50看涨期权。在12月，股票的价格是65，看涨期权的价格是15。持有者想要"锁住"这12点的看涨期权盈利，但是想要将实际盈利推迟到下一个税务年度。他可以按将近20点的价格卖出一手XYZ 2月45看涨期权来做到这一点。如果不收到指派通知的话，只要股票价格在50之上，他就能够在2月到期日用5点的成本将这个价差平仓。因此，他最后会有12点的盈利（从卖出2月45中收入20点，为2月50付出3点，加上将价差平仓提取盈利时付出5点）。如果股票在2月到期之前跌到50之下，他的盈利甚至会更大，因为他就不必在把价差平仓时支付整整5点。

看涨期权持有者锁住他的盈利同时仍然可以将这个盈利推迟到下一个税务年度的第三种办法是，继续持有这个看涨期权，同时卖空股票。这显然可以锁住盈利，因为卖空股票和买入看涨期权在潜在盈利方面随着标的股票上下波动会相互抵消。事实上，如果股票下跌，就会有大量的盈利。不过，使用这个策略也有它的风险。卖空的手续费成本会减少看涨期权持有者的盈利。此外，如果标的股票在股票卖空持有期间有除息的话，这个策略家还必须支付股息。另外，卖空股票需要更多的保证金。

上面讨论的三种方法显示了如何将一个赚钱的看涨期权的盈利推迟到下一个税务年度。当这笔盈利兑现的时候，它仍然是短期盈利。看涨期权持有者能够有希望将他的盈利转换为长期盈利的唯一办法是将这个看涨期权行权，然后将股票持有一年以上。还记得吗，通过行权而得到的股票的持有期是从行权那天开始的，期权的持有期不算在内。如果投资者选择这种方法，他当然要在买入股票的手续费上花去一定的盈利，而且，他将置身在整整一年的市场风险中。在保护持有的股票同时让持有期积累起来方面，有若干的方法，例如，卖出虚值看涨期权，不过，选择这种方法的投资者要小心衡量由此而产生的风险，将它同最终会得到的长期盈利的可能好处进行比较。投资者同时也应当注意，如果他要持有这只股票，他就必须投入相当数量的资金。

42.6.2 推迟看跌期权持有者的短期盈利

不必讨论大量的细节，对一个有短期盈利且要在下一年到期的看跌期权持有者来说，有相似的方法可以推迟到下一个税务年度再兑现这笔盈利。一个保护他的盈利的简单方法是买入看涨期权来保护他有盈利的看跌期权。为了这个目的，他应当买入实值看涨期权。由此产生的组合在性质上同前面一节看涨期权持有者所使用的相似。

保护他的盈利，同时仍然可以将它的兑现推迟到下一年的第2种方法是就他买入的看跌期权卖出另一手XYZ看跌期权。这就创造出一个垂直价差。如果可能的话，这个看跌期权持有者应当出售一个实值的看跌期权。当然，他不想要卖出一个深度实值、有可能会导致提前指派的期权。这样的一个价差的结果同我们在前面一节详细介绍过的看涨期权价差相似。

最后，如果有足够的现金或者质押来支持购买股票的话，这个看跌期权的持有者可以买入标的股票。这样就可以锁住盈利，因为随着股票上下运动，股票和看跌期权在盈利或亏损方面会相互抵消。事实上，如果股票大幅度上涨，涨到这个看跌期权的行权价之上，那么就有可能产生更大的盈利。

在上面所介绍的每一种方法中，头寸都是在下一个税务年度平仓的，因此，盈利的兑现就被推迟了。

42.6.3 从卖出中推迟盈利的困难

作为讨论推迟期权交易盈利的这一节中的最后一点，介绍一下想要将从卖出未备兑期权中得到的盈利推迟到下一个税务年度的策略伴随的风险，也许是适当的。回忆一下，在上面我们显示了，一个看涨期权或看跌期权的持有者，当期权中有未兑现的盈利，而期权要到下一个税务年度才到期时，可以设法"锁住"盈利，并将它推迟。对于试行这样的税务推迟策略的持有者来说，风险金额主要是手续费成本或者少量的为期权所支付的时间价值。不过，对于期权的卖出者来说，如果他有未兑现的盈利，那么，想要将这个盈利"锁住"并且将它的兑现推迟到下一个税务年度，就要困难得多。初看起来，看涨期权的卖出者似乎只需要采取同持有者所采取的行动相反的行动：买入标的股票，买入另一手看涨期权，或者卖出一手看跌期权。不幸的是，这些行动都无法"锁住"看涨期权卖出者的盈利。事实上，如果想要将他的盈利推迟到下一年，他有可能会亏损掉大量的投资。

【示例42-16】一个投资者出售了一手未备兑的XYZ 1月50看涨期权，价格为5点，在12月初，这个看涨期权的价值下跌到1点。他也许应当提取4点的盈利，但是，也许又想要将这个盈利的兑现推迟到下一个税务年度。因为出售这个看涨期权现在有盈利，股票的价格一定是下跌了，或许在12月初售价为45。买入标的股票无法实现他的目的，因为如果股票在跨入下一年时继续下跌，他在买入的股票上就会有大量亏损，而在看涨期权卖出上只能得到多出1点的盈利。与此相似，买入一手看涨期权也起不了多大作用。一个行权价更低的看涨期权（例如，XYZ 1月45或者1月40）在股票价格继续下跌时会有大量亏损。一手虚值看涨期权（XYZ 1月60）是不可接受的，因为在到期日如果标的股票上扬到55之上，这个卖出者在出售1月50看涨期权和买入1月60看涨期权上都会输钱。出售一手看跌期权也无法"锁住"盈利。如果标的股票继续下跌，卖出看跌期权一侧的亏损就会大过卖出1月50看涨期权所剩的1点的潜在盈利。换一种情况，如果股票上扬，在1月50看涨期权上的亏损会抵消由出售看跌期权所产生的潜在的有限盈利。因此，对未备兑看涨期权的卖出者来说，没有相对容易的方法来"锁住"一笔盈利，将它的兑现推迟到下一个税务年度。想要推迟盈利兑现的看跌期权的卖出者也有同样的问题。

42.6.4 价差上的不均等的税收处理

有两类价差，它们的多头腿的税务处理同空头腿不同。一个是正常的股票期权价差，它的持有期长于1年。另一个是所有期货、期货期权或现金结算的期权同股票期权之间的价差。

对股票期权来说，如果投资者的价差建立了1年以上，如果标的股票的运动是对他有利的，他在买入的一侧会有长期盈利的处理，而在卖出的一侧则会有短期亏损的处理。

【示例42-17】一个投资者使用离到期还有15个月的期权建立了一手XYZ看多的看涨期权价差。在这一年的10月，他买入了1月70长期（LEAPS）看涨期权，到期日刚好是1年。与此同时，他卖出了1月80长期看涨期权，到期日也刚好是1年。假定他为1月70看涨期权支付了13点，从1月80看涨期权上收入了7点。在下一年的12月，他决定要将这个价差平仓，他这时已经将这个头寸持有了1年，准确地说，是14个月。XYZ在这时价格上涨了，这个价差价值9点。XYZ的价格是90，1月70看涨期权的交易价是20，1月80看涨期权的交易价是11。下面的表格总结了为税务目的而列出的资本盈利和亏损（在这个示例里没有计算手续费）。

期权	成本（美元）	收入（美元）	盈利/亏损（美元）
XYZ 1月70长期看涨期权	1 300	2 000	700 长期盈利
XYZ 1月80长期看涨期权	1 100	700	400 短期亏损

这个价差不必报税，因为1/2的长期盈利少于整个的短期亏损。持有这个价差的投资者处于有利的情况中，因为，即使他在这个价差中实际赚钱了（用6点支出买入，按9点收入卖出），由于对这个价差的两条腿的不同的税务处理，他在报税中可以申报一笔亏损。

在上面的示例里，要实现这个税务优势，股票必须朝对投资者有利的方向运动。如果股票朝相反方向运动，那么，投资者应当在价差买入的一侧达到一年的持有期之前将他的价差平仓。这就可以避免长期亏损。

就这一点而言，另一类价差也许更具有吸引力。这是非股票期权对股票期权的价差。在这样的情况里，交易者希望在非股票资产或期货上盈利，因为这个盈利的一部分自动就是长期盈利。他同时想要在股票期权的一侧承接亏损，因为这一部分整个都是短期亏损。

要做到这一点，没有无风险的途径。例如，投资者可以买入一组股票看跌期权，然后卖出一个指数看跌期权来对冲，整个指数的表现同所选股票多少相似。如果指数价格上升，那么，投资者在股票期权上就有短期亏损，而指数看跌期权上的盈利中有一部分是长期盈利。不过，如果指数价格下跌，反过来就成了事实，于是就会产生长期亏损，而这通常不是人们想要的。此外，这个价差有自身的风险，特别是在股票篮子同指数之间的跟踪风险。

这就提出了一个重要的问题：投资者在只是为了税务目的而建立价差时要格外小心。

他也许会因此而输钱,更不要说会有不利的税务后果。同往常一样,在尝试任何以税务为目的的策略之前,必须向税务专家进行咨询。

42.7 总结

期权可以用在多种税务目的上。短期盈利可以推迟到下一个税务年度,或者通过虚值期权在它们变为长期盈利之前对它们有所保护。长期亏损可以通过买入一手看跌期权或者出售一手深度实值看涨期权而得以避免。洗售可以避免,而不必放弃对股票的全部潜在拥有权。在所有这些策略中,有回报也有风险。手续费成本和买入期权中的时间价值的销蚀都对策略家不利。

在实施任何税务策略之前都必须请教税务顾问,不管这个策略是否用了期权。税务法时常会有变化。甚至有这样的可能:成文的法令中没有涉及某个策略的条文,只有税务顾问才能够对税务局是如何解释这样一个策略提出合格的意见。

最后,期权策略家应当小心,不要将以税务为目的的策略同以盈利为目的的策略混同起来。一般来说,将以税务为目的的策略同以盈利为目的的策略区分开来是件好事。也就是说,如果投资者发现自己处于一个很容易就能使用税务策略的情况中,那很好。不过,投资者应当避免为了利用税务上可能有的好处而过长时间地持有一个头寸,或者是在不合逻辑的时间将它平仓。完善的策略管理永远比期权的税务后果更重要。

第 43 章
Options as a Strategic Investment

有最好的策略吗

没有哪一个策略是最好的策略。虽然在有的人看来这样的说法不够公平,也令人失望,但它毕竟是真理。它的有效性基于这样的事实:投资者有许多类型,没有哪一个策略对他们所有的人来说都是最好的。在决定对某个个体来说哪个策略最好这方面,知识和适合性是关键。前面的章节就是用来充分阐述在理解各个策略时所需要的知识。这一章想要指出的是,投资者应当如何结合他自己的对风险/回报的态度和经济情况,选择最适合他使用的策略。本章的最后一节介绍了哪些策略有最大的成功概率。

43.1 总的概念:市场态度和相等头寸

我们介绍了各种各样的策略。有的是用来帮助投资者将他对一只具体股票或者整个市场的(希望是正确的)看法转化为资本。这些常常是比较激进的策略,就像直接买入看跌期权或看涨期权,以及低支出(高潜能)的牛市和熊市价差。其他的策略则保守得多,它们的重点在获得合理但有限的回报上,同时也降低风险的暴露面。这些策略包括卖出备兑看涨期权和实值的(高支出的)牛市或熊市价差。不过,即使在这些策略中,投资者对市场也持有一种总的态度。他可以是看多的或者看空的,但不是过分地看多或看空。如果事实证明他在一定程度上错了,他仍然可以赚钱。不过,如果他错得很厉害,那么就会出现百分比相对大的亏损。第三种大范围的策略是不以选择市场方向为目标的策略,这样的策略是以期权的价值为基础的,它们也就是通常所说的波动率交易。如果市场的净变化在一段时间内比较小,这些策略的表现就会很好,它们包括卖出比率、比率价差(特别是" delta 中性价差")、跨式价差和宽跨式价差、中性跨期价差,以及蝶式价差。另一方面,如果期权很便宜,预期市场会高波动,那么,最好的策略就是跨式价差和宽跨式价差、后式价差,以及反向对冲和价差等。

有的策略在这三个大范畴内相互重叠。例如,牛市或熊市跨期价差最初是中性价差。它只有在近期期权到期之后才有了市场偏向。事实上,所有的最终目的是通过卖出较短期期权来产生盈利的对角或跨期策略都具有这种性质。如果这些近期盈利产生了,它们就能够部分或者全部地抵消买入期权的成本。因此,投资者有可能以降低的成本而拥有期权,从而在时机得当的时候从对他有利的市场运动中获得盈利。我们在第 14 章、第 23 章和第 24 章显示了将一个价差对角化常常会非常具有吸引力的事实。

这种简单地将期权分为三大类的做法并没有将我们讨论过的策略都包括在内。例如,有的策略是大多数投资者一般不会使用的:高风险地卖出裸期权(用不到 1 美元的价格卖出期权），以及卖出备兑的或比率的看跌期权。基本上说，风险有限但潜在盈利很大的策略一般最适合投资者。即使潜在盈利是低概率事件，一次或两次的成功就有可能弥补一系列有限的亏损。符合这种条件的复杂策略有在第23章和第24章介绍的对角看跌期权和看涨期权组合。符合这种条件的简单策略是第26章介绍的短期债券/期权买入程序。

最后，许多策略可以通过不止一种方法来实施。实施的方法不至于改变潜在盈利，但是，百分比的风险水平会有显著的不同。相等策略（equivalent strategies）就属于这个范畴。

【示例43-1】买入股票，然后再买入看跌期权来保护买入的股票，就潜在盈利而言，这是一个同买入看涨期权相等的策略。也就是说，如果股票上扬，两者都有有限的风险金额和大量的潜在盈利金额。不过，就结构而言，它们有显著的不同。比起买入看涨期权来，买入股票和看跌期权需要的初始投资金额更多，但是，就与初始投资的百分比而言，买入股票和看跌期权的策略的有限风险金额相对较小。另一方面，买入看涨期权涉及小得多的最初资本投入；不过，虽然它的风险金额有限，但是，它最初的整个资本投入很容易都会亏损。股票持有者有股息收入，看涨期权持有者则没有。此外，股票不会到期，看涨期权则会到期。这就为股票/看跌期权的持有者提供了额外的选择，在最初的看跌期权到期之后，他可以选择买入另一手看跌期权或者只是继续将股票留在手里。

许多相等头寸有着相似的特征。如果用金额来衡量的话，买入跨式价差和反向对冲（卖空股票和买入看涨期权）有相似的潜在盈亏。不过，它们的百分比风险则有显著的不同。事实上，正如在第20章所显示的，还有一个同这两个策略相等的策略：买入股票和买入若干看跌期权。这就是说，买入一个跨式价差同买入100股股票同时买入2手看跌期权相等。"买入股票和买入看跌期权"策略的初始投资金额比较高，但是百分比风险比较小，股票持有者可以得到普通股所支付的所有股息。

总的来说，投资者必须熟知两件事：他想要使用的策略，以及他自己对待风险和回报的态度。他自己的态度代表了适合性，在后面一节里我们还将详细讨论这一点。每一种策略都有风险。如果一个策略的风险同投资者自己的财力目标水准和他所接受的投资方法相违背，那么，即使这样的策略是宇宙中最好的策略（当然，不存在这种策略），他也不应当去追求这样的策略。另一方面，对一个投资者来说，光是感到一个策略适合他的投资目的，这也还不够。假定这个投资者因为盈利和风险的水平觉得短期债券/期权策略适合于他。即使他懂得购买期权的哲学，除非他同时也懂得如何买入短期债券以及（更重要的是）年度化风险，否则的话，使用这个策略对他来说还是不合适的。

43.2 对别人是最好的对你未必就是最好的

想要将哪一个策略定性为最好的策略是不可能的。保守的投资者显然不想成为只买期权的人。对他来说，卖出备兑看涨期权也许是最好的策略。它不但完成了他的财务目的（中等的潜在盈利和减小的风险），而且对他来说在心理上吸引力要大得多。保守的投资者通常懂得和接受拥有股票的风险。从这样的理解到卖出备兑看涨期权策略只是一小步而已。激进投资者很可能不会把卖出备兑看涨期权看作最好的策略，因为他认为潜在盈利太少。他愿意承担更大的风险来得到获取更大盈利的机会。直接买入期权也许最适合他，而且，因为他是激进的，即使他在相对短时期内亏损掉几乎所有的钱，他也可以接受。（当然，他也许只是使用他的资产的 15%～20% 来买入期权进行投机。）

许多投资者可以算作介于保守和投机之间。他们也许想要获得大额盈利的机会，但是显然不愿意冒在短时间内亏损掉他们大部分资产的风险。因此，对这类投资者来说，价差也许最有吸引力，特别是低支出的牛市或熊市跨期价差。他有时也应当考虑其他类型的策略，例如，牛市或熊市价差，以及买入或卖出跨式价差等，但是，他一般不会涉足过多这类头寸。短期债券/期权策略对这类投资者也适合。

富裕而激进的投资者也许对那些提供机会从收入头寸中赚钱的策略感兴趣，就像出售跨式价差或组合价差。虽然卖出比率不是一个收入策略，因为它有大量的积聚的时间价值，它对这类投资者也许也有吸引力。这些一般是比较富裕的投资者使用的策略，因为他需要"拥有力量"以应付逆向的周期。如果他能够做到这一点，他就应当可以在足够长的时间内运作这个策略，从而在不断出售时间价值中盈利。

说到底，要回答"哪个策略最好"这个问题，还是离不开"适合性"这个熟悉的概念。单个投资者的财务需要和投资目的比策略自身的优点更重要。说他想要参与到风险有限但潜在盈利丰硕的策略中，这听上去很好。不幸的是，如果这个策略的实际机制牵涉的风险对这个投资者来说不适合，那么，他就不应当使用这个策略，无论它听上去多么吸引人。

【示例 43-2】短期债券/期权的策略似乎很有吸引力：风险有限，因为按年度计算投资者只有 10% 的资产暴露于风险之中；投资者剩下的 90% 的资产赚取利息；而且，如果期权的盈利得以实现，它们数量有可能很大。但是，如果出现最糟的情况呢？假定在选择期权方面一直出错，连续 3 年或 4 年出现亏损，伴随出现的是短期债券利率降低（更不要说进行这些交易所需要的手续费）。这个投资组合有可能在这些年内亏损掉它 15% 或 20% 的资产。对投资者来说，关于适应性的一个很好的测验是事先问他自己："如果最糟糕的事发生了，我会怎样反应？"如果他会连续几天睡不着觉，指责他人，被人指责，或者感觉受到威胁等，那么，这个策略就不适合他。另一方面，如果投资者相信他会感到失望（因为没有人喜欢输钱），但是他能够经得起风险，那么，这个策略就确实是适合他的。

43.3 数学上的排序

上面的讨论说明了，考虑到每个投资者的财务和心理背景，你不可能绝对地说哪一个策略是最好的策略。不过，读者也许会想知道，不考虑投资者个人的情感，从数学的角度看，哪一个策略有更大的成功机会。也许你可以预见得到，那些包含大量时间价值的策略有着高度的数学预期。这些策略包括卖出比率、比率价差、卖出跨式价差，以及卖出裸看涨期权（不过只有在坚守"为收入挪仓"的后续策略的前提下）。为了得到数学上的优化，这些比率策略必须根据 delta 中性的比率而运作。不幸的是，这些策略并不适合所有的人。所有这些策略都涉及裸期权，而且也要求投资者有相当数量的资金（或者质押）可以使用，以保证策略能够妥善实施。此外，对某些投资者来说，任何形式的卖出裸期权都是不合适的，无论他们怎样为自己争辩。

另一组在预期盈利的基础上排序高的策略是那些风险有限，但是有偶尔获得大笔盈利的潜能的策略。短期债券/期权策略就是这类策略的一个主要示例。那些投资者想要通过出售近期期权来减少长期期权成本的策略也属于这一大类，虽然交易者应当将他的投资按金额限制在他的投资组合的 15%～20%。跨期价差，像第 23 章所介绍的组合（跨期组合、跨期跨式价差和对角蝶式价差），或者牛市看涨期权跨期价差或熊市看跌期权跨期价差等，都是这样的策略的示例。这些策略出现小额亏损的概率相当高，而获得高额盈利的概率很低。但是，少数几笔大额盈利不但能抵消频繁的小额亏损，而且还会有盈余。排序在这些策略之后的是那些提供有限盈利但得到这样的盈利的概率相当合理的策略。卖出备兑看涨期权、高额支出牛市或熊市价差（买入的期权实值程度相当深，卖出的期权也有可能如此）、中性跨期价差，以及蝶式价差都属于这个范畴。

不幸的是，所有这些策略都涉及相对大的手续费成本。即使这些策略通常不需要大量的投资，想要降低手续费的百分比的投资者还是必须持有大宗的头寸，因此，这就需要事先投入大量的资金。

投机买入和价差的策略在按数学基础进行成功的排序中的机会最低。短期债券/期权策略不是一个投机买入的策略。实值的买入，包括实值组合价差，一般来说比虚值买入的排名要前。这是因为投资者有可能得到高百分比的盈利，而且也减少了将他的全部投资都亏损掉的机会，因为它一开始就是实值的。不过，一般而言，不断地买入时间价值会有增加负担的负面作用，因为这样做在期权到期时一定会浪费掉时间价值。在数学的基础上，大笔盈利和大笔亏损是相对均等的，因此，从长期来看，时间价值就有举足轻重的作用。当然，这样的数学概率没有将那些能够以高于平均水平的准确程度来预测股票运动的投资者考虑在内。虽然真正的数学方法认为要准确地预测市场是不可能的，毫无疑问，有人确实能够做到这一点，而且还有许多人在试着这样做。

43.4 总结

即使预期的回报很好，对一个策略的数学预期还不能够说明这个策略是适用的，因为有可能出现想象不到的事情。潜在盈利也不能决定适用性，风险的水平则可以。在最后的分析中，投资者必须决定如果出现最坏的情况他是否能够承受得住内在的风险，以此来决定一个策略的适应性。由于这个原因，没有一个策略可以被定为最好的策略，因为对什么是可以接受的风险程度，千千万万个人有千千万万种的不同态度。

后　记

　　期权策略不能被千篇一律地归类为激进的或保守的。有许许多多种激进的用法，最简单的是直接买入看涨期权或看跌期权。不过，期权也有保守的用法，最引人瞩目的是减少持有普通股股票的某些风险。此外，还有不是那么泾渭分明的用法，特别是价差的技巧，有了它们，投资者就可以采取一种中庸的途径。

　　因此，在决定一个期权策略是否风险过大的时候，真正的主导力量是投资者自身，而不是期权。在实际贯彻一个期权策略以前，投资者必须明白他究竟想在他的投资组合中实现什么。他不但应当认识到那些决定最初选择这个头寸的因素，而且必须在头脑中有一个后续计划。如果他事先考虑周全，知道如果标的物上涨或下跌时应当采取什么行动，那么，如果标的物确实出现这样的运动时，他就能够做出理性的决定。投资者同时必须根据他自己的财力和投资目标来决定是否承受得了这个策略的风险。如果风险太高，这个策略就对他不合适。

　　懂得场内期权的策略是每个认真的投资者对自己的责任。因为对不同的目的有各种期权策略存在，几乎每个资金管理者和负责的投资者都有可能在某个时候在他的策略中使用期权。对一个以股票为方向的投资者来说，无视使用期权的潜在好处会是一个严重的错误，就像一家大谷物公司无视使用期货市场的对冲特性，或者，就像是一个以固定盈利为方向的投资者，只注意公用事业股票和债券，而无视那些虽然不那么出名，但同样重要的其他工具，例如市政债券。

　　此外，在今天的市场里，在期货、股票和指数上都有期权交易，任何一个领域里的策略家都应当熟悉其他领域的情况，因为在不同的时候总有某个领域会提供盈利的机会。

第七部分
Options as a Strategic Investment

附　录

附录 A

Options as a Strategic Investment

策 略 总 结

除套利策略和税收策略之外,我们介绍的其他策略都与市场运动的风险有关。因此可以很方便地根据它们的风险收益特征和它们的市场展望(牛市、熊市或中性)来进行总结。表 A-1 列出了所有这些我们曾讨论过的风险策略,根据它们的风险收益特征进行区分。如果某个策略家对市场方向有明确的看法,或者他愿意承受风险,那他可以看一下表 A-1,以选择一个最符合他的想法的策略。策略名称后面的括号中的数字注明了我们在哪一章中讨论了这个策略。

表 A-1 常用策略小结

策略(章)	风险	收益
牛市策略		
买入看涨期权(3)	有限	无限
合成股票多头(卖出看跌期权/买入看涨期权)(21)	无限	无限
牛市价差——看跌期权或看涨期权(7 和 22)	有限	有限
买入保护性股票(买入股票/买入看跌期权)(17)	有限	无限
牛市看涨期权跨期价差(9)	有限	有限
卖出备兑看涨期权(2)	无限	有限
卖出无备兑看跌期权(19)	无限	有限
熊市策略		
买入看跌期权(16)	有限	无限①
保护性卖空(合成看跌期权)(4 和 16)	有限	无限①
合成卖空(买入看跌期权/卖出看涨期权)(21)	无限	无限①
熊市价差——看跌期权或看涨期权(22)	有限	有限
卖出备兑看跌期权(19)	无限	有限
熊市看跌期权跨期价差(22)	有限	无限①
卖出裸看涨期权(5)	无限	有限
中性策略		
买入跨式(18)	有限	无限
反向对冲(模拟买入跨式)(4)	有限	无限
固定收益+买入期权(25)	有限	无限
对角价差(14、23 和 24)	有限	无限
中性跨期价差——看跌期权或看涨期权(9 和 22)	有限	有限
蝶式和铁鹰式价差(10 和 23)	有限	有限
跨期跨式或组合(23)	有限	无限

(续)

策略（章）	风险	收益
反向价差（13）	有限	无限
卖出比率——看跌期权或看涨期权（6 和 19）	无限	有限
卖出跨式或组合（20）	无限	有限
比率价差——看跌期权或看涨期权（11 和 24）	无限	有限
比率跨期价差——看跌期权或看涨期权（12 和 24）	无限	无限

① 其中风险或收益的有限是基于股票价格不会跌到零以下这个事实。显然，虽然这样的潜在盈亏可能从技术上是有限的，但如果标的股票下跌了很多，它将会非常大

表 A-1 对这些策略的风险收益特征进行了一个很广的区分。例如，牛市看涨期权跨期价差实际上并没有无限的潜在盈利，除非它的近期看涨期权无价值到期。事实上，所有跨期价差或对角价差头寸在近期期权到期前都只有有限的潜在盈利。

此外，有限风险的定义可以很宽泛。一些策略相对于其初始投资的风险确实有限，比如买入保护性股票。在其他情况下，虽然风险有限，但是却是其全部初始投资。也就是说，交易者可能会在短期内亏损掉其全部投资。买入期权，牛市、熊市和跨期价差就是这样的例子。

因此，尽管表 A-1 从很广的角度展示了这些不同的策略，但交易者在实际采用其中某一个策略时，必须认识到这个策略在收益、风险和市场展望上的差异。

附录 B
Options as a Strategic Investment

相等头寸

有些策略既可以用看涨期权又可以用看跌期权来构造，具有相同的潜在盈利。这些策略可以被称为相等头寸，如表 B-1 所示。它们并不一定有一样的潜在收益率，因为所需要的头寸可能非常不同。不过，相等头寸的盈利图的形状是完全一样的。

通过将左边一列的任何两个头寸组合起来，然后将这个组合设定为同右边一列中两个相应的策略相等，这样就可以得到其他的相等头寸。

表 B-1 相等策略

这个策略	等于	这个策略
买入看涨期权		买入股票 / 买入看跌期权
买入看跌期权		卖空股票 / 买入看涨期权（合成看涨期权）
买入股票		买入看涨期权 / 卖出看跌期权（合成股票）
卖空股票		买入看跌期权 / 卖出看涨期权（合成卖空股票）
卖出裸看涨期权		卖空股票 / 卖出看跌期权
卖出裸看跌期权		卖出备兑看涨期权（买入股票 / 卖出看涨期权）
看涨期权牛市价差 （买入低行权价看涨期权 / 卖出高行权价看涨期权）		看跌期权牛市价差 （买入低行权价看跌期权 / 卖出高行权价看跌期权）
看涨期权熊市价差 （买入高行权价看涨期权 / 卖出低行权价看涨期权）		看跌期权熊市价差 （买入高行权价看跌期权 / 卖出低行权价看跌期权）
卖出看涨期权比率（买入股票 / 卖出看涨期权）		卖出跨式（卖出看涨期权 / 卖出看跌期权）
这个策略也等于……		卖出看跌期权比率（卖出股票 / 卖出看跌期权）
		反向对冲
买入跨式（买入看涨期权 / 买入看跌期权）		（卖出股票 / 买入看涨期权， 或买入股票 / 买入看跌期权）
看涨期权蝶式价差 （分别买入 1 手虚值和实值看涨期权 / 卖出 2 手中间行权价看涨期权）		看跌期权蝶式价差 （分别买入 1 手虚值和实值看跌期权 / 卖出 2 手中间行权价看跌期权）
	这四个"蝶式"策略都是相等的	
蝶式组合 （2 个较低行权价的牛市看涨期权价差 / 2 个较高行权价的熊市看跌期权价差		卖出保护性跨式 （在中间行权价卖出跨式 / 在较高行权价买入看涨期权 / 在较低行权价买入看跌期权）

附录 C

Options as a Strategic Investment

公 式

公式出现在第几章在括号中标注。本附录中使用以下符号：

x——当前股票价格；

s——行权价；

c——看涨期权价格；

p——看跌期权价格；

r——利率；

t——时间；

f——期货价格；

B——盈亏平衡点；

U——上行盈亏平衡点；

D——下行盈亏平衡点；

P——最大潜在盈利；

R——最大潜在风险；

BSM——布莱克-斯科尔斯模型。

下标说明这是多重项目。例如，s_1，s_2 和 s_3 表明这个公式中的 3 个行权价。这些公式是按照标题的字母或按照策略顺序排列的。

年化风险（第 26 章）

$$年化风险 = \sum_i INV_i \frac{360}{H_i}$$

式中 INV_i——在持有期 H_i 中，期权投资占总资产的比例；

H_i——以天计算的持有期长度。

熊市价差

$s_1 < s_2$

——看涨期权（第 8 章）

$$P = c_1 - c_2$$
$$R = s_2 - s_1 - P$$
$$B = s_1 + P$$

——看跌期权（第 22 章）

$$P = p_2 - p_1 ^{\ominus}$$

⊖ 原文为 $P = c_{1/2} - c_{1/2}$，疑有误。——译者注

$$R = s_2 - s_1 - P$$
$$B = s_1 + P$$

布莱克模型（第 34 章）

$$\text{理论期货看涨期权价格} = e^{-rt} \times BSM[r = 0\%]$$

式中，$BSM[r = 0]$ 为布莱克 – 斯科尔斯模型在把短期利率设为 0% 时的值。

$$\text{看跌期权价格} = \text{看涨期权价格} - e^{-rt} \times (f - s)$$

式中，f 为期货价格。

布莱克 – 斯科尔斯模型（第 28 章）

$$\text{看涨期权理论价格} = xN(d_1) - se^{-rt}N(d_2)$$

式中 $d_1 \mathrel{\text{——}} \dfrac{\ln(x/s) + (r + 1/2 v^2)t}{v\sqrt{t}}$

d_2——$d_1 - v\sqrt{t}$

ln——自然对数；

$N()$——累积正态密度函数；

v——年化波动率；

delta——$N(d_1)$。

牛市价差

$s_1 < s_2$

——看涨期权（第 7 章）

$$R = c_1 - c_2$$
$$P = s_2 - s_1 - R$$
$$B = s_2 - P = s_1 - c_2 + c_1$$

——看跌期权（第 22 章）

$$P = p_2 - p_1$$
$$R = s_2 - s_1 - P$$
$$B = s_2 - P$$

蝶式价差

蝶式价差是由行权价分别为 s_1 和 s_2 的牛市价差和行权价分别为 s_2 和 s_3 的熊市价差所组成的。

$s_1 < s_2 < s_3$

$$s_3 - s_2 = s_2 - s_1$$

——如果全都用看涨期权（第 10 章）

$$R = c_1 + c_3 - 2c_2$$

——如果全都用看跌期权（第 23 章）

$$R = p_1 + p_2 - 2p_2$$

——如果是用看跌期权牛市价差和看涨期权熊市价差（第 23 章）

$$P = c_2 + p_2 - c_3 - p_1$$

——如果是用看涨期权牛市价差和看跌期权熊市价差（第23章）

$$R = p_2 + c_2 - p_1 - c_3 - s_3 + s_2$$

那么

$$P = s_3 - s_2 - R \text{ 或者 } R = s_3 - s_2 - P$$
$$D = s_1 + R$$
$$U = s_3 - R$$

买入组合（第18章）

$s_1 < s_2$

虚值：$R = c_2 + p_1$

实值：$R = c_1 + p_2 - s_2 + s_1$

$$D = s_1 - P$$
$$U = s_2 + P$$

卖出组合（第20章）

$s_1 < s_2$

虚值：$P = c_2 + p_1$

实值：$P = c_1 + p_2 - s_2 + s_1$

$$D = s_1 - P$$
$$U = s_2 + P$$

鹰式（铁鹰式）（第23章）

$s_1 < s_2 < s_3 < s_4$

$s_4 - s_3 = s_2 - s_1$

如果同时使用看涨期权和看跌期权（铁鹰式）（第23章）

$$P = c_3 - c_4 + (p_2 - p_1)$$
$$R = s_4 - s_3 - P$$
$$\text{上行 } B = s_3 + P$$
$$\text{下行 } B = s_2 - P$$

转换和反转组合的盈利（第27章）

$$\text{转换组合：} P = s + c - x - p + \text{股息} - \text{持有成本}$$
$$\text{反转组合：} P = x + p - c - s - \text{股息} + \text{持有成本}$$

式中

$$\text{持有成本} \begin{cases} srt \text{（单利）} \\ s[1 - (1+r)^{-t}] \text{（复利，现值）} \end{cases}$$

卖出备兑看涨期权（第2章）

$$P = s + c - x$$
$$B = x - c$$

卖出备兑跨式（第20章）

$$P = s + c + p - x$$

$$B = s - \frac{1}{2}P = \frac{1}{2}(x+s-p-c)$$

累积正态密度函数（第 28 章）

近似到 5 次多项式

$$a = 1 - z(1.330\,274y^5 - 1.821\,256y^4 + 1.781\,478y^3 - 0.356\,563\,8y^2 + 0.319\,381\,5y)$$

式中

$$y = \frac{1}{1+0.231\,641\,9|\sigma|}$$

$$z = 0.398\,942\,3e^{-\sigma^2/2}$$

那么

$$N(\sigma) = \begin{cases} a & \text{如果 } \sigma > 0 \\ 1-a & \text{如果 } \sigma < 0 \end{cases}$$

delta——见布莱克 – 斯科尔斯模型

delta 中性比率：

——股票对期权（第 6 章）

$$\text{中性比率} = \frac{1}{\text{期权的 delta}}$$

——价差（第 11 章和第 24 章）

$$\text{中性比率} = \frac{\text{期权多头的 delta}}{\text{期权空头的 delta}}$$

相等期货头寸（第 34 章）

$$\text{EFP} = \text{delta} \times \text{期权数量}$$

相等股票头寸（第 28 章）

$$\text{ESP} = \text{合约乘数} \times \text{delta} \times \text{期权数量}$$

式中，合约乘数为 1 手期权所对应的买入或卖出的标的股票的股份数（通常为 100）。

期货合约合理价差（第 29 章）

——股票指数期货

$$\text{指数价值} \times (1 + rt) + \text{股息现值}$$

请参见现值。

未来股票价格（第 28 章）

——对数正态分布，假设股票价格运动有固定数量的标准差

$$q = xe^{av_t}$$

式中 q——未来股票价格

v_t——这个时段的波动率

a——运动的标准差数量（一般是 $-3.0 \leq a \leq 3.0$）

gamma（第 40 章）

$$\text{让 } z = \ln\left[\frac{x}{s \times (1+r)^t}\right]\Big/ v\sqrt{t} + \frac{v\sqrt{t}}{2}$$

那么

$$\Gamma = \frac{e^{(-x^2/2)}}{xv\sqrt{2\pi t}}$$

铁鹰式——参见鹰式

股票运动的概率（第28章）

　　——对数正态分布

$$P(\text{低于 } q) = N\left(\frac{\ln(q/x)}{v_t}\right)$$

$$P(\text{高于 } q) = 1 - P(\text{低于 } q)$$

式中　q——该股票价格

　　　$N(\ )$——累积正态密度函数

　　　$\ln$——自然对数

　　　v_t——这个时段的波动率

某个未来数量的现值（第28章）

$$\text{现值} = \frac{\text{未来数量}}{(1+r)^t}$$

看跌期权定价模型——套利模型（第28章）

$$\text{看跌期权理论价格} = \text{看涨期权理论价格} + s - x + \text{股息} - \text{持有成本}$$

式中：

$$\text{持有成本} \begin{cases} srt & (\text{单利}) \\ s[1-(1+r)^{-t}] & (\text{复利，现值}) \end{cases}$$

卖出看涨期权比率（第6章）

　　一般的例子：买入 m 手股票，卖出 n 手看涨期权

$$P = m(s-x) + nc$$

$$U = s + \frac{P}{n-m}$$

$$D = s - \frac{P}{m}$$

　　2∶1 比率（卖出跨式）

$$P = s - x + 2c$$

$$U = s + p$$

$$D = s - p = x - 2c$$

比率价差

　　——看涨期权（第11章）：买入 n_1 手较低行权价（s_1）的看跌期权，卖出 n_2 手较高行权价（s_2）的看涨期权

$$s_1 < s_2$$

$$n_1 < n_2$$
$$R = n_1 c_1 - n_2 c_2$$
$$P = (s_2 - s_1)n_1 - R$$
$$U = s_2 + \frac{P}{n_2 - n_1}$$

为买入看涨期权采取的后续行动的盈亏平衡成本（第 11 章）

$$盈亏平衡成本 = \frac{n_2(s_2 - s_1) - R}{n_2 - n_1}$$

——看跌期权（第 24 章）：买入 n_2 手较高行权价（s_2）的看跌期权，卖出 n_1 手较低行权价（s_1）的看跌期权

$$s_1 < s_2$$
$$n_2 < n_1$$
$$R = n_2 p_2 - n_1 p_1$$
$$P = n_2(s_2 - s_1) - R$$
$$D = s_1 - \frac{P}{n_1 - n_2}$$

反转组合——参见转换和反转组合的盈利

反向对冲（第 4 章）——模拟买入跨式

一般的例子：卖出 m 手股票，买入 n 手看涨期权

$$R = m(s - x) + nc$$
$$U = s + \frac{R}{n - m}$$
$$D = s - \frac{R}{m}$$

2∶1 比率（买入跨式）：

$$R = s + 2c - x$$
$$U = s + R$$
$$D = s - R = x - 2c$$

使用看跌期权（买入 100 股股票，买入 2 手看跌期权）（第 18 章）

$$R = x + 2p - s$$
$$U = s + R = x + 2p$$
$$D = s - R$$

买入跨式（第 18 章）

$$R = p + c$$
$$U = s + R$$
$$D = -R$$

卖出跨式（第 20 章）

$$P = p + c$$
$$U = s + p$$
$$D = s - p$$

合成买入看跌期权——卖出股票并买入看涨期权（第 4 章）

$$R = s + c - x$$
$$B = s - c$$

卖出变量比率（第 6 章）

——买入 100 股股票，卖出 1 手行权价为 s_1 的看涨期权，卖出 1 手行权价为 s_2 的看涨期权

$$s_1 < x < s_2$$

$$P = c_1 + c_2 + s_1 - x$$
$$D = s_1 - P = x - c_1 - c_2$$
$$U = s_2 + P$$

波动率——标准差（第 28 章）

$$v^2 = \frac{\sum_{i=1}^{n}(x_i - \bar{x})^2}{n-1}$$

式中　x_i——每日股票收盘价；

　　　$\bar{x}$——这些 x_i 的均值（平均值）；

　　　n——观测值的数量。

如果 v 为年化波动率，那么某段特定时期 t 的波动率则为

$$v_t = v\sqrt{t}$$

附录 D

Options as a Strategic Investment

图　　形

策略所出现的章号标注在括号内。

A. 内在价值——看涨期权（第 1 章）

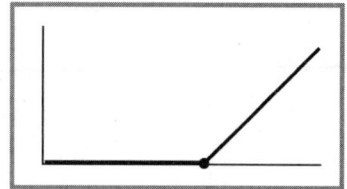

C. 看涨期权价值曲线（第 1 章）

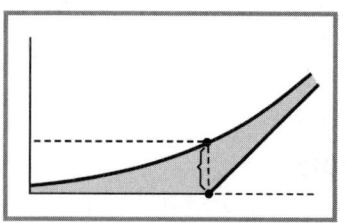

E. 时间价值的因时减值（第 1 章）

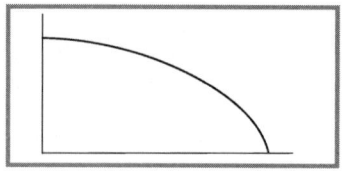

G. 买入看涨期权（第 1 章）
（买入股票 / 买入看跌期权——第 17 章）

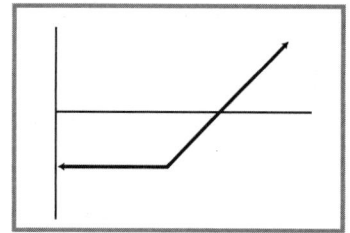

I. 卖出备兑看涨期权（第 2 章）
卖出裸看跌期权（第 19 章）

B. 内在价值——看跌期权（第 15 章）

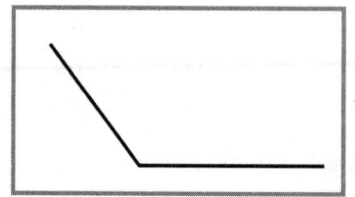

D. 看跌期权价值曲线（第 15 章）

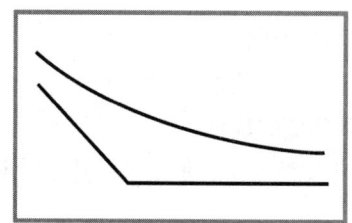

F. 对数正态分布（第 28 章）

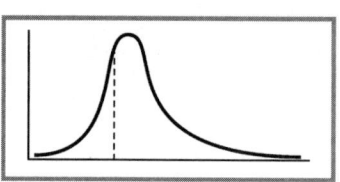

H. 买入看跌期权（第 16 章）
（卖出股票 / 买入看涨期权——第 4 章）

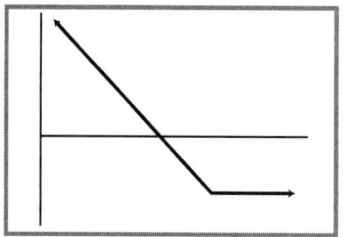

J. 卖出裸看涨期权（第 5 章）
（卖出股票 / 卖出看跌期权——第 19 章）

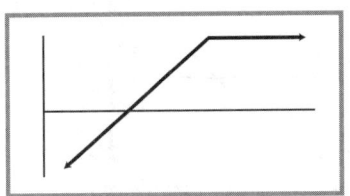

K. 牛市价差（第 7 章和第 22 章）
（卖出备兑看涨期权 + 买入虚值看
跌期权——第 17 章）

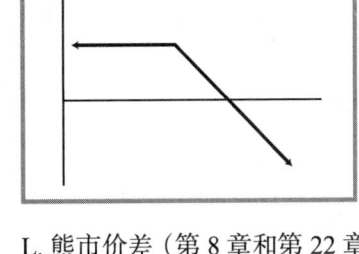

L. 熊市价差（第 8 章和第 22 章）

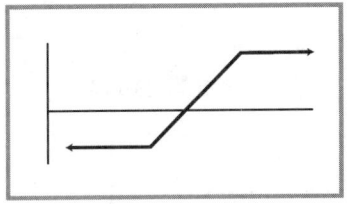

M. 跨期价差（第 9 章和第 22 章）

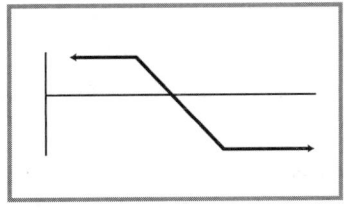

N. 蝶式价差（第 10 章和第 23 章）

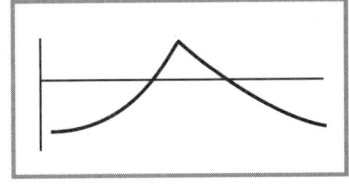

O. 卖出裸跨式（第 20 章）
卖出看涨期权比率（买入 100 股股票，
卖出 2 手看涨期权——第 6 章）
卖出看跌期权比率（卖出 100 股股票，
卖出 2 手看跌期权——第 19 章）

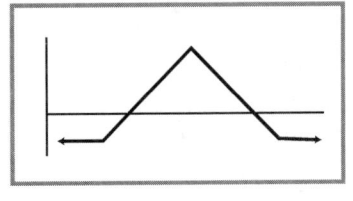

P. 买入跨式（第 18 章）
反向对冲（卖出 100 股股票，
买入 2 手看涨期权——第 4 章）
看跌期权对冲（买入 100 股股票，
买入 2 手看跌期权——第 18 章）

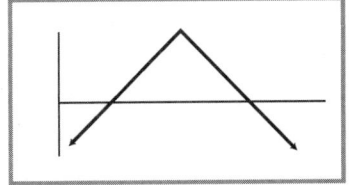

Q. 卖出组合（第 20 章）
买入变量比率（买入 100 股股票，
卖出 2 手行权价不同的看涨期权
——第 6 章）

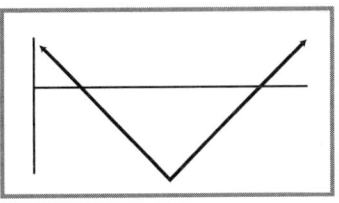

R. 买入组合（第 18 章）
（卖出 100 股股票，买入 2 手不同
行权价的看涨期权——第 4 章）

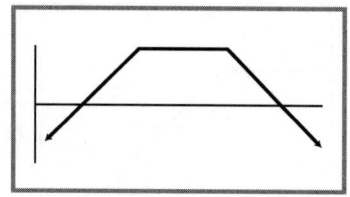

S. 看涨期权比率价差（第 11 章）

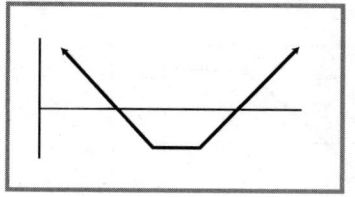

T. 看跌期权比率价差（第 24 章）

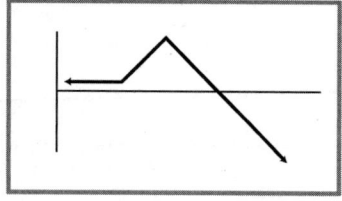

U. 反向跨期价差（第 13 章）

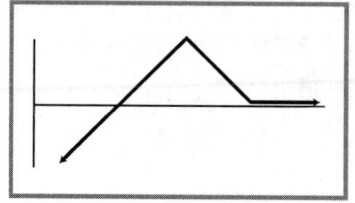

V. 铁鹰式价差（鹰式）(第 23 章)

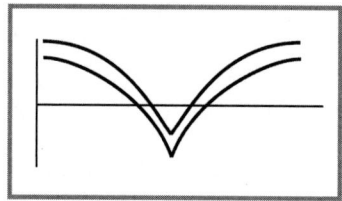

W. 双重跨期价差（第 23 章）

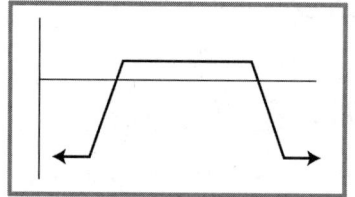

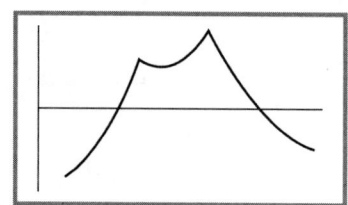

附录 E
Options as a Strategic Investment

合格的备兑看涨期权

从税收的角度，在股票的持有期内卖出虚值看涨期权，不会对股票的持有期有影响。不过，当卖出实值看涨期权时，它就会消除该普通股的持有期，除非该股票已经符合长期持有标准了。这种情况的唯一例外是该备兑看涨期权符合标准，那么该持有期就只会中断而不是消除。表 E-1 显示了在股票的价格区间内，能够卖出的看涨期权的最低行权价。

表 E-1 当股价为 25 美元或更低，并且行权价间距为 2.50 美元时，合格的备兑看涨期权的行权价

股价	合格的实值行权价	股价	合格的实值行权价
低于 2.50	没有	11.77～12.50	没有
2.51～2.94	2.50	12.51～14.70	12.50
2.95～5.00	没有	14.71～15.00	没有
5.01～5.88	5.00	15.01～17.50	15
5.89～7.50	没有	17.51～20.00	17.50
7.51～8.82	7.50	20.01～22.50	20
8.83～10.00	没有	22.51～25.00	22.50
10.01～11.76	10		

表 E-2 当股价为 25 美元或更低，并且行权价间距为 1.00 美元时，合格的备兑看涨期权的行权价

股价	合格的实值行权价	股价	合格的实值行权价
1.00～1.17	1.00	4.01～4.70	4.00
1.18～2.00	没有	4.71～5.00	没有
2.01～2.35	2.00	5.01～5.88	5.00
2.36～3.00	没有	5.89～6.00	没有
3.01～3.52	3.00	6.01～7.00	6.00
3.53～4.00	没有	7.01～25.00	只限于最近的实值行权价

表 E-3 当股价高于 25 美元时，合格的备兑看涨期权的行权价

股价	31～90 天到期的合格实值行权价	超过 90 天到期的合格的最低实值行权价
25.01～50	低于上一日收盘价的那个行权价	低于上一日收盘价的那个行权价
50.01～150	低于上一日收盘价的那个行权价	低于上一日收盘价的两个行权价，并且该行权价大于 50（但不能实值超过 10 美元）
高于 150	低于上一日收盘价的那个行权价	低于上一日收盘价的两个行权价

不管行权价间距是 1.00，5.00 还是 10.00，或其他什么数字，这些规则都是适用的。在上述所有表格中，"股价"都是指上一日的收盘价，除非股票在下一日的开盘价高于 110%，并且该期权是在跳空日卖出的，那这时上述表格中的"股价"就会为该日的开盘价。

附录 F
Options as a Strategic Investment

组合保证金

在 2007 年 4 月 2 日，针对场内股票和指数期权的组合保证金要求的最终条款正式生效。任何允许进行裸期权交易的账户都可以采用这些降低的保证金要求。假设某个交易者的经纪商有一个实时的保证金系统，那应用这些保证金要求的账户的最小规模就可以是 10 万美元，否则就需是 15 万美元。不过经纪公司还会在此基础上上浮一些。你的经纪商可以决定不让你享受这些保证金要求（许多经纪商都不会让客户享受交易所的最低保证金要求）。

根据组合保证金规则，保证金要求将不再基于任意的参数，甚至也不必基于该策略的最大风险。相反，某个期权或股票头寸的风险将通过评估一个事先确定的价格范围内 10 个等距的间隔中的情况来进行确定。保证金要求将会是最大不利变动时的风险。CBOE 将每天提供每个标的物在这些计算中所使用的必要数据。

价格变化范围是固定的，并不是完全基于波动率的。这就是组合保证金与期货的 SPAN 保证金之间的显著差异，SPAN 基本上是基于波动率的。因此，卖出 1 手标准普尔 500 期货裸看跌期权的保证金要求将会比卖出一手在 CBOE 上市的同样的 SPX 看跌期权（同样的到期日和行权价）低一些。因为 SPX 立即下跌 8% 的可能性非常小，这是 SPAN 所要求的，而组合保证金就没有。

价格变化范围的定义如下：

+/−15%，针对股票、股票期权、股票期货和窄基指数期权；

+/−10%，针对市值不高的宽基指数；

+6%/−8%，针对高市值的宽基指数；

每手合约的最低保证金要求是 37.50 美元。

因此，在分析 SPX 裸看跌期权时，就会考虑标的指数下跌 8%；在分析 SPX 裸看涨期权时，就会考虑 +6% 的指数变动。在这两种情况下，所计算出的保证金都比针对常规客户裸期权的保证金要求要低。大多数涉及裸期权的头寸，特别是诸如反向跨期价差或反向对角价差，在新系统下的保证金要求都会有显著的下降。

任何真正的对冲头寸（例如买入股票、买入看跌期权）都会从这个新的计算方法中极大地获益，因为这些头寸风险有限的特征将被考虑在内。

即使是卖出备兑看涨期权也能从中极大地获益。因为交易者只需为股票价格下跌 15% 的部分支付保证金，而不是股票价格的 50%。

【示例】假设 IBM 的价格为 106，某个交易者考虑以保证金方式卖出 7 月 110 看涨期权（价格为 1.50），来实现卖出备兑。

老的保证金要求：

股票价格的 50%（53）减去期权价格（1.5）= 51.50 点

（每 100 股需要 5 150 美元），不考虑手续费

新的保证金要求：

股票价格的 15%（15.90）减去期权价格（1.50）= 14.40 点

（每 100 股需要 1 440 美元）。

这是个显著的不同，可能让以保证金方式的卖出备兑再一次成为一个可行的策略（一般而言，对于垂直价差的保证金要求没有下降很多）。

不过实际的组合保证金要求依赖于股票的具体价格和它与行权价的关系，下面我们介绍一下那些能够从保证金要求变化中获益很多的策略：

降低非常多：保护性看跌期权、领圈、卖出跨期（或其他涉及买入近期期权并卖出远期期权的策略）。

降低很多：买入跨式、买入鞍式，特别是涉及长期期权时（计算保证金要求时所采用的股票价格变化假设很大，导致跨式和鞍式看上去几乎没有风险，这个错误的假设会让买入期权获得不合理的益处）。

一定程度降低：备兑看涨期权、卖出长期鞍式、卖出指数跨式、指数鹰式、指数裸期权和卖出指数鞍式。

降低很少：垂直价差、买入跨期、合成股票多头。

其他没有提及的策略（例如裸股票看跌期权）就可能属于"降低很少"和"一定程度降低"之间。换句话说，就是有一些降低，不过没有非常大。

最低保证金要求的降低（对于客户保证金，裸期权的最低保证金要求是标的物价格的 10%）也会让交易者获益。例如，如果你卖出的裸股票看跌期权的行权价的虚值程度大于 15%，或者你卖出了任何裸股票看跌期权，然后标的物的涨幅超过了 15%，那你的保证金要求就会非常低。

你可以在 http://cpm.theocc.com/tims_online.htm 上找到 OCC 组合保证金计算器。

在 CBOE 的网站上，你也可以找到关于组合保证金要求的一些备忘录和示例。如果你感兴趣，你可以访问 http://cboe.com/margin。

小结

组合保证金提供了更大的杠杆。杠杆并不一定就是好的，或者就是坏的。杠杆由交易者来控制，交易者可以为每个头寸分配更多的、超过最低保证金的资金，以此来降低杠杆。

术 语 表

A

American exercise 美式行权 期权的一种特性,它表明这个期权在任何时候都可以行权。因此,它就是提前行权的对象。

arbitrage 套利 职业交易者同时买进或卖出同一种或相等的证券以得到无风险盈利的过程。参见"风险套利"。

assignment 指派 指定一个期权卖出者履行他的卖出股票(看涨期权卖出者)或买进股票(看跌期权卖出者)的义务。卖出者从期权清算公司那里收到一份行权通知。又见"提前行权"。

assignment notice 指派通知 见"指派"。

automatic exercise 自动行权 一种保护措施,其中,期权清算公司通过自动为期权持有者将到期的实值期权行权来保护期权的持有者。

average down 向下均摊价 用更低的价格买进更多的证券,以降低持有者的平均成本。(向上均摊价:用更高的价格买进更多。)

B

backspread 后式价差 见"反向策略"。

backwardation 反向市场 见"期限结构"。

bear spread 熊市价差 一种期权策略,在标的股票下跌时它有最大的盈利,如果股票价格上升,它有最大的风险。这个策略可以用看涨期权或者看跌期权实施。无论是哪种情况,买进的都是行权价较高的期权,卖出的都是行权价较低的期权,两个期权的到期日一般都是相同的。又见"牛市价差"。

bearish 看空 一个形容词,它描写一种预期整个市场或者标的股票(或者是两者一起)的价格会下跌的意见或看法。又见"看多"。

beta 贝塔 一种对一只标的股票运动与整个股市运动的相关性的量标。贝塔与波动率不同。又见"标准差"和"波动率"。

Black model 布莱克模型 一种用来预测期货期权价格的模型:它是布莱克–斯科尔斯模型的改型。

board broker 场内经纪人 在交易所使用"做市商"体系(与"专业商体系"相对应)负责管理公众登陆簿的交易所会员。又见"做市商"和"专业商"。

box spread 盒式价差 一种期权价差,它包括为了无风险盈利而建立的一手牛市价差和一手熊市价差。一手价差是用看跌期权建立的,另一手价差是用看涨期权建立的。这两手价差可以都是支出价差(看涨期权牛市价差与看跌期权熊市价差相对应),或者都是收入价差(看涨期权熊市价差与看跌期权牛市价差相对应)。

break-even point 盈亏平衡点 使得一个具体的策略既没有盈利也没有亏损的股票价格。它一般同这个策略的期权的到期日的结果相关。"动态的"盈亏平衡点是随着时间而变化的盈亏平衡点。

broad-based 宽基 一般指一个指数,它说明这个指数是由足够数目的股票或者各个行业部门的股票所构成的。对裸期权卖出者来说,交易宽基指数有比较好的待遇。又见"窄基"。

bull spread 牛市价差 一种期权策略,如果标的证券上升得足够高，它就可以实现它的最大潜在盈利，如果标的证券下跌得足够深，就有它最大的潜在风险。买进一手行权价较低的期权，卖出一手行权价较高的期权，两手期权一般到期日相同。这个策略可以使用看跌期权，也可以使用看涨期权。又见"熊市价差"。

bullish 看多 描写人们认为整个市场或某个证券的价格会上升的意见或看法。又见"看少"。

butterfly spread 蝶式价差 一种既有有限风险又有有限盈利的期权策略，由1个牛市价差和1个熊市价差组合而成。这个策略涉及3个行权价，其中较低的2个为牛市价差的行权价，而较高的2个为熊市价差的行权价。这个策略既可以用看涨期权，又可以用看跌期权来构造，有4种不同的期权组合方法来构造一个相同的基本头寸。

C

calendar spread 跨期价差 一种卖出一手较短期期权同时买进一手行权价相同的较长期期权的期权策略。可以用看跌期权，也可以用看涨期权。跨期组合（calendar combination）是一种同时由一个看涨期权跨期价差和一个看跌期权跨期差价组成的策略。看涨期权的行权价高于看跌期权的行权价。跨期跨式价差包括出售一手近期的跨式价差和买进一手较远期的跨式价差，两者的行权价相同。

calendar straddle 或 combination 跨期跨式价差或组 见"跨期价差"。

call 看涨期权 一种赋予持有者在一段固定的时间内按照特定的价格买进标的证券的权利的期权。又见"看跌期权"。

call price 赎回价格 发行公司可以用来赎回一种债券或优先股票的价格。见"兑现价格"。

capitalization-weighted index 市值加权指数 一种股票指数，它的计算方法是将指数中的每只单股的市值（流通量乘以价格）加在一起，然后除以指数的除数。在这样的指数中，市值最大的股票有最大的权重。又见"除数"、"流通量"和"价格加权指数"。

carrying cost 持有成本 如果建立头寸时创造出支出，持有成本就是这个既存支出上的利息开销。

cash-based 现金结算 指在履约或指派时用现金结算的期权或期货。没有实物（不管是股票还是商品）被接收或者交割。

CBOE 芝加哥期权交易所 第一家交易挂牌股票期权的美国全国性的交易所。

circuit breaker 熔断闸 用在指数期货合约交易上的一种限制，目的是要防止股票市场的崩盘。

class 种类 一个用来指同一个标的证券上所有的看跌期权和看涨期权合约的术语。

closing transaction 平仓交易 减少投资头寸的交易。平仓买进交易减少卖出的头寸，平仓卖出交易减少买进的头寸。又见"开仓交易"。

collar 领圈 一种通过买入1手虚值看跌期权和卖出1手虚值看涨期权，来给持有股票提供保护的策略。"零成本"领圈是指，看涨期权的价格等于或略大于看跌期权的价格时的情形。当与标的物组合在一起时，这个策略的潜在盈利和潜在损失都有限。

collateral 质押 可以用作保证金的证券的借贷价值，一般用来资助出售未备兑的头寸。

combination 组合 （1）任何既包括看跌期权又包括看涨期权但不是跨式价差的头寸。又见"跨式价差"。（2）这个名词也用来描写在到期日价差交易者将他的期权头寸从一个月移到下一个月交易。例如，如果他在6月卖出了他的合成买进股票的头寸，同时通过买进一个9月的合成买进股票而重新建立一个头寸，那么，整个四边的交易就被交易池的交易员称作"组合"。又见"跨式价差"和"宽跨式价差"。

commodities 商品 见"期货合约"。

condor 鹰式价差 一种由4个不同行权价但到期日相同的期权所组成的，具有有限风险和有限盈利的价差。这个头寸可以全由看涨期权（看涨期权鹰式价差）、全由看跌期权（看跌期权鹰式价差），或更常见的是用全部为虚值的看涨期权和看跌期权（铁鹰式价差）来构造。当标的物价格在两个中间行权价之间时，能实现最大的盈利，而当标的物价格低于较低执行价或高于较高执行价时，会实现最大的风险。

contango 期货升水 见"期限结构"。

contingent order 条件指令 一种执行或价格取决于标的证券和它的期权的搭配或价格的指令。最常见的形式是：给经纪公司的交易台以一个指令的形式下达买进股票和卖出一手备兑看涨期权的指令。也被称作"净指令"。这是一个"无责任"指令。又见"市场无责任指令"。

conversion 转换组合 一种无风险套利，其中，套利者买进标的证券，买进一手看跌期权，同时卖出一手看涨期权。这些期权的条款相同。又见"反转组合"。

conversion ratio 转换比率 见"可转换证券"。

converted put 转换看跌期权 见"合成看跌期权"。

convertible security 可转换证券 一种可以转换为另一种证券的证券。一般来说，一种可转换债券或者可转换优先股股票转换成同一家公司的标的股票。债券或优先股股票转换为普通股股票的比率叫做转换比率。

cover 回补 作为平仓交易，买回最初卖出期权，或者最初卖空的股票。

covered 备兑的 如果卖出者在卖出一手期权的同时在标的证券中以一对一为基础而持有相反的市场头寸的话，那么，这手期权就被看作备兑的。也就是说，如果拥有标的股票的话，一手卖出的看涨期权就被看作备兑的，如果在同一账号中卖空股票的话，那么，（就保证金的目的而言）一手卖出的看跌期权就被看作备兑的。此外，如果同一账号在卖出一手看涨期权的同时买进另一手同一证券的、行权价相同或更低的看涨期权，那么，这手卖出的看涨期权 就被看作是备兑的。如果同一账号在卖出一手看跌期权的同时买进另一手同一标的证券的、行权价相等或者更高的看跌期权，那么，这手卖出的看跌期权就被看作是备兑的。

covered call write 卖出备兑看涨期权 一种策略，其中，投资者卖出看涨期权，与此同时，拥有相等数目股份的标的股票。

covered put write 卖出备兑看跌期权 一种策略，其中，投资者卖出看跌期权，与此同时，卖出相等数目股份的标的证券。

covered straddle write 卖出备兑跨式价差 这个术语用来描写这样一种策略，其中，投资者持有标的证券，同时就这个证券卖出一个跨式价差。这实际上不是一个备兑的头寸。

credit 收入 一个账号中收入的资金。一手收入交易是一手其中净销售收入大于净买入支出（开销），因此向账号中带入资金的交易。又见"支出"。

cycle 周期 用于各种种类期权的到期日。有3种周期：1月／4月／7月／10月，2月／5月／8月／11月，以及3月／6月／9月／12月。

D

debit 支出 开销，或者说，从一个账号中支付出的资金。一手支出交易是一手其中净成本大于净销售收入的交易。又见"收入"。

deliver 交割 从一个个人或公司提走证券，将它们转给另一个个人或公司的行动。一个被指派的看涨期权卖出者必须向对该看涨期权提出行权的持有者交割股票。一个对看跌期权提出行权的持有者必须向被指派的看跌期权的卖出者交割股票。

delivery 交割 满足股票看涨期权指派或股票看跌期权行权的过程。在这两种情况里，交割的都是股票。在期货中，交割是将实物商品从期货合约的卖家转移到买家的过程。等额交割（equivalent delivery）指的是这样一种情况，其中，交割可以通过任何一种不同种类的、相似的、相互相等的实体来完成（譬如，不同折扣率的政府债券）。

delta （1）期权价格相对标的资产价格中每1个点的变化而变化的数量。看涨期权的delta为正数，看跌期权的delta为负数。从技术上说，delta是对期权价格即时变化的衡量，因此，即使是标的资产中不足1点的变化，也会导致delta的变动。因此，可以使用"向上delta"（up delta）和"向下delta"（down delta）的说法。它们描写了在标的证券出现整整1点的价格变化（向上或者向下）后期权的变化。对看涨期权来说，"向上delta"比"向下delta"要大，对看跌期权则是反过来。（2）看涨期权在到期时是实值的百分比概率。又见"对冲比率"。

delta neutral spread　delta 中性价差　一种比率价差，它是通过使用涉及的期权的delta，作为中性头寸而建立的。这个中性的比率是通过用卖出期权的delta除以买进期权的delta而得出的。又见"delta"和"比率价差"。

depository trust corporation，DTC　存管信托公司　一个为所有会员机构持有证券的公司。期权卖出者一般都使用这个公司，当DTC所持有的证券被指派时，DTC为标的证券的交割提供了方便和担保。

diagonal spread　对角价差　所有买进期权的到期日比卖出期权的到期日更远，同时两者的行权价格各不相同的价差。典型的对角价差是对角牛市价差、对角熊市价差和对角蝶式价差。

discount　贴水　一手期权的交易在它的交易价格低于它的内在价值时被看作按贴水价交易。一手期货的交易在它的交易价格低于它的标的指数或商品的现货价格时被看作按贴水价交易。

discount arbitrage　贴水套利　一种无风险套利，它按贴水价买进一手期权，同时在标的证券中持有一个相反的头寸。套利者可以按贴水价买进一手看涨期权，与此同时卖出标的证券（基本看涨期权套利），也可以按贴水买进一手看跌期权，与此同时买进标的证券（基本看跌期权套利）。又见"贴水"。

discretion　委托权　见"限价指令"和"市场无责任指令"。

divident arbitrage　股息套利　在无风险的意义上，一种买进一手看跌期权同时买进标的股票的套利。在买进这个看跌期权的时候，这个看跌期权的时间价值比标的股票即将支付的股息数量要小。在股票除息之后，这个交易就平仓。它同时也用来指一种风险套利，其中程序相似，不同的是即将支付的股息数量是一个未知数，因此这个交易就有风险。又见"除息"和"时间价值"。

divisor　除数　一种用来计算一个指数的数学的数值。它最初是一个任意的数字，用来将指数价值简约为一个便于使用的小数字。此后，除数因为分股（价格加权指数）或增发（资本加权指数）而加以调整。

downside protection　下行保护　一般用在与卖出备兑看涨期权相关的地方，这是标的证券价格下跌的情况下由卖出的看涨期权所提供的防止亏损的缓冲地带。换一种方法，它可以用股票在总的头寸变为亏损之前可以下跌的距离来表示（一个与期权权利金相等的数量），或者用当前股票价格的百分比来表示。又见"卖出备兑看涨期权"。

dynamic　动态的　对期权策略来说，描写在证券价格变化过程中和时间消失过程中所做的分析。它同在策略的期权到期日所做的分析相对应。一个动态的盈亏平衡点是一个随着时间的消失会发生变化的盈亏平衡点。一个动态的后续行动是一个随着证券价格变化、期权价格变化或时间消失而发生变化的行动。又见"盈亏平衡点"和"后续行动"。

E

early exercise (assignment)　提前行权（指派）　一手期权合约在它的到期日之前的行权或指派。

equity option 股票期权 以普通股股票为标的证券的期权。又见"非股票期权"。

equity requirement 资产要求 对一个保证金账号中必须保存的最低数量资产的要求。在正常情况下，这个要求是2 000美元，不过，有的经纪公司对未备兑的期权卖出会有更高的资产要求。

equivalent positions 相等头寸 用美元来衡量的潜在盈利相似，不过是不同证券组成的头寸。相等头寸的盈利图像相同。譬如，一个卖出备兑看涨期权同一个卖出未备兑看跌期权相等。又见"盈利图像"。

escrow receipt 保管收据 银行颁发的一种收据，以证明一个客户（他卖出了一手看涨期权）确实拥有股票，因此，这个看涨期权被看作是备兑的。

European exercise 欧式行权 期权的一种特性，它规定这个期权只能在到期日行权。因此，这类期权不会有提前指派。

exchange-traded fund (ETF) or note (ETN) 交易所交易基金（ETF）或票据（ETN） 一种在股票交易所上市交易的资产。这个资产可以跟踪某个指数、商品、或一篮子资产（可以是期货），还包括某个指数基金。有些ETF上有期权上市交易。又见"指数基金"。

ex-dividend 除息 在股息支付时股票价格降低的过程。除息日（ex-date）是股票减价的那一天。持有股票的投资者在除息日会受到股息，卖空股票的投资者则必须支付股息。

exercise 行权 使用由一手场内期权的条款所给予的权力。持有者是行权者。看涨期权持有者通过行权买进标的证券，看跌期权持有者通过行权卖出标的证券。

exercise limit 行权限额 合约的持有者在一段固定的时期内可以行权的合约数目。行权限制是由相应的交易所设定的，它的目的是要防止一个或一组投资者在市场中对某一只股票进行"逼仓"。

exercise price 行权价 该期权持有人买入或卖出标的证券的价格，根据这个期权合约的条款所约定。它是看涨期权持有者可以行权买入标的证券的价格，或是看跌期权持有者行权卖出标的证券的价格。对于场内期权，行权价和执行价是一个意思。又见"行权"。

expected return 预期收益 一种相当复杂的、涉及股票价格统计学分布的数学分析，它是一个投资者如果在历史上进行许多次完全相同的投资的话，可以预期的从一笔投资中得到的收益。

expiration date 到期日 期权合约失效的那一天。挂牌股票期权的到期日是到期月的第3个星期五之后的那个星期六。任何期权持有者如果想要行权的话，在这一天必须申明他们想要这样做。又见"到期时间"。

expiration time 到期时间 在到期日所有的行权通知必须收到的时间。从技术上说，行权时间目前是到期日的下午5点，不过，期权的公众持有者必须在行权日前一个工作日下午5点半之前申明他们的行权愿望。这里说的时间是美国东部时间。又见"行权日"。

F

facilitation 供市 为一个证券做市的过程。在正常情况下，它是指为机构交易的大批量的证券提供买报价和卖报价。那些为大批量指令进行做市的交易者可以使用场内期权来部分对冲他们所承担的风险。

fair value 合理价值 一般来说，这个术语用来描写一个期权或期货的由某种数学模型所决定的价值。有的时候也用来指内在价值。又见"内在价值"和"模型"。

first notice day 第1通知日 可以要求期货合约的买家接受交割的第一天。

float 流通量 一只具体的普通股持仓的股份数目。

floor broker 交易池经纪人 交易所交易池内为公众客户或其他不能进入交易区域的投资者执行指令的交易者。

follow-up action 后续行动 一个期权头寸中的在投资建立之后进行的任何交易活动。一般说来，用来限制亏损或者提取盈利。

FOREX option 外汇期权 标的物为某个实物外汇（例如日元、英镑、欧元等）的期权，又见"实物期权"。

forwardation 正向市场 见"期限结构"。

fundamental analysis 基本面分析 一种通过观察公认的审计量标，像收益、销售和资产等来分析一个证券的前景的方法。又见"技术分析"。

futures contract 期货合约 一种规定在将来的某个特定的日子交割特定数量的一种商品的标准合约。

G

gamma 期权风险的一种量标，它衡量的是股票价格中每 1 个点的变化导致的 delta 变化的数量；换一种情况，如果是指整个头寸的话，它衡量的是股票价格中的每 1 个点的变化会导致的整个头寸 delta 变化的数量。

gamma of the gamma gamma 的 gamma 对风险的一种数学量标，它衡量股票价格每变化 1 个点时 gamma 的变化会有多大。又见"gamma"。

good until canceled，GTC 撤销前有效 对某些类型的指令的一种认定，意思是除非这个指令被执行了或撤销了，否则它就保持有效。又见"限价指令"、"止损限价指令"和"止损指令"。

H

hedge ratio 对冲比率 期权的 delta 数学等量。在做市的过程中，如果可以通过在标的股票和它的看涨期权中持有对冲头寸而建立一个理论无风险对冲的话，对冲比率是有用的。又见"delta"和"供市"。

historic volatility 历史波动率 见"波动率"。

holder 持有者 一种证券的拥有者。

horizontal spread 水平价差 一种使用相同行权价但不同到期日期权的期权策略。

I

implied volatility 隐含波动率 对标的股票的波动率的一种预测，它是使用当前期权市场的价格决定的，而不是使用标的股票价格变化的历史数据决定的。

incremental return 递增收益 一种卖出备兑看涨期权的策略，其中，投资者就他准备用或许高得多的价格卖掉的股票而出售期权，从而得到额外的回报。

index 指数 将若干相同实体的价格编制为一个单一的数字。又见"是市值加权指数"和"价格加权指数"。

index arbitrage 指数套利 一种将指数期货同股票套利的形式。如果期货的交易价格显著地高于合理价值，套利者卖出期货，买进与该指数构成股相同的股票；如果期货的交易价同合理价值有贴水，套利就由买进期货和卖出股票组成。

index fund 指数基金 一种共有基金，它的构成成分同某个广为使用的指数的构成股完全相同，这样的指数可以是标准普尔 500 指数，道琼斯指数、罗素 2000 指数或纳斯达克 100 指数等。又见"交易所交易基金"。

index option 指数期权 以指数为标的资产的期权。大部分指数期权是现金结算的。

institution 机构 一种从事证券投资的组织，它的规模可以非常大。通常是一个银行、保险公司或共有基金。

intermarket spread 跨市价差 一种期货价差交易，其中，一个市场的期货合约被用来同在另一市场交易的期货合约进行价差交易。例如，货币价差（日元对德国马克）或者 TED 价差（美国政府债券对欧洲美元）。

in-the-money 实值 一个用来描写有内在价值的期权的术语。一手看涨期权如果标的证券的价格高于它的行权价的话就是实值的。一手看跌期权如果标的证券的价格低于它的行权价的话就是实值的。又见"内在价值"和"虚值"。

intramarket spread 跨期价差 一种期货价差

交易，其中，期货合约相对同一市场中的其他的期货合约进行价差交易。例如，买进5月大豆期货，卖出3月大豆期货。

intrinsic value 内在价值 一手期权如果立刻在股票当前的价格上到期的话所具有的价值；它是一手期权实值的数量。对看涨期权来说，如果股票价格同行权价之间的差额是个正数的话，它就是这个差额，否则就是零。对看跌期权来说，如果行权价同股票价格之间的差额是个正数的话，它就是这个差额，否则就是零。又见"实值"、"持平"和"时间价值"。

L

last trading day 最后交易日 到期月的第3个星期五。期权在最后交易日东部时间下午3点停止交易。

long-term equity anticipation securities, LEAPS 长期期权 长期普通股预期证券。这些是上市的长期期权，目前有到期日长达1年半或2年的。

leg 分腿 一种以风险为方向而建立一个双边头寸的方法。通过同步交易而建立一个头寸（譬如，一手价差），交易者首先执行这个头寸的一条腿，希望晚一些时候用更好的价格执行头寸的另一条腿。这里的风险在于更好的价格有可能根本不会出现，在这种情况下，交易者最终就不得不接受更糟的价格。

letter of guarantee 担保书 一份银行给经纪公司的信件，其中声明一位顾客（该顾客卖出一手看涨期权）确实拥有该期权的标的股票，如果该看涨期权被指派，银行将担保其交割。因此，这个看涨期权可以说是备兑的。并不是所有的经纪公司都接受银行担保书。

leverage 杠杆 在投资中，得到更大比例的潜在盈利和风险。相对股票持有者而言，看涨期权的持有者拥有杠杆，因为在标的股票的同一运动上，他可以得到更大比例的

盈利和亏损。

limit 停板 见"涨跌停板"。

limit order 限价指令 一种按照某一指定的价格（限价）买进或卖出证券的指令。在下达限价指令时，也可以同时授予经纪人"委托权"（一个固定的小数量，通常只是1/4或1/8点）。在这种情况下，当场内经纪人在执行这个指令时，如果他觉得有必要，他可以运用他的委托权，在限价之外的1/4或1/8点的范围内买进或卖出。

listed option 场内期权 在全美交易所交易的看跌期权或看涨期权。场内期权的行权价和合约到期日是固定的。又见"场外期权"。

local 坐地商 期货交易所的交易商，他为自己的账号买卖，有时也执行公众的订单。

lognormal distribution 对数正态分布 一种经常用于股票价格运动的统计分布。它是一种合乎逻辑的和便于使用的分布法，因为它将股票价格在理论上可以永远上升，但不可能跌到低于零这一事实包括在内。这个事实自然是正确的。

M

margin 保证金 为了买进证券而从经纪公司借贷基金。保证金的额度，即经纪公司借贷投资的最大比例，是由联邦储备委员会规定的。

market basket 市场篮子 一种普通股股票的投资组合，其目的是以其表现模仿某一特别指数的表现。见"指数"。

market-maker 做市商 一种交易所的会员，他的功能是在缺少公众买卖订单时，为他自己的账户提供买报价和卖报价，从而协助创造一个市场。通常是若干做市商被指派在一只具体的股票上。做市商制度是由做市商和场内经纪人组成的。又见"场内经纪人"和"专业商"。

market not held order 市场无责任指令 也是一种市场指令，不过投资者允许执行指令的场内经纪人运用自己的判断以决定执行

的具体时间。如果场内经纪人预期价格会下跌而他持有一手"市场无责任"买单，他可以暂时不买，等着他认为很快会有的更好的价格。"市场无责任指令"没有一定会被执行的保证。

market order 市价指令 一种用现行市场价格买卖证券的指令。只要有该证券的市场，这个指令就会被执行。

married put and stock 结合的看跌期权和股票 看跌期权和股票如果是同一天为建立一个对冲的头寸而买进的，它们就是结合的。

model 模型 一种设计来为期权定价的数学公式，它把期权的运动分解为某些不同的变量，这些变量一般包括股票价格、行权价、波动率、合约到期前的时间、要付的股息，以及当前无风险的利率等。布莱克－斯科尔斯模型是广为人用的模型之一。

monte cario simulation 蒙特卡罗模拟 一种设计来模拟一个无法仅仅通过一个数学公式而得到近似值的现实世界时间的模型。蒙特卡罗模拟可以为这样一种事件得出近似值，譬如，股市的运动，然后将这个时间模拟许多次。所有这些模拟的净结果于是被作为结果来解释，一般是用出现的概率来表示。譬如，可以用蒙特卡罗模拟来决定股票在某种与正态对数分布不同的股票价格分布中会如何表现。

N

naked option 裸期权 见"未备兑期权"。

narrow-based 窄基 一般指一种指数，它表明该指数是由少数几种，通常是在一个特定的行业部门里的股票组成的。窄基指数不享受裸期权卖出者的有利的待遇。又见"宽基"。

"net" order "净"指令 见"条件指令"。

neutral 中性 描述一手既不看多也不看空的期权。中立期权策略一般用在当标的股票或指数的价格没有或有很小经变化时，以获得最佳表现。又见"看空"和"看多"。

non-equity option 非股票期权 一种其标的资产不是普通股票的期权，通常指实物商品期权或指数期权。

not held 无责任 见"市场无责任指令"。

notice period 通知期 用以通知期货合约的买家接受交割的那段时间。通常是合约到期之前的3～6个星期。

O

open interest 持仓量 一个具体期权系列上未平仓的净总量。一手开仓交易增加持仓量，任何平仓交易则减小持仓量。

opening transaction 开仓交易 一种增加投资者净头寸的交易。开仓买入交易在该账户中增加更多买进的证券，开仓卖出交易增加更多卖出的证券。又见"平仓交易"。

option pricing curve 期权价格曲线 一个期权在某一固定时间点上的预测价格的线性表现。它同时也反映了在各种股票价格上的时间价值。这条曲线一般是使用数学模型产生的。在一个固定的股票价格上，delta（或对冲比率）是这个曲线的正切线的斜面。又见"delta"、"对冲比率"和"模型"。

options clearing corporation, OCC 期权清算公司 在全美期权交易所交易的所有场内期权的总发行人。

original issue discount, OID 原始发行折扣 零息债券的原始价格。拥有者对理论利息或者说影子收入欠有税务，这样的利息或收入是由债券趋于到期的过程中每年的增值而产生的。在现实中，零息债券并没有利息，不过，政府是把它的增值部分作为利息而收税的。

out-of-the-money 虚值 描写一手没有内在价值的期权。一手看涨期权在股票价格低于行权价时是虚值的。一手看跌期权在股票价格高于行权价时是虚值的。又见"实值"和"内在价值"。

over-the-counter option, OTC 场外期权 同场内股票期权相对，一种在交易所之外交易的期权。场外期权没有二级市场，没有标准化的行权价和合约到期日，它的买方同卖方之间有直接往来。又见"场内期权"和"二级市场"。

overvalued 定价过高 描述一个证券的交易价高出它在逻辑上应有的价格。通常同用数学模型预测的期权价格相关。如果一个期权的市场交易价高出该模型指出的价格，该期权就被视为定价过高的。又见"合理价格"和"定价过低"。

P

pairs trading 配对交易 一种对冲策略，其中，投资者买进一只具体的股票，同时卖空另一只股票。这两种股票在它们的价格历史上有理论联系，这个对冲交易是在这种历史关系出现失常的情况下建立的，投资者的希望是它会回到它先前的互动关系中。

parity 持平 描述一手按其内在价值交易的实值期权，也就是说，一手同其标的股票按持平关系交易的期权。它同时也用作一种参考点数：一手期权可以说是在持平以上半点进行交易，或持平以下 1/4 点进行交易。在持平以下交易的期权是贴水期权。又见"贴水"和"内在价值"。

PERCS 优先兑现积累股（Preferred Equity Redemption Cumulative Stock 的简称）。由一家公司发行，这个优先股支付的股息高于普通股，同时有发行公司可以赎回的价格。它实际上是一个卖出备兑看涨期权，其中，看涨期权权利金是通过增额股息的形式交给持有者的。又见"赎回价格"、"卖出备兑看涨期权"和"兑现价格"。

physical option 实物期权 一种期权，它的标的证券是既非股票又非期货的实物商品。这种实物商品自身（典型的是货币或政府债券）构成了该期权合约的标的实体。又见"股票期权"和"指数期权"。

portfolio insurance 投资组合保险 一种卖出股指期货或买入指数看跌期权来给一个股票组合提供保护的策略。

portfolio margin 组合保证金 根据经纪商的不同，针对有经验的、相对较大的期权账户所适用的一种降低的保证金要求。

portfolio protection 组合保护 一种用场内衍生品来为一个股票组合提供保护的策略。最流行的（虽然并不必然是最好的）策略是买入宽基指数的看跌期权。一个更现代的方法是买入 VIX 看涨期权来获得保护。又见"领圈"和"组合保险"。

position 头寸／建头寸（1）名词：在一个账户或策略中的特定的证券。一个卖出备兑看涨期权的头寸可以是买进 1 000 股 XYZ 和卖出 10 手 XYZ 1 月 30 看涨期权。（2）动词：供市：买进或卖出（一般为大宗证券）以建立一个头寸。又见"供市"和"策略"。

position limit 头寸限仓 任何一个账户或一组相关账户在市场的同侧所能持有的最大数目的看涨或看跌期权合约。卖出看跌期权和买进看涨期权是在市场的同侧。卖出看涨期权和买进看跌期权是在市场的同侧。

premium 权利金／升水 在期权中，它被称作"权利金"，指一个期权合约的总的价格，也就是内在价值和时间价值权利金的综合。在期货中，它被称作"升水"，指期货价格同标的指数或商品的现货价格之间的区别。

present worth 现值 一种决定如果想要在将来的某个时候产生一个指定数量，按照一个特定的比率，在今天需要投资多少钱的数学计算。譬如，按照 1 年 10% 的比率，110 美元的现值就是 100 美元。

price-weighted index 价格加权指数 一种股票指数，它的计算是把该指数中所有股票的价格加在一起，再除以除数。又见"市值加权指数"和"除数"。

profit graph 盈利图形 以图形表示的一种策略的可能的结果。盈利或亏损的美元数额标在图形的纵轴上，不同的股票价格标在图形的横轴上。尽管通常是取该策略所涉及的期权的到期日作为绘制结果的时间点，图形可以取任何一个时间点来绘制结果。

profit range 盈利范围 一个具体头寸可以产生盈利的价格范围。一般用于有两个盈亏平衡点的策略：一个上行盈亏平衡点和一个下行盈亏平衡点。在两个盈亏平衡点之间的价格范围就是盈利范围。又见"盈亏平衡点"。

profit table 盈利表 一个具体策略在某一时间点上所的结果的表格。它一般是以表格的形式来编排绘于盈利图形上的数据。又见"盈利图形"。

program trading 程序化交易 买入或卖出某个特定股票组合，并用指数建立一个相抵消的头寸的行为。这个股票组合可以是小的或者大的，但不是任何一个股票指数的全部成分股组合。又见"指数套利"。

protected strategy 有保护的策略 一个风险有限的头寸。一手有保护的卖空销售（卖空股票，买进看涨期权）风险有限，一手有保护的卖出跨式价差（卖出跨式价差，买进虚值组合价差）同样也风险有限。又见"组合价差"和"跨式价差"。

public book of orders 公众订单登录簿 由公众所下的买卖订单，这些订单的执行价一般脱离市场的现价。场内经纪人和专业商负责管理公众订单登录簿。芝加哥期权交易所的做市商随时都看得到最高的买报价和最低的卖报价。专业上的簿记是不公开的（只有他才知道最新的公众订单要的是什么价以及订单有多大）。又见"场内经纪人"、"做市商"和"专业商"。

put/put option 看跌期权 一种给持有者以在某一段固定的时间内按一个特定的价格出售标的证券之权利的期权合约。又见"看涨期权"。

put-call ratio 看跌－看涨比率 看跌期权的交易量为看涨期权的交易量所除而得出的比率，有的时候也用持仓量或总的美元数而不是交易量来计算。可以按天、星期或月等时段来计算。常常使用移动平均值来抹平短期的、以天计算的数据。

Q

quarterly option 季度期权 到期日在每个季度末（3月、6月、9月或12月）的场内期权。目前，只有少数大的指数有场内季度期权。

R

ratio calendar combination 比率跨期组合 一种策略，这个头寸是由同时使用一个看跌期权比率跨期价差和一个相似的看跌期权的头寸组成，其中看涨期权的行权价高于看跌期权的行权价。

ratio calendar spread 比率跨期价差 卖出比买进的远期期权更多的近期期权，所有期权的行权价相同，可以是看跌期权，也可以是看涨期权。

ratio spread 比率价差 由看跌期权或看涨期权构成，这个策略包括买进一定数量的期权，然后卖出更多数量的虚值程度更深的期权。

ratio strategy 比率策略 一种策略，在其中，投资者持有数量不相等的买进的证券和卖出的证券。它通常是指卖出的期权多于买进的期权或买进的股票。

ratio write 卖出比率 买进股票，就拥有的股票出售更多的看涨期权。（有的时候也用卖空股票和卖出看跌期权组成。）

redemption price 兑现价格 结构产品可以兑现为现金的价格。它同"赎回价格"有明显的不同。赎回价格是指发行者可以将证券收回去的价格。又见"赎回价格"、"PERCS"和"结构化产品"。

resistance 阻力 一个技术分析的术语，指的是一个高于现行股票价格的价格区域，在该价格区域里对该股票有充沛的供应量，因此价格不容易升过这个区域。又见"支撑"。

return on investment 投资收益 投资者从他的投资上得到或可能得到的、按百分比计算的盈利。

return if exercise 行权收益 如果标的股票被

买走，一个备兑看涨期权的卖出者将得到的收益。

return if unchanged 无变化时收益 如果标的股票的价格在头寸中的期权到期时没有变化，投资者从这个具体的头寸中可以得到的收益。

reversal 反转组合 一种无风险的套利，它是由卖空股票、卖出一手看跌期权和买进一手看涨期权组成的。这些期权的条款相同。又见"转换组合"。

reverse hedge 反向对冲 一种策略，其中，投资者卖空标的股票，买进相应股份数大于卖空股票的看涨期权。这也叫做合成跨式价差，如果股票有场内看跌期权交易，这就是一个过时的策略。又见"卖出比率"和"跨式价差"。

reverse strategy 反向策略 这是一个用来指那些同人们熟知的策略相反的策略的总名称。譬如，一个比率价差是由按较低的行权价买进看涨期权和按较高的行权价卖出更多的看涨期权组成的。一个反向比率价差，也就是人们所说的后式价差，是由卖出较低行权价的看涨期权和买进更多的较高行权价的看涨期权组成的。它们的结果显然是相互对立的。又见"反向对冲"。

rho 一种风险量标，它衡量的是当短期利率出现一个增长的运动（通常是 1%）时，期权的价格会发生多大的变化；它对长期的实值的期权意义更大。

risk arbitrage 风险套利 一种带有风险的套利形式。通常与可能的兼并有关，在这种情况里，套利者买进要被兼并的公司的股票，同时卖出兼并公司的股票。又见"股息套利"。

roll 挪仓 一种后续行动，其中，策略家将头寸中现有的期权平仓，同时在相同标的股票的条款不同的其他期权中开仓。又见"向下挪仓"、"向前挪仓"和"向上挪仓"。

roll down 向下挪仓 将行权价较高的期权平仓，同时在行权价较低的其他期权中开仓。

roll forward 向前挪仓 将近期到期的期权平仓，在合约到期日较远的期权中开仓。

roll up 向上挪仓 将行权价较低的期权平仓，在行权价较高的期权中开仓。

rotation 轮转开盘 交易所开盘的一种程序，它为一个标的股票或指数的每一个期权系列连续提供买报价和卖报价，但不一定有交易发生。

S

secondary market 二级市场 任何一个其中证券在始发之后可以任意买卖的市场。全国场内期权交易所的建立，首次为股票期权提供的一个二级市场。

serial option 系列期权 一种期货期权，它没有相应的相同到期月的期货合约。标的期货合约是在期权到期之后的下一个期货到期月的期货合约。例如，不存在 3 月黄金期货合约，但是有 4 月黄金期货合约，3 月黄金期权是系列期权，它因此是 4 月黄金期货合约上的期权合约。

series 系列 所有在同一标的股票之上的、有同样交易单元，同样合约到期日和同样行权价的期权合约。

skew 倾斜 见"波动率倾斜"。

specialist 专业商 一种交易所的会员，他既履行做市的功能（在缺少公众订单时为他自己的账号买卖），也履行保管公众订单登录簿的功能。大部分股票交易所和一些期权交易所使用专业商交易制度。

spread order 价差指令 一种同步执行两个或更多期权交易的指令。一般是在买一手期权的同时卖另一手。价差指令可以是限价指令，无责任指令或委托指令，但是不能是止损指令。价差指令可以用支出建立，也可以用收入建立。

spread strategy 价差策略 任何同时买进和卖出同一标的证券的同种类型的期权的头寸。

standard deviation 标准差 衡量一种股票之波动性的尺度。它是用以衡量该股票逐日价格变化大小的统计定量。又见"波动率"。

stop order 止损指令 一种下达在现有市场价

格之外的指令，如果证券交易碰到止损指令指定的价格，止损指令就变为市场指令。止损买进指令是下达在市场价格之上，止损卖出指令是下达在市场价格之下。

stop-limit order 止损－限价指令 同止损指令相似，只是当证券交易碰到指定停止的价格时，止损－限价指令不是变为市场指令，而是变为限价指令。又见"止损指令"。

straddle 跨式价差 买进或卖出同样数目有同样条款的看跌期权和看涨期权。

strangle 宽跨式价差 一种包括一手看跌期权和一手到期日相同但行权价不同的看涨期权的组合价差。

strategy 策略 在期权投资里，它指一个预先构思的、合乎逻辑的、有关头寸选择和后续行动的计划。

striking price 执行价 见"行权价"。

striking price interval 行权价格间隔 一个具体标的证券的行权价之间的距离。对股票来说，一般来说，价格较低的股票的间隔是2.5点，价格较高的股票是5点。对指数来说，这个间隔是5点或10点。对期货来说，这个间隔常常会降低到1或2点。

structured product 结构化产品 证券与（或许）期权组合为一体的一种单一的证券，它的行为与股票相似，在股票交易所上市交易。许多大型金融机构（银行和经纪公司）发行结构化产品。这些机构在创造和发行这些产品时为它们取有缩写的名字，许多比较流行的结构产品通过这些简称而为人所知，例如MITTS, TARGETS, BRIDGES, LINKS, DINKS, ELKS 和PERCS。又见"PERCS"。

subindex 分类指数 见"窄基指数"。

suitable 适当性 描述一种策略或交易哲学在其中一个投资者根据他的财务情况和投资目的而运作。

support 支撑 一个技术分析的术语，指的是一个低于现行市场价格的价格区域，在该价格区域里据认为有需求量。因此，价格达到支撑区时会停止下跌。又见"阻力"。

synthetic put 合成看跌期权 一种由卖空标的工具同时买进一手看涨期权而组成的策略。其结果头寸的盈利和风险特征同买进一手看跌期权相同。

synthetic stock 合成股票 一种同标的股票相等的期权策略。买进一手看涨期权和卖出一手看跌期权的结果是合成买进股票。买进一手看跌期权和卖出一手看涨期权的结果是合成卖空股票。

T

technical analysis 技术分析 一种根据对历史上股票价格运动的观察而对未来股票价格运动作预测的方法。

term structure 期限结构 一个用来描述不同月份的期权隐含波动率之间，或不同月份的波动率期货的价格之间的关系的术语。在牛市中，期限结构一般是逐渐上升的价格序列（正向市场）；而在熊市中，期限结构则常常是逐渐下降的价格序列（反向市场）。

terms 条款 用来指一个期权合约的合约到期日，行权价和标的股票的共称。

theoretical value 理论价值 一手期权或一个期权价差的由数学模型计算出的价格。

theta 衡量时间每过1天期权价格会有多大因时减值的量标。

time spread 时间价差 见"跨期价差"。

time value premium 时间价值 一手期权的总的权利金中超出内在价值的部分。

total return concept 总收益概念 一种备兑看涨期权的卖出策略，其中，投资者把该策略的潜在盈利看作资本收益、股息和期权权利金收入的总和，而不是把三者分开考虑。

tracking error 跟踪误差 一个特定股票投资组合的表现同它们据以比较的大盘指数的表现之间的差别数额。又见"市场篮子"。

trader 交易者 经常从事买卖的投机型的投资者或专职人员。

trading limit 涨停板 交易所强制的，期货合约或期货期权合约所能有的，一天之内的最大价格变化。

treasury bill /option strategy　短期债券/期权策略　一种投资方法，在其中投资者把他90%的资金放在像短期债券这样的无风险的、有利息的资产里，其余部分用来购买期权。

type　类型　把期权分为看涨期权和看跌期权的归类。

U

uncovered option　无备兑期权　如果投资者在出售期权时在其标的证券中没有对冲的头寸，该期权就是无备兑的。又见"备兑的"。

underlying security　标的证券　通过场内期权合约的条款有权利买进或卖出的证券。

undervalued　定价过低　描述一个证券它的交易价低于它在逻辑上应有的价格。通常是由使用数学模型而决定的。又见"合理价格"和"定价过高"。

V

variable ratio write　卖出变量比率　一种期权策略，在其中，投资者拥有100股标的证券，就这些证券卖出2手看涨期权，每一手期权的行权价各不相同。

variance　方差　一个统计学术语，是"标准差的平方"，或"波动率的平方"。CBOE上市了方差期货，不过这并不是一个成功的产品。

Vega　衡量波动率　每出现一定的增长（通常是1%点）时期权价格会有多大变化的量标。

vertical spread　垂直价差　一种期权之间行权价不同但到期日相同的期权价差策略。

volatility　波动率　一个量标，它衡量的是在一段给定的时间内标的证券预期会有的波动幅度。一般是用该证券的逐日价格变化的年度标准差来衡量。波动率同股票的贝塔不同。也称历史波动率、统计学波动率或实际波动率。又见"隐含波动率"。

volatility index (VIX)　波动率指数　一种设计来跟踪期权的波动率的指数，这些期权的标的包括有活跃交易的指数、股票或期货合约。VIX是CBOE的波动率指数，它计算的是30天的隐含波动率。VIX的计算方法在2003年有过更新，变成了以最近的2个月份中2条标普500（SPX）期权的价格为基础。而"老"的VIX，即只涉及4个OEX期权序列的简单计算方法，在2003年被替代，换成了用代码VXO来报价。

volatility skew　波动率倾斜　这个术语用来描写一个单个的标的工具有不同的隐含波动率这样一种现象。总的来说，不但个别期权的隐含波动率各不相同，而且它们形成了一种模式。如果较低的行权价有最低的隐含波动率，那么，随着一个向上的运动穿过行权价，隐含波动率发展得更高，这就叫做朝前的或正的倾斜。反向的或负值的倾斜则相反；较高的行权价有最低的隐含波动率。

W

warrant　权证　一种同期权相似的、长期的、非标准化的证券。股票的权证使得交易者可以在某个日子之前按一定的价格买进（通常是1股）普通股股票。指数权证一般是在国外指数价格上的权证。在其他工具，像货币间价差和石油的期货价格上也有场内的权证。

weekly option　周度期权　一种在挂牌后的下一周到期的场内期权。这种期权的数量有限，一般只有最活跃的股票和指数才有周度期权。它们一般在星期三挂牌，并在下个星期五（8天之后）到期。虽然大多数最活跃的指数和股票一般每周都有周度期权交易，但这周的周度期权到期之后，并不必然会有下一周的周度期权上市。

write　卖出　出售一手期权。

writer　卖出方　出售期权的投资者称为卖出方。

期权投资策略

书名	作者	ISBN	价格
散户的优势：期权场内交易策略	（美）丹·帕萨雷里	978-7-111-73544-1	79.00元
期权交易仓位管理高级指南	（美）尤安·辛克莱	978-7-111-72619-7	79.00元
期权投资策略（原书第5版）	（美）劳伦斯 G. 麦克米伦	978-7-111-48856-9	169.00元
期权波动率与定价：高级交易策略与技巧（原书第2版）	（美）谢尔登·纳坦恩伯格	978-7-111-58966-2	128.00元
麦克米伦谈期权（原书第2版）	（美）劳伦斯 G. 麦克米伦	978-7-111-58428-5	120.00元
波动率交易：期权量化交易员指南（原书第2版）	（美）尤安·辛克莱	978-7-111-56517-8	69.00元
期权波动率交易策略	（美）谢尔登·纳坦恩伯格	978-7-111-48463-9	45.00元
高胜率期权交易心法	蒋 瑞	978-7-111-67418-4	49.00元
期权入门与精通（原书第2版）：投机获利与风险管理	（美）W. 爱德华·奥姆斯特德	978-7-111-44059-8	49.00元
走进期权（原书第2版）	（美）迈克尔·辛西尔	978-7-111-50652-2	59.00元
商品交易之王	（美）凯特·凯利	978-7-111-50753-6	59.00元
奇异期权	张光平	978-7-111-47165-3	200.00元
期权交易实战一本精	陈松男	978-7-111-51704-7	59.00元

推荐阅读

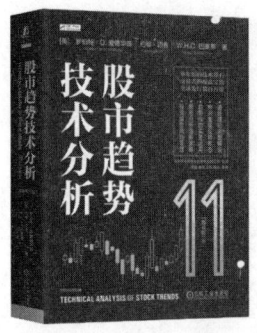  

序号	中文书名	定价
1	股市趋势技术分析（原书第11版）	198
2	沃伦·巴菲特：终极金钱心智	79
3	超越巴菲特的伯克希尔：股神企业帝国的过去与未来	119
4	不为人知的金融怪杰	108
5	比尔·米勒投资之道	80
6	巴菲特的嘉年华：伯克希尔股东大会的故事	79
7	巴菲特之道（原书第3版）（典藏版）	79
8	短线交易秘诀（典藏版）	80
9	巴菲特的伯克希尔崛起：从1亿到10亿美金的历程	79
10	巴菲特的投资组合（典藏版）	59
11	短线狙击手：高胜率短线交易秘诀	79
12	格雷厄姆成长股投资策略	69
13	行为投资原则	69
14	趋势跟踪（原书第5版）	159
15	格雷厄姆精选集：演说、文章及纽约金融学院讲义实录	69
16	与天为敌：一部人类风险探索史（典藏版）	89
17	漫步华尔街（原书第13版）	99
18	大钱细思：优秀投资者如何思考和决断	89
19	投资策略实战分析（原书第4版·典藏版）	159
20	巴菲特的第一桶金	79
21	成长股获利之道	89
22	交易心理分析2.0：从交易训练到流程设计	99
23	金融交易圣经II：交易心智修炼	49
24	经典技术分析（原书第3版）（下）	89
25	经典技术分析（原书第3版）（上）	89
26	大熊市启示录：百年金融史中的超级恐慌与机会（原书第4版）	80
27	敢于梦想：Tiger21创始人写给创业者的40堂必修课	79
28	行为金融与投资心理学（原书第7版）	79
29	蜡烛图方法：从入门到精通（原书第2版）	60
30	期货狙击手：交易赢家的21周操盘手记	80
31	投资交易心理分析（典藏版）	69
32	有效资产管理（典藏版）	59
33	客户的游艇在哪里：华尔街奇谈（典藏版）	39
34	跨市场交易策略（典藏版）	69
35	对冲基金怪杰（典藏版）	80
36	专业投机原理（典藏版）	99
37	价值投资的秘密：小投资者战胜基金经理的长线方法	49
38	投资思想史（典藏版）	99
39	金融交易圣经：发现你的赚钱天才	69
40	证券混沌操作法：股票、期货及外汇交易的低风险获利指南（典藏版）	59
41	通向成功的交易心理学	79

推荐阅读

序号	中文书名	定价
42	击败庄家：21点的有利策略	59
43	查理·芒格的智慧：投资的格栅理论（原书第2版·纪念版）	79
44	彼得·林奇的成功投资（典藏版）	80
45	彼得·林奇教你理财（典藏版）	79
46	战胜华尔街(典藏版)	80
47	投资的原则	69
48	股票投资的24堂必修课（典藏版）	45
49	蜡烛图精解:股票和期货交易的永恒技术（典藏版）	88
50	在股市大崩溃前抛出的人：巴鲁克自传（典藏版）	69
51	约翰·聂夫的成功投资（典藏版）	69
52	投资者的未来（典藏版）	80
53	沃伦·巴菲特如是说	59
54	笑傲股市（原书第4版.典藏版）	99
55	金钱传奇：科斯托拉尼的投资哲学	69
56	证券投资课	59
57	巴菲特致股东的信：投资者和公司高管教程（原书第4版）	128
58	金融怪杰：华尔街的顶级交易员（典藏版）	80
59	日本蜡烛图技术新解（典藏版）	60
60	市场真相：看不见的手与脱缰的马	69
61	积极型资产配置指南：经济周期分析与六阶段投资时钟	69
62	麦克米伦谈期权（原书第2版）	120
63	短线大师：斯坦哈特回忆录	79
64	日本蜡烛图交易技术分析	129
65	赌神数学家：战胜拉斯维加斯和金融市场的财富公式	59
66	华尔街之舞：图解金融市场的周期与趋势	69
67	哈利·布朗的永久投资组合：无惧市场波动的不败投资法	69
68	憨夺型投资者	59
69	高胜算操盘：成功交易员完全教程	69
70	以交易为生（原书第2版）	99
71	证券投资心理学	59
72	技术分析与股市盈利预测：技术分析科学之父沙巴克经典教程	80
73	机械式交易系统：原理、构建与实战	80
74	交易择时技术分析：RSI、波浪理论、斐波纳契预测及复合指标的综合运用（原书第2版）	59
75	交易圣经	89
76	证券投机的艺术	59
77	择时与选股	45
78	技术分析（原书第5版）	100
79	缺口技术分析：让缺口变为股票的盈利	59
80	预期投资：未来投资机会分析与估值方法	79
81	超级强势股：如何投资小盘价值成长股（重译典藏版）	79
82	实证技术分析	75
83	期权投资策略（原书第5版）	169
84	赢得输家的游戏：精英投资者如何击败市场（原书第6版）	45
85	走进我的交易室	55
86	黄金屋：宏观对冲基金顶尖交易者的掘金之道(增订版)	69
87	马丁·惠特曼的价值投资方法：回归基本面	49
88	期权入门与精通：投机获利与风险管理（原书第3版）	89
89	以交易为生II：卖出的艺术（珍藏版）	129
90	逆向投资策略	59
91	向格雷厄姆学思考，向巴菲特学投资	38
92	向最伟大的股票作手学习	36
93	超级金钱（珍藏版）	79
94	股市心理博弈（珍藏版）	78
95	通向财务自由之路（珍藏版）	89

社会经济观察

分类	书号	书名	作者	定价
大前研一作品	978-7-111-76218-8	银发经济学：老龄时代的商业机会	[日]大前研一	59.00
	978-7-111-60125-8	低欲望社会：人口老龄化的经济危机与破解之道	[日]大前研一	49.00
日本经济史	978-7-111-76228-7	日本央行的光与影：央行与失去的三十年	[日]河浪武史	59.00
	978-7-111-74125-1	汇率下跌之后：日元贬值的宏观经济启示	[日]唐镰大辅	59.00
	978-7-111-69815-9	失去的三十年：平成日本经济史	[日]野口悠纪雄	59.00
	978-7-111-69582-0	失去的二十年（十周年珍藏版）	[日]池田信夫	69.00
	978-7-111-71222-0	失去的制造业：日本制造业的败北（珍藏版）	[日]汤之上隆	69.00